ZEITUNG FÜR DEUTSCHLAND

PETER HOERES

ZEITUNG FÜR DEUTSCHLAND

Die Geschichte der FAZ

BENEVENTO

FSC
www.fsc.org
MIX
Papier aus verantwortungsvollen Quellen
FSC® C014496

1. Auflage

Medieninhaber, Verleger und Herausgeber:
Red Bull Media House GmbH
Oberst-Lepperdinger-Straße 11–15
5071 Wals bei Salzburg, Österreich

Lektorat: Ditta Ahmadi, Berlin
Satz: MEDIA DESIGN: RIZNER.AT
Gesetzt aus der Minion Pro, Trade Gothic
Umschlaggestaltung: Büro Jorge Schmidt, München
Umschlagfoto: © rawpixel / shutterstock
Printed in Germany
ISBN 978-3-7109-0080-8

Für Johanna und Carl

INHALT

Die große *Staatszeitung* kennt keine Dankbarkeit.
Wer sie verlässt, ist aus dem Gedächtnis getilgt.
Es gibt in ihr auch keine Gemeinschaft der Lebenden und der Toten, wie sie einer Erinnerungsbewahrung entspräche. Vielmehr herrscht eine Art geschäftsmäßige Erinnerungstilgung.

Gerhard Stadelmaier, »Umbruch«, 2016

PROLOG IN MAINZ UND FRANKFURT

Als ich am 10. November 2013 das Rhein-Main-Derby Mainz 05 gegen Eintracht Frankfurt in Mainz besuchte, fiel mir in der Pause ein kleiner Zeppelin mit dem typischen Schriftzug der *Frankfurter Allgemeinen Zeitung,* der *FAZ,* auf. Als Eintracht-Fan spöttelte ich, ob sich die *FAZ* nicht in der Zielgruppe vertan habe. Beim zweiten Hinschauen sah ich aber, dass nicht *Frankfurter Allgemeine* das kleine Luftschiff zierte, sondern *Allgemeine Zeitung.* Das Schriftbild war verblüffend ähnlich. Beide Zeitungen mussten etwas miteinander zu tun haben. So führte mich eine Alltagsbeobachtung zur Geschichte. In der Tat gab es einen Zusammenhang, denn hier in Mainz, bei der *Allgemeinen Zeitung,* hatte die *FAZ* ihren Anfang genommen, und hier hatte zunächst ein Teil der Redaktion residiert. Die Wurzeln reichten aber viel weiter zurück zur berühmten *Frankfurter Zeitung* (*FZ*), die, noch vor Gründung des deutschen Kaiserreichs, 1856 ins Leben gerufen worden war.

So gelangt man also zu der langen Vorgeschichte der *FAZ,* und auch ihre siebzigjährige Geschichte selbst ist kompliziert, facettenreich und angesichts von mittlerweile weit über sechs Millionen Artikeln[1] und Tausenden von Redakteuren und Mitarbeitern schier unüberschaubar und daher nur begrenzt fassbar. Eine Totalgeschichte ist schon angesichts der Fülle an Material und unzähliger möglicher Perspektiven auch rein theoretisch sinnlos. Zudem wäre sie wohl auch ziemlich langweilig. Es werden also Kenner der *FAZ* in diesem Buch einiges vermissen, Namen, die für sie wichtig sind, und Artikel, an die sie sich erinnern. Jeder liest letztlich eine andere Zeitung, die allerwenigsten lesen sie Tag für Tag vollständig, und auch dann haben sie unterschiedliche Perspektiven, Rezeptionsmuster und Erinnerungen.

Es geht hier also um Ausschnitte aus der Geschichte der Zeitung, um die Bildung von Schwerpunkten. Diese Schwerpunkte ergaben sich aus drei Fragekomplexen:

Erstens: Woran erinnerten sich die Zeitzeugen besonders und übereinstimmend? Das Gedächtnis trügt, und das Vergessen ist der Normalzustand unseres Gehirns. Frühere Erfahrungen werden durch später hinzugekommenes Wissen überlagert. Aber subjektiv für wichtig gehaltene Ereignisse, Strukturen und Prozesse werden immer wieder überdacht und erwähnt, und darauf kommt es bei der Frage nach der Relevanz an. Die so identifizierten Themen bedürfen dann der Erschließung anhand von Primärquellen aus der erforschten Zeit.

Zweitens: Was hat Niederschlag in unpublizierten Quellen unterschiedlicher Provenienz gefunden? Die vielen Briefe, die man im Geschäftsgang früher verfasste, die Vermerke und Protokolle von Redaktions- und Herausgebersitzungen, die zum ersten Mal überhaupt eingesehen werden konnten, sind nicht durch die Erinnerung getrübt. Sie sind gleichwohl quellenkritisch zu betrachten, bezeugen aber, was jeweils verhandelt und reflektiert wurde, was auf der Agenda der Zeitung stand.

Drittens: Wie und unter welchen Aspekten wurde die *FAZ* von außen wahrgenommen, in anderen Medien, in der Politik, in der Wirtschaft und im Kulturbetrieb? Denn für diese Funktionssysteme der Gesellschaft im Luhmann'schen Sinne bildete die *FAZ* ein Leitmedium, sie stellte diesen Systemen Informationen zur Verfügung und irritierte sie, wie sie ihrerseits von diesen Systemen irritiert wurde. Diese Resonanz ist für die Geschichte der Zeitung von großer Bedeutung und zeigt ihre Wirkung und ihre oft kritische Beobachtung.

Natürlich werden darüber hinaus die markanten politik-, wirtschafts- und kulturgeschichtlichen Ereignisse und Entwicklungen in den 70 Jahren seit Gründung der Zeitung 1949 und deren Beobachtung, Prägung und Kommentierung im Blatt in den Blick genommen. Es wird also eine Geschichte erzählt entlang der im oben skizzierten Sinn relevanten Stationen. Dass dabei die Vorlieben und Interessen des Autors mitspielen, der seit rund 35 Jahren zu den Lesern der Zeitung gehört, sei unumwunden zugegeben. Eine Chronik ist das vorliegende Werk also nicht, ebenso wenig eine Festschrift oder eine Auftragsarbeit. Der Autor stieß mit seinem Ansinnen bei der *FAZ* zunächst nicht auf offene Türen. Es ist schließlich ein deutsches Spezifikum, dass wichtige Medienhäuser in ihren eigenen Angelegenheiten sehr öffentlichkeitsscheu sind, erst recht in Bezug auf ihre eigene Geschichte. Dennoch habe ich nach vielen Anläufen als erster Wissenschaftler überhaupt Zugang zu den Archivalien der *FAZ* erhalten.[2] Daneben haben mir viele *FAZ*ler mit Gesprächen und Auskünften geholfen, dieses Buch zu schreiben. Diejenigen, denen das Gebotene nicht reicht und die sich über einzelne Sujets weiter informieren möchten, seien auf die Arbeiten meiner Doktoranden zu den einzelnen Ressorts und zum Gründungsherausgeber Erich Welter verwiesen. Darüber hinaus dienen die vielen

Nachweise zu *FAZ*-Artikeln nicht nur der Belegpflicht, dem wissenschaftlichen Prinzip der Nachprüfbarkeit, sondern sollen auch dazu anregen, sich mit verschütteten Autoren und Preziosen vertraut zu machen und unmittelbar in die jeweilige Zeit einzutauchen. Alle Artikel liegen digital und im Internet abrufbar vor, freilich kostenpflichtig. Das Gesamtarchiv hält darüber hinaus jede bessere Universitätsbibliothek in ihrem Netz vorrätig, ein unschätzbarer Fundus, der die Leser in immer neue Themen hineinzieht. Bei allen Einschränkungen: Der im Motto von Stadelmaier beklagten Erinnerungstilgung dürfte in jedem Fall entgegengewirkt werden.

VON DER *FRANKFURTER ZEITUNG* ZUR *FRANKFURTER ALLGEMEINEN ZEITUNG*

Die traditionsreiche *Frankfurter Zeitung* Leopold Sonnemanns war ein liberales Blatt unter Einschluss einiger sozialistischer und vieler jüdischer Journalisten. 1856 zunächst als Finanz- und Börsenzeitung gegründet, entwickelte sie sich in der »Eschenheimer Gaß« (Große Eschenheimer Straße) gegenüber dem Palais Thurn und Taxis während der 1920er Jahre zu einem Medium mit weithin beachteten Feuilletons. Zu ihren Mitarbeitern zählten Walter Benjamin, Rudolf Geck, Walter Dirks, Theodor Heuss, Siegfried Kracauer, Adolf Loos, Joseph Roth, Friedrich Sieburg und Max Weber. In der goldenen Ära des Feuilletons lieferten sie Glanzstücke »unter dem Strich«, wo die Feuilletons damals noch platziert waren, oder schrieben im Literaturteil aufsehenerregende Besprechungen. Nicht immer stießen diese Stücke oder Vorabdrucke moderner Romane wie Alfred Döblins »Berlin Alexanderplatz« auf das Wohlwollen der Leser, die bisweilen heftig protestierten.[3]

Die republiktreue Zeitung wurde damals kollegial von einer Redaktionskonferenz unter Vorsitz von Heinrich Simon geführt, eines Enkels von Sonnemann. Liberal, jüdisch, republiktreu – das machte die Lage prekär, nachdem Adolf Hitler am 30. Januar 1933 Kanzler geworden war. Anders als die noch deutliche ältere liberale »Tante Voss«, die 1934 unter ihrem Chefredakteur Erich Welter eingestellte *Vossische Zeitung* aus Berlin, wurde die *FZ* von den neuen Machthabern aber nicht verboten. Welter wechselte denn auch zur *FZ* und leitete dort den Handelsteil. Die *Frankfurter Zeitung* sollte nach dem Willen von Joseph Goebbels und seines Staatssekretärs Walther Funk sowie einiger dem liberalen Presseorgan wohlgesinnter Mitarbeiter im Reichspropagandaministerium als Feigenblatt des neuen Reiches im Ausland herhalten, wo die Zeitung die höchste Auflage aller deutschen Printmedien erreichte. Ein besonderer Fürsprecher der Zeitung war Rolf Rienhardt, Hauptamtsleiter im Presseamt der Reichsleitung der NSDAP und enger Mitarbeiter des Pressemultifunktionärs Max Amann.

1934 musste Simon, ein getaufter Jude, nach dem Schriftleitergesetz ausscheiden. Herausgeber wurde nun die Imprimatur GmbH, über die der Vorstandsvorsitzende der I.G. Farben, Carl Bosch, die in der Weltwirtschaftskrise ins Trudeln geratene *Frankfurter Zeitung* seit 1930 unterstützt hatte, was im Unternehmen wegen manch linker Sozialreportage wie Siegfried Kracauers »Die Angestellten« auf Kritik gestoßen war. Joseph Roth hatte da seine Mitarbeit bereits aufgekündigt, und Kracauer floh unmittelbar nach der Machtergreifung nach Frankreich. Dagegen konnten der »jüdische Mischling« Erich Lasswitz und die mit Jüdinnen verheirateten Wilhelm Hausenstein, Dolf Sternberger – der als Redakteur für Bildung und Hochschule 1934 überhaupt erst zur *FZ* gegangen war, weil er unter den Bedingungen des »Gesetzes zur Wiederherstellung des Berufsbeamtentums« nicht mehr Professor werden konnte – und Otto Suhr bis April 1943 weiter für die Zeitung arbeiten.

Eine Schlüsselrolle als Vorsitzender der Redaktionskonferenz nahm nun der Leiter des Politikressorts, Benno Reifenberg, ein. Dem Naturell nach war der kunstsinnige Reifenberg ein Feuilletonist. Von 1924 bis 1930 hatte er das Feuilleton der Zeitung geleitet. Wie viele seiner intellektuellen Zeitgenossen hat er die Nationalsozialisten zunächst unterschätzt und für das Führungspersonal wie den Stil der neuen Machthaber Verachtung gezeigt.[4] Später ließ sich Reifenberg von den außenpolitischen Erfolgen Hitlers blenden und unterstützte diesen publizistisch. Auf der anderen Seite verteidigte er weiter die bürgerliche Individualität und hielt die Zeitung von Antisemitismus frei. Eine zweitägige Inhaftierung durch die Gestapo 1938 markierte dann eine Wende: Reifenberg ging in die »innere Emigration« und schrieb nur noch über Kunstthemen, denn er war nicht nur ein missliebiger Journalist, sondern galt nach den Nürnberger Gesetzen auch als »jüdischer Mischling«, was seine Lage höchst prekär machte. Im Frühjahr 1943 wurde er von der Schriftleiterliste gestrichen, was einem Berufsverbot gleichkam. Die Zeitung wurde dann Ende April 1943, nachdem ein offen die biographischen Abgründe von Hitlers ideologischem Ziehvater Dietrich Eckart schildernder Beitrag erschienen war, von Hitler persönlich verboten. Immer wieder war dieser in den Jahren zuvor über die verhasste Zeitung hergezogen. Schon in »Mein Kampf« hatte er geschrieben:

> Gerade für unsere geistige Halbwelt aber schreibt der Jude seine sogenannte Intelligenzpresse. Für sie sind die »Frankfurter Zeitung« und das »Berliner Tagblatt« gemacht, für sie ist ihr Ton abgestimmt und auf diese üben sie denn auch ihre Wirkung aus. Indem sie alle scheinbar äußerlich rohen Formen auf das sorgfältigste vermeiden, gießen sie das Gift aus anderen Gefäßen dennoch in die Herzen ihrer Leser.[5]

Dieser Hass blieb erhalten, wie zahlreiche Äußerungen Hitlers in der Folgezeit belegen. Jetzt berichtete ihm die Witwe seines Lieblingsarchitekten Paul Ludwig Troost, über den die *FZ* sich ebenfalls kritisch ausgelassen hatte, empört von dem Artikel Herbert Küsels über Eckart. Welter, der die Zeitung als stellvertretender Hauptschriftleiter bisher mit Geschick nach außen vertreten hatte, konnte nun nichts mehr tun. Da er die Verantwortung für den inkriminierten Artikel übernahm, wurde er ebenso wie Küsel von der Gestapo verhaftet. Er kam am folgenden Tag wieder frei, Küsel nach drei Wochen, wobei es ein Kompetenzgerangel zwischen der Frankfurter Gauleitung, die Küsel verfolgen wollte, und den ihn protegierenden Rienhardt und Amann, Goebbels sowie Alfred Rosenberg gab. Schließlich wurde Küsel zur Wehrmacht einberufen. Mit der Entlassung der »jüdischen Mischlinge« Benno Reifenberg und Erich Lasswitz sowie der bereits erwähnten, mit Jüdinnen verheirateten Redakteure Sternberger, Hausenstein und Suhr, die von Goebbels nun gefordert wurde, versuchte man noch, ein Verbot der *FZ* zu verhindern. Als Hitler während der eintägigen Abwesenheit von Reichspressechef Otto Dietrich im Juli die *FZ* in seiner Pressemappe fand und zu seinem Ärger feststellen musste, dass die Zeitung immer noch erschien, bestand er auf dem Verbot. Welter unternahm einen letzten Rettungsversuch, indem er Hans Schwarz van Berk, dem Leiter einer Sonderredaktion für das Ausland in Goebbels' Ministerium, die Leitung der Zeitung eigenmächtig anbot. Doch vergeblich: Am 31. August 1943 kam das endgültige Ende der traditionsreichen und im Ausland viel beachteten Zeitung. Einige Redakteure wie Paul Sethe und Erich Welter wurden nun zum *Völkischen Beobachter* dienstverpflichtet. Welter konnte sich dem Schreiben für das Parteiblatt aber entziehen.[6]

Über die Haltung der Zeitung, an welcher zuletzt auch zwei in der Nachkriegszeit sehr prominente Publizistinnen, Margret Boveri und Elisabeth Noelle, mitarbeiteten, ist viel gestritten worden.[7] Unter den Bedingungen einer totalitären Diktatur und unter genauer Beobachtung verschiedener Stellen von Partei und Staat konnte die *FZ* nur bis zu den Märzwahlen 1933 einen klaren Oppositionskurs gegen die Nationalsozialisten und Hitler persönlich durchhalten. Doch auch danach schien immer wieder Distanz zum Regime auf, etwa durch die Setzung von Anführungszeichen und die Verwendung des Konjunktivs sowie durch historisch verschleierte Kritik und Exkursionen in die Welt der Fabeln im Feuilleton. Zudem enthielt sich die *FZ* antisemitischer Artikel[8] und ignorierte die »Blubo«-Literatur. Besonders strikt wurde auf die Beibehaltung einer klassisch zurückhaltenden und reflektierenden Sprache geachtet. Von 1937 an erschien regelmäßig eine Sprachkritik, die zum Vorbild für die *FAZ* wurde. Andererseits erschienen durchaus Artikel, in denen dem Regime gehuldigt wurde, für die sich insbesondere der Berliner Korrespondent und Hauptschriftleiter Rudolf Kircher zuständig fühlte. Außenpolitisch, und hier ganz besonders in der Revisionspolitik, gab es zwischen dem Regime und der *FZ* ohnehin partielle Übereinstimmungen. Im Krieg stimmten Redakteure wie Oskar Stark, Heinrich Scharpf oder Kircher sogar in die antiwestliche Propaganda ein.[9] Der eher linke Walter Dirks war von 1938 an »Sonderberichterstatter« für die Bayreuther Festspiele, denen das Regime hohe Bedeutung zumaß. In seinen Besprechungen pries er Bayreuth als »das echte Theater des Volkes« sowie als »nationale Feierstätte« und wurde dennoch 1942 vom Propagandaministerium zur Rechtfertigung vorgeladen.[10] Küsel übernahm die Selbstzensur und setzte sich bei den politischen Stellen auch immer wieder für in Bedrängnis geratene Kollegen ein.[11]

Eine Aufgabe der Zeitung, wie von manchen Emigranten gefordert, stand für die Verantwortlichen aus persönlichen, professionellen und nicht zuletzt patriotischen Motiven nicht zur Debatte. Eine retrospektive, vom Ende her denkende Bewertung kann gegenüber dem Erfahrungsraum und Erwartungshorizont nur anachronistisch und trivial ausfallen. Die Zeitung war widerständig (ohne direkt ein Medium des Widerstands zu sein) und wurde von den NS-Stellen auch so wahrgenommen. Zugleich polierte sie das Image des Dritten Reiches auf, was im Ausland in der Regel durchschaut wurde. Sternberger streute besonders viel Kritik am Dritten Reich in und zwischen die Feuilletonzeilen, etwa 1936 in seinen Sprachglossen.[12] 1943 erhielt er faktisch ein journalistisches Berufsverbot. Rückblickend meinte er, er habe zu viel aufs Spiel gesetzt, nämlich das Schicksal der Zeitung und seiner jüdischen Frau.[13] Auch diese Perspektive gilt es zu bedenken, wenn man Kritik übt am damaligen Verhalten.

Nach dem Krieg sammelten sich ehemalige *FZ*-Redakteure zunächst um drei Zeitungen, die als Vorstufen zur Wiederbelebung der alten Zeitung gedacht waren. Eine direkte Wiedergründung war nicht möglich, weil die Amerikaner dagegen waren, welche die *FZ* damals doch als zu kontaminiert ansahen. Daher übertrugen sie die Verlagsrechte der Frankfurter Societäts-Druckerei einem Treuhänder, dem ehemals zweiten Mann der Ullstein-Druckerei Werner Wirthle.[14] Heinrich Simons Bruder Kurt, der als Alteigentümer des Societäts-Verlages und der *FZ* Restitutionsansprüche geltend gemacht hatte, wurde als Miteigentümer eingesetzt.[15] So kam es, dass die Vorläufer der *FAZ* nach dem Krieg nicht in Frankfurt, sondern in Stuttgart und Freiburg angesiedelt waren. In Stuttgart gründeten Curt E. Schwab als Lizenzträger und Erich Welter als fünfzigprozentiger Anteilseigner 1946 die *Wirtschafts-Zeitung*, die ab 1949 unter dem Titel *Deutsche Zeitung mit Wirtschaftszeitung* erschien. Zu ihr stießen Kollegen wie die späteren *FAZ*-Herausgeber Nikolas Benckiser und Jürgen Tern. Welters späterer Mitstreiter im Wirtschaftsressort der *FAZ*, Jürgen Eick, war bereits dabei. Und in Freiburg rief der letzte *FZ*-Verlagsleiter Wendelin Hecht die *Badische Zeitung* ins Leben. Hinzu kamen Paul Sethe und Martin Wiebel von der alten Zeitung, ebenso Oskar Stark, der Chefredakteur wurde. Ebenfalls in Freiburg setzte Benno Reifenberg alles daran, die *Frankfurter Zeitung* wiederzubeleben. Als Vorauskommando für dieses Unterfangen gründete er mit ehemaligen Redaktionskollegen im Dezember 1945 die anspruchsvolle Halbmonatsschrift *Die Gegenwart*, die zunächst als monatliche Doppelausgabe in ganz Deutschland ausgeliefert wurde. Von 1950 an erschien sie in Frankfurt in der Obhut der Frankfurter Societäts-Druckerei, wo ja auch die *FZ* erschienen war. Dies war die dritte Zeitung der *FZ*ler.

Die *Gegenwart* konnte mit stattlichen 83 000 Vorbestellungen starten. Die Zeitschrift wurde wie die *FZ* kollegial, von einem erst fünf-, dann neunköpfigen Herausgebergremium geleitet; Reifenberg war federführend. Bei der *Gegenwart* fanden sich die alten *FZ*-Redakteure Friedrich Sieburg und dessen Rivale Dolf Sternberger ein, ferner Fritz Hauenstein und Herbert Küsel, der den verhängnisvollen Eckart-Artikel geschrieben hatte. Sogar eine Frau wurde Redaktionsmitglied, die junge Romanistin Arianna Giachi, zuständig für Literatur. Die ehemalige *FZ*-Auslandskorrespondentin Lily Abegg berichtete als freie Mitarbeiterin aus der Türkei und aus Teheran.

Die *Gegenwart* orientierte sich am bürgerlich-liberalen Wertekanon, schaute kritisch zurück auf die Zeit des Nationalsozialismus und diskutierte den politischen und kulturellen Neuanfang mit Sympathie für die USA und anfänglicher Skepsis gegenüber einer deutschen Wiederbewaffnung. Vor allem warb man für die westliche parlamentarische Demokratie, unterstützte die Einführung der Sozialen Marktwirtschaft und geriet somit auf Distanz zur Sozialdemokratie. Die sehr elitäre Zeitschrift mit ihrer kargen Aufmachung und der überalterten Redaktion konnte sich in dem veränderten publizistischen Umfeld aber nicht mehr behaupten. Reifenberg musste sich schließlich auf Übernahmeverhandlungen mit der *FAZ* einlassen. Zum Jahresende 1958 wurde *Die Gegenwart* eingestellt. Sie lebte allerdings als Titel der *FAZ*-Seite für Dokumentationen und große Beiträge von Gastautoren fort – bis heute. Reifenberg konnte Herbert Küsel für die Politik- und Fritz Hauenstein für die Wirtschaftsredaktion sowie die Mitherausgeber der *Gegenwart*, die Politikwissenschaftler Dolf Sternberger und Michael Freund, als ständige Mitarbeiter bei der *FAZ* unterbringen. Er selbst wurde zum Herausgeber bestellt.[16] Gleichwohl war er über diesen Schnitt betrübt, auch Welter beobachtete sein Fremdeln: »Er vergräbt sich einstweilen noch ganz in der Vergangenheit […]«.[17] Reifenbergs Traum von der Wiedergründung der *FZ* war jedenfalls ausgeträumt.

Das lag auch daran, dass Welter den alten Titel nicht wiederaufleben lassen wollte. Die alte *FZ* war für das große Publikum zu stark auf ihren traditionell zentralen Handelsteil ausgerichtet und hatte eine deutlich geringere Auflage als die etablierte *FAZ*. Zum anderen sah man sie, wie Welter Margret Boveri schrieb, »teils als jüdisch, teils als kommunistisch (Sorge), teils als nazistisch« an. All diesen »Mißverständnissen« wollte er aus dem Weg gehen und den mittlerweile etablierten neuen Titel beibehalten.[18] Werner Wirthle, der ebenfalls eine Wiederauferstehung der *FZ* geplant hatte, stieg 1958 bei der Frankfurter Allgemeine Zeitung GmbH im Verwaltungsrat ein. Man einigte sich mit ihm über den Druck der *FAZ*, die noch bei der *Frankfurter Rundschau* gedruckt wurde, was wegen deren Linkslastigkeit nicht nur der Verwaltungsratsvorsitzende Alex Haffner und Herausgeber Erich Welter ungern sahen. Von 1962 an wurde dann in der »Frankfurter Druckerei Hoffman und Wirthle oHG« gedruckt, an der hälftig die FAZ GmbH und die Societäts-Druckerei beteiligt waren, die später ihrerseits eine Beteiligung an der FAZ GmbH erhielt.[19] Die Abmachung mit Wirthle sicherte der *FAZ* auch die Rechte am *FZ*-Titel, den sie von nun an (mit Ausnahme der Jahre 2007 bis Januar 2009)[20] bis heute immerhin im Impressum, als Untertitel zum Haupttitel, führt, und zwar in einer Antiqua-Versalzeile. Da die *FAZ* sich mit dem von Regina May entworfenen, dann in kleinen Schritten allmählich verdünnten Zeitungskopf in der Fetten Gotisch an der alten Zeitung orientierte, war allen Lesern klar, wer die Traditionslinie vertrat. Diese konnte nun kein Konkurrenzunternehmen mehr beanspruchen – vor allem nicht der inzwischen mit Welter über Kreuz liegende Schwab, der 1959 die *Deutsche Zeitung mit Wirtschaftszeitung* auf tägliches Erscheinen umstellte und sie als dezidierte Wirtschaftszeitung in Konkurrenz zur *FAZ* profilieren wollte. Welter warb umgekehrt eifrig alte *FZ*-Redakteure wie Jürgen Tern von Schwab ab. Insgesamt 19 ehemalige Redaktionsmitglieder der *Deutschen Zeitung* wechselten bis Ende 1960 zur *FAZ*. Dieselbe Anzahl an alten *FZ*-Redakteuren war bereits 1957 bei der *FAZ* tätig.[21]

Erich Welter hatte sich als *FAZ*-Herausgeber sehr um Reifenberg bemüht, und dieser lebte sich dann doch noch so gut in der Zeitung ein, dass er auch nach seinem Ausscheiden zum Jahresende 1965 weiter für die *FAZ* schrieb. Sein Sohn Jan war schon seit 1954 für die *FAZ* als dann langjähriger USA-Korrespondent tätig. Er berichtete für den Politikteil aus Washington und stieg dort zu einem der wichtigsten Auslandskorrespondenten und Begleiter mehrerer US-Präsidenten auf. Benno Reifenberg optierte in seinen Leitartikeln atlantisch, totalitarismustheoretisch und gesamtdeutsch orientiert. Harsch kritisierte er aber Neutralisten und Pazifisten wie Martin Niemöller. Reifenberg wurde also zunehmend konservativ-liberal, weltanschaulich blieb er freilich dem Liberalismus zeitlebens verhaftet und wählte auch die FDP bei gleichzeitiger Bewunderung für Konrad Adenauer. Ein *homo politicus* im eigentlichen Sinne war er nicht, und so widmeten sich seine späten Artikel auch wieder der Kunst- und Künstlerbetrachtung. 1966 folgten ihm in der Herausgeberschaft Nikolas Benckiser, ebenfalls ein *FZ*-Urgestein, und Bruno Dechamps (Verwaltungsratsvorsitzender Alex Haffner hatte Dechamps' Berufung zur Bedingung gemacht, Benckisers Ernennung hinzunehmen).[22] Reifenbergs Bestreben einer Wiederbegründung der *Frankfurter Zeitung* gelang ihm freilich nicht, die *FAZ* war eine neue Zeitung, die aus einer spezifischen Konstellation der Nachkriegszeit entstand.

Die eigentliche Keimzelle der *FAZ* bildeten aber letztlich gar nicht die *Wirtschafts-Zeitung*, die *Badische Zeitung* oder *Die Gegenwart*, denn deren Vertreter hatten sich 1947 bei einem Treffen in Saig im Schwarzwald versichert, dass keiner einen Alleingang in Sachen *FZ*-Wiedergründung unternehmen werde. Die Initiative kam vielmehr aus Mainz. An der dortigen Universität war Erich Welter mit Billigung der Amerikaner 1948 Professor für Volkswirtschaftslehre geworden. Als Redakteur der *Wirtschafts-Zeitung* war er schon nach kurzer Zeit ausgeschieden aufgrund einer Denunziation – so sah er es jedenfalls – wegen seiner Vergangenheit im Dritten Reich.[23] In Mainz stieß Welter zur *Allgemeinen Zeitung*, für die er eine überregionale Ausgabe entwickelte. Doch eine Neubelebung der *Frankfurter Zeitung* konnte kaum von Mainz aus Ausstrahlung gewinnen. Das Finanz- und Wirtschaftsgeschehen und auch die Politik würden sich in Frankfurt abspielen, wo der Wirtschaftsrat der Bi- bzw. Trizone seinen Sitz genommen hatte und wo der Regierungssitz des Weststaates ansässig werden sollte. Ähnlich wie in der Gründungsphase der *FZ* stand auch bei der *FAZ* am Anfang die Wirtschaft im Zentrum, und zwar im doppelten Sinn: Die Gestaltung einer freien Wirtschaftsordnung war das Mission Statement der Zeitung, und es waren Industrielle, die das neue Blatt mit ihren Zuwendungen ins Leben riefen.[24]

1
MARKTWIRTSCHAFT IN EINER FEINDLICHEN UMGEBUNG

Die Gründung der *FAZ* kam spät. Ihre Erfolgsgeschichte war unwahrscheinlich. Die Deutschen waren ein Volk der Lokalzeitungsleser, der Provinzblätter. Überdies gab es die Illustrierten. Wer brauchte da eine Bleiwüste mit starkem Akzent auf Außenpolitik und Wirtschaft und überdies mit einer unpopulären marktwirtschaftlichen Ausrichtung? Dafür gab es 1949, im Gründungsjahr der *FAZ*, schon eingeführte Organe wie *Die Zeit* und das *Handelsblatt*. Auf dem überregionalen Markt der Tageszeitungen waren *Die Welt, Süddeutsche Zeitung* und *Frankfurter Rundschau* längst gegründet und hatten mit ihren regionalen Schwerpunkten die Westzone unter sich aufgeteilt. Im Frankfurter Raum deckten *Rundschau* und *Frankfurter Neue Presse* das Spektrum auch ideologisch ab und hatten den wichtigen Anzeigenmarkt bereits besetzt. So wird hier eine ungewöhnliche und unwahrscheinliche Geschichte erzählt, nämlich die der frühen *FAZ*. Es wird berichtet über ihr Profil und ihr Aussehen, über erbitterte Konflikte und Interventionsversuche seitens der Bundesregierung wie der Wirtschaft und über die Sicherung der Unabhängigkeit der Zeitung, die zu ihrer DNA wurde.

WELTER, WIPOG UND WIRTSCHAFT GRÜNDEN EINE ZEITUNG

Die Gründung und Existenzsicherung der *Frankfurter Allgemeinen Zeitung* war das Werk Erich Welters. Er hatte die Idee und ergriff die Gelegenheit, als im September 1949 der Lizenzzwang aufgehoben wurde. Er bestimmte die Leitlinien, sammelte das Geld ein und sicherte langfristig die ökonomische und ideologische Unabhängigkeit der Zeitung. Er ersann auch die an der alten *Frankfurter* orientierte Kollegialverfassung, in deren Rahmen er dann das

Zentralgestirn bildete. Welter war ein melancholischer Grandseigneur, hatte sich stets im Griff, sein Privatleben hielt er unter Verschluss. Er führte leise, aber es entging ihm nichts, denn er beobachtete seine Mannschaft genau. Zwei Sekretärinnen hüteten Artikel mit Fehleinschätzungen, die er seinen Redakteuren bei Bedarf unter die Nase halten konnte. Er verteilte Tadel und Lob zurückhaltend, oft auf kleinen Zetteln notiert, putzte niemanden herunter. Er ließ den Redakteuren ihre Eigenheiten und förderte sie nach Kräften. In den Konferenzen brachte er seine Autorität ein, konnte sich aber nicht immer durchsetzen. Helga Hummerich, Sekretärin des späteren Mitherausgebers Benno Reifenberg, schildert ihren Eindruck von Welter wie folgt:

> Saß man ihm in jenen jungen Jahren gegenüber, so fühlte man sich bald wie von einem Motor mitgerissen. Er konnte rastlos wirken, verlor sich aber nie in Nebensächlichkeiten. Es ging etwas Zielstrebiges von ihm aus, sein Durchsetzungsvermögen war spürbar. Einfallsreichtum und Arbeitskraft schienen unersättlich, man sah förmlich, wie ihm die Ideen durch den Kopf blitzten, während er sich mit einem Thema beschäftigte. Seine eher kleinen Hände griffen nach Merkzetteln, die er neben sich gestapelt hatte, oder legten neue dazu. Setzte er sich für eine Sache oder einen Menschen ein, war es, als beschleunigte er noch seine Fahrt. Hatte er Dank zu sagen, geschah es mit seiner charakteristischen Promptheit. Die Worte wirkten spontan und waren doch so sorgfältig gewählt, daß nie ein abgegriffenes sich einschlich.[1]

Die Zeitung war Welters Kind, er sorgte sich um sie, um ihre ökonomische Stabilität, sparte und bildete unermüdlich Rücklagen für schlechte Zeiten. Bezeichnend ist, dass er 1962 sein Büro in der Verlagsetage im zehnten Stock des neuen Sitzes an der Hellerhofstraße nahm. Heute sind Verlag und Herausgeber durch die Straße getrennt. Nach Welter verkündete die Geschäftsführung ihre Verlagsentscheidungen den Herausgebern eher, als dass sie sich mit ihnen beriet.[2]

Wenn Jürgen Eick im Nachruf auf seinen Lehrer Welter schrieb, er sei ein »in der Wolle gefärbter Liberaler«[3] gewesen, oder der Kollege Karl Korn zu Welters 80. Geburtstag, er sei »in seinem Wesen liberal«,[4] so meinte das mehr als den unerschütterlichen Ordoliberalismus, den Welter von Walter Eucken und der Freiburger Schule übernommen hatte. Nach Meinung des *FAZ*-Geschäftsführers Hans-Wolfgang Pfeifer, der jahrelang eng mit Welter zusammenarbeitete, war dieser »im Grunde ein eher unpolitischer Mensch«. Er »hielt zwar einiges von geistiger Selbständigkeit und Meinungsäußerungsfreiheit;

Kameradschaft im soldatischen Sinn bedeutete ihm aber zweifelsfrei mehr, auch wenn er selbst häufig genug unkameradschaftlich und alles andere als verläßlich war«.[5] Welters Liberalität kannte jedenfalls dort Grenzen, wo die freiheitlich-marktwirtschaftliche Ordnung infrage gestellt wurde oder gar der Kommunismus anfing, aber auch dort, wo die deutsche Sprache verhunzt wurde oder Kunst und Kultur politisiert wurden. Volkswirtschaftlich waren für ihn der Ordoliberalismus, die Ausgabendisziplin des Staates und die Währungsstabilität eherne Gesetze. Jenseits dessen begann die »Sozialsanitäterschaft«.[6]

Welter wurde in Straßburg geboren, war evangelisch getauft und wuchs in einem liberalen Elternhaus auf. Er gehörte zum »Toilettenjahrgang« 1900, wie er es selbst nannte, also zur Generation der Wilhelminer. Sein Vater diente zuletzt in nachgeordneter Stellung im Zivilkabinett Kaiser Wilhelms II. Welters Mutter war eine Amerikanerin aus St. Louis (Missouri), die Tochter eines deutschen Auswanderers. Welter stand den USA daher viel aufgeschlossener gegenüber als viele Deutsche seiner Kohorte. Die Westbindung nach 1945 wurde ihm zur Selbstverständlichkeit.

Da der Schüler Welter aufmuckte und diverse Streiche ausheckte, wurde er schließlich vom Gymnasium verwiesen. Einen Aufsatz über den Sinn des Krieges schrieb er wegen dessen offenkundiger Sinnlosigkeit nicht. Dennoch meldete er sich 1918 nach dem Notabitur freiwillig und gelangte noch an die Westfront, wo er sich auszeichnete.[7] Der »wie dem preußischen Offizierskorps«[8] entsprungen wirkende Welter war national gesinnt und besaß auch eine autoritäre Komponente, in den Worten Korns »eine kräftige Portion hausväterlich-herrischen Machtinstinkts«,[9] die sich insofern noch in seinem Ordoliberalismus findet, als dieser ja durchaus auf einen starken Staat setzt. Welter lavierte sich und die *Frankfurter Zeitung* durch das Dritte Reich, drehte den Propagandafilm »Sieg im Westen«, konnte sich aber verschiedenen Anforderungen und Zumutungen des Regimes entziehen.

Welters Stärke lag nicht in der Wirtschaftswissenschaft, obgleich er es bis zum Professor und nach dem Zweiten Weltkrieg zu einem eigenen Wirtschaftsinstitut in Mainz brachte. Sie lag auch nicht unbedingt im journalistischen Schreiben, dem er zunehmend entsagte, sondern im Führen und Gewinnen von Menschen für seine ordoliberalen Ideen und für seine Zeitung, ferner in seiner Ausdauer und Zähigkeit und in seinem Sinn für Details bis hin zur Typographie. Er versammelte einen Kreis von Unternehmern, Wissenschaftlern und Journalisten um sich, die ihr Geld, ihre Expertise und ihr publizistisches Talent in den Dienst seiner Sache stellten. Damit sicherte er nachhaltig den – durchaus unwahrscheinlichen – Erfolg dieser verspäteten Gründung, die für eine so unpopuläre Sache wie die Marktwirtschaft stand.

Wer waren nun die Mitstreiter, die Welter bei der Gründung der *FAZ* beistanden? Vier sind hervorzuheben: der ehrgeizige Otto Klepper, der unermüdlich Geld sammelnde Alex Haffner, der spendable Max H. Schmid und der sparsame Verlagsgeschäftsführer Werner G. Hoffmann.

Der parteilose Volljurist Otto Klepper war 1931 als letzter preußischer Finanzminister in die sozialliberale Regierung Otto Brauns berufen worden. Im folgenden Jahr versuchte er, den »Preußenschlag«, die Entmachtung der Landesregierung durch das Reich, zu verhindern, sah sich aber von dem sozialdemokratischen Innenminister Carl Severing im Stich gelassen. Nach der Machtergreifung der Nationalsozialisten flüchtete Klepper in die finnische Botschaft und begab sich von dort auf eine abenteuerliche Odyssee, die ihn über Finnland nach Frankreich, China, die USA, Spanien und Mexiko führte. Unermüdlich entwickelte der Patriot im Exil Gedanken für ein neues Deutschland und eine Aufhebung der Klassengegensätze. Nach dem Krieg schlug dann seine Stunde. Mit Gleichgesinnten wie dem ersten hessischen Wirtschaftsminister Rudolf Mueller, dem ehemaligen kommissarischen Frankfurter Oberbürgermeister Kurt Blaum, Ludwig Erhard und verschiedenen Unternehmern gründete er die Wirtschaftspolitische Gesellschaft von 1947 (Wipog). Im Juli 1948 zählte sie bereits 986 Einzel- und 69 Firmenmitglieder. Die Gesellschaft wollte in einer planwirtschaftlich und sozialistisch orientierten Umwelt für die Marktwirtschaft werben, dabei aber explizit nicht die Gruppenegoismen der Industrie vertreten, sondern auf die »Entproletarisierung« der Arbeiter, das heißt deren Teilnahme am wirtschaftlichen Erfolg, dringen und eine gemeinwohlorientierte soziale Synthese der Interessen erreichen. Der Staat habe nur dort zu intervenieren, wo der Wettbewerb versagt und die freie Preisbildung behindert wird. Die Wipog sprach sich für globalen Freihandel aus und warb für eine »arbeitsteilige Weltwirtschaft«. Schließlich strebte man eine Überwindung der »blickverengenden Vorstellung von der Eigengesetzlichkeit der drei Lebensbereiche Wirtschaft, Politik und Kultur« an.[10] Nicht nur strenge Systemtheoretiker werden darin ein Verharren in überkommenen normativen Synthese-Schwärmereien erkennen.

Einen Schlüssel im Werben für die Marktwirtschaft erkannte man in der Publizistik. Die Suche nach einer entsprechend ausgerichteten Tageszeitung fiel mit den Restaurationsversuchen der *Frankfurter Zeitung* und der ökonomischen Krise der seit dem 1. Oktober 1948 bereits täglich erscheinenden

Mainzer *Allgemeinen Zeitung* (*AZ*) zusammen. Erich Welter verband als *FZ*-Veteran, Berater der *AZ*, ordoliberaler Ökonomieprofessor und Wipog-Mitglied die Interessen aller Seiten in persona. Der Mainzer Verlag und die *AZ* waren vom Verleger Adolf Fraund und dem französischen Presseoffizier Edouard Hemmerlé aufgebaut worden. Hemmerlé orientierte sich bei seinem Vorhaben, eine deutsche Zeitung mit deutschen Mitteln zu initiieren, an der *Frankfurter Zeitung* und fand für sein Vorhaben die Billigung des französischen Ministerpräsidenten Georges Bidault und von Außenminister Robert Schuman.[11]

Die *AZ*, für die Welter als Berater und Verfasser von Beiträgen wirkte und bei der er personell die Weichen stellte,[12] bildete den Kern der späteren *FAZ*. Aber die entscheidende Initiative zur Sammlung von Geldern für ein großes Projekt, für das es den Mainzern am Ende an Mut fehlte, kam von Alex Haffner, dem Vorstandsvorsitzenden der Salamander AG in Kornwestheim. Die Anregung dazu war vom amerikanischen Militärgouverneur ausgegangen,[13] der sich im Herbst 1948 mit einigen badischen und württembergischen Industriellen traf. Als man dort über eine bürgerliche Zeitung nachdachte, fing Haffner Feuer und kontaktierte Welter, um über eine Wiederbelebung der *FZ* zu beratschlagen. Welter lenkte den Blick auf die *AZ*-Redaktion, wo schon einige ehemalige *FZ*ler arbeiteten, und schlug die Wipog als Treuhänder vor. Beide gewannen dann Otto Klepper für ihre Idee. Klepper selbst hatte bereits 1948 erfolglos einen Lizenzantrag für eine Zeitung in Frankfurt am Main gestellt. Auch Ludwig Erhard hatte im Gespräch mit Welter für eine Tageszeitung in Frankfurt als Gegengewicht gegen die sozialistisch orientierte Presse geworben.[14]

Haffner lud dann im August 1949 zu einem Treffen von Unternehmern nach Kornwestheim ein, um das nötige Startkapital für die Gründung einer überregionalen Zeitung zu sammeln. Das tat er resolut. Von der Wipog waren Klepper, Mueller und der Agrarexperte Ulrich von Pufendorf vertreten. Neben Haffner selbst, der im Namen von Salamander agierte, durchbrachen die Zellstofffabrik Waldhof, vertreten durch den späteren *FAZ*-Geschäftsführer Werner G. Hoffmann, das Textilunternehmen Benger-Ribana und die Firma Bosch mit je 25 000 Mark das Eis der Sparsamkeit. Am Ende kamen 300 000 DM zusammen. Haffner, Hoffmann und Klepper übernahmen nun gemeinsam die weitere Initiative. Wenig später folgte eine zweite Spendenrunde, in der wieder Haffner selbst, Max H. Schmid, der Chef von Hoffmann bei der Zellstofffabrik Waldhof, und Friedrich Wilhelm Ziervogel von der Ruhrgas AG die meisten Gelder lockermachten. Diese wurden als unverzinsliche und unbefristete Darlehen verbucht, die später mit Zeitungsanzeigen – auf welche die Geber dann teilweise verzichteten – verrechnet wurden.[15]

Im Grundsatzabkommen vom 28. September 1949 über das Kapital der am 12. Dezember, im zweiten Erscheinungsmonat der Zeitung, gegründeten Frankfurter Allgemeine Zeitung GmbH wurde vereinbart, dass der Mainzer Zeitungsverlag (MZV) mit 49 000 DM und die Wipog mit 51 000 DM das Stammkapital der neu gegründeten GmbH stellen würden. Die Gesellschafter verständigten sich darauf, dass die Mainzer *Allgemeine Zeitung und Wirtschaftsblatt* zwar weiter in ihren Lokalausgaben fortbestehen solle, jedoch ein Teil der Redaktion, am Ende knapp zwanzig Mitarbeiter, schrittweise ins benachbarte Frankfurt umziehen würde, wo die *FAZ* als überregionale Nachfolgerin der *Allgemeinen Zeitung* erscheinen sollte. Darüber hinaus verpflichtete sich die Wipog, über die Förderer ein Darlehen von 699 000 DM aufzubringen. Im Förderkreis der Zeitung erhielt jedes Mitglied pro 25 000-DM-Darlehen eine Stimme. Anfang 1950 konstituierte sich ein aus zehn Personen bestehender Förderausschuss mit Haffner an der Spitze, der die Darlehensgeber vertrat und in der »Kleinen Kommission« monatliche Besprechungen mit Geschäftsführern und Herausgebern führte. Bisweilen tagte auch der gesamte Förderkreis. Im Vorstand beziehungsweise Beirat der Wipog und im Förderausschuss saßen neben Haffner Hans H. Matthiessen (Deutsche Vacuum Oel AG), Kurt Pentzlin (Bahlsen Keksfabrik), Albrecht Pickert (Hein, Lehmann & Co.), Adolf Schüle (IHK Mannheim), Otto A. H. Vogel (Industrie und Handelskammer Augsburg), Max H. Schmid (Zellstofffabrik Waldhof AG) und als neben Haffner und Schmid einflussreichste Geldgeber Friedrich Wilhelm Ziervogel (Ruhrgas AG) sowie die Wipog-Chefs Klepper und Mueller. Der größte Teil der Förderer kam bis 1951 aus der (süddeutschen) verarbeitenden, aber auch der Grundstoffindustrie, dann stieg auch die Schwerindustrie ein. Die Zahl der fördernden Unternehmen wuchs zunächst auf 40 und dann auf 65 an.[16] Die Beteiligung der Wipog und von Unternehmern, die einen Förderausschuss beschickten, wurde im Impressum der *FAZ* wie auch in Verlagsdarstellungen bewusst nicht genannt, um den Eindruck zu vermeiden, man sei das Blatt der Wirtschaft. Zudem operierte die Wipog ja als Treuhänderin für die Geldgeber.

Ferdinand Rothe, Aufsichtsratschef des MZV, wurde Vorsitzender des zunächst paritätisch von Wipog und MZV beschickten Verwaltungsrates, Klepper wurde sein Stellvertreter und damit ein sich selbst kontrollierender Kontrolleur, denn er wurde zum Geschäftsführer der GmbH bestellt. Seine Lebensgefährtin Babette Gross, vormals mit dem kommunistischen Pressezaren Willy Münzenberg liiert, die an den Verhandlungen beteiligt gewesen war, sollte in der Verlagsleitung für Finanzen und Personalangelegenheiten zuständig sein, wurde aber letztlich nur eine Art Chefsekretärin. Dennoch übte sie, wie sich Zeitzeugen erinnern, einen nicht unerheblichen Einfluss auf den Geschäftsgang und auf Klepper aus, den sie des Öfteren abkanzelte. Ihre Assistentin Liebhilt von Caprivi, später Mitarbeiterin von Geschäftsführer Hoffmann, erinnerte sich: »Klepper verließ dann das Büro von Babette Gross, begleitet von seinem Dackel, und beide schlichen mit hängenden Ohren über den Gang davon.«[17] Beide galten als schwierig, und so war man in der *FAZ* erleichtert, als sie 1951 ausschieden. Doch zunächst versuchte Klepper, die Zeitung in die Hand zu bekommen, und schlug Haffner, wie dieser berichtete, »sogar eine Teilung der Beute« vor, und zwar »er die grosse Politik, ich die Wirtschaftspolitik«.[18]

Die Wipog musste die Unabhängigkeit der Zeitung zunächst gegen einige Geldgeber durchsetzen, dann mussten Haffner und die Herausgeber die *FAZ* gegen die Wipog und Klepper schützen, und schließlich musste sie nach dem Fall Sethe gegen Haffner und die Förderer verteidigt werden. Einer der wichtigen Förderer, Otto Seeling, Vorsitzender der Deutschen Tafelglas AG (DETAG), beschwerte sich etwa 1950, dass der Jesuit Oswald von Nell-Breuning in der *FAZ* für die Mitbestimmung plädieren durfte und an anderer Stelle die Gewinne seines eigenen Unternehmens zu stark herausgestrichen worden seien. Klepper wies derartige Beschwerden zurück, aber der Konflikt zwischen ihm und den maßgeblichen Förderern Alex Haffner und Max H. Schmid sowie den Herausgebern eskalierte zusehends. Das lag vor allem an Otto Klepper, dem autoritär auftretenden, sich überall einmischenden und sich auch häufig mit Beiträgen zu Wort meldenden Geschäftsführer. Der stieß auf heftige Gegenwehr, wenn er in die Redaktionsbelange eingreifen wollte – und das wollte er. Häufig monierte er Artikel und traf selbstherrlich Personalentscheidungen, etwa indem er dem verantwortlichen Sport- und Lokalredakteur Bernhard Gnegel kündigte, der jedoch mit einer Widerrufsklage erfolgreich war.[19]

Vor allem Mitherausgeber Paul Sethe wies Belehrungen energisch zurück. Die Gereiztheiten zwischen ihm und dem »Herrn Minister«, wie sich Klepper weiter anreden ließ, gingen so weit, dass es zum Disput über Kleppers Bezeichnung »stud. Weinstein« für Adelbert Weinstein kam, der es bereits zum Major im Generalstab (i. G.) gebracht hatte. Klepper reagierte zudem empfindlich auf neutralistisch klingende oder die beginnende Aussöhnung zwischen Deutschland und Frankreich störende Leitartikel von Sethe oder dessen Herausgeberkollegen Erich Dombrowski. Die »sozialreaktionären und restaurativen Tendenzen« und das »nationale Ressentiment«, die Klepper in der Zeitung ausmachte, trugen zur Trennung 1951 bei. Entscheidend war aber, dass Klepper Hans Lehmann (ehemals bei der amerikanischen *Neuen Zeitung* wegen starker NS-Belastung abgesetzt) als Chefredakteur nicht durchsetzen konnte. Der Gegenvorschlag der Förderer, Welter zum Chefredakteur zu machen, stieß bei Klepper, Mueller und Pentzlin auf wenig Gegenliebe, weil Welter seine Professur in Mainz weiterhin wahrnehmen wollte und den amerikanischen Förderern möglicherweise als zu belastet erschien. Welter selbst wäre das Arbeitspensum auch zu groß gewesen. Die Idee, Paul Sethe als Chefredakteur zu installieren, zerschlug sich ebenfalls. So erhielt die *FAZ* trotz oder gegen den ausdrücklichen Wunsch von Mueller keinen Chefredakteur und hat einen solchen bis heute nicht.[20]

Klepper übergab die Geschäftsführung im September 1950 an den vom engagierten Förderer Max H. Schmid dafür freigestellten Werner G. Hoffmann von der Zellstofffabrik Waldhof AG. Die als Intermezzo gedachte Personalie blieb bis 1972 bestehen, und so prägte Hoffmann die *FAZ* vor allem in ihrer auf Sparsamkeit bedachten finanziellen Entwicklung ganz wesentlich. Er mischte sich hin und wieder auch mit stilistischen und thematischen Rügen (»Es sei ein rein katholisches Blatt, es ging ihm zu weit und er könne es auf keinen Fall mehr mitmachen, dass in einer einzigen Ausgabe vier rein katholische Beiträge veröffentlicht würden«) und Anregungen ins Tagesgeschäft ein und achtete strikt darauf, dass Welter nicht zu sehr in seinen Hoheitsbereich eindrang.[21] Klepper wiederum empfand den Einfluss der Unternehmer auf die *FAZ* nun als zu stark, und die Wipog kritisierte erstaunlicherweise den marktwirtschaftlichen Kurs der *FAZ*, da er »ohne hinreichende Berücksichtigung der politischen und sozialen Komponenten« verfolgt werde.[22]

Klepper blieb einstweilen im Verwaltungsrat, doch dann initiierte Max Schmid auf einer Sitzung des Förderkreises im Juli 1951 ein regelrechtes Scherbengericht über ihn. Hintergrund war die prekäre ökonomische Situation des Blattes in der Anfangszeit. Nach Aufhebung des Lizenzzwangs im September 1949 gab es enorme Konkurrenz, das wirtschaftliche Umfeld war nach der Währungsreform mit steigenden Verbraucherpreisen, hoher Arbeitslosigkeit, einem hohen Zinssatz und steigenden Papierpreisen alles andere als günstig. Den wenigen Redakteuren wurde alles abverlangt, da die Redaktion aus Geldmangel unterbesetzt war.[23] Bei einer Auflage von 33 000 Exemplaren und einer monatlichen Deckungslücke von 60 000 DM erwog Klepper im Frühjahr 1950 sogar, die Zeitung einzustellen, und legte im September tatsächlich einen Konkursantrag vor.[24] Haffner vermutete, dass Klepper die Zeitung selbst erwerben wollte.[25] Klepper gelang es dann Anfang 1951 – wohl über Shepard Stone, den umtriebigen Sonderberater für öffentliche Angelegenheiten und Informationswesen beim amerikanischen Hochkommissar in Deutschland –, eine monatliche Unterstützung von 55 000 DM aus Mitteln des European Recovery Program (»Marshallplan«) als Kredit einzuwerben. Derartige Unterstützungen waren zu dieser Zeit nichts Ungewöhnliches. Auch Willy Brandt, damals Bundestagsabgeordneter für West-Berlin, wurde 1950 als »Westernizer« verdeckt mit der stattlichen Summe von 200 000 DM aus Mitteln des Marshallplans bedacht.[26]

Im Förderkreis war die Unterstützung höchst umstritten. Schmid bestand bei der Sitzung im Juli 1951 darauf, man wolle kein amerikanisches Blatt werden, »sondern die deutsche Wirtschaft soll das Blatt behalten«.[27] Zum Eklat kam es, weil Klepper behauptete, die Gelder seien ihm persönlich zugesagt worden, was nicht stimmte, denn das Angebot galt eindeutig der *FAZ*.[28] Schmid schäumte. Er nannte Klepper den »Ruineur des Blattes«. »Sie verkennen Ihre eigene Stellung; das Blatt ist nicht dafür da, Ihrem eigenen Ehrgeiz zu dienen; Sie sind nichts als unser Strohmann für das Blatt. Wenn Sie das nicht ausfüllen können, suchen wir uns einen anderen.« Auch Mueller von der Wipog distanzierte sich von Klepper,[29] wobei der Vorwurf seitens des Förderkreises eine Rolle gespielt haben mag, die Wipog versage bei der Geldbeschaffung, Klepper sei regelrecht ein Hindernis für die Gewinnung von Förderern.[30] Der Förderkreis beschloss daraufhin, die amerikanischen Kredite zu stoppen, was Mueller Stone mitteilen musste. Nun kam die Schwerindustrie ins Spiel. Sie stellte 500 000 DM in Aussicht unter der Bedingung, dass Klepper aus dem Verwaltungsrat ausscheide.[31] Auch Schmid selbst sprang wieder ein mit einer Spende von 300 000 DM,[32] und Geschäftsführer Hoffmann trieb weitere Spenden in kleinerem Umfang ein, so 25 000 DM von der Deutschen Bank. Technisch wurden diese entweder als unkündbares Darlehen gewährt, das mit den Bilanzverlusten verbucht wurde, oder als Anzeigenvorschuss.[33]

Am 18. Oktober 1951 gab dann die Wipog ihre Anteile an die neu gegründete Allgemeine Verlagsgesellschaft ab, als deren Gesellschafter neben Haffner und Schmid die wichtigsten Förderer traten: der Bankier und spätere Bundesbankpräsident Karl Blessing, Allianz-Vorstandsvorsitzender Hans Goudefroy, Hans H. Matthiessen, Kurt Pentzlin, Albrecht Pickert und Otto A. H. Vogel. Zwischen der Wipog und den *FAZ*-Gremien wurde eine reinliche Scheidung vollzogen, nur Pentzlin blieb stillschweigend im Förderausschuss und in der Wipog. Klepper und Mueller schieden ganz aus der *FAZ* aus und blieben im Gegensatz zu allen anderen Förderern der Wipog erhalten, aus der Welter ebenfalls austrat.[34]

Der Mainzer Verlag wurde im Förderkreis und von Welter bald nur noch als Hemmschuh empfunden. 1956 wurde der 49-prozentige Anteil des MZV schließlich aufgelöst. Er ging nun einerseits zu je 10 Prozent an Adolf Fraund, Geschäftsführer des Mainzer Zeitungsverlags, andererseits über einen Umweg 1958 an den Verlag B. Schotts Söhne in Mainz. Die weiteren 29 Prozent fielen an die FAZ GmbH zurück, wobei kleinere Anteile an die Geschäftsführer und Herausgeber flossen.[35] Aus einer Druckoption, die halbjährlich vom MZV gezogen werden konnte, musste man sich mit 150 000 DM freikaufen.[36]

In der Verlagsleitung war neben Hoffmann Erwin Finkenzeller tätig, ehemaliger Teilnehmer am Hitler-Putsch, Mitglied der Waffen-SS und Funktionär des NS-Vertriebswesens. Finkenzeller war für Anzeigen zuständig. Vermittelt worden war er Welter durch Rolf Rienhardt,[37] der im Propagandaministerium die Hand über die *FZ* gehalten hatte und nun von Welter um Rat gefragt wurde. Umgekehrt half dieser ihm, beruflich wieder Fuß zu fassen. Zudem wurde der ebenfalls bereits in der »Kampfzeit« für den Nationalsozialismus aktive, nämlich für eine NS-Zeitung tätige Viktor Muckel zunächst als Berater für Vertrieb und Werbung engagiert. Er trat später als Verlagsdirektor in die Geschäftsführung ein. Welter rechtfertigte das Engagement der beiden, die ohne Berufsbeschränkung entnazifiziert worden waren, selbstbewusst mit seinem eigenen untadeligen Verhalten im Dritten Reich. Man brauche in den entscheidenden Bereichen Anzeigen und Vertrieb Profis, und das überzeugte am Ende auch den NS-Gegner und Emigranten Klepper. Muckel erfand den auf die Leser der Zeitung, nicht auf die Macher gemünzten berühmten Werbespruch »Dahinter steckt immer ein kluger Kopf«.[38] Und er führte Ende 1959 das Altersruhegeld ein. Beides

Verwaltungsratsvorsitzender Dr. Alex Haffner (Hans Jürgen Kallmann, Öl auf Leinwand 1958).

machte ihn beliebt. Alex Haffner wurde schließlich als Nachfolger Rothes Verwaltungsratsvorsitzender (1956–1964). Ein von Welter 1958 bei Hans Jürgen Kallmann in Auftrag gegebenes Ölgemälde, das im Konferenzsaal der *FAZ* hing, zeigt den Stellenwert von Haffner für die Zeitung:[39] Neben Welter war er der wichtigste Mann bei der Gründung der *FAZ*.

Wie schon die *Frankfurter Zeitung* hatte auch die *FAZ* keinen Chefredakteur, ein Unikum in der deutschen Zeitungslandschaft. Von Anfang an wurde sie kollegial von fünf (bisweilen auch sechs, heute vier) Herausgebern geleitet, die für einzelne Ressorts und zugleich für die Zeitung als Ganzes verantwortlich waren. Dies waren zunächst Erich Welter, der weiterhin als Ordinarius Volkswirtschaftlehre an der Universität Mainz lehrte und dort von 1950 an das von ihm gegründete und personell mit der *FAZ* verflochtene Institut für Wirtschaftspolitik leitete; ferner von Hans Baumgarten, Erich Dombrowski, Karl Korn und Paul Sethe. Sie alle kamen wie Welter von der *Allgemeinen Zeitung*, was die Kontinuität zwischen *FAZ* und *AZ* verdeutlicht. Nach dem Krieg war Sethe mit den für ihn so charakteristischen Bedenken zur CDU-Zeitung *Rheinische Post* gegangen, dann zur *Badischen Zeitung*, und von dort kam er 1948 als Politikchef zur *Allgemeinen Zeitung* nach Mainz.[40] Korn wurde von Welter 1948 zunächst »für eine große Superwochenzeitung« engagiert, später mutierte das Projekt zur *FAZ*. Korn sagte des Geldes wegen zu, denn im Hinblick auf den Wipog-Kreis um Klepper hielt er sich eigentlich für »zu rot. Das sind Bankiers diese Knaben, liberal und jovial und parteiisch westlich.«[41]

Der habilitierte Volkswirt Welter war für Wirtschaft, Korn für das Feuilleton samt Literatur, die übrigen Herausgeber waren für Politik und alle gemeinsam für den Lokalteil zuständig. Wie den Redakteuren schon in der Präambel des Anstellungsvertrages klargemacht wurde, bestimmten die Herausgeber die »geistige, politische und wirtschaftspolitische Haltung«.[42] In ihrem Kollegium wurde über Personalia entschieden und auch über die Ab- oder Neuberufung von Herausgebern. Grundsätzlich strebte man Konsens unter den Beteiligten an, nur in Ausnahmefällen entschied die Mehrheit der Anwesenden. Die Herausgeber waren gleichgestellt und hielten jeweils kleine Anteile an der Zeitung. Doch das Wort von Erich Welter hatte mehr Gewicht als das der anderen. Der damals *primus inter pares* genannte Vorsitz der Herausgeberkonferenz wechselte jährlich. Das änderte sich, als Welter auf Inititative der Förderer quasi als Ersatz für die ihm verwehrte Rolle als Chefredakteur im August 1951 den Vorsitz übernahm, den er bis 31. März 1954 innehatte, als er selbst um seine

Entpflichtung bat.[43] Kraft seiner Ausstrahlung und seiner langen Tätigkeit – er amtierte von der Gründung 1949 bis 1980 als Herausgeber der Zeitung, von 1978 bis zu seinem Tod 1982 als Vorsitzender der Gesellschafterversammlung – war er *die* Autorität in der Zeitung.

Welter las die eigene Zeitung am gründlichsten von allen und reagierte entsprechend auf die Artikel. Kollegialität und Verlässlichkeit bedeuteten ihm alles. Er wird noch immer – nicht ganz korrekt – als einziger Gründungsherausgeber im Impressum genannt. Bei strittigen Fragen von Bedeutung brauchte freilich auch er den Rückhalt der Geschäftsführung und der Mehrheit seiner Herausgeberkollegen. Von denen agierten Karl Korn und Paul Sethe (laut Impressum war der blasse Fritz Bayer verantwortlicher Redakteur für die Politik, Martin Ruppert für das Feuilleton) zugleich de facto als Ressortleiter, die das operative Geschäft führten. Sethe, der in der *FZ* als außenpolitischer Redakteur und militärpolitischer Kommentator gearbeitet hatte, versah die politische Leitung zeitweilig im wöchentlichen Wechsel mit dem Herausgeberkollegen Hans Baumgarten, was sich aber als wenig praktikabel erwies, sodass Sethe die alleinige Leitung anvertraut wurde.[44]

Erich Dombrowski, einst stellvertretender Chefredakteur des linksliberalen *Berliner Tageblatts* und sogar pseudonymer Autor der *Weltbühne*, war bis 1957 in Personalunion auch Chefredakteur der *Allgemeinen Zeitung* in Mainz, der Urzelle der *FAZ*, und residierte dort weiterhin. Er schrieb Artikel, die in beiden Zeitungen veröffentlicht wurden. Bis 1957 erhielt er von der *FAZ* nur Artikelhonorare, etwa für die regelmäßigen Leitartikel am Samstag, und Ausschüttungen von weniger als 10 000 DM jährlich auf sein eingezahltes Gesellschafterkapital von 43 200 DM, das 1957 bereits einen Wert von 2,4 Millionen DM hatte. Nach seinem Ausscheiden in Mainz trat Dombrowski 1957 bei der *FAZ* auf wie ein Bittsteller. Er wolle nur ein Zimmer in der Redaktion, das »ganz klein« sein könne, und eine Sekretärin. Die Zeitung solle ihm zahlen, was er ihr wert sei. Freilich verwies er auch auf ein amerikanisches Angebot. Man einigte sich, und er blieb noch fünf Jahre Herausgeber.[45]

Ende 1952 erreichte die Zeitung die Rentabilitätsgrenze. Der Wachstumsschub zwischen Ende 1950 (42 000 Exemplare) und Mitte 1955 (150 000, knapp hinter der *Welt*, aber bereits über der Auflage der alten *FZ*) konsolidierte das Unternehmen. Das journalistische Personal wuchs von 14 (1949) auf mehr als 100 Redakteure und Korrespondenten (1955) rasant an. 1954 besetzte man den ersten regulären Korrespondentenposten mit Jan Reifenberg, bezeichnenderweise für die atlantische Ausrichtung in Washington. Im folgenden Jahr konnte man schon Korrespondentenplätze in London, Paris, Washington und Rom vorweisen, 1956 in Moskau. Der stets die *FAZ* mokant begleitende *Spiegel* bestaunte 1959 ein gesundes Unternehmen mit einer »Auflage von rund einer Viertelmillion und imponierenden Anzeigen-Plantagen«, das vom Ende der amerikanischen *Neuen Zeitung* 1953 profitiert hatte.[46] Zur Gesundheit trug ein ausgewogener, nämlich hälftiger Erlös aus Anzeigen und Vertrieb in den 1950er Jahren bei. Da der Anzeigenmarkt im Frankfurter Raum von der *Frankfurter Rundschau* und der *Neuen Presse* dominiert war, musste die *FAZ* sich in einem äußerst schwierigen Markt behaupten. In der Frühphase fallen große Anzeigen der Illustrierten *Quick*, dann aber auch des *Spiegel* und von Mercedes-Benz auf. Daneben stand Werbung für Alkoholika und Rauchwaren. Unter den Förderern tritt vor allem Salamander mit seinem modernen, flächigen Logo auf, das besonders ganzseitig Wirkung entfaltet. Allmählich gelang der Aufbau eines großen Stellenmarktes, welcher der dicken Samstagsausgabe ihr charakteristisches Gewicht und ihre Sperrigkeit verlieh, ein Alptraum für jeden Zusteller. 1960 umfasste er bereits weit mehr als hundert Seiten unter dem Slogan »Man muss sie täglich lesen«.

In den 1960er Jahren verschob sich der Ertrag wie bei anderen Blättern immer mehr Richtung Anzeigen bis zu einem Verhältnis von etwa ein Drittel Vertriebserlösen (davon dann achtzig Prozent Abonnenten) und zwei Drittel Anzeigenerlösen, was die Zeitungen in den rezessiven 1970er Jahren krisenanfällig machte, denn bei Anzeigen spart die Wirtschaft als Erstes.[47] Im Digitalzeitalter nach der Jahrtausendwende brachen die Anzeigen, vor allem die Stelleninserate, dann durch das Internet weg. Das führte neben sinkenden Auflagenzahlen zur strukturellen Zeitungskrise.

Machen wir einen Strich unter die Gründung der *FAZ*. Man kann sie marxistisch deuten: Der Unterbau, die ökonomische Basis mittelständischer und industrieller Betriebe, hatte sich einen Überbau geschaffen, der ihre Interessen durchsetzen und zugleich mit wohlklingender Ordnungspolitik und »Wohlstand für alle«-Phrasen verschleiern sollte. Der Förderkreis gerierte sich teilweise wie eine Überredaktion, übte Blattkritik, machte Verbesserungsvorschläge und äußerte Wünsche. Das war mitunter ein offen artikulierter »Herr im Haus«-Standpunkt. Im Protokoll der Fördersitzung vom Februar 1952 klingt Herausgeber Baumgarten wie ein Angestellter, der seinen Chefs Rechenschaft ablegen muss. Moniert wurde von den Förderern unter anderem das ungleiche Niveau der Wirtschaftsleitartikel und dass es zu wenige Artikel über Landwirtschaft und Nachrichten aus der »Sowjetzone« gebe. Überdies würden die Abbildungen moderner Kunst den Lesern auf die Nerven gehen. Baumgarten nahm detailliert Stellung und verteidigte die Bilder, wobei er sowohl ihren Nachrichtenwert als auch das Interesse der Jugend anführte.[48]

Der Unterbau war freilich kein einheitlicher Block. Die Absichten der Wipog und der bestimmenden Unternehmer gingen oft auseinander. Und der Überbau verselbstständigte sich ironischerweise zugunsten eines strenger marktwirtschaftlichen Kurses. Er wendete sich, wie anhand der schweren Konflikte mit dem Bundesverband der Deutschen Industrie (BDI) gezeigt werden wird, immer wieder gegen die gruppenegoistisch agitierende Basis. Jeder, der einmal Partei- oder Verbandszeitungen gelesen hat, weiß, wie langweilig stromlinienförmige, den eigenen Finanzier stetig lobende Artikel sind. Haffner, Hoffmann und Welter vermieden das, indem sie auf die einzig kluge Strategie setzten: Sie sicherten die Unabhängigkeit der Redaktion mittels einer Stiftung.[49] Das Führungspersonal des Wirtschaftsressorts um Welter und seinen Zögling Jürgen Eick garantierte dabei die langfristige Wahrung der je nach Nomenklatur kapitalistischen – dieses Attribut mochte Welter nicht – oder marktwirtschaftlichen Ideen. Die Wipog war bei der ganzen Unternehmung weniger der treibende Akteur als ein Forum und Medium für die Vernetzung und die Akkumulation des nötigen Kapitals. Brutal und sicher überzeichnend brachte es Schmid gegenüber Klepper auf den Punkt: Er sei doch bloß der Strohmann.[50] Mit dieser Abwehr der Machtambitionen Kleppers sicherte der Industrielle Schmid zugleich die Unabhängigkeit der Zeitung. Es griff eine Dialektik der Autonomie des Wirtschafts- und Mediensystems, bei dessen Missachtung die Zeitung niemals erfolgreich gewesen wäre.

DAS GESICHT DER ZEITUNG IN DEN ERSTEN JAHREN

In einem Prospekt zum Start der neuen Zeitung am 1. November 1949 warb die *FAZ* mit den Porträts von Sethe und Welter sowie dem markanten Indianerschädel Dombrowskis. Sethe sei noch mit seinen »aufsehenerregenden Tatsachenberichten in der ›Frankfurter Illustrierten‹« in Erinnerung, Dombrowski als »populärer Leitartikler des ›Frankfurter Generalanzeigers‹«, und Welter sei aus der *Frankfurter Zeitung* ohnehin ein Begriff. Bewusst wurde hier also nicht nur an die Tradition der *FZ* angeknüpft, vielmehr erfülle sich ein »lang gehegter Wunsch der Frankfurter«: »Leitende Männer der Blätter, die Frankfurt als Zeitungsstadt berühmt gemacht haben, kehren – vereint in der ›Frankfurter

Frankfurter Allgemeine

ZEITUNG FÜR DEUTSCHLAND

S Frankfurt / Dienstag, 1. 11. 1949 — Herausgegeben von Hans Baumgarten, Erich Dombrowski, Karl Korn, Paul Sethe, Erich Welter — Täglich / 20 Pfennig / Nr. 1

Zeitung für Deutschland

Unsere Leser haben heute die erste Nummer der „Frankfurter Allgemeinen Zeitung" vor sich. Dieses Blatt setzt die journalistische Arbeit fort, die in Mainz mit der „Allgemeinen Zeitung" begonnen worden ist. Aber es knüpft zugleich den Anfang zu einem neuen Werk. Unsere Leser haben wohl ein Recht zu erfahren, was damit beabsichtigt ist.

Aus der Tatsache, daß einige unserer Mitarbeiter früher der Redaktion der „Frankfurter Zeitung" angehört haben, ist vielfach geschlossen worden, hier werde der Versuch gemacht, die Nachfolgeschaft dieses Blattes anzutreten. Eine solche Annahme verkennt unsere Absichten. Wie jeder, so haben auch wir die hohen Qualitäten dieses Blattes bewundert; daß die Besatzungsmächte sein Wiedererscheinen sofort nach dem Waffenstillstand nicht gestatteten, wird immer ein Kennzeichen für ihre Unkenntnis der deutschen Verhältnisse bleiben. Aber der Respekt vor einer hervorragenden Leistung bedeutet noch nicht den Wunsch, sie zu kopieren. Wir haben einen ziemlich kräftigen Ehrgeiz, und dieser ist vornehmlich auf eigene und selbständige Leistung gerichtet. Wir haben genaue Vorstellungen von einer neuen Art Zeitung, die wir schaffen möchten. Für sie müßte die Wahrheit der Tatsachen heilig sein; sie müßte sich der strengen Sachlichkeit in der Berichterstattung befleißigen; sie müßte auch den Andersmeinenden gegenüber immer Gerechtigkeit walten lassen; und sie müßte sich bemühen, nicht an der Oberfläche der Dinge stehen zu bleiben, sondern ihre geistigen Hintergründe aufzusuchen. Dies alles also wollen wir redlich; aber wir glauben, zu diesem neuen Typ von Zeitung müßte auch eine beträchtliche Volkstümlichkeit, ein Ansprechen breiter Schichten — ohne ihre Umschmeichlung — gehören. Natürlich denken wir nur an diejenigen, die sich mit uns bemühen wollen, über die Dinge nachzudenken, statt Schlagworten nachzulaufen. Für die Denkfaulen möchten wir nicht schreiben. Aber sonst meinen wir, daß die Vereinigung von breiter Wirkung und geistigen Ansprüchen sehr wohl möglich sei.

Es ist also eigentlich allerhand, was uns vorschwebt. Alle, die wir fragen, sagen uns, daß dieses Ziel sehr schwer zu erreichen sei; manche meinen: unmöglich. Daß unser Vorhaben nicht leicht ist, wissen wir, weil wir eben vom Fach sind. Daß es unmöglich sei, möchten wir nachdrücklich bestreiten. Wir haben bei unserer Vorarbeit in Mainz einige Erfahrungen gesammelt und sind schon von daher zuversichtlich. Natürlich werden wir eine Menge Fehler machen, vor allem am Anfang; später hoffentlich weniger. Aber wir denken doch, daß unser Ziel am Ende ganz leidlich gelingen werde. Die Leser aber, die uns auf unserem Wege folgen werden, können unser Bemühen von Anfang an verfolgen; vielleicht wird sich einiges von der inneren Spannung, die uns erfüllt, auch ihnen mitteilen.

Natürlich ist das alles, so sehr es uns beschäftigt, nicht Selbstzweck. Journalismus ist für uns die schwierigste, schrecklichste, aufregendste, herrlichste Sache von der Welt. Aber auch für uns wird er seelenlos, wenn er um seiner selbst willen betrieben wird. Wir möchten noch einiges mehr, als nur eine gute Zeitung machen. Wir möchten in einer Zeit, in der die Freiheit keineswegs allein durch die Diktatoren, sondern ebenso durch Vermassung, durch Trägheit und Unduldsamkeit bedroht ist, das lebendige Gefühl für dieses kostbarste aller irdischen Güter entfachen. Das gilt für die einzelnen Menschen wie für unser Land. Wir verabscheuen den Chauvinismus; wir stellen nicht die Nation über die Menschheit. Aber wir lieben ebensowenig die unwürdige Rolle der nationalen Unfreiheit. Gerade weil wir uns als Europäer empfinden, möchten wir nicht, daß ein einziges Land, nämlich das unsere, in die europäische Gemeinschaft als ein Mitglied minderen Rechtes trete. Von den großen Idealen der Freiheit und Gerechtigkeit, denen unsere Arbeit dienen soll, darf Deutschland nicht ausgeschlossen bleiben. Wir hoffen, einiges dazu tun zu können.

Deutschland hat keinen Außenminister. Seine Stimme dringt nur schwach nach draußen. Hier möchte dieses Blatt einsetzen; es will eine Stimme Deutschlands in der Welt sein. Hierzu haben wir ebenfalls in Mainz einige Vorarbeit geleistet, die uns zum Vertrauen berechtigt. Auch bei diesem Vorhaben uns zu folgen, möchten wir unsere Leser einladen. Wenn wir dann einige Jahre gemeinsam gewandert sind, werden wir uns hoffentlich sagen können, daß unsere gemeinsame Arbeit nicht vergeblich gewesen ist.

In Berlin

he. Ganz Deutschland schaut in diesen Tagen nach seiner früheren Hauptstadt. Selten ist ein Staatsoberhaupt so sehr der Dolmetsch von Gefühlen einer ganzen Nation gewesen als gestern, da Theodor Heuß zu den Hunderttausenden auf dem Platz vor dem Rathaus sprach. Seine Zuhörer waren unsichtbar nicht nur die Millionen Menschen aus den Westzonen, sondern auch alle die siebzehn Millionen, die auch nach der Errichtung des mitteldeutschen Staates weiter unter russischer Herrschaft leben. Wie sehr auch immer ihre wirklichen Empfindungen niedergehalten werden, in Wirklichkeit weiß doch alle Welt, daß auch die Bewohner der Gebiete östlich der Linie von Lübeck nach Kassel in Theodor Heuß ihren Präsidenten sehen.

Inzwischen ist deutlich geworden, daß die Bundesrepublik für ihr notleidendes zwölftes Land mehr übrig hat als nur symbolische Gesten. Der Finanzminister hat in der letzten Sitzung des Bundestages einiges von dem Programm mitgeteilt, das Westdeutschland für Berlin bereit hält. Diesem Programm liegen mehr als Nützlichkeitserwägungen zu Grunde. Dahinter steht die Ueberzeugung, daß, wenn wir gemeinsam leiden, wir gemeinsam leiden wollen, und daß, wenn wir wieder aufsteigen, wir gemeinsam diesen Weg gehen wollen.

Der Saum des Mantels

PS Selten hat man in Deutschland, hat man auch in der Welt einer neuen französischen Regierung mit soviel Spannung entgegengesehen wie der gegenwärtigen, die eben ihr Amt angetreten hat. Die letzten Wochen nämlich waren erfüllt von Gesprächen über große Möglichkeiten von zukunftszeugenden Taten; aber die Aussichten auf Heil oder Unheil für Deutschland und die Welt waren dabei wirr ineinandergeflochten, und wirkliche Klarheit war niemals zu erzielen, weil die Gespräche immer bei der Frage endeten: Wie wird man sich in Paris entscheiden?

Außenminister der neuen Regierung ist wiederum Herr Schuman, einer der wenigen Politiker unserer Zeit nicht nur von europäischer Gesinnung, sondern auch von europäischem Format. Er hat vieles dazu getan, den Weg unseres zerrissenen Erdteils in eine neue Gemeinsamkeit zu bahnen. Er ist wahrscheinlich nicht das, was man in einem flachen Sinne einen Deutschenfreund zu nennen pflegt. Aber seine Vorstellungen von dem neuen Europa schlossen Deutschland nicht aus. Um so herber war in diesem Herbst die Entmutigung der entschlossenen Anhänger einer deutsch-französischen Verständigung. Die Festsetzung des neuen Mark-Kurses und das Verbot der Erhöhung des deutschen Kohlenpreises haben die Deutschen schwer getroffen. Es geht nicht nur um die Schäden für die schwerringende deutsche Wirtschaft dabei, die auf die Dauer nicht leben kann, wenn sich die Ausfuhr nicht steigert. Wichtiger vielleicht noch ist die Tatsache, daß fast in der Geburtsstunde der Bundesrepublik uns auf die nachdrücklichste Weise sichtbar gemacht worden ist, wie schattenhaft noch immer unsere staatliche Souveränität geblieben ist und wie tief die Eingriffe des Auslandes in unser innerstes politisches Leben sein können. Auch wer sonst den Fortschritt in der Stellung Deutschlands zur Welt dankbar anerkannt hat, hatte plötzlich das Gefühl, um viele Meilen zurückgeworfen zu sein. Jeder in Deutschland hätte einen Eingriff verstanden, der eine neue Wiederaufrüstung unmöglich hätte machen sollen. Aber daß hinter der Entscheidung der Westmächte die Ueberlegung stand, man müsse ausländischen Industriezweigen wirtschaftlichen Nutzen gewähren, und dies im selben Augenblick, in dem immer lauter der Ruf gerade nach der Wiederaufrüstung unseres Landes erhoben wird, dies hat bleibende und tiefe Bedrückung ausgelöst.

Zugleich wurde bekannt, daß selbst Bevin, ein gewiß überraschendes Ereignis, sich davon überzeugt habe, aus welchen Gründen auch immer, die Demontagen müßten beendet werden. Aber, so deutete das Foreign Office an, in Frankreich habe man sich seiner Ansicht nicht angeschlossen. Damit muß die Aufmerksamkeit der deutschen Oeffentlichkeit, die gerade in der Demontagefrage monatelang nach London gerichtet war, sich plötzlich doch wieder nach Paris richten.

Die Türen der Beratungszimmer waren nicht dicht genug zu verhindern, daß in den letzten Wochen vieles von dem nach draußen gedrungen ist, was in Westeuropa besprochen wurde. Es geht darum, ob man Deutschland heute die Rechte zubilligen will, die man ihm vor einem halben Jahre verweigert hat. Nach zwölf bis achtzehn Monaten sollte eigentlich das Besatzungsstatut zur Abänderung überprüft werden. Einen Monat, nachdem es wirksam geworden ist, spricht alle Welt bereits davon, daß es so nicht bleiben könne, wie es ist. Wir sind wegen der Grundrichtung der Entwicklung sehr zuversichtlich, und wir haben allen Anlaß dazu. Einmal wird der Tag kommen, an dem das Besatzungsstatut wirklich verbessert wird, vielleicht morgen, vielleicht erst übermorgen, vielleicht auch erst in einem Jahre. Aber warum, dies bleibt immer die Frage, tut man das doch Unvermeidliche nicht heute schon und schon freiwillig, mit aller der großartigen Wirkung auf die Seelen der Menschen, anstatt es sich in einem Jahre oder noch später von den Ereignissen abfordern zu lassen?

Man weiß, was uns wohlmeinende Freunde aus Frankreich zu entgegnen pflegen! Unser westlicher Nachbar steht noch allzu sehr unter dem Einfluß von Krieg und Besatzung, als daß es sich so leicht von der Erinnerung lösen könne. Das ist sicher nicht falsch; aber könnte nicht eine Staatsführung, die wirklich bis in ihr innerstes Wesen die ungeheure Gefahr für unser ganzes westliches Dasein spürt, — eine Gefahr, die wahrhaftig nicht von Deutschland her droht — könnte sie sich nicht zur Aufgabe der psychologischen Führung machen, ihre Nation von dem ewigen Starren nach rückwärts zu lösen und ihren Blick nach vorn zu richten? Man sollte meinen, auch die Erinnerung der Vergangenheit würde dazu beitragen. Die französische Politik in den zwanziger und zu Anfang der dreißiger Jahre ist mit keuchendem Atem ganz dicht hinter dem Gang der Weltgeschichte hergelaufen. Briand hat versucht, den Saum des Mantels der großen Geschichte im Vorübergehen zu erhaschen; gelungen ist es ihm so wenig wie Stresemann in Deutschland. Das Ende kennen wir.

Heute würde sich bei ähnlichen Ereignissen kein neuer Hitler erheben. Diese Gefahr ist für immer vorbei. Aber heute würde vielleicht am Ende dieser Entwicklung eine verzweifelte oder gleichgültige Nation in der Mitte Europas stehen. Auch das kann Frankreich nicht gleichgültig sein. Man hat einiges davon gehört, daß der französische Generalstab zu der Überzeugung gekommen sei, Deutschland müsse Westeuropa mit verteidigen helfen. Sehen wir von diesen militärischen Voraussagen ab, die deutschen Ohren nicht eben angenehm klingen können; aber glaubt man im Ernst, daß eine Nation, die sich immer zurückgeworfen fühlt, auf die Dauer auch in der geistigen Haltung ein Bollwerk Europas sein könnte?

Das sind Sorgen für die ferne Zukunft, aber gewiß auch heute nicht leicht zu nehmen. Für den Augenblick sollte uns vielleicht in Westeuropa eine andere Möglichkeit näher liegen. Die Amerikaner haben sich in der Frage der Markabwertung und des Kohlenpreises den französischen Wünschen angeschlossen. Aber sie haben es nicht gerne, und sie haben es nur zögernd getan. Verstimmung ist bei ihnen zurückgeblieben. Wir machen uns keine Illusionen; die Amerikaner sind nicht „deutschfreundlich", und sie haben eine größere Zuneigung für die Franzosen als für uns. Wenn sie in den letzten Monaten offenbar mit der Pariser Politik nicht mehr übereinstimmen, so geschieht das aus einem anderen Grunde, als weil sie uns begünstigen möchten. Bürger eines Landes, die einige volle Tage brauchen, um von einem Ende des Landes zum andern zu reisen, haben nicht viel Verständnis für die Ueberlegung, die als Grundlage den Nutzen oder den Schaden eines Landes von der Größe Nebraskas oder Alabamas haben. Es sind die Amerikaner, die oft lebhafter als wir in Europa die europäische Gemeinsamkeit gestaltet sehen möchten. Was werden sie tun, wenn sie statt dessen die verstaubte Nationalstaats-Idee immer wieder triumphieren sehen? Es mag sein, daß sie dann dieser törichten und kleinlichen europäischen Streitigkeiten müde werden und völlig ihre Unterstützungsbereitschaft zurückzuziehen beginnen. Und, ob uns dies Vergnügen macht oder nicht, ohne diese Bereitschaft ist Europa, das seine Selbständigkeit längst durch innere Zerfleischung verloren hat, dem Untergange preisgegeben.

So viel drängende Ueberlegungen sollten sich gegenwärtig in Paris zusammenballen, wenn Herr Bidault und Herr Schuman ihre neue Regierung beginnen. Für uns alle, die wir den Rest europäischer Kultur und europäischer Wirtschaft verteidigen möchten, hängt Unendliches davon ab, ob der Ruf der Geschichte vom Quai d'Orsay vernommen wird.

Der Bundespräsident in Berlin

Professor Heuß von den Berlinern stürmisch umjubelt

Drahtbericht unseres Korrespondenten

er. Berlin, 31. Oktober. Strahlend blauer Himmel und Sonnenschein lagen am letzten Oktobertag über Berlin, als um 11.40 Uhr die planmäßige amerikanische Verkehrs-Maschine auf dem Flugplatz Tempelhof zur Landung ansetzte. Die Berliner städtischen Verkehrsmittel und die öffentlichen Gebäude hatten Flaggenschmuck angelegt, und die Straßen zwischen Tempelhof und dem Berliner Vorort Wannsee, wo Bundespräsident Heuß während seines zweitägigen Berlin-Aufenthalts wohnen wird, waren von Menschenmengen dicht umsäumt. Sie kamen freiwillig, um dem Präsidenten bei seiner Fahrt durch die Straßen zuwinken zu können.

Auf dem Flugplatz hatten sich Oberbürgermeister Reuter, Bürgermeister Dr. Friedenburg, die Vorsitzenden der Berliner Parteien sowie Vertreter des Magistrats eingefunden.

Außerordentliche Sitzung des Magistrats

Um 14.30 Uhr trug sich Professor Heuß in das „Goldene Buch der Stadt Berlin" ein. Um fünfzehn Uhr begann die außerordentliche Sitzung im Rathaus Schöneberg, dessen Portal, die große Eingangshalle und der Sitzungssaal festlicher und farbenprächtiger denn je geschmückt waren. In diesem Gebäude, das von 1919 bis 1933 die Wirkungsstätte des damaligen Stadtverordneten Heuß war, sollte der Bundespräsident zu den Berlinern sprechen.

Nachdem Stadtverordnetenvorsteher Dr. Suhr Professor Heuß im Namen der Stadtverordnetenversammlung zum Ehrenbürger Berlins ernannt hatte, bestätigte Oberbürgermeister Reuter diese Ernennung mit den Worten: „Die Ehrenbürgerurkunde ist nur ein Provisorium, ihr Inhalt ist jedoch echt; da Sie, Herr Präsident, in einer provisorischen Hauptstadt wohnen, glaube ich, daß Sie für dieses Provisorium Verständnis haben werden."

Der Präsident zu den Berlinern

Dann sprach Professor Heuß: „Das Schicksal Berlins hängt an Westdeutschland, aber auch das Schicksal des gesamten deutschen Volkes hängt an Berlin." Berlin liege weniger daran, weltpolitisch so interessant zu bleiben, wie es jetzt geworden sei. Es wolle vielmehr Arbeit haben. Der Bundespräsident sprach dann von den Erinnerungen an vergangene Zeiten, die gerade das Wiedersehen mit diesem Hause in ihm wachrufe. Stadtverordnetenvorsteher Dr. Suhr sagte anschließend, er wolle dem Bundespräsidenten nicht nur mit Worten danken, sondern er wolle ihm das Beste zeigen, was Berlin besitze und was diese Stadt so stark gemacht habe: seine Menschen.

Die Menschenmenge, die sich auf dem Platz vor dem festlich geschmückten Rathaus versammelt hatte, war unübersehbar. Nicht nur aus den Westsektoren der Stadt waren sie gekommen, Tausende kamen auch aus Ostberlin. Stürmisch begrüßt ergriff der Bundespräsident das Wort. Er wandte sich nicht nur an die Berliner, sondern er sprach auch zu den Menschen der Ostzone, indem er ausrief: „Die Ostzone spricht aus mir, meine Stimme und meine Worte hören Millionen deutscher Menschen, die gegenwärtig zur Stummheit und zum Schweigen verurteilt sind." Auch in Bonn sei nicht alles so, wie man es sich wünsche. „Wir haben ein Besatzungsstatut, ein Ruhrstatut, aber wir haben keine Konzentrationslager. Wir haben ein freies Leben, Freiheit der Presse, und alle politischen Parteien können frei arbeiten. Wir sind die Stellvertreter für alle Deutschen, die an der Entscheidung nicht teilhaben können." Abschließend sagte der Bundespräsident, es werde der Tag kommen, wo Berlin die Hauptstadt des einheitlichen Deutschlands sein werde.

Nach dem stürmischen Beifall, der dieser Rede folgte, sprach noch einmal Oberbürgermeister Reuter: „Da wir noch keine Nationalhymne haben, wollen wir zum Schluß die dritte Strophe des Niederländischen Dankgebetes singen." Mit entblößtem Haupt sangen die etwa zweihunderttausend Anwesenden das Dankgebet.

Empfang bei den Kommandanten

Für den Abend war in der Städtischen Oper zu Ehren des Bundespräsidenten eine Festaufführung des „Fidelio" vorgesehen, der ein Empfang im Foyer der Oper folgt.

Wie die Deutsche Presse-Agentur ergänzend meldet, hat Bundespräsident Heuß in den frühen Nachmittagsstunden des Montag die drei westlichen Kommandanten Berlins in den Amtsräumen des Oberbürgermeisters im Schöneberger Rathaus empfangen. Professor Heuß, in dessen Begleitung sich sein Sohn, der Bundesminister für gesamtdeutsche Fragen Kaiser, der Ministerialdirektor von Bott und mehrere Ministerialräte befanden, begab sich nach der Begrüßung auf dem Flugplatz in das Gästehaus der Stadt Berlin am kleinen Wannsee. Seit Montagfrüh wehen von diesem Gebäude die Fahnen der Bundesrepublik Deutschland und Berlins.

Inkognito in Frankfurt

Frankfurt, 31. Oktober. (Eigener Bericht.) Bundespräsident Professor Heuß hatte am Montagvormittag kurz vor seinem Abflug nach Berlin auf dem Rhein-Main-Flughafen in Frankfurt erklärt, sein Besuch solle einfach die Zusammengehörigkeit des Westens mit der ehemaligen Reichshauptstadt zum Ausdruck bringen; und zwar eine Zusammengehörigkeit, die nicht in Paragraphen ruhe, sondern aus der Seele spreche. Das deutsche und das Berliner Schicksal seien ineinander unzertrennbar verwoben. Das Ergebnis der Berliner Tage wünsche er so verstanden zu wissen, daß die noch bestehenden formalen Lücken im Verhältnis der ehemaligen Reichshauptstadt zu dem Westen im Menschlichen überbrückt werden.

Der amerikanische Flugcaptain Robert Nordt, der am Montagvormittag zum 187. Male die Route Frankfurt—Berlin flog, hatte in seiner planmäßigen Verkehrsmaschine Heuß als prominenten Fluggast. Er saß neben Geschäftsreisenden, einer Krankenschwester und zurückkehrenden Berliner Einwohnern.

Der Militärpolizist am Eingang zum Flughafengelände hatte erstaunte Augen gemacht, als der Präsident mit einem 2,3-Liter-Mercedes-Wagen, wie er bei den Frankfurter Taxen zu Dutzenden zu sehen ist, durch das Tor rollte. Professor Heuß mußte eine Stunde auf den Abflug warten, da die Sonne erst die Nebelschleier verdrängen mußte.

Der Bundespräsident war mit seiner Begleitung schon am Sonntagabend in Frankfurt eingetroffen und hatte sich, wie Ministerialrat Bott erzählte, riesig gefreut, daß ihm die Stadt Frankfurt zu seinem inoffiziellen Besuch einen Blumenstrauß in den Stadtfarben Weiß-Rot überreichen ließ. Der Präsident war inkognito nach Frankfurt gekommen, weil er vor seinen Berliner Tagen noch ein paar Stunden Ruhe haben wollte.

Ein Zwischenfall

Berlin, 31. Oktober. (dpa) Drei Personen, die während der Ansprache des Bundespräsidenten Flugblätter aus einer Häuserruine auf den Berliner Rudolf-Wilde-Platz geworfen hatten, wurden von der Polizei in Schutzhaft genommen, um sie gegen die drohende Haltung der Kundgebungsteilnehmer zu schützen. Sie werden bereits am Dienstag vor ein amerikanisches Militärgericht gestellt, da die Verteilung illegaler Flugblätter gegen die Verordnungen der Besatzungsmächte verstößt.

Austritt aus der Regierung

Rom, 31. Oktober. (AP) Die antikommunistische sozialistische Partei Italiens hat am Montag beschlossen, aus der italienischen Regierung auszuscheiden.

Dieser auf einer Tagung der Parteivorsitzenden gefaßte Beschluß kann zum Rücktritt des gesamten Kabinetts de Gasperi Anlaß geben.

Die erste Ausgabe der Frankfurter Allgemeinen Zeitung *vom 1. November 1949. Alle Überschriften des Politik- und Sportteils waren in Fraktur gehalten.*

Allgemeinen Zeitung‹ – zurück.« Man wollte die Mainzer mit der Frankfurter Tradition zu etwas Modernem verschmelzen, so der Anspruch: Nun gehe die »Hauptausgabe der Mainzer ›Allgemeinen Zeitung mit Wirtschaftsblatt‹ mit ihrem Leserkreis in der ›Frankfurter Allgemeinen Zeitung‹ auf. Damit verbindet sich das traditionsreiche journalistische Können Frankfurts mit großer technischen Überlieferung der alten Gutenberg-Stadt zu einer verlegerischen Leistung modernster Prägung.«[51] Schlichter ausgedrückt: Die *FAZ* war eine Fortführung der überregionalen Ausgabe der Mainzer *Allgemeinen Zeitung* unter verändertem Titel bei ganz ähnlicher Aufmachung. Aufbau und Personal waren weitgehend identisch, selbst die Redakteure arbeiteten zum großen Teil noch in Mainz. Gleichwohl signalisierte man im Titel die Aufnahme der Frankfurter Tradition. Ursprünglich sollte der Titel »Frankfurter Allgemeine Zeitung« lauten, das waren aber zu viele Buchstaben für das kleine Mainzer Format. Daher machte Erich Welter den Vorschlag, die Unterzeile »Zeitung für Deutschland« einzurichten. Das sah dann in der Antiqua besser aus als in der Fraktur, die der Typograph Albert Fuss für die Überschriften nutzte.[52] Die Abkürzung heißt gleichwohl bis heute *FAZ*, wobei die Zeitung selbst sich »F.A.Z.« – sprich »Efazet« – nennt, denn man wollte sich keineswegs, wie es tatsächlich häufig geschieht, »faz« aussprechen lassen. Das empfand man als verunglimpfend.[53] Als »Drahtanschrift« wurde entsprechend EFAZET« gewählt. Das spätestens mit den 68ern aufkommende »FAZ«, was sich dann auch für die journalistische und wissenschaftliche Zitation durchsetzte, lehnte man entschieden ab.[54]

Der langjährige Chef vom Dienst, Hugo V. Seib, war ebenfalls schon bei der *AZ* mit von der Partie. Als erster westdeutscher Journalist konnte er 1954 nach Moskau und Leningrad reisen.[55] Seib hatte dafür zu sorgen, dass die Abläufe in der Redaktion Tag für Tag die pünktliche Auslieferung der Zeitung garantierten. Das Büro der Zeitung im Frankfurter Bahnhofsviertel in der Kaiserstraße 65 (die damals kurzzeitig republikanisch umgetauft Friedrich-Ebert-Straße hieß) bestand aus einer Vierzimmerwohnung im Hinterhof. In die Räume der Anzeigenleute zogen nachts andere Mieter zum Schlafen ein. Auf fünf Herausgeber kamen gerade einmal 14 Redakteure und zwei Volontäre. Schließlich zog man im Herbst 1950 zusammen mit der Wipog in ein neues Domizil, in das schöne neoklassizistische Gebäude Börsenstraße 2 am Goetheplatz, vormals Sitz der Gauleitung. Dort verfügte man zunächst nur über eine Etage, ausgestattet mit Mobiliar aus Apfelweinlokalen. Die Türen standen in alter *FZ*-Tradition immer offen, sodass der ressortübergreifende Austausch nicht erst nach Redaktionsschluss in der Weinstube erfolgte. Da ein Teil der

Belegschaft weiterhin am Druckort Mainz arbeitete (wo noch ein knappes Jahr gedruckt wurde, ehe man bis 1961 auf die Dienste der *Frankfurter Rundschau* zurückgriff), war die Wirtschaftsredaktion am Ort nur durch den sehr jungen Ressortleiter Jürgen Eick und den ebenfalls jungen Börsenjournalisten Heinz Brestel vertreten. Ferner gehörten Hans Roeper sowie die Jungredakteure Hans Herbert Götz und Peter Sweerts-Sporck zum Ressort. Kein Wunder, dass man tricksen musste, wenn der geschätzte Wirtschaftsminister Erhard – als Wipog-Vorstand letztlich auch Mitgründer der Zeitung – zu Besuch war und sein Wohlwollen über die Belegschaft ausgießen wollte.[56]

Bescheidene Anfänge: Das erste Büro der Zeitung im Frankfurter Bahnhofsviertel in der Friedrich-Ebert-Straße 65 (heute wieder Kaiserstraße).

Der zweite Sitz der Zeitung, Ecke Börsenstraße 2, war zwar auch beengt, aber schon repräsentativer. Noch heute ist der markante Schriftzug auf dem Gebäude angebracht.

Welter kam in der Regel erst am Nachmittag von der Universität Mainz mit seiner Sekretärin nach Frankfurt, wo er sich mangels eines eigenen Raums im Konferenzzimmer niederließ. Später teilte er sich ein Büro mit Benno Reifenberg. In den Büros, die man durch Sperrholzwände in kleinere Einheiten unterteilt hatte, war es recht laut. Die Verlagsleitung saß Tür an Tür mit der Redaktion. Auch als man weitere Räume in der Börsenstraße anmietete, blieben die Verhältnisse recht bescheiden. Es herrschte aber ein freundlicher und geselliger Umgangston, und der Redaktionsschluss wurde selbstredend reichlich begossen. Nur Welter war Spielverderber beim Alkohol, sodass Korn, als 1954 das Erreichen einer Auflage von 100 000 Exemplaren kräftig gefeiert wurde, dem hinzutretenden Herausgeberkollegen entgegenbrüllte: »Welter raus, Welter raus!«[57]

Wie sah die Zeitung in den Anfangsjahren aus? Zunächst wurde sie noch nicht im heute üblichen Nordischen Format, sondern im kleineren Mainzer Format gedruckt und kostete 20 Pfennig, im Abonnement frei Haus 3,90 DM monatlich. Der Zeitungskopf war wie alle Überschriften des Nachrichten- und Meinungsteils in der Fetten Gotisch gesetzt und ähnelte damit sowohl dem der *Allgemeinen Zeitung* wie dem der alten *Frankfurter Zeitung*. Neben dem Aufmacher, der bei besonderen Ereignissen wie dem erneuten Nachkriegssieg Labours in Großbritannien und dem Ausbruch des Koreakrieges (beides 1950) die ganze Seite überspannte,[58] prangte direkt die erste Leitglosse. Darunter stand der große Leitartikel, der am Samstag von Dombrowski bisweilen auf der zweiten Seite fortgeführt wurde. Dort gab es zudem Meinungsstücke in Form kleinerer Leitglossen in der linken Spalte, rechts waren die »Stimmen der Anderen« platziert. Auf dieser Seite erschienen ferner historische Artikel oder Reiseberichte, Auswertungen der Meinungsforschung und gelegentlich die rasch berühmt gewordenen Porträts Walter Henkels', die »Bonner Köpfe«, eine Erfolgsserie, die Henkels bis 1982 in unregelmäßigen Abständen fortsetzte. Auf der dritten Seite folgten Nachrichten und das erste Foto. Die Dominanz der Meinungsstücke auf den ersten beiden Seiten stand in klarem Widerspruch zum angelsächsischen Prinzip, Meinungsstücke weiter hinten auf einer eigens ausgewiesenen Meinungsseite ins Blatt zu nehmen, wie es die 1945 gegründete *Süddeutsche Zeitung* bis heute praktiziert. Die *FAZ* war freilich auch erst kurz nach Aufhebung des Lizenzzwangs gegründet worden. Die vermischten Seiten von »Heimat und Welt«, dann »Deutschland und die Welt«, das Feuilleton und das Wirtschaftsblatt folgten. Die Deutschlandausgabe umfasste in den ersten Jahren acht Seiten, zu denen in der Regionalausgabe zunächst donnerstags und samstags, dann täglich Seiten für »Frankfurt und Umgebung« hinzukamen.

Die fünfspaltigen Seiten wirkten noch wie die vertraute Bleiwüste der *Frankfurter Zeitung*. Gleichwohl waren etwas mehr Luft und Struktur vorhanden als bei den Zeitungen der Weimarer Jahre. Nachdem bereits Ende 1950 Trennlinien zwischen den Spalten eingefügt worden waren, wurde zum 1. Januar 1966 ein sechsspaltiges Layout eingeführt und die Frakturschrift Fette Gotisch bei den Überschriften abgeschafft. Nur die Überschriften der Leitartikel waren jetzt noch in der Fraktur gesetzt. 2005 wurde das Schluss-S der Fraktur abgeschafft, und bei der großen Layoutreform 2007 glaubte man dann, dass die Leser die traditionelle Schrift nicht mehr lesen könnten. Seither ist nur noch der Titel in Fraktur gesetzt, ohne Rücksicht darauf, ob jeder ihn lesen kann. Die Linien zwischen den Spalten entfielen wieder, und die Überschriften wurden linksbündig gesetzt.

Eine Frauenbeilage gab es schon von 1949 an, zuerst als Beilage, danach als letzte Seite der Samstagsausgabe nach dem Feuilleton, dann als eine Seite der samstäglichen Beilage »Bilder und Zeiten«. Auf edlem Papier war schon die Frauenseite der *FZ* publiziert worden. Auch eine unregelmäßig erscheinende Kinderseite mit Kurzgeschichten, Cartoons, Bastel- und Rätselecken und eine Vorstellung von Kinder- und Jugendbüchern gab es in der Zeitung; bis heute stellt die *FAZ* Kinder- und Jugendbücher vor. Das Automobil erhielt in verstreuten Artikeln in *FZ*-Tradition unter der Überschrift »Vom Motor« Aufmerksamkeit. Vom 6. September 1952 an erschien dann eine Rubrik »Der Motor« zunächst am Samstag, bald als ganze Seite, dann von 1965 an am Mittwoch, betreut vom Chef vom Dienst Hugo V. Seib. Nach dessen Tod übernahm Gerold Lingnau die Seite, die dem Wirtschaftsherausgeber Jürgen Eick unterstellt wurde, der sich stets sehr um sie kümmerte. Diese Seite erhielt jetzt einen stärkeren Servicecharakter. 1988 entstand daraus die Dienstagsbeilage »Technik und Motor«, die von einem eigenen Ressort betreut wurde.[59] Der Radioseite für die Woche am Donnerstag folgte bald eine Filmseite. Die »Briefe an die Herausgeber«, also Leserbriefe, waren zu Beginn eine Seltenheit, meist bestand die Rubrik aus einem oder zwei längeren Briefen.

Wenn Erich Welter die Autorität der Zeitung war, so war Paul Sethe das journalistische Gesicht. Zu großen Teilen füllte er die ersten beiden Seiten des Politikteils. Unter gleich drei Kürzeln (an, tü und he) und seinem vollen Namen verfasste er große Leitartikel, die er im Hin-und-her-Schreiten, tief im Gedanken versunken, entwickelte, daneben kleine Stücke, Reiseeindrücke und historische Betrachtungen. Gerne verwies er den Leser auf eine Kontinuität der Linie, wog bedächtig ab, selbst im Fall der immer wieder provozierenden Verlautbarungen des hessisch-nassauischen Kirchenpräsidenten Martin Niemöller,[60] und stellte klare Forderungen auf, meist an die Adresse der Alliierten. Das historische Interesse, die Parteinahme in der Auseinandersetzung um die Vergangenheit zugunsten der nicht unmittelbar Schuldigen und die historische Orientierung wie Beobachtung historischer Debatten und Neuerscheinungen waren hervorstechend. Sethe war jedoch kein Nostalgiker. Dem Ansinnen des Erlanger Historikers Hans-Joachim Schoeps nach einer Restauration der Hohenzollernmonarchie erteilte er eine höfliche, aber deutliche Absage.[61] Engen Kontakt hielt er zum Doyen der Nachkriegsgeschichtswissenschaft Gerhard Ritter. Sethe bat Ritter wiederholt um historische Beiträge für die *FAZ*. Dieser lieferte pointierte Auszüge seiner Arbeiten, was deren Absatz deutlich erhöhte. Die Nachfrage nach Expertise der Hochschullehrer war allerdings auf den Bereich ihrer Profession begrenzt: Sethe lehnte eine Anfrage des von ihm ansonsten sehr geschätzten Marburger Historikers Ludwig Dehio, sich zu aktuellen politischen Themen in der *FAZ* zu äußern, aus grundsätzlichen Erwägungen ab.[62] Bei allgemeinpolitischen Themen wie der *Spiegel*-Affäre wurden Ritters Verlautbarungen – wie die zahlreicher anderer Intellektueller – auf der Leserbriefseite abgedruckt, die gerade durch solche Wortmeldungen zu einem bedeutenden Debattenort avancierte.

Von Anfang an interessierte man sich bei der *FAZ* also für historische und geschichtswissenschaftliche Debatten, wobei der gerade untergegangene Nationalsozialismus nur mittelbar zur Diskussion stand. Der von der Mainzer *Allgemeinen Zeitung* übernommene Münchener Korrespondent Herwig Weber berichtete etwa am 4. November 1949 in einem großen Stück im Politikteil über Hans Rothfels' Bismarck-Referat auf dem Münchener Historikertag und eine anschließende Radiodebatte zwischen den damaligen Größen des Fachs Franz Schnabel, Gerhard Ritter und Fritz Hartung. Zustimmend wurde der Historikerkonsens referiert: Von Bismarck führe keine Linie zu Hitler.[63]

Der erste Wirtschaftsleitartikel von Ressortchef Jürgen Eick, der das zweite Buch der Zeitung einleitete, trug den programmatischen, bis heute leitmotivisch variierten Titel »Am Grabe der freien Wirtschaft?« und präsentierte die ebenfalls bis heute charakteristische Absage an regulierende Zwangsmaßnahmen bei kritischer Aufnahme von Thesen aus der Wirtschaftswissenschaft.[64] Eick hatte sich bei der Konzeption des Wirtschaftsteils den Handelsteil der *Frankfurter Zeitung* genau angeschaut, der in der Bibliothek der Frankfurter Industrie- und Handelskammer archiviert war. Er wollte das Wirtschaftsbuch der neuen Zeitung populärer und politischer gestalten, und diese Absicht setzte er in die Tat um.[65] Verständlichkeit war auch für Eicks Mentor Erich Welter ein hoher Wert, ebenso die klare Artikulation von wirtschaftspolitischen Grundhaltungen. Eick, der 1963 zum Mitherausgeber aufstieg, war nicht nur ein loyaler Mitstreiter im ordoliberalen Geiste Welters, er sorgte auch für den Teamspirit im Wirtschaftsressort, führte die zweimal jährlich stattfindenden Jours fixes der Redaktion mit den Korrespondenten ein sowie den »Setzerabend« mit den Metteuren und Setzern der Societäts-Druckerei, eine Geste, die dem Politikressort fremd war.[66]

Das Feuilleton bildete zunächst kein weiteres Buch, es umfasste auch nur, zusätzlich zum Fortsetzungsroman »unter dem Strich«, eine Seite, deren Ort wechselte. Entsprechend bescheiden war der redaktionelle Stab von anfangs drei Mitarbeitern. Neben Herausgeber Karl Korn waren dies Ressortleiter Martin Ruppert und Robert Held. Das Feuilleton wurde dementsprechend als Anhängsel der Zeitung betrachtet. Hinzu kam aber noch das ebenfalls zunächst von Korn, später von Friedrich Sieburg verantwortete Literaturblatt, das auf einer Seite am Samstag bedeutende belletristische und Sachbuchrezensionen brachte.

Korns Feuilleton war durchaus modern. Anfang 1951 ließ er Heinrich Böll zum ersten Mal insgesamt wohlwollend besprechen, und wenig später räumte er Böll sogar Platz für die Erzählung »Aschermittwoch« ein. Mit der Besprechung von Bölls Roman »Und sagte kein einziges Wort«, einer schonungslosen Darstellung eines prekären Ehealltags in verarmten und vom Bombenkrieg gezeichneten Kölner Verhältnissen, verhalf er dem kritischen Katholiken zum Durchbruch: »Wenn mich künftig einer fragt, was denn die Deutschen heute an Büchern von wirklicher Kraft und Wahrhaftigkeit vorzuweisen hätten, werde ich den Böll nennen.«[67] Neben den eher konservativen Rezensionen des Schrifstellers Rudolf Krämer-Badoni, von dem die *FAZ* sich nach seinem Schlüsselroman über Karl Korn trennte,[68] feierte der Philosoph Max Bense den analytischen Philosophen und sozialistischen Pazifisten Bertrand Russell, der 1950 den Literaturnobelpreis erhielt.[69] Häufig wurde Sartre diskutiert. Charakteristisch dabei die Antwort Korns auf die Frage »Zeigt Sartre einen Ausweg?«: »Der Ausweg? Man muß ihn selbst finden. Sartre – unter andern – zwingt dazu. Auf existentialistische Argumente kann man nur durch Existenz antworten. Wie das anzustellen sei? Durch Tun, weiter nichts. Das dürfte das Geheimnis von Sartres Wirkung in Anziehung und Ablehnung sein.«[70] Das war weder entschieden noch wirklich weiterführend, aber die Bereitschaft zur Diskussion war da.

Modern war das Feuilleton schon, weil es über wissenschaftliche Entwicklungen berichtete. Das betraf die Geisteswissenschaften, wo etwa Friedrich Baethgen über die von ihm selbst geleiteten Monumenta Germaniae Historica (MGH) und andere Großprojekte wie die erst in unseren Tagen zu einem Abschluss kommende Neue Deutsche Biographie (NDB) unterrichtete.[71] Und es betraf naturwissenschaftliche und medizinische Themen, fünfzig Jahre vor Frank Schirrmacher. Über neue Entwicklungen und Konferenzen auf diesen Gebieten wurde regelmäßig informiert. Auf der Feuilletonseite erschien am 29. März 1950 auch der große Nachruf auf Walter Eucken von dessen Mitstreiter Franz Böhm.[72] Eucken war eigentlich für das Wirtschaftsblatt der »Chefideologe«, die Lektüre seiner Schriften verlangte Welter von seinen Wirtschaftsredakteuren. Nun stand auch im Feuilleton, dass Eucken »das geistige Gesicht der kommenden Jahrzehnte mitprägen« werde. An diesem Beispiel zeigt sich unter anderem die Gesamtverantwortung der Ressorts für die Zeitung.

Bereits die erste Ausgabe der *FAZ* enthielt einen verhältnismäßig umfangreichen, noch überregional verbreiteten Lokalteil. Einschließlich des Sports umfasste er ein Viertel der Zeitung, vier von 16 Seiten, zusammengesetzt aus dem Stadtblatt »Frankfurt und Umgebung« und dem »Rhein-Main-Sport«. Im Lokalteil war in der Nachkriegszeit wie in anderen Städten der Wiederaufbau ein wichtiges Thema. In Frankfurt, das am 22. März 1944 bei einem Luftangriff schwer getroffen worden war, blieb der Wiederaufbau der Altstadt ein Dauerthema. Die Entwürfe von 1950 wurden in der *FAZ* stark kritisiert, das Areal zwischen Kaiserdom St. Bartholomäus – wo seit der Goldenen Bulle von 1356 die römisch-deutschen Könige gewählt werden sollten und seit 1562 die römisch-deutschen Könige und Kaiser gekrönt worden waren – und dem Römer zum »heilige[n] Boden« erklärt und für einen Wiederaufbau der äußeren Formen plädiert,[73] der erst zwischen 2012 und 2018 erfolgte. Der nachlässige Umgang von »Krankfurt« mit seinem Erbe wurde immer wieder beklagt. Zwischen 1994 und seinem Tod 2015 hat der Architekturkritiker Dieter Bartetzko im Feuilleton die geschichtsvergessenen Entscheidungen der Stadt angeprangert und sich für einen behutsamen Umgang mit dem noch erhaltenen Erbe und der architektonischen Tradition eingesetzt.

Das Selbstbild der *FAZ* ist das einer Weltzeitung, die auf Augenhöhe mit *NZZ*, *Le Monde* und *The Times* ist. Stolz sammelte man Belege, die genau dies der Zeitung attestierten.[74] An den Weltzeitungen, und insbesondere am englischen und amerikanischen Nachrichtenjournalismus, orientiert sich der Nachrichtenteil der *FAZ* auch inhaltlich und sprachlich, er soll nicht literarisch gestaltet und missionarisch ausfallen – Letzteres stellt eine besondere deutsche Journalistenkrankheit dar[75] –, sondern nüchtern und faktenorientiert, die Kommentare klar von den Nachrichten geschieden. Als Grundlage dafür baute man schnell ein Korrespondentennetz auf, dessen Größe gerade im Ausland zum Markenzeichen der Zeitung wurde. 2009 beschäftigte die *FAZ* immerhin noch sechzig fest angestellte Inlands- und vierzig Auslandskorrespondenten, wobei an bedeutenden Nachrichtenplätzen Politik-, Wirtschafts- und Feuilletonkorrespondenten gleichzeitig angesiedelt sind.[76]

Der Qualitätsanspruch betraf die Zuverlässigkeit und Einordnung der Nachrichten, die eigene Recherche in allen wichtigen Ländern und Regionen, den Zugang zu den örtlichen Entscheidern, die Fachkompetenz der eigenen Journalisten und deren Ausbildung und Studium, die Vielfalt der Themen, zuallererst aber die Sprache der Zeitungstexte. Sprachsensibilität war schon das Markenzeichen der *FZ* gewesen, die hiermit auch ihre Distanz zum NS-Jargon zum Ausdruck brachte. Auch in der *FAZ* war Sprachkritik in der Redaktion ein großes Thema. Pate stand dabei Berater Dolf Sternberger, der nach Kriegsende in Beiträgen für seine Zeitschrift *Die Wandlung* gemeinsam mit Gerhard Storz und Wilhelm E. Süskind, ebenfalls ehemalige *FZ*-Autoren, ein »Wörterbuch des Unmenschen« zusammengestellt hatte, das er 1957 erstmals und dann in vielen weiteren Auflagen als Buch publizierte. Welter, der mit Sternberger schon als Chefredakteur der *Vossischen Zeitung* zusammengearbeitet hatte, war davon so begeistert, dass er gleich 100 Exemplare für die Redaktion, 25 für sein Mainzer Institut und 20 für die Beiräte bestellte. Die *FAZ* führte selbst eine »Warnungsliste« (das Wort hätte sicher auch darauf stehen sollen), auf der Wörter und Wendungen wie »Anliegen ganz besonders aber: echtes Anliegen«, »Angegangen«, »Die Annahme, dass die Organisation eine schlechte gewesen sei … (typisches Hitler-Deutsch)«, »Betreffs«, »Menschlich«, »Vergabe (grausiges Wort)«, »Das Wissen um …« standen. Später wurde diese »Liste von zu meidenden und nur nach genauer Überlegung zu verwendenden Wörtern und Wendungen« vom engagierten Sprachpfleger Klaus Natorp geführt, der 1964 in die politische Redaktion eingetreten war. Immer wieder wurden in den verschiedenen Konferenzen vor der Verwendung bestimmter Wörter gewarnt beziehungsweise Ausdrücke und Begriffe untersagt und gerügt. Die Sprachglossen, die seit 1958 samstags auf der letzten Seite des Politikbuchs von Nikolas Benckiser, Karl Korn, Friedrich Sieburg oder langjährig dann von Nachrichtenredakteur Herman Ruelius dargeboten wurden, begeisterten Leser und Redaktion offensichtlich so sehr, dass ausgewählte Stücke separat publiziert wurden.[77] Umso tüchtiger hagelte es Leserbriefe, wenn die *FAZ* selbst sich Sprachschnitzer erlaubte. Der Sprachpurismus machte auch vor Poeten nicht halt. Als Leserbriefredakteur lehnte Ruelius etwa noch 1978 die Publikation einer Zuschrift von Hilde Domin ab, da sie fremdsprachige Zitate enthalte, was er ihr auch unverblümt mitteilte.[78]

Jürgen Jeske
Frankfurter Lehrzeiten

Rund sechzig Jahre verbinden mich mit der *Frankfurter Allgemeinen Zeitung.* Den Anfang machte 1956 in Heidelberg ein Gratis-Abonnement für den Studenten der Nationalökonomie, der zuvor den kommunistischen Teil Deutschlands, die DDR, verlassen hatte. Sponsor war ein westdeutsches Unternehmen, das sich mit den Studenten-Abos verdienstvoll für politische Bildung engagierte. Das Abo begleitete mich weiter bei meinem Wechsel an die Freie Universität Berlin und trug nach dem Diplom-Examen dazu bei, den Berufseinstieg im Journalismus zu versuchen. Das war übrigens auf dem begrenzten Arbeitsmarkt von West-Berlin nicht einfach. Ich kam schließlich bei der kleinen, CDU-nahen Zeitung *Der Tag* als Volontär unter und wurde schnell Redakteur im Wirtschaftsteil. Doch bald zog es mich auf ein größeres Betätigungsfeld bei einer der renommierten Zeitungen. Das wurde nach einigen Anläufen 1962 die *FAZ.*

In jenem Jahr waren noch viele *FAZ*-Journalisten der ersten Stunde in der Zeitung präsent. In Erinnerung ist mir vor allem der damals fast achtzigjährige Mitherausgeber Erich Dombrowski geblieben, der schon die Vorgängerzeitung in Mainz mitbegründet hatte und bis zu seiner Entlassung durch die Nazis 1936 Chefredakteur des *Frankfurter Generalanzeigers* gewesen war. Eine unverwechselbare Erscheinung mit scharf geschnittenem Profil und immer noch großem journalistischen Temperament. Ebenso sehe ich vor mir den siebzigjährigen Herausgeber Benno Reifenberg, eine beeindruckende unübersehbare Persönlichkeit und journalistische Legende aus der Zeit der *Frankfurter Zeitung (FZ),* für mich die Verkörperung eines hochgebildeten kultivierten Bürgertums.

»Mein« Herausgeber war der damals 62-jährige Mitgründer Erich Welter, ein Mann mit gepflegtem langen weißen Haar, unverbindlichem Lächeln, einem prüfenden Blick und einer einprägsamen klaren Sprache, die mir noch heute im Ohr klingt. Mit seiner unübersehbaren Autorität, seiner Karriere bei der *Vossischen Zeitung* und der *FZ*, seiner Lehrtätigkeit als Nationalökonom in Mainz und seinem Netzwerk in Wirtschaft und Politik war er für den Neuling erkennbar die Nummer eins im Haus. Ihn umgab eine, vor allem von seiner Sekretärin gepflegte Aura eines Chefarztes. Er heischte Respekt, war aber zugleich gewinnend und oft fürsorglich. Dass ich in der DDR eine Herrenschneiderlehre absolviert hatte, beeindruckte ihn bei der Vorstellung nachhaltig.

Mein unmittelbarer Ansprechpartner war sein Ressortleiter Jürgen Eick, der bald darauf Herausgeber wurde. Ein umtriebiger Mittvierziger mit sächsischem Tonfall, als Soldat im Krieg verwundet. Er hatte studiert und promoviert und war mit Welter zusammen schon bei der Gründung der *Wirtschaftszeitung* 1946 in Stuttgart dabei gewesen. Er hatte sich bereits mit Büchern wie »Das Jahrhundert des kleinen Mannes« einen Namen gemacht und war wie Welter ein entschiedener Verfechter einer freiheitlichen Wirtschaftsordnung und Gegner des Umverteilungsstaates. Nach meinen Erfahrungen mit der Zwangs- und Mangelwirtschaft in der DDR fühlte ich mich in diesem Umfeld gut aufgehoben. Der Wirtschaftsteil war für Welter und Eick zugleich ein politischer Teil, anders als der Handelsteil der alten *FZ*, der sich an Bilanz- und Börsenspezialisten gewandt hatte. Zurückhaltung war Eicks Sache nicht. Dass ich bei der Vorstellung eher zögerlich auftrat und mich kaum für Sport interessierte, irritierte ihn deutlich.

Am Anfang meiner *FAZ*-Lehrzeit war aber ohnehin nicht Umtriebigkeit, sondern Sorgfalt gefordert. So musste ich zunächst in der Firmenredaktion, im Vorzimmer des Ressortleiters Max Kruk, die Kartei für seinen jährlichen Aufsatz über die hundert größten Industrieunternehmen sortieren. Die Unterlagen waren ein gehüteter Schatz; denn die heutige Transparenz gab es noch nicht. Hin und wieder durfte ich auch kleine Firmenberichte schreiben, die aufmerksam redigiert wurden. Kruk, damals Ende vierzig, etwas rundlich mit glatt gescheiteltem Haar und Brille, verkörperte den Fachmann mit stupendem Wissen, präziser abwägender Sprache und unbestechlichem Blick. In den Vorstandsetagen war er geschätzt, aber auch gefürchtet. Der heutige moralisierende Enthüllungsjournalismus wäre freilich seine Sache nicht gewesen. Für ihn blieb Vertrauliches vertraulich. Für mich war es die hohe Schule des soliden kritischen Wirtschaftsjournalismus.

Ganz anderer Art war die anschließende Lehrzeit bei Heinz Brestel in der Börsenredaktion. Brestel, von der ersten Stunde an bei der Zeitung, verkörperte das Journalistische im Wirtschaftsteil. Zur Zeitung war er nach Kaufmannslehre, Militärdienst und Wirtschaftsstudium gestoßen. Er war eine nicht sehr große, schlanke Erscheinung, damals gerade vierzig, ständig in Bewegung und voll spekulativer Fantasie. »Themen liegen auf der Straße«, prägte er dem Jungredakteur ein. Ein Rundgang in der Innenstadt genüge, um etwas Interessantes zu schreiben. Die Wochenzeitung *Die Zeit* porträtierte ihn später als Prototyp des Börsenjournalisten und verewigte seine These, dass es schwer sei, von einer Million zu leben. Er war als Einziger in der Redaktion wirtschaftlich unabhängig mit einem Haus im Frankfurter Millionärsviertel. Gerüchte wollten von Schwarzmarktgeschäften wissen. Zutreffender ist jedoch die Erklärung, dass er kurz nach Kriegsende mit gutem Gespür die damals fast wertlosen Aktien großer Unternehmen gekauft und dann im nachfolgenden Wirtschaftswunder damit ein Vermögen gemacht hatte. Dass die *FAZ* im Lauf der Jahre nicht nur zu einem politischen Weltblatt wurde, sondern auch zu einer maßgeblichen Wirtschaftszeitung, verdankt sie nicht zuletzt Brestel. Er baute vorausschauend eine Finanzredaktion auf mit dem *FAZ*-Aktien-Index als Markenzeichen. Wer mit ihm arbeitete, musste vor allem schnell denken und arbeiten können und angesichts mancher Temperamentsausbrüche auch gute Nerven haben. Von ihm habe ich gelernt, dass ein Journalist nicht nur fragen darf, sondern auch selbst interessant erzählen können muss. Brestel mit seinen vielfältigen Interessen, zum Beispiel an schönen Antiquitäten, an Autographen oder alten Wertpapieren, war dafür ein Vorbild. Er prägte dem jungen Journalisten auch ein, den meist besser verdienenden Gesprächspartnern aus der Wirtschaft von Gleich zu Gleich gegenüberzutreten. Dass die Finanzwelt heute mehr und mehr reguliert wird und unter Generalverdacht steht, hätte Brestels schlimmste Befürchtungen über Staatseingriffe bestätigt. Für ihn fing das Unglück schon mit der Kuponsteuer von 1964 an. 1967 schrieb er, aus heutiger Sicht prophetisch, das Buch »Weh dem, der spart«. Als in der Ära Brandt die antikapitalistischen Strömungen zunahmen, verlegte Brestel seinen Wohnsitz nach Zürich, wo ohnehin schon sein Jahrbuch für Kapitalanlage erschien. Er blieb jedoch zeitlebens Journalist. Bei einem unserer letzten Treffen sagte er: »Die Zeitung, das ist mein Leben.« Das gilt nicht nur für ihn.

DIE *FAZ* ALS »BRIGADE ERHARD«

Die Stimmung nach dem Zweiten Weltkrieg war für den Aufbau einer Marktwirtschaft nicht eben günstig. Der im Dritten Reich erlassene Lohn- und Preisstopp, der Wirtschaftsdirigismus der Kriegszeit und ebenso die Bewirtschaftung des Mangels in der unmittelbaren Nachkriegszeit hatten die Deutschen an staatliche Lenkung gewöhnt. Das im Ordoliberalismus der Freiburger Schule und vom Münsteraner Nationalökonom Alfred Müller-Armack entwickelte Konzept einer Sozialen Marktwirtschaft hatte es aber auch aus anderen Gründen zunächst schwer in Deutschland. Die westlichen Besatzungsmächte setzten entsprechend dem Großtrend eher auf Wirtschaftslenkung und Bewirtschaftung und ließen Ludwig Erhard nur eingeschränkt gewähren. Die SPD war bis zum Godesberger Parteitag 1959 und teilweise auch noch danach auf Sozialisierungs-, zumindest aber auf Globalsteuerungskurs. Die Sozialisierungsforderung gilt erst recht für den Deutschen Gewerkschaftsbund (DGB) und seine Einzelgewerkschaften wie die Industriegewerkschaft (IG) Bergbau und Energie, die IG Chemie oder die IG Metall. Die Kommunistische Partei Deutschlands (KPD) übte zunächst noch beträchtlichen Einfluss auf die Gewerkschaften aus, der 1951 wegen des Primatsanspruchs der Partei allmählich zurückging. 1956 wurde die KPD verboten. Der DGB schwächte die Sozialisierungsforderungen für die Groß- und Schlüsselindustrien in den 1960er Jahren schließlich ab. Auch der Bundesverband der Deutschen Industrie (BDI) und die Bundesvereinigung der Deutschen (BDA) ließen es zunächst an sozial-marktwirtschaftlicher Eindeutigkeit und der Verwendung des Begriffs fehlen; dies monierte etwa der Geschäftsführer des Unternehmenszusammenschlusses Die Waage, Hans Wellmann, in seiner bei Müller-Armack entstandenen Dissertation von 1960.[79]

Die FDP hatte in ihrem Plädoyer für die freie Marktwirtschaft eher das klassisch liberale Programm im Angebot, weniger die ordoliberale Fortentwicklung. Die CDU dagegen hatte sich in ihrem berühmten Ahlener Programm vom Februar 1947 – aber nicht nur dort – zur Verstaatlichung und einem höchstens in engen Grenzen geduldeten freien Unternehmertum bekannt bei starker Mitbestimmung der Arbeiterschaft. Erst mit den von Erhard geprägten Düsseldorfer Leitsätzen vom 15. Juli 1949 legte sie sich auf die Soziale Marktwirtschaft fest. Nicht unwichtig dürfte dabei gewesen sein, dass mit Robert Pferdmenges ein Gründungsmitglied der Wipog Adenauers Finanzberater und Freund war. Die Neujustierung der Union war der erste große Erfolg des späteren *FAZ*-Umfeldes. Hier war der 1946 von Müller-Armack geprägte Begriff der Sozialen Markwirtschaft aufgenommen und zur Leitlinie erhoben worden. Doch die Resonanz war zunächst eher ernüchternd. Vom Arbeitnehmerflügel der Union, von SPD und Gewerkschaften wurde der Begriff als Euphemismus attackiert, dabei verstand Erhard das Attribut »sozial« dahin gehend, dass eine freie Preisbildung und der freie Markt mit hohen Wachstumsraten immanent soziale Ergebnisse hervorbringen und sozialpolitische Interventionen unnötig sein würden.[80] In der Praxis hatten führende Unionspolitiker – angefangen bei Bundeskanzler Konrad Adenauer – aber vor allem ein Interesse daran, Wahlen zu gewinnen, und so wurden vor der Bundestagswahl 1957 im berühmten »Kuchenausschuss« einige mit

Erhards Sozialer Marktwirtschaft nicht zu vereinbarende Wohltaten beschlossen, was zu einem Dauerkonflikt mit dem Bundeswirtschaftsminister führte.

Die Advokaten der Sozialen Marktwirtschaft wie die *FAZ*, Die Waage und verschiedene Wirtschaftswissenschaftler versuchten schon früh, die Kenntnisse und die Einstellung der westdeutschen Bevölkerung zu dem neuen Wirtschafts- und Gesellschaftsmodell mit den Mitteln der modernen Meinungsforschung – ein Import aus den USA – zu ergründen. Die Waage nutzte dieses Instrument auch zur Überprüfung ihrer Werbekampagnen, von denen wiederum die *FAZ* über Anzeigeneinnahmen profitierte. Anfang des Jahres 1950 hatte eine Allensbach-Umfrage im Auftrag der Wipog ergeben, dass die Deutschen private Initiative (68 %) Sozialisierungsmaßnahmen (22 %) mehrheitlich vorzogen. Das war ein Ergebnis nach dem Geschmack von Jürgen Eick.[81] Doch im Juni des Jahres musste die *FAZ* dann über eine Allensbach-Umfrage berichten, bei der über die Hälfte der Befragten auf die Frage, was die Soziale Marktwirtschaft sei, geantwortet hatte: »Keine Ahnung«. 19 Prozent verbanden mit dem Begriff fälschlicherweise die »Wirtschaftspolitik des kleinen Mannes«, 8 Prozent meinten, der Begriff bezeichne die »Planwirtschaft«, nur weitere 8 Prozent meinten, der Begriff ziele auf eine freie Wirtschaft ohne Kontrolle. 4 Prozent hielten den Begriff für die Bezeichnung der Wirtschaftspolitik Erhards, und 3 Prozent meinten, der Begriff sei Unsinn. Unter den Anhängern der CDU, die später so gerne mit dem Etikett warb, war der Anteil derer, die nichts mit dem Begriff verbinden konnten, am höchsten.[82] Zwei Jahre später verschlechterte sich die Sachgemäßheit der wohl auch nicht sehr präzise vorformulierten Antworten sogar noch.[83] Im Jahr 1951, auf dem Höhepunkt des Koreakrieges, sprach sich noch knapp die Hälfte aller Befragten für eine Planwirtschaft (im Sinne gebundener Preise) aus, während nur ein gutes Drittel der Befragten die Soziale Marktwirtschaft (freie Preisbildung) bevorzugte. Erst 1953 änderte sich das. Es überrascht nicht, dass FDP- und Unionsanhänger sowie Abiturienten stärker zur Sozialen Marktwirtschaft tendierten als andere Bevölkerungsgruppen. Im westeuropäischen Vergleich fiel die Bundesrepublik mit dieser politischen Kultur nicht besonders auf.[84]

Bereits in der Ausgabe vom 18. und 19. Januar 1950 hatte die *FAZ* im Politik- beziehungsweise Wirtschaftsteil erstmals Ergebnisse des Instituts für Demoskopie in Allensbach (IfD) gebracht. Das war der Auftakt der langjährigen, bis heute anhaltenden Zusammenarbeit zwischen Zeitung und IfD. Die Umfragen hatte die Wipog in Auftrag gegeben, und die *FAZ* erwähnte ihre Muttergesellschaft hier auch explizit, freilich ohne die Verbindung zur Zeitung zu benennen. Die Umfrageergebnisse wurden deutlich konnotiert vorgestellt, wobei ansatzweise schon eine Interpretationslinie deutlich wurde, die bis heute gilt: Das Volk ist vernünftiger als angenommen, seine Einstellungen sind erklärbar.[85]

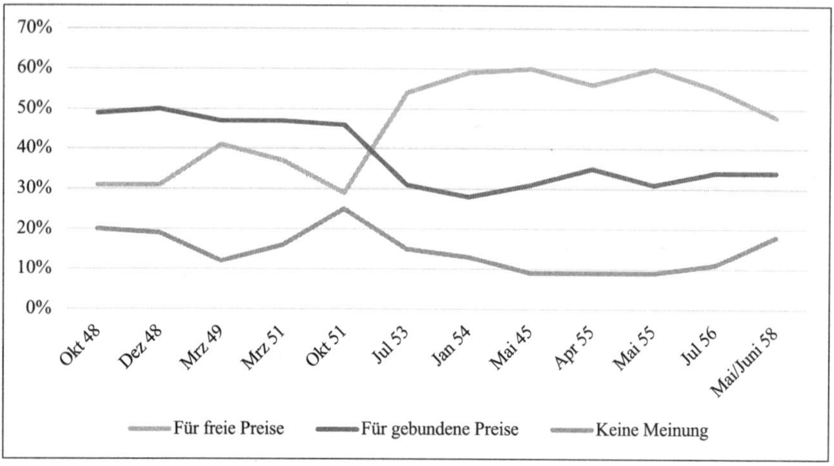

Das zentrale Element der Marktwirtschaft, die freie Preisbildung, wurde erst 1953 von einer Mehrheit der Westdeutschen begrüßt.

Wie die Debatten um die Arbeitslosigkeit 1950, die Hochkonjunktur und die Gefahr der Überhitzung kurz darauf, die Zinspolitik der Bank deutscher Länder (Vorläufer der Bundesbank), die Außenwirtschaftspolitik und die Kartellgesetzgebung, schließlich die Aufwertungsdebatten (1960 und 1969) und die Auseinandersetzungen um die Agrarsubventionen zeigen, war das »ordnungspolitische Gewissen« Herausforderungen und Attacken von unterschiedlicher Seite ausgesetzt. Immer wieder wurden Staatsinterventionen, Bewirtschaftungsmaßnahmen und Preisbindungen gefordert.[86]

Die Ordoliberalen sahen es als ihre größte Herausforderung an, in der Bevölkerung stabile Grundkenntnisse zur Sozialen Marktwirtschaft zu verankern, was angesichts der deutschen Staatsgläubigkeit und der Eingängigkeit kommunistischer Wirtschaftsvorstellungen schwer zu bewerkstelligen war.[87] Durchaus demokratiekritisch hieß es dazu in der *FAZ*, dass die Mehrheit der Bevölkerung nur über eine rudimentäre Schulbildung verfüge und damit »nur denkbar geringe Voraussetzungen« besitze, »um sich innerhalb der komplizierten Struktur einer modernen Demokratie selbständig zu orientieren«.[88]

So schwierig die Durchsetzung und positive Besetzung des Begriffs »Soziale Marktwirtschaft« zunächst auch schien, am Ende wurde das Konzept zum Erfolg. Als dauerhaft problematisch erwies sich dagegen der Begriff »Neoliberalismus«. Eigentlich benennt dieser eine Abkehr vom klassischen Laissez-faire-Liberalismus. So war der Begriff »Neoliberalismus«, wie ihn der spätere Heidelberger Wirtschafts- und Sozialwissenschaftler Alexander Rüstow 1938 zwar nicht erfunden, aber bei einem Treffen von Intellektuellen und Akademikern in Paris eingeführt hatte, gerade nicht als Bezeichnung für einen »Marktradikalismus« gedacht, was die damals debattierten Alternativen – Neokapitalismus, sozialer Liberalismus oder *libéralisme de gauche* – deutlich zeigen. Vielmehr sollte ein erneuerter Liberalismus den klassischen Laissez-faire-Liberalismus überwinden. Dieser von einem regelsetzenden starken Staat ausgehende neue Liberalismus wurde unter dem Eindruck der Weltwirtschaftskrise Ende der 1920er und Anfang der 1930er Jahre von einigen Liberalen als dritter Weg zwischen Kapitalismus und Sozialismus konzipiert. Der Neoliberalismus der deutschen Ordoliberalen war auch umfassender gedacht als eine bloße ökonomische Theorie, das Menschenbild ganzheitlicher und nicht mehr allein auf den rationalen Teilnehmer am Wirtschaftsleben ausgerichtet.[89]

Erich Welter lehnte den Begriff »Neoliberalismus«, den Alexander Rüstow und Wilhelm Röpke benutzen, aber schon 1962 eindeutig ab.[90] Ebenso ablehnend verhielt sich Welter gegenüber dem Begriff »Kapitalismus« und gegenüber dem Etikett »bürgerlich«, das ihm zu sehr nach Klassenkampf und Bourgeoisie klang, und so setzte er einiges daran, das Attribut »bürgerlich« als Selbstbeschreibung aus Dokumenten der *FAZ* fernzuhalten.[91] Auch von »sozialliberaler« Koalition wollte er nichts wissen.[92] Diese Begriffe konnte er freilich nicht erfolgreich aus der Zeitung verbannen, zu sehr hatten sie sich in der politischen Sprache durchgesetzt.[93]

Die Popularisierung der Sozialen Marktwirtschaft in dieser Begrifflichkeit und des dahinterstehenden ordoliberalen Programms war ein zentrales Anliegen der *FAZ*, die eben als politische Wirtschaftszeitung gegründet worden war und in der das später so wichtige Feuilleton zunächst als Addendum für Schöngeister und Kinogänger betrachtet wurde. Welter hatte schon 1950 unter Hinweis auf amerikanische Vorbilder eine »Nationalökonomie für alle« postuliert. Es komme nicht darauf an, »mit einer Wirtschaftswissenschaft von vorgestern aufzuwarten«, sondern darauf, »die richtige Kenntnis von den wirtschaftlichen Zusammenhängen zu verbreiten«.[94] Die einzig richtige Kenntnis entstammte für Welter und seine Mitstreiter aber dem Ordoliberalismus. Diese Freiburger Schule um Walter Eucken und Franz Böhm lieferte die zentralen Ideen der für die *FAZ* bis heute maßgeblichen Wirtschaftsphilosophie. Kern dieser Lehre ist die Gewährleistung eines funktionsfähigen Preissystems, und das ist garantiert, wenn jeglicher Eingriff in die freie Preisbildung unterbunden wird. Die Währungsstabilität ist dabei ein wichtiger Faktor, weswegen Eucken ein Primat der Währungspolitik postulierte, dazu offene Märkte, Privateigentum, eine Konstanz der Wirtschaftspolitik, das Haftungsprinzip und Vertragsfreiheit. Vier regulierende Prinzipien sind dabei allerdings vonnöten: die Unterbindung von Monopolen und Kartellen seitens des Staates, eine Einkommenspolitik zur Gewährleistung eines minimalen Lebensstandards, die Korrektur externer Effekte und die Berücksichtigung anomaler Angebote auf dem Arbeitsmarkt.[95]

Eucken ging so weit, die Antithese von »Laissez-faire und Planwirtschaft« für trostlos und für ein »törichtes Entweder-Oder« zu halten, wie er Welter schrieb.[96] Der Sozialstaat spielte für die *FAZ* zunächst keine größere Rolle, sondern war mit den ordoliberalen Essentials gewissermaßen schon inkludiert. Eine Mitbestimmung der Arbeitnehmer hielt Welter Anfang der 1950er Jahren für einen Irrweg.[97] Die *FAZ* gab aber auch deren Advokaten wie Oswald von Nell-Breuning Gelegenheit zur Stellungnahme.[98]

Waren die *FAZ*-Herausgeber auf die im Gesellschaftervertrag garantierte Unabhängigkeit gegenüber Interventionen aus Wipog, BDI und aus dem Umfeld des Kanzlers sehr bedacht, so suchte man gerne die Zusammenarbeit mit Wissenschaftlern der ordoliberalen Schule, denen man Gelegenheit zum Publizieren gab und deren Schüler man für die Redaktion rekrutierte. Darüber hinaus wurde der Kontakt zu Ludwig Erhard und seinem Ministerium gepflegt, dessen Beirat wiederum zum Teil aus den besagten ordoliberalen Wissenschaftlern bestand. Das war ein wechselseitiger Prozess, denn Erhard und seine Mitarbeiter für Öffentlichkeitsarbeit Kuno Ockhardt und vor allem von 1956 an Karl Hohmann setzten bei erheblichem Gegenwind gegen die liberale Wirtschaftspolitik und angesichts eines noch schmalen Werbeetats auf die freiwillige Unterstützung von nahestehenden Journalisten. Erhard und Angehörige seines Hauses wie Abteilungsleiter Carl-Hermann Mueller-Graaf nahmen daher gern die Gelegenheit wahr, in der *FAZ* zu schreiben. Welter legte einzelne Artikel Erhard sogar zur Korrektur vor.[99] Auch als Bundeskanzler (1963–1966) empfing Erhard Welter und bat ihn um Schützenhilfe gegen die Vorwürfe der Gaullisten, der evangelische Kanzler Erhard sei nicht ernsthaft an einer Versöhnung mit Frankreich interessiert. Welter sprach sich bei dieser Gelegenheit übrigens gegen Werbung im »gebührenpflichtigen Staatsfernsehen« aus.[100]

Zuvor wurde die Kampagne für ein striktes Kartellverbotsgesetz, das von den Ordoliberalen zum Grundgesetz der Sozialen Marktwirtschaft stilisiert wurde, zwischen Welter und dem Wirtschaftsministerium beziehungsweise dessen Beirat abgestimmt. Die Initiative ging von Welter aus und wurde dann vom Ministerium aufgenommen. Das Wirtschaftsministerium selbst stufte die *FAZ* allerdings 1954 als unabhängig ein.[101] Dass das von der *FAZ* unterstützte Ministerium der Zeitung ihren Markenkern bescheinigte, ist darin begründet, dass die *FAZ* anders als etwa die *Rheinische Post* oder die *Kölnische Rundschau* dank ihres Ressortpluralismus tatsächlich in toto nicht als CDU-nah einzustufen war (und als FDP-nah ebenfalls nicht). Man scheute dort auch vor Kritik am Wirtschaftsminister Erhard nicht zurück, wenn dieser aufgrund politischen Drucks vom Kanzler, aus der Union oder vonseiten der Besatzungsmächte vom ordnungspolitischen Kurs abzukommen drohte. Grundsätzlich unterstützte man den Wirtschaftsminister und späteren Bundeskanzler aber, auch gegen Adenauer.

Die Zeitung kann daher als Teil der berühmten, kurios betitelten »Brigade Erhard«[102] verstanden werden, einer Gruppe von Abgeordneten, Journalisten und Wissenschaftlern, die Erhard und seinen Kurs unterstützten.[103] Nach der Bundestagswahl 1965 wurde im Herausgeberkreis der *FAZ* explizit festgehalten, die »Brigade Erhard« solle im Bundeskabinett stark gemacht werden.[104] Der 1956 eingestellte Wirtschaftsredakteur Fritz Ullrich Fack, der wie sein Kollege Walter Kannengießer etwa bei der Frage der dynamischen Rente oder der Mitbestimmung nicht so dogmatisch wie Welter oder sein Adlatus Eick ausgerichtet war, gehörte zum exklusiven Erhard-freundlichen Neuhauser Journalistenkreis um den Wirtschaftsjournalisten Hans-Henning Zencke (*Weserkurier*, *Schwäbische Zeitung*). Erhard sprach in diesem Kreis mitunter Klartext, etwa bei einer Zusammenkunft in seinem Privathaus am Tegernsee im August 1960, als er gegen Adenauers Klientelpolitik zu Felde zog. Entsprechend dem journalistischem Comment hielten die Journalisten dicht, und so drang über das bei derartigen Zusammenkünften Gesagte nichts nach außen. Doch diesmal scherte einer aus. Zunächst berichtete die SPD-nahe *Neue Ruhr Zeitung* und dann der ebenfalls Adenauer nicht gerade gewogene *Spiegel* über die Erhard'sche Kritik am Kanzler.[105] Der gesprächige Journalist wurde umgehend aus dem Kreis ausgeschlossen.[106]

Als der inzwischen zum Kanzler aufgestiegene Erhard im September 1966 erwog, bei der erstmals angespannten Wirtschafts- und Haushaltslage in die USA zu reisen und seinen vermeintlichen Präsidentenfreund Lyndon B. Johnson um einen Aufschub bei den vereinbarten Devisenausgleichszahlungen – eine Kompensation für die Kosten der Stationierung der US-Truppen – zu bitten, warnte Fack, aber vergeblich. Zu den Treffen Erhards mit dem Neuhauser Kreis wurde er daraufhin zunächst nicht mehr eingeladen. Erhard trat die von Erwartungen überfrachtete Reise an. Die Verhandlungen mit Johnson führten zu nichts, trugen aber zum Sturz Erhards bei.[107] Die Granden der *FAZ* hielten Erhard nach dieser Niederlage weiterhin die Treue und wählten ihn in den Verwaltungsrat der FAZ GmbH.[108] Spätestens mit Erhards Tod 1977 waren seine Kanzlerschaft und deren unrühmliches Ende vergessen. Seine Person und seine Wirtschaftspolitik bildeten nun wichtige Erinnerungsorte für die Zeitung. Umgekehrt vergab die Ludwig-Erhard-Stiftung ihre Preise für Wirtschaftspublizistik häufig an *FAZ*-Journalisten.[109]

Die Wirtschaftsredaktion wurde unter der strengen Aufsicht Welters und seines Ressortleiters und späteren Mitherausgebers Eick dauerhaft auf die ordoliberale Linie Euckens verpflichtet: »Es ist keine professorale Überheblichkeit, wenn ich meine, dass jemand in der Wirtschaftsredaktion der Frankfurter Allgemeinen Zeitung kaum mitreden kann, wenn er in Bezug auf Eucken nicht sattelfest ist.«[110] Die Auswahl neuer Journalisten erfolgte dennoch nicht nach einer strengen Rekrutierungspraxis, etwa nach Universitäten, vielmehr wurden mit Fritz Ullrich Fack und Jürgen Jeske sogar zwei bei dem Volkswirtschaftler Andreas Paulsen in Berlin keynesianisch sozialisierte Journalisten zu ordoliberalen Gesichtern der Zeitung. Entscheidend waren Empfehlungen, die persönliche Vorstellung und schließlich Anpassung an die Ressortlinie. Obgleich durchaus unterschiedliche Schattierungen innerhalb des Ressorts syn- und diachron festzustellen sind, zeigte es letztlich doch eine große inhaltliche Geschlossenheit und Eindeutigkeit, was den zuständigen Herausgebern auch wichtig erschien.[111]

Die *FAZ* trug maßgeblich dazu bei, die Soziale Markwirtschaft sprachlich und inhaltlich in der politischen Kultur zu verankern – auch die SPD bekannte sich schließlich zu ihr, und selbst Sahra Wagenknecht beruft sich heutzutage auf den Ordoliberalismus.[112] Vor allem prägte die *FAZ* als Leitorgan der Wirtschaft die Verbände und Unternehmen, die sich allmählich zur Sozialen Marktwirtschaft bekannten und schon in der Kartelldebatte nicht mehr geschlossen einen gruppenegoistischen Standpunkt einnahmen. Bei Adenauer waren Ordoliberale wie Fack begreiflicherweise nicht gut gelitten. Kohl sah über die Dauerkritik an seiner Sozialpolitik souverän hinweg, schließlich wolle er nicht den Ludwig-Erhard-Preis, sondern Wahlen gewinnen.[113]

Im europäischen Rahmen favorisierten Welter wie Erhard die Organisation for European Economic Co-operation (OEEC) und andere transatlantische Kooperationsformen anstelle einer EWG, bei der beide schon damals Dirigismus und Protektionismus im engen Rahmen der »Sechs« befürchteten. Den neu geschaffenen Posten eines europäischen Wirtschaftskorrespondenten in persona Martin Wiebels lokalisierte Welter dementsprechend auch nicht in Brüssel, sondern in Paris und Bonn. Aber auch innerhalb der Wirtschaftsredaktion gab es einen Binnenpluralismus. Der Eucken-Schüler und Gründungsredakteur der *FAZ* Hans Herbert Götz, der 1963 dann doch in Brüssel Wirtschaftskorrespondent wurde, befürwortete mit der für den »Eurojournalismus« typischen moralischen Aufladung die europäische Integration und auch Pläne für eine Währungsunion.[114] Er bewunderte sogar den von Welter so gar nicht gemochten Kommissionspräsidenten Walter Hallstein und schrieb an dessen Büchern mit.[115] Gleichwohl: Dominant blieb im Wirtschaftsressort die Skepsis gegenüber einer supranationalen europäischen Integration in Gestalt der EWG und dann der EG bzw. EU, was bis hin zur Ablehnung der Euro-Einführung und der Kritik der Eurorettungspolitik zu erkennen ist.

KONFLIKTE MIT DEM BDI

Die ordoliberale Standhaftigkeit der Zeitung zeigte sich besonders während der Kartelldebatte in den 1950er Jahren. Kartelle setzen die freie Preisbildung außer Kraft und sind daher, so die ordoliberale Lehre, Gift für den Marktmechanismus. Bei der von den Besatzungsmächten gewünschten Dekartellisierung stellte sich nun die Frage, wie der Staat der Kartellbildung entgegentreten solle. Müssten Kartelle, also Absprachen und die Konzentration von Unternehmen eines Sektors, generell verboten werden oder nur deren Missbrauch? Schließlich waren Preisabsprachen und die Zusammenarbeit von Unternehmen einer Branche eine lang etablierte Praxis in Deutschland. Der Bundesverband der Deutschen Industrie unter Fritz Berg betrieb mit Blick auf die von ihm vertretene Großindustrie gezielt Lobbying zugunsten einer weicheren Kartellgesetzgebung, einer »Missbrauchsgesetzgebung«, und setzte damit die ordnungspolitisch, das heißt für eine strikte Verbotsgesetzgebung argumentierende *FAZ* unter Druck. Der Verband gründete eigens die Spezialzeitschrift *Kartelldebatte* und finanzierte und beauftragte Journalisten, in seinem Sinn über das Kartellgesetz zu berichten, ohne dass man sie direkt mit dem Verband in Verbindung bringen konnte.[116]

Die *FAZ* räumte ihrerseits 1954 der »Petersberg-Erklärung« von 22 Unternehmern, die in ihrem Sinn argumentierten, einen prominenten Platz ein. Unter dieser Erklärung standen auch die Namen der *FAZ*-Finanziers Haffner, Max H. Schmid und Friedrich Wilhelm Ziervogel, die den Aufruf sogar als offenen Brief an Berg unterzeichneten.[117] Insofern wurde die Opposition gegen den BDI-Kurs maßgeblich von Geldgebern der Zeitung getragen, die ausführlich darüber berichtete, allerdings nicht über die finanziellen Aktivitäten zugunsten der Zeitung. *FAZ*-Förderer Otto Seeling unterstützte als Vorsitzender des Landesausschusses der Bayerischen Industrie allerdings die BDI-Linie und warb beim bayerischen Wirtschaftsminister Hanns Seidel für eine Blockade des Kartellgesetzes im Bundesrat.[118] Der Verband unter Führung von Fritz Berg reagierte auf die Petersberg-Erklärung mit einer scharfen öffentlichen Erwiderung, in der die breite Unterstützung der BDI-Position in der Wirtschaft betont und der Vorwurf erhoben wurde, die Petersberg-Erklärung rufe in der Öffentlichkeit einen »falschen Eindruck« hervor. Die Petersberger hatten in der Tat forsch behauptet, »die vorherrschende Meinung in Unternehmerkreisen« zu vertreten.[119] Mit einer Reihe weiterer Artikel und wissenschaftlichem Geleitschutz ließ die *FAZ* aber nicht davon ab, eine möglichst strikte Verbotsgesetzgebung zu erreichen. Dieses Ziel war 1957 mit dem Gesetz gegen Wettbewerbsbeschränkungen zumindest im Grundsatz erreicht, wenn auch zahlreiche Ausnahmen zu beklagen waren.[120] In der neueren Forschung wird das Gesetz als Bruch mit dem traditionellen Korporatismus in Deutschland gesehen.[121] Der Bonner Wirtschaftskorrespondent und Kartellfachmann Fritz Ullrich Fack[122] pflegte zu dem 1958 gegründeten Bundeskartellamt unter Eberhard Günther, der aus der Kartellabteilung des Wirtschaftsministeriums kam, in den folgenden Jahren engen Kontakt. Er unterstützte den »Abräumprozess« des Kartellamts gegen die Syndikate, die in der ehemals britischen Besatzungszone nach 1945 weiterexistieren durften (Stahl, Kohle, Zement, Steine und Erden, Ziehereien und Kaltwalzwerke).[123]

Der Konflikt mit dem BDI, welcher der *FAZ* immer wieder kaum verhohlen mit Anzeigenabzug drohte und dafür unter seinen Mitgliedern sogar warb, setzte sich beim Streit um eine konjunkturpolitisch motivierte Zollsenkung, bei der Aufwertungsdebatte 1960 und dann wieder 1969 fort. Der protektionistisch eingestellte Industriellenverband sah den Export bei einer Aufwertung der DM gefährdet und warnte vor Umsatzeinbußen sowie Arbeitslosigkeit. Die *FAZ* hielt dagegen die Preisstabilität, ein Axiom des Ordoliberalismus, für bedroht, wenn die Aufwertung unterblieb. Bei den zweimal jährlich stattfindenden Zusammenkünften der Spitzen von *FAZ* und BDI in Frankfurt und Köln flogen förmlich die Fetzen zwischen Erich Welter und Fritz Berg, aber auch zwischen dem *FAZ*-Kartellexperten Fritz Ullrich Fack und BDI-Kartellreferent Arno Sölter, und in einem Fall sogar tatsächlich die Gläser. Anlass dafür war Bergs Auftritt auf einer Bundespressekonferenz in Bonn am 29. September 1960, wo er getönt hatte, er brauche nur einmal zum Kanzler zu gehen, und die ganze Aufwertung sei vom Tisch. Fack machte diese Bemerkung, mit der Adenauer gegen Erhard ausgespielt werden sollte, in einer Leitglosse des Wirtschaftsteils am übernächsten Tag zum Ärger Bergs publik.[124] 1969, beim zweiten Aufwertungskonflikt, sprang die *FAZ* SPD-Wirtschaftsminister Karl Schiller zur Seite und positionierte sich gegen die Zauderer um Finanzminister Franz Josef Strauß, der die alten Berg-Argumente aufwärmte.[125] Sowohl im März 1961 als auch im Oktober und Dezember 1969 wurde die Deutsche Mark dann tatsächlich aufgewertet. Ein Erfolg auch der *FAZ*.

Vom Ende einer Glaspyramide
Die Gespräche mit dem BDI waren oft gespannt

Von Fritz Ullrich Fack

Unter der Führung von Erich Welter und Jürgen Eick hat die Wirtschaftsredaktion der *FAZ* schon in den Anfangsjahren – den fünfziger Jahren – den erfolgreichen Versuch unternommen, einen dauerhaften Gedankenaustausch sowohl mit dem Bundesverband der Deutschen Industrie (BDI) als auch mit dem Deutschen Industrie- und Handelstag (DIHT) zu etablieren. Die Gespräche fanden in der Regel zweimal jährlich statt, im Falle des BDI abwechselnd in Frankfurt und Köln.

Beteiligt waren bei den BDI-Treffen jeweils fünf bis sechs Vertreter beider Seiten, darunter die Verbandsspitze mit Fritz Berg und den Hauptgeschäftsführern Hans-Wilhelm Beutler (bis 1957), dann Gustav Stein sowie mit jeweils drei oder vier Abteilungsleitern des Verbands. Auf *FAZ*-Seite nahmen Erich Welter, Jürgen

Eick, Hans Roeper, Max Kruk, Ernst-Günter Vetter sowie der Autor teil. Vetter und ich, in den Fünfzigern noch sehr junge Redakteure, verdankten die Teilnahme unseren speziellen Arbeitsgebieten in der Redaktion: Vetter für die Sozial- und Gewerkschaftspolitik, ich für die Kartellpolitik, damals ein besonders heißes Eisen.

Das Treffen, von dem ich hier berichte, fand auf Einladung des BDI im Kölner Dom-Hotel in den Monaten Oktober oder November des Jahres 1960 statt und war aus einem speziellen Grund besonders spannungsgeladen. Ohnedies führten die halbjährlichen Gespräche häufig zu oft scharfen Meinungsverschiedenheiten, wenn die Punkte Liberalisierung des Außenhandels, konjunkturpolitisch motivierte Zollsenkungen oder Kartellpolitik aufgerufen wurden. Arno Sölter vom BDI, zuständig für die Kartellpolitik, und ich lieferten uns regelmäßig Kontroversen über den Stand und die Bewertung der damaligen Kartellgesetzgebung, die sich noch immer nicht für das klare Verbotsprinzip entscheiden konnte.

Der BDI vertrat damals mit allem Nachdruck die schon in der Weimarer Republik gescheiterte Missbrauchsgesetzgebung für Kartelle (eine Art Verhaltenskontrolle), die *FAZ* unterstützte hingegen Erhards Konzept eines Verbots mit genau definierten Ausnahmen. Später, als das Kartellgesetz (mit Verbotsprinzip) erlassen worden war und das Bundeskartellamt seine Arbeit ab 1958 aufnahm, betraf die hitzige Debatte die aktuellen Entscheidungen des Amtes. Mit publizistischer Unterstützung der *FAZ* – und sie hatte dabei nur wenige Mitstreiter – hat das Bundeskartellamt in den Folgejahren die mächtigen deutschen Kartelle und Syndikate vor allem in der Grundstoffindustrie vollständig abgeräumt. Nicht zur Freude des BDI.

Diesmal nun stand ein weiteres, nicht minder umstrittenes Thema auf der Tagesordnung des Kölner Treffens: die damals in der breiten Öffentlichkeit leidenschaftlich diskutierte Forderung Ludwig Erhards nach einer Aufwertung der Deutschen Mark. Alle anderen Mittel zur Konjunkturdämpfung – die Preise begannen Ende der Fünfziger deutlich zu steigen – hatten sich als unwirksam erwiesen. Fritz Berg und Gustav Stein, heftige Gegner dieses Schritts, den sie als katastrophal für die deutsche Exportindustrie ansahen (worin sie die Unterstützung des Bundeskanzlers Konrad Adenauer genossen), nahmen an diesem Abend – wie auch sonst – kein Blatt vor den Mund. Erich Welter und Jürgen Eick, beide von der Notwendigkeit und Richtigkeit der Aufwertung überzeugt, gaben ebenso unverblümt zurück. Je länger die hitzige Diskussion dauerte, desto kritischer wurde die Situation.

Die ungewöhnliche Schärfe der Debatte erklärte sich aus einem Vorkommnis, das ein paar Wochen zurücklag. Am 29. September 1960 hatten Fritz Berg und

Hermann Josef Abs (Deutsche Bank, hier als Präsident des Bankenverbands sprechend) in Bonn eine Pressekonferenz gegeben, in der sie die gemeinsame Ablehnung der Aufwertung nachdrücklich bekräftigten. Fritz Berg ließ sich, von den Journalisten der Bonner »Brigade Erhard« gereizt, zu dem wütenden Ausruf hinreißen: »Ich will Ihnen mal was sagen: Ich brauche nur zum Kanzler zu gehen, und die ganze Aufwertung ist endgültig vom Tableau.« Das stand am nächsten Tag in mehreren Zeitungen – in der *FAZ* gewürzt mit einer unfreundlichen Glosse aus meiner Feder. Erich Welter, dem ich die Kommentierung nahegelegt hatte, wollte nicht selbst schreiben. Fritz Berg bestritt nun am Kölner Abend, dass der entlarvende Satz so gefallen sei, und Erich Welter entgegnete trocken: »Sie konnten ihn in vielen Zeitungen lesen.«

Als die Kontroverse immer weiter eskalierte, machte Hans Roeper den Vorschlag einer Erfrischungspause. Man tagte an einem langen Tisch in der Mitte eines großen Raumes, eher eines kleinen Saales, und beide Seiten zogen sich nun flüsternd in die diagonal zueinander gelegenen Ecken zurück. In unserer Ecke hatten die Ober auf einem Glastisch kunstvoll eine Pyramide aus Weingläsern aufgeschichtet. Um diesen Tisch standen wir ziemlich entnervt herum. Erich Welter war so wütend, wie ich ihn selten erlebt habe. Er plädierte dafür, die Veranstaltung abrupt zu beenden und mit kurzem Abschied auszuziehen. Eick schwankte, Roeper und Kruk rieten davon ab. Sie fürchteten – nicht zu Unrecht – einen jahrelangen Bruch der Beziehungen zum BDI. Welter fragte Vetter und mich. Vetter sagte, er habe genug, ich zog es vor, mich Roeper und Kruk anzuschließen.

Vielleicht gab diese »Abstimmungsniederlage« der Erregung Welters den Rest. Er gab jedenfalls unvermittelt dem Tischchen einen Tritt, und die gesamte gläserne Pyramide fiel klirrend zu Boden. Fritz Berg und seine Leute eilten herbei, hoffend, dass niemand sich verletzt habe. Es war wie eine Katharsis nach schwerem Psychodruck. Man setzte sich wieder an den Tisch und wechselte das Thema. Dreißig Minuten später schied man relativ friedlich. Erich Welter sagte: »Vielleicht war es richtig so. Aber eigentlich hätten die eine Lektion verdient.«

Die Treffen mit dem BDI fanden weiter statt. Im Nachhinein denke ich, beide Seiten haben die Lehre auch ohne gesonderte Lektion verstanden – und beherzigt. Fritz Berg amtierte noch bis 1971. Die Séancen blieben immer spannungsreich, aber auch interessant, lehrreich und, ja, auch unterhaltsam. Die Dramatik des Herbstes 1960 haben sie nie wieder erreicht.

UNABHÄNGIGKEIT! DIE GRÜNDUNG DER FAZIT-STIFTUNG

Nicht nur im Konflikt mit dem BDI, sondern auch im noch zu schildernden Fall Sethe und der Abwehr von Ansprüchen der Förderer zeigte sich, wie wichtig eine institutionell gesicherte Unabhängigkeit für die Zeitung war, die auf keinen Fall als abhängiges Blatt der Wirtschaft gelten wollte, schließlich hatte man schon in der ersten Nummer die Unabhängigkeit des Blattes proklamiert und im Herausgebervertrag von 1952 festgelegt: »Die ›Frankfurter Allgemeine Zeitung‹ ist ein unabhängiges Blatt. Die geistige, politische und wirtschaftspolitische Haltung der ›Frankfurter Allgemeinen Zeitung‹ zu bestimmen, ist den Herausgebern anvertraut.« Allerdings wurde diese Bestimmung im nächsten Satz relativiert: »Die Herausgeber halten sich dabei im Rahmen der mit dem Ausschuss der Förderer der Zeitung vereinbarten Richtlinien.«[126]

Den Anspruch der Unabhängigkeit mit Leben zu füllen war gar nicht einfach, zumal die Herren der Wipog in der Redaktion herumsprangen, wobei man im Fall von Erich Dethlefsen oder Ulrich von Pufendorf gar nicht genau wusste, welche Funktion (oder Berechtigung) sie eigentlich besaßen. Zudem gerierten Klepper und seine Freundin Babette Gross sich als Gesamtleiter der Zeitung.[127] Und das Kapital stammte nun einmal aus der Industrie, die über den Förderausschuss institutionell eingebunden war. Welter war daher daran gelegen, diese Abhängigkeiten zu überwinden.[128] Der erste Schritt war die Trennung von der Wipog 1951, der zweite die Ablösung der Einlagen über Anzeigen, der dritte die Gründung der FAZIT-Stiftung.

Alex Haffner ersann die Konstruktion der FAZIT-Stiftung, in die er am 22. April 1959 die Allgemeine Verlagsgesellschaft mbH überführte. Die Förderer wurden zu Stiftern, alle mussten finanziell bluten, was Haffner und Welter einige Überzeugungsarbeit kostete.[129] Die FAZIT-Stiftung hielt die Mehrheit von zunächst 51 Prozent der Anteile an der Frankfurter Allgemeine Zeitung GmbH. Weitere Anteile hielten die Societäts-Druckerei (25 %), die mehrheitlich zur Imprimatur GmbH gehörte, der Musik Verlag B. Schott's Söhne in Mainz (10 %) und die Verleger Adolf und Eberhard Fraund (je 5 %) sowie die jeweiligen Herausgeber, denen kleine, nicht gewinnberichtigte Anteile auf Zeit zugeteilt wurden. 1974/75 verkauften Vater und Sohn Fraund und dann der Schott-Verlag ihre Anteile an die *FAZ*. 1989 übernahm die FAZIT nach der Fusion mit der Imprimatur auch die Anteile an der Societäts-Druckerei. Heute hält sie mehr als 90 Prozent der *FAZ*, von der Societäts-Druckerei trennte man sich 2018. Die Gesellschafter der FAZIT-Stiftung, allesamt mit kleinen Einlagen von höchstens 4000 DM engagiert, bilden das Kuratorium. Bei der Gründung gehörten dazu neben Haffner und Schmid der Nationalökonom Alexander Rüstow, Literaturchef Friedrich Sieburg und Erich Welter. Neue Gesellschafter werden nach Ausscheiden von Gesellschaftern durch Beschluss der verbliebenen Gesellschafter aufgenommen. Ihnen werden Anteile unentgeltlich übertragen. Widersprechen die Herausgeber einem einstimmigen Kuratoriumsbeschluss zur Übertragung von Geschäftsanteilen, trifft eine Schiedsstelle zur Wahrung der Unabhängigkeit die letzte Entscheidung, der zunächst Bundesbankpräsident Karl Blessing, Ludwig Erhard und in bemerkenswerter Personalunion (Kuratorium und Schiedsstelle) Alexander Rüstow angehörten. Die ausgeschütteten Erträge werden als Stipendien zur Förderung der Wissenschaft vergeben. Zunächst waren nur die Universitäten Berlin, Frankfurt, Tübingen sowie die Universitäten von Rüstow und Welter – Heidelberg und Mainz – als Begünstigte vorgesehen.[130] Davon hat sich die FAZIT-Stiftung später gelöst.

Die Gründung der FAZIT-Stiftung fand sogar Beachtung in der *New York Times* – in dieser Liga wollte die *FAZ* ja auch spielen. In einer Meldung, die allerdings im hinteren Teil der *Times* versteckt war, bezeichnete das Vorzeigeblatt die *FAZ* als »one of West Germany's most influential newspapers«. Das war zehn Jahre nach der Gründung ein Ritterschlag. Allerdings irrte die *Times*, wenn sie meinte, die *FAZ* sei im frühen 20. Jahrhundert gegründet worden, lag aber einigermaßen richtig mit der Feststellung, das Blatt sei nach dem Zweiten Weltkrieg mit »financing from industrial sources« wiederbelebt worden.[131]

In einem Rundschreiben an die Förderer ein Jahr nach der FAZIT-Gründung und gut zehn Jahre nach der Gründung der *FAZ* zog Haffner in seiner Eigenschaft als Vorsitzender des Verwaltungsrats der GmbH eine rundum erfreuliche Bilanz: Die Zeitung erreichte mittlerweile eine Auflagenhöhe von 240 000 Exemplaren, 12 000 Exemplare gingen ins Ausland, das war mehr, als jemals eine Reichszeitung erreicht hatte. Man befand sich damit schon quantitativ auf Augenhöhe mit der britischen *Times*. Redaktion und Korrespondentennetz im In- und Ausland übertrafen das der anderen deutschen Zeitungen. Der Umsatz aus Anzeigen, Abonnements und dem Einzelverkauf betrug 35 Millionen DM. Die Stärke der Zeitung bestand in ihrer einzigartigen Wirtschaftsredaktion. Allein drei Wirtschaftskorrespondenten residierten im Londoner Gebäude der *Financial Times*, mit der man ein Abkommen zur Nutzung ihres Redaktionsmaterials getroffen hatte, vier Wirtschaftskorrespondenten besetzten das Düsseldorfer Büro. Um das Wirtschaftsbuch nicht dominant werden zu lassen, hatte man 1958 das Spezialblatt *Blick durch die Wirtschaft* gegründet, das nur für *FAZ*-Abonnenten erhältlich war. Besonders stolz war Haffner darauf, dass die *FAZ* in einer Studie aus Stanford als einzige deutschsprachige Zeitung genannt worden war, vergaß jedoch nicht, auf die verbreitete Kritik an der Zeitung hinzuweisen, und zwar bei den Lesern und »selbst in Kreisen, zu deren Erhaltung sie [die *FAZ*] wesentlich beiträgt«. Besonders wichtig war ihm zweifellos, dass die Unabhängigkeit der Zeitung gesichert war. Er verwies auf die Zeitungen, deren Lizenzen an Parteileute übertragen worden waren, während die *FAZ* in »voller Unabhängigkeit von Regierungen, Parteien und Interessengruppen auf freiheitlich-staatsbürgerlicher Grundlage« geführt werde, wie es im Gesellschaftervertrag hieß.[132]

Der parteilose Haffner überhöhte diesen Anspruch auf Unabhängigkeit an anderer Stelle geradezu religiös, was den überragenden Stellenwert des symbolischen Kapitals zeigt: »Ich wurde ja in die geheime Kunst der Herausgeber nicht eingeweiht, weil das verstoßen hätte, gegen das Sakrament der Unabhängigkeit, das eine Abart der unbefleckten Empfängnis ist.«[133] Wie die Betrachtung des Falls Sethe zeigen wird, mischte sich Haffner aber durchaus in redaktionelle Belange ein, wenn er die grundsätzliche Unterstützung der Adenauer-Regierung gefährdet sah. Unter Unabhängigkeit der *FAZ* war also nicht die inhaltliche Unabhängigkeit einzelner Redakteure oder Herausgeber und auch nicht die totale Autonomie des Herausgebergremiums als Ganzem zu verstehen, denn die Wünsche und Anregungen Haffners wurden immer mit Sorgfalt und Ernsthaftigkeit zur Kenntnis genommen und diskutiert. Freilich beugte selbst der eher blasse Baumgarten sich nicht immer Haffners Wünschen. So unterließ er es nicht, einem Streit darüber, wer neuer Verteidigungsminister werden solle – Strauß oder Blank –, aus dem Weg zu gehen. Baumgarten sah eine »publizistische Pflicht zur Stellungnahme«, versteckte sich aber gewissermaßen hinter Adenauer, der doch auch »Meinungsäußerungen zu dem Komplex von uns« erwarte, und verwies darauf, dass ein Artikel Weinsteins entschärft worden sei.[134] Das Beispiel zeigt, dass Haffner sich entgegen seiner Selbststilisierung durchaus in das redaktionelle Tagesgeschäft einmischte. Er suchte aber immer die Form zu wahren und die Einmischung nicht zu plump wirken zu lassen. Auch Welter zeigte höchste Zurückhaltung, wenn er eine Gesprächsnotiz als »Streng vertrauliche Aktennotiz über die Besprechung mit Dr. Haffner, gekleidet in die Form eines Briefes an Herrn Baumgarten« etikettierte.[135]

Mit der FAZIT-Stiftung wurde die Unabhängigkeit zum entscheidenden symbolischen Kapital der Zeitung, hinter der kein mächtiger Verleger stand, die keinen Konzern im Rücken hatte. Anders als bei der ebenfalls auf Unabhängigkeit und Liberalität bedachten *Neuen Zürcher Zeitung*, die stark mit der Freisinnigen Partei der Schweiz verwoben ist,[136] hielt man Distanz zu den politischen Parteien. Das Kapital der Unabhängigkeit musste gesichert und gerade nach dem Fall Sethe, der dieses Kapital reduzierte, nach außen demonstriert werden. Max H. Schmid, als Nachfolger Haffners von 1964 an Vorsitzender des Verwaltungsrates der Frankfurter Allgemeine Zeitung GmbH, brachte das auf den Punkt, indem er das Grunddogma von Alex Haffner wie folgt formulierte: »Das Werk könne nur glücken, wenn die Zeitung nicht nur unabhängig ist, sondern wenn sie auch allgemein in der Öffentlichkeit als unabhängig anerkannt wird.«[137] Daher reagierte man äußerst sensibel bis gereizt, wenn diese Unabhängigkeit infrage gestellt wurde und man als Handlanger der Industrie oder als CDU-Blatt dargestellt wurde.

Zwei Beispiele illustrieren das gewachsene Selbstbewusstsein in der Abwehr von Interventionen von außen in den 1960er Jahren. Das erste stammt aus dem Bereich des Wissenschaftsjournalismus und betraf die Atomtechnik, die in den 1960er Jahren noch allseits als Schlüsseltechnologie der Zukunft angesehen wurde. Es ging um die Dampfkühlungstechnologie für Brutreaktoren. Der Wissenschaftsredakteur Kurt Rudzinski, der die Seite und spätere Beilage »Naturwissenschaft und Technik« 1958 eingeführt hatte, wandte sich in der zweiten Hälfte der 1960er Jahre in seinen Artikeln beharrlich gegen die Entwicklung eines sogenannten Schnellen Brüters mit Natriumkühlung. Von Insidern stets gut informiert, attackierte der möglicherweise von eigenen Studienerfahrungen mit Natrium geprägte Rudzinski diese Technologie und das sie favorisierende Kernforschungszentrum in Karlsruhe vor wichtigen Entscheidungen oder Sitzungen immer wieder.[138] Mit seinen Artikeln stieß er auf große Resonanz in Karlsruhe, im Bundestag und in anderen Medien.[139] Aus dem Forschungsministerium gab es entsprechend empörte Reaktionen. Die *FAZ*-Herausgeber verständigten sich daraufhin darauf, dass Rudzinski seine »scharfen polemischen Töne« zügeln solle, ließen ihn aber trotz aller Pressionsversuche aus Karlsruhe und Bonn gewähren, und so erschienen die kritischen Artikel weiterhin.[140] Erst 1970, nachdem Forschungsminister Gerhard Stoltenberg die Entwicklung des von Rudzinski favorisierten alternativen Dampfbrüters hatte einstellen lassen, wurde es den Herausgebern allmählich zu viel, zumal Rudzinskis Artikel für Laien, die Zielgruppe des Ressorts, kaum verständlich waren. Das Thema sei hinreichend besprochen, das Interesse der Leser erschöpft: »Die Zeitung habe ihrer Publizitätspflicht längst und über das

Maß hinaus genügt.« Der Leser solle mit dem Schnellen Brüter nur noch im äußersten Notfall belästigt werden.[141] Gebaut wurde schließlich eine Kompakte Natriumgekühlte Kernreaktoranlage Karlsruhe, die 1977 in Betrieb genommen und 1991 abgeschaltet wurde.

Das zweite Beispiel betrifft unmittelbar die finanzielle Basis der *FAZ*. Es handelte sich um einen Anzeigenboykott von Volkswagen im Jahr 1967. Nachdem, gestützt auf Ermittlungsakten der Staatsanwaltschaft, über Vorwürfe gegen den VW-Vorstandsvorsitzenden Heinrich Nordhoff berichtet worden war (das Verfahren war eingestellt worden, was die *FAZ* auch mitteilte),[142] hatte VW seinen neuen Transporter nicht, wie es bis dahin bei neuen Modellen üblich war, in der *FAZ* beworben. Die Anzeigenabteilung hatte daraufhin bei VW nach dem Grund gefragt, wo kaum verklausuliert ein Zusammenhang mit dem Bericht hergestellt worden war. Herausgeber und Geschäftsführer waren sich einig, auf solche Pressionen nicht einzugehen und Interventionen in die redaktionelle Arbeit mit Nachdruck abzulehnen. Man suchte sogar Überlegenheit zu demonstrieren, schließlich war aus einer EMNID-Umfrage bekannt, dass neunzig Prozent der Männer, die für den Ankauf von Autos aller Größenklassen in Unternehmen zuständig sind, die *FAZ* lesen, und beschloss, sich mit der Antwort Zeit zu lassen (Muckel) und diese ironisch zu gestalten (Welter).[143] Volkswagen lenkte dann sehr schnell ein.[144] Die Zeitung konnte sich diese Standhaftigkeit inzwischen auch gut leisten. Obgleich eine Gründung der Wirtschaft und dezidiert wirtschaftsfreundlich, war sie nicht der Profitmaximierung verpflichtet. Sie verstand sich vielmehr als »Public Service«.[145] Freilich musste die Zeitung erst in diese Unabhängigkeit hineinwachsen. Die Wipog, Klepper und Haffner hatten noch nach der Devise gehandelt: Unabhängig ist, wer über die Unabhängigkeit entscheidet.

GEHEIMHALTUNG!

Die Geheimhaltung interner Angelegenheiten und die Vertraulichkeit im Umgang mit Gesprächspartnern und Informanten sind äußerst sensible Bereiche im Medienbetrieb. Die Geheimniskrämerei ging bei der *FAZ* so weit, dass Herausgeber Baumgarten bei der Übersendung der Signa, also Autorenkürzel, an Haffner darauf aufmerksam machte, dass dieser das »für die Journalistik unbedingt notwendige Prinzip« achte, die Kürzel Außenstehenden nur in den Fällen, in denen sie ohnehin klar seien, offenzulegen. Diese Praxis wurde dann aber doch von der Zeitung selbst unterlaufen, als man 1960 in der ersten Auflage der Redaktionsvorstellung »Sie redigieren und schreiben« die Journalisten des Hauses mit Foto, Kurzlebenslauf und Kürzel vorstellte. Ein Grund für die Zurückhaltung war sicher auch, dass Vielschreiber über mehrere Kürzel verfügten, Herausgeber Baumgarten gleich über deren vier (Bgt.; -rt-; -ten; gar.). Eine Offenlegung hätte die scheinbare Personalstärke entzaubert. Baumgarten tauchte in der Redaktionsbroschüre dann auch nur noch mit »Bgt.« auf. [146]

Eine grundsätzliche Abkehr vom Prinzip der Geheimhaltung interner Vorgänge war damit natürlich nicht verbunden. Jürgen Eick, Leiter der Wirtschaftsredaktion, mahnte 1957 im Hinblick auf die Aktennotizen, die zunehmend über wichtige vertrauliche Gespräche angefertigt wurden, zur »absoluten Geheimhaltung«, eine Mahnung, die er unterstrich und textlich absetzte. Die Aktennotizen sollten gesondert und unter Verschluss aufbewahrt werden.[147] Auf die Verschwiegenheit setzten auch die oft hochrangigen Gesprächspartner der Zeitung. Der Minister für den wirtschaftlichen Besitz des Bundes, Hermann Lindrath, besprach zu dieser Zeit beispielsweise »unter dem größten Siegel der Verschwiegenheit« Privatisierungsprojekte mit Eick, die er gemeinsam mit der *FAZ* durchrechnen wollte.[148] Wirtschaftsminister Erhard berichtete Eick »streng vertraulich«, dass er ein Agreement mit London habe, derzeit nicht aufzuwerten. England habe eine »[e]chte Antiinflationspolitik« zugesichert. Seine Beziehung zum BDI charakterisierte Erhard »als kühl bis eisig« und fügte an: »Sie schienen da ja auch nicht gerade beliebt zu sein.« Er besprach Personalia für das neue Bundeskartellamt und die Besoldung mit Eick und bat diesen, darüber nicht zu berichten, da das seine Verhandlungen mit Finanzminister Franz Etzel stören würde. Sein Einfluss bei Adenauer sei gewachsen, da der »Kanzler begriffen habe, daß er [Erhard, P.H.] einer der wenigen integren Personen seiner Umgebung sei«.[149] Es ist verständlich, dass Erhard wie die anderen Gesprächspartner solche Einschätzungen und Bewertungen vertraulich behandelt wissen wollten. Im Fall der Aktennotiz des Erhard-Gesprächs gab Eick die Aktennotiz nur an Welter und den Redakteur Hans Herbert Götz weiter.

Die vertraulichen Gespräche lieferten Informationen und Zeitvorsprung, sie hatten aber den entscheidenden Nachteil, dass man sie eben nicht publizieren durfte. Als der Londoner Korrespondent Heinz Höpfl Welter 1956 stolz berichtete, er sei einer von fünf Korrespondenten in Europa, die Zugang zu geheimen Informationen in Downing Street Nr. 10 erhalten, reagierte Welter gemäß der Devise »Wenn du ein Geheimnis wahren willst, erzähle es einem Journalisten« nüchtern:

> Ich habe auch Zugang zu Informationen, die andere Journalisten nicht bekommen, und kann manches vielleicht besser beurteilen, als wenn ich diese Sonderstellung nicht genösse. Aber wenn ich die Bilanz aus meinen Privilegien ziehe, so ist sie negativ. Auf Schritt und Tritt fühle ich mich durch Vertraulichkeit gehemmt und gebunden, Dinge in der Zeitung auszusprechen, worauf es für den Journalisten doch ankommt. Sie werden über diesen Vergleich vielleicht lächeln, aber ich bitte Sie, geben sie acht, dass Sie nicht zuviel vertrauliche Informationen bekommen.[150]

Die Geheimhaltung der eigenen Angelegenheiten war der *FAZ* aber stets nahezu heilig. So erhielten Betroffene nur sie angehende Ausschnitte der Herausgeberprotokolle, die auch nicht an alle Teilnehmer der Runde verschickt wurden. Erst recht gab man sich gegenüber dem Umfeld, anderen Medien und Historikern zugeknöpft, was sich erst durch die hartnäckige Initiative des Verfassers zum ersten Mal ein wenig geändert hat.

2
VERGANGENHEITSPOLITIK

Der Blick auf die schreckliche Vergangenheit war in der Nachkriegszeit ein ganz anderer als heute. Im Vordergrund stand für die meisten Deutschen damals zunächst das Überleben, die Subsistenz. Nahrung, Wohnung und Arbeit waren ohnehin schon knapp in dem darniederliegenden Land, und das wenige musste man noch mit den millionenfach geflohenen und vertriebenen Landsleuten aus dem Osten teilen, was die Probleme und Konflikte noch vergrößerte. Alle litten unter der teilweise harten Herrschaft der Besatzungsmächte, machten sich Sorgen um die als Kriegsgefangene verschleppten Väter, Brüder und Ehemänner in Russland, um die eigene Entnazifizierung und den heraufziehenden Kalten Krieg. Viele erwarteten gar einen baldigen dritten Weltkrieg. Man lebte in einer Trümmerwüste unter sehr bescheidenen Verhältnissen, die grausamen Erfahrungen des Bombenkriegs wirkten nach. Die Währungsreform und Freigabe der Preise 1948 bedeutete zunächst einen starken Preisanstieg. Die einsetzende Rekonstruktionsphase der deutschen Wirtschaft änderte kaum etwas an den sehr bescheidenen Lebensverhältnissen. Im Beruf – in der Industrie betrug die Arbeitszeit noch 1955 im Schnitt 55 Stunden an sechs Tagen – wie zu Hause musste hart gearbeitet werden. In der Sowjetischen Besatzungszone (SBZ) waren die Verhältnisse noch schlechter, aber auch in den Westzonen fühlten sich viele ungerecht behandelt und drangsaliert. Die Siegermächte wurden für Bombenkrieg und Vertreibung verantwortlich gemacht. Zum Nationalsozialismus konnten, durften und wollten sich nur noch wenige bekennen, die meisten fühlten sich als Opfer des untergegangenen NS-Regimes und nun der Besatzungsmächte. Der Nürnberger Prozess gegen die Hauptkriegsverbrecher fand noch breite Zustimmung, die zwölf Nachfolgeprozesse schon deutlich weniger. Das »kommunikative Beschweigen«[1] im Nebeneinander von Tätern und Opfern, schwerer und weniger schwer belasteten Zeitgenossen war in der Nachkriegszeit alltägliche Praxis und ermöglichte die Integration in das neue Gemeinwesen.[2]

Wenn aus der heutigen komfortablen Lage rückwirkend eine stärkere Vergangenheitsbewältigung angemahnt wird – ein ohnehin erst sehr viel später eingeführter Begriff –, wird oft verkannt, dass die juristische und politische Aufarbeitung in allen anderen posttotalitären Gesellschaften wesentlich geringer war und die Auswechslung der Funktionseliten anderenorts beinahe ganz unterblieb. Die deutsche Beschäftigung mit der NS-Vergangenheit ist daher ein Sonderweg, nicht deren mangelhafte Tiefe.[3] Alternative Szenarien der Integration unter den schwierigen Bedingungen sind nicht realitätsnah. Die Ächtung des Nationalsozialismus war die eine Seite der Nachkriegsmedaille, die häufige Ignoranz gegenüber Vorbelastungen die andere. Die unfassbare Dimension der NS-Verbrechen wurde oft aufgehoben in einer allgemeinen Schreckensbilanz der Kriegszeit, in die auch noch die Schadensbilanz der Entnazifizierung einbezogen wurde. So sagte Konrad Adenauer in seiner ersten Regierungserklärung, durch die Denazifizierung sei »viel Unglück und viel Unheil angerichtet worden«. Nur die wirklich Schuldigen, die Verbrecher sollten bestraft werden, ansonsten dürfe man die »politisch Einwandfreien und die Nichteinwandfreien« nicht voneinander scheiden. Die Juden als größte Opfergruppe der NS-Zeit fanden nur in der Verurteilung von gegenwärtigem Antisemitismus Erwähnung.[4]

NS-VERGANGENHEITEN

Wie schlug sich die Gemengelage der Nachkriegszeit in der »Zeitung für Deutschland« nieder, wie sah deren Umgang mit der NS-Vergangenheit in Theorie und Praxis aus, wie hatte ihr Personal die NS-Zeit verbracht, und wie ging es mit dem Thema Vergangenheitsbewältigung um? Wie die meisten anderen Zeitungen hatte auch die *FAZ* mehr oder minder NS-belastete Altredakteure eingestellt, wobei die Bewertung von deren Vergangenheit sich von 1945 bis heute zunehmend verschärfte. Der Umgang mit dem personellen Erbe ist schwer auf den Begriff zu bringen, »Vergangenheitsbewältigung« ist mangels durchgreifend erfolgter und wohl auch nicht möglicher Bewältigung jedenfalls das falsche Wort. »Vergangenheitspolitik« meint die gezielte Reintegration der Belasteten bei gleichzeitiger normativer Abgrenzung gegen den Nationalsozialismus.[5] Im vorliegenden Kontext wird dieser Begriff auf die Frage nach dem Umgang mit der Vorgeschichte der *FAZ*-Journalisten und der inhaltlichen Auseinandersetzung mit der NS-Vergangenheit bezogen.

Erich Welters Schwenk zum Ordoliberalismus nach 1945, seine Promotion von dessen Vertretern zu Leitbildern, im Falle Walter Euckens gar zum Säulenheiligen des Wirtschaftsressorts, war zugleich ein Bekenntnis zu den zur Emigration gezwungenen Wirtschaftswissenschaftlern Wilhelm Röpke und Alexander Rüstow und zum widerständigen Freiburger Kreis um Eucken. Die Absage an den Nationalsozialismus implizierte, wie es später im Herausgebervertrag formuliert wurde, ein klares Bekenntnis zur freiheitlich-demokratischen Grundordnung des Grundgesetzes, zur Rechtsstaatsbindung, zum Parteienpluralismus und das Eintreten »für eine freiheitliche und soziale Gesellschafts- und Wirtschaftsordnung«.[6]

Grundsätzlich kann man idealtypisch folgende drei Gruppen von *FAZ*-Personal unterscheiden: Eine Minderheit wie Peter Grubbe und Heinz Höpfl, deren Geschichte noch erzählt wird, hatte entweder in verantwortlicher Position direkt die deutsche Besatzungsherrschaft im eroberten Osten samt Verbrechen mitgetragen oder publizistisch, auch mit antisemitischen Invektiven, das NS-Regime unterstützt. Dazu gehörte aus der *FAZ*-Geschäftsführung das schon erwähnte Duo Erwin Finkenzeller und Viktor Muckel, zwei »alte Kämpfer« aus der Frühzeit der NS-Bewegung.[7] Dann gab es zweitens die etwas größere Gruppe derjenigen, die emigriert oder verfolgt worden waren. Die große Mehrheit bestand aus einer dritten Gruppe, die dazwischen zu lokalisieren ist. Sie soll hier als Erstes, gleichsam als Normalfall, betrachtet werden.

Die Journalisten der dritten Gruppe hatten im Dritten Reich bei der *FZ*, dem *Berliner Tageblatt* oder anderen Zeitungen gearbeitet. Das bedeutete in jenen Jahren für jeden Einzelnen eine ständige Gratwanderung zwischen dem Arbeitsverbot und Schlimmerem – Welter etwa wurde kurzzeitig von der Gestapo verhaftet – sowie der Wahrung zumindest eines Restes von journalistischer Unabhängigkeit. Als ihre Zeitungen verboten oder abgewickelt wurden, versuchten diese Journalisten bei der Prestigezeitung *Das Reich* unterzukommen, einige wurden auch zwangsverpflichtet beim *Völkischen Beobachter*.

Erich Welter war im August 1932 Chefredakteur der liberalen *Vossischen Zeitung* geworden. Nach deren Einstellung 1934 wanderte er in die Schweiz aus, wurde aber von Heinrich Simon und Benno Reifenberg als stellvertretender Hauptschriftleiter, wie es nun hieß, zur *FZ* zurückgeholt, wo er es in den 1920er Jahren bis zum Leiter des Handelsteils gebracht hatte. Einer geplanten antisemitischen Radiosendung entzog er sich, indem er eine Krankheit vortäuschte. Nach dem Verbot der *FZ* 1943 wurde er zum *Völkischen Beobachter* beordert, was er vergeblich zu verhindern suchte. Allerdings publizierte er in dem NS-Blatt nicht, da seine Artikel entweder von der Zensur nicht freigegeben wurden oder er schlicht nicht lieferte.[8] Seine Wirtschaftsartikel für die *FZ* und die *Wirtschaftskurve*, deren Herausgeber er bis zur Einstellung im Oktober 1944 blieb, fasste er in dem Buch »Der Weg der deutschen Industrie« zusammen, das 1943 im Frankfurter Societäts-Verlag erschien. Die Kartellfrage schien ihm hier noch nicht zentral, dafür aber die staatliche Lenkung der Industrie im »Zeitalter des totalen Staates«, dessen Aufgabe primär die »räumliche Ordnung der Industrie« sei. Die Industrie war für Welter ein »Staatsinstrument«, die Fragen der jeweiligen Sozialisierung in einem »Staate, der das Privateigentum ebenso strikt bejaht wie er den Gemeinnutz turmhoch über den Eigennutz stellt«, hielt er für »reine Zweckmäßigkeitsentscheidungen«. Eine »europäische Autarkiepolitik« erachtete er nur für die Zeit der »englisch-amerikanische[n] Vorherrschaft zur See« für notwendig. Welter beschäftigte sich insgesamt durchaus affirmativ mit dem Schicksal der deutschen Industrie im NS-Staat und einem unter deutscher Führung geeinten Europa. Seine Planungseuphorie (»Der deutsche Vierjahresplan wird also in entsprechend abgewandelter Form eine europäische Neuauflage erfahren«) war vom Freiburger Ordoliberalismus noch ziemlich weit entfernt.[9]

Welters Duzfreund Friedrich Sieburg – die beiden hatten sich während ihrer gemeinsamen Korrespondentenzeit für die *FZ* in Paris kennengelernt – zeigte während der NS-Zeit eine noch ambivalentere Haltung. Er wahrte einerseits deutlich Distanz zum Antisemitismus. Sein Buch »Es werde Deutschland« von 1933 wurde von der Gestapo beschlagnahmt, auch andere NS-Stellen nahmen an Sieburgs Publizistik Anstoß. Nachdem er von der *FZ* als Gesandtschaftsrat an die Pariser Botschaft gewechselt war, stellte er sich andererseits der Propaganda zur Verfügung. In seiner Rede vor der »Groupe Collaboration« bekannte er sich am 22. März 1941 als Nationalsozialist. Zu dieser Zeit stellte er auch ein Eintrittsgesuch in die NSDAP. Ob dem stattgegeben wurde, ist nicht klar.[10]

Karl Korn war vom *Berliner Tageblatt* über die *Neue Rundschau* zum 1940 von Rolf Rienhardt gegründeten *Reich* gekommen und hatte dort im Rahmen des Möglichen ein tendenziell liberales Feuilleton verantwortet. Bei Hitler fiel Korn in Ungnade, nachdem er sich im *Reich* quasi aus Versehen über ein Werk des Malers Karl Truppe abfällig geäußert hatte, das Hitler wenig später dem Münchener Gauleiter Adolf Wagner zur Hochzeit schenkte. Korn wurde entlassen, verweigerte sich einem Eintritt in die NSDAP und wurde zur Wehrmacht einberufen.[11] Ende der 1950er Jahr brachte ihn dann seine das geforderte Maß deutlich überbietende Eloge auf Veit Harlans antisemitischen Film »Jud Süß«,[12] ein Lieblingsprojekt von Goebbels, in arge Bedrängnis.

Für das *Reich* arbeitete auch Helene Rahms, die, was für Journalisten damals untypisch war, Zeitungswissenschaft studiert hatte. Ihre journalistischen Sporen verdiente sie sich während des Dritten Reiches bei Lokalzeitungen, riskierte dabei ein Schreibverbot und erhielt es auch. Danach war sie kriegsdienstverpflichtet worden. 1954 holte Korn sie zur *FAZ*.[13]

Nach Kriegsbeginn meldeten sich einige der späteren *FAZ*-Journalisten für die Propagandakompanien (PK) der Wehrmacht oder Waffen-SS, was für Journalisten nahelag. Zu ihnen gehörten das NSDAP-Mitglied Peter Beckert, später im Stadtblatt und für das Politikressort der *FAZ* tätig, der dann langjährige Bonner Korrespondent Walter Henkels (»Bonner Köpfe«), Hans-Jürgen Krüger, der aber von der Gestapo politisch verfolgt und verhaftet wurde, später dann *FAZ*-Berichterstatter für Afrika und Korrespondent in Athen war, Paul Sethe und der spätere Herausgeber Jürgen Tern. Aus dem Wirtschaftsressort waren Herbert Nolte, Martin Wiebel, Hans Roeper sowie der Sportchef Karlheinz Vogel in Propagandakompanien im Einsatz gewesen, aus dem Feuilleton Friedrich Wagner und Wolfgang Schwerbrock, Letzterer als Kriegsberichterstatter der Waffen-SS. Roeper war schon 1932 in die SA eingetreten, wo er eine rasante Karriere machte, später schrieb er auch für den *Völkischen Beobachter*; daher gehört er in die erste Kategorie der stark im Nationalsozialismus engagierten Journalisten.

Paul Sethe hatte in der *FZ* als außenpolitischer Redakteur das Kriegsgeschehen kommentiert, dabei Elogen auf Hitler und die frühen Erfolge der Wehrmacht verfasst, jedoch einen Willen zur Objektivität gezeigt, wodurch er bei den NS-Stellen immer wieder unangenehm auffiel. 1940 war auch er in einer PK Kriegsberichtserstatter. Nach Schließung der *FZ* war er kurze Zeit Chefredakteur des *Frankfurter Anzeigers* (*Frankfurter General-Anzeiger*) und wurde dann zum *Völkischen Beobachter* dienstverpflichtet; auch dort fiel er durch ungewohnte und unerwünschte Sachlichkeit auf. Von Carl Goerdeler war er nach dem geplanten Umsturz als Chefredakteur des *Reichs* vorgesehen.[14]

Erich Welter, der zeitweise eingezogen wurde, arbeitete an dem Film »Sieg im Westen« der Propagandaabteilung des Oberkommandos der Wehrmacht (OKW) mit, der den militärischen Überraschungssieg gegen Frankreich ohne größeren ideologischen NS-Überbau dokumentierte. Bei Goebbels stieß der Film wohl auch deshalb auf Missfallen.[15] Welters späterer Mitarbeiter und Herausgeber Jürgen Eick war zwanzig Jahre jünger, er wurde zur Wehrmacht eingezogen und verwundet. Eick studierte dann in Berlin Nationalökonomie und verfasste die fiktive Kriegsgeschichte »Panzerspähtrupp überfällig«. Sie erschien in einem 32-seitigen Heft der wöchentlich publizierten und mit Zeichnungen ausgestatteten Reihe »Kriegsbücherei der deutschen Jugend«, eine Art Vorläufer der »Landser«-Heftchen. In Eicks Geschichte, die an der Somme in Frankreich spielt, wird kein spezifisches Feindbild erkennbar. Es ist eine soldatische Heldengeschichte, in der die Soldaten den Jugendlichen als wagemutige Vorbilder geschildert werden. In der Reihe finden sich auch Werke anderer, später prominenter Journalisten wie Walter Henkels (*FAZ*), Josef Müller-Marein (*Die Zeit*) und Henri Nannen (*Stern*).[16]

Neben dieser skizzierten Großgruppe gab es als zweitgrößte Gruppe die wegen ihrer Widerständigkeit verfolgten oder emigrierten Journalisten. Erich Dombrowski war stellvertretender Chefredakteur des linksliberalen *Berliner Tageblatts* gewesen und bekleidete diese Position dann seit 1926 für zehn Jahre beim *Frankfurter General-Anzeiger*. 1936 wurde er wegen seiner jüdischen Frau und weil er sich weigerte, in die Partei einzutreten, entlassen und mit Publikationsverbot belegt. Seine Frau wurde nach Theresienstadt deportiert. 1955 wurde Erich Dombrowski vom rheinland-pfälzischen Landesamt für Wiedergutmachung als Opfer des Nationalsozialismus eine Entschädigung von 20 000 DM zugesprochen.[17] Dolf Sternberger, der *FAZ* lange Jahre als Berater und Autor eng verbunden, hatte in der *FZ* kaum verhüllt Kritik am NS-Regime geübt, dann Berufsverbot erhalten und in einer Fabrik gearbeitet. Er war verheiratet mit einer Jüdin und lebte in den letzten Jahren des Dritten Reiches in großer Angst. Hans-Joachim Schwelien, von 1954 bis 1961 für die *FAZ* tätig, war in einer Berliner Widerstandsgruppe aktiv gewesen und hatte Verfolgte versteckt. Die Gruppe flog auf, Schwelien kam dreieinhalb Jahre ins Gefängnis.[18] Paul Medina, der zehn Jahre aus Paris für die *FAZ* und andere Zeitungen berichtete, war bereits in den 1920er Jahren nach Paris ausgewandert. Während der deutschen Besetzung Frankreichs arbeitete er für die deutsche Botschaft und schickte Charles de Gaulle verschlüsselte Nachrichten ins Londoner Exil. Als Jude dadurch doppelt gefährdet, ging er gegen Kriegsende in den Untergrund. In dieser Zeit hat ihm laut eigener Aussage der spätere *FAZ*-Literaturchef Friedrich Sieburg, damals Botschaftsrat in Paris, verschiedentlich geholfen.[19]

So eine widerständige Geschichte und Prägung war in der Nachkriegszeit nicht immer von Vorteil. 1953 kam die *FAZ* den Bedenken des Bundespresseamtes und des im NS-Staat drangsalierten ehemaligen *FZ*-Mitarbeiters und jetzigen Generalkonsuls in Frankreich Wilhelm Hausenstein entgegen, Medina über den Kriegsverbrecherprozess um das Massaker von Oradour berichten zu lassen. Möglicherweise war diesen Stellen ein schonungsloser Bericht Medinas aus dem Jahr 1950 noch im Gedächtnis.[20] Die staatstragende »Zeitung für Deutschland« entsandte den Militärfachmann Adelbert Weinstein nach Bordeaux, der schon einmal von dem dortigen Prozess berichtet hatte, ließ in der Zwischenzeit aber auch Medina Artikel verfassen. Die Leitartikel schrieb freilich Adelbert Weinstein (siehe unten Kapitel »Der Oradour-Prozess«).

Benno Reifenberg, der 1959 als Herausgeber zur *FAZ* kam, und Nikolas Benckiser, bei der *FAZ* seit 1957, von 1966 an Herausgeber, waren *FZ*ler. Reifenberg war als »jüdischer Mischling« nach den Nürnberger Gesetzen in der NS-Zeit gefährdet. Als er van Goghs verfemtes, aus dem Frankfurter Städel entferntes »Bildnis des Dr. Gachet« in der *FZ* besprach, wurde er im Propagandaministerium verhört, eine Nacht von der Gestapo in Schutzhaft genommen und bedroht. Er kam frei, da sich der Kunsthistoriker Ernst Benkard, der Reifenberg über die Entfernung des Bildes informiert hatte, überaus mutig stellte. Als die Nationalsozialisten die *FZ* verboten, wurde Reifenberg von der Schriftleiterliste gestrichen und musste sich als Hilfskraft beim Hirnforscher Oskar Vogt durchschlagen, unterstützt durch die IG Farben.[21] Benckiser wehrte sich erfolgreich gegen den geforderten Parteieintritt, passte sich in seinen Artikeln der NS-Ideologie aber mehr an. Während seiner Zeit im Berliner *FZ*-Büro 1938/39 fühlte er sich vom Propagandaministerium massiv gegängelt. Nach dem 20. Juli 1944 wurden er und seine Frau wegen verwandtschaftlicher Nähe zu den Verschwörern verhaftet und erst Anfang April 1945 befreit.[22] H. H. (Hans Heinz) Stuckenschmidt, der spätere bedeutende Musikkritiker der *FAZ*, wurde als engagierter Vertreter der musikalischen Moderne schon 1934 mit Schreibverbot belegt. Er wich nach Prag aus, wo ihm 1941 das Schreiben abermals verboten wurde. Er war fortwährend publizistischen Attacken der Nationalsozialisten ausgesetzt und entzog sich der drohenden Inhaftierung schließlich durch freiwillige Meldung zur Wehrmacht. [23]

Hilde Spiel, Frederick Rosenstiel, Paul West und Toni Stolper, die später als Korrespondenten beziehungsweise als freie Mitarbeiterin der *FAZ* arbeiteten, waren ebenso wie Roland Hill (eigentlich Hess, Vorname des Vaters: Rudolf!) und Otto Zoff, die Feuilletonkorrespondenten wurden, als Juden oder »jüdische Mischlinge« zur Emigration gezwungen; Spiel fühlte sich im austrofaschistischen Österreich nicht mehr wohl. Rosenstiel emigrierte 1936 nach London und zog von dort 1941 weiter nach New York. Paul West (ursprünglich Wegener) floh 1938 nach Großbritannien, wo er nach Kriegsausbruch zunächst interniert wurde und sich dann als Fabrikarbeiter durchschlagen musste. In Deutschland war er mit Berufsverbot belegt und von der Gestapo verhört worden. Auch Hill floh nach England, wurde auf der Isle of Man interniert und trat in die britische Armee ein. Stolper ging mit ihrem Mann Gustav bereits 1933 nach New York. Dorthin verschlug es auf Vermittlung Thomas Manns auch den Dramatiker und Dramaturgen Zoff, der zunächst nach Italien und Südfrankreich gegangen war.[24] Die einer assimilierten jüdischen Familie entstammende Schriftstellerin und Journalistin Hilde Spiel verließ 1936 mit ihrem Mann Peter de Mendelssohn ihre Geburtsstadt Wien und ging nach London. 1941 wurde sie britische Staatsbürgerin. 1963 kehrte sie nach Wien zurück und arbeitete dort viele Jahre als Korrespondentin für das Feuilleton der *FAZ*.[25]

Wer gehört in die dritte Gruppe der stark Belasteten? In den Anfangsjahren der Zeitung war – neben Paul Sethe – Heinz Höpfl unter dem Kürzel »hö.« für die Erklärung der Weltpolitik zuständig. Das war kein Zufall. Sethe hatte Höpfl in der Berliner Redaktion des *Völkischen Beobachters* kennengelernt. Nach dem Krieg schlug er ihn für die *FAZ* vor. Höpfl war bereits beim *Völkischen Beobachter* als England-Experte tätig gewesen, eine Aufgabe, die er unter veränderten Vorzeichen jetzt wieder aufnahm. 1953 wurde er als Korrespondent nach London geschickt, aus dem zuvor Peter Grubbe berichtet hatte. Verschiedene inländische (*Frankfurter Rundschau*, später *Der Spiegel*) wie ausländische Medien (*Jewish Observer*, *Luzerner Neueste Nachrichten*) griffen die Vergangenheit Höpfls auf, der sich aber halten konnte, wohl auch weil er seine Bewertung Churchills ins Gegenteil verkehrte – vom »Verbrecher« (1939) war dieser zum »Genie« geworden (1953).[26]

Höpfls Vorgänger Grubbe, der 1953 zur *Welt* ging, war noch sehr viel stärker belastet. Bis 1958 lebte er, nun mit einer Jüdin verheiratet, in London. Eigentlich hieß er Claus Peter Volkmann und war 1941/42 als Kreishauptmann, also ziviler Landkreisverwalter, in Kolomea (Ost-Galizien) für die Ghettoisierung der Juden zuständig gewesen. In seinen Zuständigkeitsbereich fielen die von höherer Stelle angeordneten Deportationen von Tausenden Juden ins Vernichtungslager Belzec. Aus seinem Kreis wurden 30 000 deportierte Juden ermordet. Volkmann rettete nach eigener Aussage einige von ihnen, bestritt aber, dass er sich dafür bestechen ließ, was Zeugen behaupteten. Mit dem Pseudonym Peter Grubbe, das er bereits 1943 für einen Gedichtband benutzt hatte, versuchte er nach dem Krieg seine Vergangenheit zu vertuschen, was nicht vollkommen gelang, denn in den 1960er Jahren wurde gegen ihn ermittelt. 1969 stellte die Staatsanwaltschaft das Verfahren ein. Da war Grubbe längst zum Linksliberalen mutiert, der mit Springers »Rechtsschwenk« abrechnete.[27] Am Ende seines Lebens holte ihn seine Vergangenheit noch einmal ein. Grubbe/Volkmann bestritt aber hartnäckig, Schuld auf sich geladen zu haben.[28]

Pikant war 1950 ein Bericht Grubbes über das in London aufgeführte Theaterstück »Der Leopoard« von Dorothy Lang, das von einem in eine zweite Identität schlüpfenden ehemaligen SS-Mann handelt. Grubbe urteilte abträglich, lieferte mit der Inhaltsangabe aber quasi seine eigene Geschichte: »Der ehemalige Nationalsozialist, dem es gelungen ist, unterzutauchen, sich verborgen zu halten, und der heute unter falschem Namen und mit falschen Papieren irgendwo ein ›zweites Leben‹ führt, ist sicherlich ein lockendes Thema für einen Bühnenautor.« Das Stück sei aber blutarm, konstruiert und langweilig. Die Londoner Zeitungen wünschten, so Grubbe weiter, dass der fanatische Nazi »endlich einmal von der englischen Bühne verschwinden möge. Dem kann man nach dieser Erfahrung nur zustimmen.«[29]

Warum berichtete Grubbe aus freien Stücken über das für ihn so heikle Thema? Zunächst einmal war er mit sich »im Reinen«, wie er noch ein halbes Jahrhundert nach Kriegsende im *Spiegel* betonte.[30] Grubbe war sich keiner direkten Schuld bewusst und sah sich folglich auch nicht bedroht (juristisch hatte er damit, wie die gescheiterte Anklageerhebung zeigte, durchaus recht). Dazu trug wohl auch bei, dass er, der spätere linksliberale Dritte-Welt-Aktivist, seine Identität gewechselt hatte. Grubbe war dabei allerdings nicht so konsequent vorgegangen wie der Germanist Hans Schwerte, ehemals Hans Ernst Schneider, der seine Frau ein zweites Mal unter neuer Identität heiratete und nach dem Krieg auch ein zweites Mal promovierte.[31] Grubbe dagegen gab noch 1953 in seinem ersten Buch über eine mehrmonatige Südostasienreise seinen wahren Namen bekannt und war unter diesem auch gemeldet. Insofern stellte er mit der Theaterrezension seine Ablehnung von »Nazi-Riecherei«, wie das Adenauer nannte, unter Beweis, fühlte sich aber in Bezug auf seine Biographie ziemlich unangreifbar.[32] Gerade Grubbes Beispiel zeigt, dass der Umgang mit NS-belasteten Journalisten medienübergreifend ähnlich war, denn Grubbe war bei der *FAZ*, der *Welt*, dem *Stern*, der *Zeit* und dem NDR tätig.

Neben Belasteten wie Grubbe arbeiteten mit Geschäftsführer Otto Klepper, Paul Medina, Paul West, Frederick Rosenstiel und Toni Stolper Emigranten – zumeist jüdischer Herkunft – in der Zeitung, was durchaus zeittypisch war und bei Springer, *Spiegel, Süddeutscher Zeitung* noch deutlicher ausgeprägt.[33] Das Nebeneinander bestand aber nur in der Zugehörigkeit zur Zeitung, denn die ehemaligen Emigranten berichteten von Korrespondentenposten. West und Hill arbeiteten allerdings in London mit Höpfl zusammen, für den der Kulturkorrespondent Hill seit 1956 sogar in der politischen Berichterstattung zuarbeiten sollte.[34] Ein größeres Thema war die jeweilige Vergangenheit in den Redaktionen nach übereinstimmenden Berichten aber nicht. Man hatte andere Probleme.

Die Vergangenheitsbewältigung in der Personalpolitik bestand darin, nicht danach zu fragen, was der Kandidat im Dritten Reich eigentlich gemacht hatte, und erst im Bedarfsfall, das heißt bei Angriffen von außen, genauer zu recherchieren. So verhielt es sich etwa im Fall Höpfls. Nachdem sich der jüdische Journalist Caesar Caspar Aronsfeld bei der *FAZ* nach Höpfls Vergangenheit erkundigt hatte, reagierte man dort sehr sensibel. Man erteilte Höpfl einstweilen ein Schreibverbot und erkundigte sich bei Aronsfeld nach dessen Material. Dann ließ man die Jahrgänge des *Völkischen Beobachter* durchschauen und fragte auch beim amerikanischen Geheimdienst Counter Intelligence Corps (CIC) nach Unterlagen. In der Herausgeberkonferenz setzte man die antisemitischen Äußerungen Höpfls Beteuerung gegenüber, er habe sich damit vor einem Verfahren vor dem Volksgerichtshof retten wollen, und beschloss, dass Höpfl in der *FAZ* nicht mehr unter seinem Namen publizieren dürfe und nicht wie geplant nach London entsandt werde. Da über das Bekannte hinaus nichts Belastendes gefunden wurde, durfte er 1953 wieder schreiben, und Geschäftsführer Hoffmann brachte den Londoner Posten erneut ins Gespräch. Dorthin wurde er dann im April 1954 entsandt.[35]

Auch über den Pariser Kulturkorrespondenten Werner Bökenkamp, der 1959 in die Kritik geriet, hielt die *FAZ*, in diesem Fall Benno Reifenberg, die Hand. Bökenkamp hatte den französischen Germanisten Robert Minder in der *FAZ* kritisiert,[36] und dieser hatte sich unter Verweis auf die Vergangenheit des Journalisten beschwert. Bökenkamp war in der »Schrifttumspflege« für das Amt Rosenberg tätig gewesen und hatte dabei wenig Zweifel an seiner Regimetreue gelassen. 1941 war er dann im Deutschen Institut in Paris tätig, das dem Auswärtigen Amt unterstellt war, von 1943 an als Institutsleiter in der Zweigstelle Marseille und seit 1944 Lyon. Er blieb nach dem Krieg in Frankreich, berichtete von 1954 an für die *FAZ* und wurde 1961 fester Kulturkorrespondent in Paris. Reifenberg erkundigte sich noch einmal bei Korn über ihn, vertraute aber dann den Empfehlungen, die er für Bökenkamp erhalten hatte, und dessen Frankreich-Expertise. Bökenkamp wurde schließlich festes Redaktionsmitglied.[37] Seine vergangenheitspolitische Selbstsicherheit war 1971 so groß, dass er mit Arno Breker hart und ironisch ins Gericht ging. Anlass waren dessen in französischer Sprache in Paris verlegte Memoiren und der Medienrummel darum. Bökenkamp warf Breker »peinliche Selbstgefälligkeit, eine entwaffnende Naivität und eine Plumpheit vor, die der seiner mythologischen Gestalten kaum nachsteht«. Vor allem kritisierte er, dass Breker seine Leichtgläubigkeit inzwischen durch die Lektüre zeithistorischer Werke hätte korrigieren können.[38] Genau das war die Linie der *FAZ* in Bezug auf das eigene Personal. Ein großes Herz hatte man, wenn es um das individuelle Verhalten im Dritten Reich ging. Die Verklärung dieser Vergangenheit oder Nostalgie in der Nachkriegszeit wurden dagegen nicht toleriert.

Bei Artikelangeboten von außen seitens Belasteter gab es Grenzen, die allerdings erst ausgehandelt werden mussten. 1962 meldete sich etwa der ehemalige NS-Jurist und Abteilungsleiter im Reichsicherheitshauptamt Reinhard Höhn, ehedem ein Lehrer Eicks, mit der Bitte, eine *FAZ*-Seite füllen zu dürfen. Höhn, der mittlerweile mit seiner Führungsakademie für Wirtschaftskräfte in Bad Harzburg viel Erfolg hatte, beklagte, dass positive Leistungen in der Demokratie mit Verweis auf die Vergangenheit nicht gewürdigt würden. Das Kaiserreich sei in seiner Presse großzügiger gewesen, zudem säßen in den Parlamenten viele ehemalige Nationalsozialisten.[39] Eick war nicht abgeneigt, wie er Welter schrieb:

> Professor Reinhard Höhn, der jetzige Präsident der Volkswirtschaftlichen Gesellschaft und Leiter der Akademie für Führungskräfte, möchte bei uns eine Seite schreiben. […] Aber der Mann war ein schrecklicher Nazu [sic], Staatsrechtler in Berlin, und nach meinem Gefühl sehr viel schlimmer als Carl Schmitt. Aber wie lange sollen wir unsere private Entnazifizierung fortsetzen? Für mich ist die Sache insofern schwierig, als ich bei ihm studiert habe und er mir eine Eins in Öffentlichem Recht gegeben hat, die ich beim besten Willen nicht verdient hatte. Ich neige eigentlich dazu, Höhn zu diesem Artikel aufzufordern. So viele Autoren, die wirklich lebendige Sonderseiten schreiben, haben wir nicht. Aber es könnte natürlich Ärger geben. Andererseits haben wir auch, wenn ich mich recht erinnere, im Feuilleton Carl Schmitt schreiben lassen, der ja viel mehr im Rampenlicht stand.[40]

Welter schloss in seiner Antwort einen Beitrag Höhns nicht ausdrücklich aus:

> Seien Sie bitte nicht ungeduldig, wenn ich zur Vorsicht mahne. Ein Auftreten in der FAZ ist ganz etwas anderes als die Veröffentlichung von Büchern, Mitgliedschaft in der Deutschen Volkswirtschaftlichen Gesellschaft und Leitung der Akademie für Führungskräfte. Wir leben augenblicklich in einer aufflammenden Psychose, gerade die »Führungskräfte« seien im Grunde alles alte Nazis. Sie sind

> wohl der letzte, dem ich auseinandersetzen müßte, wie ich zu der ganzen Frage der Entnazifizierung stehe. […] Was schadet es, wenn wir nicht ein bißchen Gras über die Sache wachsen lassen und Herr Höhn dann umso unbekümmerter Themen aus seinem neuen Aufgabengebiet behandeln kann?[41]

Höhn blieben die Spalten der *FAZ* verwehrt, aber die Zeitung schaffte es, in einer ungezeichneten Notiz zum 75. Geburtstag kein einziges Wort über dessen Vergangenheit zu verlieren. Alles, was der Leser über Höhns Zeit vor der Gründung der Harzburger Akademie erfuhr, war: »Höhn ist von Hause aus Jurist und Militärhistoriker (Buchtitel: ›Scharnhorsts Vermächtnis‹, ›Sozialismus und Heer‹).«[42] Für den Nachruf auf Höhn im Jahr 2000 bemühte die Zeitung sicherheitshalber einen externen Juristen als Autor, dessen kritischer Blick auf die eigene Fachgeschichte bekannt war. Uwe Wesel fand deutliche Worte und grenzte Höhn als Vertreter einer radikalen Minderheit noch von Juristen wie Schmitt und Huber ab, die »gewisse Restformen von Recht zu retten« versuchten. Höhn, der Schmitt bekanntlich zu Fall brachte (nur diese beiden Staatsrechtler wurden allerdings später nicht wieder eingestellt oder emeritiert), habe dagegen die Rechtsformen vollständig zerstören wollen. Möglicherweise habe er später gelernt.[43]

Die Vergangenheitspolitik der *FAZ* im eigenen Haus war eher reaktiv. Man reagierte erst auf Vorwürfe und Angriffe von außen. Dann wurden die Vorwürfe sehr genau geprüft und der betreffende Journalist wie im Falle Höpfl gegebenenfalls zeitweilig aus der Schusslinie gezogen. Prinzipell verhielt man sich aber loyal zu den Mitarbeitern. Das zeigte sich auch im Falle Korns.

ZIESEL GEGEN KORN

Ende der 1950er Jahre geriet einer der Herausgeber der *FAZ*, nämlich Karl Korn, ins Zentrum einer scharfen vergangenheitspolitischen Debatte. Der rechte Publizist und Romancier Kurt Ziesel zieh den von ihm als »Kulturpapst« Apostrophierten in seinem Buch »Das verlorene Gewissen« zunächst nur allgemein der Doppelzüngigkeit. Als Beleg führte Ziesel Korns publizistische Tätigkeit für die von Goebbels mit Leitartikeln ausgestattete Wochenzeitung *Das Reich* und für die Zeitschrift *Erziehung und Bildung im Heere*, von 1944 an *Nationalsozialistische Erziehung im Heere*, an. Dies kontrastierte er mit Korns Förderung linker Schriftsteller nach dem Krieg bei Ignoranz des zuvor verehrten, nun aus der russischen Gefangenschaft heimkehrenden Schriftstellers Wolfdietrich Kopelke, der den Kontakt zu Korn wieder habe aufnehmen wollen.[44] Ziesel verwies ferner auf einen rühmenden Nachruf auf den Chefredakteur des *Reichs* Rudolf Sparing in der *FAZ* im Jahr 1955, der freilich von Korns Freundin Margret Boveri stammte. Dort hieß es: »Wie immer seine politische Einstellung beurteilt werden mag – seine Haltung verdient Achtung.«[45] Gereizt worden war Ziesel nicht nur durch Korns aktuellen progressiven Kurs, sondern auch dadurch, dass die *FAZ* bis dahin einzig durch einen harschen Verriss von ihm Kenntnis genommen hatte, in dem ihm Apologetik vorgeworfen worden war.[46]

Nach außen tat Korn Ziesels Attacken zunächst als belangloses »Gesudel« ab.[47] Boveri warnte er aber doch davor, sich mit Ziesel zu befassen. Diese erbat hartnäckig die Zusendung von Ziesels Buch und drohte quasi aus Versehen (nämlich ohne Kenntnis des Inhalts), selbst einmal »dieses heiße Eisen« anzupacken.[48] Die Kampagne gegen Korn und andere Publizisten fand dann insofern immer größere öffentliche Beachtung, als gerade Korn sie ungewollt befeuerte. »Da Herr Ziesel in einem Pressedienst seine verlogenen Anwürfe gegen mich in der 6. Auflage ins Unerträgliche zu steigern ankündigte«,[49] klagte er vor dem Münchener Landgericht gegen Ziesel, kam aber nur sehr eingeschränkt mit seinen Verbotsanträgen durch. Er durfte weiterhin als »Handlanger des Antisemitismus« bezeichnet werden, wie Ziesel ihn in seinem Pressedienst genannt hatte. Das Urteil fand durch einen Korn und die *FAZ* empörenden Artikel der *Welt* den Weg in die Öffentlichkeit.[50]

Korns Artikel über die antisemitischen Schmierereien an der Kölner Synagoge Ende 1959, der in Kontinuität zu anderen vergangenheitskritischen Arbeiten Korns stand – in seiner Rezension der autobiographischen Aufzeichnungen des Auschwitz-Kommandanten Rudolf Höß schrieb er etwa von der »seelischen Taubheit, die nach 1945 in unserem Land und Volk angesichts der Enthüllungen über die Massenvernichtungen festzustellen war«, und davon, dass »Auschwitz jederzeit wieder möglich« sei[51] –, exponierte ihn dann noch mehr.[52] Das von Erich Welter einst mitbegründete Konkurrenzblatt *Deutsche Zeitung mit Wirtschaftszeitung*, das auch in der Kartellrechtsdebatte eine konträre Position zur *FAZ* bezogen hatte, nahm die Steilvorlage auf und zitierte aus Korns längst in Journalistenkreisen kursierenden und dann von Ziesel in der sechsten Auflage seines Buches komplett abgedruckten »Jud Süß«-Artikel von 1940. Chefredakteur Hans Hellwig zitierte zudem das Urteil des Landgerichts München und kommentierte dazu, die *FAZ* schule Böcke zu Gärtnern um.

Korn wandte sich mit einem Brief an Hellwig, der mit dessen Antwort und weiteren Zuschriften in der *Deutschen Zeitung* publiziert wurde. Korn schrieb, er habe mit seiner »Jud Süß«-Filmkritik Schlimmeres verhindern wollen. Da Korn kein überzeugter Nationalsozialist gewesen war und er in seinen Beiträgen im *Berliner Tageblatt* durchaus Distanz zu den NS-Machthabern wahrte, könnte die »Jud Süß«-Kritik durchaus eine Art Kompensation gewesen sein. Die nachträgliche Deutung Korns wirkte aber wenig überzeugend, wenn man sich die Rezension genauer ansah. Hellwig beharrte jedenfalls darauf, dass Korn in Sachen Antisemitismus lieber schweigen solle.[53] Korns Verteidigung war auch deswegen kaum glaubwürdig, weil weiland in der *Frankfurter Zeitung* eine Filmkritik erschienen war, die sich mit der Intention des Films so wenig wie möglich gemein zu machen versuchte. Carl Linfert schilderte da im Konjunktiv das Motiv des Films und legte den Plot als bewusste Konstruktion offen.[54] Das war möglich gewesen, obgleich Goebbels hinter dem Film stand und es Anweisungen für die Rezeption gab (»Film soll nicht im Feuilleton, sondern im politischen Teil besprochen werden, soll auch überwiegend politisch gewertet werden«[55]).

Der Hofjude
Veit Harlans-Film »Jud Süß« im Ufa-Palast am Zoo

Als die letzten Reihen des alten geistigen und sozialen Ordnungsgefüges des mittelalterlichen Reiches dahinschwanden und das deutsche Land ein kurioses Staatenmosaik geworden war, da schlug die Stunde auch für die Juden in den Ghettos der alten Reichsstädte. Die durch Quellen und glaubwürdige Berichte verbürgte Geschichte des Juden Süß Oppenheimer aus Frankfurt am Main, der 1738 in Stuttgart gehengt wurde, ist nur ein Beispielsfall für viele. Im Zeitalter der Geldwirtschaft, der wachsenden Bürokratisierung des Staates und der stehenden Heere entstand ein dauerndes staatliches Bedürfnis nach Kredit. Noch bevor Napoleon in konsequenter Fortsetzung der Tendenzen der französischen Revolution die Judenbefreiung legalisierte, haben die Juden in Deutschland auf den verborgenen Schleichwegen der Kreditgewährung an nicht wenige der aberhundert kleinen absoluten Fürsten den Bann, der seit mehr als einem Jahrtausend auf ihnen gelastet hatte, zu brechen gewußt. Die fremde Rasse drang in das Gefüge des deutschen Wirtschaftskörpers ein und gelangte zu Einfluß und Macht. Aus den alten reichsstädtischen Handelsmetropolen wanderten sie in benachbarte stammesmäßig einheitliche Staaten, die ihnen bislang verschlossen waren, ein und wußten sich bald an Kommandostellen zu setzen. Mit dem gleichen Augenblick aber, wo die aus den orientalischen Bezirken des alten römischen Reiches stammenden Juden ans Licht drangen, brach der uralte Haß der sozial Deklassierten, die Rachelust einer Unterwelt, die das Sendungsbewußtsein des »auserwählten« Volkes in talmudischen Nihilismus verkehrt hatte, auf und überflutete die brüchig gewordene Welt des alten Deutschen Reiches der Mitte. Damals beginnt der Jude sich im Gehäuse des Reiches einzunisten. Er lebt seine Machtgier, die Jahrhunderte niedergehalten war, aus und nimmt Rache für mehr als ein Jahrtausend des Fluches.

Das ist in groben Zügen die geschichtliche Situation, die Veit Harlans Film »Jud Süß« aufgreift. Dieses große Filmwerk, das wohl am deutlichsten die gegenwärtige Wende der deutschen Filmkunst zum Ideenfilm bezeichnet, der aus einer politischen Totalsicht konzipiert ist, wird auch über die deutschen Grenzen hinaus um seiner historischen Objektivität willen früher oder später beachtet werden. Man spürt und erkennt aus diesem Film, daß das jüdische Problem in Deutschland innerlich bewältigt ist. Weil die Epoche des Auseinanderfalls von völkischer Eigenart, Wirtschaft, Staat und Geist aufgehört hat und dem neuen totalitären Ordnungsprinzip weichen mußte, sind die Voraussetzungen gegeben, die Gewichte so zu verteilen und die Lagerung der Kräfte so zu sehen, wie es der Geschichte entspricht.

Jud Süß Oppenheimer wird von dem württembergischen Landesherrn Karl Alexander ins Land gerufen. Der absolute Fürst gerät immer stärker in Abhängigkeit von seinem jüdischen Finanzminister; er wird zum Werkzeug des Juden wider sein Volk und wider die alten Volksrechte. Der Jude gewährt Kredit auf Kredit, befriedigt die Wünsche und Lüste des nach dem Versailler Hof schielenden prunklüsternen Herzogs, verschafft ihm Ballet, Feste, Schlösser, Maitressen und den dazugehörigen Schmuck, Oper, Ballett und elenden Ruhm – und nimmt dafür das Land, d.h. den Arbeitsbesitz des Volkes zum Pfand. Mit Wegezöllen beginnt es, und es endet mit Teuerung, Warenmangel, Verderb der freien Werkstätten der Handwerker und der Höfe der Bauern. Wollte man den Film eine Anklage vor der Geschichte nennen, dann müßte man ihn eine gerechte Anklage heißen, denn er läßt die jüdische Machtgier und den jüdischen Haß im Bündnis mit einem volksfremden Fürsten und dessen elenden, käuflichen Schranzen und Hofmännern vor dem Tribunal erscheinen.

Wohl selten ist das Wesen schauspielerischer Kunst an einem so extremen Fall und durch so überzeugende Leistungen deutlich geworden wie in Ferdinand Marians Verkörperung des Hofjuden Süß Oppenheimer und in Werner Kraus' [sic] Darstellung des Sekretärs Levy und des Rabbi Loew. Man möchte beide Leistungen

Grenzfälle des Schauspielers nennen. Die Verwandlung in ein Anderssein, ins absolut Fremde, ja in das, was gehaßt wird, ist in diesen drei Judengestalten des Films so restlos vollzogen, daß es keiner weiteren Erörterungen über die Frage, ob die politisch inspirierte Anklage sich mit der Forderung der Wahrheit der Kunst vertrage nötig ist. Marian hat sich gleichsam leidenschaftslos, wenn es gestattet ist, diese paradoxe Formulierung zu gebrauchen, in den Juden Oppenheimer verwandelt. Der Filmbesucher verläßt den dunklen Saal und ist aus dem Erlebnis dieser Figur zu der Meinung gekommen, der Jude müsse so gewesen sein, wie Marian ihn darstellt. Alle Abgefeimtheit, alle Erbärmlichkeit und aller Zynismus dieser Figur sind nur eine Seite seines Wesens. Dahinter läßt Marian die Sucht des Emporkömmlings, die Sache seines unseligen Volkes zu führen, und sei es durch ein Vernichtungswerk, fühlen. Die Größe dieser schauspielerischen Leistung ist, daß die Figur des Süß die düsteren Züge der Dämonie trägt. Freilich einer Dämonie, die Verneinung ist. Wie der dunkeläugige, glatte, schlanke Mann die Bartlöckchen abschert und um die blonde Frau giert, wie er vom Herzog Demütigungen einsteckt und gleich wieder vorprescht, wenn dieser unförmliche Fleischkloß neue Lüste begehrt und sich dann hilflos an den Juden wendet, wie er Triumphe einheimst und, als er dann genug Macht hat, und sich fest genug im Sattel weiß, brutal droht, wie er grausam seinen Widersachern ins Auge schaut, sich ihnen körperlich nähert und sie den Haß uralter Rachsucht fühlen läßt! Am Schluß zerstiebt das ganze Truggebilde. Der Elende weiß nicht stolz zu sterben. Für das Nichts vermag kein Mensch anständig zu sterben.

Werner Kraus [sic] erscheint in zwei Judenrollen. Das Gespenstische der Figuren, die er zeichnet, wird durch diese Doppeltheit der Rolle eines einzigen Schauspielers bis zum Unheimlichen gesteigert. Ist Süß der Typ des Juden mit der heimlichen Sehnsucht nach einem Anderssein, nach Veschmelzung mit den in steter Haßliebe umworbenen Goiim, so ist der Sekretär Levy der Ostjude im Kaftan mit rötlichen Bartfransen. Eine Figur, die im Verborgenen Helfer und Aufseher spielt, in talmudischen Künsten so durch und durch versiert, daß sein eiferndes Denken überhaupt nur noch die winkligen Umwege der Kniffe und der Schlüsse auf das Gegenteil dessen, was rechtens ist, zu gehen vermag. Dieser Kerl aus den dunklen Höhlen der Judengäßchen huscht einher, taucht plötzlich auf und wieder unter, treibt Gelder ein und ist servil bis zum Masochismus, bis sich ihm plötzlich eine Gelegenheit bietet, Rache zu nehmen, zuzuschlagen. Der alte Rabbi Loew aber schlürft mit schleifenden Schritten im Gebetstuch, während seine Rassegenossen die furchtbaren Trauerweisen ihres Volkes singen, wie ein orientalischer Magier durch die kerzenerhellte Synagoge. Er bewahrt seinem Volk das Andenken an die Verheißungen und an die Flüche des Gottes Israel auf. Widerstrebend zunächst, weil er das Unheil aus altem Wissen fürchtet, leiht er dem glänzenden Rassegenossen Süß seine wirksame Hilfe.

Das Aufgebot des Films an Schauspielern enthält die besten Namen: George gibt als Herzog Karl Alexander eine seiner überzeugendsten Leistungen. Der Wollüstling auf dem Thron, einer, der früher einmal ein Kriegsmann war und in der Hofluft verdarb, ein Haltloser und Zornwütiger, innerlich schwach, aus Instinkt zwar ein Judenfeind, aber einer, der sich von ihrer Schläue imponieren läßt, ein Fürst, der sein Land verrät und am Schlagfluß elend umkommt. Klöpfer als Führer der freien Landstände ist ein biederer Volksmann. Aus seinem breiten Gesicht sprechen Zuversicht und Gradheit. Mit hoheitsvollem Stolz und der Ruhe eines Mannes, den auch das größte Unglück, das über seine Familie kommt, nicht die Haltung verlieren läßt, weist er den winselnden Jud Süß ab. Kristina Soederbaum ist die eigentliche Gegenspielerin des Juden, der um sie wirbt und sie aus Rache in einer grausigen Szene, die an die Grenzen des Gräßlichen geht, schändet. Dieses schwäbische Mädchen, eine der schönen Töchter des Landes, muß ein Schicksal erleiden, vor dem menschliche Worte verstummen müssen. Kristina Soederbaum weiß weibliche Süße und gute bürgerliche Stille in einem Bild von feinem Reiz und Zauber zu vereinen. Ihr Verlobter (Malte Jaeger) brennt vor Judenhaß, in seinem hageren Gesicht lodern Augen, aus denen Verachtung und der Wille zum Kampf bis zum Äußersten sprechen. Die Landstände sind eine Gruppe gut profilierter Köpfe, darunter vor allem Florath als Obrist Roeder. Das schwäbische Volk, der traurige Zug der Ghettojuden, die der Süß nach Stuttgart holt, sind die großen kollektiven Gegenspieler. Dunkles Ghetto, barocker höfischer Prunk, Bürgerstuben und die Arbeitsstätten des Volkes bezeichnen die Schauplätze dieses düsteren Dramas.

Das Drehbuch des Films stammt von dem Regisseur Veit Harlan, Eberhard Wolfgang Möller und Ludwig Metzger. Regie und Buch sind vor allem auf kleineren Aufbau des Ganzen und auf Gewichtsverteilung und stetige Steigerung des Geschehens bis zur grausigen Katastrophe aus. Der Film erhielt die höchsten Prädikate (»künstlerisch und politisch besonders wertvoll«) und wurde in Gegenwart von Reichsminister Dr. Goebbels und zahlreicher offizieller Persönlichkeiten in Berlin zum erstenmal gezeigt.

Karl Korn

Quelle: *Das Reich* 29.9.1940, S. 18.

Welter verärgerten die unfreiwillige Publicity für die ungeliebte Konkurrenz und Korns »einsame Entschlüsse« außerordentlich. Er konstatierte als Konsequenz eine Aufwertung der nun täglich erscheinenden *Deutschen Zeitung*, was ein Licht auf das mittlerweile große Selbstbewusstsein an der *FAZ*-Spitze wirft. Tatsächlich griff der *Spiegel* genüsslich den Zeitungsstreit auf, legte die Konkurrenzmotive der *Deutschen Zeitung* offen, machte sich aber auch über Korns Verteidigung lustig. Die damaligen Ausführungen könnten »bei Nichtkennern der Kornschen Widerstands-Terminologie im Jahre 1940 zweifellos nur als intellektuell verfeinerte Spielart des offiziell propagierten Antisemitismus« gelten.[56]

Theodor Heuss, an den Korn sich hilfesuchend gewandt hatte und der zu der Zeit (1959–1961) im Verwaltungsrat der *FAZ* saß, hatte Korn noch mit einem allgemeinen Brief zur Einordnung des *Reichs* helfen wollen.[57] Im Fall des »Hofjuden«-Artikels, den Ziesel eifrig an Redaktionen verschickte, wollte er sich aber nicht für Korn verwenden. Korn schrieb an Heuss wie an andere, dass er sich des Artikels nicht schäme, denn die Sentenz, die Judenfrage sei innerlich bewältigt, habe sagen wollen: »… ihr habt doch die Nürnberger Gesetze gemacht, habt den Menschen ihren Besitz und die bürgerlichen Ehrenrechte genommen, also kann der Film kein Anlaß zu neuen Progromen sein«. Die übrigen negativen Charakterisierungen der Juden (»jüdische Rachsucht, Machtgier«) seien durch mitfühlende Wendungen (»unseligem Schicksal«, »Flucht, »traurigen Zug der Ghettojuden«) aufgewogen worden. Nun gehe es um seine Existenz, wie ihm sein Anwalt deutlich gemacht habe. Korn deutete auch Konsequenzen für Heuss an, der – auf Korns Betreiben – ebenfalls für das *Reich* geschrieben hatte. Ein Erfolg Ziesels würde Weiterungen nach sich ziehen und Ziesel ermutigen.[58]

Heuss konnte Korns Selbstrechtfertigung nicht überzeugen. Er war über die »Jud Süß«-Rezension so erschüttert, dass er Welter gegenüber bedauerte, seinen ersten Entlastungsbrief für Korn geschrieben zu haben. »Ich bin mir zu gut, um in diese Art von Dingen als Entlastungszeuge hereingezogen zu werden.«[59] Zu dieser Einschätzung hatte ohne Zweifel beigetragen, dass Heuss nun selbst wegen seines Eintretens für Korn in Ziesels Visier geraten war.[60]

Für Korn warfen sich der linkskatholische Publizist Walter Dirks, während der NS-Zeit für das Feuilleton der *FZ* tätig, und Margret Boveri in die Bresche. Während Dirks Korn gegen Hans Hellwig in seinen *Frankfurter Heften* beisprang,[61] stellte Boveri einen ausführlichen Persilschein in Form einer eidesstattlichen Erklärung für Korn aus. Auch die »Jud Süß«-Rezension, die Dirks durchaus beunruhigte, sparte sie nicht aus, sondern interpretierte sie in Korns Sinn,

> daß sie neben der offensichtlichen Anerkennung einer grossen filmischen Leistung eine sehr spürbare Reserve gegenüber der Tendenz, dem der Film in der Hitler-Propaganda dienen sollte, enthielt. In einer Zeit als die Judenverschickungen [sic] noch nicht eingesetzt hatten und als Schlimmstes, was den Juden widerfahren konnte, das Aufputschen des Volks zu neuen Pogromen befürchtet werden konnte, musste jeder geübte Leser in der Kritik den Versuch sehen, beruhigend statt aufhetzend zu wirken. […] Er war nicht nur ein unentwegter Gegner des Nationalsozialismus, sondern, was ich für wichtiger halte, keiner Gemeinheit fähig.

Boveri entfaltete auch ihre eigene Sicht auf die Vergangenheitsbewältigung, die ausgerechnet Ziesel als getreuen Schüler der unverständigen alliierten Entnazifizierung präsentierte:

> Voraussetzung für Gegenarbeit war eben eine Position der Mitarbeit, aus der man überhaupt zur Wirkung gelangen konnte. Es ist der bleibende Schaden der Entnazifizierungsaktion wie sie die Alliierten durchgeführt haben, daß sie dazu verführt hat, diese unvermeidliche Teilhabe am Gesamtgeschehen zu verleugnen, wodurch Herrn Ziesel die Möglichkeit gegeben wurde, Einzelzitate isoliert zu veröffentlichen, ohne darzustellen, wie minimal ihre Bedeutung im gesamten Leben und Verhalten eines Menschen ist, der im Dritten Reich gelebt und gearbeitet hat.[62]

Boveri beklagte hier wie auch in vielen anderen Briefen immer wieder die Kenntnislosigkeit der jüngeren Generation, auch die der Münchener Richter in der Causa Ziesel-Korn, die über die Verhältnisse in der Diktatur nicht im Bilde seien. Das Lesen zwischen den Zeilen habe man verlernt. Boveri und ebenso Helene Rahms, die sich für Korn (wie auch zahlreiche weitere Journalisten und Offiziere) in einer eidesstattlichen Erklärung einsetzte,[63] wurden daraufhin von dem ständig prozessierenden Ziesel beklagt. Für Boveri bildete die Sache den Ausgangspunkt für ihre zunächst von Welter im Hinblick auf die *FZ* beförderte, dann ganz unabhängig betriebene Spurensuche, die sie in ihrem Buch über das *Berliner Tageblatt* im Dritten Reich verarbeitete.[64]

Das in der *FAZ* mit großer Sorge erwartete Urteil des Oberlandesgerichtes (OLG) München im Berufungsverfahren hob 1960 einige Korn belastende Punkte des vorinstanzlichen Urteils auf und verbot Ziesels Lehmanns Verlag zu behaupten, Korn sei ein NS-Erzieher gewesen, habe seine Feder dem NS-System verkauft und dort jahrelang führende Positionen innegehabt. Aber er durfte weiterhin als »Handlanger antisemitischer Äußerungen« bezeichnet werden. Das Gericht stellte sogar fest: »Die Wahrheit dieser Behauptung ist […] durch die Besprechung des Films ›Jud Süß‹ bewiesen.«[65] Der »für die Zeitung weitaus schlimmste Vorwurf«, so Welter, wurde also nicht untersagt.[66] Daraufhin titelte die *Deusche Zeitung*, den Sachverhalt verzerrend: »Korn bleibt ein ›Handlanger des Antisemitismus‹.«[67] Die meisten anderen Zeitungen werteten das Urteil eher als Sieg Korns, und der hessische Kultusminister Ernst Schütte (SPD) gratulierte Korn zum Sieg mit »Schönheitsfehler« über den »giftigen Kerl aus Salzburg«.[68]

Die Causa machte nun erst recht die Runde. Absprachegemäß berichtete die *FAZ* in einer kleinen Meldung auf der vierten Seite unten in nüchternem Tonfall, dass das OLG dem Antrag Korns in acht Punkten stattgegeben und zwei zurückgewiesen habe.[69] Sichtlich erschöpft bedankte sich Korn in einem Rundbrief, der unter anderem an Theodor W. Adorno, Hellmut Becker, Harry Pross, Fritz Sänger, Paul Sethe, Richard Tüngel und Rudolf Pechel ging, für »Testate und Zuspruch«. Er habe sich durch seine Klage in eine groteske Situation hineinmanövriert. Er schwankte zwischen Befreiung und Resignation: »Nun bin ich also wegen einer Film-Kritik, die das Gericht mindestens für zwiefach interpretierbar annimmt, ein ›Handlanger des Antisemitismus‹.«[70] Selbstredend machte Ziesel von dieser gerichtlich erlaubten Wendung eifrig Gebrauch.[71]

Korn sah seine Existenz durch die Anwürfe Ziesels infrage gestellt. Seine Ehre war gerichtsfest angekratzt, denn das OLG hatte den Handlanger-Vorwurf als ehrenrührig, aber eben zutreffend eingestuft. Sein Versuch, Ziesel gerichtlich zu belangen, hatte ihn immer stärker in dessen Visier geraten lassen, nachdem er in den ersten Auflagen von Ziesels Buch nur am Rande behandelt und der »Jud Süß«-Artikel gar nicht erwähnt worden war. Die eidesstattliche Versicherung Korns, in seiner Zeit beim *Reich* seien dort keine überzeugten Nationalsozialisten gewesen,[72] machten ihn weiter angreifbar, zumal Ziesel Korns Artikel im *Reich*, aber auch in der Heereszeitschrift zitieren konnte.[73]

Zahlreiche Aktenordner mit Zeitungsauschnitten, Leumundszeugnissen zur Causa Ziesel-Korn und Briefkorrespondenz mit Bitten Korns um Leumundszeugnisse im Archiv der *FAZ*, teilweise nur mit einem drohend roten »Z« gekennzeichnet, zeugen davon, wie ernst Korn und die *FAZ* die Sache nahmen und nehmen mussten. Korn mobilisierte immer wieder Zeitzeugen und Bekannte, um die Attacken Ziesels und des Lehmanns Verlags zu parieren. Darunter war auch Heinrich Böll, der später in der *Zeit* mit Ziesel abrechnete.[74] Aber auch Ziesel erhielt Unterstützung, etwa von Verteidigungsminister Strauß und besonders von Vertretern der FDP.[75] Die NS-Vergangenheit Korns war bald überall bekannt und hing wie ein Damoklesschwert über ihm, auch wenn Welter die Sache gegenüber Verlagsdirektor Hoffmann herunterspielte. Korns »Jud Süß«-Besprechung sei kein Meisterstück gewesen, aber er habe es schwerer gehabt als »wir in der *Frankfurter Zeitung*«. Er selbst habe sich um die Anwürfe gegen Korn nie gekümmert. Eine andere Frage sei, ob das Feuilleton sich nicht mehr Zurückhaltung in der Verfolgung von Leuten hätte auferlegen müssen, deren Lage im Dritten Reich nicht viel anders war als die Korns. Welter mochte etwa an den Schriftsteller Edwin Erich Dwinger gedacht haben, den Korn 1950 in der *FAZ* aufgefordert hatte, angesichts seiner Vergangenheit zu schweigen – genauso wie Hellwig ihn nun zum Schweigen aufgefordert hatte. Dwinger hatte sich damals und nun sogar mehrfach bei Herausgeber Baumgarten beschwert.[76] Später äußerte sich Welter noch relativierender zur Kritik an Korn.[77] Was er ihm wirklich vorwarf, war sein ungeschicktes taktisches Verhalten in der Auseinandersetzung mit Ziesel, die er ungewollt befeuert hatte. Welter selbst hatte sich einigen Angriffen ausgesetzt gesehen, etwa seitens des Enthüllungsjournalisten Kurt Pritzkoleit, hatte diese aber an sich abperlen lassen und gar nicht darauf reagiert. Als Leumundszeuge für Korn wollte er in dessen Prozess aber lieber nicht auftreten.[78]

Ziesel legte 1961 in seinem Buch »Der rote Rufmord« noch einmal nach. Der von Welter engagierte jüdische Rechtsanwalt und *Haaretz*-Korrespondent Alexander Besser informierte sogleich alle *FAZ*-Herausgeber über Ziesels Behauptung darin, das Landgericht München habe die damalige Filmkritik von Korn als »einen geistigen Beitrag zur Vernichtung des Judentums bezeichnet«.[79] Ziesel hatte mittlerweile in einem Rundbrief auch Friedrich Sieburg, dem er die positive Besprechung von Nabokovs »Lolita« besonders übel nahm,[80] wegen dessen NS-Vergangenheit in Frankreich attackiert. Das erklärt, warum Korn von seinem alten Rivalen Sieburg nichts zu befürchten hatte: Beide saßen vergangenheitspolitisch im selben Boot. Die Herausgeber beschlossen jedenfalls, nun die Füße still zu halten und den Troll nicht weiter zu füttern.[81]

Ziesels Motivation ist in seinen Büchern und Schriften klar erkennbar. Es ging ihm um die Abrechnung mit NS-belasteten Schriftstellern durch ebenfalls Belastete. Die »Kornsche FAZ« fördere »das Krankhafte, Nihilistische,

Obszöne und Pornographische, wenn es nur ›ästhetisch vollendet‹ dargeboten wird. Alles was nicht in diese Kategorien fällt, wird als Restauration, Provinzialismus, Gartenlaube abgetan.« Besonders erboste Ziesel die Schmähung des Schriftstellers Hans Grimm (»Volk ohne Raum«) im Nachruf des Fernseh- und Literaturkritikers der *FAZ*, Ernst Johann.[82] Die Wandlung Korns, seine ganz eigene Vergangenheitsbewältigung, spießte in den 1970er Jahren noch einmal der rechte Publizist Armin Mohler auf.[83] Korn war da schon aus der Zeitung ausgeschieden. Er war Opfer seines eigenen Anspruchs geworden, dass die Welt »eines nicht verzeiht, Opportunismus in den Kardinalfragen der Menschlichkeit«.[84]

NAZIS IN ARGENTINIEN

Ein letztes Mal kam die *FAZ* wegen der NS-Vergangenheit ihrer Mitarbeiter und in diesem Fall sogar andauernder Aktivitäten 1973/74 in die Bredouille. 1973 starb der seit 1950 für die *FAZ* als freier Mitarbeiter mit fester Garantiesumme[85] tätige Fritz Otto Ehlert, der aus Buenos Aires die Auslandsberichterstattung für Argentinien, Uruguay und Paraguay abdeckte. Jürgen Eick hatte ihn 1942 in Madrid kennen- und schätzen gelernt, wo Ehlert für den *Wirtschaftsdienst* und die Deutsche Arbeitsfront (DAF) tätig gewesen war. 1960 geriet er ins Visier des hessischen Generalstaatsanwalts Bauer. Eick gab Welter nach einem Gespräch mit Ehlert aber Entwarnung:

> Herr Ehlert war heute bei mir. Er sagt, er habe eine absolut weiße Weste. Es könnte folgendes sein: In Madrid sei ihm vorgeworfen worden, er habe die Kasse der DAF [Deutsche Arbeitsfront, P. H.] mit nach Brasilien genommen. Das stimmt natürlich nicht. Er hat allerdings die Kasse nicht den Alliierten übergeben, sondern zunächst an Kriegerwitwen etc. Auszahlungen vorgenommen und dann die Kasse gegen Quittung über einen Mittelsmann einem Fürsorgeverein übergeben.[86]

Bei der Festnahme Adolf Eichmanns hatte Ehlert über sein Netzwerk schnell dessen Sohn ausfindig gemacht, interviewt und Eichmanns Weg nach und in Argentinien rekonstruieren können.[87] Ehlert sah sich dadurch exponiert, für die Zeitung sei dies aber »nachrichtenmäßig ein Welterfolg« gewesen.[88] Die *FAZ*-Herausgeber sahen dies ebenso und legten den Fall nach dubiosen Anfragen eines Kriminalrats, der sich unter dem angegebenen Namen als nicht existent herausstellte, zu den Akten, da auch der Verfassungsschutz, der die rechte deutsche Presse in Argentinien beobachtete,[89] die Personalakte Ehlerts ergebnislos geprüft hatte.[90]

Prekärer noch für die *FAZ* war, dass Fritz Otto Ehlert – »F.O.E.« – Goebbels' ehemaligen Pressereferenten Wilfred von Oven, der am 20. Juli 1944 die für den Fortgang der Ereignisse entscheidende Verbindung zwischen Goebbels und Hitler hergestellt hatte, in die Zeitung brachte. Von Oven war 1950 von der Organisation Gehlen rekrutiert worden, der Vorläufereinrichtung des Bundesnachrichtendienstes, wo er bis 1966 geführt wurde. Er war zunächst Lateinamerika-Korrespondent des *Spiegel* gewesen.[91] Unter dem Pseudonym »Willy Oehm« schrieb er gelegentlich als eine Art Stellvertreter Ehlerts zwischen 1960 und 1974 für die *FAZ*. Darüber hinaus widmete er sich auch anderen publizistischen Aktivitäten, unter anderem war er Gründer und Leiter der rechtsradikalen Zeitschrift *La Plata Ruf*.[92] In einem Nachruf würdigte von Oven in diesem Organ Ehlerts »betont deutschnationale Einstellung« und dessen Unterstützung des langjährigen paraguayischen Autokraten Alfredo Stroessner, in dessen Land ebenfalls viele Nationalsozialisten untergekommen waren. Von Oven schrieb, dass Ehlert von »gewissen Kreisen« als »Nazi« tituliert worden sei, was diesem nichts ausgemacht habe.[93] Die *FAZ* erfuhr spätestens anlässlich Ehlerts Tod vom *La Plata Ruf*, da ein Exemplar der Ausgabe mit dem ehrenden Nachruf Eicks auf Ehlert[94] Geschäftsführer Pfeifer zugeschickt worden war. Pfeifer leitete es an Herausgeber Dechamps mit den Zeilen weiter, eigentlich müsse dieser dem Absender, Rechtsanwalt Knote, ein paar freundliche Zeilen schreiben, die Zeitschrift sei allerdings »derartig faschistisch«, dass er Bedenken hege. Tatsächlich wurde in der Ausgabe der Holocaust geleugnet.[95]

Dechamps notierte auf Pfeifers Brief, dass der Nachruf von Oven stamme, dem Chefredakteur des »Naziblättchens«, den Ehlert »leider, leider« gelegentlich zu seinem Vertreter gemacht habe. Je länger Ovens Tätigkeit für die *FAZ* nun andauere, »desto gefährlicher für uns«.[96] Im Herausgebergremium, in dem man sich nun über Oven genauer ins Bild setzte, war man über dessen »unhaltbarste Thesen über das Dritte Reich und seine Konzentrationslager« erschrocken und kündigte ihm die Mitarbeit auf.[97] Allerdings war man über von Ovens Klarnamen da schon länger im Bilde, wie etwa aus einem Schreiben Ehlerts an die *FAZ* aus dem Jahr 1967 hervorgeht. Überdies hatte der *Spiegel* ihn bereits 1964 als »Nazi- und Eichmann-Bekannten« vorgestellt.[98] Oven bestritt in seinen Erinnerungen vehement, auch nur den Namen Eichmanns bis zu dessen Entführung gekannt zu haben, was angesichts seiner sonstigen Freimütigkeit relativ glaubwürdig ist. Ein Herausgeber der *FAZ* habe aber von

Anfang an über Oehm/Oven Bescheid gewusst. Eines Tages habe das Bundespresseamt die Verfassungsschutzakte Ovens an die Blätter geschickt, in denen er schrieb.[99] Nicht nur die *FAZ*, auch viele andere deutsche Printmedien, das Auswärtige Amt beziehungsweise dessen Botschaft in Argentinien und der Bundesnachrichtendienst haben sich auf Ehlert und von Ovens Informationsdienste gestützt.[100]

KRITIK AN THOMAS MANN UND MARTIN HEIDEGGER

Symptomatisch für den publizistischen Umgang der *FAZ* mit der NS-Vergangenheit sind zwei Kommentare Paul Sethes über den Schauspieler Werner Krauß und die in Landsberg einsitzenden Kriegsverbrecher. Krauß hatte in dem Film »Jud Süß«, dessen Lob Korn so in die Bredouille brachte, alle jüdischen Figuren gespielt mit Ausnahme der Hauptrolle, die Ferdinand Marian übernehmen musste. Die von Krauß gespielten Figuren wie der Sekretär Levy und der Rabbi Loew waren klischeehaft angelegt und entsprachen antisemitischen Stereotypen. Fünf Jahre nach dem Krieg spielte Krauß dann bei den vom Deutschen Gewerkschaftsbund mitgetragenen Ruhrfestspielen König Lear. Sethe begrüßte das nachdrücklich als Zeichen dafür, »daß sich langsam die Wunde zu schließen beginnt, die Nationalsozialismus und Entnazifizierung dem geistigen Gemeinschaftsgefühl des deutschen Volkes geschlagen haben«. Die Gewerkschaften hätten »endlich« anerkannt, dass Krauß mit »seinen stärksten Leistungen« als Rabbiner in »Jud Süß« mit dem Ziel von Goebbels nicht übereingestimmt habe. Die Chance sei jetzt, die Nation nach dem System der Spruchkammerverfahren wieder zusammenzuführen.[101] Sethe stellte also Nationalsozialismus und Entnazifizierung auf dieselbe Stufe und plädierte für eine Art Schlussstrich.

In seinem Leitartikel »Landsberg« aus demselben Jahr weitete Sethe die Perspektive auf die in alliierter Haft sitzenden, für Kriegsverbrechen verurteilten ehemaligen Offiziere der Wehrmacht und andere Gruppen im amerikanischen »War Criminal Prison No. 1« in Landsberg aus, wo auch Hitler einst eingesessen hatte. Die fortwährende Haft wertete er als Anschlag gegen die führenden Schichten der Deutschen und gegen das Selbstgefühl des Volkes. Vor dem Hintergrund des Koreakrieges und der Debatte um die Wiederbewaffnung stellte Sethe eine Art Junktim zwischen Haftentlassung der Kameraden beziehungsweise einer Neuverhandlung der Zweifelsfälle und der Aufstellung deutscher Einheiten her. Besonders störte Sethe die Haft Ernst von Weizsäckers, den er als Widerständler präsentierte.[102] Verurteilte aus Landsberg wurden in der Folgezeit sowohl begnadigt als auch noch hingerichtet (nämlich höhere SS-Ränge der Einsatzgruppen). Sethe stand mit seinen Positionen nicht allein. In *Christ und Welt*, im *Spiegel* oder in der *Zeit* wurden ähnliche Ansichten vertreten. Kritik an den Besatzungsmächten und ihrer Verfolgung von ehemaligen Nationalsozialisten und Wehrmachtsangehörigen dominierte.[103] Nach einem Aufenthalt in England beklagte Sethe dann aber fehlenden deutschen Takt bei der Forderung nach Freilassung der in Landsberg Inhaftierten und dass der Eindruck entstanden sei, die Deutschen würden sich nicht genug von »Sadisten und Verbrechern« und dem »Rest-Nationalsozialismus« distanzieren.[104] Bei aller Kritik an der Justiz der Sieger verlief hier ein deutliche Grenze.

Im Jahr 1950 löste zudem die scharfe Polemik in der *FAZ* gegen Thomas Mann aus der Feder des Schriftstellers Gerhard Nebel anlässlich des 75. Geburtstages des Emigranten eine leidenschaftliche Debatte aus. Sie muss vor dem Hintergrund des Streits um die Emigration und die Einschätzung der Sowjetzone gesehen werden. Beide Seiten – Thomas Mann als Vetreter der Emigranten wie seine Kritiker – legten dabei eine große moralische Selbstgewissheit an den Tag. Während Thomas Mann an allen literarischen Druckerzeugnissen zwischen 1933 und 1945 den »Geruch von Blut und Schande« wahrnahm und diese Bücher einstampfen wollte – dabei hatte er selbst sich in seinen Druckwerken bis 1936 mit Kritik am Nationalsozialismus zurückgehalten –, warf der in Deutschland gebliebene Schriftsteller Frank Thiess dem Emigrierten vor, sich in schwerer Zeit in die »Logen und Paterreplätzen des Auslands« verzogen zu haben. Irritierend wirkte, dass Mann 1949 nicht nur in Frankfurt den Goethe-Preis entgegennahm, sondern im Anschluss nach Weimar reiste, wo er sich mit dem eigens zur Behauptung im Wettstreit der Systeme geschaffenen Goethe-Nationalpreis auszeichnen ließ. Der ehemalige KZ-Häftling Eugen Kogon hatte den Nobelpreisträger zuvor aufgefordert, in der SBZ »öffentlich und hörbar« zu schweigen und auf diese Weise den Weiterbetrieb des Konzentrationslagers Buchenwald anzuprangern. Doch Mann pries die Ostzone: »Der autoritäre Volksstaat hat seine schaurigen Seiten. *Die* Wohltat bringt er mit sich, dass Dummheit und Frechheit, endlich einmal, darin das Maul zu halten haben.«[105]

In der westdeutschen Öffentlichkeit wurde an dieser Äußerungen Thomas Manns deutliche Kritik geübt, in der *FAZ* sogar Fundamentalkritik. Nebel warf ihm antideutsche Ausfälle (»Exponent einer bis zur Dummheit gehenden Abneigung gegen Deutschland«), die Verharmlosung der Sowjetischen Besatzungszone, Hass und Eitelkeit vor. Der Hauptkritikpunkt aber war die Verfehlung der Problemstellung Heideggers, der Frage nach dem Sein und der Transzendenz. Statt Metaphysik bot Mann in Nebels Optik Ästhetizismus. Er wertete Mann in Anbetracht Heideggers, Jüngers und auch Hans Blühers als Gestrigen, Windigen, Oberflächlichen ab. Seinem Artikel hatte Nebel zudem eine spöttische Sentenz Carl Schmitts vorangestellt. Um die Kritik an Nebels Artikel aufzufangen, sah die *FAZ* im Rahmen des Feuilletons drei ganze Spalten für Leserbriefe vor. Im redaktionellen Vorspann verteidigte sie Nebels Ansatz, wertete die Kritik daran als Ausdruck einer »übertriebenen Empfindsamkeit« und kritisierte Manns »immer schwerer deutbare Apercus zur hohen Weltpolitik«.[106] Zur Heiligenvereherung Manns durch Fest, Reich-Ranicki und andere *FAZ*-Feuilletonisten war es noch ein weiter Weg.

Thomas Mann notierte in sein Tagebuch zu dem »wüsten Exzeß der ›Frankfurter Allgem. Zeitung‹ gegen mich«, dass die Zeitung mit »Zuschriften, auch Abbestellungen« überschüttet worden sei. Die Leserbriefseite zum Artikel empfand er als »Trick, nur die einfältigsten Proteste wiederzugeben«.[107] Der aus Deutschland emigrierte Schriftsteller Kurt Kersten attackierte in der deutsch-jüdischen New Yorker Emigrantenzeitschrift *Aufbau* Nebels Stück in einer wüsten Diktion als »giftgeschwollenen, pamphletistischen Artikel [...] eines geistigen Amokläufers«. Obwohl Nebel kein Nazi sei, spreche aus »diesem pathologischen Elaborat [...] die nazistische Verachtung für menschliche Würde, die am Ende zur Gaskammer führt«.[108] Seinsvergessenheit gegen Gaskammer, darunter schien es nicht zu gehen. Neun Jahre später nahm Günther Gillessen Thomas Manns Sohn Golo und dessen in Teilen recht kritisch ausfallende »Deutsche Geschichte des 19. und 20. Jahrhunderts« vorsorglich vor dem möglichen Vorwurf eines »besserwissende[n] Emigrant[en]«, der »uns erbarmunglos einen kalten Spiegel vorhielte«, in Schutz.[109] Auch in der Literatur wurde Nebels Attacke verarbeitet, so in Fritz Raddatz' Trilogie »Eine Erziehung in Deutschland«, in der länger aus dem Beitrag zitiert wird, womit die fortwirkende NS-Belastung Westdeutschlands demonstriert werden soll.[110]

Dem von Nebel hochgehaltenen Heidegger näherte sich Korn zunächst in einer Besprechung der »Holzwege«, mit der er offenkundig scheiterte. Dann rückte Korn, der auch Adorno gelegentlich in der *FAZ* schreiben und dessen Publikationen sehr pfleglich behandeln ließ,[111] Heidegger mit Hilfe eines jungen Studenten namens Jürgen Habermas auf die nationalsozialistische Pelle.

Anlass war die unveränderte Neuauflage der Vorlesung »Einführung in die Metaphysik« aus dem Jahr 1935, wobei die Wendung von der »inneren Wahrheit und Größe der Bewegung« ohne Anmerkung abgedruckt worden war. Habermas schlug in seiner Kritik – obgleich Korn sie entschärfte[112] – einen ganz anderen Ton als Nebel an. Er unterstellte Heidegger, diese Aussage noch immer zu teilen, und ordnete ihn der »faschistische[n] Intelligenz« zu. Eine Pointe der Kritik war, dass der »religiös unmusikalische« Habermas die Ausgrenzung des Christentums als Kontrollinstanz bei Heidegger beklagte.[113]

Der öffentliche Angriff eines Studenten auf Heidegger führte damals zu einiger Aufregung. In der *Zeit*, die noch deutlich rechts von der *FAZ* angesiedelt war, las Christian E. Lewalter (= Ernst Lewalter) Heideggers Bemerkung über die »innere Wahrheit und Größe der Bewegung (nämlich [...] der Begegnung der planetarisch bestimmten Technik und des neuzeitlichen Menschen)« als sich von der NS-Philosophie distanzierende Beschreibung, denn »die NS-Bewegung ist ein Symptom für den tragischen Zusammenprall von Technik und Mensch, und als ein solches Symptom hat sie ›Größe‹, weil ihre Wirkung auf das ganze Abendland übergreift und es in den Untergang zu reißen droht«. Lewalter stellte Habermas als Adepten des »Neo-Marxisten« Adorno vor, dem er eine Denunziation »aller angeblichen ›Faschisten‹ von Richard Wagner bis zu Ernst Jünger« vorwarf.[114]

Wie sehr die Fronten im Vergleich zum späteren Historikerstreit gespiegelt waren, in welchem die *Zeit* Habermas als Verlautbarungsorgan diente, zeigt der Vorspruch der Redaktion zu den Leserbriefen, welche die *FAZ* am 29. August 1953 auf nahezu einer ganzen Seite ihrer Beilage »Bilder und Zeiten« publizierte: »Da ›Die Zeit‹ bis heute außer zwei diffamierenden Zuschriften keine echten Diskussionsbeiträge gebracht hat, geben wir insbesondere dem Verfasser unseres ersten Aufsatzes, Habermas, Gelegenheit zu einer Aeußerung [sic], deren Abdruck ihm von der ›Zeit‹ verweigert wurde.« Habermas forderte in seiner Zuschrift eine echte »Metanoia«, also Umkehr Heideggers. *Zeit*-Chefredakteur Richard Tüngel dementierte daraufhin umgehend mit Verweis auf einen Leserbrief, dass man nur »Diffamierendes« zu Habermas gebracht habe. Habermas' Leserbrief sei noch nicht publiziert worden, weil Heidegger selbst eine Zuschrift angekündigt habe, die man gemeinsam mit dem Brief von Habermas veröffentlichen wolle. Dann meldete sich Heidegger in der *Zeit* zu Wort und autorisierte Lewalters Interpretation seines inkriminierten Satzes in Gänze. Ohne Namensnennung kritisierte Heidegger seine Kritiker. Ein Leser, »der das Handwerk des Denkens gelernt« habe, könne die Sätze durchaus richtig verstehen. Was damals zu sagen möglich gewesen sei, könne man heute kaum noch ermessen.[115] Korn hielt dem laut Heidegger im Denken unkundigen Habermas die Treue; dieser durfte neben weiteren Artikeln den von Polemik weitgehend freien, aber kritischen Artikel zu Heideggers 70. Geburtstag schreiben.[116]

DER ORADOUR-PROZESS

Meist wird für die »verstärkte Rückkehr der Vergangenheit seit 1958«[117] auf den Ulmer Einsatzgruppen-Prozess, den Eichmann-Prozess, den Ausschwitz-Prozess und die sie vorbereitende oder begleitende Medienberichterstattung verwiesen. In der *FAZ* fand jedoch bereits zuvor ein deutsches Verbrechen eine überaus große Aufmerksamkeit, und zwar das bereits erwähnte Massaker der 3. Kompanie des I. Bataillons des Panzergrenadierregiments »Der Führer« der Waffen-SS-Division »Das Reich« in Oradour-sur-Glane. Was war damals geschehen? Einen Tag vor dem Massaker in Oradour waren in Tulle als Repressalie für 122 von Partisanen getötete deutsche Soldaten, deren Leichen zum Teil geschändet worden waren, 99 Einwohner erhängt worden. Nachdem ferner ein Bataillonskommandeur von Partisanen gefangen genommen und später ermordet worden war, befahl dessen Freund, Sturmbannführer Adolf Diekmann, zunächst 30 oder 40 Geiseln für einen Austausch zu stellen. Als der Bürgermeister von Oradour stattdessen sich und seine Söhne als Geiseln anbot, ordnete mit hoher Wahrscheinlichkeit Diekmann das Massaker an. Dabei wurden am 10. Juni 1944 unter schauerlichen Umständen über 600 Menschen ermordet, davon je etwa ein Drittel Frauen und Kinder. Die Tat sorgte für Entrüstung bei Generalfeldmarschall Erwin Rommel und evozierte Gegenbefehle der Wehrmacht.[118]

Nach Paul Medinas *FAZ*-Artikel von 1950[119] war der Kriegsverbrecherprozess 1953 in Bordeaux Gegenstand einer ausführlichen Berichterstattung der *FAZ*, oft auf der ersten Seite. Zwischen Prozessbeginn und Urteilsspruch erschienen 28 Berichte und Leitartikel zum Thema. Das an sich ist schon ein bemerkenswertes Faktum für eine Zeit, der man heute schnell Verdrängung attestiert. Die *FAZ* bietet damit ein Beispiel einer frühen außerordentlich intensiven Beschäftigung mit nationalsozialistischen Morden, die in der *Zeit* deutlich geringer ausfiel und im *Spiegel* in diesem Fall überhaupt nicht stattfand.[120]

Dass in Oradour ein Verbrechen geschehen war, eine »Metzelei«, eine »an Völkermord grenzende Bluttat«,[121] wurde dabei von Prozessbeobachter Adelbert Weinstein durchgehend konstatiert. Sein Kollege Paul Medina gab in seiner Prozessberichterstattung auch die eindrücklichen Zeugenaussagen über das Geschehen in Oradour wieder, Reportagen, die vorausweisen auf die noch umfänglicheren späteren Berichte Bernd Naumanns über den Ausschwitz-Prozess (siehe das nächste Kapitel).[122] Weinstein sah mit den einfachen Soldaten und Unteroffizieren nur die »Techniker des Mordens«, nicht die »geistig Verantwortlichen« auf der Anklagebank.[123] Dem Kommandeur der Waffen-SS-Division »Das Reich« Heinz Lammerding warf er vor, nicht freiwillig bei »seinen SS-Männern« in Bordeaux erschienen zu sein.[124] Dahinter verbarg sich eine gewisse Solidarität mit den gemeinen Soldaten, die wie schon damals nun abermals von ihren Vorgesetzten im Stich gelassen würden. Diekmann war wenige Tage nach dem Massaker gefallen und konnte nicht mehr zur Rechenschaft gezogen werden.[125]

Weinstein ordnete das Geschehen darüber hinaus in eine Form der Entgrenzung des modernen Krieges ein und stellte dabei Vergleiche zu den russischen Morden an polnischen Offizieren in Katyn, dem Atombombenabwurf in Hiroshima und den Bombardierungen Hamburgs und Dresdens an.[126] Er konstatierte, dass die Soldaten in den modernen Kriegen ihrem Schicksal überlassen würden, wodurch sich eine »tragische Verkettung von Tätern und Getöteten wie […] in Oradour« ergebe.[127] Das war an dieser Stelle dann doch eine wolkige Einebnung der Differenz von Tätern und Opfern. Ferner kritisierte er die vom Gedanken der Kollektivschuld geprägte Sondergesetzgebung, die vom individuellen Nachweis der Schuld im Fall einer verbrecherischen Organisation entband (»Lex Oradour« von 1948), was während des Verfahrens in Bordeaux aber von der Nationalversammlung stark eingeschränkt wurde. Dennoch wurde ein Soldat schuldig gesprochen, der zum Tatzeitpunkt gar nicht in Oradour anwesend war, und einem Sanitäter wurde Zwangsarbeit auferlegt, obwohl ihm keine individuelle Schuld nachgewiesen werden konnte.[128] Medina empfand die Todesurteile als »Konzession an die Oeffentlichkeit [sic]«.[129] Weinstein zeigte Verständnis für die Urteile, denn in Oradour sei Schreckliches geschehen.[130] Hinsichtlich der vorausgegangenen Ereignisse in Tulle beharrte er darauf, dass die Tötung der Zivilisten als Reaktion auf die Misshandlung und Tötung von fünfzig deutschen Sicherungssoldaten, die sich ergeben hatten, eine völkerrechtlich legitime Repressalie sei.[131]

Ungleich stärker empörte Weinstein später, dass nach Protesten im Elsass rasch eine Sonderamnestie für die schuldig gesprochenen Elsässer erlassen wurde[132] und im Berufungsverfahren die zwei gefällten Todesurteile gegen Unteroffiziere bestätigt wurden. Würde das Todesurteil gegen SS-Hauptscharführer Karl Lenz vollstreckt, wäre das ein »Justizmord und politisch ein Mord an der Verständigung«. Weinstein forderte eine Amnestie, eine »Geste der Menschlichkeit« nicht nur für die in Bordeaux Verurteilten, sondern auch für weitere verurteilte Kriegsverbrecher.[133] Tatsächlich wurden die Täter begnadigt und die Todesurteile in Haftstrafen umgewandelt. 1959 wurden die letzten Verurteilten, denen die Haftzeit vor dem Prozess angerechnet wurde, entlassen.[134]

Die *FAZ* erkannte die Bedeutung des Kriegsverbrecherprozesses von Oradour, und sie »machte« sie auch. Das Leid wurde dem deutschen Publikum insbesondere in den Reportagen Medinas nahegebracht, und Weinstein ließ keinen Zweifel am Schrecken von Oradour. Er strich dabei die Verantwortung der befehlshabenden Offiziere heraus, zeigte aber Mitgefühl für die nun angeklagten »Handlanger des Verbrechens«[135] und hob auf eine allgemeine Entgrenzung des Krieges ab, dessen die »Menschheit« Herr werde müsse. Zwischen den unterschiedlichen Kriegsbeteiligten, zwischen Siegern und Besiegten, sah er dabei kaum Unterschiede.[136]

Herausgeber Erich Dombrowski forderte aus Anlass des Prozesses die Freilassung der noch fünfhundert »sogenannte[n]« Kriegsverbrecher, die »noch immer verzweifelt« in deutschen Gefängnissen säßen. Acht Jahre nach dem Krieg sollte man aus rechtlichen, moralischen und politischen Gründen – um »faschistische[n] Kreise[n]« entgegenzuwirken – einen »Schlußstrich« ziehen, »selbst wenn darunter einige Kriminelle fallen«. Dombrowski stand mit dieser Forderung nicht allein, ging in seiner Identifikation mit den »Fünfhundert« aber sehr weit: »Fünfhundert. Eine Zahl bloß? Oder Menschen, die zum größten Teil sich nur bewußt sind, ihre Pflicht getan zu haben«, schrieb er wohl ungewollt anspielungsreich.[137]

Obwohl man eine Identifikation der Deutschen mit den Verbrechern von Oradour befürchtete, deren Ausbleiben man dann erleichtert konstatierte, wich die *FAZ* dem Massaker von Oradour also bereits in den frühen 1950er Jahren nicht aus. Die Rahmung dieser Ereignisse und die politischen Forderungen nach Amnestie, rechtlicher Gleichbehandlung und individueller Schuldfeststellung sowie allgemeinen Lehren für die Menschheit fielen ähnlich wie in vielen anderen Medien oder politischen Stellungnahmen der Zeit aus, waren jedoch sehr verschieden von den Postulaten der heutigen Erinnerungskultur.

DER FRANKFURTER AUSCHWITZ-PROZESS

Über die frühen Sobibor- und Treblinka-Prozesse in Frankfurt am Main berichtete die *FAZ* hauptsächlich in ihrem Regionalteil. Die Schrecken wurden dabei nicht ausgespart, was schon in den Überschriften zum Ausdruck kam.[138] Die *FAZ* berichtete dann natürlich auch über den Ulmer Einsatzgruppenprozess von 1958 und andere NS-Prozesse. Bruno Dechamps sah die Entnazifizierung in diesem Zusammenhang als gescheitert an, »von den falschen Leuten nach falschen Methoden befohlen«. Er wollte keine neue Entnazifizierung, sondern eine Verfolgung von Verbrechen. Dabei müsse »rasch, sauber und gründlich aufgeräumt werden«, schrieb er in etwas problematischer Diktion. Folglich begrüßte er die Einrichtung der »Zentralen Stelle der Landesjustizverwaltungen« in Ludwigsburg.[139] Zu dieser Zeit beschäftigte sich die *FAZ* auch schon in Rezensionen mit der »Endlösung« – der Quellenbegriff wurde in Anführungszeichen übernommen. In einer Sammelrezension zum Thema beklagte Hansjakob Stehle die Ahnungslosigkeit der Jugend in Bezug auf den Massenmord an den Juden.[140]

Sehr ausführlich wurde dann über den Eichmann-Prozess 1961 in Jerusalem berichtet. Zunächst wollte die *FAZ* ihren Rechtsanwalt Alexander Besser, der 1938 als deutscher Jude nach Palästina geflohen war, zum Prozess entsenden. Doch es gab im Herausgebergremium Bedenken, ob es opportun sei, einen Juden zu diesem sich vor der Weltöffentlichkeit abspielenden Prozess über das von Deutschen den Juden angetane Unrecht zu schicken.[141] Da man sich nicht auf Besser einigen konnte, fiel die Wahl auf Joachim Schwelien, der im Dritten Reich verfolgt worden war. Schwelien betonte, dass die »Endlösung« eine »monströse Ausnahme« in der Verwilderung der Rechtsverhältnisse gewesen sei und ein »Sonderfall«, der sich damit eben gerade nicht, wie es in dieser Zeit oft (wie gesehen auch in der *FAZ*) geschah, einordnen lasse in allgemeinere Prozesse und Tendenzen. Er wies auch auf die juristischen Schwachpunkte des Prozesses hin: den Verstoß gegen das Rückwirkungsverbot und das Territorialprinzip sowie die Lockerung der Beweispflicht. Er folgte der Warnung der Verteidigung, dass dies als Vorbild für spätere Prozesse der Kolonialvölker gegen die Kolonialherren dienen könne. Gleichwohl bejahte Schwelien diesen Eichmann-Prozess.[142] Zuvor hatte schon Jürgen Tern geäußert, »[w]ir haben kein Anrecht darauf, uns formaljuristischen Gesichtspunkten zuzuwenden«.[143] Man wollte den Prozess auch nicht als »Schauprozess« bezeichnen, wie Horkheimer es Korn gegenüber angeregt hatte.[144] Bruno Dechamps bezeichnete den Prozess nach Vollstreckung des Todesurteils an Eichmann dann als »fair und gründlich«.[145]

Ein wesentlicher Unterschied zum Frankfurter Auschwitz-Prozess, der vom 20. Dezember 1962 bis 20. August 1965 stattfand, bestand für die *FAZ* schon allein darin, dass dieses Verfahren direkt vor ihrer Haustür stattfand. Das galt bald im Wortsinne, denn vom zweiten Tagungsort des Gerichts im neuen »Haus Gallus« zum neuen Redaktionssitz in der Hellerhofstraße,

Zum Jahreswechsel 1961/62 zog die FAZ *weg aus der Innenstadt, ausgerechnet in das proletarisch geprägte Gallusviertel in der Nähe des Hauptbahnhofs. Auch das moderne Zweckgebäude in der Hellerhofstraße 2–4 konnte die wachsende Belegschaft bald nicht mehr fassen.*

wohin die *FAZ* zu Beginn des Jahres 1962 gezogen war, waren es nur wenige Hundert Meter. Die »Strafsache gegen Mulka und andere« wurde nach langer Vorbereitung durch Generalstaatsanwalt Fritz Bauer gegen 22 ehemals im Konzentrationslager Auschwitz tätige Angeklagte eröffnet. Robert Mulka war als Adjutant und Stellvertreter des Lagerkommandanten Rudolf Höß der ranghöchste Angeklagte. Das Verfahren vor dem Frankfurter Schwurgericht endete nach 183 Verhandlungstagen mit sechs lebenslangen Zuchthausstrafen, einer zehnjährigen Jugendstrafe (der Angeklagte Hans Stark war erst 19 Jahre alt, als er nach Auschwitz kam), zehn Freiheitsstrafen zwischen dreieinhalb und 14 Jahren und drei Freisprüchen. Bis auf einen Fall wurden die Urteilssprüche in der Revision durch den Bundesgerichtshof bestätigt. Das Gericht betonte, dass es sich allein um ein konkretes Strafverfahren und nicht um einen »Ausschwitz-Prozess« oder um ein Gericht über die deutsche Vergangenheit handle. Gleichwohl wurde das Verfahren in der Öffentlichkeit weithin so wahrgenommen.

Gerichtsreportagen waren schon in der Weimarer Republik ein viel beachtetes journalistisches Genre. Die *FAZ* berichtete aber weder im Politikteil noch im Feuilleton über das Verfahren. Das übernahm vielmehr das Ressort »Deutschland und die Welt«, also Vermischtes, und dort der Ressortleiter Bernd Naumann. Naumann war nach Kriegsdienst, Verwundung und amerikanischer Gefangenschaft zur *Neuen Zeitung* der Amerikaner gekommen. Seit 1953 arbeitete er für die *FAZ*, das Ressort leitete er seit 1963. Naumann legte seine Reportagen über den Frankfurter Prozess als eine Art Gerichtsprotokoll an. Entsprechend war der Ton nüchtern und sachlich mit einigen umso schärfer wirkenden eingestreuten Wertungen und dramatischen Elementen.[146] In direkter Diktion übernahm Naumann Schilderungen – aus Akten und von Zeugen – der Morde, der euphemistisch »verschärfte Verhörmethoden« genannten Folterungen und anderer Grausamkeiten. Besondere Wirkung entfalteten die erschütternden Zeugenaussagen, die in kurze atmosphärische Schilderungen eingebettet waren wie etwa die Aussage des damals selbst internierten Häftlingsarztes Otto Wolken:

> »In der Ambulanz war ein kleiner Junge, und ich fragte ihn: ›Nun, Junge, wie geht es dir, hast Du Angst?‹ Er antwortete: ›Ich habe keine Angst, es ist ja alles so schrecklich hier, dort oben kann es nur besser sein.‹ Unvermittelt konfrontiert Dr. Wolken seine Zuhörer wieder mit einem wenngleich anonymen Einzelschicksal, und die meisten im Saal spüren wohl wieder eine Hand, wie aus dem Grab, an der Kehle. Es ist totenstill, keiner hüstelt, eine Frau unter den Geschworenen

> weint, alles sitzt wie erstarrt. Aber da ist noch kein Ende. Wieder kamen auch Kinder an, und Dr. Wolken sah und hörte, wie sich ein SS-Mann mit einem neunjährigen Jungen über den Draht hinweg unterhielt, mit ihm sprach: ›Na, mein Junge, du weißt ja schon ziemlich viel für dein Alter.‹ Da erwiderte der Junge: ›Ich weiß, daß ich viel weiß, und ich weiß auch, daß ich nichts mehr dazulernen werde.‹«[147]

An nahezu jedem Prozesstag saß Naumann auf der Pressetribüne. Um 13 Uhr ließ er sich dann von einem Mitarbeiter, Kurt Ernenputsch, Herbert Neumann oder Günther von Lojewski, ablösen und eilte in die Redaktion. Der Mitarbeiter fügte seinem Stück dann noch ein oder zwei Absätze hinzu. Naumanns Reportagen über die Ausreden und Lügen der Angeklagten – nur der im Revisionsverfahren freigesprochene Arzt Dr. Franz Lucas bildete hier eine Ausnahme –, über die Zeugenaussagen, den Ortstermin in Auschwitz, die Plädoyers und die zweitägige Urteilsverkündung waren die am meisten beachtete journalistische Begleitung des Prozesses. Dies lag an ihrer Ausführlichkeit und Beharrlichkeit. Zudem wurde im Fernsehen kaum und im Radio wenig über das Verfahren berichtet, das ohnehin nicht gefilmt werden durfte.

Über die Hälfte der Befragten einer Allensbach-Umfrage sprach sich 1965 gegen weitere NS-Prozesse und für einen Schlussstrich aus, nur ein gutes Drittel für eine weitere juristische Verfolgung. Der Anteil der Letzteren war aber während des Prozesses von 34 auf 38 Prozent leicht gestiegen.[148] Entsprechend der Gesamtstimmung wurden Naumann und andere Journalisten während des Prozesses in Zuschriften auch angefeindet. Auf der anderen Seite erfuhr er aber eine große Resonanz und gab seine Gerichtsreportagen unmittelbar nach Prozessende in kompakter Form als Buch heraus, das in verschiedene Sprachen übersetzt wurde. Hannah Arendt schrieb ein sehr anerkennendes Vorwort für die englische Ausgabe.[149]

Für den Dramatiker Peter Weiss bildeten Naumanns Reportagen die Grundlage für sein viel diskutiertes Theaterstück »Die Ermittlung«, das im Herbst an 15 west- und ostdeutschen Theatern sowie in London aufgeführt wurde. Die *FAZ* brachte einen Vorabdruck.[150] Naumann betrachtete Weiss' Stück als Plagiat seiner Reportagen. Die Herausgeber drängten ihn aber, von einer Schadensersatzklage abzusehen. Geschäftsführer Muckel fürchtete, dass die Zeitung in Zusammenhang »mit den Verfälschungen von Weiss und einem Prozeß gebracht« werde, Reifenberg, dass man denken könne, »hier werde um die Beute von Auschwitz gestritten«. Man setzte darauf, dass Dritte den Sachverhalt aufklärten.[151] Welter gefiel das Stück nicht, eben weil es von der Naumann'schen Vorlage abweiche. Dazu schrieb er an Mitherausgeber Jürgen Tern:

> Mir scheint es unerläßlich zu sein, daß wir in der Frage, wer »Die Ermittlung« rezensiert und kritisiert frühzeitig entscheiden, damit nicht unbeabsichtigt, durch Zufall, von irgendwoher eine Hymne ins Blatt kommt. Denn nach dem Vorabdruck, den wir gebracht haben, sieht es so aus, als ob Peter Weiss die Rolle des Gerichts verfälscht hat. Er hat sie jedenfalls ganz anders dargestellt, als Herr Naumann es getan hat. Das Ganze ist gerade für uns zu einer politischen Frage geworden, und deswegen meine ich, Sie sollten wegen der Regelung der Rezension in einem Gespräch mit Herrn Korn die Initiative entfalten.[152]

Welters Ansinnen wurde dann aber von den Herausgebern verworfen, auch die Idee eines Leitartikels zum Stück, da einerseits der von Tern angesprochene Johann Georg Reißmüller, der Naumanns Texte redigiert hatte,[153] sich zu einem Kommentar nicht imstande fühlte, andererseits man nicht den Verdacht wecken wollte, die Angeklagten nachträglich zu verteidigen. Auch wäre es auffällig gewesen, wenn in diesem Fall nicht der Theaterkritiker des Feuilletons das Stück besprach, so das Argument Korns.[154] Also schrieb Günther Rühle eine trotz Instruktionen wohlwollende Besprechung, in der er sogar eine gerade für diese Zeit sehr weitgehende These einer Art Kollektivschuld formulierte: »Das ganze Volks dies- und jenseits der Elbe war in Auschwitz verstrickt.« Zwar sah Rühle auch die Instrumentalisierung des Stückes in Ost-Berlin, wertete das aber als »Mißbrauch«.[155] Dem politischen Ressort blieb jetzt nur noch, seinen Kommentar über die »Stimmen der Anderen«, in diesem Fall diejenige der *Welt*, zu spielen. Dort wurde Weiss als kommunistischer Autor vorgestellt und sein Stück als »eine regelrechte Kollektiv-Gehirnwäsche«. Die von Rühle noch offengelassene Frage nach der Absicht des Autors wurde hier klar beantwortet: Weiss befinde sich in Übereinstimmung mit dem »Osten«.[156]

Rühle animierte Weiss auch zu einer Stellungnahme in der *FAZ*, in der dieser äußerst verschwurbelt auf den großen Wert von Naumanns Reportagen für sein Stück und dessen nun erscheinendes Buch hinwies.[157] Über Rühles Initiative zeigte man sich im Herausgebergremium verschnupft: Es sei nicht in Ordnung, »wenn Herr Rühle ohne jeden Auftrag in einer bereits zur Herausgeber-Angelegenheit gewordenen Sache soweit im Namen der Zeitung tätig geworden sei«.[158]

Zur Urteilsverkündung in Frankfurt machte die *FAZ* mit dem Spruch des Schwurgerichtes auf, brachte eine ganze Nachrichtenseite (ohne Werbung) über das Urteil und einen Leitartikel von Johann Georg Reißmüller auf Seite eins. Reißmüller würdigte und verteidigte die Arbeit des Gerichts, das der von ihm deutlich herausgestellten Dimension (»jede Phantasie überbietende Verbrechen von Auschwitz«) nicht gerecht werden konnte. Er würdigte aber gerade, dass kein Sonderrecht geschaffen worden sei, das Strafrecht auf die individuelle Schuld ziele und letztlich nur »dem Durchschnittsfall« angemessen sei. Alles andere sei »totalitär«, ein Lieblingswort der Epoche: »Wer auf die totale Menschenvernichtung die totale Sühne setzen will, mag den Auschwitz-Prozeß schmähen.« Reißmüller sah aber doch die heilsame Nebenwirkung des Prozesses, dass nun niemand mehr Auschwitz anzweifeln oder bagatellisieren könne. Vier Tage später brachte die *FAZ* dann noch einen ganzseitigen Artikel über »die ›geistigen‹ Wurzeln der nationalsozialistischen Judenverfolgung« vom Leiter des Instituts für Zeitgeschichte Helmut Krausnick.[159]

Auch wenn man dem Thema wohl nie wirklich gerecht werden kann: Die Berichterstattung der *FAZ* über den ersten, größten und längsten Ausschwitz-Prozess war ein Glanzstück journalistischer unabhängiger Berichterstattung. Mit 317 Artikeln zu diesem Thema übertraf sie die ebenfalls ortsansässige *Frankfurter Rundschau* (233 Artikel) und lag mit ihrer Berichterstattung quantitativ an der Spitze aller Printmedien.[160] Trotz Bedenken im Herausgebergremium über den außerordentlichen Umfang der Berichterstattung und einiger tendenziöser Überschriften musste Naumann seine Berichterstattung im Umfang nicht reduzieren.[161] Die *FAZ* konfrontierte die Öffentlichkeit mit dem schrecklichen Geschehen und stellte die Ausflüchte der Täter – Befehlsnotstand, kein Handlungsspielraum, Nicht-Wissen – bloß. Zugleich verdeutlichte sie auch die Komplexität des Mordgeschehens. »Auschwitz« avancierte zur Chiffre der Alltagssprache für den Völkermord an den Juden. In der *FAZ* versiebenfachte sich der Gebrauch des Ortsnamens im Vergleich zur vorherigen Dekade.[162] Im Nachhinein widerlegt auch diese Berichterstattung der *FAZ* die Legende vom Schweigen über den Holocaust in der Zeit vor 1968.[163]

Die Bewertung der Deutschen jener Zeit war in der *FAZ*, selbst im politischen Ressort, höchst widersprüchlich. Peter Jochen Winters schrieb in seiner Rezension der Memoiren Speers wie in einer Vorwegnahme Goldhagens, »das ganze deutsche Volk – von Ausnahmen abgesehen – vergaffte sich in das Urtümliche, Dumpfe, Wilde des Nationalsozialismus und sank für eine Zeit wahrhaft trunken mit ihm ins Bestialische zurück. Nicht nur die sechs Millionen geradezu fabrikmäßig zu Tode gebrachten Juden dokumentieren diesen Rückfall der Deutschen.«[164] Friedrich Karl Fromme meinte dagegen in seiner Besprechung der Autobiographie von Otto Heinemann, dem Vater des Bundespräsidenten, dass die Zeit kommen werde, »da die Tugenden seiner Generation und seiner Zeit nicht mehr durch ihre nationalistischen Verstrickungen verdunkelt und ausgelöscht werden«.[165] Die Generation der Väter wurde also von den politischen Redakteuren der *FAZ* vollkommen unterschiedlich beurteilt.

SCHREIBEN ÜBER NS-BELASTETE

In den 1960er Jahren veränderte sich das allgemeine Klima im Umgang mit der NS-Zeit spürbar. Mit dem spektakulären Prozess gegen Eichmann in Jerusalem und den Frankfurter Auschwitz-Prozessen wurde der Holocaust – noch mit der Chiffre »Auschwitz« oder Umschreibungen bezeichnet – stärker zum Thema und als Erinnerungsort zum Streitthema. Ein parallel zum großen Frankfurter Auschwitz-Prozess laufendes Verfahren vor dem Landgericht Frankfurt gegen zwei Mitarbeiter Eichmanns, der Krumey-Hunsche-Prozess, sorgte in der *FAZ* 1964 für einen intellektuellen Schlagabtausch. Hans E. Holthusen, der Schriftsteller und Leiter des Goethe House (Goethe-Institut) in New York, besprach zu dieser Zeit einen neuen Lyrikband von Paul Celan. Darin lobte er, dass von Celans früherer »Vorliebe für die ›surrealistische‹, in X-Beliebigkeiten schwelgende Genitivmetapher (›Weißhaar der Zeit‹, ›Mühlen des Todes, ›weißes Mehr der Verheißung‹) nichts mehr übriggeblieben« sei. Der Literaturwissenschaftler Peter Szondi schrieb daraufhin einen Leserbrief, in dem er auf einen – nach Holthusens Rezension publizierten – *FAZ*-Bericht über den Krumey-Prozess verwies. Dabei sei von einem Ausspruch Eichmanns berichtet worden, »wenn ich in drei Tagen nichts aus Istanbul erfahren habe, lasse ich die Mühle in Auschwitz arbeiten«. Holthusen dürfe nun behaupten (was eben vor der Zeugenaussage geschehen war, wie auch die Herausgeber festhielten[166]), dieser Ausdruck sei bei Celan eine surrealistische Vorliebe gewesen. Damit versuche er die Erinnerung »durch den Vorwurf der Beliebigkeit zu vereiteln«. Holthusen konnte seinerseits in einem Leserbrief, der am selben Tag wie derjenige Szondis gebracht wurde, zeigen, dass Celans Wendung nichts mit Auschwitz zu tun hat. In Celans »Todesfuge« komme der Ausdruck nicht vor. Zudem verwies er auf eigene Anstrengungen der Erinnerung »an das, was gewesen ist«, wie beide schrieben. Die Schärfe und Emotionalität der Auseinandersetzung um 1968 zeichnete sich schon ab, wenn Szondi seinen Brief an die *FAZ* schloss: »Ich wäre sehr betroffen, wenn Sie sich weigerten, diese Richtigstellung als Leserbrief zu publizieren.«[167]

Die *FAZ* kam dieser Bitte Szondis nach, druckte aber nicht dessen Relativsatz zu Holthusen, »der einst ebenfalls die SS-Uniform trug«.[168] Rolf Michaelis, der frischgebackene Nachfolger Sieburgs im Literaturblatt und für Holthusens Beitrag verantwortlich, schrieb einen langen Brief an Szondi, in dem er ausführte, Holthusen, sei »kurze Zeit und, wie mir versichert wird, rein nominell, Mitglied der SS« gewesen. Holthusen war bereits 1933 freiwillig der SS-Standarte Julius Schreck beigetreten, 1937 der NSDAP.[169] Er sei aber, so Michaelis weiter, auch Mitglied einer von den Alliierten anerkannten Widerstandsbewegung (»Freiheitsaktion Bayern«) gewesen. Seine Vergangenheit habe er nie verschleiert. Auch inhaltlich gab Michaelis Holthusen recht. Er könne sich nicht zu »hochmütiger Verachtung derer, die überlebt haben«, entschließen.[170]

Welche Aufmerksamkeit man dem Thema bei der *FAZ* widmete, zeigt nicht nur die ausführliche Antwort von Michaelis, sondern auch die Tatsache, dass über den Abdruck des Leserbriefs von Szondi erst nach einem Gespräch mit *FAZ*-Anwalt Alexander Besser und einer ausführlichen Beratung der Herausgeber mit Michaelis entschieden wurde. Michaelis hatte den Abdruck zunächst abgelehnt, Besser riet den Herausgebern aber zum Abdruck mit der Erwiderung Holthusens. Michaelis warnte vor »Verleumdungen und Angriffe[n]« auf Holthusen,[171] den er nicht fallen lassen wollte. Dabei spielte sicher auch Loyalität gegenüber Sieburg, der Michaelis' Einstellung befürwortet hatte,[172] eine Rolle. Sieburg schlug er unmittelbar nach Szondis Leserbrief auch für die Besprechung der deutschen Übersetzung von Hannah Arendts »Eichmann in Jerusalem« vor, eine Art Trotzreaktion im Zeichen der Angriffe Szondis und anderer auf Holthusen, gemischt mit der üblichen Dosis *FAZ*-Selbstbewusstsein: »Was Leute ausserhalb des Hauses über uns denken und sagen, und man wird immer etwas finden, sollte uns nicht kümmern.«[173] Besprochen wurde das umstrittene Buch dann allerdings vom Redakteur Friedrich Karl Fromme, der Arendt und ihre Darstellung der Mitwirkung der Judenräte an den Deportationen verteidigte und ihr bescheinigte, nichts zur Entlastung beizutragen, sondern eher über die Deutschen in ihrer Gesamtheit zu hart zu urteilen.[174]

In der Folgezeit fanden Michaelis, der 1968 als Kulturkorrespondent der *FAZ* nach West-Berlin ging, und Szondi in Sachen Hochschulpolitik gegen die konservativen Kräfte in der Freien Universität Berlin und in der *FAZ* zusammen und stimmten sich dabei bisweilen sogar ab. Michaelis ging in Berlin sehr auf Distanz zur Zentrale in Frankfurt und insbesondere zum »Hochschulpolitiker« der *FAZ*, Günther Gillessen.[175] Sein Weggang zur *Zeit* 1973 war nach zunehmender Entfremdung von der *FAZ* nur folgerichtig.

In den 1960er Jahren stieß auch die zunächst übliche Nachrufpraxis der *FAZ* (und vieler anderer Medien) auf Kritik, da nach wie vor problematische Episoden wie Einlassungen mit dem Nationalsozialismus nicht oder kaum thematisiert wurden. Der Suhrkamp-Lektor Walter Boehlich, zu dem das Feuilleton eine enge Verbindung unterhielt, monierte im August 1966 in einem Schreiben an Korn den Nachruf auf den Journalisten Hans Zehrer, da dessen Rolle im konservativ-revolutionären *Tat*-Kreis am Ende der Weimarer Republik unter den Tisch gefallen sei. Ähnliches hatte er an den Nachrufen auf die in den Nationalsozialismus verstrickten Historiker Werner Frauendienst und Karl Alexander von Müller zu bemängeln. Korn reagierte pragmatisch mit Verweis auf seine Nicht-Zuständigkeit, von Frauendienst habe er noch nie gehört. Was Jürgen Tern (den späteren Sympathisanten Brandts in der Politikredaktion) im Falle Zehrers zu »soviel melodramatische[m] Klimbim« veranlasst habe, wisse er auch nicht.[176] Für Korn war angesichts seiner eigenen, von Kurt Ziesel skandalisierten Vergangenheit das Thema alles andere als angenehm, und so reagierte er in der Sache nicht weiter. Tern hatte vom »trügerische[n] Höhenflug« des *Tat*-Kreises, »[a]ls dessen Kristallisationskern sich Zehrer fühlen durfte«, geschrieben, freilich einen Zweifel an Zehrers »innerer Integrität« verneint. Und in dem kurzen, ungezeichneten Nachruf auf Karl Alexander von Müller, bei dem ein Großteil der NS-Prominenz gehört hatte, war vom NS-Engagement durchaus die Rede: »K.A. von Müller dachte national, er entzog sich 1933 nicht der Identifizierung mit der neuen Macht, aber er wußte auch, daß er aus dieser Fehlentscheidung Konsequenzen zu ziehen hatte. Nach 1945 hat er keine Vorlesung mehr gehalten und sich 1948 entpflichten lassen.« Im noch kürzeren Nachruf auf Frauendienst war das NS-Engagement dagegen tatsächlich ganz ausgespart worden.[177] Boehlichs Anwürfe waren also überzogen, aber es stimmte, dass die dunklen Kapitel in den *FAZ*-Nachrufen nur sehr dezent gestreift wurden und im Modus des Tragischen verfasst waren. In gewisser Weise bringt das Genre das mit sich, und gerade in der *FAZ* wurde das antike Motto »De mortuis nihil nisi bene« befolgt.

Der Tonfall war auch noch anders als heute, was die überlebenden (ehemaligen) Nationalsozialisten als Quelle betraf. So beklagte sich Margret Boveri in ihrer ausführlichen Besprechung von Helmut Heibers Goebbels-Biographie 1962, dass Heiber leider wie »die meisten Zeitgeschichtler« fortfahre,

»sich der toten Quellen zu bedienen, statt die lebenden aufzusuchen«. Dabei setzte sie gleich auch zu einer Ehrenrettung Rolf Rienhardts an, unter dessen Patronage die *FZ* gestanden hatte. Welter war mit Rienhardt nach dem Krieg noch im Austausch und übermittelte immer wieder Anregungen von ihm an seine *FAZ*-Kollegen. So monierte Rienhardt 1950 den schon erwähnten Aufsatz über das Massaker von Oradour, in dem Paul Medina die Untat eindeutig schilderte und bewertete.[178] Rienhardt schrieb dazu: »Ich meine, vermeidbare Belastungen des deutschen Namens müßten unterbleiben. Deshalb rege ich diese Nachprüfung an.« Welter übermittelte diese Zeilen unkommentiert an Paul Sethe.[179] Bei diesem könnte dieses Statement auf Zustimmung gestoßen sein, ordnete er doch die Beschäftigung mit der NS-Vergangenheit ebenso wie mit rechtsextremen Tendenzen und Skandalen der Gegenwart häufig außenpolitischen Erwägungen unter.[180] Dies war eine Haltung, die durch die ausgiebige Berichterstattung über den Oradour-Prozess konterkariert wurde. Mit dem NATO-Beitritt der Bundesrepublik und Sethes Ausscheiden war sie obsolet.

Boveri warf nun Heiber vor, dass er offenbar nicht wisse, dass Rienhardt neben der *FZ* auch die kirchliche Presse »gegen die Angriffe der antichristlichen Parteistellen« geschützt habe.[181] Anders als Heiber hielt es der spätere *FAZ*-Herausgeber Joachim Fest, der dem Zeitzeugen Albert Speer gemeinsam mit seinem Freund Wolf Jobst Siedler nicht nur bei der Abfassung der Memoiren half, sondern die vielen Gespräche mit ihm auch für seine eigenen Arbeiten über Hitler und eben Speer selbst nutzte. Er schuf sich damit gleichsam seine eigenen Quellen. Am Ende musste sich Fest freilich eingestehen, von Speer auch angelogen worden zu sein.[182]

3

EINE ZEITUNG DES KALTEN KRIEGES

Der Kalte Krieg erfasste in seinen Hochphasen nahezu die gesamte Welt und teilte sie in zwei Blöcke. Auch die blockfreien Staaten konnten sich seiner Logik kaum entziehen, Entwicklungen wie die Dekolonialisierung oder die Medialisierung von Politik und Gesellschaft wurden durch ihn mitbestimmt. Vor diesem Hintergrund erfolgte die Stabilitätsorientierung der *FAZ*. Stellt man die Ideen in den Mittelpunkt, so ging es bei dieser epochalen Auseinandersetzung zwischen Ost und West letztlich um die Ideologie des Marxismus, um soziale Gerechtigkeit, Kollektivismus, Staatsplanung, Zentralismus, die gegen die westlichen Ideen von Liberalismus, Kapitalismus, Individualismus, Demokratie und Föderalismus aufgeboten wurden. Stellt man die Ökonomie in den Mittelpunkt der Betrachtung, tritt der Gegensatz zwischen staatlicher Planwirtschaft und kapitalistischer Privatwirtschaft hervor. Aus der Perspektive eines Machtrealismus geht es um nationale Interessen und Machtdurchsetzung, um Hegemonie und Gleichgewicht. Die Sowjetunion setzte so in gewisser Weise den zaristischen Expansionismus fort und stand in der Nachfolge der zaristischen Autokratie. Die Drohung, Atomwaffen einzusetzen, erscheint dabei als inhaltlicher Kern der Blockkonfrontation.

Im Rahmen der allgemeinen Konfrontation scheint die Ideenkonfrontation im Kalten Krieg eine Eigendynamik entwickelt zu haben, und das auch innerhalb der Blöcke, wie die 1968er-Bewegung und der Eurokommunismus im Westen, die Protest-, Friedens- und Bürgerrechtsbewegungen im Osten zeigen. Nach Lewis Gaddis bedeutete der Kalte Krieg für Europa und die USA einen »Long Peace«, doch an der Peripherie wurde dieser Kalte Krieg in über 150 Fällen zu einem »heißen«. Die Kriege in Korea, Vietnam, Angola und Afghanistan sind dafür nur die bekanntesten Beispiele. Deutschland und Berlin lagen im Zentrum der Auseinandersetzung, auch hier drohte der Kalte Krieg während der Berlin-Krisen 1948/49 und 1958 bis 1962 heiß zu werden, hier standen sich die Supermächte unmittelbar gegenüber. Daneben gab es die

Entspannungsphasen der 1960er und 1970er Jahre und dann wieder seit Mitte der 1980er Jahre.[1]

Wie verortete die *FAZ* die Bundesrepublik und Europa in diesem Konflikt, wie reagierte sie auf Mauerbau und Hochrüstung, wie schaute sie hinter den Eisernen Vorgang und auf die unabhängig werdenden Kolonien? Wie hielt sie es mit der Schutzmacht USA?

DIE USA ALS VORBILD

Die *FAZ* nahm von Beginn an Maß an den USA. Erich Welter, Sohn einer amerikanischen Mutter, hatte schon für sein Programm einer Popularisierung und Medialisierung der Nationalökonomie ein amerikanisches Vorbild, Glenn E. Hoover, Präsident der Pacific Coast Economic Association, in Anspruch genommen.[2] Otto Seeling, Vorsitzender der Deutschen Tafelglas AG (DETAG) und Förderer der *FAZ*, brachte dem *FAZ*-Leser dann 1952 nach einer Amerikareise amerikanische Schlüsselbegriffe wie *Teamwork, Researchman, Public Relations, Labour Relations* und *Manager* näher. Gut gefiel ihm, dass sich die amerikanischen Gewerkschaften in »Angelegenheiten der Betriebsführung« nicht einmischten und die Marktwirtschaft als »allgemein gültige Form der Wirtschaft« gelte. Er monierte allerdings, dass die soziale Vorsorge nur privat abgedeckt sei und die Zustände in den Fabriken Mängel zeigten. Grundsätzlich wies er den USA aber eine Vorbildfunktion zu.[3]

Ähnlich wie man in der Nachkriegszeit bei den Deutschen einen Hunger nach der amerikanischen Kultur ausmachen kann, herrschte im Wirtschaftsleben Nachholbedarf bei Transfers aus den Vereinigen Staaten. Die *FAZ* lenkte die Aufmerksamkeit dabei besonders auf amerikanische Methoden zur Vermittlung von wirtschaftswissenschaftlichen Erkenntnissen. Sie wurde dadurch zum Akteur der Amerikanisierung, sofern man darunter nicht eine einseitige Übernahme, sondern im Einklang mit der neueren Forschung eine Anverwandlung und Einpassung amerikanischer Begriffe, Werte und Praktiken in den europäischen und nationalen Kontext versteht.[4] Vor scharfer Kritik an der Besatzungsmacht scheute sie nicht zurück, wann immer diese eine Bewirtschaftung und Rationierung, das heißt eine Abkehr vom marktwirtschaftlichen Kurs, forderte.[5] Es war daher nicht ohne Ironie, dass die Einstellung der amerikanischen Zeitungsgründung *Neue Zeitung* 1953 der *FAZ* neue Leser in erheblicher Zahl zuführte und sie damit stabilisierte.

Bei Paul Sethe, den man in die USA geschickt hatte, um ihn zu neutralisieren, fiel das Urteil über die USA in einer Serie von Reportagen Anfang 1954 erwartungsgemäß ambivalent aus. Sethe strich heraus, dass Deutschland für die USA ein kleines Land sei, das umso weniger Aufmerksamkeit erfahre, je weiter man nach Westen fahre. Zudem ließ er in Fragen seine Sorge anklingen, dass der Gleichklang der amerikanisch-deutschen Politik eines Tages gestört werden könne, wenn hinsichtlich des Weges zur Wiedervereinigung ein Dissens auftrete. Erst dann zeige sich die Belastbarkeit der Freundschaft, dann bedürfe es eines Mannes vom Format Bismarcks, der die schwere Aufgabe schultern könne, trotz der Abkehr von amerikanischen Wünschen die Freundschaft aufrechtzuerhalten. Ein solcher Mann war für Sethe schlicht nicht in Sicht. Adenauer war es jedenfalls nicht,[6] obwohl Sethe als dessen Verdienst herausstrich, dass Deutschland wieder Vertrauen bei den Amerikanern genieße. Die USA-Reise des Bundeskanzlers im Jahr 1953 bezeichnete er sogar als die »Krönung seines Wirkens«.[7]

Die Deutschen würden – anders als die Franzosen – in den USA eher bewundert denn geliebt, gerade die deutsche Tüchtigkeit werde immer wieder hervorgehoben.[8] Sethe stellte seine Reiseeindrücke nicht nur sehr subjektiv als Erfahrung mit Taxifahrern und Flugnachbarn vor, sondern trat in seinen Reportagen auch selbst als Akteur und Vertreter Deutschlands auf. Besonders markant war dies beim Thema Erinnerungspolitik. Ein Gespräch, das Sethe wiedergab, begann nicht etwa mit den deutschen Untaten der NS-Zeit, sondern mit dem »blinden Vernichtungswillen der Amerikaner, der »mörderische[n] Stupidität« des Bombenkrieges, der Preisgabe der Tschechoslowakei und Ostdeutschlands an die Russen. Den Verweis auf die Millionen von deutscher Hand Ermordeten konterte Sethe mit der Unterscheidung von Hitler und Deutschland. Und es ist bezeichnend für den immer abwägenden Sethe, dass dieses Gespräch endet mit dem Zugeständnis: »Und die Wahrheit des Ausspruchs meines Reisegefährten blieb unbestreitbar: wir hätten es wirklich nicht machen sollen …«[9]

Vier Jahre später war Jürgen Eick, der Leiter der Wirtschaftsredaktion, Teilnehmer an dem von Henry Kissinger ins Leben gerufenen und geleiteten *Harvard International Seminar*, das zahlreiche europäische Journalisten, Politiker, Wissenschaftler und Schriftsteller nachhaltig prägte (1959 war Bruno Dechamps von der *FAZ* Teilnehmer). Eick berichtete vom Stand der Wirtschaftswissenschaft in den USA, er beschrieb deren Mathematisierung, ein heutzutage gerade in der Wissenschaft und gerade in der *FAZ* wieder intensiv diskutiertes Thema, und die amerikanische Unkenntnis deutscher Ökonomen. Selbst – o Schreck! – Walter Eucken sei kaum bekannt. Eick machte die deutschen Leser nun mit dem gerade erschienen, später zum Klassiker avancierten Werk »The Affluent Society« von John Kenneth Galbraith bekannt, der in Harvard lehrte. Galbraiths Diagnose der Überflussgesellschaft, der stetigen Produktion von Dingen, deren Bedarf erst künstlich geschaffen werden muss, war für Eick in gewisser Weise wie ein Blick in die Zukunft Deutschlands. Allerdings seien die Verhältnisse doch sehr verschieden, denn während es in Deutschland dem Staat gut gehe, der Einzelne aber arm sei, verhalte es sich in den USA umgekehrt, was man an der schlechten Infrastruktur sehen könne. Eick referierte die »kühnen Rezepte« des Keynesianers Galbraith nicht kritiklos, ging aber mit diesem in der Ablehnung von »Sozialprodukt-Denken« und einem Primat des Ökonomismus konform. Zum Schluss erlaubte er sich reichlich kühn, Galbraith als eine Art Nachfolger von Erhard und von seinem Chef Welter zu würdigen:

> [D]er Bundeswirtschaftsminister, Professor Erhard, hat immer wieder betont, daß wachsende Produktion allein keinen Sinn habe. In dem Band »Wirtschaftsfragen der freien Welt« schreibt Erich Welter: »Wenn man die Schaffung materieller Werte als untergeordnetes Ziel bezeichnen will, so beginnt man sich mehr und mehr auf die übergeordneten Ziele zu besinnen. […] Wo kämen wir hin, wenn alles, was um uns herum geschieht, allein mit dem Maß der Wirtschaft gemessen und etwa danach beurteilt würde, ob es sich durch Steigerung des Sozialprodukts auszahlt …?« Es ist gut zu wissen, daß jetzt eine so markante Figur der amerikanischen Wirtschaftswissenschaften mit dem gleichen Nachdruck vor dem Produktionsmythos warnt.[10]

Die USA waren in der *FAZ* nie nur ein Objekt der Berichterstattung: Man näherte sich in einem normativen Ton, pries das Vorbild und die Schutzmacht der Freiheit, versuchte sich aber auch abzugrenzen und zu behaupten.

PRIMAT DER WESTBINDUNG? DER FALL SETHE

Die bedingungslose Anlehnung an die USA als Schutzmacht und Inbegriff der Freiheit des Westens war in den Anfangsjahren der Bundesrepublik bei ihrer bald als offiziös angesehenen Zeitung noch nicht unangefochten. Herausgeber Paul Sethe hatte in der ersten Nummer der *FAZ* ambitionierte außenpolitische Ziele vorgegeben. Man wolle, so hieß es in dem ungezeichneten, also für die gesamte Redaktion sprechenden und von Sethe verfassten ersten Aufmacher der »Zeitung für Deutschland«, als unabhängige »Stimme Deutschlands in der Welt« den noch nicht vorhandenden Außenminister der Bundesrepublik Deutschland ersetzen.[11] Diese Sichtweise übernahm bald auch Adenauer, der Sethe, typisch für den pragmatischen Machtpolitiker, für einen Theoretiker hielt, der aus »der Studierstube heraus« Außenpolitik betreibe. Dessen Leitartikel empfand der Bundeskanzler durchaus als Bedrohung seiner Außenpolitik, da die Zeitung »den Aussenministerien anderer Länder als Hauptinformationsmittel über die deutschen Verhältnisse und die deutschen Absichten« diene.[12]

Sethes Ideale waren in Bismarck und Stresemann verkörpert. Außenpolitik sollte nicht ideologiegeleitet sein, sondern sich an der Staatsräson orientieren, dem *do-ut-des*-Prinzip folgen, sich in das Denken des Gegenübers hineinversetzen, Optionen ausloten und den Frieden sichern. In der konkreten Lage nach 1945 sollte die westdeutsche Außenpolitik aber vor allem zwei Zielen dienen: der Wiedervereinigung in Freiheit und der Friedenssicherung. Für dieses Ziel war Sethe bereit, einen Preis zu zahlen: Neutralität. Diese Neutralität sollte bewaffnet sein, vor allem aber von den Siegermächten garantiert. Dadurch erhalte auch die Sowjetunion einen gewissen Schutz vor Deutschland. Sethe verortete die Bundesrepublik durchaus im westlichen, proamerikanischen Lager.[13] Einer militärischen Integration (und erst recht Überlegungen zur Stellung deutscher Soldaten für alliierte Truppen[14]) begegnete er aber wegen der damit wachsenden Schwierigkeiten, zu einer Wiedervereinigung zu gelangen, skeptisch. Einerseits sei eine neue deutsche Armee mit zwölf Divisionen viel zu schwach, um Druck auf die Russen auszuüben, zumal sie, wie Militärkorrespondent Adelbert Weinstein darlegte, dem atomaren Zeitalter überhaupt nicht Rechnung trügen.[15] Auf der anderen Seite würden die Sowjets niemals einen Beitritt Mitteldeutschlands in ein militärisch westintegriertes Deutschland zulassen. Sethe beklagte, dass man sich – anders als im Fall Frankreichs – trotz der beiden Weltkriege in die russische Lage nicht hineinversetzen wolle.[16]

Die für die politische Linie der Zeitung maßgeblichen Herausgeber hatten sich zunächst auf eine Unterstützung der Außenpolitik Adenauers geeinigt. Sethes Skepsis gegenüber der strikten Westbindungspolitik Adenauers teilten Karl Korn und die Mehrheit der politischen Redaktion der *FAZ* aber. Die Herausgeber Hans Baumgarten und Erich Dombrowski unterstützen dagegen Adenauers Kurs. Der Dissens zeigte sich Anfang 1951, als der DDR-Ministerpräsident Otto Grotewohl sich für freie gesamtdeutsche Wahlen aussprach, und erst recht, als die Westalliierten 1952 auf die Stalin-Noten – die Offerte einer Wiedervereinigung eines neutralisierten Deutschlands – ablehnend reagierten, wozu auch Adenauer gedrängt hatte. Sethe war von der ersten Stalin-Note am 10. März 1952 elektrisiert worden. Er wollte, dass Stalins Angebot, über die Bildung eines neutralen Gesamtdeutschlands zu verhandeln, ernsthaft ausgelotet würde. Dafür warb er in mehreren Leitartikeln. Sethe sah klar, dass Moskau sich erst aufgrund des Westkurses der Bundesregierung bewegt hatte. Er hielt die Offerte für schwammig, warb aber dafür, zu prüfen, was »Stalins jähe Wendung« bedeute. Insbesondere das Zugeständnis einer Armee für ein neutralisiertes Gesamtdeutschland hielt er für bemerkenswert; dafür müssten der Sowjetunion dann Bürgschaften gegeben werden.[17]

Für Sethe galt der Primat der Wiedervereinigung vor der von Adenauer forcierten Westintegration. Zumindest wollte er alle Optionen ausloten, die »Zone«, wie es damals hieß, aus russischer Vormundschaft zu befreien. Auch bezüglich der Saarfrage stimmte er nicht mit Adenauer überein: Das von Adenauer mit Pierre Mendès-France 1954 geschlossene Abkommen über ein europäisches Statut des Saarlandes wurde am 23. Oktober 1955 in einer Volksabstimmung im Saarland abgelehnt, was den Weg zu einer Angliederung des Saarlandes an die Bundesrepublik wies. Auch hier hatte Sethe im Gegensatz zu Adenauer eine nationale Position bezogen.[18]

Sethe argumentierte keineswegs blauäugig und vertrat in seinen Leitartikeln dieser Tage weder im Inhalt noch im Ton Extrempositionen. Dennoch wurden und werden ihm gern die Etiketten »Nationalist« und »Neutralist« angeheftet, was er beides nur in einem eingeschränkten Sinn war. Er wollte weder die Bolschewisierung Gesamtdeutschlands riskieren noch einen förmlichen Verzicht auf die Ostgebiete leisten, warnte aber eindringlich vor einer Brüskierung der Sowjets und davor, die Verhandlungen mit dem Anspruch auf eine Einbeziehung Osteuropas – also Rückzug der Russen auch dort – zu überdehnen, ein Anspruch, den er bei den Amerikanern und Adenauer – der Sethe persönlich entsprechend zu briefen versucht hatte, das dann aber als sinnlos aufgab[19] – und Außenamtsstaatssekretär Hallstein erkannte. Die bundesdeutsche Außenpolitik, die ihn an den Wilhelminismus erinnerte, hielt er für restaurativ und für immer noch arkan und elitär.[20] Sethe selbst sah sich durchaus im Einklang mit der Mehrheit des deutschen Volkes. Als selbst führende Köpfe in der Unionsfraktion wie Heinrich von Brentano und Kurt Georg Kiesinger Zweifel an der deutsch-osteuropäischen »Grand Strategy« äußerten,[21] schrieb Adenauer das vermutlich dem unheilvollen Einfluss Sethes zu. Letztlich sah die Adenauer-Fraktion wie die Mehrheit in und außerhalb der Zeitung sowie der heutigen Historiker in Stalins Diplomatie ein reines Störmanöver zur Torpedierung der militärischen Westintegration der Bundesrepublik.

Der Konflikt innerhalb der Zeitung wurde insbesondere durch die unterschiedlich ausgerichteten Leitartikel Sethes und Baumgartens, der anders als Sethe zu Adenauers Teegesprächen eingeladen wurde,[22] für die Öffentlichkeit deutlich. Erich Welter hielt sich als Wirtschaftsmann in Sachen Außenpolitik zunächst zurück. Margret Boveri berichtete Sethe später, sie habe Welter bedeutet: »Als Wirtschaftler erkennen Sie, daß Adenauer von Wirtschaftsfragen nichts versteht. Da Sie kein Politiker sind, haben Sie leider noch nicht erkannt, daß er auch von Außenpolitik nichts versteht.«[23]

Sethe war über die nach seiner Ansicht vertane Chance der Stalin-Noten tief enttäuscht. Immer wieder kritisierte er fortan die westliche Außenpolitik, die Rollback-Doktrin der Eisenhower-Administration und, unter Berufung auf George F. Kennan, die »Liberation Policy« von Adenauers gleichgesinntem Partner, dem amerikanischen Außenminister John Foster Dulles. Eine friedliche Befreiung Osteuropas vom kommunistischen Joch hielt dieser für illusorisch. Sethe nahm auch das russische Sicherheitsbedürfnis angesichts der Angst vor einer deutschen Revanche ernst und warnte: »Rüstung allein ist keine Politik.«[24] Dem *FAZ*-Außenpolitiker war die scharfe Rhetorik des Westens, etwa Eisenhowers, ein Gräuel, da sie die Verständigung erschwerte, ja schier unmöglich machte. Sein Ideal war Bismarcks Rückversicherungsvertrag von 1887, der Russland und Deutschland Sicherheit verschafft hatte.[25] Die westliche Position, erst freie Wahlen zu fordern und dann über den Status eines wiedervereinigten deutschen Staates und seiner Armee Gespräche führen zu wollen, hielt er für nicht zielführend. Sethes Position war vielmehr, den Russen Vorschläge zu machen und ihnen ein Mitspracherecht zu einer westintegrierten Armee einzuräumen. Er verwies in Bezug auf ein gesamteuropäisches Sicherheitssystem immer wieder auf die Ideen des Diplomaten und liberalen Politikers Karl Georg Pfleiderer (FDP),[26] der 1952 für einen schrittweisen Rückzug fremder Truppen aus Deutschland plädiert hatte. Ähnliche Ideen enthielten später der Eden-, der Kennan- und der Rapacki-Plan. In Pfleiderer schien Sethe ein Alter Ego zu erkennen, ein verkanntes Genie.[27]

Die Ermahnung, die Welter schließlich in der für ihn typischen Mischung aus Schärfe und Komplimenten an ihn richtete, musste Sethe bitter aufstoßen: »Wenn Sie nun noch darauf verzichteten, den durch sein törichtes Verhalten etwas kompromittierten Herrn Dr. Pfleiderer ständig zum Kronzeugen auszurufen, so könnten Sie mit Recht erwarten, durch Ihre Artikel nicht zu reizen, sondern zu wirken und zu überzeugen.«[28] Als schließlich auch Adenauer von einem kollektiven Sicherheitssystem in Europa unter Einschluss Russlands sprach,[29] sah Sethe sich allerdings bestätigt. In einem Brief an Welter bedauerte er, seinen Freund Pfleiderer nicht stärker unterstützt und sich zu sehr den Finanziers der *FAZ* gebeugt zu haben: »Mein politischer Fehler war es, zu sehr nach Kornwestheim und zu wenig nach meinen Überzeugungen geblickt zu haben.«[30] In der Herausgeberkonferenz wurde in Abwesenheit Sethes berichtet, dass Adenauer Dombrowski und Baumgarten gegenüber sein Missfallen über Sethes Kommentare persönlich zum Ausdruck gebracht habe.[31]

Mit »Kornwestheim« zielte Sethe auf den Generaldirektor der Salamander AG Alex Haffner, der als maßgeblicher Geldsammler, Förderer und Gesellschafter der Zeitung ein hohes Gewicht besaß und mit Sethes Kurs nicht einverstanden war. Auch andere Gesellschafter wie Albrecht Pickert, Vorstandsvorsitzender der Stahlbaufirma Hein, Lehmann & Co., beschwerten sich bei Welter und Werner Hoffmann über Sethes Artikel und verbanden dies mit finanziellem Druck: Pickerts Unternehmen schaltete keine Anzeigen mehr, und Ernst Schneider, Präsident der Industrie- und Handelskammer, drohte mit Anzeigenentzug.[32] Bei Welter läuteten die Alarmglocken, auch wenn er betont hat, dass auf die *FAZ* Druck ausgeübt wurde, doch sie stets widerstanden habe. Im diesem Fall ließ er Pickert über Baumgarten telefonisch ausrichten, es liege in seinem eigenen Interesse und in dem seiner Kreise, »auch nur den Anschein des Versuchs einer Pressenötigung zu vermeiden«, denn ansonsten »drohten Unannehmlichkeiten von allen Seiten. Herr Pickert brauche sich nur einmal vorzustellen, was ihm blühe, wenn ein solcher Brief im SPIEGEL abgedruckt würde.«[33] Der Druck auf Sethe wiederum erfolgte aus dem Kreis der verschachtelten *FAZ*-Struktur selber: aus dem Herausgeberkollegium, aus dem Fördererkreis und von einzelnen Anzeigenkunden.

Sethe konnte nicht behaupten, dass er nicht ermahnt und gewarnt worden sei, bevor das Ganze eskalierte. Welter schrieb ihm Anfang 1955, er »werde in letzter Zeit in zunehmendem Maße darauf angesprochen, Sie, Herr Sethe, verlören angesichts der russischen Drohung die Nerven und beteiligten sich an einer Panikmache. Das sagen auch Freunde des Blattes, die von Adenauer nicht viel halten.« Als »Freunde« wurden meistens die »Förderer« bezeichnet, insofern war dieser Hinweis heikel. Sethe notierte daraufhin lapidar: »Was soll ich da tun? Ich denke: weiter machen.«[34]

Das gefiel den Förderern gar nicht. Deren Sprecher Alex Haffner billigte Sethes Kurs weder inhaltlich, noch hielt er den offen zutage tretenden außenpolitischen Zwiespalt in der Redaktion angemessen für ein Weltblatt im Werden. Nach außen verteidigte er die Unabhängigkeit der Zeitung zwar weiterhin loyal,[35] intervenierte im Namen der Förderer aber unmissverständlich bei den Herausgebern (Baumgarten, Sethe und Korn waren am 17. März 1955 anwesend, Welter und Dombrowski erhielten den Text)[36] und rügte, dass Sethe und der 1953 zu dem Blatt gestoßene Außenpolitiker Herbert von Borch die liberal-bürgerliche Position schwächten. Zwar stehe die *FAZ* grundsätzlich, »bei aller Freiheit der Kritik im Einzelnen, auf dem Boden der bürgerlichen Regierung« und trete »gegen die sozialistische Opposition« auf. »Gegen diesen Pakt, dieses Grundgesetz unserer Zeitung verstößt aber nach Ansicht unserer Freunde ein Teil der Schriftleitung, womit namentlich die Herren Sethe und von Borch gemeint sind.« Besonders bei den Themen Wiedervereinigung und Aufrüstung vertrete die Zeitung oppositionelle Meinungen, bestätige das oppositionelle »Monopol auf die Wiedervereinigung« und wecke »Zweifel an der Vernünftigkeit der ganzen Remilitarisierung«. Die *FAZ* sei »von der Wirtschaft gegründet worden, weil damals die ganze Tagespresse sozialistisch geführt oder wenigstens sozialistisch infiziert war. Dem sollte ein Blatt gegenüberstehen, das die bürgerliche [...] Politik, Wirtschaft und Kultur *schützt*.«[37]

Haffner unterstützte damit Adenauers Auffassung, der die bürgerliche Regierung durch Sethes Kommentare gefährdet sah. Nach Sethes Überzeugung war das nationale Interesse – die Staatsräson – dem Wohl der Regierung übergeordnet. Angesichts der überragenden Bedeutung Haffners für die *FAZ* und der seltenen inhaltlichen Interventionen von seiner Seite musste Welter die fundamentale Kritik sehr ernst nehmen. Über den Anlass hinaus stellte Haffner klar, dass letztlich der Verleger hinzugezogen werden, also entscheiden müsse, wenn die »Schriftleitung« keine Einigung erziele. Die Zeitung müsse sich grundsätzlich auf dessen Linie bewegen: »Ich glaube wieder nicht, dass es in der Welt einen Verleger gibt, der sich damit abfindet, dass das, was seine Zeitung schreibt, seiner eigenen politischen Überzeugung zuwiderläuft.«[38] »Der« Verleger war die FAZ GmbH, deren Gesellschafter wiederum aus dem Mainzer Zeitungsverlag (bis 1956) und den Förderern (beziehungsweise der Allgemeinen Verlagsgesellschaft) bestanden. Unter diesen herrschte laut Haffner Einigkeit. Tatsächlich hatten sich verschiedentlich Mitglieder des Förderkreises über Sethes Artikel beschwert, aber es gab auch Unterstützer Sethes, so Wilhelm Ziervogel und Hermann Reusch, Vorstandsvorsitzender der Gutehoffnungshütte Oberhausen, der 1952 als Förderer eingestiegen war. Der Salamander-Chef formulierte hier also recht unverblümt einen »Herr-im-Haus«-Standpunkt und machte gegenüber Welter im August erneut »seinem Herzen Luft«, indem er sich abermals über Sethe und von Borch beschwerte, der sich »ins Sethe'sche Schlepptau« begeben habe. Überdies wirkten Weinsteins Artikel defätistisch.[39]

Die Herausgeber unternahmen daraufhin auf einer Herausgeberkonferenz im Juli 1955 den Versuch, sich mit Sethe zu einigen. Das schlug gründlich fehl. Man kam Sethe recht weit entgegen und hielt fest, dass man sich nachdrücklich für Verhandlungen auch über die Neutralisierung einsetze (!), eine sture Politik der Stärke ablehne und die deutsche Regierung ob ihres stets schroffsten Standpunktes kritisieren wolle, ohne sowjetfreundlich zu erscheinen. Aber Sethe konnte sich Baumgartens Standpunkt nicht anschließen, »dass wir den Atlantikpakt nur aufgeben wollen, wenn etwas Besseres in Aussicht steht«. Welter versuchte, die Differenzen als Stilfragen herunterzuspielen, aber Sethe hielt sie für unüberbrückbar. Man beschloss schließlich, dass jeder Artikel gegengelesen werde, eine bis heute selbstverständliche Übung im Redaktionsprozess. Doch mit welcher Konsequenz? Baumgarten wollte sich damit begnügen, dass beide »Parteien abweichende Ansichten zum Ausdruck bringen«. Welter wolle nicht, dass man einen Artikel gegen den ausdrücklichen Willen eines anderen (Herausgebers) publiziere.[40] Die wichtige Angelegenheit blieb in der Luft hängen.

Da die Kritik an seinem Adenauer-kritischen Kurs nicht nachließ, gelobte Sethe vor der wichtigen Moskau-Reise Adenauers im Spätsommer 1955, bei welcher der Bundeskanzler die verbliebenen deutschen Kriegsgefangenen freibekommen wollte, vorerst Zurückhaltung. Welter hatte ihn dringend gemahnt angesichts der »Gefahr, in der Sie persönlich und Ihre Bundesgenossen schweben, aber auch die Zeitung in ihrer Gesamtheit«.[41] Am 22. August 1955 veröffentlichte Sethe dann aber eine Glosse, in der er die Deutschen die »Nebelschleier« vor der entscheidenden Alternative atlantisches Bündnis oder Wiedervereinigung durchdringen sah und das Scheitern des Verhandlungspunktes Wiedervereinigung aufgrund von Adenauers mangelnder Verhandlungsbereitschaft über eine Abkehr vom atlantischen Bündnis voraussagte.[42] Welter sah darin einen »Bruch« der gegebenen Zusage und eine »in diesem Zeitpunkt nicht zu verantwortende Schwächung der deutschen Verhandlungsposition in Moskau«.[43] Gesellschafter Pickert schrieb entsetzt an Welter, ob Sethe es »als Redakteur der FAZ« denn verantworten könne, »die Bundesrepublik weiterhin vom Westen trennen zu wollen«.[44] Sethe war beleidigt, dass man ihm den Bruch seiner Zusage vorwarf, und wollte den Briefwechsel mit Welter abbrechen.[45] Zu diesem Zeitpunkt, am 22. August, hatte er dem Verlag bereits seinen Rücktritt angeboten.[46]

Am 3. September 1955, fünf Tage vor Beginn der heiklen Moskau-Mission, kam Sethe erneut und trotz Welters Intervention auf sein altes Thema, die möglicherweise verpassten Chance der Stalin-Noten, zurück und kritisierte den Bundeskanzler direkt.[47] Zwei Tage später stellte der Militärexperte der *FAZ*, Adelbert Weinstein, die »westdeutsche Militärpolitik« infrage, welche die Wiedervereinigung erschwere.[48] Auch für diesen Leitartikel war Sethe zuständig. Am selben Tag sah Sethe die Nation in »ihren wichtigsten Lebensfragen« – der Wiedervereinigung und der Saarfrage – gespalten.[49] Da in der Herausgeberkonferenz am 14. September 1955 die Mehrheit (Baumgarten, Dombrowski, Welter) Sethes Auffassungen gegen die Stimmen von Korn und Sethe missbilligte, trat Sethe als Herausgeber und Ressortleiter zurück. Sein Nachfolger für das politische Ressort wurde sein Kontrahent Baumgarten. Man bot Sethe den Korrespondentenposten in Wien an,[50] der dieses Angebot anscheinend zunächst annahm, denn das wurde in der *FAZ* am 22. September vermeldet, als Sethe erstmalig nicht mehr als Herausgeber geführt wurde. In der Notiz der verbliebenen vier Herausgeber »An unsere Leser« war von Meinungsverschiedenheiten keine Rede. Sethe übernehme auf eigenen Wunsch die Leitung der neuen Redaktion in Wien. Zwei Seiten weiter trat man dann Meldungen entgegen, die Pressefreiheit stehe in der Causa Sethe auf dem Spiel und damit das entscheidende symbolische Kapital der Zeitung: »Alle Versuche, in den Entschluß der völlig unabhängigen Herausgeber der ›Frankfurter Allgemeinen Zeitung‹ eine Einwirkung zeitungsfremder Mächte hineinzugeheimnissen, entbehren jeder Grundlage und sind aus der Luft gegriffener grober Unfug.«[51]

Sethe sah sich durch die Mehrheit der Redaktion unterstützt,[52] es gab sogar eine Petition von 28 Redakteuren, die sich um den Ruf der Unabhängigkeit und Überparteilichkeit sorgten.[53] Entscheidend war laut Vertrag aber die Mehrheit im Herausgeberkollegium, und die war gegen Sethe. Der Verwaltungsratsvorsitzende Ferdinand Rothe versuchte zu schlichten.[54] Dombrowski und Hoffmann unterbreiteten Sethe sogar namens der Herausgeber und der Geschäftsführer das Angebot, als Korrespondent mit seiner Sekretärin nach Paris zu wechseln und dort Leitartikel über die »großen Fragen der Politik« zu schreiben. Man schloss bei der Offerte alle Bereiche des Blatts und auch zeitgeschichtliche Themen ein. Sethe hätte allerdings nicht mehr als Herausgeber amtiert und wäre lediglich mit einem jeweils zu verlängernden befristeten Vertrag ausgestattet worden.[55] Vergeblich. Auch eine Aussprache mit Welter brachte nichts mehr. Sethe warf ihm vor, unter den Herausgebern eine »Clique« gegen ihn gebildet zu haben. Welter verwies darauf, dass Dombrowski ihn von selbst wegen Sethes Artikel kontaktiert hatte. Sethe sah sich auf dem Pariser Posten aber der Möglichkeit beraubt, zu Adenauer und zum Atlantikpakt Stellung zu beziehen, zumal Welter strikt gegen einen die Blattlinie mitentscheidenden Redaktionsrat war (»Nebenregierung«, »Verewigung des Kampfes«), den Sethe ins Spiel brachte. Auch machte Welter ihm klar, dass er die Redaktionslinie nicht torpedieren könne.[56] So lehnte Sethe ab und wechselte zum 15. November 1955 zu Springers *Welt*.

Der Fall Sethe schlug hohe Wellen und wurde in Politik und Medien stark beachtet. Heikel war das Ganze auch, weil sich Parallelen zur fast zeitgleichen Abberufung des *NZZ*-Korrespondenten Eduard Geilinger aus Bonn aufdrängten. Die *FAZ* hatte wie andere darauf spekuliert, dass Vizekanzler Franz Blücher von der FDP dafür verantwortlich war, und berichtet, in Bonn herrsche Unbehagen über »eine gewisse Gefahr für die Freiheit der Berichterstattung«.[57] Jetzt trafen zahlreiche Sympathiebekundungen bei Sethe und Protestschreiben in der Frankfurter Redaktion ein.[58] Der Bundespräsident empfing Sethe, und zahlreiche Politiker äußerten sich zu dem Fall. Die SPD-Opposition im Bundestag höhnte, die *FAZ* sei ja, »nachdem Paul Sethe weggetreten wurde, doch wohl nahezu uneingeschränkt regierungstreu«.[59] Dombrowski schrieb bereits am Tag nach Sethes Absetzung an Welter, man müsse in der Gestaltung des Blattes nun »größte Rücksicht auf die Opposition nehmen«, andernfalls werde »auf die Dauer das Ausscheiden des ›Groejaz‹ von erheblichen Teilen unserer Leserschaft als schmerzliche Einbuße empfunden«.[60] Der »Größte Journalist aller Zeiten« in Anlehnung an Hitler als »Gröfaz«, das war schon deutlich.

Sethe ließ sich dann 1960 von Rudolf Augstein für eine geplante neue Wochenzeitung unter dem traditionsreichen Titel *Deutsche Allgemeine Zeitung* engagieren, für die neben einer stattlichen Reihe von *Welt*-Redakteuren auch die prominenten *FAZ*-Journalisten Joachim Schwelien und Hans Schwab-Felisch, leitender Redakteur im Feuilleton seit 1956, für hohe Monatsgehälter angeworben wurden, wie die *FAZ*-Herausgeber im Fall Schwab-Felisch feststellten.[61] Doch das Unternehmen scheiterte, da die auch mit der *FAZ* in inniger Feindschaft verbundene *Deutsche Zeitung* Curt E. Schwabs, ehedem von Welter mitbegründet, wegen Verwechslungsgefahr den Titelgebrauch juristisch untersagen ließ, worauf Augstein das Projekt sistierte.[62] Sethe übernahm dann 1961 das »Politische Buch« bei der *Zeit*. Im selben Jahr brachte er sein Buch »Deutsche Geschichte im letzten Jahrhundert« heraus, das er verschiedenen Kollegen der *FAZ* zukommen ließ. Die Herausgeberkonferenz der *FAZ* beschloss, Nikolas Benckiser als Ressortleiter Politik solle den Band für die »Politischen Bücher« durch den Experten für Innenpolitik Eberhard Bitzer besprechen lassen, »wobei vorausgesetzt wird, Sethes Arbeit wiederhole nicht seine einstige grundsätzliche Kritik an der deutschen Außenpolitik«.[63] Genau das, nämlich Sethes Behandlung der Stalin-Noten, wurde dann zum Kritikpunkt in Bitzers Rezension, der Sethes Geschichtsbuch ansonsten sehr lobte.[64]

Beide, die *FAZ* und Sethe, blieben bei ihrer Haltung. Sethe kam über seinen »Sturz« nicht hinweg, wie in dem Briefwechsel mit dem Außen- und Verteidigungspolitiker Fritz Erler (SPD), aus dem Parteifreund Adolf Arndt als Beleg für die Meinungssteuerung öffentlich zitierte,[65] und erneut in der Kontaktaufnahme mit Welter nach langen Jahren des Schweigens im Jahr 1964 deutlich wird.[66] War das Ganze ein Anschlag auf die Pressefreiheit, wie manche meinten? Immerhin hatte Adenauer schon seit Längerem erheblichen Druck auf die *FAZ* ausgeübt. Dem gesamtdeutschen Minister Jakob Kaiser, der positiver zu den Stalin-Noten stand, untersagte der Kanzler 1952 auch mit Verweis auf Sethe eine Inspiration von Zeitungen seitens seines Ministeriums zu Kaisers Gunsten.[67] Und er bat den Verwaltungsratsvorsitzenden der *FAZ*, Ferdinand Rothe, bei der Zeitung zu intervenieren, dass von dort in »einer kritischen Zeit [...] keine Querschüsse« mehr kämen. Die »FAZ einschließlich des Herrn Sethe« möge enge Fühlung mit seinem Pressechef Felix von Eckardt unterhalten.[68] Adenauer fühlte sich durch Sethes Artikel massiv geschädigt und zählte die *FAZ* 1953 zu den oppositionellen Blättern. Er beschwerte sich bei Mitarbeitern, bei Baumgarten und Dombrowski und sogar vor Industriellen über die Zeitung. Bereits 1951 hatte der SPD-Abgeordnete im Bundestag Erwin Schoettle Berichte aufgegriffen, wonach Adenauer »bei einer nicht sehr öffentlichen Gelegenheit« erklärt habe, die *FAZ* könne nicht mehr als offiziös betrachtet werden. Diese Bismarck'sche Auffassung von Presse und Pressepolitik empörte die Opposition zu Recht, und sie schadete der *FAZ*.[69]

Aber das war noch lange nicht alles. 1953 schickte der Kanzler seinen Arbeitsminister Anton Storch und Ludwig Erhard[70] zum Vertreter des Förderkreises Alex Haffner – von Sethe nicht ganz korrekt als »Haupteigentümer« der *FAZ* apostrophiert –, »um gegen mich [Sethe, P. H.] Stimmung zu machen«. Adenauers Finanzberater Robert Pferdmenges habe ihn »vorgeladen«, um sein Missfallen auszudrücken, und im August 1955 war laut Sethe in dem Schreiben eines »Freund[es] des Kanzlers« an den Verlag gefordert worden, »man müsse die Inserenten gegen die Zeitung mobilisieren, wenn meine Schreiberei so weiter ginge«. Daraufhin hatte Sethe das erwähnte Rücktrittsangebot am 22. August unterbreitet.[71] Adenauer selbst hatte Industrielle bei einem Empfang gefragt, warum so viele von ihnen Todesanzeigen in der *FAZ* aufgäben.[72] Auch Adenauers Sohn wandte sich – zunächst ohne Wissen des Kanzlers – wegen eines Sethe-Leitartikels an die *FAZ*, in dem der französische Ministerpräsident Mendès-France im Zusammenhang mit der gescheiterten Europäischen Verteidigungsgemeinschaft (EVG) kritisiert wurde. Ebenso für verfehlt hielt Sethe Adenauers Warnung vor einem Richtung Sowjetunion blickenden deutschen Nationalismus. Der *FAZ*-Redaktion schrieb Adenauer diesbezüglich, er fühle sich falsch verstanden, und dementierte, dass er Mendès-France habe stürzen wollen.[73]

Auch im Bundesvorstand der CDU erregten sich Adenauer, Bundestagspräsident Hermann Ehlers, Heinrich Krone, Kurt Georg Kiesinger und der Unionsfraktionschef in Baden-Württemberg Franz Gurk 1954/55 heftig über Sethes Artikel und die illoyale Haltung der *FAZ* gegenüber der Bundesregierung. Hier wurde ein Unionsmantra angestimmt, das sich bis in die Zeiten Kohls hielt: Die Presse, die Medien sind gegen uns! Beklagt wurde, dass »Kreise, die uns angehören, es [das Blatt] finanzieren« (Ehlers), dass die Wirtschaft so viele Annoncen schalte, obwohl Sethes Artikel »ungeheuerlich« seien (Adenauer), dass die Zeitung die »Knochenerweichung« fördere und schlicht »nicht mehr tragbar« sei: »Sie ist kein Organ unserer Politik« (Gurk). Gegen die Abrechnung mit der *FAZ* erhoben sich im CDU-Vorstand aber auch Gegenstimmen. Johann Baptist Gradl und Jakob Kaiser waren »erschrocken über die scharfen Worte« (Kaiser) und fürchteten eine Einschüchterung und Einschränkung der Pressefreiheit und darüber hinaus kontraproduktive Effekte: »Ich weiß, daß sich ein Freiwilliger gemeldet hatte, es war Anton Storch, der zu Haffner nach Stuttgart gefahren ist und mit ihm gesprochen hat. Und die gegenteilige Wirkung ist eingetreten. Das ist in Frankfurt bekanntgeworden. Wahrscheinlich hat Haffner selbst mit den Leuten gesprochen und gesagt, das wäre noch schöner, daß uns der Brotkorb höher gehängt werden soll.«[74] So ganz traf Kaiser die Sache damit nicht, denn die Interventionen wurden von Haffner durchaus ernst genommen.

Adenauer wies den Vorwurf der Beeinflussung weit von sich und rief im CDU-Vorstand theatralisch aus: »Ich wüßte nicht, inwiefern man verpflichtet ist, die ›Frankfurter Allgemeine‹ zu abonnieren. Ich bestelle sie ab! Ich bin doch nicht verpflichtet!« Besonders prekär empfand er, dass die Zeitung »im ganzen Ausland« gelesen werde und als »Regierungsblatt« sowie »als Blatt maßgeblicher wirtschaftlicher und politischer Kreise angesehen« werde. Auch Ehlers wies Gradls Vorwurf der Beeinträchtigung der freien Meinungsäußerung über Druck auf die Anzeigenkunden zurück – indem er wie Adenauer genau dies eher bestätigte:

> Ich bin im vergangenen Jahr in einer Besprechung der Geldgeber der »Frankfurter Allgemeinen« dabeigewesen, wo man sich unterhalten hat, ob die DM 40.000,– die dieses Unternehmen im Monat kostete, sich rentierten. Ich bin damals für die freie Meinungsäußerung von Herrn Sethe eingetreten. Aber ich muß auf der anderen Seite die Frage stellen: Ist es gerechtfertigt, Gelder für unmittelbare Subventionen oder für in dieser Zeitung gar nicht gerechtfertigte Anzeigen von Industrie, Wirtschaft, Banken und ihren Nachfolgern hineinzustecken, wenn ich sehe, daß hier eine Politik getrieben wird, die die freie Meinungsäußerung so weit treibt, daß sie das Geschäft der Gegenseite mit fördert?[75]

Auch in der nächsten Sitzung erregte sich Adenauer wieder über Sethe und die Firmen, welche die *FAZ* unterstützten. Er meinte alle Firmen und die Summen, die sie zahlten, zu kennen. Sethe verstehe nichts von Außenpolitik. Es sei unglaublich, dass es »Menschen in Deutschland gibt, die einfach mit Blindheit geschlagen sind, die nun einen solchen Mitarbeiter in der ›Frankfurter Allgemeinen‹ hegen und pflegen«.[76]

Nicht nur auf Haffner und Welter und sicher im Förderkreis haben die Interventionen aus der Politik Eindruck gemacht, auch und vor allem Sethe haben die Interventionen aus der Politik sehr beunruhigt: »Das alles hat mir viele schlaflose Nächte bereitet, nicht nur meinetwegen (obwohl es gerade nicht heiter ist, von wohlwollenden Freunden in Bonn immer wieder hören zu müssen, ich fände nie mehr eine andere Stellung, daß dies nicht der Fall sein würde, konnte ich vorher nicht wissen), sondern vor allem um der vielen hundert Angestellten wegen, deren Existenz ich in meiner Hand liegen fühlte.« Gleichwohl sah er rückschauend sehr klar, dass ein direkter Zusammenhang mit seinem »Sturz« nicht zu beweisen war.[77] Dass der beharrliche Druck nicht ohne Wirkung geblieben ist, sieht man an der Intervention Haffners und am Positionswechsel Welters. Aber Baumgarten und Dombrowski verfolgten grundsätzlich eine andere Linie als Sethe, und Welter schwenkte schließlich auf diese ein. Die formale Initiative kam nach Sethes letztem Artikel von

Dombrowski, dem es als geschäftsführendem Herausgeber oblag, das Herausgebergremium zusammenzurufen.

Dass ausgerechnet der mit der *FAZ* zu dieser Zeit in stetigem Clinch liegende BDI für Welters Wendung gegen Sethe ausschlaggebend gewesen sei, wie Hartmut Soell andeutet,[78] ist eher nicht plausibel. Welter selbst hatte Sethe 1953 darauf hingewiesen, dass »wir mit dem Bundesverband der Industrie keinerlei Beziehungen unterhalten, im Gegenteil uns ständig mit ihm reiben, ganz bestimmt aber vollkommen unabhängig von ihm sind, zumal auch unsere Hauptförderer in einem starken Gegensatz zu ihm sich befinden«. Er wähnte Sethe damals »in Gefahr, von einem Abhängigkeitskomplex befallen zu werden«.[79] Der Konflikt mit dem BDI unter Fritz Berg bezüglich der Kartellgesetzgebung war auch 1955 noch keinesfalls beendet.

Im Juni 1955 trafen sich Welter und Hans Roeper mit Vertretern des BDI und des Deutschen Industrie-Instituts (des heutigen Instituts der Deutschen Wirtschaft), an dem mit Kurt Pentzlin und Otto Seeling zwei wichtige Förderer der *FAZ* beteiligt waren. Diese waren bei dem Treffen aber nicht anwesend. Dort wurde von den Industrievertretern allerhand Kritik an der *FAZ* geübt, keinesfalls nur an Sethe, der gar nicht namentlich genannt wurde. Neben der Privilegierung der Kommentare vor den Nachrichten, der Inaktualität der deutschlandweiten Ausgabe und dem einen oder anderen in der Wirtschaftsberichterstattung wurde vor allem bemängelt, dass die Zeitung insgesamt mangels Chefredakteur keine »einheitliche politische Linie« vertrete, während man eine solche im Wirtschaftsteil bis zum Dogmatismus verfolge. Welter reagierte sehr selbstbewusst auf die Kritik, gestand zwar »gewisse Nachteile« der uneinheitlichen Haltung in der Außenpolitik zu, was aber eben die im Volk bestehenden Auffassungen widerspiegle. Man wolle anders als die *Frankfurter Zeitung* (!) nicht nur die Wirtschaftsführer ansprechen, sondern das Volk in seiner ganzen Breite. Die Kritik aus der Industrie allein sorgte also sicher nicht für die Ablösung Sethes.[80]

Größere Bedeutung kam Adenauers beharrlicher Einflussnahme auf allen Kanälen – öffentlich, intern, über Mittelsmänner – und vor allem den entsprechenden Signalen aus dem Kreis der Förderer der *FAZ* zu, ferner Sethes Intransigenz und der echte Dissens unter den Herausgebern über die politische Lage. Sethe überzeichnete seine journalistischen Erfahrungen in einem Brief an Fritz Erler aber deutlich, wenn er pessimistisch formulierte: »Frei ist, wer reich ist.«[81] Allerdings sah Sethe sich in der *Welt* erneut Pressionen Adenauers ausgesetzt. Dort fühlte er sich zwar vom Verlag geschützt, fürchtete aber, dass es erneut »Frankfurter Vorgänge« geben könne.[82] Die Interventionen gingen dann vom Verleger Axel Springer selbst aus, der 1958 eine außenpolitische Kehre vollzog, nachdem er bei Chruschtschow in Sachen Wiedervereinigung abgeblitzt war. Sethe wechselte daraufhin 1963 zu *Stern* und *Zeit*.[83] Springer bedauerte das, sprach von einer »menschlichen Schlappe für mich«.[84] Später variierte Sethe seinen Satz an Erler in einer Zuschrift an den *Spiegel* mit einer berühmt gewordenen, marxistisch klingenden Sentenz: »Pressefreiheit ist die Freiheit von zweihundert reichen Leuten, ihre Meinung zu verbreiten.«[85] Im Fall Sethe ging es letztlich mehr um die innere Pressefreiheit als um den allgemeinen Grad der Pressefreiheit in der Bundesrepublik. Er zeigte, dass die von Haffner behauptete absolute inhaltliche Unabhängigkeit der *FAZ*-Redaktion mit den Herausgebern an der Spitze noch nicht gesichert war.

Als eine Art Kompensation für Sethe holte Erich Welter Margret Boveri, die Redaktionskollegin aus *FZ*-Tagen, an Bord. Für die *Badische Zeitung* Oskar Starks waren sie und ihre außenpolitischen Artikel überqualifiziert gewesen, weswegen die Verbindung gelöst worden war. Die begabte, weltgewandte und vielgereiste Boveri lag auf Sethes Linie, war noch kritischer gegenüber Adenauer und eine eigenwillige Patriotin. Welters Angebot, sie solle für die *FAZ* Porträts aus aller Welt liefern, empfand sie als Angebot zur Verharmlosung ihres Potentials. Gleichwohl einigte sie sich im Januar 1956 in einem Gespräch mit Welter, Baumgarten, Korn, den Geschäftsführern Hoffmann und Muckel sowie Moskau-Korrespondent Hermann Pörzgen auf eine exklusive Mitarbeit bei der *FAZ*. Typisch für Boveri war, dass sie in den Gehaltsverhandlungen mit Welter auf einem niedrigen Fixum von 1000 DM monatlich bestand, um so unabhängig wie möglich zu bleiben. Denn eine *FAZ* auf der Linie Adenauer-Dulles war nicht ihre Sache. Ihr *Opus magnum* über den »Verrat im 20. Jahrhundert« ließ sie daher nicht dort, sondern in der *Welt* und in der *Süddeutschen* in Vorabdrucken erscheinen. Auch sonst erwies sie sich in der Zusammenarbeit als recht störrisch. Sethes Buch »Die großen Entscheidungen« durfte sie 1958 nicht rezensieren, da Welter sicher nicht zu Unrecht eine Durchkreuzung der nun eindeutig westlichen Post-Sethe-Redaktionslinie witterte. Ein großer Erfolg wurden ihre Reportagen aus Indien, wohin die *FAZ* sie 1959/60 schickte.[86] Zudem rezensierte sie eifrig für Friedrich Sieburgs Literaturblatt, der sie sehr zuvorkommend behandelte.[87]

Weniger Erfolg war ihrem zunächst von den *FAZ*-Herausgebern und der Verlagsleitung unterstützten Plan beschieden, eine Art Gegendarstellung zu Peter de Mendelssohns »Zeitungsstadt Berlin« zu verfassen, in welcher sie auch das Schicksal der *FZ* im Dritten Reich darstellen wollte. Boveri war eine vehemente Verteidigerin derjenigen, die in der Diktatur geblieben und dort die Spielräume genutzt hatten. Das brachte sie später an den Rand eines Zerwürfnisses mit Uwe Johnson, der sie eingehend befragte. Aus dem Zeitungsplan erwuchs schließlich das Buch »Wir lügen alle«, in dem Boveri sich jedoch auf die Geschichte des *Berliner Tageblatts* beschränkte.[88] Die *FAZ* hatte sie hinsichtlich der *FZ*-Geschichte gebremst, letztlich ausgebremst.

Boveri war aber auch von rechts nicht zu vereinnahmen. So rezensierte die Verfasserin der kritischen »Amerika-Fibel für erwachsene Deutsche« von 1946 knapp zwanzig Jahre später die Abrechnung mit der amerikanischen *Reeducation Policy* aus der Feder Caspar von Schrenck-Notzings durchaus kritisch. Sie warf ihm eine Ausblendung der deutschen Aktion vor, der die amerikanische Reaktion gefolgt sei. Morgenthau habe auf das reagiert, »was in Deutschland seinen Rassegenossen angetan wurde«, wie sie in problematischer Diktion schrieb. Sie verortete sich für die Weimarer Jahre auf dem »liberalen Flügel«, beklagte die damalige »Spaltung der Nation zwischen Rechts und Links« und plädierte nun für eine Versöhnung zwischen »denen, die aus dem Abgrund der Niederlage mit der amerikanischen Welle in den Sattel gehoben wurden, und denen, die auf den Umschlag hoffen«.

Das war ein patriotischer Aufruf zur Versöhnung. Selbst das »vorhitlerische« Frankfurter Institut für Sozialforschung verteidigte sie gegen den Konservativen Schrenck-Notzing. Ihre Kritik richtete sie dabei sowohl auf die Kritiker der Umerziehungspolitik wie auf die Opportunisten nach 1945. Scharf wandte sie sich aber gegen Vorschläge, das Buch totzuschweigen. Das empfand sie als totalitär. In den 1960er Jahren machte die streitbare Publizistin und einstige Amerika-Kritikerin dann ihren Frieden mit der Bundesrepublik und unterstützte sogar die Ostpolitik Willy Brandts.[89]

Der außenpolitische Kurs der *FAZ* war nach dem Abgang Sethes festgelegt: Es war ein Westkurs. Drei Jahre nach dem Ausscheiden Sethes erschien der erste große Leitartikel des jungen Günther Gillessen. Der auf Außen- und Verteidigungspolitik spezialisierte Gillessen war von 1963 an eine prägende Figur in der Bonner Redaktion. Seine ersten journalistischen Erfahrungen hatte er bei der *Badischen Zeitung* in Freiburg gesammelt, wo er durch den ehemaligen Mitarbeiter der *Frankfurter Zeitung* Oskar Stark beeinflusst wurde. Danach begann er ein Studium der Geschichte und des öffentlichen Rechts, das er schließlich mit einer zweifachen Promotion abschloss. Neben einer Doktorarbeit in Freiburg bei Wilhelm Grewe und Clemens Bauer über Hugo Preuß legte er in Oxford bei James Joll eine Arbeit über die britische Außenpolitik unter Lord Palmerston vor. Nach seinem 1969 erfolgten Wechsel von Bonn nach Frankfurt in die politische Redaktion, wo er bereits von 1958 bis 1963 gearbeitet hatte,[90] war er in den Jahren 1974 und 1975 noch einmal im Gespräch als Leiter des politischen Ressorts in der Bonner Redaktion.

Der frisch promovierte Historiker erklärte die Bundesrepublik eindeutig zu einem westlichen Land. Die Kritik zielte auf einen Zungenschlag der Äquidistanz der SPD gegenüber Adenauer und Ulbricht und gegenüber Washington und Moskau. Die Sozialdemokraten seien in Wahrheit gar nicht »antiwestlich«, meinte Gillessen, denn letztlich seien, wie er etwas holprig formulierte, »wir in Wirklichkeit doch alle, ob sozialistische, liberale oder konservative Demokraten, in unseren Vorstellungen von Moral, Recht, Freiheit und Humanität ein westliches Land. Im Westen sind wir zu Hause, nicht draußen vor der Tür.« Die Abkehr vom Westen präsentierte Gillessen als Irrweg seit den napoleonischen Kriegen und der deutschen Romantik.[91] Das war die Vorstellung eines deutschen Sonderweges, die eher auf der Linken populär war. Die Verankerung im Westen, politisch, geistig, moralisch, war nun trotz einiger moderat gaullistischer Artikel in der Folgezeit ein fester Anker des Tankers *FAZ*. Interessanterweise kritisierte mehr als drei Dekaden später Eckhard Fuhr an gleicher Stelle die Westbindung als »einen neuen therapeutischen Nationalkult«, der aus einer »fast libidinösen Beziehung zur Schuldgeschichte Deutschlands«, aus einem »negativen Nationalismus« rühre. Er stellte die Westbindung freilich als »eine schlichte und vernünftige Tatsache« nicht infrage und überschrieb seinen Beitrag daher mit »Westen, was sonst?«.[92] Die Westbindung war selbstverständlich geworden, ihre inhaltliche Ausfüllung aber nicht unumstritten.

DER MAUERBAU

Eine Eintrübung im neu erreichten transatlantischen Verhältnis war der Mauerbau und dessen Hinnahme durch die USA. Die Abriegelung der Sektorengrenze am 13. August 1961 besiegelte die deutsche Teilung. Sie sollte den Flüchtlingsstrom in den Westen unterbinden, der für die DDR existenzbedrohend wurde – allein im Juli und August 1961 hatten 80 000 Menschen die DDR verlassen. Der auf die nächtliche Abriegelung folgende Mauerbau bildete den Höhepunkt der zweiten Berlin-Krise von 1958 bis 1962, bewirkte zugleich aber eine Stabilisierung, denn er offenbarte, dass die USA gewillt waren, den Status quo hinzunehmen, auch wenn er nun im Wortsinn festgemauert war.[93]

Die befestigte innerdeutsche Grenze traf die »Zeitung für Deutschland« ins Herz und bildete einen Einschnitt in der Berichterstattung. Das »Berlin-Problem«[94] und die »Massenflucht«[95] waren in der Woche vor der Abriegelung das vorherrschende Thema. Leitartikel und -glossen befassten sich ausführlich mit der Berlin-Problematik und dem Verhalten der Sowjetregierung. Darüber hinaus gab es Schlagzeilen, die den Ost-West-Konflikt berührten, nicht aber direkt mit der Berlin-Krise in Verbindung standen, etwa Verhandlungen zwischen den Westalliierten, wobei Kennedy die in der Berichterstattung dominierende Persönlichkeit war,[96] aber auch Chruschtschow und die erfolgreich beendete Weltraummission des russischen Kosmonauten Major Titow fanden gebührende Beachtung.[97] Ebenfalls prominent auf der Titelseite vertreten waren Beiträge zur anstehenden Wahl in der Bundesrepublik Deutschland im September 1961,[98] der Beitritt Großbritanniens zur Europäischen Wirtschaftsgemeinschaft (EWG)[99] und Gespräche Adenauers mit dem amerikanischen Außenminister Dean Rusk und dem italienischen Ministerpräsidenten Amintore Fanfani.[100]

Der Ton in der Berichterstattung über das sowjetische Vorgehen vor der Grenzschließung schwankte zwischen Besorgnis,[101] Herablassung in Bezug auf das sowjetische Wirtschaftssystem, das im Wettbewerb nur erfolgreich sein könne, wenn »die Amerikaner in den nächsten zehn Jahren schlafen«,[102] und genauer Beobachtung der Sowjetregierung, die sich in eine vermeintlich ausweglose Situation gebracht hatte.[103] Insgesamt war die Berichterstattung über das sowjetische Vorgehen bis zum Vorabend des 13. August von der Überzeugung getragen, dass Chruschtschow und das Ulbricht-Regime es nicht wagen würden, gegen geltende Verträge zu verstoßen und Maßnahmen zu ergreifen, die zu einer Eskalation führen könnten. Der Westen jedenfalls würde sich von den Sowjets nicht düpieren lassen.[104]

Am Tag nach dem Mauerbau wurden die Titelseite und große Teile des Politikteils von der Entwicklung an der innerdeutschen Grenze bestimmt, der Wirtschaftsteil dagegen nur spärlich und das Feuilleton gar nicht. »Ulbricht sperrt den Fluchtweg durch Berlin« lautete der Aufmacher, »Das Gefängnis« war die Leitglosse überschrieben und »Proteste reichen nicht« der große Leitartikel. »Der Kanzler kündigt Gegenmaßnahmen des Westens an« stand geradezu beruhigend über dem zweiten großen Bereich auf Seite eins.[105] Ernsthafte Gegenmaßnahmen blieben dann aus, die Westmächte beschränkten sich auf symbolisches Handeln. In der gesamten Woche beherrschte die Berlin-

Krise die Titelseite der *FAZ*, Schlagzeilen, Leitartikel und Leitglossen, alles drehte sich um das Vorgehen der Zonenregierung, wobei auffällt, dass der Ton rauer wurde: Allein auf der Titelseite vom 14. August brachte die *FAZ* fünfmal wirtschaftliche Sanktionen gegen die Zone ins Spiel, sowohl in den Berichten als auch im Leitartikel von Joachim Schwelien.[106] Dabei richteten sich die Angriffe nicht zuvorderst auf Chruschtschow und die Sowjets, sondern auf Ulbricht und die Regierung im »Gefängnis Sowjetzone«.[107] Auch die Hinweise auf die starke militärische Präsenz waren deutlich. Ein ums andere Mal war von Stahlhelmen, Maschinenpistolen, Karabinern, spanischen Reitern, Sturmgepäck, Stacheldraht, Panzern, Hunden, bewaffneten Angehörigen von Betriebskampfgruppen, kurzum einer »Bewaffnete[n] Festung Ost-Berlin«[108] die Rede. Auf den Rechtsbruch Pankows reagierte die *FAZ*, indem sie wütende Vergleiche zwischen der DDR und Hitler beziehungsweise dem Naziregime zog: »Tyrannen wie Hitler und Chruschtschow«,[109] »Wie in einem Konzentrationslager«.[110] Der Volksarmee und ihren Parallelen zur Wehrmacht wurde gleich ein ganzer Artikel gewidmet.[111]

Im Ressort »Deutschland und die Welt«, das in den Tagen vor der Abriegelung des Ostsektors mit Aufnahmen von neuen Verkehrskreiseln in Stuttgart[112] oder Bällen in Leopoldville[113] bebildert gewesen war und mit Artikeln zum sowjetischen Raumprogramm[114] oder Brückenbauprojekten in Hamburg[115] aufgewartet hatte, machte sich der raue Ton besonders deutlich bemerkbar. Gezeigt wurden auf der Seite fünf Bilder mit prägnantem, militärischem Inhalt: Junge Soldaten, die die Absperrung bewachen,[116] oder Ost-Berliner hinter Stacheldraht, die entsetzt, verstört und wütend Richtung Westsektor schauen.[117] In den Bildunterschriften wurden die Regierung in Pankow und ihre führenden Köpfe noch emotionaler und heftiger kritisiert als in den zahlreichen Artikeln. Ein Beispiel: »Mißbraucht, verletzt und betrogen: Jugend des Arbeiter-und-Bauern-Staates. Kaum der Kindheit entwachsen, wird sie hassen gelehrt und gezwungen, auf die eigenen Landsleute die Waffen zu richten. Verabscheuungswürdiges Schauspiel pervertierter politischer Regisseure.«[118]

Im Wirtschaftsressort schien man das Problem der Zonenabriegelung dagegen wesentlich rationaler und mit kühlem Kopf zu betrachten. Die Wirtschaftsredakteure wurden nicht müde, darauf hinzuweisen, dass eine Absperrung der Ostzone der Regierung in Pankow und dem Wirtschaftsraum der DDR wesentlich höheren Schaden zufügte als dem der Bundesrepublik,[119] denn Pankow habe seine »Achillesferse im Interzonenhandel«.[120] Einzig dass die Grenzgänger der Westwirtschaft fehlten, wurde von den Wirtschaftsjournalisten als Problem gesehen, aber zugleich versichert: In »den Betrieben herrscht Ruhe und Ordnung«.[121]

Anders als etwa in Springers *Bild* (»Der Westen tut nichts!«)[122] wurden in der *FAZ* die zurückhaltenden Reaktionen der Westmächte und insbesondere der Amerikaner kaum kritisiert. Jürgen Tern schrieb zwar wiederholt über die deutsche »Enttäuschung« und das »bittere Fazit« der ganz auf Verhandlungen setzenden Westmächte, aber er warb zugleich für Verständnis und betonte ausdrücklich – anders noch als Sethe – die Grenzen des bundesdeutschen Aktionsradius. Dies verband er mit vorsichtiger Kritik an der Kennedy-Administration und leiser Kritik an Adenauer. Christian am Ende steuerte lautere Kritik an Willy Brandt bei. Überschwänglich lobte er dann aber den Besuch von Vizepräsident Lyndon B. Johnson in West-Berlin.[123] Die *FAZ* wurde in dieser Krise endgültig zur Zeitung der Westbindung, die nur sehr abwägend und zurückhaltend Ratschläge und Kritik Richtung Westen äußerte.

Auf den Titelseiten bestimmte die Berlin-Krise auch in den folgenden Wochen die Schlagzeilen,[124] doch es kamen immer mehr Themenkomplexe hinzu und ordneten die alles beherrschende Berichterstattung zu Berlin allmählich als ein Thema unter vielen ein. Der Blick richtete sich vermehrt auf die internationalen Beziehungen, in denen Berlin zwar eine Rolle spielte, aber nicht ausschließlich. Zu nennen ist hier vor allem die Belgrader Konferenz der blockfreien Staaten und der damit zusammenhängende Besuch des indischen Staatspräsidenten Jawaharlal Nehru.[125] Anfang September wurde die Sperrung des Ostsektors dann allmählich durch zwei andere Komplexe abgelöst, das waren zum einen der sich verschärfende Wahlkampf zur Bundestagswahl am 17. September 1961,[126] zum anderen die von der Sowjetregierung am 1. September wieder aufgenommenen Atomwaffentests.[127] Damit verschob sich der Fokus von Pankow und Ulbricht wieder auf den Kreml und Chruschtschow. Tern machte als Urheber und Nutznießer der Abriegelung nun nicht mehr die Regierung in Pankow, sondern die sowjetische Politik aus.[128] Die Berlin-Krise verlor ihre herausgehobene Stellung und wurde wieder in den Ost-West-Konflikt eingegliedert.

Die Bewertung der Berlin-Krise durch die *FAZ* blieb weiterhin stabil: Die Westmächte wurden aufgerufen, sich von Moskau nicht erpressen zu lassen, sondern sich zum Kampf bereit zu zeigen.[129] Ost-Berlin wurde mit einem Gefängnis verglichen,[130] und die Bewertung der sowjetisch-ostdeutschen Maßnahmen und deren Urheber blieb ausgesprochen kritisch. So schrieb Eberhard Blitzer, seit 1959 Mitglied der Bonner Redaktion der *FAZ*, am 6. September:

»Nach und nach hat sich Ulbricht einen Justizapparat geschaffen, der widerspruchslos jede Willkür segnet, sofern das vermeintliche Staatsinteresse das verlangt. Steigert sich der politische Druck, so folgt ihm der Terror der Justiz hinterdrein. Die stalinistische Krankheit, von der das Zonenregime gegenwärtig befallen ist, schont keinen Teil des Staatskörpers, in dem es die klassische Teilung der Gewalten längst nicht mehr gibt.«[131]

Am ersten Jahrestag der Grenzschließung verfasste Benno Reifenberg den Leitartikel. Zum gegenwärtigen Status Ost-Berlins äußerte er an dieser Stelle, dass den »ultimativen Forderungen der sowjetischen Politik [...] amerikanische letzte Forderungen« gegenüberstünden. Moskau wirke zögerlich, und das Pankow-Regime verhalte sich in seiner Vasallität alles andere als glänzend. Beim Blick auf die Situation vor der Grenzschließung betonte er, dass niemand sich eine Mauer habe vorstellen können – ganz ähnlich sei es mit dem Hitler-Regime und dessen Aufstieg gewesen.[132] Am zweiten Jahrestag des Mauerbaus plädierte Ernst-Otto Maetzke dafür anzuerkennen, dass die deutsche Teilung die »Grundtatsache der deutschen Politik« sei. Von der Deutschland-Frage seien sowohl Chruschtschow als auch – und zwar mit gutem Recht – Deutschland geradezu besessen.[133] Am 13. August 1964 widmete man dem Mauerbau nur noch die Leitglosse, nicht mehr wie 1962 und 1963 den Leitartikel: Dettmar Cramer wies auf die allmähliche Entfremdung der west- und ostdeutschen Bevölkerung hin, da man sich im Osten unweigerlich den Umständen anpasse.[134]

Als sich der Mauerbau zum zehnten Mal jährte, hatte sich die *FAZ* mit der Spaltung nicht abgefunden. Das Bedürfnis, den 13. August als Gedenktag zu begehen, sei zwar geringer geworden, da man mit den »bösen Realitäten« der deutschen Teilung lebe. Diese Realitäten entwickelten sich nach Ansicht Johann Georg Reißmüllers aber im Interesse des freien Deutschlands. Die DDR werde am Ende nicht die Kraft sein, welche die Zukunft Deutschlands bestimme, da die SED mit ihrer Politik »dem Lauf der Dinge in Europa entgegen ist«.[135]

HINTER DEM EISERNEN VORHANG

In der Hochphase des Kalten Krieges gelang es nur wenigen westlichen und noch weniger westdeutschen Journalisten, hinter den Eisernen Vorhang zu schauen. Eine erste Annäherung gelang der *FAZ*, als sie 1953 Karl Kerber als festen Korrespondenten nach Belgrad in die Sozialistische Föderative Republik Jugoslawien schickte. Diese gehörte zwar zu den blockfreien Staaten, war aber ein realsozialistischer Staat. Kerber hatte bereits vor dem Krieg in Belgrad gelebt und war mit einer Jugoslawin verheiratet.[136] Wenig überraschend stand im Mittelpunkt seiner Berichterstattung über Jugoslawien zumeist die Frage einer möglichen Annäherung an den Westen und damit zugleich einer Abwendung von der Sowjetunion. Er betonte die wirtschaftliche Offenheit des Landes und die für einen kommunistischen Staat ungewöhnlichen Freiheiten, die den Menschen in Titos Jugoslawien zugestanden würden.[137] Die Hoffnung, Jugoslawien könne als Bündnispartner gänzlich auf die westliche Seite wechseln, teilte er allerdings nicht. Immer wieder erklärte er, dass nur der Mittelweg die Unabhängigkeit des Landes sichern könne.[138] Jugoslawien habe kein Interesse daran, es sich mit der großen Sowjetunion zu verscherzen, zumal es ideologische Gemeinsamkeiten mit Moskau gebe, aber es wolle auch nicht zu abhängig von der Sowjetunion werden und sei folglich daran interessiert, Beziehungen zum Westen zu unterhalten. Tito sei ein unbequemer Partner für die Sowjets, und der Westen müsse zusehen, dass das so bleibe, fasste Kerber die Lage knapp zusammen[139] und forderte die deutsche Politik auf, ihr Verhältnis zu Belgrad zu verbessern.

Kerbers Korrespondententätigkeit war der Startschuss für eine umfangreichere *FAZ*-Berichterstattung aus dem Ostblock. Zwei Jahre nach Kerbers Dienstantritt in Belgrad gelang es Hugo V. Seib als erstem deutschen Journalisten, ein Visum für eine mehrwöchige Reise nach Moskau und Leningrad (St. Petersburg) zu ergattern. Seib konnte sich mit eigener Kamera relativ frei bewegen und mit vielen Leuten sprechen. Ein Besuch in einem Kriegsgefangenenlager, in dem zehn Jahre nach dem Krieg noch Deutsche festgehalten wurden, blieb ihm freilich verwehrt. Seib schilderte in mehreren Reportagen seine Erlebnisse.[140] Zeittypisch forsch erinnerte er daran, dass er 1941/42 schon Erfahrungen mit dem russischen Winter gesammelt hatte, und gab sehr detailliert Alltagsbeobachtungen wieder. Er berichtete über das antiquierte Warenangebot im Kaufhaus »Gum«, darüber, dass es in Moskau zwar kein Nachtleben gebe, aber ein üppiges Theater- und Kinoangebot. Über das kostenlose Gesundheits- und Urlaubssystem, über Schulen, Universitäten und sein Lieblingsthema, Automobile, schrieb er in einem wohlwollenden, aber nicht unkritischen Ton. Ausführlich wies er darauf hin, dass alle seine Gesprächspartner eine sowjetische Angriffsabsicht kategorisch ausschlossen. Ebenso sei nach Ratifizierung der Pariser Verträge aber auch eine Verhandlung über die Wiedervereinigung Deutschlands ausgeschlossen – ein Refrain der offiziösen Verlautbarungen. Seib gelang es, das »Fensterchen« in den Osten weiter aufzustoßen.

Im Jahr von Seibs Russlandreise, im Oktober 1955, kam der ehemalige Moskauer Korrespondent der *Frankfurter Zeitung* Hermann Pörzgen als einer der letzten deutschen Kriegsgefangenen nach Adenauers Moskau-Besuch, der in der *FAZ* so große Turbulenzen und das Ausscheiden Sethes verursacht hatte, nach Deutschland zurück. Pörzgen hatte von 1937 bis zum deutschen Angriff auf die Sowjetunion 1941 für die *Frankfurter Zeitung* aus Moskau berichtet, im Dezember 1938 war er Mitglied der NSDAP geworden. Bei Kriegsende war er im diplomatischen Dienst als Pressereferent in Sofia tätig. Dort wurde er gefangen genommen und wegen Spionage und Verleumdung zu 15 Jahren Haft verurteilt, weil er für die *FZ* Artikel über die Sowjetunion verfasst hatte. Als er 1955 endlich freikam, hatte er nichts Dringenderes zu tun, als sich erneut um eine Entsendung nach Moskau zu bemühen. 1956 kehrte er als erster westdeutscher Journalist dorthin zurück.

Pörzgen gehörte zu jener Gruppe von russophilen Deutschen, die trotz bitterer Erfahrungen an ihrer Liebe zu Land und Leuten festhielten, die er von der russischen Bevölkerung durchaus erwidert sah. Viele Reportagen über Kultur und Alltagsleben zeugen von Pörzgens Einfühlungsvermögen. Über die sowjetische Politik schrieb er sehr zurückhaltend. Wie sein Freund, der *UP*-Journalist Henry Shapiro, agierte Pörzgen eher wie ein Diplomat und weniger wie der Journalist einer antikommunistischen Zeitung. Letztlich suchte er den Deutschen Verständnis für die sowjetische Haltung zu vermitteln und übte höchstens indirekt Kritik an der aktuellen Führung – zur Attacke bliesen daheim Johann Georg Reißmüller oder Harry Hamm. Gleichwohl war Pörzgen bei der *FAZ* sehr angesehen und unter den Korrespondentenkollegen ob seines Wissens hoch geschätzt.[141] Immer wieder setzte er sich in seinen Artikeln für die wenigen noch nicht heimgekehrten Deutschen in der Sowjetunion ein und versuchte die russische wie die westdeutsche Regierung zu bewegen, aufeinander zuzugehen.[142] Er berichtete zudem über die spürbaren Verbesserungen im wirtschaftlichen, politischen und religiösen Leben, die es unter Nikita Chruschtschow im Vergleich zum alten Stalin-System gab.[143] Die Willkür und Grausamkeit der Stalin-Herrschaft hatte Pörzgen noch am eigenen Leib zu spüren bekommen. Dass er sich besonders kritisch an dem ehemaligen sowjetischen Führer abarbeitete,[144] wurde in Zeiten der »Entstalinisierung« von russischer Seite wohl begrüßt. Pörzgen nutzte seine Stellung als Korrespondent auch, um hin und wieder nach Polen zu reisen und den *FAZ*-Lesern von dem vergleichsweise freiheitlichen Kurs zu berichten, den das Ostblockland Ende der 1950er Jahre unter Władysław Gomułka einschlug.[145]

Pörzgen gewährte seinen Lesern auch direkte Einblicke in seine Arbeit hinter dem Eisernen Vorhang. Da ging es dann um die Einschränkung der Bewegungsfreiheit, um Zensur und die Fähigkeit des Journalisten, zwischen den Zeilen zu lesen, wenn die Auskunftslage vor Ort mehr als defizitär war.[146] Die Korrespondenten in Moskau müssten sich stets bewusst sein, dass sie in der Sowjetunion nur Gäste waren.[147] Wer das in der russischen Öffentlichkeit oder beim Verfassen seiner Artikel nicht berücksichtige, der müsse mit der Ausweisung oder zumindest einer gegen ihn gerichteten Pressekampagne rechnen. Kaum hatte Pörzgen seinen Lesern das erläutert, da rückte er Mitte 1957 selbst in den Fokus sowjetischer Medien. Die *Komsomolskaja Prawda*, eine Zeitung des kommunistischen Jugendverbandes, veröffentlichte eine Polemik gegen ihn und seinen Kollegen Gerd Ruge vom Westdeutschen Rundfunk, in der beiden Journalisten beharrliche Propaganda und Feindschaft gegen die Sowjetunion vorgeworfen wurde.[148] Gerade Pörzgen verstünde sich darauf schon seit der Hitler-Zeit. Nur wenige Monate später sprach sich der sowjetische Botschafter Andrei Smirnow in Bonn dafür aus, Pörzgen kein weiteres Visum auszustellen.[149] Obwohl er in der Sowjetunion niemals vor einem Gericht gestanden hatte, wurde dem *FAZ*-Korrespondenten vorgeworfen, dort als Kriegsverbrecher verurteilt und nicht amnestiert worden zu sein. Zwar beteuerte die sowjetische Botschaft, es habe sich um ein Missverständnis gehandelt, er müsse sich keine Sorgen machen,[150] doch derartige Vorgänge wiederholten sich.[151] Als er Ende 1959 abermals kein Visum erhielt, wurde er von der *FAZ* für einige Monate als Korrespondent nach Kairo geschickt, was darauf schließen lässt, dass es zwischen den russischen Behörden und dem Journalisten noch weitere Unstimmigkeiten gab. Im Februar 1960 erhielt Pörzgen dann wider Erwarten eine ständige Akkreditierung.[152] Bis zu seinem Tod im Jahr 1976 hat er für die *FAZ* aus Moskau berichtet.

Die Zeitung aus Frankfurt baute ihre Ostberichterstattung in dieser Zeit weiter aus. 1957 berichtete Hansjakob Stehle als erster deutscher Journalist aus Warschau, von September 1959 an war er dort als ständiger Korrespondent tätig. Wie zuvor schon Pörzgen betonte er, dass Polen für einen kommunistisch regierten Staat eine vergleichsweise liberale Entwicklung nehme.[153] Zudem verwies er auf die katholische Kirche, die in Polen einen starken gesellschaftlichen Gegenpol bilde.[154] Stehle betonte das Interesse des Landes, die Spaltung Europas zu überwinden, und sprach sich für die Aufnahme deutsch-polnischer Gespräche aus. Er kritisierte, dass sich die Bundesrepublik in der Grenzfrage nicht entscheiden wolle und an der Hallstein-Doktrin festhalte.[155] Er brachte viel Verständnis dafür auf, dass Polen sich aufgrund historischer Ereignisse und der aktuellen westdeutschen Politik misstrauisch gegenüber den Deutschen zeige.[156] Gleichzeitig kritisierte er mehrfach die aus seiner Sicht zu zaghaften wirtschaftlichen Reformen des Staates und die Ende der 1950er Jahre wieder zunehmende politische Propaganda gegen die Bundesrepublik.[157]

Auf Stehle folgte 1962 die aus der DDR emigrierte Angela Nacken, die ihre Tätigkeit in Polen bis 1969 ausübte. Sie setzte nahezu dieselben Themenschwerpunkte in ihrer Berichterstattung. Dazu gehörte die Auffassung, dass die Bundesrepublik trotz aller Probleme eine Verbesserung des Verhältnisses zu Polen anstreben und die Grenzfrage endgültig regeln müsse. Auch Nacken betonte die machtpolitische Stellung der katholischen Kirche.[158] Allerdings musste sie bilanzieren, dass die Liberalisierung Polens stagnierte und unter Gomułka in den 1960er Jahren sogar einen rückläufigen Trend angenommen hatte, da das Land sich mehr an der Sowjetunion orientierte.[159]

Von Mitte der 1960er Jahre an berichtete die *FAZ* auch aus der Tschechoslowakei. Von 1965 bis Ende 1967 war Andreas Graf Razumovsky in Prag tätig. Auch dieser Korrespondent kannte sich bestens mit dem Osten und seinem Gastland aus, da er als Sohn einer Adelsfamilie nahe Troppau geboren wurde. Der *Spiegel* bezeichnete ihn als »politisch unberechenbar und erzkonservativ«,[160] und selbst die *FAZ* bemerkte in ihrer Widmung zum 70. Geburtstag Razumovskys im Jahr 1999, er habe sich oft ungerecht bissig, aber letztlich doch amüsant über Politiker erregen können.[161] Wären ihm die Regeln politischer Korrektheit bekannt gewesen, so hätte er sie »allemal souverän missachtet«.[162]

Wie alle Ostblock-Korrespondenten zeigte Razumovsky sich anfangs äußerst zurückhaltend. Viel mehr als auf die politische Berichterstattung legte er zunächst Wert darauf, seine Leser über die sich liberalisierende Prager Kulturszene aufzuklären und Kritiken über Theaterstücke, Konzerte und Buchmessen zu schreiben.[163] Erst mit der Zeit wagte er sich politisch aus der Deckung und berichtete von 1967 an über Studentenproteste,[164] begrüßte den scheinbar »unaufhaltsame[n] Demokratisierungsprozess«[165] des Landes und die Korrekturen am vormals schlechten Deutschland-Bild.[166] Zum »Verhängnis« wurde Razumovsky dann ein Artikel über den katholischen Priester und Gesundheitsminister Josef Plojhar, den er als »Dogmatiker des nationalen Hasses«[167] bezeichnete, nachdem dieser sich abfällig über die Bundesrepublik geäußert hatte. In der Endphase der Regierung Novotny, kurz vor dem »Prager Frühling«, bot diese Beleidigung der tschechoslowakischen Regierung einen guten, aber leicht durchschaubaren Vorwand, Razumovsky im Dezember 1967 mit anderen westlichen Journalisten des Landes zu verweisen.[168] Razumovsky berichtete danach noch bis 1969 von Westdeutschland aus über die außergewöhnlichen politischen Entwicklungen in der Tschechoslowakei. Auf ihn folgte die ehemalige Polen-Korrespondentin Angela Nacken, die ja bereits Erfahrungen in einem System gesammelt hatte, das eine fortschreitende liberale Entwicklung aufgehalten und sogar zurückgedreht hatte.

FAZ-Korrespondenten in die DDR zu schicken war noch deutlich schwieriger, da sie keine Akkreditierung erhielten.[169] Bis zur Einrichtung der Sperrzone entlang der Zonengrenze war es für Journalisten noch möglich gewesen, sich mit einem entsprechenden Ausweis in allen vier Besatzungszonen zu bewegen. Von 1952 an mussten sie ein Tagesvisum beantragen und konnten nur noch in einem eingeengten Radius die Grenze zur Sowjetischen Besatzungszone übertreten, beispielsweise im Rahmen von Journalistenfahrten, die von der DDR zu propagandistisch relevanten Zielen angeboten wurden.[170] 1962 versuchte die *FAZ*, dauerhaft einen Mitarbeiter in der DDR zu akkreditieren, doch auf ostdeutscher Seite bestand kein Interesse an Verhandlungen darüber, sodass das Vorhaben zurückgestellt wurde.[171] Daher beschäftigte die *FAZ* um 1960 herum vier Korrespondenten in West-Berlin, die immer wieder als Privatleute in den Ostteil der Stadt reisten und versuchten, Informationen zu beschaffen und Kontakte zu Quellen zu knüpfen.[172]

Auch auf die Berichterstattung über kommunistische Länder außerhalb des Ostblockes legte man Wert. So wurde Harry Hamm von 1959 an auf Reisen geschickt. 1961 durfte er als erster Westdeutscher aus Albanien berichten. Er äußerte sich dabei erstaunlich freimütig und kritisch über Diktator Enver Hodscha und dessen Strategie.[173] Nachdem Karl Kerber Anfang der 1960er Jahre seine Tätigkeit in Belgrad aufgegeben hatte, folgte ihm Thomas Ross 1965 auf dem Posten in Jugoslawien. Wie sein Vorgänger setzte er sich für die Zusammenarbeit und den Dialog der Bundesrepublik mit Jugoslawien ein.[174] Stärker noch als Kerber betonte er aber die Gefahren des Vielvölkerstaates, der seiner Ansicht nach nur noch durch Tito zusammengehalten wurde.[175] In diesem Zusammenhang kritisierte er die jugoslawische Führung, die den Reformkurs gerade in Wirtschaftsfragen viel zu zögerlich betreibe.[176]

1967 übernahm dann der spätere Herausgeber der Zeitung, Johann Georg Reißmüller, die Berichterstattung aus Jugoslawien. Auch er hoffte auf eine stärkere Annäherung zwischen seinem Gastland und der Bundesrepublik.[177] Im aufkommenden Nationalismus in Osteuropa sah er »den Drang der Völker, wieder europäisch zu werden« und sich dem Westen anzuschließen.[178] Die Verschränkung von Religionen und Nationalitäten hob Reißmüller mehrmals hervor.[179] Für ihn standen die Zeichen in Jugoslawien langfristig auf Teilung, und damit sollte er recht behalten. Als der Staat Anfang der 1990er Jahre zerfiel und die Serben im Balkankonflikt die Slowenen und Kroaten überfielen, kämpfte der Journalist vehement für die Anerkennung Kroatiens und Sloweniens durch die Bundesrepublik (siehe Kapitel 10).

BERICHT AUS BONN

Die Berichterstattung vom provisorischen Regierungssitz Bonn wurde über lange Jahre von Alfred Rapp geprägt. Der 1903 geborene Pfarrerssohn hatte Geschichte und Germanistik studiert und war 1924 promoviert worden.[180] Nach einer Tätigkeit als wissenschaftlicher Mitarbeiter am badischen Landtag wechselte er 1929 mit seinem Eintritt in die Redaktion der *Neuen Badischen Landeszeitung* von der Wissenschaft ins journalistische Fach. Daneben veröffentlichte er zeit seines Lebens Schriften als Historiker.[181] Politisch stand er in den späten Jahren der Weimarer Republik dem Linksliberalismus nahe. Am 20. März 1932 wurde in der *Neuen Badischen Landeszeitung* ein Artikel von ihm mit dem Titel »Wilhelm III.« veröffentlicht, in dem er gegen Adolf Hitler polemisierte und diesen mit dem letzten deutschen Kaiser verglich.[182] Im Dritten Reich konnte er seine journalistische Karriere fortsetzen, da er sich den neuen politischen Verhältnissen anpasste. Nachdem die *Neue Badische Landeszeitung* 1934 eingestellt worden war, wurde er Mitarbeiter des badischen NS-Presseorgans *Der Führer*[183] und veröffentlichte 1937 eine umfangreiche Arbeit über die Geschichte des Oberrheingebiets im Verlag der Zeitung. Im letzten Abschnitt dieser Abhandlung wurde das Bemühen Rapps, sich als nationalsozialistisch gesinnter Publizist darzustellen, besonders deutlich: »Historische Erfüllung, historische Vollendung wird das Deutschland Adolf Hitlers für das deutsche Land am Oberrhein: Erfüllung jahrhundertelanger Sehnsucht des Deutschtums am Oberrhein, Vollendung geschichtlicher Entwicklung in diesem deutschen Volksraum.«[184]

Rapp strebte wohl auch eine Mitgliedschaft in der NSDAP an, jedenfalls setzte sich der badische Gauleiter Robert Wagner im Juni 1938 in diesem Sinn persönlich bei Rudolf Heß für den mittlerweile zum Schriftleiter der *Dresdner Neuesten Nachrichten* aufgestiegenen Rapp ein. Heß lehnte das mit Verweis auf den Artikel »Wilhelm III.« ab.[185] Nach der Besetzung Frankreichs ging Rapp als stellvertretender Hauptschriftleiter des Besatzungsblatts *Pariser Zeitung* in die französische Hauptstadt, verfasste dort aber auch Artikel für die Wochenzeitung *Das Reich* und die Mannheimer Tageszeitung *Hakenkreuzbanner*. In welchem Ausmaß der ehemals als liberal geltende Journalist sich in den Dienst des Nationalsozialismus stellte, zeigt unter anderem seine Einschätzung vom März 1944, dass »das Gold des Kapitals« und »die Agitation des Judentums« Frankreich in den Krieg getrieben hätten.[186] Das Kriegsende erlebte der 1944 zur Wehrmacht eingezogene Rapp als Internierter in der Schweiz.[187]

Während der Besatzungszeit war Rapp für mehrere Zeitungen Berichterstatter über den Wirtschaftsrat in Frankfurt. 1950 wurde er als erster fester Korrespondent der im Jahr zuvor gegründeten *FAZ* in Bonn unter Vertrag genommen,[188] wo er für politische Berichterstattung zuständig war.[189] Ende 1955 beabsichtigten die Herausgeber der *FAZ*, Rapp unter der Bedingung, dass er ausschließlich für das Blatt arbeitete, zum Leiter der Bonner Redaktion zu machen.[190] Das scheiterte zunächst, da dieser sein Engagement bei den *Badischen Neuesten Nachrichten* nicht aufgeben wollte.[191] Erst am 1. Januar 1958 wurde der nun ausschließlich für die *FAZ* tätige Rapp offiziell als Redaktionsleiter in der bundesdeutschen Hauptstadt geführt.[192]

Untergebracht war die Bonner Redaktion der *FAZ* während der ersten Zeit in einer Baracke in der Nähe des Bundeshauses.[193] Um 1960 zog die Redaktion in die Dahlmannstraße, wo sich zu dieser Zeit neben der Deutschen Presseagentur auch die Hauptstadtredaktion des *Spiegel* befand, zu der man gute Beziehungen unterhielt.[194] Im Lauf der 1960er Jahre fanden sich hier auch Leitmedien wie *Stern*, *Zeit*, *Welt* und *Süddeutsche Zeitung* ein und überdies eine Vielzahl von öffentlich-rechtlichen Rundfunkanstalten,[195] sodass die Straße quasi zum journalistischen Zentrum der Bundeshauptstadt wurde. Im Sommer 1984 zog die Redaktion der *FAZ* dann in die Fritz-Schäffer-Straße.[196]

Unterteilt war die Bonner Redaktion in ein Wirtschafts- und ein Politikressort, denen Rapp als Leiter der Gesamtredaktion vorstand. Im Wirtschaftsressort saßen in der Regel drei Redakteure, unter ihnen seit 1960 für gut zehn Jahre Fritz Ullrich Fack und von 1963 bis 1997 Walter Kannengießer. Damit war es wesentlich kleiner als das Politikressort, bei dem zeitweise mehr als die doppelte Anzahl an Mitarbeitern angestellt war. Zu den Gründungsvätern der Bonner Redaktion gehörte neben Rapp Walter Henkels (1906–1987), der dort bis 1982 wirkte.[197] Im Rahmen seiner journalistischen Tätigkeit war er viel im Ausland unterwegs,[198] unter anderem reiste er 1955 in Begleitung von Bundeskanzler Adenauer nach Moskau.[199] Bekannt war Henkels, der einst in einer Propagandakompanie der Waffen-SS gedient hatte,[200] für seine Kolumnenserie »Bonner Köpfe«, in der er herausragende Bundespolitiker porträtierte. Er selber bezeichnete sich als »Hofchronist« der Bonner Szene und war unter den Journalisten und Politikern im Regierungsviertel eine weithin bekannte Erscheinung.[201]

Über die Arbeitsweise des Redaktionsleiters Rapp schrieb sein Kollege Hans Herbert Götz: »Wie er arbeitet, das weiß eigentlich niemand so recht; sein Schreibtisch ist immer leer, der Papierkorb immer voll. Auf Pressekonferenzen, die er, als ›tägliches Brot‹, regelmäßig besucht, hätte er seine erste Frage noch zu stellen. Mit Neuigkeiten kann man ihn nur ganz selten überraschen.«[202] Rapp fiel dadurch auf, dass er stets umfassend und frühzeitig über die aktuellen Entwicklungen in Bonn informiert war, was sich wohl in erster Linie auf seine zahlreichen Kontakte zu politischen Akteuren der Bonner Szene zurückführen lässt. Er galt als diskreter Gesprächspartner sowie als guter Zuhörer und zeichnete sich durch einen zurückhaltenden Schreibstil aus.[203] Auch seine Tätigkeit als Präsident des Deutschen Presseclubs in Bonn von 1953 bis 1965 dürfte bei der Informationsbeschaffung von Vorteil gewesen sein. Im Presseclub war er bekannt als herausragender Redner, der sich des Öfteren Wortgefechte mit Bundeskanzler Adenauer lieferte.[204] Zu diesem besaß er einen privilegierten Zugang, denn er gehörte zu der kleinen Gruppe handverlesener Journalisten, die der Kanzler zu seinen Teegesprächen lud.[205]

Rapp blieb immer auch Historiker.[206] Bei der Bewertung der Bundespolitik orientierte er sich insbesondere an Erfahrungen der Weimarer Republik. Hieraus bezog er Grundhaltungen, welche für seine Arbeit als Journalist sehr bedeutsam wurden. So bewertete er etwa das Grundgesetz und die politische Grundordnung der Bundesrepublik als eine angemessene Antwort auf das Scheitern des durch die Weimarer Reichsverfassung geschaffenen parlamentarischen Systems. Die Bonner Republik bezeichnete er als eine »Kanzler-Demokratie«, die sich in seinen Augen dadurch auszeichnete, dass der Kanzler und seine Regierung große Autorität ausübten und auf diese Weise Stabilität gewährleisteten: »Ein starker Regierungschef macht eine Demokratie nicht schwach. Eher gefährdet sie ein Schwacher, ein nach der Verfassung Schwacher, der ein Unterschriftenstempel der parlamentarischen Mehrheit sein soll.« Daraus zog er den Schluss: »Vieles spricht dafür, daß die Väter des Grundgesetzes recht taten, als sie die Kanzler-Demokratie schufen. Sie gibt Bonn ein festeres Fundament, als es Weimar hatte.«[207] Dennoch sah er die Demokratie ständig davon bedroht, durch eine zu scharfe Kritik an der Regierung und dem politischen System der Bundesrepublik in Gefahr zu geraten: »Keine Gemeinschaft kann sich bloß auf Mißtrauen gründen. [...] Das falsch geführte Messer kann den Patienten töten; und jeder Chirurg hat eine Sorgfaltspflicht, die auch der Kritiker haben muß, wenn er es ernst mit der Demokratie meint.«[208] Diese Einstellung schlug sich auch in seinem Selbstverständnis als Journalist nieder: »Distanz hat immer ihren Sinn, und Regierung und Presse sind Dualismus. Diese Zweiheit zur Zwietracht zu erklären, ist der Trugschluß derer geworden, die aus dem plastischen Ausspruch ihrer amerikanischen Lehrväter, in der Demokratie könne jeder den Regierungschef einen Dummkopf heißen, folgerten, Kennzeichen eines guten Demokraten in der Presse sei es gegen die Regierung zu sein.«[209]

Praktische Auswirkungen zeigte die Haltung Rapps während der Krise des Jahres 1966, die am Ende zur Ablösung von Ludwig Erhard als Kanzler führte. Im September hatte Rapp in einem Artikel eine etwaige Kanzlerkrise noch als Gerücht bezeichnet.[210] In einem Schreiben an Herausgeber Erich Welter, das auf den selben Tag wie das Erscheinen des besagten Artikels datiert ist, räumte er jedoch ein, dass eine solche Krise durchaus existiere, was er nach außen bewusst herunterzuspielen suchte. Da er jedoch daran zweifelte, dass Erhard selber sich der Existenz der Krise bewusst war, hielt er eine behutsame Kritik am Kanzler für sinnvoll, um diesen für den Ernst der Lage zu sensibilisieren, warnte aber zugleich vor einem Rückfall in die »hysterische Kritiksucht der Intellektuellen der Weimarer Zeit«.[211] Rapp kann mit dieser Haltung als ein typischer Vertreter des »Konsensjournalismus« der frühen Bundesrepublik gelten. In dessen Rahmen hielten sich insbesondere Vertreter der älteren Journalistengeneration im Zeichen der Erhaltung des inneren Friedens und der Stabilität des politischen Systems mit Regierungskritik zurück, da die Erinnerungen an den Kollaps der ersten deutschen Republik noch präsent waren.[212] Angesichts der Proteste gegen die Notstandsgesetze im Januar 1968 schrieb Rapp gar von einer »Diktaturpsychose«, die von einem »Kult der Opposition« vorangetrieben werde. Für die Anhänger der Proteste hegte er keinerlei Sympathie: »Diese Demokraten, die unter Demokratie nur Opposition verstehen, werden, ohne es zu wollen, zu den Mitläufern werden, deren die Radikalen bedürfen, die unsere Demokratie aus den Angeln heben wollen.«[213]

Nach dem Regierungsantritt der sozialliberalen Koalition sah er die politische Entwicklung der Bundesrepublik pessimistischer. Bereits 1970 konstatierte er, dass der linke Flügel der SPD gegenüber der Parteiführung zunehmend an Macht gewinne und Radikale von außen in die Partei drängen würden.[214] Knapp zehn Jahre später konstatierte er, dass beide Koalitionsparteien deutlich nach links gerückt seien. Über die SPD schrieb er: »Doch seit die SPD den Kanzler stellt, treten die alten Farben wieder hervor. Auf dem Weg ins Morgen wird sozialistischer Marschtritt von gestern hörbar, im Aufbruch zum Jahr zweitausend bricht in der SPD das vergangene Jahrhundert wieder auf, wird Altmarxismus von Neumarxisten beschworen.« Da ihm auch die FDP zunehmend von der Neuen Linken beeinflusst schien, war die Union seiner Meinung nach die einzige der großen Parteien, die in dreißig Jahren bundesrepublikanischer Geschichte einem Linksruck widerstanden hatte und konservativen Wählern noch eine politische Heimat bieten konnte.[215]

Diese zunehmende Linkslastigkeit beobachtete Rapp nicht nur in der Politik, sondern auch in der *FAZ*. Gegenüber dem Geschäftsführer Hans-Wolfgang Pfeifer, zu dem er eine besondere Beziehung unterhielt, erklärte er im November 1972, dass man im wahrscheinlichen Fall eines Wahlsiegs der regierenden Koalition den »Tendenzen innerer Aufweichung« entgegentreten müsse, was angesichts der starken Sympathien für die FDP in der politischen Redaktion in Frankfurt sowie in seiner eigenen Redaktion nicht leicht werden würde. Dem Feuilleton warf er sogar »Revolutionssnobismus« vor.[216] Bezeichnend ist in diesem Zusammenhang die schwankende Haltung, die Rapp zum Eintritt Joachim Fests in das Herausgeberkollegium der *FAZ* im Jahr 1973 einnahm.

Als im Herbst 1972 klar war, dass Fest Karl Korn als den für das Feuilleton verantwortlichen Herausgeber ablösen würde, kritisierte Rapp: »Die Berufung von Fest entspricht nicht meinen Vorstellungen über die Notwendigkeit, auch das Feuilleton einigermaßen dem Kurs der Zeitung anzugleichen. Wer kam eigentlich auf Fest, der immerhin bei Panorama sehr links war und jetzt Mitarbeiter des Spiegels ist?«[217] Der bald einsetzende Konflikt zwischen dem von Rapp als zu linkslastig eingeschätzten Feuilleton und seinem kommenden Leiter war dann wohl ausschlaggebend dafür, dass Rapp seine Meinung über die Personalie Fest änderte. In einem Schreiben an Pfeifer warf er dem Herausgeberkollegium nun vor, dass man Fest gegen die Feuilletonredaktion nicht genügend den Rücken stärken würde, und warnte davor, den Konflikt lediglich als eine interne Angelegenheit des Feuilletons aufzufassen: »Es geht jedoch um sehr viel mehr. Es geht darum, ob die Kraftprobe unseres Feuilletons gegen seine Reform gelingt, was alle unsere anderen Linken in Bewegung bringen wird.«[218]

Zu dieser Zeit gab es in Bonn schon erhebliche Vorbehalte gegen die journalistische Arbeit Rapps. Fack kritisierte im Dezember 1972 etwa, dass sich Rapp in der Bonner Redaktion die zentralen Fragen allein vorbehalten würde und seine Kollegen auf Spezialthemen abdränge.[219] Im Frühjahr des darauf folgenden Jahres beschwerte sich Rapp bei Pfeifer über Fack, der gegenüber Kollegen die Bemerkung »Der Rapp muss weg« fallen gelassen habe,[220] und im Januar 1975 darüber, dass Fack erklärt habe, man werde keine Leitartikel mehr von ihm drucken, da seine Qualitäten als Journalist unzureichend seien.[221] Anscheinend waren inzwischen auch andere Herausgeber mit Rapp nicht mehr zufrieden. Bereits im Frühjahr 1971 plante man für die Zeit nach dem Abgang von Rapp. Es sollte in Bonn keinen Redaktionsleiter, sondern nur noch einen »technischen« Büroleiter geben, der lediglich für Formalien wie das Abzeichnen von Rechnungen verantwortlich sein würde. Ansonsten sollte die Bonner Redaktion in Zukunft kollegial verfasst sein.[222] Im Januar 1975, das Jahr, in dem Rapp in Pension ging, strich Erich Welter nach Angaben Rapps persönlich dessen Bemerkung »Leiter der Bonner Redaktion« aus dem Entwurf der für dieses Jahr geplanten Ausgabe von »Sie redigieren und schreiben« mit der Begründung, dass es in Bonn keinen Redaktionsleiter mehr gebe.[223] Im Dezember desselben Jahres kritisierte Kurt Reumann, Mitglied der politischen Redaktion, dass man Rapps Wunsch nicht nachgekommen sei, zu seiner Verabschiedung im Herbst die ehemaligen Kollegen Barbier und Cramer einzuladen, und Rapp behandelt habe, »als sei er aus der Kirche ausgetreten«.[224] Ein Jahr später beklagte sich der pensionierte Rapp bei Pfeifer: »Im Übrigen bin ich für die Zentralredaktion ein ›toter Mann‹, was mich nicht überrascht. Es gibt keine Anfrage an mich und irgendwelche Auskunft, es gibt kein Angebot für mich, einmal etwas zu schreiben [...].«[225]

Ende des Jahres 1974 entschied das Herausgeberkollegium, dass Günther Gillessen nach dem Abgang von Rapp als Redaktionsleiter nach Bonn zurückkehren und dort die Leitung der politischen Redaktion übernehmen solle.[226] Dieser stellte jedoch die Bedingung, dass er als siebter Herausgeber kooptiert werde, da er fürchtete, sonst unter dem »Beschluß- und Diktatsystem« des seiner Ansicht nach autoritär agierenden Herausgeberkollegiums zu stehen. Da die Herausgeber auf diese Forderung nicht eingingen,[227] war das politische Ressort nach dem Abgang Rapps ohne Leiter. Als »technischer« Büroleiter war Kannengießer nun für die gesamte Redaktion zuständig, die ansonsten aus zwei autonomen Ressorts bestand. Bei Differenzen war vorgesehen, dass sich die beiden Ressorts kollegial verständigten.[228] Um das Prinzip der Kollegialität zwischen den beiden Redaktionsteilen in Bonn auch institutionell zu garantieren, forderte Kannengießer, dass man ihm den Titel eines Leiters der Bonner Wirtschaftsredaktion verleihe.[229] Nachdem seine beiden Kollegen ihr Einverständnis erklärt hatten, erfüllten die Herausgeber Kannengießer diesen Wunsch.[230]

Da es innerhalb des politischen Ressorts zunehmend zu Konflikten gekommen war und man einen Mangel an Verträglichkeit unter den Kollegen beklagte, beschlossen die Herausgeber im Frühjahr 1979, Claus Gennrich aus Lissabon abzuziehen und ihn zum neuen Leiter des Politikressorts in Bonn zu ernennen.[231] Dort stieß die Neuigkeit, dass der Posten wieder besetzt werden würde, auf einigen Unmut. Die Herausgeber gaben der Bonner Redaktion jedoch zu verstehen, dass sie gewillt seien, »die Lösung Gennrich durchzusetzen«, und »Widerstand dagegen nicht dulden« würden.[232] Im Februar 1980 trat Gennrich seinen Posten in Bonn an und blieb dort bis zu seinem Ausscheiden aus gesundheitlichen Gründen Ende des Jahres 1998. Gennrichs Abgang markierte auch das Ende des Hauptstadtbüros in Bonn, da dieses nach Berlin verlegt wurde.[233]

DIE DRITTE WELT IN DER DEKOLONIALISIERUNG

Das Thema Kolonialismus wurde bereits in der zweiten Ausgabe der *FAZ* angesprochen, allerdings münzte es der Londoner Korrespondent Peter Grubbe auf Deutschland, denn von Großbritannien aus verfolge man die Ereignisse dort so ruhig, abwartend und gelassen, als handle es sich beim Verlierer des Zweiten Weltkriegs um eine »Kolonie« oder ein »Mandatsgebiet«. Deutschland als »kolonialer Raum« habe für die Briten ohne Zweifel etwas Bequemes gehabt, aber die Engländer würden nicht zu den Menschen gehören, die gegen Tatsachen anrennen, sodass die deutsche Souveränität und Selbstständigkeit dort ungern, aber schneller als erwartet akzeptiert worden sei.[234]

Mit Gründung der Bundesrepublik stellte sich in der *FAZ* die Frage, wie unabhängig der neue Staat von den Siegermächten außenpolitisch war und ob er von diesen als gleichwertig angesehen wurde. Insbesondere Paul Sethe kritisierte in den Anfangsjahren in Leitartikeln wiederholt, dass die Westmächte die Bundesrepublik als »unterworfene[s] und wirtschaftlich benachteiligte[s] Glied der westlichen Gemeinschaft« ansehen würden.[235] Nur wenn Westdeutschland sich wiederbewaffne und eine militärische Bedeutung für das atlantische Verteidigungsbündnis gegen die Sowjetunion erlange, würde es von seinen Partnern ernst genommen werden, denn einen starken Partner behandle man nicht als Kolonie.[236]

Die Befürchtungen hinsichtlich der deutschen Souveränität sollten aber bereits Mitte der 1950er Jahre mit der stabilen Entwicklung der Bundesrepublik abklingen. Auch der Fortgang Sethes als Mitherausgeber der Zeitung trug zur Ruhe in der Debatte bei. Der Begriff »Kolonie« fiel nun im Grunde nur noch im Zusammenhang mit den ehemaligen oder noch vorhandenen europäischen Herrschaftsgebieten im afrikanischen, asiatischen und südamerikanischen Raum. Grubbes Einschätzung aus dem Jahr 1949, Großbritannien werde nicht gegen »Tatsachen« anrennen, wurde in den kommenden Jahrzehnten symptomatisch für die Haltung der *FAZ* in Kolonialfragen. Grubbes Nachfolger Heinz Höpfl betonte ebenfalls, dass der »Idee eines allmählichen Übergangs der Kolonien aus der Abhängigkeit in die Selbständigkeit die Zukunft gehöre«. Indien sei dafür ein gelungenes Beispiel.[237] Jürgen Tern äußerte, die britischen Kolonialpolitiker würden sich einer Aufgabe stellen, »der doch nicht auszuweichen wäre«.[238]

Auch Josef Schmitz van Vorst, der von 1949 an über dreißig Jahre als Korrespondent aus Rom berichtete, zeichnete im Hinblick auf die Kolonialfrage ein freundliches Bild von seinem Gastland. Italien hatte seine afrikanischen Kolonien im Zweiten Weltkrieg an die Siegermächte verloren. Nach 1945 war zunächst ungewiss, ob es Ansprüche auf die ehemaligen Besitzungen stellen würde. Als die Siegermächte sich nicht über eine Lösung zur Zukunft der kolonialen Gebiete verständigen konnten und diese Aufgabe letztlich der UNO übertrugen, erklärte Italien 1947 seinen Verzicht und zeigte sich bereit, seine ehemaligen Kolonien auf dem Weg in die vollständige Souveränität zu unterstützen. Für van Vorst hatte es damit im richtigen Augenblick erkannt, dass die vorherrschende Strömung in der Welt gegen den »Kolonialismus alten Stils« [239] lief.

Kolonien – das stand für die meisten Redakteure fest – waren als Ordnungsmodell aus der Zeit gefallen, was aber nicht hieß, dass sie alle eine Dekolonialisierung um jeden Preis forderten. Vielmehr vertraten die meisten einen pragmatischen Kurs, wobei der eine oder andere die Auffassung vertrat, dass aufgrund mangelnder politischer und ökonomischer Stabilität nicht alle Kolonien in die Unabhängigkeit entlassen werden konnten. Der langjährige militärpolitische Redakteur und Frankreich-Kenner Adelbert Weinstein, der für seine Zeitung Anfang der 1950er Jahre nach Indochina geschickt wurde und von dort später ausführlich über den Vietnamkrieg berichtete, kritisierte etwa die nach dem Zweiten Weltkrieg gefassten Autonomie- und Unabhängigkeitsbeschlüsse für die französischen Kolonien Vietnam, Laos und Kambodscha.[240] Diese hätten eigentlich »nichts dringender nötig« gehabt »als die französische Hilfe«. Die einstige Verwaltung sei schnell in einzelne Teile zusammengefallen, die Freizügigkeit habe rassische Gegensätze wieder mit Wucht aufeinanderprallen lassen und den wirtschaftlichen Austausch zum Erliegen gebracht.[241] Vorläufig seien diese Staaten unfähig, ihr Geschick selbst in die Hand zu nehmen. Ohne die Franzosen könne Indochina »ein Balkan des Ostens werden, auf dem sich so schnell kein Tito finden« lasse.[242] Ein grundsätzlicher Gegner der Unabhängigkeit Indochinas war Weinstein aber nicht, vielmehr hätten die Franzosen die Gebiete viel früher abtreten sollen und auf diese Weise die Stabilität in der Region gewährleisten.

Bedenken gab es auch im Blick auf die Kolonien in Afrika. Herwig Weber, der zwischen 1949 und 1969 München-Korrespondent der Zeitung war, allerdings immer wieder längere Reisen nach Afrika unternahm, verdeutlichte am Beispiel Nigerias den Bildungshunger der einheimischen Bevölkerung, konstatierte aber, dass 2000 Jahre europäischer Entwicklung nicht innerhalb eines Jahrzehnts nachgeholt werden könnten.[243] Es gebe noch viel zu viel Aberglauben, und von einer nationalen Einigung sei man weit entfernt. Josef Schmitz van Vorst berichtete aus Libyen, dass dort der Zivilisationsstand nur aufgrund der italienischen Unterstützung so hoch sei.[244] Nach der Unabhängigkeit habe die Kolonie keine Aussicht, dieses Niveau zu halten, und würde bereits nach wenigen Wochen zahlungsunfähig werden. Bedauernd fügte er hinzu, dass es nicht einmal in jenen kolonialen Gebieten eine internationale Zusammenarbeit gebe, in denen kein Groll gegen die ehemaligen Herren herrsche. Dabei könnten etwa arabisches Aufstiegsstreben, amerikanische Macht, britische Staatsklugheit und die Tüchtigkeit italienischer Bauleute und Ackerbauern viel bewirken und ein festes Fundament für die Zusammenarbeit zwischen Europa und Afrika legen. Die Notwendigkeit europäischer Hilfe in den Kolonien betonte auch Wirtschaftsredakteur Ernst Kobbert, der von 1959 bis 1979 als *FAZ*-Korrespondent für Belgien in Brüssel arbeitete. Er sah in der belgischen Kolonialherrschaft im Kongo eine Erfolgsgeschichte für alle Beteiligten. Die Gräuel unter Leopold II. mit Millionen Toten im Kongo fanden bei ihm keinerlei Erwähnung, stattdessen wurde der ehemalige König der Belgier für seine wirtschaftliche Weitsicht und Klugheit gelobt.[245] Für die kongolesischen Intellektuellen, die gegen eine weitere belgisch-kongolesische Zusammenarbeit nach der Unabhängigkeit eintraten, hatte Kobbert dagegen kein Verständnis.

Diese wollten wohl lieber »arm als abhängig« sein und hätten auf den belgischen Universitäten nur »idealistische Theorien […], nicht aber die Praxis« kennengelernt.[246] Und den Herausgeber Hans Baumgarten ließen die wirtschaftspolitischen Möglichkeiten der ehemaligen und noch bestehenden Kolonien sogar an Größeres denken: Wieso eigentlich könnten sich nicht alle westeuropäischen Industrieländer, inklusive der Bundesrepublik, zusammentun und in den Überseegebieten kooperieren, um die eigenen Handelsbilanzen zu verbessern?, fragte er, und dachte dabei tatsächlich an einen Ausgleich für die zu jener Zeit wirtschaftlich verschlossenen Ostgebiete.[247]

Zwar räumte die *FAZ* einigen Kolonien eine Daseinsberechtigung ein, generell ließ sie aber keinen Zweifel daran, dass diese nur auf Zeit bestehen könnten und die Grundrechte der einheimischen Bevölkerung gewahrt bleiben müssten. Verstießen die Westmächte gegen diese Grundsätze, so ernteten sie heftige Kritik seitens des Frankfurter Blattes. Wirtschaftsredakteur Erich Bendheim stellte etwa im Zusammenhang mit den Aufständen Anfang der 1950er Jahre gegen die britische Herrschaft in Kenia fest, die Mau-Mau-Bewegung hege zwar eine ungeheure Mordlust, aber mit einer wahllosen Internierung der einheimischen Bevölkerung ziehe man sich die Terroristen selbst heran.[248] Selbst Peter Grubbe, der ein hartes militärisches Eingreifen der Briten befürwortete, da die Kolonialmacht ansonsten als lasch und inkonsequent angesehen werden könnte,[249] zweifelte nach der Verhaftung des kenianischen Unabhängigkeitskämpfers Jomo Kenyatta daran, dass der Vorkämpfer einer Verständigung plötzlich zum Vertreter eines fanatischen Nationalismus geworden sein sollte.[250] Er gestand ein, dass Reformen in Kenia dringend notwendig seien.[251] Die sozioökonomischen und politischen Hintergründe der Mau-Mau-Bewegung beleuchtete die *FAZ* jedoch nicht weiter. Die Folterungen der britischen Kolonialverwaltung – die erst 2013 offiziell bestätigt wurden, obwohl die Regierung in London seit den 1950er Jahren Kenntnis davon hatte[252] – blieben unerwähnt. Damit stand die *FAZ* zu dieser Zeit keineswegs allein da. Auch im *Spiegel* fiel die Bilanz zum Mau-Mau-Aufstand Ende 1963 ausgesprochen einseitig aus: »1740 Negern und 89 Weißen schlitzten die Mau-Mau bis Januar 1960 die Bäuche auf. 11 500 Terroristen aus dem Kenyatta-Stamm der Kikuyu wurden von den Briten getötet.«[253]

In der *FAZ* betrachtete man die Unabhängigkeit einer Kolonie immer auch im globalen Kontext des Kalten Krieges. Unabhängigkeit und freie Wahlen wurden zwar grundsätzlich begrüßt, doch was würde passieren, wenn dadurch der Kommunismus an die Macht gelangte? Berichte über Kolonien enthielten nicht von ungefähr häufig einen Abschnitt über ihre strategische Bedeutung für den Westen und eine Bewertung der Wahrscheinlichkeit einer kommunistischen Machtübernahme. Adelbert Weinstein sah beispielsweise bereits früh den »Weg frei für den Kommunismus«[254] in Indochina. Und als sich die NATO-Partner in der Kongo-Krise der frühen 1960er Jahre nicht auf die Seite der ehemaligen Kolonialmacht Belgien stellten, als belgische Siedler von Kongolesen angegriffen wurden, konstatierte Jürgen Tern, dass der Zusammenhalt des atlantischen Verteidigungsbündnisses Schaden nehme, was am Ende nur der Sowjetunion nütze.[255] Besonders Ende der 1970er Jahre wurde in der *FAZ* die Gefahr betont, dass sich der Kommunismus in Afrika ausbreiten könne,[256] weshalb die westliche Welt auch mit Staaten kooperieren müsse, die nicht die modernen westlichen Weltanschauungen teilten.[257]

Trotz der Furcht vor kommunistischer Infiltration hatte die Berichterstattung der *FAZ*-Redakteure nichts von einem propagandistischen Kampf. Ähnlich häufig wie die Vermutung, dass Russen oder Chinesen bewusst Probleme in ehemaligen oder bestehenden europäischen Kolonien anfachten, um die Region zu destabilisieren, war die Auffassung, dass dieser Vorwurf entweder nicht bewiesen[258] oder die Ursache der Probleme nicht im Kommunismus zu finden sei.[259] Vielmehr wurde den westlichen Staaten eine große Mitschuld an den Komplikationen gegeben, weil diese es versäumt hatten, der einheimischen Bevölkerung in den Kolonien soziale und politische Rechte zuzugestehen und so für Stabilität zu sorgen.[260] Zweifelsohne gebe es den Einfluss kommunistischer Staaten auf dekolonialisierte Länder, fasste es Herbert Kaufmann zusammen, aber letztlich sei die Abhängigkeit der Dritten Welt vom Westen weiterhin groß.[261] Aus historischen, vor allem aber aus wirtschaftlichen Gründen würden sich die Entwicklungsländer vorerst nicht freiwillig vom Westen abwenden.

Diese Gelassenheit Kaufmanns, der seit 1951 für die *FAZ* arbeitete und später Korrespondent in Nairobi wurde, war charakteristisch für die Texte dieses wohl bedeutendsten Afrika-Berichterstatters der Zeitung. Während man in den Anfangsjahren noch von abenteuerlichen Reisen ins »Reich der Negerfürsten« lesen konnte, wo der Chronist »zehn süße Negerlein« traf[262] und Sätze wie »Faul sind alle malaiischen Völkerstämme in Madagaskar«[263] oder »Der Neger braucht eine Führung«[264] zu finden waren, klärte Kaufmann seine Leser ohne Ressentiments über die Situation auf dem afrikanischen Kontinent auf.[265] Wie der Großteil seiner Kollegen trat er für mehr politische Rechte der Afrikaner ein, ließ aber Erfolge der Kolonialisten, wie etwa erfreuliche wirtschaftliche Entwicklungen in einigen Kolonien, keinesfalls außer Acht.[266] Ob Nigeria, Somalia, Zambia, Eritrea, Kenia, Madagaskar, Kongo oder Äthiopien: Kein anderer *FAZ*-Journalist berichtete im Untersuchungszeitraum von so vielen verschiedenen Orten und veröffentlichte derart viele Artikel.[267] Auch nach Kaufmanns Ausscheiden aus der Redaktion erschienen weiterhin Berichte aus Afrika in der Zeitung: In den 1970er Jahren wurden beispielsweise mehrere Beiträge des Afrika-Korrespondenten der ARD, Rolf Seelmann-Eggebert,[268] oder des Westafrika-Experten und politischen Redakteurs der *FAZ*, Günter Krabbe,[269] publiziert. In ihnen wurden besonders die Arbeitsbedingungen in den ehemaligen afrikanischen Kolonien behandelt.

Fast so viele Berichte, wie Kaufmann über Afrika verfasste, erschienen im gleichen Zeitraum über eine asiatische Stadt: Hongkong. Die britische Kolonie im Einflussbereich Chinas übte eine besondere Faszination auf einen großen Teil der *FAZ*-Redakteure aus. Die Artikel über das chinesische »Tor zur westlichen Welt« können daher als bemerkenswert bezeichnet werden, weil die Autoren ständig wechselten, während sich an der Lage dort grundsätzlich nur wenig änderte.[270] Als in fast allen Teilen der Welt Dekolonisierungsbestrebungen und deren Folgen zu spüren waren, schien in Hongkong die Zeit stillzustehen. Der koloniale Status der Metropole, so viel war allen von dort berichtenden Redakteuren klar, war von der Duldung Chinas abhängig. China war militärisch überlegen und im Grunde für die Versorgung der Stadt verantwortlich. Aber Hongkong stellte für das »Reich der Mitte« als Umschlagsplatz und Devisenmarkt ein bedeutendes Geschäfts- und Handelszentrum dar. Die Beziehungen zwischen Briten und Chinesen waren respektvoll, jeder brauchte den anderen, und die Bevölkerung in Hongkong wiederum hatte kein Interesse an einer Unabhängigkeit. Johann Georg Reißmüller fasste die Situation 1966 treffend zusammen: »Die Briten wollen nicht gehen, die Chinesen nicht kommen.«[271] Die kommunistische Bedrohung durch China zeigte in den *FAZ*-Berichten über Hongkong somit eher milde Züge.

Auf wenig Sympathie stieß dagegen das Apartheidregime in der ehemaligen britischen Kolonie Südafrika. Heinz Höpfl konstatierte bereits Anfang der 1950er Jahre, dass die Politik der Apartheid in eine Katastrophe führen müsse.[272] Auch Paul Sethe positionierte sich nach einem Besuch in Südafrika im Jahr 1953 als Gegner der Rassentrennung und empfand ein »Gefühl der Schuld und Beschämung«.[273] Dennoch betonten die meisten Autoren der *FAZ* in den Anfangsjahren der Zeitung, dass hinter der Grundidee der Apartheid kein »Rassenwahn« stehe[274] und das vorrangige Ziel der südafrikanischen Regierung nicht die Unterdrückung der indigenen Bevölkerung sei, sondern Vorkehrungen dagegen zu treffen, dass die weiße Minderheit vertrieben werde.[275] In den 1960er und 1970er Jahren nahm das Verständnis für das Vorgehen der südafrikanischen Regierung dennoch beständig ab. So diagnostizierte Günther Gillessen bei der weißen Bevölkerung eine »tragische Begrenztheit ihrer Wahrnehmung«. Seiner Meinung nach war sie blind für die Gefahr, dass sie mit ihrem Verhalten heraufbeschwor, was sie doch verhindern wollte, nämlich die gewaltsame Machtübernahme durch die indigene Bevölkerung.[276] Sein Kollege Klaus Natorp ergänzte, die gesamte Politik Südafrikas baue auf einer Lebenslüge auf, denn weiße Siedler seien in Südafrika nie in eine unbewohnte Gegend vorgestoßen.[277] Als sich die Situation in Südrhodesien Mitte der 1960er Jahre nach einer einseitig ausgerufenen Unabhängigkeit durch eine weiße Minderheitsregierung ähnlich entwickelte wie in Südafrika, wich die *FAZ* nicht von ihrer Linie ab. Sie kritisierte die Aushebelung der Pressefreiheit und Rechtsstaatlichkeit[278] sowie die zunehmende Spaltung der Rassen, was mittelfristig nur zu Gewalt führen könne.[279]

Kritik übte man auch an den Herrschern der unabhängigen afrikanischen Staaten, die nach Erlangung der Macht die weiße Minderheitsbevölkerung durch Enteignungen, scharfe Rhetorik und eine Bevorteilung der indigenen Bevölkerung auf dem Arbeitsmarkt drangsalierten.[280] Der berechtigte Wunsch nach der Beteiligung der Afrikaner an Wirtschaft und Verwaltung dürfe nicht zur blinden Bevorzugung der schwarzen Hautfarbe – ohne Rücksicht auf die Qualifikation – führen, forderte etwa Wirtschaftsredakteur Siegfried Sterner.[281] Die Afrikaner seien noch lange nicht in der Lage, so zu haushalten, wie die Kolonialisten es getan hatten. Die zuträgliche politische Entwicklung der ehemaligen Kolonien ging für die *FAZ* immer mit einer soliden und nicht auf Abschottung abzielenden Wirtschaftsarbeit einher. Beides sei ohne die Unterstützung der westlichen Staaten gar nicht möglich, meinte etwa Herausgeber Erich Dombrowski.[282] Was der Westen aus den Kolonien herausgeholt habe, müsse er nun in Form materieller und technischer Hilfe und durch seine kostspielige Schutzwehr nach und nach zurückzahlen. Auch Klaus Natorp betonte die Wichtigkeit der Entwicklungshilfe, über deren Methode, nicht aber deren Wichtigkeit gestritten werden dürfe. Das Schicksal der ehemaligen Kolonien in einer immer schneller zusammenwachsenden Welt gehe mittlerweile jeden etwas an.[283]

Bei allem Verständnis für die Lage der in die Unabhängigkeit entlassenen ehemaligen Kolonien: Die Verbrechen der westlichen Kolonialmächte blieben in der *FAZ* bis 1980 nicht ausgeblendet, aber unterbelichtet. Eine generelle Schuldzuschreibung für die Probleme und Krisen der neuen Staaten wurde nicht vorgenommen. Auch damit unterschied sich die Zeitung von den heutigen »Postcolonial Studies«.

ANTIKOMMUNISMUS

»Ist Antikommunismus schlecht?« Johann Georg Reißmüller nutzte diese Fragestellung 1976 provokativ als Überschrift. In dem dazugehörigen Artikel verneinte er das und suchte den Begriff Antikommunismus zu definieren und zu verteidigen. Der Terminus, so monierte Reißmüller in diesem kontroversen Artikel, werde gerade in SPD-Kreisen verzerrt.[284] Er schaffe jedoch notwendige Klarheit: Der Kommunismus, den Reißmüller mit Leninismus-Stalinismus gleichsetzte, bedeute »ein ideologisiertes Regime planmäßiger Unterdrückung der Völker im Interesse einer kleinen Oberschicht. Seine Herrschaft, wo er sie erlangen konnte, hat er mit Menschenvernichtung und Grausamkeit gefestigt. Viele Millionen seiner Untertanen hat er getötet.« Der Kommunismus dürfe also nicht expandieren. Der Antikommunismus sei mithin für »den Westen lebenswichtig«.[285] Fritz Ullrich Fack äußerte sich im selben Jahr ähnlich. Seine Schelte galt gleichfalls den Liberalen und westlichen Intellektuellen, die seiner Ansicht nach den Begriff negativ besetzten.[286] Die beiden Politikjournalisten optierten eindeutig für den Antikommunismus – doch vertraten sie damit die Gesamtheit der *FAZ*-Journalisten?

Die Versuche, den Begriff Antikommunismus zu definieren, verweisen bereits auf die Heterogenität der mit ihm verbundenen Konzepte. Eine Bestimmung seiner Bedeutung ist diffizil, da das Objekt, gegen das er sich positioniert, variiert: Mal ist die Idee, mal die praktische Umsetzung gemeint. Hinzu kommt, dass das Wort politisch aufgeladen ist und durch den Antibolschewismus der NS-Ideologie und den Hauch des Kalten Krieges diskreditiert scheint. Nach 1945 avancierte der Antikommunismus zur »Integrationsideologie« der deutschen Außen- und Innenpolitik. Als sich die weltpolitische Lage Ende der 1950er Jahre entspannte, ging der Gebrauch des Begriffs zurück. Der Bedeutungsverlust zeichnete sich besonders stark seit Ende der 1960er ab.[287]

Eine antikommunistische Haltung war in der jungen Republik sehr verbreitet, der Begriff war es nicht. Dieser sickerte erst langsam in den Sprachgebrauch der *FAZ* ein. Entscheidend hierfür scheinen Mitarbeiter gewesen zu sein, die in Frankreich arbeiteten oder gearbeitet hatten. Dort war der Begriff Antikommunismus geläufiger und die Französische Republik stärker von der nationalen kommunistischen Partei beeinflusst.[288] Der erste *FAZ*-Journalist, der das Wort bereits 1949 in einem Artikel verwandte, war Paul Medina, ein Korrespondent mit einem Faible für die Einführung neuer Begrifflichkeiten. In den folgenden Jahren war er fast der Einzige, der den Terminus benutzte.[289] Die erste programmatische Anrufung des »Antikommunismus« erfolgte dann im April 1961. In einem Plädoyer für den Antikommunismus bestand Nikolas Benckiser darauf, dass Antikommunismus mehr sei als eine Worthülse, nämlich Realpolitik, die eine Koexistenz der beiden Blöcke ermögliche und keine erneuten Konflikte befeuere. Er forderte entschieden, die antikommunistische Position mehr zu betonen.[290]

Die für den Antikommunismus bedeutsame Formel der »sowjetischen Bedrohung« findet sich fast ausschließlich im Politikteil der *FAZ*.[291] Das Wirtschaftsressort war bei der Verwendung des Begriffs sparsam und benutzte ihn vor allem in Bezug auf amerikanische Einstellungen.[292] Die unterschiedliche Haltung beider Ressorts zeigt sich exemplarisch in der auseinandergehenden Berichterstattung über das Aufholen der DDR-Wirtschaft in den 1960er Jahren. Der Wirtschaftskorrespondent Joachim Nawrocki bewertete diese Entwicklung positiv, während Ernst-Otto Maetzke sie im Politikteil negierte oder relativierte.[293] Herausgeber Eick war Maetzkes Intransigenz gar nicht recht, wie er an Welter schrieb, da er glaubte, dass die Zeitung dadurch ihren Einfluss in der DDR gefährde:

> Man wird das Gefühl nicht los, er will es einfach nicht wahrhaben, dass es in der Sowjetzone jetzt materiell etwas besser geht als vor drei oder vier Jahren. Als ob die Frage des Lebensstandards das wirklich Entscheidende wäre. […] Die Dinge liegen nicht mehr so einfach. Mich hat auch sehr beschäftigt, dass die Funktionäre, mit denen ich gesprochen habe, offensichtlich die F.A.Z. jeden Morgen lesen. Wir haben also auf diese Weise ein Mittel in der Hand, die Funktionäre an der Spitze in unserem Sinne zu beeinflussen. Das aber setzt eine eiserne Fairness in der Berichterstattung über die Zone voraus, dann nur dann bleiben wir gerade diesen Funktionären gegenüber auch glaubwürdig, von denen ja viele im Grunde mit halbem Herzen auf unserer Seite stehen.[294]

Das Feuilleton beschäftigte sich naturgemäß mit der Theorie des Kommunismus. Hans-Peter Riese stellte 1972 die unterschiedliche Entwicklung des Marxismus in West und Ost fest. Die Auslegung des Marxismus im Osten sei im

Gegensatz zu dem fortentwickelten Ansatz im Westen von Lenin geprägt und demnach in erster Linie machtpolitisch ausgelegt. Daraus erkläre sich die Abneigung des Ostens gegen Herbert Marcuse und ebenso gegen die Frankfurter Schule.[295] Der Postmarxist Günter Maschke formulierte, er sehe im Marxismus wie in der Demokratie »nur eine Problemlösungsmethode«[296], und bespöttelte die Naivität linker antiantikommunistischer Intellektueller.[297] Hinsichtlich der Totalitarismustheorie verwarf Maschke zwar die Gleichung »rot gleich braun«, den Gedankengang vollständig aufzugeben verstand er indes als zu simplifizierend, da »sich hinter ähnlichen Erscheinungen nicht völlig verschiedene ›Wesen‹ verbergen können«. Als Legitimation für den Antikommunismus der 1950er Jahre und gegen die Ansicht deutscher Intellektueller der 1980er Jahre brachte er vor, dass der Westen sich einem »höchst realen (und immer noch vorhandenen) Feind« gegenübersehe.[298]

Im Politikteil schwächte Benckiser seine Position 1977 ab, wenn er schrieb, der Antikommunismus habe sich als »unzureichend erwiesen«.[299] Auch Reißmüller stellte zwei Jahre später zwar fest, dass der Antikommunismus seine »Kraft verloren« habe. Seiner Meinung nach war das aber nicht auf ein Defizit der antikommunistischen Auffassung zurückzuführen, sondern auf einen Generationenwechsel und die mediale und politische Darstellung der Annäherung zwischen Ost und West – die er für eine Fehldarstellung hielt.[300] Er insistierte in den 1980er Jahren darauf, dass man die »furchtbare« schlimmste Phase des Kommunismus, die zwischen dem Ende des Zweiten Weltkriegs und dem Beginn der 1950er Jahre, nicht vergessen dürfe.[301] Fritz Ullrich Fack schrieb 1999 aus dem Ruhestand einen Artikel zum fünfzigjährigen Bestehen der Freien Universität Berlin, seiner Alma Mater. Darin würdigte er sie als Institution des Antikommunismus, die dann allerdings ideologisch verwahrlost sei. Reißmüller und Fack hielten also an ihren Überzeugungen weitgehend fest. Gesine Schwan, Professorin für Politik an der Freien Universität, stieß Facks »Pathos von Antikommunismus und Freiheit« auf, da sich nach ihrer Ansicht Freiheit nicht in Antikommunismus erschöpfte.[302]

So komplex der Begriff »Antikommunismus« ist, so vielschichtig war auch seine Behandlung in der *Frankfurter Allgemeinen*. Das Augenmerk der Berichterstatter lag dabei eindeutig auf dem Sowjetkommunismus.[303] Die Haltung der Zeitung zum Kommunismus war von Beginn an grundsätzlich ablehnend, aber en vogue war der Begriff »Antikommunismus« in den Artikeln erst, als die dahinterstehende Denkweise allmählich unmodisch wurde. Als das Signifikat, also die antikommunistische Haltung, fragwürdig wurde und nicht mehr als selbstverständlich galt, und der Signifikant, also die Bezeichnung »Antikommunismus«, in abwertender Absicht benutzt wurde, versuchte die *FAZ* den Begriff positiv zu besetzen, was letztlich nicht gelang.

ATOMWAFFEN: VON DER WIEDERBEWAFFNUNG BIS ZUR NACHRÜSTUNG

Mit der Perzeption einer antikommunistischen Gefahr war die einer nuklearen Bedrohung eng verbunden. Sie warf existentielle Fragen zur Sicherheit Deutschlands und zur Sicherheitsordnung in Europa auf und war für die »Zeitung für Deutschland« ein herausgehobenes Thema. Die nukleare Bedrohung wurde von der *FAZ* mit einem »unheimlichen Gefühl«[304] beobachtet, aber sehr kenntnisreich und auf einem analytisch hohen Niveau argumentationsstark behandelt. Dabei kann man zwei Ziele herausarbeiten: Erstens wollte man, spätestens nach der Demission Sethes, einer Erosion der Westbindung entgegenwirken. Es galt daher, den Sinn der Westbindung auf kritisch-informierende Weise zu erklären und immer wieder in Erinnerung zu rufen. Zweitens wollte man den Verteidigungswillen der Teilnation stärken.

Die *FAZ* verfügte seit ihrer Gründung mit Adelbert Weinstein über ein Unikum in der Zeitungslandschaft. Das Urteil im Nachruf war nicht übertrieben – »zu seinen Glanzzeiten war er der journalistische Militärfachmann in Deutschland, um nicht zu sagen in Europa«.[305] Weinstein stieg nach dem Abitur schnell in der Wehrmacht auf und wurde am Ende noch Major i. G. (im Generalstab). Nach dem Krieg absolvierte er ein Volontariat bei der Mainzer *Allgemeinen Zeitung*. Welter nahm ihn dann mit zur *FAZ*. Sein Studium schloss er nicht ab, dafür stieg er wieder in den Militärdienst ein und brachte es nun bis zum Oberst i. G. In den Protokollen der *FAZ* stößt man daher auf den Eintrag: »Herr Weinstein wird im September an einer Wehrübung einschließlich Panzerschießen in Wales teilnehmen.«[306] Weinstein war ständig auf Reisen, bevorzugt zu den Kriegsschauplätzen der Welt. Bruno Dechamps schätzte 1976, »seine jährliche Reiseleistung lag im letzten Jahrzehnt bei rund hunderttausend Kilometern«.[307] Über zehn Jahre beschäftigte ihn der Vietnamkrieg, den er immer wieder aus nächster Nähe verfolgte. Weinstein war also alles andere als ein reiner Schreibtischstratege. Die Kehrseite dieser Expertise war ein militärischer Stil, der strategische wie taktische Schulung und überdies die Lektüre Ernst Jüngers verriet. Das stieß in der zunehmend pazifistischen deutschen Gesellschaft und in der ebenso zunehmend zumindest in praxi pazifistischen *FAZ*-Redaktion (1962 hielt man im Herausgebergremium fest, man trete »auch aus gesellschaftspolitischen und wirtschaftlichen Gründen« von »Anfang an« amerikanischen Forderungen nach einer Vermehrung der deutschen Streitkräfte entgegen)[308] auf einiges Befremden, was ebenfalls noch im Nachruf auf den Militärfachmann seinen Niederschlag fand.[309]

Weinstein war an Lahn und Rhein aufgewachsen und blickte zeit seines Lebens mit Sympathie nach Frankreich. In der Politik hatte es ihm besonders Charles de Gaulle angetan.[310] Er erkannte schon früh, dass die Sicherheit des europäischen Kontinents durch die atomare Luftmacht der US-Amerikaner garantiert werde. Dieser Weg sei präzedenzlos und die »einzige Chance«, Sicherheit auf dem europäischen Kontinent zu erhalten.[311] Aber auch das erste atomwaffenfähige Trägermittel in der Bundesrepublik – 28-cm-Artillerie (Schussreichweite 32 km) –, das 1953 in Mainz von der US Army aufgestellt wurde, sah Weinstein als »Verstärkung für die westliche Verteidigung«. »Apokalyptisch« werde die Waffe »erst«, wenn sich »Resignation« statt »Widerstandskraft« in der Bevölkerung breitmache.[312] Im Krieg, wenn er dem Westen aufgezwungen werde, würden sich Amerikaner und Sowjets wie zwei Skorpione in einem Glas belauern, doch sei der westliche Skorpion infolge seiner atomaren Luftmacht so stark, dass er »gewinnen« werde.[313]

Die Zivilisten der *FAZ* sahen das skeptischer. Joachim Schwelien erkannte die nukleare Bedrohung als die potentiell »letzte Frage« der Menschheit, sodass »von den Gefahren [...] zu Recht mehr als von dem Nutzen« gesprochen werde.[314] Herausgeber Hans Baumgarten hielt dagegen nukleare Abrüstung und Wiedervereinigung für die Gebote der Stunde.[315] Gegen die Umrüstung der Bundeswehr mit Trägermitteln für amerikanische Nuklearwaffen in der Folge des NATO-Gipfels Ende 1957 trug die *FAZ* freilich nicht die zeittypischen Einwände vor. Strittig und letztlich nicht zustimmend beantwortet blieb die Frage, ob eine *deutsche* Atommacht erforderlich sei. Die Herausgeber waren sich 1958 durchaus einig, dass ein »Verzicht auf die Teilnahme an der atomaren Rüstung uns der Wiedervereinigung um keinen Schritt näher zu bringen verspricht«, die Sicherheit Deutschlands mindere und die »Aussichten auf eine allgemeine Abrüstung« beeinträchtige.[316] Weinstein fragte in der Zeitung: Soll die Bundesrepublik Gerät anschaffen, das »unmodern« ist?[317] Eine Alternative war, »daß wir selbst eine Atommacht würden«.[318] Hans Baumgarten fragte: »Brauchen wir keinen Schutz, auch wenn die anderen nicht abrüsten?« Man müsse »tiefe Zweifel daran haben, durch einseitigen Verzicht auf Atomschutz die Atomgefahren vermeiden zu können«.[319] Den Göttinger Achtzehn (Atomforschern), über deren Manifest vom 2. April 1957 gegen eine Atombewaffnung der Bundesrepublik die Redaktion »lange still gesessen« habe, hielt Baumgarten entgegen, »Professoren« seien nicht kompetenter, politische Urteile zu fällen, als andere Bürger. Die politische Frage sei: »Ermuntert die Hilflosigkeit des Nachbarn den Ueberlegenen [sic] wirklich zur Schonung?«[320]

Nach der Bundestagswahl 1957 war Verteidigungsminister Franz Josef Strauß für Weinstein der richtige Mann zur richtigen Zeit am richtigen Ort. Weinstein forderte: Die »Abschreckung bis zum Eisernen Vorhang« müsse gesichert sein, die Luftwaffe brauche »Atomwaffen und Lenkraketen mittlerer Reichweite«.[321] In der zweiten Berlin-Krise stand für die *FAZ* dann außer Frage, wer die Verantwortung für die deutsche Teilung, die erhöhten Spannungen und das Weltkriegsrisiko trug, nämlich die Sowjetunion.[322] Unter dem Druck dieser Krise relativierte Weinstein – ungewöhnlich angesichts seiner gängigen Argumentationslinien – den Wert nationaler Nuklearbewaffnungen europäischer US-Verbündeter und hoffte, dass Großbritannien und Frankreich substantielle »Erdtruppen« aufstellen würden, »die allein doch in Wirklichkeit den militärischen Schutz des alten Kontinents garantieren«.[323] Im Jahr zuvor hatte der *Spiegel* noch einen Eklat ausgemacht, als der »Publizist Adelbert Weinstein, so die eigene Zeitung«, beim ersten deutsch-amerikanischen Gespräch in Bad Godesberg auftrat. Laut *Spiegel* hatte Weinstein dort die Ausrüstung der Bundeswehr mit strategischen Atomwaffen gefordert. Im Bericht der *FAZ* wird der Zusammenhang deutlicher: Weinstein habe ausgeführt, wenn die Bundeswehr in Europa allein stehe, müsse sie zur Aufrechterhaltung einer glaubwürdigen Abschreckung strategische Atomwaffen besitzen. Das seien rein militärische, keine politischen Erwägungen. Der ehemalige Außenminister Acheson hatte diese hypothetische Idee vorsorglich abgelehnt, doch dem *Spiegel* war sehr daran gelegen, Weinstein als wankelmütigen »Militärphilosoph[en]« erscheinen zu lassen.[324]

Mit dem Wechsel zur Regierung Kennedy Anfang 1961 folgten über Jahre Strategiedebatten in der NATO. Weinstein kritisierte den Wandel der US-Präferenzen und mahnte, »man kann in Europa keinen begrenzten Krieg führen«.[325] Mit dem Strategiewechsel – weg von der Doktrin der massiven (nuklearen) Vergeltung (*massive retaliation*) hin zur flexiblen, auf Abstufung der Eskalation des Einsatzes von konventionellen Streitkräften über taktische zu strategischen Atomwaffen zielenden Antwort (Flexible Response) von US-Seite – »droht die Abschreckung verlorenzugehen«.[326] Weinstein wandte sich gegen die unter dem Druck der US-Regierung in der Sozialdemokratie und in der Bundeswehr prominenter werdende Sicht, mehr konventionelle Truppen seien das Gebot der Stunde. Niemand könne im Atomzeitalter einen Krieg gewinnen: »[D]ie Alternative zur Strategie der Abschreckung ist die Kapitulation vor dem Kommunismus.«[327] Abschreckung heiße primär nukleare Abschreckung. Wer sollte aber dafür im Westen neben den USA und Großbritannien bereitstehen? Die NATO als solche?

Die Debatte über eine europäische Atomstreitmacht sorgte für Reibereien und ließ Bruchstellen in der Blattlinie nach außen deutlich werden. Weinstein berichtete im März 1962 von der französisch-deutschen Annäherung als »Realität« und fragte, ob eine »europäische Atomstreitmacht entstehen« werde. Es »kann uns recht sein«, wenn die USA den »Franzosen nun doch bei der Entwicklung ihrer nationalen Atomstreitmacht« helfen.[328] Anfang 1963 konterte Günther Gillessen im Kontext des blockierten EWG-Beitritts Großbritanniens mit der (rhetorischen) Frage: »Hilft eine europäische Atommacht weiter?«[329] Er ergänzte später, in allen Debatten habe »niemand [...] bisher einen brauchbaren Ausweg vorschlagen können« aus den Problemen einer solchen Konstruktion.[330]

Parallel zur Debatte vornehmlich in den Unionsparteien und verschiedenen Printmedien entspann sich *FAZ*-intern eine Atlantiker-Gaullisten-Kontroverse, also zwischen dem Lager, das primär auf die USA als Garant der Sicherheit setzte, und dem, das zunächst nach Paris blickte.[331] Weinstein meinte: »Unsere Aufgabe sei es, einen Atomklub mehrerer zu realisieren und zu versuchen, uns mit entsprechenden Kräftegruppen an der Atompolitik zu beteiligen.« Eine solche Gruppe sollte wohl das Duo Frankreich-Deutschland sein. Benno Reifenberg kritisierte daran, Bonn »könne es sich nicht leisten, den Amerikanern zu mißtrauen«. Auch könne er sich nicht den Effekt auf die Russen vorstellen, »wenn Deutschland über Atomwaffen verfügte«.[332] Nach dem Weggang Sethes war diese Linie Reifenbergs in der *FAZ* dominant.

Der Konflikt zwischen einer tendenziell gaullistischen Positionierung von Verteidigungsminister Strauß und dem Versuch von US-Verteidigungsminister McNamara, die NATO-Strategie zu konventionalisieren und damit das Risiko einer Eskalation hin zu einem allgemeinen Atomkrieg zu mindern, gehörte dann zum Hintergrund der *Spiegel*-Affäre.[333] Publizistisch sind die Ursprünge der *Spiegel*-Affäre in den Versuchen des Nachrichtenmagazins zu sehen, eine Kanzlerschaft von Strauß zu verhindern, Strauß als Gefahr für die Demokratie hinzustellen und seine Verteidigungskonzeption – insbesondere den nuklearen

Teil – als Risiko für den Weltfrieden zu diskreditieren.[334] In Bezug auf die Verteidigungskonzeption von Strauß nahm die *FAZ* eine schroff gegensätzliche Haltung ein. Im Ringen um die richtige Militärpolitik geriet namentlich Weinstein ins Kreuzfeuer der *Spiegel*-Kritik. In dem die *Spiegel*-Affäre auslösenden Artikel »Bedingt abwehrbereit« wurde er als »Strauß-Adept« bezeichnet, der »stets amtlich mit Sorgfalt eingewiesen« werde.[335] Der *Spiegel* insinuierte, mit unabhängigem Journalismus habe das wenig zu tun. Weinstein sei das Sprachrohr von Strauß in der Qualitätspresse, doch selbst in der *FAZ* lese man, wie isoliert Strauß im Verteidigungsministerium sei.

Der stellvertretende *Spiegel*-Chefredakteur Conrad Ahlers hatte am 13. Juni 1962 im *Spiegel* ein erstes Stück publiziert, dessentwegen die Bundesanwaltschaft später in Verbindung mit »Bedingt abwehrbereit« den Vorwurf des fortgesetzten gemeinschaftlichen Landesverrats gegen Ahlers und *Spiegel*-Verleger Augstein erhob. Es ging um die Militärpolitik der Bundesrepublik und ein unterstelltes Dilemma, entweder die Bundeswehr bis zu einer Friedensstärke von über 700 000 Mann auszubauen oder POLARIS-Raketen anzuschaffen. Die Heeresführung und die US-Regierung votierten für Ersteres, Strauß und der Führungsstab der Bundeswehr für Letzteres, schrieb Ahlers, der nur Argumenten des Heeres Raum gab und Strauß als atomwaffenfixierten Polemiker wider die Präferenzen der USA und des Heeres erscheinen ließ.[336] Die *FAZ* hielt dagegen. Weinstein würdigte, dass die Bundesrepublik unter Strauß endlich eine »doctrine militaire« erhalten habe – die »Strategie der abgestuften Abschreckung«. Nur Strauß spreche auf Augenhöhe mit den Amerikanern und habe einen realistischen Blick auf den relativen Wert von Heeresdivisionen im Zeitalter des »Atoms«. Weinstein warnte, Nachfolger von Strauß könnten von der nuklear orientierten Militärpolitik abweichen und durch die »Kraft des Apparates« im Verteidigungsministerium zur »Restauration überlebter militärischer Vorstellungen« gedrängt werden, weil es eben nicht nur »moderne Offiziere« gebe.[337] Die US-Präferenz einer Friedensstärke der Bundeswehr von über 700 000 Mann abzulehnen, sah Weinstein – wie Strauß – als richtig an.[338] Auch spielte Weinstein den vom *Spiegel* als exzessiv dargestellten militärpolitischen Konflikt zwischen der US-Regierung und Strauß herunter, überging das deutsche »Unbehagen« angesichts der US-Strategie aber keineswegs.[339] Strauß und seine Linie mussten als gut atlantisch erscheinen, um nicht das Geschäft des *Spiegel* zu bedienen. Diese Argumentationsführung war bei den zahlreichen deutsch-amerikanischen Konfliktpunkten nicht leicht herzustellen.

Am Tag des Erscheinens von »Bedingt abwehrbereit« kritisierte Weinstein dann, durch »gezielte Indiskretionen« seien sogar »Einzelheiten über den Verlauf der Herbstübung Fallex bekanntgeworden«: »Theatralische Berichte tuscheln mit verstellter Erregung, wie falsch und leichtsinnig bei uns geplant werde.« Das sei Unsinn, implizierte Weinstein. Wieder bestritt er den Sinn hoher Abhängigkeit von noch mehr Heeresdivisionen und votierte für nukleare Abschreckung.[340] »Bedingt abwehrbereit« schob die Debatte in die entgegengesetzte Richtung. FALLEX 62 sei ein Desaster, erklärte der *Spiegel* – bei dem Manöver hatte die NATO erst nach erheblichen Gebietsverlusten Nuklearwaffen eingesetzt, was Bonn irritiert zur Kenntnis genommen, während Frankreich die deutsche Verunsicherung noch geschürt hatte.[341] Die Bundesrepublik sei mangelhaft auf den V-Fall vorbereitet, hieß es weiter. Der atomwaffenfixierte Strauß lehne eine vollwertige konventionelle Verteidigung gemäß US-Wünschen ab und bringe die Republik dadurch in Konflikt mit den USA und mit der Bundeswehr. Von der aktuellen Militärpolitik gehe für Deutschland mehr Gefahr als Sicherheit aus, gerade im Verteidigungsfall.[342]

Unter dem Eindruck der Kuba-Krise und der nun einsetzenden Verhaftung von Journalisten des *Spiegel* und Beamten des Verteidigungsministeriums wie des Bundesnachrichtendienstes (BND) formulierte die *FAZ* ihre Position zurückhaltend: Die Frage sei noch nicht zu beantworten, ob die Verhaftungen »einen Schlag gegen die Pressefreiheit bedeuten oder ob der Artikel, auf den sich die Aktion gründet, ein Schlag gegen die Landesverteidigung ist«.[343] Zum Rücktritt von Justizminister Wolfgang Stammberger kritisierte Gillessen aber die »seltsame Unterlassung«, den Minister bei der Nutzung »seines Exekutivapparates« nicht zu informieren, als »in hohem Maße anstößig«.[344] Am Ende feierte der Literaturkritiker der *FAZ* Friedrich Sieburg die »Freiheitsregung [...] in unserem öffentlichen Leben«; damit schloss sich die *FAZ* der Solidarisierungswelle mit dem *Spiegel* und den Kritikern der »Verwaltung«, die Sieburg anstelle von Bundesregierung oder Politik bemühte, an.[345]

Nach dem Ausgang der *Spiegel*-Affäre mit dem Beschluss des 3. Strafsenats des Bundesgerichtshofs (BGH) vom 13. Mai 1965 kritisierte die *FAZ*, aufgrund des Handelns von Strauß, Adenauer und der ihnen unterstellten Beamten sei die Ansicht gestärkt worden, »daß hier eine politische Aktion statt eines Rechtsverfahrens geführt werde«. Aber auch die Justiz habe es an »notwendiger Distanzierung« von der Politik fehlen lassen. Weil kein Hauptverfahren gegen Augstein und Ahlers eröffnet werde, bleibe offen, »ob und inwieweit« der Abdruck von »Bedingt abwehrbereit« Landesverrat war.[346] Es sei »unerträglich«, dass »die Bundesanwaltschaft Journalisten zum Objekt von Ermittlungen und Ermittlungs-Präliminarien macht, während doch kein Jurist verbindlich zu sagen weiß, was der sogenannte ›publizistische Landesverrat‹ überhaupt ist […]«.[347]

In der Sache wurde *FAZ*-intern Anfang 1964 weiter debattiert, ob Frankreich, wie de Gaulle angeblich gesagt hatte, »Atomwaffen zur Verteidigung der Bundesrepublik einsetzen« werde. Dass Frankreich als Führungsmacht »für uns sprechen oder gar handeln« solle, wertete Nikolas Benckiser als »höchst gefährlich«, und für geradezu aberwitzig hielt er es, »wenn Frankreich dem materiell stärkeren Partner Bundesrepublik die Mitwirkung an seiner Atommacht einräumen wollte«.[348] Andererseits musste die *FAZ* bis Ende 1964 Stellung beziehen zu de Gaulles Vorwurf, die deutsche Bundesregierung betreibe wegen ihrer Entschlossenheit, mit den USA eine multilaterale Atomflotte (MLF) zu etablieren, eine Politik der »Satellisierung Europas«, wie Weinstein Mitte November 1964 kommentierte.[349] Diesem Kommentar Weinsteins war eine interne Debatte vorausgegangen. Weinstein hatte auch hier den Begriff »Satellisierung Europas« für de Gaulles Deutung der Wirkung einer MLF bei deutscher Teilnahme verwandt. Dagegen plädierte Benckiser für den Begriff transatlantische »Interdependenz«, da es in Wahrheit »wechselseitige Abhängigkeitsverhältnisse« gebe. Reißmüller und Maetzke fragten: »Wer bietet mehr Sicherheit?«, Amerika oder Frankreich? Weinstein votiere für Frankreich, weil »die enge Nachbarschaft mit Frankreich uns unter Umständen mehr Sicherheit gebe als das Bündnis mit den USA, die von uns soviel weiter entfernt seien«. Tern hielt dagegen. Daraus resultiere eine »Satellisierung á [sic] la française«. Reifenberg – erneut als Antipode Weinsteins – hielt »jedes Engagement, das als Misstrauen gegenüber einer Weltmacht wie die USA [sic] ausgelegt werden könnte, für falsch. Das engste Verhältnis zu den Vereinigten Staaten sei das einzig Richtige für uns.« Weinstein blieb misstrauisch: »Die Amerikaner […] seien mit den Russen ein stillschweigendes Übereinkommen eingegangen, Atomwaffen nur dann einzusetzen, wenn sie in ihrem eigenen Land bedroht würden.«[350]

In einer weiteren politischen Konferenz in der *FAZ* Anfang 1965 anlässlich der Zusammenkunft von Erhard und de Gaulle in Rambouillet wurde erneut diskutiert, aber ohne Weinstein. Reifenberg kritisierte de Gaulles Konzeption als »völlig phantastisch und warnt[e] davor, dass die Zeitung sich dafür engagiere«, so wie Weinstein es eher subkutan als offensichtlich in seinen Texten tue. Bis auf Benckisers Äußerungen hagelte es Argumente gegen de Gaulle und den möglichen Kurs der Bundesrepublik, sich sicherheitspolitisch auf Frankreich zu verlassen. Erneut insistierte Reifenberg: »Man wisse, daß es bisher darum gegangen sei, die ›gefährlichen Deutschen‹ an Atomwaffen heranzuführen, ohne übergroße sowjetische Befürchtungen zu wecken. Ob de Gaulle der Schutzherr der ›ungebärdigen Deutschen‹ sein könne, sei zweifelhaft. Den Amerikanern sei eine solche Vorstellung sicher unheimlich. Sie könnten sich unter Umständen von Europa trennen.«[351]

Hitzig wurde die öffentliche Nukleardebatte, als es um Atomminen (ADM) in der NATO-Zentralregion ging, das heißt in Grenznähe etwa zur DDR und zur ČSSR.[352] Diese ADM-Debatte ging von der *FAZ* aus, nämlich von Weinstein. Sie zog sich von Mitte Dezember 1964 bis Anfang 1965 hin. Weinstein gelang ein journalistischer Coup, da sein entsprechender Bericht vom 16. Dezember 1964 just während des Treffens des NATO-Rats auf Ministerebene erschien. Der Artikel brachte Weinstein ein Ermittlungsverfahren durch die Bundesanwaltschaft ein (allerdings ohne Durchsuchungen oder Festnahmen), weil Verdacht auf Landesverrat bestand. Dieses Verfahren wurde ein Jahr später eingestellt.[353] Das Weinstein-Verfahren war in dem Kontext zu sehen, dass bis 13. Mai 1965 – bis zum Beschluss des BGH in der Causa Ahlers/Augstein – die juristische Verhandlung zur *Spiegel*-Affäre in der Schwebe und nicht entschieden war, ob Journalisten wegen publizistischen Landesverrats angeklagt oder verurteilt werden konnten. Noch komplizierter wurde die Lage, als die Bundesanwaltschaft Ende März 1965 ein *zusätzliches* Verfahren gegen Augstein einleitete, weil nach zwei weiteren Artikeln Augsteins – im zweiten wurde auch das Thema Atomminen aufgegriffen, welches eben Weinstein losgetreten hatte – erneut ein Verdacht auf landesverräterische Fälschung bestand.[354]

In Weinsteins auslösendem Bericht vom 16. Dezember 1964 wurden Aspekte eines »deutsche[n] Konzepts der sogenannten Vorwärtsverteidigung« veröffentlicht, das Generalinspekteur Heinz Trettner schon NATO-intern vorgestellt haben sollte. Zwei Punkte sind wichtig zur Einordnung des Berichts: Erstens postuliere das deutsche Konzept, so Weinstein, der Gegner solle »in einer geringen Entfernung von der Zonengrenze, auf westdeutschem Boden, in eine Sperre von Atomminen laufen«. Das würde »rund zehn Millionen Deutsche unmittelbar […] in Mitleidenschaft ziehen«. Von einem durchgehenden Atomminengürtel war nicht die Rede. Zweitens bemerkte Weinstein, diese Präferenz »kommt voll der amerikanischen Absicht entgegen, mit einer herkömmlichen Verteidigung in Mitteleuropa dem Weltatomkrieg auszuweichen«.[355]

Der *Spiegel* berichtete Anfang 1965, Weinsteins Bericht sei »die Sensation der NATO-Konferenz« in Paris gewesen und habe einen Entrüstungssturm insbesondere in Zonenrandgebieten verursacht. Nicht ohne Nickligkeiten würdigte das Magazin Weinstein und offenbarte wichtige, nicht dementierte Einblicke: Weinstein habe, erstens, seine Informationen aus dem US-Verteidigungsministerium erhalten. Zweitens habe Verteidigungsminister Kai-Uwe von Hassel ihn am Morgen des 17. Dezember 1964 zum Frühstück in Paris geladen, wo von Hassel Weinsteins Argument »akzeptierte [...], daß sich solche heiklen Dinge auf die Dauer gar nicht geheimhalten ließen«.[356] Drittens habe von Hassel im Verteidigungsausschuss des Bundestages gesagt, er wisse, woher Weinsteins Informationen stammten – jedenfalls nicht »von unseren Herren«, wie der *Spiegel* von Hassel zitierte.[357] Im Unterschied zur *Spiegel*-Affäre 1962 kamen die Hauptinformationen des auslösenden Berichts aus Amerika. Weinstein wurde daraufhin trotz Meinungsunterschieden vom Bundesverteidigungsminister zum Gespräch geladen. Ins Ministerium hatte Weinstein eindeutig bessere Kontakte als der *Spiegel*, was angesichts seiner Biographie und seiner Positionen kaum verwunderlich ist.

Auch nach dem Gespräch mit von Hassel blieb Weinstein bei seiner Linie. In seinem Leitartikel »Von Schlieffen zu Trettner« wandte er sich gegen Pläne, die auf einen massiven Atommineneinsatz entlang der Ostgrenze der Bundesrepublik hinausliefen. Eine solche Verteidigungskonzeption erschien ihm unglaubwürdig und überdies unzumutbar. »Denkt denn niemand daran, daß es auch ein atomares Stalingrad geben könnte?«,[358] fragte er. Es folgten Ende 1964/Anfang 1965 zahlreiche Entwarnungsversuche und Dementis, so durch von Hassel und den Vorsitzenden des Verteidigungsausschusses des Bundesrates, Ministerpräsident Georg Diederichs (SPD). Weinsteins Motivlage ist vor dem Hintergrund seiner profranzösischen Tendenz in Verteidigungsfragen und Zweifel an der Flexible Response zu sehen. Dies hielt ihn nicht davon ab, sich durch das US-Verteidigungsministerium – seine wichtige Informationsquelle in der ADM-Affäre – »füttern« zu lassen. US-Verteidigungsminister McNamara, der Weinstein Ende April 1965 persönlich empfing, nachdem die ADM-Debatte öffentlich abgeklungen war, kam Weinsteins Linie extrem vor.[359]

Die Frage, wie die *FAZ* mit dem laufenden Ermittlungsverfahren der Bundesanwaltschaft gegen Weinstein wegen Verdachts auf Landesverrat umgehen solle, beschäftigte die Herausgeber offenbar erst, nachdem das Verfahren gegen Ahlers und Augstein in der *Spiegel*-Affäre eingestellt worden war. Welter meinte Anfang Juni 1962 intern, ein »regelrechtes Verfahren« sei eine Chance,

»zu demonstrieren, daß die *FAZ* keine Regierungszeitung ist«. Dagegen argumentierten die Geschäftsführer Hoffmann und Muckel, »nicht nach Karlsruhe [zu] fahren und nichts auszusagen, da es nicht seine [Weinsteins, P. H.] Sache sei, der Staatsanwaltschaft Material zu liefern«. Erst in einem Gerichtsprozess müsse Weinstein aussagen.[360] General a. D. Hans Speidel, bis 1963 Commander in Chief, Allied Forces, Central Europe (CINCENT), und dann Mitglied des Verwaltungsrates der *FAZ*,[361] hatte wie Weinstein scharfe Kritik an Trettner und von Hassel in der ADM-Frage geübt[362] und riet, »die *FAZ* in der Vorstellung der Leser nicht mit dem Begriff Landesverrat in Verbindung zu bringen, weil dadurch Assoziationen zum Spiegel hervorgerufen würden«.[363] Wie Benckiser berichtete, erhielt Weinstein selbst dann vom zuständigen »Staatssekretär im Bundesverteidigungsministerium« die Mitteilung, dass die Bundesanwaltschaft und ein etwaiger Ermittlungsrichter »keine Chance haben, vom Verteidigungsministerium durch ein Gutachten unterrichtet zu werden«.[364] In der *Spiegel*-Affäre 1962 hatten Schnellgutachten des Verteidigungsministeriums über »Bedingt abwehrbereit« eine Rolle gespielt, um den Prozess von Durchsuchungen und Festnahmen einzuleiten. Das Ministerium gab also in der Causa Weinstein gegenüber dem Verdächtigen selbst Entwarnung. Bis Ende Juli 1965 hatte Weinstein bereits zwei Vorladungen zur Bundesanwaltschaft in Karlsruhe ausgesessen. Ende 1965 wurde das Verfahren gegen Weinstein wegen »Geringfügigkeit« ohne Voruntersuchung eingestellt,[365] ein Jahr später das gegen Augstein, da das Verfahren selbst die Sicherheit der Bundesrepublik beeinträchtigen würde.[366]

Ein gutes Jahrzehnt später war der Bonner Korrespondent der *FAZ*, Karl Feldmeyer, führend daran beteiligt, die Dimensionen eines echten Falls von Landesverrat aufzudecken. Es ging dabei um eine Chefsekretärin im Verteidigungsministerium, Renate Lutze, und ihren Mann, der als »Hilfssachbearbeiter« in der Rüstungsabteilung arbeitete, sowie einen Angestellten im Führungsstab der Marine. Besonders Renate Lutze konnte sich Zugang zu zahlreichen als »streng geheim« eingestuften Dokumenten verschaffen. Die Meldungen über die Aufdeckung eines Spionagerings der DDR kamen von AP und dpa,[367] doch erst Feldmeyer brachte dann das Ausmaß der Spionage in einem Aufmacher und weiteren Artikeln im folgenden Jahr ans Licht. Es ging um Informationen zu Problemen bei der NATO-Stabsrahmenübung WINTEX, dem Nachfolger von FALLEX, ferner zum Konzept für einen neuen Kampfpanzer und zur Alarmplanung der Bundeswehr,[368] die an die DDR gelangt waren. Fritz Ullrich Fack kommentierte unter dem Titel »Eine Art Totalverrat«, es handle sich um eine »Spionageaffäre ersten Ranges«, und sah Verteidigungsminister Leber in der Verantwortung.[369] Als der Abschlussbericht des Untersuchungsausschusses in der Causa schließlich vorlag, resümierte auch Feldmeyer, dass es sich um den »größten Verratsfall der Bundeswehr« handle.[370] Er erhielt für seine Berichterstattung die bedeutendste deutsche Auszeichnung für Journalisten, den Theodor-Wolff-Preis.[371]

Zum Thema der internationalen Politik schlechthin wurde Mitte der 1960er Jahre die atomare Nichtverbreitung (NV), und damit erhob sich erneut die Frage, ob die Bundesrepublik an eigene Atomwaffen denken solle. Diese Frage war kein Tabu in den Kommentaren der *FAZ*. NV-Politik war »Abrüstung« als »Machtpolitik«.[372] Angesichts der Gefahr eines völkerrechtlichen *status minus* kommentierte Weinstein, die Bundesrepublik solle nicht Atommacht werden, aber auch keinen »feierlichen Verzicht« aussprechen. Die Option zu behalten könne ein »Hebel« sein, bessere »Garantien für unsere Sicherheit« auszuhandeln.[373] Schon zuvor hatte er ein Stichwort in die Debatte geworfen, das Bundeskanzler Kiesinger dann Ende Februar 1967 aufgriff, als er von einer »Form des atomaren Komplizentums« sprach, was bei US-Präsident Lyndon B. Johnson einen Wutanfall auslöste.[374] Die damals weitverbreiteten Vorbehalte gegen einen NV-Vertrag waren vielfältig: Man fürchtete die Behinderung der noch allenthalben als Zukunftstechnologie gesehenen Atomenergie, eine Erschwerung der europäischen Einigung, die ja atomare und nichtatomare Staaten umfasste, und ein Agreement der Supermächte zulasten des Frontstaates Bundesrepublik und der Wiedervereinigung. Der NV-Vertrag wurde dann von der neuen sozialliberalen Bundesregierung unterzeichnet, aber erst 1974 vom Bundestag ratifiziert.[375] Wieder waren viele der *FAZ*-Kommentatoren moderater als Weinstein. Jürgen Tern kritisierte Altkanzler Adenauers Verdikt gegen den NV-Vertrag im Wahlkampf 1965, der diesen Plan als eine »grauenvolle, gefährliche und grundfalsche Theorie« bezeichnet hatte, als »übertrieben«, aber »wahrscheinlich nützlich«.[376] Nikolas Benckiser bewertete nukleare Proliferation als »unerfreulich«, selbst wenn der Frieden dadurch besser gesichert werden könne.[377]

Weinstein ging Ende 1967 auch mit der neuen NATO-Strategie MC 14/3 – der Flexible Response – fundamentalistisch ins Gericht: »Auf militärischem Gebiet betreibt die NATO keine Strategie mehr«, polterte er schon im ersten Satz seines Artikels »NATO-Politik der Schwäche«. Der Strategiewechsel sei nichts als »Scharlatanerie«, denn es fehlten die Mittel zur Umsetzung.[378] Weinstein insistierte, dass die »operativen Verbände« der NATO »keinen Abschreckungswert mehr besitzen«. Wenn das die »Wahrheit« war, wie Weinstein sagte,[379] was hielt dann die Abschreckung aufrecht? Die Lage blieb für die Bundesrepublik eher gefährlich und insgesamt »unbefriedigend«.[380] Auch redaktionsintern wurde die Strategiedebatte geführt. Ende 1968 kritisierte Weinstein, »die Abschreckung sei sowieso nicht mehr da«, man habe »nur noch eine zusammengeflickte Reichsarmee«, der oberste NATO-Befehlshaber Europa wisse »nicht einmal […], wie er die Abschreckung richtig organisieren solle«, und man sei »psychologisch […] vor vier, fünf Jahren weiter gewesen«. Gillessen hielt dagegen, da die »massive Abschreckung nicht mehr kreditfähig«, die Flexible Response alternativlos und auch nicht so schwach sei. Weinstein überzeichne.[381] Die interne Strategiedebatte wurde nie beendet, wie etwa die Große Konferenz am 19. Mai 1987 – im Vorfeld des INF-Vertrages – zeigte.

Das von heftigen transatlantischen Verstimmungen begleitete Ringen um die Einführung der Neutronenwaffe 1977/78 war für Weinstein ein Kampf gegen Propaganda, Demagogie und »Atompazifismus«.[382] Er stellte den Lesern die neue Superwaffe nüchtern vor und taxierte sogleich ihre Chancen, die er darin sah, die Vorneverteidigung wieder möglich zu machen und die unliebsamen Implikationen der Flexible Response zu überwinden:

> Bei Verwendung der Neutronenwaffe sollen die Auswirkungen der Hitze und des radioaktiven Aschenregens um 90 Prozent geringer sein als bei »normalem« taktischem Atomeinsatz. Wenige Stunden nach der Explosion schon könnten eigene Verbände das vorher verseuchte Gebiet durchstoßen. Die Neutronenstrahlen zerstören auch weniger das Material, dafür durchdringen sie es. Militärtechnisch heißt das, daß die Panzerkampfwagen unbeschädigt bleiben könnten, die Besatzungen aber tot wären. Die Strahlenwirkung ist körperlich tief, räumlich konzentriert, zeitlich kurz. Diese schreckliche Waffe macht den Menschen wehrlos, erhält aber sein Gerät. […]
> Kein Parlament und keine Regierung werden die »Neutronenbombe« im Bereich des eigenen Territoriums einsetzen können. Eine Strategie der *flexible response*, die an Vorneverteidigung denkt, mit der Auflage, die erste Phase eines Kampfes passiv erdulden zu sollen, können Holland, Belgien und die Bundesrepublik bei Einführung der Neutronenbombe nicht hinnehmen. Der Nicht-Krieg bleibt nur erhalten, wenn die Drohung sich »vorwärts« verlagert.[383]

Das »Neutron« könne den »auf Europa gerichteten sowjetischen ›Panzerdruck‹ aufheben«.[384] Weinstein setzte also auf eine geradezu Jünger'sche Kühle und Nüchternheit bei der Chancenabwägung der neuen Waffe, während Egon Bahrs Wort von der »Perversion des Denkens« die Debatte zunehmend beherrschte. Dennoch beschloss der Sicherheitsrat der Bundesregierung Anfang

1978 die Dislozierung der Neutronenwaffe, wenn binnen zwei Jahren keine Erfolge bei Rüstungskontrollverhandlungen erzielt würden und ein weiteres kontinentaleuropäisches Land stationiere. Präsident Carter machte dann Ende März 1978 überraschend einen Rückzieher und verzichtete auf die Neutronenwaffe. Die ohnehin prekäre Beziehung zwischen dem US-Präsidenten und dem deutschen Bundeskanzler Schmidt verschlechterte das noch weiter.[385]

Die Diskussion um den NATO-Doppelbeschluss war das nächste dominierende Thema in der Sicherheits-, ja Weltpolitik. Die Frühzeit der Debatte ist aufschlussreich. Als Herbert Wehner die sowjetische Rüstung Anfang 1979 als »defensiv« charakterisierte, warnte Karl Feldmeyer vor der »Gefahr«, dass die NATO handlungsunfähig werde, und hielt es für »fatal, wenn diese Gefahr ausgerechnet durch politische Irritationen gefördert würde, die aus der Bundesrepublik kommen«.[386] In der SPD verbreite sich die Ansicht, die Bundesrepublik müsse »im Bündnis eine vermittelnde Position zur Sowjetunion einnehmen«. Gillessen bezeichnete das als »Beschwichtigungspolitik« aus nationalem Antrieb, da es die Bundesrepublik »zum Fürsprecher sowjetischer Interessen in der westlichen Allianz« machen würde. Dies sei »die klassische Fehleinschätzung der Bedeutung des Gleichgewichts« beziehungsweise der Gegenmachtbildung »als des einzigen Mittels, mit einem Gegner halbwegs friedlich leben zu können«.[387] Angesichts einer Hetz- und Einschüchterungskampagne der Sowjetunion, die vor allem auf die Bundesrepublik ziele, sei »unbeirrt« der Doppelbeschluss zu fassen, damit das »Gleichgewicht« erhalten bleibe. Statt der »jahrelangen Vulgarisierung der ›Entspannungspolitik‹ als angeblicher ›Überwindung des kalten Krieges‹« forderte Gillessen eine geistige Verteidigungshaltung in der Erkenntnis, dass die Entspannungsära von der Sowjetunion »für den Aufbau der eigenen Übermacht« missbraucht worden sei.[388] Während Weinstein unbeirrt riet, »Divisionen plus Neutronenwaffe plus Pershing plus cruise missiles – ein Bündel abschreckender Elemente: Das müßte den Krieg verhindern«,[389] mahnte Gillessen westlichen Zusammenhalt und deutsche Bündnistreue an: »Nicht mehr Isolationismus in Amerika und Neutralismus in Europa heißt die Gefahr, die unsere Sicherheit bedroht; sie heißt Atompazifismus.«[390]

Es gehe Moskau darum, so wieder Weinstein im Raketenwahlkampf 1983, »die Alte Welt vom amerikanischen Atomschutz« zu lösen, die USA aus Europa »zu vergraulen«.[391] Moskau, so Johann Georg Reißmüller, setze auf die »Friedensbewegung«. Kommunistische Kader in der Friedensbewegung kalkulierten, dass »gewaltfreier« Widerstand zu Gewaltspiralen führen werde.[392] Als dezidierter

Fürsprecher des »atlantische[n] System[s]« argumentierte auch der Historiker Michael Stürmer, der Berater von Kanzler Helmut Kohl war und als Leitartikler für die *FAZ* schrieb.[393] Stürmer meinte, erst die beiden heftig in Europa befehdeten Projekte der Nachrüstung (Mittelstreckensysteme) und die vom amerikanischen Präsidenten Ronald Reagan verfolgte Raketenabwehr »Strategic Defense Initiative« (SDI) könnten dem Westen die Initiative zurückbringen.[394]

Die Verhandlungen über Mittelstreckensysteme und der 1987 dann zwischen den Supermächten geschlossene INF-Vertrag (»doppelte Null-Lösung«, also Abbau aller landgestützten Nuklearraketen mit kürzerer und mittlerer Reichweite) hielten die *FAZ* in Atem, zumal sich gewaltige Veränderungen im Ostblock andeuteten. Feldmeyer erschien das Schema des INF-Vertrages »gefährlich«. Die »Null-Lösung« erhöhe den sowjetischen Spielraum »zumindest für die politische Nutzung der eigenen Militärmacht«. Es drohe die Gefahr einer Dynamik hin zu einem »atomwaffenfreien Europa« – und damit das Ende der nuklearen US-»Schutzgarantie«.[395] Auch innerhalb der *FAZ* lief die Strategiedebatte wieder auf Hochtouren. Wider die populäre Null-Lösungs- und Abrüstungseuphorie warnte Jürgen Busche, »die Bundesrepublik sei das Schlachtfeld und sähe hinterher [nach konventioneller Verteidigung, P. H.] auch nicht besser aus als nach einem Atomkrieg«.[396] Michael Stürmer stellte erneut die geopolitische Dimension in den Vordergrund: Die »physische Anwesenheit der Nordamerikaner – aus den Vereinigten Staaten und aus Kanada – im westlichen Deutschland« sei »lange nicht mehr so wichtig wie heute«.[397] Es bleibe das »Ziel der Sowjetunion«, »Westeuropa und vor allem die Bundesrepublik zu denuklearisieren und zugleich die eigene konventionelle Invasionsfähigkeit zu erhalten«.[398] Der INF-Vertrag erschien als sowjetischer Etappensieg, der aber auch größere Stabilität bringen und die Lage besser machen könnte.

Gillessen warnte, es sei »gefährlich falsch«, auf die dritte Null bei Nuklearsystemen bis 500 km zu setzen mit dem Scheinargument, Deutschland werde sonst zum »Ort eines Kernwaffenkrieges mit Kurzstreckenraketen ohne Risiko für die anderen Mächte«. Das würde dem »Hauptziel« der Sowjetunion, »Amerika aus Europa zu verdrängen«, Vorschub leisten. Gillessen lehnte die Phrase ab: »Je kürzer die Reichweite, desto deutscher die Wirkung.«[399] Wer so rede, sei ein »Opfer« der Sowjetpropaganda, meinte auch Nonnenmacher.[400] Vor dem Hintergrund der hitzigen Kontroverse um nukleare Kurzstreckenwaffen und Überbietungsversuche westdeutscher Politiker, sich als Entspannungspolitiker zu präsentieren, plädierte Gillessen für die Modernisierung der

Kurzstreckenraketen. Die deutsche Westbindung und die NATO intakt zu halten schien wieder das Gebot der Stunde. Wenn die Bundesrepublik fest im Bündnis stehe, steige auch ihr »Ansehen« in Moskau, wo sich die Dinge auf faszinierende Weise änderten.[401]

Stürmer hielt Mitte 1989 einen »Krieg [für] nicht wahrscheinlich«, obschon die angekündigten sowjetischen Truppenkürzungen in Europa erst noch durchgeführt werden mussten und insofern das Potential zu »raumgreifenden Operationen in Europa« weiterbestand. Stimmung und Bedrohungswahrnehmungen wandelten sich. Die verteidigungspolitische Frage war stets: »Was tun, wenn der Russe kommt?« Doch nun sei die Frage: »Was tun, wenn er nicht kommt? An der Antwort wird sich zeigen, wie die Deutschen zu ihrem Staat, zum Westen und zu sich selbst stehen.«[402] Stürmer sprach hier ein Problem an, das den Westen nach dem Zusammenbruch des Ostblocks 1991 beschäftigte: Was hält ihn nach dem Wegfall der kommunistischen Herausforderung, nach dem Ende des Kalten Krieges fürderhin zusammen?

Stubenarrest

von Günther Gillessen

Die »Konferenz über Sicherheit und Zusammenarbeit in Europa« (KSZE) in Helsinki (1972–1976) war ein Ereignis mit einer langen Vor- und einer bis 1989/1990, bis in den Zusammenbruch der Sowjetunion, führenden Nachgeschichte. Ihr Erfinder und Betreiber war Leonid Breschnew, der Machthaber der Sowjetunion. Sein jahrelanges Drängen nach einer Konferenz aller europäischen Staaten (also ohne Amerikaner und Kanadier) galt dem Ziel, die bestehenden Grenzen, das hieß die faktische Herrschaft Moskaus über die östliche Hälfte Europas ohne Friedenskonferenz und ohne Friedensvertrag durch das versammelte Europa bestätigen und legitimieren zu lassen. Diesem Drängen schienen die westlichen Verbündeten, inzwischen auf ihre Weise um »Entspannung« des Ost-West-Konfliktes bemüht, wenig mehr entgegensetzen zu können als ihr Verlangen nach einer »ausgewogenen Reduzierung« der in Europa aufgestellten Streitkräfte (MBFR), das heißt nach Abbau des sowjetischen Übergewichts an konventionellen Truppen.

Unter diesen Umständen erwartete ich von der Konferenz in Helsinki nichts Gutes, eher einen Schritt tiefer in die Risiken und Utopien einer auto-suggestiven, symbolischen »Entspannungspolitik«, wie sie in der Bundesrepublik namentlich von Willy Brandt, Walter Scheel und Egon Bahr inszeniert wurde. Sollte das inzwischen auch die Politik der Verbündeten im NATO-Rat geworden sein? Was wollten sie in Helsinki erreichen, was verhindern?

An hoher Stelle im internationalen Stab des Generalsekretärs der NATO, des Holländers Joseph Luns, kannte ich seit Langem den Direktor der politischen Abteilung, Jörg Kastl.[1] Er lud mich zu einem Besuch nach Brüssel ein. Er verfügte über zwei hintereinanderliegende Arbeitszimmer. In dem hinteren setzte er mich an seinen Schreibtisch, holte mir aus einem Panzerschrank die KSZE-Akte, verließ den Raum und verriegelte die Tür von außen. Niemand, kein Mitarbeiter, keine Sekretärin, kein Bürobote sollte sehen können, dass in dem zweiten Raum jemand saß und Akten las, obwohl ihm ein Besucherausweis am Halse baumelte. Ich verbrachte den ganzen Tag eingesperrt in diesem Zimmer, konnte das ganze Dossier ungestört studieren und mir Notizen machen. Mit Erleichterung sah ich gravierende Unterschiede zwischen der in vielen Sitzungen kritisch erarbeiteten Konferenz-Strategie der NATO-Mächte und den Verheißungen Bonner Entspannungspolitiker und ihrer offiziellen Sprecher. Am Ende meines Stubenarrestes im NATO-Hauptquartier hatte ich verstanden, auf welche Punkte es den verbündeten Regierungen ankam, und dass auch Sollbruchstellen in den westlichen Verhandlungsplan eingebaut waren, sollte Breschnew nicht zu hinreichenden Abstrichen und Gegenleistungen bereit sein. Ich war beruhigt darüber, dass man sich im Kreise der Verbündeten gut vorbereitet hatte, und ich wusste außerdem, auf welche Stichworte und Formeln ich in den zu erwartenden Verlautbarungen zu achten haben würde, wenn ich demnächst, im November 1972, nach Helsinki zur Berichterstattung über die Vorbereitungskonferenz der Delegationsleiter reisen würde. Die Teilnahme der Amerikaner und Kanadier als in Europa präsente Mächte war längst gesichert.

Der westliche Verhandlungsplan ging auf. Nach den ersten zehn Tagen stand fest, nach welchen Regeln verhandelt und abgestimmt werden sollte, welche Punkte die Tagesordnung enthalten würde und welche nicht: keine Versprechungen der »Unveränderbarkeit« der existierenden Grenzen, lediglich Zusage ihrer »Unverletzlichkeit« (mit Gewalt). Wirtschaftliche Zusammenarbeit: ja, aber auch »kulturelle«, zum Beispiel Reisen von Wissenschaftlern und Künstlern, Journalisten und Austausch von Büchern, Zeitungen und »Ideen«, dazu »humanitäre Erleichterungen« wie Visa für Besuche naher Angehöriger auf der anderen Seite der

[1] Der deutsche Diplomat Kastl war in den NATO-Stab des Generalsekretärs entsandt worden und unterstand diesem als »Stellvertretender Generalsekretär« direkt (Erläuterung von P. H.).

Mauern und Zäune und dergleichen (mehr Vorschläge im sogenannten Dritten Korb). Weiter: keine Institutionalisierung der KSZE als Dauereinrichtung, etwa als europäischer Sicherheitsrat, wohl aber regelmäßige »Nachfolge-Konferenzen«, auf denen die »Fortschritte« der Zusammenarbeit festgestellt werden sollten, das heißt auch, dass Versäumnisse und Vereitelungen zur Sprache gebracht werden könnten. Als feststand, dass alles dies zu besprechen sei, wusste ich, dass die Konferenz nur noch krachend fehlschlagen könne oder nach westlichen Spielregeln verlaufen werde, jedenfalls nicht mehr die sowjetische Herrschaft über Osteuropa legitimieren, sondern verändern werde. Die Interessenlage hatte sich umgekehrt.

Warum aber hatte ich das geheime NATO-Dossier zu lesen bekommen? Zweifellos hatte der deutsche Beamte sich über die gewöhnlichen Regeln seines Amtes hinweggesetzt. Hatte er das auf seine Kappe genommen? Hatte er den Generalsekretär gefragt? Ich habe nicht nachgefragt. Aber er hatte mit mir auch kein »Hintergrundgespräch« geführt, keinerlei Rat gegeben oder mir gar Auflagen für die Verwendung meiner Notizen gemacht. Ich verstand, dass er verstand, dass ich umsichtigen Gebrauch von diesen Informationen machen werde. Damit konnte ich ohne Bezug auf irgendwelche Quellen, schon gar nicht der NATO, den Lesern der *FAZ* in einer Serie von drei Artikeln systematisch erklären, welche Probleme auf der bevorstehenden Konferenz zwischen 34 östlichen, westlichen und neutralen Regierungen behandelt werden müssten, und warum das nötig sei, einerlei ob es der sowjetischen Regierung gefallen werde oder nicht. Wenn sie wolle, dass die westlichen Mächte zu der Konferenz kämen, dann auch mit bestimmten eigenen Erwartungen – oder einer frühen Abreise. Vermutlich hat die sowjetische Botschaft in Rolandseck die drei Artikel ebenso aufmerksam gelesen wie Kollegen deutscher Zeitungen, bei denen ich ein paar Wochen später im Pressesaal von Helsinki Ausschnitte der drei Artikel liegen sah.

Bleibt eine professionelle Frage: Der deutsche NATO-Diplomat gab mir das Dossier gewiss nicht nur, weil er mein Interesse an den Problemen der »Entspannungspolitik« kannte. Auch er hatte ein Interesse. Er musste wünschen, dass die westliche Verhandlungsführung in der deutschen Öffentlichkeit verstanden werde. Die Allianz musste auch nach innen zusammengehalten werden. Das lag auch im deutschen Interesse, wenn auch nicht unbedingt dem Parteiinteresse der Regierung Brandt-Scheel, die ihre »Friedenspolitik« auch zur innenpolitischen Polarisierung nutzen und die Opposition als heillose Kalte Krieger erscheinen lassen wollte.

Der Fall zeigt exemplarisch, dass selbst in ordentlichen Demokratien verlässliche politische Information zuweilen nur unter dem Schutz der Vertraulichkeit erhalten und mitgeteilt werden kann. Gute Information kommt nicht ohne »Hintergrund«-Unterrichtung aus. Solange beide Seiten sich in der Verschiedenheit ihrer jeweiligen Rollen anerkennen und die ihnen gezogenen Grenzen achten, ist das möglich und grundsätzlich auch unbedenklich. Aber wer sich als Journalist zum Sprachrohr, zum Instrument anderer machen lässt, wird wohl auch ahnen, dass er dabei ganz leise den Respekt seines Informanten verliert – am Ende auch dessen Vertrauen.

4
IN DER NACHKRIEGSMODERNE

Die Kultur der Nachkriegszeit bis Mitte der 1960er Jahre zeigt unterschiedliche Tendenzen: Das große Bedürfnis nach der Wiederaufnahme der westlichen Moderne wurde gestillt, besonders in der zuvor weitgehend verfemten modernen Kunst, der Architektur, der Musik. Das literarische Experiment und der kontroverse geistige Austausch blühten. Zugleich wirkten ältere, kulturkonservative und kulturpessimistische Traditionen fort. Die Herrschaft der Technik, die Vermassung, die Entfremdung des modernen Menschen – das waren Gegenstände philosophischer und feuilletonistischer Kritik. Neben Heimatfilm und werktreuer Theaterregie traten Nouvelle Vague und die bald uneingeschränkte Hegemonie der abstrakten Kunst, neben die Brüder Jünger und Heidegger die gesellschaftskritischen Romane aus der immer größer werdenden »Gruppe 47« und die Frankfurter Schule, neben Freyer, Gehlen und Schelsky der französische Existentialismus. Die Intellektuellen stießen zwar auf das Desinteresse oder die Ablehnung der Unions-Bundeskanzler (Erhards Bemühungen um Annäherung scheiterten) und ihres Gefolges, doch die Möglichkeiten, Gehör zu finden, waren durch den Zeitschriftenboom nach dem Krieg und das anspruchsvolle Radioprogramm größer als jemals zuvor.[1]

Die *FAZ* trug wesentlich dazu bei, Phänomene der modernen Kultur bekannt zu machen, das gilt für die Kunst, die Musik, den Film und nicht zuletzt für die Literatur. Die beiden entscheidenden Repräsentanten dafür waren der »Zivilisationsredakteur«[2] Karl Korn und der konservative »Literaturpapst« Friedrich Sieburg. Im Folgenden sollen beide auf ihrem Weg durch die Nachkriegsmoderne begleitet, mit Ernst Jünger und Carl Schmitt zwei umstrittene Autoritäten in ihrer Bedeutung für die Zeitung betrachtet und die Adaption der Moderne mit Blick auf die Darmstädter Gespräche, die documenta und die Neue Musik beleuchtet werden.

SIEBURG UND KORN: KONSERVATIVER GESCHMACK UND KULTURELLE ÖFFNUNG

Friedrich Sieburg ist angesichts seines einstigen Stellenwerts im heutigen kollektiven Gedächtnis der Bundesrepublik unterrepräsentiert. In der Forschung hat er dagegen ein Comeback erfahren und wurde mehrfach biographisch gewürdigt.[3] Nach anfänglichen Sympathien für den George-Kreis und dann für den Kommunismus hatte sich der promovierte Germanist in den 1920er Jahren zu einer konservativen Edelfeder der *Frankfurter Zeitung* entwickelt. Der Ertrag seiner Korrespondententätigkeit in Paris wurde 1929 zu einem Bestseller: »Gott in Frankreich?«. Sieburg bewunderte den selbstsicheren Nachbarn und war bei der Ergründung der französischen Seele letztlich auf der Suche nach der eigenen Nation, die zu seinem Leidwesen aber nicht über ein so gefestigtes Selbstbewusstsein und ähnlich identitätsstiftende historische Erzählungen verfügte wie die französische.

1932 schloss Sieburg das Buch »Es werde Deutschland« ab, das er in der englischen Ausgabe als seinen Beitrag zur »nationalen Revolution« darstellte. Gleichwohl wurde es von den Nationalsozialisten wie ein weiteres seiner Bücher verboten. Während des Krieges wechselte Sieburg zwischen der *FZ* und dem Auswärtigen Dienst hin und her. Als Botschaftsrat in Paris hielt er am 22. März 1941 eine Rede vor der »Groupe Collaboration«, in der er sich als Nationalsozialist bekannte. Nach dem Krieg war er zunächst mit einem Schreibverbot belegt, und stieß dann als Literaturchef zu Reifenbergs *Gegenwart*. 1956 konnte ihn Welter, der mit Sieburg seit der gemeinsamen Korrespondentenzeit in Paris befreundet war, zur *FAZ* lotsen. Für die *FAZ* war das ein Reputationsgewinn, und Sieburg ermöglichte es ein komfortables Leben. Er konnte zu Hause arbeiten und reiste nur der Höflichkeit halber alle zwei Wochen zur Konferenz nach Frankfurt, standesgemäß mit dem Flugzeug von Stuttgart aus. Sieburg war verantwortlich für die Literatur und konnte dabei ziemlich frei schalten und walten. Darüber hinaus fand er in den 1950er und 1960er Jahren mit seinen zeitkritischen und biographischen Büchern viel Aufmerksamkeit.[4] Sein Essaytitel »Die Lust am Untergang« von 1954 wurde zum geflügelten Wort. Die von Thomas Mann, aber offenkundig auch von Max Scheler inspirierten zeitkritischen Reflexionen über Deutschland und über den »deutschen Selbsthass« nahmen Motive von »Gott in Frankreich?« und Passagen aus »Es werde Deutschland« wieder auf.[5] 2010 gab die Schriftstellerin Thea Dorn »Die Lust am Untergang« erneut in der »Anderen Bibliothek« heraus und betonte die Aktualität von Sieburgs Abrechnung mit einem dekadenten *juste milieu.* Passagen über Gandhi läsen sich wie ein Kommentar zur Bereitschaft, »den Islam partout in einem milderen Licht sehen zu wollen als die eigene abendländische Tradition«.[6] Sieburg kann also immer noch faszinieren, und sein Potential scheint noch nicht ausgeschöpft.

Sieburgs konservativer Geschmack, der sich etwa in der Wertschätzung Gerd Gaisers manifestierte, bedeutete nun keinesfalls, dass er nicht auch Gegenwartsromane wie die von Heinrich Böll loben konnte[7] oder gegen zeitgenössische skandalträchtige Literatur von vornherein feindlich eingestellt war. Vladimir Nabokovs »Lolita«-Roman, der in den USA und Frankreich zeitweise verboten war, pries er als »einen reinen Liebesroman« von »hohe[m] stilistischen Reiz«. Gerade darin, dass Nabokov die grenzenlose Liebe wieder ins Zentrum stellte, wenn auch am skandalträchtigen Plot der Liebe eines älteren Mannes zu einer Minderjährigen, erkannte Sieburg einen konservativen Zug des Buches. Das Konservative an Sieburgs eigener Besprechung bestand in seiner Polemik gegen die projektierte Verfilmung des Romans, ein Vorhaben, das er als abstoßend empfand. Und er sah in der Werbung allenthalben das Lolita-Motiv (*avant la lettre*) schon instrumentalisiert. Durch diese Polemik gegen Film und Werbung erwies sich Sieburg als Konservativer, nicht aber in seiner gelassenen Literaturkritik.[8]

Sieburgs nationale Orientierung, sein Denken in nationalen Kategorien, wird an einer Besprechung von 1958 deutlich, die den scharfen Widerspruch des jungen Hans Magnus Enzensberger hervorrief. Sieburg, der selbst dänische Literatur übersetzt hatte, kritisierte anhand einer sehr disparaten Anthologie deutscher und dänischer »Dichter der Gegenwart«, dass die dänische Literatur den Kontakt zu Deutschland verloren und damit aufgehört habe, »eine selbstständige geistige Potenz zu sein«. Über Deutschland sei die dänische Literatur in die Welt gelangt. Das sei nun nicht mehr gegeben. Hinter Sieburgs harscher Bestandsaufnahme der dänischen Literatur stand das generelle Bedauern, dass die Nationalität kaum mehr geistige Antriebe für den Einzelnen liefere. Enzensberger schrieb daraufhin einen längeren Leserbrief, in dem er auf den Widerspruch hinwies, dass eine selbstständige Potenz der dänischen Literatur nur in Abhängigkeit von Deutschland existieren könne. Eine Antipathie gebe es nur gegen jene – lies: Sieburg –, welche die Welt wieder am deutschen Wesen genesen lassen wollten.[9] Für Sieburg war die Publikation des Leserbriefes der Tropfen, der beinahe das Fass zum Überlaufen brachte, denn mit Karl Korn und Hans Schwab-Felisch im Feuilleton lag er sowieso schon über Kreuz. Er wollte seine Arbeit bei der *FAZ* niederlegen. Korn, der Sieburg Enzensbergers Schreiben vorab nicht gezeigt hatte, wurde von der Herausgeberkonferenz beauftragt, nach Stuttgart zu fahren und Sieburg zum Bleiben zu überreden.[10] Er blieb. Enzensbergers Brief war aber nicht die letzte Intervention einer jüngeren Generation von Intellektuellen gegen den kulturkonservativen Sieburg.

Die wachsende Prominenz Sieburgs lenkte die Aufmerksamkeit wieder stärker auf seine Vergangenheit, die schon unmittelbar nach dem Krieg Thema gewesen war. Bei den Angriffen tat sich erneut Kurt Ziesel hervor, vor allem aber die »Gruppe 47«. Dabei handelte es sich zum einen um einen Vater-Sohn-Konflikt, zum anderen um einen politischen Streit, hervorgerufen durch einen tiefen ästhetischen Gegensatz. Sieburg hielt nichts von sozial engagierter Literatur, huldigte einem von starkem Stilempfinden geprägten ästhetischen, auf Ganzheit zielenden Ideal und schrieb als konservativer Pessimist. Er sah einen Graben zwischen sich und neuen »Stars« wie Martin Walser, die er für durchaus sprachbegabt und talentiert hielt. Trotzdem verriss er Walsers Roman »Halbzeit« 1960 gründlich, denn er vermisste Takt, Sitte und Anstand.[11]

Der Streit eskalierte 1962, als Sieburg in eine Kontroverse zwischen dem Literaturkritiker Günter Blöcker und der »Gruppe 47« eingriff. Er hielt die zeitgenössische deutsche Literatur für konformistisch und stromlinienförmig. Sie treffe auf keine echten Widerstände und Feindschaften, die Literaturkritik sei ein »Sprechchor« der Unterstützer. Und er legte seinen Finger in eine Wunde: »Die Literatur ist auf den Versuch angewiesen, sich künstlich Feinde zu schaffen; dazu dient ihr die Konstruktion des Bürgertums, womöglich des ›satten‹ Bürgertums, von dem sie selbst seit Jahr und Tag ausgehalten wird.« Kritiker und Abweichler würden als Dunkelmänner, Faschisten oder »Anbeter der Atombombe« gebrandmarkt.[12] Die »Gruppe 47«, die sich in der Abneigung gegen Sieburg einig war, hatte ihm eine Zeitlang zur Demütigung täglich Gartenzwerge nach Hause geschickt, was er in der Zeitung mit einem gehörigen Schuss Polemik öffentlich machte.[13] Schwerer traf ihn, dass Willy Haas ihm zum 70. Geburtstag ein vergiftetes Geburtstagsgeschenk in der *Welt* machte, indem er die Vorwürfe zu Sieburgs Vergangenheit erneut ausbreitete und die Schmähung bis ins Physiognomische trieb: »Alles, was dieses Gesicht ausdrücken will, ist Hochmut: Es könnte ebensogut der Kaiser Caligula sein – es ist süffisant, abweisend, völlig verschlossen.«[14]

In der *FAZ*, zu der Welter Sieburg als Gegenpol zu Korn geholt hatte,[15] hatte es die eine wie die andere Seite nicht leicht. Korn hatte schon zuvor gegen

Sieburg sticheln lassen[16] und war bald mit ihm aneinandergeraten. Immer wieder beschwerte er sich bei Margret Boveri über Sieburg und den »skandalösen Zustand des Literaturblattes«, zu welchem er im eigentlichen Feuilleton ein »Gegenliteraturblatt« veranstaltete. 1957 hatte man »den schönsten Krieg«. Gegen Welter, der sich um Sieburgs Befindlichkeiten sorgte und dessen Glossen wertschätzte, entwickelte Korn zunehmend Antipathien, denn er sah sich durch die Dominanz des Herausgebers sowie dessen Allianz mit Sieburg bedroht. Darüber hinaus erregten Anspielungen Sieburgs auf seine eigene Rolle beim *Reich* seinen Zorn.[17]

Die Spannweite des Feuilletons wird daran deutlich, dass die *FAZ* nach dem Vorabdruck von Heinrich Bölls »Billard um halb zehn«, der hymnisch von Bölls Bewunderer Korn eingeleitet worden war, Sieburgs Biographie Chateaubriands abdruckte, wobei die ungezeichnete Einleitung Sieburg ebenso pries.[18] Als Sieburg noch für die *Gegenwart* arbeitete, schien Karl Korn in der *FAZ* die Rolle des konservativen Kulturkenners eingenommen zu haben. Gegen die »Adepten unserer Friseurkultur«, gegen »Reklame und Surrogate, Film und Fernsehen, Kosmetik und Motorisierung« bot er eine Reihe konservativer und liberaler Kulturkritiker auf, so José Ortega y Gasset, Hans Freyer, Hendrik de Man, Alfred Weber und vor allem: Arnold Gehlen. Der Denker der Institutionen als notwendige Entlastung und Sicherheitsnetz des unfertigen und instabilen Mängelwesens Mensch hatte es Korn besonders als Anti-Rousseau angetan, der sich zur technischen Zivilisation nicht eskapistisch verhalten wolle, sondern eine Kontrolle durch Askese anstrebe. Das war natürlich keine Massenoption, sondern eine Pflicht für Berufene, so Korn: »Mehr denn je gehören Männer der geistigen Disziplin an die Kommandohebel.« Bei seiner Anknüpfung an die konservative Kulturdiagnose der 1920er Jahre distanzierte er sich jedoch zugleich von dem damaligen Ausweg: »Die Diagnose stimmt noch immer. Die faschistische Therapie und auch die Heilungsversuche, die die politischen (!) Konservativen versucht haben, stimmen nicht. Sie haben uns in den Untergang geführt.«[19] Gut dreißig Jahre später entfaltete Wolf Lepenies diese Denkmotive erneut in der *FAZ* anhand einer Rezension der Gesamtausgabe Arnold Gehlens bei Klostermann und stellte Gehlen als Denker gegen den Zeitgeist vor, der in der Epoche des Wirtschaftswunders Askese gepredigt habe. Gehlen erschien dabei geradezu als – freilich antiindividualistischer – Vordenker der Grünen. Lepenies' umfangreiche Rezension war mit dem gleichen Schlagwort »Zurück zur Kultur« wie Korns Beitrag überschreiben. Im Zeitalter noch nicht vorhandener Digitalarchive ein

Beleg, welche Bedeutung Korns Artikel für das kollektive Gedächtnis zumindest des Feuilletons der *FAZ* besaß.[20]

Der kulturkonservativ argumentierende Korn verharrte jedoch nicht in der Distanz zur zeitgenössischen Kultur. Denn während der 1956 hinzugekommene Sieburg die »Gruppe 47« scharf kritisierte, ihren Durchbruch freilich dennoch nicht aufzuhalten vermochte, trat Korn als ihr Anwalt auf. Nicht nur deswegen war die Macht des Literaturteils der *FAZ* offensichtlich begrenzt. Es fehlte Sieburg abseits von Kritikern wie Günter Blöcker oder Hans Egon Holthusen schlicht an publizistischen Verbündeten. 1958 ermöglichte Sieburg dann ausgerechnet Marcel Reich-Ranicki den Zugang zur *FAZ*, beendete die Verbindung aber bald wieder, als dieser gleichzeitig für die *Welt* eine Serie über die DDR-Literatur schrieb. Sieburg hatte nicht nur politische Vorbehalte gegen den ehemaligen Kommunisten, der schnell Anschluss an die »Gruppe 47« fand, er witterte auch die aufsteigende Konkurrenz – zu Recht.[21] Dass Reich-Ranicki einer seiner Nachfolger wurde (nach Rolf Michaelis und Karl Heinz Bohrer), wäre für Sieburg eine bitterböse Ironie gewesen. Er musste es nicht mehr erleben.

Die Bedeutung Sieburgs für die *FAZ* wird klar, wenn man auf die Resonanz schaut, die ein »Porträt ohne Anlaß« von Joachim Fest 1980 erfuhr, das genau 16 Jahre nach Sieburgs Tod in der Beilage der *FAZ* »Bilder und Zeiten« erschien. Fest hatte recht kritisch über den »politischen Anpassungsdrang« Sieburgs während der NS-Zeit geschrieben und seine Eitelkeit, »feminine Züge« wie den »freundschaftlichen Umgang mit Homosexuellen« in jungen Jahren nicht verschwiegen. Die »Lust am Untergang« hielt Fest für die Selbstbespiegelung eines Depressiven. Sein Herausgeberkollege und Gesprächspartner Bruno Dechamps hatte Fest noch von der Publikation des Artikels abzuhalten versucht, da er meinte, so könne man nicht mit früheren Kollegen umgehen – ganz abgesehen davon, dass es die Kollegialität innerhalb der Zeitung beeinträchtige.[22] Als Welter schäumte und Fest scharf attackierte, konnte dieser auf die große zustimmende Resonanz verweisen, »darunter Äußerungen von Professoren, Verlegern, Intendanten sowie zahlreichen Freunden und Bewunderern Sieburgs«. Er verstand seinen Text als respektvolle Ehrung, die eben gerade nicht klischeehaft positiv sein dürfe.[23] Fests Sicht teilten die anderen Herausgeber wohl nicht, zu eng fühlten sie sich an das Erbe des Kollegen Sieburg gebunden. Für Fest war der Artikel insofern typisch, als er immer eine gewisse Distanz zur Zeitung und ihrem Korpsgeist wahrte, nach Meinung von Kollegen nie zu einem richtigen *FAZ*ler wurde und auch den Umgang mit

Angehörigen des Hauses fein dosierte. Eine Einladung zu ihm nach Hause wurde selten ausgesprochen und vielen gar nicht zuteil.[24]

Korn war im Gegensatz zu Sieburg schon in den frühen 1950er Jahren ein entschiedener Förderer der kritischen Gegenwartsliteratur und ihrer Experimente, von Alfred Andersch, Heinrich Böll und Wolfgang Koeppen. Gleichzeitig war er vorsichtig, wenn es zu politisch wurde, und er verteidigte die Autonomie der Literatur.[25] In Absetzung von der dann tonangebenden politisierten Literatur nach 1968 vereinnahmte Korn Andersch 1970 gleichsam romantisch und aristokratisch gegen die Vorgaben literarischer Gesellschaftskritik:

> Die allzeit neidisch aufpassenden Magister des literarischen Engagements werden Andersch auf die Schliche kommen und ihn wegen elitärer Abweichung tadeln. Denn es soll nach dem Willen der literarischen Gesinnungsschnüffler partout keine Freude auf der Welt mehr geben, allenfalls sogenannte Lust, wie sie am Konsummarkt im Zellophan der neuen Sozialhygiene zu haben ist. Andersch ist entschieden und ohne Abschied unter die Aristokraten gegangen, die diesen Titel noch oder heute erst recht beanspruchen können.

Korn endete damit, dass eine der von Anderschs Frau gestalteten Farbtafeln in dem von ihm besprochenen Andersch-Band »Novalis begeistert haben würde«.[26] Ob diese Vereinnahmung des sich sehr links äußernden und schreibenden Andersch diesen erfreut hat (siehe Kapitel »Ein halblinkes Feuilleton«), sei dahingestellt.

Bei Korn ist ein durchaus harmonisierender Zug erkennbar. Seine geistige Zwitterexistenz zwischen Offenheit für literarische Experimente, Nonkonformismus und Antibürgerlichkeit einerseits, konservativer Begriffs- und Sprachwelt andererseits, spiegeln zwei weitere Besprechungen aus dieser Zeit. In der einen empfahl Korn John Updikes recht drastische Dekuvrierung des amerikanischen Ehealltags zur Lektüre mit dem ironisch warnenden Zusatz: »Leute freilich, die sich leicht empören, wenn Dinge und Verhältnisse aufgedeckt werden, die hier und da noch tabuiert sind, seien gewarnt. Der Rezensent übernimmt keine Gewähr.« Dabei erkannte Korn ein »biederes Buch, kein Ärgernis im geistigen Sinne des Begriffs«. Dies führte er aber nicht auf mangelnde sprachliche oder inhaltliche Radikalität zurück, vielmehr fehle »die Klaue des Genies«, die »Kraft eines schöpferischen Dämons«.[27] Schon sprachlich huldigte Korn hier einem klassischen Ideal: dem Geniekult des 19. Jahrhunderts, in dem seine Beschwörungen von Größe oder Dämonen ihren festen Platz hatten.

In der anderen Rezension zog Korn Pierre Drieu la Rochelles »Verfallspanorama« ausdrücklich »Thomas Manns eindimensionalem Dekadenzroman ›Buddenbrooks‹« vor, da das Werk des Franzosen »viel differenzierter« sei. Gegenüber dem sicheren Hafen Thomas Manns präferierte Korn die Erregung, welche die gescheiterten Hauptfiguren in Drieus Romanen evozieren, nämlich die Spiegelung von dessen »Irrweg in den Faschismus«, den Drieu la Rochelle, so Korn nun seine Begeisterung politisch-korrekt einfangend, »durch den Selbstmord korrigiert« habe.[28] Schon vier Jahre zuvor hatte Korn unter der provozierenden Überschrift »Eine faschistische Literatur von Rang« Drieus »Die Unzulänglichen« gepriesen, relativierte dieses Lob aber zugleich durch seinen Einstieg:

> Ein Buch der Zerrissenheit, der unendlichen Lebenstrauer, ein Buch aber auch des Hasses und der Selbstzerfleischung kommt nach mehr als fünfundzwanzig Jahren zu uns, das Buch eines eminent begabten Franzosen, der in einem Zustand der Entfremdung von sich selbst einem politischen Wahnbild aufgesessen ist, einem Faschismus nach seiner Façon, und der sich 1945 das Leben nahm, weil er den Schriftsteller, der er gewesen war, nicht unglaubwürdig machen wollte.[29]

Von außen betrachtet, hatte Korn in den Augen vieler Intellektueller wohl einen Traumjob. Der ohnehin larmoyante Feuilletonist wurde in der *FAZ* aber immer unglücklicher. »Die FAZ ist eine Hölle und die meisten merken es nicht einmal!«, schrieb er 1969 Boveri. Er sah sich in einer ungeschützten Zwischenposition zwischen »meine[n] Heisssporne[n]« im Feuilleton einerseits und Welter, dessen Schützling Robert Held und Politikern wie Welters »Liebling« Fromme andererseits. Auch Jürgen Tern halte mit Welter gegen seine angebliche »Linksabweichung« zusammen. Gegenüber Boveri klagte er, »ich fürchte mich vor diesen Sitzungen und vor dem Redaktionsdienst, verliere natürlich auch bei meiner Mannschaft immer mehr an Einfluss, weil die Kerle ja wittern, dass da was nicht stimmt«. In einem anderen Brief sprach er von einer »Gegnerschaft« zu Welter. 1973 schrieb er, »Welter hat mich gestern furchtbar beleidigt[,] beschimpft«. Korn war des Ganzen sichtlich überdrüssig.[30]

ERNST JÜNGER UND CARL SCHMITT

Bei Korn ist der Bezug zu Protagonisten der »Konservativen Revolution« in den Zwischenkriegsjahren, seine Anerkennung ihrer Diagnosefähigkeit bei Ablehnung ihrer politischen Therapievorschläge schon deutlich geworden.[31] Das Verhältnis der *FAZ* und ihres Feuilletons zu zwei Großmeistern, die nach 1945 als (Post-)Rechtsintellektuelle noch erheblichen Einfluss ausübten, gestaltete sich ganz unterschiedlich. Generationenübergreifend schätzte man Ernst Jünger und bemühte sich um ihn. Trotz der periodisch aufkommenden Vorwürfe gegen Jünger, die 1982 anlässlich der Verleihung des Goethe-Preises der Stadt Frankfurt besonders zahlreich waren, hatte er im Vergleich zu dem ihm in brüchiger Freundschaft verbundenen Carl Schmitt einen Vorteil: Jünger war vor der Machtergreifung auf Distanz zu den Nationalsozialisten gegangen und enthielt sich nach 1945 expliziter politischer Werturteile zum neuen Staat und seiner Verfasstheit. Schmitt war dagegen 1933 zum Nationalsozialismus regelrecht konvertiert, nachdem er zuvor daran gearbeitet hatte, der braunen Bewegung den Zugang zur Macht zu verstellen.[32] Nach 1945 blieb er anders als Jünger geächtet und verharrte in Distanz zur neuen Demokratie.

Jünger stieg dagegen zum Jahrhundertzeugen auf. Seine europäische Bedeutung wurde durch den gemeinsamen Besuch von Helmut Kohl und François Mitterrand 1993 nur offiziös bekräftigt, nicht erst konstituiert. Von Karl Korn über Joachim Fest bis Frank Schirrmacher bemühten sich also die Feuilletonisten um den Solitär. Korn entschuldigte sich 1972 ausführlich für eine Glosse im Anschluss an die palästinensischen Attentate bei den Olympischen Spielen in München, die das geläufige Sprachbild vom Blutbad als Anklang an Jüngers »›Stahlgewitter‹-Heroismus« kritisiert hatte. Korn schrieb, er habe »selten in dieser Zeitung etwas so Peinliches sich ereignen sehen«, und fragte sich demütig, »wie es möglich war, daß solche Dinge in der von mir mitherausgegebenen Zeitung ohne mein Wissen erscheinen können. Ich habe mich auch gefragt, wie man Ihnen Genugtuung verschaffen könnte. Hausintern jedenfalls habe ich dem Herrn vor versammelter Konferenzmannschaft deutlich gesagt, wofür ich diese Glosse halte.«[33] Jünger war damit anscheinend ausreichend besänftigt worden, sodass er dem Vorabdruck seines neuen Romans »Die Zwille« zustimmte. Immerhin erhielt er dafür auch 25 000 DM. Korn leitete den Vorabdruck zum Jahresende 1972 mit wohlwollenden Worten ein. Er präsentierte die Erzählung über einen dörflich verwurzelten Jungen, der an der strengen Ordnung des städtischen Gymnasiums zerbricht, als modernen Roman, mit dem sich der »alte Magier« allerdings treu bleibe. Freilich handle es sich nicht um ein Buch aus dem »literarischen Konstruktionsbüro«, und wer Jünger wieder einmal ob seines Irrationalismus verdächtigen wolle, dem könne man nicht helfen.[34]

An den damals beliebten *FAZ*-Umfragen unter prominenten Autoren, etwa nach dem Verhältnis zur Nation, beteiligte Jünger sich nicht. Dabei hatte der Theaterkritiker Georg Hensel damit geworben, dass auch Marx, Proust und Wedekind den Fragebogen ausgefüllt hätten. Jünger notierte dazu mokant mit rotem Stift auf den Brief: »14.IX. Besten Dank. Bin leider zu beschäftigt und auch auf die Gesellschaft von Marx, Proust und Wedekind nicht besonders erpicht.« Auch diese lapidare Absage nahm Hensel devot entgegen. Er bedauerte, dass »Sie die Gesellschaft von Marx, Proust und Wedekind durch Ihre Anwesenheit nicht entschieden verbessern wollten!«.[35] Andererseits wurden Einsendungen von Jünger nicht blind abgedruckt. Einen von Joachim Fest erbetenen Beitrag für Reich-Ranickis Anthologie lehnte Fest selbst ab, weil ein Gedicht Schillers zu umfangreich für diese Rubrik war. Den Wunsch nach Abdruck einer Verdun-Ansprache beschied Friedrich Karl Fromme sehr höflich wegen einer mittlerweile entstandenen Inaktualität abschlägig.[36] Schirrmacher hielt dann trotz aller Wandlungen und Trends, denen er anheimfiel, an seiner Wertschätzung für den Jahrhundertschriftsteller fest. Nach seinem Einstand als Reich-Ranicki-Nachfolger versicherte er Jünger, dass er »weder im Positiven noch im Negativen zum Gegenstand einer, wie auch immer gearteten, Kampagne werde, jedenfalls nicht, solange ich das Literaturblatt leite«.[37]

Einzig Marcel Reich-Ranicki zählte nicht zum Kreis der Jünger-Verehrer. Weder schätzte noch las oder rezensierte er ihn und machte daraus auch kein Geheimnis. Ähnlich verhielt es sich später mit dem gleichfalls in der *FAZ* geschätzten Schriftsteller Martin Mosebach. Bei diesem zivilen Nachkriegsautor dürften die Vorbehalte Reich-Ranickis etwas anders gelagert gewesen sein, ein Widerwille, sich auf (tatsächliche oder vermeintliche) Reaktionäre einzulassen, zeigte sich aber hinsichtlich Jüngers wie Mosebachs.

War Carl Schmitt ein »Patron der *FAZ*«, wie es in einer neueren Edition heißt?[38] Das ist so sicher nicht richtig. Die überragende Bedeutung des Staatsrechtlers und politischen Theoretikers Carl Schmitt für das frühe Geistesleben der Bundesrepublik und für namhafte Gelehrte wie Ernst-Wolfgang Böckenförde, Reinhart Koselleck, Christian Meier, die Joachim-Ritter-Schule und – in negativer Aneignung – auch Jürgen Habermas ist vielfach gezeigt worden.[39] Viele von ihnen schrieben für die *FAZ*. Trotzdem herrschte im Vergleich zum Umgang mit Jünger im Verhältnis zwischen der *FAZ* und Schmitt auf beiden Seiten größere Vorsicht. Schmitt hatte sich in der Staatsrechtskrise am Ende der Weimarer Republik gegen die Nationalsozialisten positioniert. Das kompensierte er nach 1933 durch Bekenntnisse zum Regime, auch rabiat antisemitische. Während des »Röhm-Putsches«, als der ihm nahestehende General Schleicher ermordet wurde, fürchtete auch er um sein Leben. Er blieb unbehelligt und verfasste nun eine unterschiedlich ausdeutbare Rechtfertigung, die bis heute als Synonym für die juristische Legitimation des NS-Regimes gilt: »Der Führer schützt das Recht«. 1936 geriet Schmitt dann unter anderem wegen seines vormaligen engen Umgangs mit Juden unter publizistischen Beschuss der SS und wurde politisch kaltgestellt. Er konzentrierte sich von da an auf das Völkerrecht.[40]

Angesichts dieses Hintergrunds hielt Friedrich Sieburg Schmitt zwar für »einen der genialsten Denker unserer Zeit«,[41] wollte dessen Schriften aber lieber nicht besprechen, zumindest 1950 nicht. Zu Karl Korn bestand ein guter Kontakt. Der Feuilletonherausgeber rezensierte im selben Jahr Schmitts Bekenntnisschrift »Ex Captivitate Salus« (Aus der Gefangenschaft das Heil) sehr positiv. Schmitts Zeit im Gefängnis wertete er als Purgatorium, als Fegefeuer. Die Schmitt entgegengebrachte Feindschaft entstamme einer Mischung aus »Selbstgerechtigkeit und ideellem Abscheu«, was zu »Fragebogen über Verhöre bis zur monatelangen Zeugeneinzelhaft« in Nürnberg geführt hätte. Schmitt dagegen lege kein Ressentiment, nicht Bitterkeit oder Bosheit an den Tag, vielmehr sei seine Schrift von »Noblesse« gekennzeichnet, »mit der Schmitt sich selbst unter das Fatum des Irrens stellt«.[42] Wie bei vielen belasteten Zeitgenossen stand das eigene Schicksal im Mittelpunkt von Schmitts wie Korns Gefühlswelten. Larmoyanz und Selbstmitleid fehlten nicht. Korn war wegen seiner eigenen Vergangenheit noch nicht ins Visier Kurt Ziesels geraten und schlug einen offen emphatischen Ton beim Thema Vergangenheitsbewältigung an. 15 Jahre später verhielt er sich gegenüber Schmitts Schüler Armin Mohler deutlich distanzierter. Er rügte die starke Polemik Mohlers, gab ihm in der Kritik an der Vergangenheitsbewältigung, am »Bußgeschäft«, aber in Teilen recht. Anderes in Mohlers Buch sei »schlechthin unerträglich, etwa die Behauptung, daß sich ›selbst im Quantitativen voraussichtlich der so übergroß scheinende Abstand zwischen den deutschen Verbrechen und denen der anderen verringern würde‹«.[43]

Schmitt fragte 1951 anlässlich der Haltung der Zeitung gegenüber Franco-Spanien ätzend, ob »auch bei der *FAZ* der Antifaschismus das politische

Denken ersetzt [habe]. Bei unseren Großvätern ersetzte die Anglophilie das politische Denken. Aber das war wenigstens noch Philie und nicht nur Anti oder Antifa.« Auf diese freimütige Kritik antwortete Korn ausweichend, stellte eine Feindseligkeit gegenüber den Spaniern seitens der Zeitung in Abrede, gab Schmitt aber kaum verhohlen recht, dass »der Antifaschismus eine schlimmere Verdunklung des gesunden Urteils ist als die Anglophilie unserer Großväter«. Im Übrigen zeigte Korn sich in einem Postskriptum »hellauf begeistert« von Jüngers »Der Waldgang«; dieser sei damit wieder zum »alten, königlich unabhängigen Propheten« geworden.[44] Dass dieser Lobpreis dem auf Jüngers Nachkriegserfolg eifersüchtigen Schmitt sehr gefallen hat, ist zu bezweifeln.

Schmitt war ob seines Scharfsinns und seines gleichzeitig fortwährenden informellen Einflusses gefürchtet und wegen seines – anders als bei seinem protestantischen Schüler Ernst Rudolf Huber – fehlenden Schuldeingeständnisses sowie seiner fortdauernden Distanz zum neuen Staat verhasst. Die Wochenzeitung *Die Zeit* geriet 1954 wegen Carl Schmitts Beitrag »Im Vorraum der Macht« in eine schwere Krise, was man bei der *FAZ* natürlich genau beobachtete. Marion Gräfin Dönhoff verließ vorübergehend die Zeitung. Amerikanische und deutsche Offizielle bis hin zu Bundespräsident Theodor Heuss intervenierten. Das Ergebnis war, dass Schmitt fortan die *Zeit* verschlossen blieb, ihr Chefredakteur Richard Tüngel entlassen wurde und Dönhoff zur *Zeit* zurückkehrte, was ihr und der *Zeit* den lebenslangen Hass und Spott des Plettenberger Rentiers zuzog.[45]

Die indirekte Publizität durch eine neue Generation von Schülern wie den später für das *FAZ*-Magazin glanzvoll-bissige Aphorismen schreibenden Johannes Gross (»Insgleichen nimmt der Widerstand gegen Hitler täglich zu«[46]) oder seinen Freund, den Erhard-Berater Rüdiger Altmann, die den Meister in der »Frankfurter Allgemeinen Langeweile« (Schmitt) repräsentierten, begleitete Schmitt mit wohlwollender, oft freilich zur Zurückhaltung ratender Korrespondenz.[47] Auch die *FAZ*ler Joachim Fest, Henning Ritter und Eberhard Straub waren von Schmitt intellektuell oder persönlich geprägt worden, ohne nun in Gänze dem sowieso nicht systembauenden Denker zu folgen. In den 1970er und frühen 1980er Jahren erschienen in der *FAZ* große Stücke über den Staatsrechtler aus der Feder von Johannes Gross und Rüdiger Altmann. Alle waren empathisch, aber nicht unkritisch. Sie drehten sich um Schmitts berühmteste Schrift »Der Begriff des Politischen«, die ausgedeutet und weitergedacht wurde. Einig war man sich, dass Schmitt als »Kronjurist« des 1934 von den Nationalsozialisten ermordeten Kurt von Schleicher kein Nationalsozialist gewesen sei, vielmehr im Dritten Reich bedroht war und sich als Jurist amoralisch oder immoralisch mit den jeweiligen Lagen auseinandergesetzt habe. Für die Gegenwart versuchte man seine Begriffsunterscheidungen, seine Auffassung von Staatlichkeit und Feindschaft, Krieg und Frieden, Legitimität und Legalität weiterzuführen, bei Altmann mit einem für die Neuen Linken anschlussfähigen Verweis auf den Radikalenerlass und den Kampf gegen den Terrorismus.[48]

Schmitt blieb ein heißes Eisen. Eberhard Straubs wohlwollendes Porträt führte 1981 zu redaktionsinternen Auseinandersetzungen. Straub musste den Artikel viermal umschreiben. Dennoch provozierte er einen wütenden Leserbrief des Sozialhistorikers Hans-Ulrich Wehler, der Straub vorwarf, einen »von historischen Fehlurteilen wimmelnden Aufsatz« geliefert zu haben.[49] Im Jahr darauf beschwerte sich Dolf Sternberger über Altmanns positive Würdigung der vom *FAZ*-Mitarbeiter Günter Maschke neu herausgegebenen »Leviathan«-Schrift von Schmitt, die 1938 erstmals erschienen war.[50] Der Artikel widerspreche »der Philosophie der Zeitung« und er tue so, »als ob es die wissenschaftlichen Leistungen der Schule Sternberger nicht gebe«. Altmann hatte nur gespottet, die Politologen lebten in einer »Spannung zwischen Ideologie und Empirismus«. Joachim Fest bot Sternberger beflissen eine Erwiderung an, »notfalls auf dem doppelten Platz«, die dann aber nicht kam.[51] Hier deutete sich der große Konflikt beim Tod von Schmitt bereits an.[52]

Schmitts Tod am 7. April 1985 führte in der *FAZ* also zu einer heftigen Auseinandersetzung. Nachdem Friedrich Karl Fromme schon im »Eckenbrüller« auf Seite eins den Tod Schmitts mit respektvollem Unterton gemeldet hatte, schrieb Schmitts später, sehr temperamentvoller Schüler Günter Maschke den Nachruf, der zur Abrechnung mit Schmitts zahlreichen Feinden geriet.[53] Der ehemalige linke Studentenführer in Wien und Fahnenflüchtige nach Kuba war seit 1972 Mitarbeiter der Feuilletonredaktion, für die er Rezensionen, Berichte über Vortragsveranstaltungen und Tagungen sowie große politisch-theoretische Betrachtungen verfasste. Sein polemisch-apologetischer, freilich in theoretischer Hinsicht auch nicht unkritischer Nachruf auf den von ihm verehrten Staatsrechtler – Maschke konstatierte die »amoralische Laszivität« und den »spezifischen Nihilismus« des situationistischen Denkens von Schmitt, was er zugleich als »intellektuelle Integrität« nach dem »Bankrott der idées générales« (Schmitt) würdigte – führte zu einer Replik aus der Feder von Dolf Sternberger und beendete Maschkes Engagement bei der *FAZ*.

Sternberger pflegte laut seinem Schüler Günther Nonnenmacher eine »bis zum Ekel gesteigerte Aversion gegen Schmitts gesamtes Werk«[54] und hatte entsprechend in der Debatte über Maschkes Nachruf, den dieser auf Wunsch von Feuilletonchef Günther Rühle auf Vorrat geschrieben hatte, in der großen Konferenz für einen Eklat gesorgt. Sternberger verließ diese unter dem Ausruf: »Ich habe mich offen gefragt, was habe ich mit dieser Zeitung noch gemein?« Auch konservative Redakteure wie Gillessen hatten Maschkes Aufsatz scharf kritisiert und bedauert, dass die Zeitung nicht ihren liberalen Standpunkt von dem Schmitts abgegrenzt habe. Nur Reißmüller, Maetzke und Straub sowie in journalistischer Hinsicht Fest verteidigten Maschkes Nachruf. Sternberger konstatierte ein Führungsversagen, da Maschkes Artikel schon lange im Stehsatz vorrätig gehalten worden sei: »Warum haben Sie niemand (zum Schreiben) aufgefordert, der den F.A.Z.-Standpunkt vertritt?« Beruhigt stellte das Protokoll aber fest, dass Sternberger nach seinem Abgang von der Konferenz beim Essen mit den Herausgebern gesehen worden sei.[55] Dabei wurde er anscheinend mit dem Angebot eines Gegennachrufs, wohl ein Unikum in der Pressegeschichte, besänftigt. Schmitts Freund-Feind-Unterscheidung als Kriterium des Politischen setzte Sternberger darin die inhaltliche Bestimmung, Politik habe den Frieden zum Ziel, entgegen: »Das politische Phänomen ist der Friede selbst.«[56] Sternbergers Kritik auch an der von Fromme gerühmten Anatomie des Parlamentarismus durch Schmitt war aber beileibe nicht das letzte Wort in der *FAZ* zu Schmitt. Johannes Gross und Rüdiger Altmann boten ein Jahr nach Schmitts Tod einen ganzseitigen Dialog über die Aktualität Schmitts, die Sprecher waren nur mit »A« und »B« gekennzeichnet.[57] Maschke beendete dagegen verärgert seine dreizehnjährige Arbeit für die Zeitung, und Fest versuchte vergeblich, ihn zurückzuholen.[58]

VERSTÄNDIGUNG ÜBER DIE KULTURELLE MODERNE

Nach dem Ende der nationalsozialistischen Diktatur gab es in Deutschland einen großen Hunger nach Diskussion und geistiger Verständigung. Neben den evangelischen Akademien – und diese zunächst überstrahlend – wurden die 1950 initiierten Darmstädter Gespräche zu einem viel beachteten Forum zumeist anthropologisch grundierter Debatten. Die Themen lauteten »Das Menschenbild unserer Zeit« (1950), »Mensch und Raum« (1951), »Mensch und Technik« (1952), »Individuum und Organisation« (1953), »Theater« (1955),

»Ist der Mensch messbar?« (1958), »Der Mensch und seine Meinung« (1960), »Angst und Hoffnung in dieser Zeit« (1963), »Der Mensch und seine Zukunft« (1966) und »Mensch und Menschenbilder« (1968). Die Teilnehmer waren hochrangige Vertreter ihrer Disziplinen, darunter Theodor W. Adorno und Martin Heidegger, José Ortega y Gasset und Dolf Sternberger, Alexander Mitscherlich und Hans Sedlmayr, Friedrich Sieburg und Ludwig Marcuse. Bis zu zwölfhundert Zuhörer, überwiegend Studenten und Journalisten, versammelten sich in Darmstadt. Die Debatten waren scharf und prononciert. Wie bei solchen Podien üblich, führen diese ja gerade nicht zu einer Verständigung der Teilnehmer durch Sachargumente, sondern zu einer Verdeutlichung des Dissenses und zur Urteilsbildung der Zuhörer.

Die *FAZ* begrüßte das Format als »positives Symptom unseres kulturellen Lebens«.[59] 1950 zeigte dabei Feuilletonredakteur Herbert Nette Sympathie für den schwer unter Beschuss geratenen Kritiker der modernen Kunst Hans Sedlmayr (»Verlust der Mitte«). Aber auch sein Gegenspieler, der abstrakte Maler Willi Baumeister, wurde »als originale künstlerische Potenz« gewürdigt. Baumeisters Polemik gegen Sedlmayr zieh Nette freilich der »gedanklichen Grobschlächtigkeit«, und das »fanatische Programm abstrakter Kunst« Hans Domnicks empfand er als »Terrorismus«.[60] Das war aber eher ein Rückzugsgefecht, der Siegeszug der abstrakten Malerei konnte weder von Sedlmayr noch von Nette aufgehalten werden.

1953 würdigte Nette dann das Katastrophenszenario des linken Zukunftsforschers Robert Jungk im Hinblick auf die amerikanischen »Seeleningenieure« erstaunlich positiv.[61] Auch nach dem Abgang Nettes, der 1954 zum Eugen Diederichs Verlag wechselte, begleitete die *FAZ* die Darmstädter Gespräche mit langen Strecken und insgesamt positiver Würdigung bei Kritik an Ablauf und Organisation im Einzelnen. Als 1960 ein tendenziell linkes Aufgebot (Walter Dirks, Eugen Kogon, Erich Kuby) die Meinungsmacher kritisierte, monierte Ernst Johann, man habe vergessen, einen »Pflichtverteidiger« zu bestellen. Ohne Wertung referierte er die Vorschläge Kogons für eine Einschränkung des Wahlrechts »auf genügend qualifiziert Unterrichtete« und endete mit dem Ausruf: »Gott bewahre Darmstadt diese Einrichtung.«[62]

Die Rolle des Berichterstatters von den Darmstädter Gesprächen war im Wesentlichen die des Chronisten, der nur die Form, nicht aber die vorgebrachten Thesen bewertete.[63] Das Interesse war angesichts der Flut von ähnlichen Veranstaltungen dann mit der Tagung von 1975 erschöpft. Da hatte Darmstadt seine Sonderstellung längst verloren. Eine Nachfolgeveranstaltung 1995 schaffte es nur noch zu einer »Kleinen Meldung« in der *FAZ*, die Veranstaltung von 2001, die immerhin mit Namen wie Bruno Latour, Slavoj Žižek oder auch Wolfgang Schäuble aufwarten konnte, evozierte einen uninspirierten Bericht auf den hinteren Plätzen des Feuilletons.[64]

Ähnlich groß war der Nachholbedarf auf dem Feld der bildenden Kunst. Die Verfemung der »entarteten Kunst« im Nationalsozialismus erzeugte nach 1945 neues Interesse. Daneben gab es aber auch eine verbreitete Reserve gegenüber der modernen Kunst, die lange vor das Dritte Reich zurückreichte. Als 1955 eine Gesellschaft mit dem heute kaum mehr glaubhaften Namen »Gesellschaft Abendländische Kunst des XX. Jahrhunderts« und die zerbombte nordhessische Mittelstadt Kassel eine Retrospektive der Moderne der letzten fünfzig Jahre veranstalteten, begleitete die *FAZ* dieses »documenta« genannte Unternehmen, dessen Besucheranzahl stetig von 130 000 auf 900 000 anwuchs, mit einer engagierten und zunächst geradezu hymnischen Berichterstattung. Verantwortlich war dafür anfangs eine freie Mitarbeiterin, die zu dieser Zeit noch nicht promovierte Kunsthistorikerin Doris Schmidt. Sie bezeichnete die Schau als »[d]ie großartigste Ausstellung, die wir nach 1945 gesehen haben«. Sie beweise, dass »diese Kunst unserer Zeit eine lebendige Macht« ist. Nur alle zwanzig bis dreißig Jahre sei so etwas möglich.[65] Als einen Höhepunkt der Schau empfand sie das Kandinsky-Kabinett. Schmidt ordnete die Kunst und ihre Bedeutung durchaus auch national ein. So sei Frankreich seit dem 19. Jahrhundert führend, die besondere Stärke der Deutschen sei das psychologische Porträt, etwa bei Oskar Kokoschka, Otto Dix oder Ernst Ludwig Kirchner.[66] Der Österreicher Kokoschka wurde noch selbstverständlich dem deutschen Kulturraum zugeordnet.

Wurden schon die klassische Moderne und der Expressionismus anlässlich der ersten documenta in der *FAZ* begrüßt, so galt das ebenso für die zweite documenta mit ihrer Wendung zur Abstraktion. Dafür stand der Berliner Kunsthistoriker und Kunstkritiker Will Grohmann, der sowohl für die documenta in deren Rat Mitverantwortung trug als auch die *FAZ* mit Kritiken belieferte.[67] Der, wie die Redaktion eigens anmerkte, von Frankfurt bis nach Kassel entsandte Hans Schwab-Felisch feierte die abstrakten Großformate Jackson Pollocks; ebenso tat dies Albert Schulze Vellinghausen.[68] Der zustimmende, von Fotostrecken des Redaktionsfotografen Wolfgang Haut begleitete Tenor war auch 1964 (»Anregung über Anregung«) zu vernehmen.[69] Erst im Nachhinein bemängelte man 2007, dass damals die amerikanische Pop-Art verpasst worden sei.[70] Als der documenta 1968 vorgeworfen wurde, sie stelle verschleiernd kapitalistische Kunst zur Schau, und die Pressekonferenz am Eröffnungstag gestört wurde, eilte die *FAZ* zu Hilfe. Ihr freier Mitarbeiter, der Künstler Georg Jappe, verteidigte den Kunstmarkt als »einziges öffentliches Kommunikationsmittel« der Kunst ebenso wie den Schein, den die Kunst erzeugte: »Die Kunst im Namen der gesellschaftlichen Revolution zur Wirklichkeitstreue abzukommandieren, klingt stalinistisch und faschistisch.« Formalästhetisch würdigte Jappe Cool Art und zweiten Konstruktivismus als kühn.[71]

Für die documenta 5 von 1972 unter der Leitung des Schweizers Harald Szeemann klafft die zeitgenössische Berichterstattung und die Erinnerung der *FAZ* weit auseinander. 2007 wurde an sie als »Ausstellung aller Ausstellungen« und »Durchbruch einer modernen Bildwissenschaft«[72] erinnert, während sie damals als Krisenphänomen und Selbstoffenbarung einer erschöpften Kunstszene empfunden worden war, wobei Eduard Beaucamp, seit 1966 der Kunstkritiker der Zeitung, die sogenannten Realisten (Duane Hanson, Edward Kienholz) gegen »eine erstaunliche Intoleranz im Kunstbetrieb« verteidigte.[73] 1977 setzte sich Beaucamp für die Einladung von DDR-Malern (Werner Tübke, Bernhard Heisig, Wolfgang Mattheuer und Willi Sitte) ein und kritisierte Georg Baselitz und Markus Lüpertz, die sich deswegen von der Ausstellung zurückgezogen hatten, mokant: Ästhetisch sei kein Schaden entstanden, da die in deutschen Traditionen malenden DDR-Künstler interessanter malten als Baselitz und Lüpertz.[74] Das war damals ziemlich starker Tobak. Beaucamp blieb in zahlreichen Beiträgen ein engagierter Verfechter der Leipziger Schule um Tübke, Heisig und Mattheuer, die er im Westen erst eigentlich prominent machte und der er letztlich zur Akzeptanz verhalf.[75]

1977 bekam die documenta Konkurrenz von der später so genannten »Skulptur Projekte Münster«, die seither – jeweils stets parallel zur documenta – alle zehn Jahre stattfindet und Skulpturen explizit im Stadtraum integriert ausstellt. Die drei riesigen Billardkugeln aus Beton von Claes Oldenburg sind längst zu einem Wahrzeichen der Stadt geworden. Damals schien es aber so, als sollte der Kampf um die Moderne noch einmal in der Provinz ausgefochten werden. Der *FAZ*-Kritiker Peter Winter sparte nicht mit rhetorischen Waffen (»gesundes Volksempfinden«), die er auf rechte und linke Kritiker der westfälischen Ausstellung richtete.[76] Die kleinere Schau in Münster, an der documenta-Größen wie Joseph Beuys und amerikanische Künstler teilnahmen, die sich wegen der documenta ohnehin in Deutschland aufhielten, erfreute sich seither starker Unterstützung von der *FAZ*, und auch das Motiv, Weltoffenheit gegen einen provinziellen Geist zu verteidigen, blieb erhalten.[77]

Die documenta war unterdessen längst zur politisierenden Gegenwartsschau geworden. Sie machte alle kulturellen Moden und Trends mit, von Retro-Politisierung (documenta X 1997) über einen scharf antiwestlichen Post-Kolonialismus (documenta 11 2002), Feminismus und Abkehr vom Anthropozentrismus (documenta 13 2012) bis zur Kritik am europäischen Finanzkapitalismus und der Migrationspolitik samt Auschwitz-Instrumentalisierung[78] (documenta 14 2017). Die *FAZ* ging wie gewohnt auf Abstand zu einer allzu direkten und platten »Dampfhammer-Politisierung«,[79] welche »die ausgestellten Werke zu Belegstücken« degradiere.[80] Anlässlich der documenta 13 monierte Niklas Maak, etliche Gegenwartskünstler tendierten dazu, »ihre Besorgnis um den ökologischen, sozialen und politischen Weltzustand etwas zu direkt in eine aufkleberhaft flache Paraphrasekunst umzuwandeln, die es für ausreichend erachtet, metaphorisch noch einmal zu sagen, was schon bekannt ist«.[81] Die Begeisterung für die Moderne und Postmoderne der Anfangszeit der documenta, welche die *FAZ*-Autoren einschließlich des Werkes von Joseph Beuys beherzt gegen die Kritik des Publikums verteidigt hatten, war der Redaktion nun verlorengegangen. Dies scheint aber ein allgemeines Phänomen zu sein, dem Abgrund des Epigonalen entkommt auch die ästhetische Postmoderne nicht, und der Betrachter interessiert sich zwar noch, reagiert aber resignativ.

Auch in der Musikkritik profilierte sich die *FAZ*, seit der ehemalige Kapellmeister Ernst Thomas 1956 Musikredakteur geworden war, als Fürsprecherin der Moderne, in diesem Fall der Neuen Musik. Großes Gewicht erhielt dieser Einsatz durch den 1957 von Korn verpflichteten Kritiker Hans Heinz Stuckenschmidt. Dieser, im Erstberuf Musikhistoriker an der Technischen Universität Berlin, füllte das Amt des ständigen Musikkritikers über drei Jahrzehnte mit großer fachlicher Autorität aus. Der ehemalige Komponist war ein engagierter Vertreter der Neuen Musik. Zwei Monographien widmete er Arnold Schönberg.[82] Bei aller Aufgeschlossenheit gegenüber der künstlerischen Moderne und auch der linken Kultur beharrte H. H. Stuckenschmidt aber wie seine Kollegen aus der *FAZ*-Literaturkritik auf der Eigenlogik der Musik und ihrer Kritik, die nach ästhetischen Maßstäben verfahren sollte, nicht nach soziologischen. Gesellschaftliche Interpretationen beruhten »auf Selbsttäuschung oder sind bewußte Irreführungen«. Der Musik- und Kultursoziologie konnte er nichts abgewinnen, denn die »Mehrheit der künstlerischen, namentlich der musikalischen Erzeugnisse ist unabhängig von, ja steht in Widerspruch zu gleichzeitigen Sozialzuständen«.[83] Dieses starke Credo und ebenso seine Ablehnung musikalischer Anarchie ließ ihn, den stilistischen »Grandseigneur bester alter Schule«,[84] in Gegensatz zu manchen Vertretern der Avantgarde geraten.[85]

Welches Gewicht Stuckenschmidt in der Zeitung besaß, wird an seinem erfolgreichen Machtkampf mit Andreas Graf Razumovsky deutlich. Nach einer ihm missfallenden Opernbesprechung Razumovskys im Stadtblatt 1964[86] intervenierte Stuckenschmidt mit einem Ultimatum, Razumovsky (der auch mit Thomas im Clinch lag) die Koordination der Musikkritik zu entziehen, andernfalls werde er die Mitarbeit kündigen. Zunächst wollte man sich in Frankfurt davon nicht unter Druck setzen lassen. Dann engagierte man aber doch Friedrich Hommel, vormals *Stuttgarter Zeitung*, für die »musikkritische Disposition«.[87] Stuckenschmidt war damit einverstanden. Der Großkritiker hatte hier der *FAZ* doch stark die personalpolitische Agenda diktiert. Razumovsky wurde als Korrespondent nach Prag entsandt.

Hommel verfolgte recht aufgeschlossen die zeitgenössische Musik, wie sie etwa auf den Donaueschinger Musiktagen präsentiert wurde.[88] Gerhard R. Koch, der seit 1960 für die *FAZ* schrieb und seit 1976 deren verantwortlicher Musikredakteur war, zeigte sich ebenfalls der Neuen Musik zugetan. Der linksliberale Adorno-Schüler interessierte sich aber mehr als Stuckenschmidt für die Rezeption und den gesellschaftlichen Umgang mit der Musik.[89]

Das Feuilleton beobachtete nicht nur den Gang der Künste in der Moderne, es war mitunter auch deren Schauplatz. Immer wieder publizierte das *FAZ*-Feuilleton Gedichte. Für große Aufregung sorgte 1960 das experimentelle surreale Gedicht der Suhrkamp-Lektorin Elisabeth Borchers »eia wasser regnet schlaf«, das sich weder reimte noch eine symmetrische Metrik vorwies, auch keine Großbuchstaben. Der Inhalt des Schlafliedes, das von einem ertrunkenen Matrosen handelt, steht unter dem Primat der Sprache und sprachlicher Assoziation. Die Reaktionen der Leser fielen harsch aus, das Wort »Entartung« floss damals noch locker aus der Feder. Korn und das Feuilleton standen zu ihrer Poetin und druckten das Gedicht zusammen mit einer Stellungnahme von Borchers gleich noch einmal ab. Die Kritiker, also Leser, Käufer und Abonnenten der Zeitung, standen damit einigermaßen belämmert da.[90]

1960 hatte Korn für ein Salär von 1300 DM monatlich Günther Rühle von der *Frankfurter Neuen Presse* geholt.[91] Der mit Erwin Piscator gut bekannte Rühle stieg in der Folgezeit zum angesehensten deutschen Theaterkritiker auf.

Rühle war Anwalt des politischen und experimentellen Theaters und vertrat auch in anderen Fragen einen eher linken Standpunkt. Joachim Fest beförderte Rühle dann vom Theaterkritiker zum Feuilletonchef, für das Theater engagierten Welter und er Georg Hensel vom *Darmstädter Echo*, der »reichsunmittelbar« nur Fest als zuständigem Herausgeber unterstellt wurde. Welter schätzte Hensels kritischere Theaterrezensionen mehr als Rühles Engagement und bot Hensel auch die Feuilletonleitung an. Dieser wollte seine Arbeitskraft aber ganz dem Theater widmen. Gegen den Entzug des Theaterressorts protestierten 1974 auf Initiative der »Akademie der Darstellenden Künste« Kritiker und Theaterleute zugunsten Rühles. Hensel führte das darauf zurück, dass Rühle deren »Niederlagen umstilisierte in historische Notwendigkeiten für künftige Siege«, er aber »nicht jeden neuen Unfug beschwichtigen und wohlwollend begleiten, sondern mit Argumenten abwägen und drastisch werten« wolle.[92] Die Neubesetzung war Quelle verschiedener Konflikte im Feuilleton, da der passionierte Theatermann Rühle vom Theater natürlich nicht lassen konnte und sich mit seinen Kritiken in der Zeitschrift *Theater heute* nicht zufriedengab.

Korn selbst zeigte sich sehr offen für den neuen, experimentellen Film. Bereits 1951 berichtete er von einer »Entdeckung«, der er dann treu blieb: dem schwedischen Regisseur Ingmar Bergman.[93] Bergmans Skandalfilm »Das Schweigen« (1963), der wegen einiger für die damalige Zeit ungewohnter, relativ expliziter (aber trauriger) Sexszenen samt weiblicher Masturbationsdarstellung nur unter Schwierigkeiten in die deutschen Kinos kam, verteidigte Korn vehement, da er diese Szenen als »Demonstrationen des dämonischen Triebes schlechthin« verstand. Nicht die künstlerische Darstellung, sondern das Enthüllte war das Skandalon: »Ein Grund für die unbarmherzigen Enthüllungen des Satanischen in modernen Werken ist darin zu sehen, daß die Kunst, die allemal auf den Grund menschlicher Existenz dringen muß, sich an den massenhaft verbreiteten ›Leitbildern‹ unserer Dolce vita nicht genügen lassen kann.«[94] Korn unterstützte daher auch seinen Redakteur Peter W. Jansen, der in einer Glosse die »Aktion Saubere Leinwand« attackiert hatte,[95] die sich gegen Bergmans Film gebildet hatte. Nach Leserprotesten gegen diese Glosse erläuterte Korn, der 1951 noch beteuert hatte: »Wir haben in dieser Zeitung immer und immer wieder nach dem großen sauberen, menschlichen Film gerufen«,[96] seine Position ausführlich:

> Wir nehmen die Sorge ordentlicher Leute um Heranwachsende um die Zwanzig ernst. Mehr, als institutionell für gewisse Sicherungen geschieht, ist nicht möglich. Wir gehören nicht zu jenen Narren, die, wo immer sie sittliche Gebote und Verbote wahrnehmen, schreien, da sei noch ein sogenanntes Tabu. Es müsse zertrümmert werden. Es ist fatal, daß manche Leute, die sich ungemein modern vorkommen, Sitte und Gesittung mit einem Begriff benennen, der aus der Völkerkunde der Primitiven stammt. Aber wir sind gegen organisierte Entrüstung. Dabei kommt nichts Gutes heraus.[97]

Das war wieder typisch Korn. Im Pluralis Majestatis und konservativer Einkleidung plädierte er für die Freiheit der Kunst und der Darstellung, eben für die »unbarmherzige Darstellung des Satanischen«. Dabei durchzieht der Grundton des Pessimismus seine Stellungnahme; es ist aber nicht der klassische Kulturkonservatismus, der aus ihm spricht, sondern ein tiefer gehender anthropologischer Pessimismus, der ästhetisch für das Neue und Radikale offen ist. So würdigte Korn auch die Regisseure der Nouvelle Vague wie François Truffaut und Claude Chabrol und des Autorenfilms wie Federico Fellini und Rainer Werner Fassbinder.[98] Die für ihn charakteristische Mischung aus Offenheit für Neues und zeitdiagnostischer Sensibilität bei gleichzeitiger Verhaftung in klassischen Sprachbildern (»dämonisch genial«) legte Korn auch bei seiner Besprechung von Bertoluccis Skandalfilm »Der letzte Tango in Paris« (1972) an den Tag. Nach der Erstaufführung war das Werk vom Filmkritiker Wilfried Wiegand als »Bekenntnis zur Fiktion« gewürdigt worden.[99] Der freizügige Film, der den alternden Marlon Brando im Sexspiel mit der jungen Maria Schneider zeigt, sorgte für zahlreiche Anzeigen und Zensurbemühungen, die aber letztlich kaum Erfolg hatten. Dafür avancierte der Film zum Kritiker- wie Publikumserfolg. Nachdem die deutsche Synchronfassung in die Kinos gekommen war, verfasste Korn eine zweite, nun negative *FAZ*-Kritik. Er rühmte zunächst klassizistisch »geradezu mozartistische Duette des sublimierten Liebesspiels«, die in die »Höllenszene« eingeblendet seien. Anders als der linke Wiegand machte Korn erstaunlicherweise aber einen anderen Aspekt zum Hauptgegenstand seiner Kritik: das unaufgehobene Herrschaftsverhältnis in der Beziehung von Mann und Frau. Die Frau diene nämlich nur dazu, dem Mann Lustgewinn nach dessen Regeln und unter dessen Herrschaft zu verschaffen: »Dem [erneut!, P. H.] dämonisch posierenden männlichen Star wird dagegen nur schöne, Bauch, Unterleib, Geschlecht verhüllende, die sozusagen klassizistische Nacktheit abverlangt oder, genauer gesagt, zugestanden. Die brutalsten Akte darf der Mann bekleidet exerzieren.«

Im Gegensatz zur Frau. Selbst die Schlussszene, wenn die vom Einbruch der Alltäglichkeit des Mannes geschockte Gespielin ihren sexuellen Gebieter erschießt, deutet Korn als frauenfeindlich: »Das Weib hat dienend Erlösung zu gewähren und versagt.«[100]

Korn reihte sich mit seinem Stück in die feministische Kritik an dem Film ein, die später von Maria Schneider selbst neu angefacht wurde, als sie gestand, sich in der skandalträchtigen Butterszene ein bisschen vergewaltigt gefühlt zu haben (»I felt a little raped, both by Marlon and by Bertolucci«). Brando wurde zudem vom Regisseur viel Freiraum zur eigenen Gestaltung der Sexszenen gegeben. Natürlich gab es auch ein eklatantes Honorargefälle zwischen der Debütantin und dem Weltstar.[101] Freimütig sagte Schneider freilich schon damals, was Wiegand reportierte, dass Brando für sie privat nicht infrage käme, da er eben schon älter sei und einen Bauch habe. Das reproduzierte nun nicht gerade ein Unterwerfungsverhältnis. Die Rezeption des Skandalfilms zeigte das *FAZ*-Feuilleton jedenfalls in einer progressiven Verfassung, die dabei aber auf Distanz zum jeweils letzten Tango blieb.

EXKURS
DIE *FAZ* UND IHRE KRITIKER

PUBLIZISTISCHE KRITIK VON AUSSEN

Zum Auftritt einer Zeitung gehört auch die Kritik an ihr. Im Endeffekt lebt jede Zeitung von der Resonanz, die sie erfährt. Kritik heißt daher auch immer: Beachtung, Aufmerksamkeit, Verbreitung. Die Journalistenweisheit »Bad news are good news« gilt eben auch für die Zeitung selbst. Freilich kann Kritik auch rufschädigend sein. Musste sich die *FAZ* in den 1950er Jahren zunächst gegen Kritik von oben, nämlich diejenige Adenauers und des BDI behaupten, so begleitete sie seit den »langen 1960er Jahren«, also seit Ende der 1950er Jahre, vornehmlich eine linke Kritik von anderen Medienakteuren und Intellektuellen.

Eine scharfe Kritik, die der *FAZ* laut Friedrich Sieburg »ungeheuer geschadet« hat,[1] war Hans Magnus Enzensbergers Polemik von 1962. Die »Sprache des SPIEGEL« hatte Enzensberger bereits 1957 vorgeführt. Das »Nachrichtenmagazin«, das nach Enzensberger eben keines war, hatte den Radio-Essay daraufhin gekürzt abgedruckt und Enzensberger dann als Kolumnisten engagiert – ein geschickter Schachzug.[2] 1957 erschien in der *FAZ* als Vorabdruck aus Enzensbergers Lyrikband »verteidigung der wölfe« das Gedicht »Candido«, zu Silvester 1958 seine »Rede an ein imaginäres Publikum«.[3] Enzensberger wurde in der *FAZ* also goutiert. Aber 1960 widmete sich Enzensberger der *FAZ* in einem Gedichtband und nannte sie dort in einem Atemzug mit dem *Neuen Deutschland*.[4] Welter hielt dies für eine »nicht sehr elegante Attacke« und überantwortete die Sache dem Feuilleton – wo der Band nicht rezensiert wurde.[5]

Die große Abrechnung erfolgte dann 1962 im Zuge von Enzensbergers Auseinandersetzung mit der »Bewußtseins-Industrie«, eine ungemein erfolgreiche Adaption von Adornos und Horkheimers Begriff der »Kulturindustrie« für den Bereich der Massenmedien. Enzensberger nahm sich für seine Analyse der *FAZ* die Ausgabe einer Woche im Dezember 1961 vor und bewertete die

Aufmacher und kürzeren Kommentare ausschließlich des Politikteils im Vergleich mit der amerikanischen, englischen, französischen, deutschen, schweizerischen und – Enzensberger wohnte damals in Norwegen – skandinavischen Weltpresse. Zudem zog er als Bewertungsmaßstab die *FAZ*-Reihe »Die Kunst des Zeitungslesens« heran, die seit 1960 lief und über die Abläufe und Maßstäbe der Redaktion unterrichtete.[6] Der Schriftsteller gab vor, keine politische Bewertung vorzunehmen (was er gleichwohl tat), sondern die Unredlichkeit der Zeitung anhand der von ihr selbst ausgegebenen Maßstäbe und proklamierten Ansprüche vorzuführen. Die Vorwürfe reichten von Auslassung wichtiger Nachrichten, Verkürzung, Vermischung von Kommentar und Nachricht bis zu Provinzialität, was für das Frankfurter Blatt, das sich selbst als Weltzeitung sah, besonders schmerzhaft war. Im Endergebnis erhob Enzensberger den Vorwurf der Selbstzensur im Dienste der Herrschenden.

Auf diese scharfe Attacke, die der aufsteigende Stern am Literaturhimmel im Suhrkamp Verlag publizierte, musste die *FAZ* reagieren, zumal vorhersehbar war, dass andere Medien das Thema aufgreifen würden. So kam es auch: *Spiegel* und *Zeit* sekundierten Enzensberger.[7] Für die *FAZ* replizierte Benno Reifenberg. Er versuchte Enzensbergers Vorwurf der Nachrichtenunterschlagung zu entkräften: Das Ende des Eichmann-Prozesses sei in einem Leitartikel groß gewürdigt worden, das Treffen Adenauers mit dem sowjetischen Botschafter in Bonn Andrei Smirnow habe man gemeldet, über die UN-Intervention im Kongo redlich berichtet.[8] Enzensberger ließ nur die Meldung über Smirnow als sein Versäumnis gelten, wie er in einem Leserbrief mitteilte.[9] Ansonsten blieb er bei seinen Vorwürfen, auch wenn sie an Haarspalterei grenzten: So hatte er bemängelt, dass das Ende des Eichmann-Prozesses nicht als Aufmacher veröffentlicht worden war, allerdings hatte die *FAZ* eben einen Leitartikel und einen Korrespondentenbericht gebracht, freilich nicht als Aufmacher. Reifenberg setzte sich im folgenden Jahr im Namen von Verlag und Redaktion in einer eigenen Broschüre »Enzensberger'sche Einzelheiten korrigiert von der Frankfurter Allgemeinen Zeitung«[10] detailliert mit den Kritikpunkten auseinander. Dabei rügte er, dass durch die Konzentration auf die Ausgaben einer Woche die Vorberichterstattung ausgeblendet worden sei, was Fehlinterpretationen zur Nachrichtenpolitik der Zeitung verursacht habe. Die Vorwürfe blieben aber haften. Noch Ende der 1980er Jahre relativierte Herausgeber Bruno Dechamps entschuldigend, dass Enzensberger ausgerechnet die Ausgaben unter die Lupe genommen habe, die während des Umzugs in die Hellerhofstraße produziert worden seien.[11] Enzensbergers Kritik war dann ein Referenzpunkt für die zahlreichen Kritiker der *FAZ* um 1968. Unter expliziter Bezugnahme auf Enzensberger kritisierte der von den Amerikanern ins Leben gerufene *Monat* 1969 die »Schulmeisterei mit erhobenem, vergreistem Finger«.[12]

Dem Erscheinen der Gegenschrift schloss sich noch ein privater Disput zwischen *FAZ*-Verlagsdirektor Werner Hoffmann und Suhrkamp-Verleger Siegfried Unseld an. Letzterer bemängelte vor allem das Wort »Verleumdung« in Reifenbergs Text und einer geplanten Anzeige im *Börsenblatt für den Deutschen Buchhandel*. Hoffmann kritisierte wiederum, dass Unseld diese Anzeige verhindert habe. Ansonsten stand jeder zu seinen Autoren, die Standpunkte zwischen beiden waren verhärtet.[13] Die Kontroverse mit Enzensberger belastete auch das Verhältnis der Redaktion zum Suhrkamp Verlag, zumindest dasjenige des Politikressorts, wie Literaturchef Rolf Michaelis dem linken Lektor der »edition suhrkamp« (es), Günther Busch, berichtete: »Es ist leider so, das in aller Vertraulichkeit, daß der Suhrkamp Verlag, Enzensbergers wegen, bei den Politikern nach wie vor im Verschiß ist und daß argwöhnisch registriert wird, wie oft die sogenannten linken Redakteure den sogenannten linken Verlag mit Kritik ›verwöhnen‹.« Er versprach aber, die »es« noch liebevoller als bisher zu betrachten.[14] Das Ressortverständnis des Feuilletons der *FAZ* war eben immer ein ganz eigenes. Das Verhältnis zu Suhrkamp und Unseld, dessen Stücke die *FAZ* gelegentlich druckte, gelegentlich auch ablehnte, entwickelte sich insgesamt recht produktiv. Karl Heinz Bohrer unterhielt als Suhrkamp-Autor und Herausgeber kritisch-ästhetischer Schriften ein besonders enges Verhältnis zu Unseld und Busch, in das sich aber bisweilen Ärger Unselds über die Berichterstattung Bohrers und der *FAZ* über seinen Verlag mischte.[15] Dieses enge Verhältnis, in dem gegenseitige Kritik zur Demonstration der eigenen Unabhängigkeit eine wichtige Funktion hatte, stand aufgrund der zentralen Stellung von Verlag und Zeitung im Literaturbetrieb unter ständiger Beobachtung. Es war also durchaus nicht unproblematisch, wurde unter Fest und Reich-Ranicki aber dennoch fortgesetzt. Fest bat Unseld 1974 sogar um einen Beitrag für Reich-Ranickis neue Serie »Frankfurter Anthologie«, also eine Gedichtinterpretation; Unseld erschien dann gleich mit zweien 1975 und 1976.[16] Die Interpretationen dieser erfolgreichen Reihe, welche neben ein kurzes Gedicht die Interpretation durch einen bekannten Autor stellte, erschienen dann wiederum ab 1976 gesammelt beim Insel Verlag, der zu Suhrkamp gehört. Korn musste Unseld bei aller Kooperationsbereitschaft 1970 aber doch daran erinnern, dass der »revolutionäre Weltkommunismus« nicht die

Sache der *FAZ* sei und man daher einen offenen Brief von Peter Weiss nicht bringen könne.[17]

15 Jahre später setzte Enzensberger zu einer neuen Attacke an. Diesmal ging es um den Terrorismus. Die Morde der RAF erschütterten das Land. Innenpolitikchef Friedrich Karl Fromme machte gegen die Sympathisanten und Relativierer unter den Literaten und Professoren mobil. Insbesondere kritisierte er den Nachdruck und das Verständnis von 48 Professoren für den berühmt-berüchtigten pseudonym (»Mescalero«) in der Göttinger AStA-Zeitschrift publizierten Nachruf auf Generalbundesanwalt Siegfried Buback, in dem eine »klammheimliche Freude« über dessen Ermordung geäußert wurde. Frommes Anklage stieß wiederum Enzensberger übel auf. Im *Spiegel* beschimpfte er Fromme als »Hetzer« und unterstellte der Zeitung »denunziatorische Energie«.[18] Bis zur Verteidigung des westlichen Krieges gegen Serbien und des amerikanischen Irakkrieges in der *FAZ* war für Enzensberger noch ein weiter Weg zurückzulegen. Dann aber schien es, als wolle sich Enzensberger – der einst, 1968, ein Fellowship in den USA zurückgegeben hatte, um nach Kuba zu gehen und dort der Revolution beizustehen – in Kritik am deutschen Antiamerikanismus von niemandem übertreffen lassen, wobei er freilich in beiden Fällen, Irak und Kosovo, das zurückhaltende militärische Vorgehen mit dem Luftkrieg gegen die deutsche Bevölkerung im Zweiten Weltkrieg verglich (und dabei unzulässigerweise das britische *area bombing* mit dem amerikanischen Bombenkrieg in eins setzte).[19] Inzwischen hatte sich Enzensberger zu einem selbstironischen Moderaten entwickelt, der seine zwischenzeitliche Radikalität, die ihn zu einer Apotheose Kubas unter Fidel Castro und allerlei anderen Maßlosigkeiten hingerissen hatte, historisierte und als kontraintentionales Frühwarnsystem im Sinne Luhmanns rechtfertigte: Die übersteigerte Kritik habe die Zustände verhindert, die man damals schon diagnostiziert habe.[20]

So gerne der *Spiegel* Enzensbergers *FAZ*-Kritik aufgriff und so gerne er sich häufig mokant über die *FAZ* ausließ und genüsslich Interna in den Fällen Sethe und Tern ausbreitete, so gerne druckte er deren Leitartikel nach, wenn es passte; so den Leitartikel von Ernst-Otto Maetzke, der Strauß in der Fibag-Affäre, die vom *Spiegel* 1961 aufgedeckt worden war, kritisiert hatte;[21] so den Leitartikel von Friedrich Sieburg, der im *Spiegel* als Träger des Großen Bundesverdienstkreuzes vorgestellt wurde und dessen Stück als Ergebnis der *Spiegel*-Affäre eine »Freiheitsregung« im öffentlichen Leben als »das glückliche Ergebnis einer unglücklichen Sache« ausgemacht hatte.[22] Der konservative

Maetzke riet Sieburg daraufhin ein Nachdruckhonorar für diesen »Raubdruck« einzufordern, wie er es getan habe. »Wenn Sie sich meinem Vorgehen anschlössen, könnte es dazu beitragen, Herrn Augstein immerhin in Geldsachen mores zu lehren, was schon sehr wichtig wäre.«[23]

Aller Spott des *Spiegel*-Herausgebers Rudolf Augstein konnte nicht überdecken, dass er einen gewissen intellektuellen Minderwertigkeitskomplex gegenüber der Frankfurter Intelligenzija verspürte. So ergriff er 1982 dankbar die Gelegenheit, sein intellektuelles Gewicht in einer Kritik an dem Frankfurter Renommierblatt zu demonstrieren. Karl Heinz Bohrer, der schon länger am (fehlenden) ästhetischen Schrecken der Bundesrepublik litt, hatte die bundesdeutsche Distanz zu Maggie Thatcher und ihrem Krieg in Übersee genutzt, um unter Aufgebot von Ernst Jünger und Carl Schmitt mit der bundesdeutschen Kultur des Unpolitischen und einer Ästhetik des Banalen abzurechnen. Er drehte nun Werner Sombarts Händler-Helden-Dichotomie aus dem Ersten Weltkrieg um (explizit nannte er die damaligen Kulturkrieger Thomas Mann und Max Scheler) und machte auf der Insel Noblesse und Prinzipien aus. Diesen noblen Briten stellte er eine »westdeutsche Händlernation« gegenüber, die den »Ernstfall immer in einen Verhandlungsfall und diesen dann in einen moralisch-modernen Vorwurf gegen solche, die den Ernstfall begriffen und akzeptiert haben, zum Beispiel die ›Times‹«, verwandle. Ein Ausweichen vor dem Ernstfall, die Flucht ins Unpolitische (»Friedenspolitik«), Verhandeln als Unterwerfen, diese Vorwürfe verdichtete Bohrer im Ethos der Mainzelmännchen; er bezichtigte die Deutschen also einer Selbst-Vergartenzwergung. Bohrers Artikel wurde nur aufgrund einer Intervention von Herausgeber Fest ins Blatt genommen, denn Feuilletonchef Günther Rühle wollte ihn nicht bringen. Freilich wurde die von Bohrer gewünschte Überschrift »Falkland oder die Mainzelmännchen« sehr zu seinem Ärger zu »Falkland und die Deutschen« entschärft.[24]

Die gelehrte Polemik versuchte Rudolf Augstein in einem ebenso gelehrten Kommentar zu kontern, obgleich er nicht alle Bezüge zu Carl Schmitt, etwa dessen Kritik an der Romantik als ewigem Gespräch, erkannte. Stattdessen versuchte er mit ausführlichen schulmeisternden Passagen zu Karthago, das er als »semitische Hanse-Stadt« bezeichnete, seine historische Bildung unter Beweis zu stellen. Augsteins Wirkungstreffer bestand aber vor allem in der Verspottung von Bohrers Ernstfall: Der Falklandkrieg sei allenfalls eine »blutige Operette«.[25] Augstein war nun keine Einzelstimme, das gesamte deutsche Feuilleton ging in Opposition zu Bohrer, was wiederum bei den Briten für große Irritationen sorgte, unabhängig davon, ob sie für oder gegen den Falklandkrieg waren. Bohrer verabschiedete sich bald auf eine Professur nach Bielefeld, wo Assistenten angeblich versucht hatten, seine Berufung wegen seiner Falkland-Polemik zu verhindern, was misslang. Jedenfalls stieß Bohrer bei einigen seiner sozialhistorisch und literatursoziologisch orientierten neuen linken Kollegen in der »westfälischen Steppe« (Hans-Ulrich Wehler) auf große Ablehnung, etwa bei Habermas' ehemaligem Assistenten Claus Offe, mit dem er immer wieder aneinandergeriet.[26]

Gelassen nahm die *FAZ* den 1988 im Pahl-Rugenstein Verlag publizierten Sammelband »Die FAZ. Nachforschungen über ein Zentralorgan« zur Kenntnis. Zu abwegig erschienen hier die Übertreibungen über eine Finanzierung durch die Deutsche Bank (die 1952 nur 25 000 DM zur *FAZ* beisteuerte),[27] zu einschlägig linksradikal waren die meisten Autoren des von der DDR finanzierten, DKP-nahen Verlags.[28] Freilich wurde der Band in Ermangelung der immer wieder von Welter angekündigten, aber nie zustande gebrachten *FAZ*-Geschichte dann doch mehr benutzt, als es der *FAZ* lieb sein konnte. Ernster nahm man schon die im selben Jahr am 17. März im Sender Freies Berlin (SFB) und am 28. Juli im Westdeutschen Rundfunk (WDR) ausgestrahlte Hörfunksendung »Innerlich und machtgestützt. Die Frankfurter Allgemeine Zeitung für Deutschland«. Der linke Publizist Claus Koch nahm dort an Enzensberger Maß, wertete gleich einen ganzen Monat *FAZ* aus und widmete sich auch Feuilleton und Wirtschaftsteil. Bei aller Kritik an konservativen Ressentiments arbeitete er dennoch die Bedeutung und Spitzenstellung der Zeitung heraus: Im Vergleich mit anderen Zeitungen wie *Bild*, *Spiegel* und *Stern* sei die *FAZ* »wichtiger und stärker als jede von ihnen«. Joachim Fest hielt die Sendung daher für »ein einziges Lob, wenn man auch die Zähne knirschen hört«. Gerade der Respekt, welcher der Zeitung entgegengebracht werde, machte die Sendung für Geschäftsführer Pfeifer im Vergleich zum Pahl-Rugenstein-Bändchen aber gefährlicher: »Während das Pamphlet von Pfeiffer wegen des dort unschwer erkennbaren Schwachsinns des Verfassers wirkungslos bleiben wird, könnte die Sendung von Koch ›Kreise ziehen‹.« Fritz Ullrich Fack meinte gar, »die Mafia macht mobil«.[29]

Für das von Daniel Cohn-Bendit verantwortete linke Frankfurter Stadtmagazin *PflasterStrand* war die *FAZ* in den 1980er Jahren ein natürlicher Gegner. In einer amüsant zu lesenden Hintergrundstory, die neben einigen Irrtümern und Verzerrungen durchaus treffende Beobachtungen enthielt, machte man eine deutschnationale Linie der Zeitung aus und kritisierte diese.

Aber es blieb das Problem, dass die *FAZ* eben die beste deutsche Tageszeitung sei:

> »Die ›Süddeutsche‹ hat ihr Streiflicht und die Seite 3. Die ›Welt‹ hat einen Verlag, dem Verluste egal sind, solange die ›Bild-Zeitung‹ sie wettmacht. Die ›Frankfurter Rundschau‹ hat Wolfram Schütte. ... Aber die *FAZ* hat die beste Auslandsberichterstattung. Sie hat ein Feuilleton, das von der Theaterkritik bis zum Supplement ›Natur und Wissenschaft/Geisteswissenschaften‹, von der Kunstkritik bis zur täglichen Glosse, vom vielfach gegliederten Rezensionsteil bis zur erprobten Kompetenz, jedes Thema zum Thema kulturkritischer Reflexion zu machen, alle anderen Feuilletons zu Nebenprodukten degradiert. Die *FAZ* hat den am besten geschriebenen Sportteil in Deutschland. Die *FAZ* hat das zwingendste Lay-out aller Tageszeitungen. Die *FAZ* hat alles am besten.«[30]

Es war also nicht nur Ironie, als Rudloff seinem Geschäftsführerkollegen Pfeifer das Exemplar des *PflasterStrand* mit der Notiz »ein schönes Ostergeschenk!« überreichte.[31] Kritik, Neid, Spott – all diese Aufmerksamkeitsmarker hatte sich die *FAZ* über Jahre hinweg fleißig erarbeitet.

LESERBRIEFE

Die Erwartungen der Leser spielten für das elitäre Selbstbild in der Zeitung erst als Reaktion auf die erschienene Zeitung eine Rolle. Man wollte den Leser informieren, ihm mitteilen, worüber es sich nachzudenken lohne. Dann nahm man allerdings die wohlartikulierten, nicht selten den *FAZ*-Ton imitierenden Zuschriften der Leser sehr ernst, zumindest so lange, bis der gute Ruf der Qualitätszeitung ihren Redakteuren etwas zu Kopfe stieg. Welter wie Eick und ebenso die langjährigen Betreuer der Leserbriefseite, Hermann Ruelius und dann Ernst-Otto Maetzke, drängten auf eine individuelle Beantwortung der Briefe, wenn sie nicht abgedruckt wurden. Besonders im Feuilleton haperte es daran, wie Maetzke oft monierte, der Briefe auch selbst beantwortete. Noch 1988 wurde beschlossen, nicht abgedruckte Leserbriefe zur Beantwortung an die Ressorts Feuilleton und Wirtschaft zurückzugeben.[32] Über einen Abdruck wurden zunächst die betroffenen Redakteure befragt, dann entschied aber der Leserbriefredakteur. In wichtigen Fällen nahmen sich auch die Herausgeber eines Briefes an.[33] Heute werden Leserbriefe in der Regel nicht mehr beantwortet.

Im vordigitalen Zeitalter entwickelte sich die Leserbriefseite, bis heute »Briefe an die Herausgeber« benannt, zu einem akademisch geprägten Debattenforum. Das wurde schon an den Titeln der Leserbriefschreiber deutlich; oft wurde die Seite von Doktoren und Professoren bestritten. Argumentationsstil und Ausdruck waren gepflegt, eine Demonstration der Zugehörigkeit zu den »Gebildeten und Nachdenklichen aller Stände« oder eben zu den »klugen Köpfen«, welche die Zeitung in ihrer Werbung als Zielgruppe ansprach. Der Stil war damit diametral verschieden von den heutigen spontanen, harschen und unredigierten Leserreaktionen in den Online-Foren auch der Qualitätszeitungen. Das gilt auch für die volle Namensnennung und die Angabe des Wohnortes, eine Praxis, von der nur in seltenen, begründeten Fällen abgewichen wurde, etwa »K.Z., sowjetische Zone« vom 5. Januar 1952. Andere verzichteten auf ihren Vornamen, so Konrad Adenauer in einer Zuschrift zum Wahlrecht und dessen Reform vom 15. Februar 1956.

Die Leserbriefe wurden vom Leserbriefredakteur redigiert, das heißt orthographisch korrigiert und gegebenenfalls gekürzt, sowie mit einer oft zuspitzenden Überschrift versehen, so wie das auch bei Gastbeiträgen geschieht. Die Mehrheit der Leserbriefschreiber hatte Korrekturen an Artikeln der *FAZ* anzubringen, oft verbunden mit einem generellen Lob (»in Ihrer von mir sehr geschätzten Zeitung …«). Häufig waren sprachliche oder historische Themen Gegenstand der Intervention. Der Historikerstreit und der Streit um das Holocaust-Denkmal in Berlin wurden zu einem nicht unerheblichen Teil in den Leserbriefspalten der *FAZ* ausgetragen. So protestierte der Historiker Julius Schoeps 1995 gegen die »gigantomanische Denk-/Mahnmal-Architektur« des Holocaust-Mahnmals:

> Es bedarf in der Tat keiner weiteren »Kranzabwurfstelle«, um der ermordeten Juden zu gedenken. Die Berliner, die bekanntlich ein feines Gespür dafür haben, was ihrer Stadt guttut und was nicht, haben mit dieser Formulierung den Nagel auf den Kopf getroffen. Zunehmend wird nämlich bewußt, daß die Initiatoren des Projekts zwar in der Sache engagiert sein mögen, aber auch, daß in dieser Angelegenheit mit dem in der Bevölkerung weitverbreiteten schlechten Gewissen operiert wird.[34]

Oft ging es auch um das eigene Lebenswerk der Schreiber. So versuchte der ehemalige Reichskanzler Franz von Papen 1952 einen Korrespondentenbericht über ein Wort des Präsidenten der französischen Nationalversammlung, Édouard Herriot, klarzustellen. Herriot hatte berichtet, dass von Papen ihm

1932 in Lausanne (nicht 1933, wie es in der *FAZ* fälschlich hieß), als man über die restlichen Reparationsschulden Deutschlands verhandelte, »einfach ins Gesicht gelacht habe, ›mit dem aggressiven Monokel im Auge‹«.[35] Von Papen beteuerte nun, nie ein Monokel getragen und ob der französischen Haltung nicht gelacht, sondern beinahe geweint zu haben. Von Papen verwies auf Aktenpublikationen und seine in Bälde erscheinenden Erinnerungen, um das Bild zu konterkarieren: »Die letzte Möglichkeit der Begleichung der deutsch-französischen Gegensätze und damit der Sicherung des europäischen Friedens ist 1932 verpaßt worden – und nicht durch deutsche Schuld.«[36]

Prominente Autoren äußerten sich häufig auch zu Gebieten, die nicht unmittelbar ihre fachliche Zuständigkeit betrafen. So rühmte Carl Schmitt 1955 den Abdruck eines Gedichtes seines Lieblingslyrikers Theodor Däubler, rügte aber, dass die Zeitung aus »silbernden Launen« »silberne Launen« gemacht habe, und erläuterte den Unterschied zwischen Adjektiv und Partizip.[37] Theodor W. Adorno regte sich 1965 über das Banausentum des stellvertretenden bayerischen Ministerpräsidenten Alois Hundhammer auf, der zum Erwerb eines Picasso- und eines Degas-Gemäldes durch den bayerischen Freistaat bemerkt hatte, »er sei kein Freund der abstrakten Malerei, die er nicht als einen Höhepunkt moderner Kunst anerkennen könne. Der frühere Kultusminister gab damit deutlich zu verstehen, daß er nur wenig Verständnis für den Erwerb eines Picasso- und eines Degas-Gemäldes aufbringe.« Die *FAZ* hatte in einer kleinen Nachricht auf ihrer Seite »Deutschland und die Welt«, also noch nicht einmal im Feuilleton, darüber berichtet, was zeigt, dass die Zeitung Hundhammers Einschätzung als Kuriosum betrachtete. Adorno war aber die Meldung und die wenig formgerechte Eingruppierung der Künstler nicht entgangen. Rhetorisch beteuerte er nun: »Keinesfalls möchte man dem stellvertretenden Ministerpräsidenten eines deutschen Landes, dessen Hauptstadt sich mit soviel Selbstbewusstsein als Kunststadt fühlt, eine Banausie zutrauen, die nicht nur ihn dem Gelächter preisgäbe [...].« Ganz ohne Ironie schrieb er dann vom »Haß auf moderne Kunst und der Unkenntnis ihrer elementarsten Tatbestände«.[38]

Von Adorno stammt auch ein berühmt gewordener Leserbrief an den Lokalteil, in dem er »polizeiliche Maßnahmen« an der viel befahrenen Senckenberganlage forderte, welche das Hauptgebäude der Universität und das Institut für Sozialforschung trennt. Anlass war ein Unfall mit einer Sekretärin und ein weiterer, für einen Passanten tödlicher Unfall dort. Adorno schrieb so sachkundig wie geschliffen und ultimativ fordernd:

> Sollte ein Student oder ein Professor in jenem Zustand sich befinden, der ihm eigentlich angemessen ist, nämlich in Gedanken sein, so steht darauf unmittelbar die Drohung des Todes; der Erklärung bedürfen nicht die Unfälle, sondern einzig, daß nicht viel mehr passiert. Es wäre dringend notwendig, daß, zunächst durch Verkehrsampeln in dem ganzen Universitätsgebiet, dann aber durch viel radikalere Maßnahmen Abhilfe geschaffen wird. Die Haltung der Automobilisten selbst, bei denen man den Eindruck hat, daß sie, sofern sie nur das grüne Licht und damit nach ihrer Meinung das Recht auf ihrer Seite haben, die Fußgänger als störende Objekte betrachten, trägt zu deren Gefährdung das ihre bei; da aber nicht darauf zu hoffen ist, daß sie anderen Sinnes werden, so sind verkehrstechnische und polizeiliche Maßnahmen dringend notwendig. Eine Verzögerung wäre nicht zu verantworten.[39]

Adorno scheute sich auch nicht, sich direkt an Autoren wie den Glossenschreiber Dieter Hildebrandt zu wenden, der die Intimität der Anrede per Du und Kosenamen bei einer Podiumsdiskussion kritisiert hatte. Adorno, der mitdiskutiert hatte, fühlte sich ertappt. Er sei aber nun einmal mit den Mitdiskutanten per »Du« gewesen. Hätte man also, um die manipulative Wirkung des realen Verhaltens zu unterlaufen, manipulieren sollen, um aufrichtig zu wirken? Echte Dialektik.[40]

Da Literaten kaum zu Rezensionen eigener Werke Stellung nehmen konnten, sprangen schon einmal Kollegen ein. So schrieb Jurek Becker 1994 über einen Verriss Peter Schneiders aus der Feder des »Rezensionslümmels« Dirk Schümer: »Etwa so, wie Schümer beim Schreiben empfunden haben muß, stelle ich mir die Gemütsverfassung derer vor, die Häuser anzünden.«[41]

Die Schar der Leserbriefautoren weist Bundespräsidenten wie Theodor Heuss, amtierende und ehemalige Bundeskanzler auf. Helmut Schmidt lobte 1996 einen Leitartikel zur Bedeutung der nationalen Identität für die innere deutsche Einheit von Karl Feldmeyer für seine Verhältnisse geradezu enthusiastisch und deklamierte: »Ich kann nur hoffen, dass Feldmeyer sich in zwei Feststellungen irrt, nämlich, daß man in Bonn das vereinte Europa gern als Gegenbild zur Nation sehe, die man in dem ›hegelschen Sinn aufgehoben sehen will‹, und daß die politische Klasse der Bundesrepublik kein nationales Selbstwertgefühl anstrebt.«[42]

Selbst der Klassenfeind kam zu Wort: 1982, auf dem Höhepunkt der Nachrüstungsdebatte, meldete sich Generalleutnant Nikolai Petrow aus Moskau, um die sowjetische Sicht bei den Genfer Verhandlungen darzulegen.[43] Generell kann man freilich sagen, dass es auf der viel beachteten Leserbriefseite oft konservativer zuging, als es der Blattlinie entsprach. Dabei kamen durchaus auch Linke zu Wort, wie etwa Rudolf Bahro, Gregor Gysi, Robert Jungk, Petra Kelly und Rudi Dutschke, der sich 1979 rühmte, »mitgeholfen zu haben, dem amerikanischen Krieg gegen das vietnamesische Volk ein Ende« bereitet zu haben (auch der ehemalige Studentenführer zeichnete mit Doktortitel).[44] Der rechte Publizist Armin Mohler lobte 1988 dementsprechend, die Seite sei »zur wichtigsten Tribüne einer Kritik der Vergangenheitsbewältigung in ihrer heutigen Zerrform geworden«.[45]

5

REAKTIONEN AUF 1968

1968 lautet die Chiffre für die Studentenrevolte. Das Jahr markiert aber eher einen Kulminationspunkt länger zurückreichender Entwicklungen und Proteste. Schon 1964 gab es in Berkeley Sit-ins und Zusammenstöße von Studenten und der Polizei. Nach dem Vorbild des amerikanischen »Free Speech Movement« protestierten ein Jahr später auch in West-Berlin und Frankfurt Studenten für politische Redefreiheit an den Universitäten. Die studentischen Frontorganisationen waren sogar in ihren Abkürzungen in den USA und in der Bundesrepublik identisch: SDS. Die Entsprechung zur amerikanischen Vereinigung »Students for a Democratic Society« war der noch ganz ungegendert und national daherkommende »Sozialistische Deutsche Studentenbund« (SDS). Dieser war 1946 in West-Berlin als Hochschulverband der SPD gegründet und 1961 von dieser wegen seines radikalen Kurses ausgeschlossen worden. Zulauf erhielten der SDS und die West-Berliner außerparlamentarische Opposition (APO) von vielen dorthin vor der Wehrpflicht geflohenen jungen Männern. Mit der Frankfurter Schule von Theodor W. Adorno und Max Horkheimer überstrahlte die Mainmetropole allerdings zumindest intellektuell noch die Protestszene der westlichen Hälfte der geteilten Hauptstadt. Auch die Anwesenheit von 40 000 amerikanischen Soldaten und ihren Familien, das amerikanische Hauptquartier im I.G.-Farben-Haus, heute Sitz der Goethe-Universität, und das Generalkonsulat in Wurfweite zur Universität prädestinierten die amerikanischste Stadt Deutschlands zum Protest gegen den Vietnamkrieg. Der Brutalismus der Stadtplanung mit der wirtschaftsgetriebenen Erschließung des Westends (»Fingerplan«) und eine lebhafte, mit dem Studentenprotest sympathisierende Kulturszene taten ein Übriges, um Protestpotential anzuziehen und in der Stadt zu verdichten.[1]

REFORMEN UND REVOLTE

Die in Fahrt kommende Kritik der Studentenbewegung an der Ordinarienherrschaft in der Universität, überkommener Disziplinierung der Schüler, an der NS-Vergangenheit der Vätergeneration, der geplanten Notstandsgesetzgebung, an der Großen Koalition, am Vietnamkrieg und der Macht der »Springer-Presse« teilten viele linksliberale Journalisten und Intellektuelle. Das galt hingegen nicht für die aggressiven, gewalttätigen Formen des Protests, den zum Teil orthodoxen Marxismus und die Zielbestimmung. Hier stellte man sich im *juste milieu* zumindest viele Fragen. Ähnlich sah es im Feuilleton der *FAZ* aus, das zu der Zeit von linksliberalen bis linken Journalisten dominiert war. Aber auch in den anderen Ressorts der Zeitung erkannte man durchaus Reformbedarf. Die Aggressivität und die rabiate Intoleranz der Achtundsechziger stießen hier aber auf Ablehnung, während man im Feuilleton eher die Polizeigewalt skandalisierte. Der Mann, der die Routine der *FAZ*-Berichterstattung bei diesem Thema aufbrach und sichtlich fasziniert war, dass nun in der Bundesrepublik eine Art Ausnahmezustand herrschte, war Karl Heinz Bohrer.

1966 hatte Karl Korn den hochintelligenten Karl Heinz Bohrer von der *Welt* ins Literaturressort der *FAZ* geholt. Der etwas scheue Bohrer reklamierte in der Großen Konferenz bald aber doch recht keck, dass man die protestierenden Studenten und ihre Absichten doch einmal besser kennenlernen solle. Das brachte ihm den Auftrag Korns ein, ebendies in Berlin zu tun. Zur Vorbereitung traf sich Bohrer mit Jürgen Habermas, mit dem er sich seitdem intensiv und kontrovers austauschte. Bohrer sagte die marxistische Geschichtsphilosophie nicht zu; er ließ sich in Berlin aber doch von den radikalen Wortführern der Studenten, Wolfgang Lefèvre und Rudi Dutschke, von ihrer Intelligenz, Eloquenz und Radikalität, von ihrer ganzen Erscheinung faszinieren. Er teilte deren Unbehagen, verstand ihr Aufbegehren gegen die mentalen und personellen Altlasten der NS-Zeit. In einem großen Artikel nach dem Tod des bei den Anti-Schah-Demonstrationen von dem Polizisten Karl-Heinz Kurras, einem Stasi-Spitzel, erschossenen Studenten Benno Ohnesorg im Juni 1967 stellte Bohrer die »Theorie und Praxis der Rebellen von Berlin vor« und wandte sich darin gegen eine »Verteufelung« der Anführer, gegen eine Dramatisierung des Protests sowie gegen Vermutungen, die »marxistische Minderheit« der Studenten könne vom Osten gesteuert sein. In einem zweiten Artikel vier Monate später wiederholte Bohrer seine Kritik an einer »unverständige[n] Öffentlichkeit«: »Mit dem Schlagwort ›Minderheit‹ will man diese Minderheit verächtlich machen und ihr zudem noch das Recht auf Protest bestreiten.«[2] Bohrer konnte damit zwar über die Theorie, aber nicht so recht über die Ziele der Studentenbewegung aufklären, da diese von den Wortführern selbst auch nicht klar artikuliert wurden.

Während Bohrer Dutschke mit Sympathie begegnete und selbst ein Wirtschaftsjournalist im Politikteil ein »Plädoyer für studentische Opposition« schrieb, in dem auch der sachliche Stil von Habermas gelobt wurde,[3] erschrak Politikherausgeber Bruno Dechamps doch sehr über das schriftlich niedergelegte Bekenntnis Dutschkes zu den gewalttätigen Befreiungsbewegungen der Dritten Welt und auch über die rein taktische Absage an ein Attentat auf den Schah während des Deutschland-Besuchs.[4] Im April 1968 war Dutschke dann selber Opfer eines Attentates geworden. Dechamps wandte sich in seinem Kommentar dazu gegen jegliche instrumentelle Anklage, sei es, indem man die Ursache bei Dutschke oder dem SDS selbst suche, sei es, dass man sie in einer faschistischen Gesellschaft erblicke. Für Dechamps war die »Radikalisierung« die »Krankheit«. Er plädierte für eine »Umkehr auf den Weg intensiver, aber rationaler und liberaler Auseinandersetzung«, für eine »Abkehr von jeder Gewalt« und eine »Rückkehr zu den Spielregeln der Demokratie, die allein den Frieden in der Gesellschaft und einen steten Wandel ohne Mord und Totschlag möglich machen«.[5] Das war das klassische *FAZ*-Plädoyer gegen Totalitarismus, Gewalt und Radikalität. In den Augen der Studentenbewegung waren die Ausführungen eine Affirmation des Status quo und zugleich die Camouflage gesellschaftlicher Konfliktlagen. Während Dechamps die Radikalisierung fürchtete, fürchtete Hans Schwab-Felisch im Feuilleton nach der Verabschiedung der Notstandsgesetze die Resignation der Studentenbewegung. Ohne deren Protest müsse sich der Staat verwaist fühlen. Sollten sich die Studenten zurückziehen, werde die Reform der Gesellschaft nicht gelingen.[6]

Die Debatten waren nicht nur theoretischer Natur, denn die 68er-Proteste erreichten auch unmittelbar die Redaktion. Ihr Sitz befand sich im Auge des Taifuns. Direkt neben dem *FAZ*-Gebäude in der Hellerhofstraße im Gallusviertel lag die Societäts-Druckerei in der Frankenallee. Dummerweise wurde dort neben der *FAZ* auch die Frankfurter Ausgabe der *Bild* gedruckt. Die aber machte die Studentenbewegung verantwortlich für die Schüsse, die der Hilfsarbeiter Josef Bachmann am Gründonnerstag auf ihren Anführer Rudi Dutschke abgefeuert hatte (»Bild schoss mit«). Nach einem Teach-in im berühmten Hörsaal VI der Frankfurter Goethe-Universität beschlossen Studenten am Karfreitagabend 1968, die Societäts-Druckerei zu belagern, um die Auslieferung der *Bild* zu verhindern. Die Polizei versuchte den Verlagsfahrzeugen den Weg frei zu räumen, traf dabei aber auf ein bis dahin nicht gekanntes Ausmaß an Gewalt.

Wer die Fotos betrachtet, welche die »Zeitung für Frankfurt«, wie damals der Regionalteil der *FAZ* hieß, am Folgetag brachte, dem fällt die mangelhafte Ausrüstung der Polizei auf. Statt der heute üblichen robusten Schutzmonturen und Helme trugen die Polizisten Mäntel und Polizeimützen und schwangen kleine Gummiknüppel. Immerhin konnte man bereits Wasserwerfer auffahren. Freilich versiegten deren Strahlen mitten im Einsatz. Die *FAZ*-Redaktion zeigte sich schockiert, man sah sich in einem Belagerungszustand, empfand sich als Objekt gewalttätiger Aggression. Der Bericht im Lokalteil war nicht mit dem üblichen Autorenkürzel, sondern mit »faz.« gekennzeichnet, sollte also eine Kollektivmeinung der ansonsten stets auf Individualismus bedachten Redakteure zum Ausdruck bringen. Er war ganz von Sympathie für die Polizei getragen, die sich lange zurückgehalten habe.[7]

Am Ostermontag versuchten dann rund fünftausend Demonstranten, aufgepeitscht von ihren intellektuellen Anführern, Ernst zu machen. Mit Tränengasbomben, Holzlatten und Steinen gingen sie gegen die Polizei vor. Diese reagierte mit »in Frankfurt bisher nicht gekannter Härte«, wie die *FAZ*, wiederum im Stadtblatt, berichtete. Der Bonner Korrespondent der Zeitung, Friedrich Karl Fromme, der später als rechtspolitischer Hardliner zum Hassobjekt der Linken wurde, forderte in seinem Kommentar im Politikteil, die Anstifter des SDS vor Gericht zu stellen. Fromme kritisierte, dass die Polizei nicht ihrer Aufgabe nachgekommen sei, die Demonstrationen in den Schranken des Rechts zu halten.[8]

Auch Lokaljournalist Udo Wiemann richtete den Blick auf den »SDS und andere Scharfmacher«. Besonders übel aufgestoßen war ihm der Ausspruch Hans-Jürgen Krahls, des Chefintellektuellen des SDS, man wolle dem Feind den Daumen aufs Auge drücken. Krahl selbst wies diesen Imperativ wenig später als Zitat Rosa Luxemburgs aus, was es für die bürgerlichen Zeitungsmacher nicht unbedingt besser machte.[9] Jedenfalls prallten nach den Krawallen vor der Haustür während der Dienstagskonferenz die Ansichten aufeinander. Dabei wurde auch die von den Achtundsechzigern immer wieder vorgebrachte Rechtfertigung der Gewalt, die sie anwandten, ins Feld geführt: Die Verantwortlichkeit liege bei der Springer-Presse, und erst die Polizeigewalt habe die Eskalation erzeugt. Günther Rühle machte Gewalt sogar allein beim Dutschke-Attentäter aus, worauf er von Herausgeber Jürgen Tern entschiedenen Widerspruch erntete. Ein längerer Auszug aus dem Protokoll der Großen Konferenz verdeutlicht die Bandbreite der Diskussion innerhalb der *FAZ*:

> Herr Renfordt [der West-Berliner-Korrespondent der *FAZ*, P. H.] bringt die Sprache auf die Berliner Springer-Zeitungen. Wenn gesagt werde, der SDS sei verantwortlich für eine bestimmte Situation, so müsse man auch sagen, die Springer-Zeitungen seien verantwortlich für bestimmte Voraussetzungen, die diese Situation begünstigt hätten. Daraus müßten Konsequenzen gezogen werden.
> Herr Tern bittet um Unterscheidung zwischen politisch relevanten Tatbeständen und strafrechtlichen und verfassungsrechtlichen Tatbeständen. Herr Rühle unterstützt Herrn Renfordt und meint, die gegenwärtige Lage sei nur von Berlin her zu verstehen. Auch Herr Bohrer meint, man dürfe das Vorgehen der Studenten nicht isolieren von den Exzessen der Berliner Zeitungen und den Reaktionen der Polizei. Diese habe Handlungen begangen, die Steinwürfe provozieren mußten. Man müsse deshalb fragen, wo Ursache und Wirkung lägen, und ob sich die Polizei nicht, ähnlich wie die Studenten, ebenfalls strafbar gemacht habe.
> Herr Maetzke hat kein Verständnis dafür, daß der Polizei »Ähnliches« wie den Studenten vorgeworfen werde. Schließlich habe die Polizei nun einmal das Gewaltmonopol in diesem Staat, und wenn sie es anwende, sei das oft wenig angenehm. Der Gebrauch des Wortes »ähnlich« in diesem Zusammenhang sei ein fundamentaler Irrtum. Herr Bohrer bestreitet nicht, daß die Polizei bei Aufruhr das Recht habe, vom Gummiknüppel Gebrauch zu machen. Die Frage sei nur, ob es sich bei den Osterunruhen bereits um Aufruhr gehandelt habe und ob die Polizei bei der Anwendung von Gewalt nicht zu weit gegangen sei und sadistische Methoden angewandt habe. Man müsse untersuchen, wer zuerst geschlagen habe. Herr Maetzke meint, es gebe Methoden, die den anderen unter Zugzwang setzten. So sei es an Ostern gewesen. Die Ursache, von der Herr Bohrer gesprochen habe, sei so gewesen, daß sie das Eingreifen der Polizei gerechtfertigt habe. Herr Bohrer hat nur Fahnenschwenken, Gesänge und Sitzstreiks gesehen. Wenn man so etwas nicht mehr zulasse, müsse er von Terror sprechen. Er möchte wissen, wieso Studenten niedergeknüppelt werden dürften, wenn sie die Auslieferung einer Zeitung zu verhindern versuchten.
> Herr Fromme ist verwundert darüber, wie man Zweifel an der Rechtmäßigkeit des polizeilichen Eingreifens haben könne. Es sei doch völlig klar, wer begonnen habe und daß die Polizei verpflichtet war einzugreifen.
> Auch Herrn Korn leuchtet Herrn Bohrers Frage nach Ursache und Wirkung nicht ein. Handgreiflicher Beweis dafür, wer angefangen habe, seien die beiden Barrikaden vor dem Haus gewesen. Allerdings müsse er Herrn Bohrer insofern zustimmen, als die polizeilichen Greiferaktionen Anlaß sein sollten, zu untersuchen, ob dabei nicht auch Straftaten begangen worden seien. Wenn Gewaltanwendung in sadistische Raserei ausarte, so müsse das auch in der Zeitung gesagt werden.[10]

Erich Welter hielt die Diskussion, in der Bohrer sogar den Einsatz von Polizeigewalt gegen die Blockade der eigenen Zeitungsauslieferung kritisierte, offenbar für so abwegig, dass er in Sarkasmus verfiel. Er bedauerte, »daß nicht alle Kollegen Gelegenheit hatten, die Begebenheiten, die sich am Karfreitag und am Ostermontag vor dem Haus abgespielt hätten, zu beobachten. Wer sie gesehen habe, müsse zwangsläufig manches anders sehen, als es in der Diskussion vielfach geschehen sei. Er schlägt vor, in Zukunft neben jeden Lieferwagenfahrer einen Redakteur zu setzen, der dann bei Unruhen entscheiden könne, wie sich die Polizei zu verhalten habe.«[11]

Gleichwohl beruhigte sich der Stil der *FAZ* schnell wieder. Die Kriegsberichterstattung wich der Reportage. Zum Ärger Welters erschienen sogar Beiträge, welche die Polizei kritisierten und glossierten. Helene Rahms deutete auf der Frauenseite den »Griff der Polizisten in die Haare der schreienden Mädchen, die auf diese Weise weggeschleppt wurden« sexualpsychologisch: »Er ist die stellvertretende Gebärde für viel unterdrückte böse Lust.«[12] Welter machte seinem Unmut über Rahms' Haltung in einem Brief an seinen Herausgeberkollegen Tern Luft. Er hielt die Glosse für »mehr als einfältig«. Er selbst hatte die Szenen vor dem Haus ganz anders gesehen:

> Die armen harmlosen Mädchen, die den Polizisten, wie ich gesehen habe, an die Gurgel und ins Gesicht gesprungen sind und die sich doch nur auf die Straße gesetzt haben, um unseren Wagen die Durchfahrt zu versperren! Es gehört offenbar auch in führenden Kreisen der Redaktion zum guten Ton, sich zunächst einmal himmelweit von der Polizei zu distanzieren, ehe man sich zu der Aufrechterhaltung von Recht und Ordnung bekennt. Angst, nichts als Angst. Angst vor Stimmenverlust, Angst davor, scheel angesehen zu werden, Angst vor Auseinandersetzungen mit Leuten, die nicht wissen, was gespielt wird, und der sich anbahnende[n] Zerstörung der Bundesrepublik Beifall klatschen. Wir haben in der Redaktion leider zu wenig Leute, die sich einen klaren Kopf bewahrt haben.[13]

Dennoch wurde in der *FAZ* weiter Verständnis für die protestierenden Studenten gezeigt. Als nach einem Brief von Kultusminister Ernst Schütte (SPD), der die Beschneidung der Fächer Politik und Soziologie in der Ausbildungsordnung der berüchtigten »Abteilung für Erziehungswissenschaften« (AfE) empfohlen hatte, die geisteswissenschaftlichen Studenten in den Streik traten, kritisierte Ulrich Grudinski den Minister im Dezember 1968 in einem Leitartikel im Stadtblatt und warb um die Partnerschaft der Studenten bei »der Verwirklichung einer notwendigen Hochschulreform«, für »größtmögliche

[…] Öffentlichkeit« und eine »kritische Auseinandersetzung«. Er kritisierte gleichermaßen die »allzu bequemen Ignoranten« wie die »revolutionären Extremisten«.[14] Die Sprengung von Diskussionsveranstaltungen durch den SDS und ebenso die mangelnde Selbstkritik des Studentenbundes fanden aber an dieser Stelle weiterhin ein kritisches Echo.

Als man 1967 erstmals mit der Störung der Buchmesse und Go-ins konfrontiert worden war, hatte Ernst-Otto Maetzke im Politikteil noch umgehend einen Vergleich zum Terror der NS-Zeit gezogen, und auch das Stadtblatt hatte vom »faschistischen Terror« gesprochen.[15] Diese NS-Vergleiche, die ja in der Protestbewegung ebenfalls allgegenwärtig waren, wurden auch vom Rektor der Frankfurter Universität Walter Rüegg und ebenso von Remigranten angestellt, die tatsächlich den Terror des Nationalsozialistischen Deutschen Studentenbundes hatten erleben müssen.[16] Die *FAZ* bildete hier einen breiteren Diskurs ab, mäßigte dann aber ihre Sprache in weiten Teilen und blieb auch in der Folgezeit von unterschiedlichen Sichtweisen geprägt.

Bei den konkreten Konfliktlagen der Bildungspolitik gingen die Meinungen innerhalb der Zeitung ebenfalls auseinander. Man sah die Ordinarienherrlichkeit keineswegs unkritisch. Der junge Friedrich Karl Fromme hatte ein Jahr nach seinem Eintritt in die Redaktion so mokant über den professoralen Protest gegen das geplante hessische Hochschulgesetz berichtet, dass Welter der Kragen platzte. Fromme, der den »diffus grollende[n]« Professoren »nervöse […] Empfindlichkeit gegenüber allen staatlichen Annäherungsversuchen« und mangelnde Logik ihrer Argumente gegen die Verlängerung des Sommersemesters vorgeworfen hatte,[17] habe sich im Ton vergriffen und keine Ahnung, wie es bei Berufungen und Rektorenwahl zugehe. Die anderen Herausgeber bemängelten Frommes Ton ebenfalls, gaben ihm aber in der Sache recht.[18]

Schon Ende 1966 hatte Günther von Lojewski unter Berufung auf den Wissenschaftsrat und Hartmut von Hentig eine Reform der Herrschaft der Ordinarien und der Hochschullehre angemahnt und die Widerstände kritisiert, auf welche die Bemühungen stießen. Sein Artikel auf Seite zwei, also im Politikteil, war offensiv (aber »reformistisch«) betitelt: »Wer reformieren will, muß provozieren«.[19] Mit dem Drängen der Schüler und Studenten auf Mitbestimmung und ihrem Aufstand gingen die *FAZ*-Ressorts aber ganz unterschiedlich um. Das zeigt sich an zwei Grundsatzartikeln aus dem politischen Ressort und aus dem Feuilleton: 1968 berichtete Feuilletonredakteur Günther Rühle in der Beilage mit großer Sympathie über »Die Revolte der Schüler«. Rühle, der von den Erfahrungen seiner Frau als Lehrerin profitierte, machte sich die Kritik der Schülergemeinschaften am autoritären Schulsystem weitgehend zu eigen, zeigte Verständnis für die Protestformen und bestaunte das Lektürepensum der Schüler. Zwar hielt er radikale und strikt sozialistische Vorschläge für nicht realisierbar, aber die Mitbestimmung der Schüler und die Abkehr von autoritären Strukturen für dringend geboten.[20]

Ebendiese Mitbestimmung erklärte Günther Gillessen ein Jahr später im Fall der Universitäten für vollkommen verfehlt. Studenten und Hochschullehrer würden erst durch ihre Ungleichheit zusammengeführt. Die einen seien dauerhaft der Institution angehörig, für die anderen sei es nur eine Durchgangsstation. Daher könne es ebenso wenig wie im Krankenhaus oder Flugzeug eine über Empfehlungen hinausgehende Mitbestimmung geben.[21] Für Gillessen waren nur politische Institutionen demokratisierbar, für Rühle auch die Schule, die nur so auf das Leben in der Demokratie vorbereiten könne. Konflikt war für Rühle der Normalzustand, für Gillessen, zumindest in der radikalen Form der Zeit, Ausdruck eines Tollhauses.

Gillessens Aufsatz und dessen Diktion wurden in der Großen Konferenz von Rühle und anderen – so vom linken Politikredakteur Hanno Kühnert, von Musikredakteur Friedrich Hommel, Wissenschaftsredakteur Kurt Rudzinski, Literaturkritiker Helmut Scheffel und Politikredakteur Peter Diehl-Thiele – scharf attackiert. Man sah darin eine »Schwenkung« (Kühnert) und Festlegung der *FAZ*.[22] Jürgen Tern, wegen dessen Entlassung die Redaktion ein Jahr später revoltierte, sah in den Angriffen auf Gillessen dagegen die Bedrohung eines Rätesystems aufscheinen und zog Vergleiche zu den Turbulenzen in Buchverlagen. Es dürfe nicht zur Führungslosigkeit innerhalb der Zeitung kommen.[23] Tatsächlich war die Zeitung hinsichtlich der Bildungsreformen gespalten: Das Feuilleton unterstützte sie tendenziell. Rolf Michaelis zeigte etwa viel Verständnis für die Anliegen und den Protest der Germanistik-Studenten, die den Berliner Germanistentag 1968 gesprengt hatten, verurteilte aber die »entwürdigenden Umstände, unter denen dieser Prozeß manchmal abläuft«. Entschieden wandte Michaelis sich gegen Kommentare des Senders Freies Berlin (SFB), in denen nach der Polizei gerufen wurde. Beim Blick auf die Auseinandersetzungen zwischen Studenten und Professoren war allerdings auch sein Wunsch nach Harmonie zu spüren.[24] Das politische Ressort lehnte die Proteste und weitgehende Bildungsreformen dagegen tendenziell ab, selbst wenn Brigitte Beer ihnen dort aufgeschlossen gegenüberstand. Doch auch der progressive Peter Jochen Winters sah die Berufungspraxis der neugegründeten Bremer Universität sehr kritisch. Er vermisste bei den marxistischen Bewerbern Methodenpluralismus und kritisierte »die alles erdrückende Vorherrschaft der Sozialwissenschaften«. »Das geistige Spektrum reicht vom plattesten Vulgärmarxismus bis zu den Verfeinerungen der kritischen Theorie.« Einer Emigrantin aus Polen prophezeite er an der Universität Bremen dieselben schlechten Erfahrungen wie in ihrem Heimatland.[25] In dem Ringen um Bildungsreformen offenbarte sich auch ein Dissens hinsichtlich des Demokratiebegriffs. Gillessen und der ihn unterstützende Wirtschaftsredakteur Ernst Günter Vetter wollten ihn auf die politische Ordnungsfunktion beschränkt wissen, viele andere Redakteure sahen Demokratie im Trend der Zeit – »mehr Demokratie wagen« hieß es dann in Brandts Regierungserklärung – als umfassendes gesellschaftliches Prinzip und als eine Lebenshaltung, die eben auch in den Bildungsinstitutionen Einzug halten sollte.[26]

Gillessen, der später zum Teilzeitprofessor am Institut für Publizistik in Mainz berufen wurde, wandte sich vom ganzen Sujet der Hochschulreformen und ihres Personals angewidert ab und widmete sich in den 1970er Jahren wieder ganz der Außen- und Sicherheitspolitik. Statt seiner befasste sich nun Kurt Reumann mit dem Sujet, womit sich der Kreis um Frankfurt und Mainz schloss, denn Reumann war im Mainzer Institut Noelle-Neumanns Assistent gewesen und befasste sich auch in der *FAZ* mit Demoskopie und Wahlanalyse. Reumann war wie Gillessen kritisch gegenüber der bildungspolitischen Reformeuphorie und der Sympathie dafür im *FAZ*-Feuilleton, besonders aber gegenüber dem linken Radikalismus und der marxistisch motivierten Beeinträchtigung der Lehrfreiheit der Professoren. Intensiv verfolgte er die Entwicklung der K-Gruppen und anderer linker Studentenvereinigungen an den Universitäten. Er scheute sich nicht, in Vorlesungen zu gehen und etwa über die Attacken gegen den Kölner Historiker Andreas Hillgruber seitens des vom Marxistischen Studentenbund Spartakus gegründeten »Hillgruber-Komitees« zu berichten. Ungewöhnlich war, dass Reumann dabei auch den Rädelsführer, den Studenten Gottfried Scherer, benannte. Acht Jahre später sprang Reumann Hillgrubers Schüler Klaus Hildebrand in Münster bei ähnlichen Vorfällen bei. Auf dem Höhepunkt des RAF-Terrors 1977 urteilte Reumann freilich sehr differenziert über die Sympathisanten der Terroristen. Als solche könne man nur diejenigen bezeichnen, die Gewalt als Mittel der Politik billigten.[27]

EIN OPFER DES VIETNAMKRIEGES IN FRANKFURT

1968 forderte ein Opfer in der *FAZ*, wenn auch kein blutiges. Die amerikanische Intervention in Vietnam gelangte sehr allmählich in den Blickpunkt der deutschen Öffentlichkeit. Zunächst war das amerikanische Engagement in Vietnam in der Bundesrepublik als ungute Ablenkung der USA von ihren eigentlichen Aufgaben an der Nahtstelle des Kalten Krieges in Europa gesehen worden. In Bündnistreue zur Schutzmacht hatte sich anfangs der überwiegende Teil der Medienöffentlichkeit dem Kurs der Bundesregierung, das heißt der Solidarität mit den USA, angeschlossen. In den großen Zeitungen wie der *FAZ*, der *SZ*, den Springer-Zeitungen oder der *Zeit*, aber auch im *Spiegel* wurde sehr stark die amerikanische Perspektive eingenommen und entsprechend berichtet und kommentiert.[28]

Der Blick auf die USA und ihren Krieg verdüsterte sich angesichts der Dauer, der mangelnden Erfolgsaussicht sowie der Proteste in den USA und Europa zunehmend. Pessimistisch resümierte Jürgen Tern Ende 1967 in der *FAZ*, der Krieg in Vietnam sei »der Krieg ohne Ende, ohne Glück, ohne Ausblick«. Amerika befinde sich in einer moralischen Krise, der amerikanische Traum habe an Strahlkraft verloren. Er prophezeite, dass die USA mit diesem Krieg die NATO dem Verfall preisgeben würden.[29] Das war die alte Sorge Adenauers, dass die USA sich durch Vietnam von der eigentlich wichtigen Aufgabe – der Abwehr des Kommunismus in Europa durch die NATO – ablenken lassen könnten. Mit der Tet-Offensive des Vietcong und der nordvietnamesischen Armee vom 30. Januar 1968 an, die militärisch eher zu einem Erfolg der USA wurde, aber die Aussichtslosigkeit des amerikanischen Einsatzes offenbarte, drehte sich die Einschätzung endgültig auch in der Medienöffentlichkeit.[30] Die *FAZ* unterstützte allerdings weiterhin die US-Strategie. Bruno Dechamps gab die Parole aus, Kommunisten müssten begreifen, »daß die amerikanische Weltmacht militärisch nicht mehr aus Vietnam herausgedrängt werden kann« und dass die US Army »kein Double der französischen Armee« sei, die 1954 in Điện Biên Phủ ihr Waterloo erlebt hatte.[31] Die Stimmung an der »Heimatfront« spielte bei der Betrachtung immer eine wichtige Rolle. Vor allem die »aus ehrlichen Motiven von pazifistisch und neutralistisch gesinnten Gruppen auf die amerikanische Regierung abgefeuerten Salven«, so Klaus Natorp, motivierten die Kommunisten, weiterzukämpfen in der falschen Annahme, dass »der Gegner bereits schwach zu werden beginne«.[32]

Gegen den Vietnamkurs der *FAZ* begehrte dort nun Dieter Hildebrandt auf. Er war 1958 von Erich Welter eingestellt und gefördert worden. 1961 wechselte er von Frankfurt als Kulturkorrespondent nach Berlin und erfreute sich weiterhin Welters Wertschätzung. Stimuliert von der West-Berliner Protestatmosphäre, so vermutete man in Frankfurt, schrieb Hildebrandt im März 1968 einen flammenden Appell gegen den Vietnamkrieg, den er als Leitartikel veröffentlicht sehen wollte. Sogar der Che Guevara entlehnten SDS-Parole »Schafft viele Vietnams« maß er eine »verzweifelte Redlichkeit« zu.[33] Zweimal wurde der Artikel einhellig von den Herausgebern, die sich an der impliziten moralischen Verurteilung der USA und dem Aufruf zum Protest störten, zurückgewiesen. Tern sah für den Vietnamkrieg zwar keine Lösung, forderte jedoch eine »mittlere Linie« beizubehalten und »größtmögliche Zurückhaltung bei irgendwelchen Empfehlungen«. Ein Feuilletonkorrespondent hatte nun keinerlei Anspruch darauf, dass ein unaufgefordert eingesandter Artikel als politischer Leitartikel veröffentlicht wurde. Die Herausgeber nahmen eine angedeutete Kündigung Hildebrandts, also ein Ultimatum, in Kauf. Die Kündigung erfolgte dann auch.[34]

Noch bevor der Vertrag aufgelöst worden war, bot Hildebrandt seinen Artikel der *Zeit* an, die ihn am 5. April publizierte. Der Beitrag erschien mit einem erläuternden Vorspann, die *FAZ*-Redaktion habe sich geweigert, den Artikel zu drucken.[35] In dieser Lesart, die Hildebrandt als einen mutigen Widerständler präsentierte, wurde die Causa auch im WDR-Radio kommentiert.[36] Die *FAZ*-Herausgeber wollten den publizistischen Coup der *Zeit* nicht weiter befördern und verordneten Stillschweigen.[37] In der Redaktionskonferenz zuvor ging es dann mehr um eine mögliche Reaktion auf die *Zeit* als um die Demission Hildebrandts, die Tern erklärte. Dabei machte er die Blattlinie deutlich: »1. Die F.A.Z. lehne es ab, sich über die amerikanische Nation moralisch zu entrüsten; 2. Sie halte es für unangebracht, der Bundesregierung in der gegenwärtigen Situation Anti-Amerikanismen für ihre Politik zu empfehlen.« Auch Terns Herausgeberkollegen wiesen die Forderung nach einem Rückzug der Amerikaner aus Vietnam als zu leichtfertig zurück.[38] Die Sorge vor einem Anwachsen des grassierenden Antiamerikanismus bestimmte auch in den Folgejahren die Kommentarspalten der *FAZ*. Robert Held sah 1972 das Amerikabild »an einigen Stellen dem des ›Völkischen Beobachters‹« ähnlich werden.[39]

Im Fall Hildebrandt gab es, anders als zwei Jahre später beim Rauswurf Terns, keine weiteren Unruhen in der *FAZ*-Redaktion. Dafür war Hildebrandts Vorgehen zu wenig plausibel, die Herausgeber waren in der Ablehnung eines nicht vorgesehenen Angebots für einen Leitartikel nicht ungewöhnlich verfahren. Inhaltlich mochten einige Hildebrandts Position teilen. Der stets kritische Karl Heinz Bohrer fragte zwar in der Redaktionskonferenz nach, sah den Vorgang aber primär als Herausforderung durch die *Zeit*.[40] Letztlich hatten die Herausgeber auch inhaltlich eine klare Linie festgelegt und vermittelt. Daran war kaum zu rütteln. Die Linkskatholikin Vilma Sturm, die für die Zeitung seit deren Gründung schrieb, entwickelte sich jedoch zu einer regelrechten Vietnam-Aktivistin, verteilte Flugblätter, sammelte Geld und schmuggelte ihre Aktivitäten auch in einen Bericht über das »Politische Nachtgebet« in Köln ein, das sie selbst zum Ärger von Kardinal Frings mitinitiiert hatte.[41] Später wurde ihre Unterschrift unter einem Schreiben »zur Unterstützung von Nordvietnam und des Vietkong […], also eine prokommunistische Aktion« im Herausgeberkreis registriert, aber keine Beschlüsse dazu gefasst.[42] Korn hielt seine Hand über seine dienstälteste Mitarbeiterin, deren Reportagen im Haus sehr geschätzt wurden. Der Vietnam-Eifer (»Vietnam ist Golgatha«) der guten Freundin von Heinrich Böll und Walter Dirks war nach einer Begegnung mit Vertretern des Roten Kreuzes aus Hanoi und der Kaperung des Nachtgebets durch Marxisten aber auch schon erkaltet.[43]

Eineinhalb Jahre nach der Affäre Hildebrandt, im Dezember 1969, plädierte Herausgeber Bruno Dechamps dann selbst für den Abzug der Amerikaner aus Vietnam,[44] was sich allerdings mit Nixons Doktrin der »Vietnamisierung des Vietnamkrieges« harmonisieren ließ. Kurz zuvor war das amerikanische Massaker an Zivilisten in My Lai vom März 1968 bekannt geworden. Trotz allem, so Dechamps, seien die Demonstrationen vor amerikanischen Konsulaten, die sich gegen die Brutalität der US-Kriegführung in Vietnam – speziell nach Kenntnis der Ereignisse in My Lai – richteten, in Deutschland »beschämend«.[45]

Bereits im Mai 1969 hatte Adelbert Weinstein in einer Politischen Konferenz der *FAZ* geäußert, dass die USA »den Krieg in Vietnam auf jeden Fall jetzt beenden [müssen]«. Aber ohne die offene US-Intervention seit 1964 »wäre Saigon überrannt worden, und es hätte eine kommunistische Regierung gegeben. […] Die Amerikaner sagten, daß sich der Krieg doch gelohnt habe, da es ihnen gelungen sei, den totalen kommunistischen Sieg zu verhindern.«[46] Weinstein konnte der US-Abzug dann gar nicht schnell genug gehen: »Heraus aus Vietnam – so schnell es möglich ist«,[47] forderte er im November 1969 in der Zeitung. Tern war skeptischer als Weinstein. Washington gehe davon aus, »daß Südvietnam wahrscheinlich in wenigen Jahren schon Teil einer Volksrepublik Vietnam sein wird«, wenn die Amerikaner abzögen. Weinstein indes hielt den Sieg des Kommunismus nicht für zwangsläufig: »Jetzt ist es auch für die Kommunisten viel schwerer.«[48] Falsch lag Weinstein letztlich auch mit der Bewertung, die US-Dreiecksdiplomatie habe entscheidend dazu beigetragen, »den militärischen Konflikt politisch abschließen zu können«.[49] Abgeschlossen war der Krieg gerade nicht, selbst wenn die USA ihn abzuschließen suchten.

Die Lage spitzte sich nach der Wiederwahl von Präsident Richard Nixon zu. Das Konzept der »Vietnamisierung« entpuppte sich immer mehr als Chimäre. Die südvietnamesische Armee überlebte die Feuerprobe auf sich allein gestellt nicht. Das war im Licht der *FAZ*-Bewertungen im Lauf der frühen 1970er Jahre kaum überraschend.[50] Dennoch konnte Weinstein noch Anfang 1975 nicht klar absehen, was sich abzeichnete: Hanoi stehe »vor der letzten Etappe des langen Marsches«, aber »1975 ist nicht das Jahr der militärischen Entscheidung«.[51] Erst Mitte April 1975, nachdem die nordvietnamesische Armee in den Süden einmarschiert war, sah auch er: »Die militärische Entscheidung in Vietnam ist gefallen.«[52] Für Weinstein war »die schlimmste Erkenntnis des Krieges« die, »daß die amerikanischen Truppen den Krieg gewannen, aber den Frieden verloren«. Die amerikanische Zerstörungsmaschine schadete nicht nur dem Feind, sondern aufgrund der revolutionären Volkskriegsstrategie der Kommunisten auch Land und Leuten: »Der militärische Erfolg wurde mit der Auflösung der politischen Basis, auf der man stand, erkauft.«[53] Und dennoch, so Weinstein, wäre es unzureichend, im Ausgang des Krieges nur den Sieg Davids über Goliath zu sehen. Hanoi sei mit Waffen, die »Milliarden Dollar gekostet« haben, von der Sowjetunion unterstützt worden und habe größere Ausdauer und Zähigkeit an den Tag gelegt. Doch noch die 1972er Osteroffensive der Kommunisten sei von der US-Luftwaffe »zerschlagen« worden. Die südvietnamesische Armee hingegen sei unfähig und zu schwach gewesen. Und: Amerika habe im Gegensatz zu Hanoi nicht warten können. Weinstein deutete hier eine Dolchstoßthese an, die er aber nicht weiter ausführte.[54]

Erich Welter hatte bereits nach der Tet-Offensive Anfang 1968 mit Blick auf Weinstein, der mehrfach Vietnam besucht hatte, geurteilt: »Über den Verlauf des Vietnamkrieges hat sich die *FAZ* geirrt.« Weinstein habe »nach wiederholten Besuchen das bestimmte Urteil abgegeben, Amerika sei unschlagbar und werde diesen Krieg gewinnen«. Jetzt werde »die Zeitung langsam bedenklicher«.[55] Richtig ändern sollte sich Weinsteins zu optimistische Beurteilung der Lage bis zum Ende des Krieges aber nicht. Er wollte »den totalen kommunistischen Sieg«, den die Amerikaner so lange zu verhindern suchten, nicht wahrhaben.[56] So war in Frankfurt neben Hildebrandt die Prognosefähigkeit der Zeitung zum zweiten Opfer des Vietnamkrieges geworden.

LITERATURKRITIK UNTER BOHRER: ALTERNATIVE ZUR SOZIAL ENGAGIERTEN KRITIK

Der stets renitente Bohrer ließ sich nicht so weit wie Hildebrandt von der politischen Sphäre verführen. Dafür war er viel zu unpraktisch. Denn wenn jemand im eher positiven Wortsinn als verkopft zu bezeichnen ist, dann der promovierte Germanist Karl Heinz Bohrer, der eine sehr reflektierte Konzept-Literaturkritik entwickelte, die sich von der klassisch formulierten Literaturkritik Sieburgs, aber auch derjenigen Korns deutlich unterschied. Er stand aber auch der damals tonangebenden engagierten sozialhistorischen Literaturkritik distanziert gegenüber. Höflich, aber unmissverständlich schrieb er 1973 dem Germanisten Peter Bürger, dass er die »Möglichkeit einer materialistischen Ästhetik, wie undogmatisch sie auch gefaßt sein mag, zurückhaltend einschätze«.[57] Auch einen formalistischen Überbietungswettbewerb hielt er für erschöpft. Bohrer privilegierte Erscheinungsformen gegenüber abstrakten Ideen (was Linksintellektuellen wie Habermas oder dessen Schüler Claus Offe nun gar nicht gefiel), er wollte dem »Wahrnehmungsstil« der Autoren nachspüren, ihrer »semantischen Originalität«.

Bohrer hatte dabei andere Hausgötter als seine Vor- und Nachfolger, er war nicht an der Klassik orientiert und schon gar nicht an Thomas Mann. Stattdessen war er von Enzensbergers Lyrik beeindruckt, vor allem aber vom Surrealismus, von André Breton, Louis Aragon und Julio Cortázar. Sein erster aufsehenerregender Essay, aus dem ein Hanser-Band entstand, hieß denn auch »Die gefährdete Phantasie, oder Surrealismus und Terror«;[58] er hatte sich an Walter Benjamins »Der Sürrealismus« entzündet. Bohrer hatte Benjamins dialektischen Materialismus angesichts seiner Emphase für den Surrealismus als leeres Prinzip gedeutet. Die Phantasie, der Bohrer Raum geben wollte, war durch die Politisierung und Funktionalisierung gefährdet, sie selbst sollte aber auch gefährlich sein, die Alltäglichkeit stören. Bohrers Leitkategorien wurden das Irrationale, die Erscheinung, die Phantasie, die Plötzlichkeit, das Außeralltägliche. Von dort war es kein weiter Weg zur Faszination für Ernst Jüngers »Das abenteuerliche Herz« und zum Lob aus der Feder Carl Schmitts, das

Bohrer 1968 erreichte und ihm damals peinlich war. Denn politisch wollte Bohrer nichts mit einer rechten Konzeption zu tun haben, was er später, 1980, auch den rechten Publizisten Armin Mohler wissen ließ, dem er bereits 1968 auf dessen Kritik an dem Kunstkritiker Werner Spies sehr entschieden geantwortet hatte. Seinen eigenen Weggang von der *Welt* brachte Bohrer sogar in einen Zusammenhang mit Mohlers Wirken dort. Mohler bestritt dies und goss Hohn und Spott über das »Bürgerssöhnchen« Bohrer aus.[59] Karl Korn hatte schon 1966 vor Bohrers Einstellung der Herausgeberkonferenz berichtet, dieser habe promoviert »über die konservative Revolution, kennt Armin Mohler und Carl Schmitt, ohne aber so weit rechts wie diese zu stehen«. Er rühmte Bohrer als »eleganten Mann von großer geistiger Spannkraft«, der zwar nicht bequem sei, aber gut zum Haus passe. Auch sein gutes Aussehen hob Korn hervor. Freilich kannte Bohrer Schmitt gar nicht persönlich und war mit Mohler spannungsreich verbunden. Vielleicht wollte Korn mit dieser Charakteristik auch den Verdacht zerstreuen, dass er einen weiteren Linken an Land ziehe.[60]

Bohrer kam also 1966 zur *FAZ*. Seine Mitarbeiter dort waren der Übersetzer Helmut Scheffel (für neue Sachbücher zuständig, die 1974 ein eigenes Ressort bildeten) und der Comic-Liebhaber – eine ganz eigene Tradition der *FAZ*, die bis zu den Donaldisten Patrick Bahners und Andreas Platthaus reicht – Dietrich Segebrecht. Bohrer betreute nicht nur das samstägliche Literaturblatt und die Literaturbeilagen zur Buchmesse im Herbst und zu Weihnachten, sondern auch das von seinem Vorgänger Rolf Michaelis gegründete Büchertagebuch, das seit 1966 täglich zwei oder drei Kurzrezensionen zu belletristischen oder wissenschaftlichen Büchern brachte. Bohrer nahm einen Lehrauftrag an der Frankfurter Universität wahr, und seine Kontakte dort sorgten bald dafür, dass der wissenschaftliche opake Jargon der Zeit in die Rezensionen Einzug hielt. Zusammen mit den »Politischen Büchern«, die von einem Redakteur des Politikressorts betreut wurden und viele zeithistorische Werke einschlossen, wurden um 1970 pro Jahr über 1400 Bücher in der *FAZ* rezensiert. Neben Redakteuren, Literaten und Wissenschaftlern kamen dabei für die »Politischen Bücher« auch Historiker und Politikwissenschaftler zum Einsatz, Arrivierte aus der damaligen Mitte der Fächer wie Andreas Hillgruber, Kurt Sontheimer und Michael Stürmer oder konservative Außenseiter wie Alfred Schickel, wodurch diese Rubrik häufig als Gegenpol zu den »Neuen Sachbüchern« und den Literaturbesprechungen erschien.

Bei allen Unterschieden war man sich in der *FAZ* doch immer einig, von Sieburg bis Reich-Ranicki und darüber hinaus, dass die Literatur nicht vom

Primat der Politik oder den gesellschaftlichen Bedürfnissen bestimmt werden dürfe, sondern einen eigenen ästhetischen Bereich darstelle, der in keiner Funktionalisierung aufgehen dürfe und dessen Autonomie zu verteidigen sei. Dies hieß nicht, zumindest für die Nachfolger Sieburgs, dass Literatur nicht politisch engagiert sein sollte, nur durfte das nicht ihr einziges und bestimmendes Merkmal sein.

In der Hochphase von Enzensbergers *Kursbuch*, in dem diese These durchaus bestritten wurde, befand man sich hier im Dissens mit den Achtundsechzigern. Von Bohrer las man einerseits eine Verteidigung der *littérature engagée* sowohl gegen den im »Züricher Literaturstreit« erhobenen Vorwurf der Obszönität und der fehlenden sittlichen Maßstäbe[61] als auch gegen die Forderung, Literaten (insbesondere Heinrich Böll war aus der Politik adressiert) mögen auch hinsichtlich der Folgen radikaler Forderungen verantwortlich handeln. Diese Mahnung erreichte mit den Anschlägen der »Baader-Meinhof-Bande« auch die *FAZ*. »Helfershelfer« stand gegen »Intellektuellenhetze«.[62] Bohrer suchte sich für den Aufmacher der Literaturseiten zur Buchmesse 1972 den Philosophen Ernst Topitsch als Feind aus und schloss sich eng an den linken Linguisten Noam Chomsky an; den Appell an die Verantwortlichkeit der Intellektuellen empfand er als demagogisch. Erstaunlicherweise gefiel Herausgeber Welter, der seine Zeitung immer genau las, dieser Aufsatz, er suchte Bohrer eigens deswegen auf, just in dem Moment, als dieser Verschwörer gegen die drohende Ankunft von Joachim Fest um sich sammelte.[63] Andererseits wandte Bohrer sich gegen die marxistische Kritik an den linken Intellektuellen, dass diese elitär die Interessen der Arbeiterklasse und diese als Subjekt der Revolution gegen die Bourgeoisie aus dem Blick verloren hätten. Dies wertete er als »Verächtlichmachung des Intellektuellen«.[64] Aber seine Sympathie galt doch ganz der Kunst, dem Vorpolitischen. Deutlich wird dies in einer Besprechung der Edition früher Schriften von Peter Weiss. Bohrer beklagte, dass Weiss seine surrealistischen existentiellen Motive im »nur« gesellschaftlichen und moralischen Sinn veräußerlicht habe. Daher ermahnte er ihn: »Wenn Peter Weiss heute das politische Dokument sucht, dann ist ihm das nur dann von Nutzen, wenn er sich seines im Grunde unpolitischen, nämlich poetischen Anarchismus und seiner Bedingungen bewußt wird.«[65] Das Phantastische, das Imaginative, die Oberfläche hatten für Bohrer Vorrang vor der politischen Idee, ja sie mussten vor ihr geschützt werden. Indem Bohrer sich der »aktuell geforderten Literaturkritik der sozialen Nähe« verweigerte, ja sogar die Auffassung vertrat, Literatur habe primär nichts mit Inhalten zu tun,[66] machte er ein sowohl im Vergleich zu den hergebrachten Inhaltsreferaten als auch zur politisierten Gegenwartskritik abweichendes, unzeitgemäßes Feuilleton, das dadurch aber auch nicht mit dem zeitungstypischen schnellen Verfallsdatum versehen war.

EIN HALBLINKES FEUILLETON

Das *FAZ*-Feuilleton hatte es um und nach 1968 nicht leicht. Man war dort mehrheitlich links eingestellt und von den Protesten in Frankfurt aufgewühlt, residierte aber in einer Bastion des Konservatismus. Zumindest wurde das von der noch linkeren Frankfurter Umgebung so gesehen, und entsprechend wurde diese Bastion beargwöhnt – entsprechend konnten die Redakteure im Literatur- und Kulturbetrieb kaum der allabendlichen Empörung über die Leitartikel der *FAZ*-Politiker entgehen. Viele Feuilletonredakteure unterhielten Freundschaften im linken und linksliberalen Milieu, so Karl Heinz Bohrer mit Jürgen Habermas und Ulrike Meinhof – nach ihrem Abtauchen in die Illegalität wurde auch die berühmte Nachtquartierfrage im Feuilleton diskutiert[67] –, Reich-Ranicki mit Schriftstellern der »Gruppe 47«. Wie diese so unterschiedlichen Literaturchefs hatte auch Feuilletonchef Günther Rühle nicht nur für die Proteste der nachwachsenden Generation, sondern auch für die linke Kritik arrivierter Schriftsteller ein offenes Ohr. Freilich gab es Grenzen, und die überschritt Alfred Andersch 1976.

Andersch war 1933 als Kommunist kurzzeitig in Dachau interniert worden, so zumindest seine eigene Angabe, hatte dann seine »halbjüdische« Freundin geheiratet und sich 1943 wieder scheiden lassen. 1944 war er desertiert und zur US Army übergelaufen. Das Verhältnis zwischen der *FAZ* und dem Mitbegründer der Zeitschrift *Der Ruf* und der »Gruppe 47« war Mitte der 1970er Jahre ohnehin schon gespannt, da Reich-Ranicki 1974 Anderschs Roman »Winterspelt« verrissen hatte, in dem dieser sein Kriegsschicksal, nämlich die Option des Überlaufens am Kriegsende, literarisiert und fiktionalisiert hatte. Reich-Ranicki hielt den Einsatz der Montagetechnik und das Aufbrechen der chronologischen Erzählweise bei diesem Stoff für verfehlt. Auch Vorgängerromane ließ der bereits sehr prominente Literaturkritiker nicht ungeschoren.[68] Andersch hielt das für eine »Lumperei« und einen »Boykott-Aufruf«, wie er gegenüber Korn klagte, den er als seinen Förderer lobte – und durch Ranickis Verriss mit desavouiert sah. Er gestand Korn auch, dass er nach links gerückt sei, was dieser vielleicht nicht gerne hören werde. Als Gründe führte er neben den Entwicklungen in Chile und Portugal die »Berufsverbote« im öffentlichen Dienst der Bundesrepublik an.[69]

Wenig später entlud sich Anderschs Zorn über den »Radikalenerlass« in einem polemischen Gedicht mit dem Titel »Artikel 3 (3)«, das zunächst von Wolfram Schütte in der *Frankfurter Rundschau* publiziert und dann in linken Zeitschriften nachgedruckt wurde.[70] 1972 war von der Innenministerkonferenz der sogenannte Radikalenerlass verabschiedet worden. Angesichts der Radikalisierung eines Teils der Achtundsechziger wurde die Praxis der Überprüfung von Anwärtern auf den öffentlichen Dienst ergänzt. Da die Aufnahme in den öffentlichen Dienst eine besondere Loyalität zur freiheitlich-demokratischen Grundordnung erfordert, komme, so die Logik, niemand dafür infrage, der diese Grundordnung abschaffen will. Zur Einzelfallprüfung gehörten eine Regelanfrage beim Verfassungsschutz und gegebenenfalls Befragungen. Die Kritik sprach von Berufsverboten, was 1976 dazu führte, dass die Bundesländer jeweils eigene Wege bei der Überprüfung gingen. Von einer Nichteinstellung waren letztlich rund tausend Bewerber betroffen.

Andersch radikalisierte in seinem Gedicht und in anschließenden Stellungnahmen die Kritik, indem er auf Artikel 3 Absatz 3 des Grundgesetzes abhob, das Diskriminierungsverbot aus politischen Gründen. Er bot das ganze Begriffsarsenal zur Kennzeichnung der NS-Vernichtungsmaschinerie auf, um das Drama des Radikalenerlasses zu beschreiben: Judenstern, Gestapo, KZ, Gas. Rühle ließ das Poem daraufhin ohne Zustimmung des Autors nachdrucken und diagnostizierte seinerseits eine Sprache des »Stürmers«. Andersch befleißige sich der »Perspektive des eindimensionalen Antifaschisten«. Unter Hinweis auf Anderschs Aufforderung, Hakenkreuze an die Wohnungstür des »Folterers« zu malen, meinte Rühle, Andersch rufe zu Aktionen auf, »die für jene Zeit typisch waren, der er sein Vokabular entnimmt«. In seiner Antwort bekräftigte Andersch, »daß die Politik der Berufsverbote mit faschistischem Denken, faschistischer Praxis identisch ist. […] Im sechsten Jahr arbeitet nun schon die Maschine, die Gas erzeugt.« Der Schriftsteller zog sich also nicht auf das ästhetische Mittel der Übertreibung zurück, das er explizit in Abrede stellte. Andersch verband mit seiner Replik scharfe Attacken auf Rühle und die *FAZ*.[71]

Reich-Ranickis Vorvorgänger Rolf Michaelis sprang Andersch in der *Zeit* kurz darauf bei, indem er ihm entgegen der eigenen Aussage das Stilmittel der polemischen Überspitzung zuschrieb und ebenfalls – deutlich gemäßigter – Kritik am Radikalenerlass übte. Seine ehemalige Zeitung erwähnte er freilich nicht.[72] Andersch selbst wurde nach seinem Tod Gegenstand von heftigen Vorwürfen des Literaturwissenschaftlers W. G. Sebald hinsichtlich seines eigenen Verhaltens im Dritten Reich und des daraus gewobenen Lebenswerkes, einer Lebenslüge, wie Sebald meinte.[73] Unschwer kann man hier den Zauberlehrlingseffekt erkennen.

Hatte Andersch in den Augen Rühles in seiner Maßlosigkeit eine Grenze überschritten, so hatte auf der anderen Seite Marcel Reich-Ranicki 1976 keine Probleme, ein Gedicht des wegen versuchten Mordes an einem Polizisten zu 15 Jahren Freiheitsstrafe verurteilten Schriftstellers Peter Paul Zahl zu bringen, dessen Vorstellung er auch noch dem linken Lyriker Erich Fried übertrug. Joachim Fest und die anderen Herausgeber ließen ihn gewähren, auch wenn einige im Politikressort wie Friedrich Karl Fromme wohl den Kopf schüttelten. Der protestierenden Lyrikerin Hilde Domin teilte Reich-Ranicki lapidar mit, er werde auch Gedichte von ihr bringen, wenn sie ins Gefängnis komme.[74]

Als Erich Fried 1977 dann aber in einem Gedicht schrieb, man hätte besser Friedrich Karl Fromme anstelle Generalbundesanwalt Siegfried Buback ermorden sollen, und es daraufhin zu einiger Aufregung in der Redaktion kam, verhängte Reich-Ranicki eine Zeitstrafe, bei der es blieb – trotz Nachfrage eines Herausgebers und eines im Herausgebergremium getroffenen, nicht befristeten Beschlusses, Frieds Gedichte nicht mehr zu drucken. Nach einem Jahr bat er Fried wieder um Gedichte für die *FAZ*. Ansonsten bekam er auch beim Abdruck der Elaborate von Schützlingen wie Ulla Hahn, die zeitweilig DKP-Mitglied war, und anderen Linken keine Probleme in der Zeitung, was er sehr zu schätzen wusste.[75] Umgekehrt vermied er es peinlich, während der Schleyer-Entführung im »Deutschen Herbst« die eigenen Leitartikler, etwa Fromme, öffentlich direkt zu attackieren, als er beherzt Heinrich Böll gegen Vorwürfe der Sympathie für den Terrorismus verteidigte. Reich-Ranicki beklagte eine »Diffamierungskampagne gegen liberale Schriftsteller« (das Attribut war ein starker Euphemismus), die lebensgefährlich für die Demokratie sei. Hysterisch wollte er aber nicht werden, und so wies er Vergleiche mit der McCarthy-Ära zurück. Ihm gelang dabei das Kunststück, bei seiner Kritik, die letztlich auch die Blattlinie des politischen Ressorts der *FAZ* traf, die Zeitung zu verteidigen, denn dort war eine Kurzgeschichte Bölls erschienen, aus der »böswillige Kommentatoren« herauslasen, Böll rede dem Terror das Wort.[76] Intern äußerte er dagegen in den Konferenzen und persönlich heftig Kritik und beschimpfte auch Leitartikler wie Friedrich Karl Fromme oder Jürgen Busche, die ihm nicht passten.[77] In Abwesenheit Fests ließen die Herausgeber

Reich-Ranicki 1980 schließlich wissen, dass sie »grobe Ausfälle« im Haus nicht mehr hinnehmen würden.[78]

Die Grenze nach links markierte für das *FAZ*-Feuilleton die Gewaltlosigkeit und die Achtung der freiheitlich-demokratischen Grundordnung. In den Herausgeberverträgen war festgehalten, dass die *FAZ* »für eine freiheitliche und soziale Gesellschafts- und Wirtschaftsordnung« eintrete. Die Haltung der Zeitung zu bestimmen war wiederum in den Anstellungsverträgen den Herausgebern anvertraut, und ein Verstoß gegen diese grundsätzliche Haltung war ein Kündigungsgrund.[79] In der Praxis ließ aber Joachim Fest sein Ressort, das Feuilleton, an der langen Leine. Erst recht redigierte er nicht in Artikel von Reich-Ranickis Literaturredakteuren wie dem damals ziemlich linken Ulrich Greiner hinein. Der bedauerte im Herbst 1975, dass die »schöngeistigen« Verlage Hanser, S. Fischer, Luchterhand und Rowohlt sich von ihren linken Theorieprogrammen verabschiedeten oder diese reduzierten: »Man trägt nicht mehr links.« Greiner pflegte ein erhebliches Maß an Ideologiekritik, wenn er schrieb, die »Reduzierung mißliebiger Texte« komme den Verlegern zupass, er registrierte »eine neue Generation lernwilliger, autoritätsfixierter, erfolgsorientierter Studenten« und sah den Grund dafür in »äußeren Pressionen«: »Numerus clausus und Radikalenbeschluß züchten einen neuen Typus des Anpassers.« Auch die Verlage griffen »neubildungsbürgerlich aufs Bewährte zurück, die Risikobereitschaft sinkt«. Zugleich gab Greiner aber hinsichtlich einer konservativen Tendenzwende Entwarnung. Abseits der von Gerd-Klaus Kaltenbrunner herausgegebenen Herder-Reihe »Initiative« gebe es nichts, »weil es auf diesem Gebiet nichts zu drucken gibt«.[80] Zudem gab es eine Art ästhetische Grenze. Der zeittypischen maßlosen Erregung nach 1968 und dem omnipräsenten Faschismusverdacht begegnete man mit einer gewissen Skepsis.

1978 startete Günther Rühle die lose Reportage- und Beobachtungsfolge »Deutsche Szenen«. Die »Politiker« wie Fack empfanden diese als linkes Kontrastprogramm zum Politikteil. Allerdings wurde in dieser Reihe nicht nur bemängelt, dass keine kommunistischen Zeitzeugen zur Vorstellung des »Handbuchs der Emigration« des renommierten Instituts für Zeitgeschichte geladen waren, es wurde auch nicht nur ein leicht spöttelnder Bericht über das schwarze Fulda anlässlich des Papstbesuches 1980 und eine Expedition zur Hausbesetzerszene nach Berlin 1981 geboten, sondern eben auch Kritik an der DDR, etwa im Fall der Absetzung eines Stückes von Lutz Rathenow in Leipzig. Und der junge Frank Schirrmacher glossierte 1986 den alternativen Gefühlskitsch.[81] Die »deutschen Szenen« hatten auch eine durchaus patriotische Komponente, indem sie gesamtdeutsch ausgerichtet waren und Phänomene hüben wie drüben nebeneinanderstellten.

Wenn man das Feuilleton zur Zeit der Achtundsechziger und der nachfolgenden Jahre nur als halblinks bezeichnen kann, so lag das weniger an der oft dezidiert linken Einstellung der Redakteure als an der typisch zurückhaltenden Sprache, einem ebenfalls *FAZ*-typischen Distinktionswillen, dem Korsett des Rezensionsfeuilletons und auch an der Führung von Fest und Reich-Ranicki, die penetrantes Politisieren nicht goutierten. Gleichwohl schauderte es vielen in der *FAZ* vor dem linken Ressort. Andreas Graf Razumovsky, der Korn 1956 immerhin von Adorno als Musikkritiker empfohlen worden war, graute es im September 1969 insbesondere davor, wieder ins Feuilleton zurückkehren zu müssen. Von dort war er nach der Kritik einer Aufführung, die den Schönheitsfehler besaß, gar nicht stattgefunden zu haben,[82] ins politische Ressort versetzt worden. Nun meinte er, jeder nicht links orientierte Redakteur – und das war der 1967 aus der Tschechoslowakei ausgewiesene Korrespondent nun nicht – werde im Feuilleton aufgerieben. Er kritisierte darüber hinaus einen generellen Linksruck der Zeitung in den letzten zwei Jahren. Bürgerliche Kreise seien über den Kurs der Zeitung verzweifelt. Er werde den außenpolitischen Kurs einer SPD/FDP-Koalition nicht mittragen, fürchte aber, dass die Redaktion dies tun werde.[83] Ausgerechnet in Bezug auf den bis dahin immer auf der konservativen Linie beharrenden Tern hatte er recht. Razumovsky ging wieder auf Korrespondentenposten in Belgrad, Paris (dort war er immerhin als Kulturberichterstatter mit dem Feuilleton verbunden) und Johannesburg.

ANTIKRITIK DER MARKTWIRTSCHAFTLER

Die Revolte von 1968 ging an der *FAZ*-Wirtschaftsredaktion ebenfalls nicht spurlos vorüber, denn auch die Wirtschaftsredakteure waren von der Frankfurter Umgebung ja nicht isoliert. Der Systemkritik der Achtundsechziger begegnete man mit einer fundamentalen Antikritik. Der altgediente Redakteur Hans Herbert Götz, mittlerweile Wirtschaftskorrespondent in Brüssel, entstammte der Freiburger Schule und setzte sich nun intensiv mit dem Idol der Studentenbewegung, Herbert Marcuse, auseinander. Dessen Buch »Der eindimensionale Mensch« (zuerst 1964 erschienen, 1967 bei Suhrkamp vom Frankfurter Philosophen Alfred Schmidt ins Deutsche übersetzt) und die Studie zur repressiven Toleranz avancierten zu *den* Referenzschriften der

Achtundsechziger. Nach Götz handelte es sich bei Marcuses Fundamentalkritik um eine hochmütige Ex-cathedra-Lehre, die volkswirtschaftlich ignorant und unseriös sei. Sie setze den Wohlstand, den es zu verteilen gebe, einfach voraus. Götz beschrieb eine Verfallslinie von Adorno und Benjamin zu Marcuse und dann zu dessen Lesern, sah in ihnen »kritiklos nachbetende[...] Studenten« und »militante[...] Soziologen«, die bereit seien, zuzuschlagen, was die Straßenschlachten in diesen Tagen bestätigten. Wenn Marcuse die falschen Bedürfnisse kritisiere, stelle sich die Frage, wer über die Bedürfnisse zu entscheiden habe. Am Ende würde darüber in »faschistischen Strukturen« entschieden. Götz gab also den omnipräsenten Faschismusvorwurf an die Urheber zurück. Er versuchte die Systemkritiker aber insofern anzusprechen, als er nicht nur Verständnis für Marcuses Erfahrung mit der amerikanischen »affluent society« und für die Kritik an »quasi-feudale[n] Positionen und Praktiken« in Gesellschaft und Universitäten äußerte, sondern auch einen gemeinsamen Feind beschwor: Ende der Wohlstand nämlich in Arbeitslosigkeit und Inflation, dann schlage das Pendel nach rechts aus, und dort, so Götz, stehe immer noch »der Feind dieser Demokratie«.[84]

Dieses Integrationsangebot wurde von der Linken freilich nicht angenommen. Nach der Publikation seines Artikels korrespondierte Götz ausführlich mit dem linken Suhrkamp-Cheflektor Walter Boehlich, der die *FAZ* und Götz scharf kritisierte und für Marcuse und die Studentenbewegung optierte. Es zeigte sich dabei auch ein gravierender Unterschied in der Sprache. Während Götz moderat und bedächtig formulierte und einen Mangel an Diskussionskultur beklagte, bezeichnete Boehlich die Unionsparteien ohne Umschweife als »NSCDU« und »NSCSU« und war zu keinen Zugeständnissen bereit.[85] Letztlich konnte aber auch Boehlich in seinem Verlag kein demokratisches Mitspracherecht der Lektoren durchsetzen. Das scheiterte im Herbst des symbolischen Jahres 1968, und Boehlich verließ Suhrkamp mit seinen Getreuen nach der gescheiterten Revolte gegen den persönlich haftenden Gesellschafter Siegfried Unseld. Auch die Autoren hatten mehrheitlich gegen das Modell optiert, was bisweilen nicht ganz im Einklang mit ihren sonstigen gesellschaftskritischen Positionen stand, wie Bohrer in der *FAZ* in Bezug auf Martin Walser mit leichtem Spott feststellte.[86]

Als sich in den 1970er Jahren Inflation, konjunkturelle Stagnation und Arbeitslosigkeit unheilvoll zur »Stagflation« verbanden – eine Million Arbeitslose hielt man damals für eine »Horrorzahl« –, geriet wieder die konkrete staatsinterventionistische Politik – nun der sozialliberalen Koalition – ins Zentrum der Kritik. Walter Hamm, akademischer Schüler Welters und seit 1963 Volkswirtschaftsprofessor in Marburg, der Zeitung eng als Autor, Kuratoriumsmitglied, Vorsitzender der FAZIT-Stiftung und später auch Aufsichtsrat der *FAZ* verbunden, trat Mitte der 1970er Jahre der Grundsatzkritik an der Marktwirtschaft entgegen. Im Zeichen der »Stagflation« nach dem Erdölschock, der Investitionszurückhaltung und dem Export von Arbeitsplätzen erklärte Hamm die strukturelle Arbeitslosigkeit vorrangig mit einer kurzsichtigen Wirtschaftspolitik. Angesprochen waren damit besonders die sozialdemokratischen Kabinettsmitglieder. Hamm erklärte die Zulassung der Inflation zugunsten einer kurzfristigen Vollbeschäftigung ebenso zu einem Fehler wie die Umverteilung zulasten der Unternehmen, die die Ausweitung der Abgabenlast und der Lohnnebenkosten ebenso wie die Ausdehnung des Kündigungsschutzes bei Neueinstellungen erschwere. Nicht der Ölpreisschock sei das Grundproblem, da Hamm Gewöhnungsprozesse ausmachte, und schon gar nicht die Marktwirtschaft an sich, wie es DGB-Chef Heinz Oskar Vetter nahelegte, sondern die fehlgeleiteten wirtschaftspolitischen Interventionen. Hamm formulierte zu dieser Zeit in seinen Artikeln viele Positionen und Themen, welche das Wirtschaftsbuch prägten und noch heute bestimmen. Er beklagte, dass die wissenschaftlich hinlänglich beschriebenen Zusammenhänge der breiten Öffentlichkeit nicht bekannt seien und daher keine Sanktionskraft bei den Wahlen entfalteten. Interessanterweise empfahl Hamm bereits die Prüfung von Vorschlägen, wie sie dann Ronald Reagan befolgte: die Senkung von Steuern als Mittel, nachhaltig die Steuereinnahmen zu steigern und die Ausgaben des Bundes über verminderte Zuschüsse an die Bundesanstalt für Arbeit zu senken. Die Medialisierungsstrategie Welters – Nationalökonomie für alle – schien jedenfalls, folgte man Hamms Ausführungen, noch nicht ganz aufgegangen zu sein.[87]

Hamm machte seinen wirtschaftspolitischen Einfluss nicht nur publizistisch für die *FAZ*, in der er von ihrer Gründung bis zu seinem Todesjahr 2017 schrieb, sondern auch als Mitglied des wissenschaftlichen Beirates beim Bundesverkehrsministerium und der »Aktionsgemeinschaft Soziale Marktwirtschaft« geltend. Für das Wirtschaftsressort war er der personifizierte Gegenentwurf zum »wohlstandsmindernden Ruf nach sozialer Gerechtigkeit und Gleichheit für alle«.[88]

Wenn die Wirtschaftsredaktion der *FAZ* auch generell dahin tendierte, die Marktwirtschaft wieder zu stärken und den Ausbau des »Wohlfahrtsstaates« zu kritisieren, so gab es doch Nuancen in dieser Grundhaltung. Walter Kannengießer, Wirtschaftskorrespondent in Bonn, erkannte durchaus die Errungenschaften des Sozialstaates an. Als Experte für dieses Feld richtete er den Blick aber zunehmend auf die ausufernden Kosten. Nachdem der neue, pragmatischer erscheinende und mit ökonomischer Vernunft ausgestattete Bundeskanzler Helmut Schmidt zunächst begrüßt worden war, geriet auch er nach weiteren Ausgabenerhöhungen und der Rentenerhöhung von 1976 in die Kritik. Bei der *FAZ* verstärkte man die Kontakte zur CDU, zu Kurt Biedenkopf und Helmut Kohl. Biedenkopf wurde 1977 als erster Auswärtiger zur Großen Konferenz eingeladen, zwei Jahre später war dort Kohl zu Gast, der eine Konsolidierung des Haushalts versprach. Walter Hamm gehörte zum Beraterkreis von Kohl. Kannengießer stand auch in engem Austausch mit Norbert Blüm, dem Sozialpolitiker der Union. Die Krisendiagnostik und Kritik an der sozialliberalen Haushalts-, Wirtschafts- und Sozialpolitik bereitete die Wende von 1982 mit vor. Gegen den Eindruck, ein CDU-Blatt zu sein, verwahrte sich die Zeitung freilich, und Joachim Fest konnte den *Spiegel*-Redakteur Werner Dähnhardt von einem entsprechenden Deutungsrahmen abbringen. Dähnhardts ursprünglich geplante Story über die *FAZ* erschien gar nicht.[89]

Noch auf einem anderen Feld als dem der Wirtschaftspolitik bereitete das Wirtschaftsressort die »neoliberale« – Welter hätte sich bei dieser Etikettierung geschüttelt – Wende der 1980er Jahre vor. Die *FAZ* hatte wie die *FZ* von Beginn an großes Gewicht auf die Berichterstattung über die Finanzmärkte gelegt. Heinz Brestel war dafür seit 1949 zuständig, 1958 konstruierte er den *FAZ*-Aktienindex. Schon früh, 1970, warb er für »Termingeschäfte für jedermann«.[90] 1978 wurden die Börsenseiten, nun unter Leitung von Wilhelm Seuss, der enge Kontakte zu Reagans Wirtschaftsberatern aufbaute,[91] populärer gestaltet und ausgebaut. Der Börsenteil wurde allgemein verständlicher und erhielt einen Servicecharakter.[92] Bis heute wirbt die *FAZ* für Aktienengagements auch für Privatanleger und beklagt eine im Vergleich zu den USA unterentwickelte Börsenkultur in Deutschland.

STERNBERGERS VERFASSUNGSPATRIOTISMUS

Der liberale »elder statesman« der *FAZ*, Dolf Sternberger, seit 1959 fester Mitarbeiter und Berater der Zeitung, bemühte sich in Zeiten der scharfen Kritik an der »FDGO« (der freiheitlich demokratischen Grundordnung) sehr um die Akzeptanz des Grundgesetzes als (damals noch vorläufige) deutsche Verfassung. Auch das war eine Reaktion auf 1968. In einem langen Artikel prägte er dabei 1970 en passant den einflussreichen Begriff »Verfassungspatriotismus«, dem seit dem Historikerstreit eine erfolgreiche Karriere beschieden ist. Sternberger wandte sich sowohl gegen eine »Totalrevision« des Grundgesetzes als auch gegen die Aufnahme plebiszitärer Elemente, wie sie die FDP damals forderte. Das demokratische Element, also das Volk, sah Sternberger ausreichend berücksichtigt durch die Funktion des Volkes als Wählerschaft und als Publikum öffentlicher Diskussionen, schließlich als »Gesamtheit der organisierten Interessen«. Als Liberaler hatte Sternberger nichts gegen widerstreitende Interessensvertretungen einzuwenden, nur müssten diese, sollten sie nicht zum »Zerfall« führen, in einem »ausreichenden Maß von Verfassungspatriotismus« getragen sein.[93] Sternberger sah also durchaus die von Theodor Eschenburg beklagte »Herrschaft der Verbände« als Gefahr und forderte wie der von ihm zum Antipoden stilisierte Carl Schmitt ein Mindestmaß an Homogenität des *demos* ein, den er, anders als Schmitt, nun im Verfassungspatriotismus erkennen wollte.

Neun Jahre später erhob Sternberger den beiläufig erprobten Begriff zum Programm. Zum dreißigsten Jahrestag der Verabschiedung des Grundgesetzes am 23. Mai 1979 erläuterte er im großen Leitartikel auf Seite eins der *FAZ* den affirmativen Bezug auf die Verfassung unter der Überschrift »Verfassungspatriotismus«.[94] Sternberger beobachtete, dass sich »unmerklich ein neuer, ein zweiter Patriotismus ausgebildet« habe. Er sprach nun nicht mehr vom Provisorium des Grundgesetzes, sondern von einer »guten Verfassung«, der man Treue schulde. Während das Nationalgefühl verwundet bleibe, da man nicht im ganzen Deutschland lebe, lebe man doch »in einer ganzen Verfassung, in einem ganzen Verfassungsstaat, und das ist selbst eine Art von Vaterland«.

Sollte der Verfassungspatriotismus nun ein Surrogat sein und den auf die konkrete Nation bezogenen Patriotismus ablösen? Eher sah Sternberger hier eine erweiterte, aber historisch wesentlich zum nationalen Patriotismus gehörende Identifikationsmöglichkeit.[95] Sein Plädoyer muss eben vor dem Hintergrund der Forderung nach Aufnahme von plebiszitären Elementen in das Grundgesetz und der Anfeindungen gegen die »FDGO« gesehen werden. Daher endete sein Leitartikel von 1979 auch mit der Aufforderung: »Gegen erklärte Feinde jedoch muß die Verfassung verteidigt werden, das ist patriotische Pflicht.« Der Begriff »Verfassungspatriotismus« wurde erst später von Jürgen Habermas als unbedingte Alternative zu einem deutschen Nationalgefühl verstanden, universalistisch und für jedermann zustimmungsfähig, dadurch aber auch beliebig, abstrakt, emotionsarm und in der universalistischen

Konzeption problematisch, wie ihm Kritiker zu Recht entgegenhielten, darunter auch sein Freund Bohrer, der ehemalige *FAZ*-Literaturchef und London-Korrespondent.[96] Aber auch Sternbergers Begriff wurde von vielen für eine abstrakte, geschichtslose Konstruktion gehalten. Joachim Fest hielt ihn für eine »richtige Professorenidee«,[97] was seinen Freund durchaus traf.

Sternberger blieb der Zeitung als streitbarer Begleiter, Berater und gelegentlicher Autor noch bis 1988 erhalten. Regelmäßig kam er dienstags zu den großen zweiwöchentlich abgehaltenen Konferenzen. Dann endete sein Engagement mit einem unschönen Erlebnis. In der Redaktion debattierte man über die Erschütterungen der Sowjetunion. Ein Redakteur meinte, nicht der Freiheitssinn der Menschen im Osten zähle, sondern Macht, Waffen und Gewalt. Daher dürfe man die Menschen im Osten nicht ermutigen, das sei verantwortungslos. Sternberger, der Heinrich von Treitschkes Machtrealismus gar nicht schätzte, schäumte und machte sich für das Freiheitsverlangen der Unterdrückten stark. Die Mehrheit der Konferenzteilnehmer gab ihm auch recht, aber Sternberger empfand das Erlebnis als »tiefen Lebenseinschnitt«.[98] Plausibler erscheint, dass der schon betagte Sternberger das Erlebnis zum Anlass nahm, seinem fortgeschrittenen Alter und dem mittlerweile recht gespannten Verhältnis zu den Herausgebern des Politikteils und des Feuilletons Rechnung zu tragen. Das Alter führte er in einem Brief an Herausgeber Bruno Dechamps an, in dem er nach fast dreißig Jahren regelmäßiger Teilnahme an der Konferenz diese Übung nun für beendet erklärte. Er empfinde dies als große Zäsur. Dechamps dankte seinem Lehrer in seiner Antwort sehr: »Sie haben zu den Konferenzen – und über diese zum Selbstverständnis der Redaktion – viel beigetragen, mehr vielleicht, als Sie selbst beizutragen meinten.«[99] Mit Sternbergers Ausscheiden war die Nabelschnur zur *Frankfurter Zeitung* endgültig zerschnitten.

EXKURS
SPRACHWANDEL UND NEUE THEMEN

BEFUNDE ZUM SPRACHWANDEL

Auf der Grundlage des digitalen *FAZ*-Bestandes lassen sich begriffsgeschichtliche Vermutungen und Induktionen nachprüfen und genau aufschlüsseln, sodass sie bei Bedarf kontextualisierbare Fakten liefern. Das digitale Online-Archiv der *FAZ* bietet auf alle Ausgaben seit der Gründung bis heute einen Volltextzugriff. Die Durchsicht dieser mehr als sechs Millionen Artikel hätte früher, im analogen Zeitalter, rund zehn Jahre gedauert, sofern man in dieser Zeit auf Schlaf und andere Arbeitsunterbrechungen verzichtet hätte. Nun hat man die Möglichkeit, semantische Wortfeldanalysen mit Boole'schen Operatoren für die gesamte *FAZ* seit ihrer Gründung vorzunehmen. Allein die Übersicht über die Häufigkeit und die Konnotation von normativ stark aufgeladenen und erheblichen Wandlungen unterliegenden Begriffen wie »Holocaust« – vor 1979 nahezu absent, nach Ausstrahlung der gleichnamigen Fernsehserie dann über 14000 Nennungen – oder des ursprünglichen Schimpfwortes »schwul« führt zu markanten Befunden der Sprachveränderung.

Besonders interessant wird das digitale *FAZ*-Tool, wenn man es vergleichend auswertet. Dafür bietet der Google Books Ngram Viewer eine Option. Dieser beruht auf den für Google Books gescannten Büchern. Das Korpus des Ngram Viewer besteht derzeit aus über fünf Millionen Büchern. In einem Interface können bis zu fünf Begriffe, eingegrenzt nach Sprache und Zeitraum des Korpus, gesucht werden, deren Häufigkeitsverteilung dann in Relation (ausgedrückt in Prozent) zum Gesamtbestand aller Grams angegeben wird. Im Vergleich können semantische Besonderheiten der *FAZ* herausgearbeitet werden.[1]

Der Begriff »Holocaust«, mittlerweile ein zentraler globaler Erinnerungsort, wurde in Deutschland erst mit der Ausstrahlung der amerikanischen Fernsehdramaserie 1979 zum Synonym für die Ermordung der europäischen

Juden. Zuvor fand dafür meist die Chiffre »Auschwitz« Verwendung. Die *FAZ* erlaubt nun anders als Google Ngram, die Verwendung des seltenen älteren Sprachgebrauchs zuvor präzise datiert zu recherchieren. So taucht »Holocaust« in der Zeitung erstmalig 1965 in einem Bericht über amerikanische Ausstellungen ohne Erklärung auf. Das zweite Mal dann 1971 in einem Bericht der einer jüdischen Familie entstammenden Wien-Korrespondentin Hilde Spiel, diesmal mit der Erläuterung, dass damit der »Genocid« gemeint sei. Spiel benutzte den Begriff 1974 und 1975 erneut, aber mit dem Hinweis, die Israelis würden den Genozid an den Juden so bezeichnen.[2] Als die NBC-Serie »Holocaust« 1978 in den USA ausgestrahlt wurde, kritisierte Korrespondentin Sabina Lietzmann die kommerzielle Verkitschung des Themas scharf, was den WDR-Fernsehspielchef Günter Rohrbach, der die Serie gegen einige Widerstände nach Deutschland holte, noch heute beschäftigt. Später revidierte sie ihr Urteil, und als die Serie dann in den dritten Programmen in Deutschland gezeigt wurde, haben Günther Rühle und Joachim Fest die Ausstrahlung ausdrücklich begrüßt. Fest sah bei aller Kritik an der Trivialität und den »tausend Peinlichkeiten« der »Geschichte der Familie Weiss« – so der deutsche Untertitel – darin vor allem die Chance auf Aufklärung.[3] Erstaunlicherweise wurde in der sprachsensiblen *FAZ* der Begriff »Holocaust« wie in der Bundesrepublik und im Westen insgesamt im Zuge der Serie bald eingebürgert. Diese Universalisierung des Holocaust-Begriffs lässt sich in den verschiedenen Sprachversionen des Google Books Ngram Viewer gut ablesen.

Kam im Fall von »Holocaust« einem alten Sakralbegriff ein neuer Gehalt zu, zeigt ein anderes Beispiel eine wichtige semantische Verschiebung im Zuge einer fundamentalen Umbewertung sexuell devianten Verhaltens. Die Bezeichnung »Schwule« galt ursprünglich als justiziables Schimpfwort, das in der Hochsprache nicht gebraucht werden konnte. Als Eigenbezeichnung Homosexueller wurde das Wort dann seines pejorativen Gehalts entkleidet und fand schließlich parallel zur gesellschaftlichen Akzeptanz Homosexueller Eingang in die gehobene Zeitungssprache. Komposita von »schwul« wurden in der *FAZ* zwischen 1949 und 1959 zweimal, dann zunehmend seit den 1990er Jahren gebraucht.

Die Karriere des Begriffs »Holocaust« verläuft in *FAZ* und Google Books steil, bei den Ngrams zeigt sich jedoch im deutsch- und englischsprachigen Buchbestand seit 2000 ein leichter Rückgang. Beim französischsprachigen wie mit einigen Schwankungen beim spanischsprachigen Buchbestand ergibt sich dagegen ein fortlaufender Anstieg, was die Universalisierung des Holocaust-

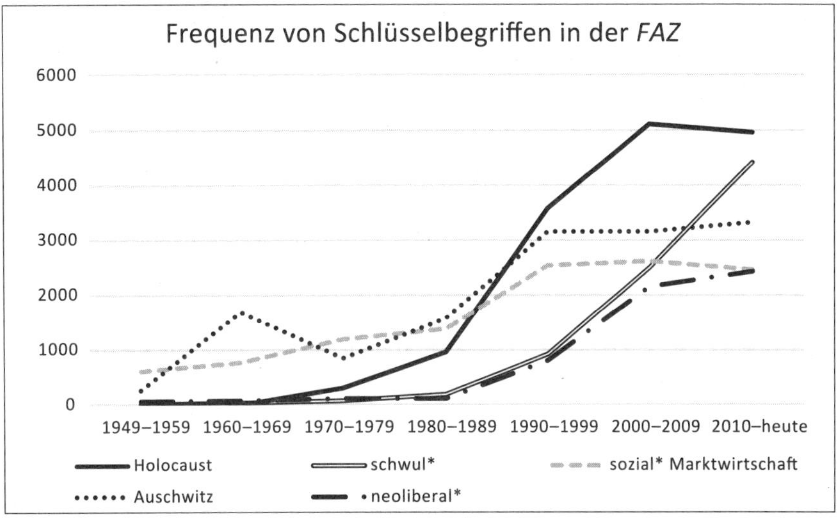

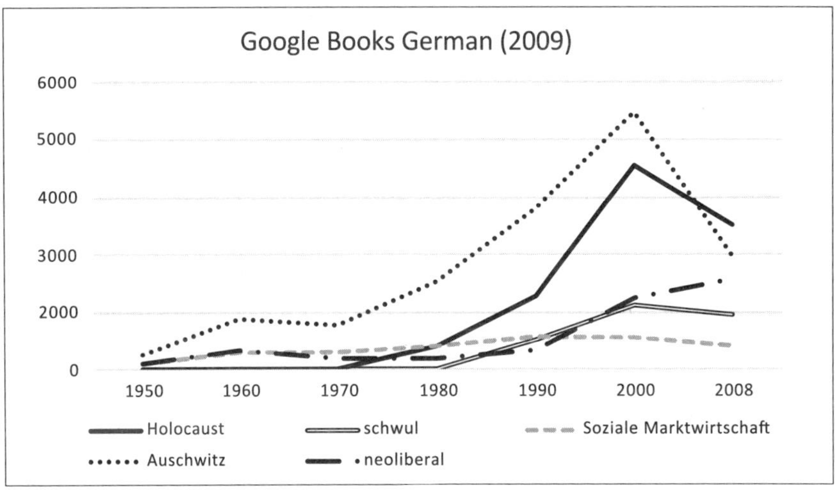

Gedenkens abbildet. Erstaunlicherweise hatte im Deutschen die Chiffre »Auschwitz« parallel zu »Holocaust« Konjunktur, in der *FAZ* aber deutlich weniger als in Google Books; zuletzt fiel die Verwendung im Buchbestand hinter »Holocaust« zurück. Die »soziale Marktwirtschaft« war lange Zeit als positiver Schlüsselbegriff der *FAZ* unter den hier ausgewählten Begriffen am häufigsten vertreten. Nach 1990 wurde aber auch dieser Begriff von »Holocaust« überholt. Die Verwendung der Komposita von »schwul« im Gebrauch der *FAZ* verläuft seit Mitte der 1980er Jahre in einer steiler werdenden Kurve, im Buchbestand dagegen ist der Anstieg nur moderat.

Die Komposita von »neoliberal« konnten dagegen lange aus der *FAZ* herausgehalten werden; auch hier bilden die 1980er Jahre den Take-off. Für die wirtschaftsliberale *FAZ* ist der Begriff »neoliberal« von hoher Signifikanz. Zwischen 1949 und 1959 wurden Komposita des Begriffs »neoliberal« ganze 51-mal gebraucht, zwischen 1960 und 1969 dann 79-mal und in der Dekade von 1970 bis 1979 schließlich 94-mal, zwischen 2000 und 2009 wird der Begriff dann mehr als 2000-mal verwendet. Dieser Befund bedarf der Erläuterung. »Neoliberal« assoziiert im heutigen Sprachgebrauch regellos, marktradikal, profitmaximierend, unmoralisch. Dass der Begriff, ursprünglich die Kennzeichnung gerade einer Abkehr von der reinen Marktorientierung, für eine negative Konnotation anfällig ist, ahnten schon die Vertreter des frühen ordoliberalen Neoliberalismus. Der Gründungsherausgeber der *FAZ* Erich Welter hielt dessen Verwendung demgemäß 1962 für einen »fundamentalen Fehler«. In einem Brief an seinen Ressortmitarbeiter Hans Herbert Götz nannte Welter den Begriff »selbstmörderisch«. Er wollte »am liebsten die Herausgeberschaft in der Zeitung niederlegen, wenn es mir nicht gelänge zu verhindern, dass wir uns selber als ›neoliberal‹ abstempeln«.[4] Zu Welters Zeiten fand der Begriff daher in der Zeitung kaum noch Verwendung. Interessanterweise benutzte auch Margaret Thatcher, die heute für die zentrale Advokatin des Neoliberalismus gehalten wird, diesen Begriff nie in der Öffentlichkeit.[5] Erst seit den 1990er Jahren tauchte er in seiner ganz neuen Unschärfe auch in der *FAZ* verstärkt auf. Dem Boom dieses fast immer negativ konnotierten Begriffs konnte die *FAZ* nicht entkommen, zu sehr war er in die politische Sprache eingesickert.

Aufschlussreich ist eine Frequenzanalyse von Personennennungen, weil sie positive oder negative Identitätsmarker sind und die Entwicklung von Referenzgrößen der Erinnerungskultur darstellen. Ordoliberale Galionsfiguren wie Ludwig Erhard und Walter Eucken gewinnen in der *FAZ*, je mehr die allgemeine gesellschaftliche Erinnerung an sie verblasst, an Bedeutung, was die These einer stabilen Identität der Zeitung untermauert. Erhard erreicht nach der Jahrtausendwende beinahe dieselbe Frequenz wie zu Zeiten seiner Kanzlerschaft. Allerdings steigt auch die Nennung Hitlers stetig an und überholte zuletzt sogar diejenige Erhards, während sie bei Google Books abnimmt, gleichwohl deutlich vor Erhard liegt. Liegt für Erhard und Eucken die Interpretation nahe, dass die *FAZ* sich ihrer Leitfiguren stetig versichert – je größer der Zeitabstand wird, desto häufiger werden sie als Gegenfiguren zur sozialdemokratisierten politischen Kultur der Gegenwart aufgerufen –, so sind

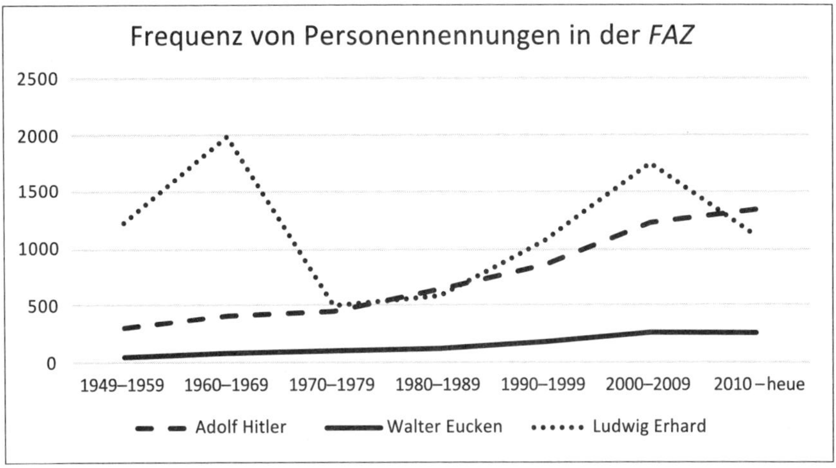

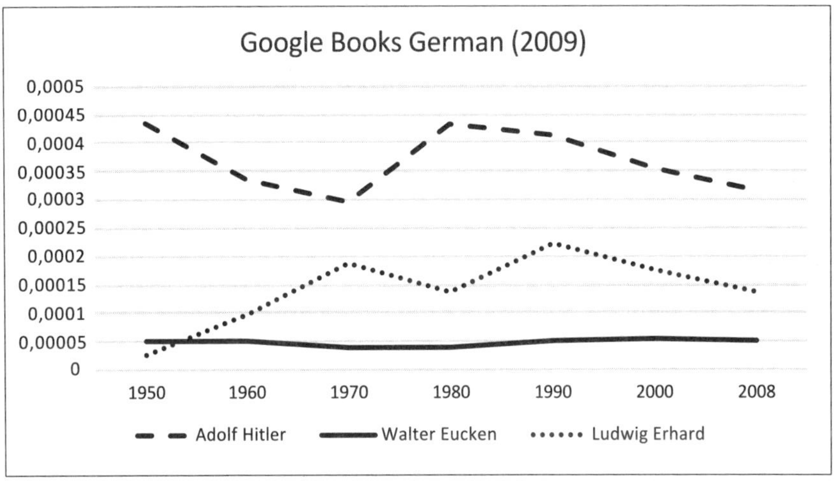

im Fall der Hitler-Nennungen die zahlreichen TV-Dokumentationen, Diskussionen à la »Nach Hitler«, Hitler-Vergleiche etc. zu bedenken, die deutlich vor Erhard liegen, aber in der Buchproduktion leicht abnehmen.

Die Häufigkeit der Nennung von Schlüsselfiguren der Ideengeschichte wie Marx, Nietzsche und Foucault kann man ebenfalls mit Gewinn diachron und synchron vergleichend für die *FAZ* und unterschiedliche Sprachwelten eruieren. Die für die *FAZ* als wichtig angenommenen Denker Carl Schmitt, Reinhart Koselleck und (als Kontrollperson) Hans-Ulrich Wehler fallen nicht nur dort im Vergleich zu Marx und Nietzsche deutlich ab, in den Google-Buchstatistiken führen sie erst gar nicht zu vergleichbar abbildbaren Ergebnissen.

Marx hatte vor dem Zusammenbruch des Ostblocks seinen Zenit schon in Google Books (German, English, French, Spanish) überschritten. Erstaunlicherweise erlebt er nach der Jahrtausendwende und dem Platzen der Dotcom-Blase eine zweite Konjunktur und einen neuen Höchstwert in der *FAZ*. Schon in den 1970er Jahren überholt Foucault Carl Schmitt; der postmoderne Franzose bildet seither eine häufigere Referenz in der *FAZ* als der deutsche Staatstheoretiker. Anders als der subjektive Eindruck für die akademische Szene nahelegt, ist der Aufstieg Foucaults außer in den englischsprachigen Büchern in allen anderen hier herangezogenen Sprachen, also in deutschen, französischen, spanischen und italienischen Büchern, ungebrochen. Trotzdem führte

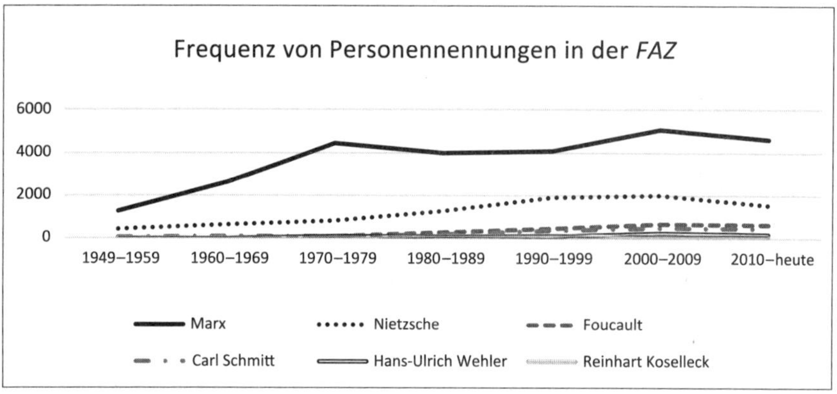

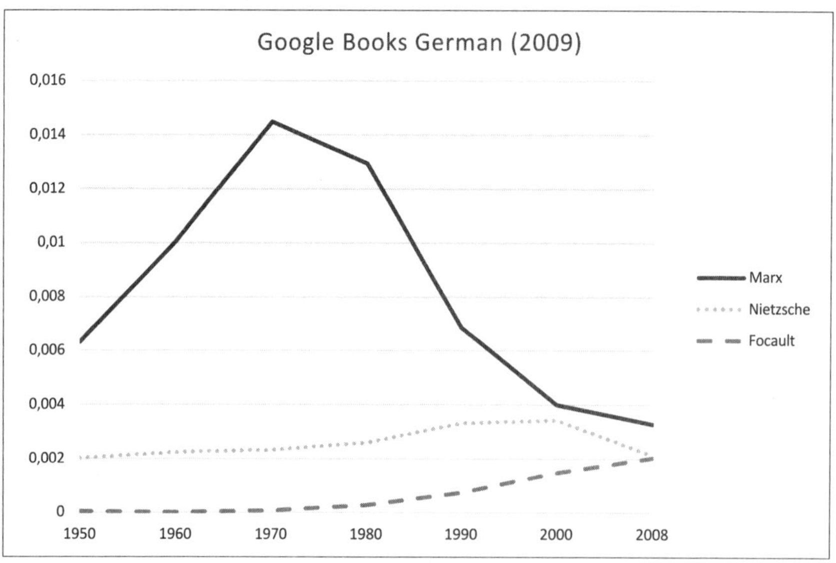

in der Häufigkeitsverteilung in allen Statistiken Marx weiterhin mit Abstand. Natürlich ist festzuhalten, dass die Erwähnung von Marx noch keine Zustimmung zum Marxismus bedeutet und die Nicht-Erwähnung des geheimnisumwitterten und sich selbst verbergenden Schmitt noch nicht die Abwesenheit seiner Denkfiguren und Begriffe indiziert. Aber die Relevanz eines Denkers kann man mit den digitalen Tools näherungsweise einschätzen, zuverlässiger jedenfalls, als es anhand verstreuter Lesefrüchte und des eigenen subjektiven Eindrucks möglich ist.

Schaut man sich statt Denkern Denkströmungen, politische Ideologien an, so zeigt sich für die *FAZ* und die deutsche und englische Bücherwelt folgendes Bild: Nach 1990 wurde der Kommunismus in der *FAZ* in der ausgedehnten Russland- und Osteuropa-Berichterstattung intensiv aufgearbeitet, während er sich in deutschen und englischen Büchern im rasanten Abschwung befand. Der Marxismus hatte nach dem »roten Jahrzehnt«, den 1970er Jahren, in beiden Statistiken für die deutschsprachigen Printmedien seinen Zenit überschritten, in den englischen Büchern ist dies erst mit der Befreiung vom Kommunismus in Osteuropa der Fall. Nur in der englischen Lesewelt scheint der Liberalismus weiterhin einen Platz einzunehmen, in der deutschsprachigen Welt stellt nun der Nationalsozialismus/Faschismus die primäre Negativreferenz dar.

Wie ist nun zu erklären, dass das Interesse an diesen Ideologien, auch am Nationalsozialismus/Faschismus, nach 2000 schwand, eine Entwicklung, die im »Kampf gegen rechts«-Zeitalter kontraintuitiv zu sein scheint? Möglicherweise hat die schwammig-unbestimmte Bezeichnung »rechts« (oder etwas korrekter: »rechtsextrem« resp. »rechtsradikal«) die Nennung des Begriffs Nationalsozialismus zurückgedrängt, der die Rangliste der deutschsprachigen Samples aber immer noch anführt.

Begriffe und Bezeichnungen erleben nicht nur Konjunkturen und Umdeutungen, manche verschwinden auch, gelten als politisch geächtet. 1957 hieß es auf der Titelseite der *FAZ*: »Eine Negerin siegt in Wimbledon«.[6] Der Turniersieg der US-Amerikanerin Althea Gibson war etwas Besonderes, weil es sich bei der Siegerin um eine Schwarze handelte. Die Bezeichnung »Negerin« war zeittypisch üblich und nicht pejorativ gemeint, auch wenn der Nachrichtenwert und Sensationseffekt in genau dieser Attribuierung bestand. In der *FAZ* wurde das heute nicht mehr sagbare (»N-word«) Wort 4965-mal verwandt (Stand 10.1.2018). Noch am 29. November 1996 war im »Notizbuch« von Johannes Gross zu lesen, dass es in US-Wahlen »unerwünschte Wähler wie Neger oder frische Einwanderer« gegeben habe.[7] Im Politikteil nutzte Jan Reifenberg am

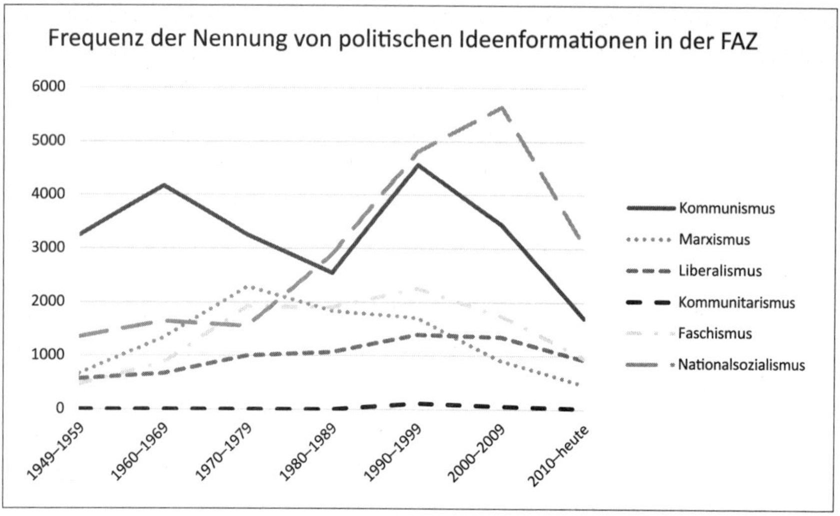

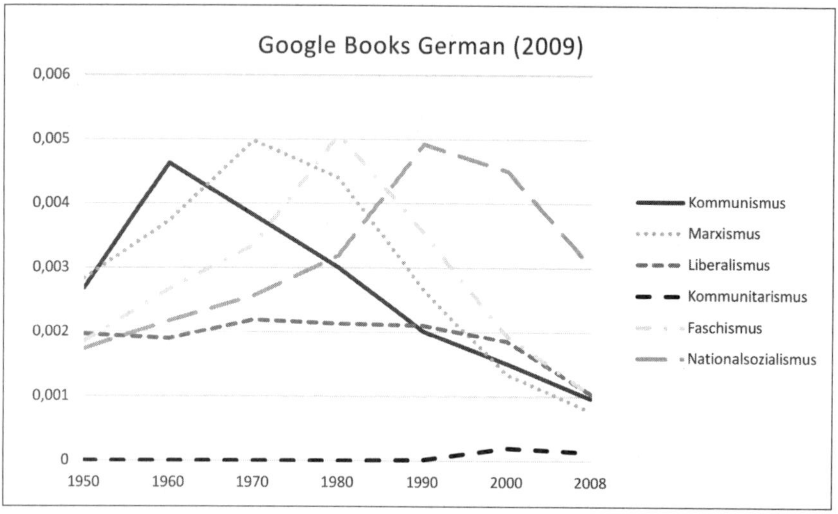

30. Januar 1982 zum letzten Mal das N-Wort, allerdings in einem historischen Stück über Franklin Delano Roosevelt. Kurz zuvor hatte es Willy Lützenkirchen in einer Reportage für die Seite »Deutschland und die Welt« aus Kamerun gebraucht.[8] In dieser Zeit, also 1982, wird das Wort auch bereits in Anführungsstriche gesetzt, das heißt, Begriffsnutzung und Begriffszitation fanden zeitweise gleichzeitig statt. Zwölf Jahre später fragte Gerhard Stadelmaier mit Blick auf die Theaterszene in Stuttgart im Feuilleton »Wo ist der Neger?«. Er forderte, schwarze Figuren nicht zu weißen zu machen, sie würden aber, wie nun in

Stuttgart, einfach von Weißen gespielt.[9] Ein »Blackfacing« wäre mittlerweile allerdings auch nicht mehr politisch korrekt. Die Verwendung des Wortes »Neger« hatte in diesem Fall aber schon eine eindeutig sarkastische Konnotation.

DER *FAZ* KOMMT DIE »FRAU« ABHANDEN

Keine Ächtung, aber eine Verdrängung aus politisch emanzipatorischen Gründen widerfuhr der Anrede »Frau« in der *FAZ*. Politikerinnen wurden dort wie auch in anderen Medien lange mit diesem Zusatz benannt. Das hob sie heraus und setzte sie von den mehrheitlich männlichen Kollegen ab, die vor allem in den Schlagzeilen nur mit Nachnamen benannt wurden. In den 1950er Jahren stand noch zur Debatte, ob man die Funktionsbezeichnungen verweiblichen, also von der Staatssekretärin oder Ministerin oder der »Frau Minister«, wie auch die Anrede für die Frau eines Ministers lauten konnte, sprechen solle.[10] Die Debatte kam noch einmal auf, als Angela Merkel Kanzlerkandidatin wurde. Solle man bald »Bundeskanzlerinamt« sagen, fragte Edo Reents in einer viel beachteten Glosse über das angestrengte Gendern der Sprache. Dabei sage die generische Endung nichts über das tatsächliche Geschlecht, denn »die Geisel« meine nicht nur Frauen, »der Gast« nicht nur Männer.[11] Eine Leserbriefschreiberin sekundierte, »Kanzlerin« sei über viele Jahrhunderte die Ehefrau des Kanzlers gewesen: »Die Endung -in und insbesondere die früher wenig für Plurale benutzte Endung -innen als die ›weibliche Endung‹ zu gebrauchen ist schlichtweg eine feministische Fehlkonstruktion, die sich normalerweise kaum hätte durchsetzen können ihrer Schwerfälligkeit wegen.«[12] Gegen das Argument, generische Maskulina assoziierten beim Leser vor allem Männer, halfen grammatikalische und sprachlogische Argumente letztlich nicht weiter. So heißt es also auch in der sprachpuristischen *FAZ* Bundeskanzlerin.

Wie verhält es sich aber mit dem Zusatz »Frau«? Hier ist Angela Merkel ebenfalls ein gutes Beispiel: Als CDU-Generalsekretärin, dann Vorsitzende und seit 2004 Bundeskanzlerin nimmt sie eine prominente Stellung innerhalb der *FAZ* ein. So findet man dort für ihren Nachnamen mit dem Zusatz »Frau« insgesamt 10 184 Beispiele, wovon die meisten unter die Kategorie »Meinung« fallen.[13] Wie etwa auch im *Spiegel* taucht »Frau Merkel« heutzutage vornehmlich in Interviews oder im Rahmen von entsprechenden Zitaten auf.[14]

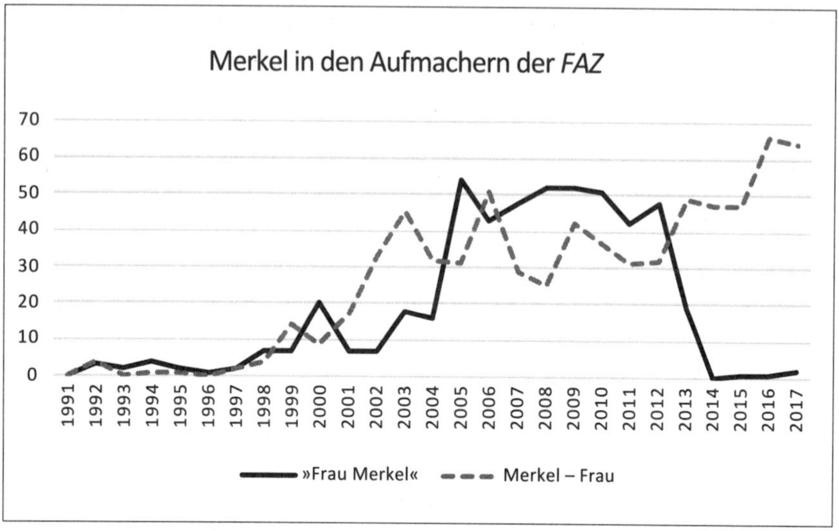

Zur weiteren Analyse können die Aufmacher der *FAZ* herangezogen werden, was die Treffer sogleich auf 506 senkt. Diese Artikel werden überdurchschnittlich rezipiert und unterliegen, da sie auf der ersten Seite stehen, dem strengen journalistischen Selektionsprozess der Nachrichtenredaktion. Die durch den Aufmacher vermittelte Nachricht ist die entscheidende Mitteilung des Tages, die Orientierungshilfe beim Zeitunglesen geben soll. Das setzt voraus, dass der sehr selektiv vorgehende durchschnittliche Zeitungsleser zumindest die Überschrift des Aufmachers wahrnimmt.[15] Der letzte Aufmacher und Artikel überhaupt, in dem die *FAZ* von der Bundeskanzlerin als »Frau Merkel« schrieb, stammt aus dem Jahr 2013. In der Unterzeile wurde sie dagegen nur als »Merkel« tituliert.[16] In diesem Jahr setzte sich die Praxis durch, nur noch den Nachnamen allein oder in Verbindung mit der Berufsbezeichnung zu verwenden. Die Anrede »Frau« kommt seither ausschließlich in zitatähnlichen Überschriften vor.[17]

Die Untersuchung anderer Politikerinnen aus anderen Parteien und Ländern zeigt ein ähnliches Bild. In keiner der Stichproben zu Clinton, Lagarde, Leutheusser-Schnarrenberger, von der Leyen, Roth und Wagenknecht wurde nach 2013 in einem Aufmacherartikel die Geschlechterspezifizierung »Frau« gefunden. Eine Ausnahme bildet Andrea Nahles. »Frau Nahles« findet man letztmals im Jahr 2014 im Rahmen von Zitaten,[18] die *FAZ* selbst schrieb »Frau Nahles« 2013 zum letzten Mal.[19] Der Zusatz »Frau« wird in der Zeitungssprache heutzutage wie bei den Herren distanzierend, ironisch oder in der wörtlichen

Rede verwandt. Das lässt sich je nach Standpunkt als ein Akt der Gleichberechtigung oder des Verlustes an Courtoisie bewerten. Das Beispiel zeigt ebenso wie der Terminus »fünf neue Bundesländer« für Ostdeutschland – sachlich und historisch ein Anachronismus –, dass die *FAZ* den politisch motivierten Sprachwandel stets kritisch begleitete, sich ihm aber auch moderat anpasste.

DER LANGE WEG ZUR POP- UND ROCKMUSIK

Bis zur Akzeptanz von Pop- und Rockmusik war es in der *FAZ* ein weiter Weg. Die Beatles wurden zunächst primär im Hinblick auf ihre Rezipienten als Gegenstand der Konsum- und Kulturkritik behandelt. In einem ersten größeren Stück Anfang 1964 versuchte England-Korrespondent Roland Hill das Phänomen der Beatmusik vorzustellen, die er neben Jazz und Balladengesang als Subkategorie der Popmusik verstand. Selbst die fanatischsten Anhänger der Musik bestritten nicht die Minderwertigkeit von Texten und Melodien, so Hill.[20] Die *FAZ* setzte dann den ehemaligen Dadaisten Richard Huelsenbeck auf die Beatles an. Auch er attestierte ihnen, recht humorlos, dass sie weder gut singen noch gut spielen könnten. Die Zeit brauche »diesen ungehobelten, platten, ungeistigen Wahnsinn«.[21] Der Lyriker Helmut Lamprecht bemühte im selben Jahr die Kategorie des Stumpfsinns, um die Ekstase der Beatles-Fans zu beschreiben. Bei ihm wird die Gruppe aber vor allem als Produkt einer geschickten Marketing-Strategie präsentiert. Im Endeffekt gehören die Beatles, so seine Einschätzung, zum Verblendungszusammenhang eines vergnügungssüchtigen Publikums: »Die Beatles führen nicht nur ein aufreizendes Leben, sondern auch hinters Licht.«[22] Musikalisch ernsthaft besprochen wurden zu ihren aktiven beziehungsweise Lebzeiten weder die Beatles noch Elvis Presley.

So aufgeschlossen sich Karl Korn auch gegenüber der künstlerischen Moderne zeigte, die damals Beatmusik genannte Popmusik blieb ihm fremd. 1965 gab er stolz zu, die Rolling Stones bis dato nicht gekannt zu haben, und stellte sie vor als Männer, »die die Haare länger tragen als Mädchen und eine erbärmlich einfallslose primitive Musik zum besten geben«. Korn konnte sich die Ekstase, die »fünf lächerlich unmännlich gekleidete und behaarte Wesen« hervorriefen, nicht erklären.[23] Auch wenn sich jüngere Leserbriefschreiber über diese Arroganz und Ignoranz aufregten,[24] waren die Stones erst einmal ein Thema für die Seite »Deutschland und die Welt«, also Vermischtes. Dort tauchten sie immer dann auf, wenn von Krawallen bei Konzerten zu berichten war.[25] Die Gewaltexzesse mit vier Toten standen naturgemäß auch im Mittelpunkt von Urs Widmers Rezension eines Bandes über das Konzert der Stones in Altamont 1969. Mit Kritik an Mick Jagger wurde dabei nicht gespart.[26] Der darauf folgende Bericht nahm die Rolling Stones, in diesem Fall Mick Jagger, dann in einem anderen Medium, dem Film, wahr, wie das bereits bei den Beatles geschehen war. Wilfried Wiegand kritisierte darin Aggressivität und Gewalt, die bei der Beatmusik an die Stelle von Glück und Weltverbesserung getreten seien.[27]

Die erste Besprechung der Stones als ernst zu nehmende Musiker lieferte der Musikkritiker Wolfgang Sandner im Jahr 1970. Sandner hatte über »Die Klarinette bei Carl Maria von Weber« promoviert. Nun ließ er sich auf die populäre Musik ein und attestierte den Stones unter einem Foto des verwuschelten Mick Jagger *in action* ein hohes musikalisches Niveau, auch wenn sich Mick Jagger wenig differenziert artikuliere. Allerdings stagnierten die Stones nach seiner Ansicht, es sei kein künstlerischer Fortschritt festzustellen.[28] Sandner widmete sich 1977 auch den immer bombastischer werdenden Rockshows, welche die Musik zu einem Sekundärphänomen degradierten, und lenkte die Aufmerksamkeit auf die Gegenbewegung der »wenig ausgefeilten, primitiven Rockmusik« von Punk und Hardrock.[29]

Bei den Punk-Rockern stand die musikalische Virtuosität nun bekanntlich erheblich weniger oder, aus Sicht der *FAZ*, noch weniger im Fokus als bei ihren Vorgängern. Wer welches Instrument spielte, wurde von den Punks häufig ausgelost oder ausgeknobelt. Wenn sich dann ein Bandmitglied doch mit der Gitarre anfreundete und musikalische Ambitionen an den Tag legte oder diese gar bei den Kollegen einforderte, sorgte das häufig für Unmut. Punk war also auch nichts für die Musik-, sondern eher etwas für die allgemeine Kulturkritik. Film und Theater waren die Medien, in denen das Phänomen besprochen wurde. So erörterte der Londoner Feuilletonkorrespondent Karl Heinz Bohrer anhand von Filmen wie »Jubilee« oder »Clockwork Orange« den »Haß als Zeitbome in einer Gesellschaft ohne Liebe«.[30] Weitere Beiträge beleuchteten die aus der BBC verbannten Sex Pistols und vor allem das Ende ihres drogenabhängigen Bassisten Sid Vicious ebenfalls retrospektiv im Medium des Films.[31] Andere Ikonen des Punk wie die Ramones wurden erst 1989 musikalisch wahrgenommen: »ohne jeglichen Charme und Charisma« sei ihr Hochgeschwindigkeitskonzert in Offenbach gewesen, lautete das Urteil im Lokalteil, wo man sich in der Abdeckung der lokalen Ereignisse immer etwas früher mit den Phänomenen der populären Kultur auseinandersetzte.[32]

Heute leitet ein ausgewiesener Popexperte, Edo Reents, die Feuilletonredaktion der *FAZ*. Zum Tod des Rhythmusgitarristen von AC/CD Malcolm Young zeichnete er für den Aufmacher im Feuilleton. Es war ein Nachruf auf den Musiker mit Foto und Würdigung des Œuvre.[33] Der Hardrock ist also im *FAZ*-Olymp der Hochkultur angekommen und wird dort mit den klassischen Mitteln des Rezensionsfeuilletons traktiert: mit Besprechungen von Neuerscheinungen, Würdigungen zu Geburtstagen und Jubiläen und Nekrologen.

Die subversive Variante dieser Promotion war 2003 zu beobachten. Der Ärzte-Fan Manuel Andrack von der »Harald Schmidt Show« kam dem *FAZ*-Feuilleton schließlich auf die Schliche. Über Wochen hatte die Redaktion Zitate aus Songs der Spaßpunkband Die Ärzte benutzt, als Titel von mitunter ernsten Themen. So war die Rezension eines Bandes über »Anglistik und Amerikanistik im Dritten Reich« mit »Schrei nach Liebe« betitelt. Ein Bericht über das Filmfestival von Venedig war mit »Ich weiß nicht, ob es Liebe ist« überschrieben.[34] Die beste aller Entlehnungen war aber eine Bildunterschrift unter einem Foto von Roberto Benigni: »Roberto Benigni als Pinocchio nervt noch mehr als Yoko Ono«.[35]

COMICS

Undenkbar wäre in der frühen *FAZ* die ästhetische Würdigung von Comics gewesen. Hier begründete der Comic-Liebhaber Dietrich Segebrecht eine ganz eigene Tradition, die von den Donaldisten Patrick Bahners und Andreas Platthaus fortgeführt wurde. Heute gehören Graphic Novels und anspruchsvolle Comic-Literatur von Art Spiegelman zur Hochkultur und werden seit den späten 1980er Jahren in der *FAZ* – und anderenorts – auch entsprechend gewürdigt. Bahners und Platthaus gaben Gastauftritte im periodisch publizierten Comicstrip »Strizz« von Volker Reiche, der mit Unterbrechungen und unterschiedlichem Rhythmus seit 2002 in der *FAZ* erscheint, mittlerweile in der *Frankfurter Allgemeinen Woche*. Dass der Comic als Sujet des Feuilletons geadelt wurde, war zum einen ausländischen Vorbildern und der tendenziellen Aufweichung der strikten deutschen Trennung von E- und U-Kultur geschuldet. Zum anderen machten sich die Kritiker daran, Zeitdiagnostik und Hintersinn in den Comics zu entdecken und sie als Seismographen ihrer Zeit zu betrachten. Sicherlich spielte auch die Lust eine Rolle, das bildungsbürgerliche

Publikum zu reizen und seinen Kanon zu erweitern, was mit der *FAZ*-Edition »Klassiker der Comic-Literatur« amtlich wurde.[36]

Die *FAZ* war beim Thema Comic nicht Vorreiter, sondern näherte sich einem allgemeinen Trend an. Als Mitte der 1950er Jahre im Zuge einer Schmutz-und-Schund-Kampagne die Comics als jugendgefährdend eingestuft wurden, kam es zu einer Diskussionswelle, an der sich auch die *FAZ* beteiligte. Auf der Frauenseite berichtete die Oberärztin Hilde L. Mosse in einem großen Artikel über die die Verrohung durch »Comic Books« in den USA. Zu den Kritikpunkten zählten Gewaltverherrlichung und Rassismus: »Zu den teuflischen Schemata der Comics gehört es, daß der Böse fast immer ein Italiener, Jude, Neger, Chinese, Mexikaner ist im Gegensatz zu dem nordischen Helden. So findet eine frühe und bildliche Erziehung zur Verachtung aller nicht nordischer Typen statt.«[37] Die Comic-Welt wurde auch 1966 noch als eine »Welt des Nihilismus in seiner faschistischen Ausprägung« präsentiert. »Die Primitivität der Comic-Leser ist nicht die Folge, sondern Grund der Lektüre.«[38] Noch 1968 las man in der Brockhaus-Enzyklopädie, viele Comics könnten die Jugend sittlich und seelisch gefährden.[39]

Anfang der 1970er Jahre nahm der Literaturredakteur Segebrecht dann verschiedene deutsche Ausstellungen und Publikationen über das Sujet zum Anlass, dem *FAZ*-Leser das Genre näherzubringen. »Die Comics werden stubenrein«, seufzte er 1970 erleichtert anlässlich einer Ausstellung der Berliner Akademie der Künste. Er wies darauf hin, dass auch in der Bundesrepublik zwölf Millionen Kinder und Erwachsene Comics, zumeist Importware, lesen. Sechsmal so viele Comic-Hefte wie Bücher würden umgesetzt. Allerdings herrsche im Angebot ein »Ozean an Trivialität« und »penetrante[m] Stumpfsinn« vor.[40] Segebrecht wollte die Comic-Hefte, auch die von ihm geschätzten, gerade nicht auf die Ebene bürgerlicher Hochkultur heben. Er zeigte durchaus ein ästhetisches Interesse an diesem Genre und seinen Formen,[41] aber letztlich blieben die Hefte für ihn Massenunterhaltung, wenn auch mit pädagogischem Nutzen.

6

IN DEN ROTEN SIEBZIGERN UND SCHWARZEN ACHTZIGERN

Nimmt man die 1970er und 1980er Jahre zusammen, so betrachtet man eine Epoche atemberaubender Veränderungen. In ihr verschärfte sich der Kalte Krieg, bevor er dann endete, und die bundesdeutsche Gesellschaft wurde durch zahlreiche gesellschaftliche Reformen verändert. Sie wurde von Protestbewegungen und dem Terrorismus erschüttert. Die Ölkrise von 1973 markierte nach Ansicht vieler den Übergang in eine postindustrielle Gesellschaft unter dem Paradigma des zunächst in den angelsächsischen Ländern etablierten »Neoliberalismus«. Die Wende Helmut Kohls beendete dann das »rote Jahrzehnt«, und am Ende des Zeitraums stand die Wiedervereinigung Deutschlands und die vertiefte Integration Europas. Die Weichen Richtung Währungsunion waren gestellt.

Der Journalismus wurde in dieser Zeit parteiischer und egalitärer. Die Ära der großen Patriarchen ging zu Ende, sie wurden infrage gestellt und kritisiert. Wie in anderen gesellschaftlichen Bereichen ging es um Mitbestimmung und mehr Freiheiten. Die *FAZ* geriet zu Beginn der 1970er Jahre in heftige Turbulenzen. Neues Personal sorgte schließlich für stärkere Aufmerksamkeit. Mit der Wiedervereinigung erfüllte sich für die »Zeitung für Deutschland« eines ihrer politischen Ziele, doch die Expansion in den Osten mit Zeitungen aus dem DDR-Bestand scheiterte weitgehend.

DIE SOZIALLIBERALE REGIERUNG UND DIE JOURNALISTEN

Willy Brandt war der deutsche Kennedy; zumindest hielten ihn viele dafür. Telegen, gut aussehend, von der NS-Zeit unbelastet, da emigriert, und rhetorisch versiert. Dass sich hinter diesem Image eine depressive, melancholische, verletzliche Persönlichkeit verbarg, steht auf einem anderen Blatt. Wegen seiner Reformversprechen und seinem Ansehen als »guter Deutscher« im Ausland erfuhr Brandt breite mediale Unterstützung. Und anders als bei den Vorgängerregierungen standen sich seit seiner Wahl zum deutschen Bundeskanzler am 21. Oktober 1969 Politiker und Journalisten nicht mehr als Vertreter unterschiedlicher Welten gegenüber. Das hing mit dem neuen Stil und der personellen Konstellation zusammen, aber auch mit den politischen Präferenzen der meisten Journalisten. Einige prominente Journalisten rückten in den Regierungsapparat ein, was die Symbiose von Politik und Medien verstärkte. Dafür standen die ehemaligen Journalisten Willy Brandt und Egon Bahr, des Weiteren der frühere Zeitungsjournalist Karl Moersch als Staatssekretär im Außenamt und Theo Sommer von der *Zeit* als Leiter des Planungsstabes in Helmut Schmidts Verteidigungsministerium. Selbstverständlich wurde auch die Öffentlichkeitsarbeit der Bundesregierung von Journalisten verantwortet. Conny Ahlers, als Autor des in der *Spiegel*-Affäre inkriminierten Artikels »Bedingt abwehrbereit« inhaftiert, rückte auf den Chefsessel des Bundespresseamtes, sein Stellvertreter (und Nachfolger) Rüdiger von Wechmar von der FDP war Auslandskorrespondent des ZDF für Osteuropa gewesen. In einer zweiten Welle nach der Wahl 1972 wurden *Spiegel*-Chefredakteur Günter Gaus Staatssekretär im Bundeskanzleramt und der Herausgeber der Zeitschrift *Der Monat*, Klaus Harpprecht, Leiter der »Schreibstube« Willy Brandts.[1] Der Redaktionsleiter der *Frankfurter Rundschau* Karl-Hermann Flach und *Spiegel*-Chef Rudolf Augstein zogen überdies für die sozialliberal reformierte FDP in den Bundestag ein – Augstein freilich auch sehr bald wieder aus. Weitere Journalisten hatten sehr enge Kontakte in die Regierung und wurden immer wieder für verschiedene Posten gehandelt, so Dettmar Cramer von der *FAZ*, der Fernsehmann Friedrich Nowottny oder Rolf Zundel von der *Zeit*.[2]

Schon im Wahlkampf 1969 und noch einmal verstärkt 1972 hatte Brandt breite journalistische Unterstützung genossen. In der Sozialdemokratischen Wählerinitiative (SWI) waren 1969 zahlreiche Journalisten vertreten. Deren Haltung entsprach der Parteienpräferenz bei der Majorität dieses Berufsstandes. Journalisten unterstützten gerade das außenpolitische Entspannungsprogramm in nie da gewesenem Maße, was empirisch für die deutsch-polnischen Verhandlungen akribisch untersucht worden ist.[3] Nach Allensbach-Erhebungen gab es 1969 bei den Redakteuren und Ressortleitern eine deutliche absolute Mehrheit der SPD-Wähler. Bei den Chefredakteuren war es noch ein Zehn-Punkte-Vorsprung (36 % SPD-Anhänger zu 26 % für die Union). Dies änderte sich dann 1973 mit dem Verfall der Autorität Brandts. Die SPD verlor in allen journalistischen Gruppen deutlich, die Union überholte sie aber nur bei den Chefredakteuren. Am meisten profitierte die FDP von diesen Verschiebungen. Die sozialliberale Regierung hatte bei beiden sie stützenden Parteien, also SPD und FDP, zusammengenommen allerdings auch 1973 noch zwei Drittel der Journalisten hinter sich, bei den Chefredakteuren immerhin die Mehrheit von 52 Prozent.[4]

Willy Brandt hatte journalistisches Blut in den Adern und schon mit 16 Jahren für den *Lübecker Volksboten* geschrieben. Nun dankte er den Journalisten die Unterstützung mit Einladungen, Informationen, Interviews und Homestorys, wobei in bis dahin nicht gekannter Weise Brandt als Privatmann im Kreis seiner Familie inszeniert wurde. Nicht nur das kollegiale Verhältnis zu den ehemaligen Kollegen, auch dass er direkte, moderne Kommunikationswege zu seinen Landsleuten nutzte wie etwa die Fernsehansprachen aus Moskau und Warschau, wies ihn als modernen Medienpolitiker aus.

Axel Springer, der Brandt und dessen Aufstieg lange Jahre unterstützt und begünstigt hatte, ging allerdings gegen den Mainstream mit seinen Zeitungen bald auf Konfrontationskurs zur sozialliberalen Regierung. Nach dem sozialdemokratischen Wahlsieg kam Brandt selbst meist besser weg als seine Regierung. Auch aufseiten des Springer-Verlages wurde die Distanz zu den Parteien, in diesem Fall den oppositionellen Unionsparteien, aufgegeben.[5]

DIE ENTLASSUNG TERNS UND EINE REBELLION IN DER *FAZ*

Auch die *FAZ* wurde von der Dynamik der gesellschaftlichen Veränderungen ergriffen. Im Gefolge der Achtundsechziger und der Reformen der sozialliberalen Koalition wurde Anfang der 1970er Jahre im ganzen Land über Mitbestimmung diskutiert. Im Journalismus wurde nicht nur die Forderung nach Redaktionsstatuten und Redaktionsbeiräten erhoben, sondern auch die Frage nach der inneren Pressefreiheit des einzelnen Journalisten im Verhältnis zur Chefredaktion (oder eben dem Herausgebergremium) und den Verlegern aufgeworfen. Wie weit reichten deren Weisungsbefugnisse, was durfte man als Redakteur auch gegen die Blattlinie schreiben? In manchen Fällen wurde mit einer gehörigen Portion Chuzpe gegen die Haltung der eigenen Zeitung verstoßen. *FAZ*-Redakteur Ulrich Greiner missachtete 1976 etwa den Rat seines Herausgebers Bruno Dechamps, einen Artikel gegen die Berufsverbote mit dem als Hardliner geltenden Innenpolitikchef Friedrich Karl Fromme abzu-

Nikolas Benckiser Bruno Dechamps Jürgen Eick

Die Herausgeber der FAZ *1969.*

stimmen, und ließ seinen Beitrag von der ähnlich denkenden Maria Frisé in die von ihr betreute Beilage »Bilder und Zeiten« hieven.[6] Und Gründungsherausgeber Erich Welter hatte schon im Januar 1970 einen Kollegen gefragt, ob »die Ternsche These« noch gelte, »daß die Linie der Zeitung von den Herausgebern bestimmt wird und nicht von der politischen Vorkonferenz oder großen Dienstagskonferenz«.[7]

Im Wind der Neuen Ostpolitik wurde auch die in zahlreichen Gremien verschachtelte *FAZ*-Oligarchie von der Mitbestimmungsdebatte erfasst. Es ging um personelle, politische und innerbetriebliche Fragen. Im Ergebnis führte die Debatte 1970 zu einem regelrechten Aufruhr in der Redaktion. Schon im Mai 1969 hatte Welter ausgerechnet in einem Schreiben an den Herausgeberkollegen Jürgen Tern einen »Aufstand« kommen sehen,[8] der dann tatsächlich wegen Terns Rauswurf ausbrach. Das Sagen hatte in der Zeitung ja das kollegial verfasste Gremium der »Kurfürsten«, fünf oder sechs (heute nur noch vier) bis zum Ruhestand amtierende Herausgeber, die bei Ausscheiden einen Nachfolger zur Kooptation vorschlugen. Daneben waren die damals drei Geschäftsführer für die Verlagsseite von Bedeutung, darunter vor allem der langjährige Vorsitzende Werner G. Hoffmann, der aus einer Zeitungsdynastie stammte, sich als Über-Chef verstand und die Herausgeber spöttisch als »ne Art Ressortleiter« bezeichnete, die eben Herausgeber heißen wollten.[9] Hoffmann konnte Herausgeber aber nur dann entlassen, wenn die Mehrheit im Herausgeberkollegium nicht dagegen optierte. Auf seiner Abschussliste

Karl Korn

Jürgen Tern

Erich Welter

stand zunächst Herausgeber Karl Korn, der das recht links getönte Feuilleton verantwortete. Dann geriet Jürgen Tern, einer der für den Politikteil zuständigen Herausgeber, auf die erste Position von Hoffmanns Liste. Damit war Korn, der sowieso nicht mehr weit vom Ruhestand entfernt war, wieder sicher, denn ihn brauchten Hoffmann und Welter für ihren Coup.

Worum ging es? Hoffmann und Welter sahen Tern als Exponenten der »roten Zellen« (Welter) in der Zeitung,[10] zudem wollten sie nicht mehr dessen Eigenwilligkeit und Selbstherrlichkeit ertragen. Tern ließ seine Texte gegen den schon von der *FZ* herrührenden Comment nicht gegenlesen und lieferte sie so spät, dass mitunter mehrere Mitarbeiter von der Redaktion über die Druckerei bis hin zu den Zeitungsträgern untätig warten mussten. Zur Rechtfertigung verwies er auf die Telefonate mit den Chefs des Kanzleramts, die schließlich wichtiger seien als der Abgabetermin.[11] Dies machte ihn nicht beliebt. Zudem zog er in der Redaktion zahlreiche Entscheidungen an sich. Seinerseits nahm er Welter als einen autoritären »Ober-Herausgeber« wahr, dem Geschäftsführer Muckel als »Lakai« zu Diensten sei.[12]

Der Dissens war aber auch ein politischer. Der inzwischen siebzigjährige Welter zeigte sich nicht unbedingt aufgeschlossen gegenüber den neuen Entwicklungen. Er konnte auch recht schroff Kritik an einzelnen Artikeln üben, wenn er die Richtlinienkompetenz der Herausgeber verletzt sah. So war 1970 in einer Glosse der Sinneswandel der Bundesregierung hinsichtlich der Erweiterung des Rundfunkangebots kritisiert worden. Der Poststaatssekretär Kurt

Gscheidle, ein Gewerkschafter, hatte im Zuge der Ausweitung von Frequenzen das Monopol des öffentlich-rechtlichen Rundfunks infrage gestellt. Ausgerechnet der Glossenschreiber in der so auf Wettbewerb setzenden *FAZ* befürchtete »am Ende seichte Unterhaltungsprogramme, mit denen zum Zwecke hoher Werbetarife große Zuschauerzahlen angelockt werden müßten«.[13] Diese umgekehrte Frontstellung kritisierte Welter in einem Brief an seinen liberaleren Herausgeberkollegen Dechamps.[14] Welter scheute also nicht davor zurück, sich mit Kollegen anzulegen, wenn er das im Sinne der Zeitung für notwendig hielt. Und er machte nicht einmal vor Dechamps halt, was im Fall eines Vortrags, den Dechamps verfasst hatte und gerne in der *FAZ* abgedruckt sehen wollte, 1969 fast zum Bruch geführt hätte. Tern hatte damals mäßigend auf die Kollegen eingewirkt und so eine Kampfabstimmung im Herausgebergremium verhindert.[15]

Welter kannte Tern schon von der *FZ* und der *Deutschen Zeitung und Wirtschaftszeitung*. Nachdem Tern auf Empfehlung Baumgartens 1956 zur *FAZ* gekommen war,[16] wurde er bereits vier Jahre später zum Mitherausgeber für die Politik. Der Friese war stur, schwierig und konservativ. Er selbst sah sich als »lonely wolf«.[17] Karl Heinz Bohrer erinnert sich an den Tern vom Ende der 1960er Jahre als einer »Symbolfigur für eine skandalmachende, illiberale nationalkonservative Politik«, die »arrogante, vernichtende Polemiken gegen die heilige Figur Willy Brandt und dessen Ostpolitik«[18] geschrieben habe. Tatsächlich hatte Tern in der großen Dienstagskonferenz nach dem Machtwechsel deutlich Stellung bezogen, nachdem die Journalistinnen Rahms und Frisé den Regierungswechsel begrüßt hatten. An sich sei ein Machtwechsel ja keine Katastrophe:

> Aber es sei schließlich nicht gänzlich gleichgültig, ob die CDU oder die SPD die Regierung stelle. Wichtig sei doch die Frage: Machtwechsel wozu? Zu befürchten sei die Einebnung der Leistungsgesellschaft; es bestehe die Gefahr einer Perfektionierung des Wohlfahrtsstaates. Da müsse die Zeitung beizeiten warnen und gegenhalten. […] Die Zeitung sei verpflichtet, die gesellschaftspolitischen Freiheitsvorstellungen zu verteidigen. Wenn dieses unter »Kapitalismus« verstanden werde, so müßte man allerdings »auf ewig« daran festhalten.

Konferenzleiter Nikolas Benckiser hatte Mühe, am Schluss die »Kontraste« des Stimmungsbildes zusammenzuführen. »Schwierigkeiten für die Grundlinie der Kommentierung brauchten nicht aufzukommen. Jede Maßnahme der Regierung müsse kritisch unter die Lupe genommen werden, doch solle die

Regierung nicht ab ovo verworfen sein. Ein Wechsel könne durchaus fruchtbar für das Staatswesen sein.«[19] In der Herausgeberkonferenz wies Tern auf die »Linksneigungen im Hause hin«, der Platz der Zeitung sei allerdings in der Mitte, und man dürfe nicht mit »Enthusiasmus einer Linksregierung entgegenkommen«.[20]

Wie die Herausgeberprotokolle weiter zeigen, plädierte Tern auch zu Beginn des Jahres 1970 ganz im Sinne der klassischen *FAZ*-Linie für Widerstand gegen die »inflationistische und die gesellschaftliche Umschichtung vorantreibende« Konjunktur- und Steuerpolitik der sozialliberalen Regierung.[21] Kurze Zeit später unterstützte er die sozialliberale Koalition dann vehement. Was diese Wende auslöste, ist unklar. Vermutlich gelang es wie in vielen anderen Fällen maßgeblichen Amtsträgern in Brandts Umgebung wie Regierungssprecher Conny Ahlers, Tern erfolgreich zu umgarnen und einzuspannen. Tern verwies jedenfalls immer wieder mit Stolz auf seine engen Kontakte nach Bonn. Auch er beging dabei wie viele Kollegen zu dieser Zeit eine Grenzüberschreitung. Welter nannte Terns Haltung denn auch »immer zu gouvernemental«. Zuvor hatte Tern ja, wie die Redakteurin Helene Rahms der Redaktion in Erinnerung rief, die Adenauer- und Erhard-Linie unterstützt.[22]

Die *FAZ* insgesamt hat die sozialliberale Koalition keineswegs feindselig begrüßt.[23] Zumindest im Sommer 1972 waren nach einer im *Spiegel* publizierten Allensbach-Umfrage auch ihre Leser mehrheitlich der sozialliberalen Regierung zugeneigt, die SPD-Anhänger waren sogar auch ohne FDP-Unterstützer vorne unter der Leserschaft der Zeitung.[24] Der mit Brandt und Bahr verbundene *FAZ*-Redakteur Dettmar Cramer unterstützte engagiert die Neue Ostpolitik. Deren Kern bestand in dem Versuch, die starren Fronten des Kalten Krieges und den Wettstreit der Systeme aufzubrechen durch ein weitgespanntes Vertragssystem mit den Ostblockstaaten und Anerkennung des Status quo. Inwieweit diese Zielvorstellung zugunsten von Stabilität und Friedenssicherung dann aus taktischen Gründen hintangestellt oder allmählich vergessen wurde und die Status-quo-Orientierung den Wandel im Ostblock später eher behinderte (etwa in Polen), ist umstritten.[25]

Cramer vertrat die Neue Ostpolitik publizistisch auch außerhalb der Zeitung. Er unterstützte die sozialliberale Bundesregierung sogar als inoffizieller Kurier. So übergab er mehrfach Botschaften an Hermann von Berg, den Vertrauten des DDR-Ministerratsvorsitzenden Willi Stoph, mit dem er schon Mitte der 1960er Jahre im Austausch stand. Cramer nahm auch an Gesprächen zwischen Bahr und von Berg teil.[26] Und die langjährige New Yorker Korrespondentin der *FAZ* (1961–1988), Sabina Lietzmann, gratulierte Egon Bahr und seiner Regierung nach Unterzeichnung des Moskauer Vertrages 1970 brieflich.[27] Die Kommentare und Leitartikel der *FAZ* waren in Bezug auf die Ostpolitik nicht negativ gestimmt, wenn sie auch einige Bedenken und die Ermahnung enthielten, sich nicht noch einmal vom liberalen Westen zu trennen[28] – das war die alte Gillessen-Linie. Insgesamt schien man sich selbst noch nicht ganz über den Charakter der neuen Außenpolitik im Klaren zu sein. Welter fragte etwa seinen Kollegen Dechamps, wie das sogenannte Bahr-Papier, eine für die Ostverträge grundlegende, zehn Punkte umfassende schriftliche Fixierung der Gesprächsergebnisse von Egon Bahr und dem sowjetischen Außenminister Andrei Gromyko, zu beurteilen sei, und regte darüber eine Besprechung mit Experten an.[29] In der *Bild* war das Bahr-Papier jedenfalls als zu großes Entgegenkommen gegenüber den sowjetischen Forderungen gewertet und entsprechend skandalisiert worden.[30]

Tern preschte aber nun in der Anerkennung der DDR vor. So wollte er, der noch 1968 darauf gepocht hatte,[31] die Anführungszeichen bei Nennung des deutschen Teilstaates weglassen – der *Spiegel* brachte die Auffassungsunterschiede in der Redaktion zum Ärger der *FAZ* maliziös ans Licht der Öffentlichkeit.[32] Das »Willy-Willi-Treffen« zwischen Brandt und dem DDR-Ministerratsvorsitzenden Stoph in Erfurt lobte Tern als »Überwindung der Furcht«.[33] Gegen die Oppositionshaltung der Unionsparteien fuhr er dagegen scharfes Geschütz auf. So zog er Ende Mai 1970 vom Vorwurf der Vorleistungen, den die Union gegen die Neue Ostpolitik erhob, Parallelen zum Stigma der »Verzichtspolitik« aus der Weimarer Republik.[34] Da war die Entlassung Terns bereits beschlossen.[35] Mit Tern gab es nicht nur in der Deutschlandpolitik Differenzen, auch mit der Lokalredaktion lag er über Kreuz, die er wegen angeblich unbegründeter Kritik am links-sozialdemokratischen Frankfurter Oberbürgermeisterkandidaten Walter Möller attackierte.

Kurz bevor Tern am 30. Mai 1970 seinen Urlaub antrat, handelten Hoffmann und Welter. Letzterer holte zuvor das Einverständnis von Karl Blessing ein, Vorsitzender der Gesellschafterversammlung der *FAZ*, sowie von seinem Zögling Jürgen Eick und dem Herausgeberkollegen Korn. Dieser machte wohl mit, weil er sich dem Rauswurf Sethes verweigert hatte und somit Welter etwas schuldig war beziehungsweise sich gegen ihn nicht durchsetzen konnte. Allerdings haderte er fortan mit seiner Entscheidung.[36] Hoffmann bequemte sich schließlich erstmalig ins Büro von Tern, um diesem die schlechte Nachricht zu überbringen. Die beiden Politikherausgeber Bruno Dechamps und Nikolas

Benckiser, sachlich die engsten Kollegen Terns, wurden vor vollendete Tatsachen gestellt.[37] Formal hatte damit vertragsmäßig korrekt eine Mehrheit der Herausgeber entschieden. Aber das Ganze glich mehr einem Putsch als einer seriösen Trennung in einer bürgerlichen Zeitung.

Die Lage wurde noch zusätzlich brisant, als der Rauswurf noch vor Unterrichtung der Redaktion an die *Welt* durchgestochen wurde, die prompt als Erste eine entsprechende Meldung auf ihrer Titelseite brachte und Kritik an Terns politischem Kurs und an seiner eigenmächtigen Personalpolitik übte.[38] Viele Redakteure erfuhren auf diese Weise von der Absetzung Terns. Die *FAZ* selbst brachte erst zwei Tage später, am 1. Juni 1970, eine »Kurze Nachricht« auf Seite drei, dass das Vertragsverhältnis mit Tern aufgrund »schwerwiegende[r] interne[r] Differenzen« gelöst worden sei.[39] Dechamps, Benckiser und die gesamte Redaktion sahen sich düpiert. Am Tag der *Welt*-Meldung, einem Samstag, erwog man beim diensthabenden Personal sogar einen Streik, was zur Folge gehabt hätte, dass die Zeitung erstmals nicht erschienen wäre.[40] In einem Brief an die Herausgeber und Geschäftsführer sprachen die nicht informierten Politikherausgeber Dechamps und Benckiser von der »schwersten inneren und äußeren Krise«[41] der Zeitung. Natürlich war auch Tern selbst schockiert, der aus seinem Herzen keine Mördergrube machte und Welter öffentlich des Altersstarrsinns, der Rechthaberei und der Errichtung einer »wohlwollenden, aber spürbaren Despotie« bezichtigte.[42]

Welter, Eick und Korn mussten nun zweimal vor der versammelten Redaktion zur Rechtfertigung antreten. Die Wellen schlugen hoch: Der langjährige London-Korrespondent Heinz Höpfl meinte, bisher habe er einen solchen Vorgang höchstens in einem »Drecksblatt« wie der *Welt* für möglich gehalten. Peter Jochen Winters, der Wortführer der Opposition gegen die Herausgeber, verlas nicht nur ein Papier der Redakteure, sondern auch ein Telegramm der New Yorker Korrespondentin Lietzmann, die eine »Palastintrige an einer angeblich liberalen Zeitung« ausmachte, was eine »Beleidigung aller Redakteure« darstelle. Die »Herausgeberzwiste« hätten lange ein ungutes Klima im Haus erzeugt. Nun solle man aber ohne »Rückgriff auf Politbüro-Methoden« auskommen.[43] Das waren ungewöhnlich deutliche Worte an die Herausgeber.

Zur Verteidigung führte Korn an, Tern habe am Tag vor dem Erfurt-Besuch Brandts der kleinen Konferenz die Frage zur Abstimmung vorgelegt, ob man für die Anerkennung der DDR sei. Korn fand diese Prozedur nicht hinnehmbar. Auch die Geschäftsleitung des Verlages sei gegen Tern gewesen (was zutraf). Ferner habe dieser Druck auf die Lokalredaktion ausgeübt. Politisches sei eher nachrangig gewesen. Den Ausschlag habe gegeben, dass Tern für seine Kollegen nicht mehr ansprechbar war. Das konnte die Entrüstung über das *fait accompli* vorbei an den anderen Herausgebern und der Redaktion aber kaum mindern.[44]

Die Kritik kam erwartungsgemäß nicht nur von innen, die gesamte Zeitungsbranche beobachtete und kommentierte das Treiben in Frankfurt, und dem *Spiegel* gelang es, Geschäftsführer Hoffmann ein paar hübsche Zitate (»Meine Redakteure haben durch die Bank keine Zivilcourage«)[45] zu entlocken. Schließlich musste die Zeitung ganz gegen ihre Art zu den internen Streitereien Stellung beziehen.[46] In einem von allen fünf verbliebenen Herausgebern gezeichneten, von Dolf Sternberger mitkonzipierten Beitrag »In eigener Sache« verwahrte man sich mit Verweis auf den eigenen Kampf für eine DM-Aufwertung zunächst gegen den Vorwurf, Büttel der Großindustrie zu sein, ein Vorwurf, der wieder verstärkt aufkam und unter anderen vom *Stern* erhoben wurde, wo man Welter und Eick als Herausgeber »mit dem direkten Draht zum Kapital« bezeichnete.[47] Die Herausgeber hielten derartigen Vorwürfen den eigenen Gründungsmythos – nicht ohne Stichelei gegen die Lizenzzeitungen – entgegen: »Liberale Männer, die dem Land gleich nach der Aufhebung des Lizenzzwanges zu einer unabhängigen Zeitung verhelfen wollten, übernahmen Anteile und liehen Geld.« Das sei längst zurückgezahlt, die Zeitung eigenständig, ihre Unabhängigkeit über die FAZIT-Stiftung garantiert. Nach diesen Präliminarien musste nun aber endlich der interne Dissens offenbart werden: Zwei der fünf Herausgeber hätten bei der Entlassung Terns den Geist der Herausgebersatzung verletzt gesehen – Benckiser und Dechamps waren ja nicht einmal gefragt worden. Daher werde künftig in der Herausgeberkonferenz über Berufungen und Entlassungen von Herausgebern beraten und beschlossen, und laut neuer Geschäftsordnung müssten auch Abwesende gehört werden. Die abschätzigen Äußerungen Hoffmanns, wie sie der *Spiegel* kolportiert habe, »können nicht zutreffen«. Auch die Geschäftsführer Hoffmann, Muckel und Pfeifer nahmen Stellung und bestätigten, die Mitteilungen des *Spiegel* »können« nicht zutreffen.[48]

Das halbe Dementi aus Frankfurt war natürlich eine Steilvorlage für den *Spiegel*. In einem Leserbrief spießte Walter Busse, Bürochef des *Spiegel*-Herausgebers Augstein, das zweimalige »können nicht zutreffen« auf und bemerkte zum Schluss lapidar: »Das kann nicht wahr sein? Oder das darf doch nicht wahr sein? Ist aber.«[49] Im *Spiegel* selbst beharrte man darauf, der Artikel habe »Wort für Wort harte Wahrheit« wiedergegeben.[50] Linksaußen Otto Köhler legte noch nach und holte Korns »Jud Süß«-Rezension und die spätere Rechtfertigung wieder heraus, um Korns Abstimmungsverhalten gegen »Terns Liquidierung« zu skandalisieren.[51] Korn revanchierte sich dafür wenig später in der Glosse »Die Schmähmaschine«, in der Köhlers Name nur in der Metapher »Köhlerglauben« vorkam.[52]

Auch jenseits von *Spiegel* und *Stern* hagelte es Kritik. Karl-Hermann Flach bezeichnete die Herausgeberverfassung der *FAZ* als »für westliche Verhältnisse nahezu einmaliges Politbürosystem, nach dem die Mehrheit eines Entscheidungsgremiums die Minderheit quasi eliminieren kann«.[53] Bei aller Häme darüber, dass nun der Schleier der Vornehmheit und Bürgerlichkeit weggezogen war, bei allem Orakeln über die fortdauernde »Macht der Wirtschaftskreise, die einst hinter der Gründung des Blattes standen« (Flach), war man doch auch beunruhigt. Sogar ausländische Zeitungen wie die *Weltwoche* und *Newsweek* berichteten über den Rauswurf in Frankfurt.[54]

Der spätere Redenschreiber von Bundeskanzler Brandt, Klaus Harpprecht, ritt im *Monat* eine wütende Attacke gegen die *FAZ*, in welcher er Geschäftsführer Hoffmann als Marionette Welters darstellte und ihn rüde abqualifizierte: »Hoffmann ist sein Zombi (der ›Spiegel‹ hat es nicht gemerkt) – eine artifizielle Figur, eine tote Seele, die nach westindischem Negerritual dem Wink des Meisters gehorcht, um jedes Sklavenwerk zu verrichten. Der Fall Tern ist in Wahrheit kein Fall Hoffmann, eher ein Fall Welter.« Immerhin wurde die *FAZ* noch als »bedeutendstes deutsches Blatt« eingestuft.[55] Der Attacke lag ein Zerwürfnis zugrunde, eine enttäuschte Liebe. Welter hatte sich seit Mitte der 1950er Jahre um den Eintritt Harpprechts in die Redaktion bemüht; Harpprecht ging aber zunächst zum Fischer Verlag und schrieb nur hin und wieder für die *FAZ*. Das Verhältnis trübte sich wegen verschiedener Streitigkeiten allmählich ein, unter anderem unterband die *FAZ* das Vorhaben Harpprechts, *FAZ*-Redakteure für seinen *Monat* schreiben zu lassen. Im September 1969 brachte der *Monat* dann eine Attacke auf die *FAZ*, die an Enzensbergers Kritik von 1962 anknüpfte.[56] Tern, dessen Demission Harpprecht nun so sehr skandalisierte, fühlte sich damals besonders angegriffen, obwohl auch Welter und Dechamps heftig kritisiert worden waren. Eine ernsthafte Spaltung des Herausgebergremiums über diesen Artikel konnte gerade noch abgewendet werden.[57]

Letztlich wird eine Zeitung aber nicht für andere Journalisten, sondern für Leser gemacht, und die reagierten im Fall Tern ebenfalls heftig, aber gespalten: Der größere Teil machte seinem Ärger über den Rauswurf Terns und dessen Kommunikation durch die *FAZ* Luft. Man fürchtete, die *FAZ* schwenke auf

Springer-Kurs ein, und reagierte mit Abbestellungen des Abonnements. Der kleinere Teil – in einem Ordner werden 113 Leserzuschriften »contra« (also Protest gegen Terns Rauswurf) und 42 »pro« vermerkt – bedankte sich dagegen bei der Zeitung, dass man Tern endlich entfernt habe. Einige Leser nahmen sogar zuvor erfolgte Abonnementstornierungen zurück. Die *FAZ* machte sich große Mühe mit den Antworten und antwortete teilweise sogar zweimal auf einzelne Leserzuschriften.[58] Tern selbst erreichte eine große Solidaritätswelle von Lesern, Freunden und Redakteuren. Selbst der mit ihm in vielen Fragen wie der Legalisierung der Abtreibung über Kreuz liegende Friedrich Karl Fromme meldete sich mit einem bedauernden Schreiben.[59] Tern seinerseits nahm kein Blatt vor den Mund und sprach gegenüber seinen nun ehemaligen Kollegen von »skrupellose[r] Verleumdung« und einem »moralischen Debakel« für die Zeitung.[60] In Analogie zum Fall Sethe suchte er einen politischen Fundamentaldissens zwischen sich und Welter herauszuarbeiten, der vor 1970 kaum bestanden hatte. Neben der Ostpolitik identifizierte Tern dabei den »arabisch-israelische[n] Konflikt, in dem ich eben ganz auf Seiten Israels stehe, das Mehrheitswahlrecht, das ich für Deutschland nicht für praktikabel halte, die EWG, die ich auf jede Weise gefördert sehen möchte (und wäre es durch Abwarten), die amerikanische Entspannungspolitik«.[61]

Unter den jüngeren *FAZ*-Redakteuren kursierten nun Vorschläge für einen gewählten Redaktionsbeirat, der Mitspracherechte haben sollte. Hans Herbert Götz plädierte nach einer separaten Konferenz von 69 Redakteuren im Baseler Hof für die Einrichtung eines Redaktionsbeirats aus allen Ressorts. Die Herausgeber befürchteten die Installierung eines Gegenherausgebergremiums, was Götz dementierte; sie willigten aber zu Gesprächen mit einer Redaktionsdelegation ein.[62] Ferner wurde zur Steigerung der Transparenz eine täglich – außer freitags – um 12 Uhr 30 beginnende Konferenz mit den Herausgebern, allen politischen und weiteren Redakteuren, jedoch mindestens zweien aus jedem Ressort, eingerichtet, die sich eine Stunde lang mit Blattkritik, der Planung der nächsten Ausgabe und einer allgemeinen Aussprache befassen sollte. Offenkundig war ihr aber kein langes Leben beschieden.[63] Eick wurde die Konferenz schnell lästig, vor allem sah er dort die Herausgeber und Ressortleiter mit einer Art institutionalisierter Kritik konfrontiert. So sah er sich, wie er Welter gegenüber klagte, wegen seiner eigenwilligen Wortschöpfung »verbale Gaskammer«, in der Politiker im Extremfall abgeschlachtet wurden, in der Konferenz heftig kritisiert. Die Willensbildung verlaufe nun, so klagte Eick, von der Konferenz aus nach oben, anstatt dass die Herausgeber die Richtlinien bestimmten und führten. Wieder einmal stand auch die Stadtpolitik zur Debatte. Der Politikredakteur Peter Jochen Winters, ein sehr kritischer junger Wilder, wollte ein regelrechtes Tribunal gegen die immer noch die Frankfurter SPD kritisierende Lokalredaktion inszenieren.[64]

Auch die Politik reagierte auf die Turbulenzen in Frankfurt. Bundeskanzler Willy Brandt gratulierte Tern in einem Telegramm zum Geburtstag, was sogleich über eine entsprechende dpa- und UPI-Meldung den Weg in die Öffentlichkeit fand. Auch die *FAZ* brachte eine kurze Meldung über Brandts Gratulation.[65] Andererseits versicherte der Bonner *FAZ*-Korrespondent Alfred Rapp im Auftrag von Welter Regierungssprecher Ahlers, an der Haltung der Zeitung gegenüber der Regierung würde sich nichts ändern. Auch dieses Statement war wieder nicht mit Benckiser und Dechamps abgesprochen, was herauskam, als Ahlers sich die Versicherung schriftlich geben lassen wollte.[66] Ahlers ließ Tern auch »wie verabredet« eine Kopie eines Briefes von Karl Blessing zukommen, ferner eine Presseschau zu Terns Fall. Tern bedankte sich bei Ahlers »für den Beistand in diesen Wochen«.[67]

Die Entlassung Terns war keine 180-Grad-Wendung in der Haltung der Zeitung gegenüber der Regierung, zumal schon zuvor unterschiedliche Nuancen im Blatt artikuliert worden waren. Zu Beginn des Jahres 1971 schrieb der Militärexperte der Zeitung Adelbert Weinstein über das deutsch-amerikanische Verhältnis, »die neue deutsche Politik muß die beiderseitigen Beziehungen belasten. Unsere Ostpolitik ist nämlich mittelbar amerikanische Außenpolitik geworden.« Die »strategische Gesamtsituation« sei durch den »Schatten des Mißtrauens« fragil geworden.[68] Im April 1971 riet die *FAZ* andererseits zur raschen Ratifizierung des Warschauer Vertrages, hinter den Gebietsverzicht könne keine deutsche Regierung mehr zurück.[69] Die einen künftigen Friedensvertrag präjudizierende Wirkung des Vertrages war gerade der Haupteinwand der CDU/CSU gewesen, die eine friedensvertragliche Regelung »materiell und formell offen« halten wollte.[70] Der 1964 zur *FAZ* gestoßene Eschenburg-Schüler Friedrich Karl Fromme, der später die journalistische rechtspolitische Kommentierung zu einem Markenzeichen der Zeitung machte, trat dann als Anwalt der Opposition auf.[71] Johannes Gross kritisierte die »Scheinargumente für einen Rückzug« amerikanischer Truppen aus Europa, sprach sich also für die Beibehaltung der transatlantischen Verzahnung aus.[72]

Scharfe Töne gegen die Bundesregierung schlug der neue Politikherausgeber Fritz Ullrich Fack, ein Protegé Welters aus dem Wirtschaftsressort, nach Brandts Treffen mit Breschnew auf der Krim an, obgleich auf derselben Seite

Ahlers mit der Zusicherung »Kein Alleingang«[73] zitiert wurde. Unter der beziehungsreichen Überschrift »Auf den Spuren von Rapallo« schrieb Fack, wenn man sich jetzt nicht klarmache, dass »kein Schritt mehr ohne Kenntnis und Einverständnis« der Verbündeten im Westen geschehe, wenn man sich für selbstständig genug halte, »auf die Komplexe und Interessen der Freunde pfeifen zu können, dann wird als Folge der Krim-Konferenz eine böse Saat aufgehen. Keime dazu sind ausgesät.«[74] Das war kritischer als zuvor und unterschied sich im Tonfall erheblich von den abwägenden Leitartikeln der Vergangenheit. Den Friedensnobelpreis für Brandt 1971 wollte Johann Georg Reißmüller dann auch nicht als »Segensspruch« für die SPD verstanden wissen.[75] Der promovierte Jurist Reißmüller kolportierte ferner – freilich ohne konkrete Nennung des Urhebers – Willy Brandts Ausspruch von den »acht Arschlöchern in Karlsruhe«, von denen er sich seine Ostpolitik nicht kaputtmachen lasse, und wertete dies als fehlenden Respekt vor dem Grundgesetz.[76] Die Politik der Union wurde von der *FAZ* allerdings auch nicht unkritisch begleitet, etwa die Enthaltungslinie bei der Ratifizierung der Ostverträge, die nach dem Scheitern von Barzels Misstrauensvotum als unbefriedigender interner Kompromiss der Unionsparteien beanstandet wurde.[77] Grundsätzlich ging man »von der kritischen Behandlung der Verhandlungsmethoden zur Hinnahme des Ergebnisses wegen dessen Unausweichlichkeit« der Ostpolitik über. Das wurde anscheinend nicht von allen Lesern verstanden.[78]

Die Grundhaltung der Zeitung war durchgehend von der Option für und daher der Sorge um die transatlantische Partnerschaft und die NATO bestimmt. Insofern zeigt sich hier ein erneuerter, verwestlichter Konservatismus, der den traditionellen amerikakritischen Konservatismus hinter sich gelassen hatte.[79] Innerhalb dieses Spektrums befand sich die Zeitung auf dem Weg zu einer dezidiert konservativen Positionierung, wofür die Namen junger, aus der »skeptischen Generation« stammender Journalisten standen, die das Blatt dann lange prägten. Das waren etwa der seit 1974 amtierende Herausgeber Johann Georg Reißmüller, der von ihm protegierte Innenpolitikchef Friedrich Karl Fromme, der 1972 eingestellte Althistoriker Jürgen Busche, gegen dessen Einstellung es wegen eines »leichten Fanatismus« (Eick) zunächst Bedenken gegeben hatte,[80] der Bonner Korrespondent Karl Feldmeyer oder der Reißmüller im Kampf um die Herausgeberposition unterlegene Günther Gillessen sowie Fritz Ullrich Fack. Allesamt hielten sie an der Wiedervereinigung Deutschlands fest und waren aus nationalen oder ökonomischen Gründen tendenziell skeptisch gegenüber einer forcierten europäischen Integration sowie dem

Linkstrend in Gesellschaft und Politik eingestellt. Alle die SPD unterstützenden Intellektuellen waren bisweilen einer scharfen Kritik ausgesetzt. So beschuldigte Busche den grob polemisierenden Graphiker Klaus Staeck, die »politische Lieblingswaffe des Joseph Goebbels« wiederentdeckt zu haben.[81]

Jürgen Tern rückte nach seinem Ausscheiden endgültig nach links, schrieb im *Vorwärts* und den *Frankfurter Heften* und schaltete 1974 mit den Linkskatholiken Walter Dirks und Eugen Kogon sowie Alexander Mitscherlich eine Anzeige – pikanterweise in der *FAZ* –, in der er zur Hessenwahl vor Alfred Dregger und Franz Josef Strauß (der in Hessen freilich nicht zur Wahl stand) warnte.[82] Terns Eintreten für die Reform des Paragraphen 218 und für die Frauen auf dem berühmten *Stern*-Titel, von denen einige bei dem Bekenntnis »Ich habe abgetrieben« gelogen hatten, rief noch einmal seinen ehemaligen Redaktionskollegen Fromme auf den Plan. Frommes Beschwerde bei Tern über dessen Engagement wirft ein Licht auf die Polarisierung innerhalb der *FAZ* zu Beginn der 1970er Jahre. Denn Fromme monierte, dass in der *FAZ* eine Position des Abwartens beim Abtreibungsthema durch die liberale Fraktion gebrochen worden sei. Dort war wiederum Peter Jochen Winters an erster Stelle mit dabei.[83]

Der *FAZ* brachte das Beben um den Rauswurf Terns nicht nur die erwähnte Ergänzung der Herausgeberverträge ein – künftig musste das gesamte Herausgebergremium mit einer personellen Veränderung befasst werden –, sondern auch einen Redaktionsbeirat von sieben Vertrauensleuten, der allerdings entgegen der Forderung von Winters nur eine beratende Funktion bei der Berufung und Entlassung von Herausgebern, Ressortleitern und bei der Entlassung von Redakteuren erhielt.[84] Ferner wurde einstweilen als Ventil neben der zweiwöchentlichen Gesamtkonferenz dienstags die tägliche Konferenz eingerichtet. Überhaupt wurden die Korrespondenten intensiver über die Vorgänge im Haus informiert. Die Konferenzprotokolle wollte man ihnen freilich nicht zustellen, denn man fürchtete, dass das Prinzip der Vertraulichkeit verletzt und Interna veröffentlicht würden.[85] Bis heute sehen viele Zeitungs- und Medienhäuser ja die von anderen eingeforderte Transparenz in Bezug auf die eigenen Belange äußerst ungern. Jürgen Eick hielt in seinem Weihnachtsbrief an Welter Ende 1970 die Tern-Krise jedenfalls »im Grunde« für ausgestanden.[86] Dies war eine Fehleinschätzung. Die *FAZ* hatte Schaden genommen, denn die Öffentlichkeit hatte Einblick in den von ihr gepflegten elitären Arkanbereich erhalten und dort die Polarisierung vorgefunden, welche die westdeutsche Gesellschaft jener Zeit insgesamt bestimmte. Die Turbulenzen gingen also weiter.

Fritz Ullrich Fack
Zur Abberufung von Jürgen Tern als Mitherausgeber im Jahre 1970

Über den Beschluss der damaligen Herausgeber der *FAZ*, Jürgen Tern abzuberufen, ist viel gerätselt worden. Ich bin wohl der letzte Überlebende, der einiges über die Hintergründe dieses Schrittes beitragen kann.

Dazu muss man wissen, dass Heinz Stadlmann von 1960 bis 1963 mit mir als Wirtschaftskorrespondent im Bonner Büro der *FAZ* gearbeitet hat. Wir sind lebenslang eng befreundet geblieben, auch nach seiner Übersiedlung nach Tokio als Asienkorrespondent der Zeitung (1963) und erst recht nach seiner Rückkehr in die Zentralredaktion 1967, wo er als verantwortlicher Redakteur für den politischen Nachrichtenteil eingesetzt wurde.

In dieser Funktion hatte er engsten Umgang mit dem zuständigen Herausgeber, Jürgen Tern. Täglich war die inhaltliche Disposition der politischen Seiten, insbesondere die Wahl der Aufmachung auf Seite eins, zu besprechen. Dazu ging Stadlmann in Terns Büro.

Schon zur Zeit der Großen Koalition (1966 bis 69) wurde Stadlmann mehrfach Zeuge von intensiven Telefonaten Terns mit dem (damals stellvertretenden) Regierungssprecher Conrad Ahlers in Bonn zu redaktionell später Stunde, namentlich dann, wenn Tern die Leitglosse auf Seite eins geschrieben hatte. Und nicht selten kam es vor, so die Beobachtung Stadlmanns, dass die bereits fertige Leitglosse (noch Schreibmaschinen-Text) unter dem Eindruck dieser Gespräche geändert wurde. Nicht in sachlichen Einzelheiten von Bonner Geschehnisabläufen, sondern in der Bewertung des Geschehens. Wobei es vorrangig um die Bewertung der Politik des damaligen Außenministers Willy Brandt ging, der zielbewusst schon unter Bundeskanzler Kiesinger (CDU) erste Schritte einer neuen Ostpolitik vorantrieb. Terns Glossen und Leitartikel begleiteten diese Politik mit Wohlwollen. Stadlmann hat eine überaus bezeichnende Szene geschildert, die sich in der Setzerei abspielte: Tern kam in vorletzter Minute höchstselbst herunter an den Setztisch, begehrte die Druckfahne seiner Glosse zu sehen und korrigierte sie. Dann erreichte ihn ein durchgestellter Anruf von Ahlers, die bereits fertige Seite eins wurde abermals aufgerissen und »im Blei« – an der Setzmaschine – nochmals inhaltlich geändert. Stadlmann und die Setzer standen staunend dabei. Dergleichen war noch nie vorgekommen.

Stadlmann hat mir als seinem alten Freund solche Szenen wiederholt beschrieben. Ich verschweige nicht, dass Tern von Zeit zu Zeit auch mich anrief und um eine Lagebeurteilung bat. Ich habe den Kollegen Ahlers (ehedem *Spiegel*-Korrespondent in Bonn) einmal auf die langen Telefonate mit Tern angesprochen und die ironische Antwort bekommen »Ja, ich bin mit der *FAZ* neuerdings sehr zufrieden.« Mehr sagte er nicht.

Als dann 1969 die neue sozialliberale Koalition als rot-gelbe antrat, Brandt Bundeskanzler und Ahlers erster Regierungssprecher wurden, nahm die Intensität der Gespräche Tern/Ahlers weiter zu. Unter Bonner Kollegen wurde über diesen »direkten Draht der Regierung nach Frankfurt« gespöttelt. Ich habe Stadlmann mehrfach gebeten, sich Erich Welter gegenüber zu erklären. Er tat es nicht, weil er nicht zu Unrecht fürchtete, dass er bei einer Intervention Welters den Posten als Nachrichtenchef umgehend verlieren würde. Schließlich habe ich Welter in einem Gespräch in Frankfurt über diese unhaltbaren Zustände informiert, auch über die Bonner Spötteleien, und hatte den Eindruck, dass die einschlägigen Gerüchte auch schon an sein Ohr gedrungen waren.

Es war diese Regierungshörigkeit, die Tern das Genick gebrochen hat. Es gibt keinen politischen Herausgeber vor oder nach ihm, der sich mit den Regierenden und ihren Sprechern derart vertraulich und biegsam eingelassen hat. Politische Differenzen zwischen Tern und Welter über die Haltung der Zeitung zum Kurs der Regierung Brandt kamen hinzu. Terns autoritärer Führungsstil (bezeichnendes Lebensmotto: »Krankheit ist Schwäche«), der in der Redaktion viele Wunden geschlagen hatte, ließ nicht erwarten, dass er in Sachen Brandt und Ahlers zu jener traditionellen Distanz zurückfinden würde, die sich die Redaktion im Umgang mit den Regierenden stets auferlegt hat. Und so handelte Welter, eingedenk des Aufsehens, den der Fall Sethe einst hervorgerufen hatte, sicher nicht leichten Herzens.

Im Abstand zu den Ereignissen hat Welter später bekannt, dass ihn die spöttische Sentenz vom »direkten Regierungsdraht nach Frankfurt« und die damit verbundene Blamage erst im Kollegenkreis und später ziemlich sicher in der relevanten Öffentlichkeit mehr gewurmt habe als die lang aufgestauten politischen Differenzen mit Tern. Sie seien für das Ansehen und die Glaubwürdigkeit der Zeitung unerträglich gewesen; ihre Wirkung hätte sich bei längerer Dauer potenziert. Wirtschaftliche Schäden seien dann nicht mehr auszuschließen gewesen.

JOACHIM FEST UND MARCEL REICH-RANICKI KOMMEN

Eine Neuauflage des Streits um die Entlassung von Tern, dessen Nachfolge Fritz Ullrich Fack nach erstmaliger Konsultation der Vertrauensleute antrat, brachte 1973 ein weiterer, diesmal planmäßiger Herausgeberwechsel. Nachdem der Verleger Wolf Jobst Siedler abgesagt hatte,[87] sollte auf Siedlers Empfehlung dessen Freund Joachim Fest Nachfolger von Karl Korn als Feuilletonherausgeber werden, der nun mit 65 Jahren ausscheiden wollte. Das Personal des Feuilletons war damals ziemlich links und arbeitete in einer noch linkeren Frankfurter Protestumwelt. Literaturchef Karl Heinz Bohrer pflegte eine Freundschaft zu Ulrike Meinhof. Als Klaus Rainer Röhl in seiner Zeitschrift *konkret* 1970 Bohrer als Spendensammler der Baader-Meinhof-Gruppe entlarvte, wurde dieser vor das Herausgebergremium geladen. Dort dementierte er. Für Welter war die Sache damit umgehend erledigt. Allerdings hatte Bohrers Frau tatsächlich Geld für den Prozess gegen Andreas Baader und Gudrun Ensslin in der Verhandlung über die Kaufhausbrandstiftung in Frankfurt gesammelt und auf Bohrers Konto geparkt, was dieser, so seine eigene Auskunft in der Rückschau, zum Zeitpunkt der Befragung aber nicht wusste.[88] Sicherlich blieb ob der nicht ganz überzeugenden Auflösung des Vorwurfs etwas bei Welter und seinen Kollegen hängen.

Ein echter Konflikt wurde dann durch den geplanten Eintritt von Joachim Fest in das Herausgebergremium ausgelöst. Viele Feuilletonredakteure, unter ihnen Bohrer, hielten Fest für »rechtsorientiert«, was dieser dementierte.[89] Bohrer veranstaltete sogar eine »Verschwörungssitzung«, bei der er eine Brandrede hielt »gegen Fest, aber auch gegen die Herausgeber Benckiser und Dechamps – der eine ein philiströser Reaktionär alter Sorte, der andere ein sich liberal gebender Karrierist«.[90] Noch mehr erregte aber eine Personalentscheidung, die Fest einige Monate vor seinem Dienstantritt am 2. Dezember 1973 gegen Bedenken auch im Herausgebergremium, besonders seitens Korns, Welters und des neuen Vorsitzenden der Geschäftsführung Hans-Wolfgang Pfeifer (Hoffmanns Nachfolger), durchsetzte.[91] Anstelle des seit 1968 amtierenden Bohrer sollte Marcel Reich-Ranicki das Literaturressort innerhalb des Feuilletons übernehmen. Der war in Frankfurt kein Unbekannter. Nach der Emigration aus Polen war Reich-Ranicki 1958 schnurstracks in die Frankfurter Feuilletonredaktion gegangen. Schwab-Felisch verpasste dem als Marcel Reich, später als Marceli Ranicki tätigen ehemaligen polnischen Geheimdienstmitarbeiter nicht nur den Doppelnamen, sondern druckte auch direkt ein Stück des Literaturliebhabers über den polnischen Schriftsteller Jarosław Iwaszkiewicz. Ebenfalls 1958 erschien im Literaturblatt zur Buchmesse Reich-Ranickis veritabler Verriss von Arnold Zweigs neuem Roman »Die Zeit ist reif«.[92]

Reich-Ranickis Porträts über DDR-Schriftsteller, die im folgenden Jahr in der *Welt* erschienen, missfielen der *FAZ* dagegen, insbesondere Sieburg. Die Zusammenarbeit wurde eingestellt. Reich-Ranicki schrieb dann als fester Mitarbeiter für die *Zeit* und stieg als Kritiker in den 1960er Jahren zum »Literaturpapst« auf. Die *Zeit* wollte ihn aber nicht in ihrer Redaktion beschäftigen, zu machtbewusst und schwierig erschien er den Hamburgern.[93] In Frankfurt wurde er ähnlich gesehen. Die Personalie machte Fest, der Reich-Ranicki 1966 kennengelernt hatte, aber zur Bedingung für sein Kommen. Dass die *FAZ* sich Bedingungen stellen ließ, war ein Novum. Da auch die *Zeit*, für die »MRR« schrieb, diesem nun ein Angebot unterbreitete, mussten aber schnell Nägel mit Köpfen gemacht werden. Dies geschah konspirativ in einem Flughafenhotel in Frankfurt. Damit kam es erneut zu einer unschön ablaufenden Entmachtung. Bohrer wurde während seines Urlaubs vor die vollendete Tatsache seiner Ablösung gestellt. Dechamps übernahm die heikle Aufgabe, Bohrer die Nachricht zu überbringen und ihn mit einem finanzierten Sabbatjahr zur wissenschaftlichen Produktion und der Inaussichtstellung des Postens eines Kulturkorrespondenten in London zu besänftigen. Dechamps berichtete den Kollegen, Bohrer habe

> die Neuigkeiten mit außerordentlicher, auch außerordentlich disziplinierter Erregung zur Kenntnis genommen. Die Veränderung komme eigentlich seinem Hinauswurf, einer Hinrichtung gleich. Vor der Öffentlichkeit der deutschen Literatur und Germanistik stehe er als Gescheiterter, Blamierter da; er sei in diesem Zusammenhang nicht irgendwer, sondern eine Schlüsselfigur. Die Wahl des Nachfolgers bedeute das Ende des Literaturteils Sieburgscher Tradition […] die Hamburger Chiqueria entere die F.A.Z., Gefälligkeitsgeschäfte würden folgen.[94]

Nicht nur Bohrer, nicht nur das Feuilletonressort, auch große Teile der Redaktion, selbst zahlreiche der Zeitung (mittlerweile) fernstehende Intellektuelle wie Habermas und Enzensberger zeigten sich schockiert und protestierten.[95] Die Literaturwissenschaftlerin Marianne Kesting, selbst ständige Mitarbeiterin des Literaturblatts, wollte gar Carl Schmitt einspannen, um das »böse Ereignis«, die »Liquidation dieses letzten Forums zwischen der intellektuellen Diskussion und der breiteren Öffentlichkeit« durch »einen fulminanten

Schwätzer« zu verhindern. »Das Faktum hat die Intellektuellen in seltener Einmütigkeit alarmiert, und es ist eine Flut von Briefen bei den Herausgebern der *FAZ* eingegangen, worin die Spitzen der Öffentlichkeit, der Universität bis hin zu den maßgeblichen Rezensenten einhellig gegen die Entscheidung Fests protestierten.«[96] Man befürchtete nicht zu Unrecht einschneidende Veränderungen. Der Germanist Bohrer hatte sich hohes Ansehen erworben – in und außerhalb der Zeitung. Allerdings wurde ihm von den Herausgebern nun vorgehalten, das Feuilleton »elitär und hermetisch« zu gestalten, mit dem »Rücken zum Publikum«, so Fest.[97] Genauso sah es auch Bohrers designierter Nachfolger Reich-Ranicki,[98] den Bohrer wiederum literarisch nicht auf der Höhe der Moderne sah.

Die Sentenz des ebenfalls von Fest neu geholten und ihm dann ganz ergebenen Theaterkritikers Georg Hensel kann man gut auf das damalige Feuilleton anwenden: »Wenn etwas zum Himmel stinkt, dann erscheint in der *FAZ* eine komplizierte ›eff-a-zettische‹ Theorie des Odeurs, in dem jeglicher Gestank verschwindet.«[99] Die Feuilletonredakteure fürchteten nun, Bohrers Qualitätsfeuilleton werde durch ein Radaufeuilleton ersetzt, das nach Effekten und Masse schielt. Tatsächlich wollte Fest ein populäreres Feuilleton mit Service-Charakter, wie er es modern bezeichnete, eines, das verständlich ist und auch Schallplatten- und Fernsehkritik (die es freilich schon seit 1955 gab) beinhaltet, kurz, wie er elegant formulierte: »Die Verführungsmöglichkeiten des Feuilletons müssen vergrößert werden.«[100] Der ehemalige Moderator des linksliberalen Fernsehmagazins »Panorama« und Autor der im September 1973 erscheinenden großen Hitler-Biographie, die unter Leitung Siedlers bei Propyläen zu einem Welterfolg wurde, stieß damit auf offenen Widerstand und harsche Kritik in und außerhalb der Redaktion. Er und Reich-Ranicki befanden sich bereits vor Dienstantritt in der Defensive. Fest baute dann aber das Feuilleton deutlich aus. Es wurde zum 1. März 1974 zu einem eigenen Buch in der Zeitung und wuchs auf regulär drei Seiten an. Fest revitalisierte einerseits die klassischen Disziplinen der Geschichte und Philosophie gegen den von Soziologie und Psychoanalyse geprägten Zeitgeist, andererseits ließ er auch Politik im Feuilleton zu. Zum Verdruss der »Politiker« entstand auf diese Weise die Doppelkommentierung durch das politische und das Kulturressort, wobei das Feuilleton meist links vom Standpunkt des politischen Ressorts schrieb.[101]

Die Herausgeber entschlossen sich am Ende, Fests Wunschpersonalie zuzustimmen, weil dieser beharrlich daran festhielt und Reich-Ranicki von allen Kandidaten der konservativste sei, wie Korn feststellte, allerdings »intransigent«.

Zudem habe er, so Welter, Ernst Jünger »auf eine peinliche Weise abgeschlachtet«. Auch dass er lisple, wurde ins Feld geführt.[102] Damit standen die Herausgeber erneut im Sperrfeuer der Kritik seitens der Vertrauensleute und der Redaktion, die weiteres Vertrauen verspielt sahen. In ihrer Rechtfertigung bestritten sie, dass es Parallelen zum Rauswurf Terns gebe – welche die *Zeit* durchaus sah –,[103] da Bohrer ja nicht entlassen worden sei.[104] Vor allem setzten sie nun alles daran, Bohrer und Reich-Ranicki ihren Disput nicht öffentlich austragen zu lassen, was durchaus zu befürchten war. So wollte der Hessische Rundfunk ein Streitgespräch zwischen Bohrer und Reich-Ranicki inszenieren. Letzterer trat dort dann zum Missfallen Bohrers allein auf, während Bohrer Spitzen gegen seinen Nachfolger in einer Rezension unterbrachte.[105] Der Konflikt konnte also nur mühsam unter der Decke gehalten werden. In einer großen Konferenz warf Bohrer Reich-Ranicki gar an den Kopf: »Sie sind die Rache von Jud Süß am deutschen Bürgertum.« Tatsächlich hatte Welter Bohrer gegenüber davon gesprochen, man brauche einen »Hofjuden«. Korns antisemitische »Jud Süß«-Eloge, auf die Welter damit anspielte, hatte Korn Bohrer selbst gezeigt; sie war von diesem bissig kommentiert worden, was Korn Bohrer wohl bis zur Abberufung als Literaturchef nachtrug und sich daher nicht weiter für ihn einsetzte.[106]

Bohrer erging es in den folgenden Jahren nicht schlecht. Er konnte bei vollen *FAZ*-Bezügen seine Habilitationsschrift über die »Ästhetik des Schreckens« abschließen, die ihm 1982 den Bielefelder Lehrstuhl für neuere Literaturgeschichte einbrachte (in Bielefeld verstärkte er die Phalanx der nonkonformistischen Solitäre Niklas Luhmann und Reinhart Koselleck). Ende 1974 bezog er aber erst einmal den komfortablen Korrespondentenposten in London, wo er lange Feuilletons für die Zeitung verfasste. Mit viel Sympathie schilderte er die englischen Institutionen und Eigenheiten, mit Schrecken berichtete er, wenn sie bedroht waren: Der Tag, als die verehrte und vorbildhafte *Times* 1978 erstmals seit 1785 nicht erschien, da *Times*-Chefredakteur William Rees-Mogg und das Verlagsmanagement vor den Gewerkschaften nicht zurückweichen wollten, war für Bohrer ein Einschnitt, von dem er noch in seinen Memoiren vierzig Jahre später erzählte. Reich-Ranickis Bitte, weiter für das Literaturblatt zu rezensieren, wertete Bohrer freilich als Mangel an »Honneur«.[107]

Die Skepsis der Redaktion gegenüber Reich-Ranicki hatte viele Gründe. Er war ein erfolgreicher Popularisierer und PR-Spezialist – vor allem in eigener Sache –, aber vor allem hatte er noch nie in einer Redaktion gearbeitet (als Literaturkritiker für *FAZ*, *Welt* und *Zeit* war er kein Redaktionsmitglied gewesen), galt als eitel, autoritär und aufbrausend. Das alles vertrug sich nicht mit dem Wunsch, die Kollegialität in Frankfurt wieder stärker zu pflegen. Reich-Ranicki fühlte sich beim Dienstantritt im Dezember also zu Recht durchaus unwillkommen. Dies stachelte ihn aber eher an. Ohne Umschweife baute er einen eigenen Stab auf, indem er namhafte Schriftsteller und Professoren für die Mitarbeit im Feuilleton gewann und diese zu einem verständlichen Stil zwang. Im Literaturbetrieb schien er geradezu omnipräsent, und er verinnerlichte schnell, worauf es als Redakteur ankam: Die Autoren zu pflegen, ihnen Dampf wegen der Abgabetermine zu machen und unerbittlich auf die Platzvorgaben zu achten. Der zwischen Schmeichelei und Druck changierende Stil, mit dem Reich-Ranicki seine Freien antrieb, wird deutlich in dem spannungsreichen Briefwechsel mit Peter Rühmkorf. Auf literarische und politische Debatten ließ sich Reich-Ranicki dabei gar nicht ein, obwohl Rühmkorf immer wieder versuchte, ihn dazu zu animieren. Er beließ es bei klaren Urteilen über die abgelieferten Stücke und Vorschläge für neue Themen. Und obwohl er sich an vielem im politischen Ressort der Zeitung störte, ließ er sich Rühmkorf gegenüber nicht zu innerbetrieblicher Kritik hinreißen. Wichtig war Reich-Ranicki zuallererst, dass er in seinem Beritt frei schalten und walten und eben auch einen linken Autor wie Rühmkorf schreiben lassen konnte.[108]

Als Verantwortlicher für den gesamten Literaturbereich hatte Reich-Ranicki drei Redakteursstellen zugesichert bekommen, eine mehr als Bohrer. Bei der Besetzung fragte er durchaus die literarische Bildung ab, wie Ulrich Wittstock berichtet. Als der beim Vorstellungsgespräch nach Kleists »Käthchen von Heilbronn« gefragt wurde, behauptete er, sich nicht mehr an das angeblich von ihm gelesene Drama zu erinnern. Darauf blaffte Reich-Ranicki ihn an, wenn er das Stück gelesen hätte, würde er sich erinnern, ansonsten solle er ihn ab sofort nie mehr anlügen – und stellte Wittstock als Literaturkritiker im Feuilleton ein. Der wurde dann zu einem großen Bewunderer Reich-Ranickis (und zu dessen eher unkritischem Biographen), obgleich Reich-Ranicki kein einfacher Chef war und die Manuskripte seiner Mitarbeiter sehr genau überprüfte und kontrollierte.[109] Aber auch andere Mitarbeiter wie Volker Hage, Thomas Anz oder Jochen Hieber erinnerten sich dankbar der harten Schule ihres ehemaligen Chefs und trugen durch Biographien und Editionen zum Ruhm Reich-Ranickis bei.[110]

Reich-Ranickis Eitelkeit führte 1979 zu einem erheblichen Aufruhr in der Redaktion und zum endgültigen Bruch zwischen Dechamps und Welter. Zwischen den beiden hatte immer ein gereizter Ton geherrscht, wie die wechselseitigen Briefe in den beiden Nachlässen zeigen. Anlass der Eskalation war das Ansinnen, Reich-Ranicki als Verantwortlichen für »Literatur« beziehungsweise »Literatur und literarisches Leben« ins Impressum aufzunehmen. Reich-Ranicki war immer wieder mit dem Leiter des Feuilletons, dem Theaterkritiker Günther Rühle, aneinandergeraten und hatte deutlich gemacht, dass er in seinem Bereich, der in der Tradition Friedrich Sieburgs eben »Literatur *und* literarisches Leben« umfassen sollte, keine Einmischung dulde. Aber Rühle reklamierte das literarische Leben, also etwa die Beobachtung des Buchhandels und Buchmarktes und der Verlage, für sich. Daraufhin beschloss die Herausgeberkonferenz am 9. März 1977, Reich-Ranicki direkt Joachim Fest zu unterstellen und Rühle jede Weisungsbefugnis ihm gegenüber zu entziehen, was der Feuilletonredaktion mitgeteilt wurde. Rühle hatte das »aber offensichtlich verdrängt«.[111] Der Streit ging nun darum, was Reich-Ranicki bei seiner Einstellung zugesichert worden war und wie sein Status deutlich gemacht werden sollte. Als dieses Thema auf einer Sitzung mit den sieben Vertrauensleuten (Diehl, Dohm, Frisé, Kauntz, Leyenberg, Natorp, Reumann) verhandelt wurde, war Welter nicht anwesend. Die Vertrauensleute sprachen sich einstimmig gegen Reich-Ranickis Aufwertung aus. Deutlich wurde dabei die große Distanz der *FAZ*- und auch der Feuilletonredakteure zu Reich-Ranicki. Kurt Reumann meinte, Reich-Ranicki stehe »offenbar stärker ›in der Solidarität der Schriftsteller‹ [...] als in der der Kollegen«.[112] Die Herausgeber – neben Dechamps, Eick, Fest und Fack nun auch Johann Georg Reißmüller (der Benckiser beerbt hatte) – setzten sich darüber zumindest teilweise hinweg, versuchten aber den Vertrauensleuten mit einer Abschwächung (Reich-Ranicki verantwortlich nur für »Literaturteil«) entgegenzukommen.[113] Dieser Kompromiss wurde von Welter torpediert, der davon im Nachhinein erfahren hatte. In einem Brief an die Herausgeberkollegen protestierte er vehement gegen diese Entscheidung. Stets war er ein Gegner des Redaktionsgremiums und vor allem der Mitbestimmung gewesen, aber nun beharrte er darauf, dass das Votum der Vertrauensleute gelten müsse. Welter ging es vor allem um eine Abwertung der Kollegen, welche die Aufnahme Reich-Ranickis ins Impressum bedeuten würde. Zugesichert worden sei Reich-Ranicki, darauf verwies er immer wieder, gar nichts.[114] Geschäftsführer Hans-Wolfgang Pfeifer klärte die Sache dahin gehend, dass Reich-Ranicki eine Aufnahme ins Impressum nur bei einer Ausweitung zu einem großen Impressum à la *Spiegel* verbindlich zugesagt worden sei. In der Tat hatte Dechamps der Redaktion 1973 deutlich

Frankfurter Allgemeine
ZEITUNG FÜR DEUTSCHLAND
REDAKTION

MARCEL REICH-RANICKI

6 FRANKFURT AM MAIN 1
POSTFACH 2901
RUF 7591509
und 7591755

23. Dezember 1975
M.R.-R./M.K.

Frau
Hilde Domin

69 Heidelberg 1
Graimbergweg 5

Liebe Hilde Domin,

besten Dank für Ihren Brief vom 16. Dezember.

1.) Den Leserbrief von Weinrich erhalten Sie beiliegend.

2.) Ich hatte Sie um die Interpretation eines Gedichts von Born gebeten und nicht darum, daß Sie mit Born darüber diskutieren. Machen Sie sich doch bitte keine Sorgen darüber, ob jemand bei uns zu oft oder zu selten vorkommt. Es ist richtig, daß Hübsch bei uns das Gedicht "Es ist Sonntag" von Born kommentiert hat. Jedes andere Gedicht von Born, dessen Umfang 3o Zeilen nicht übersteigt, steht Ihnen zur Verfügung. Wenn Sie aber auf keinen Fall Born machen wollen, dann wäre mir daran gelegen, daß Sie einen anderen lebenden Autor machen und nicht Klopstock oder Claudius. Warum müssen Sie immer Schwierigkeiten machen? Und wenn Sie schon auf keinen Fall einen lebenden Autor machen wollen, dann bitte Hölderlin, der überhaupt noch nicht in dieser Rubrik war.
Überdies: Vergessen Sie bitte nicht, daß uns an einer persönlichen Interpretation gelegen ist. Die meisten Kommentatoren schreiben allzu wissenschaftlich und unpersönlich.

3.) Mit Verwunderung und Bedauern habe ich gelesen, daß Ihnen Greiners Besprechung des Rilke-Abends nicht zusagt. Ich finde diese Besprechung vorzüglich und meine, daß der Vortrag von Gadamer von einem Skandal nicht weit entfernt war. Jedenfalls hat sich Unseld sehr geärgert, und schon das ist erfreulich. Diesen Rilke, den uns Unseld und Gadamer aufgetischt haben, wollen wir nicht.

4.) Sie haben wohl gesehen, daß in unserer heutigen Nummer Ihr Gedicht "Losgelöst" gedruckt ist.

5.) Ich danke Ihnen für den freundlichen Hinweis, daß Dürrenmatt ein Mann von scharfer Intelligenz ist. Das ist mir schon vor fast zwanzig Jahren aufgefallen, weshalb ich sein Stück "Der Besuch der alten Dame" ins Polnische übersetzt habe.

6.) Ihren Beitrag über "Heimat" habe ich aufmerksam und mit Interesse gelesen, aber ich bin nicht ganz sicher, ob sich diese Funksendung auch für uns eignet. Ich sende Ihnen das Manuskript beiliegend zurück.

Dies wärs für heute. Ich bin ab 6. Januar wieder hier und hoffe, dann wieder von Ihnen zu hören.

Mit besten Wünschen für 1976,

Ihr

Klarheit und Selbstbewusstsein. Literaturchef Marcel Reich-Ranicki bei der Arbeit (siehe auch S. 271).

gemacht, dass für Reich-Ranicki »keine Impressums-Position« vorgesehen sei.[115] Ganz im Bilde über die Sachlage schienen nicht alle zu sein.

Welter wurde nun von Kurt Reumann munitioniert und über die Stimmung genauer ins Bild gesetzt. Reumann schrieb, dass Reich-Ranickis »Hetze gegen Busche und Fromme [...] unerträglich« sei: »Falls sie sich wiederholt, werde ich die Vertrauensleute bitten, an die Herausgeber die Bitte zu richten, Reich-Ranicki zu entlassen. Niemand hier braucht sich als SA-Mann beschimpfen zu lassen, auch nicht von Reich-Ranicki.«[116] Dass Welter nun einen zweiten Beschwerdebrief samt einem Brief von Pfeifer aus dem Jahr 1977, der einen einklagbaren Anspruch Reich-Ranickis dementierte, nicht nur an die Herausgeber, sondern auch an die Vertrauensleute schickte und damit Auseinandersetzungen mit diesen provozierte,[117] trieb die Eskalation weiter voran. Die Vertrauensleute sprachen sich erneut gegen die Erweiterung des Impressums aus. Reumann stellte die Glaubwürdigkeit der Herausgeber infrage und geriet heftig mit Eick aneinander.[118]

Welters Interventionen brachte bei Dechamps das Fass zum Überlaufen. Handschriftlich bezichtigte er Welter des »Hoch- und Landesverrates«, er zerstöre sein eigenes Lebenswerk. Welter wollte darauf juristisch reagieren, besann sich aber eines Besseren, da Dechamps und seine Kollegen sprachlich holprig den Vorwurf als »floskelhaft« und »allegorisch« klassifizierten.[119] Er trug Dechamps noch immer nach, dass dieser »für die Interessen von Herrn Tern, der die Orientierung zu verlieren begann, revoltiert« habe, und merkte sarkastisch an: »Freundlicherweise erwähnen Sie in einem Relativsatz, daß die Zeitung mir viel verdanke. Sie verdankt mir lediglich, daß sie entstanden ist und einstweilen noch weiter besteht.«[120] Gerade dieses Selbstverständnis Welters als des eigentlichen Gründers und Erhalters der *FAZ*, das im heutigen Impressum noch seinen Niederschlag findet, in dem Welter als einziger Gründungsherausgeber genannt wird, machte die Zusammenarbeit im kollegial verfassten Führungsgremium nun schwierig. Den Herausgebern gelang es schließlich, Welter mit einem offiziellen Missbilligungsvotum einigermaßen zur Räson zu bringen. In der Sache blieb er bei seinem Standpunkt, gelobte aber, sich künftig *in absentis* nicht mehr in dieser Weise einzumischen, vor allem nicht Korrespondenz des Herausgebergremiums – wie eine Notiz von Geschäftsführer Pfeifer in der in Rede stehenden Causa – an die Vertrauensleute weiterzugeben. Keinen Hehl machte er aus seiner Auffassung über Reich-Ranicki und dessen Auftritte in der Redaktion:

> […] Herr Reich-Ranicki ist mit Professoren- und anderen öffentlichen Ehrentiteln überhäuft und trägt für seinen Bekanntheitsgrad in der Zeitung und außerhalb der Zeitung bei jeder Gelegenheit selbst Sorge – wie sonst keiner im Hause. Es wäre so vielleicht die backpfeifenartige Diskriminierung vermieden worden, die mit der Erweiterung des Impressums allen denjenigen verabreicht worden ist, die nicht erst seit Dezember 1973, sondern viele Jahre länger Sachgebiete für die Zeitung meisterhaft verwalten, ohne deswegen bei jeder sich bietenden Gelegenheit, wirklich oder gespielt, Aufsehen zu provozieren, mit Wutanfällen den Kollegen oder Gesprächspartnern ins Gesicht zu springen und allgemeine Beklemmung auszulösen.[121]

Reich-Ranicki wurde dann 1980 tatsächlich als verantwortlicher Redakteur ins Impressum aufgenommen, einstweilen für den »Literaturteil«, erst nach Rühles Weggang aus der Zeitung dann auch für »Literatur und literarisches Leben«.[122] Unwichtig scheint dieser erweiterte Eintrag Reich-Ranicki also nicht gewesen zu sein.

Joachim Fest hatte Reich-Ranicki gegen Widerstände zur *FAZ* gebracht und protegierte ihn. Seit 1977 war er nur noch Fest selbst unterstellt. Faktisch herrschte Reich-Ranicki frei über die Berichterstattung zur Literatur und später zum gesamten Literaturbetrieb. Im Gegensatz zu Fest, der häufig abwesend oder desinteressiert an redaktionellen Belangen war, nahm Reich-Ranicki die alltägliche Redaktionsarbeit sehr ernst. Er verfolgte fünf Strategien, die das Literaturressort umkrempeln und attraktiv machen sollten:

Erstens verlangte er von seinen Autoren Verständlichkeit, was gerade für universitäre Germanisten eine Herausforderung darstellt. Einen der Professoren, die tatsächlich verständlich schreiben konnten und wollten, den Germanisten Gert Ueding, schätzte Reich-Ranicki so sehr, dass er ihn als seinen Nachfolger zu installieren versuchte, allerdings erfolglos.[123] Voraussetzungsreiche, theoretisierende und ausschweifende Beiträge lehnte Reich-Ranicki dagegen umgehend und umstandslos ab. Er scheute sich dabei nicht, befreundete oder prominente Autoren zu brüskieren.[124] Zweitens baute er auf Prominenz, sowohl aus dem Wissenschaftsbereich als auch unter den Schriftstellern, die er für Rezensionen gewann. Die kollegiale Kritik hatte Reich-Ranicki bei den Treffen der »Gruppe 47« hautnah miterlebt, zu der er bald nach seiner Übersiedlung nach Deutschland eingeladen worden war. Der Gefahr von Gefälligkeitsrezensionen war er sich bewusst, und er erlag ihr nicht. Damit gab er ein Vorbild ab. Drittens setzte er auf klare Urteile. Ebenso wenig wie vor Freunden scheute er vor großen Namen zurück, was bisweilen dasselbe war. Er

Frankfurter Allgemeine
ZEITUNG FÜR DEUTSCHLAND
REDAKTION

MARCEL REICH-RANICKI

6 FRANKFURT AM MAIN 1
POSTFACH 2901
RUF 7591509
und 7591755

26. Juli 1976
M. R.-R./Rd.

Frau
Hilde Domin

Graimbergweg 5
6900 Heidelberg 1

Liebe Hilde Domin,

besten Dank für Ihren Brief vom 20. Juli.

1) Die beiden Ausschnitte sende ich Ihnen beiliegend zurück und bitte Sie, mir in Zukunft keinerlei Materialien zu schicken, deren Rücksendung Sie wünschen.

2) Das brutale Gedicht von Delius, zu dem Sie sich seinerzeit geäussert haben, hat nichts mit mir zu tun. Es handelte sich um einen Filmkritiker und nicht um mich. Zum dritten Mal erklären Sie mir, Sie hätten mich öffentlich verteidigt, wobei es sich nur um ein Missverständnis von Ihnen handelt.

3) Einverstanden, dass Sie für uns je ein Gedicht von STeiner und von der Borchers interpretieren werden. Wissen Sie schon, welches Gedicht von STeiner Sie machen wollen, und welches von der Borchers? Auf jeden Fall sende ich Ihnen wahrscheinlich noch heute den Umbruch des Steiner-Bandes.

4) Ausserordentlich freut mich, dass Sie die Nelly Sachs machen wollen. Ich warne Sie aber: Manche Gedichte der Nelly Sachs sind etwas dunkel, also muss Ihre Interpretation besonders klar sein, und so simpel und primitiv, dass auch ich sie verstehe.
An das Gedicht, das Sie nennen, erinnere ich mich nicht, aber es ist wohl nicht zu lange. (Sie wissen ja, maximal 30 Zeilen.)
An Ihrem Kommentar werden wir kein Wort ändern, wenn man auch tatsächlich jedes Wort begreifen kann und wenn er nicht länger als 60 Maschinenzeilen sein wird.

5) Dass ich Peter Paul Zahl protegiere, ist eine Ihrer unausstehlichen Unterstellungen. Ich meine nur, dass die Gedichte eines Menschen, der zu Recht im Gefängnis sitzt, dennoch eventuell ganz gut sein können. Das bei uns gedruckte Gedicht von Zahl war sogar recht gut.
Ich verspreche Ihnen: Auch wenn Sie im Gefängnis landen, werden wir gelegentlich ein Gedicht von Ihnen drucken.

Es umarmt Sie in alter Herzlichkeit

Ihr

[signature]

verriss Böll, Grass und besonders Martin Walser, der seine Wut darüber später literarisierte. Das brachte Reich-Ranicki zwar einigen Hass ein, aber auch Anerkennung und Interesse. Jeder liest nun einmal Verrisse lieber als Lobreden – sofern sie einen nicht selbst betreffen.

Viertens achtete er auf Quantität. Rund tausend Neuerscheinungen ließ er jährlich besprechen. In keiner deutschsprachigen Zeitung erschienen mehr Rezensionen als in der *FAZ*. Die von ihm initiierten Serien »Meine Schulzeit im Dritten Reich«, die »Romane von gestern – heute gelesen« und die »Frankfurter Anthologie« gab er in Buchform in prominenten Verlagen heraus, was die Aufmerksamkeit weiter steigerte. Fünftens nutzte er Ämterhäufung und Vernetzung. Neben seiner Stellung als Literaturchef war er Mitglied zahlreicher Jurys, er konnte also Autoren »machen«, ihnen zum Aufstieg verhelfen, sie drucken oder verlegen lassen und prämieren.

Reich-Ranicki war ein Machtpolitiker, der seine Macht in den fünfzehn Jahren bei der *FAZ* zielstrebig ausbaute. Aber er verfolgte keine ästhetisch kohärenten Ziele. Die Literatur sollte nicht langweilen, sich mit der Gegenwart beschäftigen und sich nicht dem Diktat des politischen Engagements unterordnen. Die Klassiker mit den Fixpunkten Goethe und Thomas Mann wurden stets in Ehren gehalten – darüber hinaus ist kein Programm zu erkennen.[125] Sein Talent, ein großes Publikum für Literatur zu interessieren, ist unbestritten. Umstritten ist seine Methode. Das gilt nicht nur für die Vehemenz und Apodiktik seiner Urteile, unter denen viele Schriftsteller zu leiden hatten. Der Satiriker Eckhard Henscheid glossierte Reich-Ranickis Vorgehensweise wie folgt: »1. Aufzählung dessen, was RR alles kennt. 2. Reihung von Schein-Paradoxa […] in nimmermüd-blindwütiger Endlosigkeit: ›Heiliger und Narr, Poeta doctus und Bürgerschreck, Magister ludens und Vagabund‹ usw. 3. Die Kritik ex negativo, d. h. Aufzählung dessen, was alles nicht in einem Buche steht. Damit füllen sich FAZ-Seiten.«[126]

Reich-Ranickis engste Mitarbeiter lassen bis heute nichts auf ihn kommen, aber viele Zeitzeugen bestätigen, dass er alles andere als ein einfacher Kollege war. Wollte man von ihm etwa einen Leitartikel zur Buchmesse, musste man ihn sehr bitten. Zu den Konferenzen kam er nach Lust und Laune und attackierte dort Kollegen. Schroff wachte er darüber, dass ihm niemand ins Gehege kam. So warnte er den Ressortleiter Geisteswissenschaften Henning Ritter, nachdem dieser ein kritisches Stück über Literaturinterpretationen geschrieben hatte, so etwas nicht noch einmal zu tun.[127] 1980 übermittelte Johann Georg Reißmüller Reich-Ranicki die Missbilligung der Herausgeber und Verlagsgeschäftsführer über »grobe Ausfälle« auf der Redaktionskonferenz. Der Gescholtene ließ sich davon jedoch in keiner Weise beeindrucken und gab die Vorwürfe an Reißmüller zurück.[128]

Auch die Beziehung zwischen Reich-Ranicki und Fest, die aus der gemeinsamen Wertschätzung Thomas Manns zehrte, war von Anfang an nicht frei von Misstönen. So schildert Reich-Ranicki sein Entsetzen, als zu einer Abendgesellschaft Siedlers anlässlich des Erscheinens der Hitler-Biographie von Fest Albert Speer auftauchte, dessen Memoiren Fest lektoriert hatte. Fest habe ihn, Reich-Ranicki, mit Speers Auftauchen überrumpelt – eine Szene, die zumindest in der von Reich-Ranicki geschilderten Drastik von vielen Zeitgenossen angezweifelt wird.[129] Der Umgang mit dem Nationalsozialismus sollte 1986 dann auch zum Bruch führen, als Fest Ernst Noltes Thesen über den »kausalen Nexus« zwischen Gulag und Auschwitz abdrucken ließ und Nolte vehement verteidigte, wenn er ihm auch inhaltlich nicht folgte. Reich-Ranicki ließ in seinem Erfolgsbuch »Mein Leben« später kaum ein gutes Haar an Fest.[130]

Der Streit um Reich-Ranickis Aufnahme ins Impressum machte deutlich, dass die Ära Welters dem Ende entgegenging. Welter hatte die Zeitung initiiert und war über drei Jahrzehnte der maßgebliche Mann im Herausgebergremium, wenn auch nie Alleinherrscher. Den letzten Streit mit Fest hatte er über die Einstellung des Theaterintendanten Ivan Nagel als Korrespondent in New York vom Zaun gebrochen. Fest hatte diese lange betrieben, da er sich davon einen Ausbruch aus dem gefühlten Mittelmaß versprach. Gegen Nagel gab es aber erhebliche Bedenken in der Herausgeberkonferenz, auch von Welters Kontrahenten Dechamps. Welter war beim Beschluss über Nagels Engagement aber wieder nicht anwesend und kam nun abermals nach einer Beschlussfassung mit scharfer Polemik.[131] Dabei präsentierte Welter Nagel als »weit links von der Linie der FAZ« stehend und unkte gar, Nagel sei »als bekannter Homosexueller in New York nicht einsam, sondern findet in bestimmten Kreisen rasch unerfreulichen Anschluß, der für unsere Zeitung nachteilig sein könnte«.[132] Aus heutiger Sicht ist das starker Tobak, allerdings wurde noch einige Jahre später ein Vier-Sterne-General der Bundeswehr entlassen, weil ihm (fälschlicherweise) Homosexualität vorgeworfen wurde. Reißmüller hatte ebenfalls auf die sexuelle Orientierung angespielt, als er zu bedenken gab, Nagel würde seine »spezifischen Neigungen« geradezu plakatieren, was der Zeitung abträglich sei. Robert Held war der Ansicht, die sich »daraus besonders in New York ergebenden ›Querverbindungen‹ seien für die Zeitung peinlich, ja gefährlich.«[133] Gleichwohl, Welters nachträgliche Interventionen gingen allen auf die Nerven. Es war Zeit, das Kapitel zu beenden.

Als am 30. Juni 1980 Welters 80. Geburtstag anstand, fiel Fritz Ullrich Fack, den Welter 1971 zum Mitherausgeber im Ressort Politik gemacht hatte, die schwere Aufgabe zu, Welter vom Eintritt in den Ruhestand zu überzeugen. Welter war über das Ansinnen stark verstimmt, aber Fack verabreichte ihm im Verbund mit Geschäftsführer Pfeifer einige Sedativa: Welter könne von sich aus die Niederlegung der Herausgeberschaft in der Herausgeberkonferenz erklären, er werde mit vollen Bezügen emeritiert und »für alle Zeiten« als Gründungsherausgeber ins Impressum aufgenommen. Zudem solle er weiterhin der Gesellschafterversammlung vorsitzen. Bei dieser Gelegenheit wurde bekräftigt, dass Redakteure, Korrespondenten und Herausgeber in Zukunft mit Vollendung des 65., spätestens 68. Lebensjahres pensioniert werden sollten. Sie konnten bisweilen noch Gelegenheit erhalten, in der Zeitung zu schreiben, der entscheidende Einfluss endete aber mit der Pensionierung.[134] Schließlich erhielt Welter noch einen großen Geburtstagsartikel aus der Feder Karl Korns, der natürlich positiv ausfiel, aber es wurde immerhin auf »eine kräftige Portion hausväterlich-herrischen Machtinstinkts« hingewiesen und auf Spannungen, meist fruchtbare, »zumal Welter in seinem Wesen liberal« sei.[135] Damit war das Kapitel Welter, das entscheidende für die Gründung und den Aufstieg der *FAZ*, weitgehend beendet. Und Ivan Nagel wurde als Kulturkorrespondent nach New York entsandt.

DER FALL FILBINGER

Joachim Fest setzte Akzente im Feuilleton, griff aber auch einmal in einen politischen Fall ein, der 1978 und noch lange danach die Gemüter erhitzte: die Vergangenheit des baden-württembergischen Ministerpräsidenten Hans Filbinger. Mediengeschichtlich gesehen, bestand die Affäre Filbinger aus einer vergangenheitspolitischen Skandalisierung, welche die politische Karriere Filbingers jäh beendete und damit eine Zäsur in der Bewertung der Vergangenheit darstellte. Es war eine Niederlage für den Konservatismus, handelte es sich bei Filbinger doch um einen seiner Exponenten in der Bundesrepublik. Es ging um Filbingers von 1943 bis zum Kriegsende 1945 ausgeübte Tätigkeit als Marinestabsrichter (im Range eines Hauptmanns) und Anklagevertreter. Der spätere CDU-Spitzenpolitiker war auch nach dem Ende des Zweiten Weltkrieges auf Veranlassung der britischen Besatzungsmacht noch als Richter für deutsche Kriegsgefangene tätig gewesen. Nach seiner Rückkehr nach Freiburg wandte er sich einer Tätigkeit als Wirtschafts- und Steuerrechtsanwalt zu und trat 1951 der CDU bei. Dort gelang dem politischen Quereinsteiger ein rascher Aufstieg, der ihn zunächst an die Spitze des Innenministeriums in Baden-Württemberg und 1966 auf den Posten des Ministerpräsidenten führte. Während die Wahl von 1968 die Große Koalition mit Filbinger an der Spitze bestätigte, gelang es dem amtierenden Ministerpräsidenten in den Jahren 1972 und 1976, die absolute Mehrheit im Landtag zu erringen. Aufgrund der Modernisierung des Landes und der großen Beliebtheit Filbingers in weiten Teilen der Bevölkerung erscheint seine Regierungszeit bis zum Jahr 1978 als Erfolgsära.[136] Die *FAZ* porträtierte ihn 1976 als »Lichtgestalt«.[137]

Medienwirksame Aufmerksamkeit erfuhr Hans Filbingers umstrittene Vita erstmals 1972, nachdem Akten zu seiner Tätigkeit als Richter im Kriegsgefangenenlager in Norwegen nach der Kapitulation der Wehrmacht aufgetaucht waren. Konkret ging es um ein Urteil, das den Anschein vermittelte, als sei Filbinger vom Zusammenbruch des Dritten Reiches unbeeindruckt gewesen.[138] Sechs Jahre später ging es noch einmal um diese Haltung. Dann wurde Filbinger aber nach und nach mit Todesurteilen aus der Zeit bis kurz vor Kriegsende konfrontiert, an denen er mitgewirkt hatte. Nachweislich war er an mindestens 234 Verfahren beteiligt, darunter auch sechs Fälle, in denen ein Todesurteil verhandelt wurde.[139] Wie komplex einige der Fälle aus Filbingers aktiver Richterzeit waren, zeigt sich nicht nur an vielen Fehlern und Ungenauigkeiten in der Publizistik von 1978.[140] Auch heute noch neigen Autoren dazu, pauschalisierend dem anklagenden Duktus Rolf Hochhuths zu folgen, ohne den juristischen und historischen Kontext genauer zu prüfen.[141]

Günther Gillessen resümiert in seinem Rückblick auf die Causa Filbinger, dass das »tatsächliche Verhalten des Marinestabsrichters Filbinger im Kriege, wie es sich aus den Akten und Zeugenaussagen ergibt, und der Fall des Ministerpräsidenten Filbinger in der politischen Kampagne des Sommers 1978« zwei völlig unterschiedliche Sachverhalte seien.[142] Für die historische Bewertung ist es von entscheidender Bedeutung, in welcher juristischen Position Filbinger an dem jeweiligen Fall beteiligt war und welche Spielräume er damals hatte – oder eben nicht hatte.[143] Von den über 230 Gerichtsverfahren, in die er als Vertreter der Anklage, Richter oder Verfahrensunbeteiligter in der NS-Zeit involviert war, kann man sechs Fälle identifizieren, bei denen die Angeklagten mit dem Tod rechnen mussten. Bei dreien verhinderte Filbinger die

Todesstrafe letztlich, obgleich er in einem Fall wegen geringfügiger Plünderung als Anklagevertreter die Todesstrafe zunächst mit Erfolg gefordert hatte. Dann aber hatte er dem Gerichtsherrn Aussagen geliefert, die eine Begnadigung ermöglichten; in zwei Fällen unterzeichnete er als Richter das Urteil, in einem, dem Fall des vorbestraften und mehrfach disziplinarisch gemaßregelten Matrosen Walter Gröger, war er kurzfristig zum Vertreter der Anklage erhoben worden. Hier konnte er weder mit Aussicht auf Erfolg der Weisung des Flottenchefs ausweichen noch als Anklagevertreter ein Gnadengesuch stellen. Das vom Verteidiger gestellte Gnadengesuch wurde vom Oberbefehlshaber der Marine, Großadmiral Dönitz, abgelehnt, sodass die Todesstrafe unter Filbingers Aufsicht vollstreckt wurde. Vorgeworfen wurde Filbinger später, einen besonderen Eifer bei der Bestätigung und Durchführung des Todesurteils an den Tag gelegt zu haben. Die zwei Todesurteile des Richters Filbinger trafen im April 1945 einen nach Schweden geflohenen Matrosen, der den Kommandanten seines Bootes erschossen hatte, und einen ebenfalls nach Schweden desertierten Kommandanten eines anderen Bootes. Beide konnten nicht mehr behelligt werden.[144]

1978 kam die Affäre durch einen Artikel des Schriftstellers Rolf Hochhuth in der *Zeit* ins Rollen. Im Vorabdruck aus Hochhuths Roman »Eine Liebe in Deutschland« ging es nur in einem Satz um Filbinger, der es aber in sich hatte:

> Ist doch der amtierende Ministerpräsident dieses Landes, Dr. Filbinger, selbst als Hitlers Marine-Richter, der sogar noch in britischer Gefangenschaft nach Hitlers Tod einen deutschen Matrosen mit Nazi-Gesetzen verfolgt hat, ein so furchtbarer »Jurist« gewesen, daß man vermuten muß – denn die Marine-Richter waren schlauer als die von Heer und Luftwaffe, sie vernichteten bei Kriegsende die Akten –, er ist auf freiem Fuß nur dank des Schweigens derer, die ihn kannten.[145]

Filbingers Klage gegen Hochhuths Satz hatte nur teilweise Erfolg. Zwar wurde es Hochhuth untersagt, den Teilsatz »auf freiem Fuß nur dank des Schweigens derer, die ihn kennen« zu wiederholen. Die Bezeichnung »furchtbarer Jurist« wurde aber nicht verboten.[146] Diese Wendung blieb an Filbinger haften und wurde darüber hinaus auf den Berufsstand der NS-Zeit ausgeweitet, in vielen Fällen mit Recht, was dann wieder auf Filbinger zurückwirkte.[147]

An den auf Hochhuths Stück folgenden Enthüllungen beteiligten sich unter anderen der *Spiegel*, die *Zeit* und das Fernsehmagazin »Panorama«. Das Ziel der Kampagne war, einen antikommunistischen Law-and-Order-Konservativen als NS-Täter zu entlarven. Diese Sicht auf Filbinger war schon vor den eigentlichen Enthüllungen massenhaft im Umlauf. Denn die *FAZ*-Fotografin Barbara Klemm hatte dafür bereits 1971 die – freilich noch nicht auf die NS-Zeit bezogene – Bebilderung geliefert, als sie einen unsympathisch grinsenden Filbinger mit gefalteten Händen fotografiert hatte. Das Bild wurde erstmals als Illustration des Landtagswahlsieges von Filbinger 1972 in der *FAZ* gebracht.[148] Das Scheinheilige, das auch Klemm selbst erkennt,[149] war in diesem Kontext nicht hervortretend, man konnte es schlicht als Freude und Dankbarkeitsgeste am Wahlabend interpretieren. Aber auch diese Interpretation wäre nicht korrekt, denn das Bild war auf dem CDU-Parteitag ein halbes Jahr zuvor entstanden. Die eigentliche Bedeutung erhielt es durch ein Reframing in Form einer Collage von Klaus Staeck 1975. Er montierte Klemms Porträt in Caspar David Friedrichs »Das Kreuz im Gebirge« (»Tetschener Altar«). Die in Frakturschrift gehaltene Unterzeile war dann eindeutig: »Seit 33 pausenlos in Sorge um Deine innere Sicherheit. Allunionschrist Filbinger (Marinestabsrichter a. D.)«. Man konnte sich im Grunde nur noch entscheiden, ob man die Strahlen im Hintergrund mit Speers Lichtdom assoziieren wollte oder nicht. Das massenhaft, nämlich in einer Auflage von 83 000 Plakaten und 12 000 Postkarten verbreitete Bild gab die Deutung für das Jahr 1978 bereits vor.[150]

Seit 33 pausenlos in Sorge
um Deine innere Sicherheit.
Allunionschrist Filbinger (Marinestabsrichter a.D.)

1975 montierte Klaus Staeck eine Fotografie Barbara Klemms in eine Collage und versah diese mit einer polemischen Legende.

1978 trug Filbinger selbst wenig zur Aufklärung bei, schloss sogar zunächst fälschlicherweise aus, an Todesurteilen mitgewirkt zu haben, und meinte dann, sich daran nicht erinnert zu haben.[151] Unverdrossen stilisierte sich das ehemalige NSDAP-Mitglied – er hatte 1937 handschriftlich einen Mitgliedsantrag gestellt[152] – wie schon zuvor zum Widerständler. Filbingers Rückhalt in den eigenen Reihen schmolz, als die Fälle nach und nach publik wurden, sodass er sich – allerdings weiterhin uneinsichtig – am 7. August 1978 zum Rücktritt gezwungen sah.[153] Zeit seines Lebens suchte er die in seinen Augen ungerecht und unsachgemäß geführte Kampagne zu widerlegen und sein Ansehen wiederherzustellen.[154]

Wie verhielt sich nun die *FAZ* in dieser Causa, die einen neuen Akt im Drama der Vergangenheitsbewältigung darstellte und zugleich in den polarisierten 1970er Jahren einen Hauptvertreter der damals sehr erfolgreichen schwarzen Opposition zum roten Zeitgeist vom Thron zu stürzen drohte? Das Stück wurde innerhalb der Zeitung zu einer weiteren Etappe im klassischen Spiel Feuilleton versus politisches Ressort. Als Erster meldete sich, gut zwei Monate nach Hochhuths Artikel, Feuilletonherausgeber Joachim Fest zu Wort.[155] Fests abträgliches Urteil über Filbinger speiste sich weniger aus dessen Beteiligung an den umstrittenen Gerichtsverfahren als vielmehr aus dem Versuch, diese Beteiligung zu vertuschen, sowie der Taktik, sich selbst als Teil des Widerstands zu inszenieren. Fest widersprach nur halbherzig dem radikalen Diktum Hochhuths, Filbinger sei ein »furchtbarer Jurist« gewesen, kreidete diesem aber an, »arm an humaner Phantasie« und »von Ordnungsängsten beherrscht« gewesen zu sein, sodass womöglich »etwas weniger beflissener Erledigungswahn dem Verurteilten [Walter Gröger, P.H.] das Leben hätte retten können«.[156]

Zu Filbingers Sturz trug letztlich weniger Filbingers fehlende »humane Phantasie« im letzten Kriegsjahr bei (eine Alternative zu Filbingers damaligem Verhalten wurde von Fest auch nur beschworen und nicht konkret aufgezeigt),[157] sondern es war sein Umgang mit den Vorwürfen im Jahr 1978, der ihn zu Fall brachte. Diesen hatte schon Joachim Fest in dem Leitartikel über »Filbingers Uneinsichtigkeit« als den springenden Punkt ausgemacht. Er sah in dem Versuch Filbingers, sich als moralisch integren Teil des »Widerstandes« gegen das Regime zu profilieren, eine enorme Anmaßung und urteilte: »Als Mann des Widerstandes aber hätte er nicht handeln dürfen, wie er gehandelt hat.«[158]

Die mangelnde Bereitschaft zu selbstkritischer Reflexion, der beharrliche juristische Gegenangriff auf seinen Kritiker Hochhuth sowie der Versuch, sich als Teil des Widerstands darzustellen, waren in einer Zeit, da die nationalsozialistische Aufarbeitung in Deutschland schon die NS-Prozesse und 1968 hinter sich hatte, keine geeignete Taktik, sich der Vorwürfe zu erwehren. Öl ins Feuer der Debatte goss zudem ein im *Spiegel* zitierter Ausspruch Filbingers, wonach er sich mit den Worten »was damals Rechtens war, das kann heute nicht Unrecht sein« zu rechtfertigen suchte.[159] Filbinger selbst und sein Begleiter,

Ministerialrat Gerhard Goll, dementierten, dass Filbinger diese Aussage so getätigt und damit das gesamte Rechtssystem des Dritten Reiches legitimiert habe. Er habe sich nur gegen Vorwürfe gewandt, dass er das damalige Recht im Falle Grögers gebeugt habe.[160] Nichtsdestotrotz ist dieser Satz bis heute ein gern bemühter Topos. Noch in einer baden-württembergischen Landtagsdebatte im Jahr 2000 über die Streichung von Hochhuths »Eine Liebe in Deutschland« aus dem Pflichtlektürekanon für den Abiturjahrgang 2002 verwies die SPD auf das *Spiegel*-Zitat. Filbinger hat nicht verhindern können, dass es zum Selbstläufer wurde und bis heute immer wieder zitiert wird.[161]

In der *FAZ* stießen Fests Ausführungen damals nicht nur auf Zustimmung. Leserbriefschreiber wandten sich gegen das politische »Kesseltreiben« gegen Filbinger.[162] Auch in der Herausgebersitzung der *FAZ* vom 31. Mai 1978 stand Fests Leitartikel auf der Tagesordnung. Johann Georg Reißmüller beklagte, in der Frage Filbinger nicht gehört worden zu sein, und sah darin einen Verstoß gegen das Kollegialprinzip. Er machte eine »konzertierte Aktion von ›Stern‹, ›Zeit‹ und ›Spiegel‹ gegen Filbinger« aus, dessen Politik zu drei Vierteln »von der FAZ gedeckt werde«. Fest wie Bruno Dechamps verwiesen darauf, Reißmüller den Text von Fests Artikel vor Publikation vorgelegt zu haben. Vor allem aber beharrte Fest darauf, moralische Fragen politischem Kalkül vorzuziehen. Reißmüller dachte also politisch im Sinne der Zeitung, Fest gab sich als unabhängiger Moralist.[163]

Zwei Tage nach Hans Filbingers Rücktritt am 7. August 1978 wurde die Causa noch einmal in der Runde der *FAZ*-Herausgeber besprochen. Just an diesem Tag hatte Innenpolitikchef Fromme im Fall Filbinger den »Exzeß einer neuen Moral« beklagt, die nur auf Macht ziele, und eine Zerstörung der zweiten Republik an die Wand gemalt.[164] Eick sah nun eine Kampagne unter Führung Marcel Reich-Ranickis mit Unterstützung des Feuilletons gegen Fromme im Gange. Man wollte auf beide einwirken, die Causa Filbinger nicht auf die Agenda der nächsten Konferenz zu setzen. Das Thema Filbinger sei durch dessen Rücktritt beendet worden.[165]

Bis zu seinem Tod gelang es Hans Filbinger nicht, die Vorfälle und Anklagen des Jahres 1978 zu korrigieren, geschweige denn zu überschreiben. Symptomatisch für sein Bild in der Erinnerungskultur ist die Empörung der Öffentlichkeit über die Gedenk- und Verteidigungsrede Günther Oettingers zu Filbingers Tod im Jahr 2007. Der Ministerpräsident Baden-Württembergs hatte seinem Amtsvorgänger die letzte Ehre erwiesen, indem er diesen als »Gegner des NS-Regimes«[166] gewürdigt hatte, was ihm einen Tadel aus dem

Kanzleramt einbrachte.[167] In der *FAZ* trat Frank Schirrmacher Oettinger entgegen und kritisierte dessen Entgrenzung des Begriffs der »NS-Gegnerschaft«.[168] Der Nachruf in der *FAZ* von Landeskorrespondent Rüdiger Soldt vom 3. April 2007 changierte bei der Bewertung Filbingers zwischen Licht und Schatten in der Vita des ehemaligen Landesvaters, der einerseits als einer der »erfolgreichsten Ministerpräsidenten Deutschlands« porträtiert wurde, andererseits als jemand, der mit »seiner eigenen Vergangenheit und denen, die diese immer wieder kritisierten [...] nicht fertig geworden« sei.[169] Eine Würdigung ohne Bezug zu den Enthüllungen des Jahres 1978 findet sich auf den Seiten der *FAZ* nicht. Weder die Würdigungen zu seinem 70. noch zu seinem 80. Geburtstag kamen umhin, das strittige NS-Kapitel seiner Vita noch einmal aufzugreifen.[170]

In der *FAZ* hatte der Fall Filbinger den alten Kampf zwischen Politik und Feuilleton erneut befeuert. Reißmüller sah in Filbinger einen Verbündeten und versuchte daher, das Feuilleton einzufangen. Dort identifizierte man in Friedrich Karl Fromme einen Gegner. Die Blattlinie war dann aber stärker vom politischen Ressort bestimmt, zumal Fromme hier die Erinnerungspolitik an Filbinger und seinen Fall übernahm und Gillessen 2003 seine Recherchen zum Fall Filbinger in der *FAS* und in einer Zeitschrift der Adenauer-Stiftung publizierte.[171] Beide konnten freilich nicht das festgefügte Urteil der allgemeinen Erinnerungskultur aufbrechen, und als Widerständler sah Fromme ihn keineswegs. Sich als solchen zu präsentieren ließ Filbinger so scheinheilig wirken wie auf Klemms Bild von 1971.

BILANZ: DIE *FAZ* IM »ROTEN JAHRZEHNT«

Die 1970er Jahre, das »rote Jahrzehnt« (Gerd Koenen), waren für die *FAZ* eine unruhige Zeit. Zum ersten Mal kam es zur Entlassung eines Herausgebers in der so auf Kollegialität und innere Liberalität Wert legenden Zeitung. Paul Sethe war 1955 im Streit um den Westkurs Adenauers mehr oder weniger freiwillig gegangen. Freilich hatte das damals für große Aufmerksamkeit gesorgt, zumal Adenauer erheblichen Druck auf die Zeitung ausgeübt hatte. Jetzt war das Zerwürfnis in der Zeitung selbst entstanden. Die äußere Lage, die Unruhen der Studentenbewegung, die gerade in Frankfurt die Redakteure nicht unbeeindruckt lassen konnten, und die neue Bundesregierung bildeten die Streitthemen. Aber auch persönliche Marotten und Empfindlichkeiten sind in Rechnung zu stellen. Tern hatte sich bei seinen Kollegen, bei den Redakteuren des Politikressorts, aber auch in der Lokalredaktion unbeliebt gemacht. Der Versuchung der Arroganz, die damals für einen *FAZ*-Herausgeber – von wirtschaftlicher und symbolischer Anerkennung regelrecht überschüttet – besonders groß war, war er wohl nicht ganz entkommen.

In der Zeitung war nach dem Abgang Terns eine Spaltung festzustellen, zumindest in der Perspektive Eicks, der gegenüber Welter klagte: »Die treibenden Kräfte auf der Gegenseite sind dabei weniger in der politischen Nachrichtenredaktion zu suchen, sondern bei einigen prominenten Schreibern im politischen Teil und im Feuilleton.«[172] Die Trennlinie verlief weder nur vertikal noch nur horizontal; aus der Redaktion unterstützten Redakteure wie Friedrich Karl Fromme, Klaus Peter Krause oder Ernst-Otto Maetzke die Herausgeber, und die Rebellen saßen nicht nur im Feuilleton, sondern ressortierten wie Winters auch in der Politik. Die Verantwortlichen dort positionierten die vom abgewogenen »sowohl-als-auch-Deutsch«[173] (*Spiegel*) geprägte Zeitung freilich nun polemischer, parteinehmender, was nicht unbedingt hieß, dass man voll auf der Linie der Unionsparteien lag. Dem Wirtschaftsressort waren diese sowieso zu sozialstaatlich eingestellt, eine Kritik, die sich in der Ära Geißler dann noch verstärken sollte, als man auch im Politikteil den »Geißlersche[n] Linkskurs« vehement beklagte.[174]

Das Feuilleton blieb pluralistisch mit halblinker Tendenz. Es gefiel sich unter seinem Leiter Günther Rühle, geduldet oder sogar inspiriert vom häufig abwesenden Fest, in der Rolle des Kontrahenten zur übrigen Zeitung mit den zahlreichen linken Beiträgen von Redakteuren oder Gastautoren. Im Ressort wurde heftig diskutiert, und sogar die Frage aufgeworfen, ob man ein RAF-Mitglied wie Ulrike Meinhof bei sich übernachten lassen würde.[175] Was sich in der Zeitung im Gefolge von 1968 änderte, war der Umgang mit Autoritäten. Die neue Führungsgeneration von Fack und Reißmüller hatte es mit einer Mannschaft zu tun, die diskutierte und kritisierte. Gerade junge Konservative wie Jürgen Busche traten frech und unbekümmert auf, das war ein deutlicher Kulturwandel im Vergleich zu den Zeiten der unangefochtenen Herausgeber. Unabhängig vom politischen Standpunkt nahm man die Autoritäten nicht mehr einfach so hin, die Zeit der Patriarchen vom Schlage Welters lief ab.[176]

Anders als heute ging es der Zeitung aber wirtschaftlich so gut, dass sie 1975 an eine Übernahme von Springers *Welt* denken konnte, wenn auch nicht zu dem von Springer ursprünglich gewünschten Preis. Die Verluste der *Welt* weiteten sich damals aus. Sie hatte sich als Kampfblatt in der Bundestagswahl 1972 auch politisch nicht bezahlt gemacht. Brandt und seine von Springer attackierte Ostpolitik waren triumphal bestätigt worden. Die *Welt* hatte den Nachteil, als norddeutsches Randblatt im doppelten Sinn – politisch wie geographisch – wahrgenommen zu werden, und der frühe Redaktionsschluss um 16 Uhr ließ sie weiter ins Hintertreffen geraten. Die Redaktion wurde daher nach Bonn verlegt, was dem Berlin-Enthusiasten Springer aber auch nicht passte. Man kam daher zu der Überzeugung, dass der westdeutsche Markt nur eine nationale Qualitätszeitung hergebe (die *Süddeutsche Zeitung* wurde damals trotz hoher Auflage also weiterhin als Regionalblatt gesehen). Die *FAZ* war bereits größer, verfügte über mehr Abonnenten (rund 240 000 gegenüber 174 000) und einen höheren Gesamtverkauf als die *Welt* (287 000 Exemplare gegenüber 231 000).

Das erste Gespräch mit den Springer-Leuten fand nur mit der *FAZ*-Geschäftsführung, mit Hans-Wolfgang Pfeifer und Reinhard Mundhenke, ohne Information der Herausgeber im Oktober 1974 statt. Probleme machte im Anschlussgespräch die Adaption von Springers Essentials: Während das Eintreten für die Soziale Marktwirtschaft und die Ablehnung des Totalitarismus *opinio communis* war, sah man aufseiten der *FAZ* die Wiedervereinigung nicht als Glaubenssatz, den Leitsatz über die Aussöhnung mit den Juden hielt man für überflüssig. Auch die Aufnahme von Springer in die Gesellschafterversammlung war in einer dritten Verhandlungsrunde strittig. Im Januar 1976 einigte man sich schließlich, trotz Bedenken im Blick auf das von *FAZ*-Herausgeber Fack immer unterstützte Kartellamt. Es wurde vereinbart, die *Welt* in der *FAZ* aufgehen zu lassen. Der Kaufpreis lag bei 18,4 Millionen DM zuzüglich Mehrwertsteuer. Die *FAZ* sollte die *Welt*-Abonnenten übernehmen und im Untertitel als *Die Welt* firmieren. Fack hatte auch schon eine Erklärung entworfen, die gleichlautend in *Welt* und *FAZ* am selben Tag, dem 10. Februar 1976, veröffentlicht werden sollte. Darin waren »das Selbstbestimmungsrecht der Völker, die Wiedervereinigung Deutschlands in Freiheit und die Interessen Berlins« als Ziele, für welche die Zeitung einstehe, genannt, ebenso die »volle Unabhängigkeit von Regierung, Parteien und Interessentengruppen«, die DNA der *FAZ* also. Eine Beteiligung Springers an der *FAZ* wurde ausgeschlossen und nur ein weiteres Gremium mit unklaren Kompetenzen – Einfluss auf die Zeitung sollte es explizit nicht nehmen – aus Axel Springer, Ludwig Erhard, dem Vorsitzenden der *FAZ*-Gesellschafterversammlung Prof. Dr. Ernst Schneider und Werner Wirthle für zwei Jahre vereinbart.[177] Doch dann stoppte

Springer, gedrängt von seinem Sohn Axel Springer jr. (Sven Simon), das Vorhaben überraschend in allerletzter Minute, da er fürchtete, fortan als reiner *Bild*-Verleger wahrgenommen zu werden. Er blies also den geheim verhandelten Deal ab.[178] Fusionsgerüchte waren allerdings vom Konkurrenten Gerd Bucerius aufgebracht und verbreitet worden. Die *FAZ* ließ daraufhin etwas von oben herab verlautbaren, nie an eine Fusion gedacht zu haben. Springer habe »lediglich« die Einstellung der stets defizitären *Welt* und die Übergabe der Abonnentenkartei an die *FAZ* erwogen.[179]

Mit dem Ausscheiden Welters war 1980 eine Zäsur erreicht, die Gründergeneration war nun bis auf Eick vollständig abgelöst worden. Damit verblassten die Erinnerungen an die finanziell so prekäre Anfangszeit und die Eingriffe in die Unabhängigkeit der Zeitung. Dass diese einmal ernsthaft in finanzielle Bedrängnis geraten würde, konnten sich die Dienstwagenfahrer zu dieser Zeit kaum vorstellen. Die *FAZ* blieb auf Erfolgskurs und konnte ihre Auflage auch in den 1970er Jahren steigern. Sie durchbrach die Schallmauer von 300 000 verkauften Exemplaren. Das »rote Jahrzehnt« war für die *FAZ* sowohl in der Geschäftsbilanz als auch politisch eben auch ein schwarzes.[180]

ROLE MODELS? THATCHER UND REAGAN

Die 1980er Jahre waren das Wendejahrzehnt. Am Anfang erfolgte die schwarzgelbe Wende in der Bundesrepublik mit dem erfolgreichen konstruktiven Misstrauensvotum von Helmut Kohl, das wiederum durch den Schwenk der FDP zur Union ermöglicht wurde. Am Ende stand die Wende in der DDR, die sich zu einer veritablen Revolution auswuchs. Der Wende in der Bundesrepublik gingen die wesentlich radikaleren Umschwünge in den angelsächsischen Ländern voraus, die Thatcher- und Reagan-Revolutionen. Margaret Thatcher war 1979 in einer Phase an die Macht gekommen, als Britannien darniederlag, da es von Streiks, Inflation und Massenarbeitslosigkeit geplagt wurde. Wie ein Drittweltland hatte man sogar eine IWF-Anleihe aufnehmen müssen. Immer noch diktierten die mächtigen Gewerkschaften die Agenda, doch Thatcher schickte sich an, deren Macht zu brechen, die Inflation zu bekämpfen und staatliche Unternehmen zu privatisieren. Nach außen hin verfolgte sie eine Politik der Stärke gegenüber dem Kommunismus, im Konflikt um die Falklandinseln und auch gegenüber der EWG. Berühmt geworden ist ihre Forderung: »I want my money back.« Thatchers erstaunlich lange Regierungszeit bis 1990 markierte einen Bruch mit dem Nachkriegskonsensus in Großbritannien. Sie wollte einen Neuanfang wagen, das Individuum und die Unternehmen von Gängelung und Bevormundung befreien und ökonomisch entfesseln. Dies ging einher mit der Rückbesinnung auf die viktorianischen Werte des 19. Jahrhunderts.[181]

Der ehemalige Schauspieler und Gouverneur Kaliforniens Ronald Reagan verfolgte in der Außenpolitik ebenfalls eine Politik der Stärke und Aufrüstung mit dem Ziel, die Sowjetunion zu Zugeständnissen zu zwingen. In der Finanzpolitik setzte er auf umfassende Steuersenkungen, um die Wirtschaft anzukurbeln und den Staat zurückzudrängen. Das dadurch stimulierte Wachstum sollte zu einem höheren Steueraufkommen führen und die Ausfälle durch die Steuersenkungen kompensieren. Am Ende blieb freilich ein Rekorddefizit. Reagans erster Sieg bestand in der Durchbrechung eines Streiks der Fluglotsen unter Zuhilfenahme des Militärs als Reservoir für Ersatzpersonal. Auch die USA wurden in Reagans Amtszeit stark polarisiert, insbesondere an den Universitäten und in den Redaktionsräumen der großen Zeitungen war man fassungslos über die einfache, aber erfolgreiche Rhetorik des Antikommunisten und Wirtschaftsliberalen.[182]

Die strikt wirtschaftsliberale Politik der befreundeten amerikanischen Republikaner und britischen Tories konnte den Unionsparteien kaum als Blaupause dienen, zu unterschiedlich waren die Herausforderungen, die politischen Kulturen und die programmatischen Traditionen der sozialstaatlich geprägten christdemokratischen Parteien.[183] Aber wie wurden die revolutionär anmutenden Strömungen von Thatcherismus und Reaganomics von der *FAZ* aufgenommen?

Als Ronald Reagan mit einem radikalen Programm für Steuersenkung und Entregulierung, wie man die Deregulierung damals in Deutschland bisweilen noch nannte, antrat, berichtete Hans Jürgensen, seit 1972 Wirtschaftskorrespondent der *FAZ* in New York, eher abwartend und skeptisch. Das wirtschaftspolitische Umfeld mit Rekorddefiziten im Haushalt und hoher Inflationsrate sei nicht eben günstig für Reagans Pläne.[184] Die radikalen Steuersenkungen im Economic Recovery Tax Act vom August 1981, mit dem die Einkommenssteuer in drei Schritten in drei Jahren um 23 Prozent gesenkt und der Spitzensteuersatz von 70 auf 50 Prozent reduziert wurde, bezeichnete Jürgensen als »tollkühn«. Der vormalige Austeritätsbefürworter Reagan mauserte sich mit seinen Steuersenkungen, der drastischen Erhöhung des Verteidigungsetats im »zweiten Kalten Krieg« und dem stetig steigenden Haushaltsdefizit förmlich zu einer Art Super-Keynesianer. Jürgensen bezeichnete das Ergebnis als »Misere«.[185] Die Aufgabe der monetaristischen Politik, welche die Notenbank unter Jimmy Carter eingeführt hatte, bestätige dies, so der *FAZ*-Korrespondent, denn der kommende Aufschwung werde nachfrageorientiert sein. Jürgensen empfahl Kürzungen im Verteidigungsetat und eine Streichung der nächsten Runde der Steuersenkung. Aus der Feder eines *FAZ*-Redakteurs im Allgemeinen war Ersteres, aus der Feder eines Vertreters des Wirtschaftsressorts im Speziellen Letzteres durchaus nicht erwartbar.[186]

Die Einschätzung der Wirtschaftspolitik Reagans in der *FAZ* änderte sich seit 1984 dann deutlich zum Positiven. Grund war ein Personalwechsel. Jürgensen kehrte nach Deutschland ins Düsseldorfer Büro der Zeitung zurück und tauschte die Position mit Hugo Müller-Vogg, der seit 1977 bei der *FAZ* war. Der promovierte Volkswirt war ein überzeugter Marktwirtschaftler und begegnete der »Reagan-Revolution« mit Sympathie. Auch er übersah das Haushaltsdefizit nicht, kritisierte aber schon von Deutschland aus das sozialdemokratische »Ideal einer gelenkten Wirtschaft«, das »Zerrbildern von den Folgen der britischen und amerikanischen Wirtschaftspolitik« gegenübergestellt werde.[187] Nach der triumphalen Wiederwahl Reagans 1984 zog Hugo Müller-Vogg dann aus New York eine sehr erfreuliche Zwischenbilanz der Reagan-Revolution, auch wenn er auf das weiterhin hohe Haushaltsdefizit hinwies. Aber Reagan gehe das Problem nun beherzt an – im Endeffekt gelang der Ausgleich trotz des Deficit Reduction Act von 1984 und des Tax Reform Act von 1986 freilich nicht. Müller-Vogg maß der »Reagan-Revolution« aber mit Steuersenkungen, Entbürokratisierung, Preisstabilität und hohem Wirtschaftswachstum samt sieben Millionen neuer Arbeitsplätze durchaus Vorbildfunktion zu für eine Gesellschaft, in der nicht »Sozialbürokraten Wohltaten zuteilen, sondern mündige Wirtschaftsbürger ihre Chancen wahrnehmen«.[188]

Müller-Vogg deutete die Reagan'sche Politik anders als Jürgensen, nämlich nicht als eine Spielart des Keynesianismus, sondern als angebotsorientierte Stärkung der Investitionsbereitschaft und Entfesselung des Wettbewerbs. Für ihn gab es letztlich schlechte Schulden, welche die »Versorgungsmentalität der Bevölkerung« förderten, und gute Schulden, die »Leistungsanreize« finanzieren.[189] Müller-Vogg bewunderte Reagans Konsequenz und dessen Politik, die auch der eigenen Klientel einiges zumute an Subventionskürzungen und Streichungen von Abschreibemöglichkeiten.[190] Im Kontrast dazu setzte er die Mutlosigkeit der deutschen Unionsparteien und die »Vorurteile in deutschen Medien« über Reagan.[191] Kaum verhohlen empfahl er den Deutschen die Privatisierung öffentlicher Aufgaben zur Nachahmung.[192] Wiederholt rühmte er die amerikanische »Job-Maschine«.[193] Die Steuerpolitik Reagans wurde von Müller-Vogg nicht mehr wie von seinem Vorgänger als »tollkühn«, sondern als »mutig« bezeichnet. Auch das Kalkül der Steuerpolitik der Reagan-Administration hielt er nicht für widerlegt, da das Aufkommen der Einkommenssteuer trotz der Kürzungen zwischen 1981 und 1987 um 60 Prozent gestiegen sei, das der Körperschaftssteuer um 30 Prozent. Das Problem habe im überproportionalen Anstieg der Staatsausgaben im selben Zeitraum gelegen, »unter kräftiger Mithilfe der Demokraten im Kongreß«, wie der Korrespondent nicht versäumte hinzuzufügen.[194] Müller-Vogg war zwar kein unkritischer, aber doch ein klarer Sympathisant Reagans, der den Präsidenten wie die Amerikaner insgesamt nicht nur gegen deutsche, sondern auch gegen Vorwürfe aus der amerikanischen Gesellschaft selbst verteidigte, etwa gegen John Kenneth Galbraiths Vorwurf der »herzlose[n]« Gesellschaft und gegen die Forderungen der amerikanischen Bischöfe nach staatlichen Beschäftigungs- und öffentlichen Investitionen. Spitz merkte er hierzu an, dass »den Bischöfen im Grunde eine ordnungspolitische Konzeption« fehle – sicherlich kein exklusiv amerikanisches Problem und sicher kein Problem nur der 1980er Jahre –, die katholische Kirche insgesamt »anders als die Wirtschaftsliberalen zur Macht ein recht unbefangenes Verhältnis« habe und daher dem Staat mehr Aufgaben zuweise, als es eine freie Wirtschaft vertrage.[195]

Wie es der Konzeption der *FAZ* entsprach, brachte es der Wirtschaftskorrespondent mit seinen Leitartikeln bisweilen auf die Seite eins der Zeitung, die von allen Ressorts beliefert wird. Gleiches gilt für den Beobachter der Thatcher-Revolution, den Londoner Wirtschaftskorrespondenten Jochen Rudolph. Die Lage in Großbritannien und die auf sie reagierende Politik war im Vergleich mit den USA nur auf den ersten Blick ähnlich. Thatcher hielt am Monetarismus fest, für sie standen die Stabilisierung der Geldmenge und die Bekämpfung der Inflation samt Haushaltsdisziplin an erster Stelle. Entsprechend länger ließ das Wirtschaftswachstum auf sich warten. Zudem besaßen die Gewerkschaften eine starke Macht, an der die Vorgänger Thatchers gescheitert waren.

Immer wieder verteidigte Rudolph in seinen Leitartikeln im Grundsatz die Wirtschaftspolitik der Regierung Thatcher gegen »untaugliche Alternativen«, die auch von Konservativen ventiliert wurden. Die Negativfolie war für ihn die gescheiterte Politik des Premierministers Heath, der zu viele Kompromisse gemacht und marktwirtschaftliche Prinzipien über Bord geworfen habe.

Allerdings stilisierte Rudolph Thatcher nicht zum Vorbild für die Bundesrepublik. Dazu unterschieden sich die Verhältnisse mit der system-oppositionellen Bergarbeitergewerkschaft einerseits und des weniger von Föderalismus und Vetospielern geprägten politischen Systems andererseits in Großbritannien auch zu sehr von denen in der Bundesrepublik.[196] Eher zog er eine Linie zur deutschen Wirtschaftswunderzeit mit der »Politik des [...] knappen Geldes« und den damaligen »Warnungen der neoliberalen Schule vor ›deficit spending‹ und allzu großzügiger Kreditexpansion«.[197] Zudem schätzte Rudolph das politische System Großbritanniens, den Rahmen der Wirtschaft, im Vergleich zur Bundesrepublik defizitär ein. Er konstatierte einen zu hohen Grad der Gewaltenverschränkung und monierte das Fehlen einer geschriebenen Verfassung mit fixierten Individualrechten sowie eines Verfassungsgerichtes. Rudolph dachte dabei vornehmlich an die Beschneidung der Gewerkschaftsrechte, die in die Grundrechte eingriffen.[198] Angesichts des Desasters, in dem Thatchers Plan einer kommunalen Kopfsteuer endete, musste Rudolph ihr einen unrühmlichen Abschied bescheinigen; er bilanzierte zum Ende der Ära Thatcher aber auch die »Früchte einer mutigen Wirtschaftspolitik«. Den Thatcherismus hatte er als eine »Erfolgsformel« und die »Freiheit« als sein Etikett bezeichnet.[199] Rudolph wie Müller-Vogg arbeiteten beide mit starken Begriffen, mit denen sie die liberalen Bannerträger der 1980er Jahre beschrieben und hervorhoben. Und mit Blick auf die gemäßigte politische Situation ihres Mutterlandes waren sie ein bisschen neidisch.

Das gleiche Gefühl verriet der Ressortleiter für Wirtschaftspolitik Hans D. Barbier in seiner Bilanz nach Reagans Ausscheiden Anfang 1989. Barbier erkannte in dem ansonsten in der *FAZ* selten gebrauchten Schlüsselbegriff »konservative Revolution«[200] die Vision eines neuen Aufbruchs in den USA wie auch in Großbritannien. Selbst die Sozialisten in Frankreich hätten die Idee einer konservativen Revolution aufgegriffen, ebenso die ehemaligen Ostblockstaaten. Im Gegensatz dazu sei die deutsche Politik »grämlich«. Die Unionsparteien würden sich (schon damals also) nicht wesentlich von den Sozialdemokraten unterscheiden. Der Hayek-Adept kritisierte die mittelmäßige Politik, welche die ökonomische Vernunft in den Hintergrund gedrängt habe. Im Gegensatz dazu seien die USA und Großbritannien durch Steuerermäßigungen, Privatisierungen und vernichtende Monopole reicher geworden. Lapidar räumte Barbier ein: »Mag sein, daß dabei die Einkommensverteilung zwischen oben und unten noch etwas ›schiefer‹ geworden ist.«[201]

Angesichts der Relevanz der US-Außenpolitik für Deutschland im Zeitalter des zweiten Kalten Krieges befassten sich die »Politiker« unter den *FAZ*-Redakteuren in ihren Leitartikeln nur in zweiter Linie mit den ökonomischen Aspekten der amerikanischen und britischen Politik. Günther Nonnenmacher lobte nach der ersten Amtszeit Reagans die Verringerung der Inflation und die Schaffung von Millionen neuer Arbeitsplätze. Reagans Frage an seine Wähler »Geht es euch besser als vor vier Jahren?« könnte auch von Reagans Gegnern mit »Ja« beantwortet werden. Aber Nonnenmacher erwähnte wie alle seine Kollegen auch das hohe Haushaltsdefizit.[202] Der politische Korrespondent in Washington, Leo Wieland, führte darüber hinaus sinkende Zinssätze und Steuerermäßigungen für den Mittelstand auf der Habenseite Reagans ins Feld. Sogar die Arbeiter würden Reagan unterstützen. Vorschläge für die Erhöhung der Steuersätze durch den Herausforderer Walter Mondale seien dagegen nicht beliebt. Drei Jahre später kommentierte Wieland kritischer. Er monierte – anders als Barbier –die wachsende Spaltung zwischen den Reichen und den Armen und verwies auf eine »beispiellose [...] Schuldenlast«.[203] Aber am Ende der Reagan-Ära meinte Wieland dennoch, dieser sei ein herausragender Präsident gewesen.[204]

Zu Beginn der Thatcher-Ära war der Londoner Korrespondent Ulrich Grudinski, der aus Großbritannien seit 1976 für das politische Ressort berichtete, sehr skeptisch in Bezug auf deren Ambitionen. Sie sei »ganz Kopf und nicht Herz«, beklagte er 1980.[205] Zudem würde eine linke Minderheit, die Labour und die starken Gewerkschaften manipuliere, die britische Krankheit verlängern. Nach weniger als einem Jahr Regierung sah er seine pessimistischen Erwartungen erfüllt, denn Inflation und Arbeitslosenquote wurden angehoben. Thatchers Rhetorik der Revolution habe fälschlicherweise Hoffnung auf eine schnelle Verbesserung geweckt, urteilte er.[206] Nach ihrer ersten Wiederwahl im Sommer 1983 erklärte Grudinski freilich, dies sei die beste Wahl für Großbritannien.[207] Eineinhalb Jahre später feierte er den Sieg der Premierministerin über Arthur Scargill, den linken Führer der Bergbaugewerkschaft, und dessen aggressive Streikpolitik.[208]

Im Feuilleton befassten sich die *FAZ*-Korrespondenten in New York und London, Sabina Lietzmann und Gina Thomas, mit der Abneigung und einer übertriebenen Kritik an Reagan und Thatcher in deren eigenen Ländern. Lietzmann kritisierte vor allem die amerikanische Ostküstenelite und deren Flaggschiffe *New York Times* und *The New Yorker*, die von der Bevölkerung isoliert seien und daher an Glaubwürdigkeit verloren hätten. Schon kurz nachdem Reagan ins Amt gekommen war, versuchte Lietzmann in einem langen Artikel das »Zerrbild« von »Reagans Amerika« zu korrigieren, das von den liberalen amerikanischen Intellektuellen gezeichnet werde. Der Text wurde von einem »elder statesman« der *FAZ*, Robert Held, eingeleitet, was die Bedeutung der Botschaft anzeigt: Wenn die Deutschen der amerikanischen Minderheit von Reagans Kritikern folgten, würde dies den deutsch-amerikanischen Beziehungen schaden.[209] Auf derselben Linie beschwerte sich Gina Thomas über den »irrationale[n] Haß« britischer Intellektueller auf Thatcher und die gehässige Polemik des *Guardian* gegen Thatchers Vorhaben, »homosexuelle Propaganda« einzudämmen.[210] Im Endeffekt argumentierte das Feuilleton also erstaunlicherweise entlang einer ähnlichen Linie wie die anderen Ressorts der Zeitung.

Die *FAZ* erkannte die Erfolge von Thatcher und Reagan in der Außenpolitik sowie in der Wirtschaftspolitik an – mehr als alle anderen deutschen Medien. Aber sie empfahl selten Reaganomics und Thatcherismus als Vorbilder für Deutschland. Nur die Wirtschaftskorrespondenten Müller-Vogg und Rudolph sowie Barbier rieten der deutschen Politik, zumindest Elemente von Reagans und Thatchers Revolutionen zu übernehmen. So lobte Rudolph unter der Überschrift »Zur Nachahmung empfohlen« die Steuerermäßigungen beider Regierungen.[211] Rudolph sah in der britischen Reduzierung der höchsten Steuersätze ein begrüßenswertes europäisches Beispiel für die Übertragung von Reagans Steuersenkungspolitik.

Die Rezeption der angelsächsischen Revolutionen der 1980er Jahre in der *FAZ* unterschied sich – zum Teil ähnlich wie in Springers *Welt* – deutlich vom deutschen Mainstream, der sehr kritisch gegenüber Thatcher und Reagan eingestellt war. Diese Diskrepanz war für die polarisierten deutschen Medien in den 1980er Jahren bezeichnend. Für die Bildberichterstattung muss man allerdings differenzieren: Während die Fotografien von Reagan und Thatcher in der *FAZ* damals sehr staatsmännisch gehalten waren, bemühten ihre Karikaturen die üblichen Metaphern vom Cowboy Reagan und der Kreuzritterin Thatcher. Und selbst in den Texten benutzten *FAZ*-Redakteure Attribute wie »frostig« oder »einsam«, um Thatcher zu beschreiben.[212] Insgesamt war die Haltung der *FAZ* gegenüber den Revolutionen Thatchers und Reagans von Wertschätzung wie von Kritik geprägt. Dabei war man sich stets der ganz anderen Bedingungen und Möglichkeiten in der Bundesrepublik bewusst. Vor allem wollte man die transatlantischen Beziehungen vor Schaden bewahren, bildeten sie doch eine Art außenpolitisches Grundgesetz für die *FAZ*.

DIE »GEISTIG-MORALISCHE WENDE«: ENTTÄUSCHTE ERWARTUNGEN?

Nach dem Ausscheiden Erich Welters aus dem Herausgebergremium wurde Johann Georg Reißmüller die dominante Figur der Zeitung. Seine Intelligenz und seine Brillanz im Redigieren von Artikeln waren unstrittig, ebenso sein Sinn für Humor und das Groteske. Der böhmische Katholik, der in Belgrad Korrespondent gewesen war, hatte eine Stalin-Büste auf seinem Schreibtisch stehen und intonierte anlässlich seiner Verabschiedung kommunistische Kampflieder. Anders als der Protestant und Vorsitzende der Geschäftsführung Pfeifer, welcher der CDU angehörte, pflegte Reißmüller zur Kanzlerpartei der 1980er und 1990er Jahre ein ambivalentes Verhältnis. Kohl und dessen von seinen zahlreichen journalistischen und intellektuellen Gegnern befürchtete »geistig-moralische Wende« begleitete Reißmüller dennoch emphatisch, er gehörte zeitweilig sogar zu Kohls engerem Umfeld, während Fromme für Stoltenberg als Kanzler optiert hatte und Fest Kohl verachtete.[213] Dagegen stand er mit Generalsekretär Heiner Geißler und dessen Linksverschiebung der CDU auf Kriegsfuß.[214] Ein ums andere Mal kritisierten er, aber auch Fack und Fromme den Linkskurs der CDU unter Geißler und schon sehr bald nach dem Regierungswechsel das Ausbleiben der erhofften Wende. Dabei ging es auch 1983/84 schon um die Asylpolitik und den Familiennachzug bei Ausländern. Reißmüller sah Integrationschancen nur für Schulanfänger. 1989 mahnte er dann, dem »Mißbrauch des Asylrechts ein Ende zu machen«.[215] Geißler war nicht zimperlich, wenn es darum ging, sich gegen die beharrliche Kritik an ihm und seinen Mitarbeitern im Adenauer-Haus zu wehren, und erhielt in seiner *FAZ*-Kritik Unterstützung von der linksliberalen *Zeit*.[216]

Am Ende der Dekade zählte die *FAZ* mit Fritz Ullrich Fack, Jürgen Jeske und Hugo Müller-Vogg drei wirtschaftsliberale Herausgeber, die von Jürgen Eick aufgebaut und nun für drei unterschiedliche Ressorts verantwortlich waren: für Politik, Wirtschaft und Rhein-Main. Für den wirtschaftspolitischen Kurs stand aber vor allem der radikalliberale Hayek-Anhänger Hans D. Barbier. Als Ressortleiter der Wirtschaftspolitik malträtierte er besonders in der kleinen Kunstform der Glosse die von ihm diagnostizierte wirtschafts- und sozialpolitische Geisterfahrt der Bundesregierung und erst recht die der Opposition und der Gewerkschaften.[217] Den Kurs des Politikteils bestimmten weitgehend Reißmüller und Fromme, der ein eminenter Vielschreiber war. Seine konservativ ausgerichteten rechtspolitischen Leitglossen stellten geradezu ein Unikat in der Presselandschaft dar. Joachim Fest als für das Feuilleton zuständiger Herausgeber galt eigentlich als liberaler Gegenpol in dieser Konstellation und gab im Feuilleton auch reichlich linken und linksliberalen Journalisten und Gastautoren Raum. Dasselbe gilt für Reich-Ranicki und seinen Literaturteil. Fest mit seinem besonders kultivierten Lebensstil und seiner vornehmen Zurückhaltung war für die Gesamtzeitung aber nur von begrenzter Bedeutung. Mit den Herausgeberkollegen hatte er nicht allzu viel gemein, und diese verspürten zumindest eine Prise Verachtung bei ihm. Der Historikerstreit und der daraus resultierende Zwist mit Reich-Ranicki isolierten ihn noch mehr von ihnen. Die Aufkündigung der Zusammenarbeit mit Ernst Nolte, der Widerstand der Herausgeber gegen eine Feier zu Fests 70. Geburtstag[218] und vielerlei Spitzen seines Nachfolgers Frank Schirrmacher und dessen Umschwenken auf Reich-Ranicki als Säulenheiligen des Feuilletons machten dies nach Fests Ausscheiden aus der Zeitung überdeutlich.

Durch das konservative Politikressort, das liberale Wirtschaftsbuch und den auf CDU-Linie ausgerichteten Lokalteil sowie die anfängliche Positionierung im Historikerstreit aufseiten der konservativen Historiker kam die *FAZ* in den 1980er Jahren der ihr immer zugeschriebenen Rolle als konservative Zeitung noch am ehesten nahe. Dem Bild einer Regierungszeitung entsprach das Feuilleton aber weiterhin nicht. Die scharfe Kritik am Modernisierungskurs der Union und den ordnungspolitischen Sündenfällen der schwarz-gelben Regierung zeigt zudem, dass die Erwartungen auf eine grundsätzliche (ordnungs)politische, geistige Wende, die einige in der Führungsetage der *FAZ* hegten, enttäuscht wurden. Diese Enttäuschungen artikulierte man deutlich und tat auf diese Weise einiges dafür, nicht als CDU-Zeitung zu gelten.

WIEDERVEREINIGUNG

Die Wiedervereinigung Deutschlands kam unerwartet. Ermöglicht wurde sie durch Glasnost und Perestroika, die Öffnungspolitik Gorbatschows, die für kurze Zeit ein »window of opportunity« öffnete – eine Chance, die Bundeskanzler Helmut Kohl beherzt ergriff. Für den Sturz des SED-Regimes waren die Dresdener und Leipziger Arbeiter und Bürger entscheidend gewesen, die furchtlos für Freiheit und dann für die deutsche Einheit eintraten und sich weder von der Stasi noch von der impliziten Drohung des Eingreifens der Roten Armee abschrecken ließen: Der 17. Juni 1953 und das Massaker auf dem

Tian'anmen-Platz in Peking standen gleichwohl allen vor Augen. Die westdeutschen Politiker, Journalisten und Intellektuellen reagierten in großen Teilen – anders als die Mehrheit der Bevölkerung – mit »gestopften Trompeten«[219] auf diese unerwartete Möglichkeit der deutschen Einheit. Viele hatten sich mit dem westdeutschen Provisorium und der Zweistaatlichkeit abgefunden, sich in ihr eingerichtet. Manche wie Günter Grass oder Walter Jens sahen es sogar geschichtstheologisch als gerechte Strafe und Notwendigkeit an, dass Deutschland geteilt sei. Die Deutschen in der DDR hatten das vorangegangene Unheil auszubaden.

Die »Zeitung für Deutschland« trat dagegen programmatisch für die Wiedervereinigung ein und hielt daran auch in den 1980er Jahren fest. Das hatte neben der Tradition des Blattes auch biographische Gründe. Unter den Politikjournalisten gab es die starke, das heißt wichtige Posten besetzende und viel schreibende, Fraktion der »Zonen-Flüchtlinge«. Der in Böhmen geborene und aufgewachsene und dann nach Vorpommern vertriebene Johann Georg Reißmüller gehörte dazu. Er floh 1950, nachdem sein Gastspiel in der Ost-CDU gescheitert und sein Vater verhaftet worden war, nach West-Berlin und ging dann in die Bundesrepublik. Der Dresdener Friedrich Karl Fromme kam 1949 in den Westen. Fritz Ullrich Fack verließ 1951 seine Geburtsstadt Leipzig und studierte in West-Berlin. Jürgen Jeske wechselte 1955 von der DDR in die Bundesrepublik. Ernst-Otto Maetzke stammte aus Görlitz und war bei Kriegsende nach Bayern verschlagen worden. Für diese Journalisten stellte die Wiedervereinigung, wenn sich die Chance denn bot, keine zu befragende Option, sondern die Erfüllung des grundgesetzlichen Auftrages und der Mission der Bundesrepublik Deutschland dar. Entsprechend begrüßten sie die Ereignisse der Jahre 1989/90, auch wenn der endgültige Verzicht auf die deutschen Ostgebiete und die bald auch von der *FAZ* übernommene, anachronistische Bezeichnung der ehemaligen DDR als »Ostdeutschland« manchem schwerfiel. Zuvor sprachen diese Journalisten die »Wiedervereinigung« immer wieder an, auch in den 1980er Jahren, als weite Teile der Öffentlichkeit das Thema als »Lebenslüge« (Willy Brandt) der Bonner Republik betrachteten, das Bonner Provisorium für einen Dauerzustand hielten und das Streben nach Wiedervereinigung für eine Gefährdung von Frieden und Stabilität hielten.[220]

Reißmüller fragte 1985 in einem Leitartikel »Warum soll Deutschland gespalten bleiben?« und fand für die positive Beantwortung der Frage erwartungsgemäß keine Argumente. Die Teilung sei keine Kriegsfolge, sondern Folge des »erst später ausgebrochenen Ost-West-Konfliktes«. Die Siegermächte seien

1945 von einem einheitlichen Staat ausgegangen. Der Nationalstaat habe sich nicht überlebt, wie die europäischen Nachbarstaaten zeigten. Die Freiheit könnte die Bevölkerung der DDR, anders als meist angenommen, nur in der Einheit erlangen. Zwei Jahre später nahm Reißmüller den Vorstoß des CDU-Abgeordneten Bernhard Friedmann zustimmend auf, der die Forderung nach Wiedervereinigung in die Abrüstungsgespräche mit der Sowjetunion einbringen wollte. Friedrich Karl Fromme ging in der Rezension von Friedmanns Buch »Einheit statt Raketen« dann sogar so weit, die Westbindung für ein vereintes Deutschland infrage zu stellen (was Friedmann nicht getan hatte). Fromme fragte, »ob nicht damals, in den fernen fünfziger Jahren, Adenauer eigentlich doch eine rheinische Republik gewollt und von der Wiedervereinigung, nach Politikerart, nur werbend gesprochen« habe. Das war eine erstaunliche Wiederaufnahme der Sethe-Debatte, dessen Name allerdings nicht fiel. In der Politik blieb das ohne Widerhall. Friedmanns Vorschläge wurden allenthalben brüsk abgelehnt und von Kanzler Kohl als »blühender Unsinn« bezeichnet.[221] Die *Zeit* meinte rügend, Friedmann habe dank der *FAZ* »fast nationale Berühmtheit« erlangt.[222]

Ihrer Linie treu bleibend reagierte die *FAZ* äußerst gereizt auf die Festrede des deutsch-amerikanischen Historikers Fritz Stern im Jahr 1987, der den Aufstand des 17. Juni 1953 nicht als einen Aufstand für die Wiedervereinigung wertete. Schon in ihrem Bericht bezog sich die Zeitung auf Bundestagspräsident Philipp Jenninger, der mit der Feststellung, der Aufstand sei auch von der Forderung nach Wiedervereinigung getragen gewesen, »zwar von den Dokumenten des Volksaufstandes bestätigt wird, der Darstellung des Festredners jedoch entgegengesetzt war«. In seinem Kommentar wertete Maetzke Sterns Rede als skandalös. Verzweifelt habe der »diesjährige Festredner, aus den Vereinigten Staaten gekommen«, von der deutschen Einheit abzulenken versucht.[223] Die berühmte Rede des amerikanischen Präsidenten Reagan kurz zuvor vor dem Brandenburger Tor mit dem Appell an Gorbatschow, die Mauer niederzureißen (»Tear down this wall«), wurde dagegen von der *FAZ* sehr gewürdigt. Man machte damit auf, kommentierte zustimmend und druckte Auszüge aus der Rede. Die teilweise gewaltsamen Proteste in West-Berlin wertete Reißmüller als »unwürdiges Schauspiel [...] in der auf Amerika angewiesenen Stadt«.[224]

Als dann selbst die CDU unter Generalsekretär Geißler Abschied vom Ziel der Wiedervereinigung nahm, warf Maetzke in einer scharfen Polemik Anfang 1988 der CDU das »Wegwerfen von Rechtstiteln« vor. Werde die Union

»die Präambel des Grundgesetzes dann zu einem unanständigen Text erklären?«, und dies »just in einem Moment […], in dem die Entwicklung in der DDR und im Ostblock das Gegenteil geraten erscheinen ließe: den Atem anzuhalten und gar nichts zu sagen«?[225] Maetzke hatte hier das richtige Gespür, und Kohl verhinderte – am Vorabend der friedlichen Revolution – das drohende Einschwenken der CDU auf die Doktrin der Zweistaatlichkeit. In einem Brief an Maetzke wehrte Kohl sich entschieden gegen dessen Vorwürfe und warf ihm mangelnde Sorgfaltspflicht vor. Maetzke blieb in seiner Antwort allerdings bei seiner Einschätzung.[226] Anderthalb Jahre später attackierte Herausgeber Reißmüller im selben Sinn die von Geißler verschuldete Entfremdung konservativer, an der deutschen Einheit festhaltender Wähler von der CDU.[227]

In der Phase der von Honecker-Nachfolger Egon Krenz so betitelten Wende in der DDR im Herbst 1989 betrieb die *FAZ*, so der Historiker Andreas Rödder, »keineswegs vorwärtsstürmend visionäre Wiedervereinigungspublizistik, sondern agierte eher zurückhaltend und zögerlich«, ließ sich dann aber früher als andere Printmedien – mit Ausnahme der Springer-Zeitungen – auf die Wiedervereinigung ein.[228] Vergleicht man die *FAZ* mit linksliberalen Zeitungen, fallen mehrere Unterscheidungsmerkmale auf: Die deutschlandpolitischen Leitartikler Reißmüller, Fromme und Fack konstatierten 1989/90 eine fortbestehende Einheit der deutschen Nation. Ebenso hielten sie am Anspruch der Wiedervereinigung fest. Das taten sie auch während der Wende im Herbst 1989, glaubten aber, dass dieses Ziel nicht so bald zu erreichen sei.[229] Freilich, und das unterschied sie von vielen anderen Kommentatoren, der Entscheidung über die Einheit komme das Primat zu, dann erst folge der »Entschluß, in welche internationalen Zusammenhänge, die jetzt nicht absehbar sind, sich ein solches Deutschland einordnet, wenn es denn von der Nation beschlossen wird«.[230] Eine Neutralisierung Deutschlands lehnte Reißmüller als gefährlich ab, und Fack meinte, das Stalin-Angebot – Wiedervereinigung gegen Aufgabe der Westbindung –, das die *FAZ* in den 1950er Jahren so sehr hatte erzittern lassen, stehe nicht mehr zur Debatte.[231] Unterschiedlich wurde in der *FAZ* der Wunsch der DDR-Bürger, bei denen der Einheitsspielball nun lag, nach Wiedervereinigung beurteilt. Fritz Ullrich Fack begrüßte die vermeintliche Einheitsskepsis in der DDR im Gegensatz zu vielen seiner Journalistenkollegen nicht. Schon gar nichts wollte er von einem dritten Weg wissen.[232] Bundeskanzler Kohl wurde für seinen Zehn-Punkte-Plan Ende November sehr gelobt. Karl Feldmeyer würdigte insbesondere Kohls geschickten Bezug auf den Harmel-Bericht der NATO, das Grundsatzdokument des Bündnisses von

1967, in dem eine Lösung der Deutschlandfrage als zentral hervorgehoben worden war.[233]

Mit dem Sieg der bei der Volkskammerwahl erfolgreichen, »fälschlich als ›konservativ‹ bezeichnete[n] ›Allianz für Deutschland‹« waren die Weichen eindeutig Richtung einer zügigen Wiedervereinigung gestellt. Fromme meinte reichlich gewagt, die DDR-Wähler hätten ihre Entscheidung »kaum beeinflußt von großmächtigen Politikern aus der Bundesrepublik« getroffen. Gegenüber der SED-Polemik stellte er klar: »Der Wille des Volkes zur Einheit wird vollzogen, die Folgen für jeden bedenkend, nichts sonst.«[234] Jetzt waren auch für die *Zeit* die »Würfel [...] zugunsten der nationalen Einheit gefallen«, wie Chefredakteur Theo Sommer ohne besondere Euphorie feststellte. Ein Dreivierteljahr zuvor hatte er der Forderung nach Wiedervereinigung noch eine deutliche Absage erteilt.[235] Fromme forderte, dass die Westdeutschen nicht den Einheitsprozess und Gesamtdeutschland majorisierten.[236] Als die Volkskammer den Beitritt zum Geltungsbereich des Grundgesetzes am 23. August mit großer Mehrheit beschloss, rief Reißmüller Kohl zum »Kanzler der Wiedervereinigung« aus. Nach dem Vertragsschluss akzentuierte Fack dagegen wieder, dass das Volk den Weg zur Einheit gewiesen habe.[237]

Als dann die Stunde der deutschen Wiedervereinigung gekommen war, brach die *FAZ* auf Anregung von Joachim Fest auch mit ihren Layout-Gewohnheiten. Der Aufmacher »Die Deutschen leben wieder in einem gemeinsamen Staat« ging über alle sechs Spalten, ein großes Foto von der Feierstunde zur Wiedervereinigung vor dem Reichstag mit der Deutschlandflagge war gegen den damaligen Usus daruntergesetzt.[238] Fast die gesamte Zeitung dieses ersten gesamtdeutschen Tages – am Feiertag der deutschen Einheit war keine *FAZ* erschienen – handelte von der wiedergewonnenen deutschen Einheit.

Im Herausgebergremium diskutierte man während der Wende 1989/90 vor allem über praktische Fragen. Es ging um den schwierigen Vertrieb der Zeitung in der DDR, eine reduzierte DDR-Ausgabe, die dann kam, und eine Ausdehnung der Präsenz in der DDR und vor allem in Berlin, auf die besonders Joachim Fest drang. Immer wieder fürchtete man gegenüber anderen Zeitungen, insbesondere der *Süddeutschen*, ins Hintertreffen zu geraten. Erfolgsmeldungen der *Welt* und *SZ* relativierte man mit Gratisverteilungen und einer Wochenausgabe (*Diese Woche*), die der *SZ*-Ausgabe hinzugerechnet werde.[239] Nur bei der Frage nach der künftigen Hauptstadt flammte eine politische Kontroverse auf. Während Reißmüller meinte, die *FAZ* als »Zeitung der Wiedervereinigung« müsse folgerichtig für Berlin optieren, waren Geschäftsführer Pfeifer sowie die Herausgeber Müller-Vogg und Jeske skeptisch; sie sahen Nachteile für die Zeitung.[240] Man fürchtete, Frankfurt werde durch eine Hauptstadt Berlin zur Provinz. Das Vor- oder Schreckbild vieler anderer Länder mit der Zeitungskonzentration in der jeweiligen Hauptstadt wirkte. Im Feuilleton votierte man, durchaus patriotisch gestimmt, einhellig für die Wiedervereinigung und Berlin als Hauptstadt[241] und unterschied sich damit vom ansonsten gespaltenen intellektuellen Milieu in Deutschland. Beschwingt unternahm man Erkundungsreisen in den Osten Deutschlands und begrüßte die neue Zeit.

In den großen Redaktionskonferenzen der *FAZ* wurde 1989/90 lebhaft über den Prozess der deutschen Einheit diskutiert. Immer wieder ging es um die Lage in der Sowjetunion und in den Ostblockländern, um die Macht der SED, ökonomische Fragen und mögliche Steuererhöhungen, die Vergangenheitsbewältigung in der DDR und um das Verhalten der ost- und westdeutschen Schriftsteller und Intellektuellen, das allgemein als sehr negativ bewertet wurde. Gerade Frank Schirrmacher äußerte sich hier skeptisch, wie noch zu zeigen sein wird, und sah sich mit dem Vorwurf konfrontiert, westliche Arroganz an den Tag zu legen.

Kurz vor dem Mauerfall äußerte sich der Leitartikler Michael Stürmer, im Hauptberuf Geschichtsprofessor, noch skeptisch zu der Frage, ob eine Wiedervereinigung in absehbarer Zeit kommen werde. Er plädierte ebenso wie Joachim Fest, Günther Gillessen und Georg Paul Hefty für eine fortdauernde Integration in die westlichen Bündnisse. Einzig Eckhard Fuhr wollte »Gedankenspiele« wie den »Rückzug aller fremder Truppen aus Deutschland« zulassen: »Eine zu starre Westbindung könne bedeuten, der Westen dehne sich bis an die Oder aus, oder die Bundesrepublik werde ihre Einbindung bis zur Strangulierung betreiben.«[242]

Beklagt wurde bald eine fehlende rechtliche und politische Aufarbeitung von in der DDR begangenem Unrecht. Immer wieder zog man Vergleiche zur Aufarbeitung der NS-Zeit. Reißmüller verwies darauf, dass es umfassende Sanktionen gegen Nationalsozialisten gegeben habe, heute passiere aber nichts.[243] Fest regte an, den Unrechtscharakter der DDR herauszustellen und zu zeigen, dass die DDR weder eine Alternative zur Bundesrepublik noch der Ausgangspunkt eines dritten Weges gewesen sei.[244] Uneins war man sich, was mit den Professoren aus der DDR geschehen solle. Barbier konnte sich für sie einzig noch eine Arbeit im Archiv vorstellen. Reißmüller warnte vor einer »Generalreinigung«, man solle nicht alle ins Archiv schicken, ein Ort, der in der Redaktionskonferenz offenbar als eine Art Straflager gehandelt wurde. Auch andere Redaktionsmitglieder wollten nicht pauschal den Stab über die Professorenschaft brechen.[245]

Selbst in der Wirtschaftszeitung *FAZ* gab es Fehleinschätzungen zur ökomischen Lage in der DDR: So äußerte Wirtschaftsredakteur Wolfgang Müller-Haeseler, es gebe »durchaus auch gesunde und wettbewerbsfähige Betriebe, die international bestehen könnten«. Und Heinz Stadlmann rechnete mit zehn Jahren, in denen die DDR zum Niveau der Bundesrepublik aufgeschlossen habe. Reißmüller fand schließlich das treffende Bild: Die DDR-Bürger sprängen nun nicht in ein »wohltemperiertes Thermalbad, sondern ins eiskalte Wasser [...]. Aber es sei der Sprung von einem sinkenden Schiff.«[246]

Immer wieder wurde darüber debattiert, wie man das Gebiet der bald ehemaligen DDR denn nennen solle. Entgegen der Auffassung zahlreicher Leserbriefschreiber hielt man es für politisch inopportun, mit Ostdeutschland die nun völkerrechtlich endgültig an Polen und Russland abgetretenen traditionellen deutschen Ostgebiete jenseits von Oder und Neiße zu bezeichnen. Favorisiert wurde die Bezeichnung »östliches Deutschland« für die ehemalige DDR. In der Praxis passte man sich dann aber schnell dem allgemeinen Trend an, für das Beitrittsgebiet von Ostdeutschland samt einer ostdeutschen Bevölkerung zu sprechen. Die Inkonsequenzen – Thüringen liegt westlicher als Teile Bayerns, und Kant war kein Russe – nahm die ansonsten sprachpuristische Redaktion in Kauf. Die internen Fronten verliefen bei dieser Frage auch nicht entlang der politischen Lager.[247]

Bei Karl Heinz Bohrer, der den personellen Kontinuitäten zwischen dem Dritten Reich und der Bunderepublik sehr kritisch gegenüberstand, erwachte schon in den siebziger Jahren die nationale Emphase. 1979 hatte er proklamiert: »Deutschland – noch eine geistige Möglichkeit«. Unter den Porträts von Gundolf, Heine, Lessing, Hegel, Nietzsche, Dilthey und Gadamer entfaltete er »Bemerkungen zu einem nationalen Tabu«. »Losgelöst von ihrem alten Kulturbegriff – und das Titanische ist für ihn gewiß die beste Metapher – hat die deutsche Kultur etwas beunruhigend Aschenputtelhaftes bekommen.« Bohrer forderte eine geschichtliche Renaissance, die er aber nicht inhaltlich bestimmen wollte, sondern phänomenologisch: »Woran wir ansetzen können: am Geist des Entdeckerischen, am Stil der Rebellion gegen das Normative.« Die Polemik richtete sich spöttisch gegen »jene Wagemutigen, die sich von Beginn an einer internationalen, avantgardistischen Prosa verschrieben, wo der kulturell-deutsche Bezug methodisch gelöscht war«. Sie aber stießen auf kein

Interesse an ihnen im Ausland.[248] Bohrer deutete deren Widerstand gegen die deutsche Einheit als Ausdruck der »durchsichtige[n] Interessenlage dieser älteren linken Literaten, denen über Nacht alle Felle wegschwimmen«. Nicht nur die Angst vor dem Verlust einer Utopie, eines Gegenbildes zum Kapitalismus machte Bohrer dahinter aus, sondern auch die Konstruktion eines angeblichen unheilvollen deutschen Sonderweges, der in der Katastrophe gemündet sei. Der Verfassungspatriotismus von Habermas sei aber ebenso wenig historisch-politisch tragfähig wie wünschenswert. Hinter ihm stünde ein

> negativer Chiliasmus, die Vorstellung von *dem* Ereignis unserer Geschichte schlechthin: Holocaust mit Namen. [...] Eine Verfassungsutopie indes als Ersatz für Nation zu setzen hat den immer deutlicher erkennbaren Nachteil, daß sie nicht umhin kann, ganze Bestände der bis dato identitätsbildenden psychischen und kulturellen Tradition zu verdrängen, weil diese angeblich das Bewußtsein vorbereitete, das schließlich den Holocaust ermöglicht hat.

Ergebnis sei die »geistige Provinzialisierung der ›BRD‹, deren charakteristischste Ausprägung die Moralisierung von Literatur und deren Theorie war«. Auch das Konzept einer europäischen Ersatzidentität verwarf Bohrer; eine solche gebe es schlicht nicht, wie die Anschauung der europäischen Nationen zeige. Bohrer wandte sich dagegen, die »Kategorie Nation zugunsten einer Kategorie politischer Gesinnung abzuschreiben oder erstere mit letzterer zu verschmelzen«.[249] Klarer noch brachte er die Brisanz und Relevanz seiner Ausführungen in der Rückschau zum Ausdruck, als er schrieb,

> dass die historische Nation nicht allein durch eine Verfassungsutopie, wie sie der Philosoph [= Jürgen Habermas, P.H.] schon vor Jahren entworfen hatte, ersetzt werden könne. In dieser Rigidität nur auf die Verfassung zu setzen hieß gleichzeitig, den faktisch bereits gegebenen historischen Erinnerungsverlust zu vertiefen. Die einzige Erinnerung, die gefordert war, die an den Holocaust, löschte die Erinnerung zurück hinter dieses apokalyptische Ereignis aus. Mir wurde bewusst, dass diejenigen, welche die deutsche Geschichte wegen des Holocausts als Nationalgeschichte verwarfen, ihr Argument aus der Apokalyptik gewannen: Der Holocaust wurde zum Beginn und Zentrum eines neuen Geschichtsbewusstseins. Das Verschwinden der affektiven Beziehungen zur historischen Vergangenheit wurde bejaht. Ein eschatologisches Datum trat an deren Stelle: Von hier aus und von jetzt an ist der Holocaust das die deutsche Geschichte prägende Ereignis. Eine Vereinigung der beiden deutschen Staaten hätte die Ausgrenzung der Geschichte rückgängig gemacht.[250]

Hatte Bohrers Freund Habermas schon dessen Deklaration von 1979 nicht gepasst, so warnte er nun vor der Veröffentlichung von Bohrers Aufsatz. Bohrer hatte den ursprünglich für den von ihm herausgegebenen *Merkur* gedachten Aufsatz etwas naiv Habermas zur Vorlektüre gegeben. Nun überwarf sich Habermas mit Bohrer über die Frage der Vereinigung Deutschlands. Habermas lehnte diese wie Günter Grass aus den von Bohrer so scharfzüngig sezierten geschichtsmetaphysischen Gründen ab und kündigte seine Mitarbeit am *Merkur* auf. Das *FAZ*-Feuilleton hatte Bohrers Beitrag gerne gedruckt. Nun brachte es aber auch eine Antwort von Peter Glotz, der zwar durchaus die Perspektive der deutschen Einheit akzeptierte, aber Bohrers historisch-kulturelle und symbolische Aufladung dieses Datums verwarf. Glotz stellte Bohrer in die Tradition Jahns, Arndts und Fichtes und höhnte über dessen »schaudernde Geschichtsergriffenheit«. Bohrer und Glotz waren fortan in gegenseitiger Abneigung verbunden, als intellektuell ebenbürtigen Widerpart akzeptierte Bohrer Glotz, anders als Habermas, nicht.[251]

Während in der *Zeit* und im *Spiegel* nur die alten Herausgeber, Gerd Bucerius und Rudolf Augstein, früh für die Wiedervereinigung plädierten, waren deren Redaktionen skeptisch.[252] Die *FAZ* brachte dagegen das Thema Wiedervereinigung schon vor dem Mauerfall ins Spiel, ja hatte es eigentlich nie ganz aus den Augen verloren. Mit der Öffnung der Grenze sah sie es immer noch nicht als Nahziel an, begleitete aber den Weg zur Einheit insgesamt zustimmend und gab dann der Haltung Ausdruck, dem Willen des Volkes zu folgen. Nur sehr gelegentlich – etwa am 24. August 1990 nach dem Beitrittsbeschluss der Volkskammer (Aufmacher »Ein Tag der Freude für alle Deutsche«[253]) oder bei der speziellen Ausgabe nach dem Einheitstag – erlaubte sich die *FAZ* emotionale Töne. Sie zeigte sich beim Thema Wiedervereinigung weitgehend einig, das galt auch, im Gegensatz zur *Zeit*, für den noch zu schildernden Literaturstreit um Christa Wolf, den Schirrmacher wesentlich auslöste. Reißmüllers Auffassung, die *FAZ* sei die »Zeitung der Wiedervereinigung«,[254] war demnach, auch im Blick auf ihre Geschichte, nicht falsch, wobei diese Bezeichnung sicherlich ebenso für Springers *Welt* und *Bild* berechtigt wäre.

Lambada und Rostbratwürste

Eckhard Fuhr

Immer, wenn ich an den Herbst 1989 denke, wird der Ohrwurm wieder wach. »Lambada« hieß die erotisch-laszive Tanznummer, die seit dem Sommer die Hitlisten anführte und auf allen Radiokanälen gespielt wurde. Die samtene Stimme der Brasilianerin Loalwa Braz begleitete mich auf meiner Reportagereise durch die ihrem Ende entgegen taumelnde DDR. Diese Stimme und die Aromen von Braunkohlerauch und Rostbratwürsten bestimmen für mich den Geschmack des Wortes »Wende«. Ich hörte viel Radio in diesen Wochen, denn ich war mit dem Auto unterwegs, ausgestattet mit einem Journalistenvisum, das mir – es ging ganz unbürokratisch – von der Ständigen Vertretung der DDR in Bonn ausgestellt wurde. Mein Auftrag war, mich umzutun, Stimmungen einzufangen und zu berichten über das Erwachen demokratischer Politik im anderen deutschen Staat. Ich hatte viel Zeit und an meiner Seite den wunderbaren Fotografen Mirko Krizanovic.

Mitte Dezember kam ich nach Rostock. Ausgangspunkt für meine Streifzüge durch Mecklenburg und Vorpommern – ich weiß noch, wie ungewohnt für mich der Gebrauch dieser Namen war – bildete das Hotel Neptun in Warnemünde. Nicht nur wegen des sicheren und komfortablen Schlafplatzes war man als Westjournalist auf große Devisenhotels angewiesen. Auch das Übermitteln der Texte an die Redaktion in Frankfurt war von dort aus am leichtesten möglich. Freundliche Damen tippten meine Schreibmaschinenmanuskripte in den Fernschreiber. Man konnte sich leicht ausrechnen, dass ein Durchschlag davon direkt zur Stasi ging, im »Neptun« sowieso. Gedanken habe ich mir darüber nicht gemacht. Auch nicht über den Filmriss oben in der Panorama-Bar, den ich bis heute für die Folge einer K.-o.-Tropfen-Attacke halte.

An einem Nachmittag kam ich von einer langen Tour nach Stralsund und Rügen wieder nach Rostock zurück. Im vorweihnachtlichen Rummel ließ ich mich treiben und betrat schließlich die hell erleuchtete Marienkirche. Lärm und Lambada blieben draußen, als sich die Tür schloss. Die Stimme eines Pastors füllte den Kirchenraum, in dem dichtes Gedränge herrschte. Der Pastor las aus dem Lukas-Evangelium: »Der Herr stößt die Gewaltigen vom Thron und erhebt die Niedrigen.« Dann sagt er: »Wir alle sind jetzt ganz wichtig geworden«. Und fügt mahnend hinzu: »Wir haben es noch nicht, das Neue, wir sind noch im Schatten«.

Ich finde diese Zitate in der kleinen Reportage, die ich über meinen Besuch in der Marienkirche schrieb. Warum der Pastor in dieser Reportage »Geuck« und nicht »Gauck« heißt, weiß ich nicht. Kann sein, dass ich den Namen falsch verstanden hatte; kann auch sein, dass die Dame vom Fernschreiber sich vertippte. In der Redaktion fiel der Fehler niemandem auf. Und so kam ein künftiger Bundespräsident mit einem »e« statt einem »a« in die *Frankfurter Allgemeine.*

SIEGER DES KALTEN KRIEGES?

Die *FAZ* konnte sich nach dem Zusammenbruch des Ostblocks und der Wiedervereinigung bestätigt sehen. Sie hatte an der Wiedervereinigung gegen den bundesdeutschen Mainstream festgehalten und war auch den kommunistischen Regimen gegenüber kritisch geblieben. Die *FAZ* musste nun aber zusehen, wie sie als bürgerliche Zeitung in einem Beitrittsgebiet, in dem das Bürgertum eliminiert worden war, Fuß fassen konnte.

Die späten 1980er Jahre waren wirtschaftlich goldene Zeiten für die *FAZ* gewesen. Das mittelständische Unternehmen, wie man sich gerne bezeichnete, hatte den Umsatz von 285,9 Millionen DM (1983) auf 435 Millionen DM (1987) rasant gesteigert. Zur FAZ GmbH gehörten neben dem Stammprodukt ganz oder in Beteiligung weitere Printmedien *(Die Neue Ärztliche, Bild der Wissenschaft*), Verlage (DVA mit Tochterverlagen, Klinkhardt & Biermann Verlag, Keysersche Verlagsbuchhandlung, Xenos Verlagsgesellschaft) und Beteiligungen an Medienunternehmen (Mediengesellschaft Mittlerer Neckar, RPR,[255] RTL plus, 1992 auch RTL 2). Sie machte Fernsehen, Radio und betrieb eine Bildschirmtextredaktion (Btx) sowie einen Videovertrieb mit eigenen Produktionen. Der Vorsitzende der Geschäftsführung, Hans-Wolfgang Pfeifer, initiierte gemeinsam mit den anderen hessischen Zeitungsverlagen den Radiosender FFH, an dem die *FAZ* 11,5 Prozent hielt. 1988 gehörten zum FAZ-Verlag 1150 Mitarbeiter, bis 1993 wurden es 1434.[256]

Pfeifer, der sich in puncto Führungsstil viel von Welter abgeschaut hatte, die Zuständigkeit für Dienstwagen und Reiseanträge zu intensiven und fürsorglichen Gesprächen mit den Redakteuren nutzte und zu einigen von ihnen Spezialbeziehungen unterhielt,[257] akquirierte nun in großem Stil Zeitungen und Immobilien. Im April 1991 kaufte die *FAZ* von der Treuhand die Märkische Verlags- und Druck-Gesellschaft mbH Potsdam mit der Potsdamer Zeitung *Märkische Allgemeine.* Die ehemalige SED-Bezirkszeitung, damals noch unter dem Namen *Märkische Volkstimme*, gab dann bis zu seiner Pensionierung 2005 Alexander Gauland heraus. Der ehemalige Leiter der hessischen Staatskanzlei war in der *FAZ* kein Unbekannter. Häufig rezensierte er für die Zeitung. 1993 geißelte der heutige AfD-Chef in der *FAZ* den deutschen Antiamerikanismus als gefährliche Verblendung: »Diejenigen, die mit dem Antiamerikanismus ihre trüben Geschäfte machen, werden sich nach der Wiedervereinigung, die wesentlich von den Vereinigten Staaten durchgesetzt wurde, etwas Neues ausdenken, von ihren Vorurteilen werden sie nicht lassen.« Gnade fand bei ihm nur – Überraschung – Bismarck, dessen Verständnis für »Freihandel und Weltpolitik, das heißt für England und Amerika« zwar auch nicht besonders ausgeprägt, aber rational kontrolliert gewesen sei. Ansonsten skizzierte er einen unheilvollen deutschen Sonderweg des Antiamerikanismus.[258] Mit dieser Positionierung lag Gauland leicht links vom *FAZ*-Mainstream im Politikteil, wo seine Rezensionen erschienen. So gab es gegen seine Einstellung im Juni 1991 in der Redaktionskonferenz Widerstände vonseiten Kurt Reumanns und Günther Nonnenmachers, da Gauland Vorbehalte gegen die deutsche Einheit unterstellt wurden. Auch Fuhr zeigte sich kritisch. Joachim Fest versuchte die Bedenken zu zerstreuen.[259] Als Leiter der hessischen Staatskanzlei hatte Gauland in Kooperation mit dem Präsidenten des Verbandes Hessischer Zeitungsverleger, *FAZ*-Geschäftsführer Pfeifer, das hessische Landesmediengesetz vorbereitet, was den Privatfunk ermöglichte, darunter das von der *FAZ* mitgetragene Radio FFH. War der Herausgeberstuhl bei der *Märkischen Allgemeinen* ein Gratifikationsposten? Gauland dementiert das, Pfeifer kannte ihn und meinte, der einstige DDR-Flüchtling sei für diese Aufgabe geeignet.[260]

Während die *Märkische Allgemeine* bei stetig sinkender Auflage zumindest überlebte, dabei ein eigenständiges Profil erlangte und 2011 an die Madsack Mediengruppe verkauft werden konnte, erwies sich die Übernahme der Zeitungen der Ost-CDU trotz Fusionen als Fehlschlag. Unter der Leitung der ehemaligen *FAZ*-Korrespondentin in der DDR, Monika Zimmermann, sollte die *Neue Zeit*, das vormalige Zentralorgan der DDR-CDU, Gegenstück zur *FAZ* für Ostdeutschland werden. Die Zeitung wurde auch als journalistisch innovativ gewürdigt, erhielt Preise und Anerkennung, aber Lob von Journalistenkollegen verbessert nicht die Bilanz. Die Verluste von über 100 Millionen D-Mark bedrohten auch die *FAZ*, und die verkaufte Auflage von weniger als 30 000 Exemplaren war nicht rentabel. So wurde das Experiment 1994 beendet. Pfeifer hatte lange an der Zeitung festgehalten und musste von den *FAZ*-Herausgebern zur Einstellung gedrängt werden. Die Rentabilität der Ostzeitungen hatten alle überschätzt.[261] Noch schneller floppten das *Bauernecho*, vormals Zentralorgan der Demokratischen Bauernpartei der DDR (DBD), das unter dem Namen *Deutsches Landblatt* als tägliche Fachzeitung fortgeführt worden war, und der *Demokrat*, die ehemalige Zeitung der DDR-CDU im Bezirk Rostock. Auch *Der Neue Weg* (Halle/Saale), die Leipziger Ausgabe von *Die Union*, und das *Thüringer Tageblatt* aus dem CDU-Bestand wurden bald eingestellt. Schon im September 1991 musste Pfeifer in der Dienstagskonferenz eingestehen: »Die aus dem Besitz der Ost-CDU übernommenen Zeitungen entwickeln sich schlechter als gedacht.«[262] Problematisch war zudem, dass die *FAZ* mit den Zeitungen im Paket auch branchenfremde Unternehmungen wie ein Hotel und ein Ferienheim sowie eine Buchbinderei übernehmen musste, die nach den Haltefristen wieder abgestoßen wurden.[263]

Ökonomisch erwies sich der ideologische Sieg von 1990 nicht als solcher. Pfeifers Auffassung, die »Monokultur Zeitung« neige sich dem Ende zu,[264] führte zu zahlreichen Beteiligungen, die nach der Zeitungskrise 2001 nach und nach wieder abgestoßen werden mussten. Man konzentrierte sich nun wieder auf das Kerngeschäft, was zu einer erneut reaktiven Marktstrategie führte.

EXKURS
BILDER IN DER BLEIWÜSTE

Wer heute eine Ausgabe der alten *Frankfurter Zeitung* zur Hand nimmt, wird nicht unbedingt gesteigerte Lust verspüren, darin zu lesen. Im vierspaltigen Layout gab es wenig Luft, also kaum Weißraum. Kein einziges Bild lockerte den in Fraktur gesetzten Text auf, das Auge fand wenige Anhalts- und Gliederungspunkte. Kurzum, die Zeitung war wie die Konkurrenzblätter eine Bleiwüste. Daran änderte auch der Übergang zur Antiqua 1942 wenig. Gefordert waren für die Lektüre Konzentration und Anstrengung. Das galt ebenso für die neue *FAZ*, auch wenn nun der fünfspaltige Antiqua-Text stärker durch Fraktur-Überschriften und etwas mehr Luft gegliedert war und von der ersten Ausgabe an Schwarz-Weiß-Fotografien publiziert wurden. Gleichwohl blieb die Textlastigkeit und relative Bildfeindlichkeit – zumindest gilt das für die erste Seite – ein Markenzeichen der Zeitung, ihrer Intellektualität und Seriosität. Die Anpassung an das visuelle Zeitalter wurde nur sehr behutsam vorgenommen, und dennoch kam es jedes Mal zu Leserprotesten.

LAYOUTREFORM

Das Layout einer Zeitung soll nicht nur Lesekomfort bieten und übersichtlich sein. Es setzt auch Schwerpunkte und schafft eine Blatthierarchie. Nachdem man in den 1950er Jahren den Zeitungskopf und das Layout in kleinen Schritten überarbeitet hatte, wagte sich Jürgen Eick, 1963 zum Mitherausgeber aufgestiegen, an eine Blattreform. Eicks Ideen, die er in einem Brief an Welter vortrug, zeigen, dass der Chef des Wirtschaftsressorts sich Gedanken über das Erscheinungsbild der gesamten Zeitung machte. Eick kritisierte die »langen Riemen«, die unredigiert in der zu seinem Leidwesen vom Feuilleton betreuten Beilage »Bilder und Zeiten« zu lesen seien. Die Beilage werde zu sehr vom »Ästhetisch-Bildhaften« und zu wenig von aktuellen Gesichtspunkten wie der

»Babypille« bestimmt. Sein eigenes Ressort sei in der Samstagsausgabe zu dominant vertreten. Die deutschen Nationalökonomen, sowieso zu sehr von der Mathematik beeinflusst, könnten nicht gut schreiben. Zudem herrsche in der Zeitung eine »Gefälligkeitsdemokratie« gerade gegenüber »Starautoren«, und es fehlten Witz und Entspannung, besonders die »jüngeren Feuilleton-Redakteure scheinen offensichtlich jeden Witzes bar«. Eick erinnerte in diesem Zusammenhang an die Starfeuilletonisten der Weimarer Jahre, an Kurt Tucholsky, Alfred Polgar und Alfred Kerr. Eicks Zeilen verströmten Selbstkritik, aber auch Selbstbewusstsein.[1]

Das Ergebnis der Überlegungen war eine Blattreform, die den Lesern am 3. Januar 1966 von Robert Held vorgestellt wurde. Die »Fette Gotisch«, die bis dahin alle Überschriften des politischen Teils geprägt hatte, wurde auf die Kommentare von Politik- und Wirtschaftsblatt reduziert. Held begründete dies mit der hohen Auslandsauflage der *FAZ*, die »eine internationale Lesbarkeit wünschenswert erscheinen läßt«. Zudem stellte man von der fünf- auf eine sechsspaltige Seite um. Ziel dieser Maßnahmen war die bessere Lesbarkeit und die »Vermeidung von optischem Lärm«. Der Fortsetzungsroman rückte auf die vorletzte Seite vor den ganzseitigen Feuilleton, das nun auf Seite zwei an einem traditionellen Ort, »unter dem Strich«, begann, wo zuvor der Fortsetzungsroman gestanden hatte. Der Roman wurde von nun an durch drei tägliche kurze Buchrezensionen flankiert, die durch das samstägliche Literaturblatt und die Beilagen im Frühjahr und Herbst ergänzt wurden. Die »Politischen Bücher« des politischen Ressorts kamen hinzu. Damit festigte die *FAZ* ihre Stellung im Rezensionswesen, das sie allein quantitativ bestimmte und bis heute bestimmt.

Schon 1965 hatte man die Rubriken »Schauspiele«, »Musik und Tanz« und »Die schönen Künste« im Feuilleton eingeführt. Das Feuilleton war also ein Gewinner der Blattreform, was Held noch kulturnational begründete: »In allen Kulturnationen nimmt in diesen Jahren die Anteilnahme an ihrem eigensten Wesen – an ihrer Kultur – in erstaunlichem Maße zu. Aller Pessimismus gegenüber der ›Vermassung‹ kann uns nicht blind dafür machen, daß es sich um einen Fortschritt an Zivilisation handelt. Und daß wir recht tun, an ihm tätig teilzunehmen.«[2]

Die Layoutreform war keine Revolution. In der Zeitung achtete man bis 2007 sehr auf behutsame Weiterentwicklung mit Rücksicht auf die lieb gewonnenen Lesegewohnheiten des Publikums. Das Blatt wirkte nun aber klarer und aufgeräumter. Es gab nun ein paar Illustrationen mehr, aber die erste Seite und

Frankfurter Allgemeine

ZEITUNG FÜR DEUTSCHLAND

S-Ausgabe / Samstag, 1. November 1969 · Herausgegeben von Nikolas Benckiser, Bruno Dechamps, Jürgen Eick, Karl Korn, Jürgen Tern, Erich Welter · 60 Pfennig / Nr. 254 · D 2955 A

Englands Konservative wieder zuversichtlich

Ernüchternde Ergebnisse für Labour bei fünf Nachwahlen / Mehrheiten in Hochburgen geschrumpft / Meinungsumfragen widerlegt

Ostblock-Außenminister sehen Gewaltverzicht als Hauptthema

Die Prager Beratungen über eine europäische Sicherheits-Konferenz / Verbindlicher Ton des Kommuniqués

Amerikas Engagement in Laos im Zwielicht

Ein neues Vietnam befürchtet / Widersprüchliche Aussagen über das Ausmaß der Verwicklung

Mit allen

Aschenputtel Wirtschaftspolitik

Von Ernst Günter Vetter

Stewart am 14. November zu Scheel

Brandts Besuch in Berlin

Stoltenberg wieder zu Krupp

Bauernverband kritisiert EWG-Beschlüsse

Bald Leistungsprinzip in der Beamtenbesoldung

Kultusminister Hahn will nicht auf den Bund warten

Veränderlich

Titelseite der FAZ vom 1. November 1969. Die Fraktur ist zurückgedrängt, der Umbruch nun sechsspaltig.

der Wirtschaftsteil blieben (nahezu) bilderlos. Im Politikteil wurden Politiker abgebildet, im bunten Ressort »Deutschland und die Welt« ein Bildaufmacher eingeführt, ebenso im Feuilleton. Vor allem aber nahmen Bilder und die Modezeichnungen von Regina May für die Frauenseite, meist langbeinige Figurinen, in der Beilage »Bilder und Zeiten« einen wichtigen Platz ein.

DIE IKONEN BARBARA KLEMMS

Die Fotografin Barbara Klemm, die die *FAZ* prägte, arbeitete in den 1960er Jahren zunächst im Fotolabor der Zeitung. Angeleitet vom Redaktionsfotografen Wolfgang Haut wagte die gelernte Porträtfotografin sich an die journalistische Fotografie. In den 68er-Tumulten war sie bereits mit der Kamera mitten im Geschehen. 1970 wurde sie fest angestellte Redaktionsfotografin und belieferte Feuilleton samt Tiefdruckbeilage und auch den Politikteil über viele Jahre. 2005 wurde sie pensioniert.

Die durchgängig schwarz-weißen Aufnahmen Klemms haben visuelle Maßstäbe gesetzt, historische Szenen sprechend festgehalten und prägnante Situationen verdichtet; viele sind zu Ikonen der Zeitgeschichte geworden. Oft haben sie schon bei ihrem Erscheinen für Furore gesorgt, so die Aufnahme des Saalschutzes der NPD 1969, die nach Ansicht Walter Scheels dieser Partei den Einzug in den Bundestag verbaute.[3] Aufnahmen wie die von Adorno im Geleit eines Polizisten in seinem besetzten Institut für Sozialforschung 1969, vom Gespräch der vertraut wirkenden Leonid Breschnew und Willy Brandt in Bonn 1973, von der Riege der Ostblockführer in Ost-Berlin beim 30. Jahrestag der DDR 1979, von einem Polizisten, der Demonstranten beim Besuch Reagans in Berlin 1982 mit Knüppeln traktiert, oder von der Vereidigung Joschka Fischers in Turnschuhen 1985 offenbaren, dass Klemm eher aus der linken Perspektive auf die politischen Verhältnisse blickte, sich aber ideologisch nicht korrumpieren lassen wollte und weder den Realsozialismus schonte noch Franz Josef Strauß oder Helmut Kohl fotografisch denunzierte. Am liebsten fotografierte sie wohl Künstler und Schriftsteller sowie Unbekannte auf der Straße.

Klemm war auf die Eigenständigkeit ihrer Fotografien bedacht und haderte mit so mancher von der Redaktion gewählten Bildunterschrift. In der Redaktion erwarb sie sich ein großes Standing. Sie selbst meint, dass sie als Frau leichter mit der Kamera an die Politiker herangekommen sei. Ein Angebot des *Stern* schlug sie unter anderem aus, weil sie dort Frauenthemen abdecken sollte. Da wollte sie doch lieber in einer tendenziell konservativen Zeitung in großer Freiheit die ganze politische Welt vor ihre Linse holen![4]

Barbara Klemms ikonisches Foto, das den Bruch der Frankfurter Schule mit der Studentenbewegung symbolisiert: Theodor W. Adorno lässt 1969 sein Institut für Sozialforschung von der Polizei räumen und erstattet Anzeige wegen Hausfriedensbruch. Auch Barbara Klemm wurde vorübergehend festgenommen. Das Foto erschien auf der Titelseite des »Stadtblatts«, FAZ *1.2.1969, S. 129.*

Klemms Bilder wirken unaufgeregt, geradezu leise. Die schwarz-weißen Kompositionen passten sich gut in die Bleiwüste ein. Aber sie sind zugleich so prägnant und konturenscharf, dass die Bildaussage auf Anhieb verständlich wird. Sie halten den Augenblick so fest, dass er über sich hinausweist. Die Fotografin selbst macht sich unsichtbar, die Porträtierten sollen sich nicht für sie inszenieren. »Zeitgenossen in unbewachten Augenblicken« nannte das der berühmte Ullstein-Fotograf Erich Salomon 1931.[5] Klemm belieferte das Politikressort und das Feuilleton, der besondere Ort für ihre Fotografien war aber die Tiefdruckbeilage »Bilder und Zeiten« mit den langen Strecken auf Glanzpapier und dem großen Aufmacherbild.

Zu den bedeutenden Fotografen der Zeitung gehörte auch Klemms Mentor Wolfgang Haut. Er war Schüler des wohl einflussreichsten Nachkriegsfotografen Otto Steinert, der mit seiner formal streng gestalteten, ins Abstrakte reichenden »subjektiven Fotografie« die Diskussion dieser Zeit bestimmte. Haut war von 1958 bis 1992 Redaktionsfotograf der *FAZ*. Vornehmlich der Stadt Frankfurt, ihrem Personal und ihren Bauten und Ruinen widmete sich Lutz Kleinhans, der lange für die *FAZ* arbeitete und von 1973 bis 1994 als Redaktionsfotograf angestellt war.[6] Einen eigenen Bildredakteur leistete man sich erst 1988, bis dahin verließ man sich auf die ruhige Optik mit klarer Textstruktur und starren Rubriken, die visuelle Ordnung in die Zeitung und das Nachrichtenchaos bringen sollten. Als Bruno Dechamps für das Magazin zuständig war, machte er bei der Bebilderung des Hauptblatts einen gewissen Dilettantismus aus.[7]

TIEFDRUCKBEILAGE UND MAGAZIN

Die samstägliche sechsseitige Beilage »Bilder und Zeiten« erschien seit 1952 und wurde seit 1959 im Tiefdruckverfahren auf mattglänzendem Illustriertenpapier hergestellt. Nach der klassischen Aufteilung gab es die großen Essays auf der ersten und zweiten Seite, die ideengeschichtliche Themen, Reportagen der Auslandskorrespondenten, Porträts oder wissenschaftliche und literarische Sujets zum Gegenstand hatten oder Erzählungen. »Ereignisse und Gestalten« auf der dritten Seite war für politische Reportagen reserviert. Auf der vierten Seite folgten das klassische Feuilleton sowie die von Maria Frisé durchgesetzten vierwöchentlich erscheinenden Kinder- und Jugendbuchrezensionen, die sie auch noch nach ihrer Pensionierung betreute.[8] Die fünfte Seite wurde mit Literaturrezensionen bestückt. Die letzte Seite war lange Zeit, bis 1973, die Frauenseite; danach wurde sie von den Fotografien von Barbara Klemm und Wolfgang Haut dominiert.[9]

Text und Fotografie sollten in der Beilage gleichberechtigt präsentiert werden. Durch die großen Strecken, den Essaycharakter und das wöchentliche Erscheinen frei von jedem Zwang zur Aktualität, hatten die »BuZ« eher Magazincharakter. Viele Gastautoren steuerten Porträts, ideen- und zeitgeschichtliche Betrachtungen, Berichte aus fernen Ländern und Literaturbesprechungen bei. Vilma Sturm, die 240 Texte für die Beilage schrieb, markierte im Rückblick die Bandbreite ihrer Themen. So schrieb sie »über Schäfer, Rheinschiffer und Zauberer, über Roulettespiel und Glockenguß, über Dirnen, Zigeuner und Brieftaubenzüchter, über den Hexenglauben, den Kölner Karneval, den Zoo und die Friedhöfe, über Island und Marokko, über Lourdes und Taizé, über Radfahren, Wandern und Baden …«.[10] Die längste, heute noch an anderer Stelle fortgeführte *FAZ*-Serie startete am 15. Juni 1974 mit Reich-Ranickis »Frankfurter Anthologie« auf der vierten Seite der Beilage. Klassische und moderne kurze Gedichte werden hier von bekannten Autoren interpretiert. In der Zeitungskrise wurde die Beilage 2001 eingestellt und zwischen 2006 und 2012 noch einmal wiederbelebt, allerdings auf ordinärem Zeitungspapier. Dann war diese, in den Boomzeiten zwischen zweihundert Seiten Immobilienanzeigen versteckte Preziose Geschichte.

Typisch für die *FAZ* war, wie die Beilage von 1968 an schleichend zu ihrer Leiterin Maria Frisé kam. Nachdem diese zehn Jahre freie Mitarbeiterin gewesen war, erhielt sie einen festen Redaktionsvertrag. Für sie war im Feuilleton im siebten Stock in der Hellerhofstraße aber kein Schreibtisch frei, geschweige denn ein Zimmer. Also setzte sie sich an den Umbruchtisch, wo Robert Held ihr Können bemerkte, der damals für das Feuilleton samt »Bilder und Zeiten« verantwortlich war. Als Held schließlich als Sonderkorrespondent und Berater der Herausgeber in das politische Ressort im neunten Stock umzog, blieb Frisé allein zurück und betreute die Beilage fortan bis zu ihrem Ausscheiden aus der Zeitung 1990 in großer Unabhängigkeit – nur die Texte zum Historikerstreit wurden ihr von Joachim Fest oktroyiert.[11]

1980 wurde unter Mithilfe des Chefredakteurs der Monatszeitschrift *Capital*, Johannes Gross, nach dem Vorbild des *Zeit*-Magazins das *FAZ*-Magazin ins Leben gerufen. Es lief der Beilage »Bilder und Zeiten« als Edelbeilage der *FAZ* etwas den Rang ab, wie Maria Frisé meinte, zumal dort auch bessere Honorare gezahlt wurden.[12] Zunächst wurde sogar die Einstellung der Samstagsbeilage erwogen und ob das Magazin »Bilder und Zeiten« genannt werden sollte, nachdem der Traditionstitel »Die Gegenwart« wegen des Einspruchs Wirthles fallen gelassen worden war. »Frankfurter Allgemeine Magazin« war dann eher eine Verlegenheitslösung.[13] Gross war zunächst als Herausgeber des Magazins vorgesehen, insbesondere Welter hatte sich auf seine alten Tage sehr um ihn bemüht.[14] Als Gross, der auch schon einmal als Herausgeber für das Feuilleton und Stadtblatt gehandelt worden war und als Blattkritiker eingeladen wurde,[15] dann aus gesundheitlichen und konzeptionellen Gründen – er wollte ein international konkurrenzfähiges Magazin machen – aus dem Rennen war, übernahm Bruno Dechamps als nun zuständiger Herausgeber die Leitung des Magazins; auf ihn folgte Hugo Müller-Vogg.[16]

Berühmt wurde das freitags von einer eigenen Redaktion produzierte, einer leicht verteuerten *FAZ*-Ausgabe beigegebene Magazin für seine farbigen Fotostrecken, seine Reportagen, die Aphorismen von Johannes Gross (»Daß alle Menschen Brüder werden sollen, ist ein Traum von Einzelkindern«[17]) und den Proust'schen Fragebogen, dessen Frage nach den am meisten bewunderten militärischen Leistungen der Geschichte immer wieder zur Verwunderung führte. Auch Wortlaut-Interviews, die zu dieser Zeit noch in der *FAZ* verpönt waren, heute aber in allen Produkten der Zeitung üblich sind, wurden dort abgedruckt. Das von vornherein mit Blick auf die Anzeigenkunden geplante teure Magazin rentierte sich nicht mehr, als die Anzeigenkunden auch im Hauptblatt farbig inserieren konnten und dorthin wechselten.[18] 1999 wurde das Supplement eingestellt.

2013 lebte das Magazin unter dem Titel »Frankfurter Allgemeine magazin« als großformatige, samstägliche Monatsbeilage unter der Verantwortung von Alfons Kaiser (ansonsten für »Deutschland und die Welt« und Mode zuständig) wieder auf. Es ist jetzt ein Lifestyle-Produkt, das inhaltlich und in den Anzeigen für Luxusmarken wirbt, Modemacher, Literaten und Musiker interviewt und eine bissige Karikatur von Karl Lagerfeld enthält. Die Modestrecken mit einschlägigen Hipstern entsprechen eher nicht der hausüblichen Bekleidung der Redakteure.

KARIKATUREN

Die Karikaturen der *FAZ* sind heutzutage mit dem berühmten grandiosen Duo »Greser & Lenz« verbunden, die Johann Georg Reißmüller an die Zeitung holte. Das war in den 1990er Jahren durchaus ein Politikum, zählten sich die beiden Aschaffenburger Künstler doch zur »Neuen Frankfurter Schule«, die wiederum eng mit dem Satiremagazin *Titanic* und der ironisch im Namen aufgenommenen Frankfurter Schule zusammenhing. Reißmüller bewies aber nicht nur durch ein Stalinporträt in seinem Büro Sinn für schwarzen Humor – sein Nachfolger Berthold Kohler wartet immerhin noch mit einer großen Leninbüste auf –, sondern offenbarte auch wesensverwandte Züge zu Achim Greser und Heribert Lenz, die in der lustvollen Verletzung jeglicher Political Correctness und einer Sympathie für den sogenannten kleinen Mann lagen.

Noch länger, nämlich seit 1972, prägte aber Ivan Steiger den Politikteil der Zeitung mit Tausenden von Karikaturen. Steiger war nach der Niederschlagung des Prager Frühlings aus der Tschechoslowakei emigriert. Während »Greser & Lenz« den volkstümlichen Barock mit Sprechblasen und Liebe zum kuriosen Detail pflegen, ist Steigers Stilmittel die Reduktion, die auf jegliche Worterläuterung oder Zitate verzichtet. Steiger bot dem Totalitarismus mit wenigen Strichen die Stirn. Der auch als Filmemacher tätige Karikaturist steuerte im Lauf der Zeit mehr als 9000 Zeichnungen zum Inhalt der *FAZ* bei. Ebenfalls seit 1972 lieferte ein anderer Dissident des Ostblocks Karikaturen, zumeist von Tyrannen und Diktatoren: Der Berliner Fritz Behrendt musste zunächst mit seiner Familie vor den Nationalsozialisten in die Niederlande fliehen, wo er gegen Kriegsende von der Gestapo verhaftet wurde. Dann leistete er einige Zeit sozialistische Aufbauarbeit in Ost-Berlin und geriet erneut in die Fänge einer Diktatur, konnte aber wiederum in die Niederlande emigrieren.[19] Steiger und Behrendt verkörperten das zeichnerische Pendant zur totalitarismuskritischen Ausrichtung der politischen Redaktion der *FAZ*.

Am 19. Januar 1989 hatte Erich Honecker prognostiziert, dass die Mauer noch 100 Jahre stehe. FAZ-Karikaturist Fritz Behrendt nahm darauf zwei Tage später Bezug. Titel der Karikatur: Honeckers Aussichten.

Mit Hanns Erich Köhler, der seit 1958 für die *FAZ* zeichnete, gab es so manches Problem. Köhler war 1943 Professor an der Deutschen Hochschule für Bildende Kunst in Prag gewesen, wo er die Fachklasse für Gebrauchsgrafik und Illustration geleitet hatte, und wurde in der *FAZ* deshalb mit »Professor« betitelt. Wie so viele andere hatte auch er für *Das Reich* gearbeitet. Er reagierte offenbar recht empfindlich auf Kritik, wie im Herausgebergremium vermerkt wurde.[20] Die Wellen schlugen hoch, als Köhler Vizekanzler Erich Mende (FDP) mit Ritterkreuz zeichnete (Bundespräsident Heuss hatte ihn dazu ermuntert). Der »schöne Erich«, auf dessen Eitelkeit die Karikatur anspielen sollte, warf Köhler daraufhin vor, für den antisemitischen *Stürmer* gezeichnet zu haben und nur auf Protektion Reinhard Heydrichs Professor geworden zu sein. Köhler wies dies in einem Brief an Verlagsdirektor Muckel empört zurück und verlangte, dass die *FAZ* ihn schützen solle. Die Zeitung hielt Mendes Vorwürfe für unberechtigt, Welter legte Köhler dennoch nahe, über Mende keine Karikaturen mehr zu zeichnen, aber die Gleichsetzung seiner Ritterkreuz-Karikatur mit übler Nachrede (in Bezug auf seine Biographie) empörte Köhler ebenfalls.[21] Später stritt man sich noch mit Köhler, weil der die Verkleinerung des Formats für seine Karikaturen nicht akzeptieren wollte.[22]

DAS BILD AUF SEITE EINS

Schon vor dem Mauerfall und der großen Layoutreform von 2007 gab es auf der ersten Seite der *FAZ* hin und wieder Bilder, auch wenn die Legende anders lautet. In den 1950er Jahren waren das hin und wieder kleine Porträtfotos, von denen das erste am 31. März 1950 erschien und den gerade verstorbenen ehemaligen Ministerpräsidenten Léon Blum zeigte. Auf dem zweiten war eine Frau zu sehen, nämlich die verstorbene Ehefrau von Bundespräsident Heuss, Elly Heuss-Knapp (21.7.1952). Auch Kurt Schumacher (22.8.1952) wurde anlässlich seines Todes abgelichtet. Erst mit Dwight D. Eisenhower (zu seiner Wahl und mit Frau am 6.11.1952) und Theodor Heuss zu seinem siebzigsten Geburtstag kamen Lebende auf der Titelseite ins Bild, Heuss sogar auf einem großformatigen Foto (30.1.1954). Nach dem Sturz Georgi Malenkows wurden sogar eine Gruppe von Personen präsentiert: Neben dem gestürzten Ministerpräsidenten sein Nachfolger Nikolai Bulganin und der erste Sekretär der KPdSU Nikita Chruschtschow (9.2.1955). Nach dem Tod des Berliner Regierenden Bürgermeisters Otto Suhr (Titelseite vom 31.8.1957) riss diese Porträttradition

Frankfurter Allgemeine

ZEITUNG FÜR DEUTSCHLAND

Freitag, 5. Oktober 2007 · Nr. 231 / 40 R 1 — HERAUSGEGEBEN VON WERNER D'INKA, BERTHOLD KOHLER, GÜNTHER NONNENMACHER, FRANK SCHIRRMACHER, HOLGER STELTZNER — 1,60 € D 2955 A F.A.Z. im Internet: faz.net

Lokführer wollen drei Stunden streiken

Mehr zum Thema im Internet auf unseren Seiten www.faz.net/bahnstreik

HEUTE

Die F.A.Z. in neuem Kleid

Das Erscheinungsbild ändert sich, der Qualitätsanspruch bleibt. Wie und warum diese Zeitung ihr Layout erneuert, zeigt unser Video: **www.faz.net/layout-reform**

Deutsche Waffenbrüderschaft

Neustart als Daimler AG

Lethargische Bayern

Dokument der Mutlosigkeit

Moschee-Streit im Römer

Die Präsidenten Kim Jong-il (rechts) und Roh Moo-hyun feiern in Pjöngjang ihre Friedensinitiative.

Nord- und Südkorea streben Friedensvertrag an

Engere Kontakte vereinbart / Gemeinsame Erklärung zum Abschluss des Gipfeltreffens

P. K. SEOUL, 4. Oktober. Mehr als fünfzig Jahre nach dem Ende des Korea-Krieges wollen die beiden koreanischen Staaten eine permanente Friedensregelung anstreben, die die gegenwärtig gültige Waffenstillstandsvereinbarung aus dem Jahr 1953 ersetzen soll. …

Massenfestnahmen in Burma

UN-Gesandter: Mission gescheitert / Junta-Chef angeblich zu Treffen mit Suu Kyi bereit

Siemens muss Geldbuße zahlen

Beck verteidigt seine Vorschläge zur Agenda

Oswald Mathias Ungers gestorben

Friedenstöne

Von Klaus-Dieter Frankenberger

Wir bleiben uns treu

Von Werner D'Inka

Die Lesegewohnheiten ändern sich. Der Qualitätsanspruch dieser Zeitung besteht fort.

Eine Revolution: Seit dem 5. Oktober 2007 macht die FAZ jeden Tag mit einem Farbfoto auf.

ab. Die nächsten dreißig Jahre störte kein Bild auf der ersten Seite den *FAZ*-Leser. Diese bildlose erste Textseite wurde nun geradezu zu einem Markenzeichen der Seriosität der *FAZ*.

Am 12. November 1989 illustrierte die *FAZ* dann mit der Bildunterzeile »DURCHBRUCH« das Aufreißen der Berliner Mauer am Potsdamer Platz. Am 4. Oktober 1990 kam das nächste Foto auf die Titelseite. Unter dem Aufmacher »Die Deutschen leben wieder in einem gemeinsamen souveränen Staat« war ein Foto der Einheitsfeier vor dem Reichstag aus der Perspektive des mit Wunderkerzen feiernden Volkes platziert. Die Zeitung hatte sich die deutsche Einheit zu ihrem Auftrag erkoren und wich in Erfüllung dieses Auftrags von der Bildgestaltung ab, an der sie, anders als die meisten Konkurrenzblätter und die meisten Westdeutschen allgemein, so viele Jahre festgehalten hatte. Nach »9/11« machte die *FAZ* gleich mit zwei Fotografien auf der Titelseite auf: Unter der Schlagzeile »Angriff auf Amerika« waren der noch stehende rauchende Turm des World Trade Center und daneben der amerikanische Präsident abgebildet. Als *FAZ*-Leser Joseph Ratzinger zu Papst Benedikt XVI. wurde, brachte die Zeitung am 20. April 2005 das Bild des neuen Papstes auf der Benediktionsloggia. Alle diese Bilder waren in Schwarz-Weiß. Seit 5. Oktober 2007 erscheint täglich ein Farbfoto über dem Aufmacher auf Seite eins. Damit beugte man sich den visuellen Erwartungen eines mehr schauenden und überfliegenden Publikums im Zeitalter der Bilderflut. Aber auch diesmal protestierten viele Leser und beklagten den Abschied von der gediegenen Bleiwüste.

7
FEUILLETONDEBATTEN

Das Feuilleton der *FAZ* gilt als führend in Deutschland. Seine redaktionelle Größe ist unangefochten und seine Qualität anerkannt. Für andere Feuilletons hatte es hinsichtlich der Ausdehnung Vorbildcharakter. Die dort angestoßenen und ausgefochtenen Debatten veränderten und prägten die politische Kultur und dienten als maßstabbildende Referenzgröße in den kulturellen Sparten (Literatur, Oper, Theater, bildende Kunst) und den Geisteswissenschaften. Die Marke »Debattenfeuilleton« wird heute mit Frank Schirrmacher verbunden. Aber schon sein Mentor Joachim Fest initiierte Debatten, auch vor dem Historikerstreit, der die *FAZ* bis ins Mark erschütterte und zu einer tiefen Feindschaft zwischen Fest und Marcel Reich-Ranicki führte. Fest ging es vor allem um historische Themen. Wie am Beispiel der Filbinger-Kontroverse oder der Serie »Holocaust« bereits gesehen, argumentierte er dabei keineswegs apologetisch. Die NS-Zeit blieb aber der Fokus des Hitler-Biographen. In den 1970er Jahren begann er eine Debatte um Antisemitismus in Fassbinders Drama »Der Müll, die Stadt und der Tod«, mit der hier begonnen werden soll.

DIE FASSBINDER-KONTROVERSE

Ende der 1960er Jahre wurde das noble Frankfurter Westend vom »Frankfurter Häuserkampf« erschüttert. Die mit fester sozialdemokratischer Hand regierte Stadt plante eine Ausweitung der City in das gutbürgerlich geprägte Westend. Der Abriss von maroden Altbauten ohne Rücksicht auf städtebauliche Substanz und die Wiedervermietung an gewerbliche Mieter erzürnte die Alteingesessenen. Die Suprematie der Stadtplaner, die sich in die Tradition des traditionsfeindlichen »Neuen Frankfurt« der 1920er Jahre unter Stadtplaner Ernst May stellten, war damals noch ebenso ungebrochen wie das Ideal der autogerechten Innenstadt.[1] Einige der Investoren waren Juden, unter ihnen

Ignaz Bubis, dessen Methoden der Immobilienspekulation auf besonders heftigen Widerstand stießen. Bubis wurde zum Ziel linken, aber auch bürgerlichen Widerstands und Frankfurt von den ersten Hausbesetzungen der Republik und den damit verbundenen Polizeieinsätzen erschüttert. Für die linke Protestbewegung wurde Bubis zum Inbegriff des Kapitalisten – des jüdischen Kapitalisten. Gerhard Zwerenz verfasste über die Auseinandersetzung den Roman »Die Erde ist unbewohnbar wie der Mond«, den Rainer Maria Fassbinder für sein Bühnenstück »Der Müll, die Stadt und der Tod« adaptierte. Bei Erscheinen der Textfassung protestierte Joachim Fest heftig, sprach von »Linksfaschismus« und witterte Antisemitismus und Hetze. Antisemitismus konnte für ihn durchaus von links kommen.[2] Sein damaliger Feuilletonchef Günther Rühle vermutet Reich-Ranicki hinter Fests Intervention. Das Verhältnis der beiden war noch intakt vor Fests Film »Hitler – Eine Karriere«, der ein Jahr später herauskam und Reich-Ranicki tief verstörte, und vor allem vor dem Historikerstreit.[3] Fest war nun aber in allem allein schon ästhetisch der Gegenentwurf zum schmuddeligen Fassbinder. Einer besonderen Anstiftung zur Kritik bedurfte es nicht.

Die Kollegen von *Frankfurter Rundschau*, *Spiegel*, *Süddeutsche Zeitung* und *Zeit* folgten Fests Deutung jedoch nicht und kritisierten die Rede vom Linksfaschismus harsch[4] – den in ein Wespennest stechenden Begriff hatte Fests späterer Intimfeind Jürgen Habermas im Zusammenhang mit den gewalttätig werdenden Achtundsechzigern erfunden. Der Suhrkamp Verlag zog die Fassbinder-Edition erschrocken zurück, wobei sich Siegfried Unseld öffentlich gegen Fests Vorwurf des Antisemitismus wie Linksfaschismus verwahrte, aber die Reproduktion von Klischees einräumte.[5] Das Werk wurde einstweilen nicht aufgeführt.

1981 wurde Fassbinders Stück dann neu veröffentlicht, und Ulrich Schwab, Generalmanager der Alten Oper, beabsichtigte es im Rahmen der »Frankfurter Feste« aufzuführen. Dafür hatte er schon Heiner Müller als Dramaturgen gewonnen. Einstweilen gelang es dem Frankfurter Oberbürgermeister Walter Wallmann jedoch, das zu verhindern. Als sein prominenter Kulturdezernent Hilmar Hoffmann dann Fests Feuilletonchef Rühle, einen der bedeutendsten Theaterkritiker der Zeit, als Intendant des Frankfurter Schauspiels von der *FAZ* abwerben konnte, bescherte dieser der Stadt zum Einstand gleich die Erstaufführung von »Die Stadt, der Müll und der Tod«. Rühle hatte den Häuserkampf selbst miterlebt, nun ging es ihm um die Kunstfreiheit, und er sah Fassbinders Stück nicht als antisemitisch an. Wallmann musste sich auf einen Appell beschränken, denn er hatte keine rechtliche Handhabe, das Stück des unabhängig arbeitenden Intendanten zu verhindern. Dafür besetzten bei der Premiere am 13. Oktober 1985 Mitglieder der Frankfurter Jüdischen Gemeinde, angeführt von Ignaz Bubis, der sich in dem Stück bloßgestellt und antisemitisch karikiert sah, die Frankfurter Bühne. Spät in der Nacht nahm Hoffmann sein Hausrecht wahr und erklärte das Theater für geschlossen. Rühle ließ aber nicht locker und lud zu einer als »Wiederholungsprobe« getarnten Pressevorführung am 4. November ein. Danach setzte Hoffmann das Stück dann angesichts andauernden Widerstands der Jüdischen Gemeinde und internationaler Proteste ab.[6]

Die Presse wertete zumindest die Inszenierung mehrheitlich nicht als antisemitisch.[7] Die *FAZ* hatte sich freilich festgelegt. Joachim Fest griff den ehemaligen Feuilletonchef vehement *ad hominem* an. Er warf Rühle eine kalkulierte Provokation und Opportunismus in seinem einstigen Ressort vor, denn früher seien sie einer Meinung über den Rang von Fassbinders Stück gewesen. Anders als später beim Historikerstreit zeigte Fest große Sensibilität für die Gemütslage der Frankfurter Juden und beschrieb seinen Kontrahenten als »Typus des in Deutschland verbreiteten moral-rigoristischen Trampels, der ausschließlich für wahr hält, was verletzend ist und keinerlei Gefühl schont«.[8] Das war konservative Intellektuellenkritik, die allerdings auf einen ehemaligen Mitarbeiter zielte. Damit war das Tischtuch zerschnitten zwischen den beiden, die nie richtig miteinander warm geworden waren. Bei Gerhard Stadelmaier, dem neuen Theaterkritiker der *FAZ* (1989–2015), war Rühle aus theaterästhetischen Gründen nun auch nicht mehr wohlgelitten. Stadelmaier perfektionierte das Stilmittel seines Vorgängers Georg Hensel, besonders degoutante Aufführungen durch besondere Kürze der Rezension zu strafen (ein weiteres waren die vorangestellten Motti). Sein Resümee zu Rühles Amtszeit nach fünf Jahren war in dieser eindeutigen Kürze gehalten. Unter der Überschrift »Zuviel« hieß es über die »Faust«-Inszenierung von Einar Schleef, einem Schützling Rühles: »Vier Stunden Stampfen, Stöhnen, Skandieren, Marschieren, Koitieren und des Massen-Gretchens angelegentliches Defäkieren in Putzeimern beenden die Intendanten-Ära Rühle am Frankfurter Schauspiel. Das sind vier Stunden und eine Ära zuviel. Einar Schleefs ›Faust‹-Exerzieren macht aus Goethes Stück einen Theaterkasernenhof. Ich verweigere den Wehrdienst.«[9]

Im Feuilleton kam es über diese Abrechnung zu einer heftigen Auseinandersetzung, da der Stil des Hauses, der im Positiven wie im Negativen von einem Hauch Zurückhaltung geprägt war, missachtet worden sei. Wenig überraschend erhielt Stadelmaier Unterstützung von Fest, den er verehrte und der die Diskussion mit den Worten beendete, wer kürzer schreibe, habe länger recht.[10] Aber auch im Lokalteil der Zeitung fiel der Abgesang auf Rühle kritisch aus. Neben dem Fassbinder-Skandal wurde besonders das »laute« Theater Schleefs, das zu einem Austausch des Publikums geführt habe, kritisiert. Die »Faust«-Inszenierung Schleefs zeige eines sicher nicht: Goethes »Faust«. Fassbinder und Schleef bildeten so die Klammer auf der »Leporello-Liste des Negativen«, und die Überschrift lautete entsprechend: »Geschlossene Vorstellungen, lautes Theater«.[11]

Nach Fests Ausscheiden aus der Zeitung luden die Herausgeber Rühle, mittlerweile Feuilletonchef beim *Tagesspiegel*, als eine Art Geste der Versöhnung zum Abendessen ein.[12] Die *FAZ* war Vorreiter bei dem Versuch gewesen, einen Literaten des Antisemitismus zu überführen. 2002 wiederholte sich das Ganze unter Fests Nachfolger Schirrmacher, der in Walsers Werk »Tod eines Kritikers« Antisemitismus ausmachte.[13] Das Vorbild wird Schirrmacher im Kopf gehabt haben. Und auch Reich-Ranicki, den Walser als eine literarische Figur in seinem Roman ermorden ließ, war wieder ein Motiv beim Protest der *FAZ*.

DER HISTORIKERSTREIT UND DER BRUCH ZWISCHEN FEST UND REICH-RANICKI

Der Historikerstreit entbrannte in einem Klima des Missbehagens, denn viele linksliberale Intellektuelle und Medien fürchteten die von Bundeskanzler Helmut Kohl nur vage formulierte »geistig-moralische Wende« und wandten sich gegen Museumsprojekte wie das Haus der Geschichte der Bundesrepublik in Bonn und das Deutsche Historische Museum in Berlin. Jürgen Habermas und seine Mitstreiter sahen darin eine Renationalisierung und eine konservative Geschichtsoffensive.[14] Nicht zuletzt spielten in dieser Kontroverse die Leitartikel von Michael Stürmer – der auch Kohl beriet – in der *FAZ* eine Rolle. Der Historikerstreit entzündete sich dann an Thesen des an der Freien Universität in Berlin lehrenden Historikers Ernst Nolte.

Nolte war der *FAZ* schon länger als Autor verbunden. Joachim Fest und Nolte hatten sich 1969 kennengelernt. Fest lud den Historiker dann zur gelegentlichen Mitarbeit bei der *FAZ* ein. Die beiden distanzierten und distinguierten Herren empfanden Respekt füreinander, wurden aber nicht zu

Freunden.[15] Von 1974 an lieferte Nolte Beiträge für die Zeitung, darunter große Stücke in der Tiefdruckbeilage. Sie handelten von seinen auch in Buchform verbreiteten Themen, also vorwiegend von Nationalsozialismus, Faschismus, Bürgertum und Kaltem Krieg. Aber auch die Kritik an der Lage der Hochschulen nach 1968 war ein Thema.[16] Es zeigte sich, dass der als unkonventioneller Liberaler gestartete Autor, der in die damals konservative Geschichtswissenschaft den stark marxistisch belasteten Faschismusbegriff als generische Bezeichnung auch des Nationalsozialismus wissenschaftlich eingeführt hatte, nun, in den 1980er Jahren, bei den Konservativen angelangt war. Dies galt auch für Debatten innerhalb des Fachs.[17] Diesen Weg gingen viele der ehemaligen Reformer, die dann entsetzt über die Exzesse und den Verfall von Niveau und der hergebrachten akademischen Kultur mit Nolte den »Bund Freiheit der Wissenschaft« gründeten, etwa die Sozialdemokraten Hermann Lübbe und Richard Löwenthal.

Der ehemalige Studienrat Nolte war promovierter Philosoph, nicht Historiker, was man der von ihm selbst etwas missverständlich als »phänomenologisch« bezeichneten Methode auch anmerkte. Das Buch »Der Faschismus in seiner Epoche« von 1963 hatte Nolte, von Theodor Schieder protegiert, nicht nur einen Lehrstuhl, sondern auch allenthalben Anerkennung von Kurt Sontheimer bis Hans-Ulrich Wehler eingebracht. Das Werk wurde vielfach übersetzt.[18] Die vergleichende Faschismusforschung war damit der marxistischen Terminologie entrissen worden. Der rechte, damals aber durchaus noch im Mainstream sich bewegende Journalist und Politikwissenschaftler Armin Mohler empfand Noltes Buch freilich als generationell bedingten Ausdruck der »Selbstgeißelung« und eines »schwarzen Messianismus«, wonach das deutsche Volk sich wenigstens im Bösen von allen anderen unterscheiden solle, was wie ein Vorgriff auf Noltes eigene spätere Formulierungen klingt.[19] Nolte vergaß Mohlers Kritik nicht, hielt er doch dessen Wertung für sehr gewichtig, denn Mohler hatte, was bis heute nicht bekannt war, seit 1961 die Entstehung von Noltes Buch eng begleitet, immer wieder seine Aufsätze kommentiert und auf Literatur verwiesen. Der intellektuelle Austausch, auch über Schüler und Projekte, blieb bestehen, obgleich Nolte sich weiterhin mit dem »Liberalen System« identifizierte, das gleichwohl nicht mit Liberalismus oder »Liberismus« zu verwechseln sei, wie Nolte dem selbst erklärten »Liberalenbeschimpfer« Mohler erläuterte.[20]

1986 war Nolte nun für einen Vortrag zu den Frankfurter Römerberggesprächen ein- und nach Kenntnisnahme des Redemanuskripts wieder ausgeladen worden (Nolte vermutete dahinter Kuratoriumsmitglied Habermas).[21] Seinen Vortrag schickte Nolte daraufhin an Joachim Fest, der ihn zur Lektüre an den Feuilletonredakteur Konrad Adam weiterreichte. Dieser redigierte ihn und empfahl den Artikel als interessant, worauf er unter dem Titel »Vergangenheit, die nicht vergehen will« am 6. Juni 1986 im Feuilleton der Zeitung erschien. Der Untertitel »Eine Rede, die geschrieben, aber nicht gehalten werden konnte« enthielt bereits ein gewisses Skandalisierungspotential. In dem Erfolgsbuch über den Faschismus wie in dem Artikel für die *FAZ* waren viele von Noltes späteren Thesen bereits angelegt, so die genetisch modifizierte Version der Totalitarismustheorie,[22] das heißt eine auf die bolschewistische Revolutionsdrohung abhebende Faschismusdeutung. In dem *FAZ*-Artikel von 1980 über »die negative Lebendigkeit des Dritten Reiches«, der auf einem Vortrag in Mohlers Siemens-Stiftung basierte, hatte Nolte bereits die Kernthese aufgestellt, die seine Position im Historikerstreit markierte. Nolte erklärte nicht mehr nur den Faschismus und dessen deutsche Variante, den »Radikalfaschismus« der Nationalsozialisten, sondern auch »Ausschwitz« (der Begriff »Holocaust« war noch nicht eingebürgert) für eine Reaktion auf den Bolschewismus und seine Vernichtungstaten:

> Auschwitz resultierte nicht in erster Linie aus dem überlieferten Antisemitismus und war im Kern nicht ein bloßer »Völkermord«, sondern es handelte sich vor allem um die aus Angst geborene Reaktion auf die Vernichtungsvorgänge der russischen Revolution. Diese Kopie war um vieles irrationaler als das frühere Original, und es fällt schwer, ihr auch nur ein pervertiertes Ethos zuzugestehen. Sie war entsetzlicher als das Original, weil sie die Menschenvernichtung auf eine quasiindustrielle Weise betrieb. Das begründet zwar Singularität, ändert aber nichts an der Tatsache, daß die sogenannte Judenvernichtung des Dritten Reiches eine Reaktion oder verzerrte Kopie und nicht ein erster Akt oder das Original war.[23]

Der Aufsatz rief damals bereits scharfe Kritik hervor, auf welche Nolte, ungewöhnlich für einen Autor, per Leserbrief reagierte.[24] Ein Historikerstreit blieb jedoch vorerst aus. Was war nun neu in seinem Aufsatz von 1986? In Frageform spitzte Nolte seine provozierenden Thesen zu:

> Vollbrachten die Nationalsozialisten, vollbrachte Hitler eine »asiatische« Tat vielleicht nur deshalb, weil sie sich und ihresgleichen als potentielle oder wirkliche Opfer einer »asiatischen« Tat betrachteten? War nicht der »Archipel GULag« ursprünglicher als Ausschwitz? War nicht der »Klassenmord« der Bolschewiki das logische und faktische Prius der »Rassenmorde« der Nationalsozialisten?

Nolte schrieb explizit, dass ein Mord einen anderen nicht rechtfertige, aber er merkte an, dass es in die Irre führe, wenn man nur auf »den *einen* Massenmord hinblickt und den anderen nicht zur Kenntnis nehmen will, obwohl ein kausaler Nexus wahrscheinlich ist«.[25] Diese Passagen wurden Nolte als Relativierung der Singularität des Holocaust ausgelegt, obwohl Nolte selbst in seinem Faschismusbuch den Nationalsozialismus und dessen Taten als einen singulären Versuch des Aufstands gegen die praktische Transzendenz verstanden hatte. Daran hielt er (wie im obigen Zitat ersichtlich) weiterhin fest, und 1986 führte er in seinem Aufsatz über die »Vergangenheit, die nicht vergehen will« aus, dass der nationalsozialistische Rassenmord sich qualitativ von der sozialen Vernichtung der Bolschewiki unterschied. Später differenzierte Nolte zwischen einer Einzigartigkeit und einer »Einzigkeit«, die ein Geschehen ganz aus der Geschichte herauslöse. Nolte wollte – das war weniger umstritten – vergleichen, und er meinte – das war im Folgenden der Kern der Kritik – einen »kausalen Nexus« und damit eine Urverantwortlichkeit der bolschewistischen Untaten entdeckt zu haben. Damit stand zur Debatte, ob Hitler nicht zu einem Teil gerechtfertigt sein würde. Nolte unterschied zwischen einem rationalen Kern und einem irrationalen Überschuss. Diese Passagen fanden letztlich keine Zustimmung, weder bei Noltes Fachkollegen noch bei Fest oder der *FAZ*-Redaktion und auch nicht in einer breiteren Öffentlichkeit.

Ein Kritiker hätte nun auf diesen Artikel antworten können und die ausführlichere wissenschaftliche Begründung wäre ein Fall des Rezensionswesens im Anschluss an das im folgenden Jahr erscheinende Buch Noltes über den europäischen Bürgerkrieg gewesen.[26] Den Historikerstreit hätte es dann nicht gegeben. Wie aber entstand eine beispiellose Polarisierung nicht nur in der Zunft der Historiker, sondern weit darüber hinaus in der Medienlandschaft bis hin zur Politik? Warum zerbrachen Verlagsbeziehungen und Freundschaften? Selbst das Wiederaufbrechen einer Krebskrankheit des Historikers Andreas Hillgruber wurde auf den Historikerstreit zurückgeführt, ebenso ein Bombenanschlag auf Noltes Auto, das Bekennerschreiben war hier eindeutig.[27]

Der eigentliche Streit wurde erst durch die Replik von Jürgen Habermas entfacht, der nicht in der *FAZ*, sondern in der *Zeit* zur Attacke blies.[28] Hintergrund war die seit 1980 angekündigte, von vielen befürchtete »geistig-moralische Wende«, die sich jedoch in einigen historischen Projekten wie den Museumsgründungen in Bonn und Berlin manifestierte.[29] Der Nicht-Historiker Habermas, zeit seines Gelehrtenlebens in Furcht vor einer neokonservativen Wende, war durch seinen Schulfreund Hans-Ulrich Wehler, das einflussreiche

Oberhaupt der sozialhistorischen Bielefelder Schule, munitioniert worden. Ironischerweise leistete Paul Nolte, der sich im Verlauf des Streits seiner Namensvetterschaft schämte und später in Ernst Noltes Institut an der Freien Universität Berlin eine Professur erhielt,[30] damals als studentische Hilfskraft für Wehler Kopierdienste. Wehler und Habermas ging es aber nicht nur darum, einen Artikel Noltes zu inkriminieren, vielmehr holten sie in einem vermeintlichen konservativen Wendeklima zum Großreinemachen aus. So konstruierte Habermas eine Viererbande aus sehr verschiedenen Historikern, die mit sehr unterschiedlichen Ansätzen operierten. Dies waren der Historiker, *FAZ*-Leitartikler und Kohl-Berater Michael Stürmer (Vorwurf von Habermas: Identitätsstiftung und Wunsch nach Vereinheitlichung des Geschichtsbildes),[31] der Kölner NS-Historiker Andreas Hillgruber (Vorwurf: Revisionismus)[32] und sein nun in Bonn lehrender Schüler Klaus Hildebrand (Vorwurf: Lob Noltes)[33] sowie Ernst Nolte selbst (Vorwurf: Relativierung der Singularität von Auschwitz). Die Kritik von Habermas an Schuldabwehr und Identitätsstiftung mündete in ein Oxymoron: den Vorwurf einer »deutschnational eingefärbten Nato-Philosophie«. Habermas griff auch gleich das Organ von Nolte und Stürmer an, eben die *FAZ*, der er vorwarf, dass sie gegen Fassbinder völlig zu Recht zu Felde gezogen sei, Nolte den Regisseur aber bei Weitem in den Schatten stelle.[34]

Auf der anderen Seite war Habermas selbst mit seinem Plädoyer für ein »distanzierendes Verstehen« und gegen »kurzatmig pädagogisierende Vereinnahmung einer kurzschlüssig moralisierten Vergangenheit von Vätern und Großvätern« gar nicht so weit von den angegriffenen »Neo-Historisten« (Wehler) entfernt. Nebenbei wurde einer breiteren Öffentlichkeit bekannt, dass Habermas nun stolz auf die »vorbehaltlose Öffnung der Bundesrepublik gegenüber der politischen Kultur des Westens« sei, die seine Generation geleistet habe. Für die Auslotung solcher Gemeinsamkeiten blieb im Hagel der polemischen Rhetorik jedoch kein Raum. Vielmehr eskalierte die Debatte, ging ins Persönliche. Dabei äußerten sich die konservativen Historiker zumeist in der *FAZ* und traten in der *Zeit* nur mit Leserbriefen auf, während die linksliberalen Kritiker es umgekehrt hielten oder halten mussten. Wer die Debatte verfolgen wollte, musste also beide Zeitungen lesen. Bald erschienen aber auch Beiträge in *Welt* und *Frankfurter Rundschau* sowie in Lokalzeitungen und Fachorganen.[35]

Frank Schirrmacher, damals noch ganz in der Rolle des Zöglings von Fest, reagierte schon einen Tag nach Erscheinen von Habermas' Polemik im *FAZ*-

Feuilleton, schien dessen Attacke aber zu unterschätzen, da er sie leicht ironisch behandelte und relativ kurz abtat. Immerhin erkannte er die Intervention als Versuch der »intellektuellen Machtsicherung« des »listenreichen Konservatismenfahnders Habermas«, wie er den Idealismusforscher Dieter Henrich zitierte, der sich mit diesen Worten kurz zuvor im Metaphysikstreit geäußert hatte, in dem Habermas den fachlichen Dissens ebenfalls politisierte. Schirrmacher drehte den Vorwurf der »Vereinheitlichung« des Geschichtsbildes um und warf Habermas vor, dass der intellektuelle Pluralismus im »monströsen Habermasschen ›Projekt der Moderne‹« selten zu spüren gewesen sei.[36]

Fest selbst nahm am 29. August 1986 Stellung, verteidigte Nolte, folgte ihm aber nicht so recht in der These des kausalen Nexus; dafür bezichtigte er Habermas wahlweise »akademischer Legasthenie« respektive des »ideologischen Vorurteils«, da dieser Nolte die Bestreitung der Singularität von Ausschwitz fälschlich unterstellt habe, tat dies dann aber ausführlich selbst. Die Singularitätsthese stehe auf schwachem Grund und marginalisiere die Opfer des Kommunismus, schrieb er und führte dafür Habermas' verharmlosende Rede über die »Vertreibung der Kulaken durch Stalin« an. Mit einer »Empfindungslosigkeit, die schlimmste Erinnerungen heraufbeschwört, macht man sich an irgendwelchen Professoren-Schreibtischen daran, die Opfer zu selektieren«. Diesen brisanten Selektionsvorwurf will Schirrmacher Fest in den Text redigiert haben, so hat dieser zumindest einem Kollegen erzählt.[37] Mit dem Artikel von Fest waren die publizistischen Fronten endgültig geklärt. Fortan richtete sich ein Großteil der Kritik auf Fest, auch innerhalb der *FAZ*.

Unterstützt wurde Fest freilich von seinem Herausgeberkollegen Johann Georg Reißmüller. Dieser hatte sich schon im Rahmen der Diskussion um ein Gesetz zur sogenannten Auschwitz-Lüge im Jahr zuvor gegen den Vorwurf des Aufrechnens gewandt, der dazu geführt habe, dass nun, anders als in der Nachkriegszeit, der »Massenmord an Deutschen in mehreren mittel- und osteuropäischen Ländern, in dem Völkermord-Absichten erkennbar hervortraten«, verdrängt werde. Den Begriff »Vertreibungsverbrechen« empfand Reißmüller als verharmlosend. Jetzt attackierte er Habermas wegen dessen Verharmlosung der Massentötung von Kulaken; dessen Rede sei symptomatisch, und wieder führte er dies auf die Forderung zurück, es dürfe nicht aufgerechnet werden. »Das ist eine falsche Parole. […] Aber der mit moralistischer Attitüde erhobene Appell tut seine schädliche Wirkung.«[38] Reißmüller ging es also um die angemessene, ja gleichberechtigte Würdigung und Erinnerung der Verbrechen an Juden, Opfern Lenins und Stalins und den deutschen Vertreibungsopfern, eine Forderung, die heutzutage – *nach* dem Historikerstreit – kaum noch erhoben würde. Damals widersprach ihm nur teilweise der sozialdemokratische Politikwissenschaftler Richard Löwenthal. Stalins Verbrechen seien mit den Taten Hitlers zu vergleichen, aber Hitlers Vernichtungsabsicht sei unabhängig von Stalin entstanden – dies bedeutete eine Positionierung im Historikerstreit gegen Nolte, dessen »erstes großes Buch« (»Der Faschismus in seiner Epoche«) Löwenthal als Fundstelle für diese Argumentation in zugleich ironischer wie versöhnlicher Manier angab.[39]

In der Redaktion debattierte man 1987 heftig über die ganze Sache, als Noltes Antrag auf Fortsetzung der Edition der Briefe und Tagebücher Theodor Herzls durch die Deutsche Forschungsgemeinschaft (DFG) abgelehnt wurde, obwohl diese selbst ihn um die Editionsarbeit gebeten hatte. Doch die israelischen Kollegen hatten ultimativ den Ausschluss Noltes gefordert. In der Großen Konferenz nannte Jürgen Busche dies einen »ungeheuerlichen Vorgang« und fragte rhetorisch, ob die *FAZ* darüber schweigen solle. Der Feuilletonredakteur Mathias Schreiber, ein Literaturwissenschaftler, entgegnete darauf, dass die *FAZ* mit Noltes den Historikerstreit auslösenden Artikel »schon tief genug in den Teig hineingelangt habe«. Nolte habe nichts dazugelernt und verrenne sich. Alle weiteren Redner – Busche, Reißmüller, Gillessen, Hefty – wandten sich aber in unterschiedlicher Deutlichkeit gegen Schreibers Position. Dabei ging es vor allem um die Behandlung Noltes; Hefty zog hier – wie dann auch in der Öffentlichkeit Michael Wolffsohn – Parallelen zum Dritten Reich. Da half es Schreiber auch nichts, dass er Reich-Ranickis Befund über Nolte – »Nun ist er verrückt geworden« – zitierte. Schreiber kündigte dann einen Artikel Konrad Adams zur Causa an, der offenbar bei der Konferenz nicht zugegen war.[40]

Ob Schreiber bewusst gewesen ist, dass Adam den Historikerstreit durch die positive Evaluation von Noltes entsprechendem Artikel indirekt ausgelöst hatte? Adam schlug sich in seinem Artikel erwartungsgemäß auf die Seite der Mehrheit der Diskutanten in der Konferenz. Die Anschuldigung gegen Nolte bestehe aus einer Unterstellung, der DFG hielt er einen Verstoß gegen ihre eigenen Grundsätze vor. In einem zweiten Artikel legte er in dieser Tendenz nach und attackierte auch »Habermas und seine Domestiken«, die dem Ausland die Stichworte geliefert hatten.[41] In ähnlicher Weise äußerte sich der Historiker Hartmut Boockmann als Mitglied des Hauptausschusses der DFG, der mangels noch bestehender Kooperationsvoraussetzung der Israelis Noltes Antrag nicht habe bewilligen können:

> Wenn die Wissenschaftsfreiheit in diesem Zusammenhang tatsächlich gefährdet ist, wenn Nolte und andere Historiker verleumdet, wenn ihnen Äußerungen zugeschrieben werden, die sie niemals getan haben, so liegt die Ursache dazu bei denen, die diese Kampagne angezettelt haben, also bei Jürgen Habermas und jener Wochenpresse, die ihn für einen Aufklärer hält.[42]

Zu dieser Zeit war Habermas also noch keineswegs der unangefochtene Sieger des Streits, sofern man überhaupt einen solchen ermitteln kann. Zu denen, die im Hintergrund des Historikerstreits die Fäden zogen, gehörte neben Hans-Ulrich Wehler Thomas Nipperdey, der ebenfalls Autor bei C. H. Beck war und im Verlag und im Fach seinen Einfluss geltend zu machen suchte. Auf seine Initiative ist auch die große Festschrift für Nolte zurückzuführen, die 1993 erschien.[43] Auch der eher konziliant und integrierend wirkende Nipperdey konnte aber die Spaltung der historischen Zunft und der gesamten *république des lettres* nicht überwinden. Immerhin schrieb Habermas Nolte nach einem Brandanschlag auf dessen Auto einen Brief und meinte, sich in dessen Lage versetzen zu können. Die Schuld suchte er in einem Postskriptum aber bei der *FAZ*. Er meinte, die »üble Praxis der *FAZ*«, wie sie gerade wieder in einem Artikel von Konrad Adam über den Historikerstreit zum Ausdruck komme, würde »neue Reaktionen mieser Art« heraufbeschwören. Nicht die Attacke auf die Integrität eines Wissenschaftlers (die im Fall seines Freundes Wehler ins Persönliche ging), sondern dessen Verteidigung rief demnach die Gewalt hervor – so weit war die Logik im Historikerstreit gediehen. Eine Durchschrift sandte Habermas an seinen Freund Siegfried Unseld.[44]

Michael Stürmer hatte nicht ganz unrecht, als er in seinem Nachwort zu dem Dokumentationsband des Historikerstreits feststellte: »Jürgen Habermas hat viel erreicht: Mißtrauen, Spaltungen, Sprachverlust. Ich gratuliere niemandem dazu.«[45] Das gilt vor allem für die *FAZ* selbst: Sie wurde, obgleich viele Redakteure Probleme mit Noltes Artikel hatten und eigentlich niemand seine Thesen teilte, zum Organ der von Habermas attackierten »Revisionisten«, wurde als Sprachrohr des konservativen Lagers fixiert und erlitt das Zerwürfnis zwischen Fest und Marcel Reich-Ranicki.

Wie bereits gesehen, hatte Fest Reich-Ranickis Installation bei der *FAZ* zur Bedingung seines eigenen Eintretens gemacht – eine in der Geschichte der

Zeitung ganz ungewöhnliche, ja unverschämte Kautele, die zu großer Verärgerung im Feuilleton geführt hatte, schließlich musste der geschätzte Bohrer für »MRR« Platz machen. Fest hielt die Hand über Reich-Ranicki und versuchte gar, mit einem Brief zwischen Reich-Ranicki und dessen Intimfeind Fritz J. Raddatz zu vermitteln. Interessanterweise strich er dabei Reich-Ranickis begrenzte Kompetenzen heraus: Dieser sei nur für »Literatur im engeren Sinn zuständig«, also nicht für Kritik an Raddatz' Marx-Buch im politischen Teil der *FAZ*.[46] Fest blieb bei Reich-Ranicki weiterhin beim »Sie«, was für ihn und die damalige Zeit in der *FAZ* jedoch üblich war. Im Lauf der Jahre wurde ihr Verhältnis dann etwas distanzierter. Fest versicherte Reich-Ranicki aber noch kurz vor dem Historikerstreit in einem Geburtstagsbrief seiner Freundschaft.[47] Das Ende dieser Freundschaft erläuterte Reich-Ranicki Anfang 1987 in einem Brief an Fests Bruder, der den Literaturkritiker um einen Festschriftbeitrag gebeten hatte. Der Brief ist von einer großen Erregung und Verstiegenheit geprägt. Reich-Ranicki rechtfertigt darin die Berliner Mauer mit den Überlegungen Noltes. Solange dieser an einer Berliner Universität lehren dürfe, erscheine die Mauer nicht anachronistisch. Er führte auch den Hausheiligen der *FAZ*, Dolf Sternberger, als Gewährsmann gegen Nolte an, für den Joachim Fest die für ihn ungewöhnlich private Anrede »lieber Freund« gebrauchte.[48] Vor allem aber hielt er Fest eine größere Loyalität zu Nolte als zu ihm vor. Niemals hätte Fest den Artikel Noltes ohne seine Zustimmung publizieren dürfen.[49] Eine Kopie des sechsseitigen Briefes schickte Reich-Ranicki an Joachim Fest, der dieser Umwegkommunikation ein Ende machte und Reich-Ranicki direkt antwortete.

Fest machte das Zugeständnis, dass es vielleicht besser gewesen wäre, Reich-Ranicki den Nolte-Artikel vor Abdruck zu zeigen, und ebenso, dass man gleich eine Antwort in der eigenen Zeitung hätte platzieren sollen. Er habe versucht, dafür Autoren zu finden. Das wirkte nun nicht sehr überzeugend, gab es doch genug Kritiker Noltes, die in der Zeitung mit dem größten Renommee ohne großes Risiko auf Nolte hätten antworten können. Fest distanzierte sich darüber hinaus von Noltes »professorenhafte[r] Konstruktion«, nicht aber von der Publikation; damit befinde er sich eher in der Tradition der Aufklärung als Reich-Ranicki, der das für sich in Anspruch nehme.[50]

Was folgte, waren ein gespanntes Verhältnis und ein gereizter Austausch, der von Signalen der Versöhnungsbereitschaft flankiert war. Mit dem Ausscheiden Reich-Ranickis aus der Zeitung Ende 1988 verstärkten sich die Spannungen noch einmal. Reich-Ranicki unterstellte Fest in einem Brief an Dolf

Sternberger Antisemitismus. Dieser private Brief wurde, so Reich-Ranicki, aus dem Literatursekretariat entwendet und gelangte über Fest an die Herausgeberrunde. Diese beschloss eine Abmahnung. Das Kapitel Reich-Ranicki schien nun eigentlich geschlossen, denn im Protokoll hieß es, »daß Herr Reich-Ranicki mit dieser Diffamierung [Fests, P. H.] die Basis für eine weitere Zusammenarbeit endgültig zerstört hat«.[51] Es wurde jetzt sehr kleinlich; es ging um ein Büro für Reich-Ranicki nach dessen offiziellem Ausscheiden, das Fest ihm entzogen habe, und Injurien gegen andere Redakteure. Das gebrüllte »blöde Kuh« gegen die Redakteurin Kerstin Holm gab Reich-Ranicki sogar freimütig zu. Das sei journalistischer Alltag, und schließlich habe diese ein »undruckbares und aussergewöhnlich törichtes Manuskript« abgegeben. Und zugleich versicherte er Geschäftsführer Pfeifer seiner ungebrochenen Loyalität zur *FAZ*.[52] Eine Abschiedsfeier des Feuilletons schlug Reich-Ranicki aus.[53] Am Ende blieb er der *FAZ* erhalten, ja er wurde mit Rückenwind seiner zweiten Karriere als TV-Star des »Literarischen Quartetts« (1988–2001) zu einem Übervater des *FAZ*-Feuilletons, und dafür war Frank Schirrmacher verantwortlich.

Schirrmacher, von Fest zum Nachfolger Reich-Ranickis für die Literatur bestimmt, blieb zunächst ganz auf der Linie Fests und ging auf Distanz zu Reich-Ranicki. Schon im Vorfeld des Wechsels des Literaturchefs hatte es Auseinandersetzungen gegeben. Schirrmacher hatte darauf bestanden, dass abseits der »Frankfurter Anthologie« die volle Kompetenz auch für die von Reich-Ranicki 1980 initiierte Serie »Romane von gestern – heute gelesen« bei ihm liegen müsse.[54] Er hatte zudem Reich-Ranickis Vorgänger Karl Heinz Bohrer als Berater engagieren wollen, was dieser wegen anderer Verpflichtungen absagte.[55] Auch dies zeigte aber eine Positionierung gegen Reich-Ranicki an.

Nach Reich-Ranickis Ausscheiden gab es dann sogleich Ärger über eine Laudatio auf den von Fest nicht goutierten Walter Jens aus der Feder des damals noch eng mit Jens befreundeten Reich-Ranicki. Schirrmacher hatte den Text angenommen, aber auf Geheiß von Fest wurde er dann nicht gedruckt. Offenkundig stieß Reich-Ranicki in einem Telefonat mit Schirrmacher Drohungen gegen Fest aus, welche Schirrmacher als auch gegen sich selbst gerichtet empfand und brieflich festhielt: »Sie haben unter anderem gesagt, Sie würden, wenn der Abdruck scheitere, ›Herrn Fest einen Schlag versetzen, von dem er sich bis an sein Lebensende nicht erholt.‹« Schirrmacher verbat sich das, sprach von einem »Krieg gegen den Herausgeber und Teile der Redaktion« und machte einen Friedensschluss quasi zur Bedingung der weiteren Mitarbeit Reich-Ranickis.[56] Dieser, mittlerweile als ständiger freier Mitarbeiter firmierend, publizierte den Text daraufhin in der *Zeit*[57] und wandte sich an Herausgeber Fack und Geschäftsführer Pfeifer. Bei Fack kamen weder die Publikation in der *Zeit* noch die ständigen Anwürfe gegen Fest gut an. Auch jetzt fuhr Reich-Ranicki großes Geschütz auf: Fest nehme Jens übel, dass er sich im Historikerstreit gegen Nolte und Fest positioniert habe. Reich-Ranicki fügte hinzu, dass er damit nicht abweiche vom Standpunkt »des Bundespräsidenten, des Bundeskanzlers, des ehemaligen Bundestagspräsidenten und beinahe aller Historiker und Zeitgeschichtler«. Nun bat er um mündliche Vermittlung, um die sich Fack und Pfeifer in einem Gespräch mit Fest und Reich-Ranicki auch bemühten – aber vergeblich.[58]

Die Spannungen wurden mittlerweile auch außerhalb der *FAZ* wahrgenommen. Eine scharfe Kritik Enzensbergers in der *FAZ* an den von Reich-Ranicki geschätzten, ja regelrecht gemachten Lyrikern Peter Maiwald und Ulla Hahn, die er namentlich freilich nicht nannte, wurde vom *Spiegel* schon als eine Art Dolchstoß bewertet.[59] Fest hatte inzwischen auch ein Veto gegen das Döblin-Porträt Reich-Ranickis eingelegt, das in der von diesem begründeten Serie »Romane von gestern« erscheinen sollte, und zwar mit dem Hinweis, dass der Beitrag bereits anderweitig publiziert worden war. Reich-Ranicki sah darin offenbar Präzedenzfälle und fürchtete um den Publikationsort *FAZ*. In dramatischer Übertreibung schrieb er Fest: »Gewiß können Sie meine Artikel in unserer Zeitung verhindern, aber Sie können mich weder aus dem literarischen Leben der deutschsprachigen Länder vertreiben noch – dies sei in aller Bescheidenheit gesagt – aus der Geschichte der deutschen Literaturkritik streichen.« Den Druck des Döblin-Porträts erklärte Reich-Ranicki nun zum ultimativen Beweis, ob dies das Ansinnen Fests sei oder nicht.[60] Fest erklärte sich dazu dann bereit und verwies im Übrigen auf die Befugnisse Schirrmachers in der Nachfolge Reich-Ranickis.[61]

Eine Versöhnung von Fest und Reich-Ranicki gelang trotz beidseitiger Absichtsbekundungen nicht. Dem stand auf der einen Seite die große Reizbarkeit und Eitelkeit Reich-Ranickis entgegen, der den jungen, selbstbewussten Schirrmacher quasi als neuen Vorgesetzten akzeptieren musste; zumindest nach außen hin gab er freilich Schirrmacher als seine Wahl aus.[62] Und auf der anderen Seite distanzierte sich Fest – nicht nur in den Augen Reich-Ranickis – nicht hinreichend von Nolte, auch wenn er darauf verwies, dass Nolte für seine Texte selbst verantwortlich sei und er ihm keinesfalls in allem folge. Zugleich machte Fest aber auch unmissverständlich klar, was er von Reich-Ranickis historischer Kompetenz hielt: »Ich habe schon mehrfach bemerkt, dass historische

Fragestellungen und Denkvorgänge Ihnen ganz und gar fremd sind und Sie sich nicht in deren Kategorien zurechtfinden können.«[63]

Joachim Fest war inzwischen auch bei anderen Intellektuellen und Journalistenkollegen nicht mehr wohlgelitten. Schon in der ersten Phase der Fassbinder-Kontroverse 1976 war er ins publizistische Visier von Kollegen geraten. Das Ganze wiederholte sich im Historikerstreit und wieder 1989. Fest hatte eine Laudatio auf Golo Mann zu dessen 80. Geburtstag geschrieben. Der dem Erzählen und Einfühlen verpflichtete Historiker Mann war Fest methodisch verwandt und hatte sich auch politisch nach eher linken Anfangsjahren den Konservativen angenähert – wie Fest selbst. Der griff in seinem Geburtstagsartikel eine kurz zuvor von Mann in einem Fernsehinterview geäußerte Injurie über Adorno und Horkheimer auf: »Adorno und Horkheimer, deren ideologisch verbrämtes, von Eitelkeit viel mehr als von Verantwortung für das Ganze geprägtes Rollendenken ihm tief zuwider war, hat er [Golo Mann, P. H.] kurzerhand ›Lumpen‹ genannt, er wisse, was er sage.« Darauf initiierte Fests alter Rivale – siehe Fassbinder-Kontroverse – Wolfram Schütte von der *Frankfurter Rundschau* zusammen mit Ludwig von Friedeburg, dem ehemaligen hessischen Kultusminister und Direktor des Instituts für Sozialforschung, der Heimstatt der Frankfurter Schule, einen Protest gegen Fest. Schütte kritisierte in einem rahmenden Artikel Fests Instrumentalisierung und Veröffentlichung von Manns Herabsetzung, die nach Schütte lediglich in »persönlich-privaten und karrierehistorischen« Gründen wurzelte. Unter der Überschrift »Diffamierung« sammelte sich der Protest gegen Fest, der von Vertretern der Frankfurter Schule wie Hauke Brunkhorst, Helmut Dubiel, Jürgen Habermas, Axel Honneth, Alexander Kluge und Claus Leggewie, aber auch von einem wissenschaftlichen Opponenten wie Niklas Luhmann sowie von Schütte selbst unterzeichnet war.[64]

Was sich hinter den eigenartigerweise von einem Linken entpolitisierend als »persönlich-privat und karrierehistorisch« deklarierten Gründen verbarg, hat erst Tilman Lahme in seiner Biographie Golo Manns enthüllt. Adorno und Horkheimer haben demnach Ende der 1950er und Anfang der 1960er Jahre erfolgreich zweimal Manns Berufung nach Frankfurt verhindert, einmal mit dem Verweis auf Manns Homosexualität, einmal mit dem verklausuliert vorgetragenen Vorwurf eines angeblichen Antisemitismus des Emigranten.[65] Für Fest bezeichnend war seine Reaktion: Die *Rundschau* sei nicht wichtig genug, um zu reagieren, erst wenn die *Zeit* das Thema aufgreife, werde man im Feuilleton etwas machen.[66]

Nach Fests Ausscheiden 1993 rückte die Zeitung immer deutlicher von Ernst Nolte ab. Schon zuvor war Nolte sowohl von externen Rezensenten wie dem Historiker Ernst Schulin als auch von hauseigenen Autoren wie etwa Patrick Bahners in erstaunlich langen Rezensionen in der *FAZ* kritisiert worden.[67] Sachbuchredakteur Gustav Seibt, ein promovierter Mediävist, vergab die in rascher Folge erscheinenden Bücher Noltes an eher kritische Rezensenten, allerdings nicht ausgewiesene Gegner Noltes. Ein von Fest anberaumtes Mittagessen mit Nolte hatten Seibt und Frank Schirrmacher nicht von diesem einnehmen können. Nach einer Fernsehdiskussion 1994 kritisierte Seibt dann Nolte *ad hominem* als »herzlos«.[68] In der Redaktionskonferenz diskutierte man über Nolte und Seibts Reaktion nun recht gelassen. Seibt regte sogar an, Nolte noch einmal in der *FAZ* schreiben zu lassen, was dann nur in Form eines Leserbrief Noltes geschah, in dem dieser äußerte, dass »nun eine ›neue‹ oder ›junge‹ F.A.Z. sich die Maßstäbe der ›political correctness‹ zu eigen macht«.[69] Politikredakteur Volker Zastrow bekräftigte in der Redaktion allerdings noch einmal die ältere Position, Nolte sei Unrecht geschehen.[70]

Zum endgültigen und in dieser Form ganz ungewöhnlichen Bruch der *FAZ* mit Nolte kam es nach einem *Spiegel*-Gespräch, in dem Nolte seine NS-Hermeneutik abermals auf die Spitze getrieben hatte.[71] Wieder schrieb Seibt eine Glosse, betitelt »Nolte, im Ernst«: Der »gesamte, im Wissen des Gelehrten gespeicherte Wahn des von ihm erforschten Zeitalters« spreche aus Nolte.[72] Auch eher Unbeteiligten wie Herausgeber Fack war es mulmig geworden, nicht nur weil Reich-Ranicki sich bei ihm beschwerte. Er fürchtete um das Ansehen der Zeitung.[73] Ähnlich dachten offenkundig sein Nachfolger Günther Nonnenmacher und der konservative Reißmüller. Beide waren nun, 1994, die für den politischen Teil verantwortlichen *FAZ*-Herausgeber. In einem gemeinsamen Brief teilten sie Nolte am 6. Oktober 1994 lapidar und sprachlich unbeholfen mit: »Wir haben Ihr Interview im *Spiegel* gelesen. Darin standen Sätze, die uns erschrecken. Damit haben Sie sich weiteres Veröffentlichen im politischen Teil der Frankfurter Allgemeinen Zeitung verbaut.« Der Brief war auf den Tag vor dem Erscheinen von Seibts Glosse datiert, sodass Nolte in seinem Antwortschreiben an Nonnenmacher und Reißmüller von einem Einverständnis mit dem zweiten, »auf bösartige und grob verzerrende Weise« erfolgten Angriff ausging.[74] Nolte meldete sich noch einmal mit einem Leserbrief zu Wort, in dem er Seibts Kritik zurückwies.[75] In seinem Antwortbrief hatte er den Herausgebern bei Nichtabdruck mit einer Publikation in Italien gedroht, wo er auf große Offenheit bis hin zur kommunistischen Zeitung *L'Unità* stoße.

Der abrupte Bruch mit der *FAZ*, den Nolte nach 25-jähriger Zusammenarbeit als stillos empfand, war nun keine isolierte Aktion der *FAZ*. Auch eine Tagung der Stiftung Weimarer Klassik über den Nietzscheanismus war nach Noltes Interview abgesagt worden, da andere Teilnehmer nicht mehr mit ihm auftreten wollten. Nolte gab der *FAZ* spitzfindig selbst die Schuld an der Eskalation, da sie seinen Artikel gegen das Verbot der Auschwitz-Lüge durchaus im Einklang mit der Blattlinie der *FAZ*, wie Nolte nicht zu erwähnen vergaß, gedruckt habe. Darauf habe sich der *Spiegel* umgehend mit der Interviewanfrage gemeldet.[76]

Die *FAZ* versuchte sich also von Nolte vollständig loszusagen, zu befreien. Das war nicht nur dem rhetorischen Paroxysmus Noltes geschuldet. Nach dem Abgang Fests gab der neue Feuilletonredakteur Ulrich Raulff, auch er noch von Fest eingestellt, unter dem neuen Herausgeber Frank Schirrmacher seinen Einstand mit einer Kritik an der neuen intellektuellen Rechten. Habermas nicht unähnlich, witterte Raulff in einer Gruppe um den *Welt*-Redakteur Rainer Zitelmann Ungemach. Zu dieser Gruppe zählte er auch Extremismusforscher und den Zeithistoriker Arnulf Baring, der zunächst als Fest-Nachfolger auserkoren war.[77] Zitelmann war wiederum wie Joachim Fest als Hitler-Biograph hervorgetreten.[78] Raulffs Artikel wurde von Schirrmacher als Aufmacher ins Feuilleton genommen, da Schirrmacher damit das von ihm präferierte Debattenfeuilleton in Szene setzen konnte. In der Großen Konferenz widerfuhr Raulff aber scharfe Kritik durch Vertreter des Politikressorts. Eckhard Fuhr nahm noch im selben Jahr Zitelmann und seine Mitstreiter gegen Angriffe der *taz* und anderer Medien in Schutz und sprach von einer »Hetzkampagne«.[79] Da war Raulffs Artikel bereits erschienen, den Fuhr natürlich nicht explizit nannte.

Der Umschwung des *FAZ*-Feuilletons wurde auch außerhalb der Zeitung aufmerksam beobachtet. Ulrich Greiner diagnostizierte in der *Zeit*, dass Schirrmacher das Feuilleton nicht auf dem Weg in die »intellektuelle Isolation einer Nolte-Nachfolge« treiben lassen wolle.[80] Fuhr schrieb dagegen in seinen politischen Leitartikeln gegen die überwiegend erfolgreichen linken Kampagnen 1993/94, gegen den konservativen sächsischen Innenminister Steffen Heitmann, der von Kohl vorübergehend für das Amt des Bundespräsidenten vorgeschlagen worden war, die Bevölkerungswissenschaftlerin Charlotte Höhn und Familienministerin Claudia Nolte und den Publizisten Rainer Zitelmann an.[81]

Habermas sah sich weiterhin durch die *FAZ* verfolgt, sei es durch das politische Ressort, sei es durch das Feuilleton. Tatsächlich hatte dort Rezensent

Heinrich Maetzke, Sohn von Ernst-Otto Maetzke, in seiner Besprechung des heftig debattierten »Schwarzbuch des Kommunismus«, das eine verheerende Bilanz mit 100 Millionen Toten aufmachte und in der Einleitung Kommunismus und Nationalsozialismus verglich, Habermas und dessen Freund Wehler wegen deren Attacken auf Nolte noch einmal scharf kritisieren dürfen.[82] Im selben Jahr, 1988, beklagte sich Habermas bitter bei Schirrmacher über die Häme der Berichterstattung über ihn, gipfelnd in einer ironischen Bildunterschrift »Bin ich zu verstehen«, die Habermas' beeinträchtigte Verständlichkeit bei einem Vortrag in Dresden glossierte: Angeführt wurden nicht nur seine Gaumenspalte – freilich unter Bezugnahme auf ein Habermas-Zitat –, sondern auch sein technischer Kampf mit dem Mikrofon und seine »ihrer Unverständlichkeit halber erfundene Wissenschaftssprache«.[83] Habermas bemerkte dazu, er sei bislang erst einmal öffentlich auf seine Gaumenspalte reduziert worden, und zwar von Klaus Rainer Röhl in der linksextremen Zeitschrift *konkret*; das war natürlich nicht sehr schmeichelhaft für die *FAZ*. Er ließ sich von Schirrmacher auch nicht besänftigen und sah Regelverletzungen, Häme, Denunziation und die Unterdrückung von Leserbriefen als gängige Anti-Habermas-Praxis der *FAZ*. Drohend verwies er auf Kopien des Briefes, die er Siegfried Unseld geben werde.[84] Angesichts seiner eigenen Attacken nicht nur im Historikerstreit war dies Idiosynkrasie. Trotz vieler positiver Artikel, nicht zuletzt der Feuilletonaufmacher zu seinem 85. Geburtstag am 18. Juni 2014, hat Habermas nach wie vor das Gefühl, wie er dem Autor schrieb, dass das *FAZ*-Feuilleton feindselig gegen ihn eingestellt sei.[85]

Die Beziehungen zwischen Schirrmacher und Reich-Ranicki blieben noch längere Zeit gespannt. 1991 mahnte Schirrmacher eine frühere Benachrichtigung über abzudruckende Stücke bei Reich-Ranicki an. Im Hinblick auf das »Literarische Quartett« rühmte Schirrmacher nun jedoch: »Die Schriftsteller und Verleger sollten Ihnen Altäre errichten.« Hier klang schon die Panegyrik der Jahre nach Erscheinen von Reich-Ranickis Autobiographie (1999) an. Zu Reich-Ranickis 70. Geburtstag richtete die *FAZ* 1990 auf ihre Kosten eine große Feier im Frankfurter Hof mit Reden von Walter Jens, der zu dieser Zeit noch umstandslos auf Kosten der Zeitung für 500 DM mit dem Taxi aus Tübingen anreisen konnte, sowie Siegfried Lenz und Peter Wapnewski aus.[86] Aber auch 1991 gab sich Reich-Ranicki beleidigt wegen des fehlenden Kontakts zu ihm und dem Tonfall, den Schirrmacher ihm gegenüber in einem Telefonat angeschlagen habe. In typischer Übertreibung klagte er, nie zuvor habe diesen Ton »ein Herausgeber oder Redakteur unserer Zeitung mir gegenüber für angemessen oder zulässig« gehalten.[87] Bei der Feier zum 75. Geburtstag im Frankfurter Hotel Interconti im Jahr 1995 war das vergessen. Eine illustre Gesellschaft feierte »MRR«, diesmal war sogar das ZDF zugegen. Die Kosten teilten sich die *FAZ* und die Deutsche Verlagsanstalt. Schirrmacher partizipierte nun eher am Ruhm Reich-Ranickis als umgekehrt, trug aber weiterhin stetig dazu bei. Zu beiden Feiern war Joachim Fest geladen, wurde aber wohlweislich nicht an Reich-Ranickis Tisch gesetzt.[88] Schirrmacher hatte sich erst auf die Seite Fests geschlagen und seine Kompetenzen gegen Reich-Ranicki entschieden verteidigt. Mit dem späten Ruhm Reich-Ranickis durch das »Literarische Quartett« und dann durch die Autobiographie entwickelte er sich dann stetig zum Panegyriker des Literaturpapstes.

Auch im Streit um die Wehrmachtsausstellung des privaten, von Jan Philipp Reemtsma geführten Hamburger Instituts für Sozialforschung ging es noch einmal um die NS-Vergangenheit und den Zusammenhang mit kommunistischen Gewalttaten. Ein letztes Mal gruppierten sich die Lager wie im Historikerstreit: Die *Zeit*, die *Frankfurter Rundschau* und der *Spiegel* unterstützten das linke Projekt vehement, die *FAZ* kritisierte es. Die vom Filmemacher Hannes Heer mit der expliziten Intention einer Generationenanklage (»Tätergeneration«) konzipierte Wehrmachtsausstellung überwältige emotional mit einer Bilderflut und pauschalisierenden Thesen. Die »Verbrechen der Wehrmacht« wurden ausgestellt, wobei Partisanenkrieg und Verbrechen der Roten Armee, welche die Gewaltdynamik im »Unternehmen Barbarossa« erst erklären,[89] eskamotiert wurden. Es waren zwei ausländische Kritiker, Bogdan Musiał und Krisztián Ungváry, welche die Grundausrichtung dieser Ausstellung infrage stellten und die Bildaussagen von Fotografien der Ausstellung anzweifelten. Die *FAZ* gab ihren in Fachzeitschriften erschienenen Publikationen einen öffentlichen Resonanzraum. Insbesondere Politikredakteur Volker Zastrow brachte mit Berichten über die Kritiken, die auf der ersten Seite der *FAZ* erschienen, und Kommentaren an selber Stelle die Monita in eine breitere Öffentlichkeit. Zudem erhielten Musiał und Ungváry Gelegenheit, ihre Kritik selbst in der Zeitung vorzubringen. Auch Reemtsma konnte seine Position vorstellen.[90]

Die Ausstellung geriet dadurch derart unter Druck, dass sie schließen musste. Eine Historikerkommission zur Überprüfung wurde einberufen, Institutsdirektor Jan Philipp Reemtsma trennte sich von Hannes Heer, und eine neue Ausstellung wurde an den Start gebracht, die freilich an wesentlichen Grundaussagen der alten Schau festhielt. Gleichwohl hatte die *FAZ* nicht nur erfolgreich Agenda Setting betrieben, sondern entscheidend zur Schließung der Ausstellung beigetragen. Eine Korrektur des Geschichtsbildes, das die Wehrmachtsausstellung verbreitete, hat sie letztlich jedoch nicht bewirkt.

Konrad Adam
»Todfeind!«

Vor Jahr und Tag war Ernst Nolte, der große deutsche Historiker, vom Kuratorium der Frankfurter Römerberg-Gespräche zu einem Vortrag über das Nachwirken der nationalsozialistischen Vergangenheit eingeladen worden. Nolte hatte auch zugesagt, war dann aber unter allerlei ungeklärten Umständen wieder ausgeladen worden. Den Text des Vortrags schickte er daraufhin an Joachim Fest, verbunden mit der Frage, ob ihn die Zeitung bringen wolle. Fest gab ihn mir zu lesen, ich fand ihn anregend und originell, und so war er dann wenig später, gekürzt und redigiert, im Feuilleton der *FAZ* zu lesen.

Der Inhalt ist so oft herauf- und heruntergebetet worden, dass er, wenn auch in vielfach entstellter Form, als allgemein bekannt vorausgesetzt werden kann. Um ihn in aller Kürze zu rekapitulieren: Nolte geht den Ursprüngen von Hitlers Selbstbild als Anti-Lenin und seiner Zwangsvorstellung von der tödlichen Bedrohung Deutschlands durch eine jüdisch-bolschewistische Weltverschwörung nach. In der für ihn typischen Form der spekulativen Geschichtsbetrachtung fragt er, ob der Gulag denn nicht ursprünglicher war als Auschwitz und ob der Klassenmord der Bolschewiken nicht als das »logische und faktische Prius« zum Rassenmord der Nazis zu betrachten sei: Schlüsselsätze im Historikerstreit.

Die Antwort ließ nicht lange auf sich warten. Hans-Ulrich Wehler, Schulhaupt der Bielefelder Sozialhistoriker, erkannte einen Angriff auf die von ihm beanspruchte Deutungshoheit über die neuere Geschichte und gab seinem damaligen Assistenten Paul Nolte den Auftrag, »Material zu sammeln«. Das ging dann an Wehlers alten Schulfreund Jürgen Habermas, der es zu einem Aufsatz verarbeitete, der wenig später in der *Zeit* erschien. Sein Vorwurf: Nolte wolle die Deutschen von ihrer historischen Schuld befreien und gemeinsam mit den von ihm so genannten NATO-Historikern Michael Stürmer, Andreas Hillgruber und Klaus Hildebrand die Erinnerung an die Nazi-Zeit »entsorgen«.

Da der Streit von Anfang an über die rein fachliche Ebene hinausging, hat er Wellen erzeugt, die sich bis heute nicht verloren haben. Die Mode, missliebige

Ansichten als prä- oder postfaschistisch zu etikettieren und ihre Vertreter mit der von Martin Walser entdeckten Auschwitz-Keule zu erledigen, kam damals auf, hat seither immer weiter um sich gegriffen und das politische Gespräch vergiftet. Noltes Vergleiche trugen ihm den Vorwurf ein, Massenmord gegen Massenmord aufrechnen und dergestalt verharmlosen zu wollen. Dass Habermas auf seine Art verharmlost hatte, als er für das planmäßige Aushungern der Ukraine die nette Wendung von der »Vertreibung der Kulaken« fand, war keiner Rede wert.

Heute wird niemand mehr behaupten, dass der Widerspruch gegen Noltes eigenwillige Thesen zu einer Auf- oder Abklärung im Umgang mit der Erbschaft des Dritten Reichs beigetragen habe. Das war auch gar nicht Zweck der Sache; Habermas und Wehler wollten ihr Revier markieren und haben das ja auch geschafft. Wie tief der Graben aufgerissen wurde, der die Gesellschaft seither spaltet und die Geschichtserinnerung zu einer Frage des politischen Überlebens gemacht hat, war damals erst im Ansatz spürbar. Johannes Gross flüchtete in den Sarkasmus und kommentierte, der Widerstand gegen Adolf Hitler wachse von Tag zu Tag.

Das war kaum übertrieben. Als ich in jenen Tagen eines Morgens meinem Feuilleton-Kollegen Marcel Reich-Ranicki, dem Literaturchef, der in gewohnter Lautstärke gegen Ernst Nolte Stellung bezogen hatte, über den Weg lief, steuerte er auf mich zu, blieb vor mir stehen, blickte mir bitterböse in die Augen, schnellte den rechten Zeigefinger vor und sprach nur ein einziges Wort: »Todfeind!« Ich habe damals bloß gelacht, Fest, dem ich davon erzählte, natürlich auch. Aber Reich-Ranicki hatte es ernst gemeint.

DER LITERATURSTREIT UM CHRISTA WOLF

Der sich am Vorabend der Wiedervereinigung entzündende deutsch-deutsche Literaturstreit evozierte Dutzende von Artikeln und Stellungnahmen. In manchem ist er dem Züricher Literaturstreit von 1966 vergleichbar, den der Züricher Literaturwissenschaftler Emil Staiger mit einem Angriff auf die *littérature engagée* ausgelöst hatte. Allerdings war der Streit von 1990 wesentlich umfangreicher sowohl in Bezug auf die daran teilnehmenden Schriftsteller und Journalisten als auch auf die verhandelten Streitgegenstände. Vordergründig ging es um die von der DDR-Schriftstellerin Christa Wolf 1990 herausgegebene Erzählung »Was bleibt«, eine Überarbeitung eines Textes von 1979. Geschildert wird die nervenzehrende Beobachtung einer Schriftstellerin durch die

Stasi, die aber im Moment der Publikation, Juni 1990, ihre systemkritische Brisanz verloren hatte.[91]

Folgendes ist nun festzuhalten: Erstens: Ausgelöst wurde der Streit durch zwei nahezu zeitgleich publizierte Verrisse der Wolf'schen Erzählung in der *FAZ* und in der *Zeit*, beide von den Literaturchefs verfasst und beide ähnlich im Tenor, teils mit wortgleichen Formulierungen. Zweitens: Der Streit löste sich von der Rezension des Textes und der Schriftstellerin Christa Wolf ab und weitete sich zur Debatte um die in der DDR gebliebenen Schriftsteller und deren ästhetische, moralische und politische Bewertung. Drittens: Damit verknüpft war, salopp gesprochen, die Frage, ob jüngere Wessis die Lebensleistung von Schriftstellern aus dem Osten bewerten sollten oder dürften. Viertens: Immer wieder wurden dabei Analogien zum Dritten Reich, zur Emigration und zur Aufarbeitung nach 1945 gezogen beziehungsweise die Angemessenheit dieser Vergleiche in Abrede gestellt. Hier kam dann auch der Historikerstreit wieder ins Spiel, der von den Verteidigern Wolfs gegen die *FAZ* ins Feld geführt wurde. Fünftens: Die Debatte weitete sich aber auch zu einer Kritik an westdeutschen Intellektuellen wie Walter Jens, Günter Grass, der »Gruppe 47« und deren »Gesinnnungsästhetik« (Ulrich Greiner) aus. Sechstens: Die Lager waren von einer gewissen Unübersichtlichkeit geprägt und gerade nicht nach West und Ost, Jung und Alt, Ausgereisten und Gebliebenen, Rechten und Linken sortiert. Siebtens: Im Medium des Literaturstreits wurde über die nun zu Ende gehende deutsch-deutsche Vergangenheit und die gesamtdeutsche Zukunft diskutiert, aber auch über die Relevanz der Schriftsteller, die für die Wende in der DDR eher gering veranschlagt wurde.

Der Streit hatte Vorläufer. Nachdem sein Mitarbeiter Uwe Wittstock Christa Wolf bereits 1987 kritisch rezensiert hatte,[92] griff Marcel Reich-Ranicki Wolf wiederholt an. Er war bei einer Festveranstaltung am 25. Oktober 1987 in der Alten Oper in Frankfurt zugegen, bei der Christa Wolf dem von ihr erkorenen DDR-Emigranten Thomas Brasch den (westdeutschen) Kleist-Preis verlieh und eine Laudatio auf Brasch hielt. Reich-Ranicki wollte eigentlich nicht darüber berichten. Aber die Rede hatte ihn so empört, dass er in einigem Abstand im *FAZ*-Feuilleton »polemische Anmerkungen aus aktuellem Anlaß« publizierte. Reich-Ranicki warf der Schriftstellerin vor, das Schicksal des verfolgten und inhaftierten Brasch wie die DDR insgesamt beschönigt zu haben. Er machte nicht nur deutlich, dass er Wolf für provinziell und humorlos, ihre Fähigkeiten für bescheiden hielt, er sprach ihr auch »Mut und Charakterfestigkeit« ab, was er an ihrem Verhalten bei der Ausbürgerung Wolf Biermanns demonstrierte. Die »DDR-Staatsdichterin« habe ihren Protest in einer Selbstbezichtigung zurückgezogen und damit die weniger geschützten Protestierer preisgegeben. Diesen Vorwurf bestritt Wolfs westdeutscher Verlag in einer Stellungnahme. Der Luchterhand-Geschäftsführer Hans Altenhein schrieb, dass Wolf ihre Unterschrift unter den Protest nicht zurückgezogen habe. Nach Recherchen des Germanisten Thomas Anz trifft das wohl zu, doch ohne Zweifel hat Wolf bedauert, die Petition an westdeutsche Medien gegeben zu haben.[93] Auch Thomas Brasch wandte sich umgehend in der *Frankfurter Rundschau* gegen die »Denunziation Christa Wolfs« und bekannte sich zum Sozialismus.[94] Reich-Ranicki wiederholte kurz nach Öffnung der Mauer im »Literarischen Quartett« des ZDF die Kritik an Christa Wolfs Verbleib in der SED nach der Ausbürgerung Biermanns und ihren jetzigen Austritt. Darüber hinaus kritisierte er den fehlenden Beitrag der DDR-Schriftsteller zur Wende.[95]

FAZ-Herausgeber Johann Georg Reißmüller befand sich also einigermaßen auf Reich-Ranickis Linie, als er die Große Konferenz am 24. April 1990 »mit einer Bemerkung über die widerwärtige Rolle, die die Literaten in der DDR gespielt hätten«, eröffnete. Als damals frischgebackener Literaturchef reiste Frank Schirrmacher wenig später nach Potsdam zu einer deutsch-deutschen Schriftstellertagung des Bertelsmann-Konzerns unter dem Titel »Kulturnation Deutschland«, von der er der Konferenz Folgendes berichtete: »In dem Bemühen, ihr materiell zumeist profitables Verhältnis zum SED-Regime entweder zu verdrängen oder zu rechtfertigen, seien ostdeutsche Intellektuelle von westdeutschen beflissen unterstützt worden. So habe sich Gaus zu der Behauptung verstiegen, die Vereinigung Deutschlands laufe für die DDR darauf hinaus, daß eine ›Unfreiheit die andere Unfreiheit ersetzt‹.« Im November beklagte Schirrmacher, die ostdeutschen Intellektuellen wollten eine Vergangenheitsbewältigung verhindern und nähmen damit eine konträre Haltung zu den Intellektuellen nach 1945 ein, die »als moralisches Gewissen fungiert« hätten.[96]

Inzwischen hatte sich Schirrmacher mit der besagten Rezension zu Wolfs »Was bleibt« so stark positioniert, dass er und Ulrich Greiner in Potsdam die geballte Wut west- und ostdeutscher Schriftsteller und ihrer Funktionäre zu spüren bekamen. Schirrmacher und Greiner hatten kurz vor der Veröffentlichung von »Was bleibt« Wolfs Verhalten in der DDR sehr kritisch betrachtet. Dabei stellten beide die Schriftstellerin in die Tradition von Thomas Manns »machtgeschützter Innerlichkeit«. Greiner hielt die Publikation der »Staatsdichterin« nach dem Mauerfall für peinlich. Schirrmacher zog deutliche Parallelen zum Dritten Reich, sprach von nachgeholtem Widerstand und schrieb von einem »zweiten totalitären Sündenfall im zwanzigsten Jahrhundert«.[97] Ulrich Greiner bestreitet heute jede Absprache mit Schirrmacher, zu dem er überhaupt keinen Kontakt gepflegt habe. Die Koinzidenz beider Kritiken ergab sich demnach aus dem bevorstehenden Publikationsdatum von Wolfs Erzählung.[98]

Die Kritik an Wolfs Larmoyanz, an ihrer angemaßten Opferrolle, an ihrem späten Austritt aus der SED im November 1989 – anders als andere Biermann-Petenten war sie nicht ausgeschlossen worden –, an ihrer fortwährenden Option für die DDR als dem vermeintlich besseren deutschen Staat und an ihrem Glauben an einen reformierten Sozialismus, das alles wurde von Großintellektuellen wie Walter Jens, Jürgen Habermas und Günter Grass als Hetzkampagne und Abrechnung in unguter Tradition deutscher Intellektuellenkritik gewertet, als müssten Intellektuelle und ihre politischen Stellungnahmen jeder Kritik entzogen sein. Jens Jessen kritisierte in seinem *FAZ*-Bericht über die Potsdamer Tagung die aktive Anwesenheit des ehemaligen obersten DDR-Zensors Klaus Höpcke und die Abwesenheit der Opfer, ein Setting, das »aus den Unterdrückern und Unterdrückten der DDR ein einig Volk von Opfern machte und die Bundesrepublik als Täter von morgen an die Stelle der kommunistischen Täter von gestern setzte«. Nicht die Ostdeutschen, sondern die dort anwesenden Westdeutschen sah er in einem »Flagellanten-Rausch«. Gegen den Frevel von Greiners und Schirrmachers Kritik, laut Christa Wolf eine »Haßkampagne«, verblasse jedes den Schriftstellern von der SED widerfahrene Unrecht, so Jessens ironisches Resümee.[99]

Mit Schirrmachers Abgesang auf die Literatur der Bundesrepublik – gemeint war der Abschied von der tonangebenden Generation um Walter Jens, Günter Grass und die »Gruppe 47« – und noch mehr mit seinem scharfen Angriff auf die Konformitätszwang ausübende »Gewissensfraktion« von Jens und Grass, deren Weltbild als Religionsersatz »Züge des Wahnhaften« zeige, wurde die Debatte zur Buchmesse 1990 grundsätzlich. Wenn Greiner in der *Zeit* beklagte, dass der Gulag-Schock, den Solschenizyn 1974 ausgelöst habe, an den deutschen Intellektuellen vorbeigegangen sei, so attackierte Jessen in der *FAZ* die Schriftsteller hüben wie drüben (die DDR-Emigranten nahm er aus) als »Hüter der Zweistaatlichkeit«, Kollaborateure des DDR-Staates, als eine Kaste, die nun entmachtet würde. Mit dem Vorwurf der – zudem in Sachen DDR und Stalinismus versagenden – Gesinnungsästhetik brachte Greiner das Verbindende der Literaturen der Bundesrepublik und der DDR auf den Begriff und proklamierte analog zu Schirrmacher deren Ende.[100]

Jessen war indes der bissigste Kritiker der »Sklavensprache« des Schriftstellerverbundes aus ehedem tonangebenden westdeutschen und DDR-Intellektuellen. Beim Erich-Fried-Symposium in Wien spottete er ein weiteres Mal über die »Getreuesten der Getreuen« des »toten Helden der politisch engagierten Literatur«, vor allem aber sezierte er die Wut dieser Getreuen genau: »Das« Feuilleton, eigentlich nur Stimmen aus *FAZ*, *Zeit* und *taz*, hatte die linke Ideologiekritik und Moralisierung gegen ihre Urheber gewendet. Diese fanden sich nun der Staatstreue und Autoritätsgläubigkeit bezichtigt. Dabei bemühte Jessen an dieser Stelle noch nicht einmal die Privilegien, die der DDR-Schriftstellerelite zuteilgeworden waren. Jessen schrieb auch das vorläufige Fazit des Literaturstreits: »Der moralische Kredit jedoch wird dieser deutschen Linken fehlen, solange sie nicht für ihre Mitschuld an der moralischen Entgleisung ihrer Ideen in den Ländern des real existierenden Sozialismus einzugestehen bereit ist.«[101]

Erstaunlicherweise gelang es keiner konservativen oder liberalen intellektuellen Elite, sich derart als dauerhafte moralische Alternative zu dieser deutschen Linken zu institutionalisieren, wie es der Linken nach 1945 gelungen war, die ehemaligen intellektuellen Wortführer zu beerben und zu diskreditieren. Obgleich das einige befürchteten, fehlte Schirrmacher wohl der Wille und die Bereitschaft, aufs Ganze zu gehen. Das Zerwürfnis mit Fest und später auch mit Jessen und Teilen seiner Feuilletonmannschaft sowie die Angriffe des *Spiegel* auf seine akademische Integrität ließen ihn Vorsicht walten. Das Spielerische, für neue Anregungen Empfängliche prädestinierte ihn zudem nicht für eine stringente politische Haltung.

1993 gab es dann noch einen Nachklapp: Christa Wolf machte die Erkenntnisse ihrer Stasi-Akten öffentlich: Von 1959 bis 1962 habe sie eine Zeitlang als IM der Stasi nichtssagende Berichte geschrieben (wusste sie das ohne Akteneinsicht nicht mehr?), danach sei sie jahrzehntelang überwacht worden. In der Großen Konferenz der *FAZ* wurden dieser Sachverhalt und die Stasi-Vorwürfe gegen Heiner Müller debattiert. Einig war man sich, der Stasi-Angelegenheit nicht zu viel Bedeutung beizumessen und kein Outing von IMs zu betreiben. Reißmüller meinte, das eigentlich Kriminelle sei die SED gewesen; Schirrmacher machte Wolf die bekannte Tatsache zum Vorwurf, dass sie Mitglied der SED und Kandidatin des Zentralkomitees gewesen sei. »Sie habe sich zum Haß gegen die Bundesrepublik bekannt und sei bereit gewesen, das System der DDR zu verteidigen und zu unterstützen.« Schirrmacher plädierte dafür, öffentliche Äußerungen von Schriftstellern aus der ehemaligen DDR nicht allzu ernst zu nehmen. Walter Jens hielt er für die »traurigste Figur«, Grass für eitel.[102]

Im Feuilleton kommentierte Schirrmacher die Enthüllungen auf der Linie seiner bekannten Positionen im Literaturstreit. Er nahm Wolf – von der er nun einen Briefwechsel zur Sache mit dem russischen Schriftsteller Efim Etkind abdruckte[103] – nicht ab, sich zur Veröffentlichung der Erkenntnisse aus ihrer Stasi-Akte wegen der Diskussion um Heiner Müller entschlossen zu haben. Der Grund sei vielmehr gewesen, dass die Veröffentlichung ihrer Stasi-Akte bevorgestanden habe. Inhaltlich fand Schirrmacher die Enthüllungen nicht sensationell, da er nicht an die Rolle von Schriftstellern als Gewissen der Nation glaubte, was er ja gerade am Beispiel Wolfs im Literaturstreit gezeigt hatte. Schirrmacher kritisierte die Kollegen der *Zeit* scharf für ihre Spekulationen über Heiner Müller. Er hielt dies für Denunziation als »Kompensation für eigene Irrtümer« der Vergangenheit: der Schönfärbung der DDR. Die Fronten aus dem Historikerstreit waren damit wiederhergestellt.[104]

Anders als im Historikerstreit ging im Literaturstreit kein Riss durch die *FAZ*. Schirrmacher hatte sich und sein Ressort stark profiliert, lag aber inhaltlich auf der traditionellen *FAZ*-Linie der Totalitarismuskritik im Allgemeinen und der DDR-Kritik im Speziellen, auch wenn man an seinen Anleihen bei der linken Ideologiekritik und an der Bezugnahme auf die *taz*[105] bereits taktisches Geschick und Wendigkeit ablesen konnte. Rein zahlenmäßig waren sicher die Kritiker von Schirrmacher und Greiner überlegen; anders als im Historikerstreit kann man aber nicht von einem Sieg der Linksliberalen sprechen. Dafür war die Allianz aus *FAZ*, Greiner von der *Zeit* (wo auch konträre Positionen vertreten wurden) und der *Welt*, die ebenfalls dazugehörte, zu mächtig. Der *Spiegel* argumentierte mit Hellmuth Karasek auch eher in diese Richtung, und viele der Ost-Zeitungen, die gegen die Positionen der Wessis argumentierten, verschwanden schlicht vom Markt. Nur *Süddeutsche* und *Frankfurter Rundschau* erwiesen sich als relativ stabile Gegenpole.[106] Und anders als im Historikerstreit hatten Schirrmacher, Jessen und Greiner die Evidenz der untergehenden DDR, der Stasi-Verstrickungen und der Wiedervereinigung auf ihrer Seite. Dass ihre Gegner zudem den Eindruck einer um ihren Einfluss fürchtenden Seniorenfraktion vermittelten, kam noch hinzu. Schirrmachers Position hatte sich als langfristig belastbar und integer erwiesen. Als er dann nach dem endgültigen Ende des Streits 1994 zum Herausgeber befördert wurde, war nicht mehr zu übersehen, wer der Sieger dieser Debatte war.

SCHIRRMACHERS DEBATTEN- UND ZUKUNFTSFEUILLETON

Das klassische Feuilleton rezensierte: schöngeistige Literatur, Sachbücher, Tonträger, Theater-, Opern-, Filmpremieren, Ausstellungen und Rundfunksendungen. Daneben wurde gebracht, was mit diesen Besprechungen zusammenhing: Berichte aus dem Literatur- und Kulturbetrieb, Vorabdrucke von Romanen, Würdigungen anlässlich von Geburtstagen oder Personalwechseln und Nachrufe. Berichte aus den Naturwissenschaften wurden in der *FAZ* in einem Ableger des Feuilletons – der seit 1958 erscheinenden wöchentlichen Seite und späteren Beilage »Natur und Wissenschaft« – untergebracht. Aber auch schon Karl Korn und vor allem Joachim Fest verantworteten ein politisch getöntes und bisweilen experimentelles und satirisches Feuilleton.

Das berühmte Feuilleton der Weimarer Zeit, insbesondere der *Frankfurter Zeitung*, stand hier Pate. Zu Weihnachten 1977 wurde sogar in einem längeren Artikel gewitzelt, die Intendanten hätten eine dreitägige Fernsehauszeit beschlossen, was viele Leser ernst nahmen. Damals war eine fernsehfreie Zeit während der Feiertage für viele wohl eine Horrorvorstellung.[107] Unter Fests Ägide forderte Konrad Adam 1986 nach dem Reaktorunfall in Tschernobyl auf einer Sonderseite den Ausstieg aus der Kernenergie, was ihm scharfe Kritik aus der Politikredaktion einbrachte.[108] Und Fest initiierte im Herbst 1992, kurz vor seinem Ausscheiden, noch die viel beachtete Serie »What's left«, bei der sich Intellektuelle innerhalb und von außerhalb der Zeitung mit der Linken nach dem Zusammenbruch des Kommunismus auseinandersetzten.[109] Bei der Nachfolgeserie »What's right« im Frühjahr 1994 war dann Fests Schützling Ernst Nolte nicht mehr dabei, dafür griff Frank Schirrmacher selbst zur Feder.[110]

Fest hatte also auch Debatten initiiert. Und er war innovativ. 1985 begründete er die wöchentliche Beilage »Geisteswissenschaften«, die Henning Ritter, Sohn des Münsterschen Philosophen Joachim Ritter, und Schirrmachers Studienfreund Gustav Seibt, der auf Betreiben Schirrmachers 1987 zur *FAZ* gestoßen war, aufbauten. Am 2. Oktober 1985 erschien sie erstmals mit einem programmatischen, die Lage der Geisteswissenschaften eher pessimistisch beurteilenden Geleitwort von Henning Ritter.[111] Das Unternehmen war der viel beachtete Versuch, die *humanities* aus dem Elfenbeinturm zu holen und der interessierten Öffentlichkeit bekannt zu machen. Die Redaktion spürte nun den geisteswissenschaftlichen Trends der Postmoderne nach, wie sie an Beiträgen aus Fachzeitschriften oder Tagungen ablesbar waren.[112] Frank Schirrmacher selbst hat diese Leistungen Fests bei dessen Tod – kurz zuvor hatten sich beide auf Wunsch von Fest versöhnt[113] – anerkannt: Das Feuilleton sei schon zu Beginn der Amtszeit Fests, 1973, ein »imponierendes, meinungsbildendes Ressort« gewesen. »Doch Fest erst hat geschaffen, was es heute ist: ein eigenes Buch, das die Kultur zur dritten Säule nicht nur der Zeitung, sondern der Gesellschaft macht.«[114] Der Theaterkritiker Georg Hensel bestätigte das: »Joachim Fest hat das Feuilleton ab 1985 verjüngt, vergrößert, thematisch erweitert.«[115] Aber unter Korn und Fest trug das Feuilleton noch das Gewand des historisch, das heißt an historischen Stoffen orientieren Rezensionsfeuilletons. Danach wurde das Debatten- und Sensationsfeuilleton zum Kennzeichen dieses Ressorts, auch wenn man natürlich weiter rezensierte und Ausstellungen besuchte. Dies erschien unter Schirrmacher aber immer mehr als Pflichtaufgabe. Die Debatten hatten nun zunehmend prognostischen und alarmistischen Charakter. Zwar wurden auch noch historische Stoffe behandelt, etwa wenn Schirrmacher Bryan Singers Stauffenberg-Film »Operation Walküre« samt dem Ensemble um Tom Cruise hochjubelte. Aber es ging immer mehr um Zeitphänomene wie die sich beschleunigende Überalterung, die Entschlüsselung des menschlichen Genoms und die sich daraus ergebenden Konsequenzen, die Digitalisierung, den Internet-Kapitalismus, den Schirrmacher zunehmend als Bedrohung sah. Bei allem Interesse für die Welt der Algorithmen und ihre Funktionsweise wurde er hier, obgleich er einen kulturpessimistischen Ton zu vermeiden suchte, zum konservativen Skeptiker.[116]

Mit Frank Schirrmacher, der Fest 1994 beerbte, wurden die Grenzen des Feuilletons also noch einmal deutlich ausgeweitet, später auch weiter Richtung Politik verschoben, obgleich Schirrmacher Politikherausgeber Fack versprochen hatte, dass das Feuilleton kein Kontraprogramm zu dessen Produkt bilden werde.[117] Schirrmacher war als vormaliger Literaturchef selbst aus dem Rezensionsfeuilleton gekommen. Wie hier am Beispiel der Kontroverse um Christa Wolf gezeigt wurde, hatte er sich schon dort sehr debattenfreudig gezeigt. Jetzt etablierte er das *FAZ*-Feuilleton erfolgreich als Agenda Setter, als bisweilen redundantes und penetrantes Forum für gesellschaftliche Debatten. Auf diese Agenda konnte so ziemlich alles kommen, auch das, was traditionell ins Politikressort, in die Wirtschaft oder eben in die naturwissenschaftliche Beilage oder gar nicht in eine Tageszeitung gehörte. Denn Schirrmacher öffnete das Feuilleton für die Entwicklungen der Naturwissenschaft, für Hirnforschung und künstliche Intelligenz und die Entschlüsselung des Genoms, die er mit einem von manchen als kühn, von anderen als absurd empfundenen

Einfall zelebrierte: Er druckte die letzten Sequenzen des von Craig Venter entschlüsselten menschlichen Genoms auf sechs Feuilletonseiten ab, das damit am 27. Juni 2000 fast nur aus Kombinationen der Buchstaben A, T, G und C (Adenin, Guanin, Cytosin und Thymin) bestand. Die ungewöhnlichste Feuilletonausgabe aller Zeiten brachte zwar die angestrebte Aufmerksamkeit, sie erntete aber hausintern auch viel Kritik. Konrad Adam, der bald darauf die Zeitung verließ, brachte den »Klamauk, mit dem Schirrmacher ein neues Zeitalter eintrommeln wollte«, in einer Polemik mit dem Benjamin'schen Titel »Das Machwerk im Zeitalter seiner technischen Reproduzierbarkeit« so auf den Punkt:

> Du, kluger Leser, bist in Wahrheit dumm. Zu dumm jedenfalls, um den Sinn und das Gewicht dessen, was wir dir mitteilen wollen, zu begreifen. Deswegen verzichten wir, die Zeitung, auf Information und Erläuterung und bieten dir statt dessen Inszenierung. Wir setzen auf Arrangement, auf die Kulisse, auf Druckbuchstaben und Papier, nicht mehr auf Nachricht und Kommentar.[118]

Einer, der lange an Schirrmachers Seite stand, war Feuilletonchef Ulrich Raulff. Nun war der Linksliberale aber an der Seite des konservativen Adam zu finden. Raulff nahm bald die Gelegenheit wahr, Schirrmachers Feuilleton zu entkommen, und wechselte im Zuge der mittlerweile dritten Emigrationswelle während der Schirrmacher-Ära 2001 zur *Süddeutschen*. Schirrmacher selbst meinte 1999, seine Kritiker in einem Geburtstagsartikel für den Musikkritiker der Zeitung, Gerhard R. Koch, beruhigen zu können. Man habe ihn – angeblich »spaßeshalber« – gefragt, »welche Rolle die Rezensionen im künftigen Feuilleton spielen werden«. Die Rezensionen seien es aber doch, »die erst die Luft schaffen, die allem anderen das Atmen ermöglicht«.[119] So einfach konnte Schirrmacher die Bedenken gegen seine Prioritäten freilich nicht entkräften.

Schon zuvor hatte es im Feuilleton starke Widerstände gegen Schirrmacher gegeben, der dort gern »Nero«, »Dr. h. c. Baby-Nero«, »Caligula«, »Kindkaiser« oder »Karlsson vom Dach« genannt wurde. Denn Schirrmacher fehlte die natürliche Autorität und Ruhe Fests, die mit einer großen Liberalität gegenüber der Feuilletonredaktion gepaart war. Fest hatte Schirrmacher zunächst gefördert. Dabei spielten Schirrmachers Bildung und Intelligenz eine Rolle, ebenso die gemeinsame Abneigung gegen die Achtundsechziger. Nicht zuletzt waren aber auch Schirrmachers Schmeicheleien von Belang, die nicht nur in Mimikry von Fests Stil, sondern auch in offener Adoration zum Ausdruck kamen. So befragte er Fest intensiv für einen Vortrag, den er bei der »Society of Fellows«

der Harvard University über dessen Hitler-Biographie halten wollte, in dem er das Buch dann als das bedeutendste deutschsprachige Werk nach 1945 bezeichnete.[120] Ironischerweise wiederholte Schirrmacher dieses Statement in seinem Nachruf auf Fest. Ironischerweise, denn an der Existenz der Apotheose von Harvard kamen schon 1996 Zweifel auf. Die »Society of Fellows« veranstaltet gar keine Vortragsabende mit Auswärtigen, sondern nur Abendessen. Im Gästebuch findet sich kein Eintrag zu Schirrmacher. Der Vortrag wurde auch, anders als im Manuskript ausgewiesen, nicht gedruckt. Michael Angele ist recht zu geben: Das deutsche (!) Vortragsmanuskript »existierte primär aus einem Grund: damit Joachim Fest es las«.[121]

Als Fest zunehmend Zweifel an der Seriosität seines potentiellen Nachfolgers kamen, suchte er die Bestallung Schirrmachers in letzter Minute zu verhindern, indem er statt Schirrmacher den ehemaligen Berliner Wissenschafts- und Innensenator Wilhelm Kewenig vorschlug. Auch die Historiker Michael Stürmer und Arnulf Baring sowie der Soziologe Wolf Lepenies waren im Rennen. Sie fanden aber keine Mehrheit unter den Herausgebern, da sie entweder als zu alt (Kewenig, der tatsächlich im Jahr des Ausscheidens von Fest verstarb), als zu politisch (Stürmer) oder als zu links (Lepenies) abgelehnt wurden. Tatsächlich setzte sich auch Bundeskanzler Helmut Kohl, den die *FAZ*-Interna immer sehr interessierten, bei Geschäftsführer Pfeifer, den er eigens einbestellte, und telefonisch bei Herausgeber Fack für Schirrmacher ein. Zu Kohl pflegte Schirrmacher einen engen Kontakt, anders als Fest dies getan hatte, der von Kohls intellektueller Qualität nicht besonders viel hielt. Darum ging es Schirrmacher aber nicht, sondern um die Nähe zur Macht, die er immer suchte. Dafür war er auch bereit, langweiligen Monologen im Kanzlerbungalow zu lauschen. Alexander Gauland berichtete, dass Schirrmacher als »Kohls Mann in der *FAZ*« gemeinsam mit Walter Wallmann versucht habe, ihn von einem kritischen Kohl-Buch abzuhalten, das Gauland 1994 dennoch publizierte.[122] Als Schirrmacher dann als Herausgeber wieder engere Bande zu Reich-Ranicki, den er als Literaturchef mit gerade 29 Jahren beerbt hatte, knüpfte, war er bei Fest endgültig unten durch.[123] Aber mit 34 Jahren war er nun dessen Nachfolger geworden, und das, obwohl er nicht nur Fest, sondern viele andere Redakteure gegen sich aufgebracht hatte durch seine Streiche und Drohungen, die einmal sogar zu einer Rauferei in einem Redaktionsbüro führten.[124]

Schirrmachers unstetes, aufbrausendes Temperament, seine Maßlosigkeit und Rachsucht, seine Lügen und Hochstapeleien, die von einer angebli-

Lange Zeit ein enges Verhältnis: Helmut Kohl 1996 zu Besuch in der Frankfurter Redaktion neben Frank Schirrmacher, links Johann Georg Reißmüller und Günther Nonnenmacher.

chen Entführung als Baby in Äthiopien bis zu einer Meningitiserkrankung seines Sohnes reichten,[125] aber auch seine Begeisterungsfähigkeit, seine Originalität und sein Witz sind vielfach beschrieben worden. Literarisch wurde Schirrmachers Charakter in Eckhard Henscheids »10:9 für Stroh« verarbeitet, in dem das Rigorosum von Gustav Seibt in Konstanz (in der Erzählung nach Baden-Baden verlegt) glossiert und Schirrmacher als Chef, Begleiter und rasanter Fahrer von Seibt karikiert wird. Die Erzählung, ursprünglich ein Projekt der Beteiligten – Henscheid war selbst dabei gewesen –, sollte zunächst in der *FAZ*-Beilage »Bilder und Zeiten« erscheinen. Dann gefiel sie Schirrmacher begreiflicherweise nicht, und als sie im Verlag von Fests Sohn Alexander publiziert wurde, nahm das *FAZ*-Feuilleton keine Notiz davon.[126]

Darüber hinaus wird Schirrmachers Charakter in dem Eheroman »Jahre später« seiner ersten Frau Angelika Klüssendorf erkennbar sowie in Stadelmaiers »Umbruch« – beide Male fiktionalisiert und nicht sehr schmeichelhaft, um es zurückhaltend auszudrücken.[127] 2012 wurde Schirrmacher gar in Thomas Steinfelds – ehedem ein Nachfolger Schirrmachers auf dem Posten des *FAZ*-Literaturchefs, nun bei der *SZ* – unter Pseudonym mit einem Freund verfassten Krimi »Der Sturm« ermordet, zumindest erkannte ein anderer ehemaliger *FAZ*-Literaturredakteur im fiktiven Mordopfer deutlich Schirrmachers Züge und Interessen. Erinnerungen an Walsers Rachephantasie in »Tod eines Kritikers« wurden wach.[128] Auf den folgenden Sturm in den deutschen Feuilletons ging die *FAZ* nur satirisch in einem ungezeichneten Stück »unter dem Strich« einer Buchmessenbeilage ihrer Sonntagszeitung ein.[129]

So unterschiedliche Redakteure des Feuilletons wie Konrad Adam, Henning Ritter und Gustav Seibt fanden den herrischen, unberechenbaren, illoyalen und misstrauischen Führungsstil Schirrmachers, der gern einzelne Redakteure vor versammelter Mannschaft abkanzelte, zunehmend unerträglich und der bis dahin gepflegten inneren Liberalität der Zeitung unangemessen. Sie berieten sich mit Fest, der sein Lebenswerk von Schirrmacher bedroht sah. Also schrieben elf Feuilletonredakteure um Literaturchef Gustav Seibt am 24. März 1995 einen Beschwerdebrief an Schirrmacher, der diesen gehörig außer Fassung brachte. Denn in dem Brief war von der Redaktion als einem »Ort, den man morgens mit Beklemmung betritt und den man abends erleichtert verläßt« die Rede und von einer »beunruhigenden Verschlechterung des Arbeitsklimas«. Zudem wurden konkrete Vorkommnisse benannt:

> Vorfälle wie das Verlangen von schriftlichen Begründungen für die Konferenzabwesenheit am 14.3. – verbunden mit der Äußerung, dies sei als Kränkung gemeint – sowie die wiederholt angedeutete Drohung, uns »nach Tarifvertrag« zu behandeln, bestärken uns in dieser Sorge. Solche Äußerungen und Maßnahmen widersprechen aller bisherigen Übung in unserer Redaktion.

Der Schluss des kurzen Briefes enthielt eine verdeckte Drohung: »Wir bekräftigen unsererseits den loyalen Willen zu einer guten Zusammenarbeit im bisher üblichen Geist.«[130]

Schirrmacher, genialisch, intelligent, ehrgeizig, hochstaplerisch und zugleich von Selbstzweifeln geplagt, war über das Aufbegehren entsetzt. Am Abend bat er Henning Ritter, einen der Unterzeichner, mit dem er stabil verfeindet war, zu sich ins Büro. Zunächst entlud sich sein Zorn auf Ritter, dann stieß er Drohungen aus. Ritter wisse wohl, »daß es in der Zeitung nur eines gebe, was absolut unzulässig sei und energisch unterbunden werde: Zusammenrottungen«. Dann brach er schluchzend zusammen und bat Ritter um Rat. Schirrmacher ließ seine ganze Überforderung mit der neuen Herausgeberposition erkennen. Er entwickelte den Plan, die Feuilletonrebellen nun freundlich zu behandeln und dann einen nach dem anderen rauszusetzen. Ritter riet ab. Schirrmacher nahm Ritter schließlich das Versprechen ab, nichts von seinem tränenreichen Zusammenbruch zu erzählen. Ritter schrieb über das Gespräch direkt am Abend des 24. Mai 1995 noch eine längere Aufzeichnung und berichtete über Schirrmachers Planspiel, die Kritiker in Sicherheit zu wiegen und sie dann hinauszuwerfen. Schirrmacher zitierte ihn tags drauf in sein Büro und verlangte ein Dementi. Das verweigerte Ritter und verwies auf seine Aufzeichnungen.[131]

Fest und die Fronde im *FAZ*-Feuilleton bedienten sich dann des *Spiegel*. Das Nachrichtenmagazin hatte Schirrmacher in der Meldung über die Bestellung zum Herausgeber als »interessanten Polemiker«[132] vorgestellt. Noch vor Schirrmachers Amtsantritt begann der *Spiegel* sich aber auf ihn einzuschießen.[133] Der Frontalangriff kam Mitte Mai 1996 und stammte von Jan Fleischhauer. Herausgeber Augstein hatte ihn gewollt, Chefredakteur Aust, der wie alle wichtigen Medienleute mit Schirrmacher bereits befreundet war, hegte Bedenken.[134] Unter dem programmatischen Titel »Überflieger im Abwind«, mit einem unvorteilhaften Bild ausgestattet, zitierte der *Spiegel* aus dem nun schon rund ein Jahr zuvor verfassten Beschwerdebrief der Feuilletonredakteure, die das Arbeitsklima unter dem »autoritären Chef-Ideologen«, so die *Spiegel*-Charakteristik, kritisierten. Der Beschwerdebrief war nicht nur an die *FAZ*-Herausgeber und die Geschäftsführung gelangt. Seibt hatte ihn dem von ihm ob seines liberalen und kompetenten Führungsstils sehr geschätzten Altherausgeber Fest gezeigt, der ihn offensichtlich an seinen alten Bekannten Rudolf Augstein weitergegeben hatte.

Noch peinlicher als die Querelen in seinem Ressort war für Schirrmacher, dass der *Spiegel* seine wissenschaftliche und persönliche Integrität in Zweifel zog. Die ohnehin nur schmale Siegener Doktorarbeit des Feuilletonherausgebers über »Schrift als Tradition. Die Dekonstruktion des literarischen Kanons bei Kafka und Harold Bloom« sei nahezu mit dessen Heidelberger Magisterarbeit über Kafka aus dem Jahr 1984 identisch. Ein Großteil der Arbeit sei bereits ein Jahr vor der Doktorarbeit publiziert worden, und Schirrmacher habe zudem das Promotionsdatum im »Munzinger Archiv« vordatiert. Zum schlechten Ende zitierte das Magazin noch zwei eher negative Gutachten und ließ das Lob von Doktorvater Hans Ulrich Gumbrecht als ein Geschäft auf Gegenseitigkeit erscheinen. Tatsächlich hatte Schirrmacher im Jahr der Einreichung seiner Promotionsschrift Gumbrecht in einem überaus lobenden Artikel über das erste geisteswissenschaftliche Graduiertenkolleg in Siegen als »inspirierende[n] Hauptinitiator des Kollegs« eigens hervorgehoben und dieses als mögliche »Zelle einer weltoffenen Gelehrtenrepublik« gefeiert. Gumbrecht wurde in diesem Jahr auch Gastautor der Feuilletonbeilage »Geisteswissenschaften«.[135]

Der *Spiegel* hatte freilich auch nicht alle Sachverhalte vollkommen richtig datiert. So wurde die Dissertation im August 1987 im Fachbereich Sprach- und Literaturwissenschaften der Universität-Gesamthochschule Siegen abgeschlossen, also im Jahr des Erscheinens des Suhrkamp-Sammelbands mit einer teilweise identischen Publikation.[136] Gleichwohl war der schwache Aufguss der Magisterarbeit für Schirrmacher peinlich. Fest hatte Schirrmacher einst die (wohlwollende) Bedingung gestellt, zu promovieren, um die Nachfolge Reich-Ranickis in so jungen Jahren vertretbar erscheinen zu lassen. Schirrmacher gaukelte Fest offenkundig vor, dass er schon fast fertig sei, und schusterte dann auf die Schnelle die wenigen Ergänzungen zu seiner Magisterarbeit beziehungsweise zum Suhrkamp-Sammelband zusammen.

Die *Spiegel*-Attacke war genau getimt, der Artikel erschien rechtzeitig zum alljährlichen Jour fixe der Feuilletonredakteure mit den Korrespondenten und »Festen Freien«, wo Schirrmacher heftig unter Beschuss geriet. Nach der Schilderung des damaligen Ressortleiters Raulff wollte man Schirrmacher zum Rücktritt drängen. Beim Ausflug der Feuilletonisten nach Assmannshausen wurde Schirrmacher dann noch von Taubendreck getroffen. Doch zu seiner Ablösung kam es nicht.[137] Dafür sorgte schon der *Spiegel*-Artikel, denn wie Schirrmachers Herausgeberkollege Hugo Müller-Vogg im *Focus* feststellte:

> Bei uns ist noch niemand aufgrund seiner Promotion zum Ressortleiter oder Herausgeber gemacht worden. Natürlich stehen die Herausgeber der *FAZ* zu Frank Schirrmacher. Das sollten alle »Spiegel«-IMs genau wissen. Der »Spiegel«-Artikel greift die Person Schirrmachers an, um die Qualität des Feuilletonteils der *FAZ* in Mißkredit zu bringen – ein durchsichtiges Manöver, das keinen Erfolg haben wird.

Schirrmacher räumte in diesem Artikel zwar die Fehldatierung seiner Promotion ein: »Eine Schlamperei, gewiß«, erklärte aber auch, er werde sich nicht auf das Niveau des *Spiegel* begeben. Die Angriffe gegen die *FAZ* (als die er die Attacke gegen seine Person geschickt deklarierte), seien von außen lanciert worden.[138]

Einige von Schirrmachers Opponenten – neben Seibt waren das Jens Jessen, Jan Roß und Stephan Speicher – verließen das Blatt nun und gingen zur *Berliner Zeitung*. Der *Spiegel* legte noch einmal nach, indem er berichtete, dass nach der Enthüllungsgeschichte »über Schirrmachers Trickserеien mit seiner Magisterarbeit« das Redaktionsklima bei der Konkurrenz noch schlechter sei als zuvor. Schirrmacher wurde diesmal als »selbstbesessener, fintenreicher Kohl-Fan« betitelt.[139] Letzteres war wohl das denkbar schlimmste Attribut, das die *Spiegel*-Redaktion damals zu vergeben hatte.

Nachdem auch der konservative Glossenschreiber Konrad Adam, der gegen die Genom-Ausgabe opponiert hatte und mit Schirrmacher heftig aneinander geraten war,[140] und Ulrich Weinzierl im Jahr 2000 das Feuilleton sang- und klanglos Richtung Springers *Welt* verlassen hatten, ließ sich der *Spiegel* den dann folgenden dritten Exodus nicht entgehen. Diesmal verabschiedeten sich Feuilletonchef Raulff, Literaturchef Thomas Steinfeld und Augsteins Tochter Franziska gemeinsam zur *Süddeutschen*. Raulff war ebenfalls mit dem Genom-Feuilleton Schirrmachers nicht einverstanden. Im wesentlich kleineren Feuilleton der *Süddeutschen* (15 Redakteure gegenüber 80 *FAZ*-Feuilletonisten) wurden die Redakteure weniger von festen Kompetenzschranken eingeengt, und es gab eben keinen autoritären Herausgeber mit einem fast manischen, aber dann doch zügig wieder beendeten Faible für die Genforschung. Neben erneuten persönlichen Invektiven gegen Schirrmacher mit seinem »pausbäckigste[n] Kindlicher-Kaiser-Lächeln« arbeitete der *Spiegel* das Neuartige der Abgangswellen heraus. Für die *FAZ*-Redaktion habe bis »zum Jahr 1996 nach Christus« gegolten: »Wenn da einer schied, dann nur in Rente oder von uns.«[141] Das stimmte so nicht, aber die Abgangswellen waren schon etwas Neues.

Schirrmacher gab sich gegenüber dem *Spiegel* keineswegs beleidigt und verweigerte sich den Gesprächsanfragen nicht. Als der *Spiegel* mit einem erneut kritischen und mokanten Stück über die Layoutreform der *FAZ* 2007 aufwartete – die Überschrift »Ratz ›FATZ‹« war identisch mit dem Titel des Stücks über den Raulff-Abgang –, konzentrierte sich die Kritik dann mehr auf den konservativen politischen Leitartikler Georg Paul Hefty und attestierte Schirrmacher neben »Selbstdarstellungshandwerk« immerhin die Eröffnung der Debatte um die zunächst in der *FAZ* publik gemachte Waffen-SS-Vergangenheit von Günter Grass; Schirrmacher sorge ab und an für »Zungenschnalzen«.[142] Die Bewertung Schirrmachers im *Spiegel* besserte sich dann weiter, bis seine Bücher schließlich mit nun vorteilhafterem Porträtfoto und Vorabessays ohne jede mokante Rahmung beworben wurden.[143] Schirrmacher gelang sogar das Kunststück, auch in der *Bild* regelmäßig gelobt zu werden. Mit deren Chefredakteur Kai Diekmann lebte er nahe Potsdam in guter Nachbarschaft.

Schirrmacher verstand sich also nicht nur mit den jeweils Mächtigen gut, ihm gelang es auch immer wieder, alte Streitigkeiten beizulegen, ganz gleich was vorher geschehen war – oder alte Verbindungen brutal zu kappen. Auch das konnte er. 2001 legte Martin Walser seinen neuen Roman »Tod eines Kritikers« vor, der wie andere Bücher Walsers im Feuilleton vorab in Fortsetzung veröffentlicht werden sollte. Vorangegangen war 1998 Walsers Rede in der Paulskirche, in der er die »Omnipräsenz von Ausschwitz« beklagt und die »Monumentalisierung der Schande« durch das Holocaust-Denkmal in Berlin kritisiert hatte.[144] Schirrmacher hatte damals die Laudatio auf den Friedenspreisträger des Deutschen Buchhandels gehalten. Nach der scharfen Kritik des Vorsitzenden des Zentralrats der Juden, Ignaz Bubis, hatte er dann der »Walser-Bubis-Kontroverse« ein großes Forum in der *FAZ* geboten, bis hin zu mehreren Aufmachern auf Seite eins und Fotostrecken eines Versöhnungsgipfels im Feuilleton unter Schirrmachers Leitung.[145]

Im »Tod eines Kritikers« erkannte Schirrmacher die literarische Ermordung von Marcel Reich-Ranicki, dessen Verrisse Walser so verarbeiten wollte. Schirrmacher identifizierte zudem ein »Repertoire antisemitischer Klischees« in Walsers Roman. Besonders kreidete er dem Autor an, dass er zu den Vorfahren seines Protagonisten »Juden zähle, darunter auch Opfer des Holocaust«. Zweimal griff Schirrmacher dieses »darunter« als Relativierung auf (»als wäre die große Mehrheit der europäischen Juden eben nicht Opfer gewesen«). Doch mit Vorfahren können nun nicht ausschließlich Verwandte gemeint sein, die in der Zeit des Nationalsozialismus gelebt haben. Das »darunter« bezieht sich eindeutig auf eine größere Generationenkette. Reich-Ranicki und seine Frau hatten das Warschauer Ghetto jedenfalls überlebt. Schirrmacher zieh nun Walser der »verbrämt wiederkehrenden These, der ewige Jude sei unverletzlich«.[146]

Schirrmacher bot also das größtmögliche rhetorische Arsenal gegen Walser auf. Ob der Vorwurf des Antisemitismus zutrifft, ist bis heute umstritten.[147] Walsers Biograph Jörg Magenau meint, Walsers Buch sei nicht antisemitisch, vielmehr handle es davon, wie Antisemitismus zum Medienthema gemacht wird – oder in Walsers Diktion: wie Auschwitz instrumentalisiert wird. Walsers Buch habe geradezu das Skript für Schirrmachers Kampagne abgegeben.[148] Eckhard Henscheid sieht die Vorwürfe in der Verwechslung von Rollenprosa und Autorenmeinung begründet. Auch in der *FAZ*-Literaturredaktion war die Meinung anfangs keineswegs einhellig, wie später von Schirrmacher und Literaturchef Hubert Spiegel behauptet wurde.[149] Wie immer das Urteil ausfiel und ausfällt, Schirrmacher hätte gute Gründe gehabt, aus Sorgfaltspflicht für seinen Vorgänger den Roman nicht zu veröffentlichen. Statt Walser dies mitzuteilen, schrieb er einen offenen Brief an den Autor, in dem er in schärfster Form seine Antisemitismusvorwürfe erhob. Niemand konnte diese nachprüfen, da Walsers Buch noch nicht auf dem Markt war. Schirrmacher hatte das Organ der konservativen Fraktion im Historikerstreit flugs zur Avantgarde des Antisemitismusverdachts umgemodelt und damit eine hysterische Debatte losgetreten, die nicht nur durch Walsers Vorgeschichte geprägt wurde, sondern auch im Zeichen einer erregten Debatte zwischen dem FDP-Politiker Jürgen Möllemann und dem Publizisten Michel Friedman stattfand, in der es ebenfalls um Antisemitismus ging. Die Öffentlichkeit war jedenfalls sensibilisiert, seit Schirrmacher Walser mit der Keule attackiert hatte, und behandelte den Roman »mit pornographischer Gier, in der man sich darauf beschränkt, die verdächtigen ›Stellen‹ herauszupicken«.[150]

Gab Schirrmacher im Fall Walser eine alte Beziehung preis, so war eine erneute Annäherung für einen anderen Betroffenen ebenfalls nicht von Vorteil. Als Günter Grass, der 1970 Korn seinen politischen Boykott der *FAZ* mitgeteilt hatte,[151] Schirrmacher und Literaturchef Hubert Spiegel ein großes Interview über seine Autobiographie gab, sahen er und sein Verlag sich durch die sensationalistische Aufmachung mit der Enthüllung der Waffen-SS-Vergangenheit getäuscht. Tatsächlich machte die *FAZ* im Stil der *Bild* auf: »Günter Grass: Ich war Mitglied der Waffen-SS«. Und Schirrmacher kommentierte auf der ersten Seite im großen Leitartikel »Das Geständnis«. Die Presseagenturen erhielten eine Vorabmeldung.[152] Allerdings verblüffte die Naivität, die Grass an den Tag legte – dessen Lebensthema als Schriftsteller nun einmal die deutsche NS-Vergangenheit war –, nicht nur Schirrmacher. Für die *FAZ* war die Enthüllung einer ihrer eher seltenen Scoops, da sie vor Erscheinen der Autobiographie als Erste über die so lange geheim gehaltene Waffen-SS-Vergangenheit berichten konnte.

Schirrmacher richtete seinen vernichtenden Bannstrahl aber nicht nur gegen Mitarbeiter und missgünstige Journalisten anderer Blätter. Aus heiterem Himmel und mit beharrlicher Ausdauer traf es auch Bundespräsident Christian Wulff. Nach dessen unglücklichem Drohanruf bei Schirrmachers Freund Kai Diekmann von der *Bild* ließ Schirrmacher auf Wulff feuern und feuerte mit, indem er Wulffs ganz persönliche und ganz kleine Kreditkrise zur großen Finanzkrise in Beziehung setzte. Dass sich am Ende Wulff als unschuldig und allenfalls ungeschickt erwies und sich Schirrmachers – allerdings

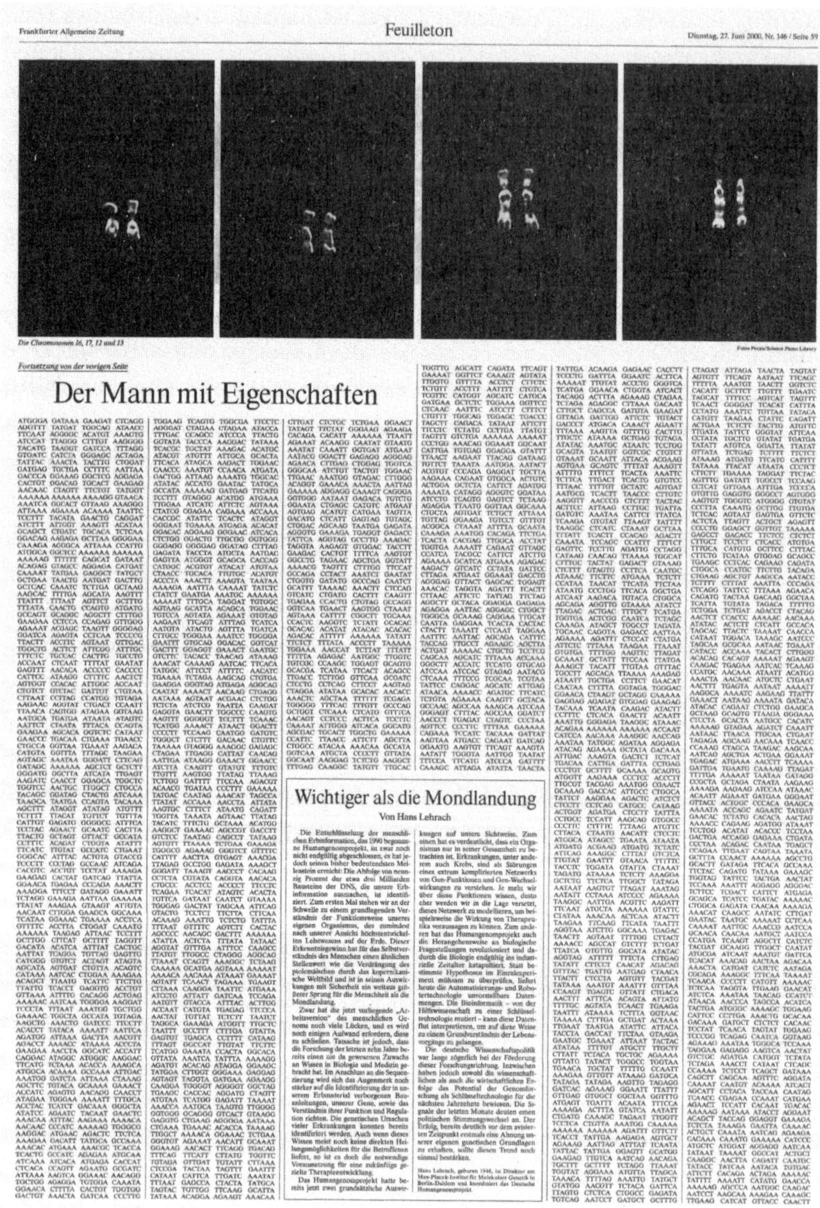

Frankfurter Allgemeine Zeitung — Feuilleton — Dienstag, 27. Juni 2000, Nr. 146 / Seite 59

Die Chromosomen 16, 17, 12 und 13

Fotos Photo/Science Photo Library

Fortsetzung von der vorigen Seite

Der Mann mit Eigenschaften

Wichtiger als die Mondlandung

Von Hans Lehrach

Die Entschlüsselung der menschlichen Erbinformation, das 1990 begonnene Humangenomprojekt, ist zwar noch nicht endgültig abgeschlossen, es hat jedoch seinen bisher bedeutendsten Meilenstein erreicht: Die Abfolge von neunzig Prozent der etwa drei Milliarden Bausteine der DNS, die unsere Erbinformation ausmachen, ist identifiziert. Zum ersten Mal stehen wir an der Schwelle zu einem grundlegenden Verständnis der Funktionsweise unseres eignen Organismus, des zumindest nach unserer Ansicht höchstentwickelten Lebewesens auf der Erde. Dieser Erkenntnisgewinn hat für das Selbstverständnis des Menschen einen ähnlichen Stellenwert wie die Verdrängung des ptolemäischen durch das kopernikanische Weltbild und ist in seinen Auswirkungen mit Sicherheit ein weitaus größerer Sprung für die Menschheit als die Mondlandung.

Zwar hat die jetzt vorliegende „Arbeitsversion" des menschlichen Genoms noch viele Lücken, und es wird noch einigen Aufwand erfordern, diese zu schließen. Tatsache ist jedoch, dass die Forschung der letzten zehn Jahre bereits einen nie da gewesenen Zuwachs an Wissen in Biologie und Medizin gebracht hat. Im Anschluss an die Sequenzierung wird sich das Augenmerk noch stärker auf die Identifizierung der in unserem Erbmaterial verborgenen Bauanleitungen, unserer Gene, sowie das Verständnis ihrer Funktion und Regulation richten. Die genetischen Ursachen vieler Erkrankungen konnten bereits identifiziert werden. Auch wenn dieses Wissen meist noch keine direkten Heilungsmöglichkeiten für die Betroffenen liefert, so ist es doch die notwendige Voraussetzung für eine zukünftige gezielte Therapieentwicklung.

Das Humangenomprojekt hatte bereits jetzt zwei grundsätzliche Auswirkungen auf unsere Sichtweise. Zum einen hat es verdeutlicht, dass ein Organismus nur in seiner Gesamtheit zu betrachten ist. Erkrankungen, unter anderem auch Krebs, sind als Störungen eines extrem komplizierten Netzwerks von Gen-Funktionen und Gen-Wechselwirkungen zu verstehen. Je mehr wir über diese Funktionen wissen, desto eher werden wir in die Lage versetzt, dieses Netzwerk zu modellieren, um beispielsweise die Wirkung von Therapeutika voraussagen zu können. Zum anderen hat das Humangenomprojekt auch die Herangehensweise an biologische Fragestellungen revolutioniert und dadurch die Biologie endgültig ins industrielle Zeitalter katapultiert. Statt bestimmte Hypothesen im Einzelexperiment mühsam zu überprüfen, liefert heute die Automatisierungs- und Robotertechnologie unvorstellbare Datenmengen. Die Bioinformatik – von der Hilfswissenschaft zu einer Schlüsseltechnologie mutiert – kann diese Datenflut interpretieren, um auf diese Weise zu einem Grundverständnis der Lebensvorgänge zu gelangen.

Die deutsche Wissenschaftspolitik war lange zögerlich bei der Förderung dieser Forschungsrichtung. Inzwischen haben jedoch sowohl die wissenschaftlichen als auch die wirtschaftlichen Erfolge das Potential der Genomforschung als Schlüsseltechnologie für die nächsten Jahrzehnte bewiesen. Die Signale der letzten Monate deuten einen politischen Stimmungswechsel an. Der Erfolg, bereits deutlich vor dem avisierten Zeitpunkt erstmals eine Ahnung unserer eigenen genetischen Grundlagen zu erhalten, sollte diesen Trend noch einmal bestärken.

Hans Lehrach, geboren 1946, ist Direktor am Max-Planck-Institut für Molekulare Genetik in Berlin-Dahlem und koordiniert das Deutsche Humangenomprojekt.

Eine der berühmten Feuilletonseiten der FAZ*: Schirrmacher lässt die letzte Sequenz des von Craig Venter entschlüsselten menschlichen Genoms abdrucken.*

nicht von ihm selbst publik gemachte – Verdächtigungen gegen Wulffs Frau als haltlos erwiesen, war Schirrmacher anders als anderen Journalisten keine Besinnungspause wert.[153] Er war längst beim nächsten Thema. Das war der Informationskapitalismus. Schirrmachers Helden waren nun die Nerds vom »Chaos Computer Club« und die Anführerinnen der Piratenpartei, Blogger, Internetgurus sowie Bio- und Informationswissenschaftler, die er über das Netzwerk des New Yorker Literaturagenten John Brockman rekrutierte.[154] Bei seinen Erkundungen der digitalen Welt belebte Schirrmacher sogar das zu Korns und Fests Zeiten beliebte Mittel der Rundfrage (»Mögen Sie Picasso?«[155]) wieder, allerdings aus zweiter Hand, denn es handelte sich dabei um eine Übernahme von Brockmans Website edge.org: »Wie hat das Internet Ihr Denken verändert?« Anders als früher waren die Sachverständigen nun nicht Schriftsteller und andere Intellektuelle klassischen Zuschnitts, sondern die Gurus des Internet-Zeitalters und ihre Beobachter.[156]

Schirrmacher war einmal von Stefan George ausgegangen, dessen Nachfahren Wolfgang Frommel er sich in einem atemberaubend anachronistischen Schüler-Meister-Modus genähert hatte.[157] Diese Prägung wirkte noch bei der merkwürdig penetranten Sympathie für den Stauffenberg-Film mit Tom Cruise nach. Endlich wurde auch den Amis das geheime Deutschland nähergebracht. Doch George konnte für einen Über-Ehrgeizigen nicht die Zukunft bedeuten. So ließ Schirrmacher sich auf die literarische Postmoderne ein, blieb aber zugleich ein Leben lang ein Verehrer Ernst Jüngers, was ihm zumindest bei Fest nicht geschadet haben dürfte. Die vielen Themen, die er in nun getriebener Sprunghaftigkeit auf die Agenda setzte, waren nicht unbedingt seine Entdeckungen. Die Kritik an Christa Wolf kam auch von der *Zeit*, und die Altersdebatte wurde zwei Jahre zuvor in der *Süddeutschen* eröffnet, die Genom-Entdeckungen wurden von anderen gemacht und verstanden, und die digitale Revolution fiel ihm auch nicht als Erstem auf, denn dann hätte er beizeiten in Blogs und *FAZ.NET* investiert. Aber es gab eben nur diesen einen großen Debattenmacher, dessen Äußerungsform und Lebensform die Hyperbel blieb. Er wurde zum Gesicht der *FAZ*, über ihn redete man, um ihn beneidete die Konkurrenz die *FAZ*.

EXKURS
PFLICHTPROGRAMM UND KÜR

LOKAL- UND REGIONALJOURNALISMUS

Journalisten beginnen ihre Laufbahn häufig mit der Lokalberichterstattung, die eine Schule des Journalismus darstellt. Viele Leser interessiert das Lokale am meisten, und so widmete sich auch die Zeitung aus Frankfurt von Anfang an ausführlich dem Lokalen und Regionalen. Aus der Rubrik »Frankfurt und Umgebung« erwuchs das Stadtblatt *Zeitung für Frankfurt*. 1988 weitete die *FAZ* ihre Berichterstattung auf die Städte Offenbach, Wiesbaden und Darmstadt sowie die sie umgebenden acht Landkreise aus. Dieses Produkt erhielt mit Hugo Müller-Vogg einen eigenen Herausgeber – Dechamps hatte schon die informelle Zuständigkeit für das Stadtblatt gehabt –, wurde fortan *Rhein-Main-Zeitung* genannt und trug zur Identitätsbildung der Region bei, die keine Verwaltungseinheit bildet. Müller-Vogg führte auch die Wechselseiten für unterschiedliche Regionen ein. Zwei Jahre später erschien der Regionalteil sonntags als eigene Zeitung. 2001 wurde daraus die überregionale *Frankfurter Allgemeine Sonntagszeitung* (*FAS*). Das Verbreitungsgebiet weitete sich stetig aus und reichte schließlich vom Odenwald bis nach Wetzlar und von Mainz bis nach Osthessen.[1]

Das Stadtblatt war lokalpatriotisch und konservativ ausgerichtet. Der langjährige Ressortleiter Rolf Reinhardt (1962–1975), ein Zonenflüchtling, auf den es Walter Ulbricht abgesehen hatte, sorgte für die antikommunistische Haltung. Reinhardt stockte die Redaktion auf zwanzig feste und ebenso viele freie Mitarbeiter auf und baute mit der Zeit ein eigenes hessisches Korrespondentennetz für die Berichterstattung »Zwischen Taunus und Odenwald« aus. Er führte auch die bis heute bestehenden Erfolgsrubriken »Frankfurter Gesichter«, »Andere Städte, gleiche Nöte« und die Miniglosse auf der ersten Seite des Lokalteils ein.[2]

In die Zeit von Erich Helmensdorfer als Ressortleiter (1976–1986) fiel der große politische Wechsel im traditionell roten Frankfurt. Erstmals regierte mit

Walter Wallmann (1977–1986) ein CDU-Mann die Stadt. Wallmann veränderte mit dem Wiederaufbau der noch von Vorgänger Rudi Arndt (»Dynamit-Rudi«) zur Sprengung vorgesehenen Alten Oper, der Rekonstruktion der Ostzeile auf dem Römerberg, der Entwicklung der innerstädtischen Fußgängerzone und dem Bau der Eissporthalle sowie dem Museumsufer das Image von »Krankfurt« entscheidend, und der Franke Helmensdorfer begleitete diese Entwicklung wohlwollend. Weniger wohlwollend zeigte er sich gegenüber dem einen oder anderen Mitarbeiter in der Redaktion. Schaut man in die Akten, so sieht man schnell, dass sein Führungsstil immer wieder zu Verstimmungen und »Obstruktionsneigungen« führte, wie Geschäftsführer Pfeifer feststellte.[3] 1980 ärgerte sich Helmensdorfer über eine »regelrechte Juso-Gruppe, die von Herrn [Reiner] Kirst und Frau [Karin] Elvers angeführt werde«. Die Herausgeberkonferenz wollte die beiden am liebsten rausschmeißen, was arbeitsrechtlich aber wohl nicht durchzusetzen gewesen wäre. Daher beschloss man, Frau Elvers bei Stichhaltigkeit der Vorwürfe abzumahnen. Beide »Jusos« blieben dem Stadtblatt der *FAZ* also erhalten. Kirst wurde im selben Jahr sogar eine Gehaltserhöhung zugesagt.[4]

Grundsätzlich wurden die Redakteure des Stadtblatts schlechter bezahlt als die Kollegen in anderen Ressorts, die sich auch kaum für die Arbeit im Lokalressort interessierten und entsprechend wenig zulieferten. Welter kritisierte 1968 in der Großen Konferenz, »Dinge, die mit Frankfurt zu tun hätten, würden oft geringschätzig behandelt«,[5] und der Chef vom Dienst Dietrich Ratzke machte 1976 in der Stadtblatt-Redaktion eine Art »Heloten-Komplex« aus und stellte in einem schonungslosen Lagebericht »eine aus alten Zeiten überkommene Lethargie und Bequemlichkeit« fest. Da die Hälfte der potentiellen Stadtblatt-Leser der *FAZ* bereits ins Umland gezogen sei, sei eine qualifizierte Umlandberichterstattung äußerst wichtig. Es fehle dem Blatt aber an Reportagen, Anschaulichkeit und Informationen aus erster Hand.[6] Es fehlte auch an Erfahrung, denn es gab nur sehr wenige Kollegen, die wie Helmensdorfer, der zunächst Auslandskorrespondent in Kairo gewesen war, ins Lokale wechselten. Denn trotz aller Wertschätzung, die man dem Lokalen in der *FAZ* von Welter bis Pfeifer entgegenbrachte, galt die Redaktion lediglich als Sprungbrett in die überregionalen Ressorts, sodass dem Lokalteil der *FAZ* immer wieder gute Leute verlorengingen. Dabei war das Lokale nie nur ein Anhängsel der Zeitung. Früher als anderswo widmete man sich dort der Alternativbewegung, nahm Pop- und Rockmusik eher ernst und brachte als Erstes Farbe und Fotos in die Zeitung.

Um dem »Heloten-Komplex« zu begegnen, schlug Pfeifer eine direkte Unterstellung des Stadtblatts unter einen Herausgeber vor. Die Herausgeber Fack und Reißmüller waren dagegen, da sie die Probleme eher bei einzelnen Mitarbeitern sahen und keine Schwierigkeiten mit Helmensdorfer bekommen wollten.[7] So wartete man bis zur Pensionierung Helmensdorfers und betraute dann 1988 den Wirtschaftsjournalisten Hugo Müller-Vogg mit der Herausgeberschaft. Müller-Vogg galt als CDU-nah und stand der bundesweit bekannten und für höhere Ämter gehandelten CDU-Oberbürgermeisterin Petra Roth (1995–2012), der anfänglich große Skepsis in der *FAZ* entgegengebracht wurde,[8] grundsätzlich positiv gegenüber, auch wenn er mit ihr bisweilen aneinandergeriet.[9] Da er als Herausgeber beträchtlichen Ehrgeiz entwickelte, kam es aber bald zu neuen Konflikten innerhalb der *FAZ* und schließlich zur vorzeitigen Trennung.

SPORTJOURNALISMUS

Die Sportberichterstattung war von Anfang an Bestandteil der *FAZ*. Zunächst war sie ans Lokale gebunden und der zuständige Redakteur Bernhard Gnegel für Sport und Lokales verantwortlich.[10] Gnegel, von Haus aus Sportjournalist, konzentrierte sich aber bald ausschließlich auf den Sportteil, der zunächst montags auf einer ganzen Seite erschien. Nachdem er sich gegen das deutsche Turnen behauptet hatte, war der aus England kommende Sport schon in der Weimarer Republik für viele Intellektuelle ein Faszinosum, und in der bürgerlichen *FAZ* verachtete man ihn wie schon zuvor in der *FZ* keineswegs. Das Interesse am ursprünglich proletarischen Fußball war aber anfangs nicht sehr ausgeprägt, vielmehr fanden die traditionell von den gehobenen bürgerlichen Schichten betriebenen Sportarten Tennis, Reit- und Motorsport Beachtung. Mit dem überraschenden Titelgewinn bei der Fußballweltmeisterschaft 1954 rückte der Fußball dann erstmals auf die Titelseite, war aber immer noch nicht Sportart Nummer eins in der *FAZ*, denn auf der Sportseite fand sich zwar eine Fotografie zum deutschen Sieg von Mercedes-Benz beim Großen Preis von Frankreich im Motorsport, nicht aber vom Triumph in Bern.[11] Der erste Leitartikel wurde dem Fußball erst anlässlich des deutschen Sieges im Endspiel der Fußballweltmeisterschaft 1974 gewidmet.[12] 1954 war die Sprache in den Berichten noch ziemlich martialisch, von einem »dramatischen Endkampf«, von »herrliche[m] Kampfeseifer«, von »Kampfmoral« oder schlicht von »Kampf« las man da. Jeder Mann der Nationalelf habe »seine Pflicht mit letzter Kraft erfüllt«. »Nie hat man eine deutsche Nationalmannschaft größer kämpfen und begeisternder siegen sehen«, resümierte Gnegel im Stil eines Kriegsberichterstatters.[13]

Knapp zwei Wochen später lieferte der Sportjournalist eine Art sportpolitische Kommentierung der WM. Dabei ging es vor allem um Begleiterscheinungen wie alkoholisierte deutsche Besucher und das Zeigen der Deutschlandflagge. Gnegel attestierte den deutschen Zuschauern ein insgesamt korrektes Verhalten. Flaggen hätten auch andere Nationen gezeigt. Die Aufregung der *Times* über den Ausspruch des DFB-Präsidenten Peco Bauwens bei der Siegesfeier im Münchener Löwenbräukeller – »Jetzt verlasse ich einmal die bei uns sonst gültigen demokratischen Spielregeln und überreiche Ihnen [gemeint war der zweite DFB-Vorsitzende Hans Huber, P. H.] kraft eines Führerprinzips ohne vorherige Befragung diese Nadel« – hielt Gnegel anders als einige seiner deutschen Kollegen, denen der nationalistische Duktus der Rede durchaus problematisch erschien, für übertrieben.[14] Bauwens sei unverdächtig, meinte er, bei Reden von Sportlern müsse man eine gewisse Nachsicht walten lassen. Sein Resümee lautete: »Der Sport soll sich von der Politik fernhalten und die Politik vom Sport.«[15] Auch Bundespräsident Heuss plädierte gerade im Hinblick auf Bauwens für eine Trennung der Systeme.[16] Um eine gesellschaftspolitische Verantwortung des Fußballs, die heute beschworen wird, ging es damals noch nicht. Die Begeisterung rund um die »Helden von Bern« war vielmehr für kulturpessimistische Leser der *FAZ* Anlass, sich in Briefen Luft zu machen über Nihilismus und Kulturverfall.[17]

Mit der Einführung der Bundesliga im August 1963 rückte der Fußball in der *FAZ* immer stärker in den Mittelpunkt. Einen vorläufigen Höhepunkt bildete die Berichterstattung zur Weltmeisterschaft in Deutschland 1974 mit dem Aufmacher auf Seite eins zum Titelgewinn und diversen Sonderseiten.[18] Jürgen Eick, der für das Wirtschaftsressort zuständige Herausgeber, baute das Sportressort allmählich deutlich aus. In den 1970er Jahren erschienen zunehmend Hintergrundberichte über Sportpolitik und ökonomische Aspekte des Sports. Sportchef Karlheinz Vogel zeigte sich dabei als Kritiker der Kommerzialisierung des Sports. Der WM-Sieg von 1974 wurde von ihm im Hinblick auf kulturelle Leistungen in der deutschen Geschichte relativiert.[19] Auch wenn der Sport in der Wirtschaftsredaktion ressortierte, die Eigengesetzlichkeit der Systeme sollte erhalten bleiben. Den Verantwortlichen war die große ökonomische Bedeutung des Sports nicht zuletzt für das eigene Anzeigengeschäft sehr bewusst. Die Autonomie des Sports war dann durch den Boykott der Olympischen Spiele 1980 in Moskau ernstlich bedroht. Die Amerikaner boykottierten die Veranstaltung wegen des sowjetischen Einmarsches in Afghanistan, und die Bundesrepublik schloss sich ihrer Schutzmacht an. Die *FAZ* beriet, ob sie überhaupt Reporter nach Moskau schicken sollte. Sportchef Vogel votierte dafür, in der Wirtschaftsredaktion war man dagegen. Schließlich wurde ein einziger Sportreporter, Steffen Haffner, entsandt, der von dem in Moskau ansässigen Korrespondenten Leo Wieland unterstützt werden sollte. Beinahe wäre den beiden dann noch die Akkreditierung verweigert worden, und es hätte keine Berichte über die Olympischen Spiele gegeben.

Der Sportteil der *FAZ* konnte in der D-Ausgabe zwangsläufig nicht so aktuell sein wie in der Lokalpresse. Man erfüllte aber eine umfassende Chronistenpflicht. In einem Zeitalter, als die ARD-»Sportschau« nur Zusammenfassungen von drei Bundesligaspielen zeigte und die restlichen Ergebnisse verlesen ließ, kam den detaillierten Spielberichten noch große Bedeutung zu. Ansonsten glänzte man mit Hintergrundberichten, Reportagen, Porträts und kritischer Kommentierung sowie den umfangreichen Beilagen zu Olympischen Spielen oder Fußball-Welt- und -Europameisterschaften. Der Lohn waren viele Auszeichnungen für diese Sparte der *FAZ*.[20]

REISEJOURNALISMUS

Am 16. April 1953 startete die *FAZ* ihre Expedition in den Reisejournalismus mit einem Reiseblatt, das zunächst unter dem Titel »Reise und Verkehr« erschien. In der ersten Ausgabe zeigte ein großes Foto den Blick aus einem Hotelzimmer in Triest auf den Hafen und das Passagierschiff »Victoria«.[21] Das geschwungene Gitter vor dem kleinen Balkon und die exzellente Aussicht auf den Hafen ließen auf ein tendenziell nobles Hotel schließen und weckten Sehnsüchte und Träume, schließlich war das Sehnsuchtsland der Deutschen immer noch Italien.

Schon die *Frankfurter Zeitung* hatte ihre am Sonntag erscheinende Reisebeilage »Reiseblatt« genannt, die stets mit illustren Autoren aufwarten konnte.[22] Mangels Reisemöglichkeiten für ein größeres Publikum war eine solche Beilage in der *FAZ* zunächst entbehrlich. Doch zu Beginn der 1950er kam der Tourismus allmählich wieder in Gang, die Touristenzahlen stiegen, und auch die finanzielle Lage der *FAZ* verbesserte sich zusehends. Damit bot sich die

FRANKFURTER ALLGEMEINE ZEITUNG

REISE UND VERKEHR

Donnerstag, 16. April 1953 / Nr. 88 / Seite 7

Blick auf eine große Landschaft

Beim Blick aus der Luft wird auch die erhaben geprägte Landschaft zur Fläche. Sie gleicht, wenn nicht das Licht die Plastik der Erscheinung andeutet, oft einer Landkarte. Dem Luftpassagier bietet sich die unter ihm liegende Landschaft fast entmaterialisiert, in einem gewissen Sinne abstrakt dar. Aber er überschaut die Zusammenhänge, die dem Wanderer und auch dem Autofahrer in der Unmittelbarkeit und Begrenztheit der Eindrücke zu erkennen verwehrt sind. Wer eine Landschaft wie das Stromgebiet des Rheines auf der Erde wirklich erleben will, muß es immer wieder von anderen Seiten angehen. Der Rhein ist breiter als seine Ufer. Ein Dichter hat dies einmal ausgesprochen. Die Gebirge erst machen das Tal, Schwarzwald und Vogesen, Odenwald, Taunus und Westerwald, Hunsrück und Eifel, Siebengebirge und Bergisches Land. Da sind die Nebenflüsse mit ihren Seidentälern: Neckar und Main, Lahn, Sieg, Wupper und Ruhr auf der einen, Nahe, Mosel und Ahr auf der anderen Seite. Ohne den Rhein wären sie alle nichts. Sie sind auf ihn bezogen. Sie empfangen ihr Leben von dem großen Strom. Der Rhein ist nicht nur das Rückgrat dieses mächtigen Körpers, er ist der Hauptnervenstrang, der die zentralen Impulse bis in die äußersten Spitzen der weitausgestreckten Glieder sendet. Es ist nicht von ungefähr, daß er seit über zweitausend Jahren Völkerstraße und Handelsweg von abendländischer Schicksalsbedeutung ist.

Daß der Rhein nie lineare Bedeutung hatte, davon zeugen die Städte wie Straßburg, Mainz, Koblenz und Köln, das bekunden Mannheim und Ludwigshafen genau so wie Düsseldorf und Duisburg, der den größten Binnenhafen des Kontinents besitzt. Am Strom selbst ist nur das Zentrum eines Kraftfeldes, das weithin ausstrahlt und magnetisch anzieht. Der Baldmeysee in Essen spiegelt rheinische Heiterkeit wie Frankfurt oder Heidelberg im Bannkreis einer Atmosphäre stehen, die vom Rhein hinüberschwingt, Geist und Herzen bewegt und anregt. Im Bergischen Land blickt das hochgelegene Remscheid zum Rheine hin. Das Hanseatische der weltweiten Korrespondenzen ist ebenso den Städten an der Ruhr wie Mülheim und Oberhausen — neben Essen und Duisburg —, Wuppertal und Solingen im Bergischen Land zu eigen wie den Textilstädten des Niederrheins: Krefeld, Mönchen-Gladbach und Rheydt, und der Tuchstadt Aachen, der Kaiserstadt. Trier und Köln, Bad Aachen und Frankfurt, Worms und Speyer… nur diese wenigen Städtenamen spannen Bögen von unerhörter geschichtlicher Tragweite. Und irgendwie rauschen in ihre Namen die Wellen des großen Stromes hinein. Der Rhein ist wie ein schlagendes Herz, das den mächtigen blühenden Leib der Landschaft mit Leben erfüllt. Die Romantik des Stromtales selbst, der Zauber der prangenden Bilder mit ihren Burgen und Weinhängen ist nur wie eine große Wandeldekoration, vor welcher mit dramatischer Wucht ein faszinierendes Schauspiel in Szene geht, das Spiel der wirtschaftlichen, kulturellen und geistigen Kräfte aus dem Quellgrund eines Kontinents. Die endlose Flotte der Schlepper, Tanker und Lastkähne, die unablässige Folge der Eisenbahnzüge und der Autos auf beiden Ufern, sie sind sichtbares Siegel und Sinnbild zugleich jener Konzentration der wirtschaftlichen Energien des Landes wie die Dome und Kirchen, geschichtsmächtigen Städte und Universitäten das ausdrücken was jeder Besucher als Fluidum verspürt, das Air einer glaubenshaften und intellektuellen Zeugungskraft, die seit den Tagen der Römer und den Zeiten der christlichen Märtyrer das weite Stromgebiet durchdrungen und fruchtbar gemacht haben, zu einer geistigen Landschaft verwandelten, die als okzidentale Provinz Kräfte in sich sammelt und wieder ausströmt, die über weite Grenzen hinweg seit Jahrtausenden wirkend am Bilde der Menschheit mitgestaltet haben. Die Romantik hat diese untergründige Topografie des Rheinlandes erahnt, Alfons Paquet hat sie in sachlicher und dichterischer Schau zugleich präzisiert.

K. H. Bodensiek

Der Bodensee als Verkehrsbrücke

Die vielgesungene „Fischerin vom Bodensee", die im Schlagerrhythmus mit ihrem Schwan über den See kutschiert, kann gut lachen. Sie hat den rentabelsten Motor entdeckt und braucht sich um Betriebskosten, Tarife, Steuern und Kalkulationen nicht zu kümmern. Kein Wunder, daß ihr Geschäft (oder richtiger das des Schlagerkomponisten) blüht. Aber alle anderen Verkehrsunternehmen haben große Sorgen und stehen in einem harten Konkurrenzkampf; denn der Bodensee ist ein internationales Fahrwasser. Westdeutschland, die Schweiz und Oesterreich machen alle Anstrengungen, einander den Rang abzulaufen.

Der Sommerurlauber, der ferienfroh die Fahrten auf dem See genießt, merkt nichts von diesen Schwierigkeiten. Er sieht, daß die Dampfer und Motorschiffe meist gut besetzt sind und daß in den Hauptreisezeiten sogar ein ziemliches Gedränge auf den Landebrücken herrscht, er zieht daraus den Schluß, daß es den „Schiffern" wohl gut gehen müsse. Aber die Bundesbahn, die den Fahrgastbetrieb auf dem Bodensee mit eigenen Fahrzeugen unterhält, kann mit ihren Zahlen etwas ganz anderes beweisen. Insbesondere die großen Motorschiffe, die tausend und mehr Menschen aufnehmen können, haben sich als unrentabel erwiesen. Darum soll die Zukunft den kleineren, schnelleren Motorschiffen gehören, die gung des Be- und Entladens beitragen werden. Außerdem ist ein fünftes Fährschiff vom modernen Typ der „Linzgau" in Auftrag gegeben worden, das die kleine „Meersburg" ersetzen soll. Die Neubauten der beiden Häfen, zusammen mit Gaststätte, Ladenstraße und Werkstätten, kosten rund 5 Millionen DM.

Voraussichtlich wird noch in diesem Sommer eine Autofährverbindung zwischen Friedrichshafen und Romanshorn (Schweiz) aufgenommen werden. Die Verhandlungen sind seit drei Jahren im Gange, sollen aber in den nächsten Wochen zum Abschluß kommen. Als deutscher Beitrag dazu ist der Umbau der „Schussen" zu einem modernen Fährschiff zu betrachten. Sie kann bei jeder Fahrt fünfzig Kraftwagen und 500 Personen befördern. Um den Verkehrsansprüchen zu genügen, wird es freilich nötig werden, ein zweites Fährschiff von dieser Größe einzusetzen. Weiterhin ist der Ausbau der Kaianlagen erforderlich. Zu der Million DM, die das neue Schiff kosten würde, kommen noch etwa drei Millionen DM (mit einem entsprechenden Anteil an Schweizer Franken) hinzu, um die Hafenanlagen entsprechend auszubauen. Aber die Fachleute glauben, die Rentabilität dieser neuen Autofährverbindung garantieren zu können.

Das neueste Schiff des Lloyd Triestino im Hafen von Triest kurz vor seiner ersten Reise nach Indien (Karachi und Bombay) im März 1953. Das Schiff ist in Triest für den Passagierdienst nach Indien und dem Fernen Osten (Singapore und Hongkong) gebaut und eine der eleganten neuen Einheiten der italienischen Handelsmarine. Seine Höchstgeschwindigkeit beträgt 21,6 Knoten. Die „Victoria" kann in der ersten Klasse 238 und in der Touristenklasse 169 Personen befördern. Die Räume beider Klassen zeigen die für den modernen italienischen Schiffsbau typische Verbindung von technischer Vollendung und dezentem Geschmack. Die Kabinen sind mit edlen Hölzern ausgestattet, deren Lineament unaufdringlich vornehm gehalten ist. Die Gesellschafts-, Speise- und Unterhaltungssäle sind in beiden Klassen großzügig ohne falschen Pomp eingerichtet. Die Verwendung großer auf Goldhintergrund montierter Fotos nach berühmten italienischen Plastiken und Bauten als Wandschmuck fiel uns besonders auf. Da die Fernostschiffe ihren Hauptweg durch tropische Klimazonen nehmen, ist auf eine ausgezeichnete Klimaanlage und auf Duschen, mit denen alle Kabinen der ersten und die meisten der Touristenklasse ausgestattet sind, Wert gelegt worden. Auch haben beide Klassen geschickt angelegte Badedecks und Schwimmbassins. Sehr heiter stimmen, wiederum in beiden Klassen, die Kindersäle. Die Route Genua—Bombay legt das Schiff, dessen neuerbautes Schwesterschiff „Asia" Ende April in Dienst gestellt wird, in vierzehn Tagen zurück. Das Schiff legt in Port Said, Suez und Aden an, bevor es Karachi erreicht.

Das neue Passagierschiff „Victoria" des Lloyd Triestino, von einem Triester Hotelfenster aus gesehen. (Foto: Korn)

Die FAZ eröffnete mit einem Foto von Herausgeber Karl Korn ihr Reiseblatt (16. April 1953, S. 7).

Möglichkeit, an die Tradition des Reisejournalismus in der *FZ* anzuknüpfen, allerdings erschien das Reiseblatt nun an jedem zweiten Donnerstag als Teil des Feuilletons und nicht mehr am Sonntag. 1959 wurde es zur eigenständigen Beilage aufgewertet und vom 29. Mai 1969 an wöchentlich publiziert.[23]

Im Reiseblatt waren wie im Feuilleton die Überschriften nicht in der fetten Fraktur, sondern in einer leicht kursiven Schrift gesetzt. Vereinzelt wurden Karten eingefügt, um dem Leser eine geographische Orientierung zu geben. Die großformatigen Bilder waren nicht als schmückendes Beiwerk gedacht, sondern »soll[ten] präzise Situationen charakterisieren«[24] und wurden bald eine Art Markenzeichen. Sie zeigten nicht nur Landschaften, sondern oft auch Personen, in die sich die Leser hineinversetzen konnten. Generell sollten die Fotografien nicht nur dazu animieren, die Artikel zu lesen, sondern auch die Phantasie beflügeln.[25] In den »Alles über die Zeitung«-Veröffentlichungen des Verlages betonten die Redakteure des Reiseblatts immer wieder die Bedeutung des besonderen Layouts, eine Akzentuierung, die mit der Zeit nachließ, je mehr der Kopf der Beilage und die Schrift ihre besondere Form verloren. Heute heben sie sich nicht mehr vom Rest der Zeitungsseiten ab.[26]

Mit der Ausweitung zur Beilage erhielt das Reiseblatt eine neue Leitung. Zunächst hatte Robert Held sie redigiert,[27] 1959 übernahm der vielseitig interessierte und promovierte Germanist und Kunsthistoriker Friedrich A. Wagner diese Aufgabe. Er leitete das Blatt bis 1979.[28] Johann Georg Reißmüller berichtete, Held habe politische Veränderungen immer früh vorhergesehen und seine Reisen schon in den 1950er Jahren nie als »Spaziergang«, sondern als »anstrengende Forschungsexpeditionen« geplant.[29] Das »stilprägende Fundament« des Reiseblattes legte dann aber Wagner. Er verstand Tourismus als »gesellschaftsverändernde[n] Prozess«, sodass sich die Beiträge im Reiseblatt sukzessive von der »feuilletonistischen Betrachtung von Land und Leuten« zur »kritischen Auseinandersetzung« entwickelten.[30] 1959 veröffentlichte er einen Artikel über »[d]ie Wissenschaft vom Fremdenverkehr«, den er mit den Worten

Wandel von Kopf und Schriftart des Reiseblattes: Ausgaben vom 3. April 1958, 14. April 1960, 18. April 1968, 6. April 1978, 8. April 1999 und 4. April 2019.

beendete: »Denn nur Geldbeutel und Konsum-Prestige bestimmen, wie und wohin gereist wird. Wir sind mittendrin in einem Strukturwandel des Fremdenverkehrs.«[31] Auf Wagner folgte der »korrekt[e] und unaufgeregt[e]« Theodor Geus, der »historisch[e], politisch[e], gesellschaftlich[e] oder kulturell[e]« Analysen einforderte.[32] Seit 2002 ist der Amerikanist, Anglist sowie Film- und Fernsehwissenschaftler Freddy Langer Leiter des Reiseblatts.[33] Sie alle haben es mit ihrer Philosophie von Beginn an auf ein tiefer gehendes, reflektierendes Verständnis vom Reisen und nicht auf triviale Zerstreuung gesetzt.

Meinungsverschiedenheiten über den Charakter und Status des Reiseblatts gab es einige. Als 1970 darüber diskutiert wurde, ob zusätzliche Ressortverantwortliche im Impressum aufgeführt werden sollten – Eick und Welter wandten sich dagegen, da dies die Hierarchie innerhalb der Zeitung verändern würde – fand das Reiseblatt noch gar keine Berücksichtigung.[34] Es wurde erst 1983 ins Impressum aufgenommen.[35] Man musste sich also zunächst einmal behaupten. Das hatten die Redakteure des Reiseblatts bereits 1981 versucht, als sie eigenmächtig einen neuen Umbruch für ihren Teil der Zeitung beschlossen und damit Unstimmigkeiten provozierten.[36] Auch Ausweitungen von Rubriken führten zu Konflikten, wenn klare Abgrenzungen verwischt wurden. So subsumierte die Rubrik »Reisebücher« immer mehr Buchtitel und verstand selbst Homers Werke und die Bibel als Reiseliteratur.[37] Im Jahr 1997 bestand das Reiseblatt darauf, als eigenes Ressort »den gleichen Stellenwert wie jeder andere Teil« der *FAZ* zu haben,[38] was offenbart, dass es eben noch immer nicht als gleichberechtigt wahrgenommen wurde, und zwar innerhalb wie außerhalb der Zeitung. Da die *FAZ* mehr Wert auf ihre Reisebeilage legte als andere Zeitungen,[39] mag es bei dem Vorstoß letztlich um die Stellung innerhalb des Hauses gegangen sein. Vielleicht mussten sich die Redakteure trotz oder gerade wegen der gewünschten substantielleren Ausrichtung des Reiseblattes aber auch nur stets neu beweisen und ihre Arbeit immer wieder legitimieren – sogar gegenüber sich selbst.

Beim Reiseblatt wurde nicht unbedingt schlechter bezahlt als in anderen Ressorts, es war sogar möglich, dort mehr zu verdienen als im Feuilleton.[40] Dennoch wurde Jens Jessen bei seiner Einstellung 1988 darauf verpflichtet, das Reiseblatt nicht als »Durchgangsstation« zu verstehen und »dort mindestens fünf Jahre [zu] bleiben«.[41] Jessen schrieb seinen letzten Artikel für das Reiseblatt 1996,[42] veröffentlichte dort aber nur hin und wieder Beiträge und wechselte 1990 in die Literaturredaktion. Es war also durchaus nötig, solche vertraglichen Absprachen zu treffen, da das Reiseblatt und das allgemeine

Feuilleton offensichtlich nicht als gleichwertig angesehen wurden. Maria Frisé gefiel es jedenfalls sehr, gelegentlich für das Reiseressort zu arbeiten. Sie nahm gern spontan Aufträge an, »so es nur irgend ging«, denn »Reisen für das Reiseblatt waren immer ein Gewinn«. Entsprechende Reiselektüre las sie allerdings erst, wenn sie wieder zu Hause war. Das ermöglichte ihr die tiefere Reflexion ihrer Erfahrungen. Erst danach brachte sie ihre Eindrücke zu Papier.[43]

Aus Serien des Reiseteils entstanden in vielen Fällen Bücher,[44] was nicht nur für ein Interesse seitens der Leser, sondern auch für die Qualität der Artikel spricht. Die Reihe »Deutsche Landschaften«, die zwischen 1971 und 1976 erschien, war so beliebt, dass die Artikel in drei Bänden publiziert wurden.[45] Auf subjektive und persönliche Art erzählten die Journalisten darin von Landschaften, von denen sie sich selbst berührt fühlten. Deutschland sollte als »Vaterland, das sich aus vielen kleinen Heimaten zusammensetzt« gezeigt, Tourismus nicht als »Ferienstimmung, Badestrände und Besichtigungsprogramm«, sondern als eine vertiefende Kenntnis des Heimatlandes verstanden werden.[46] Die seit 1973 erscheinende Serie »Bücher für die Reise« wurde gleichfalls in einer Auswahl als Buch im Layout des Reiseblatts herausgebracht.[47] 1985 veröffentlichte die *FAZ* dann ein Buch unter dem Titel »Ferienliebhabereien« mit »Anregungen für einen aktiven Urlaub«.[48] Es stand unter dem Motto: »Mag einer auch mit seinem Beruf verheiratet sein, so hat er doch für die Freizeit eine Geliebte. Man nennt dies: ein Hobby haben …«[49] Die zuvor in der *FAZ* erschienenen Beiträge behandelten damals noch außergewöhnliche Hobbys wie Fotografieren und Motorfliegen, aber es ging auch um etablierte Freizeitbeschäftigungen wie Segeln, Golf und Lesen. Die Auswahl der Veröffentlichungen lässt auf die ins Auge gefasste Leserschaft schließen, die als heimatverbunden, literarisch interessiert, tendenziell männlich, aber gleichwohl als durchaus zeitgemäß zu charakterisieren ist.

Die Rubrik »Bücher für die Reise« zeigte zudem die »außergewöhnliche Streitlust«[50] der *FAZ*, wofür insbesondere Hans Scherers Nachwort zur Kompilation »Reihen-Flut« ein Beispiel liefert.[51] Der Autor echauffierte sich darin über »Allzweck-Mehrfachverwendungs-Bücher«, beispielsweise Bücher, die lediglich mit Aphorismen bestückt sind, und »Billig-Reiseführer«. Diese etikettierte er als »Wegwerfbücher«.[52] Scherer beschwerte sich zudem darüber, dass der »Ton« der Reiseführer »zunehmend apodiktisch« werde; Unternehmungen würden immer öfter nicht mehr als optional präsentiert, sondern durch einen Imperativ fast vorgeschrieben: »›Am Abend gehen wir aus‹, heißt bezeichnenderweise ein Kapitel in den Marco-Polo-Büchern. Was für eine Domina schwingt in dem Satz ihre Peitsche.«[53] Drei Jahre später besprach Scherer einen weiteren Marco-Polo-Reiseführer in den »Büchern für die Reise«, klassifizierte diesen als »fragwürdig« und seufzte: »Wohin ist es mit der Reiseliteratur gekommen?«[54] Frisé empfand den Schreibstil des Reiseblatts als »auf ambitiösem literarischen Niveau«,[55] weshalb zwischen 1976 und 2014 auch die journalistische Kunstform der Glosse Verwendung fand.[56] Wichtige Redakteure wie Scherer »prüft[en] die Städte wie die übereinandergeschichteten Stilformen und Redeweisen eines einzigen Romans«.[57]

Das Ressort musste sich gleichwohl an die sprachliche Linie der *FAZ* anpassen. Die Herausgeber untersagten 1968 zur Rubrik »Programme, Routen, Ziele« das Wort »Tips [sic]« hinzuzufügen.[58] Die Serie »Programme, Routen, Ziele« erschien – ohne Tipps – vom 11. Juni 1970 an.[59] Die Reiseblattredakteure suchten über Tipps und Anregungen hinaus etwas zu bieten, schließlich sind die meisten Leser, selbst wenn ihnen eine große Reiselust unterstellt wird, »Ohrensessel-Reisende«.[60] Diesen zumindest gedankliche Reisen zu ermöglichen sollte mit Hilfe der großzügigen Bebilderung erreicht werden und auch indem man verschiedene Sinne ansprach, beispielsweise über fremde Speisen berichtete. Solche Speisen könnten mehr als »jede Sehenswürdigkeit oder jeder Sonnenuntergang« einen bleibenden Eindruck hinterlassen.[61] Man wollte vielleicht nicht die Welt, aber das Weltbild der Leser ändern.[62] Über Krisengebiete wurde grundsätzlich nicht berichtet, aber ansonsten war es völlig irrelevant, wie vermeintlich »exotisch«, »aufregend« und »schön« ein Land war, da jedes seine eigenen Reize hat.[63] So findet sich die zweite Erwähnung des Wortes »exotisch« 1957 auch an einem eher unerwarteten Platz: in einem Bericht über Kurbäder in Deutschland, wo die bunten Blätter in den herbstlichen Alleen beschrieben werden.[64]

Über Kurbäder und Kuren berichtete das Reiseblatt verstärkt seit den 1960er Jahren.[65] Mit der Rentenreform von 1957 wurde der Grundsatz »Rehabilitation vor Rente« gesetzlich verankert. Rehabilitation wurde nun als Regelleistung verstanden, zuvor private Kosten wurden staatlich getragen, was zu einer Renaissance der Kurbäder führte, die 1914 einen Niedergang erlebt hatten.[66] In den 1990er Jahren änderte der Gesetzgeber dies zum Nachteil des Kur- und Bäderwesens wieder, worauf die Berichterstattung nachließ.[67] Innerhalb der *FAZ* war bereits 1971 Kritik laut geworden, dass die Balneologie – die »Lehre und Wissenschaft von den natürlichen Heilkräften der Bade- und Kurorte sowie der Bäderkunde«[68] – zu unkritisch und unzeitgemäß betrachtet werde.[69] Bis 2013 wurde der Begriff 217-mal in der *FAZ* verwandt. Bei den frühen Treffern findet sich jedoch keine Definition des Begriffs,[70] was eine Veränderung im Sprachgebrauch anzeigt: Kuren und die Wissenschaft davon waren einmal »in« und der Fachterminus entsprechend geläufig.

Das Reiseblatt folgte zumindest teilweise dem allgemeinen deutschen Urlaubstrend. Im Jahr 1954 fuhren insgesamt 24 Prozent der Deutschen in die Ferien, 85 Prozent von ihnen verbrachten diese innerhalb der deutschen Grenzen. In Entsprechung dazu war Deutschland das mit Abstand beliebteste Thema im Reiseblatt. Mit dem Reiseverhalten der Deutschen änderte sich dann auch die thematische Schwerpunktsetzung; der prozentuale Anteil der Artikel über Deutschland sank in Relation zur absoluten Artikelzahl des Reiseblatts beständig.[71]

Die Italienberichterstattung der *FAZ* zeigt allerdings, dass das Reiseblatt ebenso eigene Akzente setzte und von Trends abwich. Österreich und Italien konnten drei Jahrzehnte in Folge die Spitzenplätze nach Deutschland hinsichtlich der Anzahl der gesamten Artikel im Reiseblatt für sich reklamieren. Danach konnten sie sich immerhin hinter Deutschland Platz zwei und drei unter den europäischen Ländern behaupten. Obwohl in den 1950er Jahren mehr Deutsche nach Österreich als nach Italien fuhren, schrieben die Redakteure mehr über Italien.[72] Die Italienreisen repräsentierten damals einen gehobenen sozialen Status,[73] schließlich kamen zu den üblichen Reisekosten noch Aufwendungen für ein Italienvisum und ein Durchreisevisum für Österreich hinzu.[74] Entgegen der deutschen Reisepräferenz dominiert im Reiseblatt unter den europäischen Auslandszielen bis heute Italien.[75]

1968 verbrachten erstmals mehr Deutsche ihre Ferien im Aus- als im Inland.[76] Das Aufkommen des Flugtourismus seit den 1950er Jahren machte ferne Zielorte immer attraktiver.[77] Trotz der ersten Ölpreiskrise von 1973 hielt der Tourismusboom an, ja weitete sich sogar noch stark aus, da sich nun auch die einkommensschwächeren Schichten Auslandsreisen leisten konnten und wollten. Zugleich nahm die Kritik am Massentourismus zu.[78] In den 1980er Jahren konnte Spanien Österreich wie Italien den Rang als das am häufigsten von Deutschen bereiste Land ablaufen.[79] Im Allgemeinen bevorzugten die Deutschen aber 1995 aber weiterhin Österreich, Spanien, Italien, Frankreich und Griechenland als Reiseziele.[80] Bei den *FAZ*-Reportagen über Fernreisen wurden die Vereinigten Staaten von Amerika zu einem attraktiven Objekt der Berichterstattung. In den 1990er Jahren überholten sie sogar Österreich und Italien hinsichtlich der Anzahl der Beiträge.

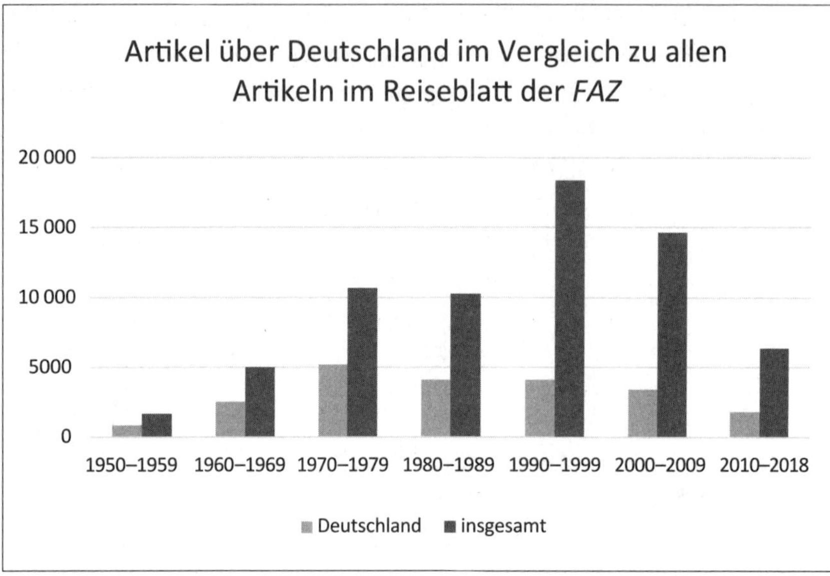
Artikel über Deutschland im Vergleich zu allen Artikeln im Reiseblatt der *FAZ*
20 000
15 000
10 000
5000
0
1950–1959
1960–1969
1970–1979
1980–1989
1990–1999
2000–2009
2010–2018
Deutschland
insgesamt

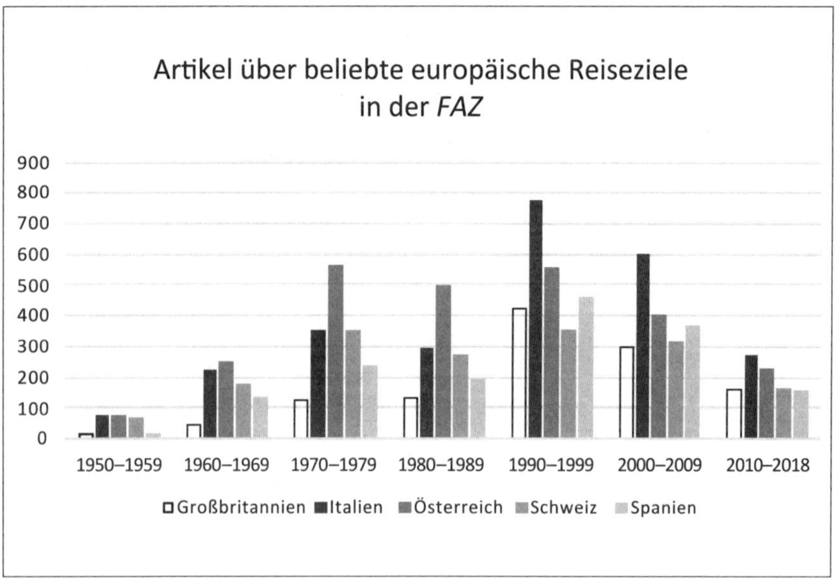
Artikel über beliebte europäische Reiseziele in der *FAZ*
900
800
700
600
500
400
300
200
100
0
1950–1959
1960–1969
1970–1979
1980–1989
1990–1999
2000–2009
2010–2018
Großbritannien
Italien
Österreich
Schweiz
Spanien

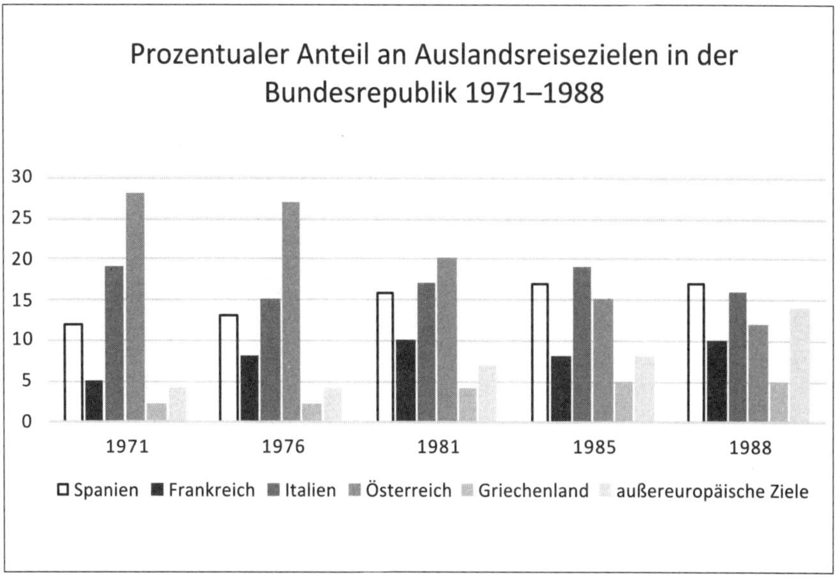
Prozentualer Anteil an Auslandsreisezielen in der Bundesrepublik 1971–1988
30
25
20
15
10
5
0
1971
1976
1981
1985
1988
Spanien
Frankreich
Italien
Österreich
Griechenland
außereuropäische Ziele

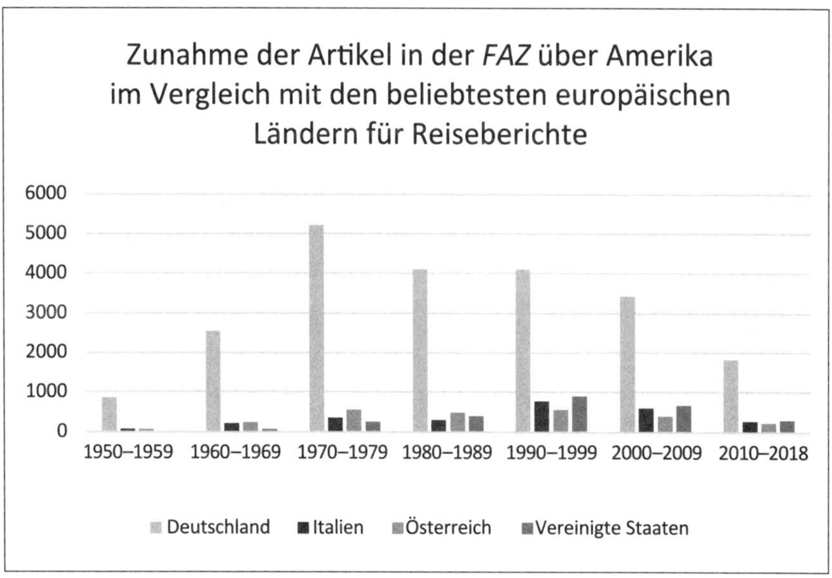
Zunahme der Artikel in der *FAZ* über Amerika im Vergleich mit den beliebtesten europäischen Ländern für Reiseberichte
6000
5000
4000
3000
2000
1000
0
1950–1959
1960–1969
1970–1979
1980–1989
1990–1999
2000–2009
2010–2018
Deutschland
Italien
Österreich
Vereinigte Staaten

Die *FAZ* arbeitete stets in der Annahme, aufgrund der Struktur ihrer Leserschaft davon ausgehen zu können, dass »nahezu jeder« Leser der Zeitung reise.[81] Augenscheinlich nahm man auch an, dass die Leserschaft kulturell interessiert sei und fernere Länder besuche, was darauf hindeutet, dass das Reiseblatt von einer betuchteren Leserschaft ausging. Wie die meisten Deutschen reisten auch die *FAZ*-Redakteure immer mehr, sodass die Herausgeber 1981 beschlossen, die Reiseanträge strenger zu kontrollieren.[82] Hin und wieder wurden die *FAZ*-Journalisten auch von Dritten eingeladen.[83] So schenkte die Fluggesellschaft Pan American World Airways (PAA) ihnen 1962 Tickets für den ersten Direktflug nach Miami. Es erschien dann tatsächlich ein entsprechender Artikel, und zwar »Florida ist nähergerückt [sic]« von Eberhard Schulz. Darin lobte Schulz gleich zu Beginn die PAA, aber es wird nicht ersichtlich, dass die Flugtickets ein Geschenk der Gesellschaft waren.[84] Der Grundsatz, dass die Redakteure Werbung tunlichst vermeiden sollten, wurde in diesem Fall offensichtlich nicht beachtet. Dass in einem kleinen Kasten stets Namen und Preise offengelegt werden sollten, nannte Maria Frisé »schamhaft«. Sie sah in diesem Spagat zwischen Neutralität und Annahme von Vorteilen einen »unlösbaren Konflikt«.[85]

Die Journalisten des Reiseblatts hatten viel Freiraum und konnten über das schreiben, was sie persönlich geprägt hatte, etwa die Landschaft ihrer Heimat. Diese persönliche Note stand durchaus im Kontrast zu den kommerziellen Interessen des Reiseteils, wo überdurchschnittlich viel Werbung geschaltet wurde und Hotel- sowie Reisekosten schon einmal von möglichen oder auch tatsächlichen Anzeigenkunden übernommen wurden. Zwar wehrten sich die Redakteure gegen den Vorwurf, bestechlich zu sein. Eine durch Werbung und Reisesponsoring entstandene, vielleicht gar nicht intendierte Beeinflussung kann aber dennoch nicht ausgeschlossen werden. Dies bedingt sich durch die Materie und dürfte bei Reiseteilen anderer Zeitungen nicht anders sein. Doch schlossen Ressortfremde von dieser kommerziellen Note auf eine vermeintliche Flachheit der Berichterstattung, weshalb die Redakteure des Reiseblatts ihre Seriosität immer wieder beteuerten.

In der »Touristik-Werbung« war die *FAZ* mit ihrem opulenten Anzeigenteil in der Reisebeilage zumindest zeitweise führend.[86] In der ersten Ausgabe war dieser von Angeboten für Italienreisende dominiert. Auffällig und über die Jahre immer wiederkehrend war eine Anzeige für die exklusivsten Hotels in Venedig.[87] An vorderster Stelle rangierte dabei das Hotel Danieli. »[T]ausende Touristen gehen täglich am Luxushotel Danieli vorbei, doch einen Aufenthalt können sich nur wenige leisten«, heißt es in einem Reiseführer über den im 14. Jahrhundert erbauten Palast, der einst der Dogenfamilie Dandolo gehörte.[88] Beworben wurden in der ersten Ausgabe zudem »Opern, Theater, klassische Tänze, Konzerte und Folklore« in Italien sowie ein Aufenthalt am Comer See in einem Hotel mit Golf- und Tennisplätzen. Unter den deutschen Reisezielen traten vor allem Kurorte hervor.[89] Die Anzeigen richteten sich also vornehmlich an ein gut situiertes und kultiviertes Publikum. Die Konzentration auf Italien im Anzeigenbereich nahm ganz allmählich zugunsten von Fernzielen wie Indien, Kanada und Amerika ab.[90]

Das Geschäft mit der Reisewerbung hatte auch Schattenseiten. In der Redaktionssitzung vom 13. März 1975 wurde ein Artikel vorgestellt unter der Überschrift »Zum heutigen Reiseblatt: Die Glosse ›Peinlich‹ auf der ersten Seite des zweiten Produkts wird den Kollegen zur Lektüre empfohlen«.[91] Friedrich A. Wagner machte darin deutlich, wie oft Druck vonseiten der Anzeigenkunden ausgeübt werde. Im konkreten Fall hatte das Städtische Verkehrsamt Friedrichshafen die Zeitung bedrängt und zu der öffentlichen Stellungnahme Anlass gegeben. Das Verkehrsamt hatte sich beschwert, dass trotz regelmäßiger Anzeigenschaltung kein Entgegenkommen des Reiseblatts zu erkennen sei, und gedroht, einen anderen Werbeträger zu suchen, was der *FAZ* zu denken geben solle. Von solchen Praktiken lasse man sich nicht beirren, erklärte Wagner und beendete die Glosse mit den Worten: »Peinlich, peinlich – derartige Vorstellungen von der Presse in einer deutschen Amtsstube anzutreffen.«[92] Ohne Zweifel war das ein Sonderfall. In derselben Konferenz berichtete Fritz Ullrich Fack dann, die Firma Windrose habe »eigene PR-Informationen mit Teilen eines F.A.Z.-Reiseblattes kompiliert, betrügerisch zum eigenen Nutzen, jedoch zum Schaden« des Reiseblatts. Solche Vorkommnisse sollten in Zukunft dem Geschäftsführer Pfeifer oder den Herausgebern mitgeteilt werden.[93] Man war durchaus sensibel, was den Eindruck der Verquickung mit Unternehmen der Reise- oder Medienbranche betraf.

Konflikte konnten sich auch ergeben, wenn das Reiseblatt berichtigt[94] oder inhaltlich kritisiert wurde. Die Witwe des Altphilologen und Archäologen Rudolf Herzog beauftragte sogar einen Rechtsanwalt, eine Gegendarstellung zu erwirken, da ihr verstorbener Mann ihrer Ansicht nach in einem Artikel um seinen verdienten Ruhm gebracht wurde. Diese Sicht der Dinge wurde als Leserbrief veröffentlicht.[95] In 467 der veröffentlichten Leserbriefe an die *FAZ* wird das Reiseblatt explizit erwähnt. Die meisten der vielen in der Reiseredaktion eingehenden Briefe befassten sich im Grunde aber mit Fragen, die eher an ein Reisebüro zu richten gewesen wären. Wagner wollte 1961 externe Mitarbeiter auf Honorarbasis zur Beantwortung dieser Briefflut einstellen. Die Herausgeber lehnten das jedoch ab mit der Begründung, die Zeitung könne kein Reisebüro ersetzen, was den Lesern »auf angemessene, höfliche Weise mitzuteilen« sei.[96] 1973 bat Wagner um Hilfe von der Abteilung »Leserbriefe«, was ebenfalls abgelehnt wurde. Eick vertrat die Ansicht, ein standardisiertes Schreiben sei die Lösung, etwa in der Art: »Wir empfehlen Ihnen, das staatliche österreichische Reisebüro anzuschreiben.« Korn beschwerte sich in diesem Zusammenhang, dass die Zeitung generell zu oft als Servicebetrieb genutzt würde.[97]

Das Reiseressort der *Frankfurter Allgemeinen* zeichnete sich immer dadurch aus, dass es sich streitlustig gab, visuell und literarisch anspruchsvoll arbeitete und die Materie »Reise« mitunter kritisch evaluierte. Im Wesentlichen gelang der Drahtseilakt zwischen Kommerz und literarischem Anspruch, zwischen Agenda Setting und Trend-Konformität, zwischen Horizonterweiterung und Eskapismus. In den letzten Jahren wurde das Reiseblatt für eingelöste Qualitätsversprechen mehrfach ausgezeichnet.[98]

8

DIE *FAZ* UM DIE JAHRTAUSENDWENDE

Die Zeit um die Jahrtausendwende war von vielen Neuerungen bestimmt: Erstmals in der Geschichte der Bundesrepublik Deutschland regierte Rot-Grün, erstmals führte die Bundesrepublik Deutschland einen Krieg, die »Agenda 2010« kündigte im Sozialbereich und auf dem Arbeitsmarkt zahlreiche tief greifende Änderungen an, Internet und Handys begannen das Leben der Menschen zu bestimmen. Die *FAZ* musste sich an eine linke Regierung gewöhnen, die in manchen Punkten gleichwohl eine wirtschaftsfreundliche Politik machte, und sie musste von Helmut Kohl in jeder Hinsicht Abschied nehmen. Die Zeitung geriet in personelle Turbulenzen und vor allem in eine ernsthafte finanzielle Krise. Doch sie setzte nach wie vor erfolgreich Themen. Sowohl bei der Beschäftigung mit der NS-Vergangenheit des Auswärtigen Amtes als auch der Einführung der neuen Rechtschreibung bestimmte sie die Kritik. Ihr gelangen Korrekturen an einem zu einfachen, nun ganz in Schwarz gemaltem Geschichtsbild und an der in sich nicht logischen und kohärenten, zudem von der Politik verordneten Rechtschreibreform. Während sich die Zeitung bei der Rechtschreibreform und auch in der Kritik am Verhalten Kohls in der Spendenaffäre erstaunlich einig zeigte, war sie bei anderen Themen – dem neuen Staatsbürgerschaftsrecht oder der Biographie Joschka Fischers – gewohnt vielstimmig.

DAS ENDE DER ÄRA KOHL

Als der »schwarze Riese« (Hans-Peter Schwarz) in der CDU-Spendenaffäre schwankte und schließlich fiel, bedeutete dies auch für die *FAZ* das definitive Ende der Ära Kohl. Die Herausgeber und Leitartikler des politischen Ressorts waren dem langjährigen Kanzler bei viel Kritik im Einzelnen ja doch gewogen, und der Machtwechsel versprach selbst dem Wirtschaftsressort keine stärker an Ludwig Erhard orientierte Politik, wurden doch zunächst die Reformschritte der letzten Kohl-Regierung durch Rot-Grün zurückgenommen, etwa bei der Zuzahlung der Patienten für Medikamente. Die finanzielle Struktur des »Systems Kohl« erörterte die *FAZ* nun sehr kritisch, besonders die nicht angezeigten und ordnungsgemäß verbuchten Parteispenden und die von Kohl auch im Nachhinein hartnäckig verweigerte Auskunft über die Namen der Spender. Kurz vor Weihnachten 1999 veröffentlichte die *FAZ* auf Initiative Angela Merkels den spektakulären Trennungsbrief, der das Ende der Ära Kohl nun auch für die CDU einläutete, deren Ehrenvorsitz Kohl niederlegte. Schon damals neigte Merkel zu Formulierungen, die sinnfrei waren: »Ein Wort zu halten und dies über Recht und Gesetz zu stellen mag vielleicht bei einem rechtmäßigen Vorgang noch verstanden werden, nicht aber bei einem rechtswidrigen Vorgang.«[1] 19 Jahre später folgte ein ähnlicher Trennungsbrief in der *FAZ*, diesmal betraf er Merkel selbst. Verfasser Jens Spahn warf ihr vor allem die ungeordnete Migrationspolitik vor und plädierte für einen »echten Generationenwechsel.«[2]

Neben dem CDU-Experten Karl Feldmeyer, der konservativ, aber mit Kohl in wechselseitiger Abneigung verbunden war (»machtpolitischer Triebtäter«), und dem Bonner Büroleiter Günter Bannas ging der Innenpolitikchef Eckhard Fuhr, welcher der patriotischen Linken um Tilman Fichter und Peter Brandt zuneigte, in der Spendenaffäre besonders kritisch mit Kohl und seiner Partei um. Der studierte Historiker war 1986 ohne journalistische Vorkenntnisse aufgrund einer Anzeige in die Nachrichtenredaktion der *FAZ* gekommen. Nachdem er zunächst als Nachrichtenredakteur eingesetzt worden war, erhielt er die Zuständigkeit für die »Politischen Bücher« und die SPD. Hierauf trat er in den Denkerflügel der Zeitung ein, verfasste also Leitartikel und betreute die von Gastautoren bestückte Seite »Die Gegenwart«. Herausgeber Günther Nonnenmacher protegierte Fuhr. Anders als in der Redaktion erwartet, wurde nicht der CDU-nahe Georg Paul Hefty 1997 Nachfolger des eher solipsistisch agierenden markanten Innenpolitikchefs Friedrich Karl Fromme, sondern Fuhr, der die Vorhersehbarkeit des Politikressorts aufbrechen sollte. Dieser ließ sich dann auch in Beiträgen für das Feuilleton kritisch über Kohl aus,[3] was »Politiker« wie Hefty und Volker Zastrow ihm verübelten. Das Feuilleton strengte sich von sich aus ebenfalls an, mit Kohl abzurechnen. Besonders heftig tat dies der Politikwissenschaftler Wilhelm Hennis.[4]

Höhepunkt des Kohl-Bashings war ein Bericht Dirk Schümers von einer belgischen Ausstellung über gestörte Könige und psychiatrische Patienten mit

Herrschaftsphantasien. Während ein großes Porträt einen wahnhaften Napoleon-Darsteller zeigte, stand unter einem kleinen Foto Kohls: »Dieser Mann hält sich für Helmut Kohl.« Auch die Unterzeile des Titels »Eine Ausstellung in Gent klärt brutalstmöglich über politisch-psychische Defekte auf« spielte auf die Spendenaffäre der Union und Roland Kochs Reaktion darauf (»brutalstmögliche Aufklärung«) an. Kohl war erbost über diese Satire und ließ das den (nicht zuständigen) Herausgeber Hugo Müller-Vogg spüren.[5]

Die sichtbare Hand: Dieser Mann hält sich für Helmut Kohl. Foto Mick Grosse

Fuhr war mit Kohl trotz oder wegen der Einladungen zu Gelagen an den Hof des Pfälzers schon vor der Spendenaffäre nie warm geworden. Als Berthold Kohler, Absolvent des ersten Jahrgangs der 1988 neu eingeführten Volontärsausbildung unter Erich Helmensdorfer, dann 1999 Herausgeber geworden war und eine sehr zugespitzte, scharfe Leitglosse Fuhrs über Schäubles Verwicklung in die Spendenaffäre aus dem Blatt nahm – die Zeitzeugen sind unterschiedlicher Meinung, ob dies mit oder ohne Rücksprache geschah –, verließ Fuhr im Jahr 2000 die politische Redaktion. Hintergrund war sein Dauerstreit mit Hefty, der das Klima in der Redaktion sehr belastet hatte.[6] Er ging nach Berlin zum Aufbau eines Fernsehformats in Kooperation mit dem neuen Nachrichtensender N24, an dem sich die *FAZ* zu beteiligen gedachte. Aber in der Zeitungskrise wollte sie dann keine dauerhaften finanziellen Verpflichtungen eingehen. Fuhr bewarb sich daraufhin bei Springer und wurde Kulturchef der *Welt*.[7]

EINE OPPOSITIONSZEITUNG GEGEN ROT-GRÜN?

Am 27. September 1998, dem Wahltag zum 14. Bundestag, bildete die *FAZ* auf der Titelseite ihrer *Sonntagszeitung* eine Fotografie von Werbeplakaten der CDU und der SPD mit Helmut Kohl und Gerhard Schröder ab. Darauf wurde Kohl von einem vorbeifahrenden Radfahrer partiell verdeckt und so der Fokus auf Schröders Porträt gelenkt. Unterschwellig manifestierte sich der Zeitgeist, wonach Schröder für die Zukunft stand, auf diese Weise auch in der *FAZ*.[8] Die Bildaussage sollte sich am folgenden Tag bestätigen: »Schröder gewinnt die Bundestagswahl«, titelte die Zeitung.[9] Während etwa der *Tagesspiegel* zu dieser Nachricht als Erstes ein Foto des neuen Kanzlers Schröder in demonstrativer Victory-Pose platzierte, zeigte die *FAZ* auf Seite zwei – die Titelseite war noch frei von Fotografien – eine Abbildung des scheidenden Kanzlers, der gesenkten Hauptes die Bühne verlässt. Ein Foto von Schröder folgte erst auf Seite drei. Zwar war Schröder auch hier in Siegerpose abgelichtet, aber nur als einer von vielen auf dem SPD-Podium und gleichberechtigt neben Oskar Lafontaine stehend.[10] Der Fokus der *FAZ* war noch auf Kohl gerichtet.

Titelbild der FAS *am Tag der Wahl (27. September 1998), Ausschnitt des Bildes am Tag nach der Wahl in der* FAZ *(28. September 1998) und das Titelbild des Tagesspiegel vom selben Tag (v.l.n.re.).*

Die drei Kommentare zur Wahl auf der Titelseite bekräftigten das. Allein der Schröder zuneigende Innenpolitikchef Eckhard Fuhr verwies darauf, dass Schröder gewonnen habe, »obwohl er Sozialdemokrat« sei. Einer Koalition mit den Grünen stand Fuhr aber skeptisch gegenüber, da diesen »politische Grundentscheidungen der Nation« noch immer fremd seien.[11] Georg Paul Hefty lobte hingegen die »stolze Bilanz« und den »großen Kampf« Kohls. Schröder war hier lediglich Kohls »Herausforderer«.[12] Herausgeber Günther Nonnenmacher konzentrierte sich gleichfalls auf Kohl, »der Maßstäbe gesetzt« habe und als Inbegriff für Politik zu verstehen sei. Er nannte Schröder auch nicht beim Namen und stellte wortkarg fest: »Sein Nachfolger als Bundeskanzler jedenfalls wird es schwer haben.«[13] Auch in der *FAZ*?

Einen Monat später konnten sich sowohl die SPD als auch die Grünen mit einer stattlichen Mehrheit auf den Abschluss eines Koalitionsvertrages einigen.[14] Diesmal bekam Schröder auf Seite zwei sein Victory-Bild; Oskar Lafontaine und Rudolf Scharping waren darauf zwar auch zu sehen, allerdings nur abgeschnitten am Rand.[15] Nach Ansicht von Günter Bannas ähnelte Schröder Willy Brandt und Helmut Schmidt, denn Schröder habe sich – »gegen den Willen mancher führender Genossen« – den »Weg an die politische Spitze« erkämpft. Er habe auch früher schon zu seiner Partei Distanz bewiesen und sich diese im Wahlkampf zunutze gemacht.[16] Bannas verstand Schröder als machtbewusst und die Profilierung gegen die eigene Partei als Koketterie.[17]

Am 10. November 1998 gab Schröder seine erste Regierungserklärung ab unter der Maxime: »Weil wir Deutschlands Kraft vertrauen«. Die Rede erfüllte insgesamt nicht die Erwartungen der *FAZ*-Redakteure, und auch der Koalitionspartner überzeugte nicht.[18] Die Grünen verhielten sich nach Ansicht des Blattes wie »Achtzehnjährige«, die sich gegen das Erwachsenwerden sträuben.[19] Die *FAZ* berichtete aber dennoch neutral. Der auf der zweiten Seite fortgesetzte Aufmacher rahmte allerdings eine Karikatur ein, die Schröder auf einem Steckbrief zeigte: »Gesucht. G. Schröder, der neue Reformer und Modernisierer.«[20]

In der eigenen Partei hatte Schröder damals noch einen starken Kontrahenten, den Finanzminister, Parteivorsitzenden und »Liebling der Sozialdemokraten« Oskar Lafontaine.[21] Die Rivalität der beiden trat vor allem in der Wirtschaftspolitik zutage. Lafontaine war makroökonomisch-keynesianisch, Schröder stärker angebotsorientiert ausgerichtet.[22] Die Auseinandersetzung trug dazu bei, dass die Popularität der SPD schnell sank und das *FAZ*-Wirtschaftsressort bereits nach einem halben Jahr negativ urteilte: »Schröder ist nicht der pragmatische Modernisierer mit linkem Charme, der den Reformstau der Regierung Kohl auflöst. Im Gegenteil.«[23] Der Machtkampf zwischen Kanzler und Parteichef endete am 11. März 1999 mit Lafontaines überraschendem Rücktritt, einem »Donnerschlag aus bedecktem Himmel«.[24] Vom Wirtschaftsressort wurde Schröder nun aufgefordert, sich auf seine Richtlinienkompetenz zu besinnen: »Schröder sollte sich auf seine Aufgaben konzentrieren, anstatt als Fotomodell zu posieren.«[25] Diese Ermahnung zur seriösen Arbeit war ein immer wieder in der *FAZ* auftauchendes Postulat.[26]

Schon einige Tage nach Lafontaines Rücktritt trat der Ernstfall ein: Am 24. März 1999 wandte Schröder sich in einer Fernsehansprache an die Nation, nachdem die NATO unter Mitwirkung deutscher Aufklärungstornados Luftangriffe gegen militärische Ziele in der damaligen Bundesrepublik Jugoslawien gestartet hatte. Seit dem Zweiten Weltkrieg waren keine deutschen Soldaten mehr im Kampfeinsatz gewesen.[27] Wie der *Spiegel* registrierte auch die *FAZ* eine durch den Kosovo-Konflikt bedingte Veränderung in der Person Schröders, einen »neue[n] Kanzler«, eine »neue Lage«. Schröder habe, so Michael Jeismann, nicht das rhetorische Niveau Bill Clintons erreicht,[28] aber Fuhr würdigte gleichwohl, dass Schröder das »Kapitel Kosovo [...] offensiv als selbstsicherer Stratege« bewältigt habe – ein Auftreten, das er in der Innenpolitik vermissen lasse.[29] Den Krieg selbst – das Wort suchte die Politik tunlichst zu vermeiden – bewertete die *FAZ* nach dessen Beendigung als Konflikt ohne klare Sieger, aber ebenso ohne eindeutige Verlierer.[30] Es sei dies die Feuertaufe der NATO gewesen, die allerdings ihren »Spielraum« auf die »Durchsetzung eines moralisch motivierten Machtanspruches« verkürzt habe.[31] Überdies wurde nach Ansicht der *FAZ* evident, dass dem Wort der deutschen Regierung in der Welt nicht das Gewicht zukam, das diese medial zu konstruieren gedachte.[32] Den Eindruck eines erneuten Großmachtgebarens Deutschlands wies die *FAZ* aber entschieden zurück. Insgesamt sei der Konflikt für Berlin ein »blickschärfendes Kontrastmittel« gewesen: Es war nun »mit der Gemütlichkeit vorbei«.[33]

Im folgenden Jahr wurde das Staatsbürgerschaftsrecht neu geregelt und das seit 1913 geltende *Ius-sanguinis*-Prinzip, die Orientierung an der Abstammung, also der Staatsbürgerschaft der Eltern, durch ein *ius soli*, also das Geburtsortprinzip, ergänzt (keineswegs wurde das *ius sanguinis* abgeschafft oder ersetzt, wie häufig argumentiert wurde und wird). Überlegungen hierzu gab es bereits seit den 1980er Jahren, eine Umsetzung folgte indes erst mit dem Regierungswechsel.[34] Georg Paul Hefty betrachtete vor allem die vorgesehene doppelte Staatsbürgerschaft und die Rolle der Grünen sehr kritisch,[35] einige Kommentatoren im Politikteil mutmaßten sogar, dass die Änderung der Gesetzeslage ein Entgegenkommen an die Grünen gewesen sei.[36] Bannas sah hierin aber nur ein Detail, das »Schicksal eines Landes« hänge letztlich von der Außenpolitik ab.[37] Im Feuilleton bezeichnete Mark Siemons das alte Staatsbürgerschaftsrecht als »illusionär«, das Konzept des neuen sei »universalistisch« und diene der Assimilation.[38] Hier war sie wieder, die antagonistische Doppelkommentierung von Politikressort und Feuilleton.

Wieder ein Jahr später wurde der beliebte Außenminister Joschka Fischer, der in der *FAZ* distanzierend korrekt oft noch »Joseph Fischer« genannt wurde, zur Achillesferse von Rot-Grün. »Ja, ich war militant« – mit dieser Aussage suchte Fischer am 4. Januar 2001 in einem *Stern*-Interview die Flucht nach vorne anzutreten.[39] Ein Foto, das den jungen »Sponti« Fischer zeigte, wie er auf einen Polizisten einschlug, brachte ihn in Bedrängnis. Die Tochter Ulrike Meinhofs, Bettina Röhl, hatte dieses neben dem *Stern* auch an die *Bild* verkauft. Die Boulevardzeitung schoss sich auf Fischer ein. In der *FAZ* gingen die Meinungen auseinander. Während Fischer von Schirrmacher tendenziell verteidigt wurde, kritisierte Müller-Vogg ihn im *Rhein-Main*-Teil und der *FAS* scharf (siehe das nächste Kapitel). Auch Thomas Schmid, ehemals Weggefährte von Fischer und inzwischen Politikredakteur, zeigte sich kritisch gegenüber dem Bundesaußenminister. Der sei längst »so staatstragend geworden, daß er vor Bedeutung kaum noch laufen« könne. Er habe einen »unerbittlichen Machtinstinkt«, sei der wohl »am autoritärsten agierende Politiker Deutschlands« und »Autor seiner eigenen Apotheose« – grün sei er hingegen schon lange nicht mehr. Fischer habe sich zwar für sein Verhalten entschuldigt, unterschwellig sei aber ein verdeckter Anflug von Stolz mitgeschwungen. Fischer müsse sich seiner Vergangenheit deutlicher stellen.[40] Sein Verhalten sei keine »[l]äßliche Jugendsünde«.[41] Später forderte Schmid, die Grünen sollten ideologisch umdenken und erkennen, dass sie eine konservativere Richtung einschlagen müssen.[42]

Mit der Debatte um Fischers Vergangenheit rückten zwei weitere Krisenherde in den Fokus, was zu großer Unruhe im Auswärtigen Amt und Dienst führte. Zum einen hatte Fischer eine Visaliberalisierung für Osteuropa erlassen, nach seinem Staatsminister »Volmer-Erlass« genannt. Dieser Versuch, einen dezidiert »grünen« Akzent in der Außenpolitik zu setzen, führte zu mehr Schleuserkriminalität und massenhafter illegaler Arbeitsmigration. Als gegen einen Menschenschleuser vor dem Kölner Landgericht verhandelt wurde, bezeichnete der Richter die von oben angeordnete Praxis der kaum kontrollierten Visavergabe als einen »kalte[n] Putsch« der politischen Führungsebene »gegen die bestehende Gesetzeslage«.[43] Im Dezember 2004 wurde ein parlamentarischer Untersuchungsausschuss eingesetzt, der den massenhaften Missbrauch bei der Erteilung von Visa in den deutschen Botschaften Osteuropas untersuchen sollte. Die »Visa-Affäre« war in den Medien omnipräsent, wobei die Kritik sich zuvörderst gegen Fischer richtete, der darüber bei der Bevölkerung vom Thron der Beliebtheit stürzte. Allein im Februar

2005 erwähnte die *FAZ* die Visa-Affäre in 72 Artikeln. Unter anderem beschwerte sich etwa Leitartikler Hefty über Fischer, doch die beiden längsten Artikel stammten aus dem Feuilleton.[44] Michael Hanfeld schrieb im Rahmen der Berichterstattung über das Medienecho, und Michael Jeismann sah in dem »Visa-Skandal [...] die Wiederkehr deutscher Weltfremdheit in großsprecherischer Absicht mit kriminellen Folgen – und immer dem besten Gewissen«.[45]

Fischer stieß auch bei den Diplomaten der betroffenen Botschaften auf reichlich Kritik. Es tat sich geradezu eine Kluft zwischen der politischen Leitung des Auswärtigen Amtes und den Karrierediplomaten auf. Hinzu kam nun die Debatte um Fischers Vergangenheit und die seines Mitarbeiters im Planungsstab Joscha Schmierer, der Mitglied im Kommunistischen Bund Westdeutschland (KBW) gewesen war und dem Massenmörder Pol Pot noch 1980 eine Grußbotschaft geschickt hatte. Während Schmierer dennoch als Quereinsteiger ins Auswärtige Amt gelangen konnte, wurde auf Weisung von ganz oben dem hoch angesehenen pensionierten Diplomaten und Schriftsteller Erwin Wickert ein Glückwunsch zum 85. Geburtstag verweigert. Dem nachfragenden Beamten wurde beschieden: »Nein, da NSDAP Mitglied. Ablehnung wurde vom Ministerbüro bestätigt.«[46]

Ein gutes Jahr später nahm Wickert Revanche und sagte in einem scharfen Brief an Minister Fischer seine Teilnahme an den Jubiläumsfeierlichkeiten zum 50. Jahrestag der Wiederbegründung des Auswärtigen Amtes mit Verweis auf Schmierer ab. Fischer erzürnte dieses Schreiben außerordentlich. Als dann Franz Krapf, ein ebenfalls hoch angesehener Botschafter a. D., im Oktober 2004 starb, wurde dem ehemaligen NSDAP- und SS-Mitglied, das während des Krieges an der deutschen Botschaft in Tokio tätig gewesen war, ein Nachruf in der Mitarbeiterzeitschrift verwehrt. Fischer gestand einem langjährigen Diplomaten der Bundesrepublik offensichtlich nicht dasselbe zu wie seinem Mitarbeiter Schmierer: die Wandlung zum Demokraten.

In der *FAZ* griff an diesem frühen Punkt der Debatte ein Akteur ein, der wohlinformiert und beharrlich die Vergangenheitspolitik Fischers attackierte: Rainer Blasius, Zeithistoriker, promoviert über Ernst von Weizsäcker, ehemals Vortragender Legationsrat im Auswärtigen Amt und dort Leiter der renommierten Edition »Akten zur Auswärtigen Politik der Bundesrepublik Deutschland«. Im Jahr 2000 war er zur *FAZ* gewechselt und dort nun zuständig für die »Politischen Bücher«. Blasius thematisierte am Ende des Jahres 2004 den Briefwechsel zwischen Wickert und Fischer in der Besprechung eines Bandes mit Briefen des Diplomaten.[47] Kurze Zeit später nahm ein anderer Diplomat die

Seite 34 / Mittwoch, 9. Februar 2005, Nr. 33 — Feuilleton — Frankfurter Allgemeine Zeitung

Richtet gefälligst etwas billiger!

Wem es nutzen soll: Die Reform des amerikanischen Schadensersatzrechts

KATJA GELINSKY

Kleine Meldungen

Charakterschweinderlbau: Nestroys Doppelhaus in der Burg

Der Schmuckmacher

Goldschmied Hermann Jünger gestorben

Kranführer

Technik-Oscar für Horst Burbulla

Vorbeiflug des Fisches

Zum Tod des Schriftstellers Armin Müller

In memoriam

Franz Krapf

Botschafter a. D.

* 22. Juli 1911 † 23. Oktober 2004

Freunde, Kollegen und Mitarbeiter bewahren ihm ein ehrendes Andenken

Todesanzeige für den Diplomaten Franz Krapf in der FAZ vom 9. Februar 2005, S. 34.

Argumentation von Blasius in einem Leserbrief auf. Das war einer der *FAZ*-typischen Leserbriefe, die großes Aufsehen erregten und politische Weiterungen nach sich zogen. In einem fulminanten Text berichtete Botschafter a. D. Heinz Schneppen über die neue Nachrufpraxis und stellte sie in Kontrast zu Fischers Plädoyer für die Anerkennung einer Wandlung zum Demokraten im Fall Schmierers. Geschickt wies er auf den in Yad Vashem geehrten »Retter der dänischen Juden« Georg Duckwitz hin, der ebenfalls im Auswärtigen Dienst und in der NSDAP gewesen war. Willy Brandt hatte ihn zu seinem Außenstaatssekretär ernannt. Der Brief, der zahlreiche weitere Zuschriften zur Folge hatte, endete in einer Anklage:

> Das vom Minister angeordnete oder zu vertretende Verfahren ist unsachlich, unanständig, unehrlich. Es ist unsachlich, weil das Kriterium der Mitgliedschaft zu kurz greift. Es ist unanständig, weil Fischer bewährten Angehörigen des Auswärtigen Dienstes – der Bundesrepublik Deutschland – die Ehre des Nachrufs verweigert. Es ist unehrlich, weil der Bundesminister des Auswärtigen anderen das Recht auf politischen Irrtum abspricht, es aber für sich und seine Freunde sehr wohl in Anspruch nimmt.[48]

Einen knappen Monat später, am 9. Februar 2005, unterzeichneten dann 128 »Mumien« – so bezeichneten sich die ehemaligen Diplomaten selbstironisch – ein »In memoriam« für Krapf, dem sie – anders eben als das Auswärtige Amt – in einer Anzeige in der *FAZ* »ein ehrendes Andenken« gelobten. Blasius berichtete einen Tag später auf der ersten Seite über die geänderte Gedenkpraxis und verwies dabei auf die Anzeige und Schneppens Leserbrief, ferner auf die Würdigung Genschers im Trauergottesdienst für Krapf.[49] Das war natürlich geschichtspolitisches Agenda Setting, aber nicht unüblich für die *FAZ*, wenn man an die Aufmacher über die Wehrmachtsausstellung oder die Walser-Bubis-Kontroverse denkt.

Noch eindeutiger als in der Anzeige für Krapf war die Stoßrichtung in der am 14. März 2005 in der *Süddeutschen Zeitung* veröffentlichten Traueranzeige für Wilhelm-Günther von Heyden, in der Diplomaten »Anstelle des Auswärtigen Amts« des Kollegen und Freundes gedachten. Von Heyden hatte zeitweilig für Bundespräsident Heuss »Fragen des Judentums« bearbeitet.[50] Schneppens Brief und die beiden Anzeigen stellten eine klare Insubordination dar, so wurde es jedenfalls von Fischer verstanden. Der hinterließ dann kurz vor seinem Ausscheiden aus dem Amt 2005 seiner Institution den Auftrag, eine Kommission zu berufen, die den Auswärtigen Dienst in der NS-Zeit und die personelle Kontinuität nach 1945 aufarbeiten sollte. Das war, kurz gesagt, eine Attacke auf die »Mumien«, ein Nachruf ganz eigener Art. Fischer selbst gab diese Stoßrichtung seines Auftrags offen zu: »Für mich bedeutet es zuerst und vor allem, dass sie den Nachruf bekommen, den sie verdient haben. Das wollten sie, und das bekommen sie jetzt.«[51] Blasius betrachtete die Arbeit der Kommission genau und unterzog sie wiederholt einer detaillierten, scharfen Kritik.[52] Diese nahm Frank Schirrmacher, nachdem er das Kommissionsbuch in großer Aufmachung und auf sieben Seiten der *Sonntagszeitung* gefeiert und einen vermeintlichen neuen Quellenfund – Blasius zeigte, dass die Quelle seit 1952 bekannt war[53] – auf der Titelseite platziert hatte,[54] persönlich und redigierte in einen Feuilletontext die Formulierung »Gipfel der Infamie« hinein, die auf Blasius zielte.[55] Dieser erneute Dissens zwischen Politikressort und Feuilleton blieb dem *Spiegel* nicht verborgen.[56] Nachdem der Kommissionsbericht von Fischers Nachfolger Guido Westerwelle präsentiert worden war, wurden die euphorischen Stimmen leiser, und es meldeten sich zunehmend Fachkollegen mit teils scharfer Kritik zu Wort.[57] Auch Schirrmacher ruderte nun zurück.[58]

2002 wusste die deutsche Öffentlichkeit weder von den amtsinternen Auseinandersetzungen noch von der Visa-Affäre etwas, zumindest nicht viel. Trotz allem Ärger in der rot-grünen Koalition verhalfen das »Nein« zum amerikanischen Irakkrieg sowie die medial erzeugte symbolische Bewährung in der Flutkatastrophe des Jahres 2002 Schröder am 22. September 2002 zu einem erneuten, wenn auch knappen Wahlsieg. Dabei hatten die Umfragen lange ein anderes Ergebnis erwarten lassen.[59] Daniel Deckers rügte in transatlantischer Tradition der Zeitung, Schröder habe sich gegenüber Amerika wie ein »Elefant im außenpolitischen Porzellanladen« verhalten, Fischer habe hingegen »staatstragend das Schweigen dem Reden vorgezogen«.[60] Während die Meldung in der *Süddeutschen* am 23. September 2002 auf Seite eins »Rot-Grün verteidigt Mehrheit« lautete, trug das Pendant in der *FAZ* den Titel »Union stärkste Partei«.[61] Abermals richtete die *FAZ* ihren Blick also nicht primär auf Rot-Grün.

»Mut zum Frieden und Mut zur Veränderung« stand über der zweiten Regierungserklärung Schröders am 14. März 2003. Mit dieser manifestierte er nicht nur die kategorische Ablehnung des Irakkrieges, sondern kündigte auch die sogenannte »Agenda 2010« an.[62] Die war Neugestaltung des Sozial- und Arbeitsmarktes. Inhaltlich vage zielte die Reform vor allem auf eine Aktivierung der Arbeitslosen und eine Flexibilisierung des Arbeitsmarktes unter dem

Motto »Sozial ist, was Arbeit schafft«. Schon im Wahlkampf 2002 hatte Schröder die Richtlinie »Fördern und Fordern« vorgegeben. Die Agenda ist in der Sozialdemokratie mittlerweile ein rotes Tuch, der Ausdruck »Agenda 2010« avancierte hingegen schnell zu einem geläufigen Begriff des politischen Meinungskampfes und wurde sogar in der Werbung verwandt.[63] Die *FAZ* benutzte den Terminus seither 3680 Mal.[64] Die Regierungserklärung bewerteten die *FAZ*-Kommentatoren damals allerdings negativ, es sei »nicht der Tag des Bundeskanzlers und der SPD« gewesen.[65] Berthold Kohler monierte, dass Schröder sich nicht entschieden genug zu einer »radikalen Kursänderung« bekannt habe, gestand aber zu, dass es schwierig sei, »gegen die Kraft [zu] regieren«, die Schröder im Parlament trage, und merkte an: »Nun muß man tatsächlich hoffen, daß das Schicksal des Landes nicht von dieser Rede abhängt.«[66] Schröder wurde zwar deutlich kritisiert, in der Sache richtete sich die Kritik aber in erster Linie an die Regierungsparteien.

Zum zehnten Jahrestag nahm die *FAZ* sich Schröders Rede noch einmal vor und überprüfte die Umsetzung seiner damaligen Aussagen: »Diese [Strukturreformen] werden Deutschland bis zum Ende des Jahrzehnts bei Wohlstand und Arbeit wieder an die Spitze bringen.« Deutschland habe sich, so die *FAZ*, tatsächlich vom »›kranken Mann Europas‹ zum wirtschaftlichen Zugpferd« entwickelt. Dennoch war die Haltung der Wirtschaftsredaktion ambivalent. Schröder habe teils richtige Worte gefunden, teils zu moderate Forderungen gestellt, manches habe aber funktioniert. Gerade die rhetorische Verquickung von »Agenda 2010« und »Hartz IV« habe allerdings die ungute Folge gehabt, dass diese Begriffe nachfolgend oftmals synonym verstanden wurden und werden. Der eigentliche Tadel galt wiederum der SPD.[67]

Dass Schröder 2005 die auf ein negatives Votum zielende Vertrauensfrage stellte, eine »auflösungsgerichtete Vertrauensfrage«[68] also, wurde ihm in der *FAZ* angekreidet. Nach dem billigenden Urteil des Bundesverfassungsgerichtes publizierte die *FAZ* auf der ersten Seite zwei Meinungsbeiträge im ablehnenden Grundtenor und sparte nicht mit Kritik am höchsten Gericht.[69] Am 18. September 2005 kam es dann zu Neuwahlen mit einem nicht eindeutigen Ergebnis: »Merkel und Schröder streiten um Regierungsauftrag.«[70] Am Ende konnte Merkel doch noch die Große Koalition unter ihrer Führung schmieden.

Über Schröder und Merkel wurde in ihren jeweiligen (ersten) beiden Regierungsperioden ähnlich viel berichtet.[71] Die Anzahl der Aufmacher und Artikel im Politikteil hielt sich ebenfalls die Waage. Vor allem im Feuilleton und in den Leitglossen wurde eindeutig mehr über Schröder berichtet, während Merkel im Wirtschaftsteil einen Vorsprung vor dem Wirtschaftsmann Schröder verbuchen konnte. Freilich fielen in die Zeit von Merkels beiden ersten Kabinetten die globalen Finanz- und Wirtschaftskrisen, was die vermehrte Berichterstattung erklärt.[72] Die Nennung der beiden Politiker in Überschriften der Zeitung spricht für ein größeres Interesse am »Medienkanzler« Schröder.[73]

Die *FAZ* musste die Abwahl des bis dahin am längsten amtierenden Kanzlers Kohl und der natürlich erscheinenden Regierungspartei der Union erst einmal verdauen. Sie kritisierte erwartungsgemäß, aber nüchtern die SPD und besonders die Grünen. Die Redakteure stellten sowohl bei Fischer als auch bei Schröder oftmals auf deren vermeintliche Selbstverliebtheit ab und kritisierten die Personenbezogenheit ihrer Politik. Die *Frankfurter Allgemeine* konnte sich gleichwohl dieser Personalisierung nicht entziehen. Wie Fischer wurde auch Schröder in der Sache kritisiert, doch der »Medienkanzler« hatte es nicht allzu schwer im Umgang mit der *FAZ*. Befördert wurde das dadurch, dass er sich oft mit seiner Partei und den Gewerkschaften anlegte. Die *FAZ* ging nicht in Fundamentalopposition, es zeigte sich sogar wie einst bei Tern nun vor allem bei Schirrmacher jener gouvernementale Zug, der sich an der jeweiligen Regierung ausrichtet. Gleichwohl blieben kritische Reserven – im Politikressort gegenüber den Grünen und im Wirtschaftsressort gegenüber den Sozialdemokraten.

DER RAUSWURF HUGO MÜLLER-VOGGS

Am Dienstag, den 20. Februar 2001, um 15 Uhr wurde der für die *Rhein-Main-* und *Sonntagszeitung* zuständige Hugo Müller-Vogg zu einer Ad-hoc-Versammlung der Herausgeber der *FAZ* gerufen. Das war an sich nichts Ungewöhnliches. Die Herausgeber trafen sich entweder auf Zuruf bei dringenden Angelegenheiten oder um die offiziellen Sitzungen mittwochs mit der Geschäftsführung vorzubereiten, die während der Amtszeit des ehemaligen Geschäftsführers (1968–1994)[74] und nunmehrigen Aufsichtsratsvorsitzenden Hans-Wolfgang Pfeifer stark von diesem dominiert worden waren. Nun waren Jochen Becker und Klaus Rudloff Geschäftsführer. Müller-Vogg ging also, wie es seine Art war, sehr pünktlich ins Büro von Günther Nonnenmacher, der den Vorsitz der Herausgeberkonferenz turnusgemäß innehatte. Zu seiner Überraschung fand er dort seine Kollegen schon versammelt, also Nonnenmacher, Jürgen Jeske,

Berthold Kohler und Frank Schirrmacher. Als Müller-Vogg seinen gewohnten Platz ansteuerte, bat Nonnenmacher ihn, stehen zu bleiben. Auch die anderen Anwesenden standen. Nonnenmacher teilte Müller-Vogg mit, dass man sich trenne. Begründet wurde der abrupte Rauswurf mit einem gestörten Vertrauensverhältnis. Nach zehn Minuten beendete Hugo Müller-Vogg das Gespräch und unterrichtete seine Redaktion. Rudloff hatte auch schon angerufen, um das bereits auf denselben Tag datierte Kündigungsschreiben zu überbringen. Die Vertrauensleute der Redaktion, die nach den Tern-Verwerfungen eigentlich hätten konsultiert werden müssen, wurden erst im Nachhinein informiert. Schon am Abend meldete *Focus online*, Müller-Vogg sei wegen seiner zu konservativen Linie geschasst worden, ein im Folgenden von vielen Zeitungen übernommenes Deutungsmuster, dessen Verbreitung von der *FAZ* durch Unterlassungsklagen unterbunden wurde.[75] Auch Zeitzeugen wie Jürgen Jeske dementieren diese Deutung in der Rückschau.[76] Was war geschehen?

Müller-Vogg war seit 1977 bei der Zeitung. 1988 war er von seinem New Yorker Posten als Wirtschaftskorrespondent zum Herausgeber der Zeitung berufen worden. Geschäftsführer Pfeifer hatte ihn als Nachfolger von Bruno Dechamps ins Spiel gebracht, Jeske und die anderen Herausgeber hatten dem zugestimmt. Für Müller-Vogg sprachen seine zupackende Art und die Erfahrung als Redakteur der Lokalzeitung *Mannheimer Morgen*. Als Nachfolger von Dechamps war er für den Regionalteil (*Rhein-Main-Zeitung*) der *FAZ*, daneben auch für das *FAZ*-Magazin und die seit Frühjahr 1990 regional im Rhein-Main-Gebiet erscheinende *Sonntagszeitung* zuständig, die bei seinem Sturz kurz vor der Ausweitung zu einer überregionalen Ausgabe stand. Müller-Vogg entwickelte seine Ressorts mit großem Ehrgeiz und war dabei ebenso an kommunal- wie an bundespolitischen Themen interessiert. Bundeskanzler Helmut Kohl und die CDU begleitete er mit deutlicher Sympathie. In der Anfang 2001 tobenden Debatte um Joschka Fischers Vergangenheit als Schläger, Steinewerfer und mutmaßlicher Verantwortlicher für den Einsatz von Molotow-Cocktails[77] fuhr er dagegen einen harten Kurs. Dafür nutzte Müller-Vogg sowohl sein Lokalressort wie die *Frankfurter Allgemeine Sonntagszeitung*. Zwei Tage vor seinem Rauswurf bezichtigte er in der von ihm verantworteten *Sonntagszeitung* die Journalisten, die Fischer beisprangen, des Selbstschutzes; sie wollten ihre eigene Rolle in Zeiten der »Einschüchterung und des Terrors von Links« kaschieren.[78] Im Gegensatz dazu verteidigte Mitherausgeber Frank Schirrmacher Fischer und die Achtundsechziger im Feuilleton und führte ein großes Interview mit dem Außenminister über das biopolitische Zeitalter, das

Lieblingsthema Schirrmachers in jenen Tagen. Darüber hinaus gab er dem ehemaligen Pol-Pot-Sympathisanten Joscha Schmierer Gelegenheit zur Verteidigung der eigenen Biographie.[79] In vielen Zeitungen wurde in dem Gegensatz zwischen Schirrmacher und Müller-Vogg der Grund für die Trennung gesehen.[80] Schirrmacher und Müller-Vogg hatten jedoch nie über das Thema diskutiert, die jeweiligen Artikel auch gar nicht so genau wahrgenommen.

Die Claims zwischen Schirrmacher und Müller-Vogg waren abgesteckt, aber Müller-Vogg hatte Schirrmacher nicht nur bei dessen Inthronisation als Herausgeber, sondern auch beim Feuilletonaufstand und der *Spiegel*-Attacke 1996 unterstützt. Die Zusammenarbeit zwischen den beiden jüngeren Herausgebern funktionierte im Grunde nicht schlecht, zumal die Ressorts nicht viele Berührungspunkte aufwiesen. Große Probleme mit Müller-Vogg hatten dagegen Jürgen Jeske und Günther Nonnenmacher. Mit Nonnenmacher war Müller-Vogg auch schon aneinandergeraten, da Müller-Vogg seine Lokalredaktion nicht als Ausbildungsstätte für die anderen Ressorts ansah, sondern die besten Leute behalten wollte, während Nonnenmacher in einem konkreten Fall eine Redakteurin aus Müller-Voggs Ressort zu verpflichten suchte. Vor allem stießen aber Müller-Voggs Ehrgeiz und mangelnde Kooperationsbereitschaft den beiden Kollegen unangenehm auf. Laut Müller-Vogg wollte Nonnenmacher ursprünglich eigentlich den nicht minder ehrgeizigen, machtbewussten und unsicheren Kantonisten Schirrmacher loswerden, dessen Pläne eines Feuilleton-Umzugs nach Berlin er bereits vereitelt hatte. Nonnenmacher selbst bestreitet diese Absicht und sieht nur das Berlin-Thema als mittlerweile obsolet gewordenes größeres Konfliktthema. Dann verbündete man sich aber wider Erwarten mit Schirrmacher (er wurde allerdings als Letzter in den Plan der Ablösung Müller-Voggs eingeweiht), obwohl dieser im Februar 2001 nicht zum ersten Mal prominente Abgänge aus seinem Ressort verkünden musste.

Müller-Vogg wurde seine Beziehung zum Haus Springer zum Verhängnis. Die *FAZ* und die *Welt* befanden sich damals in einem harten Konkurrenzkampf. Die *Welt* war mit einer Münchener Lokalausgabe vorgeprescht und hatte stolz Personalübernahmen verkündet. Aus der Politikredaktion war Eckhard Fuhr, aus dem Feuilleton Konrad Adam und aus der Wirtschaft Carl Graf Hohenthal zur *Welt* gewechselt. Adam und Fuhr, die als profilierte, freilich auch eigenwillige Journalisten bekannt und geschätzt waren, vergrößerten damit die schon recht ansehnliche Schar ehemaliger *FAZ*-Journalisten bei der *Welt*. Der *Welt*-Chefredakteur Wolfram Weimer, der einst selbst bei der *FAZ* gewesen war und dessen Frau bis 1994 in Müller-Voggs Ressort gearbeitet hatte, wollte dieses Gegeneinander beenden und schrieb Anfang 2001 einen Brief an Nonnenmacher, in dem er die Einstellung der Fehde der beiden Herausgeber – Geschäftsführer Rudloff leitete gerade rechtliche Schritte gegen den Springer Verlag ein – vorschlug. Eine Kopie von Weimers Brief ging, wie am Briefende ausgewiesen, umgehend per Fax an Müller-Vogg. Im inhaltlich gleichlautenden Brief an Nonnenmacher hatte es einen Zahlendreher bei der Postleitzahl gegeben, sodass dieser länger unterwegs war als erwartet. Müller-Vogg brachte Weimers Brief in der Herausgebersitzung zur Sprache, als das Schreiben dem verwunderten Nonnenmacher noch gar nicht vorlag. Müller-Vogg bat Weimer um eine erneute Zustellung des Briefes an Nonnenmacher, der am Ende zweimal Post erhielt. Müller-Voggs Rücksprache mit Weimer und die Vorabinformation per Brief werteten die anderen Herausgeber als Vertrauensbruch, zumal Müller-Vogg einige Monate zuvor auf einer öffentlichen Veranstaltung mit Springer-Chef Mathias Döpfner gesehen worden war. Dass Müller-Vogg nach seinem Rauswurf für Springer-Zeitungen schrieb (zuerst *Welt am Sonntag*, dann *BZ*), dürfte die Kollegen in ihrem Verdacht bestätigt haben. Dabei übersahen sie wohl, dass sich Müller-Vogg kurz vor seiner Entlassung im Scharmützel mit der *Welt*, die über einen politischen Richtungsstreit in der *FAZ* berichtet hatte, im Branchendienst *Kressreport* noch kritisch über die Konkurrenz ausgelassen hatte: »In Berlin will man von den eigenen Problemen im Konzern ablenken.«[81]

Nach einem Rechtsstreit wurde Müller-Vogg von der *FAZ* vertragsgemäß fürstlich abgefunden. Die Herausgeber besaßen damals noch Verträge bis zum 65. Lebensjahr mit fünfjähriger Kündigungsfrist. Doch er galt in Frankfurt fortan als Persona non grata, seine Bücher wurden in der *FAZ* nicht mehr rezensiert und sein Name seither nur noch dreimal in kleinen Berichten der *Rhein-Main-Zeitung* genannt.[82] Anders als bei Sethe und Tern gab es auch keine Versöhnungsbemühungen, und die Konkurrenzmedien solidarisierten sich nicht mit dem Geschassten, sondern unterzeichneten vielmehr von der *FAZ* angestrengte Unterlassungserklärungen: Fortan wollten sie nicht mehr von politischen Differenzen als Grund für das Zerwürfnis berichten. Einzig die *taz* blieb hart und gewann alle Prozesse gegen die *FAZ*, da nach dem Urteil des zuständigen Gerichts der Eindruck des politischen Dissenses unabweisbar war.[83]

Nachfolger von Müller-Vogg wurde der bereits 63-jährige Dieter Eckart, der bisherige Nachrichtenchef. Dessen erste Einlassungen lasen sich wie eine deutliche Kritik an der politischen Haltung und am Führungsstil Müller-

Voggs: »Ich bin ein sehr liberaler Konservativer, ich bin kein Eiferer«, wurde er zitiert. Bei der Berichterstattung und Kommentierung sei es egal, welcher Partei jemand angehöre. »Mein dringendster Wunsch ist, dass wir im Rhein-Main-Teil ein harmonisches, effektives, liberales Team darstellen.«[84] Der erfahrene Nachrichtenchef, seit 1966 bei der Zeitung, sprach gar von einer »Richtungsänderung« und von mehr menschlichen denn politischen Geschichten, die er nun im Lokalteil sehen wolle.[85] Auch Nonnenmacher ließ einen politischen Dissens zum – parteilosen – Müller-Vogg erkennen: »Sein Sportverein war eher die CDU.«[86] Als offiziellen Grund für die Trennung führten die *FAZ*-Verantwortlichen aber die zerstörte Vertrauensbasis an, der Aufsichtsratsvorsitzende Pfeifer ebenso wie Nonnenmacher, und auch das Kündigungsschreiben von Aufsichtsrat und Geschäftsführung bezog sich darauf. In der *FAZ* selbst war in der Tradition elitärer und diskreter Zurückhaltung in Bezug auf Interna zwar nur eine lakonische Meldung zu lesen, aber die lautete, dass die »anderen Herausgeber keine Grundlage für eine weitere vertrauensvolle Zusammenarbeit« mehr gesehen hätten.[87] Pfeifer wie Nonnenmacher dementierten nachdrücklich, dass ein politischer Dissens ausschlaggebend für die Trennung gewesen sei.[88]

Im Vergleich zum Fall Tern waren an diesem Rauswurf – wie es der 1972 geänderte Herausgebervertrag bestimmte – tatsächlich alle Herausgeber beteiligt, mit Ausnahme des betroffenen Müller-Vogg, der auch nicht gehört wurde. Der Aufsichtsrat hatte die Kündigung schon am Samstag vor der Herausgeberversammlung beraten und beschlossen, während die Vertrauensleute erst in Kenntnis gesetzt wurden, als der Beschluss bereits gefasst war. Wie schon bei Sethe und Tern spielten politische und persönliche, das heißt im Arbeits- und Führungsstil der Geschassten liegende Faktoren eine Rolle. Und die eigentliche Abwicklung der klandestin vorbereiteten Trennung erfolgte auch in diesem Fall quasi in einer Nacht-und-Nebel-Aktion. Das hinterließ Narben bei den Beteiligten und erregte in der Öffentlichkeit, wie nicht anders zu erwarten, großes Interesse. Die linksliberalen Medien sahen allerdings keinen Anlass, aus der Ablösung eines konservativen Kollegen einen Skandal zu machen. Aus der Politik äußerte nur der Sprecher der hessischen Landesregierung öffentlich sein Bedauern.[89] So entstand der *FAZ* bei der dritten Trennung von einem Herausgeber zwar ein erheblicher finanzieller Schaden, aber anders als bei Sethe und Tern blieb die Affäre für die *FAZ* überschaubar.[90]

KRISENJAHRE

Nachdem 1996 in einer ersten Emigrationswelle prominente Feuilletonisten wie Jens Jessen, Jan Roß, Gustav Seibt und Stephan Speicher nach dem gescheiterten Aufstand gegen Schirrmacher zur *Süddeutschen* gewechselt waren und im November 2000 führendes Personal (Ressortchef Ulrich Raulff, der Literaturchef Thomas Steinfeld, Franziska Augstein, Tochter von Rudolf Augstein, und Lothar Müller) vor Schirrmacher und seinem Genom-Feuilleton nach München geflohen war, suchte dieser Revanche. Mit viel Geld und Privilegien warb Schirrmacher den jungen Pop-Experten Edo Reents, Filmkritiker Michael Althen und Literaturkritiker Claudius Seidl von der *SZ* ab.[91] Dass in der beginnenden Zeitungskrise – das Magazin war bereits eingestellt worden – so viel Geld ausgegeben wurde für das Personal des Feuilletons und Schirrmacher das Ressort auf mehr als 60 feste Stellen verdoppelte, gefiel nicht jedem. Als 2001 dann das finanzielle Rückgrat der Zeitung, der Stellenmarkt, um knapp 30 Prozent einbrach und im folgenden Jahr noch einmal um 50 Prozent, schrieb die FAZ GmbH rote Zahlen. 2001 belief sich das Minus bereits auf rund 28 Millionen Euro, und der Umsatz sank um 22,5 Prozent auf 415,7 Millionen Euro, im Jahr darauf verdoppelte sich der Jahresfehlbetrag gar auf 60,6 Millionen Euro, der Umsatz sank auf 325,4 Millionen Euro. In diese rezessions- wie strukturbedingte Anzeigenkrise fiel dann im September 2001 der bundesweite Start der *Sonntagszeitung*. Das kostete viel Geld, und das hatte man eigentlich gar nicht.[92]

Der für so mächtig gehaltene Feuilletonherausgeber, der, wie es schien, nach Belieben schalten und walten konnte, erlitt nun drei große Niederlagen. Er musste nach langem Ringen seinen Plan aufgeben, sein Ressort in die trendige Hauptstadt zu verlegen. Zunächst entschieden die Herausgeber und die Geschäftsführung 2002 nach hitzigen Debatten in der Großen Konferenz mit Mehrheit den Ressortumzug. Dessen Gegner, Berthold Kohler und Günther Nonnenmacher, wandten sich dann an den nun zum Vorsitzenden des Aufsichtsrats aufgerückten ehemaligen Geschäftsführer Pfeifer. Der wies Geschäftsführer Jochen »Rambo« Becker an, den Umzug zu stoppen.[93] Darüber hinaus wurden die »Berliner Seiten«, die *taz* in der *FAZ*, wie es spöttisch hieß, Schirrmachers Hauptstadtfeuilleton also, eingestellt. Und damit verlor Schirrmacher auch seinen Lieblingsschreiber Florian Illies (»Generation Golf«), was er als »eine der größten persönlichen Niederlagen meines Lebens«[94] bezeichnete. Dass von den Auseinandersetzungen zwischen Schirrmacher, seinen

Herausgeberkollegen und dem neuen harten Sanierer ziemlich viel an die Konkurrenz durchgestochen wurde – nach Müller-Voggs Abgang war die Quelle offensichtlich nicht versiegt –, hob die Stimmung in der Hellerhofstraße nicht gerade. Schirrmacher selbst wurde verschiedentlich mit dem *Spiegel* und anderen Medien in Verbindung gebracht, blieb der *FAZ* dann aber erhalten.[95]

Der als Sanierer gerufene Manager Wolfgang Bernhardt verbreitete schon vor seinem Amtsantritt als Aufsichtsratsvorsitzender der FAZ GmbH Schrecken. So wurde spekuliert, er wolle die Herausgeberverfassung zugunsten eines Chefredakteurs ändern, und dafür sei – ausgerechnet – Wolfram Weimer von der *Welt* im Gespräch; ferner wolle er die *Sonntagszeitung* einstellen. So weit kam es dann nicht, da Bernhardt sich des symbolischen Kapitals der *FAZ* bewusst wurde und ein Umbau sehr teuer gewesen wäre. Bernhardt dementierte also auf der Medienseite der *FAZ*.[96] Allerdings erhielten neu berufene Herausgeber nur noch Fünfjahresverträge. Und die auf rund 450 Journalisten gewachsene Redaktion musste ebenso wie der Verlag harte Einschnitte hinnehmen: 60 Redakteure mussten gehen. Das Honorar der »Freien« wurde um ein Fünftel gekürzt, die Dienstwagenflotte verkleinert und nicht mehr jedem neuen Redakteur ein Auto gestellt. Die edle Kupfertiefdruckbeilage »Bilder und Zeiten« mit den langen Strecken und den Schwarz-Weiß-Fotografien war bereits Ende 2001 eingestellt worden (zwischen 2006 und 2012 wurde sie auf schnödem Zeitungspapier noch einmal reaktiviert).[97] Zudem stieß das Haus viele seiner Beteiligungen ab: Das Business-Radio wurde eingestellt, der Internetauftritt verknappt, Verlage wie die Deutsche Verlagsanstalt samt Manesse und Prestel zum Verkauf angeboten (was 2005 realisiert wurde). Die tägliche *English Edition* wurde im Sommer 2002 zu einer *FAZ Weekly*, die man 2005 schließlich einstellte.[98]

Der deutschen Zeitungskrise, von der die Konkurrenz von der *Süddeutschen* noch härter betroffen war, auch wenn sie die *FAZ* bei der Auflage überflügelt hatte, widmete sogar die *New York Times* einen Beitrag. Nach ihrer Einschätzung war das Konsensmodell des Rheinischen Kapitalismus, dem auch die *FAZ*, »perhaps Germany's most august paper«, folge, im scharfen Wind des deutschen Medienmarktes nicht länger aufrechtzuerhalten.[99] Nach der Anfangskrise in den 1950er Jahren, einer Delle in den 1970er Jahren und der zweiten großen Krise nach der finanziell gescheiterten Übernahme von Ostzeitungen wie der *Neuen Zeit* Anfang der 1990er konnte die dritte große Krise durch harte Sparmaßnahmen und eine drastische Reduzierung des Angebotes bewältigt werden. Schulden musste man keine machen, die Eigenkapitalquote lag bei 52 Prozent. Und noch etwas Erfreuliches hatte das Ganze: Die Samstagsausgabe mit dem immer weiter schrumpfenden Stellenmarkt passte wieder in die Briefkästen.

KAMPF GEGEN DIE RECHTSCHREIBREFORM

Im Sommer 2004 traf sich *FAZ*-Herausgeber Frank Schirrmacher in der traditionsreichen West-Berliner »Paris Bar« am Bahnhof Zoo mit seinen Kollegen Stefan Aust, Chefredakteur des *Spiegel*, und Mathias Döpfner, Vorstandsvorsitzender der Axel Springer AG und ehemaliger Musikkritiker der *FAZ*. Das hochrangige Trio regte sich über die »Albernheiten« der Rechtschreibreform auf und beschloss einen Pakt gegen die Neuregelung. Nachdem noch die *SZ* ins Boot geholt worden war, verkündeten die sonst nicht unbedingt kooperierenden Medienhäuser mit großem Aplomb die Rückkehr von *Spiegel*, *SZ* und Springer zur alten Rechtschreibung, zu welcher die *FAZ* bereits im Jahr 2000 zurückgekehrt war. Damals war das von *Spiegel Online* noch als »Konterrevolution« bezeichnet worden. Andere Verlage wurden aufgefordert, dem Beispiel zu folgen. Obwohl *Spiegel* und *SZ* dann doch nicht zur alten Rechtschreibung zurückkehrten, erreichte man eine institutionalisierte Reform der Reform und damit die Beseitigung der gröbsten Ungereimtheiten. Das war ein Verdienst der *FAZ* und speziell Schirrmachers mit seinem Netzwerk.[100]

Der Widerstand gegen die Reform der deutschen Rechtschreibung war eine Konstante der *FAZ*-Blattlinie gewesen. Das Thema bewegt seit mindestens 150 Jahren die Gemüter der Nation, betrifft die Frage der Orthographie doch die gesamte lese- und schreibfähige Bevölkerung des deutschsprachigen Raums. Drei Schulen standen sich dabei gegenüber: die Traditionalisten, welche die gewachsenen Schreibweisen und die Erkennbarkeit der Etymologie bewahren und höchstens geringfügige Anpassungen vornehmen wollten; die Reformer, welche das Erlernen der Sprache sowie des Schreibens und Lesens radikal vereinfachen und vereinheitlichen wollten, und die Moderaten, die behutsame Reformen anstrebten. Zum Stein des Anstoßes wurden immer wieder Vorschläge zur gemäßigten Kleinschreibung (also Großschreibung nur noch am Satzanfang und bei Eigennamen), die Eindeutschung von Fremdwörtern (Nietzsche schrieb noch »Cultur«), die phonetische Schreibung und die Aufhebung der unterschiedlichen Schreibweise des Relativpronomens »das« und der Konjunktion »daß«.[101]

Die im Zuge der Reichsgründung einberufene erste »Orthographische Konferenz« war 1876 an der Politik gescheitert. 1901 gelang immerhin eine Vereinheitlichung auf Grundlage des Dudens. Die Nationalsozialisten, die 1941 die Frakturschrift abschafften (die heute aber gerne zur Illustration des Nationalsozialismus herangezogen wird), hatten schon weitere Schritte vorbereitet, aber es kam wegen des Krieges und auch damals erheblichen Widerstandes in der Presse zu keiner Neuregelung. Nach dem Krieg schlugen dann die West-Redaktion des Duden und Sprachwissenschaftler in den »Stuttgarter Empfehlungen« von 1954 abermals eine gemäßigte Kleinschreibung und andere Reformen vor. Feuilletonherausgeber Karl Korn, der das Thema kritisch begleitete, verwies damals auf das »tief geschichtliche Wesen« der Sprache, das man nicht ignorieren könne.[102] Gegenüber dem Präsidenten der Deutschen Akademie für Sprache und Dichtung, Hermann Kasack, wurde er deutlicher: Er sprach von Barbarei, die zu einer »Art von deutschem Esperanto« führen werde. Deutsche Gedichte könne man dann nicht mehr lesen und schreiben. Korn ermutigte Kasack zur Aktion und stellte ihm die *FAZ* für eine Erklärung zur Verfügung, die Kasack aber offensichtlich nicht lieferte.[103]

Korns Auffassung gab den Grundton in der Debatte vor, auf den die Zeitung sich noch Jahrzehnte später berief. 1955 erklärten die Kultusminister der Bundesländer immerhin die 14. Auflage des Dudens für verbindlich, womit dem Duden bis zur Rechtschreibreform das Monopol der Sprachnormierung zukam. Drei Jahre später stießen die »Wiesbadener Empfehlungen« erneut auf das kritische Echo Korns. Die *FAZ* druckte 1959 einen Protest und gab Kritikern der Reformvorschläge Raum.[104]

In den 1970er Jahren gewann die Reformdiskussion wieder an Fahrt. Einerseits wurde die Rechtschreibung nun ideologiekritisch unter Distinktionsverdacht gestellt, andererseits gelang es bundesdeutschen Sprachwissenschaftlern, gemeinsam mit der DDR, der Schweiz und Österreich transnationale Konferenzen auszurichten. 1987 beauftragte die Kultusministerkonferenz schließlich das »Institut für Deutsche Sprache« in Mannheim und die »Gesellschaft für deutsche Sprache« in Wiesbaden, Vorschläge für eine Reform der Rechtschreibung auszuarbeiten. Der Rechtschreibreformer Gerhard Augst vereinbarte 1988 nach einem reformfreundlichen Artikel des Feuilletonredakteurs Konrad Adam einen Beitrag für die *FAZ*,[105] um das Vorhaben öffentlich zu erläutern. Der Artikel erschien dann gegen den Willen des Autors bereits am 19. Juli 1988 im Politikteil unter der polemischen Überschrift »Werden wir demnächst Keiser statt Kaiser schreiben?«. Überdies war er mit einem kritischen, konterkarierenden Vorspann Kurt Reumanns versehen. Reumann verwies darin auf Korns Stellungnahme von 1954. Für die *FAZ* sei klar, dass die Sprache geistige Heimat sei, aus der man sich nicht vertreiben lasse.[106] Seine Kritik an radikalen Reformen stellte Reumann also explizit in die Traditionslinie der Zeitung. Die Reformvorschläge wurden schließlich von der Kultusministerkonferenz abgelehnt.

Ende September 1992 präsentierte der 1980 gegründete »Internationale Arbeitskreis für Orthographie« dann Reformvorschläge, von denen der am weitesten reichende die Ersetzung des »ß« nach kurzen Vokalen durch »ss« war. [107] Die ideologisch befrachtete Kleinschreibung war nicht weiter verfolgt worden. Dafür sollte erstmals die Getrennt- und Zusammenschreibung geregelt werden. Die *FAZ* reagierte erneut kritisch, aber auch nach Ansicht der Reformer hielten sich die Einwände in Grenzen.[108] Doch im September 1995, kurz vor der Entscheidung der Kultusministerkonferenz, kam durch einen Gastbeitrag des französischen Linguisten Jean-Marie Zembs auf einer ganzen Feuilletonseite und begleitende scharfe Artikel von Thomas Steinfeld wieder Zug in die Debatte.[109] Nach Absprachen mit Österreich und der Schweiz stimmten die Kultusminister und nach ihnen die Ministerpräsidenten am Ende des Jahres der Reform zu. Sie sollte zum 1. August 1998 in Kraft treten mit einer Übergangszeit für Schulen bis zum 31. Juli 2005. Die zwischenstaatliche Erklärung wurde am 1. Juli 1996 unterzeichnet. Die dagegen gerichtete »Frankfurter Erklärung«, die im Oktober 1996 von 450 Schriftstellern, Verlegern und Lehrern unterzeichnet wurde, initiierte der Deutschlehrer Friedrich Denk. Sie wurde flankiert von einem Gastbeitrag Denks in der *FAZ* und führte zu einer großen Titelgeschichte im *Spiegel*, in dem das Magazin erklärte, sich der Reform zu verweigern.[110] So weit war man in Frankfurt nicht gegangen, allerdings blieb man hier, anders als in Hamburg, am Thema dran. Kurt Reumann bildete dabei die Speerspitze der Kritiker.[111] Durch Gerichtsurteile geriet die Umsetzung der Reform noch einmal in Gefahr, doch das Bundesverfassungsgericht segnete sie schließlich ab.

Als die Nachrichtenagenturen, die zehn bis zwanzig Prozent des *FAZ*-Textes liefern, die Einführung der neuen Rechtschreibung für August 1999 ankündigten, waren auch für die *FAZ* die Weichen gestellt. Man übernahm die neuen Regeln, ließ von der Kritik aber nicht ab. Die Zeitung stützte sich dabei besonders auf den Germanisten und Gastautor Theodor Ickler.[112] Ein Jahr später kehrte die Zeitung nach einer gründlichen Abrechnung Icklers mit der Reform und ihren Auswirkungen in der *Welt*[113] zur alten Rechtschreibung zurück und hoffte, damit ein Signal zu setzen (der *Spiegel* hatte die Reform dann doch nicht boykottiert). *FAZ*-Herausgeber wie Günther Nonnenmacher und Frank Schirrmacher warben bei anderen Medien für diesen Schritt und setzten auf einen Domino-Effekt, der sich zunächst allerdings nicht einstellte. Selbst war man auch nicht konsequent, denn die *FAZ* gestaltete ihren Netzauftritt *FAZ.NET* in neuer Rechtschreibung, und Schirrmachers Bücher erschienen in der neuen Schreibung.

Die 1997 bis 2004 mit dem Monitoring der Reform beauftragte »Zwischenstaatliche Kommission für deutsche Rechtschreibung« wurde 2004 durch den »Rat für deutsche Rechtschreibung« unter dem kompromissbereiten ehemaligen bayerischen Kultusminister Hans Zehetmair ersetzt. Der Rat, in dem nun auch Reformkritiker wie Ickler vertreten waren (der offenbar Details und Gegenpositionen an die *FAZ* durchstach und dort kommentierte), sollte die Neuregelung modifizieren und abschwächen. Da sich die großen Verlagshäuser zusammentaten und sogar die *Bild* mit an Bord war (»Schlechtschreibreform«), gerieten die Reformer unter großen Druck. Nachdem der Rat die fast vollständige Rücknahme der neuen Regeln für Getrennt- und Zusammenschreibung ankündigt hatte, die Kultusminister die Reform der Reform billigten und der Springer-Verlag im März 2006 verlauten ließ, den neuen Regeln folgen zu wollen, zeigte sich auch die *FAZ* kompromissbereit. Als letztes Medium schloss sie sich zu Jahresbeginn 2007 der reformierten Reform an. Feuilletonredakteur Hubert Spiegel durfte – oder musste – dies auf Seite eins begründen.[114] Die Zeitung behielt sich aber im Konsens mit ihren Mitstreitern von *Spiegel* und *SZ* eine konservative Auslegung der Reform vor; ferner verfasste man eine Hausorthographie (»numerieren« wird auch heute noch mit einem m in der *FAZ* geschrieben), die nicht immer im Einklang mit den neuen Regeln steht. Die Artikel zu den Jahrestagen der Reform lassen erkennen, dass die *FAZ* sich weiterhin als oberster Sprachwahrer versteht.[115]

In Sachen Rechtschreibung verfolgte die *FAZ* tatsächlich eine Agenda, sie war Partei und machte offen und klandestin Politik. Das Feld der Sprache und der Sprachnormierung betrifft freilich die ureigene Kompetenz des Journalisten. Innerhalb der Zeitung gehörte das Feuilleton mit Thomas Steinfeld zu den »Vollblutkritikern« der Reform und ging auf einen konfrontativen Kurs, während sich »Politiker« wie Kurt Reumann, Reinhard Olt und Heike Schmoll pragmatischer zeigten, aber gleichwohl kritisch waren. Bisweilen verstummten die Redakteure aus der Politik, während Steinfeld weiter (auch in Leitartikeln auf der ersten Seite) kritisierte. Letztlich konnte die *FAZ* trotz ihres Ansehens als *die* Qualitätszeitung Deutschlands die Rechtschreibreform nicht im Alleingang aufhalten, wohl aber die Kritik anführen und damit die Optionen der Befürworter begrenzen, vor allem im Medienverbund und nicht zuletzt mit guten Argumenten. Dass die *FAZ* dabei recht einseitig verfuhr und nach Augsts gerahmtem Beitrag von 1988 Reformern jahrelang keinen Platz zur Begründung ihrer Positionen einräumte, gehört auch zu diesem Kampf um die deutsche Sprache.

Auf dem heiklen, nicht minder ideologischen Feld einer »gendergerechten Sprache« zeigt sich die *FAZ* skeptisch, gibt Kritikern wie dem Sprachwissenschaftler Peter Eisenberg Raum zur Gegenrede, legt sich selbst aber äußerste Zurückhaltung auf.[116] Obwohl diese künstliche, größtenteils unlogische Neukonstruktion der Sprache erhebliche Auswirkungen auf die Schriftsprache wie deren Verständnis hat, das gesprochene Wort zuweilen sogar unverständlich macht und das Korn'sche Credo eklatant verletzt, verfolgt die *FAZ* keine Agenda wie bei der Rechtschreibreform. Mutmaßlich würde hier die Bildung einer breiten Allianz auch schwerer gelingen und der Gegenwind stärker sein.

9

DIE GROSSEN FRAGEN DER GEGENWART

Historiker sind nach Friedrich Schlegel rückwärtsgewandte Propheten. Aber sie kommen auch nicht ganz um die Gegenwart und die Zukunft herum. Daher wird im Folgenden ein Blick auf die Probleme der *FAZ* in der Gegenwart, die Herausforderung, ja Infragestellung vor allem durch die neuen Medien, das Internet und die Digitalisierung geworfen und die Auseinandersetzung der Zeitung mit allgemeinpolitischen Themen wie dem Euro, der AfD und der (muslimischen) Einwanderung knapp beleuchtet.

PRÄLUDIUM: DIE FERNSEH-*FAZ* SCHEITERT

Die Beziehung zwischen der in sich selbst ruhenden und selbstbewussten *FAZ* und den neuen Medien war im Endeffekt eine Mesalliance, obwohl die *FAZ* sich früh und engagiert mit ihnen befasste. In den 1980er Jahren verstand man unter »neuen Medien« in erster Linie den nach langen Kämpfen endlich als Ergänzung zum öffentlich-rechtlichen Rundfunk gestarteten privaten Rundfunk, aber auch den Bildschirmtext (Btx) und Videotext. Überall mischte die FAZ GmbH mit, beim Radio (RPR, FFH) und ebenso beim frühen Privatfernsehen. Wäre die *FAZ* beim Fernsehen erfolgreich gewesen, verfügte sie heute vielleicht über einen Nachrichtensender als Nischenkanal. Oder sie wäre mit einem großen ausländischen Sender fusioniert und zu einer globalen Marke in diesem Bereich avanciert. Oder sie wäre heute mit Beteiligungen an Vollprogrammen durch die Streaming-Dienste in Bedrängnis geraten.

Die *FAZ* war beim Start des deutschen Privatfernsehens mit dem Projekt »Tele-F.A.Z.« dabei und sendete seit dem 1. Januar 1984 Nachrichten. Zunächst wirkten die Auftritte der Printjournalisten in einem Medium, das einer ganz anderen Logik folgte, sehr unbeholfen. Der Verlag wollte dieses Feld dennoch bestellen und ließ das neue Redaktionsgebäude an der Hellerhofstraße,

1988 zog die Redaktion über die Straße in die neu errichtete »Taunusklinik«, Hellerhofstraße 9. Hinter dem gläsernen Atrium sind die Ressorts nach Stockwerken getrennt untergebracht. Im »Haupthaus« verblieb der Verlag.

die »Taunus-Klinik«, quasi um zwei Fernsehstudios herum erbauen, die aber bald als Rumpelkammer dienten. Denn die Kooperation der elitären Zeitungsschreiber zunächst mit der »Programmgesellschaft für Kabel- und Satellitenrundfunk (PKS) Sat 1« und dann von 1986 an mit dem »Tutti-Frutti«-Sender »RTL plus«, für den man Wirtschafts- und Regionalnachrichten (das zwölfminütige »netto« und den fünfundvierzigminütigen »Hessen Report«) produzierte, wollte einfach nicht gelingen, obwohl viel Geld auf dem Spiel stand.

Die *FAZ* war an beiden Sendern mit einem Prozent und an der gemeinsamen GmbH RTL plus Hessen TV mit zehn Prozent beteiligt und hatte einen Sitz im Programm- und Verwaltungsbeirat von RTL. Der von Herausgeber Bruno Dechamps und seit 1988 von Hugo Müller-Vogg verantworteten »Tele-F.A.Z.« war trotz allen Aufwands und einer sechzigköpfigen Truppe aber kein Erfolg beschieden. Sie stellte ihre Tätigkeit im Oktober 1993 ein. Die Beteiligungen an RTL und RTL 2 gab der Verlag 1995 und 1998 ab.[1]

DIE *FAZ* VERSCHLÄFT DAS INTERNETZEITALTER

Als die FAZ GmbH sich vom Fernsehen trennte, stand bereits das Internet auf der Agenda. Der *Spiegel* hatte schon am 25. Oktober 1994 seinen Online-Auftritt gestartet und avancierte mit diesem frühen Start, stetigem Ausbau und Relaunches zum Marktführer beim deutschsprachigen Informationsangebot im Internet. Viele andere Printtitel zogen nach. Die *FAZ* hatte unter *faz.de* zunächst nur eine rasch veraltet wirkende Seite mit rudimentären Basisinformationen und kostenpflichtigen Angeboten vorzuweisen. Im Jahr 1999 rückte das Thema Internet aber auch bei den *FAZ*-Herausgebern in den Fokus. Darüber hinaus stand eine englische Edition der *FAZ* als Beilage zur *International Herald Tribune* an. Internet und Internationalisierung waren Herausforderungen, die man nicht verschlafen durfte, aber genau das drohte einzutreten. Aus New York berichtete Korrespondentin Carola Kaps besorgt, dass der Internationale Währungsfonds die *FAZ* gar nicht mehr wahrnehme, da diese mit einer Woche Verspätung in der Bibliothek eintreffe, während *Welt, Süddeutsche* und *NZZ* am Bildschirm gelesen würden.[2]

In der sich anbahnenden Anzeigen- und Zeitungskrise und belastet von den verlustreichen Produkten *FAZ*-Magazin (das am 25. Juni 1999 eingestellt wurde) und *Frankfurter Allgemeine Sonntagszeitung* investierte der Verlag nur zögerlich in den Webauftritt, zumal man nun auch im Printbereich unter Druck stand. Die *Süddeutsche* hatte die *FAZ* schon in den 1970er Jahren bei der Auflagenhöhe überholt (nur 1991 lag noch einmal die *FAZ* vorne) und schickte sich an, den Vorsprung auszubauen, was mit der Samstagsausgabe und insgesamt nach der Jahrtausendwende auch gelang. Unter diesen ungünstigen Vorzeichen musste zudem die Berliner Präsenz dringend ausgebaut werden, denn dort spielte seit dem Umzug der Bundesregierung die Musik. Es gab also viele offene Baustellen.

Hinsichtlich der Webpräsenz zeigten sich erhebliche konzeptionelle Unstimmigkeiten zwischen den Herausgebern und der Geschäftsführung der FAZ GmbH, also dem Verlag. Die Herausgeber fürchteten, dass das Marketing in den Erwägungen der Geschäftsführung Vorrang vor redaktionellen Gesichtspunkten haben könnte, was sich mit ihren Vorstellungen von einem »Informations-Broker« für »anspruchsvolle Nutzer« kaum vereinbaren ließ. So wurde zunächst nur ein ausführliches Inhaltsverzeichnis der Druckausgabe projektiert. Frank Schirrmacher und Hugo Müller-Vogg ahnten, dass man sich mit einem Inhaltsverzeichnis im Netz blamierte, und drangen auf ein ausgebautes, von den Herausgebern nach ihren Zuständigkeiten verantwortetes und von der Redaktion betreutes Angebot.[3] Doch Geschäftsführer Jochen Becker bremste mit Blick auf die Kosten immer wieder.

Am 1. Juli 1999 nahm schließlich die hundertprozentige Tochter FEM (F.A.Z. Electronic Media GmbH) mit dem stellvertretenden *FAZ*-Geschäftsführer Edmund Keferstein an der Spitze die Arbeit auf. Die FEM sollte die Aktivitäten der *FAZ* im Bereich der elektronischen Medien, Fernsehen, Radio (das *FAZ*-Businessradio in Frankfurt, Berlin und München ging zwischen 2000 und 2002 auf Sendung) und Internet bündeln. Die Spannungen zwischen allen Beteiligten waren enorm. Die Ausrichtung auf E-Commerce ließ sich mit der traditionellen journalistischen Seriosität nicht vereinbaren. Herausgeber, Verlag und FEM konnten sich nicht auf eine Strategie und schon gar nicht auf eine Linie einigen, zumal die Zuständigkeiten im Geflecht der *FAZ*-Struktur nicht klar geregelt waren. Die Herausgeber entwickelten ein redaktionelles Konzept für das Internet und lehnten dabei die Integration von FEM-Leuten ausdrücklich ab.[4] Keferstein wurde nur ausnahmsweise zu den Herausgeberkonferenzen zugelassen, bis der Aufsichtsratsvorsitzende Pfeifer schließlich ein Machtwort sprach: Die Redaktion der Zeitung sollte den Internetauftritt verantworten und die FEM für die technische Umsetzung zuständig sein. Unter der Oberhoheit der Herausgeber hat die FEM unter Chefredakteur Frank Gaube den Netzauftritt der *FAZ* schließlich doch stark geprägt.

Am 8. Januar 2001 ging die *FAZ* unter der Adresse *FAZ.NET* mit einem echten Angebot online – als Letztes der überregionalen Printmedien. Es gab eine Pressekonferenz und anschließend eine Launch-Party. Auf *faz.de* wurde weiterhin ein Teil der Printausgabe zugänglich gemacht (mittlerweile sind die beiden Internetauftritte längst zusammengelegt). Das Interesse war groß, die Serverkapazität aber zu knapp bemessen, sodass viele die neue Seite nicht erreichten, wofür die Herausgeber Keferstein verantwortlich machten.[5]

FAZ.NET bot Informationen in den klassischen Ressorts Politik, »Wirtschaft & Finanzmärkte«, Kultur und Sport sowie »Mensch, Natur & Technik« als Querschnitt der Ressorts »Deutschland und die Welt«, »Naturwissenschaften« und »Technik und Motor«. Regionales suchte man vorerst vergeblich. Über diese redaktionellen Rubriken hinaus, die unter dem Neologismus »uptoday« firmierten, gab es einen Service- und Spartenteil mit den Rubriken »Investor«, »Book«, »Travel« und »Active«, bei denen man mit anderen Anbietern zusammenarbeitete. Am 13. Februar 2002 waren dies etwa die »Content-Partner« Standard & Poor's Investors Services, Merian, xx-well.com, donnerwetter.de, Marcellino's, MediMedia, Falk und der »eCommerce-Partner« Deutsche Bank Private Banking. Die Deutsche Bank schaltete in der Rubrik »Investor« auch Anzeigen. Das umfangreiche Service-Angebot war optisch von den Nachrichten kaum getrennt und enthielt einen üppigen Finanzteil samt Online-Abfrage von Börsenkursen, was den Börsenteil der gedruckten Zeitung allmählich überflüssig machte, und darüber hinaus redaktionelle Artikel wie etwa einen gesponserten Restaurantführer. Glaubwürdigkeit und Unabhängigkeit – der überragende Zentralwert der *FAZ* – waren damit bedroht, was Beobachter auch sogleich kritisch bemerkten.[6]

Die Redaktion versuchte durch einen redaktionellen Kodex, der direkt auf der Website veröffentlicht wurde, Klarheit zu schaffen. Dabei wurde die Zielgruppe recht eng definiert (»Die Inhalte der Redaktion wenden sich an die Zielgruppe der 19- bis 39-jährigen, gut ausgebildeten Nutzer, denen ein optimaler Service geboten werden soll«) und die Kernphilosophie der *FAZ*, die Unabhängigkeit, den neuen Bedingungen des Internetzeitalters angepasst. Unter Punkt X wurde eine scharfe Trennlinie zum E-Commerce gezogen und die redaktionelle Unabhängigkeit von allen Partnern bekräftigt.[7]

Immerhin, die *FAZ* hatte den Sprung ins Internet zwar spät, aber recht passabel mit der Personalisierung des Zugriffs geschafft. Freilich blieb sie mit diesem späten Auftritt erst einmal Schlusslicht bei den großen Medienanbietern. In einer Allensbach-Erhebung lag sie 2003 mit 410 000 Lesern pro Woche[8] weit abgeschlagen hinter *Spiegel Online* (1,5 Millionen), *Focus Online* (1,29 Millionen), *stern.de* (1,13 Millionen), *n-tv online* (1,08 Millionen) und *sueddeutsche.de* (770 000).[9] Drei Jahre später lag man bei den Web-Angeboten der überregionalen Qualitätszeitungen mit 1,32 Millionen Besuchern aber bereits knapp an der Spitze vor *Welt.de*, *Zeit online* und *Sueddeutsche.de*.[10]

Auch die anderen neuen Aktivitäten verliefen nicht reibungslos. Bei der englischen Ausgabe kam man der *Süddeutschen* immerhin zuvor, denn bereits

2000 wurde unter Leitung von Klaus-Dieter Frankenberger eine täglich erscheinende Beilage *FAZ English Edition* zur *IHT* (*E-FAZ*) aufgelegt. Die *IHT (International Herald Tribune)* zahlte für die Beilage, die FAZ GmbH übernahm Vertrieb und Anzeigengeschäft in Deutschland. Der dazugehörige Internetauftritt faz.com blieb allerdings trotz mannigfaltiger Anstrengungen im Netz quasi unsichtbar, was von den Herausgebern immer wieder moniert wurde. Beide Partner wurden mit dem Projekt letztlich nicht glücklich, obgleich die Herausgeber auf der Webseite im bewussten oder unbewussten Rückgriff auf den ersten programmatischen Artikel Sethes von 1949 betonten, mit dem Projekt sei die Zeitung »zur Stimme Deutschlands in der Welt geworden«. Obwohl sie sich aus den geschäftlichen Entscheidungen heraushalten wollten, plädierten sie für die Weiterführung der englischen Edition.[11] Dennoch wurde das Angebot rückgebaut. Bis 2002 erschien noch eine wöchentliche Beilage zur *IHT*, 2005 wurde auch diese eingestellt.

Eine Kooperation mit dem Nachrichtensender N24 der ProSiebenSat.1 Media AG wurde als letzte Chance für ein Fernsehengagement der Zeitung begriffen. Am 24. Januar 2000 ging N24 auf Sendung. Um die Zusammenarbeit und Mitgestaltung von Sendungen sollte sich der bisherige Chef der Innenpolitik, Eckhard Fuhr, kümmern, der durch scharfe Kritik am Verhalten Kohls in der CDU-Spendenaffäre aufgefallen war und nun elegant nach Berlin entsorgt werden konnte. Nach der Ausstrahlung einiger von Fuhr konzipierter Sendeformate verzichtete die *FAZ* aber auf die beabsichtigte Beteiligung an N24 beziehungsweise musste darauf verzichten. Fuhr kündigte im Sommer 2000 und ging als Feuilletonchef zur *Welt*.[12] Das Engagement und damit die Fernsehpläne scheiterten im Herbst endgültig.

Zu dieser Zeit tauchten die ersten Farbfotos in der Zeitung auf, zunächst in den Sport-Sonderbeilagen. Die Berliner Vertretung war mit einer schicken neobarocken Dependance an der Mittelstraße verstärkt und das Blatt um die »Berliner Seiten« des Feuilletons erweitert worden. Für die von Florian Illies betreuten innovativen, aber kostenträchtigen »Berliner Seiten« gab Schirrmacher am 1. September 1999 den Startschuss. Doch schon drei Jahre später mussten sie eingestellt werden.

Die vielfältigen Probleme um die Jahrtausendwende, die Einführung des Internets, das Scheitern der Radio- und Fernsehaktivitäten sowie der bayerischen Regionalpläne und die Zeitungskrise mit der Einstellung des Magazins, der traditionsreichen Beilage »Bilder und Zeiten« und der »Berliner Seiten« (und andererseits der ebenfalls finanziell motivierten Expansion der *Sonntags-*

zeitung), haben die Herausgeber der Zeitung überstanden, die Geschäftsführung aber nicht. Im Sommer 2002 trennte sich die Zeitung zunächst von Edmund Keferstein, dann von Klaus Rudloff und Anfang 2003 schließlich von Jochen Becker, der als Vorsitzender der Geschäftsführung durch Aufsichtsrat Wolfgang Bernhardt ersetzt wurde. Nach harter Sanierungsarbeit wechselte Bernhardt 2006 zurück in den Aufsichtsrat. Nach dem Verlustjahr 2001 hatte man Beteiligungen abgestoßen, in zwei Sparrunden rund 250 Mitarbeiter entlassen und den Internetauftritt wieder zurückgefahren, um die Kosten zu dämpfen. Die Devise hieß nun: Konzentration aufs Kerngeschäft.[13] Mit den Relaunches 2007 und 2011, aber vor allem 2013 mit der Berufung des ehemaligen Chefredakteurs von *Spiegel Online* Mathias Müller von Blumencron zum Chefredakteur Digitale Produkte (bis 2017) wurde der Ausbau von *FAZ.NET* mit dem Bezahlangebot »FAZ plus« und der App »Der Tag« weiter vorangetrieben. Zwischenzeitlich hatte man aber viel Terrain im Netz preisgegeben.

EUROPA UND DER EURO

Auch jenseits des Digitalen gab es zum Ende des Jahrtausends große Umbrüche. Als die schon lange geplante, auf dem Weg zur Wiedervereinigung dann als Sedativum für Frankreich, das sich sorgte vor dem neuen Deutschland, von Kohl aufs Gleis gesetzte Euro-Einführung 1992 mit dem Vertrag von Maastricht ernst zu werden drohte, setzte die *FAZ* auf Opposition. Das Wirtschaftsressort war nun Partei. Oppositionsführer war der versierte Glossenschreiber Hans D. Barbier, ein Schüler des Ökonomen Herbert Giersch. Der radikalliberale, an Adam Smith, Friedrich August von Hayek und Karl Popper orientierte Barbier begleitete als Leiter der Wirtschaftspolitik in der *FAZ* die Regierung Kohl äußerst kritisch, da er an allen Ecken und Enden ein Überhandnehmen der Sozialpolitik, eine Überregulierung und eine Einschränkung der Freiheit witterte. Am Euro-Projekt und dem Vertrag von Maastricht übte aber nicht nur er Kritik, sondern auch eine Reihe weiterer Fachleute, denen er auf den Spalten des Wirtschaftsressorts Raum bot. Den Höhepunkt bildete ein Manifest von sechzig Ökonomen, das nicht etwa als Anzeige, sondern redaktionell begleitet unter Nennung aller Unterzeichner vor der Ratifizierung des Vertrages abgedruckt wurde. Wie Barbier fürchteten die Wirtschaftsprofessoren, die Renate Ohr, die einzige Frau unter den Unterzeichnern, zusammengetrommelt hatte, um die Stabilität der Währung und die politische Kohäsion der fortan Europäische Union genannten Europäischen Wirtschaftgemeinschaft – eine Mogelpackung, denn zu einer politischen Union als Voraussetzung für eine Währungsunion (»Krönungstheorie«) war die EWG eben gerade nicht geworden.[14]

Vieles, wovor das Manifest gewarnt hat, ist Realität geworden: der Primat der Politik über die Regularien der Währungsunion, die Überforderung der Südländer durch den für sie zu starken Euro und die Jugendarbeitslosigkeit in den strukturschwachen Euro-Ländern, die »politische Zerreißprobe«, in welche die EU geriet, und ein – allerdings verdeckter – »Finanzausgleich« in der EU. Die hohe Inflation, die Barbier und die Ökonomen prognostiziert hatten, ist bisher allerdings ausgeblieben, doch die Sparguthaben werfen wegen der Nullzinspolitik der EZB kaum Zinsen ab und verlieren dadurch beständig an Wert.

1998 warnten dann 155 Professoren: »Der Euro kommt zu früh«.[15] Auch diese Erklärung wurde im redaktionellen Teil der *FAZ* abgedruckt. Während der Euro-Rettungspolitik 2012 und 2013 erschienen zwei weitere Aufrufe gegen die Bankenunion und gegen die Staatsfinanzierung der EZB. Als schließlich auch die Gegenseite mit einem Aufruf hervortrat, drohte die Ökonomenzunft politisiert zu werden und ihren wissenschaftlich neutralen Status zu verlieren. Die *FAZ* berichtete daher relativ ausführlich und 2012 wohlwollend kommentierend über die Aufrufe, gab diese in der Printausgabe aber nicht mehr im Wortlaut wieder.[16] Erst im Mai 2018, als 154 Ökonomen mit den Vorschlägen des französischen Präsidenten Emmanuel Macron und der EU-Kommission sowie im Schatten der Bildung einer populistischen Regierung in Italien eine »Haftungsunion« befürchteten, machte der Wirtschaftsteil mit dieser Meldung auf und druckte den kompletten Aufruf im Innenteil ab.[17] Wieder ging es um die Übernahme fremder Risiken, die Setzung falscher Anreize für reformunwillige Krisenländer und die Politisierung der Fiskalpolitik. Die *FAZ* sorgte dafür, dass das selbst (mit)gesetzte Thema nicht verpuffte, und stellte am folgenden Tag Tweets sowie Stellungnahmen von Parteien und prominenten Ökonomen unter der Überschrift »Ökonomenaufruf zu Europa spaltet Koalition und Forschung« zusammen.[18] Die erhoffte Resonanz blieb aber aus. Die linke Wochenzeitung *Der Freitag* kommentierte spöttisch und ihrerseits erwartungsgemäß negativ: »Zum Tagesgeschäft deutscher Wirtschaftsprofessoren scheint es zu gehören, nach getaner professoral-leidenschaftsloser Lehre und ebenso hochnüchterner Forschung einen flammenden Appell rauszuhauen, einen warnenden ›Aufruf!‹, den man dann in der *FAZ* unterbringt, damit er seine Adressaten erreiche.«[19]

Im Endeffekt hat die *FAZ* mit ihrer Kritik am Euro und an der Art der Euro-Rettung, die der für die Wirtschaft verantwortliche Herausgeber Holger Steltzner auch mit vielen eigenen Leitartikeln profilierte, wenig ausgerichtet. Der Euro wurde eingeführt, und die Länder des Südens wurden aus politischen Gründen in die Euro-Zone aufgenommen, obwohl sie die Stabilitätskriterien nicht erfüllten. Deutschland selbst hat diese dann während der Regierung der rot-grünen Koalition verfehlt, schließlich aufgeweicht. Die No-Bail-out-Klausel wurde während der Griechenlandkrise schlicht ignoriert, billiges Geld in kaum noch überschaubaren Mengen von der EZB in den Markt gepumpt, wodurch Sparguthaben und Lebensversicherungen entwertet wurden. Einige EU-Staaten drängen seit Jahren beharrlich auf die Vergemeinschaftung von Haftungsrisiken und einen eigenen Haushalt für die Euro-Zone. Der *FAZ* bleibt nur, an ihre eigenen Warnungen und die der Wirtschaftswissenschaftler zu erinnern.[20] Auf der anderen Seite ist es nicht zuletzt ihrem Engagement zu verdanken, dass vom damaligen Finanzminister Theo Waigel dauerhafte Stabilitätskriterien durchgesetzt und Vertragsbrüche thematisiert wurden und überdies die deutschen Finanzminister auf dem Weg in eine Schuldenunion bremsten.

DIE *FAZ* UND DIE ANTI-EURO-PARTEI

Das Wirtschaftsressort war während der Euro-Krise seit 2010 und der damit verbundenen Rettungspolitik von der FDP, quasi der offiziösen, allerdings nicht unkritisch begleiteten Partei des Ressorts, tief enttäuscht worden. Nachdem deren parteiinterner Rebell Frank Schäffler 2011 mit einem Mitgliederentscheid gegen den Europäischen Stabilitätsmechanismus knapp gescheitert war, schenkte man einer Neugründung viel Beachtung, bei der ein langjähriger Gastautor des Ressorts, der Euro-Kritiker und Volkswirtschaftler Joachim Starbatty, eine intellektuell vorbereitende Rolle spielte: der 2013 gegründeten »Alternative für Deutschland« (AfD).[21] An der Gründung maßgeblich beteiligt waren der ehemalige Feuilletonredakteur der *FAZ*, Konrad Adam, in dessen Wohnort Oberursel im Februar 2013 die Gründungsveranstaltung stattfand, und Alexander Gauland, der ehemalige Herausgeber der zur *FAZ*-Gruppe gehörenden *Märkischen Allgemeinen*.[22] Beide hatten sich im konservativen Berliner Kreis der CDU engagiert, waren aber von CDU-Generalsekretär Hermann Gröhe mit arrogantem Desinteresse bedacht worden.[23] Und das

Aushängeschild der Partei, der Hamburger Volkswirtschaftler Bernd Lucke, ebenfalls ehemaliges CDU-Mitglied, war durch seine Kritik an der Ausweitung der Euro-Rettungsschirme in der *FAZ* auf Resonanz gestoßen.[24]

Zunächst war die neue Partei eine stark von Professoren dominierte Gruppe, die sich nach dem gebrochenen Euro-Versprechen der Bundesregierung (No-Bail-out-Klausel des Maastricht-Vertrages, Stabilität des Euro-Raums) zusammentaten und mit ihren Intentionen ganz auf dem Kurs des Wirtschaftsressorts lagen. Insofern ist es nicht verwunderlich, dass im Wirtschaftsteil der *Sonntagszeitung* für die Gründungsveranstaltung unter Hervorhebung des Ökonomen Lucke, des ehemaligen Redakteurs Adam und des ehemaligen Leiters der hessischen Staatskanzlei Gauland regelrecht geworben wurde und dann auch im Politik-, Wirtschafts- und Regionalteil über die Parteigründung einer klassischen *FAZ*-Klientel berichtet wurde, zumal deren erste Veranstaltung in Oberursel einen außerordentlich großen Publikumsandrang zeitigte, was wiederum auch der *FAS*-Berichterstattung geschuldet war.[25]

Bald signalisierten die sehr hohen Klickzahlen, Seitenempfehlungen und die Vielzahl von Kommentaren auf *FAZ.NET*, dass das Thema AfD dort auf erhebliches Interesse stieß, was eine entsprechende Anschlusskommunikation – also weiterhin eine ausführliche Berichterstattung – zur Folge hatte.[26] Während gegen die Neugründung in der politischen Kommentierung bald Vorbehalte geäußert wurden, erschien im Wirtschaftsteil ein zustimmender Leitartikel zu Luckes Kritik am Euro und seiner Idee eines gleitenden Euro-Ausstiegs. Wie an die eigene Redaktion gerichtet klang dort die Warnung vor der Verunglimpfung der neuen Partei.[27]

Nach dem Austritt der wirtschaftsliberalen Euro-Kritiker um Lucke im Jahr 2015 und einer Rechtsverschiebung der Partei schwenkte die *FAZ* dann abrupt auf einen durchgehend scharfen Kurs gegen die AfD ein, was in der sehr zugespitzten Schlagzeile der *Sonntagszeitung* »Gauland beleidigt Boateng« zum Ausdruck kam. Der Beitrag fand ein großes Medienecho.[28] Fortan erschien kaum ein Artikel ohne ein negatives Framing, sei es als Nachricht, Kommentar, Hintergrundbericht oder Reportage, sei es auf den Politikseiten, im Wirtschaftsteil oder im Feuilleton.[29] Selbst oder gerade Redakteure, die in einigen Punkten die Kritik der AfD an der Asylpolitik oder am öffentlich-rechtlichen Rundfunksystem teilten, kamen um eine gewisse Distanzierung nicht umhin, mochte sie auch noch so bemüht wirken.[30]

Die *FAZ* hat die AfD nicht »gemacht«, sie war auch nicht das erste und schon gar nicht das einzige Medium, das der neuen Gruppierung Aufmerksamkeit schenkte. Zuerst hatte Günther Lachmann in der *Welt*, dann die *FAS* die Anti-Euro-Formation »Wahlalternative 2013« zum Thema gemacht.[31] Danach berichtete das Wirtschaftsressort der *FAZ* ausführlich über die Gründung der aus der »Wahlalternative« hervorgegangenen Partei. Thematisch und personell lag das nahe. Andere Medien folgten schnell, so der *Focus* und die *Wirtschaftswoche*.[32] Ohne Massenmedien schafft es keine Protestbewegung, ein relevanter Faktor zu werden. Fraglos hat also die Aufmerksamkeit in der *FAZ* und in anderen Zeitungen der Lucke-AfD geholfen, bekannt und ein Faktor zu werden. Allerdings war die AfD auch sehr schnell in den sozialen Medien erfolgreich, und viele Medien sprangen schnell auf den Zug auf, eine Protestformation zu beobachten, die nicht von links kam. Dann verschärfte sich die Euro-Krise im Moment der AfD-Gründung durch die Zypernkrise, in der wiederum die Solidität des Euro-Raums auf dem Spiel stand. Dieser für die Parteigründung günstige Moment sorgte für reichlich Aufmerksamkeit, und die Talkshow-Präsentationen des rhetorisch versierten Lucke taten ein Übriges.

ISLAM UND EINWANDERUNG

Frank Schirrmacher, der ständig auf der Suche nach Diskussionsstoff war, hat das große Debattenpotential der miteinander verbundenen Themen Islam und Einwanderung trotz seiner Sensibilität für demographische Probleme[33] zunächst unterschätzt. Der Begriff »multikulturell« wurde in der *FAZ* bereits 1961 erstmalig verwendet, und zwar zur Charakterisierung des portugiesischen Konzepts für Angola als eines »vielrassigen, multikulturellen, christlich-toleranten Gemeinwesens«.[34] Virulent für die deutsche Gesellschaft wurde der Begriff dann in den 1980er Jahren. Günther Rühle sah die Bundesrepublik schon 1980 vor der Frage, ob man sich von einer monokulturellen zu einer multikulturellen Gesellschaft verändern wolle und könne.[35] Konrad Adam bezeichnete die Vision einer multikulturellen Gesellschaft zwei Jahre später im Feuilleton als »Tagtraum« und meinte, die »Ausländerfrage« sei vielleicht die »Schicksalsfrage der Bundesrepublik«.[36] Kurt Reumann erkannte in einer politischen Glosse, ebenfalls bereits 1982 (!), dass die Bundesrepublik sich zu einem »Einwandererland« entwickelt habe, die Grenzen der Belastbarkeit aber erreicht seien.[37] Damals ging es vorrangig um die türkischen Gastarbeiter und ihre Familien. Die Dimensionen waren noch ganz andere als nach 2000. Mit 9/11 kam der islamistische Terror hinzu.

Die Zeitung berichtete natürlich über die Migrationspolitik und den Islamismus. Schirrmacher räumte dem Bevölkerungswissenschaftler Herwig Birg dann 2010 im Feuilleton Platz für zehn Grundkurse zur Demographie ein. Er selbst führte dazu mit einem Text ein, in dem Probleme der Zuwanderung angesprochen wurden.[38] Die große Debatte kam dann aber von außen mit Thilo Sarrazin und seinem Bestseller »Deutschland schafft sich ab«. Sie war nicht von der *FAZ* angestoßen worden, wurde dort aber wie in anderen Medien heftig geführt.[39] In der *FAZ* reagierten die interviewten oder Gastartikel beisteuernden Experten aufgeschlossener auf Sarrazins Thesen als die sehr kritischen Feuilletonredakteure und vor allem Schirrmacher selbst.[40] Er führte dann ein großes Streitgespräch mit Sarrazin.[41] Den Vorabdruck aus der Gegen-Streitschrift seines Redakteurs Patrick Bahners ließ er vom Angegriffenen, eben Thilo Sarrazin, besprechen.[42]

Ein Paukenschlag in der Integrationsdebatte ertönte in der *FAZ* erst nach Schirrmachers Tod durch einen Gastautor, den Berliner Osteuropahistoriker Jörg Baberowski, der als Schüler im Kommunistischen Bund Westdeutschland (KBW) aktiv gewesen war. Auf dem Höhepunkt der Flüchtlingskrise im September 2015, als weite Teile der deutschen Gesellschaft und der Medien sich noch in der »Refugees welcome«-Euphorie befanden, warnte er in einem Feuilletonaufmacher eindringlich vor den politischen, sozialen und kulturellen Folgen einer ungesteuerten Migration.[43] Dieser auch innerhalb der *FAZ* viel diskutierte Artikel wurde ein Wendepunkt in der deutschen Debatte. Baberowski wurde einerseits umgehend von Horst Seehofer zur Beratung eingeladen und andererseits zur Zielscheibe diverser denunziatorischer Kampagnen. Er erfuhr aber auch Solidarität, denn zur Debatte standen die freie Diskussion und der Wert des Arguments.[44] Auch der Soziologe Wolfgang Streeck, der zweite Kritiker der Willkommenskultur, der viel beachtete Artikel im Feuilleton beisteuerte, kam von links.[45] Auch dieser Gastautor wich zumindest von der Linie des Feuilletons deutlich ab. Dort war Lorenz Jäger der einzige Redakteur, der sich mit Lektüren der »Neuen Rechten« wie Jean Raspails »Das Heerlager der Heiligen« oder Renaud Camus' »Revolte gegen den Großen Austausch« befasste. Auch Jäger war ein ehemaliger Linker, der sich allerdings ohne sonderliche Konsequenzen in seinen Artikeln mit großem Aplomb von der Rechten abgewandt hatte, die ihm zu neokonservativ und proisraelisch erschien.[46]

Im politischen Ressort dominierten in den Leitartikeln und Glossen von Herausgeber Berthold Kohler, Innenpolitikchef Jasper von Altenbockum und dem Rechtsexperten Reinhard Müller kritische und skeptische Kommentare zum Kontrollverlust in der Migrationspolitik bei beständiger Abgrenzung nach rechts. Aber die Distanz zu Bundeskanzlerin Merkel wurde immer größer.[47] War die *FAZ* unter Kohl trotz aller Kritik an Geißler als Regierungszeitung angesehen worden, so konnte man dies nun nicht mehr sagen.[48] Auffällig ist es auch, dass eine stattliche Anzahl von *FAZ*-Redakteuren nach der Pensionierung zu Stammautoren der Wochenzeitung *Junge Freiheit* wurden, zu deren Markenkern die Kritik an der deutschen Einwanderungspolitik und dem politischen Islam gehört.[49] Zugespitzt könnte man formulieren: Die *FAZ* holt sich ihre Redakteure heute gern von der *taz*,[50] wohingegen ihre Pensionäre in der *Jungen Freiheit* schreiben. Das gilt freilich jeweils nur für eine Minderheit, indiziert aber die Durchlässigkeit und Veränderung der Zeitungslandschaft.

NR. 4

Die Antworten auf Problemstellungen und Herausforderungen der Gegenwart – Euro, Migration, digitale Revolution – bildeten auch den Hintergrund, nicht den Anlass für die vierte vorzeitige Trennung von einem Herausgeber, die einem nun schon fast etablierten Muster folgte: Sie kam für fast alle innerhalb und außerhalb des Hauses vollkommen überraschend und wurde nach außen nur in dürren Worten kommuniziert, was reichlich Anlass gab für Spekulationen. Man kann für die Trennung mehrere, lang- und kurzfristige Entwicklungen als Gründe ausmachen.

Holger Steltzner war 1993 aus dem Investmentbanking zur *FAZ* gestoßen und hatte erst dort mit dem journalistischen Schreiben begonnen. Unter der Patronage von Wirtschaftsherausgeber Jürgen Jeske erfolgte ein steiler Aufstieg. 2002 beerbte Steltzner Jeske als Herausgeber. Er behielt die eurokritische Haltung des Wirtschaftsressorts gegen Kritik innerhalb der Gesamtredaktion bei; in der Migrationskrise 2015 ging er auf deutliche Distanz zu der von Angela Merkel geführten Bundesregierung. Auch in der Klimapolitik argumentierte er dezidiert gegen den Mainstream.[51] Im politischen Ressort begleitete man die regellose Migrationspolitik ebenfalls zunehmend kritisch, und so ging es letztlich um die Frage, in wessen Kompetenz die politische Kommentierung fällt. Dass das Wirtschaftsbuch sehr politisch ausgerichtet war, stieß im Politikressort zunehmend auf Missfallen, ebenso dass Steltzner auf eine forcierte Digitalstrategie mit entsprechenden Angeboten und möglicherweise sogar auf einen eigenen Herausgeber für Digitales setzte. Und es ging um die Herausgeberverträge. Steltzner und die nach ihm berufenen Herausgeber erhielten nur noch Fünfjahresverträge, was für diese eine gewisse Verunsicherung bedeutete, denn Verlängerungen musste der Aufsichtsrat billigen. Es war zu erwarten, dass das zu Missverständnissen führen würde im Geflecht zwischen Steltzner, Geschäftsführung, Aufsichtsrat und den weiteren Herausgebern. Und so kam es anlässlich einer anstehenden Vertragsverlängerung und einer anstehenden Nachbesetzung schließlich auch. Das Verhältnis zwischen Steltzner und den anderen drei Herausgebern war nach Meinung Letzterer zerrüttet, der Aufsichtsrat stellte den Wirtschaftsherausgeber frei. Die Zeitung beschränkte sich wie im Fall Müller-Vogg auf eine knappe Mitteilung über eine »Änderung im Herausgebergremium«: »Holger Steltzner ist aus dem Kreis der Herausgeber der Frankfurter Allgemeinen Zeitung ausgeschieden. Die Grundlage für eine weitere vertrauensvolle Zusammenarbeit mit den anderen Herausgebern war nicht mehr gegeben. Steltzner war seit 2002 für den Wirtschafts- und den Sportteil zuständig.«[52] Die *taz* urteilte selbstironisch über das bürgerliche Leitorgan: »Das beweist vom Stil her einmal mehr die Parallelen zwischen FAZ und taz [...].«[53]

Es folgten eine juristische Auseinandersetzung und Spekulationen über einen Linksruck der Zeitung.[54] Kurz zuvor war der konservative Blogger »Don Alphonso« aus der *FAZ* ausgeschieden, der Ressortleiter der *Sonntagszeitung* Volker Zastrow hatte sich zu einem Verteidiger Merkels entwickelt, und die Position von Lorenz Jäger als konservatives Widerlager im Feuilleton war auch nicht wiederbesetzt worden. Die Herausgeber selbst und Beobachter von *Spiegel* und *taz* akzeptierten den Hinweis auf einen politischen Konflikt allerdings nicht; für sie waren allein das zerstörte Vertrauen und das gestörte Betriebsklima Ursache der Trennung, schließlich hatte Steltzner seine Positionen schon über mehrere Jahre vertreten können.[55] Sein Nachfolger, der Finanzfachmann Gerald Braunberger, ist allerdings auf den sensiblen politischen Feldern nicht wie Steltzner profiliert, zumindest bisher nicht. Wie im Fall Müller-Vogg sind die Interpretationen der Beteiligten mit denen der Beobachter nur schwer in Einklang zu bringen, und so ist es künftigen Historikern vorbehalten, auf der Basis dann zugänglicher Quellen und mit der nötigen Distanz diese jüngste Entwicklung zu erklären und zu bewerten. Die Klage über das verlorene konservative Profil der *FAZ* gehört zu dieser Geschichte und begleitet sie seit Jahrzehnten. Dieses Profil wird von den Kritikern freilich immer nur in der Vergangenheit erkannt, denn eine homogene konservative Zeitung ist die *FAZ* nie gewesen.

10
LEBEN UND SCHREIBEN IN DER MÄNNERBASTION

Nachdem wesentliche Stationen und Positionen der *Frankfurter Allgemeinen Zeitung* vorgestellt wurden, soll nun die organisationale Identität[1] der Zeitung charakterisiert werden. Wie wird das kompliziert aufgebaute Unternehmen *FAZ* geführt, wie gelangt man in den »Orden«, wie ergeht es dort Frauen, was zeichnet den Arbeits- und Schreibstil der *FAZ*-Redakteure aus, und welchen Einfluss haben sie? Wie haben sich die Verhältnisse in der Zeitung gewandelt, und wie passt sich ihre Geschichte in die Gesamtgeschiche der Bundesrepublik ein? Auf diese Fragen nach Identität und Wandel und dem in vielen Aspekten auch persistenten Wesen des Unternehmens sollen in den folgenden Kapiteln Antworten gegeben werden.

EINSTIEG, AUFSTIEG, FÜHRUNG

Die Herausgeber beraten jeden Mittwoch in der Herausgeberkonferenz mit der Geschäftsführung. Redaktion und Verlag, die beiden strikt – auch räumlich (in der Hellerhofstraße 2–4 residiert der Verlag, in der Hellerhofstraße 9 gegenüber die Redaktion, eine Brücke über die Straße verbindet beide Häuser) – getrennten Welten treffen hier aufeinander. Konflikte zwischen den unternehmerischen Belangen der Geschäftsführung und den redaktionellen der Herausgeber werden in dieser Runde behandelt. Ansonsten bespricht man unter dem Vorsitz der Herausgeber, der jährlich wechselt, vor allem Personalia samt Gehaltsfestlegungen und genehmigt Reisespesen im Voraus oder im Nachgang (»Indemnität«). Darüber hinaus steht die allgemeine Strategie der Zeitung zur Debatte, und es werden Vertreter aus Politik, Wirtschaft und – seltener – Kultur und Kirchen sowie Sport (etwa Uli Hoeneß) benannt, die zum gemeinsamen Mittagessen in die illustre Villa Bonn – dem Sitz der lange Zeit nur Herren offen stehenden Frankfurter Gesellschaft für Handel, Industrie und Wissenschaft im Frankfurter Westend – oder in den nicht weniger illustren »Frankfurter Hof« zu Tisch gebeten werden sollen. Politisch erfolgt die Auswahl quer durch den Bundestag sowie die Bundes- und Landesregierungen. Auch ausländische Politiker werden bisweilen eingeladen.

Neueinstellungen und Beförderungen werden im Konsens vorgenommen, wie das Gremium überhaupt einvernehmliche Lösungen anstrebt, um Parteibildungen in der Zeitung zu vermeiden.[2] Bei der Bestellung von Ressortleitern und Herausgebern müssen seit der Tern-Krise die von der Redaktion gewählten Vertrauensleute angehört werden, ebenso bei Entlassungen, was seit der Zeitungskrise 2001, die sich bereits 1999 mit der Einstellung des *FAZ*-Magazins ankündigte, häufiger vorkam. Das bei der Einführung so umkämpfte Gremium ist mittlerweile allerdings mangels Beteiligung und Interesse sanft entschlafen.[3] Die Jungredakteure werden zumeist nicht systematisch rekrutiert, formale Voraussetzungen für ihre Einstellung gab es zunächst nicht. Selbst journalistische Vorkenntnisse waren nicht erforderlich. Die Bewerber wurden frisch von der Universität geholt, wo der Zeitung verbundene Professoren als Scouts nach geeigneten Kandidaten Ausschau hielten, etwa Dolf Sternberger, der seinen Schüler Günther Nonnenmacher für die *FAZ* rekrutierte. Universitätsabsolventen, die Journalisten werden wollten, bewarben sich nach Abschluss eines ordentlichen Studiums – etwa (Alte) Geschichte, Philosophie oder Germanistik – einfach. Diese Fächer erlebten im Feuilleton unter Joachim Fest eine Renaissance. Das Journalistikstudium wurde bei der *FAZ* dagegen wenig geschätzt. Praktika und Volontariate gab es nicht. Diese wurden erst 1988 eingeführt,[4] zum ersten Jahrgang gehörte Berthold Kohler.

Aussichtsreiche Bewerber wurden »auf die Runde« geschickt, das heißt, sie mussten sich den Herausgebern und der Geschäftsführung sowie den einzelnen zuständigen Ressortleitern vorstellen. Bei Jürgen Busche nahm diese Prozedur insgesamt elf Stunden in Anspruch.[5] Dabei wurden die Bewerber mitunter in Fachgespräche verwickelt und zu aktuellen Themen befragt. War der Rundgang überstanden, verhandelte man mit dem zuständigen Herausgeber das Gehalt, das die Herausgeberkonferenz billigen musste. Hier gab es große Unterschiede und einen großen Spielraum. Mangels journalistischer Erfahrung konnten viele der jungen *FAZ*-Journalisten ihren journalistischen Marktwert nicht einschätzen, schließlich verschaffte ihnen ja erst die *FAZ* das entscheidende symbolische Kapital.[6]

Politische Kriterien spielten bei der Einstellung eine nachgeordnete Rolle. Parteipolitisches Engagement wurde nicht gern gesehen, für die SPD noch weniger gern als für die CDU. 1980 wurde ein Bewerber für die Nachrichtenredaktion abgelehnt, weil er seit Langem der SPD angehörte. Eckhard Fuhr wurde dagegen trotz seiner Brandt-Verehrung, die er Eick kundtat, und einer freilich patriotisch grundierten sozialdemokratischen Ausrichtung eingestellt. Er war dann sogar bald für das Ressort »Politische Bücher« zuständig und trat 1996 die Nachfolge von Fromme als Innenpolitikchef an, wobei der konservative Unionsbeobachter Georg Paul Hefty übergangen wurde. Der Konflikt zwischen beiden führte dann aber zu so starken Friktionen, dass Fuhr sich nach Berlin versetzen ließ.[7] Auch bei Jürgen Busche, der als »engagierter Parteigänger der CDU« eingeschätzt wurde, gab es Bedenken, da er in der Jungen Union Münster Vorstandsfunktionen ausgeübt hatte. Im Endeffekt wurden diese zurückgestellt, weil man Busche überzeugend fand, während später einem anderen Bewerber aus den Reihen der SPD »nur durchschnittliche Fähigkeiten« attestiert wurden.[8] In den 1960er Jahren wurde darauf geachtet, durch Einstellungen im Feuilleton den »Linksdrall« nicht noch zu verstärken.[9]

Hatte man es zum Jungredakteur geschafft, so stand einem seit den 1970er Jahren ein Dienstwagen mit dem charakteristischen Nummernschild »F–AZ« zur Verfügung samt Wartung und Erneuerung bei höherem Kilometerstand. Konnte oder wollte man nicht Auto fahren, gab es eine finanzielle Kompensation. 1989 wurde penibel geregelt, welche Gehaltsgruppe welche proportional festgelegte Preisgruppe beanspruchen durfte. Alle Wagen sollten vier Jahre oder 100 000 km gefahren werden.[10]

Über das Dienstwagenprivileg hinaus lockte ein komfortables Journalistenleben in der *FAZ*. In der Regel wurde das Anfangsgehalt schon nach kurzer Zeit erhöht. Wünsche bei der Wahl des Arbeitsplatzes wurden berücksichtigt, und Dienstreisen waren kein Problem, weil mit der Billigung der Herausgeberkonferenz im Allgemeinen gerechnet werden konnte. Vor allem aber hatten die Redakteure, besonders die im Feuilleton, im Vergleich zu heute viel Zeit, ihre Stücke zu schreiben. In der Redaktion konnte man ein großes Lektürepensum bewältigen und bei Bedarf zum Schreiben zwei Tage zu Hause bleiben. Aber den Andruck der D1, also der ersten Deutschlandausgabe, um 17 Uhr, später dann um 17:45, mussten die Blattmacher und Redakteure strengstens einhalten, was bei einer außergewöhnlichen Nachrichtenlage durchaus zu Hektik führen konnte. Den Korrekturleser, der obligatorisch war, konnte man sich aussuchen. Im vordigitalen Zeitalter wurde von der Umbruchredaktion dann noch einmal eigenmächtig nach Vorgabe des Layouts gekürzt, was alle hinzunehmen hatten. Inhaltliche Vorgaben gab es nicht, allerdings eine teilweise recht genaue Blattkritik oder den einen oder anderen Brief von den Herausgebern oder Ressortleitern. Welter, der die Zeitung sehr aufmerksam las, schrieb kleine Zettel.[11]

Als Redakteur der *FAZ* hatte man grundsätzlich eine gewisse Reputation, die Türen öffnete und bei angesehenen Verlagen Interesse für die eigenen Themen weckte. Allerdings bedurfte jede Zweitverwertung von Artikeln und jeder Lehrauftrag an einer Universität der Genehmigung durch die Herausgeber. Die Tätigkeit für Konkurrenzunternehmen, also andere Zeitungen, war untersagt. Radio- und Fernsehauftritte waren grundsätzlich nicht gestattet, Ausnahmen allerdings möglich. Das führte zu Reibereien mit Redakteuren, die gerne in den von Werner Höfer moderierten »Internationalen Frühschoppen« gingen.[12] Stand mit 65 Jahren der Ruhestand an, so konnte man noch ein bis zwei Jahre verlängern oder zu guten Konditionen als »fester Freier« weiterhin Beiträge liefern, was die sowieso schon günstigen Ruhegelder noch aufbesserte. Diese traumhaften Bedingungen wurden seit 1999 schrittweise eingeschränkt.

1975, also 13 Jahre nach Enzensbergers Philippika gegen eine einseitige Nachrichtenauswahl der *FAZ*, musste der die Zeitung stets mit mokantem Blick beobachtende *Spiegel* zugestehen: »Die Nachrichtengebung, vom Koordinator und Chefmanager der Redaktion, Heinz Stadlmann, personell wie journalistisch sorgsam organisiert, scheint um die möglichst gerechte Einordnung möglichst realitätsgetreuer Fakten bemüht. Und dazu gehört, daß politisch unbequeme Details oder Zitate fair und quasi unbewegt abgedruckt werden.« Die Frankfurter hätten mit »sorgfältiger Nachrichtengebung« und »bürgerlich-liberalem Traditionsjournalismus« Erfolg. Selbst Axel Springer habe die *FAZ*-Redakteure dafür gelobt, »aus den vielen Meldungen des Tages die ›richtigen‹ auszuwählen und ›prompt zu drucken‹.«[13]

Das *Spiegel*-Lob richtete sich unübersehbar gegen den Erzrivalen Springer, dessen *Welt* als einziger überregionaler Konkurrent die *FAZ* abgehängt hatte. Aber es stimmte auch: Die *FAZ* stellte die Benchmark für glaubwürdigen, ausgewogenen und seriösen Journalismus dar. Als Gatekeeper des Nachrichtenstroms wollte man sich dort nicht korrumpieren lassen. Daher befleißigte man sich in der Nachrichtenredaktion größter Korrektheit bei der Auswahl und Aufbereitung der Nachrichten und setzte sprachlich auf Zurückhaltung und Ausgewogenheit. Das wirkte dann zuweilen betulich, tantenhaft. Der ZDF-Historiker Guido Knopp stellte während eines Intermezzos bei der *FAZ* überrascht fest, dass man dort wie in der Doktorarbeit schreiben sollte, während einem der akademische Schreibstil in den Redaktionen sonst doch als Erstes ausgetrieben werde. Noch heute macht er sich über den Stil der *FAZ* in den 1970er Jahren lustig, der nach 19. Jahrhundert klinge. Allerdings sind seine dafür angeführten Beispiele gut erfunden, aus der *FAZ* stammen sie jedenfalls nicht.[14] Offenbar war das Befremden gegenseitig, denn zu Knopps Weggang zum ZDF hieß es im Herausgeberprotokoll: »Keinerlei Trauer – im Gegenteil.«[15]

Es bedeutete einen Aufstieg, wenn man innerhalb der Politikredaktion von der Nachrichtenredaktion, die dem journalistischen Handwerk der täglichen Berichterstattung nachging, in den Artisten- oder Denkerflügel wechselte. Hier entstanden die Leitartikel und zeithistorischen Reflexionsstücke für die Seiten »Die Gegenwart« und »Zeitgeschehen«. Die Koordination der Leitartikel auf den ersten beiden Seiten beziehungsweise später auf der ersten und letzten Seite des Politikbuchs oblag reihum einem der Herausgeber oder der verantwortlichen Redakteure. Zumeist ergab sich die Verantwortung qua Zuständigkeitsprinzip und Diskussion, wobei auch Auslandskorrespondenten und Vertreter anderer Ressorts die beiden Leitartikel auf der ersten Seite schreiben konnten.[16]

Dem Leser stellte man sich von April 1957 an in der Rubrik »Zeitungsschreiber« und dann »Sie redigieren und schreiben« vor. Daraus entstanden in immer neuen Auflagen die blauen Bücher als Nachschlagewerk des Personals. Die Journalisten verfassten ihre Kurzviten selbst. Unter einem Foto wurden mal lakonische, mal barocke Selbstporträts geboten, die Aktivitäten im Dritten Reich waren naturgemäß knapp gehalten, den akademischen Meriten wurde dafür zumeist recht viel Platz eingeräumt.

FRAUEN IN DER MÄNNERWELT

Die alte *FZ* war ein »Männerstaat«, in dem Frauen seit den 1930er Jahren zunächst an der Peripherie als Korrespondentinnen auftauchten, etwa Margret Boveri (Skandinavien, USA), Irene Seligo (Großbritannien, Portugal), Lily Abegg (Asien) oder Heddy Neumeister (Berlin). Erst am Ende des Jahrzehnts hielten sie entgegen den Absichten Reifenbergs Einzug in die Hauptredaktion und eroberten den Zugang zur berühmten Konferenz unter dem Bildnis des *FZ*-Gründers Leopold Sonnemann.[17] Die bei der *FZ* beschäftigten

Journalistinnen Brigitte Beer (1940) oder die Musikkritikerin Hildegard Weber (1940) setzten dann wie die Korrespondentinnen bei der *FAZ* ihre Tätigkeit in den Ressorts Politik und Feuilleton fort. Weitere Frauen wie Helene Rahms, die Schriftstellerin Vilma Sturm (Feuilleton), Marianne Morawe und Anita Zimmermann (beide Lokalressort) kamen bald hinzu, in vielen Fällen (zunächst) als freie Mitarbeiterinnen. Frauen stellten nun zwar immer noch eine Minderheit dar, aber eine stetig wachsende.

Ob sich die Redakteurinnen und Korrespondentinnen primär als Teil einer geschlechtsspezifischen Gruppe in der Zeitung fühlten, darüber kann man nur spekulieren. Dass Helene Rahms, die seit 1953 die Frauenseite leitete, ein ausgeprägtes Sensorium für geschlechtsspezifische Unterschiede hatte, ist indes gewiss. Wenn sie sich mit dem privilegierten Sternberger verglich, dann schnitt sie in ihrer Doppelrolle als Mutter und Journalistin in der Tat schlecht ab.[18] Was das dominante Auftreten der Führungsriege betrifft, hätte ein Jungredakteur aber wohl ebenso viel Grund zur Beschwerde gehabt. Der stramme Schritt Erich Welters, seine »silberne, Ehrfurcht gebietende Mähne« und sein »dunkle[r] Hornbrillenblick, der gefährlich aufblitzen konnte«,[19] schüchterten nicht nur weibliche Gesprächspartner ein. Noch unter Schirrmacher wurden verdiente Feuilletonredakteure öffentlich heruntergeputzt. Überhaupt war die Beißhemmung Männern gegenüber wohl deutlich geringer, zumal bei den von entsprechenden Umgangsformen geprägten älteren Herren. Von dem erwähnten respektlosen »stud. Weinstein« für den jungen Adelbert Weinstein durch Geschäftsführer (»Minister«) Klepper bis zum Stehenlassen von Bewerbern in der Vorstellungsrunde bei Reißmüller gibt es dafür zahlreiche Beispiele. Bei Reich-Ranicki scheinen die Ausbrüche gleichermaßen Männer wie Frauen getroffen zu haben. Eine regelrechte Misogynie legte allerdings Jürgen Tern an den Tag, für den Frauen nicht in Redaktionen gehörten und der diese Haltung gegenüber Journalistinnen deutlich zeigte.[20] Dass er später aufseiten der Liberalisierungsbefürworter des Abtreibungsrechts wiederzufinden war, ist eine der Pointen seiner Biographie. Vilma Sturm fühlte sich von der schieren Präsenz der Alphatiere eingeschüchtert, etwa durch das Herumtigern Sethes im Flur und die »vulkanische Beschaffenheit« Korns. Anders als Tern akzeptierten diese die Journalistinnen im Kollegenkreis durchaus. Außer Friedrich Sieburg, der Sturm nach einer selbst gewählten Dekade freier Mitarbeit 1959 wieder zum festen Redaktionsmitglied machte und ihr günstige Arbeitsbedingungen von Köln aus ermöglichte, erkundigte sich aber niemand nach den Problemen der alleinerziehenden Mutter.[21]

Seit dem 5. November 1949 erschien die Frauenseite, von 1952 an als Teil der Beilage »Bilder und Zeiten«. Verantwortlich war zunächst Vilma Sturm, die zudem das prestigeträchtige Literaturblatt betreute und viele Spalten der BuZ-Beilage füllte. Unter Joachim Fest wurde die Frauenseite wieder abgeschafft; am 17. März 1973 erschien sie zum letzten Mal. Die Themen wurden von der letzten Seite der Beilage entkoppelt und über die Zeitung verteilt, aber damit auch nicht mehr in einer festen Rubrik dauerhaft verfolgt.[22] Die zuständige Redakteurin Helene Rahms selbst hatte darauf gedrungen, die klassische Frauenseite der 1920er Jahre als Annex zur Zeitung zu überwinden, eine Forderung, die in den siebziger Jahren dem feministischen Zeitgeist entsprach. Bei den Tageszeitungen gehörte die *FAZ* mit der Einlösung dieser Forderungen zu den Vorreitern. Rahms widmete sich nun zunehmend der Architekturkritik. Sie hatte sich ohnehin nie auf klassische »Frauenthemen« wie Mode, Rolle der Frau, Familie, Kosmetik-, Hygiene- und Gesundheitstipps beschränkt, sondern sich mit Erzählungen und Kurzprosa sowie Bildung und Pädagogik befasst und Beiträge wie »Die Schwierigkeit, erwachsen zu werden« oder »Studentinnen zwischen Hörsaal und Elternhaus« geliefert.[23]

Während im Feuilleton und in der Politik vermehrt Frauen eingestellt wurden und Maria Frisé Ende der 1960er Jahre die Leitung der prestigeträchtigen »Bilder und Zeiten« übernahm, blieb das Wirtschaftsressort lange Zeit eine Männerbastion, zumindest was die festen Redaktionsmitglieder in der Frankfurter Zentrale betraf. Jürgen Eick stellte zwar Frauen ein, aber nur als Korrespondentinnen oder freie Mitarbeiterinnen. Damit folgte er alten wirtschaftsjournalistischen und *FZ*-Traditionen. Sekretärinnen mussten für Eick so beschaffen sein, dass er nicht die Aussage treffen konnte, er wolle nicht mit ihnen schlafen. In der Redaktion wollte er ansonsten unter seinesgleichen bleiben. Als er in der Herausgeberrunde die freie Mitarbeiterin Christa von Braunschweig für ein festes Engagement vorschlug, fügte er hinzu, »sie soll jedoch aus der Redaktionsmaschinerie herausgehalten werden und keinen Büroraum im Haus bekommen«. Hintergrund des Angebots war eine Offerte des Fernsehens für »Fräulein v. Braunschweig«. Sie blieb dann vier Jahre und kündigte 1970, als sie ihr zweites Kind erwartete. Eine für später ins Auge gefasste »losere Abmachung« mit Christa von Koeller, wie sie nun hieß, kam nicht mehr zustande.[24] Ungestörter Raum für Herrenwitze und Alkohol spätestens nach Andruck waren im Wirtschaftsressort und gerade für Eick eine essentielle Bedingung für erfolgreiches Arbeiten. Bei den Jours fixes kam er für Wein und Bier auf, Champagner und Wasser musste jeder selbst zahlen. Alkoholgeschwängerte »blaue Stunden« nach dem Umbruch waren natürlich auch in den anderen Ressorts ein Thema. Frauen konnten hier nur stören, so die *opinio communis*. Zudem wurden Unsachlichkeit, Eifersucht und Irritation mit deren Anwesenheit verbunden.[25] Die sich dann tatsächlich anbahnenden Liaisons, besonders wenn sie sich verfestigten, wurden durch Versetzungen entschärft.[26]

Insgesamt gesehen erhielten Frauen in der *FAZ* nach zunächst zähen, aber in einigen Fällen bald überwundenen Vorbehalten und entsprechender Einstellungspolitik eine an Leistungskriterien orientierte Chance. Signifikante geschlechtsspezifische Unterschiede in der Bezahlung sind nicht auszumachen. Sie wurden zunächst im Feuilleton und im politischen Ressort angestellt, am schwierigsten war es mit einer festen Redakteursstelle im Wirtschaftsressort. Erst Eicks Nachfolger Jürgen Jeske stellte mit Ingrid Hielle 1987 eine Frau mit längerer Berufserfahrung in der Wirtschaftsredaktion in Frankfurt für das Gebiet Rohstoffe ein.[27] Heute berichtet eine langgediente Journalistin wie Ursula Kals, dass sie in der Wirtschaftsredaktion seit 20 Jahren keine Diskriminierung erlebt habe und ihrem Eindruck nach dort rundum gute Arbeitsbedingungen für Frauen herrschen.[28] Seit der Jahrtausendwende besetzten Frauen – wenn man die Verantwortlichkeit von Frisé für »Bilder und Zeiten« dazuzählt, schon deutlich früher – bisweilen auch Führungspositionen. Im Wirtschaftsressort ist Heike Göbel seit 2002 für Wirtschaftspolitik verantwortlich, und im Feuilleton leitete Felicitas von Lovenberg 2008 bis 2016 das Literaturressort, Verena Lueken war und Julia Voss ist stellvertretende Feuilletonchefin. Elena Geus war Chefin vom Dienst zwischen 2001 und 2005 gemeinsam mit Peter Beck bei der *FAS* und nimmt diese Position seit November 2005 allein für die *FAZ* wahr.

Schon Rahms und Frisé (die einige Jahre mit Wissen der Herausgeber Mitglied der SPD war)[29] verstanden es, sich in den Konferenzen mit linksabweichenden Positionen zu 1968 oder zur sozialliberalen Koalition Gehör zu verschaffen. Vilma Sturm fiel immer wieder mit radikaler Kritik am Vietnamkrieg auf, mit der sie mitunter die Herausgeber sogar direkt konfrontierte.[30] In ihren Stücken und Rezensionen vertraten Rahms und Frisé durchaus emanzipatorische und gemäßigt feministische Positionen, was bei den Kollegen Kritik auslöste. Aber die *FAZ* war eine »liberale Zeitung, in der auch unterschiedliche Meinungen ihren Patz fanden – sogar als Leitartikel auf Seite eins«, was 1978 im Fall Frisés erstmals geschah. Frisé, die seit 1957 in zweiter Ehe mit dem Musil-Editor Adolf Frisé verheiratet war, schrieb weiterhin unter ihrem

Mädchennamen Maria von Loesch, bis ihr Mann ihr den, wie er es anscheinend sah, Ritterschlag erteilte und sie unter seinem Nachnamen publizieren durfte.[31]

Die langjährige FAZ-Redakteurin Helene Rahms (1918–1999).

Helene Rahms schrieb beharrlich gegen überkommene Regelungen im Scheidungsrecht und in der Arbeitswelt an und attackierte die Prüderie der Nachkriegszeit. In ihrer Glosse über den sogenannten Stichentscheid, den Vorrang des Mannes im Elternrecht bei Uneinigkeit der Ehepartner, verspottete sie bereits 1959 scharfzüngig die dem Paragraphen zugrunde liegende Auffassung von der Schutzfunktion des Mannes. »Er wird uns nicht nur schützen, der Mann, sondern am Ende gar – verteidigen. Wenn er dann gegen Atomkanonen zu Felde zieht, bleiben wir fein still zu Hause, wiegen unsere Kindlein und singen Eia-Popeia. Auf daß die naturgegebene, gottgewollte Ordnung samt Schutzfunktion und Stichentscheid erhalten bleibe.« Der Stichentscheid wurde vier Tage später vom Bundesverfassungsgericht für nichtig erklärt und die volle Gleichordnung beider Elternteile eingeführt.[32]

Dass Journalistinnen in der *FAZ* nicht mehr nur für »weiche« Frauenthemen zuständig waren (die sie aber weiterhin bearbeiteten), hat den Rollenwandel noch beschleunigt. Rahms hatte die Frauenseiten bereits thematisch stark geöffnet und sich als Architekturkritikerin betätigt. Sabina Lietzmann, die auch für das politische Ressort aus Berlin berichtete und später nach New York ging, war von Beginn an dabei und seit 1960 festes Redaktionsmitglied. Heddy Neumeister widmete sich seit 1952 der Sozialpolitik, Lily Abegg berichtete von 1954 an als Ostasienkorrespondentin aus Tokio. Auch die Kunst- beziehungsweise Musikkritik, für die Doris Schmidt und Hildegard Weber von Beginn an zuständig waren – freilich nicht als feste Redaktionsmitglieder –, sind keine ausschließliche Frauendomäne im Journalismus, als welche traditionsgemäß Mode, Kosmetik, Wohnen, Erziehung und Familie angesehen wurden. Margret Boveri nahm sich gegenüber Erich Welter ziemlich viel heraus und kritisierte die Blattlinie (Kurs Dulles – Adenauer) sowie die Personalpolitik (Eintritt Jürgen Terns und Ausscheiden Herbert von Borchs 1956, für Boveri ein »Schock«) der *FAZ*. Schon zum Einstand versicherte Boveri Welter pikanterweise, »[d]ass Sethes und meine Beurteilung Adenauers sehr genau übereinstimmen«.[33]

Wurden Frauen also nicht durchgängig auf klassische Frauenthemen festgelegt, so blieb die Zeitung aufs Ganze gesehen dem Feminismus oder gar einer gendergerechten Sprache gegenüber skeptisch. Auch wenn die Forschung mit übergreifenden vergleichenden Befunden zu Frauen im Journalismus erst am Anfang steht,[34] kann man sagen, dass der Anteil der Frauen bei der *FAZ* und die geschlechtsspezifische Praxis der Zeitung keine Ausnahme darstellten. Er veränderte sich mit dem steigenden weiblichen Ausbildungsniveau, beruflicher Gleichberechtigung und der Veränderung des Themenspektrums von Journalistinnen insgesamt, und zwar abgestuft nach Feuilleton, Politik und Wirtschaft. Markant ist, dass die *FAZ* mit Karen Horn und Heike Göbel in diesem klassischen Männerressort sehr einflussreiche und profilierte Journalistinnen beschäftigte beziehungsweise beschäftigt und Evi Simeoni seit 1981 zu einer preisgekürten Sportjournalistin der Zeitung aufgestiegen ist. Die traditionell männlich konnotierten Sachgebiete sind also längst von Frauen erobert worden.[35] Eine Herausgeberin hat die Zeitung bis heute jedoch nicht gehabt. Auf der obersten Leitungsebene sind allerdings auch in anderen Printmedien erst seit Kurzem und nur vereinzelt Frauen anzutreffen.[36]

Fehlt es in den Chefetagen an Frauen, so werden dort häufig die großen Leistungen der Sekretärinnen hervorgehoben. Fraglos hatte eine, die über den unglaublich langen Zeitraum von 1955 bis 2002 in der Zeitung arbeitete, eine Machtstellung im Feuilleton inne: Anneliese Ruppel, genannt »Ruppeline«. Mit ihren deftigen Kommentaren in hessischer Mundart, keinerlei Furcht vor großen Namen, ihrem schnellen Urteil über Personen und Texte und ihrem großen Erfahrungsschatz war sie eine informelle Schaltzentrale. Sie war bestens in der Geisteswelt vernetzt, unter anderem durch eine Beziehung mit Alfred Schmidt, dem Philosophen aus der dritten Generation der Frankfurter Schule. Als Sekretärin von Frank Schirrmacher bestimmte sie zudem über den Zugang zum Herausgeber, was ein Machtmittel und ein Ausdruck symbolischer Kommunikation ist. Als sie starb, wurde sie in der *FAZ* zum »Redaktionsweltgeist« ernannt.[37]

DER STIL DER *FAZ*

Spricht man vom Stil der *FAZ*, so assoziiert man umgehend das seriöse Äußere, Fraktur und lange Texte, das gehobene Deutsch und die abgewogene Argumentation. Manch einer empfindet das alles als altbacken und tantenhaft. Mitgründer und Verwaltungsratsvorsitzender Alex Haffner kritisierte schon 1962: »Die FAZ ist vielfach tierisch ernst, zu steif gemessen, ungelenk und temperamentlos, kurz gesagt, sie ist oft langweilig.«[38] Aber das Laute und Investigative war ihre Sache nie. Die *FAZ*ler wollten immer Qualität liefern und Intelligenz beliefern. Wortwitz, Kalauer und Personalisierung drangen zwar ins Blatt ein, aber doch nur sehr zögerlich. Und die Anpassung an das visuelle Zeitalter erfolgte auch in kleinen Schritten. Lange Zeit stand die *FZ* den Redakteuren, die dort gearbeitet oder zumindest geschrieben hatten, als Vorbild vor Augen, besonders die dort gepflegte Sprache, die immer wieder zum Gegenstand von Sprachglossen wurde, aber auch die innere Liberalität und der hohe Anspruch. Der Stil der *FAZ* war das, was ihre Identität bestimmte, sie abgrenzte und auszeichnete, wobei Stil im weitesten Sinne zu verstehen ist. Im Vergleich mit anderen Blättern ist bei allen Veränderungen eine große Beharrungskraft dieses typischen *FAZ*-Stils zu konstatieren. Wenn die *FAZ* konservativ war und ist, dann in der Tradierung ihres spezifischen Stils.

Zum Stil der *FAZ* gehörte und gehört auch eine gewisse Arroganz. Die Redakteure zählten sich zu den Besten, sie schauten – zumindest offiziell – wenig auf die Konkurrenz und die Leserschaft, und sie wurden – etwa bei der Akkreditierung im Ausland – oft privilegiert behandelt. Anfragen und Angebote von Journalisten und Autoren ließ und lässt man gerne unbeantwortet. Es galt der »›eff-a-zett-ische‹ Grundsatz, auszusprechen mit einem winzigen Lächeln des heiteren Hochmuts: ›Wir müssen uns über unsere Arbeit nichts sagen: wir sind alle gut, sonst wären wir nicht bei dieser Zeitung.‹«[39] Man wollte schreiben, was Kanzler, Minister und Wirtschaftskapitäne oder auch der Kulturbetrieb zu denken hatten. Wenn der CDU-Generalsekretär Bruno Heck Tern zum 60. Geburtstag schrieb, seine Position sei einem hohen Staatsamt gleichzusetzen, dann traf das die Prätention der *FAZ*-Herausgeber genau, ebenso dass der Bundespräsident gratulierte sowie der Ministerpräsident Kohl und Kanzlerkandidat Willy Brandt – eigenartigerweise fehlte Bundeskanzler Kiesinger, der folgerichtig auch bald abgewählt wurde.[40] Und man wollte sich von der Konkurrenz abheben. Das fing schon damit an, dass jeder

FAZ-Redakteur für alle Fälle eine Krawatte im Schrank haben musste, etwa wenn Würdenträger spontan zu Besuch kamen.

Zum Wesen der *FAZ* gehört das stark ausgeprägte Eigenleben der Ressorts, was schon räumlich im neuen Gebäude von 1988 an der Hellerhofstraße zum Ausdruck kommt: Jedes Ressort hat seine eigene Etage, zusammen kommt man allenfalls in der großen Dienstagskonferenz ganz oben; das ist aber, anders als die Ressortkonferenzen, kein Pflichttermin und eher der Ort für das Aufeinandertreffen der Alphatiere. So nimmt man sich gegenseitig nicht unbedingt wahr – obwohl jeder *FAZ*-Journalist bei Bedarf für alle Ressorts zu liefern hat –, hält die anderen Ressorts für deutlich weniger wichtig, oft auch für politisch inakzeptabel, eben je nachdem für zu rechts, zu links oder zu wirtschaftsliberal. Generationen von linksliberalen Feuilletonredakteuren haben versucht, das Attribut »konservativ«, was ihnen mit der Zeitung angedichtet wurde, zu dementieren. Einige bekannten sich, ob halb- oder todernst sei dahingestellt, sogar zeitweise als Stalinist (Wilfried Wiegand) oder Kommunist (Dietmar Dath).[41] Bohrer verwies in seinem Bemühen, Jean Améry zur Mitarbeit zu bewegen, darauf, dass eine »Menge meiner Mitarbeiter« die *FAZ* nicht sehr schätzten, aber trotzdem für das Literaturblatt schrieben.[42] Immerhin tummelten sich im Feuilleton über Jahre legendäre konservative Edelfedern, von Friedrich Sieburg über den Renegaten Günter Maschke, Eberhard Straub und Konrad Adam bis zum »als Rechtsaußen der Feuilleton-Redaktion einschlägig«[43] (Habermas) bekannten Lorenz Jäger, einem Renegaten der Linken. Diese Tradition ist seit dem Ausscheiden Jägers verwaist, was dem Pluralismus und dem so geschätzten Überraschungsmoment im Feuilleton nicht eben förderlich ist. Letztlich galt: Wie sehr der eigene Standpunkt auch abweichen mochte und wie sehr man die Leitartikel der »Politiker« missbilligte, nach außen legte man eine Grundloyalität zur Gesamtzeitung an den Tag.

Ihre herausragende Position im kulturellen und wissenschaftlichen Leben erlangte die *FAZ* durch den Ausbau des Feuilletons und des Rezensionswesens sowie die Bindung namhafter Autoren. Das war ein sich selbst verstärkender Prozess. Je mehr »kluge Köpfe« in der Zeitung schrieben, umso attraktiver wurde der Publikationsort und umso begehrter war die (positive) Besprechung eigener Bücher, Filme, Ausstellungen und Konferenzen, zumal die *FAZ* vor dem Hintergrund der Ausdifferenzierung der Wissenschaften ein disziplinenübergreifendes Medium war. Das von hier verteilte symbolische Kapital strahlte über die Fächer- und Lagergrenzen hinaus. In der *FAZ* publiziert zu haben oder dort besprochen worden zu sein erhöhte akademische und außerakademische Karrierechancen. Somit war das symbolische Kapital der *FAZ* in soziales, kulturelles und ökonomisches konvertierbar. Für »Politische Bücher«, also vor allem zeithistorische, politikwissenschaftliche und politisch-journalistische Titel, war ein Redakteur der Politikredaktion verantwortlich, für die Neuen Sachbücher ein Redakteur unter der Oberhoheit des Literaturchefs, das Sekretariat hatten beide Ressorts gemeinsam, was die Abstimmung verbesserte oder erzwang.

Jahrelang hatte die *FAZ*-Redaktion in großer Beengtheit unter dem Diktat der Sparsamkeit gearbeitet. Das schöne Gebäude an der Börsenstraße lag zentral in der Frankfurter Innenstadt, war aber von Anfang an zu klein. Das neu errichtete Gebäude in der Hellerhofstraße, in das man 1962 zog, war funktional und unwirtlich und auch bald wieder zu klein. Maria Frisé schildert ihre Eindrücke wie folgt:

> Zu dritt und viert saßen sie im Zimmer, die höchstens für zwei vorgesehen waren. Häßliche graue Stahlschreibtische ließen kaum Platz zum Umdrehen. Es gab auch enge Einzelzellen, wo man die Tür stets geöffnet lassen mußte, um nicht von Klaustrophobie befallen zu werden. Resopal bedeckte die Fußböden im Flur und in allen Räumen vom Herausgeber- bis zum Botenzimmer. Nur bei der Geschäftsführung im zehnten Stock sah es etwas weniger kahl und hässlich aus.
>
> Die Kantine, die sich die »Frankfurter Allgemeine« mit dem Sozietätsverlag teilte, glich einem Wartesaal dritter Klasse aus der Vorkriegszeit. Das Essen war entsprechend.[44]

Das zunehmende Prestige und der Wohlstand der Zeitung schlugen sich erst in den 1970er Jahren im Haus nieder. Nach einigen Beschwerden konnte Geschäftsführer Pfeifer dann auch schon einmal eine lineare Gehaltserhöhung von zehn Prozent vorschlagen.[45] Joachim Fest und Marcel Reich-Ranicki brachten einen Hauch von Luxus und Glamour in die Redaktion. Ledersessel und Dienstwagen gehörten nun zur Grundausstattung. Ausgewählte Journalisten lud Fest sogar in seine Villa ein, wo er die historischen Bestseller schrieb. Es blieb aber immer eine Distanz, was einigen Kollegen nicht wenig missfiel. Auf der anderen Seite schwärmen politisch ganz unterschiedlich orientierte ehemalige Politik- und Feuilletonredakteure bis heute von seiner Großzügigkeit, Offenheit und Liberalität.[46]

Die bestimmende Ordnungskategorie in und für die *FAZ* war die politische Rechts-Links-Zuschreibung.[47] Auch wenn diese räumliche, aus der parlamentarischen Sitzordnung der Französischen Revolution stammende Zuordnung oft für obsolet erklärt und explizit selten benannt wurde, schwang sie doch immer mit: als Zuschreibung von außen oder intern für einzelne Journalisten, Ressorts, Generationen oder die gesamte *FAZ*. Gerade weil die Zeitung als Ganzes oder einige ihrer Journalisten seit den späten 1960er Jahren im publizistischen Mainstream als konservativ oder rechts und damit abweichend wahrgenommen wurden, entfaltete diese Kategorie ihre starke Wirkung. Die Farben der Deutschlandflagge Schwarz, Rot, Gold konnten in dieser Reihenfolge auf das konservative Politikressort, das linke Feuilleton und den liberalen Wirtschaftsteil appliziert werden. Das ist, auf die Gesamtgeschichte der *FAZ* gerechnet, freilich nur bedingt durchzuhalten, denn im Politikteil waren Linksliberale wie Dettmar Cramer, der langjährige Spanienkorrespondent Walter Haubrich, der selbst zum Akteur bei der Bekämpfung Francos wurde, oder Hanno Kühnert, Peter Jochen Winters und Sabina Lietzmann beschäftigt, im Feuilleton Konservative wie Friedrich Sieburg, Joachim Fest, Konrad Adam und Lorenz Jäger engagiert. Am ehesten zeichnet sich das Wirtschaftsressort durch eine weltanschauliche Homogenität im Sinne des Ordoliberalismus aus, auch wenn es hier zwischen radikalliberalen Hayek-Anhängern wie Hans D. Barbier und ursprünglich keynesianisch Sozialisierten wie Fritz Ullrich Fack oder Walter Kannengießer durchaus Unterschiede gab. Die Selbstsicht, die Zeitung sei »auf liberale Weise konservativ und auf konservative Weise liberal«, spiegelt die Grundausrichtung ebenso wie die innere Liberalität des Hauses. So lieferte man häufig die Gegenthese zum Leitartikel auf Seite eins gleich mit, was den praktischen Effekt hatte, dass der Leser nicht mehrere Zeitungen lesen musste. Gerade linksliberale Intellektuelle wie Gustav Seibt und Ulrich Raulff, die auch in anderen Häusern gearbeitet haben, empfanden, dass die innere Freiheit im konservativen Milieu größer sei als im linken oder linksliberalen.[48]

Nun ist es nicht so, dass in anderen Redaktionen eine totale politische Homogenität herrschte. Schaut man sich Konkurrenzmedien an, so kann man dort aber eher von einem diachronen Pluralismus sprechen. Der *Spiegel* war zu Beginn seiner Geschichte ebenso wie die *Zeit* bis zum Ausscheiden ihres Chefredakteurs Richard Tüngel 1955 sehr national, der *Spiegel* beschäftigte sogar eine Reihe ehemaliger SS-Männer. Beide Blätter entwickelten sich dann zu dezidiert linksliberalen Medien (Augstein über den *Spiegel*: »Liberal, im Zweifelsfall links.«), auch wenn die *Zeit* durch Pro- und Kontra-Artikel unterschiedliche Positionen zu einzelnen Streitthemen, etwa im Literaturstreit um Christa Wolf, nebeneinanderstellte.[49] Das gilt auch für die *Süddeutsche Zeitung*, die eine Reihe ehemaliger Nationalsozialisten als prägende Gründerfiguren aufwies, was durchaus auch im Blatt zu spüren war.[50] Die *Frankfurter Rundschau* und später die Alternativgründung *taz*[51] waren linke Gründungen, deren linksliberale Ausrichtung von ihrem Gesellschafter und Chefredakteur Karl Gerold dezidiert vertreten wurde und sogar im Anhang zu den Arbeitsverträgen festgeschrieben wurde.[52] Die *Welt* machte eine wechselvolle Geschichte durch. Das von den Briten gegründete Blatt wurde 1952 von Axel Springer gekauft und durchlebte eher liberale und nationalkonservative Phasen.[53] Ein durchgehender politisch-weltanschaulich diachron und synchron zu beobachtender Binnenpluralismus, das ist die These hier, ist ein Alleinstellungsmerkmal der *FAZ*.

Zur geteilten Auffassung im Feuilleton gehörte es, die Kultur nicht einer anderen Sphäre, etwa der Politik, der Gesellschaft oder der Wirtschaft unterzuordnen, was gut mit der systemtheoretischen Perspektive der Ausdifferenzierung und eigenen Codierung der gesellschaftlichen Funktionssysteme zu fassen ist. Eher betrachtete man diese Systeme aus der Perspektive der Kultur oder Kunst, ohne sie im Sinne Benjamins zu ästhetisieren. Bohrer brachte die Perspektive im Hinblick auf den sozialdemokratischen Kulturpolitiker Peter Glotz lakonisch und ex negativo auf den Punkt: »Sein Verständnis von Kunst als Engagement war der ursprüngliche Denkfehler, dem dann alles Weitere notwendigerweise folgte.«[54] Pathetischer formulierte es der Musikkritiker Stuckenschmidt: »Doch was bleibt, sind nicht die Ideologien, nicht die politischen Wirren und Beglückungen. Was bleibt, sind die Kunstwerke in ihrer göttlichen Nutzlosigkeit.«[55]

Das Liberale, für das die Zeitung stand und in der *FZ*-Tradition stehen wollte, war inhaltlich das Ideal der Mäßigung und der vernünftigen Auseinandersetzung, vor allem aber war es das innere Prinzip der *FAZ*, die Selbstständigkeit der Redakteure zu wahren, die jeweils für einen Bereich Spezialisten waren und auf diesem Feld die Autorität darstellten. Das heißt aber auch, dass sie dort, auf ihrem Feld, frei schalten und schreiben konnten. Die Blattlinie schälte sich in der Diskussion in der großen Konferenz heraus, vor allem aber in den Ressortkonferenzen. 1970 schrieb Karl Heinz Bohrer an die sich immer wieder wegen Nichtabdruck eingesandter Artikel beschwerende Hilde Domin, dass in der *FAZ* »ein relativ demokratisches System herrscht: selbst Herr Korn könnte nicht gegen den gesamten Widerstand einer Redaktion dekretieren, was ins Blatt kommt«.[56] Zwar haben Herausgeber dennoch Alleingänge unternommen, aber höchst selten. Grundsätzlich war *government by discussion* die Methode der Wahl.[57] Das heißt nicht, dass man nicht zu grundlegenden Positionierungen gefunden hätte. Jürgen Tern stellte Ende 1962 im Herausgebergremium fest, die Zeitung sei »anti-sozialistisch, aber – wie Herr Baumgarten unterstreicht – unparteiisch«. Sie nehme »keinesfalls eine feindselige oder auch nur abwertende Haltung gegenüber der FDP« ein.[58]

Trotz der proklamierten Unparteilichkeit legte man gerade vor Wahlen und Regierungsbildungen im Herausgebergremium eine Linie fest. Als Förderer Pickert 1952 eine gelegentliche Unterstützung der Opposition bei gleichzeitiger Kritik an der Außenpolitik Adenauers monierte, stellte Welter klar: »Irgendeine Unterstützung der SPD durch die Frankfurter Allgemeine Zeitung kommt nicht in Betracht. Ganz abgesehen von den innen- und wirtschaftspolitischen Gegensätzen – die außenpolitische Haltung der SPD ist viel zu kümmerlich, als daß irgendjemand in unserem Hause damit auch nur im mindesten sympathisieren könnte.«[59] Beim Aufstand in der DDR am 17. Juni 1953 vereinbarte man im Herausgebergremium, die Bonner Außenpolitik kritisch zu betrachten, dabei aber »die Wahl nicht zu gefährden«.[60] Nach der Bundestagswahl 1961 ist als Linie der Herausgeber festgehalten, dass »die F.A.Z. sich gegenwärtig nicht für die Einbeziehung der SPD in die Regierung verwenden könne – es sei denn, dass sich die Umstände grundlegend veränderten«.[61] Ein Jahr später beschloss man, die Zeitung solle sich nicht direkt oder mittelbar für eine Auflösung der Regierungskoalition einsetzen.[62] 1965 entschied man vor der Bundestagswahl die »Fortsetzung der bisherigen Linie: nämlich die Fortsetzung der kleinen Koalition«. Nach dem Wahlsieg Bundeskanzler Erhards und der CDU bekräftigte man im Herausgebergremium recht detailliert,

> daß an der alten Linie festgehalten werden soll. Der Bundeskanzler Erhard soll ohne Bevormundung sein Kabinett selbst zusammenstellen und sich dabei insbesondere nicht vom Bundespräsidenten hereinreden lassen. Der Außenminister soll Schröder heißen, die Brigade Erhard stark gemacht werden, jedoch sei wünschenswert, daß die einflussreichen Führer der Gruppen in den Fraktionen in das Kabinett hineingenommen und so in die Kabinettsolidarität [sic] eingebaut würden.[63]

Einige Leser gewannen nun den Eindruck, die Zeitung neige zu sehr der Union zu, und bestellten diese mit dem Argument ab, erstmals habe die Zeitung bei einer Bundestagswahl für eine bestimmte Partei plädiert. Daraufhin hielten die Herausgeber fest:

> Erstens hat sich die Zeitung zwar für Erhard, aber keineswegs für seine Partei eingesetzt, der Parteivorsitzende Adenauer ist nicht ohne scharfe Kritik wegge-

> kommen. Zweitens sind in der Parteispitze der CDU und CSU viele verbittert über das Verhalten der Zeitung. Drittens hat die Unterstützung einer bestimmten Partei in einem bestimmten Augenblick oder bei bestimmten Wahlen nichts mit Abhängigkeit zu tun. Die Londoner Times zum Bespiel hat bei den letzten englischen Unterhauswahlen ihren Lesern offen gesagt, bei aller Unabhängigkeit glaube sie, dass sie aus genannten Gründen die Wahl der Konservativen Partei empfehlen sollte.[64]

Vor der Wahl 1969 rang man stärker als sonst mit seiner Haltung. Mit Bundesbankpräsident und *FAZ*-Verwaltungsrat Karl Blessing debattierte man darüber, dass man der Haltung der SPD und ihres Wirtschaftsministers Schiller in der Aufwertungsdiskussion näher stehe als der CDU. Besonders kritisch sah man hierbei Kiesinger und Strauß. Da selbst die katholische Kirche keine Wahlaufrufe mehr zugunsten der CDU verabschiede, solle eine liberale Zeitung ihre Leser nicht bevormunden, äußerte Welter, der sozialdemokratischer Neigungen unverdächtig war. Gegenüber einer »Linkskoalition« (Tern), also einer Regierung aus SPD und FDP, blieb man, besonders Blessing, aber doch skeptisch.

In den Redaktionskonferenzen wurde ohne Vorgaben über eine Haltung diskutiert. Besonders Bohrer und Rühle aus dem Feuilleton kritisierten hier des Öfteren Artikel und Positionen der »Politiker«. Diese schlugen, unterstützt von Joachim Fest, zurück, indem sie einhellig eine zustimmende Glosse zu Max Frischs Friedenspreisrede im September 1976 auseinandernahmen. Am Ende musste sich Feuilletonchef Rühle auf Zeitnot herausreden.[65] Heftig ins Gericht gingen die Feuilletonjournalisten 1980 mit Jürgen Busche, der im Politikteil seinem Lieblingsgegner, dem Graphiker Klaus Staeck, in einer Glosse faschistischen Stil attestiert hatte, da dieser in seinen Zeichnungen Franz Josef Strauß und andere Unionspolitiker rabiat angegriffen hatte.[66] Marcel Reich-Ranicki deklarierte kurzerhand: »Es ist ein Skandal, daß so ein Dreck erscheint.« Er machte Busche dafür verantwortlich, dass für die Intellektuellen die *FAZ* aus zwei Zeitungen bestünde, einem »unbelehrbaren politischen Blatt« und dem Feuilleton. Es bestehe die Gefahr, dass Künstler und Literaten zur *Zeit* abwanderten und für die *FAZ* wie für die *Welt* niemand mehr schreiben wolle. Günther Rühle sprach von einer »primitiven Glosse« und einem »Privatkrieg« Busches. Auch Maria Frisé, Wilfried Wiegand und Renate Schostack kritisierten Busche. Die »Politiker«, allen voran die Herausgeber Reißmüller und Dechamps, verteidigten ihn dagegen. Reißmüller meinte, Staecks Plakate hätten etwas Unmenschliches, und Dechamps sagte, an Staecks

Arbeiten sei tatsächlich etwas Faschistisches. Reißmüller schloss dann die lange Diskussion mit Verweis auf politische Artikel im Feuilleton. Auch von dort müsse man die Kommunikation unterhalten, wenn man beklage, nicht über Busches Glosse informiert worden zu sein. Die Frage sei, ob das Feuilleton damit einverstanden wäre.[67] Mit dieser Diskussion verfestigte sich die Polarisierung innerhalb der Zeitung. Die Feuilletonisten reagierten stets besonders empfindlich, wenn »Politiker« wie Busche und Fromme Intellektuelle und Künstler ob deren politischen Äußerungen angingen, sahen sich selbst allerdings kaum Grenzen in ihrem Zuständigkeitsbereich gesetzt.

Kam es zu Abweichungen von der meist nicht genau fixierten Blattlinie, die als eklatant eingestuft wurden, wurden unterschiedliche Maßnahmen getroffen. Auf Herausgeberebene wurde dreimal die Abberufung – vulgo Entlassung – und im Fall Sethes die Versetzung beschlossen, die dann zu dessen Weggang führte. Nach Sethe traf es noch Jürgen Tern und Hugo Müller-Vogg. Bei Leitartiklern wie Hildebrandt und Fuhr wurden deren Artikel zu Vietnam und Gerhard Schröder nicht ins Blatt genommen. In beiden Fällen hatte dies letztlich die Demission zur Folge. Bei einer scharfen Glosse über den Teufelsglauben der katholischen Kirche, die Ulrich Greiner im Zusammenhang mit dem Gerichtsurteil im Exorzismusfall Anneliese Michel im Bistum Würzburg geschrieben und die zu »einem hohen Maß von Abbestellungen« und Beschwerden geführt hatte, hielt man im Herausgebergremium eine Abmahnung für die »Mindestmaßnahme«.[68]

Schließlich gab es das Mittel der »Gefährder-Ansprache«: Nachdem Karl Heinz Bohrer sich mit einem Artikel in der *Neuen Rundschau* »in krassen Gegensatz zur Haltung der F.A.Z. gestellt« hatte, führte Erich Welter gleich zwei Gespräche mit ihm; zudem prüfte man einen Rundfunkvortrag Bohrers über die Situation der Studenten. Man war nach der Lektüre der Meinung, Bohrer solle mit »den Mitteln intensiver, beständiger Aussprachen fürs Blatt erhalten werden«. Bohrer erhielt am Ende eine Gehaltserhöhung um 200 DM auf 2200 DM und die Mahnung, »daß er sich künftig von Politik, speziell auch Hochschulpolitik fernzuhalten habe, bis er einigermaßen zur Linie der Zeitung gefunden habe«.[69] Bohrers Kollegen Rühle verweigerte man eine erbetene Gehaltserhöhung dagegen einstweilig.[70] Die Herausgeber (zumindest Welter und Tern) hielten es für nötig, Rühle »mit seinen politischen Meinungen und Eskapaden wieder zu integrieren« (Tern), und Welter diagnostizierte gar »Intelligenzdefekte, die aus politischer Unkenntnis herrührten«. Hier wurde der finanzielle Hebel als Peitsche, nicht als Zuckerbrot angesetzt.

Redakteuren wurde auch schon einmal die Zuständigkeit entzogen oder diese verändert, was im Stadtblatt etwa bei Karin Elvers geschah, die immer wieder linke Schulpolitik betrieb. Schließlich konnte eine einhellige Kritik in den Konferenzen zur Meinungsänderung oder auch zur Einschüchterung gerade von konservativen Journalisten führen; hier zeigte sich das Gefälle zwischen dem tendenziell stärker konservativen Herausgebergremium und der liberaleren Basis, die sich in der großen Konferenz aus allen Ressorts zusammensetzte. Einige linkere Journalisten aus dem politischen Ressort wie Hanno Kühnert und Peter Diehl-Thiele wechselten nach wenigen Jahren zur *Süddeutschen*, wo sie ein passenderes Umfeld fanden. Dass diese überhaupt ins politische Ressort der *FAZ* fanden, zeigt, dass es keine Gesinnungsprüfungen bei der Einstellung gab. Entscheidend war der Einsatz eines Ressortleiters oder Herausgebers für einen Kandidaten. Nur wenn sich »auf der Runde« durch die Herausgeberbüros ernsthafte Bedenken ergaben, wurde ein Veto eingelegt, was aber oft in der Diskussion überwunden werden konnte.

In den Ressorts wurden bisweilen sehr unterschiedliche Positionen vertreten, und es gab immer wieder Erörterungen über den Gegensatz von Politikressort und Feuilleton und dessen »Linkskurs«. Die »Politiker« forderten Abstimmungen und Konsultationen (implizit mit dem Primat *in politicis* bei den »Politikern«), Feuilletonherausgeber Korn war dagegen darauf bedacht, die Unabhängigkeit der Kulturredakteure zu erhalten. Beklagt wurde regelmäßig die fehlende Kommunikation.[71] Trotz anderslautender Drohungen legte man nach außen bis hin zum schwierigen Reich-Ranicki aber stets eine große Loyalität zur Zeitung an den Tag. Es wurde schon gezeigt, dass sich selbst Reich-Ranicki nicht zu Kritik an der Zeitung oder zu politischen Diskussionen mit seinem Freund Rühmkorf hinreißen ließ, der ihn ständig provozierte. Dass er temperamentvoll und polemisch innerhalb des Hauses agierte, steht auf einem anderen Blatt. Diese Ordens- oder Klostermentalität, die der *FAZ* oft bescheinigt wurde, geht auf die starke Prägung von Teilen der ersten Generation, aber auch noch Schirrmachers durch Stefan George zurück. Viele der alten *FZ*ler wie Dolf Sternberger hatten bei Friedrich Gundolf in Heidelberg studiert. Karl Korn hatte sich intensiv mit George beschäftigt. Karl Heinz Bohrer kam vom Birklehof, wo er am Platon-Archiv des von George begeisterten Reformpädagogen Georg Picht mitgearbeitet hatte. Noch 1996, als Gustav Seibt aus der *FAZ* ausschied, rief ihn der Leiter der *FAZ*-Anzeigenabteilung an, um sich mit dem George-Vers zu verabschieden: »Die FAZ werden Sie nicht los, denn Sie wissen ja: ›*wer je die flamme umschritt/ bleibt der flamme trabant.*‹«[72]

Zur Klostersituation passt auch, dass die *FAZ* darauf bedacht war, ihre Leute exklusiv zu haben. Daher untersagte sie das Schreiben für andere Printmedien, Ausnahmen wurden im Einzelfall allerdings gewährt. Auftritte im Rundfunk mussten genehmigt werden, bei individuellen Moderationen und Ähnlichem verwahrte man sich gegen den Eindruck, die *FAZ* sei beteiligt. Insgesamt pflegte man eine zurückhaltende Öffentlichkeitspolitik.

Eine konservative Institution, die sich als Widerlager gegen übereilte Modernisierungen in der Zeitung wie in der Politik verstand, war Ernst-Otto Maetzke. Der aus Görlitz stammende Rothfels-Schüler verfolgte in seinen meist kurzen, aber prägnanten Leitartikeln mit dem Kürzel »Me.« nicht nur eine Law-and-Order-Linie und eine antikommunistisch orientierte Berichterstattung über die von ihm nie anerkannte DDR, den Ostblock insgesamt sowie die kommunistischen Regime der Dritten Welt, sondern auch einen konservativen Kurs in der Deutschlandpolitik. Maetzke leitete über viele Jahre und noch über seine Pensionierung hinaus die akademisch-konservativ geprägte Leserbriefseite »Briefe an die Herausgeber« und bestückte auch die Rubrik »Stimme der Anderen«, also eine Auswahl von Kommentaren der deutschen und internationalen Presse. Bisweilen nutzte er das auch zur Kontrastierung der Verlautbarungen des ihm nicht wohlgesinnten Feuilletons. Maetzke gehörte mit anderen Vertriebenen oder »Zonenflüchtlingen« wie Fromme und Reißmüller zu den Hardlinern der *FAZ*, denen im Politikteil liberalere Geister wie Tern oder später Nonnenmacher zur Seite standen und denen im Feuilleton mitunter entgegengesetzt denkende Ressortchefs wie Rühle gegenüberstanden.

Das politische Spektrum, in welchem sich die Zeitung einordnete, wurde in und außerhalb des Hauses genau wahrgenommen.[73] Ständig und überall rang die *FAZ* mit ihrer Verortung im Rechts-links-Schema. Das eigentlich Konservative an ihr war aber, dass sie ihren Stil im beschriebenen Sinne weitgehend bewahrt hat über die 70 Jahre ihres Bestehens.

EINFLUSS UND RESONANZ EINES LEITMEDIUMS

Die Taxierung der Bedeutung eines Mediums, erst recht eines Einzelmediums wie der *FAZ*, ist ein schwieriges Unterfangen. Die Medienwirkungsforschung ist von ganz unterschiedlichen Annahmen und Theorien geprägt und mittlerweile selbst ein Forschungsgegenstand. Sogar bei einschlägigen Themen wie der Wirkung von »Ballerspielen« herrscht Uneinigkeit. In Rechnung zu stellen ist immer der Verbund von ganz unterschiedlichen Medien, die der Rezipient konsumiert, zudem außermediale Einflüsse wie Erziehung im Elternhaus und in Bildungsinstitutionen, Sozialisation in Freundeskreisen, Vereinen, Kirchen und vieles mehr.[74] Zudem dürfen Korrelationen nicht mit Kausalitäten gleichgesetzt werden. Häufig fehlen Quellen, welche die Wirkung und den Einfluss eines Mediums, etwa einer Zeitung, konkret belegen. Insofern kann man sich der Antwort auf die Frage nach dem Einfluss und der Resonanz nur annähern.

Die Auflage ist ein wichtiger Indikator, sagt allein aber kaum etwas aus. Bei der *FAZ* muss man zudem hinsichtlich der Leserzahl, also der Reichweite, die Auflagenhöhe mit drei bis vier multiplizieren, da die Zeitung in der Familie und in Büros von mehreren Personen gelesen wird.[75] Auf dem Höchststand der Auflage, um die Jahrtausendwende mit über 400 000 verkauften Exemplaren, kommt man so auf eine Leserschaft von deutlich mehr als rund anderthalb Millionen Lesern. Wichtig ist zudem, wer die Zeitung liest, ob sie also in anderen Systemen wie dem von Politik, Ökonomie, Kunst, Religion oder dem Mediensystem selbst als Agenda Setter aufgenommen und weiter verarbeitet wird. Erfährt eine Zeitung kontinuierlich diese Resonanz, spricht man von einem »Leitmedium«. Bei der *FAZ* ist die Leserschaft – wenig verwunderlich – überdurchschnittlich gebildet und finanzkräftig, bei den sogenannten Entscheidern (Inhaber oder Geschäftsführer eines größeren Unternehmens, Direktor, Freiberufler, selbstständiger Geschäftsmann oder Handwerker, Landwirt, leitender Angestellter, Beamter des höheren oder gehobenen Dienstes) ist sie am weitesten verbreitet.[76]

Die Zuschreibung »Leitmedium« erfolgt für ein Printmedium also gerade nicht nur aufgrund der Auflagenzahl, sondern zum erheblichen Teil aufgrund der Zitierhäufigkeit und der Nutzung durch (politische, wissenschaftliche, ökonomische) Eliten und Journalisten. In der Forschung wird die Bedeutung der einzelnen Printmedien durch Umfragen und Reichweitenmessungen belegt,[77] die darüber Aufschluss geben, welches Medium für wichtig gehalten wird, denn Macht und Einfluss ergeben sich in diesem Bereich wesentlich durch die Einschätzung, welche Medien für einflussreich gehalten werden. Eine Rolle spielt ferner die Größe des Nachrichten- und Korrespondentennetzes und die damit zusammenhängende Exklusivität. Schon 1960 konnte der einflussreiche Förderer und Vorsitzende des Verwaltungsrates Alex Haffner feststellen, dass die *FAZ* über das größte Korrespondentennetz einer deutschen Zeitung im In- und Ausland verfüge. An wichtigen Standorten gab es mehrere Korrespondenten für Politik, Kultur und Wirtschaft. Sie wurden wie die Angehörigen des diplomatischen Dienstes entsandt und akkreditiert. Zum regulären Gehalt kam dann noch eine Auslandszulage. Ihre Themen konnten sie frei setzen. Es gab aber häufig Ärger, wenn die Nachrichtenagentur die Texte zu stark redigierte und kürzte. Der »Denkerflügel«, also die Leitartikler, die in Distanz zum Gegenstand aus der Zentrale über andere Länder schrieben, wurden von den Korrespondenten vor Ort auf dem Laufenden gehalten. Bisweilen klagten diese, dass sie von der Zentrale in Frankfurt völlig abgekoppelt seien. Auf jeden Fall genossen die *FAZ*-Korrespondenten im Ausland im Vergleich zu anderen deutschen Zeitungen eine Vorzugsbehandlung. Neben den Korrespondenten bediente sich die *FAZ* noch freier Mitarbeiter im Ausland.[78]

Die Auslandskorrespondenten spielten für die Zuschreibung »Leitmedium« ebenfalls eine wichtige Rolle. Nach einer Erhebung Ende der 1970er Jahre haben die auswärtigen Korrespondenten in der Bundesrepublik die *FAZ* von den deutschen Pressetiteln am häufigsten genutzt.[79] Beides zusammen, das große und privilegierte Korrespondentennetz und die Rezeption der Zeitung im Ausland, machte die *FAZ* zur Stimme Deutschlands in der Welt und zu einem Fenster zur Welt; zumindest gilt das für das vordigitale Zeitalter der »alten« Bundesrepublik, als die *FAZ*, wie Marcel vom Lehn feststellte, zu einem »der wenigen Leitmedien der neuen Bundesrepublik aufstieg«.[80] Als »international führende deutsche Tageszeitung«[81] wird die *FAZ* in der Geschichtswissenschaft bis heute wahrgenommen, und auch in Lehns Studie wird sie als »Leitmedium für die Historiker« bezeichnet.[82]

Die heute in der Auflage führende *Süddeutsche Zeitung* war dagegen die ersten zwei Jahrzehnte nach ihrer Gründung eine vorwiegend regional ausgerichtete Qualitätszeitung. Noch in den 1990er Jahren entsprach sie nicht den publizistikwissenschaftlichen Kriterien für eine überregionale Zeitung, nach denen mehr als die Hälfte der verkauften Auflage außerhalb des Kerngebiets (Bayern) abgesetzt werden muss.[83] Die *Welt* hat den Status eines Leitmediums dagegen nicht dauerhaft halten können, was sich nicht nur an der stagnierenden Auflagenentwicklung ablesen lässt, sondern seit den späten 1960er Jahren auch an der Wahrnehmung als Organ eines spezifischen politischen Lagers. Ähnliches gilt für die *Frankfurter Rundschau* und die *taz*.[84]

Die Leitmedien-Funktion der *FAZ* wurde im Dezember 1988 bei einer repräsentativen Stichprobenumfrage des EMNID-Instituts deutlich. Demnach führte die *FAZ* bei den überregionalen Tageszeitungen mit 82 Prozent bei den Bundestagsabgeordneten und mit 56 Prozent bei den Landtagsabgeordneten aus Bayern, Bremen, Hessen, NRW und Schleswig-Holstein, bei Letzteren gemeinsam mit der *Süddeutschen*, die bei den Abgeordneten mit 70 Prozent Lesefrequenz hinter der *FAZ* lag. Es folgten *Frankfurter Rundschau*, *Die Welt*, *Handelsblatt*, *Bild* und *taz*. Auch die wöchentlichen Publikationen *Die Zeit* (73 Prozent der Bundestags- und 48 Prozent der Landtagsabgeordneten nutzten sie) und *Der Spiegel* (73 Prozent beziehungsweise 48 Prozent) lagen hinter der *FAZ*. Nur die *Wirtschaftswoche* übertrumpfte sie (87 beziehungsweise 76 Prozent). Radio und Fernsehen wurden von den Abgeordneten im Vergleich zur Gesamtbevölkerung unterdurchschnittlich genutzt. Den Bundestag konnte man sich zu dieser Zeit also fraktionsübergreifend als *FAZ*-Publikum vorstellen, während die Konkurrenz eher nach politischen Vorlieben ausgewählt wurde. Natürlich brachte die *FAZ* diese Ergebnisse, auf die man stolz war, als Meldung, allerdings relativ bescheiden als Zweispalter auf Seite vier.[85] Für die Ministerialbürokratie ergab eine Erhebung zu Beginn der 1970er Jahre eine Dominanz der *FAZ*, die zwischen 58 und 82 Prozent der höheren Beamten lasen, aufsteigend nach der Hierarchie im Amt.[86]

Der gewünschte und proklamierte Einfluss der Zeitung lässt sich nicht nur an Umfragen, Rankings und Anerkennungen[87] ablesen, sondern auch an einzelnen Beispielen der Einflussnahme. Mitunter führten Berichte und Leitartikel zu Personalwechseln, Zornesausbrüchen und diplomatischen Verwicklungen. 1962 berichtete Hans Herbert Götz über die absolutistische Führung des Finanzministeriums durch den FDP-Minister Heinz Starke: »Kaum einer seiner hohen Beamten, der nicht schon Zeuge oder Betroffener beschämender Brüllszenen gewesen wäre.« Den Weggang des Staatssekretärs Karl Maria Hettlage lastete Götz direkt dem Minister an. Mit dem Verdikt einer »psychopathischen Charakterstruktur«, die er Starke attestierte, hatte Götz den Minister angezählt. Nach der *Spiegel*-Affäre und der Neubildung des Kabinetts wurde Starke durch den FDP-Mann Rolf Dahlgrün ersetzt.[88]

Hin und wieder führte ein Leitartikel auch zur Ausarbeitung wegweisender Gesetze wie im Fall des hessischen Datenschutzgesetzes von 1970. Im Jahr zuvor hatte Hanno Kühnert vor den Gefahren der Computerisierung der staatlichen Verwaltung gewarnt. Vieles erinnert an die aktuelle Debatte, etwa die Warnung vor dem gläsernen Bürger, vor der »totalitäre[n] Verwendbarkeit seiner intimsten Lebensdaten« und der Uniformierung und Entdifferenzierung seiner Behandlung. Auch sah Kühnert die Gefahr, dass sich die politischen Gewichte zulasten der Legislative und »computerlosen« Opposition verschieben würden. Am Vorabend der Computerisierung wies Kühnert also bereits auf deren Schattenseiten hin, hatte dabei aber nur den staatlichen Zugriff auf den Bürger, noch nicht den viel schwieriger zu kontrollierenden von globalen Wirtschaftsunternehmen im Blick, obwohl er 4000 Datenrechner in Handel und Industrie zählte. Der hessische Ministerpräsident Georg August Zinn schritt nach Lektüre des Artikels zur Tat. Unter seinem Nachfolger Albert Osswald wurde das hessische Datenschutzgesetz als erstes seiner Art beschlossen und verabschiedet, ein gutes Jahr nach Kühnerts Artikel.[89]

Ein weiteres Beispiel stammt aus dem Jahr 1980. Bundeskanzler Helmut Schmidt, der Vater des NATO-Doppelbeschlusses, hatte es mit einer starken linken Opposition in seiner Partei zu tun. In Bremen wurde gewaltsam gegen ein öffentliches Gelöbnis der Bundeswehr protestiert (die *FAZ* schrieb in diesem Zusammenhang von »kriminellen Elementen«[90]). Außenpolitisch hatte sich die Lage durch den sowjetischen Einmarsch in Afghanistan verschlechtert. Herausgeber Fritz Ullrich Fack warf Schmidt nun in einem Leitartikel eine zu nachgiebige Politik gegenüber der Sowjetunion und »ächzende Solidarität gegenüber Amerika« vor. Rhetorisch geschickt dementierte Fack zu Beginn seines Artikels einen Vergleich mit Neville Chamberlains Appeasement-Politik, um allein durch den Aufruf des Begriffs die Verbindung herzustellen. Mit der Unterstützung des amerikanischen Olympia-Boykotts, in der Nachrüstungsfrage – Schmidt hatte ein Moratorium bei den Verhandlungen zur Dislozierung von Mittelstreckenraketen vorgeschlagen[91] – und mit der Beschwörung von Kriegsgefahren in Analogie zu 1914 gebe Schmidt Neutralitätsparolen und der Haltung der Äquidistanz gegenüber den Großmächten in seiner Partei Nahrung. Im Kreml würde man diese Haltung für »bemerkenswert spannungsempfindlich« halten. Von »Weltkanzler« zeige sich keine Spur, meinte Fack und mahnte »Gelassenheit und ruhige Standfestigkeit« an.[92]

Schmidt reagierte erzürnt auf Facks Artikel und ließ noch am selben Tag ein Telegramm versenden, das teilweise veröffentlicht wurde. Damit lenkte er natürlich noch mehr Aufmerksamkeit auf den Artikel. Der eigentliche Sinn des Telegramms war aber die Botschaft an die Amerikaner, dass er an der Politik des Doppelbeschlusses festhalten werde, was die Amerikaner auch durchaus verstanden. Es war aber auch eine Attacke auf die *FAZ*, der er unverantwortlichen Journalismus vorwarf. Überhaupt beglückte er die Frankfurter des Öfteren mit Beschwerdebriefen und bei den recht häufigen Treffen mit harten Diskussionen.[93] Das hatte wiederum die Solidarisierung anderer Zeitungen mit der *FAZ* zu Folge, eine seit der *Spiegel*-Affäre, als die *FAZ* selbst sich nur sehr zögerlich von Adenauer abgewandt hatte, geübte Praxis.[94] Facks

Artikel trug mit Schmidts provoziertem Dementi einer Kursänderung letztlich zur Festigung der so umstrittenen Nachrüstungspolitik bei. Ganz überzeugt war US-Präsident Carter jedoch nicht, denn er forderte Schmidt in einem Brief ungewohnt formell auf, bei der bevorstehenden Moskaureise nicht zu schwanken und fest zum Doppelbeschluss zu stehen. Zweifel an Schmidts Standfestigkeit hätten sich bei dem Präsidenten durch Eindrücke »der Presse« ergeben.[95] Diese spielte im diplomatischen Spiel also mit.

Die Frage blieb, ob die *FAZ* überhaupt Politik machen solle. Sie entzündete sich erneut an Reich-Ranickis in der Redaktionskonferenz vorgebrachter heftiger Kritik zur Berichterstattung über den als Versöhnungsgeste intendierten gemeinsamen Besuch des Bundeskanzlers Helmut Kohl und des US-Präsidenten Ronald Reagan auf dem Soldatenfriedhof in Bitburg 1985. Dort liegen auch Angehörige der Waffen-SS, was nicht bekannt war, als der Besuch vor dem Hintergrund der deutsch-französischen Versöhnungsgeste ein Jahr zuvor in Verdun geplant wurde. Amerikanische Soldaten waren dagegen nicht in Verdun begraben worden. Die Bundesregierung stellte sich schließlich auf den Standpunkt, eine Schuld dieser toten Soldaten sei nicht bekannt, und Reagan wollte seinerseits die Zusage an Kohl nicht widerrufen.

Die *FAZ*-Leitartikler aus der Politik erkannten im folgenden Entrüstungssturm eine wohlfeile Kampagne gegen den bei vielen Medien unbeliebten Bundeskanzler, initiiert in Moskau mit dem Ziel, die Verbündeten zu trennen. Das war eine typische Einbettung der Debatte in den Referenzrahmen des Kalten Krieges. Dabei kritisierte Herausgeber Fack eine »mächtige publizistische Maschinerie« in den USA, die »Verfolgung bis ins siebte Glied« pflege und das »Zerrbild des häßlichen Deutschen« wieder ausgrabe. »Ihren Betreibern macht es nichts aus, selbst die Toten noch zu sortieren und den Präsidenten zur Marionette zu machen.«[96] Angesichts der jüdischen Proteste aus den USA verknüpfte Robert Held die jüdische Kritik gar mit dem Schicksal Israels: »So gewiß es ist, daß deutsche Schuld nicht durch den Ablauf der Zeit und den Wechsel der Generationen einfach erlischt, gewisse jüdische Kreise müßten von einsichtigen Leuten davor gewarnt werden, sich von schrecklichen Erinnerungen dazu bewegen zu lassen, gewisse Gedanken überzustrapazieren. Das Schicksal Israels hängt von der Verteidigungsfähigkeit des Westens ab, und diese wiederum von der moralischen Einheit seiner Nationen.«[97] Auch Maetzke ging davon aus, dass den Deutschen aus Moskau von den »sogenannten Antifaschisten« und den »moskautreuen Kommunisten« Schuldgefühle eingeimpft werden sollten.[98] Nach der Ankündigung jüdischer Organisationen, den Besuch Reagans in Bergen-Belsen zu verhindern (was Maetzke als »Machtgewinn« Moskaus wertete[99]), attackierte Fack den Zentralratsvorsitzenden der Juden in Deutschland, Werner Nachmann, der davor warnte, dass deutsche Polizisten Holocaust-Überlebende abtransportieren müssten. Fack fragte rhetorisch: »Können die führenden Repräsentanten der Juden in Deutschland wirklich ein Interesse daran haben, den Rechtsstaat in der Manier gewisser Startbahn- und Kernkraftgegner herauszufordern? Wären nicht gerade sie berufen, jeder Form von Rechtsbruch und Gewaltanwendung unter allen Umständen zu widersagen?«[100]

Reich-Ranicki warf Fack, Maetzke und Held in der Redaktionskonferenz nicht die Kritik an den jüdischen Organisationen vor, sondern »Pressehetze« gegen andere Medien. Die Zeitung bezeichnete er als eine »kranke, wenn auch nicht unheilbar kranke Patientin«. Die kontroverse Diskussion, in der Reich-Ranicki auch einige zurückhaltend formulierte Unterstützung aus dem Feuilleton und von Sternberger erhielt, beendete Joachim Fest mit dem Vorschlag, Reich-Ranicki solle einen Leitartikel über politische Symbole schreiben, und einige auswärtige Gäste sollten Blattkritik üben.[101] In diesem immer wieder neu aufgeführten Stück Politik gegen Feuilleton oder umgekehrt monierten Dechamps und Fest in einer anschließenden hitzigen Diskussion im Herausgebergremium, dass das politische Ressort zu sehr Politik machen wolle, anstatt sie zu beobachten und zu kommentieren. Dechamps meinte, man überschätze vermutlich die Bedeutung der Zeitung, »wenn man glaube, Erfolg oder Scheitern der Regierung hänge von ihr ab«. Genau in diese Richtung argumentierten auch Fack und das *FAZ*-Urgestein Robert Held, der als Berater Sitz und Stimmrecht in der Herausgeberkonferenz besaß: Die Zeitung müsse die schwarz-gelbe Bundesregierung unter Helmut Kohl verteidigen, »die in nächster Zeit noch in schwieriges Gewässer kommen werde«. Auf keinen Fall wollte man der Kritik am Politikressort durch einen Auswärtigen vor der Großen Konferenz Raum geben. Held wandte sich explizit gegen eine Basisdemokratie in der Zeitung. Der von Fest, der Reich-Ranicki noch protegierte, vorgeschlagene Leitartikel Reich-Ranickis erschien jedenfalls nicht.[102]

Sosehr die Beobachterposition dem Ideal des klassischen angelsächsischen Journalismus entsprochen hätte, so nachdrücklich stellt sich die Frage, ob eine neutrale Position im Streit um den Bitburg-Besuch, der weltweit für Schlagzeilen sorgte und auch Reagan gehörig unter Druck setzte, überhaupt möglich war. Die *FAZ*-interne Debatte fand dann genau an dem Tag statt, als Richard von Weizsäcker seine berühmte Rede zum 40. Jahrestag des Kriegsendes am

8. Mai 1945 hielt. Die Redaktion nahm zu dieser bald als Zäsur gewürdigten Rede weder mit einem Leitartikel noch mit einer Leitglosse Stellung. Dabei hatte Fack erst kurz zuvor den schon von Heuss herausgestrichenen »Doppelcharakter« des Datums bemüht, »für den einen Sieg und Befreiung, für den anderen Vertreibung, Not und Teilung [...] für alle aber das Ende eines fürchterlichen Massakers mit Millionen Tote«.[103] Zu Weizsäcker schwieg man, und Robert Held würdigte am 9. Mai Ronald Reagans Rede vor dem Europäischen Parlament in Straßburg als »bleibendes Vermächtnis«.[104] So kann man danebenliegen.

Das eindrücklichste Beispiel für den Einfluss der *FAZ* auf die große Politik ist die deutsche Anerkennung Kroatiens und Sloweniens am 15. Januar 1992, der sich die Staaten der EG und dann weitere Länder anschlossen. Damit war das Ende Jugoslawiens in der damaligen Form besiegelt. Es war genau genommen der Herausgeber der *FAZ* Johann Georg Reißmüller, der Bundeskanzler Helmut Kohl und Außenminister Hans-Dietrich Genscher zum Vorpreschen bei der Anerkennung nötigte. Reißmüller war einer der wenigen in der politischen und medialen Elite, die sich in Jugoslawien auskannten. Während das Auswärtige Amt nicht einmal ein Balkan-Referat hatte, konnte Reißmüller auf Erfahrungen und Wissen aus seiner vierjährigen Korrespondentenzeit für die *FAZ* in Belgrad zwischen 1967 und 1971 zurückgreifen. Der Katholik und Antikommunist Reißmüller machte sich im Verfallsprozess Jugoslawiens die Sicht der katholischen Kroaten und mehrheitlich katholischen Slowenen zu eigen. Er unterstützte ihre Unabhängigkeitsbewegung und erkannte die Eigenständigkeit der »freiheitlichen Republiken Slowenien und Kroatien« in seinen Beiträgen schon lange vor der völkerrechtlichen Anerkennung durch die Bundesregierung an.[105] Die Kroaten und Slowenen bildeten für ihn Nationen, sie erfüllten alle Kriterien für eine Selbstbestimmung. Das waren, wie er in der Großen Konferenz ausführte, »der Wille dazu, die Unterdrückung dieses Willens und das Vorhandensein der Voraussetzungen für ein eigenes Staatsgebilde«. Insofern seien Kroaten und Slowenen auch keine »Minderheiten«, das sei »Stammtischgerede«, welches die »Grundlage westlicher Außenpolitik besonders der Politik Genschers« darstelle.[106]

Die Serben waren in den Augen Reißmüllers kommunistisch-nationalistische Unterdrücker und Eroberer. Den Begriff »Jugoslawien« wollte er im August 1991 nicht mehr verwendet wissen.[107] Immer wieder prangerte er die Gräueltaten der serbisch dominierten Jugoslawischen Volksarmee (Jugoslovenska Narodna Armija, JNA), der Geheimpolizei KOS (Kontraobaveštajna

Služba) und serbischer Tschetniks an.[108] Auf die scheinbar naive Frage Henning Ritters in der Redaktionskonferenz, »warum man die Serben so unfreundlich finden müsse«, antwortete er »mit dem Bericht eines kroatischen Schriftstellers, aus dem hervorgeht, daß Serben ein gänzlich anderes Verhältnis zu Wahrheit und Wirklichkeit hätten«.[109] Man kann Reißmüller also nicht unbedingt eine unvoreingenommene Haltung bescheinigen. Sein Furor speiste sich in starkem Maße aus dem von ihm immer wieder scharf kritisierten Wegsehen des Westens und der starr an der fiktiv gewordenen Konstruktion Jugoslawiens festhaltenden westlichen Politik.[110] Neben den Außenministern der EG traf seine Kritik vor allem den deutschen Außenminister Genscher und Bundeskanzler Kohl: »Außenminister Genscher gehörte zu den hartnäckigsten Verfechtern der Einheit Jugoslawiens, noch als längst offenbar war, daß gerade diese Einheit des Zwangsstaates Völkerfreiheit und Frieden in einer Region Europas verhindert. […] Viel zu lange hat Bundeskanzler Kohl den Außenminister gewähren lassen.«[111]

Reißmüller feuerte in den Jahren 1990 und 1991 annähernd 130 Artikel auf die träge Bonner und Brüsseler Politik ab. Kohl wollte über das Thema zunächst keinen Koalitionsstreit mit Genscher provozieren, der den Erhalt Jugoslawiens präferierte. Aber im Herbst 1991 wurde der Bundeskanzler, der viel Wert auf die *FAZ* legte, mürbe. Er erklärte am 27. Oktober vor dem Bundestag, Deutschland werde Kroatien und Slowenien noch vor Weihnachten anerkennen. Der damalige Leiter der Presseabteilung des Außenamtes Jürgen Chrobog erinnert sich:

> Herr Reißmüller war ein massiver Anhänger einer sofortigen Anerkennung Kroatiens und Sloweniens. Er hat ständig hierfür plädiert und über die F.A.Z. starken Druck ausgeübt, endlich die Anerkennung auszusprechen. Seine beinahe täglichen Leitartikel zu dieser Frage haben Kohls Jugoslawien-Politik getrieben. Und Kohl hat sich dann ebenfalls für die Anerkennung ausgesprochen, weil er diese Diskussion leid war. Die F.A.Z. hat damals einen unglaublichen Druck gemacht […] Reißmüller hat uns alle unter erheblichen Handlungsdruck gesetzt.

Ein anderer deutscher Akteur lässt sich nur anonym zitieren: Reißmüllers Artikel hätten Helmut Kohl »zum Wahnsinn getrieben. Reißmüller hat uns alle angepestet, und […] Kohl hat dann gesagt: ›Ich erkenne jetzt an, ich bin es leid.‹«[112] Auch Rudolf Augstein maß »Kroatenprotektor« Reißmüller eine tragende Rolle für diese deutsche Außenpolitik zu.[113] Ein Übriges taten die Berichte und Bilder der von der JNA angerichteten Massaker, Zerstörungen und Verwüstungen etwa in Vukovar.[114] Genscher rang den EG-Staaten dann kurz vor Weihnachten die Zusage ab, anzuerkennen, wobei der Widerstand seiner Kollegen zu diesem Zeitpunkt nicht mehr besonders groß war.[115] »Endlich anerkannt«, konnte Reißmüller Mitte Januar 1991 dann erleichtert vermelden, nicht ohne sogleich Forderungen bezüglich der Nachfolgeregelungen für Jugoslawien aufzustellen. Die Anerkennung war für ihn nicht mehr als ein Etappensieg.[116] Im Folgenden setzte er sich dann auch für die Muslime in Bosnien und die Kosovo-Albaner ein, wobei er erneut die Politik des Westens scharf kritisierte.[117]

Reißmüller verfolgte klare Ziele: die Anerkennung der ehemaligen Teilrepubliken Jugoslawiens, deren Schutz durch militärisches Eingreifen oder Waffenlieferungen und politische Intervention.[118] Er erntete für seinen Einsatz, der auch von seinem humanitären Engagement für die anfangs von der Weltöffentlichkeit ignorierten Opfer getragen war, viel Kritik von Kollegen, Politikern und Wissenschaftlern. In Serbien wurde ein Kopfgeld auf ihn ausgesetzt.[119] Bei den Kroaten war er natürlich sehr beliebt. Der ehemalige Außenminister Zvonimir Šeparović, der Kroatien in die Unabhängigkeit geführt hatte, bedankte sich Anfang 1993 bei einem Redaktionsbesuch bei Reißmüller »nachdrücklich für seine Berichterstattung, von der er als Kroate tief beeindruckt sei«, und referierte über die Opfer des Krieges in Kroatien und Bosnien.[120]

Die einst populäre These, die Anerkennung Sloweniens und Kroatiens sei zu früh erfolgt und habe kriegstreibend im ehemaligen Jugoslawien gewirkt, wird heute kaum noch vertreten.[121] Für Reißmüller kam die Anerkennung zu spät. Er konnte sie sich aber auf die Fahne schreiben. Er hatte den »deutschen Vorstoß nach Jugoslawien«, wie es polemisch in der *Zeit* in Anspielung auf die Zerschlagung 1941 hieß, »[f]ast im Alleingang […] betrieben und auch erreicht«.[122] Viel, auch das letztliche Einschwenken weiter Teile der Politik – der SPD-Außenpolitiker Norbert Gansel hatte sich schon vor der Bundesregierung auf die Anerkennung zubewegt und damit die Parteimeinung verändert[123] – und der Medien auf seine Linie, spricht dafür, dass Reißmüller im Grundsatz richtig gelegen hat: Jugoslawien war als Vielvölkerstaat diskreditiert und nicht mehr zu halten, seine Nationen strebten auseinander, die serbische Politik war nationalistisch ausgerichtet und ging unbeirrt über Leichen, bis ihr im Kosovokrieg Einhalt geboten wurde. Die Zögerlichkeit westlichen Handelns ist bis zum Massaker von Srebrenica 1995 zu verfolgen. Aber auch von kroatischer Seite wurden später Verbrechen und Massaker verübt. Bei Reißmüller waren die Täter- und Opferrollen konstant und eindeutig verteilt, Kroatien

Ein eiserner Zeuge des 20. Jahrhunderts

Zum Tode von Johann Georg Reißmüller / Von Berthold Kohler

So hatte sich noch niemand von der Frankfurter Allgemeinen Zeitung verabschiedet. Und wer hätte es nach ihm wagen sollen? Als Johann Georg Reißmüller Ende Februar 1999 in den Ruhestand ging, erzählte er keine Anekdoten aus den 38 Jahren in den Diensten dieser Zeitung. Er hielt keine Rede, die als ein Vermächtnis hätte verstanden werden können. Er sagte gar nichts. Er sang.

Er sang Lieder, die Außenstehende am wenigsten von ihm erwartet hätten – Lieder der frühen DDR. Das Thälmannlied, das Lied der Partei, „Mit Walter Ulbricht kämpft's sich gut" und, mit besonderer Hingabe, „Stalin, Freund, Genosse". Selbst im Hause der F.A.Z. wollten das viele erst nicht glauben: Reißmüller, der Antikommunist, singt Propagandahymnen der SED? Er tat es sogar zweimal, weil im großen Konferenzsaal der Zeitung nicht alle Zuhörer Platz fanden. Nicht nur Nachbarn in Neu-Isenburg, wo er wohnte und für diese Auftritte probte, verstanden die Welt nicht mehr. Doch die Aufnahme war so begehrt, dass der Musik- und Buchverlag „Zweitausendeins" Reißmüller ins Tonstudio holte und eine Studiofassung ins Programm nahm. Sie fand reißenden Absatz.

Seine Motive aber ließ der Sänger im Dunkeln. Dabei war es gar nicht so schwer, Reißmüllers Abschiedsgesang zu verstehen. Er hat sich für vieles interessiert. Die Zeitung hatte sogar erwogen, ihn als Korrespondenten nach Lateinamerika oder nach Asien zu schicken. Nach Italien, nach Rom fuhr der gläubige Katholik immer gerne. Doch nichts zog ihn mehr an als das Schicksal Mittel-, Ost- und Südosteuropas im 20. Jahrhundert. Stalins Vormarsch bis an die Elbe mit all den furchtbaren Folgen für die unter das Joch des Kommunismus gezwungenen Völker, die damit verbundene Teilung Deutschlands und die Auslöschung des deutschen Ostens waren Reißmüllers Lebensthema.

Den „real existierenden Sozialismus" in der DDR hat er selbst erlebt. Die publizistische Auseinandersetzung mit ihm war fortan für ihn zwingend. Nie aber ließ er es bei reiner Ideologiekritik bewenden. Reißmüller spürte der Monstrosität des Stalinismus bis ins Detail nach, wobei ihm sein Sinn für das Einzigartige, das Widersprüchliche, das Kafkaeske den Weg wies. Stalin, dessen Konterfei in seinem Büro hing, war für ihn einer der größten Verbrecher der Menschheitsgeschichte. Warum sang Reißmüller, der Stalins Herrschaft nur knapp entkommen war, dann Loblieder auf ihn? Er holte sie wieder ans Licht, weil diese Lieder und die darin verbreitete Propaganda in Vergessenheit geraten waren. Ihre Verfasser hatten vorgegeben, „gegen Lüge und Ausbeuterei" zu kämpfen, wie es im „Lied der Partei" heißt. Das war nicht die einzige Lüge der Leninisten und Stalinisten.

Wie viele andere schrieb Reißmüller zeit seiner journalistischen Laufbahn gegen das Vergessen an – er aber vor allem gegen das Ausblenden jener Schicksale, Kulturen und Verbrechen, die bei den meisten Nie-wieder-Aufrufen übergangen wurden, weil sie nicht in das gängige Täter-Opfer-Schema passten. Die Antriebskraft dafür lieferte seine Biographie. Reißmüller hatte erlebt, worüber er später schrieb. Am 20. Februar 1932 im nordböhmischen Leitmeritz geboren, wurde er schon als Heranwachsender von dem Mahlstrom erfasst, in den Hitlers Krieg Europa gestürzt hatte. Seine Mutter verlor er früh. Dass der Vater, der den Kaiser in Wien bewacht und 1918 in die Dienste der Tschechoslowakischen Republik getreten war, antihitlerisch und tschechenfreundlich war, half der Familie wie so vielen anderen Deutschböhmen nichts. Sie musste 1946 binnen Stunden ihr Haus verlassen, wurde nach Theresienstadt gebracht und später nach Vorpommern deportiert. Während viele im Waggon verzweifelten, als sie merkten, dass der Zug nicht ins amerikanisch besetzte Bayern fuhr, sondern nach Norden, in die von den Sowjets besetzte Zone, war der junge Reißmüller vor allem froh, dem Terror der tschechischen „Revolutionsgarden" entgangen zu sein. „Vor den Russen fürchtete ich mich nicht", sagte er später. „Die Tschechen waren viel brutaler."

In der SBZ trat Reißmüller als Fünfzehnjähriger in die Ost-CDU ein, was jedoch nicht gutgehen konnte. Ende 1950 wurde sein Vater verhaftet. Der Sohn floh noch am selben Tag auf abenteuerlichen Wegen und im blauen Hemd der FDJ nach West-Berlin. Die „Freie Deutsche Jugend" sang zu jenen Zeiten die Lieder, die Reißmüller ein halbes Jahrhundert später noch einmal anstimmen sollte.

In Tübingen begann er, wie sein älterer Bruder und „hauptsächlich aus Interesse an der Politik", wie er in seinem Lebenslauf schrieb, ein rechtswissenschaftliches Studium. Er wäre auch ein einflussreicher Jurist geworden. Doch der Journalismus wurde für ihn zu der einzigen Versuchung, der er nicht widerstehen konnte. Schon als Gerichtsreferendar arbeitete er nebenbei für die „Juristenzeitung", für die er 1957 den Staatsdienst verließ. 1958 folgte die Promotion bei Günter Dürig über die Schranken des allgemeinen Freiheitsrechts. Am 1. April 1961 trat Reißmüller in die politische Redaktion der Frankfurter Allgemeinen Zeitung ein. Sie, nicht Frankfurt, wurde für ihn zu einer zweiten Heimat. Er verließ sie auch nicht, als ein verwandter Zeitungsverleger in Bayern ihm anbot, ihn als seinen Erben einzusetzen.

Die F.A.Z. schickte Reißmüller 1967 als Korrespondenten nach Belgrad. Was er im jugoslawischen Vielvölkerstaat, der auf dem Weg zum Vielvölkergefängnis war, in den folgenden vier Jahren erlebte und erfuhr, vergaß er nicht mehr. Die damals erworbenen Kenntnisse und Überzeugungen wurden Jahrzehnte später, als Jugoslawien zerfiel, zur Grundlage einer Kommentierung, die ihresgleichen suchte – in der analytischen Schärfe und Hellsichtigkeit wie in der politischen Wirkung.

Von 1971 bis zu seiner Berufung ins Herausgebergremium 1974 diente Reißmüller der Zeitung als Innenpolitikchef. Im Zusammenspiel mit seinem Nachfolger Friedrich Karl Fromme geißelte er die Fehler und Irrtümer der sozialliberalen Koalition. Als Reißmüller in einem Leitartikel zum Streit über den Grundlagenvertrag vor dem Bundesverfassungsgericht einen „führenden Politiker der größeren Regierungspartei" mit dem Satz zitierte, man werde sich „von den acht Arschlöchern in Karlsruhe" doch nicht die Ostpolitik kaputtmachen lassen, drohte eine Regierungskrise, denn die Äußerung stammte von Willy Brandt selbst. Nur mit Mühe konnte die Bundesregierung das Verhältnis zum Verfassungsgericht wieder kitten. Das zur F.A.Z. blieb gespannt.

Doch nicht nur Sozialdemokraten und Kommunisten trieb Reißmüller publizistisch vor sich her. Auch die schwarz-gelbe Koalition unter Bundeskanzler Kohl sollte noch in den Genuss dieses Gefühls kommen. Als die Serben Anfang der neunziger Jahre mit brutaler Gewalt versuchten, die nichtserbischen Völker am Verlassen des schon seit den achtziger Jahren sich auflösenden Tito-Staates zu hindern oder auf deren Kosten ein Großserbien zu errichten, wiesen viele im Westen die Schuld daran eher Laibach und Zagreb zu als Belgrad. Vor allem Paris und London wollten, nicht zuletzt aus historischen Gründen, den nicht mehr aufzuhaltenden Zerfall Jugoslawiens um fast jeden Preis verhindern. Auch in Deutschland genossen „Sezessionisten" damals keinen guten Ruf, was dazu führte, dass die großserbischen Aggressoren und ihre Opfer politisch und moralisch oft auf eine Stufe gestellt wurden.

Das aber ließ Reißmüller keinem durchgehen. Im Februar 1991 schrieb er in einem Leitartikel mit dem Titel „Herrenvolk-Verblendung": „Von welcher Seite man die jugoslawische Krise, das jugoslawische Staatselend auch betrachtet – ein serbischer Machtanspruch erweist sich als Hauptursache. Eine Herrenvolk-Mentalität treibt die bestimmenden Schichten der Serben dazu, die anderen Völker in Jugoslawien als Objekte ihres Unterwerfungswillens zu behandeln."

Für Reißmüller war klar, dass Jugoslawien nicht Bestand haben würde. Als die Serben Slowenien und Kroatien angriffen, plädierte er für die sofortige Anerkennung der beiden Republiken. Sein Wirken ist damit aber noch nicht ausreichend beschrieben: Er schrieb die Anerkennung herbei. Mit einer langen Serie von Leitartikeln brachte er die Regierung Kohl dazu, nicht länger auf die zögerlichen europäischen Partner zu warten. Es gibt nicht viele Fälle, in denen ein einzelner Journalist die Politik in die von ihm gewollte Richtung dirigiert, ja getrieben hat. In diesem Fall war es so, wie Politiker und Diplomaten bestätigen, die damals unter Reißmüllers publizistischem Trommelfeuer standen.

Im April 1995 ist Reißmüller dafür von der Zagreber Universität die Ehrendoktorwürde verliehen worden. Er bedankte sich mit einem in kroatischer Sprache gehaltenen Vortrag. Dieser Doktorgrad honoris causa war die einzige Auszeichnung, die er angenommen hat. Für die Eitelkeiten der Branche hatte er nur Verachtung übrig, manchmal nicht einmal die. Reißmüller wünschte ausdrücklich, dass auch nach seiner Pensionierung zu seinen Geburtstagen keine Personalien im Blatt erscheinen. Auch das Haus, in dem er und seine Familie lebten, verriet nicht, wer hinter seinen Mauern wohnte. Nur Eingeweihte erinnerte das Küchenfenster aus Panzerglas daran, dass in Serbien ein Kopfgeld in sechsstelliger Höhe auf den Herausgeber der Frankfurter Allgemeinen Zeitung ausgesetzt war.

Als schussfest erwies Reißmüller sich auch in den Debatten, die innerhalb der Zeitung zu bestehen waren. Die Unabhängigkeit des Blattes und die zu ihrer Wahrung stark befestigte Stellung ihrer Herausgeber hatten in ihm einen eisernen Wächter und Verteidiger. Geschäftsführer, die Form oder Anstand nicht achteten, gar nach der „reporting line" fragten, konnten froh sein, wenn sie mit mittelschweren Verätzungen durch hochfeine Ironie davonkamen. Den Verdacht musste man auch in den seltenen Fällen haben, in denen Reißmüller zu Lobesformeln griff. Einen besseren journalistischen Lehrmeister und Mentor hätte man dennoch nicht haben können. Zu schätzen wusste er, wenn seine Gesprächspartner einen Sinn für das Komödiantische hatten, so wie er selbst. Nur wenigen gewährte er den Einblick, was für ein hochsensibler Mensch in seinem Panzer steckte.

Den Ruhestand wollte Reißmüller in Straubing verbringen, im „gesunden Bayern", wie er sagte. Sechs gute Jahre waren ihm dort vergönnt. Nach dem Tod seiner Frau, mit der er fünfzig Jahre verheiratet war, kehrte er nach Frankfurt zurück, wo er mehr als ein Jahrzehnt später noch einmal heiratete. Dem Ehepaar war sein Glück jederzeit anzusehen. Am Montag ist Johann Georg Reißmüller im Alter von 86 Jahren in der Stadt gestorben, in der er fast sein ganzes Berufsleben verbracht hatte. Es war das Leben eines großen Journalisten und einzigartigen Zeugen des 20. Jahrhunderts.

Johann Georg Reißmüller (1932–2018)

Foto Barbara Klemm

Besuch eines Kanzlers: *Johann Georg Reißmüller im Gespräch mit Helmut Kohl am 11. November 1997 auf dem Weg zur großen Redaktionskonferenz.*

Abschied eines Herausgebers: *Johann Georg Reißmüller singt Lieder der frühen DDR, am Flügel begleitet von Heribert Klein (1957–2005).*

Frankfurter Allgemeine Zeitung, 12.12.2018, Politik, Seite 3

Herausgeber Johann Georg Reißmüller (1932–2018) prägte die Zeitung in der Ära nach Welter.

blieb er gewogen.[124] In der *FAZ* wurde das Thema Jugoslawien nicht nur durch Reißmüller, sondern auch durch den zurückhaltender berichtenden Korrespondenten Viktor Meier und weitere Berichterstatter wie Peter Hort abgedeckt.[125] Reißmüller aber machte Politik – letztlich erfolgreich, trotz des anfänglichen deutschen und anhaltenden europäischen, amerikanischen und russischen Widerstands gegen die Anerkennungspolitik.

DIE *FAZ* IN DER GESCHICHTE DER BUNDESREPUBLIK

Natürlich hat sich die *FAZ* in den 70 Jahren ihres Bestehens stark gewandelt. Die Redaktion ist weiblicher und stetig größer geworden, zuletzt auch wieder geschrumpft. Die große Sparsamkeit der Anfangszeit wurde aufgegeben, kehrte aber in der Krise der Printmedien wieder zurück. Das Spezialistentum hat zugenommen, der hohe Anspruch ist geblieben. War die *FAZ* aber nun Teil oder gar Motor jener »Fundamentalliberalisierung«, die man der Bundesrepublik mit einer Kernphase vom Ende der 1950er bis in die 1970er Jahre bescheinigt?[126] Man muss eine positive Antwort in zweierlei Hinsicht modifizieren: Zum einen war die Zeitung von Beginn an ein in vielerlei Hinsicht liberales und liberalisierendes Medium, das Feuilleton von Anfang an in der Tradition der *Frankfurter Zeitung* Teil der liberalen Moderne, offen für Neues, aber auch für Kritik daran. Spurenelemente der konservativen Revolution oder Nebels Thomas-Mann-Kritik wurden sogleich in eine Debatte überführt. Und das Wirtschaftsressort läutete von Anfang an den Abschied von den deutschen Kartelltraditionen und der staatsfixierten Haltung ein. Der deutsche und europäische Etatismus blieb dort ein Dauergegenstand der Kritik. Zugleich schaute man anerkennend auf das amerikanische Wirtschaftsleben. Das politische Ressort ist mit der erst diskutierten, dann entschiedenen Westorientierung, die nach dem Abschied Sethes fixiert war, am ehesten ein Abbild der allgemeinen Geschichte der Bundesrepublik, zumal es sich vorbehaltlos mit der Bundesrepublik identifizierte. Nicht umsonst firmiert die *FAZ* in Stadelmaiers Roman »Umbruch« als die »Staatszeitung«.

Hier greift dann die zweite Modifikation: Der Politikteil war doch in vielem ein Widerlager, etwa gegen die Totalpazifizierung der deutschen Gesellschaft, die trotz Wiederbewaffnung und Kaltem Krieg mit allem Militärischen fremdelte, ja daran Desinteresse zeigte. Das personifizierte *FAZ*-Gegengewicht war Adelbert Weinstein. Selbst durch eine ehrenhafte Entsendung ins Ausland wollte man Redakteure aus »zeitungs- wie staatspolitische[n] Bedenken« nicht vor der Wehrpflicht bewahren.[127] Die *FAZ* bildete mit ihrem politischen Ressort ferner ein Widerlager gegen die Achtundsechziger, gegen liberale Permissivität, mit Einschränkungen auch gegen die Neue Ostpolitik und vor allem gegen die Preisgabe der deutschen Einheit. Damit erwies sie sich durchaus als das, als was sie Erich Welter betitelt hatte: als »Zeitung für Deutschland«. Das Wirtschaftsressort war zudem ein Widerlager gegen die Expansion des Sozialstaates, gegen die ausufernde Staatsverschuldung und das Anwachsen der Staatsquote. Hier erscholl ein oft unzeitgemäßes, aber beständiges Plädoyer für die Marktwirtschaft.

War die Dauerrivalität zwischen Feuilleton auf der einen und Politik und Wirtschaft auf der anderen Seite dabei eine *FAZ*-typische Erscheinung oder institutionell bedingt? Es gab diese Ressortkonflikte auch in anderen Zeitungen, etwa in der *Welt* oder in der *Stuttgarter Zeitung*.[128] Das Feuilleton ist weniger regelgebunden, individualistischer als die der Nachrichtenlage folgende Politik oder die auf die Prosperität der Unternehmen und der Volkswirtschaft schauende Wirtschaftsberichterstattung. Wer in den geisteswissenschaftlichen Fakultäten der Universitäten, in Theatern und bei Lesungen sozialisiert wird, ist zumeist weiter links eingestellt als diejenigen, die sich für Außenpolitik oder Wirtschaft interessieren. In dem institutionalisierten Dauerkonflikt stieß die mehr oder weniger linke Feuilletonmannschaft auf das konservative Führungspersonal der Zeitung, das einen Gegenpol zu den Anarchisten des Kulturteils bildete, auch wenn gerade beim konservativen Reißmüller häufig ein anarchischer Zug aufblitzte und der alte Erich Welter den Theaterkritiker Hensel schon bei der Vorstellung warnte, er solle bloß nie *FAZ*-mäßig schreiben.[129] Die Personifizierung dieses Konflikts war Marcel Reich-Ranicki, der seit Schirrmachers entsprechender Gedenkpolitik bis heute so stark mit der *FAZ* verbunden wird. Er war der »Sprecher der Opposition« (Jürgen Eick) in der Zeitung.[130] Bei seinem Einstand war er sogar von der gesamten Feuilletonmannschaft abgelehnt worden, und es blieb beim Dauerclinch mit den Kollegen nicht nur in der Politik, sondern auch im Feuilleton. Am Ende seiner aktiven Zeit überschatteten das tiefe Zerwürfnis mit Joachim Fest und die Streitigkeiten mit dessen Nachfolger Schirrmacher seinen Eintritt in den Ruhestand.

Das Schema der generationellen Kohortenfolge von Journalisten, einhergehend mit einem Wandel vom Konsensjournalismus der »Wilhelminer« (die noch im Kaiserreich geboren wurden) zur Zeitkritik der 45er-Generation (der in den 1920er und 1930er Jahren Geborenen) und verschärft der 68er (also der um 1945 Geborenen),[131] kann auf die *FAZ* nur bedingt angewandt werden. Sicherlich gehört der langjährige Bonner Korrespondent Alfred Rapp (geboren 1903) zur Kategorie der staats- und regierungsloyalen, auf Ausgleich bedachten Journalisten. Erich Welter war ein nationaler »Wilhelminer« (geboren 1900), zugleich stand er aber in der *FAZ* für den Ordoliberalismus der Freiburger Widerständler, für die Westbindung und ein zumindest in Bezug auf die Ökonomie positives Amerikabild. Karl Korn (1908) gehörte ebenfalls zu den »Wilhelminern«, war aber doch deutlich weiter linksstehend und ein Verfechter der Nachkriegsmoderne bei gleichzeitigen konservativen (Stil-) Vorbehalten. Die Verpflichtung auf die Westbindung wurde innerhalb der Gruppe der »Wilhelminer« ausgekämpft und entschieden. Hans Baumgarten war Jahrgang 1900, Sethe 1901. Erst nach Sethes Ausscheiden kann man die *FAZ* stärker dem Konsensjournalismus zurechnen, aber auch doch gleich wieder mit der Einschränkung der deutlichen Parteinahme im Streit Adenauers und Erhards gegen den »Alten«, was etwa auch für einen anderen prominenten Wilhelminer-Journalisten gilt, nämlich für *Zeit*-Gründer Gerd Bucerius (Jahrgang 1906). Der Fall Tern (1909) aus dem Jahr 1970 war dann der Sturz eines nun links gewendeten »Wilhelminers«. Eine konservative Verschärfung kam ferner gerade von 45ern wie Fack (1930), Fromme (1930) und Reißmüller (1932). Fest (1926) war geradezu der Prototyp des Vertreters der »skeptischen Generation« (Helmut Schelsky), der 45er also. Vor allem ihm wird aber heute wegen des Historikerstreits und der Beziehung zu Speer das Image des Rechten angeheftet. Natürlich hielten auch die mehr oder weniger klassischen 68er Einzug in die *FAZ*, doch auch unter ihnen gab es Vertreter wie Busche (1944) oder Hefty (1947), die das politische Generationenparadigma sprengen. Die erste *FAZ*-Generation war sicherlich im Umgang noch patriarchalischer und autoritärer als die folgenden, zugleich war ihr ein liberales Flair eigen. Die klare Hierarchie im Haus wurde auch in den zwei nachfolgenden Führungsgenerationen nicht abgeschafft.

Bei allem Wandel ist die eigentümliche Konstruktion der *FAZ* geblieben: das Fehlen eines Chefredakteurs, die kollegiale Führung durch für einzelne Ressorts zuständige Herausgeber, die Einteilung in die Produkte Politikbuch, Wirtschaftsbuch und Finanzbuch (samt Sport) sowie Feuilleton und in der R-Ausgabe die *Rhein-Main-Zeitung* (früher *Zeitung für Frankfurt*). Nur die Reihenfolge wurde 2014 aus drucktechnischen Gründen verändert, sodass das Feuilleton an die zweite Stelle rückte. Die Kollegialverfassung und die starke

Autonomie der Ressorts sorgen für ein plurales Bild der Zeitung, in der kein Ressort zu einem »Anhängsel« verkommt, aber auch für permanenten Konfliktstoff zwischen und innerhalb der Ressorts, wo den jeweiligen Chefs der Herausgeber als Letztentscheider im Nacken sitzt. In Stadelmaiers Roman firmiert der Feuilletonchef daher als der »von Amtswegen Ohnmächtige«.[132] Gerade in ihren Konflikten über die Westbindung, die 68er, die Ostpolitik Brandts oder Helmut Kohl steht die *FAZ* aber paradigmatisch für die Geschichte der Bundesrepublik und ihrer Konflikte.

EPILOG IM INTERNET

Seit der Drucker Johann Carolus 1605 die erste Zeitung auf den Markt geworfen hatte, die *Relation: Aller Fürnemmen und gedenckwürdigen Historien,* war die Geschichte der Zeitung als aktuelle, periodische und thematisch universelle Publikationsform eine Erfolgsstory. Die Zeit vom letzten Drittel des 19. Jahrhunderts bis zur Jahrtausendwende war das Zeitalter der Massenpresse. Hier bestimmten die Journalisten als Gatekeeper über den Nachrichtenwert und über das, worüber das Publikum informiert wurde und worüber es in welchem Rahmen diskutierte. Seit der Zeitungskrise und der Digitalen Revolution ist diese goldene Zeit des Zeitungsjournalismus vorbei. Welche Zukunft hat eine Weltzeitung nun in der Epoche nach dem klassischen Pressezeitalter?

Zunächst einmal nehmen sich die Möglichkeiten und das Portfolio der *FAZ* recht beeindruckend aus. Heute wird die Zeitung an vier Standorten, in Mörfelden-Walldorf in der Societäts-Druckerei, in Potsdam, München und Madrid, im Rollenoffsetdruck hergestellt. Im Wesentlichen gibt es zwei Ausgaben, die Deutschland-Ausgaben (mit unterschiedlichen Andruckzeiten) und die Regionalausgaben mit der *Rhein-Main-Zeitung*, also der Stadt- und Regionalbeilage. In der Blütezeit war die *FAZ* in 148 Ländern erhältlich. Dabei muss sie nicht mehr physisch nach China transportiert werden, sondern wird dort aktuell im Digitaldruck, leicht verkleinert, hergestellt. Mit der *Frankfurter Allgemeine Woche* und der *Frankfurter Allgemeine Quarterly* soll den veränderten Lesegewohnheiten von Printinteressenten Rechnung getragen werden. Für den Ausbau von *FAZ.NET* wurde 2013 der Experte Mathias Müller von Blumencron vom *Spiegel* geholt, der bis 2017 blieb. Nun ist Carsten Knop, der aus dem Wirtschaftsressort kam, Chefredakteur für die digitalen Produkte der *FAZ*. Eine E-Paper-Ausgabe und eine multimediale »Edition«, Videos, Blogs und verschiedene Podcast-Angebote wie das juristische Format »Einspruch« ergänzen das Portfolio. Alle Zusatzangebote müssen freilich von einer Redaktion geschultert werden, welche etwa die Stärke der Mannschaft von 1998 aufweist.

Die FAZIT-Stiftung trennte sich 2018 von den Blättern *Frankfurter Rundschau* und *Frankfurter Neue Presse* sowie der Frankfurter Societäts-Druckerei. Die *Rundschau* hatten die Societät und die FAZ GmbH nach der *Rundschau*-Insolvenz 2013 bei Wahrung von deren inhaltlicher Eigenständigkeit übernommen. Jetzt will man sich auf das Kerngeschäft, die Marke *FAZ*, konzentrieren. Damit befindet man sich nicht im Trend der Konzentration und Zusammenlegung von Redaktionen, die verschiedene Blätter beliefern. Man glaubt an die Strahlkraft der Marke *FAZ* auch im Digitalzeitalter und will 2021 ein kleineres, aber modernes Domizil im neuen Frankfurter Europaviertel beziehen, ein postmodernes Hochhaus nicht weit von der Hellerhofstraße. Das ist dann der fünfte Standort der *FAZ*.[1]

Die Probleme sind in allen Printmedien dieselben: Der Wegfall der Anzeigen – bei der *FAZ* brach der komplette Stellenmarkt weg, der in der Samstagsausgabe zu Hochzeiten über 220 Seiten ausgemacht hatte; damals mussten Anzeigen sogar abgewiesen oder lange geschoben werden –, die sinkenden Zahlen bei Einzelverkäufen und Abonnenten, die Überalterung des Leserstamms, die unzureichende Kompensation der weggefallenen Einnahmen durch Werbung und Plus-Angebote (Bezahlschranke) im Netz belasten die Verlage und Zeitungen massiv. Preiserhöhungen, Stellenabbau und Verschlechterung der Arbeitsbedingungen sind die Folge und verstärken den Abwärtstrend. Das Klima ist entsprechend schlecht in den Printmedien. Hinzu kommt eine Vertrauens- und Orientierungskrise. Das im 19. Jahrhundert aufgekommene, im Ersten Weltkrieg auf die Feindpropaganda gemünzte Schlagwort »Lügenpresse«[2] traf die etablierten Medien mehr, als sie zugeben wollen. Der spektakuläre Fall des *Spiegel*-Journalisten Claas Relotius, der mit seinen gefälschten Reportagen die überwiegend links und linksliberal geprägte journalistische Echokammer[3] passgenau mit Dramen von Flüchtlingskindern, bösen amerikanischen Trump-Wählern und Grenzschützern bebildert hatte und dafür mit Journalistenpreisen überschüttet worden war, schreckte die Journalisten in der vormaligen Komfortzone des Milieus auf.[4] Auch die *Frankfurter Allgemeine Sonntagszeitung* war vom Fall Relotius betroffen: Ein Interview für die Zeitung hatte er offenbar plagiiert, ein weiteres wohl zum Teil erfunden.[5]

Obwohl die *FAZ* immer wieder aus dem verfestigten Journalistenkonsens der letzten Jahre ausscherte, sind die Referenzgrößen für die Journalisten doch ähnlich. Journalisten schauen bevorzugt darauf, was andere Journalisten von ihnen halten, was man heutzutage gut an der Twitter-Kommunikation ablesen

Der geplante FAZ-Neubau, der 2020 fertiggestellt werden soll.

kann, aber auch an Zitationen und der Aufnahme von Geschichten und Themen in anderen Medien, an Preisverleihungen und der für wichtig gehaltenen Reputation in Journalistenkreisen. Die sich im Netz oft unflätig äußernden, gegenüber etablierten Journalisten kritischen Leser und die Vielzahl von Blogs für alle Richtungen und Interessengebiete unterminieren den Status der Journalisten und ihrer Organe, schweißen diese allerdings auch gegen die Populisten und Fake-News-Produzenten – gemeint sind selbstredend immer nur die anderen – zusammen.

Die Marke *FAZ* als Synonym für Qualitätsjournalismus wird freilich nicht so schnell verschwinden. Dafür ist sie zu stark, zu sehr eingeführt und nachgefragt. Was unterscheidet aber die Website der *FAZ* von anderen Nachrichtenportalen oder Bloggern, die Visits dadurch anziehen, dass sie keine Paywall haben und im Fall der Blogger die politische Orientierung der Leser wesentlich passgenauer bedienen? Die Frage verschärft sich dadurch, dass der Informationsvorsprung einer Zeitung im Zeitalter von Google News und zahlreichen Nachrichtenangeboten, die zudem über üppig alimentierte öffentlich-rechtliche Portale und obligatorische Gebühren von der Allgemeinheit finanziert werden, stark geschrumpft ist. Ferner hat die Tagestaktung durch 24/7-Information in anderen Medien ihre Plausibilität verloren. Bleiben also die Hintergrundberichte, Reportagen und Einordnungen der immerhin noch 350 *FAZ*-Journalisten und 90 In- und Auslandskorrespondenten. Diese nutzen allerdings als Grundlage zuallererst die Medienlandschaft des Korrespondentenplatzes, die für jeden User auch nur einen Klick weit entfernt ist. Reicht zudem für diese anspruchsvolleren Stücke die geringe Aufmerksamkeitsspanne, die Internetnutzer einem einzelnen Artikel zu schenken bereit sind? Wird die Seriosität der Zeitung andererseits nicht auch durch die neuen, leichteren und subjektiveren Angebote und Formate wie die Wochen- und Quartalszeitschrift und die von Schirrmacher eingeführten Blogs der *FAZ* beeinträchtigt?

Die inhaltliche und kaufmännische Neuerfindung des Zeitungsjournalismus ist noch nicht gelungen. Es stellt sich die Frage, wie lange die *FAZ* noch gedruckt wird. Wahrscheinlich wird die Druckausgabe zu einem Luxus- und Retroprodukt für (ältere) Liebhaber werden und die digitale Ausgabe zum Standardprodukt. Das Totenglöcklein sollte man der *FAZ* allerdings nicht vorschnell läuten. Denn Medienumbrüche führen in der Regel nicht zum Verschwinden eines alten Mediums, vielmehr orientiert sich das neue Medium zunächst stark an den alten Medien (so das bildungs- und wortlastige frühe Fernsehen am Radio, das frühe textlastige Internet an Buch und Zeitung) und verändert diese allmählich. Das Radio ist durch das Fernsehen nicht verschwunden, sein Charakter hat sich aber gewandelt. Vom Einschaltmedium, vor dem sich die Familie zu einer bestimmten Uhrzeit versammelte, wurde es zum »Nebenbei-Medium«, was an speziellen Orten gehört wird, im Auto, im Bad, am Arbeitsplatz.[6] Ebenso ist das Fernsehen durch das Internet nicht obsolet geworden. Freilich steht es bei der jüngeren Generation unter Druck. Feste Sendetermine und Fernsehgeräte sind überholt, man schaut heute flexibel und mobil via Streamingdienst. Auch im Internetzeitalter wird allerdings eine gebündelte, zusammenhängende und verlässliche Information und Einordnung in einer spezifisch bürgerlichen Tradition in Zukunft gefragt sein, doch die Form ist dabei offen. Den Siegeszug des Smartphones, das nachhaltig unsere Rezeptions-, ja Lebensgewohnheiten verändert hat, hat niemand vorhergesehen, und gerade Historiker wissen, dass die Zukunft nicht vorhersagbar ist. Ob bei der Zeitung auch das Papier eine Zukunft hat, wie ausgerechnet der innovationsfreudige Frank Schirrmacher 2011 prognostizierte, ist eher fraglich.[7] Solange es aber kluge Köpfe hinter der *FAZ* gibt, die für genau diese Zeitung, diesen Stil, diesen Anspruch, diese Ausrichtung, dieses Sprachbewusstsein brennen – als Verlagsleiter, Herausgeber, Journalisten, Mitarbeiter und Leser –, so lange wird es die *FAZ* geben, in welcher Form auch immer.

DANK

Habent sua fata libelli. Das gilt besonders für die Entstehung dieses Buches über die Geschichte der *FAZ*, die, wie so oft, wenn die Geschichte noch qualmt, auf einige Schwierigkeiten stieß. Zeitzeugen waren eine große Hilfe, stellten aber bisweilen auch eine Herausforderung dar, nicht nur methodisch. Anders als die Schriftquellen können sie widersprechen, und zwar sich gegenseitig wie dem Autor. Jeder Historiker weiß zudem, wie ungern sich Medienunternehmen in die Karten schauen lassen und wie wenig selbstverständlich der Archivzugang ist. Dass mein Unternehmen nach vielen Jahren harter Arbeit und schier unüberwindbar erscheinender Schwierigkeiten doch zu einem – hoffentlich guten – Ende gelangt ist, verdanke ich zahlreichen Journalisten und Kollegen, die ich für mein Projekt begeistern konnte.

Für Zeitzeugengespräche und Hilfe beim Zugang zu den hausinternen Archivalien möchte ich folgenden – zum Teil ehemaligen – Journalisten und Mitarbeitern der *FAZ* herzlich danken: Konrad Adam, Patrick Bahners, Rainer Blasius, Gaby Bock, Karl Heinz Bohrer, Jürgen Busche, Daniel Deckers, Werner D'Inka, Fritz Ullrich Fack †, Eckhard Fuhr, Franz-Josef Gasterich, Günther Gillessen, Heike Göbel, Ulrich Greiner, Rainer Hank, Simon Haug, Jürgen Jeske, Ursula Kals, Jürgen Kaube, Berthold Kohler, Klaus Peter Krause, Günter Maschke, Hugo Müller-Vogg, Günther Nonnenmacher, Andreas Platthaus, Philip Plickert, Ulrich Raulff, Kurt Reumann, Ralf Georg Reuth, Günther Rühle, Michael Stürmer, Gustav Seibt und Holger Steltzner.

Für Einsichts- und Zitationsgenehmigungen danke ich Thomas Anz, Karl Heinz Bohrer, Rebecca Casati, David Dambitsch, Claudius Dechamps, Alexander Fest, Jürgen Habermas, Petra Hardt, Christoph König, Robert Korn, Annette Korolnik-Andersch, Stella Michaelis, Annedore Mortimer-Nolte, Georg Nolte, Andrew Ranicki † und Carla Ranicki sowie Renate Reifenberg.

Meinen Kollegen Jörg Baberowski, Frank Bösch, Ute Daniel, Gerd Giesler, Hans-Christof Kraus, Peter Lieb, Rainer Liedtke, Erik Lommatzsch, Thomas Maissen, Andreas Rödder und Axel Schildt † danke ich ebenso wie Alexander Fest für viele Anregungen und Hinweise.

In den universitären Kolloquien in Berlin (HU), Gießen, Mainz, Passau, Potsdam (ZZF) und Regensburg konnte ich mein Vorhaben vorstellen und mit Kollegen diskutieren. Außerdem konnte ich Aspekte meines Buches auf den Konferenzen »Vermessungen einer Intellectual History der frühen Bundesrepublik« in der Sächsischen Akademie der Wissenschaften zu Leipzig und »Cultures of Conservatism in the United States and Western Europe between the 1970s and 1990s« im Deutschen Historischen Institut London zur Debatte stellen, ebenso bei Vortragsveranstaltungen der Wipog in Frankfurt am Main. Dafür möchte ich den Kollegen Alexander Gallus und Martina Steber sowie Wolfgang Lindstaedt danken. Ebenfalls ein schönes Erlebnis war die von Jürgen Kaube und Andreas Rödder veranstaltete 6. Tendenzwende-Tagung in der Berliner Residenz der *FAZ*.

Im DFG-Projekt zu den Einzelressorts der *FAZ* waren mir Maximilian Kutzner, Roxanne Narz und Frederic Schulz wertvolle Mitarbeiter und Diskussionspartner. Hoffen wir, dass die Verfilmung der Frühgeschichte mit den von uns vorgesehenen Schauspielern nach den von uns geschriebenen Drehbüchern bald kommt!

Für große Unterstützung und Hilfe danke ich den Mitarbeitern in Würzburg: Felix Burkhardt, Cornelius Eder, Benjamin Hasselhorn, Etienne-Fabrice Hees, Tobias Kappus, Andreas Lutsch, Lennart Meier, Petra Ney-Hellmuth, Florian Nolte, Elisabeth Reinwand, Christina Schäfer, Benjamin Stärr, Lisa Stolz, Anja Ströbel und Maximilian Vitzthum.

Mein Dank im Verlag geht besonders an Dirk Rumberg, der beharrlich an dieses Buch glaubte, und an Stefan Mayr. Großer Dank gebührt auch meiner Lektorin Ditta Ahmadi, die das Manuskript mit Empathie und Genauigkeit bearbeitet hat.

Meine Familie hat die Entstehung dieses Buchs über viele Jahre hinweg miterlebt und musste dabei viele Widrigkeiten erdulden und Belastungen schultern. Für diese Geduld und Liebe gebührt ihr mein größter Dank!

Peter Hoeres
Würzburg, im Sommer 2019

ANMERKUNGEN

PROLOG IN MAINZ UND FRANKFURT

1 Bis zum Stichtag 27.3.2019 waren es 6 442 292 Artikel (einschließlich *FAZ.NET*), die seit dem ersten Erscheinungstag, dem 1.11.1949, in der *FAZ* erschienen sind.

2 Diese Hausakten befanden sich in einem ganz ungeordneten und nicht erschlossenen Zustand. Eine ordentliche Registratur gab es nicht. Die Aktendeckel waren uneinheitlich und willkürlich beschriftet. Alle diese Quellen, welche in der Redaktion der *FAZ* aufbewahrt werden, sind hier mit »FAZ-Archiv« gekennzeichnet; es folgt dann die teilweise kuriose Aktenbeschriftung, so wie ich und mein Team sie vorgefunden haben. Bei allen Konferenzprotokollen wird, soweit angegeben, der Verfasser genannt. Die Protokolle der großen Dienstagskonferenzen wurden aber vom jeweiligen Vorsitzenden der Konferenz abgenommen.

3 Vgl. dazu Almut Todorow, Das Feuilleton der »Frankfurter Zeitung« in der Weimarer Republik. Zur Grundlegung einer rhetorischen Medienforschung, Tübingen 1996; Barbara Wildenhahn, Feuilleton zwischen den Kriegen. Die Form der Kritik und ihre Theorie, München 2008.

4 Vgl. das einleitende Kapitel »Fehleinschätzungen« bei Hans-Ulrich Thamer, Verführung und Gewalt. Deutschland 1933–1945, Berlin 1986, S. 9–19.

5 Christian Hartmannn/Thomas Vordermayer/Othmar Plöckinger/Roman Töppel (Hg.), Hitler, Mein Kampf. Eine kritische Edition, Berlin/München 2016 (zuerst 1925/26), Bd. 1: Eine Abrechnung, S. 649 [259]. Vgl. dort auch S. 203 [53], 217 [59], 643 [256], 647 [258], Bd. 2: Die nationalsozialistische Bewegung, S. 1195 [113]. Die eckigen Klammern beziehen sich auf die Paginierung der Erstausgaben.

6 Günther Gillessen, Auf verlorenem Posten. Die Frankfurter Zeitung im Dritten Reich, Berlin 1986, S. 457–502.

7 Die Debatte entzündete sich neu nach Erscheinen des monumentalen Werkes von Gillessen, Auf verlorenem Posten. Die gewichtigsten kritischen Stimmen kamen von Bernd Sösemann, Die »Frankfurter Zeitung« im Nationalsozialismus, in: *Die Zeit* 6.3.2007, S. 50f., und Martin Broszat, Sanfte Gegenrede zur kriegerischen Sprache, in: *Der Spiegel* 25.5.1987, S. 101–108. Elisabeth Noelles in den Augen des Regimes zu positiv ausfallendes Stück über Eleanor Roosevelt: Porträt einer Amerikanerin, in: *FZ* 18.4.1943, S. 4, brachte die Zeitung und sie selbst in große Schwierigkeiten, zumal sie wegen eines Artikels über Eleanors Mann, Präsident Franklin D. Roosevelt, 1942 bereits beim *Reich* herausgeflogen war; Gillessen, Auf verlorenem Posten, S. 485; Elisabeth Noelle, Die letzte Kerze, in: *FAZ* 27.6.2002, S. 8.

8 Eine Ausnahme war ein von Oskar Stark schon nach Hitlers erster Verbotsverfügung bei Margret Boveri bestellter Artikel, der ohne Rücksprache mit Boveri und zu deren großem Ärger von Heinrich Scharp durch Änderungen und Auslassungen verändert wurde. Gleichwohl entsprach er damit immer noch nicht den viel weiter gehenden

Anweisungen des Propagandaministeriums. Margret Boveri, Landschaft mit doppeltem Boden. Einfluss und Tarnung des amerikanischen Judentums, in: *FZ* 27./28.5.1943; dazu Gillessen, Auf verlorenem Posten, S. 479–481; Heike Görtemaker, Ein deutsches Leben. Die Geschichte der Margret Boveri, München 2005, S. 180–184.

9 Gillessen, Auf verlorenem Posten, S. 464.

10 Karl Prümm, Mit gebrochener Stimme sich dennoch verständlich machen, in: Walter Dirks, Feuilletons im Nationalsozialismus. Politische Publizistik 1934–1943 (= Gesammelte Schriften Band 3, hg. von Fritz Boll, Ulrich Bröckling und Karl Prümm). Mit einem Vorwort von Walter Dirks und einem Essay von Karl Prümm, Zürich 1990, S. 23–87, hier S. 71–73. Die Zitate stammen aus Dirks' Artikeln: Bayreuther Festspiele – mitten im Krieg (4.8.1940) und Rückblick auf Bayreuth (13.9.1942), in: ebd., S. 297–307, Zitate S. 298 und 301.

11 Ebd., S. 468.

12 Norbert Frei/Johannes Schmitz, Journalismus im Dritten Reich, München 1989, S. 131.

13 Joachim Fest, Begegnungen. Über nahe und ferne Freunde, Reinbek bei Hamburg 2006^2, S. 94.

14 Welter an Block 19.2.1973, in: FAZ-Archiv, Akten der Herausgeber. Erich Welter. Zur Geschichte der Frankfurter Allgemeinen Zeitung – Konzepte – Entwürfe – Erinnerungen von Beteiligten. Siehe dort auch zu Welters Einstufung durch die Amerikaner.

15 Astrid von Pufendorf, Mut zur Utopie. Otto Klepper – Ein Mensch zwischen den Zeiten, Frankfurt am Main 2015, S. 235, 246f.

16 Vgl. die Meldung auf Seite eins der *FAZ* vom 20.12.1958 und den Artikel Die Geschichte der »Gegenwart«, ebd., S. 4.

17 Welter an Baumgarten und Tern 12.2.1959, in: BArch N 1314, Nr. 376.

18 Welter an Margret Boveri vom 9.8.1962; Welter an Block 19.2.1973, in: FAZ-Archiv, Akten der Herausgeber. Erich Welter. Zur Geschichte der Frankfurter Allgemeinen Zeitung – Konzepte – Entwürfe – Erinnerungen von Beteiligten. Richard Sorge hatte als Japan-Korrespondent der *FZ* für die Sowjetunion spioniert.

19 Die gesellschaftsrechtliche Entwicklung, in: FAZ-Archiv, Akten der Herausgeber. Erich Welter. Materialien zur Geschichte: Notizen von Frau Graefe. 1949 bis 1959.

20 Dagmar Bussiek, Benno Reifenberg 1892–1970. Eine Biographie, Göttingen 2011, S. 418.

21 Zwischen beiden Listen gibt es also eine Schnittmenge, aber keine Identität. Aktennotiz Welter vom 18.5.1960 über die Redakteure der *Deutschen Zeitung*, die zur *FAZ* gegangen sind: Hans Baumgarten, Nikolas Benckiser, Bruno J. G. Dechamps, Jürgen Eick, [Peter] Härlin, Harry Hamm, Paul Jüliger, Hanns Erich Köhler, Ernst-Otto Maetzke, Clara Menck, Heddy Neumeister, Herbert Nolte, Eberhard Schulz, Otto Friedrich Regner, Wolfgang Schwerbrock, Jürgen Tern, Wilhelm Throm, Erich Welter, Martin Wiebel. Redaktionsmitglieder der alten *Frankfurter Zeitung*, die jetzt für die *Frankfurter Allgemeine Zeitung* tätig sind, vom 30.12.1957: Lily Abegg, Brigitte Beer, Nikolas Benckiser, Margret Boveri, Paul Jüliger, Heddy Neumeister, Hermann Pörzgen, Frederick Rosenstiel, Irene Seligo, Friedrich Sieburg, Hildegard Weber, Erich Welter, Martin Wiebel.

22 Franziska Eisenbarth im Gespräch mit Marianne Englert am 21.10.1994, in: FAZ-Archiv, F.A.Z. Zeitzeugen A–J.

23 Christina Schäfer, Erich Welter – Der Mann im Hintergrund der F.A.Z., Diss. Würzburg 2017, S. 56–59, 68–73, 157–166.

24 Siehe zum Gesamtabschnitt neben Gillessen, Posten; Bussiek, Reifenberg; *Der Spiegel* 25.2.1959, S. 24–29.

1 MARKTWIRTSCHAFT IN EINER FEINDLICHEN UMGEBUNG

1 Helga Hummerich, Wahrheit zwischen den Zeilen. Erinnerungen an Benno Reifenberg und die Frankfurter Zeitung, Freiburg im Breisgau 1984, S. 65f.

2 Jürgen Eick, Ein Zeitungsmann und Unternehmer, in: *FAZ* 14.6.1982, S. 10; Gespräche mit Dr. Klaus Peter Krause am 16. Juni 2015 in Würzburg und Dr. Fritz Ullrich Fack am 26. Januar 2019 in Bad Honnef.

3 Jürgen Eick, Ein Zeitungsmann und Unternehmer, in: *FAZ* 14.6.1982, S. 10.

4 Karl Korn, Voller Willenskraft und ganz unpathetisch, in: *FAZ* 28.6.1980, S. 10.

5 Pfeifer an Müller-Vogg 15.8.1989, in: FAZ-Archiv, Materialien zur Geschichte der Zeitung 1980 bis 1989. Akten der Geschäftsführung.

6 Gespräch mit Dr. Fritz Ullrich Fack am 26. Januar 2019 in Bad Honnef, der Ausdruck stammt von Herrn Fack.

7 Schäfer, Welter, S. 34–45.

8 Karl Heinz Bohrer, Jetzt. Geschichte meines Abenteuers mit der Phantasie, Berlin 2017, S. 176.

9 Karl Korn, Voller Willenskraft und ganz unpathetisch, in: *FAZ* 28.6.1980, S. 10.

10 Astrid von Pufendorf, Otto Klepper (1888–1957). Deutscher Patriot und Weltbürger, München 1997, dort auch die Zitate S. 241 und 245; Siegfried Blasche, Die Gründungen der Wirtschaftspolitischen Gesellschaften von 1947 e.V. und der Frankfurter Allgemeinen Zeitung (1949). Vortrag am 20. Oktober in den Räumen der Frankfurter Allgemeinen Zeitung, <wipog.de/app/download/5783903822/VortragSBlasche20041020.pdf> (19.9.2018).

11 Später gab es zwischen *AZ*-Chefredakteur und *FAZ*-Herausgeber Erich Dombrowski und Hemmerlé einen erregten Briefwechsel um den Anteil von Fraund und Hemmerlé an der *FAZ*-Gründung, den Dombrowski gering veranschlagte, vor allem im Konzeptionellen. Welter meinte rückblickend, Fraund habe im Grunde die Lust an der Sache verloren. Erklärung von E. Hemmerlé vom 24. Juli 1961, in: Werner Hanfgarn (Hg.), Adolf Fraund. Ein Leben für die Zeitung und für die Musik. Adolf Fraund Dokumente und Erinnerungen, Mainz 1986, S. 38–42; siehe auch den Briefwechsel zwischen Hemmerlé und Dombrowski von 1967 und Welters Gespräch mit Albrecht Pickert am 25.8.1969, S. 3, beide in: FAZ-Archiv, Akten der Herausgeber. Erich Welter. Zur Geschichte der Frankfurter Allgemeinen Zeitung – Konzepte – Entwürfe – Erinnerungen von Beteiligten. Auslöser der Kontroverse war die knappe Darstellung gewesen zur »Geburt der ›Frankfurter Allgemeinen‹« in: Erich Dombrowski/Emil Kraus/Karl Schramm (Hg.), Wie es war. Mainzer Schicksalsjahre 1945–48. Berichte und Dokumente, Mainz 1965, S. 64f.

12 Schäfer, Welter, S. 179–182.

13 Haffner meinte offenkundig den amerikanischen Militärgouverneur für Württemberg-Nordbaden Charles M. La Follette.

14 Haffner, Entstehung der FAZ, Oktober 1959, S. 1; Welter im Gespräch mit Pickert am 25.8.1969, beide in: FAZ-Archiv, Akten der Herausgeber. Erich Welter. Zur Geschichte der Frankfurter Allgemeinen Zeitung – Konzepte – Entwürfe – Erinnerungen von Beteiligten; Maximilian Kutzner, Marktwirtschaft schreiben. Das Wirtschaftsressort der Frankfurter Allgemeinen Zeitung 1949 bis 1992, Diss. Würzburg 2018, S. 33, 35.

15 Im Fall der Salamander A.G., die am Ende 250 000 DM gab, stellte *FAZ*-Geschäftsführer Hoffmann 1957 fest, dass »dieses Geld in Form von Anzeigen zurückgezahlt worden sei, soweit die Salamander A.G. nicht auf Veröffentlichungen von Anzeigen ver-

zichtet habe. Irgendein Anspruch bestehe nicht.« Welter, Aktennotiz 8.10.1957, in: FAZ-Archiv, FAZIT-Akten Welter/Förderer und FAZIT Geschichte, Zusammenstellung von Frau Graefe; Haffner, Entstehung der FAZ, Oktober 1959, S. 4, in: FAZ-Archiv, Akten der Herausgeber. Erich Welter. Zur Geschichte der Frankfurter Allgemeinen Zeitung – Konzepte – Entwürfe – Erinnerungen von Beteiligten; Gespräch mit Max H. Schmid am 7.6.1991, in: BArch N 1314, Nr. 73.

16 Liste des Förderkreises; Welter an Boveri 5.12.1962, in: FAZ-Archiv, FAZIT-Akten Welter/Förderer und FAZIT Geschichte, Zusammenstellung von Frau Graefe; Rolf Martin Korda, Für Bürgertum und Business. Die »Frankfurter Allgemeine Zeitung«, in: Michael Wolf Thomas (Hg.), Porträts der deutschen Presse. Politik und Profit, Berlin 1980, S. 81–96; Maximilian Kutzner, Der Salamander Generaldirektor und das Frankfurter Weltblatt – Alex Haffner und die frühen Jahre der Frankfurter Allgemeinen Zeitung, in: *Kornwestheimer Geschichtsblätter* (2016), S. 37–45; Friedemann Siering, Zeitung für Deutschland. Die Gründergeneration der »Frankfurter Allgemeinen«, in: Lutz Hachmeister/Friedemann Siering (Hg.), Die Herren Journalisten. Die Elite der Deutschen Presse nach 1945, München 2002, S. 35–86.

17 Liebhilt von Caprivi im Gespräch mit Marianne Englert am 26.10.1994; siehe ferner Englerts Gespräche mit Hans Herbert Götz am 31.10.1994 und Brigitte Beer am 15.11.1994, alle in: FAZ-Archiv, F.A.Z. Zeitzeugen A–J.

18 Haffner, Entstehung der FAZ, Oktober 1959, S. 4, in: FAZ-Archiv, Akten der Herausgeber. Erich Welter. Zur Geschichte der Frankfurter Allgemeinen Zeitung – Konzepte – Entwürfe – Erinnerungen von Beteiligten.

19 Schäfer, Welter, S. 235.

20 Ebd., S. 228f.; Pufendorf, Klepper, S. 238–281 (Zitat von Klepper dort S. 280).

21 Bergemann (Sekretärin von Hoffmann) an Welter 14.8.1958 sowie weiteren Schriftwechsel zwischen Hoffmann und Welter, in: FAZ-Archiv, Interner Schriftwechsel.

22 Zitat aus einem Wipog-Papier zur Kritik an der *FAZ*, nach Schäfer, Welter, S. 232.

23 Heinz Brestel, Als die Aktien im Keller waren, in: *FAZ* 30.10.1999, S. 15.

24 Anton Riedl, Liberale Publizistik für Soziale Marktwirtschaft. Die Unterstützung der Wirtschaftspolitik Ludwig Erhards in der Frankfurter Allgemeinen Zeitung und in der Neuen Zürcher Zeitung 1948/49 bis 1957, Regensburg 1992, S. 70.

25 Haffner, Entstehung der FAZ, Oktober 1959, S. 4, in: FAZ-Archiv, Akten der Herausgeber. Erich Welter. Zur Geschichte der Frankfurter Allgemeinen Zeitung – Konzepte – Entwürfe – Erinnerungen von Beteiligten.

26 Volker R. Berghahn, Transatlantische Kulturkriege. Shepard Stone, die Ford-Stiftung und der europäische Antiamerikanismus, Stuttgart 2004, S. 81, 83; Schäfer, Welter, S. 224f.; USA sollen Brandt mit Geheimzahlungen unterstützt haben, in: *Zeit online* 10.6.2016, <https://www.zeit.de/politik/deutschland/2016-06/nachkriegsdeutschland-usa-besatzung-spd-willy-brandt-unterstuetzung-kanzler> (18.3.2019).

27 Paul Sethe, Bericht über die Konferenz der Förderer am 13.7.1951, in: FAZ-Archiv, FAZIT-Akten Welter/Förderer und FAZIT Geschichte, Zusammenstellung von Frau Graefe.

28 Welter im Gespräch mit Pickert am 25.8.1969, S. 7, in: FAZ-Archiv, Akten der Herausgeber. Erich Welter. Zur Geschichte der Frankfurter Allgemeinen Zeitung – Konzepte – Entwürfe – Erinnerungen von Beteiligten. Das Gespräch Welters mit Pickert ist in größerem Zeitabstand als die Aufzeichnung Sethes und daher unzuverlässiger.

29 Paul Sethe, Bericht über die Konferenz der Förderer am 13.7.1951, in: FAZ-Archiv, FAZIT-Akten Welter/Förderer und FAZIT Geschichte, Zusammenstellung von Frau Graefe.

30 Haffner, Niederschrift über die Sitzung des Förderkreises der FAZ in Frankfurt – Unterschweinstiege am 24. September 1951, in: FAZ-Archiv, FAZIT-Akten Welter/Förderer und FAZIT Geschichte, Zusammenstellung von Frau Graefe.

31 Paul Sethe, Bericht über die Konferenz der Förderer am 13.7.1951, in: FAZ-Archiv, FAZIT-Akten Welter/Förderer und FAZIT Geschichte, Zusammenstellung von Frau Graefe.

32 Blasche, Gründungen, S. 9.

33 Hoffmann an Abs 29.10.1951; Schmid an Abs 27.11.1951; Gen.Sekr. an Hoffmann 16.1.1952, in: Historisches Archiv der Deutschen Bank. V1/3303.

34 Die gesellschaftsrechtliche Entwicklung, in: FAZ-Archiv, Akten der Herausgeber. Erich Welter. Materialien zur Geschichte: Notizen von Frau Graefe. 1949 bis 1959; Kurt Pritzkoleit, Wem gehört Deutschland. Eine Chronik von Besitz und Macht, München/Wien/Basel 1957, S. 216–228; Siering, Zeitung für Deutschland, S. 74f.; Schäfer, Welter, S. 222–230. Siehe insgesamt auch Blasche, Gründungen; Klaus D. Schulz, Unternehmerinteresse und Wirtschaftssystem. Beiträge der Unternehmer zur politischen Entwicklung der Bundesrepublik Deutschland, Frankfurt am Main 1986.

35 Die gesellschaftsrechtliche Entwicklung, in: FAZ-Archiv, Akten der Herausgeber. Erich Welter. Materialien zur Geschichte: Notizen von Frau Graefe. 1949 bis 1959.

36 Haffner, Hoffmann, Niederschrift über die Sitzung des Förderkreises 4.10.1955, in: FAZ-Archiv, FAZIT-Akten Welter/Förderer und FAZIT Geschichte, Zusammenstellung von Frau Graefe.

37 Finkenzeller an Welter 27.5.1949, in: FAZ-Archiv, Akten der Herausgeber. Erich Welter. Zur Geschichte der Frankfurter Allgemeinen Zeitung – Konzepte – Entwürfe – Erinnerungen von Beteiligten.

38 Siering, Zeitung für Deutschland, S. 53–59. Siehe zur Erläuterung des Werbespruchs das Interview mit Hans-Wolfgang Pfeifer: »Wir sind nicht regierungsamtlich«, in: *COPY* 2 (1988), Heft 1–2, S. 20f., hier S. 21.

39 Siehe zu Haffner Kutzner, Der Salamander Generaldirektor, und Alex Haffner, Aufzeichnungen, Frankfurt am Main 1966. Dort ist auf S. 205 auch das Ölgemälde reproduziert. Haffner hat auch in den ersten sechs Jahren die von ihm konstruierte FAZIT-Stiftung übernommen. Nachfolger von Haffner als Verwaltungsratsvorsitzender wurde Max H. Schmid, der zusammen mit Wilhelm Ziervogel ebenfalls eine wichtige Rolle bei der Gründung der *FAZ* gespielt hatte. Auch ein Gemälde Schmids zierte den Konferenzsaal.

40 Siering, Zeitung für Deutschland, S. 43f.

41 Korn an Boveri 28.4.1948, in: Staatsbibliothek Berlin, NL Boveri 920, Mappe 1. Diesen Briefwechsel hat meine Doktorandin Roxanne Narz erstmals umfassend ausgewertet; sie geht in ihrer Arbeit über das Feuilleton der *FAZ* genauer darauf ein, Narz, Kultur im Widerstreit. Das Feuilleton der *Frankfurter Allgemeinen Zeitung*, Diss. Würzburg (in Vorbereitung).

42 Siehe das Muster des Anstellungsvertrages in: BArch N 1314, Nr. 379 und 414.

43 Die Herausgeber, in: FAZ-Archiv, Akten der Herausgeber. Erich Welter. Materialien zur Geschichte: Notizen von Frau Graefe. 1949 bis 1959; Kutzner, Marktwirtschaft schreiben, S. 161.

44 Beschluss der Herausgeberkonferenz vom 14.9.1955, in: FAZ-Archiv, Protokolle der Herausgebersitzungen 1.1.1955 bis 19.2.1958; Brigitte Beer im Gespräch mit Marianne Englert am 26.10.1994, in: FAZ-Archiv, F.A.Z. Zeitzeugen A–J.

45 Siehe Welters Notiz vom 8.12.1957 sowie seine Aktennotiz vom 12.12.1957 über ein Gespräch mit Dombrowski, in: BArch N 1314, Nr. 413.

46 *Der Spiegel* 25.2.1959, S. 26.
47 Korda, Für Bürgertum und Business, S. 82.
48 Haffner, Hoffmann, Niederschrift über die Sitzung des Förderkreises der FAZ am 29.2.1952, S. 3f., in: FAZ-Archiv, FAZIT-Akten Welter/Förderer und FAZIT Geschichte, Zusammenstellung von Frau Graefe.
49 Welter an Reintges 9.4.1958, in: FAZ-Archiv, FAZIT-Akten Welter/Förderer und FAZIT Geschichte, Zusammenstellung von Frau Graefe.
50 Paul Sethe, Bericht über die Konferenz der Förderer am 13.7.1951, in: FAZ-Archiv, FAZIT-Akten Welter/Förderer und FAZIT Geschichte, Zusammenstellung von Frau Graefe.
51 Frankfurter Allgemeine Zeitung GmbH (Hg.), Alles über die Zeitung. Frankfurter Allgemeine, Zeitung für Deutschland. Dahinter steckt immer ein kluger Kopf, Frankfurt am Main 1998[24], S. 8.
52 Aktennotiz von Dr. Muckel, in: FAZ-Archiv, 1968; Albert Fuss, in: *FAZ* 18.9.1959, S. 18.
53 Eick, Protokoll über die Herausgebersitzung vom 21.2.1973, in: FAZ-Archiv, H 1.4.1971–31.3.1973.
54 Eick, Protokoll über die Herausgebersitzung vom 21.2.1973, in: FAZ-Archiv, H 1.4.1971–31.3.1973.
55 Robert Held, Ein Chef vom Dienst, in: *FAZ* 2.2.1972, S. 2.
56 Erich Helmensdorfer, Die ersten Stühle kamen aus Apfelweinlokalen, in: *FAZ* 1.11.1989, S. 41; Heinz Brestel, Als die Aktien im Keller waren, in: *FAZ* 30.10.1999, S. 15; Siering, Zeitung für Deutschland, S. 65f.
57 Liebhilt von Caprivi (Zitat) und Welters Sekretärin Franziska Eisenbarth im Gespräch mit Marianne Englert am 26.10. und 21.10.1994, in: FAZ-Archiv, F.A.Z. Zeitzeugen A–J.
58 Labour hat knapp gesiegt, in: *FAZ* 25.2.1950, S. 1; Krieg zwischen Nord- und Süd-Korea, in: *FAZ* 26.6.1950, S. 1.
59 Kutzner, Marktwirtschaft schreiben, S. 304–308.
60 he. [= Paul Sethe], Streit um Niemöller, in: *FAZ* 14.6.1950, S. 1.
61 Paul Sethe, Kommt die Monarchie zurück?, in: *FAZ* 13.11.1953, S. 1.
62 Marcel vom Lehn, Westdeutsche und italienische Historiker als Intellektuelle? Ihr Umgang mit Nationalsozialismus und Faschismus in den Massenmedien 1943/45–1960, Göttingen/Bristol 2012, S. 120.
63 Herwig Weber, Man unterhielt sich über Bismarck, in: *FAZ* 4.11.1949, S. 2.
64 J.E. [= Jürgen Eick], Am Grabe der freien Wirtschaft?, in: *FAZ* 1.11.1949, S. 9.
65 Jürgen Jeske, Wirtschaftspolitik – von Frankfurt aus, in: Frankfurter Allgemeine Zeitung GmbH (Hg.), Freiheit und Verantwortung. Festschrift für Hans-Wolfgang Pfeifer, München 1991, S. 242–260, hier S. 249.
66 Gespräch mit Dr. Fritz Ullrich Fack am 26. Januar 2019 in Bad Honnef und Mail von Herrn Fack vom 29.1.2019.
67 Karl Korn, Eine Ehe in dieser Zeit, in: *FAZ* 4.4.1953, BuZ S. 5 (Rezension von Heinrich Böll, Und sagte kein einziges Wort, Roman, Köln/Berlin 1953); Franz Norbert Mennemeier, Zielstrebige Geschichten, in: *FAZ* 31.1.1951, S. 10 (Rezension von Heinrich Böll, Wanderer, kommst du nach Spa…, Opladen 1950); Heinrich Böll, Aschermittwoch, in: *FAZ* 7.2.1951, S. 6. Bölls »Und sagte kein einziges Wort« wurde auch von Korns Gegenspieler Friedrich Sieburg in der damals noch eigenständigen *Gegenwart* sehr gelobt, sbg. [= Friedrich Sieburg], Zweistimmig, in: *Die Gegenwart* 11.4.1953.
68 Zumindest meinten die *FAZ*-Herausgeber, in der Romanfigur »Kurt Kanzel« (!) Korn zu erkennen. Welter, Akten-Vermerk Herausgebersitzung 12.12.1962, in: FAZ-Archiv,

Herausgeber 2. Januar 1962 bis 5. August 1963; *Der Spiegel* 12.12.1962, S. 99; Rudolf Krämer-Badonie, Bewegliche Ziele, Wiesbaden 1962.

69 Max Bense, Bertrand Russell, in: *FAZ* 14.11.1950, S. 6.

70 Karl Korn, Zeigt Sartre einen Ausweg?, in: *FAZ* 10.2.1950, S. 5.

71 Friedrich Baethgen, Die Stunde der Historiker, in: *FAZ* 30.11.1950, S. 6.

72 Franz Böhm, Walter Eucken, in: *FAZ* 28.3.1950, S. 7. Ein kurzer, naturgemäß sehr lobender Nachruf kam von Erich Welter im Wirtschaftsteil: ew [= Erich Welter], Walter Eucken †, in: *FAZ* 22.3.1950, S. 5f.

73 Richard Daub, Wie soll die Altstadt wieder aufgebaut werden?, in: *FAZ* 27.7.1950, S. 9.

74 FAZ-Archiv, Wichtige Anerkennungen.

75 Dazu klassisch Renate Köcher, Spürhund und Missionar. Eine vergleichende Untersuchung über Berufsethik und Aufgabenverständnis britischer und deutscher Journalisten, Diss. München 1985. Eine andere (titelgebende) These für die jüngere Zeit vertreten Michael Meyen/Claudia Riesmeyer, Diktatur des Publikums. Journalisten in Deutschland, Konstanz 2009, ähnlich der auf Erhebungen vor der Flüchtlingskrise basierende Aufsatz von Nina Steindl/Corinna Lauerer/Thomas Hanitzsch, Journalismus in Deutschland. Aktuelle Befunde zu Kontinuität und Wandel im deutschen Journalismus, in: *Publizistik* 62 (2017), S. 401–423. Jenseits von Fragen der Repräsentativität der Interviewten und der Reliabilität der nach außen kommunizierten journalistischen Selbstsicht dürfte sich das Selbstverständnis der meisten Journalisten angesichts von Flüchtlingskrise, Trump- und AfD-Bekämpfung wieder stark Richtung »Missionar« bewegt haben. Dafür sprechen auch die seit Jahrzehnten stabilen linksliberalen Präferenzen der Journalisten, die sich deutlich vom allgemeinen Elektorat unterscheiden. Auch die neuesten Befunde von Jay Rosen, Brief an die deutschen Journalisten, in: *FAZ* 1.9.2018, S. 16, deuten darauf hin.

76 Stefanie Trümper, Redaktionskultur in Deutschland am Fallbeispiel der Frankfurter Allgemeinen Zeitung und der Bild-Zeitung, in: Monika Elsler (Hg.), Die Aneignung von Medienkultur. Rezipienten, politische Akteure und Medienakteure, Wiesbaden 2011, S. 173–192.

77 Welter an Sternberger 10.12.1955 und 5.10.1957, in: DLA, A: Reifenberg 89.1011526; Hermann Ruelius, Schmunzeleien, München 1955; Nikolas Benckiser, Im Gespräch mit der Sprache. Glossen der Frankfurter Allgemeinen Zeitung über gutes und schlechtes Deutsch, Frankfurt am Main 1960; Dolf Sternberger/Gerhard Storz/Wilhelm E. Süskind, Aus dem Wörterbuch des Unmenschen, Hamburg 1957.

78 Ruelius an Domin 16.5.1978, in: DLA, A: Domin 07.2.

79 Hans Wellmann, Die Soziale Marktwirtschaft im Spiegel von Meinungsumfragen, Diss. Köln 1962.

80 Werner Abelshauser, Deutsche Wirtschaftsgeschichte, München 2011²; Manfred Görtemaker, Geschichte der Bundesrepublik Deutschland. Von der Gründung bis zur Gegenwart, München 1999, S. 59–172, hier S. 152–156.

81 J. E. [= Jürgen Eick], Das sind deutliche Antworten, in: *FAZ* 19.1.1950, S. 7.

82 Was ist »Soziale Marktwirtschaft«?, in: *FAZ* 19.6.1950, S. 2.

83 Wellmann, Soziale Marktwirtschaft, S. 24f. In der *FAZ* fand 1952 die vom Institut für Demoskopie festgestellte Unkenntnis der Sozialen Marktwirtschaft oder die mehrheitliche Ablehnung der Arbeiter der Marktwirtschaft in einigen Artikeln Erwähnung: tz., Preisdisziplin und Aufklärung, in: *FAZ* 19.1.1952, S. 3; Peter Sweerts-Sporck, Wo der Schuh drückt, in: *FAZ* 9.2.1952, S. 5; Ernst Peter Neumann, Unwissenheit ist weit verbreitet …, in: *FAZ* 15.11.1952, S. 2.

84 Wellmann, Soziale Marktwirtschaft, S. 90, 104–141.
85 Bo.[= Herbert von Borch], Sie wollen Frieden in Freiheit, in: *FAZ* 18.1.1950, S. 2. Grundlegend zum Zusammenhang von Demoskopie und Medien ist Anja Kruke, Demoskopie in der Bundesrepublik Deutschland. Meinungsforschung, Parteien und Medien 1949–1990, Düsseldorf 2007. Zur *FAZ* findet sich dort im Unterschied zu *Spiegel* und *Stern* allerdings wenig. Kruke legt nahe, dass die Zusammenarbeit in den 1970er Jahren begann, vgl. ebd., S. 490.
86 Vgl. Anton Riedl, Liberale Publizistik, S. 11.
87 Hans Wellmann, Die Soziale Marktwirtschaft im Spiegel von Meinungsumfragen, Köln 1962, S. 168f.
88 Was ist »Soziale Marktwirtschaft«?, in: *FAZ* 19.6.1950, S. 2.
89 Vgl. dazu Philip Plickert, Wandlungen des Neoliberalismus. Eine Studie zu Entwicklung und Ausstrahlung der »Mont Pèlerin Society«, Stuttgart 2008. Der Begriff »Neoliberalismus‹« findet sich auch schon in der Habilitationsschrift von Hans Kelsen, Hauptprobleme der Staatsrechtslehre entwickelt aus der Lehre vom Rechtssatze, Tübingen 1911, Vorrede, S. XI. Nachweisen lässt sich der Begriff im deutschen Sprachraum bereits 1888 (Recherche in Google Books über den Ngram Viewer). Zum noch älteren britischen wohlfahrtsstaatlichen und sozialidealistischen New Liberalism vgl. Peter Hoeres, Krieg der Philosophen. Die deutsche und die britische Philosophie im Ersten Weltkrieg, Paderborn u. a. 2004.
90 Welter an Götz 2. Juni 1962, in: BArch N 1314, Nr. 221.
91 Welter an Eick und Vetter 28.4.1966, in: FAZ-Archiv, Eick. Korrespondenz mit Professor Welter. 1. März 1965–31. August 1966.
92 Eick, Protokoll über die Herausgebersitzung vom 21.2.1973, in: FAZ-Archiv, H 1.4.1971–31.3.1973.
93 Wiegand, Konferenzprotokoll vom 20.1.1977, S. 3, in: FAZ-Archiv, Redaktionskonferenzen 1.1.1975–31.12.1977.
94 Erich Welter, Nationalökonomie für alle, in: *FAZ* 27.5.1950, S. 9.
95 Vgl. das postum erschienene Werk Walter Euckens Grundsätze der Wirtschaftspolitik, hg. von Edith Eucken-Erdsiek und Karl Paul Hensel, Bern/Tübingen 1952. Zur Genese und Kontextualisierung von Eucken vgl. Nils Goldschmidt, Entstehung und Vermächtnis ordoliberalen Denkens. Walter Eucken und die Notwendigkeit einer kulturellen Ökonomik, Münster 2002.
96 Eucken an Welter 3.2.1950, in: BArch N 1314. Nr. 57.
97 Vgl. beispielsweise Erich Welter, Mitbestimmung – wo?, in: *FAZ* 11.3.1950, S. 5; ders., Die Leitung der Betriebe, in: *FAZ*, 13.3.1950, S. 5.
98 Oswald von Nell-Breuning S.J., Das Mitbestimmungsrecht, in: *FAZ* 9.1.1950, S. 6.
99 Vgl. beispielsweise Professor Dr. Ludwig Erhard, Aufrüstung in illusionärer Schau, in: *FAZ* 25.10.1954, S. 9; Dr. C. H. Müller-Graaf [sonst Mueller-Graaf geschrieben], Echte Handelsverträge, in: *FAZ* 24.10.1950, S. 7; Maximilian Kutzner, Das Wirtschaftsressort der Frankfurter Allgemeinen Zeitung in den wirtschaftspolitischen Diskussionen der 1950er Jahre, in: *Vierteljahrschrift für Sozial- und Wirtschaftsgeschichte* 101 (2014), S. 488–499; Bernhard Löffler, Soziale Marktwirtschaft und administrative Praxis. Das Bundeswirtschaftsministerium unter Ludwig Erhard, Stuttgart 2002, S. 263–275.
100 Anwesend waren neben Regierungssprecher, Kanzleramtschef und Erhards Büroleiter von der *FAZ* auch Jürgen Tern und Alfred Rapp, Welter sprach aber auch noch unter vier Augen mit Erhard. Welter über den Besuch bei Bundeskanzler Erhard 30.7.1964, in: FAZ-Archiv, 1960. 1961. 1962. 1963. 1964. 1965.

101 Riedl, Liberale Publizistik, S. 46f.

102 Die Bezeichnung war eine nur durch das nicht exakte Homonym (Homophon) gerechtfertigte Anspielung auf die »Brigade Ehrhardt«, die als Freikorps nach dem Ersten Weltkrieg als Anhängerschaft des Kapitäns Hermann Ehrhardt entstanden war und in Fortführung als »Organisation Consul« eine erstaunlich stabile Anhängerschaft während der Weimarer Republik besaß, bis sie gegen den Widerstand ihres Führers zwangsweise in die SS überführt wurde. Mitglieder dieser Organisationen waren an der Ermordung von Reichsaußenminister Walther Rathenau und weiteren politischen Morden beteiligt. Inhaltlich hatten also beide Gruppen keine Berührungspunkte. Die Bezeichnung ist aufschlussreich für den forschen Umgangston der Nachkriegszeit.

103 Fritz Ullrich Fack selbst will den Begriff nur als Bezeichnung für die wenigen Wirtschaftsjournalisten – allesamt für Printmedien tätig – des Neuhauser Kreises verstanden wissen, in der Literatur wird er aber für die engagierten Unterstützer Erhards, die sich regelmäßig im Wirtschaftsministerium oder bei Bierabenden trafen, verwendet; Mail von Herrn Fack an den Verfasser vom 19.7.2016; Löffler, Soziale Marktwirtschaft, S. 269f.

104 Dechamps, Protokoll über die Herausgebersitzung vom 22.9.1965, in: FAZ-Archiv, Herausgeber 1. April 1963–Dezember 1965.

105 *Der Spiegel* 3.10.1960, S. 28f.

106 Nach der Erinnerung von Fritz Ullrich Fack handelte es sich dabei um Klaus Emmerich, der unter anderem für die *Süddeutsche Zeitung* schrieb, Mail von Herrn Fack vom 9.9.2016.

107 Fritz Ullrich Fack, »Ich brauche mich Ihnen nicht vorzustellen«, Ludwig Erhard im Wahlkampf und unter Freunden, in: *FAZ* 1.2.1997, S. 15. Weitere Auskünfte erteilte Herr Dr. Fack in einem Gespräch im Juli 2016 in Bad Honnef. Zum Sturz Erhards nach der USA-Reise siehe Peter Hoeres, Außenpolitik und Öffentlichkeit. Massenmedien, Meinungsforschung und Arkanpolitik in den deutsch-amerikanischen Beziehungen von Erhard bis Brandt, München 2013, S. 233–255.

108 Welter an Haffner 3.2.1967, in: BArch N 1314, Nr. 287.

109 Siehe <http://www.ludwig-erhard-stiftung.de/index.php?seite=15> (18.3.2019).

110 Welter an Eick 30.10.1957, in: BArch N 1314, Nr. 55.

111 Gespräch mit Jürgen Jeske am 6. September 2013 und 11. November 2016 in Frankfurt am Main.

112 Vgl. Sahra Wagenknecht, Freiheit statt Kapitalismus. Über vergessene Ideale, die Eurokrise und unsere Zukunft, Frankfurt am Main 2012.

113 So Fritz Ullrich Fack in einem Gespräch mit dem Verfasser am 1. Juli 2016 in Bad Honnef.

114 Martin Herzer, The Rise of Euro-journalism. The Media and the European Communities, 1950s–1970s, Diss. Florenz 2017, Kapitel 2, 4 und 5. Ich danke Herrn Dr. Herzer für die Überlassung des noch ungedruckten Manuskriptes, das 2020 unter dem Titel »The Media, European Integration and the Rise of Euro-journalism, 1950s–1970s« bei Palgrave Macmillan publiziert wird.

115 Walter Hallstein, Der unvollendete Bundesstaat. Europäische Erfahrungen und Erkenntnisse, unter Mitarbeit von Hans Herbert Götz und Karl-Heinz Narjes, Düsseldorf 1969; ders., Die Europäische Gemeinschaft, Düsseldorf 1973. Vgl. dazu Herzer, The Rise, S. 92f. Die Wertschätzung Hallsteins brachte Götz noch in einem Gespräch mit Marianne Englert am 31.10.1994 zum Ausdruck, in: FAZ-Archiv, F.A.Z. Zeitzeugen A–J.

116 Vgl. Riedl, Liberale Publizistik, S. 217–292.
117 Siehe *FAZ* 31.7.1954, S. 1. Vgl. ferner Erich Welter, Erhards schwerste Aufgabe, in: *FAZ* 10.6.1952, S. 1; Alex Haffner, Die Probe der Marktwirtschaft, in: *FAZ* 13.2.1954, S. 7.
118 Kutzner, Marktwirtschaft schreiben, S. 135–157.
119 h. g. [= Hans Herbert Götz], Berg bei Erhard, in: *FAZ* 4.8.1954, S. 11; F.A.Z., Gegen ein Kartellverbot, in: *FAZ* 17.8.1954, S. 3 (erstes Zitat); Industrielle für das Kartellverbotsgesetz. Führende Unternehmer unterstützen Erhard, in: *FAZ* 31.07.1954, S. 1 (zweites Zitat).
120 Riedl, Liberale Publizistik, S. 217–292.
121 Jan-Otmar Hesse, Abkehr vom Kartelldenken? Das Gesetz gegen Wettbewerbsbeschränkungen als ordnungspolitische und wirtschaftstheoretische Zäsur der Ära Adenauer, in: Hans-Günther Hockerts/Günther Schulz (Hg.), Der »Rheinische Kapitalismus« in der Ära Adenauer, Paderborn 2016, S. 29–49.
122 Vgl. Fritz Ullrich Fack, Die deutschen Stahlkartelle in der Weltwirtschaftskrise. Untersuchung über den ökonomisch-politischen Einfluss ihres Verhaltens und ihrer Marktmacht auf den Verlauf der großen deutschen Staats- und Wirtschaftskrise, Diss. Berlin 1957.
123 Gespräch mit Herrn Dr. Fritz Ullrich Fack am 1. Juli 2016 in Bad Honnef.
124 Fk [= Fritz Ullrich Fack], Bergs Katastrophen-Theorie, in: *FAZ* 1.10.1960, S. 7.
125 Vgl. etwa Fritz-Ullrich Fack, Eine bittere Lektion, in: *FAZ* 23.7.1969, S. 1. Fack schrieb seine Vornamen bisweilen mit Bindestrich.
126 Herausgebervertrag 1.5.1952 [unterschrieben von den Herausgebern und Geschäftsführern], in: FAZ-Archiv, H 1.1.1969–31.3.1971.
127 Liebhilt von Caprivi (Zitat) und Welters Sekretärin Franziska Eisenbarth im Gespräch mit Marianne Englert am 26.10. und 21.10.1994, in: FAZ-Archiv, F.A.Z. Zeitzeugen A–J.
128 Akten Erich Welter – Chronik der Zeitung, in: FAZ-Archiv, Zusammenfinden der Redaktion // Chronik der Zeitung // Geschichte der Zeitung // Vertrauensleute // Herausgeberangelegenheiten // Akten Welter.
129 Vgl. dazu die Würdigung Welters am 28.4.1965 in der Sitzung des Kuratoriums der FAZIT-Stiftung, in: Haffner, Aufzeichnungen, S. 246f.; Gespräch mit Herrn Dr. Fritz Ullrich Fack am 26. Januar 2019 in Bad Honnef.
130 Satzung der FAZIT-Stiftung in: DLA, A: Sternberger, 89.10223; FAZIT-STIFTUNG, Historie. Die Sicherung der Unabhängigkeit, <http://www.FAZIT-stiftung.de/historie.html> (18.3.2019).
131 Paper is reorganized, in: *The New York Times* 26.4.1959, S. 37.
132 Haffner an Mitglieder des Förderkreises 21.3.1960, in: FAZ-Archiv, FAZIT-Akten Welter/Förderer und FAZIT Geschichte, Zusammenstellung von Frau Graefe.
133 Haffner, Aufzeichnungen, S. 249.
134 Baumgarten an Haffner 1.4.1955, in: BArch N 1314, Nr. 239.
135 Welters Aktennotiz vom 10.8.1955, in: BArch N 1314, Nr. 239.
136 Thomas Maissen, Geschichte der NZZ 1780–2005. Mit einem Anhang von Konrad Stamm über die Auslandsberichtserstattung, Zürich 2005, S. 266, 270.
137 Haffner, Aufzeichnungen, S. 221, 249.
138 Kurt Rudzinski, Verspielt Karlsruhe eine Chance der Atomtechnik?, in: *FAZ* 1.6.1965, S. 13; ders., Die Dampfkühlung setzt sich durch, in: *FAZ* 26.1.1966, S. 27; ders., Milliarden für den Schornstein?, in: *FAZ* 26.10.1968, S. 2; ders., Dampfbrüter-Brennelemente – kein Risiko, in: *FAZ* 18.12.1968, S. 34; ders., Reaktortheologie und Reak-

torrealität, in: *FAZ* 27.1.1969, S. 7; ders., Falsche Prognosen im Projekt Schneller Brüter, in: *FAZ* 8.4.1970, S. 33; ders., Das Ende der Natriumbrüter-Illusionen, in: *FAZ* 6.5.1970, S. 1.

139 Beispielsweise *Der Spiegel* 2.12.1968, S. 195–198, und 2.6.1969, S. 158–165.

140 Tern, Protokoll über die Herausgebersitzung 13.11.1968, S. 3, in: FAZ-Archiv, H 1966 bis Dez. 1968. S. 3. Freundliche Mitteilung von Dr. Gerd Giesler vom 11.2.2019.

141 Dechamps, Protokoll über die Herausgebersitzung 10.6.1970, S. 4f.; ders., Protokoll über die Herausgebersitzung 23.9.1970, S. 3, in: FAZ-Archiv, H 1.1.1969–31.3.1971.

142 Heinz Brestel, Kübel contra Nordhoff, in: *FAZ* 3.6.1967, S. 7.

143 Eick, Protokoll über die Herausgebersitzung vom 20.9.1967, S. 5, 27.9.1967, S. 2f., in: FAZ-Archiv, 1966–1967.

144 Eick an Welter 3.11.1967, in: FAZ-Archiv, Eick Korrespondenz. Prof. Welter, 1. September 1966–30. November 1967.

145 So Bruno Dechamps zitiert in: Hans-Jürgen Jakobs, F.A.Z.: Konzern für Deutschland, in: *COPY* 2 (1988), Heft 1–2, S. 18–27, hier S. 27.

146 Anhang: Signa 16.5.1956, in: FAZ-Archiv, Zusammenfinden der Redaktion // Chronik der Zeitung // Geschichte der Zeitung // Vertrauensleute // Herausgeberangelegenheiten // Akten Welter; Frankfurter Allgemeine Zeitung GmbH (Hg.), Sie redigieren und schreiben die Frankfurter Allgemeine, Zeitung für Deutschland, Frankfurt am Main 1960, S. 9.

147 Schreiben Eicks 9.12.1957, in: BArch N 1314, Nr. 414.

148 Aktennotiz Eick 3.12.1957, in: BArch N 1314, Nr. 414.

149 Aktennotiz Eick 3.12.1957, in: BArch N 1314, Nr. 414. Die Gespräche fanden an unterschiedlichen Tagen statt, die Aktennotizen wurden aber alle auf den 3.12.1957 datiert.

150 Höpfl an Welter und Welter an Höpfl 8.3.1956, in: BArch N 1314, Nr. 412.

2 VERGANGENHEITSPOLITIK

1 Hermann Lübbe, Der Nationalsozialismus im deutschen Nachkriegsbewusstsein, in: *Historische Zeitschrift* 236 (1983), S. 579–599, Zitat S. 594.

2 Vgl. dazu mit teilweise anderen Akzenten Eckart Conze, Die Suche nach Sicherheit. Eine Geschichte der Bundesrepublik Deutschland von 1949 bis in die Gegenwart, München, S. 214–225; Manfred Görtemaker, Geschichte der Bundesrepublik Deutschland. Von der Gründung bis zur Gegenwart, München 1999, S. 199–217; Axel Schildt/Detlef Siegfried, Deutsche Kulturgeschichte. Die Bundesrepublik – 1945 bis zur Gegenwart, Bonn/München 2009, S. 21–152; Matthias Stickler, Flucht und Vertreibung in Mitteleuropa als Folge des Zweiten Weltkriegs, in: Dirk Reitz/Hendrik Thoß (Hg.), Sachsen, Deutschland und Europa im Zeitalter der Weltkriege, Berlin 2019, S. 297–326; Edgar Wolfrum, Die geglückte Demokratie. Geschichte der Bundesrepublik Deutschland von ihren Anfängen bis zur Gegenwart, Stuttgart 2006, S. 20–41, 169–186.

3 Die internationale vergleichende Erforschung steht bei diesem Thema erst am Anfang, vgl. aber die Sektion des Historikertages »Gespaltene Erinnerung und Elitenkontinuitäten. Posttotalitäre Gesellschaften im Vergleich« auf dem Historikertag in Münster 2018, die vergleichend China, Deutschland (frühe Bundesrepublik/DDR), Italien, Österreich und Russland/Sowjetunion in den Blick nimmt. Ein Tagungsbericht von Maximilian Kutzner findet sich auf H-Soz-Kult, 2.11.2018, <https://www.hsozkult.de/

conferencereport/id/tagungsberichte-7923> (18.3.2019). Vgl. ferner Manfred Kittel, Nach Nürnberg und Tokio. »Vergangenheitsbewältigung« in Japan und Westdeutschland 1945 bis 1969, München 2004.

4 1. Deutscher Bundestag. Stenographisches Protokoll der 5. Sitzung. 20.9.1949, Bonn 1949, S. 22–30, online unter <http://dipbt.bundestag.de/doc/btp/01/01005.pdf> (18.3.2019).

5 Norbert Frei, Vergangenheitspolitik. Die Anfänge der Bundesrepublik und die NS-Vergangenheit, München 2012 (zuerst 1996), S. 13f.

6 Siehe den Herausgebervertrag in: Bruno Dechamps, Frankfurter Allgemeine Zeitung, in: Heinz-Dietrich Fischer (Hg.), Chefredakteure. Publizisten oder Administratoren? Status, Kompetenz und kommunikative Funktion von Redaktionsleitern bei Tages- und Wochenzeitungen, Düsseldorf 1980, S. 109f. 1952 war diese inhaltliche Passage im Herausgebervertrag noch nicht enthalten, siehe den Herausgebervertrag 1.5.1952 [unterschrieben von den Herausgebern und Geschäftsführern], in: FAZ-Archiv, H 1.1.1969–31.3.1971.

7 Siering, Zeitung für Deutschland, S. 53–57.

8 Schäfer, Welter, S. 79–119.

9 Erich Welter, Der Weg der deutschen Industrie, Frankfurt am Main 1943, Zitate S. VIII, 2f., 196, 199.

10 Schäfer, Welter, S. 110f.; siehe zu Sieburg mit weiteren Literaturangaben unten Kapitel 4.

11 Karl Korn, Lange Lehrzeit. Ein deutsches Leben, Frankfurt am Main 1975, S. 296–315. In dieser Autobiographie, die nur die Zeit bis 1941 abdeckt, äußert sich Korn zwar zu seiner Entlassung aus dem *Reich*, kein Wort verliert er aber über die Lobpreisung des »Jud Süß«-Films.

12 Karl Korn, Der Hofjude, in: *Das Reich* 29.9.1940, S. 18.

13 Helene Rahms, Zwischen den Zeilen. Mein Leben als Journalistin im Dritten Reich, Bern/München/Wien 1997; Wilfried Wiegand, Liebevolle Genauigkeit, in: *FAZ* 16.1.1999, S. 41.

14 Frederic Schulz, Am Webstuhl der Zeit – Das Politikressort der *FAZ* 1949–1989 (in Vorbereitung), Kapitel NS-Vergangenheiten im politischen Ressort; Kutzner, Marktwirtschaft schreiben, S. 106–124; Narz, Kultur im Widerstreit, Kapitel Vergangenheiten 1933–45.

15 Schäfer, Welter, S. 124–130.

16 Walter Henkels, 38 Mann stürmen Vichy, Berlin 1943; Jupp Müller-Marein [= Josef Müller-Marein], Panzer stoßen zum Meer. Die Tankschlacht vor Namur und der Vormarsch durch Frankreich, Berlin 1940; Henri Nannen, Störungsfeuer von »M 17«. Ein Flaksoldat besteht seine Feuerprobe, Berlin 1943.

17 Bescheid des Landesamtes vom 9.12.1955, undatierter Lebenslauf von Erich Dombrowski sowie weitere Materialien, in: BArch Koblenz, N 1797, Nr. 35.

18 Dps. [= Bruno Dechamps], Joachim Schwelien gestorben, in: *FAZ* 27.4.1978, S. 4.

19 Joachim Fest, Friedrich Sieburg, in: *FAZ* 19.7.1980, BuZ S. 1f.; Schulz, Webstuhl der Zeit, Kapitel NS-Vergangenheiten im politischen Ressort.

20 Welter, Aktennotiz über die Herausgebersitzung vom 21.1.1953, S. 2, in: FAZ-Archiv, Akten der Geschäftsführung. Werner G. Hoffmann. Herausgeberkonferenzen 12.12.1950–23.12.1959; P. M. [= Paul Medina], Oradour …, in: *FAZ* 15.3.1950, S. 3.

21 Bussiek, Reifenberg, S. 294–301, 343–368.

22 Schulz, Webstuhl der Zeit, Kapitel NS-Vergangenheiten im politischen Ressort der *FAZ*.

23 Hans Heinz Stuckenschmidt, Zum Hören geboren. Ein Leben mit der Musik unserer Zeit, München/Zürich 1979, S. 128–176.

24 Kutzner, Marktwirtschaft schreiben; Antje Robrecht, »Diplomaten in Hemdsärmeln«? Auslandskorrespondenten als Akteure in den deutsch-britischen Beziehungen, 1945–1962, Augsburg 2010, S. 32–34; Roland Hill, A Time out of Joint. A Journey from Nazi Germany to Post-War Britain, London/New York 2007; Frankfurter Allgemeine Zeitung GmbH (Hg.), Sie redigieren und schreiben die Frankfurter Allgemeine, Zeitung für Deutschland, Frankfurt am Main 1960.

25 Hilde Spiel, Die hellen und die finsteren Zeiten. Erinnerungen 1911–1945, München 1989; dies., Welche Welt ist meine Welt? Erinnerungen 1946–1989, München 1990.

26 Siering, Zeitung für Deutschland, S. 65f.

27 Peter Grubbe, Links immer leiser?, in: *Der Spiegel* 21.4.1965, S. 136–145.

28 Philipp Maußhardt, Es gibt zwei Leben vor dem Tod, in: *taz* 29.9.1995, S. 12–14; Interview mit Grubbe »Ich bin mit mir im reinen«, in: *Der Spiegel* 9.10.1995, S. 250–252; Gerhard von Jordan, »Es war oft auch recht lustig«, in: *Der Spiegel* 16.10.1995, S. 92–101.

29 Peter Grubbe, »Nazis« auf der Bühne, in: *FAZ* 2.3.1950, S. 8.

30 Interview mit Grubbe »Ich bin mit mir im reinen«, in: *Der Spiegel* 9.10.1995, S. 250–252.

31 Helmut König/Wolfgang Kuhlmann/Klaus Schwabe (Hg.), Vertuschte Vergangenheit. Der Fall Schwerte und die NS-Vergangenheit der deutschen Hochschulen, München 1997.

32 Peter Grubbe, Die auf Steinen schlafen. Kleine Bilder einer großen Reise von London nach Hongkong, Wiesbaden 1953. Bei der Angabe zum Autor wird in Klammern »Klaus Volkmann« (sic!) vermerkt. Der Band von Ulrich Völklein, Die verweigerte Schuld: Gespräche mit einem Täter. Wie aus dem NS-Kreishauptmann der linksliberale Publizist Peter Grubbe wurde, Hamburg 2000, konfrontiert Volkmann mit den Vorwürfen und zeigt dabei auch die Komplexität der schwer nachprüfbaren Materie auf (zu Belzec dort S. 66f. und S. 139). Vgl. auch Bogdan Musial, Deutsche Zivilverwaltung und Judenverfolgung im Generalgouvernement. Eine Fallstudie zum Distrikt Lublin 1939–1944, Wiesbaden 1999, zu den Deportationen nach Belzec S. 306f.

33 Vgl. Lutz Hachmeister, Ein deutsches Nachrichtenmagazin. Der frühe »Spiegel« und sein NS-Personal, in: ders./Friedemann Siering (Hg.), Die Herren Journalisten. Die Elite der Deutschen Presse nach 1945, München 2002, S. 87–120; Knud von Harbou, Als Deutschland seine Seele retten wollte. Die Süddeutsche Zeitung in den Gründerjahren nach 1945, München 2015; ders., Wege und Abwege. Franz Josef Schöningh, Mitbegründer der Süddeutschen Zeitung. Eine Biografie, München 2013; Matthias Weiß, Journalisten: Worte als Taten, in: Norbert Frei (Hg.), Karrieren im Zwielicht. Hitlers Eliten nach 1945, Frankfurt am Main 2001, S. 241–301, sowie die entsprechenden Beiträge in Christian Haase/Axel Schildt (Hg.), DIE ZEIT und die Bonner Republik. Eine meinungsbildende Wochenzeitung zwischen Wiederbewaffnung und Wiedervereinigung, Göttingen 2008.

34 Aktenvermerk über die Herausgeberkonferenz 21.3.1956, in: FAZ-Archiv, Protokolle der Herausgebersitzungen 1.1.1955 bis 19.2.1958.

35 Protokoll über die Herausgebersitzung vom 27.11.1951; 18.12.1951; 2.1.1952; 28.2.1952; 30.9.1952; 22.4.1953; 8.9.1953, in: FAZ-Archiv, Akten der Herausgeber. Erich Welter. Herausgeber-Konferenzen 1.1.1951–24.12.1954; Schulz, Am Webstuhl der Zeit, Kapitel NS-Vergangenheiten im politischen Ressort der *FAZ*.

36 Werner Bökenkamp, Unbewältigte Tradition, in: *FAZ* 8.5.1959, S. 14. Reifenberg war bei der Tagung, über die Bökenkamp berichtete, zugegen gewesen.

37 Narz, Kultur im Widerstreit, Kapitel Der verhinderte »Fall Bökenkamp«; Frankfurter Allgemeine Zeitung GmbH (Hg.), Sie redigieren und schreiben die Frankfurter Allgemeine, Zeitung für Deutschland, Frankfurt am Main 1964, S. 12.
38 Werner Bökenkamp, Paris, Hitler und ich, in: *FAZ* 21.1.1971, S. 22. Bei den im Artikel nicht bibliographisch angegebenen Erinnerungen handelte sich um Arno Breker, Paris, Hitler et moi, Paris 1970.
39 Höhn an Eick 10.8.1962, in: FAZ-Archiv, Eick. Korrespondenz Prof. Welter. 1. April 1962–31. August 1963.
40 Eick an Welter 13.6.1962, dann noch einmal insistierend Eick an Welter 28.8.1962, in: FAZ-Archiv, Eick. Korrespondenz Prof. Welter. 1. April 1962–31. August 1963. Zu Schmitt siehe Carl Schmitt, Weisheit der Zelle [1947], in: *FAZ* 26.8.1950, S. 19.
41 Welter an Eick 5.9.1962, in: FAZ-Archiv, Eick. Korrespondenz Prof. Welter. 1. April 1962–31. August 1963.
42 Reinhard Höhn 75, in: *FAZ* 27.7.1979, S. 13.
43 Uwe Wesel, Der Letzte, in: *FAZ* 23.5.2000, S. 54.
44 Kurt Ziesel, Das verlorene Gewissen. Hinter den Kulissen der Presse, Literatur und ihrer Machtträger von heute, München 1958[2]. Ziesel verlieh das Prädikat »Literaturpapst« auch Kollegen von Korn, besonders W. E. Süskind nahm er ins Visier, der ebenfalls für *Das Reich* gearbeitet hatte und nun für die *Süddeutsche Zeitung* tätig war. In einem Band zur Rezeption seines Buches legte er gegen Korn vor allem im Hinblick auf dessen Verteidigung seiner Tätigkeit als Sonderführer innerhalb der Inspektion des Erziehungs- und Bildungswesens des Heeres bei der Herausgabe der Hefte *Erziehung und Bildung im Heere* nach: Kurt Ziesel, Die Geister scheiden sich. Dokumente zum Echo auf das Buch »Das verlorene Gewissen«. Eine Auswahl aus über 3000 in- u. ausländischen Pressestimmen und aus Tausenden von Briefen an den Verfasser. Die Reaktion der Betroffenen, München 1959. Vgl. auch Marcus M. Payk, Der Geist der Demokratie. Intellektuelle Orientierungsversuche im Feuilleton der frühen Bundesrepublik. Karl Korn und Peter de Mendelssohn, München 2008, S. 315–327; Axel Schildt, Im Visier: Die NS-Vergangenheit westdeutscher Intellektueller. Die Enthüllungskampagne von Kurt Ziesel in der Ära Adenauer, in: *Vierteljahrshefte für Zeitgeschichte* 64 (2016), S. 37–68.
45 ri. [= Margret Boveri], Rudolf Sparing †, in: *FAZ* 6.5.1955, S. 2.
46 Heinrich Hahne, Siegfried im Flugzeug, in: *FAZ* 6.9.1952, BuZ S. 5 (Rezension von Kurt Ziesel, Und was bleibt ist der Mensch, Stuttgart 1951); dazu Ziesel, Das verlorene Gewissen, S. 41.
47 So in einem Brief an den ebenfalls von Ziesel attackierten und klagenden Präsidenten der Deutschen Akademie für Sprache und Dichtung Hermann Kasack vom 22.12.1958, in: FAZ-Archiv, Akten der Herausgeber – Karl Korn – Unterlagen über Kurt Ziesel.
48 Boveri an Korn 5.4.1958, in: DLA, A: Korn, Karl 11.19.6/1-43.
49 Korn nach dem ersten Prozess an den Herausgeber und Chefredakteur der Zeitschrift *Der Abend* Maximilian Müller-Jabusch vom 24.11.1959, in: FAZ-Archiv, Z. M–Z.
50 *Die Welt* 13.10.1959, S. 4. Dort wurde ausgeführt, dass Ziesel die »massivsten Vorwürfe« weiter erheben dürfe; so, dass »Korn seine Feder dem nationalsozialistischen System ›verkauft‹ habe« und dass er sich »zum ›Handlager antisemitischer Äußerungen hergegeben‹ habe«.
51 Karl Korn, Der Mensch, der Kommandant von Auschwitz war, in: *FAZ* 27.9.1958, BuZ S. 5 (Rezension von: Kommandant in Auschwitz. Autobiographische Aufzeichnungen

von Rudolf Höß. Im Auftrag des Instituts für Zeitgeschichte eingeleitet und kommentiert von Dr. Martin Broszat, Stuttgart 1958).

52 K. K. [= Karl Korn], Die Untat in Köln, in: *FAZ* 28.12.1959, S. 1.

53 [Ohne Autorenangabe], Moralische Urheber, in: *Deutsche Zeitung mit Wirtschaftszeitung* 30.12.1959, S. 1; Karl Korns verdeckter Widerstand, in: *Deutsche Zeitung mit Wirtschaftszeitung* 8.1.1960, S. 5. Der Brief Korns an Hellwig stammt vom 31.12.1959, siehe die Abschrift in: FAZ-Archiv, Akten der Herausgeber – Karl Korn – Stimmen zugunsten Korns. Leumundszeugnisse 1959/60; Kurt Ziesel, Nachwort zur sechsten Auflage von Das verlorene Gewissen, München 1960^{6}, S. 175–177. Das umfangreiche, sich intensiv mit Korn beschäftigende Nachwort ist mit »20. Oktober 1959« datiert, im selbigen wird aber bereits das OLG-Urteil vom 23. März 1960 zitiert (S. 178 und S. 209).

54 Carl Linfert, »Jud Süß«, in: *FZ* 26.9.1940, S. 4.

55 Pressekonferenz der Reichsregierung vom 24.9.1940. Zitiert von Fritz Sänger in einem Brief an Korn vom 8.2.1960, in: FAZ-Archiv, Korn/Ziesel II.

56 *Der Spiegel* 20.1.1960, S. 33; Korn an von Schlabrendorff 20.1.1960, Welter an Besser 16.3.1960 (dort das Zitat), in: FAZ-Archiv, Z. M–Z.

57 Heuss an Korn 5.8.1959, FAZ-Archiv, Z. A–L.

58 Korn an Heuss 24.10.1959, in: FAZ-Archiv, Z. A–L.

59 Heuss an Welter 17.2.1960, in: FAZ-Archiv, Ziesel -/- Korn 1959–1960.

60 Kurt Ziesel, Die Legende vom »Reich«, in: *Europäischer Kulturdienst* 8 (1959), Nr. 12, S. 6–15.

61 Walter Dirks, Wie wir unsere Vergangenheit bewältigen, in: *Frankfurter Hefte* 15 (1960), S. 81–84.

62 Erklärung an Eides statt von Frau Dr. Margret A. Boveri am 29. Oktober 1959 in Berlin, in: FAZ-Archiv, Z.1960.

63 Erklärung an Eides statt von Helene Becker-Rahms vom 20.10.1959, in: FAZ-Archiv, Korn/Ziesel II.

64 Margret Boveri, Wir lügen alle. Eine Hauptstadtzeitung unter Hitler, Olten/Freiburg im Breisgau 1965. Vgl. dazu Payk, Geist der Demokratie, S. 325–327.

65 Urteil des 7. Zivilsenates des Oberlandesgerichts München in Sachen Dr. Karl Korn gegen J. F. Lehmanns Verlag K.G., verkündet am 23.3.1960, in: FAZ-Archiv, Prozeß Korn-Ziesel 1959/60.

66 Welter an Verlagsdirektor Hoffmann 8.3.1960, in: FAZ-Archiv, Rechtsstreit Korn-Ziesel 1960.

67 *Deutsche Zeitung mit Wirtschaftszeitung* 24.3.1960.

68 Schütte an Korn 25.3.1960, in: FAZ-Archiv, Z. M–Z.

69 *FAZ* 24.3.1960, S. 4. Weitere Pressestimmen in: FAZ-Archiv, Ziesel -/- Korn 1959–1960.

70 Korn an Freunde und Kollegen 28.3.1960, in: FAZ-Archiv, Z.1960.

71 Kurt Ziesel, Der rote Rufmord. Eine Dokumentation zum Kalten Krieg, Tübingen/Neckar 1961, S. 220f., ferner in der sechsten und achten Auflage von Das verlorene Gewissen, S. 178 beziehungsweise S. 150.

72 Korn an Jürgen Petersen 8.2.1960, in: FAZ-Archiv, Z. M–Z.

73 Ziesel, Das verlorene Gewissen, sechste Auflage, S. 167–174.

74 Heinrich Böll, Der Schriftsteller und Zeitkritiker Kurt Ziesel, in: *Die Zeit* 16.3.1962, S. 9.

75 Ziesel setzte Auszüge aus drei Briefen von Strauß an den Anfang seines Bandes Die Geister scheiden sich, S. 21.

76 Welter an Verlagsdirektor Hoffmann 8.3.1960, in: FAZ-Archiv, Rechtsstreit Korn-Ziesel 1960; K.K. [= Karl Korn], Dwingers Stimme, in: *FAZ* 31.10.1950, S. 6; Dwinger an

Baumgarten 20.1.1960 und 7.3.1960, in: FAZ-Archiv, Akten der Herausgeber – Karl Korn – Unterlagen über Kurt Ziesel.

77 So meinte Welter gegenüber Heinz Stadlmann über die Vergangenheit von Korn (und Noelle) im *Reich*: »Nur Leute, die hinter dem Mond leben, denken noch, das sei belastend.« Welter an Stadlmann 20.6.1969, in: FAZ-Archiv, Akten der Herausgeber – Erich Welter. Korrespondenz Stadlmann.

78 Welter an Korn 30.10.1959, in: FAZ-Archiv, Z. M–Z; Pritzkoleit, Wem gehört Deutschland?, S. 219–227. Pritzkoleit hob insbesondere auf Welters 1943 publiziertes Buch »Der Weg der deutschen Industrie« ab.

79 RA Besser an Herausgeber der *FAZ* 7.8.1961, in: FAZ-Archiv, Ziesel -/- Korn 1959–1960; Ziesel, Der rote Rufmord, S. 220. Ziesel berichtete in diesem Zusammenhang, dass er den hessischen Kultusminister Ernst Schütte (SPD) aufgefordert habe, Korn als Leiter des Hauptausschusses der »Filmbewertungsstelle der Länder« abzuberufen, wo »alle jene linksintellektuellen Hetzfilme gegen die Bundesrepublik als künstlerisch wertvoll deklariert werden, die dann mit besonderem Beifall in Pankow und Moskau als Beweis für die verkommene Bundesrepublik aufgeführt und in Deutschland selbst dank ihrer Steuerbegünstigung in die kleinsten Dorfkinos geschleust werden« (S. 219f.).

80 Friedrich Sieburg, Nichts da, Leute!, in: *FAZ* 3.10.1959, BuZ S. 5 (Rezension von Wladimir Nabokov, Lolita. Roman, aus dem Amerikanischen von Helen Hessel unter Mitarbeit von Maria Carlsson, G. von Rezzori, Kurt Kusenberg, H. M. Ledig-Rowohlt, Hamburg 1959).

81 Kurt Ziesel, Vom Hitler-Agenten zum Lolita-Agenten. Ein ungewöhnliches Porträit [sic] Friedrich Sieburgs – Das würdige Pendant zum »Handlanger des Antisemitismus«, in: *Europäischer Kulturdienst* Nr. 9/10; ausführlich dann auch in der achten Auflage von ders., Das verlorene Gewissen. Hinter den Kulissen der Presse, Literatur und ihrer Machtträger von heute, 8. ergänzte und umgearbeitete Auflage, München 1962, S. 150–154. Ziesel hatte Sieburg brieflich mit den Vorwürfen konfrontiert, dieser hatte darauf nicht geantwortet, den Brief aber an Welter und Korn weitergegeben. Welter hatte sich bei Joachim Schwelien in Paris nach dem von Ziesel inkriminierten, aus der Rede vor der »Groupe Collaboration« hervorgegangenen Heft Sieburgs (France d'hier et de demain. Préambule de Bernard Grasset, Paris 1941) erkundigt, das dieser aber nicht fand. Welter bat auch Rechtsanwalt Besser wie im Fall Korns um eine Begutachtung. Ziesel an Sieburg 7.12.1959, in: FAZ-Archiv, Korn/Ziesel II.; Welter an Korn 18.1.1960, in: FAZ-Archiv, Rechtsstreit Korn-Ziesel 1960; Schwelien an Welter 11.2.1960, Welter an von Schlabrendorff 2.2.1960, in: FAZ-Archiv, Z. M–Z. Korn an Sieburg 16.12.1960, in: FAZ-Archiv, Z. M–Z; Protokoll der Sitzung der Herausgeber 30.11.1960, in: DLA, A: Reifenberg II. 79.3640.

82 Ziesel, Das verlorene Gewissen, sechste Auflage, S. 174; E. J. [= Ernst Johann], Hans Grimm, in: *FAZ* 29.9.1959, S. 14.

83 Armin Mohler, Vergangenheitsbewältigung ist Gegenwartsmanipulation, in: *Criticón* (1976), S. 57–62.

84 Damit hatte sich Korn gegen die Intervention der deutschen Botschaft Paris beim Filmfestival in Cannes gewandt, Alain Resnais' Dokumentarfilm über die Vernichtungslager »Nacht und Nebel« nicht zu zeigen. Karl Korn, Nacht und Nebel, in: *FAZ* 13.4.1956, S. 8.

85 1960 waren das 750 DM monatlich, siehe Protokoll der Herausgebersitzung vom 14.9.1960, in: FAZ-Archiv, Akten der Herausgeber. Erich Welter. Protokolle der Herausgeber-Sitzungen 1. April 1958–18. Dez. 1961.

86 Eick an Welter, 25.8.1960, in: FAZ-Archiv, Eick – Korrespondenz Prof. Welter, 1. März 1960–31. März 1962.
87 F.O.E. [= Fritz Otto Ehlert], Eichmann soll schon am 11. Mai gefaßt worden sein, in: *FAZ* 30.5.1960, S. 4. Siehe auch ders., Beweise für Eichmanns Aufenthalt in Argentinien, in: *FAZ* 2.6.1960, S. 1; F.A.Z., Der Haftbefehl gegen Eichmann verlängert, in: *FAZ* 7.6.1960, S. 4. Vgl. zu Eichmanns Untertauchen und Festnahme in Argentinien Bettina Stangneth, Eichmann vor Jerusalem. Das unbehelligte Leben eines Massenmörders, Zürich/Hamburg 2011.
88 Auszug aus einem Brief von Herrn F. O. Ehlert vom 7.10.1960 an Welter, in: BArch N 1314, Nr. 66.
89 Holger M. Meding, Nationalsozialismus im Exil. Die deutschsprachige Rechtspresse in Buenos Aires, 1945–1977, in: ders., Nationalsozialismus und Argentinien. Beziehungen, Einflüsse und Nachwirkungen, Frankfurt am Main 1995, S. 185–202, hier S. 201.
90 Reifenberg, Protokoll über die Herausgebersitzung 31.8.1960 und 4.10.1960, in: FAZ-Archiv, Akten der Herausgeber. Erich Welter. Protokolle der Herausgebersitzungen 1. April 1958–18. Dez. 1961.
91 Klaus Wiegrefe, Verdeckte Recherchen, in: *Der Spiegel* 3.6.2013, S. 42f.
92 Meding, Nationalsozialismus im Exil.
93 w.v.o. [= Wilfred von Oven], Abschied von einem Freund, in: *La Plata Ruf* 6 (1973), Nr. 67, S. 15f.
94 Jürgen Eick, Journalist, Hobby-Maler, Amigo, in: *FAZ* 18.10.1973, S. 2.
95 Mut steckt an, in: *La Plata Ruf* 6 (1973), Nr. 67, S. 24. Bezeichnenderweise wurde kein Verfasser dieses Artikels genannt.
96 Pfeifer an Dechamps mit dessen handschriftlichen Notizen 7.1.1974, in: FAZ-Archiv, Korrespondenten 1.4.1971–31.12.1974.
97 Protokoll über die Herausgebersitzung vom 15.5.1974, S. 3, in: FAZ-Archiv, H. 1.4.1973–31.3.1975.
98 Ehlert an Chef vom Dienst 20.6.1967, in: FAZ-Archiv, Korrespondenten bis 31.12.1967. In dem rein die Telex-Verbindung betreffenden Schreiben spricht Ehlert von »meinem Freund und Kollegen Wilfred v. Oven«; *Der Spiegel* 13.5.1964, S. 26.
99 Wilfred von Oven, Ein »Nazi« in Argentinien, Duisburg 1999[2], S. 33, 137. Für die *FAZ* lässt sich diese Initiative des BPA nicht nachweisen, die Beendigung der Zusammenarbeit stand im geschilderten Zusammenhang mit dem Tod Ehlerts und Ovens Nachruf auf ihn.
100 Holger M. Meding, Flucht vor Nürnberg? Deutsche und österreichische Einwanderung in Argentinien 1945–1955, Köln/Weimar/Wien 1992, S. 235–240, 268.
101 he. [= Paul Sethe], Werner Krauß, in: *FAZ* 5.5.1950, S. 1.
102 Paul Sethe, Und Landsberg?, in: *FAZ* 16.8.1950, S. 1.
103 Hachmeister/Siering, Die Herren Journalisten; Weiß, Journalisten.
104 Paul Sethe, Können wir aus Landsberg lernen?, in: *FAZ* 27.3.1951, S. 1.
105 Tilmann Lahme, Die Manns. Geschichte einer Familie, Frankfurt am Main 2015, S. 305–308, 334f., Zitat Thiess S. 306, Zitat Mann S. 335.
106 Gerhard Nebel, Thomas Mann. Zu seinem 75. Geburtstag, in: *FAZ* 6.6.1950, S. 7; Für und wider Thomas Mann, in: *FAZ* 14.6.1950, S. 6.
107 Eintrag vom 22.7.1950, in: Thomas Mann, Tagebücher 1949–1950, hg. von Inge Jens, Frankfurt am Main 1991, S. 228.
108 Kurt Kersten, Nebels Hornruf, in: *Aufbau* 14.7.1950, S. 10.

109 Günther Gillessen, Streng, aber nicht herzlos, in: *FAZ* 17.1.1959, BuZ S. 5.

110 Fritz J. Raddatz, Eine Erziehung in Deutschland. Trilogie, Reinbek bei Hamburg 2006, S. 176f. Das Stück »Der Wolkentrinker«, in welchem Nebels Text angeführt wird, erschien erstmals 1987.

111 Vor allem waren das musikkritische Beiträge, der erste Beitrag war: Theodor W. Adorno, Wozzeck in Partitur, in: *FAZ* 18.4.1956, S. 12. Positive Besprechungen waren etwa Vilma Sturm, Revision des »Falles Wagner«, in: *FAZ* 6.12.1952, BuZ S. 5 (Rezension von Th. W. Adorno, Versuch über Wagner, Berlin/Frankfurt am Main 1952); Walter Friedländer, Mit heilsam bösem Blick, in: *FAZ* 9.7.1955, BuZ S. 5 (Rezension von Theodor W. Adorno, Prismen. Kulturkritik und Gesellschaft, Berlin/Frankfurt am Main 1955).

112 Narz, Kultur im Widerstreit, Kapitel Von Generation zu Generation: Habermas und Heidegger.

113 Karl Korn, Holzwege des Denkens, in: *FAZ* 8.4.1950, S. 19; Jürgen Habermas, Mit Heidegger gegen Heidegger denken, in: *FAZ* 25.7.1953, BuZ S. 4; Karl Korn, Warum schweigt Heidegger?, in: *FAZ* 14.8.1953, S. 6. Die Metapher »religiös unmusikalisch« stammt von Max Weber, Habermas gebrauchte sie zur Selbsteinschätzung in der Frankfurter Paulskirche am 14.10.2001.

114 Christian E. Lewalter, Wie liest man 1953 Sätze von 1935?, in: *Die Zeit* 13.8.1953, S. 6. Die Klammer, welche die Bewegung qualifizierte, war allerdings wahrscheinlich erst nachträglich eingefügt worden, vgl. Narz, Kultur im Widerstreit, Kapitel Von Generation zu Generation: Habermas und Heidegger.

115 Notwendige Diskussion über Heidegger, in: *FAZ* 29.8.1953, BuZ S. 4; Richard Tüngel, Notwendige Diskussion über Heidegger, in: *FAZ* 1.9.1953, S. 10; Martin Heidegger, Heidegger über Heidegger, in: *Die Zeit* 24.9.1953, S. 18. Der von Tüngel angeführte, Habermas unterstützende Leserbrief stammte von O. K. Albert, Heideggers Sätze von 1935, in: *Die Zeit* 27.8.1953, S. 16. Die von der *FAZ* als diffamierend bezeichneten Leserbriefe stammten aus der Feder des Kritikers Egon Vietta und des Schriftstellers Rudolf Krämer-Badoni, beide publiziert in: *Die Zeit* 20.8.1953, S. 14. Vietta lobte Habermas durchaus als »klugen und mutigen Vertreter der jungen Generation«, mit seiner Heidegger-Kritik habe er jedoch seine Kompetenzen überschritten.

116 Jürgen Habermas, Die große Wirkung, in: *FAZ* 26.9.1959, S. BuZ S. 4.

117 Frank Bösch, Journalisten als Historiker: Die Medialisierung der Zeitgeschichte, in: Vadim Oswalt/Hans-Jürgen Pandel (Hg.), Geschichtskultur. Die Anwesenheit von Vergangenheit in der Gegenwart, Schwalbach/Taunus 2009, S. 47–62, Zitat S. 52.

118 Peter Lieb, Konventioneller Krieg oder NS-Weltanschauungskrieg? Kriegführung und Partisanenbekämpfung in Frankreich 1943/44, München 2007, S. 360–377, sowie freundliche telefonische Auskunft von Herrn Dr. Peter Lieb am 22.8.2018.

119 P. M. [= Paul Medina], Oradour …, in: *FAZ* 15.3.1950, S. 3.

120 Marion Gräfin Dönhoff, Der Fluch von Oradour, in: *Die Zeit* 8.1.1953, S. 1; dies., Das Tragische am Massenmord von Oradour, in: *Die Zeit* 19.2.1953, S. 3; Grauenvolle Zeugenaussagen, in: *Die Zeit* 19.2.1953, S. 3; Mitschuldig oder nicht?, in: *Die Zeit* 19.2.1953, S. 3.

121 Adelbert Weinstein, Oradour, ein Auftrag, in: *FAZ* 18.2.1953, S. 1; ders., Ein Schlag gegen die Verständigung, in: *FAZ* 12.8.1953, S. 1, dort das zweite Zitat.

122 P. M. [= Paul Medina], Bordeaux verfährt ohne Sondergesetz, in: *FAZ* 30.1.1953, S. 3; ders., Erschütternde Aussagen in Bordeaux, in: *FAZ* 31.1.1953, S. 4; ders., Elsässische Entlastungsoffensive in Bordeaux, in: *FAZ* 2.2.1953, S. 2.

123 Adelbert Weinstein, Oradour – Erster Akt, in: *FAZ* 16.1.1953, S. 1.
124 AW. [= Adelbert Weinstein], Lammerding, in: *FAZ* 20.2.1953, S. 2.
125 Claudia Moisel, Frankreich und die deutschen Kriegsverbrecher. Politik und Praxis der Strafverfolgung nach dem Zweiten Weltkrieg, Göttingen 2004, S. 150.
126 Adelbert Weinstein, Oradour, ein Auftrag, in: *FAZ* 18.2.1953, S. 1.
127 AW. [= Adelbert Weinstein], Oradour in: *FAZ* 14.2.1953, S. 1.
128 Adelbert Weinstein, Zwei Todesurteile in Bordeaux gefällt, in: *FAZ* 14.2.1953, S. 1.
129 Paul Medina, Der Zwang zur Sachlichkeit, in: *FAZ* 25.2.1953, S. 2.
130 AW. [= Adelbert Weinstein], Oradour, in: *FAZ* 14.2.1953, S. 1.
131 AW. [= Adelbert Weinstein], Lammerding, in: *FAZ* 20.2.1953, S. 2.
132 AW. [= Adelbert Weinstein], Auf halbem Wege, in: *FAZ* 20.2.1953, S. 1.
133 Adelbert Weinstein, Ein Schlag gegen die Verständigung, in: *FAZ* 12.8.1953, S. 1.
134 Die Begnadigung der zum Tode Verurteilten durch Staatspräsident Coty erschien nach Weinsteins Aufregung merkwürdigerweise nur als »Kurze Meldung« auf fünf Zeilen in der *FAZ* vom 15.9.1954, S. 3.
135 AW. [= Adelbert Weinstein], De Guardia, in: *FAZ* 7.2.1953, S. 2.
136 Adelbert Weinstein, Oradour, ein Auftrag, in: *FAZ* 18.2.1953, S. 1 (Zitat); ders., De Guardia, in: *FAZ* 7.2.1953, S. 2.
137 Erich Dombrowski, Die Fünfhundert, in: *FAZ* 17.1.1953, S. 1.
138 Siehe beispielsweise – X –, Das Lager Sobibor war eine Mordfabrik. Etwa eine Million Juden ermordet – Weitwerfen mit Säuglingen – Ein Schreckensprozeß in Frankfurt, in: *FAZ* 24.8.1950, S. 8; X., »Einer der brutalsten und gefürchtetsten Henker«. Schwere Belastungen Hirtreiters im Treblinka-Prozeß, in: *FAZ* 28.2.1951, S. 4. Zu den frühen Holocaust-Prozessen vgl. Hans-Christian Jasch/Wolf Kaiser, Der Holocaust vor deutschen Gerichten. Amnestieren, Verdrängen, Bestrafen, Bonn 2018, S. 9–93.
139 Dps. [= Bruno Dechamps], Aufräumen, in: *FAZ* 6.10.1958, S. 1.
140 Hansjakob Stehle, Die »Endlösung« – Geschichtsforschung statt Tabu, in: *FAZ* 16.3.1957, BuZ S. 5 (Rezension von Gerald Reitlinger, Die Endlösung. Hitlers Versuch der Ausrottung der Juden Europas 1939–1945, Berlin-Dahlem 1956); ders., The SS – Alibi of a Nation 1922–1945, Melbourne/London/Toronto 1956; Leon Poliakov/Josef Wulf, Das Dritte Reich und die Juden. Dokumente und Aufsätze, Berlin-Grunewald 1955; dies., Das Dritte Reich und seine Diener. Dokumente, Berlin-Grunewald 1956; Ermenhild Neusüß-Hunkel, Die SS, Hannover/Frankfurt am Main 1955; Lord Russell of Liverpool, Geißel der Menschheit. Kurze Geschichte der Naziverbrechen, Deutsch von Roswitha Czollek, Frankfurt am Main 1955.
141 Reifenberg, Protokoll über die Herausgebersitzung 17.8.1960, in: FAZ-Archiv, Akten der Herausgeber. Erich Welter. Protokolle der Herausgeber-Sitzungen 1. April 1958 – 18. Dez. 1961. Über die israelischen Reaktionen auf Eichmanns Festnahme hatte der Israel-Korrespondent Moshe Tavor berichtet: Das Aktenstück »Fall Eichmann«, in: *FAZ* 31.5.1960, S. 2.
142 Joachim Schwelien, Das Recht im Prozeß gegen Eichmann, in: *FAZ* 23.6.1961, S. 1.
143 Jürgen Tern, Der Fall Eichmann, in: *FAZ* 27.5.1950, S. 1.
144 Korn, Protokoll über die Herausgebersitzung vom 14.3.1961, in: FAZ-Archiv, Akten der Herausgeber. Erich Welter. Protokolle der Herausgeber-Sitzungen 1. April 1958 – 18. Dez. 1961.
145 Dps. [= Bruno Dechamps], Ein Ende, in: *FAZ* 2.6.1962, S. 1.
146 Hierzu und zum Folgenden das Nachwort von Marcel Atze zu: Bernd Naumann, Auschwitz. Bericht über die Strafsache gegen Mulka u. a. vor dem Schwurgericht

Frankfurt. Mit einem Nachw. von Marcel Atze und einem Text von Hannah Arendt, Berlin 2004 (zuerst Frankfurt am Main/Bonn 1965), S. 301–307; Alfons Kaiser, Deutschland und die Welt – und Auschwitz, *FAZ.NET* 19.12.2013, <http://www.faz.net/aktuell/gesellschaft/prozess-vor-50-jahren-deutschland-und-die-welt-und-auschwitz-12719174.html> (9.2.2019).

147 Bernd Naumann, Aus dem Katalog des Ungeheuerlichen, in: *FAZ* 28.2.1964, S. 7.

148 *FAZ* 16.3.1965, S. 5; Jahrbuch der öffentlichen Meinung 1965–1967, hg. von Elisabeth Noelle und Erich Peter Neumann/Institut für Demoskopie Allensbach, Allensbach/Bonn 1967, S. 165.

149 Bernd Naumann, Auschwitz. A Report on the Proceedings against Robert Karl Ludwig Mulka and Others before the Court at Frankfurt, translated by Jean Steinberg, with an introduction by Hannah Arendt, London 1966.

150 Keine Wege zur Freiheit, in: *FAZ* 17.7.1965, BuZ S. 2; Peter Weiss, Die Ermittlung. Oratorium in 11 Gesängen, Frankfurt am Main 1965.

151 Dechamps, Protokoll über die Herausgebersitzung vom 22.9.1965, S. 2, und 13.10.1965, S. 2 (hier die Zitate), in: FAZ-Archiv, Herausgeber 1. April 1963–Dezember 1965.

152 Welter an Tern 10.9.1965, in: FAZ-Archiv, Persönliche Ablage Welter – Januar 1961 bis Dezember 1968.

153 Marcel Atze, Der Ort ist uns nahegerückt, in: *FAZ* 20.12.2003, S. 40. In diesem Artikel wird freilich eine harmonische Zusammenarbeit zwischen Naumann und Weiss suggeriert.

154 Dechamps, Protokoll über die Herausgebersitzung vom 13.10.1965, in: FAZ-Archiv, Herausgeber 1. April 1963–Dezember 1965.

155 Günther Rühle, Der Auschwitz-Prozeß auf der Bühne, in: *FAZ* 21.10.1965, S. 20.

156 Stimme der Anderen. Gehirnwäsche von der Bühne, in: *FAZ* 26.10.1965, S. 2.

157 Peter Weiss erklärt, in: *FAZ* 27.10.1965, S. 32.

158 Dechamps, Protokoll über die Herausgebersitzung vom 27.10.1965, in: FAZ-Archiv, Herausgeber 1. April 1963–Dezember 1965.

159 Johann Georg Reißmüller, Sühne für Auschwitz, in: *FAZ* 20.8.1965. S. 1; Helmut Krausnick, Aus vielen Quellen kam die Flut, in: *FAZ* 24.8.1965, S. 9. Zu Beginn des Prozesses hatte Reißmüller die Entscheidung des Schwurgerichts, als Nebenkläger den Ost-Berliner Anwalt und Angehörigen des ZK der SED, Friedrich Karl Kaul, zuzulassen, mit Verweis auf die entgegenstehende Entscheidung des israelischen Staatsanwalts Hausner beim Eichmann-Prozess kritisiert, Rm. [= Johann Georg Reißmüller], Trojanischer Kaul, in: *FAZ* 7.1.1964, S. 2. Bei Krausnicks Text handelt es sich um einen Vorabdruck aus dem Band von Franz Böhm/Walter Dirks (Hg.), Judentum. Schicksal, Wesen und Gegenwart, Bd. 1, Stuttgart 1965, S. 289–366.

160 Jürgen Wilke/Birgit Schenk/Akiba A. Cohen/Tamar Zemach, Holocaust und NS-Prozesse. Die Presseberichterstattung in Israel und Deutschland zwischen Aneignung und Abwehr, Köln/Weimar/Wien 1995, S. 53.

161 Jan Erik Romstöck, Der erste Frankfurter Auschwitzprozess in der *FAZ* und Vergleichsmedien, unveröffentlichte Bachelor-Thesis Würzburg 2017, S. 29f.

162 In der nächsten Dekade halbierte sich die Frequenz in der *FAZ* wieder, gelangte dann erneut auf das Niveau der 1960er und verdoppelte sich in den 1990er Jahren noch einmal. Seither ist die Frequenz leicht steigend, wird aber seit den 1990er Jahren vom Begriff »Holocaust« übertroffen. Auswertung des Digitalarchivs der *FAZ* für den Begriff »Auschwitz«:

Zeitraum	**Anzahl der *FAZ*-Artikel, in welchen der Begriff »Auschwitz« / »Holocaust« vorkommt.**
2010–6.3.2017	2392 Artikel / 3313 Artikel
2000–2009	3129 Artikel / 5068 Artikel
1990–1999	3052 Artikel / 3418 Artikel
1980–1989	1566 Artikel / 944 Artikel
1970–1979	828 Artikel / 296 Artikel
1960–1969	1667 Artikel / 1 Artikel
1949–1959	250 Artikel / 0 Artikel

163 Zu einem Widerspruch gegen die Verdrängungsthese gelangt auch die deutsch-israelisch vergleichend vorgehende quantifizierende Inhaltsanalyse von Wilke/Schenk/Cohen/Zemach, Holocaust und NS-Prozesse. Zu den Umfragen siehe Devin O. Pendas, Der Auschwitz-Prozess. Völkermord vor Gericht, Aus dem amerikanischen Englisch von Klaus Binder, München 2013, S. 270–276; zur weiteren Presseberichterstattung siehe dort S. 277–287. Die Darstellung von Pendas ist aus zwei Gründen problematisch: Zum einen übersieht er weitgehend die Lokalzeitungen, die damals wie heute insgesamt die meisten Leser auf sich zogen. Die Aussage, die »Mehrheit der Bevölkerung informierte sich, wenn überhaupt, über die Boulevardpresse und die Illustrierten« (S. 283), ist schlicht falsch. Zum anderen generalisiert der Autor seine Befunde zur Presseberichterstattung zu stark.

164 Peter Jochen Winters, Einer bekennt, in: *FAZ* 11.11.1969, S. 11. Es handelt sich um die Besprechung von: Albert Speer, Erinnerungen, Berlin 1969.

165 Friedrich Karl Fromme, »Wilhelm II. habe ich gehaßt!«, in: *FAZ* 12.12.1969, S. 9 (Rezension von Otto Heinemann, Kronenorden Vierter Klasse. Das Leben des Prokuristen Heinemann (1864 bis 1944), herausgegeben von Walter Henkels, Düsseldorf 1969).

166 Welter, Aktennotiz über die Herausgebersitzung vom 27.5.1964, in: FAZ-Archiv, Herausgeber 1. April 1963–Dezember 1965.

167 Hans E. Holthusen, Das verzweifelte Gedicht, in: *FAZ* 1.5.1964, BuZ S. 5; Leserbrief von Peter Szondi, »Mühle in Auschwitz«, Leserbrief von Hans E. Holthusen, »Mühlen des Todes«, in: *FAZ* 25.6.1964, S. 6. Der *FAZ*-Bericht über den Prozess stützte sich auf eine AP-Meldung. Er stand im Politikteil: Krumey, Für Deportationen nicht verantwortlich, in: *FAZ* 13.5.1964, S. 8.

168 Diese Wendung findet sich im Originalbrief: Szondi an Michaelis 13.5.1964, in: DLA, A: Szondi 88.9.120/1.

169 Zwei Jahre später gab Holthusen darüber öffentlich Rechenschaft, seine Biographie in die dritte Person setzend: Freiwillig zur SS, in: *Merkur* 20 (1966), S. 921–931 und 1037–1049. Daraufhin kritisierte ihn Jean Améry, Fragen an Hans Egon Holthusen – und seine Antwort, in: *Merkur* 21 (1967), S. 393–400.

170 Michaelis an Szondi 27.5.1964, in: DLA, A: Szondi 88.9.612/1.

171 Michaelis an Szondi 24.6.1964, in: DLA, A: Szondi 88.9.612/2; Michaelis an Sieburg 24.6.1964, in: DLA, A: Sieburg 81.2.532/5; Welter, Aktennotiz über die Herausgebersitzung vom 27.5.1964, in: FAZ-Archiv, Herausgeber 1. April 1963–Dezember 1965.

172 Michaelis kam von der *Stuttgarter Zeitung*; Korn, Aktenvermerk zur Herausgebersitzung 27.12.1963, in: FAZ-Archiv, Herausgeber 1. April 1963–Dezember 1965.

173 Michaelis an Sieburg 30.6.1964, in: DLA, A: Sieburg 81.2.532/7.

174 Friedrich Karl Fromme, Die Banalität des Bösen, in: *FAZ* 29.9.1964, S. 31 (Rezension von Hannah Arendt, Eichmann in Jerusalem. Ein Bericht von der Banalität des Bösen, aus dem Amerikanischen von Brigitte Granzow, München 1964; Die Kontroverse – Hannah Arendt, Eichmann und die Juden, Redaktion F. A. Krummacher, München 1964; William L. Hüll, Kampf um eine Seele. Gespräche mit Eichmann in der Todeszelle, aus dem Amerikanischen von Eberhard Graue, Wuppertal 1964; Günther Anders, Wir Eichmannsöhne. Offener Brief an Klaus Eichmann, München 1964).

175 Siehe die Briefe in: DLA, A: Szondi 88.9.120/1-12 und 88.9.612/1-17.

176 Boehlich an Korn 30.8.1966 und Korn an Boehlich 13.9.1966, in: DLA, SUA: Suhrkamp/03 Lektorate.

177 J.T. [= Jürgen Tern], Zehrer zum Abschied, in: *FAZ* 25.8.1966, S. 2; K. A. von Müller, in: *FAZ* 16.12.1964, S. 20; Werner Frauendienst, in: *FAZ* 29.8.1966, S. 20.

178 P. M. [= Paul Medina], Oradour …, in: *FAZ* 15.3.1950, S. 3.

179 Welter an Sethe 26.3.1950, in: FAZ-Archiv, Akten Erich Welter. Der »Fall Sethe« I.

180 Heiko Buschke, Deutsche Presse, Rechtsextremismus und nationalsozialistische Vergangenheit in der Ära Adenauer, Frankfurt am Main/New York 2003, S. 365f.

181 Margret Boveri, Der Intellektuelle an Hitlers Seite, in: *FAZ* 9.10.1962, S. 9 (Rezension von Helmut Heiber, Joseph Goebbels, Berlin 1962).

182 Siehe das Interview mit Joachim Fest: Albert Speer hat uns angelogen – und mehr verraten, als er mußte, in: *FAZ* 25.5.2005, S. 32f. Sehr kritisch beurteilt Magnus Brechtken, Albert Speer. Eine deutsche Karriere, München 2017, Fests Rolle für die Aufrechterhaltung des Mythos Speer; siehe dort besonders S. 555–576.

3 EINE ZEITUNG DES KALTEN KRIEGES

1 Vgl. John Lewis Gaddis, Der Kalte Krieg. Eine neue Geschichte, aus dem Englischen von Klaus-Dieter Schmidt, München 2007; ders., The Long Peace. Inquiries Into the History of the Cold War, New York/Oxford 1987; Bernd Stöver, Der Kalte Krieg. Geschichte eines radikalen Zeitalters, 1947–1991, München 2007; Odd Arne Westad/Melvyn Leffler (Hg.), History of the Cold War, Cambridge 2001.

2 Erich Welter, Nationalökonomie für alle, in: *FAZ* 27.5.1950, S. 9.

3 Otto Seeling, Was mir in Amerika aufgefallen ist, in: *FAZ* 24.6.1952, S. 9.

4 Philipp Gassert, Amerikanismus, Antiamerikanismus, Amerikanisierung. Neue Literatur zur Sozial-, Wirtschafts- und Kulturgeschichte des amerikanischen Einflusses in Deutschland und Europa, in: *Archiv für Sozialgeschichte* 39 (1999), S. 531–561.

5 Vgl. beispielsweise Hans Roeper, Mister Cattiers Schwanengesang, in: *FAZ* 2.7.1951, S. 5.

6 Paul Sethe, Deutschland ist ein kleines Land, in: *FAZ* 9.1.1954, S. 2.

7 Paul Sethe, Bewunderung hat die Abneigung verdrängt, in: *FAZ* 6.1.1954, S. 2.

8 Paul Sethe, Eine große Freundschaft, in: *FAZ* 5.1.1954, S. 2; ders., Bewunderung hat die Abneigung verdrängt, in: *FAZ* 6.1.1954, S. 2.

9 Paul Sethe, Es ist nicht alles vergessen, in: *FAZ* 8.1.1954, S. 2.

10 Jürgen Eick, Gesellschaft im Überfluss, in: *FAZ* 2.8.1958, S. 5. Gemeint war die Festschrift für Bundeswirtschaftsminister Erhard zum 60. Geburtstag: Wirtschaftsfragen der freien Welt, hg. von Erwin von Beckerath, Fritz W. Meyer, Alfred Müller-Armack, Frankfurt am Main 1957. Erich Welter schrieb dort über Ziele der Wirtschaftspolitik (S. 22–31).

11 So das Geleitwort von Paul Sethe, das namentlich jedoch nicht gekennzeichnet ist: Zeitung für Deutschland, in: *FAZ* 1.11.1949, S. 1.
12 Aktennotiz über die Herausgeberkonferenz vom 24.11.1953, in: FAZ-Archiv, Herausgeberkonferenzen 1.1.1951–24.12.1954.
13 Alexander Gallus, Die Neutralisten. Verfechter eines vereinten Deutschlands zwischen Ost und West, 1945–1990, Düsseldorf 2001, S. 124–137.
14 Paul Sethe, Rekruten unter fremden Fahnen?, in: *FAZ* 2.12.1949, S. 1.
15 Adelbert Weinstein, Westdeutsche Militärpolitik des Als Ob, in: *FAZ* 5.9.1955, S. 1.
16 Paul Sethe, Was deutsche Soldaten bedeuten, in: *FAZ* 11.10.1954, S. 1; ders., Kann Rußland die Zone räumen, in: *FAZ* 5.2.1955, BuZ S. 3.
17 Paul Sethe, Stalins jähe Wendung, in: *FAZ* 12.3.1952, S. 1; ders., Verhandeln – und stärker werden, in: *FAZ* 14.3.1952, S. 1; ders., Wir nähern uns der Schicksalsfrage, in: *FAZ* 22.3.1952, S. 1.
18 Paul Sethe, Keine Illusionen, in: *FAZ* 30.1.1952, S. 1; ders., Die allzu einsamen Beschlüsse, in: *FAZ* 31.3.1952, S. 1.
19 Aktennotiz über die Herausgeberkonferenz vom 24.11.1953, in: FAZ-Archiv, Herausgeberkonferenzen 1.1.1951–24.12.1954.
20 Paul Sethe, So stark ist Deutschland nicht, in: *FAZ* 25.3.1955, S. 1.
21 Arnulf Baring, Außenpolitik in Adenauers Kanzlerdemokratie. Bonns Beitrag zur Europäischen Verteidigungsgemeinschaft, München/Wien 1969, S. 149–151.
22 Vgl. Konrad Adenauer, Teegespräche 1950–1954, bearbeitet von Hanns Jürgen Küsters, Berlin 1984. Der Bonner *FAZ*-Korrespondent Alfred Rapp war dort ständiger Gast.
23 Boveri an Sethe 1.9.1956, in: BArch N 1471, Nr. 15.
24 So die Überschrift seines Leitartikels in: *FAZ* 4.3.1953, S. 1.
25 Paul Sethe, Was noch zu wünschen wäre, in: *FAZ* 8.8.1953, S. 1.
26 Paul Sethe, Die Einheitsfront, in: *FAZ* 29.8.1953, S. 1. Auch in den zuvor zitierten Leitartikeln Sethes kam der Name Pfleiderer vor.
27 Paul Sethe, In Wasser geschrieben. Porträts. Profile. Prognosen, Frankfurt am Main 1968, S. 34f.
28 Welter an Sethe 5.3.1953, in: BArch N 1314, Nr. 411.
29 Paul Sethe, Was noch zu wünschen wäre, in: *FAZ* 8.8.1953, S. 1. Adenauers Zustimmung zu einer entsprechenden deutschen Initiative wie auch seine Anerkennung eines russischen Sicherheitsbedürfnisses waren wahltaktisch motiviert (Sethe nahm sie für bare Münze), siehe Gero von Gersdorff, Adenauers Außenpolitik gegenüber den Siegermächten 1954. Westdeutsche Bewaffnung und internationale Politik, München 1994, S. 57.
30 Sethe an Welter undatiert (wahrscheinlich September 1953), in: BArch N 1314, Nr. 411.
31 Aktennotiz über die Herausgeberkonferenz vom 24.11.1953, in: FAZ-Archiv, Herausgeberkonferenzen 1.1.1951–24.12.1954.
32 Pickert an Welter 30.7.1952; Abschrift des Briefes von Pickert an Hoffmann 5.8.1955, in: FAZ-Archiv, Akten der Herausgeber. Erich Welter. Briefwechsel mit Albrecht Pickert; Siering, Zeitung für Deutschland, S. 76, 80f.
33 Aktennotiz von Welter 9.8.1955, in: FAZ-Archiv, Akten der Herausgeber. Erich Welter. Briefwechsel mit Albrecht Pickert.
34 Welter an Sethe 12.2.1955, in: BArch N 1314, Nr. 507.
35 Aktennotiz über die Herausgeberkonferenz vom 24.11.1953, in: FAZ-Archiv, Herausgeberkonferenzen 1.1.1951–24.12.1954.
36 Riedl, Liberale Publizistik, S. 78.

37 Erklärung von Alex Haffner vom 17.3.1955, in: BArch N 1314, Nr. 239.
38 Ebd.
39 Welter an Baumgarten 10.8.1955, in: BArch N 1314, Nr. 239.
40 Welter, Aktennotiz über die Herausgeberkonferenz vom 13.7.1955, und das knappe, inhaltsarme Protokoll von Dombrowski, Baumgarten, Aktenvermerk über die Herausgebersitzung (ohne Verlag) vom 13.7.1955, in: FAZ-Archiv, Akten Erich Welter. Der »Fall Sethe« I.
41 Welter an Sethe 16.8.1955, Sethe an Welter 18.8.1955, in: FAZ-Archiv, Akten Erich Welter. Der »Fall Sethe« I.
42 he. [= Paul Sethe], Klare Entscheidung, in: *FAZ* 22.8.1955, S. 1.
43 Welter an Sethe 23.8.1955, in: BArch N 1314, Nr. 507.
44 Pickert an Welter 24.8.1955; Welter, Zu »Politische Linie«, 19. August 1955, in: FAZ-Archiv, Akten Erich Welter. Der »Fall Sethe« I.
45 Sethe an Welter 23.8.1955, in: FAZ-Archiv, Akten Erich Welter. Der »Fall Sethe« I.
46 So Sethe in einem Brief an Fritz Erler vom 4.2.1956, abgedruckt in der Dokumentation von Hartmut Soell, Zum Problem der Freiheit des Journalisten. Aus der Korrespondenz Fritz Erler – Paul Sethe 1956/57, in: *Vierteljahrshefte für Zeitgeschichte* 23 (1975), S. 91–116, hier S. 106.
47 Paul Sethe, Wohin fließt der Strom?, in: *FAZ* 3.9.1955, S. 1. Interessanterweise sprach Sethe hier über die »Linie seiner Alliierten«, also derjenigen Adenauers, nicht Sethes.
48 Adelbert Weinstein, Westdeutsche Militärpolitik des Als Ob, in: *FAZ* 5.9.1955, S. 1.
49 he. [= Paul Sethe], Klarheit, in: *FAZ* 5.9.1955, S. 1.
50 Beschluss der Herausgeberkonferenz vom 14.9.1955, in: FAZ-Archiv, Protokolle der Herausgebersitzungen 1.1.1955 bis 19.2.1958; Siering, Zeitung für Deutschland, S. 81–84.
51 Aus der Luft gegriffen, in: *FAZ* 22.9.1955, S. 3; An unsere Leser!, in: *FAZ* 22.9.1955, S. 1. Siehe auch *Der Spiegel* 28.9.1955, S. 16f.
52 Sethe an Erler 28.3.1956, in: Soell, Problem, S. 107–109.
53 An die Herausgeber 16.9.1955, in: FAZ-Archiv, Akten Erich Welter. »Der Fall Sethe I«. Vorgang »Sethe« 1955.
54 *Der Spiegel* 28.9.1955, S. 16f.
55 Dombrowski und Hoffmann an Sethe 28.10.1955, in: FAZ-Archiv, Akten Erich Welter. »Der Fall Sethe I«. Vorgang »Sethe« 1955.
56 Welter, Aktennotiz über das Gespräch mit Herrn Sethe am Donnerstag, den 3. November 1955, in: FAZ-Archiv, Akten Erich Welter. »Der Fall Sethe I«. Vorgang »Sethe« 1955.
57 h., Abberufung aus Bonn, in: *FAZ* 22.8.1955, S. 3; Der *Spiegel* 24.8.1955, S. 9.
58 Einige davon finden sich im Nachlass Sethes, in: BArch N 1471, Nr. 24.
59 Nach *Der Spiegel* 14.12.1955, S. 12.
60 Dombrowski an Welter 23.9.1955, in: BArch N 1314, Nr. 506.
61 Protokoll der Herausgebersitzung vom 14.6.1960, in: DLA, A: Reifenberg 79.3640.
62 *Der Spiegel* 24.8.1960, S. 17–20.
63 Protokoll der Herausgebersitzung vom 30.11.1960, in: DLA, A: Reifenberg 79.3640.
64 Eberhard Bitzer, Hundert Jahre im Zeitraffer, in: *FAZ* 19.1.1961, S. 7.
65 Bitzer an Baumgarten 13.3.1956, in: BArch N 1314, Nr. 103.
66 Siehe dazu Schäfer, Welter, S. 341.
67 Adenauer an Kaiser 3.4.1952, in: Adenauer. Briefe 1951–1953, bearbeitet von Hans Peter Mensing, Berlin 1987, Nr. 179. Adenauer bezog sich (unter falscher Datumsangabe 1. April) auf Paul Sethes Leitartikel Die allzu einsamen Beschlüsse, *FAZ*

31.3.1952, S. 1, in welchem Sethe Jakob Kaiser als »Wortführer in der Partei des Kanzlers« bezeichnete, und zwar derer, die mit der Saarpolitik Adenauers unzufrieden waren.

68 Adenauer an Rothe 3.11.1952, in: Adenauer. Briefe 1951–1953, Nr. 287, S. 294.

69 Deutscher Bundestag, 151. Sitzung, Plenarprotokoll vom 12.6.1951, <http://dipbt.bundestag.de/doc/btp/01/01151.pdf> (18.3.2019), S. 6008; Baring, Außenpolitik, S. 321–328.

70 So Adenauer selbst am 11. Oktober 1954 vor dem CDU-Bundesvorstand, siehe Adenauer: »Wir haben wirklich etwas geschaffen«. Protokolle des Bundesvorstands der CDU 1953 bis 1957, hg. von Günter Buchstab, Düsseldorf 1990, S. 276f.

71 Laut Brief von Sethe an Erler 4.2.1956, in: Soell, Problem, S. 106. Dort auch die vorangehenden Zitate.

72 Laut *Der Spiegel* 28.9.1955, S. 16.

73 Paul Sethe, Nicht gut beraten, in: *FAZ* 8.9.1954, S. 1; Adenauer an die Redaktion der *FAZ*, in: Adenauer. Briefe 1953–1955, bearbeitet von Hans Peter Mensing, Berlin 1995, Nr. 140.

74 Protokolle des Bundesvorstands der CDU 1953–1957, 11.10.1954, S. 276, 284, 288, 290.

75 Protokolle des Bundesvorstands der CDU 1953–1957, 11.10.1954, S. 284, 287.

76 Protokolle des Bundesvorstands der CDU 1953–1957, 5.2.1955, S. 370.

77 Sethe an Erler 4.2.1956, in: Soell, Problem, S. 106; *Der Spiegel* 28.9.1955, S. 16f.

78 Soell, Problem, S. 99, der hier Baring, Außenpolitik, S. 325, folgt. Auch Baring sprach schon von Welters Unzufriedenheit, »angeblich aufgrund einiger Besuche beim Deutschen Industrie-Institut, einiger Gespräche im Bundesverband der Deutschen Industrie«.

79 Welter an Sethe 5.3.1953, in: BArch N 1314, Nr. 411.

80 Roeper, Aktenvermerk vom 24.6.1955, in: FAZ-Archiv, Akten Erich Welter. Der »Fall Sethe« I.

81 Sethe an Erler 28.3.1956, in: Soell, Problem, S. 109.

82 Sethe an Erler 8.2.1957, in: Soell, Problem, S. 112–115.

83 Soell, Problem, S. 101. Zu Springers Wendung vgl. Peter Hoeres, Reise nach Amerika. Axel Springer und die Transformation des deutschen Konservatismus in den 1960er- und 1970er-Jahren, in: *Zeithistorische Forschungen/Studies in Contemporary History* 9 (2012), <http://www.zeithistorische-forschungen.de/1-2012/id=4528> (18.3.2019).

84 Springer an Sethe 4.5.1960, in: BArch N 1471, Nr. 22.

85 Paul Sethe, Leserbrief, in: *Der Spiegel* 5.5.1965, S. 17f., Zitat S. 18. Vgl. ebd. auch die weiteren Leserbriefe. Ähnlich hatte sich Sethe nach seinem Ausscheiden aus der *FAZ* schon neun Jahre zuvor in einem Brief an Fritz Erler vom 28.3.1956 geäußert (»Frei ist, wer reich ist«), veröffentlicht in: Soell, Problem, S. 109.

86 Vgl. Margret Boveri, Indisches Kaleidoskop, Göttingen 1961.

87 Briefwechsel in: DLA, A: Sieburg 791.548/1-17; 79.1.56/1-13.

88 Boveri, Wir lügen alle; Peter de Mendelssohn, Zeitungsstadt Berlin. Menschen und Mächte in der Geschichte der deutschen Presse, Berlin 1959.

89 Görtemaker, Ein deutsches Leben, S. 267–274, 285–314; Briefwechsel mit *FAZ*-Herausgebern in: DLA, A: Reifenberg 79.3752, mit Karl Korn in: DLA, A: Korn, Karl 11.19.6/1-43; Margret Boveri, Viel Ressentiment gegen die Amerikaner, in: *FAZ* 31.12.1965, S. 14. Es handelt sich um das bekannte Buch von Caspar von Schrenck-Notzing (in der *FAZ* interessanterweise ohne Adelsprädikat bibliographiert), Charakterwäsche. Die amerikanische Besatzungszeit in Deutschland und ihre Folgen, Stuttgart 1965.

90 Sie redigieren und schreiben, 1964, S. 21 u. 82; Sie redigieren und schreiben die Frankfurter Allgemeine Zeitung, Zeitung für Deutschland. Bearb. von Beate Bohn, Frankfurt am Main 1975, S. 101; Frankfurter Allgemeine Zeitung GmbH (Hg.), Sie redigieren und schreiben die Frankfurter Allgemeine Zeitung, Zeitung für Deutschland. Bearb. von Ingeborg Lukas, Frankfurt am Main 1985, S. 31 u. 109; kum. [= Jasper von Altenbockum], Günther Gillessen 90, in: *FAZ* 23.10.2018, S. 5.

91 Günther Gillessen, Ein westliches Land, in: *FAZ* 28.5.1958, S. 1. Ein Tag nach dem Mauerbau machte auch Benno Reifenberg ganz klar, wo man stehe, nämlich vor der »Mauer, auf ihrer amerikanischen Seite«. Benno Reifenberg, Wo stehen wir?, in: *FAZ* 14.10.1961, S. 1.

92 Eckhard Fuhr, Westen, was sonst?, in: *FAZ* 8.6.1994, S. 1. Der Artikel stand im Kontext der Kritik um die – je nach Lesart – intellektuelle »neue« oder »demokratische« Rechte um Rainer Zitelmann und Karlheinz Weißmann, die Fuhr verteidigte, ohne sich ihr anzuschließen. Dem sozialdemokratisch eingestellten Fuhr ging es um eine offene Debatte und die Überwindung der antinationalen Reflexe der deutschen Linken, wie sie anlässlich der Wiedervereinigung deutlich sichtbar wurden. Gespräch mit Eckhard Fuhr am 26. Juli 2017 in Berlin.

93 Conze, Suche nach Sicherheit, S. 296–305.

94 Haw. [= Hans Achim Weseloh], Die Außenminister fordern von der NATO größere Anstrengungen, in: *FAZ* 7.8.1961, S. 1.

95 Die Zonenregierung sucht die Massenflucht einzudämmen, in: *FAZ* 12.8.1961, S. 1.

96 Der Westen sieht keine neuen Ansätze für Verhandlungen, in: *FAZ* 9.8.1961, S. 1.

97 Major Titow nach siebzehn Umkreisungen der Erde gelandet, in: *FAZ* 8.8.1961, S. 1.

98 Alfred Rapp, Nachruf mit Fragezeichen, in: *FAZ* 10.8.1961, S. 1.

99 Günther Gillessen, Es England leicht machen, in: *FAZ* 11.8.1961, S. 1.

100 Rusk heute beim Kanzler am Comer See, in: *FAZ* 10.8.1961, S. 1; Der Kanzler spricht mit Rusk und Fanfani, in: *FAZ* 11.8.1961, S. 1.

101 Jürgen Tern, Verschärfter Druck, in: *FAZ* 7.8.1961, S. 1.

102 Fritz Hauenstein, Der kommunistische Sonnenaufgang, in: *FAZ* 7.8.1961, S. 1.

103 Benno Reifenberg, Nervös?, in: *FAZ* 9.8.1961, S. 1.

104 Ernst-Otto Maetzke, Auf dem Rechtsstandpunkt, in: *FAZ* 10.8.1961, S. 1; ders., Grobe Briefe, in: *FAZ* 8.8.1961, S. 1; ders., Szenenwechsel, in: *FAZ*, 12.8.1961, S. 1; Benno Reifenberg, Kennedys Sprache, in: *FAZ* 11.8.1961, S. 1.

105 Ulbricht sperrt den Fluchtweg durch Berlin, in: *FAZ* 14.8.1961, S. 1; Von den Warschauer-Pakt-Mächten gefordert, in: *FAZ* 14.8.1961, S. 1; Der Kanzler kündigt Gegenmaßnahmen des Westens an, in: *FAZ* 14.8.1961, S. 1; Joachim Schwelien, Proteste reichen nicht, in: *FAZ* 14.8.1961, S. 1; Dps. [= Bruno Dechamps], Das Gefängnis, in: *FAZ* 14.8.1961, S. 1.

106 Ulbricht sperrt den Fluchtweg durch Berlin, in: *FAZ* 14.8.1961, S. 1; Von den Warschauer-Pakt-Mächten gefordert, in: *FAZ* 14.8.1961, S. 1; Der Kanzler kündigt Gegenmaßnahmen des Westens an, in: *FAZ* 14.8.1961, S. 1; Joachim Schwelien, Proteste reichen nicht, in: *FAZ* 14.8.1961, S. 1.

107 Dps. [= Bruno Dechamps], Das Gefängnis, in: *FAZ* 14.8.1961, S. 1.

108 Dieter Hildebrandt, Bewaffnete Festung Ost-Berlin, in: *FAZ* 14.8.1961, S. 5.

109 Michael Freund, Das Wochenende und die Diktatoren, in: *FAZ* 19.8.1961, S. 2.

110 Wie in einem Konzentrationslager, in: *FAZ* 14.8.1961, S. 4.

111 Eberhard Blitzer, Gedrillt und gekleidet wie Hitlers Soldaten, in: *FAZ* 17.8.1961, S. 2.

112 Fotografie AP, in: *FAZ* 7.8.1961, S. 5.

113 Fotografie dpa rechts, in: *FAZ* 11.8.1961, S. 5.
114 K.R. [= Kurt Rudzinski], Der Vorsprung der sowjetischen Raumflugtechnik, in: *FAZ* 8.8.1961, S. 5.
115 kw. [= Klaus Wagner], Für dreizehn Millionen Mark über die Elbe, in: *FAZ* 11.8.1961, S. 5.
116 Fotografien dpa/AP, in: *FAZ* 15.8.1961, S. 5.
117 Fotografie dpa, in: *FAZ* 16.8.1961, S. 5.
118 Bildunterschrift zu Fotografie dpa/AP, in: *FAZ* 15.8.1961, S. 5.
119 R.W., Ruhige Entwicklung am Devisenmarkt, in: *FAZ* 15.8.1961, S. 11; Rohstoffpreise wenig verändert, in: *FAZ* 15.8.1961, S. 11; Dieter Vogel, Die Berliner Wirtschaft macht notfalls Überstunden, in: *FAZ* 16.8.1961, S. 17.
120 Fritz Ullrich Fack, Pankows Achillesferse im Interzonenhandel, in: *FAZ* 17.8.1961, S. 17.
121 Dieter Vogel, Die West-Berliner Wirtschaft ohne Grenzgänger, in: *FAZ* 15.8.1961, S. 11.
122 *Bild* 16.8.1961, S. 1. Siehe dazu Hoeres, Reise nach Amerika.
123 Jürgen Tern, Die Enttäuschung, in: *FAZ* 18.8.1961, S. 1 (Zitat); ders., Die Verhandlungen mit Moskau, in: *FAZ* 19.8.1961, S. 1 (zweites Zitat); ders., Dank an Kennedy, in: *FAZ* 21.8.1961, S. 1; ders., Die Verschärfung, in: *FAZ* 26.8.1961, S. 1; a. e. [= Christian am Ende], Der Kanzler-Besuch, in: *FAZ* 22.8.1961, S. 1.
124 Johnson erneuert das Schutzversprechen für Berlin, in: *FAZ* 21.8.1961, S. 1; Als Antwort auf die Ost-Uebergriffe Truppen an die Sektorengrenze, in: *FAZ* 24.8.1961, S. 1; Ulbrichts Lautsprecher brüllen über die Sektorengrenze, in: *FAZ* 29.8.1961, S. 1.
125 Jürgen Tern, Die Blockfreien und Berlin, in: *FAZ* 1.9.1961, S. 1; Nehru verurteilt die sowjetischen Atombomben-Versuche, in: *FAZ* 4.9.1961, S. 1; Jürgen Tern, Mit moralischer Kraft, in: *FAZ* 4.9.1961, S. 1.
126 Jürgen Tern, Koalitionsangebot, in: *FAZ* 2.9.1961, S. 1; Brandt fordert eine Regierung auf breiter Basis, in: *FAZ* 2.9.1961, S. 1; Ernst-Otto Maetzke, Der Umbruch im Wahlkampf, in: *FAZ* 5.9.1961, S. 1; Alfred Rapp, Der Dritte im Ring, in: *FAZ* 13.9.1961, S. 1.
127 Moskau nimmt Atomwaffen-Versuche wieder auf, in: *FAZ* 1.9.1961, S. 1; Eine sowjetische Atombombe über Zentralasien gezündet, in: *FAZ* 2.9.1961, S. 1; Moskau beantwortet westlichen Atom-Appell mit neuem Versuch, in: *FAZ* 5.9.1961, S. 1; Ernst-Otto Maetzke, Gleich zu gleich, in: *FAZ* 7.9.1961, S. 1; Erhöhte Radioaktivität in Mitteleuropa erwartet, in: *FAZ* 12.9.1961, S. 1.
128 Jürgen Tern, Die Verschärfung, in: *FAZ* 26.8.1961, S. 1.
129 Bruno Dechamps, Sowjetische Daumenschrauben, in: *FAZ* 2.9.1961, S. 1.
130 Nikolas Benckiser, Die Flucht aus der Zone, in: *FAZ* 12.9.1961, S. 1.
131 Eberhard Blitzer, Politische Schnellprozesse in der Zone, in: *FAZ* 6.9.1961, S. 1.
132 Benno Reifenberg, Die Steine reden, in: *FAZ* 13.8.1962, S. 1.
133 Ernst-Otto Maetzke, Die Mauer und die Politik, in: *FAZ* 13.8.1963, S. 1.
134 D.C. [= Dettmar Cramer], Kontakt hinüber, in: *FAZ* 13.8.1964, S. 1.
135 Johann Georg Reißmüller, Realitäten für uns, in: *FAZ* 13.8.1971, S. 1.
136 Dps. [= Bruno Dechamps], Ein Journalistenleben zwischen Belgrad, Athen und Ankara, in: *FAZ* 26.6.1968, S. 2.
137 Karl Kerber, Die Unwahrheit über Jugoslawien, in: *FAZ* 11.1.1955, S. 2.
138 Karl Kerber, Tito hält sich zwischen den Fronten, in: *FAZ* 27.10.1954, S. 2.
139 Karl Kerber, Tito zwischen zwei Stühlen, in: *FAZ* 28.9.1956, S. 2.
140 Siehe die Reportagen Hugo V. Seibs in: *FAZ* 12.3.1955, BuZ S. 3; 19.3.1955, BuZ S. 1; 22.3.1955, S. 7; 26.3.1955, S. 10; 9.4.1955, S. 18; 13.4.1955, S. 4. Vgl. auch den Nachruf von Robert Held, Ein Chef vom Dienst, in: *FAZ* 2.2.1972, S. 2.

141 DLA, A: Reifenberg 79.3640; Julia Metger, Studio Moskau. Westdeutsche Korrespondenten im Kalten Krieg, Paderborn 2016, S. 31–33, 103–107, 123.
142 Hermann Pörzgen, Die noch nicht heimkehren konnten, in: *FAZ* 26.11.1955, S. 2; ders., Die nicht amnestiert werden konnten, in: *FAZ* 31.12.1955, S. 2; ders., Die Heimkehr, in: *FAZ* 16.4.1958, S. 1.
143 Hermann Pörzgen, Moskaus neuer Katechismus, in: *FAZ* 21.2.1956, S. 1; ders., Zwanzig Milliarden für Chruschtschow, in: *FAZ* 6.3.1958, S. 1; ders., Glaubensfreiheit in der Sowjetunion?, in: *FAZ* 10.8.1956, S. 2.
144 Hermann Pörzgen, Bücher klagen an, in: *FAZ* 2.8.1956, S. 2; ders., Interview mit Chruschtschow, in: *FAZ* 4.2.1958, S. 1; ders., Nicht von den Sünden Stalins reden, in: *FAZ* 14.2.1966, S. 20.
145 Hermann Pörzgen, Polen in Sturm und Drang, in: *FAZ* 8.6.1956, S. 2.
146 Hermann Pörzgen, Korrespondent in Moskau, in: *FAZ* 13.4.1957, BuZ S. 3.
147 Ebd.
148 F.A.Z., Korrespondent in Moskau, in: *FAZ* 11.6.1957, S. 2.
149 Hermann Pörzgen an Andrej Smirnow 8.2.1958, S. 1, in: FAZ-Archiv, Persönliche Korrespondenz_Korrespondenten Ausland_1956–1970_L–Reif.
150 Hermann Pörzgen an Erich Welter 8.2.1958, S. 1, in: FAZ-Archiv, Persönliche Korrespondenz_Korrespondenten Ausland_1956–1970_L–Reif.
151 Hermann Pörzgen an Erich Welter 3.12.1959, S. 1, in: FAZ-Archiv, Persönliche Korrespondenz_Korrespondenten Ausland_1956–1970_L–Reif.
152 Hermann Pörzgen an Erich Welter 11.2.1960, S. 1, in: FAZ-Archiv, Persönliche Korrespondenz_Korrespondenten Ausland_1956–1970_L–Reif.
153 Hansjakob Stehle, Signale aus Warschau, in: *FAZ* 2.1.1958, S. 1.
154 Hansjakob Stehle, Polen zwischen rot und schwarz, in: *FAZ* 2.6.1960, S. 2.
155 Hansjakob Stehle, Ist Polen doch verloren?, in: *FAZ* 31.3.1958, S. 1; ders., Noch Chancen für uns und Polen?, in: *FAZ* 8.4.1959, S. 2.
156 Hansjakob Stehle, Signale aus Warschau, in: *FAZ* 2.1.1958, S. 1; ders., Was wissen die Polen von uns?, in: *FAZ* 15.10.1959, S. 2.
157 Hansjakob Stehle, Was wissen die Polen von uns?, in: *FAZ* 15.10.1959, S. 2.
158 Angela Nacken, In Warschau bleibt es schwierig, in: *FAZ* 28.3.1964, S. 2; dies., Polnische Husarenritte sind nicht zu erwarten, in: *FAZ* 17.7.1969, S. 2.
159 Angela Nacken, Polnische Husarenritte sind nicht zu erwarten, in: *FAZ* 17.7.1969, S. 2.
160 Gestorben: Andreas Razumovsky, in: *Der Spiegel* 5.8.2002, S. 166.
161 Nm. [= Günther Nonnenmacher], Andreas Razumovsky 70, in: *FAZ* 16.11.1999, S. 10.
162 Ebd.
163 Andreas Razumovsky, Die Prager vor der Tür, in: *FAZ* 28.4.1965, S. 28; ders., Barrikade mit nummerierten Plätzen?, in: *FAZ* 12.10.1965, S. 9; ders., Deutsche Bücher in Prag, in: *FAZ* 18.2.1966, S. 32.
164 Andreas Razumovsky, Ein unaufhaltsamer Demokratisierungsprozess, in: *FAZ* 22.11.1967, S. 8.
165 Ebd.; Zitat ebd.
166 Andreas Razumovsky, Mit den Deutschen leben, in: *FAZ* 8.2.1967, S. 2.
167 Andreas Razumovsky, Ein Dogmatiker des nationalen Hasses, in: *FAZ* 27.5.1966, S. 2.
168 F.A.Z., Razumovsky muß ausreisen, in: *FAZ* 16.12.1967, S. 1.
169 Maximilian Kutzner, »Zeitung für Deutschland«? Die *Frankfurter Allgemeine Zeitung* und die Wiedervereinigung 1970 bis 1992, in: *Vierteljahrshefte für Zeitgeschichte* (im Druck).

170 Denis Fengler, Westdeutsche Korrespondenten in der DDR. Vom Abschluss des Grundlagenvertrages bis zur Wiedervereinigung 1990, in: Jürgen Wilke (Hg.), Journalisten und Journalismus in der DDR. Berufsorganisation – Westkorrespondenten – »Der schwarze Kanal«, Köln 2007, S. 76–216, hier S. 109.
171 Protokoll über die Herausgebersitzung 24.1.1962, in: FAZ-Archiv, Herausgeber 2. Januar 1962 bis 5. August 1963.
172 Frankfurter Allgemeine Zeitung (Hg.), Sie redigieren und schreiben, 1960, S. 66.
173 Dps. [= Bruno Dechamps], Mit nach Osten gerichteter Antenne, in: *FAZ* 19.04.1979, S. 12; Harry Hamm, Die Freundschaft Tirana–Peking, in: *FAZ* 12.4.1961, S. 2; Enver für alle und alle für Enver, in: *FAZ* 28.10.1961, BuZ S. 3; ders., Risse im roten Block, in: *FAZ* 11.4.1962, S. 13.
174 Thomas Ross, Beziehungen Belgrad–Bonn in der Sackgasse, in: *FAZ* 30.12.1965, S. 2.
175 Thomas Ross, Sorgen eines Vielvölkerstaates, in: *FAZ* 23.2.1966, S. 2.
176 Thomas Ross, Titos neuer Kurs, in: *FAZ* 12.2.1966, S. 2.
177 Johann Georg Reißmüller, Der Felsblock auf dem deutsch-jugoslawischen Verhältnis, in: *FAZ* 24.1.1968, S. 2.
178 Johann Georg Reißmüller, Heimkehr in den Westen, in: *FAZ* 12.8.1965, S. 1; Zitat ebd.
179 Johann Georg Reißmüller, Gibt es eine kroatische Sprache?, in: *FAZ* 29.4.1967, BuZ S. 3.
180 Fk. [= Fritz Ullrich Fack], Alfred Rapp gestorben, in: *FAZ* 30.8.1991, S. 1; Wilhelm Kosch, Biographisches Staatshandbuch. Lexikon der Politik, Presse und Publizistik. Fortgeführt von Eugen Kuri. Bd. 2, Bern/München 1963, S. 1012.
181 Frankfurter Allgemeine Zeitung (Hg.), Sie redigieren und schreiben, 1964, S. 49.
182 Siering, Zeitung für Deutschland, S. 35–86, hier S. 66f.
183 Die Habsburger, in: *Der Führer am Sonntag* 22.11.1936, S. 2.
184 Alfred Rapp, Deutsche Geschichte am Oberrhein, Karlsruhe 1937, S. 284. Rapp wollte mit dieser Abhandlung die Gesamtgeschichte eines »deutschen Volksraums« jenseits der »Partikulargeschichte« oder einer »dynastischen Blickrichtung« entwerfen. Für ihn stand die Geschichte des Oberrheingebiets exemplarisch für die jahrhundertelange deutsche Zersplitterung, als deren Überwinder er Adolf Hitler bezeichnete. Die Publikation stand in einer Reihe mit diversen anderen nationalistischen Publikationen Rapps zwischen 1936 und 1942, die Thematiken der oberrheinischen Geschichte behandelten.
185 Siering, Zeitung für Deutschland, S. 67.
186 Alfred Rapp, Lavals neue Mannschaft, in: *Hakenkreuzbanner* 21.3.1944, S. 2.
187 Andreas Laska, Presse et propagande allemandes en France occupée: des »Moniteurs officiels« (1870–1871) à la »Gazette des Ardennes« (1914–1918) et à la »Pariser Zeitung« (1940–1944), München 2003, S. 406.
188 Siering, Zeitung für Deutschland, S. 67; Frankfurter Allgemeine Zeitung (Hg.), Sie redigieren und schreiben, 1975, S. 65f.
189 Hans Herbert Götz im Gespräch mit Marianne Englert am 31.10.1994, S. 4, in: FAZ-Archiv, F.A.Z. Zeitzeugen A–J.
190 Aktenvermerk über die Herausgebersitzung 28.12.1955, in: FAZ-Archiv, Protokolle über die Herausgebersitzungen 1.1.1955 bis 19.2.1958.
191 Aktenvermerk über die Herausgebersitzung 25.1.1956, in: FAZ-Archiv, Protokolle über die Herausgebersitzungen 1.1.1955 bis 19.2.1958.
192 Aktenvermerk über die Herausgebersitzung vom 23.1.1957, S. 2; Aktenvermerk über die Herausgebersitzung 28.8.1957, S. 1, u. Aktenvermerk über die Herausgebersitzung 18.12.1957, S. 2, in: FAZ-Archiv, Protokolle über die Herausgebersitzungen 1.1.1955 bis 19.2.1958.

193 Aktenvermerk über die Herausgebersitzung 11.4.1956, S. 2, in: FAZ-Archiv, Protokolle über die Herausgebersitzungen 1.1.1955 bis 19.2.1958; Hans Herbert Götz im Gespräch mit Marianne Englert am 31.10.1994, S. 4, in: FAZ-Archiv, F.A.Z. Zeitzeugen A–J.
194 Gespräch mit Herrn Dr. Fritz Ullrich Fack am 26. Januar 2019 in Bad Honnef. Die Redaktionen von *FAZ* und *Spiegel* waren nur wenige Häuser voneinander entfernt. Erstere hatte die Hausnummer 22 in der Dahlmannstraße, letztere die Hausnummer 20. Stadt Bonn (Hg.), Adressbuch der Stadt Bonn 86 (1961), S. 40 und 762.
195 Stadt Bonn (Hg.), Adressbuch der Stadt Bonn 87 (1963/64), S. 479; dies., Adressbuch der Stadt Bonn 89 (1967), S. 112.
196 Helmut Herles, Jeder Umzug ist ein Abschied, in: *FAZ* 23.8.1984, S. 7.
197 Dechamps, Protokoll über die Herausgebersitzung 5.5.1982, S. 2, in: FAZ-Archiv, Rm HG-Konferenz 1980/81_ 1981/82_ 1982_/83_ 1984/85; fr. [= Friedrich Karl Fromme], Walter Henkels 80, in: *FAZ* 8.2.1986, S. 4.
198 Frankfurter Allgemeine Zeitung GmbH (Hg.), Sie redigieren und schreiben, 1964, S. 26.
199 Walter Henkels, Vor 25 Jahren – mit Adenauer in Moskau, in: *FAZ* 9.9.1980, S. 5.
200 Christian Bommarius, 1949. Das lange deutsche Jahr, München 2018, S. 76.
201 fr. [= Friedrich Karl Fromme], Schreiben für den Tag, in: *FAZ* 10.6.1987, S. 4.
202 Gz. [= Hans Herbert Götz], Alfred Rapp, in: *FAZ* 3.1.1963, S. 2.
203 N. B. [= Nikolas Benckiser], In Bonn von Anfang an auf Posten, in: *FAZ* 3.1.1973, S. 2; g-n. [= Günther Gillessen], Alfred Rapp 75, in: *FAZ* 3.1.1978, S. 4.
204 O. D. [= Otto Diepholz], Auszeichnung für Alfred Rapp, in: *FAZ* 4.1.1968, S. 3; Fk. [= Fritz Ullrich Fack], Alfred Rapp gestorben, in: *FAZ* 30.8.1991.
205 Es handelte sich hierbei um Gesprächsrunden zwischen Adenauer und Journalisten, die Teil der informellen Öffentlichkeitsarbeit der Bundesregierung waren. Zu den Kriterien, unter welchen die Gesprächsteilnehmer ausgewählt wurden, gehörte ein hoher Einfluss auf die Bildung der öffentlichen Meinung, Vertrauenswürdigkeit und die persönliche Wertschätzung des Kanzlers. Hanns Jürgen Küsters, Zum Tee beim Kanzler. Einführung in die Edition, in: Adenauer. Teegespräche 1950–1954, bearb. v. Hanns Jürgen Küsters, Berlin 1984, S. XII–XXVII, hier S. XII–XV; Lars Rosumek, Die Kanzler und die Medien. Acht Porträts von Adenauer bis Merkel, Frankfurt am Main/New York 2007, S. 64.
206 N. B. [= Nikolas Benckiser], In Bonn von Anfang an auf Posten, in: *FAZ* 3.1.1973, S. 2.
207 Alfred Rapp, Autorität und Demokratie, in: *FAZ* 5.9.1959, S. 2.
208 Alfred Rapp, Zehn Jahre Bonn, in: *FAZ* 12.9.1959, S. 2.
209 Alfred Rapp, Adenauer und die Journalisten, in: Dieter Blumenwitz/Klaus Otto/Hans Maier/Konrad Repgen/Hans-Peter Schwarz (Hg.), Konrad Adenauer und seine Zeit. Politik und Persönlichkeit des ersten Bundeskanzlers. Beiträge von Weg- und Zeitgenossen, Stuttgart 1976, S. 283–290, hier S. 289.
210 Alfred Rapp, Erhard in Washington, in: *FAZ* 24.9.1966, S. 1.
211 Rapp an Welter 28.9.1966, S. 1f., in: FAZ-Archiv, Eick Korrespondenz. Prof. Welter, 1. September 1966–30. November 1967.
212 Christina von Hodenberg, Konsens und Krise. Eine Geschichte der westdeutschen Medienöffentlichkeit 1945–1973, Göttingen 2006, S. 443 und 458.
213 Alfred Rapp, Diktaturpsychose, in: *FAZ* 28.5.1968, S. 1.
214 Alfred Rapp, Wetterleuchten links, in: *FAZ* 17.3.1970, S.1.
215 Alfred Rapp, Parteienbild im Wandel, in: *FAZ* 23.2.1979, S. 10.
216 Rapp an Pfeifer 11.11.1972, S. 1, in: FAZ-Archiv, Korrespondenten 1.4.1971–31.12.1974.
217 Rapp an Pfeifer 5.11.1972, S. 2, in: FAZ-Archiv, Korrespondenten 1.4.1971–31.12.1974.

218 Rapp an Pfeifer 10.6.1973, S. 1, in: FAZ-Archiv, Korrespondenten 1.4.1971–31.12.1974.
219 Eick, Protokoll über die Herausgebersitzung 6.12.1972, S. 1, in: FAZ-Archiv, H 1.4.1971–31.3.1973.
220 Rapp an Pfeifer 24.4.1973, S. 1, in: FAZ-Archiv, Korrespondenten 1.4.1971–31.12.1974.
221 Rapp an Pfeifer 30.1.1975, S. 2, in: FAZ-Archiv, Korrespondenten 1.4.1971–31.12.1974.
222 Dechamps, Protokoll über die Herausgebersitzung 13.1.1971, S. 2, u. Protokoll über die Herausgebersitzung 3.2.1971, S. 1, in: FAZ-Archiv, Protokolle über die Herausgebersitzungen 1.1.1969 bis 31.3.1971.
223 Rapp an Pfeifer 22.1.1975, in: FAZ-Archiv, Korrespondenten 1.4.1971–31.12.1974. Tatsächlich taucht Rapp in der letztlich erschienenen Ausgabe bei der Auflistung des Personals der Redaktion in Bonn nur noch als politischer Berichterstatter auf. Ein Leiter der Redaktion wird dagegen nicht genannt. Frankfurter Allgemeine Zeitung GmbH (Hg.), Sie redigieren und schreiben, 1975, S. 104. Zehn Jahre später gab es in Bonn jeweils einen separaten Leiter für die politische und für die Wirtschaftsredaktion. Frankfurter Allgemeine Zeitung GmbH (Hg.), Sie redigieren und schreiben, 1985, S. 114.
224 Leclerque, Protokoll über die Dienstagskonferenz 2.12.1975, S. 3, in: FAZ-Archiv, Blick 1973–76.
225 Rapp an Pfeifer 9.11.1976, S. 2, in: FAZ-Archiv, Korrespondenten 1.1.75–31.12.81.
226 Fack, Protokoll über die Herausgebersitzung 28.11.1974, S. 2f., in: FAZ-Archiv, H. 1.4.1973–31.3.1975.
227 Fack, Protokoll über die Herausgebersitzung 11.12.1974, S. 1f., in: FAZ-Archiv, H. 1.4.1973–31.3.1975.
228 Dechamps, Protokoll über die Herausgebersitzung 17.9.1975, S. 4, in: FAZ-Archiv, H. 1.4.1975–31.3.1977.
229 Fack, Protokoll über die Herausgebersitzung 15.10.1975, S. 1, in: FAZ-Archiv, H. 1.4.1975–31.3.1977.
230 Dechamps, Protokoll über die Herausgebersitzung 11.11.1975, S. 2, in: FAZ-Archiv, H. 1.4.1975–31.3.1977.
231 Eick, Protokoll über die Herausgebersitzung 28.2.1979, S. 2, u. ders., Protokoll über die Herausgebersitzung 7.3.1979, S. 2, in: FAZ-Archiv, H 1.4.1977–31.3.1979.
232 Fack, Protokoll über die Herausgebersitzung 27.6.1979, S. 2f., in: FAZ-Archiv, H 1.1.1979 bis 30.6.1980.
233 Nm. [= Günther Nonnenmacher], Claus Gennrich 70, in: *FAZ* 2.12.2008, S. 5; kum. [= Jasper von Altenbockum], Claus Gennrich 80, in: *FAZ* 1.12.2018, S. 5.
234 Gr. [= Peter Grubbe], England rechnet wieder mit uns, in: *FAZ* 2.11.1949, S. 2; Zitate ebd.
235 Paul Sethe, Wie kann Deutschland sich darstellen?, in: *FAZ* 3.3.1951, S. 1; ders., Wieder eine Halbheit?, in: *FAZ* 2.10.1951, S. 1; ders., Wir warten noch auf eine Antwort, in: *FAZ* 22.1.1953, S. 1.
236 Paul Sethe, Wieder eine Halbheit?, in: *FAZ* 2.10.1951, S. 1.
237 Heinz Höpfl, Malan klagt England an, in: *FAZ* 6.3.1951, S. 1.
238 Jürgen Tern, Ghana oder der Kakao-Staat, in: *FAZ* 14.2.1957, S. 1.
239 Josef Schmitz van Vorst, Der Kuß des Südamerikaners, in: *FAZ* 5.12.1949, S. 2.
240 AW. [= Adelbert Weinstein], Zu spät?, in: *FAZ* 6.7.1953, S. 1.
241 AW [= Adelbert Weinstein], Das tote Gewicht, in: *FAZ* 18.4.1950, S. 2.
242 AW. [= Adelbert Weinstein], Indochina, in: *FAZ* 10.5.1950, S. 2.
243 Herwig Weber, Nigeria auf halbem Weg zur Freiheit, in: *FAZ* 19.6.1958, S. 2.

244 Josef Schmitz van Vorst, Drei Könige im Morgenland, in: *FAZ* 18.12.1950, S. 2.
245 Ernst Kobbert, Der Kongo hat eine Chance, in: *FAZ* 24.2.1960, S. 1; ders., Soll und Haben, in: *FAZ* 8.6.1966, S. 19; ders., Mit Ochsenkarren zur Kupfergrube, in: *FAZ* 8.5.1971, S. 23.
246 Ernst Kobbert, Lieber arm als abhängig, in: *FAZ* 6.1.1967, S. 2.
247 Hans Baumgarten, Auch Deutschland in Übersee, in: *FAZ* 30.9.1952, S. 1.
248 Erich Bendheim, Das zweischneidige Schwert, in: *FAZ* 17.5.1955, S. 6.
249 Peter Grubbe, Sturmzeichen über Afrika, in: *FAZ* 15.12.1952, S. 2.
250 Peter Grubbe, Ein Märtyrer?, in: *FAZ* 14.4.1953, S. 2.
251 Gr. [= Peter Grubbe], Sorgen um Kenia, in: *FAZ* 1.12.1952, S. 2.
252 Ian Cobain, Mau Mau victims to receive £13.9m compensations: Hague to make statement after weeks of negotiations claims that prisoners were tortured by British in 50s, in: *The Guardian* 6.6.2013, S. 10.
253 Mau-Mau oder Harambee, in: *Der Spiegel* 18.12.1963, S. 67f.
254 Adelbert Weinstein, Die Aufgabe in Algerien, in: *FAZ* 25.3.1955, S. 1.
255 J. T. [= Jürgen Tern], Belgische Bitterkeit, in: *FAZ* 12.8.1960, S. 2.
256 Thankmar von Münchhausen, Giscards afrikanische Strategie, in: *FAZ* 24.1.1978, S. 10.
257 Nt. [= Klaus Natorp], Englands Verantwortung, in: *FAZ* 23.3.1976, S. 1.
258 Siehe exemplarisch Günther Gillessen, Unruhe in Kamerun, in: *FAZ* 11.8.1959, S. 4.
259 Herbert Kaufmann, Der lautlose Krieg in Eritrea, in: *FAZ* 19.8.1971, S. 2.
260 Bö., Kanonenboot-Diplomatie, in: *FAZ* 20.10.1953, S. 2; Oswald Urchs, Die drei vergessenen Kolonien, in: *FAZ* 6.2.1954, S. 27; Lily Abegg, Für und wider die Teilung, in: *FAZ* 9.6.1954, S. 2.
261 Herbert Kaufmann, Afrika an der Jahreswende, in: *FAZ* 31.12.1963, S. 12.
262 Hg., Im Reich des Negerfürsten, in: *FAZ* 22.2.1950, S. 10.
263 Mm., Ein Frankfurter im unentdeckten Madagaskar, in: *FAZ* 20.2.1954, S. 25.
264 Paul Rohrbach, Der Neger braucht eine Führung, in: *FAZ* 6.4.1954, S. 2.
265 Siehe etwa Herbert Kaufmann, Auf afrikanischer Piste, in: *FAZ* 3.5.1952, BuZ S. 1; ders., Afrika – französisch zivilisiert, in: *FAZ* 2.8.1952, BuZ S. 1; ders., Auch Afrika ist kein Paradies mehr, in: *FAZ* 27.9.1952, BuZ S. 3.
266 Siehe exemplarisch Herbert Kaufmann, Der Kongo, reichstes Land der Erde?, in: *FAZ* 31.1.1953, BuZ S. 1.
267 Kenia und der Kongo nahmen aber deutlich das meiste Interesse Kaufmanns und der *FAZ* in Anspruch.
268 Siehe etwa Rolf Seelmann-Eggebert, Arbeitsbedingungen in Kenia, in: *FAZ* 19.6.1976, S. V1.
269 Siehe etwa Günter Krabbe, Arbeitsbedingungen in Zaire, in: *FAZ* 21.8.1976, S. V1; ders., Arbeitsbedingungen in Benin, in: *FAZ* 15.1.1977, S. V37.
270 Robert Guillain, Hongkong grollt den Amerikanern, in: *FAZ* 19.4.1951, S. 2; Peter Grubbe, Eine stille Stadt – voller Rätsel, in: *FAZ* 31.5.1952, S. 4; Lily Abegg, Noch immer Hochburg des Handels, in: *FAZ* 16.7.1954, S. 2; Heinz Stadlmann, Bericht aus der britischen Kronkolonie, in: *FAZ* 26.10.1963, BuZ S. 1; Johann Georg Reißmüller, Die Briten wollen nicht gehen, die Chinesen nicht kommen, in: *FAZ* 9.5.1966, S. 2.
271 Johann Georg Reißmüller, Die Briten wollen nicht gehen, die Chinesen nicht kommen, in: *FAZ* 9.5.1966, S. 2.
272 Heinz Höpfl, Malan klagt England an, in: *FAZ* 6.3.1951, S. 1.
273 Paul Sethe, Knechte oder Brüder?, in: *FAZ* 14.11.1953, BuZ S. 3.

274 Siehe exemplarisch Heinz Höpfl, Malan klagt England an, in: *FAZ* 6.3.1951, S. 1; P. [= möglicherweise Paul Rohrbach], Sturm über Afrika, in: *FAZ* 27.3.1952, S. 1.
275 Siehe exemplarisch Heinz Höpfl, Malan klagt England an, in: *FAZ* 6.3.1951, S. 1; P. [= möglicherweise Paul Rohrbach], Sturm über Afrika, in: *FAZ* 27.3.1952, S. 1; Paul Sethe, Knechte oder Brüder?, in: *FAZ* 14.11.1953, BuZ S. 3; ders., »Wir werden die Herren bleiben«, in: *FAZ* 21.11.1953, S. 2.
276 Günther Gillessen, Rassenstaat, Ständestaat, Gottesstaat?, in: *FAZ* 16.7.1977, BuZ S. 1.
277 Klaus Natorp, Südafrika – seine Gegenwart, seine Lebenslüge, in: *FAZ* 28.1.1977, S. 6.
278 Hans Jürgen Krüger, Kritik ist in Südrhodesien unerwünscht, in: *FAZ* 4.9.1964, S. 4.
279 Klaus Natorp, Die Sanktionen haben versagt, in: *FAZ* 19.9.1967, S. 1; ders., Nach dem Treffen von Gibraltar, in: *FAZ* 15.10.1968, S. 1.
280 Siehe exemplarisch Rolf Seelmann-Eggebert, Amin afrikanisiert weiter, in: *FAZ* 17.1.1973, S. 4.
281 Siegfried Sterner, Kenia trägt schwer am kolonialen Erbe, in: *FAZ* 5.4.1965, S. 22.
282 Erich Dombrowski, Die Zügel werden angezogen, in: *FAZ* 29.3.1957, S. 1.
283 Klaus Natorp, Widerstand nur aus dem Exil, in: *FAZ* 3.3.1965, S. 2.
284 Johann Georg Reißmüller, Ist Antikommunismus schlecht?, in: *FAZ* 17.8.1976, S. 1. Der CDU-Politiker Alois Mertes stimmte diesem Artikel in einem Leserbrief »mit Nachdruck« zu, Alois Mertes, Anti-Faschist und Anti-Kommunist, in: *FAZ* 27.8.1976, S. 7. Der Historiker und SPD-Politiker Hartmut Soell beschwerte sich hingegen. Er wurde in Reißmüllers Artikel ungenannt zitiert und empfand diese Zitation als unrichtig. Spöttisch fügte er an: »Wenn im übrigen Reißmüller die ›enge Verbundenheit‹ des Verfassers mit der SPD betont, dann ist das insoweit richtig, als dieser seit rund fünfzehn Jahren Mitglied dieser Partei ist«, Hartmut Soell, Bloßes Anti-Denken war Erler suspekt, in: *FAZ* 25.8.1976, S. 7.
285 Johann Georg Reißmüller, Ist Antikommunismus schlecht?, in: *FAZ* 17.8.1976, S. 1.
286 Fritz Ullrich Fack, Die Demut vor dem Kommunismus, in: *FAZ* 8.9.1976, S. 1.
287 Eckart Conze, Die Suche nach Sicherheit, S. 114, 151f., 430f.; Anselm Doering-Manteuffel, Der Antikommunismus in seiner Epoche, in: Norbert Frei/Dominik Rigoll (Hg.), Der Antikommunismus in seiner Epoche. Weltanschauungen und Politik in Deutschland, Europa und den USA, Berlin 2017, S. 11–29.
288 Für den Begriff »Antikommunismus« finden sich in den 1950er Jahren 80 und erst in den 1960er Jahren 253 Treffer. Am häufigsten – 430 Mal – wurde das Wort in den 1970er Jahren verwendet.
289 Paul Medina, »Krise« bei den französischen Kommunisten?, in: *FAZ* 21.12.1949, S. 2; ders., Kampf um »Combat«, in: *FAZ* 9.3.1950, S. 2; ders., Die verschwundene Epoche, in: *FAZ* 16.12.1950, S. 2; ders., Frankreich sucht ein Wahlsystem, in: *FAZ* 25.1.1951, S. 2; ders., Frankreich vor einem ungünstigen Wahlgang, in: *FAZ* 17.5.1951, S. 2; ders., Das Kabinett Mayer bedroht, in: *FAZ* 1.4.1953, S. 2; u. a.
290 Nikolas Benckiser, Antikommunismus, in: *FAZ* 19.4.1961, S. 1. Die vorherige Titelnennung stammt von einem Zitat, einer Unterüberschrift und der Rubrik Stimmen der Anderen: AP, »Der Antikommunismus stark geschwächt«, in: *FAZ* 7.5.1956, S. 4; G. L. Leszczynski, Eine konservative Partei in Indien, in: *FAZ* 23.6.1959, S. 2; Stimmen der Anderen, Blinder Antikommunismus?, in: *FAZ* 29.11.1960, S. 2.
291 227 Treffer in »Politik«, 9 in »Feuilleton« und 3 in »Wirtschaft«.
292 Etwa: Hans Jürgensen, Wenn George Meany Massen mobilisiert, in: *FAZ* 11.10.1976, S. 12; Wolfgang Frickhöfer, Entfaltung in den Unternehmen, in: *FAZ* 11.1.1976, S. 14.

293 Joachim Nawrocki, Unsicherheit in Leipzig, in: *FAZ* 11.3.1967, S. 7; ders., In Leipzig stellt man sich dumm, in: *FAZ* 4.9.1967, S. 15; Ernst-Otto Maetzke, Herr über volkseigene Möbel, in: *FAZ*, 22.11.1958, S. 5; ders., Unscharfe Bilder, in: *FAZ* 1.4.1964, S. 1; ders., Die Einheitspartei kreuzt gegen den Wind, in: *FAZ* 8.4.1967, S. 1; ders., Sozialistischer Stahl mit kleinen Fehlern, in: *FAZ* 20.5.1970, S. 18.

294 Eick an Welter 2.4.1964, in: FAZ-Archiv, Eick – Korrespondenz mit Professor Welter – 1. Dezember 1963–28. Februar 1965.

295 Hans-Peter Riese, Das Trauma des dritten Weges, in: *FAZ* 28.11.1972, S. 24.

296 Günter Maschke, Realistische Ängste und totalitäre Phantasien eines Isolierten, in: *FAZ* 23.9.1975, S. 19.

297 G. Ma. [= Günter Maschke], Politisches Bewußtsein, in: *FAZ* 17.8.1974, S. 19. Zur Rolle der Intellektuellen in anderen Ländern siehe etwa Paul Medina, »Krise« bei den französischen Kommunisten?, in: *FAZ* 21.12.1949, S. 2 (Frankreich); Josef Schmitz van Vorst, Kommt es zu einem dritten Kommunismus?, in: *FAZ* 1.2.1969, BuZ S. 1.

298 Günter Maschke, Rot gleich braun?, in: *FAZ* 22.8.1972, S. 21 (Rezension von Martin Greiffenhagen/Reinhard Kühnl/Johann Baptist Müller, Totalitarismus. Zur Problematik eines politischen Begriffs, München 1972, dort das erste Zitat); ders., Moral-Blubbern, in: *FAZ* 11.5.1983, S. 25. In diesem Artikel berichtete Maschke von den Römerberg-Gesprächen in Frankfurt 1983 und schloss mit den Worten: »Kaum eine andere Veranstaltung ist ein so gelungenes sozialpsychologisches Experiment, das die Unfähigkeit unserer Intelligenz wie unseres Publikums zu Diskussion und gezielter Kritik belegt.«

299 Nikolas Benckiser, Ideologie in der Außenpolitik, in: *FAZ* 10.8.1977, S. 1.

300 Johann Georg Reißmüller, So lebt es sich bequemer, in: *FAZ* 17.2.1979, S. 1.

301 Johann Georg Reißmüller, Der Kommunismus schrumpft, in: *FAZ* 7.12.1983, S. 1; Johann Georg Reißmüller, Der Kommunismus zerrinnt, in: *FAZ* 11.6.1988, S. 1; Johann Georg Reißmüller, Wann der Kommunismus am schlimmsten war, in: *FAZ* 30.10.1990, S. 1; Zitat ebd. Besonders betont wird diese Ablehnung hier durch die doppelte Verwendung von »furchtbar«: »Es war ein furchtbares Regime, es waren furchtbare Jahre.«

302 Fritz Ullrich Fack, Die Sünden der Vergangenheit wirken nach, in: *FAZ* 15.2.1999, S. 14; Gesine Schwan, Wieder renommierte Freie Universität Berlin, in: *FAZ* 20.2.1999, S. 11.

303 Anderen Spielarten des Kommunismus stand das Politikressort ebenfalls kritisch gegenüber, wenn auch in weitaus weniger Beiträgen. So berichtete etwa Lily Abegg aus erster Hand vom Maoismus, dessen Methodik sie als »infam« charakterisierte, Lily Abegg, Stärkung des Kommunismus in China, in: *FAZ* 2.7.1957, S. 1. Ähnlich hierzu auch: Harry Hamm, Die Erosion im Weltkommunismus, in: *FAZ* 11.10.1966, S. 1. Hamm beschrieb auch die Probleme, die in Chile nach dem Putsch vom 11.9.1973 auftraten, und schlussfolgerte, dass ein »Sozialismus auf demokratischem Wege« auch nicht problemfrei sei, Harry Hamm, Demokratischer Kommunismus?, in: *FAZ* 16.10.1973, S. 1.

304 Adelbert Weinstein, Carte blanche – ein Alarmzeichen, in: *FAZ* 27.6.1955, S. 1.

305 Nt. [= Klaus Natorp], Adelbert Weinstein gestorben, 14.1.2003, S. 4; ders., Adelbert Weinstein 85, in: *FAZ* 17.5.2001, S. 6.

306 Protokoll über die Herausgebersitzung vom 8.8.1962, in: FAZ-Archiv, Herausgeber 2. Januar 1962 bis 5. August 1963.

307 Dps. [= Bruno Dechamps], Weinstein, in: *FAZ* 17.5.1976, S. 4.

308 Welter, Aktenvermerk über die Herausgebersitzung vom 19.12.1962, S. 1, in: FAZ-Archiv, Herausgeber 2. Januar 1962 bis 5. August 1963.
309 Nt. [= Klaus Natorp], Adelbert Weinstein gestorben, 14.1.2003, S. 4.
310 Adelbert Weinstein, Das ist de Gaulle: Anspruch und Wirklichkeit. Versuch eines Porträts, Düsseldorf/Köln 1963.
311 Adelbert Weinstein, Peripher wird modern, in: *FAZ* 20.5.1952, S. 1.
312 Adelbert Weinstein, Eine apokalyptische Waffe, in: *FAZ* 29.10.1953, S. 1.
313 Adelbert Weinstein, »Wenn heute der Krieg ausbräche«, in: *FAZ* 13.10.1955, S. 1.
314 Joachim Schwelien, Die letzte Frage, in: *FAZ* 7.3.1955, S. 1.
315 Hans Baumgarten, Die verpestete Luft, in: *FAZ* 30.6.1955, S. 1; ders., Unser Anteil an der Mächtekonferenz, in: *FAZ* 26.3.1955, S. 1.
316 Welter, Aktenvermerk über die Herausgebersitzung am 1.4.1958, S. 1, in: FAZ-Archiv, Akten der Herausgeber. Erich Welter. Protokolle der Herausgebersitzungen. 1. April 1958–18. Dez. 1961.
317 Adelbert Weinstein, Mit alten Panzern in eine neue Zeit, in: *FAZ* 15.10.1956, S. 1.
318 Adelbert Weinstein, Haben wir militärische Möglichkeiten?, in: *FAZ* 20.8.1956, S. 1.
319 Hans Baumgarten, Wir können nicht ausweichen, in: *FAZ* 4.5.1957, S. 1; ders., Unsere schwache Stellung, in: *FAZ* 11.5.1957, S. 1.
320 Hans Baumgarten, Die Tragik der Atomforscher, in: *FAZ* 15.4.1957, S. 1.
321 Adelbert Weinstein, Die nächsten vier Jahre Militärpolitik, in: *FAZ* 24.9.1957, S. 1.
322 Nikolas Benckiser, Nowaja Semlja, in: *FAZ* 11.11.1961, S. 1.
323 Adelbert Weinstein, Atommächte erster bis vierter Klasse, in: *FAZ* 12.5.1960, S. 1.
324 R. [= Alfred Rapp], Kissinger fordert mehr konventionelle Streitkräfte, in: *FAZ* 3.10.1959, S. 3; *Der Spiegel* 14.10.1959, S. 22–24 (Zitat S. 24).
325 Adelbert Weinstein, Mehr herkömmliche Divisionen, in: *FAZ* 28.3.1961, S. 1; ders., Abschreckung und Abrüstung, in: *FAZ* 30.8.1961, S. 1.
326 Adelbert Weinstein, Gefährdete Abschreckung, in: *FAZ* 23.5.1962, S. 1; ders., Die »Schule«, die auszog, das Risiko einzufangen, in: *FAZ* 9.8.1962, S. 1.
327 Adelbert Weinstein, Die Alternative zur Abschreckung, in: *FAZ* 16.7.1962, S. 1.
328 Adelbert Weinstein, Die Sicherheit und der Verteidigungsminister, in: *FAZ* 28.3.1962, S. 1.
329 Günther Gillessen, Hilft eine europäische Atommacht weiter?, in: *FAZ* 13.3.1963, S. 1.
330 Günther Gillessen, Das militärische Verhältnis Washington–Bonn, in: *FAZ* 6.8.1963, S. 1.
331 Vgl. dazu Hoeres, Außenpolitik und Öffentlichkeit, S. 85–106, 516f.
332 Cramer, Protokoll, Politische Konferenz vom 17.9.1963, S. 3, in: FAZ-Archiv. Akten der Redaktion. Protokolle der Politischen Konferenzen. 1956 bis 1970.
333 In der historischen Beschäftigung mit dieser Affäre dominiert der zweifelsohne wichtige Komplex nach der Pressefreiheit. Die entscheidenden militärpolitischen Sachverhalte, die damals in der Öffentlichkeit wesentlich geläufiger waren, bleiben dabei aber meist unterbelichtet, daher werden sie im Folgenden etwas ausführlicher skizziert. Vgl. zur *Spiegel*-Affäre zuletzt Martin Doerry/Hauke Janssen (Hg.), Die Spiegel-Affäre. Ein Skandal und seine Folgen, München 2013.
334 Vgl. beispielsweise: Der Endkampf, in: *Der Spiegel* 5.4.1961, S. 14–30.
335 Bedingt abwehrbereit, in: *Der Spiegel* 10.10.1962, S. 34–53.
336 Stärker als 1939, in: *Der Spiegel* 13.6.1962, S. 16–20.
337 Adelbert Weinstein, Der Verteidigungsminister und die atlantische Strategie, in: *FAZ* 24.7.1962, S. 1.
338 Adelbert Weinstein, Nur die abgestufte Abschreckung kann den Krieg verhindern. Ein Gespräch mit Verteidigungsminister Strauß, in: *FAZ* 3.8.1962, S. 2.

339 Adelbert Weinstein, Ein lebhaftes Gespräch unter Tauben, in: *FAZ* 20.8.1962, S. 1.
340 Adelbert Weinstein, Die Politik entscheidet, nicht die Waffen, in: *FAZ* 10.10.1962, S. 1.
341 Christian Tuschhoff, Deutschland, Kernwaffen und die NATO 1949–1967. Zum Zusammenhalt von und friedlichem Wandel in Bündnissen, Baden-Baden 2002, S. 216–241.
342 Bedingt abwehrbereit, in: *Der Spiegel* 10.10.1962, S. 34–53.
343 Alfred Popp, Pressefreiheit und Landesverteidigung, in: *FAZ* 29.10.1962, S. 1.
344 Günther Gillessen, Ein Bruch der Koalition fehlte gerade noch, in: *FAZ* 2.11.1962, S. 1.
345 Friedrich Sieburg, Nie mehr wie vorher, in: *FAZ* 10.11.1962, S. 1; siehe auch Ute Daniel, Beziehungsgeschichten. Politik und Medien im 20. Jahrhundert, Hamburg 2018, S. 263–265.
346 Johann Georg Reißmüller, Prozeß oder Staatsaffäre?, in: *FAZ* 18.5.1965, S. 1.
347 Me. [= Ernst-Otto Maetzke], Glücklose Ermittlungen, in: *FAZ* 29.7.1965, S. 2.
348 Nikolas Benckiser, Ist Frankreich Europa?, in: *FAZ* 25.7.1964, S. 1.
349 Adelbert Weinstein, Eine Multilaterale – vier Absichten, in: *FAZ* 16.11.1964, S. 1.
350 Natorp, Protokoll Politische Konferenz vom 10.11.1964, S. 4, in: FAZ-Archiv, Akten der Redaktion. Protokolle der Politischen Konferenzen. 1956 bis 1970. Zwei Wochen später meinte Baumgarten, »die Bundesrepublik könne Frankreichs Juniorpartner sein«: Johann Georg Reißmüller, Protokoll Politische Konferenz vom 24.11.1964, S. 1, in: FAZ-Archiv, Akten der Redaktion. Protokolle der Politischen Konferenzen. 1956 bis 1970.
351 Natorp, Protokoll Politische Konferenz vom 19.1.1965, S. 3, in: FAZ-Archiv, Akten der Redaktion. Protokolle der Politischen Konferenzen. 1956 bis 1970.
352 ADM steht für Atomic Demolition Munition. ADM waren bei der US Army in Europa von 1964/65 an vorhanden. Zur Position der Bundesregierung zu ADM und den Kontext vgl. Andreas Lutsch, Westbindung oder Gleichgewicht? Die nukleare Sicherheitspolitik der Bundesrepublik Deutschland zwischen Atomwaffensperrvertrag und NATO-Doppelbeschluss (1961–1979), München 2019, Kapitel III.3.
353 Stimmen der Anderen, Eine Klärung der Rechtslage versäumt, in: *FAZ* 23.12.1965, S. 2.
354 hs., Neues Verfahren gegen Augstein, in: *FAZ* 25.3.1965, S. 4. Zwei Artikel Augsteins gaben Anlass zum Verdacht: Schießen mit allem, was er hat, in: *Der Spiegel* 18.11.1964, S. 30–31; Die Lust zum Tode hin, in: *Der Spiegel* 6.1.1965, S. 18. Laut Bundesanwaltschaft bestand der Verdacht auf landesverräterische Fälschung, weil die von Augstein unterstellte ADM-Militärplanung für die Zentralregion seitens des Verteidigungsministeriums dementiert worden war. Landesverräterische Fälschung lag gemäß damals geltender Rechtslage vor, wenn jemand »Nachrichten, die falsch, verfälscht oder unwahr sind, aber im Falle der Echtheit oder Wahrheit Staatsgeheimnisse wären, öffentlich bekanntgemacht und dadurch das Wohl der Bundesrepublik Deutschland gefährdet« hat (§ 100a Abs. 2 StGB a. F.).
355 Adelbert Weinstein, Atom-Minen entlang der Zonengrenze?, in: *FAZ* 16.12.1964, S. 1.
356 Trettners Minen-Spiel, in: *Der Spiegel* 6.1.1965, S. 16–25, hier S. 17.
357 Ebd.
358 Adelbert Weinstein, Von Schlieffen zu Trettner, in: *FAZ* 22.12.1964, S. 1.
359 Die zwölf deutschen Divisionen, so Weinsteins »extremist view«, seien »paper divisions« – »all Europe needs is a strategic nuclear deterrent and nothing more«, siehe McNamaras Zusammenfassung der Haltung Weinsteins im persönlichen Gespräch am 22.4.1965, Memorandum of Conversation, McNamara – Finn – McGhee, 23.5.1965, NARA, RG 200 – Robert S. McNamara Papers, Box 133, MemCons WGermany, Vol. II, Sec. 1.

360 Dechamps, Protokoll über die Herausgebersitzung vom 2.6.1965, S. 1, in: FAZ-Archiv, Herausgeber 1. April 1963 bis Dezember 1965.

361 Entwicklung der Zusammensetzung des Verwaltungsrates der FAZ, S. 4, in: FAZ-Archiv, Akten der Herausgeber. Erich Welter. Materialien zur Geschichte: Notizen von Frau Graefe. 1949 bis 1959.

362 Trettners Minen-Spiel, in: *Der Spiegel* 6.1.1965, S. 16–25, hier S. 23, zitierte Hans Speidel: »Diese Idee ist völlig unmöglich. Wir können nicht Hitlers Wahnsinnsvorstellung der verbrannten Erde wiederholen. Außerdem hat der letzte Krieg bewiesen, daß wie immer geartete Befestigungsgürtel kein wirksames Hindernis darstellen.« Aber auch Speidel votierte für eine [Paraphrase durch den Spiegel] »selektive Verwendung von Atom-Minen […], allerdings nur dort, wo Zerstörungen in dichtbesiedelten Gebieten und Verluste unter der eigenen Bevölkerung nicht zu befürchten wären«.

363 Dechamps, Protokoll über die Herausgebersitzung vom 16.6.1965, S. 2, in: FAZ-Archiv, Herausgeber 1. April 1963 bis Dezember 1965. Sehr wahrscheinlich handelt es sich nicht um einen anderen »Speidel«; das Protokoll ist unbestimmt.

364 So Benckiser in: Welter, Protokoll über die Herausgebersitzung vom 21.7.1965, S. 2, in: FAZ-Archiv, Herausgeber 1. April 1963 bis Dezember 1965.

365 Welter: »Geschichte der Zeitung«, Kap. 4.: Haffner [eigentlich »Weinstein«], S. 1, in: FAZ-Archiv, Zusammenfinden der Redaktion // Chronik der Zeitung // Geschichte der Zeitung // Vertrauensleute // Herausgeberangelegenheiten // Akten Welter erwähnt, die Herausgebersitzung am 21.7.1965 habe beschlossen, Weinstein und Besser sollten nach Karlsruhe fahren. Weinstein solle die Aussage verweigern. In der *FAZ* wurde über die Einstellung des Verfahrens nur via »Stimmen der Anderen«, in diesem Fall der *Welt*, berichtet: *FAZ* 23.12.1965, S. 2.

366 Spiegel-Verlag/Hausmitteilung, in: *Der Spiegel* 19.12.1966, S. 3.

367 Buback: Schlag gegen DDR-Spionage, in: *FAZ* 4.6.1976, S. 1; Spionage-Affäre aufgedeckt, in: *FAZ* 3.6.1976, S. 1.

368 Karl Feldmeyer, Kennt Ost-Berlin die wichtigsten Geheimnisse von Bundeswehr und Nato?, in: *FAZ* 12.12.1977, S. 1; ders., Kohl fordert den Rücktritt Lebers, in: *FAZ* 15.12.1977, S. 1f.; ders., Eine merkwürdige Definition von Ehrensache, in: *FAZ* 15.12.1977, S. 3; ders., Strauß verlangt »sofortige Maßnahmen« im Bonner Spionage-Fall, in: *FAZ* 21.12.1977, S. 2; ders., Rebmann überraschend im Justizministerium, in: *FAZ* 24.12.1977, S. 2; ders., Der Generalbundesanwalt vor dem Verteidigungsausschuß, in: *FAZ* 11.1.1978, S. 1f.; ders., Die Union legt eigenen Bericht zum Fall Lutze/Wiegel vor, in: *FAZ* 30.9.1978, S. 5; ders., Kümmert sich niemand um den Schaden?, in: *FAZ* 16.12.1978, S. 12.

369 Fk. [= Fritz Ullrich Fack], Eine Art Totalverrat, in: *FAZ* 12.12.1977, S. 1.

370 Karl Feldmeyer, Kümmert sich niemand um den Schaden?, in: *FAZ* 16.12.1978, S. 12.

371 Jasper von Altenbockum, Journalist aus Leidenschaft, in: *FAZ* 21.12.2016, S. 4. Knapp vierzig Jahre später erhielt Feldmeyer noch einmal diesen Preis für sein Lebenswerk.

372 Adelbert Weinstein, Ohnmacht und Atommacht, in: *FAZ* 11.8.1965, S. 1.

373 Ebd.

374 Siehe Kiesingers Rede vor dem Verein der Union-Presse, Bonn, am 27. 2.1967, in: Kurt Georg Kiesinger, Die Große Koalition 1966–1969. Reden und Erklärungen des Bundeskanzlers, hg. von Dieter Oberndörfer, Stuttgart 1979, S. 36–38. Von »atomarem Komplizentum« schrieben Adelbert Weinstein (Für eine gemeinsame Atompolitik, in: *FAZ* 25.1.1962, S. 1) und dann auch Jürgen Tern (Der Moskauer Umsturz, in: *FAZ* 17.10.1964, S. 1). Zu Johnsons Reaktion siehe Hoeres, Außenpolitik und Öffentlichkeit, S. 299.

375 Hoeres, Außenpolitik und Öffentlichkeit, S. 279–303.
376 Jürgen Tern, Die Bundesregierung schwächt Adenauers Kritik ab; ders., Paukenschlag, beides in: *FAZ* 21.8.1965, S. 1.
377 Nikolas Benckiser, Zum atomaren Chaos?, in: *FAZ* 24.1.1965, S. 1.
378 Adelbert Weinstein, Nato-Politik der Schwäche, in: *FAZ* 14.12.1967, S. 1.
379 Adelbert Weinstein, Die Nato zwischen Atom und Divisionen, in: *FAZ* 4.6.1969, S. 1.
380 Ebd.
381 Kühnert, Protokoll Politische Konferenz vom 3.12.1968, S. 2–3, in: FAZ-Archiv, Akten der Redaktion. Protokolle der Politischen Konferenzen. 1956 bis 1970.
382 Dieser Begriff wurde zum ersten Mal von Friedrich Sieburg in der *FAZ* verwandt, Der Philosoph am Abgrund, in: *FAZ* 19.8.1958, S. 1.
383 Adelbert Weinstein, Vorwärtsverteidigung und Neutronenbombe, in: *FAZ* 30.6.1977, S. 1.
384 Adelbert Weinstein, Karten auf den Tisch, in: *FAZ* 6.8.1977, S. 1; ders., Neutronenwaffe und Bündnis, in: *FAZ* 10.4.1978, S. 1.
385 Scharfe Kritik Bahrs an der Neutronenbombe, in: *FAZ* 18.7.1977, S. 4; Klaus Wiegrefe, Das Zerwürfnis. Helmut Schmidt, Jimmy Carter und die Krise der deutsch-amerikanischen Beziehungen, Berlin 2005, S. 185–206.
386 Karl Feldmeyer, Die Verantwortung der Deutschen, in: *FAZ* 10.2.1979, S. 1; Adelbert Weinstein, Erpressung durch Raketen, in: *FAZ* 8.3.1979, S. 1.
387 Günther Gillessen, Deutsche Schwankungen, in: *FAZ* 2.4.1979, S. 1.
388 Günther Gillessen, Nicht beirren lassen, in: *FAZ* 29.11.1979, S. 1.
389 Adelbert Weinstein, Ein grundsätzlich neues Ereignis, in: *FAZ* 28.2.1981, S. 1.
390 Adelbert Weinstein, Die Nato und der Atompazifismus, in: *FAZ* 26.11.1982, S. 1.
391 Adelbert Weinstein, Eine leichtfertige Floskel, in: *FAZ* 26.2.1983, S. 1.
392 Johann Georg Reißmüller, Gewaltfreie und andere Gewalt, in: *FAZ* 25.5.1983, S. 1. Vgl. zu diesem Komplex Michael Ploetz/Hans-Peter Müller, Ferngelenkte Friedensbewegung? DDR und UdSSR im Kampf gegen den NATO-Doppelbeschluss, Münster 2004; Helge Heidemeyer, NATO-Doppelbeschluss, westdeutsche Friedensbewegung und der Einfluss der DDR, in: Philipp Gassert/Tim Geiger/Hermann Wentker (Hg.), Zweiter Kalter Krieg und Friedensbewegung. Der NATO-Doppelbeschluss in deutsch-deutscher und internationaler Perspektive, München 2011, S. 247–267; Jürgen Maruhn/Manfred Wilke (Hg.), Raketenpoker um Europa. Das sowjetische SS 20-Abenteuer und die Friedensbewegung, München 2001.
393 Stürmer schrieb eine Dekade zwischen 1984 und 1994 auf Einladung der Herausgeber der *FAZ* Leitartikel; die Themen schlug er dabei selbst vor. Freundliche Auskunft per Mail von Prof. Dr. Michael Stürmer vom 1.8.2016.
394 Michael Stürmer, Entspannung: Zeit für Bilanzen, in: *FAZ* 7.6.1986, S. 1.
395 Karl Feldmeyer, Gefährliche Null-Lösung, in: *FAZ* 26.9.1986, S. 1.
396 Simeoni, Protokoll der Großen Konferenz am 19.5.1987, S. 2f., in: FAZ-Archiv, Redaktionskonferenzen 1.4.1986–30.9.1991.
397 Michael Stürmer, Ruhig nachdenken, in: *FAZ* 2.7.1987.
398 Michel Stürmer, Lehren aus einer langen Krise, in: *FAZ* 14.10.1987, S. 1.
399 Günther Gillessen, Falsche Hoffnungen und falsche Ängste, in: *FAZ* 14.1.1988, S. 1.
400 Günther Nonnenmacher, Das aufgeregte Bündnis, in: *FAZ* 25.2.1988, S. 1.
401 Günther Gillessen, Zweifelhafte Optionen, in: *FAZ* 17.4.1989, S. 1.
402 Michael Stürmer, Bundeswehr und Bündnis, in: *FAZ* 30.6.1989, S. 1.

4 IN DER NACHKRIEGSMODERNE

1 Görtemaker, Geschichte der Bundesrepublik Deutschland, S. 199–270; Schildt/Siegried, Deutsche Kulturgeschichte, S. 152–178.
2 Frank Schirrmacher, der Zivilisationsredakteur, in: *FAZ* 17.5.2008, BuZ S. 1.
3 Vgl. Cecilia von Buddenbrock, Friedrich Sieburg 1893–1964. Un journaliste allemand à l'épreuve du siècle, Paris 1999; Klaus Deinet, Friedrich Sieburg (1893–1964). Ein Leben zwischen Frankreich und Deutschland, Berlin 2014; Hans-Christof Kraus, Als konservativer Intellektueller in der frühen Bundesrepublik – Das Beispiel Friedrich Sieburg, in: Frank-Lothar Kroll (Hg.), Die kupierte Alternative. Konservatismus in Deutschland nach 1945, Berlin 2005, S. 267–297; Tilman Krause, Mit Frankreich gegen das deutsche Sonderbewusstsein. Friedrich Sieburgs Wege und Wandlungen in diesem Jahrhundert, Berlin 1993; Sebastian Liebold, Kollaboration des Geistes. Deutsche und französische Rechtsintellektuelle 1933–1940, Berlin 2012, S. 64–95; Harro Zimmermann, Friedrich Sieburg – Ästhet und Provokateur. Eine Biographie, Göttingen 2015.
4 Vgl. etwa die *Spiegel*-Titelgeschichte »Im Spiegel und am Fenster«, in: *Der Spiegel* 17.2.1954, S. 24–29.
5 Friedrich Sieburg, Die Lust am Untergang. Selbstgespräche auf Bundesebene, Hamburg 1954.
6 Zitat aus dem Nachwort Thea Dorns zu Friedrich Sieburg, Die Lust am Untergang. Selbstgespräche auf Bundesebene, Frankfurt am Main 2010, S. 414f.
7 sbg. [=Friedrich Sieburg], Zweistimmig, in: *Die Gegenwart* 11.4.1953 (Rezension von Heinrich Böll, Und sagte kein einziges Wort. Roman, Köln/Berlin 1953).
8 Friedrich Sieburg, Nichts da, Leute!, in: *FAZ* 3.10.1959, BuZ S. 5 (Rezension von Wladimir Nabokov, Lolita. Roman, aus dem Amerikanischen von Helen Hessel unter Mitarbeit von Maria Carlsson, Gregor von Rezzori, Kurt Kusenberg, H. M. Ledig-Rowohlt, Hamburg 1959).
9 Friedrich Sieburg, Landesgrenze – Geistesgrenze? (Rezension von Hans Peter Johannsen, Deutsche und dänische Dichter der Gegenwart. Zwölf Darstellungen und zwölf ausgewählte Texte, Heide/Holst. 1957), in: *FAZ* 25.3.1958, BuZ S. 5; H. M. Enzensberger, Landesgrenze – Geistesgrenze?, in: *FAZ* 25.3.1958, S. 8.
10 Welter, Aktenvermerk über die Herausgebersitzung 1.4.1958, S. 2, in: FAZ-Archiv, Akten der Herausgeber. Erich Welter. Protokolle der Herausgeber-Sitzungen 1. April 1958–18. Dez. 1961.
11 Friedrich Sieburg, Toter Elefant auf einem Handkarren, in: *FAZ* 3.12.1960, BuZ S. 5 (Rezension von Martin Walser, Halbzeit. Roman, Frankfurt am Main 1960).
12 Friedrich Sieburg, Freiheit in der Literaturkritik, in: *FAZ* 1.12.1962, BuZ S. 5.
13 Friedrich Sieburg, Unternehmen Gartenzwerg, in: *FAZ* 11.1.1961, S. 24.
14 Willy Haas, Ein Literat mit großen Möglichkeiten, in: *Die Welt* 18.5.1963, S. 7; Deinet, Sieburg, S. 599f.
15 Auch der Ballettexperte (und Feuilletonleiter) Otto Friedrich Regner sollte gegen Korn in Stellung gebracht werden, woran dieser schwer trug, so sein Zimmernachbar Dr. Günther Rühle im Gespräch mit dem Verfasser am 4. August 2016 in Bad Soden.
16 Vgl. etwa Stefan Teodorescu, Der Arzt in der Massengesellschaft, in: *FAZ* 16.3.1955, S. 10. Dort hieß es: »Mit der eigentümlich begrenzten Treffsicherheit des ästhetisierenden Moralisten und Sozialkritikers hatte Friedrich Sieburg im zweiten Juniheft der ›Gegenwart‹, 1954, die Hauptthemen der Diskussion um die Lage des ärztlichen Beru-

fes in der modernen Massengesellschaft umrissen.« Welter beschwerte sich bei Korn darüber, siehe Schäfer, Welter, S. 205.

17 Korn an Boveri 18.11.1957 (Zitate) und 15.2.1962, in: Staatsbibliothek Berlin, NL Boveri 920, Mappe 3. Vgl. zu diesem Briefwechsel Roxanne Narz, Es herrscht die Stickluft der Inquisition, in: *FAZ* 5.7.2018, S. 14.

18 K. K. [= Karl Korn], »Billard um halbzehn«, in: *FAZ* 25.7.1959, S. 2; Chateaubriand, in: *FAZ* 3.10.1959, BuZ S. 2.

19 Karl Korn, Zurück zur Kultur?, in: *FAZ* 21.6.1952, S. 11.

20 Wolf Lepenies, Zurück zur Kultur, in: 5.9.1984, S. 11 (Rezension von Arnold Gehlen, Gesamtausgabe. Band 4: Philosophische Anthropologie und Handlungslehre, hg. von Karl-Siegbert Rehberg unter Mitwirkung von Heinrich Wahlen und Albert Bilo, Frankfurt am Main 1983).

21 Vgl. Deinet, Sieburg, S. 587–602.

22 Dechamps an Fest 20.6.1980, in: Privatarchiv Alexander Fest.

23 Fest an Welter 14.8.1980, in: Privatarchiv Alexander Fest.

24 Joachim Fest, Friedrich Sieburg, in: *FAZ* 19.7.1980, BuZ S. 1f. Gespräch mit Alexander Fest in Hamburg am 21. September 2016; Gespräch mit Günther Gillessen in Freiburg am 18. März 2016.

25 Payk, Geist der Demokratie, S. 186–189.

26 Karl Korn, In der Polarzone, in: *FAZ* 3.1.1970, BuZ S. 5 (Rezension von Alfred Andersch, Hohe Breitengrade oder Nachrichten von der Grenze. Reisebericht mit 48 Farbtafeln nach Aufnahmen von Gisela Andersch, Zürich 1969).

27 Karl Korn, Mittelständischer Sexbetrieb, in: *FAZ* 6.12.1969, BuZ S. 5 (Rezension von John Updike, Ehepaare. Roman, aus dem Amerikanischen von Maria Carlsson, Reinbek bei Hamburg 1969).

28 Karl Korn, Die Leiden der Belle Epoque, in: *FAZ* 14.2.1970, BuZ S. 5 (Rezension von Pierre Drieu la Rochelle, Verträumte Bourgeoisie. Roman, Berlin 1969; ders., Das Irrlicht. Roman, Berlin 1968).

29 *FAZ* 17.9.1966, BuZ S. 5 (Rezension von Pierre Drieu la Rochelle, Die Unzulänglichen. Roman, aus dem Französischen von Gerhard Heller, Berlin 1966).

30 Korn an Boveri 6.8.1969, 30.9.1969 und 12.7.1973, in: Staatsbibliothek Berlin, NL Boveri 920, Mappe 1 und 3. Mehr zu diesem Briefwechsel in Narz, Kultur im Widerstreit.

31 Den schon zeitgenössisch gebrauchten Begriff entwickelte Armin Mohler zur Bezeichnung einer vielgestaltigen Bewegung von Rechtsintellektuellen der Weimarer Jahre. Ob Carl Schmitt, mit dem Mohler in engem Austausch stand, wirklich dazugezählt werden kann, ist umstritten. Vgl. Armin Mohler, Die Konservative Revolution in Deutschland 1918–1932. Ein Handbuch, Darmstadt 1994[4] (zuerst Stuttgart 1950).

32 Vgl. dazu Peter Hoeres, Die Kultur von Weimar. Durchbruch der Moderne, Berlin 2008, S. 36–41; Gabriel Seiberth, Anwalt des Reiches. Carl Schmitt und der Prozeß »Preußen contra Reich« vor dem Staatsgerichtshof, Berlin 2001.

33 Korn an Jünger 23.10.1973, in: DLA, A: Ernst Jünger 94.9. thi., Das Bild vom Blutbad, in: *FAZ* 9.9.1972, S. 2.

34 Karl Korn, Ernst Jünger: »Die Zwille«, in: *FAZ* 30.12.1972, BuZ S. 4. Der Fortsetzungsabdruck begann am 4.1.1973.

35 Hensel an Jünger 31.10.1979 und 16.11.1979, in: DLA, A: Ernst Jünger 94.9.

36 Fest an Jünger 24.10.1974 und 1.11.1974; Fromme an Jünger 8.11.1979, in: DLA, A: Ernst Jünger 05.60.

37 Schirrmacher an Jünger 5.1.1989, in: DLA, A: Ernst Jünger 94.9.

38 Kai Burkhardt, Einführung, in: ders., Carl Schmitt und die Öffentlichkeit. Briefwechsel mit Journalisten, Publizisten und Verlegern aus den Jahren 1923 bis 1983, hg., kommentiert und eingeleitet von Kai Burkhardt in Zusammenarbeit mit Gerd Giesler und Stefan Krings, Berlin 2013, S. 11–50, hier S. 44.

39 Hartmuth Becker, Die Parlamentarismuskritik bei Carl Schmitt und Jürgen Habermas, Berlin 2003; Ellen Kennedy, Carl Schmitt und die »Frankfurter Schule«. Deutsche Liberalismuskritik im 20. Jahrhundert, in: *Geschichte und Gesellschaft* 12 (1986), S. 380–419; Dirk van Laak, Gespräche in der Sicherheit des Schweigens. Carl Schmitt in der politischen Geistesgeschichte der frühen Bundesrepublik, Berlin 1993.

40 Vgl. Hoeres, Kultur von Weimar, S. 36–41; Carl Schmitt, Der Führer schützt das Recht, in: *Deutsche Juristen Zeitung* 39 (1. August 1934), Sp. 945–950. Zu der neben der Rechtfertigung der Ermordung der SA-Führung und der Stilisierung des »Führers« zur Rechtsquelle *auch* vorhandenen Ambivalenz des Textes siehe Sp. 948 unten, 949 oben.

41 Sieburg an Karl Epting 20.9.1950, zit. nach Carl Schmitt und die Öffentlichkeit, S. 96, Anm. 251.

42 Karl Korn, Der christliche Epimetheus, in: *FAZ* 7.10.1950, S. 10 (Rezension von Carl Schmitt, Ex Captivitate Salus. Erfahrungen der Zeit 1945/47, Köln 1950).

43 Karl Korn, Politologe – anders herum, in: *FAZ* 12.10.1965, S. 35 (Rezension von Armin Mohler, Was die Deutschen fürchten. Angst vor der Politik – Angst vor der Geschichte – Angst vor der Macht, Stuttgart 1965).

44 Brief Schmitts an Korn 15.11.1951 und die Antwort Korns vom 15.11.1951, in: Burkhardt (Hg.), Carl Schmitt und die Öffentlichkeit, S. 97f.

45 Carl Schmitt, Im Vorraum der Macht, in: *Die Zeit* 29.7.1954, S. 3; Hoeres, Außenpolitik und Öffentlichkeit, S. 92.

46 Dieses Zitat aus Gross' Notizbuch Nr. 719 im *FAZ*-Magazin vom 30.11.1984 wird oft falsch und ohne Nachweis zitiert. Der Kontext (Rückwirkungsverbot »Nulla poena sine lege« und »retroaktive Moral«) verweist auf Carl Schmitt. Johannes Gross, Notizbuch, Stuttgart 1985, S. 273.

47 Vgl. dazu Carl Schmitt und die Öffentlichkeit. Dort finden sich auch die Zitate aus den Briefen Schmitts an Altmann 18.1.1958, S. 151, und an Johannes Kayser 19.11.1959, S. 153.

48 Johannes Gross, Frieden auf Erden?, in: *FAZ* 24.12.1971, BuZ S. 1; ders., Vom Feind und der Feindschaft, in: *FAZ* 22.11.1977, S. 23; Rüdiger Altmann, Macht die Verfassung noch den Staat?, in: *FAZ* 8.7.1978, BuZ S. 3; Eberhard Straub, Der Jurist im Zwielicht des Politischen, in: *FAZ* 18.7.1981, BuZ S. 3.

49 Eberhard Straub, Der Jurist im Zwielicht des Politischen, in: *FAZ* 18.7. 1980, BuZ S. 3; Hans-Ulrich Wehler, Carl Schmitts Argumente, in: *FAZ* 11.8.1981, S. 6; Burkhardt, Einführung, in: Carl Schmitt und die Öffentlichkeit, S. 11–53, hier S. 45.

50 Rüdiger Altmann, Eine Idee vom Staat?, in: *FAZ* 29.11.1982, S. 25. Altmann kritisierte nicht nur, wie in der Schmitt-Schule üblich, die extensiven Ansprüche des Bundesverfassungsgerichtes, vielmehr ging es, beiläufig erscheinend, auch wieder um Schmitts Rolle im Dritten Reich: Schmitt habe nach 1933 versucht, »die Parteilichkeit der Diktatur unter den Primat des Staates und Staatsrechts zu bringen [...]«. In der Leviathan-Schrift vernahm Altmann vernichtendes Schweigen über das Dritte Reich. Bei Maschkes Edition handelte es sich um Carl Schmitt, Der Leviathan in der Staatslehre des Thomas Hobbes. Sinn und Fehlschlag eines politischen Symbols, Köln 1982.

51 Dechamps, Protokoll über die Herausgebersitzung vom 8.12.1982, in: FAZ-Archiv, Rm HG-Konferenz 1980/81_1981/82_1982_/83_1984/85.

52 Vgl. zu den Reaktionen auf Schmitts Tod Günter Maschke, Der Tod des Carl Schmitt. Apologie und Polemik, Wien 1987. Der Untertitel gibt den Charakter des fulminanten Buches präzise wieder.

53 fr. [= Friedrich Karl Fromme], Carl Schmitt gestorben, in: *FAZ* 10.04.1985, S. 1; Günter Maschke, Positionen inmitten des Hasses, in: *FAZ* 11.4.1985, S. 25.

54 Günther Nonnenmacher, Dolf Sternberger als Journalist, in: Michael Borchard (Hg.), Dolf Sternberger zum 100. Geburtstag, St. Augustin/Berlin 2007, S. 23–34, hier S. 24, online unter <http://www.kas.de/wf/doc/kas_11487-544-1-30.pdf?070725113746> (7.9.2018).

55 Henniger, Protokoll der großen Konferenz am 23.4.1985, in: FAZ-Archiv, Redaktionskonferenzen 1.10.1981–31.3.1986.

56 Dolf Sternberger, Irrtümer Carl Schmitts, in: *FAZ* 1.6.1985, BuZ S. 2.

57 Rüdiger Altmann und Johannes Gross, Was bleibt von Carl Schmitt?, in: *FAZ* 4.10.1986, BuZ S. 4.

58 Gespräch mit Günter Maschke in Frankfurt am Main 29. Mai 2017.

59 Herbert Nette, Die Baumeister und die Weltweisen, in: *FAZ* 8.8.1951, S. 4.

60 Herbert Nette, Das Darmstädter Gespräch, in: *FAZ* 19.7.1950, S. 6.

61 Herbert Nette, Individuum und Organisation, in: *FAZ* 2.10.1953, S. 8.

62 E. J. [= Ernst Johann], Meinungen über Meinungen, in: *FAZ* 15.9.1960, S. 16.

63 Zum Beispiel diagnostizierte Helmut Scheffel 1975 eine »Bescheidung«, die »Lust an der aggressiven Auseinandersetzung« sei geringer geworden, »Realismus und Realität« – Widerstand der Wirklichkeit, in: *FAZ* 26.5.1975, S. 21.

64 *FAZ* 4.12.1995, S. 35; Sigrid Scherer, Das Böse kehrt in neuer Gestalt wieder, in: *FAZ* 3.4.2001, S. 67.

65 d.s. [= Doris Schmidt], Noch eine Woche »Documenta«, in: *FAZ* 10.9.1955, S. 11.

66 Doris Schmidt, »DOCUMENTA« – Bilanz des Jahrhunderts, in: *FAZ* 26.7.1955, S. 8.

67 E.M.D. [= Eva Maria Demisch], Leidenschaft für die Zukunft, in: *FAZ* 8.5.1968, S. 28; vgl. beispielsweise aus dieser Zeit von Will Grohmann, Der alte Reichstag und sein Umbau, in: *FAZ* 27.3.1965, BuZ S. 1.

68 Hans Schwab-Felisch, Was die Kunst alles vermag, in: *FAZ* 13.7.1959, S. 4; A.S.V. [= Albert Schulze Vellinghausen], Die »documenta« II in Kassel eröffnet, in: *FAZ* 13.7.1959, S. 12.

69 E.M.D. [= Eva Maria Demisch], Die vierte Etappe, in: *FAZ* 27.6.1964, S. 16.

70 nma. [= Niklas Maak], Das war die documenta – Eine kurze Geschichte der Kasseler Ausstellung, in: *FAZ* 9.6.2007, S. D8.

71 Georg Jappe, Die kühlste documenta, die es je gab, in: *FAZ* 6.7.1968, BuZ S. 1.

72 nma. [= Niklas Maak], Das war die documenta – Eine kurze Geschichte der Kasseler Ausstellung, in: *FAZ* 9.6.2007, S. D8.

73 Georg Jappe, documenta 5 frißt ihre eigenen Revolutionäre, in: *FAZ* 8.7.1972, BuZ S. 1f.; Eduard Beaucamp, Wie realistisch sind die Realisten?, in: *FAZ* 4.8.1972, S. 22.

74 Eduard Beaucamp, Auftakt der Sechsten, in: *FAZ* 25.6.1977, S. 21.

75 Vgl. dazu Eduard Beaucamp, Im Spiegel der Geschichte. Die Leipziger Schule der Malerei, hg. von Matthias Bormuth, Richard Hüttel und Michael Triegel, Göttingen 2017.

76 Peter Winter, Nicht Monument, nicht Straßenkunst, in: *FAZ* 29.7.1977, S. 19.

77 Andreas Rossmann, In Münster ist nach der Ausstellung »skulptur projekte 07« Streit ausgebrochen: Kein Bleiberecht für kritische Werke?, in: *FAZ* 14.11.2007, S. 42.

78 Kolja Reichert, Relativierung? Oder doch nur grob assoziiert?, in: *FAZ* 21.8.2017, S. 9.

79 Niklas Maak, Die Documenta, in: *FAZ* 7.6.2017, S. 12.

80 Georg Imdahl, Was wäre denn eine autonome Kunst?, in: *FAZ* 15.8.2017, S. 11.
81 Niklas Maak, Was bringt die Documenta?, in: *FAZ* 5.6.2012, S. 28.
82 Hans Heinz Stuckenschmidt, Arnold Schönberg, Zürich/Freiburg im Breisgau 1951; ders., Schönberg. Leben, Werk, Umwelt, Zürich/Freiburg im Breisgau 1974.
83 Stuckenschmidt, Zum Hören geboren, S. 358.
84 Gerhard R. Koch, Zeitzeuge und Vorkämpfer für ein Jahrhundert, in: *FAZ* 17.8.1988, S. 23.
85 Siehe beispielsweise H. H. Stuckenschmidt, Henze und die Dolce vita, in: *FAZ* 25.9.1976, BuZ S. 5 (Rezension von Hans Werner Henze, Musik und Politik. Schriften und Gespräche 1955–1975, mit einem Vorwort hg. von Jens Brockmeier, München 1976); ders., Die musikalischen Neuerer – im Rückspiegel, in: *FAZ* 7.7.1969, S. 22.
86 Andreas Razumovsky, Bartók und Strawinsky, in: *FAZ* 29.2.1964, S. 63. Da der von Stuckenschmidt geschätzte Strawinsky hier gut wegkam, ist unklar, was ihm konkret an der Rezension missfiel.
87 Aktenvermerk der Herausgeber-Sitzung am 11.3.1964; Tern, Protokoll über die Herausgebersitzung am 1.4.1964 und 15.4.1964 (Zitat), in: FAZ-Archiv, Herausgeber 1. April 1963–Dezember 1965.
88 Vgl. beispielsweise Friedrich Hommel, Hellseher müßte man sein, in: *FAZ* 25.10.1973, S. 28.
89 schi. [= Frank Schirrmacher], Gerhard R. Koch 60, in: *FAZ* 28.07.1999, S. 6.
90 Elisabeth Borchers, eia wasser regnet schlaf, in: *FAZ* 20.7.1960, S. 14, und 10.8.1960, S. 20. Wohlwollend auch: Ger [= Peter Gerisch], Begegnung mit Elisabeth Borchers, in: *FAZ* 17.1.1961, S. 10.
91 Protokolle der Herausgebersitzungen vom 12.7.1960 und 26.7.1960, in: DLA, A: Reifenberg I 79.3640.
92 Georg Hensel, Glück gehabt. Szenen aus einem Leben, Frankfurt am Main/Leipzig 1994[2], S. 203; Gerhard Stadelmaier, Umbruch. Roman, Wien 2016, S. 161–170.
93 Karl Korn, »An die Freunde«, in: *FAZ* 22.10.1951, S. 4; ders., Der alte Mann und das Leben, in: *FAZ* 31.7.1961, S. 16; ders., Schreckliches Winterlicht, in: *FAZ* 14.2.1963, S. 16; ders., Der keusche Lolita-Effekt, in: *FAZ* 22.5.1963, S. 24; ders., Bergmans bittere Pillen, in: *FAZ* 1.9.1964, S. 20.
94 Karl Korn, Hölle, in der wir leben – »Schweigen« von Ingmar Bergman, in: *FAZ* 27.1.1964, S. 18, gekürzt wiederabgedruckt zum Tode Bergmans als Karl Korn, Wir leben in einer Hölle, in: *FAZ* 31.7.2007, S. 33. Marcel Reich-Ranicki kritisierte diese metaphysisch aufgeladene »deutsche Bergmanie«: Der Heilige und seine Narren, in: *Die Zeit* 27.3.1964, S. 11.
95 PWJ [= Peter W. Jansen], Sauber, sauber, in: *FAZ* 21.4.1965, S. 24.
96 Karl Korn, »An die Freunde«, in: *FAZ* 22.10.1951, S. 4.
97 Karl Korn, Aktion?, in: *FAZ* 6.5.1965, S. 20.
98 Karl Korn, »La Strada«, das Wunder eines Films, in: *FAZ* 17.9.1956, S. 10; ders., Pariser Kaleidoskop, in: *FAZ* 18.9.1959, S. 18; ders., Der Film von Frau Welt, in: *FAZ* 8.7.1960, S. 28; ders., Groteskes Gleichnis der absurden Welt, in: *FAZ* 1.2.1961, S. 24; ders., Jim und Jules, in: *FAZ* 5.3.1962, S. 20; ders., Die Unbehausten, in: *FAZ* 5.12.1969, S. 32; ders., Sprachlosigkeit, in: *FAZ* 30.12.1971, S. 24; ders., Ein Spiel von der Betriebsgemeinschaft, in: *FAZ* 24.1.1973, S. 32; ders., Geheimnisvoll getriebene, schuldlose Lügner, in: *FAZ* 2.8.1977, S. 19. Kritisch zu Fellini ders., Fellini in der Krise, in: *FAZ* 27.5.1963, S. 20.
99 Wilfried Wiegand, Letzter Tango in Paris, in: *FAZ* 17.2.1973, BuZ S. 2.

100 Karl Korn, Kommunikation durch Sex, in: *FAZ* 30.3.1973, S. 32.
101 Lina Das, I felt raped by Brando, *Mail Online* 19.7.2007, <http://www.dailymail.co.uk/tvshowbiz/article-469646/I-felt-raped-Brando.html> (7.9.2018).

EXKURS: DIE *FAZ* UND IHRE KRITIKER

1 Sieburg an Reifenberg 10.4.1963, in: DLA, A: Reifenberg 79.3441.
2 Hans Magnus Enzensberger, Die Sprache des SPIEGEL, in: *Der Spiegel* 6.3.1957, S. 48–51.
3 Hans Magnus Enzensberger, candido, in: *FAZ* 11.10.1957, S. 14; ders., Rede an ein imaginäres Publikum, in: *FAZ* 31.12.1958, S. 18.
4 »verloren an dieses fremde, geschiedne geröchel,/ das gepreßte geröchel im *neuen deutschland*,/ das frankfurter allgemeine geröchel/ (und das ist das kleinere übel),/ ein mundtotes würgen, das nichts von sich weiß […]«. Hans Magnus Enzensberger, Landessprache, Frankfurt am Main 1963, S. 12.
5 Protokoll der Herausgeber-Sitzung 23.8.1960, in: DLA, A: Reifenberg 79.3640.
6 Hans Magnus Enzensberger, Journalismus als Eiertanz. Beschreibung einer Allgemeinen Zeitung für Deutschland (1962), in: ders., Einzelheiten I. Bewußtseins-Industrie, Frankfurt am Main 1962, S. 18–73. 1966 umfasste die Auflage bereits 35 000 Exemplare.
7 *Der Spiegel* 15.8.1962, S. 38f.; Dieter E. Zimmer, So arm und töricht war er nicht, in: *Die Zeit* 20.7.1962.
8 Benno Reifenberg, Hans Magnus, ein böswilliger Leser, in: *FAZ* 7.7.1962, S. 2.
9 Hans Magnus Enzensberger, Böswilliger Leser, in: *FAZ* 24.7.1962, S. 7. Die Zeitung druckte auch den Vorspann Enzensbergers ab, dass der Brief nur ungekürzt oder gar nicht erscheinen solle. Anscheinend wollte sie sich dem Risiko der Kürzung dieses Vorspanns nicht aussetzen.
10 Erschienen Frankfurt 1963.
11 Hans-Jürgen Jakobs, F.A.Z.: Konzern für Deutschland, in: *COPY* 2 (1988), Heft 1–2, S. 18–27, hier S. 22.
12 C.H.M. [= Claus Heinrich Meyer], Zeitung für Deutschland, in: *Der Monat* 252 (1969), S. 104–112, Zitat S. 106.
13 Briefwechsel zwischen Hoffmann und Unseld von 1963, in: DLA, SUA: Suhrkamp/01 VL/Allg. Korresp.
14 Michaelis an Busch 17.1.1968, in: DLA, SUA: Suhrkamp/03 Lektorate.
15 Unseld an Bohrer 15.11.1968, in: DLA, SUA: Suhrkamp/01 Verlagsleitung/Allgemeine Korrespondenz.
16 Unseld an Reich-Ranicki 12.8.1974, Reich-Ranicki an Unseld 14.8.1974, in: DLA, SUA Suhrkamp/01 VL/Allg. Korresp. Dort findet sich auch die weitere Korrespondenz. Siegfried Unseld, Was auf Erden nicht zu Hause ist, in: *FAZ* 5.7.1975, BuZ S. 4; ders., Nichts anderes ist Friede, in: *FAZ* 9.10.1976, BuZ S. 4.
17 Korn an Unseld 8.4.1970, in: DLA, SUA Suhrkamp/01 VL/Allg. Korresp.
18 Friedrich Karl Fromme, Sie können dafür!, in: *FAZ* 2.8.1977, S. 1; Hans Magnus Enzensberger, Die Intellektuellen und Frommes Wünsche, in: *Der Spiegel* 8.8.1977, S. 116f.
19 Hans Magnus Enzensberger, Ein seltsamer Krieg, in: *FAZ* 14.4.1999, S. 49; ders., Blinder Frieden, in: *FAZ* 15.4.2003, S. 39. Schon während des ersten amerikanischen Golfkrieges hatte er in Saddam Hussein »Hitlers Wiedergänger« erblickt und ihn zum

»Feind der Menschheit« erklärt, damals in einem Essay für das Nachrichtenmagazin *Der Spiegel* 4.2.1991, S. 26–28.

20 Siehe zu Enzensbergers Wendungen Jörg Lau, Hans Magnus Enzensberger. Ein öffentliches Leben, Frankfurt am Main 2001.

21 Ernst-Otto Maetzke, Empfehlungen, in: *FAZ* 9.2.1962, S. 1; *Der Spiegel* 14.2.1962, S. 26.

22 Friedrich Sieburg, Nie mehr wie vorher, in: *FAZ* 10.11.1962, S. 1; *Der Spiegel* 21.11.1962, S. 44.

23 Maetzke an Sieburg 22.11.1962, in: DLA, A: Sieburg 79.1.862.

24 Karl Heinz Bohrer, Falkland und die Deutschen, in: *FAZ* 15.5.1982, S. 25; Bohrer, Jetzt, S. 240–243. Zum Kulturkrieg 1914–1918 vgl. Hoeres, Krieg der Philosophen.

25 Rudolf Augstein, Nicht Hobbes, nur Kappes, in: Der *Spiegel* 31.5.1982, S. 114f.

26 Bohrer, Jetzt, S. 242f., 270f.

27 Hoffmann an Abs 29.10.1951; Schmidt an Abs 27.11.1951, Gen.Sekr. an Hoffmann 16.1.1952, in: Historisches Archiv der Deutschen Bank. V1/3303. Regelrecht vulgärmarxistisch formulierte Spendeneintreiber Hoffmann allerdings in seinem Schreiben, dass er im (?) »Auftrag der deutschen Wirtschaft« die Leitung der *FAZ* übernommen habe.

28 Hermannus Pfeiffer (Hg.), Die FAZ. Nachforschungen über ein Zentralorgan, Köln 1988.

29 Manuskript der Hörfunksendung »Innerlich und machtgestützt. Die Frankfurter Allgemeine Zeitung für Deutschland« von Claus Koch, produziert vom Sender Freies Berlin (SFB); Fest an Pfeifer 12.9.1988; Pfeifer an Fack 12.9.1988; Fack an Pfeifer 13.9.1988, in: FAZ-Archiv, Materialien zur Geschichte der Zeitung 1980 bis 1989. Akten der Geschäftsführung.

30 Walter Pohl, Das letzte Panikaufgebot der Nation, in: *PflasterStrand* Nr. 310, 23.3. bis 5.4.1989, S. 18–25, Zitat S. 18.

31 Handschriftliche Notiz von Rudloff auf dem besagten Artikel. Das Exemplar findet sich in: FAZ-Archiv, Materialien zur Geschichte der Zeitung 1980 bis 1989. Akten der Geschäftsführung.

32 Fack, Protokoll über die Herausgebersitzung 24.8.1988, S. 4, in: FAZ-Archiv, Rm HG-Konferenz 1985/86_1987/88_1988/89.

33 Freundliche Auskunft von Herrn Dr. Fritz Ullrich Fack am 28.7.2015 und Gespräch mit Prof. Dr. Günther Gillessen in Freiburg am 18. März 2016.

34 Julius H. Schoeps, Gigantomane Berliner Mahnmal-Architektur, in: *FAZ* 29.3.1995, S. 13.

35 P. M. [= Paul Medina], Das Lachen des Herrn von Papen, in: *FAZ* 7.6.1952, S. 4.

36 Franz von Papen, Papens Lachen in: *FAZ* 26.6.1952, S. 2.

37 Carl Schmitt, Einen Druckfehler betreffend, in: *FAZ* 15.1.1955, S. 10; Theodor Däubler, Kalte Nacht, in: *FAZ* 4.1.1955, S. 8.

38 Theodor W. Adorno, Hundhammer und die Kunst, in: *FAZ* 1.4.1965, S. 12; we. [= Herwig Weber], Hundhammer und die Kunst, in: *FAZ* 24.3.1965, S. 7.

39 Theodor W. Adorno, Gefährliche Senckenberganlage, in: *FAZ* 18.7.1962. S. 14.

40 hdt. [= Dieter Hildebrandt], Duz-Freunde, in: *FAZ* 25.9.1967, S. 22; Adorno an Hildebrandt 29.9.1967, in: DLA, SUA: Suhrkamp/01 VL/Autorenkonv./Adorno, Theodor W.

41 Jurek Becker, Rezensions-Rhetorik, in: *FAZ* 5.12.1994, S. 14. Es handelt sich um einen tatsächlich sehr scharfen Verriss von Dirk Schümer, Verkennungsdenker, in: *FAZ* 26.11.1994, Nr. 275, S. B5 (Rezension von Peter Schneider, Vom Ende der Gewißheit, Berlin 1994).

42 Helmut Schmidt, Nicht Gegenbild zur Nation, in: *FAZ* 3.9.1996, S. 8. Schmidt reagierte auf Karl Feldmeyer, Deutschlandpolitik ist nicht zu Ende, in: *FAZ* 13.8.1996, S. 1.
43 Nikolai Petrow, Alle Mittelstreckenwaffen der Nato müssen in Betracht gezogen werden, in: *FAZ* 14.08.1982, S. 6.
44 Rudi Dutschke, Die Sozialismus-Frage, in: *FAZ* 10.5.1979, S. 9. Vgl. auch die Leserbriefauswahl von Johann Georg Reißmüller (Hg.), »Dazu möchte ich bemerken ...« Leserbriefe in der F.A.Z. aus 50 Jahren, München 1999.
45 Armin Mohler, *FAZ*. Konservatismus auf Sammetpfötchen, in: *Criticon* 107 (1988), S. 115–118, Zitat S. 118.

5 REAKTIONEN AUF 1968

1 Claus-Jürgen Göpfert/Bernd Messinger, Das Jahr der Revolte – Frankfurt 1968, Frankfurt am Main 2017; Ingrid Gilcher-Holtey, Die 68er Bewegung. Deutschland – Westeuropa – USA, München 2001; Wolfgang Kraushaar, Achtundsechzig. Eine Bilanz, Berlin 2008.
2 Karl Heinz Bohrer, Die linke Minderheit, in: *FAZ* 23.6.1967, S. 32; ders., Die Rebellion dauert an, in: *FAZ* 17.10.1967, S. 28. Bohrer konnte sich bei seiner Kritik noch auf den Kölner Soziologen Erwin K. Scheuch berufen, der alsbald zum erbitterten Gegner der Achtundsechziger und Wortführer des »Bundes Freiheit der Wissenschaft« wurde.
3 Klaus Wiborg, Plädoyer für studentische Opposition, in: *FAZ* 12.6.1967, S. 8.
4 Bruno Dechamps, Dutschke über das politische Attentat, in: *FAZ* 19.4.1968, S. 2.
5 Bruno Dechamps, Der Mordanschlag, in: *FAZ* 13.4.1968, S. 1.
6 Hans Schwab-Felisch, Student und Staat, in: *FAZ* 21.6.1968, S. 32.
7 faz., Das Zeitungshaus blockiert, in: *FAZ* 13.4.1968, S. 81.
8 fr. [= Friedrich Karl Fromme], Als Anstifter vor Gericht, in: *FAZ* 16.4.1968, S. 2.
9 uw. [= Udo Wiemann], Übergriffe, in: *FAZ* 17.4.1968, S. 29; ner. [= Wolfgang Bittner], Die im Lichte, die im Dunkel, in: *FAZ* 19.4.1968, S. 37.
10 Natorp, Protokoll der Dienstagskonferenz vom 23.4.1968, S. 3f., in: FAZ-Archiv, Redaktionskonferenz 1968–1969.
11 Natorp, Protokoll der Dienstagskonferenz vom 23.4.1968, S. 5, in: FAZ-Archiv, Redaktionskonferenz 1968–1969.
12 H.R. [= Helene Rahms], »Entfesselt«, in: *FAZ* 27.4.1968, BuZ S. 6.
13 Welter an Tern 29.4.1968, in: FAZ-Archiv, Persönliche Ablage Welter – Januar 1961 bis Dezember 1968.
14 ug. [= Ulrich Grudinski], Aufklärung tut not, in: *FAZ* 11.12.1968, S. 23.
15 Me. [= Ernst-Otto Maetzke], Gesinnungs-Zwang heute, in: *FAZ* 21.11.1967, S. 2; lib., Lustig?, in: *FAZ* 17.10.1967, S. 15 (Zitat).
16 Götz Aly, Unser Kampf, 1968 – Ein irritierter Blick zurück, Bonn 2008, S. 185f.
17 Friedrich Karl Fromme, Erregung macht auch Professoren blind, in: *FAZ* 31.5.1965, S. 2; siehe auch ders., Der Sprung von einem auf vier Jahre, in: *FAZ* 17.5.1965, S. 2; ders., Autodidakten auf dem Markt der Interessen, in: *FAZ* 11.6.1965, S. 2.
18 Protokoll über die Herausgebersitzung vom 2.6.1965, in: FAZ-Archiv, Herausgeber 1. April 1963–Dezember 1965.
19 Günther von Lojewski, Wer reformieren will, muß provozieren, in: *FAZ* 6.12.1966, S. 2.
20 Günther Rühle, Die Revolte der Schüler, in: *FAZ* 18.5.1968, BuZ S. 1; Gespräch mit Dr. Günther Rühle am 4. August 2016 in Bad Soden.
21 Günther Gillessen, Die Universität als Tollhaus, in: *FAZ* 14.4.1969, S. 1.

22 Natorp, Dienstagskonferenz 22.4.1969, in: FAZ-Archiv, Redaktionskonferenz 1968–1969.
23 Benckiser, Beschlußprotokoll über die Herausgebersitzung vom 23.4.1969, in: FAZ-Archiv, Akten der Geschäftsführung – Werner G. Hoffmann Herausgebersitzungen 1967–1969.
24 Rolf Michaelis, Germanisten im Nahkampf, in: *FAZ* 10.10.1968, S. 24; ders., Germanisten im Selbstgespräch, in: *FAZ* 11.10.1968, S. 32.
25 Peter Jochen Winters, In Bremen dominierten die marxistischen Sozialwissenschaftler, in: *FAZ* 4.3.1971, S. 2.
26 Natorp, Dienstagskonferenz 22.4.1969, in: FAZ-Archiv, Redaktionskonferenz 1968–1969.
27 Kurt Reumann, Keine Koexistenz zwischen Spartakus und Hillgruber, in: *FAZ* 7.6.1972, S. 4; ders., Die Wegbereiter, in: *FAZ* 14.10.1977, S. 1; ders., Über Totalitarismus soll nicht geredet werden, in: *FAZ* 29.2.1980, S. 12; Gespräch mit Dr. Kurt Reumann am 24. August 2015 in Niederhöchstadt/Eschborn. Von den vielen Artikeln Reumanns zum Thema siehe beispielsweise Ablenkungsmanöver mit der Didaktik, in: *FAZ* 3.6.1972, S. 2.
28 Hoeres, Außenpolitik und Öffentlichkeit, S. 185–206. Bei der *FAZ* wird die amerikanische Perspektive in den Leitartikeln auch später noch sehr deutlich, vgl. bspw. ein. [= Adelbert Weinstein], Hoffnung, in: *FAZ* 27.1.1967, S. 1; ders., Gegenzug, in: *FAZ* 17.8.1967, S. 1.
29 Jürgen Tern, Das Johnson-Jahr der Wiederwahl, in: *FAZ* 28.12.1967, S. 1.
30 Siehe dazu ausführlich Hoeres, Außenpolitik und Öffentlichkeit, S. 185–206.
31 Bruno Dechamps, Das neue Mondjahr in Vietnam, in: *FAZ* 3.2.1968, S. 1.
32 Klaus Natorp, Die Vorgeschichte nicht vergessen, in: *FAZ* 18.1.1968, S. 1.
33 So steht es in Dieter Hildebrandts dann in der *Zeit* veröffentlichtem Text: Dieser Krieg (*Die Zeit* 5.4.1968, S. 1). Möglicherweise hatte Hildebrandt nach der ersten Ablehnung die Formel heraus- und später wieder hineingenommen. Zu Hildebrandts Verhältnis zu Welter siehe Schäfer, Welter, S. 438–441.
34 Protokoll über die Besprechung bei Herrn Korn 13.3.1968 (anwesend waren die Herausgeber und Robert Held), S. 3; Held, Protokoll über die Herausgebersitzung 20.3.1968, S. 1; Korn, Protokoll über die Herausgebersitzung 27.3.1968 in: FAZ-Archiv, H 1966 bis Dez. 1968.
35 Dieter Hildebrandt, Dieser Krieg, in: *Die Zeit* 5.4.1968, S. 1.
36 Text eines WDR-Rundfunkkommentars von Hans-Götz Oxenius vom 4. April 1968 (Kritisches Tagebuch 19.40–20.00 Uhr III. Programm), der von Korn am 24.4.1968 an Benckiser, Dechamps, Eick, Held, Hoffmann, Muckel, Tern und Welter weitergeleitet wurde, in: FAZ-Archiv, Der Fall Dieter Hildebrandt 1968.
37 Hausmitteilungen an die Korrespondenten der F.A.Z. Nr. 8 vom 10.4.1968, in: FAZ-Archiv, 1968.
38 Heimrich, Protokoll der Redaktionskonferenz vom 4.4.1968, in: FAZ-Archiv, Redaktionskonferenz 1968–1969.
39 Vgl. Robert Held, Die Amerikaner und wir, in: *FAZ* 15.1.1973, S. 1.
40 Heimrich, Protokoll der Redaktionskonferenz vom 4.4.1968, in: FAZ-Archiv, Redaktionskonferenz 1968–1969.
41 Vilma Sturm, Zur Nacht gebetet, in: *FAZ* 10.12.1968, S. 4.
42 Eick, Protokoll über die Herausgebersitzung vom 31.1.1973, in: FAZ-Archiv, H 1.4.1971–31.3.1973.

43 Vilma Sturm, Barfuß auf Asphalt, München 1985 (zuerst Köln 1981), S. 255–258, 266.
44 Vgl. Bruno Dechamps, Die Moral des Vietnamkriegs, in: *FAZ* 16.12.1969, S. 1.
45 Bruno Dechamps, My Lai, in: *FAZ* 6.12.1969, S. 1.
46 Winters, Protokoll, Politische Konferenz vom 20.5.1969, in: FAZ-Archiv, Akten der Redaktion. Protokolle der Politischen Konferenzen 1956 bis 1970.
47 Adelbert Weinstein, Heraus aus Vietnam, in: *FAZ* 10.11.1969, S. 1.
48 Winters, Protokoll, Politische Konferenz vom 20.5.1969, in: FAZ-Archiv, Akten der Redaktion. Protokolle der Politischen Konferenzen 1956 bis 1970.
49 Adelbert Weinstein, Kein amerikanisches Dien Bien Phu, in: *FAZ* 29.1.1973, S. 1.
50 Günther Gillessen, Vietnamisierung in der Feuerprobe, in: *FAZ* 8.4.1972, S. 1.
51 Adelbert Weinstein, Der lange Weg der Nordvietnamesen, in: *FAZ* 25.1.1975, S. 1.
52 Adelbert Weinstein, Wachs in den Händen Hanois, in: *FAZ* 16.4.1975, S. 1.
53 Adelbert Weinstein, Saigon – ein politisches Dünkirchen, in: *FAZ* 23.4.1975, S. 1.
54 Adelbert Weinstein, Nordvietnam und die militärische Legende, in: *FAZ* 15.5.1975, S. 1.
55 Notiz von Welter vom 23.2.1968, in: FAZ-Archiv, 1968.
56 Zitat Weinstein nach Winters, Politische Konferenz, 20.5.1969, S. 3, in: FAZ-Archiv, Akten der Redaktion. Protokolle der Politischen Konferenzen 1956 bis 1970.
57 Bohrer an Bürger 27.9.1973, in: DLA, A: Bürger, 15.10.
58 Bohrers Aufsatz erschien in der damals wichtigen Zeitschrift, deren Herausgeber Bohrer später werden sollte: Hans Paeschkes *Merkur*; darauf dann als Buch: Die gefährdete Phantasie, oder Surrealismus und Terror, München 1970.
59 Bohrer, Jetzt, S. 9–68, Zitate S. 45; Walter Benjamin, Der Sürrealismus – Die letzte Momentaufnahme der europäischen Intelligenz, in: ders., Gesammelte Schriften, Bd. II/1, hg. von Rolf Tiedemann, Hermann Schweppenhäuser. Frankfurt am Main 1977, S. 295–310; Bohrer an Mohler 13.11.1968 und 13.6.1980, Mohler an Bohrer 14.11.1968, in: DLA, A: Mohler 99.1.
60 Dechamps, Protokoll über die Herausgebersitzung vom 26.1.1966, in: FAZ-Archiv, H 1966 bis Dez. 1968. Bohrers Dissertation: Der Mythos vom Norden. Studien zur romantischen Geschichtsprophetie, Diss. Heidelberg 1961, tangierte die konservative Revolution, handelte aber von der Frühromantik. Freundliche Auskunft von Karl Heinz Bohrer zum (Nicht-)Verhältnis zu Schmitt und Mohler vom 10.5.2018 an den Verfasser.
61 Karl Heinz Bohrer, Nur ein Gleichnis?, in: *FAZ* 6.1.1967, S. 32. Den Streit hatte der Germanist Emil Staiger ausgelöst. Max Frisch hatte polemisch repliziert. Aufgrund von Bohrers Kritik an Staiger war Adorno positiv auf ihn aufmerksam geworden und hatte sich bei den *FAZ*-Herausgebern nach ihm erkundigt, Bohrer, Jetzt, S. 11.
62 Am 21.6.1972 gab die *FAZ* Heinrich Böll und seinem Kritiker Walter Rüegg, Soziologe und Vorstand des »Bund Freiheit der Wissenschaft«, Gelegenheit zur Stellungnahme über »die Angriffe auf Intellektuelle« (S. 7).
63 Karl Heinz Bohrer, Was heißt hier »Verantwortlichkeit der Intellektuellen«?, in: *FAZ* 26.9.1972, Literaturblatt S. 1; ders., Jetzt, S. 176f.
64 Karl Heinz Bohrer, Die große Abrechnung, in: *FAZ* 9.12.1969, Literaturblatt S. 1 (Rezension von Hans G. Helms, Fetisch Revolution. Marxismus und Bundesrepublik, Neuwied/Berlin 1969).
65 Karl Heinz Bohrer, Der große Traum, in: *FAZ* 31.8.1968, BuZ S. 5 (Rezension von Peter Weiss, Rapporte, Frankfurt am Main 1968).
66 Bohrer, Jetzt, S. 133 und 277.

67 Würde man »Ulrike« übernachten lassen, wenn sie klingelte, ohne die Polizei zu rufen? Maria Frisé, Meine schlesische Familie und ich. Erinnerungen, Berlin 2004, S. 293.
68 Marcel Reich-Ranicki, Ein Kammerspiel inmitten der Katastrophe oder Sandwüste mit Oase, in: *FAZ* 8.10.1974, S. 11 (Rezension von Alfred Andersch, Winterspelt. Roman, Zürich 1974).
69 Andersch an Korn 20.12.1975, in: DLA, A: Andersch 78.6370.
70 *Frankfurter Rundschau* 3.1.1976, Beilage Zeit und Bild, S. III; Andersch an Schütte 8.1.1976, in: DLA, A: Andersch 78.6375.
71 Günther Rühle, Artikel 3 (3) oder: Was sagt Alfred Andersch?, in: *FAZ* 29.1.1976, S. 19; Alfred Andersch, Artikel 3 (3) oder: Was habe ich gesagt?, in: *FAZ* 9.2.1976, S. 17.
72 Rolf Michaelis, Vom Gratismut der Mächtigen, in: *Die Zeit* 20.2.1976.
73 Vgl. zur Debatte Sven Hanuschek, Wie ist es, überleben zu wollen?, in: *FR online* 18.11.2010, <https://www.fr.de/kultur/literatur/ueberleben-wollen-11450960.html> (18.3.2019).
74 Peter Paul Zahl, mittel der obrigkeit, und Erich Fried, Ein Meister der Aussparung, beides in der Beilage BuZ, *FAZ* 22.5.1976; Reich-Ranicki an Domin 26.7.1976, in: DLA, A: Domin 07.2; Marcel Reich-Ranicki, Mein Leben, Stuttgart 1999, S. 496.
75 Reißmüller, Protokoll über die Herausgebersitzung 12. Oktober 1977, in: FAZ-Archiv, H 1.4.1977–31.3.1979; *Spiegel*-Gespräch mit Marcel Reich-Ranicki 2.1.1989, S. 140–146, hier S. 145.
76 Marcel Reich-Ranicki, Böll wird diffamiert, in: *FAZ* 3.10.1977, S. 23; Heinrich Böll, Du fährst zu oft nach Heidelberg, in: *FAZ* 17.9.1977, BuZ S. 4.
77 Fack, Protokoll über die Herausgebersitzung 11.7.1979, in: FAZ-Archiv, H 1.1.1979 bis 30.6.1980.
78 10.9.1980, in: FAZ-Archiv, Rm HG-Konferenz 1980/81_1981/82_1982_/83_1984/85.
79 Siehe den Normal-Anstellungsvertrag und Herausgebervertrag in: Bruno Dechamps, Frankfurter Allgemeine Zeitung, in: Fischer, Heinz-Dietrich (Hg.), Chefredakteure. Publizisten oder Administratoren? Status, Kompetenz und kommunikative Funktion von Redaktionsleitern bei Tages- und Wochenzeitungen, Düsseldorf 1980, S. 106–110.
80 Ulrich Greiner, Wer liest noch links?, in: *FAZ* 10.10.1975, S. 25.
81 Gespräch mit Herrn Dr. Fritz Ullrich Fack am 26. Juli 2016 in Bad Honnef; Klaus Bremermann, Was geht und nicht gehen darf, in: *FAZ* 18.8.1984, S. 19; Jürgen Busche, Der Besuch, in: *FAZ* 13.11.1980, S. 25; Günther Rühle, Zehn Minuten in die Zukunft, in: *FAZ* 2.6.1978, S. 23; Hans Schwab-Fleisch, Wie viele Leben lebt der Mensch in seinem Leben?, in: *FAZ* 12.7.1980, S. 21; Peter Jochen Winters, Die Brüder, in: *FAZ* 4.11.1982, S. 25; Frank Schirrmacher, Gespräche im Tunnel, in: *FAZ* 12.7.1986, S. 21; Sibylle Wirsing, Rettet die Zärtlichkeit, in: *FAZ* 11.6.1981, S. 23.
82 Frisé, Meine schlesische Familie, S. 257.
83 Pfeifer an Tern, Welter, Muckel 30.9.1969, in: FAZ-Archiv, Persönliche Korrespondenz_Korrespondenten Ausland_1956–1970_L-Reif.
84 Hans Herbert Götz, Die Hölle des Professor Marcuse, in: *FAZ* 13.7.1968, S. 17.
85 Götz an Boehlich 25.7.1968; Boehlich an Götz 22.8.1968, in: DLA, SUA: Suhrkamp/03 Lektorate.
86 Karl Heinz Bohrer, Das Beispiel Suhrkamp, in: *FAZ* 13.11.1968, S. 28; Sandra Kegel, Nacht der langen Messer, in: *FAZ* 16.10.2010, BuZ S. 1.
87 Walter Hamm, Strukturelle Arbeitslosigkeit, in: *FAZ* 19.7.1975, S. 9; ders., Schafft die Marktwirtschaft Arbeitslosigkeit?, in: *FAZ* 25.6.1976, S. 13; ders., Dauerarbeitslosigkeit und Verteilungspolitik, in: *FAZ* 14.12.1976, S. 11.

88 Holger Steltzner, Walter Hamm, in: *FAZ* 25.4.2017, S. 20; Hamms letzter Leitartikel hieß programmatisch: Die Umverteilung bremsen, in: *FAZ* 18.2.2017, S. 17; sein erster Beitrag war eine Rezension von Werner Bosch, Anlage- und Betriebskapital in der Volkswirtschaft, Frankfurt am Main 1951, publiziert unter dem Titel: Neue Wege der Konjunkturdiagnose, in: *FAZ* 9.2.1952, S. 7.
89 Kutzner, Marktwirtschaft schreiben, S. 287f.
90 b. [= Heinz Brestel], Termingeschäfte für jedermann an der Börse, in: *FAZ* 5.5.1970, S. 15.
91 Gespräch mit Rainer Hank am 4. April 2018 in Frankfurt am Main.
92 Kutzner, Marktwirtschaft schreiben, Kapitel »Aktien für Jedermann«.
93 Dolf Sternberger, Unvergleichlich lebensvoll, aber stets gefährdet. Ist unsere Verfassung nicht demokratisch genug?, in: *FAZ* 27.1.1970, S. 11.
94 Dolf Sternberger, Verfassungspatriotismus, in: *FAZ* 23.5.1979, S. 1.
95 Von seinem Schüler Bernhard Vogel wird Sternberger wie folgt wiedergegeben: »Ich wollte nicht einen Ersatz für den nationalen Patriotismus bieten […] Vielmehr wollte ich darauf aufmerksam machen, dass Patriotismus in einer europäischen Haupttradition schon immer und wesentlich etwas mit Staatsverfassung zu tun hatte, ja dass Patriotismus ursprünglich und wesentlich Verfassungspatriotismus gewesen ist.« Bernhard Vogel, Dolf Sternberger und die politische Wissenschaft, in: Michael Borchard (Hg.), Dolf Sternberger zum 100. Geburtstag, St. Augustin/Berlin 2007, S. 13–22, hier S. 19, online unter <http://www.kas.de/wf/doc/kas_11487-544-1-30.pdf?070725113746> (18.3.2019).
96 Vgl. etwa Volker Kronenberg, Patriotismus in Deutschland. Perspektiven für eine weltoffene Nation, Wiesbaden 2006[2], S. 183; Bohrer, Jetzt, S. 317.
97 Fest, Begegnungen, S. 112.
98 So Fest, Begegnungen, Zitat S. 111.
99 Sternberger an Dechamps 9.3.1988, Dechamps an Sternberger 10.3.1988, in: DLA, A: Sternberger 89.103973 und 89.10.1293/7.

EXKURS: SPRACHWANDEL UND NEUE THEMEN

1 Erste Überlegungen dazu in: Peter Hoeres, Zum Programm einer Ideengeschichte des Digitalzeitalters, in: Timothy Goering (Hg.), Ideengeschichte heute. Traditionen und Perspektiven, Bielefeld 2017, S. 215–234.
2 Fritz Neugass, Amerika entdeckt die deutsche Kunst, in: *FAZ* 4.3.1965, S. 24; Hilde Spiel, Im Staat des Als-Ob, in: *FAZ* 18.12.1971, BuZ S. 2; Hilde Spiel, Biblisch bildhafte Sprache, in: *FAZ* 27.12.1974, S. 21; Hilde Spiel, Prophet ohne Gott, Staatsmann ohne Staat, in: *FAZ* 28.6.1975, BuZ S. 3.
3 Sabina Lietzmann, Die Judenvernichtung als Seifenoper, in: *FAZ* 20.4.1978, S. 25; dies., Kritische Fragen, in: *FAZ* 28.9.1978, S. 21; Tobias Schrörs, Die Erschütterung, in: *FAZ* 5.1.2019, S. 16; Günther Rühle, Wenn Holocaust kommt, in: *FAZ* 17.01.1979, S. 21; Joachim Fest, Nachwort zu Holocaust, in: *FAZ* 29.1.1979, S. 1.
4 Welter an Götz 2. Juni 1962, in: BArch Koblenz N 1314/221.
5 Frank Bösch, Zeitenwende 1979. Als die Welt von heute begann, München 2019, S. 270.
6 Eine Negerin Siegerin in Wimbledon, in: *FAZ* 8.7.1957, S. 1.
7 Johannes Gross, Notizbuch. Vorletzte Folge. Sechzigstes Stück, in: *FAZ*-Magazin 29.11.1996, S. 28.

8 Willy Lützenkirchen, Die Pygmäen scheinen den Kampf ums Überleben zu verlieren, in: *FAZ* 5.1.1982, S. 7.

9 G.St. [= Gerhard Stadelmaier], Wo ist der Neger?, in: *FAZ* 20.09.1994, Nr. 219, S. 35.

10 Walter Henkels, Strauß, Frau Wülker, Vialon, in: *FAZ* 13.12.1958, S. 2; R. [= Alfred Rapp], Kabinettsreform später, in: *FAZ* 20.7.1956, S. 1.

11 edo. [= Edo Reents], Kanzlers Endung, in: *FAZ* 31.5.2005, S. 33.

12 Karola Friedmann, Die Kanzlerinkandidatin und die Känzler, in: *FAZ* 10.6.2005, S. 9.

13 Stand: 17.4.2018. Dies gilt für alle Untersuchungen.

14 Vgl. etwa: Christiane Hoffmann/Christoph Schult, Syrien ist nicht Ausschwitz, in: *Der Spiegel* 14.4.2018, S. 28; Philip Eppelsheim, Wir wollen in die Regierung, in: *Frankfurter Allgemeine Woche* 16.3.2018, S. 32.

15 Vgl. Melanie Leidecker, Das ist die Topgeschichte des Tages! Der Aufmacher-Artikel deutscher Tageszeitungen im Vergleich, Köln/Weimar/Wien 2015, S. 10–16.

16 Washington: Kurze Kampagne von Luftschlägen gegen Syrien. UN-Vorstoß Londons / Merkel lobt britische Initiative / »Mehr Zeit für Inspekteure«, in: *FAZ* 29.8.2013, S. 1.

17 Schulz: Wenn Frau Merkel in mein Kabinett eintreten will, kann sie das tun, in: *FAZ* 12.09.2017, S. 1.

18 rike./oll. [= Henrike Roßbach/Heike Schmoll], Union warnt Nahles vor einer Steuererhöhung, in: *FAZ* 13.1.2014, S. 1; ban. [= Günter Bannas], Merkel missvergnügt über Kritik am Mindestlohn, in: *FAZ* 10.6.2014, S. 1 (bezeichnenderweise mit »Merkel« und nicht »Frau Merkel« in der Überschrift).

19 ktr. [= Karin Truscheit], NSU-Prozess in München verschoben, in: *FAZ* 16.4.2013, S. 1.

20 Roland Hill, Musik oder Veitstanz?, in: *FAZ* 3.1.1964, S. 5. Zuvor hatte Hill bereits eine Meldung über Verletzte bei der Jagd nach Eintrittskarten für ein »Jazzkonzert« der »›4 Beetles‹ (Käfer) [sic]« gebracht, rjh. [= Roland Hill], »Käfermanie« in England, in: *FAZ* 4.11.1963, S. 9.

21 Richard Huelsenbeck, Die Invasion der Beatles, in: *FAZ* 26.2.1964, S. 20.

22 Helmut Lamprecht, Alle heulen mit den Beatles, in: *FAZ* 4.7.1964, BuZ S. 4.

23 K.K. [= Karl Korn], Rollende Steine, in: *FAZ* 14.9.1965, S. 20.

24 Heinz Schilling, Beat – man kennt das!; Jutta von Luck, Warum wir kreischen; P. J. Raue, Was besagt der Haarschnitt?, in: *FAZ* 23.9.1965, S. 10. Bei dem damaligen Studenten Heinz Schilling handelt es sich nicht um den prominenten Neuzeithistoriker gleichen Namens.

25 ckn, »Rolling Stones« in Warschau, in: *FAZ* 15.4.1967, S. 17.; R.M., Steine fliegen bei den »Rolling Stones«, in: *FAZ* 18.9.1970, S. 8.

26 Urs Widmer, Altamont: Das Ende der Illusion?, in: *FAZ* 22.9.1970, S. 7 (Rezension von Let it bleed. Die Rolling Stones in Altamont. Berichte und Fotos, hg. von Siegfried Schober, München/Wien 1970).

27 Wilfried Wiegand, »Ganz kaputte Typen«, in: *FAZ* 5.10.1970, S. 20; Eduard Beaucamp, Im Meer der Löcher, in: *FAZ* 17.2.1969, S. 18.

28 Wolfgang Sandner, Rock, Blues und kein Ende, in: *FAZ* 7.10.1970, S. 28.

29 Wolfgang Sandner, Zuckungen im Feuerofen, in: *FAZ* 29.10.1977, BuZ S. 6.

30 Karl-Heinz Bohrer, Haß als Zeitbombe in einer Gesellschaft ohne Liebe, in: *FAZ* 13.4.1978, S. 25.

31 fell., D.O.A. – The Sex-Pistols, in: *FAZ* 30.5.1987, S. 41; Uwe Schmitt, Punk mit Trauerrand, in: *FAZ* 12.9.1987, S. 29.

32 rei., Ohne Charme, in: *FAZ* 7.12.1989, S. 48.

33 Edo Reents, Die Zeit auf seiner Saite, in: *FAZ* 20.11.2017, S. 11.

34 Patrick Bahners, Schrei nach Liebe, in: *FAZ* 4.11.2003, S. L6 (Rezension von Frank-Rutger Hausmann, Anglistik und Amerikanistik im »Dritten Reich«, Frankfurt am Main 2003); Michael Althen, Ich weiß nicht, ob es Liebe ist, in: *FAZ* 29.8.2003, S. 35; Birgit Eckes/Torsten Sülzer, Wenn die Überschrift zum Punksong wird, in: *Kölnische Rundschau* 26.3.2003, <https://www.rundschau-online.de/wenn-die-ueberschrift-zum-punksong-wird-11692330> (18.3.2019). Bahners und Platthaus hatten zuvor schon eifrig Donald-Duck-Zitate im Feuilleton untergebracht, siehe *Der Spiegel* 24.4.2000, S. 270–272.
35 Michael Althen, Der Nasenführer, in: *FAZ* 13.3.2003, S. 35. Entlehnt aus dem Ärzte-Titel »Yoko Ono« von 2001: »Du nervst noch mehr als Yoko Ono. / Du gehst mir ewig auf den Sack. / Du haust nicht ab aus meiner Wohnung. / Du hast einen beschissenen Musikgeschmack.«
36 Andreas Platthaus, Was sind Klassiker der Comic-Literatur?, in: *FAZ.NET* 23.9.2005, <https://www.faz.net/aktuell/feuilleton/f-a-z-edition-was-sind-klassiker-der-comic-literatur-1260330.html> (18.3.2019).
37 Hilde L. Mosse, Die Comics und die Kinder, in: *FAZ* 7.1.1956, BuZ S. 6.
38 Johannes F. Grossmann, Übermensch / Untermensch, in: *FAZ* 28.2.1966, S. 19 (Rezension von Alfred Clemens Baumgärtner, Die Welt der Comics. Probleme einer primitiven Literaturform, Bochum 1965).
39 Dietrich Segebrecht, Den Comics eine Gasse, in: *FAZ* 10.11.1970, S. L1 (Rezension von Günther Metken, Comics, Frankfurt am Main/Hamburg 1970; Karl Riha, Zok roarr wumm. Zur Geschichte der Comics-Literatur, Steinbach 1970).
40 Dietrich Segebrecht, Frankreich liest Comics, in: *FAZ* 7.3.1970, S. 12. Der Auflagenvergleich findet sich im Artikel: Den Comics eine Gasse.
41 Dietrich Segebrecht, Quer durch den Comic-Wald, in: *FAZ* 21.7.1971, S. 28.

6 IN DEN ROTEN SIEBZIGERN UND SCHWARZEN ACHTZIGERN

1 Vgl. ausführlich zu diesem Komplex Hoeres, Außenpolitik und Öffentlichkeit, S. 387–398.
2 Reinhard Wilke, Meine Jahre mit Willy Brandt. Die ganz persönlichen Erinnerungen seines engsten Mitarbeiters, Mit einem Vorwort von Ulrich Wickert, Stuttgart/Leipzig 2010, S. 49, 50, 63, 202.
3 Vgl. G. W. Wittkämper/J. Bellers/J. Grimm/M. Heiks/K. Sondergeld/K. Wehmeier, Pressewirkungen und außenpolitische Entscheidungsprozesse – methodologische Probleme der Analyse, in: Gerhard W. Wittkämper (Hg.), Medien und Politik, Darmstadt 1992, S. 150–168.
4 Vgl. Elisabeth Noelle/Erich Peter Neumann (Hg.), Jahrbuch der öffentlichen Meinung 1968–1973, Allensbach/Bonn 1974, S. 485. Die absolute Mehrheit der SPD unter den Journalisten hielt auch 1976 und 1980 an, jeweils ein Fünftel wollten damals die Unionsparteien wählen, die FDP schnitt etwas besser ab, vgl. Stefan Winckler, Gerhard Löwenthal. Ein Beitrag zur politischen Publizistik der Bundesrepublik Deutschland, Berlin 2011, S. 169.
5 Zu Springers Wandlungen siehe Hoeres, Reise nach Amerika.
6 Ulrich Greiner, Über die Schwierigkeit, eine Verfassung zu schützen, in: *FAZ* 12.6.1976, BuZ S. 1. Vgl. dazu Ulrich Greiner, Das Leben und die Dinge. Alphabetischer Roman, Salzburg/Wien 2015, S. 83–85. Siehe auch die Erinnerungen von Frisé, Meine schlesische Familie, in denen sie ihren mühsamen Aufstieg in der männerdominierten

FAZ-Hierarchie schildert und ihre linksliberale Grundhaltung verdeutlicht, zum Greiner-Artikel S. 308.

7 Welter an Benckiser 26.1.1970, in: BArch N 1314, Nr. 316.

8 Welter an Tern 8.5.1969, in: FAZ-Archiv, Akten der Herausgeber. Jürgen Tern. Glückwünsche zum 60. Geburtstag.

9 *Der Spiegel* 8.6.1970, S. 50–54, Zitat S. 54.

10 *Der Spiegel* 13.10.1975, S. 106–115, Zitat S. 115.

11 Tern wird wörtlich im *Spiegel*, der dies berichtete, zitiert, hatte also offenkundig für diesen Bericht mit dem Magazin gesprochen, *Der Spiegel* 8.6.1970, S. 52.

12 Tern an Fritz Sänger 8.7.1970; das zweite Zitat aus Tern an Helmut Herles 4.7.1970, beide in: FAZ-Archiv, Jürgen Tern. Leserzuschriften an Tern nach seinem Ausscheiden aus der F.A.Z. Im Brief an Herles nannte Tern Muckel dann voller Verbitterung auch einen »unbelehrbaren Nazi, der sich hinter Bonhomie tarnt«.

13 Siehe rmc. [= Rüdiger Moniac], Rundfunk-Gefahr, in: *FAZ* 25.8.1970, S. 2.

14 Welter an Dechamps 25.8.1970, in: BArch N 1314, Nr. 316.

15 Vgl. den in scharfer Diktion gehaltenen Briefwechsel zwischen Welter und Dechamps in: BArch N 1426, Nr. 30. Der Beitrag von Dechamps erschien dann unter dem Titel: Flucht aus den Zwängen des modernen Lebens, in: *FAZ* 25.3.1969, S. 18.

16 Aktenvermerk über die Herausgebersitzung 25.1.1956, in: FAZ-Archiv, Protokolle der Herausgebersitzungen 1.1.1955 bis 19.2.1958.

17 Bruno Dechamps, Jürgen Tern, in: *FAZ* 21.2.1975, S. 12.

18 Im Interview mit Sven Michaelsen im *SZ*-Magazin 40/2012, online unter der <http://sz-magazin.sueddeutsche.de/texte/anzeigen/38577/2/1> (30.4.2016).

19 Natorp, Protokoll der Dienstagskonferenz vom 7.10.1969, S. 3f., in: FAZ-Archiv, Redaktionskonferenz 1968–1969.

20 Beschlussprotokoll der Herausgebersitzung vom 8.10.1969, in: FAZ-Archiv, H 1.1.1969–31.3.1971.

21 Auszug Protokoll der Herausgebersitzung vom 7.1.1970, in: BArch N 1314, Nr. 316.

22 Natorp, Bericht, und Jeske, Protokoll der außerordentlichen Redaktionskonferenz von 1.6.1970 (Zitat Welter S. 6 bzw. in dem Protokoll von Jeske S. 7), in: BArch N 1426, Nr. 26. Jeskes Protokoll ist wesentlich umfangreicher als das von Natorp, auf welches Jeske Bezug nimmt. Natorps Bericht ist von Dechamps gezeichnet, Jeskes Protokoll nicht.

23 Vgl. Peter Jochen Winters, Vor großen Aufgaben, in: *FAZ* 29.9.1969, S. 1.

24 Vgl. *Der Spiegel* 18.9.1972, S. 3.

25 Vgl. Conze, Suche nach Sicherheit, S. 425–453; Hoeres, Außenpolitik und Öffentlichkeit, S. 371–387; Tony Judt, Die Geschichte Europas seit dem Zweiten Weltkrieg, aus dem Englischen von Matthias Fienbork, Hainer Kober, Bonn 2006. S. 567, 702f.; Gottfried Niedhart, Revisionistische Elemente und die Initiierung friedlichen Wandels in der neuen Ostpolitik 1967–1974, in: *Geschichte und Gesellschaft* 28 (2002), S. 233–266.

26 Daniela Münkel, Kampagnen, Spione, geheime Kanäle. Die Stasi und Willy Brandt, Berlin 2013, S. 38, 43; Hanno Müller, Der Kurier des Kanzlers, in: *Thüringer Allgemeine* 18.3.2010, <https://www.thueringer-allgemeine.de/web/zgt/politik/detail/-/specific/Der-Kurier-des-Kanzlers-701264030> (23.1.2019); Dettmar Cramer, Zwischen Erfurt und Kassel, in: *FAZ* 2.5.1970, S. 1; ders., Deutschland nach dem Grundvertrag, Stuttgart 1973, S. 20f. Vgl. auch Cramers Interviewband mit Bahr: Dettmar Cramer, Gefragt: Egon Bahr, Bornheim 1975.

27 Lietzmann an Bahr 17.8.1970, in: AdsD, Depositum Bahr, Ordner 85, 1/EEAA000249. Lietzmann war die Schwägerin von Karl Korn.
28 So Bruno Dechamps, Dramatischer Akzent, in: *FAZ* 13.8.1970, S. 1; vgl. auch Nikolas Benckiser, Mehr als Gewaltverzicht, in: *FAZ* 13.8.1970, S. 1; Bruno Dechamps, Nicht leichten Herzens, in: *FAZ* 8.12.1970, S. 1; Karl Alfred Odin, Zwei Völker, in: *FAZ* 8.12.1970, S. 1.
29 Welter an Dechamps undatiert, in: BArch N 1314, Nr. 316.
30 *Bild* 12.6.1970, S. 1 und letzte Seite.
31 In einer Herausgebersitzung wurde die Schreibweise »DDR« auf seinen Wunsch bekräftigt, Korn, Protokoll über die Herausgebersitzung, 27.3.1968 in: FAZ-Archiv, H 1966 bis Dez. 1968.
32 Der stets die bürgerlichen Medien verspottende *Spiegel*-Kolumnist Otto Köhler suggerierte, dass an der »DDR«-Schreibweise gegen den Willen der meisten, Sanktionen fürchtenden Redakteure festgehalten werde, siehe seine Kolumne: Ungenehmigter Text, in: *Spiegel* 17.11.1969, S. 67. Dass man sich von Köhler habe reinlegen lassen, sorgte tags drauf für Ärger in der Dienstagskonferenz der *FAZ* und zur Klarstellung Benckisers, dass man weiter »DDR« schreibe, dies sei keine Gewissensfrage. Kühnert, Protokoll der Dienstagskonferenz vom 18.11.1969, in: FAZ-Archiv, Redaktionskonferenz 1968–1969.
33 Jürgen Tern, Erfurt und danach, in: *FAZ* 20.3.1970, S. 1; vgl. auch ders., Kassel und kein Ende, in: *FAZ* 22.5.1970, S. 1.
34 Jürgen Tern, Vorleistungen?, in: *FAZ* 29.5. 1970, S. 1; vgl. dazu Rainer Blasius, Zwei Staaten - eine Fraktion?, in: *FAZ* 9.8.2006, S. 8.
35 *FAZ* an Albrecht Kerber 15.6.1970, in: FAZ-Archiv, Akten der Geschäftsführung. Der »Fall Tern«. Negative Zuschriften - beantwortet -.
36 Bericht von Dr. Günther Rühle in einem Gespräch mit dem Verfasser am 4. August 2006 in Bad Soden.
37 *Der Spiegel* 8.6.1970, S. 50–54.
38 *Die Welt* 30.5.1970, S. 1. Herausgeber Dechamps beauftragte umgehend Feuilletonchef Karl Heinz Bohrer damit, das Leck zu orten, vgl. Bohrer an Dechamps 2.6.1970, in: BArch N 1426, Nr. 32.
39 *FAZ* 1.6.1970, S. 3.
40 So Dr. Günther Rühle in einem Gespräch mit dem Verfasser am 4. August 2006 in Bad Soden.
41 Benckiser und Dechamps vom 31.5.1970, in: BArch N 1426, Nr. 32.
42 *Die Zürcher Woche* 13./14. Juni 1970, S. 5.
43 Protokolle der außerordentlichen Redaktionskonferenz vom 1.6.1970, in: BArch N 1426, Nr. 26 (die Rechtschreibung des Telegramms ist im Original in Kleinschrift). Das Telegramm fand auch den Weg in die Öffentlichkeit, siehe *Zeit* 5.6.1970, S. 1.
44 Siehe die Protokolle der Redaktionskonferenzen vom 1. und 16.6.1970, in: BArch N 1426, Nr. 26.
45 *Der Spiegel* 8.6.1970, S. 50.
46 *FAZ* 2.6.1970, S. 3.
47 *Stern* 7.6.1970, S. 144f., Zitat S. 145.
48 In eigener Sache, in: *FAZ* 9.6.1970, S. 3.
49 *FAZ* 12.6.1970, S. 9.
50 *Der Spiegel* 15.6. 1970, S. 69.
51 Otto Köhler, Vom armen K. K., in: *Der Spiegel* 29.6.1970, S. 74.

52 *FAZ* 18.8.1970, S. 20. Köhler replizierte dann auch noch einmal in seinem Buch: Unheimliche Publizisten. Die verdrängte Vergangenheit der Medienmacher, München 1995, in welchem er die Glosse mit Randbemerkungen abdruckte (S. 376).
53 Karl-Hermann Flach, Opfer eines Politbüro-Systems, in: *Die Zeit* 12.6.1970, S. 2.
54 Ferment in Frankfurt, in: *Newsweek* 29.6.1970, S. 42f., Fritz René Allemann, Krach beim Weltblatt »FAZ«, in: *Weltwoche* 5.6.1970.
55 K.H. [= Klaus Harpprecht], Hoffmanns Erzählungen, in: *Der Monat* 262 (1970), S. 4f.
56 C.H.M. [= Claus Heinrich Meyer], Zeitung für Deutschland, in: *Der Monat* 252 (1969), S. 104–112.
57 Schäfer, Welter, S. 429–438.
58 FAZ-Archiv, Akten der Geschäftsführung. Der »Fall Tern«. Negative Zuschriften – beantwortet –; Akten der Geschäftsführung. Der »Fall Tern«. Positive Zuschriften und zurückgenommene Abbestellungen.
59 Fromme an Tern 12.6.1970, in: FAZ-Archiv, Jürgen Tern. Briefe, die Jürgen Tern nach seinem Ausscheiden aus der F.A.Z. aus der Redaktion und von ehemaligen F.A.Z.-Redakteuren erreichen.
60 Tern an Sabina Lietzmann 29.6.1970 und zahlreiche weitere, ähnlich gehaltene Schreiben in: FAZ-Archiv, Jürgen Tern. Briefe, die Jürgen Tern nach seinem Ausscheiden aus der F.A.Z. aus der Redaktion und von ehemaligen F.A.Z.-Redakteuren erreichen.
61 Tern an Thomas Ross 18.6.1970, in: FAZ-Archiv, Jürgen Tern. Briefe, die Jürgen Tern nach seinem Ausscheiden aus der F.A.Z. aus der Redaktion und von ehemaligen F.A.Z.-Redakteuren erreichen.
62 Hans Herbert Götz, Zum Protokoll der Redaktionskonferenz vom 16.6.1970, in: FAZ-Archiv, Akten der Redaktion. Akten Götz. Die Vertrauensleute.
63 Dechamps, Protokoll über die Herausgebersitzung 3.6.1970, S. 3, in: FAZ-Archiv, H 1.1.1969–31.3.1971.
64 Eick an Welter 27.11.1970, in: BArch N 1314, Nr. 317. Mitherausgeber Benckiser hatte die Formulierung »verbale Gaskammer« zunächst gestrichen, Eick hatte aber darauf beharrt, siehe Jürgen Eick, Wer wird Politiker?, in: *FAZ* 26.11.1970, S. 1. Zu Winters siehe die Biographie von Nicole Glocke, Peter Jochen Winters. Ein Leben als Politischer Journalist im 20. Jahrhundert, Berlin 2016.
65 Die entsprechende dpa-Meldung findet sich in: BArch N 1426, Nr. 32. Siehe ferner *Handelsblatt* 2.6.1970; *Stuttgarter Nachrichten* 2.6.1970; *FAZ* 2.6.1970, S. 3.
66 *Süddeutsche Zeitung* 5.6.1970.
67 Blessing an Ahlers 13.7.1970; Ahlers an Tern 16.7.1970; Tern an Ahlers 23.7.1970, in: FAZ-Archiv, Jürgen Tern. Leserzuschriften an Tern nach seinem Ausscheiden aus der F.A.Z.
68 Vgl. Adelbert Weinstein, Von der Freiheit der Wahl, in: *FAZ* 5.1.1971, S. 1.
69 Vgl. Wink aus Warschau, in: *FAZ* 15.4.1971, S. 1.
70 Vgl. Vermerk für Barzel 25.10.1970, in: BArch N 1371, Nr. 93.
71 Vgl. Friedrich Karl Fromme, »Polarisierung« in Bonn, in: *FAZ* 17.7.1971, S. 1.
72 *FAZ* 20.7.1971, S. 1.
73 Vgl. den Aufmacher in: *FAZ* 20.9.1971, S. 1.
74 Fritz Ullrich Fack, Auf den Spuren von Rapallo, in: *FAZ* 20.9.1971, S. 1.
75 Vgl. Johann Georg Reißmüller, Eine große Ehrung, in: *FAZ* 21.10.1971, S. 1.
76 Johann Georg Reißmüller, Die Regierung wird's schon recht machen, in: *FAZ* 27.6.1973, S. 1.
77 Fk. [= Fritz Ullrich Fack], Am Ende Ermattung, in: *FAZ* 15.5.1972, S. 1.

78 Fack, Protokoll über die Herausgebersitzung vom 12.1.1972, S. 5, in: FAZ-Archiv, H 1.4.1971–31.3.1973.
79 Vgl. dazu Hoeres, Reise nach Amerika.
80 Fack, Protokoll über die Herausgebersitzung vom 26.1.1972, in: FAZ-Archiv, H 1.4.1971–31.3.1973. Pfeifer hielt ihn für »etwas agitatorisch« (ebd.).
81 J. B. [= Jürgen Busche], Goebbels' Waffe, in: *FAZ* 7.2.1976, S. 8.
82 *FAZ* 23.10.1974, S. 48.
83 Fromme an Tern 28.7.1971, in: BArch N 1249, Nr. 10.
84 Vereinbarung vom 18.12.1971, in: BArch N 1426, Nr. 27.
85 Hausmitteilung an die Korrespondenten der *FAZ* 23.10.1970, in: BArch N 1314, Nr. 316.
86 Eick an Welter 23.12.1970, in: BArch N 1314, Nr. 317.
87 Cornelia Geissler/Nikolaus Bernau, Der Herr Bürger, in: *Frankfurter Rundschau* 29.11.2013, online unter <http://www.fr-online.de/literatur/nachruf-auf-wolf-jobst-siedler-der-herr-buerger,1472266,25462582.html> (16.9.2018).
88 Klaus Rainer Röhl, Anarchismus führt zum Faschismus, in: *konkret* Nr. 12 vom 4./5. Juni 1970, S. 6; Karl Heinz Bohrer, Sechs Szenen Achtundsechzig, in: *Merkur* 62 (2008), S. 410–424, hier S. 422f.; ders., Jetzt, S. 135–143.
89 So Fest in einer Aussprache mit der Feuilletonredaktion am 30.6.1973, in: BArch N 1426, Nr. 27.
90 Bohrer, Jetzt, S. 176. Diese Charakterisierung ist – wie die meisten Passagen von Bohrers Autobiographie – aus der zeitgenössischen Perspektive geschrieben.
91 Interessanterweise hatte Fest auch den dezidiert konservativen Publizisten Gerd Klaus Kaltenbrunner mitbringen wollen, der aber absagte. Auch um Joachim Kaiser von der *Süddeutschen* bemühte sich Fest vergeblich. Zu den Personalia Eick, Protokoll der (außerordentlichen) Herausgebersitzung am 6. und 21.3.1973, in: FAZ-Archiv, H 1.4.1971–31.3.1973.
92 Marcel Reich-Ranicki, »Wie ein erschossener Mensch hinfällt«, in: *FAZ* 18.8.1958, S. 12; ders., Arnold Zweigs Roman »Die Zeit ist reif«, in: *FAZ* 26.9.1958, S. 19 (Rezension von Arnold Zweig, Die Zeit ist reif, Berlin 1957).
93 Thomas Anz, Marcel Reich-Ranicki, München 2004, S. 72–83.
94 Dechamps, Aktennotiz, in: BArch N 1426, Nr. 27; Bohrer an Busch, in: DLA, SUA: Suhrkamp/03 Lektorate.
95 Laut Bohrer, Jetzt, S. 181f., schickten beide Protesttelegramme gegen Bohrers Ersetzung durch Reich-Ranicki. Korn schrieb Margret Boveri, dass »er alles versucht habe, uns den R.R. zu ersparen«, Korn an Boveri 12.7.1973, in: Staatsbibliothek Berlin, NL Boveri 920, Mappe 1.
96 Marianne Kesting an Carl Schmitt 28.5.1973, publiziert von Martin Tielke (Hg.), Carl Schmitts Briefwechsel mit Marianne Kesting (1959–1983), in: *Schmittiana. Neue Folge. Beiträge zu Leben und Werk Carl Schmitts*, Band III, hg. von der Carl-Schmitt-Gesellschaft, Berlin 2016, S. 252–316, hier S. 312.
97 Aktennotiz zur gemeinsamen Sitzung der Herausgeber mit den Vertrauensleuten der Redaktion am 8.5.1973; Jürgen Eick, Aktennotiz über ein Telefongespräch mit Herrn Fest am 10.5.1973, in: BArch N 1426, Nr. 27.
98 Marcel Reich-Ranicki, Mein Leben, S. 497f.
99 Hensel, Glück gehabt, S. 205.
100 Aussprache mit der Feuilletonredaktion am 30.6.1973, in: BArch N 1426, Nr. 27.
101 Jürgen Busche, Unsere Zeitung, in: *Kursbuch* 125 (1996), S. 37–44.

102 Eick, Protokoll der außerordentlichen Herausgebersitzung am 6. (Zitat Welter S.1) und der Herausgebersitzung am 21.3.1973, S. 2, und 28.3.1973, S. 3, in: FAZ-Archiv, H 1.4.1971–31.3.1973.
103 *Die Zeit* 18.5.1973, S. 25.
104 Erklärung der Herausgeber vom 22.5.1973, in: BArch N 1426, Nr. 27.
105 Eick, Gespräch mit Herrn Fest am 14.5.1973, in: BArch N 1426, Nr. 27; *FAZ* 14.5.1973.
106 Bohrer, Jetzt, S. 181–186.
107 Karl Heinz Bohrer, Der Tag, als die »Times« nicht kam, in: *FAZ* 2.12.1978, S. 25; Bohrer, Jetzt, S. 456f. Siehe auch die Sammlung von Bohrer. Korrespondenzen: Ein bißchen Lust am Untergang. Englische Ansichten, Wien 1979; Brief Bohrers an den Verfasser vom 25.4.2016.
108 Marcel Reich-Ranicki und Peter Rühmkorf, Der Briefwechsel, hg. von Christoph Hilse und Stephan Opitz, Göttingen 2015.
109 Uwe Wittstock, Marcel Reich-Ranicki. Die Biografie, München 2015, S. 9, 215.
110 Siehe nur Anz, Reich-Ranicki; Volker Hage/Mathias Schreiber, Marcel Reich-Ranicki, Köln 1995; Jochen Hieber (Hg.), »Lieber Marcel«: Briefe an Reich-Ranicki, Berlin 1995.
111 So Fritz Ullrich Fack an Welter 17.7.1979, in: BArch N 1426, Nr. 28.
112 Fritz Ullrich Fack, Aktennotiz über das Gespräch mit den Vertrauensleuten 4.7.1979, in: FAZ-Archiv, Akten der Herausgeber. Erich Welter. Die Vertrauensleute 1970–1980.
113 Fritz Ullrich Fack, Aktennotiz über das Gespräch mit den Vertrauensleuten 17.7.1979, in: FAZ-Archiv, Akten der Herausgeber. Erich Welter. Die Vertrauensleute 1970–1980.
114 Welter an Herausgeber 16.7.1979, in: FAZ-Archiv, Akten der Herausgeber. Erich Welter. Die Vertrauensleute 1970–1980.
115 Abschrift einer »fernschriftlichen« Mitteilung Pfeifers an Eick vom 24.7.1973, in: BArch N 1426, Nr. 28; Anlage 3 vom 22.5.1973, in: BArch N 1426, Nr. 27.
116 Reumann an Welter 17.7.1979, in: FAZ-Archiv, Akten der Herausgeber. Erich Welter. Die Vertrauensleute 1970–1980.
117 Welter an die Herausgeber und Vertrauensleute 23.7.1979; Pfeifer an Welter 5.1.1977, in: FAZ-Archiv, Akten der Herausgeber. Erich Welter. Die Vertrauensleute 1970–1980.
118 Protokoll der Sitzung mit den Vertrauensleuten am 27.7.1979; Auszug aus dem Protokoll über die Herausgebersitzung vom 1.8.1979, in: FAZ-Archiv, Akten der Herausgeber. Erich Welter. Die Vertrauensleute 1970–1980.
119 Dechamps an Welter 17.8.1979; Fack an Dechamps, Eick, Fest, Held, Mundhenke, Pfeifer, Reißmüller 26.9.1979, in: BArch N 1426, Nr. 28.
120 Welter an Dechamps 14.8.1979, in: BArch N 1426, Nr. 28.
121 Welter an Fack und Pfeifer 6.9.1979, in: BArch N 1426, Nr. 28.
122 Siehe die Impressen in: *FAZ* 31.1.1980, S. 4; 31.1.1985, S. 4; 31.1.1986, S. 4.
123 Michael Angele, Schirrmacher. Ein Porträt, Berlin 2018, S. 45f.
124 Siehe etwa Reich-Ranickis Briefe an Hilde Domin: DLA, A: Domin 07.2 (sehr ruppig beispielsweise der Brief vom 4.11.1975, in dem Reich-Ranicki zugleich schmeichelt, seine typische Taktik: »Ich halte es nicht mit Ihnen aus, aber Sie schreiben so wunderbar, also muss ich.« Oder zahlreiche Briefe an Rühmkorf: Reich-Ranicki und Peter Rühmkorf, Briefwechsel).
125 *Spiegel*-Gespräch mit Marcel Reich-Ranicki 2.1.1989, S. 140–146; Wittstock, Reich-Ranicki, S. 212–280; Reich-Ranicki, Mein Leben, S. 484–497; Gespräch mit Herrn Dr. Fritz Ullrich Fack am 1. Juli 2016 in Bad Honnef.
126 Eckhard Henscheid, Unser Lautester, in: ders., Gesammelte Werke in Einzelausgaben. Polemiken, Frankfurt am Main 2003, S. 60–65, Zitat S. 61.

127 Ritter an Reich-Ranicki 2.3.1987, in: DLA, A: Blumenberg 03.01. Zugrunde lag Henning Ritter, Nachdenken, in: *FAZ* 25.2.1987, S. 47.

128 Reich-Ranicki an Reißmüller 11.9.1980, in: DLA, A: Reich-Ranicki 03.2.92.

129 Auch Joachim Fest bestreitet, dass Reich-Ranickis Schilderung der Abläufe so stimmt. Siehe das *Spiegel*-Gespräch mit Fest unter dem bezeichnenden Zitat »Ist Reich-Ranicki noch bei Trost?« vom 20.6.2006, S. 142–149.

130 Reich-Ranicki, Mein Leben, S. 477–483, 540–551.

131 Eick, Protokoll über die Herausgebersitzung vom 29.11.1978, 20.12.1978, 7.3.1979 und 28.3.1979, in: FAZ-Archiv, H 1.4.1977–31.3.1979; Fack, Protokoll über die Herausgebersitzung vom 4.4.1979 und 25.4.1979, in: FAZ-Archiv, H 1.1.1979 bis 30.6.1980.

132 Welter an die Mitglieder der Herausgeberkonferenz 18. 5.1979, in: Privatarchiv Alexander Fest.

133 Eick, Protokoll über die Herausgebersitzung vom 20.12.1978, 7.3.1979 und 28.3.1979 (Zitat), in: FAZ-Archiv, H 1.4.1977–31.3.1979.

134 Fack, Protokoll über die Herausgebersitzung vom 26.3.1980, in: FAZ-Archiv, H 1.1.1979 bis 30.6.1980; freundliche Auskünfte von Herrn Dr. Fritz Ullrich Fack in einem Gespräch am 1. Juli 2016 in Bad Honnef.

135 Karl Korn, Voller Willenskraft und ganz unpathetisch, in: *FAZ* 28.6.1980, S. 10.

136 Erik Lommatzsch, Zum 100. Geburtstag von Hans Filbinger (1913–2007). Aspekte einer Biographie, in: Michael Stahl (Hg.), Deutschland 1813–2013. Deutsche Identität am Beginn der Moderne und in der Gegenwart, Nürnberg 2013, S. 134–143, hier S. 135–139.

137 Karl Schmitz, Wie eine Lichtgestalt durchs Ländle, in: *FAZ* 18.3.1976, S. 10.

138 *Der Spiegel* 10.4.1972, S. 49.

139 Vgl. detailliert zu Filbingers Tätigkeit als Marinerichter insgesamt Heinz Hürten, Die Tätigkeit Hans Filbingers als Marinerichter, in: Bruno Heck (Hg.), Hans Filbinger – Der »Fall« und die Fakten. Eine historische und politologische Analyse, Mainz 1980, S. 47–102; Ricarda Berthold, Filbingers Tätigkeit als Marinerichter im Zweiten Weltkrieg. Ein dokumentarischer Bericht, in: Wolfram Wette (Hg.), Filbinger – eine deutsche Karriere, Springe 2006, S. 43–64.

140 Das zeigte detailliert vor allem Franz Neubauer, Das öffentliche Fehlurteil. Der Fall Filbinger als ein Fall der Meinungsmacher, Regensburg 1990.

141 Nike Thurn/Torben Fischer, Filbinger-Affäre, in: Torben Fischer/Matthias N. Lorenz (Hg.), Lexikon der »Vergangenheitsbewältigung« in Deutschland. Debatten- und Diskursgeschichte des Nationalsozialismus nach 1945, Bielefeld 2015[3], S. 219–221. Am Beispiel des Urteils über den Marinesoldaten Walter Gröger vom 15. März 1945 wird Filbinger vorgeworfen, trotz des nahenden Kriegsendes dem Todesurteil zugestimmt zu haben. Die genaue Rechtslage wie die Aufgaben und Spielräume der Prozessbeteiligten werden auch in der dritten Auflage noch lückenhaft erfasst, ebenso die Literatur, denn es fehlen die Beiträge von Neubauer wie von Gillessen.

142 Günther Gillessen, Der Fall Filbinger. Ein Rückblick auf die Kampagne und die historischen Fakten, in: *Die Politische Meinung* 408 (2003), S. 67–74, hier S. 67; in kürzerer Form zuvor ders., Der Richter, das Recht und der Tod, in: *FAS* 14.9.2003, S. 8.

143 Bei diesen Urteilen trat Filbinger in drei Fällen als Anklagevertreter, in zwei weiteren als Richter und bei einem lediglich als Verfahrensunbeteiligter in Erscheinung. Gillessen, Der Fall Filbinger, S. 70.

144 Gillessen, Der Fall Filbinger; Franz Neubauer, Das öffentliche Fehlurteil, S. 35–118. Wolfram Wette widerspricht, Filbinger habe sehr wohl anders handeln können, geht aber nicht auf die Rechtslage im konkreten Fall ein: Wolfram Wette, Der Fall Filbinger,

in: ders. (Hg.), Filbinger, S. 15–35, hier S. 25f. Auch die weiteren Beiträge in Wettes Band ziehen entweder nicht vergleichbare Fälle (Prößdorf) heran (Berthold, Filbingers Tätigkeit als Marinerichter) oder gehen nicht auf die konkrete Rechtslage und die daraus resultierenden Optionen im Fall Gröger ein (Manfred Messerschmidt, »Elastische« Gesetzesanwendung durch Wehrmachtsgerichte, in: ebd., S. 65–80). Die in Arbeit befindliche Habilitationsschrift von Erik Lommatzsch über Filbinger verspricht, dessen Tätigkeit in der Militärgerichtsbarkeit weiter zu erhellen.

145 Rolf Hochhuth, Eine Liebe in Deutschland, in: *Die Zeit* 17.2.1978, S. 41. Im selben Jahr sodann als Roman im Rowohlt Verlag veröffentlicht. Eine Stellungnahme Hans Filbingers findet sich in seiner 1987 erschienenen autobiographischen Verteidigungsschrift: Hans Filbinger, Die geschmähte Generation, München 1987, S. 149–151.

146 Federführend in der Berichterstattung zur Causa Filbinger für die *FAZ* war Karl Schmitz, der auch über den Gerichtsprozess gegen Hochhuth berichtete: K.S. [= Karl Schmitz], Der Rechtsstreit Filbinger–Hochhuth, in: *FAZ* 24.5.1978, S. 2; ders., War Filbinger ein »furchtbarer Jurist«?, in: *FAZ* 14.6.1978, S. 2; ders., Klage Filbingers gegen Hochhuth zurückgewiesen, in: *FAZ* 14.7.1978, S. 1.

147 Ein analoges Paradoxon erkannte der Leiter des Instituts für Zeitgeschichte (IfZ) Martin Broszat bereits 1978 darin, dass vor dem Hintergrund einer eher positiven Darstellung der Wehrmachtsjustiz aus dem Jahr 1977 das Verhalten Filbingers »besonders drakonisch« erscheine: Der Streit um die Wehrmachtsgerichtsbarkeit, in: *FAZ* 30.10.1978, S. 25. Das Buch des ehemaligen Militärrichters Otto Peter Schweling, Die deutsche Militärjustiz in der Zeit des Nationalsozialismus, bearbeitet, eingeleitet und herausgegeben von Erich Schwinge, Marburg 1977, hatte das IfZ nicht publizieren wollen, es war dann aber in der *FAZ* von Fromme positiv gewürdigt worden, Friedrich Karl Fromme, Wie Militärgerichtsbarkeit wirklich war, in: *FAZ* 10.7.1978, S. 8.

148 Mit der Unterzeile: Hans FILBINGER – Sieger von Stuttgart, in: *FAZ* 25.4.1972, S. 4.

149 Fotografie als visuelle Geschichtsschreibung. Ein Gespräch mit Barbara Klemm, in: *Zeithistorische Forschungen/Studies in Contemporary History* 2 (2005), Heft 2, <http://www.zeithistorische-forschungen.de/16126041-Klemm-2-2005> (18.3.2019).

150 Gerd Blum, »Vorsicht Kunst«. Die Fotomontagen von Klaus Staeck, in: Gerhard Paul (Hg.), Das Jahrhundert der Bilder, Bd. 2: 1949 bis heute, Göttingen 2008, S. 418–425, hier 421–423.

151 Das warf ihm auch Johann Georg Reißmüller vor: Rm., Halbheiten und Heuchelei, in: *FAZ* 7.7.1978, S. 1; ders., Ende und Anfang, in: *FAZ* 8.8.1978, S. 1.

152 Rainer Blasius, Filbingers »geistiger Widerstand«, in: *FAZ* 23.4.2007, S. 10.

153 Karl Schmitz berichtete in den zwei Folgetagen über den Rücktritt und die Nachfolge des Ministerpräsidenten: Karl Schmitz, Filbinger – der einsamste Mensch in der CDU. »Ein trauriger Montag«, in: *FAZ* 8.8.1978, S. 2; ders., Vom Nothelfer zum Landesvater. Die Ära Filbinger, in: *FAZ* 9.8.1978, S. 3.

154 Lommatzsch, Zum 100. Geburtstag von Hans Filbinger, S. 141; Filbinger, Die geschmähte Generation.

155 Joachim Fest, Filbingers Uneinsichtigkeit, in: *FAZ* 26.5.1978, S. 1.

156 Ebd.

157 Patrick Bahners, Keine wirklich tragische Figur, in: *FAS* 22.4.2007, S. 6f., hier S. 6.

158 Joachim Fest, Filbingers Uneinsichtigkeit, in: *FAZ* 26.5.1978, S. 1.

159 Affäre Filbinger: »Was Rechtens war …«, in: *Der Spiegel* 10.5.1978, S. 23–27, hier S. 26.

160 Hans Filbinger, Klarstellung, in: *Die Zeit* 16.6.1978, S. 5; ders., Die geschmähte Generation, S. 152; Gillessen, Der Fall Filbinger, S. 74.

161 Alfred Behr, Streit über »Eine Liebe in Deutschland«, in: *FAZ* 27.10.2000, S. 5; Gillessen, Der Fall Filbinger, S. 74; Thurn/Fischer, Filbinger-Affäre, S. 221.
162 Joachim Raak, Das Kesseltreiben gegen Filbinger, in: *FAZ* 2.6.1978, S. 4; Hans Wahl, Hans, Schein und Sein, in: *FAZ* 3.6.1978, S. 9; Reinhard Kapp, Fehlende Solidarität, in: *FAZ* 29.8.1978, S. 6.
163 Eick, Protokoll über die Herausgebersitzung vom 31.5.1978, S. 3f., in: FAZ-Archiv, H 1.4.1977–31.3.1979.
164 Friedrich Karl Fromme, Wer weiß noch was auf wen?, in: *FAZ* 9.8.1978, S. 1.
165 Eick, Protokoll über die Herausgebersitzung vom 9.8.1978, S. 3, in: FAZ-Archiv, H 1.4.1977–31.3.1979.
166 Frank Schirrmacher, Haltungsschaden, in: *FAZ* 16.4.2007, S. 37.
167 Oettinger wurde am 16. April 2007 von Angela Merkel in ihrer Funktion als Bundesvorsitzender der Christdemokraten dazu aufgefordert, seine Wertung Filbingers als NS-Gegner zu widerrufen. Rainer Blasius, Filbingers »geistiger Widerstand«, in: *FAZ* 23.4.2007, S. 10.
168 Frank Schirrmacher, Haltungsschaden, in: *FAZ* 16.4.2007, S. 37.
169 Rüdiger Soldt, Ein Konservativer, den die Vergangenheit verfolgte, in: *FAZ* 3.4.2007, S. 4.
170 Friedrich Karl Fromme, Er führte die Union im Südwesten zur absoluten Mehrheit, in: *FAZ* 15.9.1983, S. 4; ders., Hans Filbinger 80, in: *FAZ* 15.9.1993, S. 5. Die Einschätzung, Filbinger nicht als dezidierten Gegner des NS-Regimes zu betrachten, teilt Eckart Lohse in einem Artikel über die Entdeckung der Tagebücher des bereits verstorbenen Politikers im Jahr 2013: Eckart Lohse, Immerhin!, in: *FAZ* 14.4.2013, S. 1.
171 Siehe ein knappes Jahr nach der Affäre bereits Friedrich Karl Fromme, Wer stürzt, wird gestoßen, in: *FAZ* 3.5.1979, S. 2; Günther Gillessen, Der Richter, das Recht und der Tod, in: *FAS* 14.9.2003, S. 8.
172 Eick an Welter 27.11.1970, in: BArch N 1314, Nr. 317.
173 *Der Spiegel* 8.6.1970, S. 52.
174 Johann Georg Reißmüller, Was Geißler erreicht hat, in: *FAZ* 24.7.1989, S. 1.
175 Frisé, Meine schlesische Familie, S. 293.
176 Jürgen Busche im Gespräch mit Frederic Schulz, Mitarbeiter des Verfassers, am 29. November 2018; Gespräch des Verfassers mit Werner D'Inka am 10. April 2019 in Frankfurt am Main.
177 Der Entwurf wurde dem Verfasser freundlicherweise von Fritz Ullrich Fack zur Verfügung gestellt.
178 Hans-Peter Schwarz, Axel Springer. Die Biografie, Berlin 2008, S. 560–571.
179 Vgl. *Frankfurter Rundschau* 2.3.1976, S. 3; Erklärung in eigener Sache, in: *FAZ* 1.3.1976, S. 1.
180 Vgl. dazu Massimiliano Livi/Daniel Schmidt/Michael Sturm (Hg.), Die 1970er Jahre als schwarzes Jahrzehnt. Politisierung und Mobilisierung zwischen christlicher Demokratie und extremer Rechter, Frankfurt am Main 2010.
181 Vgl. den Forschungsüberblick von Dominik Geppert: Großbritannien seit 1979: Politik und Gesellschaft, in: *Neue Politische Literatur* 54 (2009), S. 61–86.
182 Vgl. die Übersicht zur Forschung von Andrew L. Johns (Hg.), A Companion to Ronald Reagan, Malden, MA, 2014.
183 Peter Hoeres, Von der »Tendenzwende« zur »geistig-moralischen Wende«. Konstruktion und Kritik konservativer Signaturen in den 1970er und 1980er Jahren, in: *Vierteljahrshefte für Zeitgeschichte* 61 (2013), S. 93–119.

184 Hans Jürgensen, Warten auf Ronald Reagan, in: *FAZ* 6.11.1980, S 13.
185 Hans Jürgensen, Reagans kühnes und riskantes Spiel, in: *FAZ* 15.2.1982. S. 13.
186 Hans Jürgensen, Hoffnungen in Amerika, in: *FAZ* 21.10.1982, S. 13.
187 Hugo Müller-Vogg, Ein neuer Feldzug gegen die Marktwirtschaft, in: *FAZ* 6.5.1982, S. 13.
188 Hugo Müller-Vogg, Die Reagansche Revolution, zweiter Teil, in: *FAZ* 9.2.1985, S. 1.
189 Hugo Müller-Vogg, Womit Reagan die Wahl gewinnen will, in: *FAZ* 31.10.1984, S. 13.
190 Hugo Müller-Vogg, Die Reagansche Revolution, zweiter Teil, in: *FAZ* 9.2.1985, S. 1.
191 Hugo Müller-Vogg, Der amerikanische Traum und »Armut in Reagans Amerika«, in: *FAZ* 31.5.1985, S. 13, und 31.10.1987, S. 15.
192 Hugo Müller-Vogg, Der Staat muß delegieren, in: *FAZ* 13.12.1986, S. 13.
193 Hugo Müller-Vogg, Die Job-Maschine Amerika und Amerikas Job-Maschine produziert weiter, in: *FAZ* 4.12.1987, S. 13, und 3.4.1987, S. 13.
194 Hugo Müller-Vogg, Amerikas mutige Steuerpolitik, in: *FAZ* 24.6.1988, S. 13.
195 Hugo Müller-Vogg, Die angeblich herzlose Gesellschaft und Moral und ökonomisches Gesetz, in: *FAZ* 11.9.1984, S. 13, und 23.11.1984, S. 1.
196 J. Rh. [= Jochen Rudolph], Untaugliche Alternative, in: *FAZ* 14.1.1981, S. 13; ders., Margaret Thatchers maßvolles Budget, in: *FAZ* 17.3.1983, S. 11; ders., Feuerprobe für Margaret Thatcher, in: *FAZ* 13.7.1984, S. 13. Zur Rolle der »Vetospieler« in dieser Zeit vgl. Andreas Wirsching, Abschied vom Provisorium 1982–1990, München 2006, S. 208–222.
197 Jochen Rudolph, Wie »eisern« ist die Lady?, in: *FAZ* 12.10.1984, S. 13.
198 Jochen Rudolph, Defizite einer alten Demokratie, in: *FAZ* 18.4.1985, S. 1.
199 Jochen Rudolph, Thatcherismus: eine Erfolgsformel; Freiheit – das Etikett des Thatcherismus und Die Früchte einer mutigen Wirtschaftspolitik, in: *FAZ* 6.10.1987, S. 13; 6.1.1988, S. 11, und 21.11.1990, S. 17.
200 Der Begriff »konservative Revolution« wurde – gelegentlich schon seit Mitte des 19. Jahrhunderts verwendet – 1950 von dem Ideenhistoriker Armin Mohler für die »Trotzkisten der Nationalsozialisten« geprägt; Mohler, Die Konservative Revolution in Deutschland, S. 4. Die *FAZ* stand zu Beginn in mancherlei Hinsicht in gebrochener personeller und inhaltlicher Kontinuität zu dieser Ideenbewegung. Der Begriff schien dann zu sehr historisch belastet, um ihn unbefangen zur Kennzeichnung der Reagan- und Thatcher-Revolutionen nutzen zu können, daher wurde er zumeist nur als Übernahme von Selbstbezeichnungen in den USA und Großbritannien verwendet. Einzig Hans D. Barbier benutzte ihn in positiver Konnotation; Hans. D. Barbier, Immer nur auf Wählersuche, in: *FAZ* 27.2.1989, S. 1; Hans Jürgensen, Warten auf Ronald Reagan, in: *FAZ* 6.11.1980, S. 13; ders., Ronald Reagan auf dem Prüfstand, in: *FAZ* 3.11.1984, S. 15; Ulrich Grudinski, Frau Thatchers Thronfolger?, in: *FAZ* 5.6.1983, S. 12; Patrick Bahners, Gestörte Feiern, in: *FAZ* 10.8.1988, S. 27; Brigitte Scherer, Der Morgen danach, in: *FAZ* 14.5.1988, S. 26.
201 Hans D. Barbier, Immer nur auf Wählersuche, in: *FAZ* 27.2.1989, S. 1.
202 Günther Nonnenmacher, Amerika im Wandel, in: *FAZ* 6.10.1984, S. 1.
203 Leo Wieland, Amerikas Befindlichkeit, in: *FAZ* 3.10.1987, S. 1.
204 Leo Wieland, Der amerikanische König, in: *FAZ* 8.11.1988, S. 1.
205 Ulrich Grudinski, Wahlkampf – fünf Jahre zu früh, in: *FAZ* 12.3.1980, S. 1.
206 Ulrich Grudinski, Wahlkampf – fünf Jahre zu früh, in: *FAZ* 12.3.1980, S. 1.
207 Ulrich Grudinski, Die Beste Wahl für Britannien, in: *FAZ* 11.6.1983, S. 1.
208 Ulrich Grudinski, Der Sieg der Eisernen Lady, in: *FAZ* 1.2.1985, S. 1.

209 Sabina Lietzmann, Reagans Amerika – eine Fiktion. Korrekturversuch an einem Zerrbild, in: *FAZ* 28.11.1981, BuZ S. 1–3; dies., Auf wessen Seite ist die amerikanische Presse?, in: *FAZ* 10.3.1984, BuZ S. 1–3; dies., Kein Lorbeer, in: *FAZ* 3.5.1985, S. 25.

210 Gina Thomas, Sturmangriff auf Pasolini und Proust?, in: *FAZ* 16.2.1988, S. 27; dies., Der Geist ohne Macht, in: *FAZ* 20.4.1988, S. 29.

211 Jochen Rudolph, Zur Nachahmung empfohlen, in: *FAZ* 28.3.1988, S. 1.

212 Zum Beispiel: Ulrich Grudinski, Wahlkampf – fünf Jahre zu früh, in: *FAZ* 12.3.1980, S. 1; Nm. [= Günther Nonnenmacher], Eine schwache Stunde?, in: *FAZ* 24.6.1989, S. 1; Jochen Rudolph, Frau Thatcher wird einsam, in: *FAZ* 12.3.1990, S. 1; Günther Nonnenmacher, Britanniens Stiefmutter, in: *FAZ* 23.11.1990, S. 1.

213 Rm. [= Johann Georg Reißmüller], Kohl – ganz verhalten, in: *FAZ* 10.3.1981, S. 1; ders., Bewegung – Aber wohin?, in: *FAZ* 3.11.1981, S. 1; ders., Worauf Kohl achtgeben muß, in: *FAZ* 22.8.1983, S. 1; ders., Der Nationalstaat, in: *FAZ* 10.9.1985, S. 12; ders., Aussiedler bei uns, in: *FAZ* 24.8.1988, S. 8; Jürgen Busche im Gespräch mit meinem Mitarbeiter Frederic Schulz am 29. November 2018. Zum Konzept der »geistig-moralischen Wende« vgl. Hoeres, Von der »Tendenzwende« zur »geistig-moralischen Wende«.

214 Rm. [= Johann Georg Reißmüller], Geißlers Irrtum, in: *FAZ* 11.9.1986, S. 12; ders., Profile und Modelle, in: *FAZ* 8.3.1989, S. 16; ders., Was Geißler erreicht hat, in: *FAZ* 24.7.1989, S. 1; ders., Rechnet Geißler richtig?, in: *FAZ* 11.8.1987, S. 1.

215 Rm. [= Johann Georg Reißmüller], Ein schwerer Fehler, in: *FAZ* 6.12.1983, S. 1; ders., Da wendet sich nichts, in: *FAZ* 5.1.1984, S. 1; ders., Solange noch Zeit ist, in: *FAZ* 20.2.1989, S. 1.

216 Gunter Hofmann, Furcht vorm Zeitgeist, in: *Die Zeit* 27.11.1987, S. 10.

217 Siehe als kleine Auswahl: Bar. [= Hans D. Barbier], Staatsversagen, in: *FAZ* 4.4.1986, S. 13; ders., Verbandsschelte, in: *FAZ* 30.10.1986, S. 13; ders., Subventionslasten, in: *FAZ* 24.6.1987, S. 15; ders., Die Quittung, in: *FAZ* 16.2.1989, S. 13; ders., Im Umweltgestrüpp, in: *FAZ* 15.8.1989, S. 9.

218 Die Herausgeber verwiesen auf die tatsächlich übliche Praxis der Zeitung, nur einen 60. Geburtstag größer zu begehen, von der man aber ausgerechnet bei Reich-Ranicki, damals ja schon in bitterem Streit mit Fest, abgewichen sei. Letztlich beteiligte sich die *FAZ* an einer Festveranstaltung der Deutschen Verlagsanstalt im Schlosshotel Kronberg. Siehe dazu die Briefe und Vermerke in: FAZ-Archiv, Prof. Fest. Veranstaltungen. Die Geburtstagsregel galt im Übrigen auch für Laudationes prominenter Persönlichkeiten, da man als Wirtschaftsblatt sonst »Tausende von eitlen Wirtschaftsdirektoren« feiern müsse, Korn an Kasack 11.1.1957, in: DLA, A: Kasack/Deutsche Akademie für Sprache und Dichtung <Darmstadt>, 91.128.3836.

219 So die treffende Metapher von Hans-Peter Schwarz im Blick auf die westdeutschen Historiker: Mit gestopften Trompeten. Die Wiedervereinigung Deutschlands aus der Sicht westdeutscher Historiker, in: *Geschichte in Wissenschaft und Unterricht* 44 (1993), S. 683–704; siehe auch das Standardwerk von Andreas Rödder, Deutschland einig Vaterland. Die Geschichte der Wiedervereinigung, München 2009, S. 163–178.

220 hls. [= Helmut Herles], Brandt: Einheit statt Wiedervereinigung, in: *FAZ* 16.9.1988, S. 6.

221 Johann Georg Reißmüller, Warum soll Deutschland gespalten bleiben?, in: *FAZ* 16.7.1985, S. 1; ders., Zu wenig Nachdenken über Deutschland, in: *FAZ* 1.6.1987, S. 1; Friedrich Karl Fromme, Erinnerung an eine Aufgabe, in: *FAZ* 8.1.1988, S. 10 (Rezension von Bernhard Friedmann, Einheit statt Raketen. Thesen zur Wiedervereinigung als Sicherheitskonzept, Herford 1987).

222 Gunter Hofmann, Furcht vorm Zeitgeist, in: *Die Zeit* 27.11.1987, S. 10.

223 fy. [= Karl Feldmeyer], »Das Verlangen nach Freiheit und Einheit ist lebendig geblieben«; Me. [=Ernst-Otto Maetzke], Näher an der Realität, in: *FAZ* 19.6.1987, S. 1.
224 Rm. [= Johann Georg Reißmüller], Welch eine Stadt!, in: *FAZ* 16.6.1987, S 1. In dieser Ausgabe weiter Berichte über Reagans Besuch und Rede.
225 Me., Deutschland aus dem Sinn, in: *FAZ* 16.2.1988, S. 1.
226 Kohl an Maetzke 16.2.1988; Maetzke an Kohl 17.2.1988 (Privatbesitz).
227 Johann Georg Reißmüller, Was Geißler erreicht hat, in: *FAZ* 24.7.1989, S. 1.
228 Rödder, Deutschland einig Vaterland, S. 175.
229 Johann Georg Reißmüller, Man spricht wieder von der Einheit, in: *FAZ* 10.10.1989, S. 1; Friedrich Karl Fromme, Ein Wort kommt in Mode, in: *FAZ* 17.10.1989, S. 1; fr. [= Friedrich Karl Fromme], Der Block bröckelt weiter, in: *FAZ* 30.10.1989, S. 1; Johann Georg Reißmüller, Abschied von Vorwänden, in: *FAZ* 16.11.1989, S. 1.
230 Friedrich Karl Fromme, Die Mauer – ein Denkmal?, in: *FAZ* 11.11.1989, S. 1; ähnlich E.F. [= Eckhard Fuhr], Wie Kesselflicker, in: *FAZ* 20.11.1989, S. 16. Genau gegenteilig Josef Joffe, Das Gebot der Weisheit, in: *Süddeutsche Zeitung* 28./29.10.1989, S. 4: »Erst wenn Europa zusammengewachsen ist [...] stellt sich die nationale Frage in neuem Licht. Die Trasse auf dem Weg zum ganzen Europa ist noch längst nicht stabil genug, um schon morgen das Gewicht des ganzen Deutschland zu tragen.«
231 Johann Georg Reißmüller, Abschied von Vorwänden, in: *FAZ* 16.11.1989, S. 1; Fritz Ullrich Fack, Eine deutsche Chance?, in: *FAZ* 6.11.1989, S. 1.
232 Fritz Ullrich Fack, Absage an die deutsche Einheit?, in: *FAZ* 15.11.1989, S. 1. Der Ressortleiter Politik Robert Leicht schrieb in der *Zeit* vom 1.12.1989, S. 1, dagegen »Die Europäische Konföderation [...] muß der deutschen vorangehen.« Dies war eine weitverbreitete Forderung dieser Zeit.
233 Karl Feldmeyer, Kohl nutzt die Stunde, in: *FAZ* 30.11.1989, S. 1; fr. [= Friedrich Karl Fromme], Nach vorn geschaut, in: *FAZ* 29.11.1989, S. 1.
234 fr. [= Friedrich Karl Fromme], Zur Einheit entschlossen, in: *FAZ* 19.3.1990, S. 1.
235 Theo Sommer, Vor der Einheit: Einigkeit bei uns, Einigung mit anderen, in: *Die Zeit* 23.3.1990, S. 1; ders., Quo vadis Germania, in: *Die Zeit* 23.6.1989, S. 3.
236 Friedrich Karl Fromme, Der dritte Oktober, in: *FAZ* 24.8.1990, S. 1.
237 Rm. [= Johann Georg Reißmüller], Vor dem Ziel, in: *FAZ* 24.8.1990, S. 1; Fk. [= Fritz Ullrich Fack], Es ist geschafft, in: *FAZ* 1.9.1990, S. 1.
238 *FAZ* 4.10.1990, S. 1; Fest, Protokoll der Herausgeber-Sitzung vom 5.9.1990, in: HG April 1989–31.12.1990.
239 Jeske, Protokoll der Herausgeber-Sitzung vom 14.3.1990 und 17.10.1990; Fest, Protokoll der Herausgeber-Sitzung vom 5. 9.1990, S. 3, in: FAZ-Archiv, HG April 1989–31.12.1990.
240 Jeske, Protokoll der Herausgeber-Sitzung vom 28.3.1990, S. 4, in: FAZ-Archiv, HG April 1989–31.12.1990.
241 Gespräch mit Herrn Dr. Gustav Seibt in Berlin am 8. Februar 2017.
242 Stefan Schröder, Protokoll der Redaktionskonferenz 31.10.1989, in: FAZ-Archiv, Redaktionskonferenzen 1.4.1986–30.9.1991, Zitat S. 3.
243 Wolfram Weimer, Protokoll der Redaktionskonferenz vom 27.11.1990, S. 3, in: FAZ-Archiv, Redaktionskonferenzen 1.4.1986–30.9.1991.
244 Werner Adam, Protokoll der Redaktionskonferenz vom 19.6.1990, in: FAZ-Archiv, Redaktionskonferenzen 1.4.1986–30.9.1991.
245 Horeni, Protokoll der Konferenz vom 24.4.1990, in: FAZ-Archiv, Redaktionskonferenzen 1.4.1986–30.9.1991.

246 Vogt, Redaktionssitzung vom 3.4.1990; Jörg Hahn, Protokoll der Konferenz am 31.7.1990, S. 2; Claus Dieterle, Protokoll der Konferenz vom 26.6.1990, S. 2, in: FAZ-Archiv, Redaktionskonferenzen 1.4.1986–30.9.1991.
247 Siehe die Leserbriefe in der *FAZ* vom 16., 18., 19. und 24.10., vom 5., 15. und 24.11. sowie vom 8.12.1990; Protokolle von Reinhold Brender, Konferenz vom 18.9.1990; Rainer Hein, Konferenz vom 23.10.1990, in: FAZ-Archiv, Redaktionskonferenzen 1.4.1986–30.9.1991.
248 Karl Heinz Bohrer, Deutschland – noch eine geistige Möglichkeit, in: *FAZ* 28.4.1979, BuZ S.1.
249 Karl Heinz Bohrer, Warum wir keine Nation sind, in: *FAZ* 13.1.1990, BuZ S. 1f. Bohrers Artikel war (un)passenderweise unterbrochen von einem Stück von Martina Dreisbach, Stimmen des Holocaust. Gespräche mit Überlebenden in Amerika, ebd.
250 Bohrer, Jetzt, S. 312–319, Zitat S. 317.
251 Bohrer, Jetzt, S. 312–319; Peter Glotz, Warum wir eine Nation sind, in: *FAZ* 9.2.1990, S. 35.
252 Chefredakteur Erich Böhme stellte sich mit seinem Kommentar: Die Gelegenheit ist günstig im *Spiegel* vom 30.10.1989, S. 20f., gegen die Linie seines Herausgebers Rudolf Augstein, Sagen, was ist, in: *Der Spiegel* 20.11.1989, S. 18; Gerd Bucerius zu Fragen der Zeit, Opfer bringen für die Wiedervereinigung, in: *Die Zeit* 13.10.1989, S. 10.
253 Die *FAZ* übernahm damit eine Aussage Kohls, ohne dies in der Überschrift deutlich zu machen.
254 Wolfgang Janisch, Protokoll der Redaktionskonferenz vom 10.4.1990, in: FAZ-Archiv, Redaktionskonferenzen 1.4.1986–30.9.1991.
255 Rheinland-pfälzische Rundfunk GmbH.
256 Hans-Jürgen Jakobs, F.A.Z.: Konzern für Deutschland, in: *COPY* 2 (1988), Heft 1–2, S. 18–27; Insa Sjurts, Die deutsche Medienbranche. Eine unternehmensstrategische Analyse, Wiesbaden 1996, S. 73–78.
257 Jürgen Busche im Gespräch mit Frederic Schulz, Mitarbeiter des Verfassers, am 29. November 2018.
258 Alexander Gauland, Wo sich die Extreme berühren, in: *FAZ* 1.6.1994, S. 12 (Rezension von Dan Diner, Verkehrte Welten. Antiamerikanismus in Deutschland. Ein historischer Essay, Frankfurt am Main 1993). 1996 kritisierte Gauland auf dieser Linie Walsers Schlüsselroman »Finks Krieg« über ihn, Gauland. Er insinuierte, dass Walser deutschnationale Ressentiments gegen die Alliierten verbreite, denen »die Nachgeborenen Leben und Freiheit, also eine zivilisierte Identität« verdankten, Alexander Gauland, Ich war Tronkenburg, in: *FAZ* 2.3.1996, S. 27. Olaf Sundermeyer, Gauland. Die Rache des alten Mannes, München 2018, welcher der Affäre ein Kapitel seines Buches widmet (S. 85–93), geht auf diesen Aspekt nicht ein.
259 Glabus, Protokoll der Redaktionskonferenz 4.6.1991, S. 3, in: FAZ-Archiv, Redaktionskonferenzen 1.4.1986–30.9.1991.
260 Sundermeyer, Gauland. S. 91–93.
261 Gespräch mit Jürgen Jeske am 11. November 2016 in Frankfurt am Main.
262 Kauffmann, Protokoll der Dienstagskonferenz 24.9.1991, S. 3, in: FAZ-Archiv, Redaktionskonferenzen 1.4.1986–30.9.1991.
263 Gespräch mit Werner D'Inka am 10. April 2019 in Frankfurt am Main.
264 Siehe das Interview mit Pfeifer: »Wir sind nicht regierungsamtlich«, in: *COPY* 2 (1988), Heft 1–2, S. 20f., hier S. 21.

EXKURS: BILDER IN DER BLEIWÜSTE

1 Eick an Welter 16.11.1964, in: BArch N 1314, Nr. 276.
2 R.H. [= Robert Held], Neu an diesem Blatt, in: *FAZ* 3.1.1966, S. 2.
3 So Barbara Klemm im Gespräch mit Verena Lueken auf *FAZ.NET* 26.12.2009. <http://www.faz.net/aktuell/feuilleton/kunst/barbara-klemm-wird-70-bewahren-sie-ruhe-und-bleiben-sie-in-bewegung-1902401.html?printPagedArticle=true#pageIndex_2> (18.3.2019).
4 Fotografie als visuelle Geschichtsschreibung. Ein Gespräch mit Barbara Klemm. Vgl. zum Werk die zum Teil kommentierten Retrospektiven: Barbara Klemm, Bilder von Gehenden, Sitzenden, Wartenden. Die Reportagefotografie, Frankfurt am Main 1991; dies., Blick nach Osten. 1970–1995. Mit einem Vorwort von Andrzej Szczypiorski, Frankfurt am Main 1995; dies., Unsere Jahre. Bilder aus Deutschland 1968–1998. Mit Texten aus der Frankfurter Allgemeinen Zeitung versehen von Christoph Stölzl, München 1999; Elke aus dem Moore (Hg.), Barbara Klemm. Helldunkel. Fotografien aus Deutschland. Mit einem Text von Ursula Zeller und einem Gespräch mit Barbara Klemm von Matthias Flügge, Stuttgart 2009; dies., Straßen Bilder. Mit Texten von Barbara Catoir und Hans Magnus Enzensberger, Wädenswil am Zürichsee 2009; dies., Fotografien 1968–2013. Katalog zur Ausstellung im Martin-Gropius-Bau, Berlin, 16. November 2013–9. März 2014. Mit Beiträgen von Durs Grünbein und Hans-Michael Koetzle, Wädenswil am Zürichsee 2013.
5 Erich Salomon, Berühmte Zeitgenossen in unbewachten Augenblicken, mit 112 Bildern, Stuttgart 1931.
6 Vgl. die Retrospektive der *FAZ*-Fotografie von Christian-Matthias Pohlert (Hg.), Bilder in der Zeitung. Journalistische Fotografie 1949–1999. Mit Betrachtungen von Eckhard Fuhr, München 1999.
7 Hans-Jürgen Jakobs, F.A.Z.: Konzern für Deutschland, in: *COPY* 2 (1988), Heft 1–2, S. 18–27, hier S. 19, 26.
8 Frisé, Schlesische Familie, S. 317f., 320.
9 Frankfurter Allgemeine Zeitung GmbH (Hg.), Alles über die Zeitung. Frankfurter Allgemeine, Zeitung für Deutschland. Dahinter steckt immer ein kluger Kopf, Frankfurt am Main 1998[24], S. 124–129.
10 Sturm, Barfuß auf Asphalt, S. 215.
11 Frisé, Schlesische Familie, S. 307–309.
12 Ebd., S. 315f.
13 Fack, Protokoll über die Herausgebersitzung vom 5., 12., 26.9. und 1.11.1979, in: FAZ-Archiv, H 1.1.1979 bis 30.6.1980.
14 Schäfer, Welter, S. 460–464.
15 Eick, Protokoll über die Herausgebersitzung 27.4.1978 und 19.7.1978, S. 3, in: FAZ-Archiv, H 1.4.1977–31.3.1979. Gross' Blattkritik am 27. April fiel insgesamt sehr wohlwollend aus. Er hielt die *FAZ* für »unbestritten die beste Zeitung Deutschlands, vielleicht auch die beste Zeitung der Welt«. Sie sei so stark, dass Konkurrenten es aufgegeben hätten, »ein Bundesblatt zu sein«. Die *SZ* habe sich in die »Provinzialität« zurückgezogen (S. 1). Die *FAZ* sei nicht mehr »tantenhaft« (S. 2).
16 Fack, Protokoll über die Herausgebersitzung vom 17.10.1979, S. 4f., in: FAZ-Archiv, H 1.1.1979 bis 30.6.1980.
17 Johannes Gross, Notizbuch. Stuttgart 1985, Nr. 721 vom 30.11.1984, S. 274.
18 »FAZ« stellt im Juli das Magazin ein, auf *Welt.de* 11.6.1999, <https://www.welt.de/print-welt/article573546/FAZ-stellt-im-Juli-das-Magazin-ein.html> (18.3.2019).

19 Andreas Platthaus, Für den lichten Moment, in: *FAZ* 12.11.2011, BuZ S. 4; kum. [= Jasper von Altenbockum], Scharf und treffsicher. Zum Tode des Karikaturisten Fritz Behrendt, in: *FAZ* 6.12.2008, S. 4.
20 Protokoll über die Herausgebersitzung vom 2.6.1965, in: FAZ-Archiv, Herausgeber 1. April 1963–Dezember 1965.
21 Leser Alfred Thiel an *FAZ*, 29.10.1965; Köhler an Muckel, 4.11.1965; Mende an Thiel und *FAZ* 18.11.1965; Köhler an Welter 14.2.1966, in: FAZ-Archiv, Korrespondenten bis 31.12.1967.
22 Köhler an Benckiser 19.3.1966, in: FAZ-Archiv, Korrespondenten bis 31.12.1967.

7 FEUILLETONDEBATTEN

1 Vgl. dazu Peter Hoeres, Vor »Mainhattan«: Frankfurt am Main als amerikanische Stadt in der Weimarer Republik, in: Frank Becker/Elke Reinhardt-Becker (Hg.), Mythos Amerika. ›Amerikanisierung‹ in Deutschland seit 1900, Frankfurt am Main/New York 2006, S. 71–97.
2 Joachim Fest, Reicher Jude von links, in: *FAZ* 19.3.1976, S. 23. Dann noch einmal als Antwort auf seine Kritiker, welche die Verbindung »links« und Antisemitismus nicht akzeptieren mochten: Joachim Fest, Linke Schwierigkeiten mit »links«, in: *FAZ* 10.4.1976, S. 21.
3 Gespräch mit Herrn Dr. Günther Rühle am 4. August 2016 in Bad Soden.
4 Benjamin Henrichs, Fassbinder, ein linker Faschist?, in: *Die Zeit* 26.3.1976, S. 33; Wolfram Schütte, Hinweis und ein Einspruch gegen: Kurpfuscherei, in: *Frankfurter Rundschau* 26.3.1976, S. 12; Hellmuth Karasek, Shylock in Frankfurt, in: *Der Spiegel* 5.4.1976, S. 209–212.
5 Siegfried Unseld, In dieser Form nie mehr, in: *Die Zeit* 9.4.1976, S. 34.
6 Claus-Jürgen Göpfert, Der Kulturpolitiker. Hilmar Hoffmann, Leben und Werk, Frankfurt am Main 2015, S. 245–254; Gespräch mit Herrn Dr. Günther Rühle am 4. August 2016 in Bad Soden. Rühle legt Wert darauf, dass das von Henryk M. Broder ihm zugeschriebene Wort »Die Schonzeit ist vorbei« nicht von ihm geäußert wurde.
7 Das behaupteten zumindest Hilmar Hoffmann in seinen Erinnerungen (S. 214) und Günther Rühle im Gespräch mit dem Verfasser am 4. August 2016 in Bad Soden. Umfassend untersucht ist das noch nicht. Hellmuth Karasek, der zur Pressevorführung geladen war, hielt die Inszenierung für »persönlich beflissen« beim Versuch, Antisemitismus zu dementieren, in: Der *Spiegel* 11.11.1985, S. 28. Die stark wertend kompilierte, selektive Dokumentation von Heiner Lichtenstein (Hg.), Die Fassbinder-Kontroverse oder das Ende der Schonzeit, mit einem Nachwort von Julius H. Schoeps, Königstein im Taunus 1986, ist wissenschaftlich nicht solide erstellt, wie schon der Titel verrät.
8 Joachim Fest, Spiel mit der Angst, in: *FAZ* 29.10.1985, S. 25.
9 Gerhard Stadelmaier, Zuviel, in: *FAZ* 2.7.1990, S. 33.
10 Stadelmaier schildert die Episode in seinem kaum verschlüsselten Roman Umbruch, S. 184–186.
11 Gerhard Rohde, Geschlossene Vorstellungen, lautes Theater, in: *FAZ* 7.7.1990, S. 45.
12 Gespräch mit Herrn Dr. Günther Rühle am 4. August 2016 in Bad Soden.
13 Frank Schirrmacher, Tod eines Kritikers, in: *FAZ* 29.5.2002, S. 49.
14 Peter Hoeres, Von der »Tendenzwende« zur »geistig-moralischen Wende«. Konstruktion und Kritik konservativer Signaturen in den 1970er und 1980er Jahren, in: *Vierteljahrshefte für Zeitgeschichte* 61 (2013), S. 93–119.

15 Ernst Nolte, Rückblick auf mein Leben und Denken, Reinbek/München 2014, S. 143. Es ist aber nicht glaubhaft, dass Fest, wie Nolte schreibt, bereits im Mai 1969 von seinem *FAZ*-Engagement wusste und Nolte damals schon zur Mitarbeit einlud. Vielmehr verantwortete Joachim Fest zu dieser Zeit als Pauschalist das Essay-Ressort des *Spiegel*, eine Stelle, die Augstein ihm gegeben hatte, um Fest das Schreiben des Hitler-Buches zu ermöglichen. Freundliche Auskunft von Alexander Fest in einer Mail an den Verfasser vom 26.8.2016.

16 Ernst Nolte, Die Anerkennung der Teilung, in: *FAZ* 24.8.1974, BuZ S. 3; ders., Der Kalte Krieg als Epochenproblem und Weltanschauungskonflikt, in: *FAZ* 13.12.1974, S. 11; ders., Ökonomie und Politik, in: *FAZ* 1.10.1977, BuZ S. 3; ders., Revolution und Reaktion, in: *FAZ* 17.12.1977, BuZ S. 3; ders., Was ist bürgerlich?, in: *FAZ* 24.6.1978, BuZ S. 1; ders., Über Frageverbote, in: *FAZ* 25.11.1978, BuZ S. 4; ders., Von den Hochschulen aus den Staat umstürzen?, in: *FAZ* 29.1.1981, S. 8; ders., Revolution im zwanzigsten Jahrhundert, in: *FAZ* 29.1.1983, BuZ S. 1; ders., Der andere Duce, Benito Mussolinis Weg durch die Ideologien, in: *FAZ* 23.7.1983, BuZ S. 1; ders., Verräter, Patrioten, Reaktionäre – Vorbilder für heute? Der 20. Juli 1944 – vierzig Jahre danach, in: *FAZ* 21.7.1984, BuZ S. 1; ders., Kurze Unterbrechungen dauernder Entspannung, Zur Diskussion um einen neuen »Kalten Krieg« zwischen den Blöcken, in: *FAZ* 26.1.1985, BuZ S. 3.

17 Vgl. etwa Ernst Nolte, Deutscher Scheinkonstitutionalismus?, in: *Historische Zeitschrift* 288 (1979), S. 529–550.

18 Ernst Nolte, Der Faschismus in seiner Epoche. Die Action française. Der italienische Faschismus. Der Nationalsozialismus, München 1963.

19 Armin Mohler, Der Faschismus als Forschungsgegenstand, in: *Das Historisch-Politische Buch* 11 (1963), S. 257–259.

20 Nolte an Mohler 29.5.1995, in: DLA, A: Mohler 99.1. In dem Bestand befindet sich ein umfangreicher Briefwechsel zwischen Nolte und Mohler seit 1961. Vgl. Armin Mohler, Liberalenbeschimpfung. Sex und Politik. Der faschistische Stil gegen die Liberalen. Drei politische Traktate, Essen 1990.

21 Ernst Nolte, Leserbrief an »DIE ZEIT«, 1. August 1986, in: »Historikerstreit«. Die Dokumentation der Kontroverse um die Einzigartigkeit der nationalsozialistischen Judenvernichtung, München 1987, S. 93f.

22 Ernst Nolte, Die historisch-genetische Version der Totalitarismustheorie. Ärgernis oder Einsicht?, in: *Zeitschrift für Politik* 43 (1996), S. 111–122.

23 Ernst Nolte, Die negative Lebendigkeit des Dritten Reiches, in: *FAZ* 24.7.1980, S. 6.

24 Ernst Nolte, Unfair, in: *FAZ* 23.8.1980, S. 7.

25 Zitate aus Ernst Nolte, Vergangenheit, die nicht vergehen will, in: *FAZ* 6.8.1986, S. 25.

26 Ernst Nolte, Der europäische Bürgerkrieg 1917–1945. Nationalsozialismus und Bolschewismus, Frankfurt am Main/Berlin 1987.

27 Nolte, Rückblick, S. 71.

28 Zum Historikerstreit gibt es eine umfangreiche Literatur. Eine umfassende historische Darstellung stammt von Gerrit Dworok, »Historikerstreit« und Nationswerdung. Ursprünge und Deutung eines bundesrepublikanischen Konflikts, Köln/Weimar/Wien 2015; siehe ferner Steffen Kailitz, Die politische Deutungskultur im Spiegel des »Historikerstreits«. Whats's right? What's left?, Wiesbaden 2001; ders. (Hg.), Die Gegenwart der Vergangenheit. Der »Historikerstreit« und die deutsche Geschichtspolitik, Wiesbaden 2008. Vgl. ferner die Retrospektiven von Volker Kronenberg (Hg.), Zeitgeschichte, Wissenschaft und Politik. Der »Historikerstreit« – 20 Jahre danach, Wiesbaden

2008; Mathias Brodkorb (Hg.), Singuläres Auschwitz? Ernst Nolte, Jürgen Habermas und 25 Jahre Historikerstreit, Banzkow 2011.

29 Vgl. Peter Hoeres, Von der »Tendenzwende« zur »geistig-moralischen Wende«. Konstruktion und Kritik konservativer Signaturen in den 1970er und 1980er Jahren, in: *Vierteljahrshefte für Zeitgeschichte* 61 (2013), S. 93–119.

30 Patrick Bahners, Die Marke Nolte, in: *FAZ* 8. 2.2006, S. 33. Anders als Bahners meinte, war Ernst Nolte bei der von Bahners angekündigten Antrittsvorlesung Paul Noltes jedoch zugegen. Der Leserbrief des Studenten Paul Nolte, der mit den Worten »Bravo, Jürgen Habermas!« begann, erschien in der *Zeit* vom 1.8.1986.

31 Grundlage war Stürmers Leitartikel Geschichte in einem geschichtslosen Land, in: *FAZ* 25.4.1986, S. 1. Stürmer schrieb zwischen 1984 und 1994 auf Einladung der Herausgeber für die *FAZ* Leitartikel. Die Themen wählte Stürmer selbst und bearbeitete sie dann nach Rücksprache mit den Herausgebern. Freundliche Auskunft von Herrn Prof. Dr. Michael Stürmer am 1.8.2016 in einer Mail an den Verfasser.

32 Habermas hob dabei ab auf das Siedler-Buch mit dem unglücklichen Titel: Andreas Hillgruber, Zweierlei Untergang. Die Zerschlagung des Deutschen Reiches und das Ende des europäischen Judentums, Berlin 1986. Von »›bewährten‹ Hoheitsträgern der NSDAP« (Habermas) hatte Hillgruber dort freilich nicht geschrieben. Unter anderem deshalb wurde Habermas wiederholt die Manipulation von Zitaten vorgeworfen, am umfangreichsten im Beitrag von Andreas Hillgruber, Jürgen Habermas, Karl-Heinz Janßen und die Aufklärung Anno 1986, in: »Historikerstreit«, S. 331–351.

33 Gemeint war Klaus Hildebrands Rezension des wissenschaftlichen Sammelbandes Hansjoachim W. Koch (Hg.), Aspects of the Third Reich, Basingstoke/London 1985, im Fachorgan *Historische Zeitschrift* 242 (1986), S. 465f., in welcher Hildebrand Noltes Beitrag sehr gelobt hatte, der »die reagierenden Elemente des Nationalsozialismus« wie auch »die davon autonomen Faktoren nationalsozialistischen Vernichtungsstrebens« hervorhebe. Der »wegweisende Aufsatz, der gerade das scheinbar Einzigartige aus der Geschichte des ›Dritten Reiches‹ vor den Hintergrund der europäischen und globalen Entwicklung zu projizieren und somit zu verklären versucht, wird die Forschung noch beschäftigen und hoffentlich anregen« (S. 466). Dass dieser kleine Beitrag in einer Fachzeitschrift von Habermas aufgegriffen wurde, zeigt deutlich die Inspiration von Wehler.

34 Jürgen Habermas, Eine Art Schadensabwicklung, in: »Historikerstreit« (zuerst in: *Die Zeit* 11.7.1986), S. 62–71.

35 Die Beiträge sind mit Quellenangaben der Erstdrucke publiziert in der Piper-Sammlung »Historikerstreit«.

36 Frank Schirrmacher, Aufklärung?, in: *FAZ* 11.7.1986, S. 25. Zum Metaphysikstreit vgl. Jürgen Habermas, Rückkehr zur Metaphysik – Eine Tendenz in der deutschen Philosophie?, in: *Merkur* 39 (1985), S. 898–905 (Rezension von Herbert Schnädelbach, Philosophie in Deutschland 1831–1933, Frankfurt am Main 1983); Dieter Henrich, Was ist Metaphysik, was Moderne? Thesen gegen Jürgen Habermas, in: *Merkur* 40 (1986), S. 495–508.

37 Joachim Fest, Die geschuldete Erinnerung, in: *FAZ* 29.8.1986, S. 23; Angele, Schirrmacher, S. 60.

38 Johann Georg Reißmüller, Der Betrug mit dem »Aufrechnen«, in: *FAZ* 18.6.1985, S. 1; ders., Verschwiegene Zeitgeschichte, in: *FAZ* 14.11.1986, S. 1.

39 Richard Löwenthal, Verzerrte Zeitgeschichte, in: *FAZ* 29.11.1986, S. 11.

40 Peter Heß, Protokoll der Konferenz vom 12. Mai 1987, in: FAZ-Archiv, Redaktionskonferenzen 1.4.1986–30.9.1991.

41 Konrad Adam, Erpreßt?, in: *FAZ* 13.5.1987, S. 27; ders., Subjektiv, in: *FAZ* 5.6.1987, S. 29. In letzterem Artikel der Verweis auf Wolffsohn, der sich bei der DFG-Angelegenheit an die »Arisierung« nach 1933, »diesmal unter anderen Vorzeichen«, erinnert fühlte.
42 Hartmut Boockmann, Die Wissenschaftsfreiheit nicht tangiert, in: *FAZ* 21.5.1987, S. 8.
43 Thomas Nipperdey/Anselm Doering-Manteuffel/Hans-Ulrich Thamer (Hg.), Weltbürgerkrieg der Ideologien. Antworten an Ernst Nolte. Festschrift zum 70. Geburtstag, Berlin 1993.
44 Habermas an Nolte 10.2.1988, in: DLA, SUA: Suhrkamp/01 Verlagsleitung Unseld, Siegfried. Gemeint war Konrad Adams Replik auf Wehlers Polemik zum Historikerstreit: Im Streit mit der Geschichte, in: *FAZ* 12.2.1988, S. 27; Hans-Ulrich Wehler, Entsorgung der deutschen Vergangenheit? Ein polemischer Essay zum »Historikerstreit«, München 1988.
45 Michael Stürmer, Nachbemerkung, 25. April 1987, in: »Historikerstreit«, S. 392.
46 Fest nutzte dabei das Stilmittel, den Vermittlungsversuch zu dementieren, Fest an Raddatz 12.10.1978, in: DLA, A: Reich-Ranicki 03.2.529; Helmut Hirsch, Geschickt angerichtet, aber voll peinlicher Fehler, in: *FAZ* 5.5.1975, S. 6 (Rezension von Fritz J. Raddatz, Karl Marx. Eine politische Biographie, Hamburg 1975). Wie andere Kritiken hob auch diese auf zahlreiche Fehler und Irrtümer in Raddatz' Essay ab; Lassalle soll 1843, also zwölf Jahre nach dessen Tod, zu Hegel nach Berlin gereist sein. Über einen ähnlich groben chronologischen Schnitzer, diesmal bezüglich Goethes, stürzte Raddatz dann 1985 in der *Zeit*.
47 Fest an Reich-Ranicki 2.6.1985, in: DLA, A: Reich-Ranicki 03.2.202/1-7.
48 Siehe die Briefe in: DLA, A: Sternberger 89.10.1482/1-3. Sternberger äußerte sich dann in einem Feuilletonbeitrag kritisch über Noltes Auschwitz-Hermeneutik: Unverstehbar, in: *FAZ* 6.4.1988, S. 27.
49 Reich-Ranicki an Fest 19.1.1987, in: DLA, A: Reich-Ranicki 03.2.25/1-3.
50 Fest an Reich-Ranicki 3.2.1987, in: DLA, A: Reich-Ranicki 03.2.202/1-7.
51 Fack, Protokoll über die Sitzung der Herausgeberkonferenz vom 9.11.1988, S. 4f., in: FAZ-Archiv, Rm HG-Konferenz 1985/86_1987/88_1988/89.
52 Reich-Ranicki an Pfeifer 19.12.1988, in: DLA, A: Reich-Ranicki 03.2.86.
53 Reißmüller, Protokoll über die Sitzung der Herausgeberkonferenz vom 4.1.1989, in: FAZ-Archiv, Rm HG-Konferenz 1985/86_1987/88_1988/89.
54 Schirrmacher an Reich-Ranicki 2.8.1988, in: DLA, A: Reich-Ranicki 03.2.415/1 und 2.
55 Bohrer, Jetzt, S. 449.
56 Schirrmacher an Reich-Ranicki 28.2.1989, in: DLA, A: Reich-Ranicki 03.2.415/1.
57 Marcel Reich-Ranicki, Viele Vorbilder, keine Vorgänger, in: *Die Zeit* 10.3.1989, S. 75.
58 Reich-Ranicki an Fack 9.3.1989 und 20.3.1989, in: DLA, A: Reich-Ranicki 03.2.24/1-2. Marcel Reich-Ranicki, Viele Vorbilder, keine Vorgänger, in: *Die Zeit* 10.3.1989.
59 Hans Magnus Enzensberger, Meldungen vom lyrischen Betrieb, in: *FAZ* 14.3.1989, S. L1; Harald Wieser, »Nehmt aus meinem Rücken das Messer«, in: *Der Spiegel* 20.3.1989, S. 242.
60 Reich-Ranicki an Fest 29.5.1989, in: DLA, A: Reich-Ranicki 03.2.25/1-3.
61 Fest an Reich-Ranicki 13.6.1989, in: DLA, A: Reich-Ranicki 03.2.202/1-7; Marcel Reich-Ranicki, Unser Biberkopf und seine Mieze, in: *FAZ* 7.7.1989, S. 27.
62 Siehe das *Spiegel*-Gespräch vom 2.1.1989, S. 140–146, hier S. 145.
63 Fest an Reich-Ranicki 19.3.1988, in: DLA, A: Reich-Ranicki 03.2.202/1-7.
64 Joachim Fest, Glück als Verdienst, in: *FAZ* 25.3.1989, S. 27; WoS [= Wolfram Schütte], Aufwasch; Diffamierung, in: *Frankfurter Rundschau* 22.4.1989, S. 11.

65 Tilmann Lahme, Golo Mann. Biographie, Frankfurt am Main 2009, S. 287–307.
66 Jeske, Protokoll der Herausgebersitzung 26.4.1989, in: FAZ-Archiv, HG April 1989–31.12.1990, S. 7.
67 Ernst Schulin, Ratlos und unsicher, in: *FAZ* 8.10.1991, S. L23; Patrick Bahners, Die Totgeburt der Tragödie, in: *FAZ* 12.11.1991, S. L14.
68 Gustav Seibt, Unfaßbar, in: *FAZ* 29.3.1994, S. 33.
69 Ernst Nolte, Aufbegehren gegen Herz-Einseitigkeit, in: *FAZ* 7.4.1994, S. 8.
70 Ernst Wegener, Protokoll der Redaktionskonferenz vom 29.3.1994, in: FAZ-Archiv, Redaktionskonferenzen ab 1.10.1991.
71 *Der Spiegel* 3.10.1994, S. 83–103. Nolte selbst fühlte sich von den Interviewern und deren inquisitorischen Fragen sowie der nachträglichen Redaktion des Interviews und der Zeitnot wegen eines früheren Erscheinens des Heftes unter Druck gesetzt, er bemängelte zudem, dass eine lange Einführung von ihm nicht gedruckt worden sei. Freilich hätte Nolte seine Zustimmung zum Abdruck der redigierten Fassung verweigern können, siehe dazu Nolte, Rückblick, S. 83f.
72 Gustav Seibt, Nolte, im Ernst, in: *FAZ* 7.10.1994, S. 41; Nolte reagierte darauf mit einem Leserbrief, in: *FAZ* 19.10.1994; noch schärfer attackierte ihn Marcel Reich-Ranicki, Rede über das eigene Land, in: *FAZ* 26.11.1994, BuZ S. 1f.; Gespräch mit Ulrich Raulff am 10. März 2016 in Marbach.
73 Gespräch mit Herrn Dr. Fritz Ullrich Fack am 1. Juli 2016 in Bad Honnef.
74 Nonnenmacher/Reißmüller an Nolte 6.10.1994; Nolte an Nonnenmacher/Reißmüller 11.10.1994; beide Briefe wurden mir freundlicherweise von Frau Annedore Nolte-Mortier aus dem Privatarchiv Ernst Noltes zur Verfügung gestellt.
75 Ernst Nolte, Gewissermaßen ein Ausgestoßener oder Befleckter, in: *FAZ* 19.10.1994, S. 13.
76 Eckhard Fuhr, Die Lüge verbieten?, in: *FAZ* 7.4.1994, S. 1; Ernst Nolte, Ein Gesetz für das Außergesetzliche, in: *FAZ* 23.8.1994, S. 7. Fuhr wie Nolte fürchteten eine Sanktionierung weit über den kleinen Kreis der Holocaust-Leugner hinaus, etwa von wissenschaftlich unorthodoxen Thesen über die Judenvernichtung bis hin zur mittlerweile hegemonialen funktionalistischen Interpretation. Tatsächlich zeigen sowohl zeitgenössische Definitionsversuche der sog. Auschwitz-Lüge wie die Memorialgesetzgebung in Frankreich, gegen welche viele renommierte Historiker protestierten, dass diese Tendenz zur Ausweitung der staatlichen Normierung von Wissenschaft innewohnt, ist einmal ein Anfang gemacht. Vgl. zum französischen Beispiel Egon Flaig, Memorialgesetze und historisches Unrecht. Wie Gedächtnispolitik die historische Wissenschaft bedroht, in: *Historische Zeitschrift* 302 (2016), S. 297–339.
77 Ulrich Raulff, Auch eine geistige Welt, in: *FAZ* 13.4.1994, S. 33.
78 Vgl. die viel diskutierte Dissertation von Rainer Zitelmann, Hitler. Selbstverständnis eines Revolutionärs, Hamburg u. a. 1987, sowie ders., Adolf Hitler. Eine politische Biographie, Göttingen/Zürich 1989.
79 Gespräch mit Dr. Ulrich Raulff am 10. März 2016 in Marbach. Eckhard Fuhr, Systematische Verlogenheit, in: *FAZ* 23.12.1994, S. 1.
80 Ulrich Greiner, Der Seher auf dem Markt, in: *Die Zeit* 22.4.1994.
81 Eckhard Fuhr, Ein Kulturkampf, in: *FAZ* 29.9.1993, S. 1; ders., Systematische Verlogenheit, in: *FAZ* 23.12.1994, S. 1; ders., Ein neuer Totalitarismus?, in: *FAZ* 6.9.1995, S. 12.
82 Heinrich Maetzke, Tausend Jahre Glückseligkeit, in: *FAZ* 2.6.1998, S. 10 (Stephane Courtois/Nicolas Werth/Jean-Louis Panne/Andrzej Paczkowski/Karel Bartosek/Jean-Louis Margolin, Das Schwarzbuch des Kommunismus. Bd. 1: Unterdrückung, Verbre-

chen und Terror, aus dem Französischen von Irmela Arnsperger, Bertold Galli, Enrico Heinemann, Ursel Schäfer, Karin Schulte-Bersch, Thomas Wollermann, München u. a. 1998).

83 pca. [= Peter Carstens], »Bin ich zu verstehen?«, in: *FAZ* 14.12.1998, S. 8.

84 Habermas an Schirrmacher 16. und 21.12.1998, in: DLA, SUA: Suhrkamp/01 Verlagsleitung/Autorenkonvolute/Habermas, Jürgen.

85 Brief vom 25. Mai 2016.

86 FAZ-Archiv, Reich-Ranicki 70. Geb. am 8.6.90.

87 Schirrmacher an Reich-Ranicki 17.10.1991; Reich-Ranicki an Schirrmacher 6.10.1995, in: DLA, A: Reich-Ranicki 03.2.415/3 und 03.2.99/1.

88 Vgl. die Planungen der beiden Feiern in: FAZ-Archiv, Reich-Ranicki 70. Geb. am 8.6.90 und Reich-Ranicki 75. Geb. am 2.6.95.

89 Vgl. dazu Klaus Jochen Arnold, Die Wehrmacht und die Besatzungspolitik in den besetzten Gebieten der Sowjetunion. Kriegführung und Radikalisierung im »Unternehmen Barbarossa«, Berlin 2005.

90 V.Z. [= Volker Zastrow], Fotos der Wehrmachtsausstellung falsch zugeordnet; E.F. [= Eckhard Fuhr], Bild und Wahrheit, in: *FAZ* 20.10.1999, S. 1; V.Z. [= Volker Zastrow], Historiker: Unwissenschaftlicher Umgang mit Bildquellen; ders., Bilder einer Ausstellung, in: *FAZ* 22.10.1999, S. 1; Bodgan Musial, »Konterrevolutionäre Elemente sind zu erschießen«, in: *FAZ* 30.10.1999, Nr. 253, S. 11; Krisztián Ungváry, Reemtsmas Legenden, in: *FAZ* 5.11.1999, S. 41; Auch im Inferno kann man die Teufel unterscheiden. Warum die Wehrmachtsausstellung dringend überarbeitet werden muss und warum sie trotzdem weiter dringlich ist: Ein Gespräch mit Jan Philipp Reemtsma, in: *FAZ* 6.11.1999, S. 47.

91 Christa Wolf, Was bleibt. Erzählung, Frankfurt am Main 1990.

92 Uwe Wittstock, Christa Wolf und der fremde, unbekannte Gott, in: *FAZ* 14.4.1987, S. L3 (Rezension von Christa Wolf, Die Dimension des Autors. Essays und Aufsätze, Reden und Gespräche 1959–1985, Darmstadt/Neuwied 1987²; dies., Störfall. Nachrichten eines Tages, Berlin/Weimar 1987²; Wolfram Mauser (Hg.), Erinnerte Zukunft. 11 Studien zum Werk Christa Wolfs, Würzburg 1985 (nicht 1986, wie fälschlich in der *FAZ* notiert).

93 Marcel Reich-Ranicki, Macht Verfolgung kreativ?, in: *FAZ* 12.11.1987, S. 25; Hans Altenhein, Christa Wolf, in: *FAZ* 1.11.1987, S. 27. Thomas Anz, Drübenbleiben? Zur Vorgeschichte des Streits, in: ders. (Hg.), »Es geht nicht um Christa Wolf«. Der Literaturstreit im vereinten Deutschland, München 1991, S. 29–34. In dieser kommentierten Anthologie berichtet Reich-Ranicki auch über den Abend in der Alten Oper: Marcel Reich-Ranicki, Macht Verfolgung kreativ? Polemische Anmerkungen aus aktuellem Anlaß: Christa Wolf und Thomas Brasch, in: Thomas Anz (Hg.), »Es geht nicht um Christa Wolf«, S. 29–34, hier S. 254.

94 Thomas Brasch, DDR-Bürger und Sozialist, in: *Frankfurter Rundschau* 14.11.1987.

95 Anz, Literaturstreit, S. 46–51.

96 M. Horeni, Protokoll der Konferenz vom 24.4.1990; Werner Adam, Protokoll der Redaktionskonferenz vom 19.6.1990; Wolfram Weimer, Protokoll der Redaktionskonferenz vom 27.11.1990, S. 2, in: FAZ-Archiv, Redaktionskonferenzen 1.4.1986–30.9.1991.

97 Ulrich Greiner, Mangel an Feingefühl, in: *Die Zeit* 1.6.1990, S. 63; Frank Schirrmacher, »Dem Druck des härteren, strengeren Lebens standhalten«, in: *FAZ* 2.6.1990, BuZ S. 5 (Rezension von Christa Wolf, Was bleibt; dies., Die Dimension des Autors; dies., Im Dialog. Aktuelle Texte. Sammlung Luchterhand, Frankfurt am Main 1990; dies.,

Arbeitsbuch. Studien, Dokumente, Bibliographie, hg. von Angela Drescher, Frankfurt am Main 1990).

98 Freundliche Auskunft von Ulrich Greiner am 8.5.2018.

99 Jens Jessen, Auch tote Götter regieren, in: *FAZ* 16.6.1990, S. 27; Anz, Literaturstreit, S. 91–111.

100 Frank Schirrmacher, Abschied von der Literatur der Bundesrepublik, in: *FAZ* 2.10.1990, S. L1f.; ders., Literatur und Kritik, in: *FAZ* 8.10.1990, S. 1; Ulrich Greiner, Keiner ist frei von Schuld, in: *Die Zeit* 27.7.1989, S. 1; ders., Die deutsche Gesinnungsästhetik, in: *Die Zeit* 2.11.1990, S. 59; Jens Jessen, Eine Kaste wird entmachtet, in: *FAZ* 29.9.1990, BuZ S. 3.

101 Jens Jessen, Der Mord im Feuilleton, in: *FAZ* 28.11.1990, S. 33.

102 Oliver Bock, Protokoll der Großen Konferenz 26.1.1993, in: FAZ-Archiv, Redaktionskonferenzen ab 1.10.1991.

103 *FAZ* 3.2.1993, S. 31.

104 Frank Schirrmacher, Fälle, in: *FAZ* 22.1.1993, S. 29; ders., Literatur und Staatssicherheit, in: *FAZ* 28.1.1993, S. 1.

105 Angetan hatte es Schirrmacher der gegen den von Christa Wolf unterschriebenen, für den Fortbestand einer sozialistischen DDR plädierenden Aufruf »Für unser Land« gerichtete Artikel von Arno Widmann, Unter Linden, in: *taz Magazin* 7.4.1990, S. 39f.

106 Siehe dazu mit vielen Stimmen Anz, Literaturkritik.

107 Michael Schwarze, Weihnachten ohne Fernsehen, in: *FAZ* 23.12.1987, S. 23.

108 Konrad Adam, Die Pflugschar ist das Schwert, in: *FAZ* 10.5.1986, S. 25 und 27; siehe auch ders., Kernfrage, in: *FAZ* 19.9.1985, S. 25. Gespräch mit Dr. Konrad Adam am 2. März 2016 in Oberursel.

109 Henning Ritter, Wider den Pessimismus. Hat die intellektuelle Linke noch eine Zukunft?, in: *FAZ* 19.10.1992, S. 33; Ernst Nolte, Die Linke und ihr Dilemma. Was an ihrer Position ewig ist, in: *FAZ* 24.10.1992, S. 27; Ralf Dahrendorf, Wege in die Irrelevanz. Schwierigkeiten mit der Bürgergesellschaft, in: *FAZ* 28.10.2992, S. 33; Peter Glotz, Mit härteren Bandagen. Nach den aufgebauschten Mikro-Konflikten, in: *FAZ* 20.11.1992, S. 33; Cora Stephan, Totgesagte leben länger. Die Linke ist so unberechenbar, aber auch so unentbehrlich wie je, in: *FAZ* 24.11.1992, S. 33; Rainer Hank, Wehret dem Nachwuchs. Was will die Linke in den deutschen Gewerkschaften?, in: *FAZ* 2.1.1993, S. 21; Ernst Vollrath, Umbau der Demokratie? Der Mythos der Zivilgesellschaft, in: *FAZ* 5.1.1993, S. 25; Antje Vollmer, Moralisch amoralisch. Das Scheitern eines Gesamtentwurfes, in: *FAZ* 23.1.1993, S. 25; Boris Groys, Abschied vom Homogenen. Die Mehrheit der Minderheit, in: *FAZ* 2.2.1993, S. 29; Henning Ritter, Einkehr zur Weltfremdheit. Was ist an den Linken heute so deutsch?, in: *FAZ* 20.2.1993, S. 27; André Gorz, Das Subjekt steht links. Die Perspektive der Befreiung, in: *FAZ* 17.3.1993, S. 33; Rafael Argullol, Europa am Scheideweg. Wie sich die Linke verändern muß, in: *FAZ* 2.4.1993, S. 33; Dirk Schümer, What's left, in: *FAZ* 21.4.1993, S. 33.

110 Brigitte Seebacher-Brandt, Strudel im Meinungsstrom. Gegen geistigen Konformismus, in: *FAZ* 18.4.1994, S. 31; Michael Mertes/Hubertus von Morr, Linke, rechts drehend. Neue Allianzen, in: *FAZ* 20.4.1994, S. 35; Karlheinz Weißmann, Die Nation denken. Wir sind keine Verschwörer, in: *FAZ* 22.4.1994, S. 33; Hans D. Barbier, Anschwellende Zumutung. Bedarf an nationaler Rhetorik gedeckt, in: *FAZ* 25.4.1994, S. 35; Panajotis Kondylis, Das Planetarische denken. Die Rechte, die Linke und Deutschland, in: *FAZ* 27.4.1994, S. 35; Günther Gillessen, Was Adenauers Westbindung bedeutet. Amerika, Europa und Deutschlands Lage, in: *FAZ* 28.4.1994, S. 14; Christian Meier, Die Repu-

blik denken. Deutschlands Rechte und die Wirklichkeit, in: *FAZ* 29.4.1994, S. 17; Konrad Adam, Den Aufruhr denken. Richtungskämpfe sind Nachhutgefechte, in: *FAZ* 4.5.1994, S. 35; Hans-Ulrich Wehler, Gurus und Irrlichter, Die neuen Träume der Intellektuellen, in: *FAZ* 6.5.1994, S. 31; Jan Roß, Schwellendes Philistertum. Gegen politisch korrekte Westbindung und Metaphysikverbot, in: *FAZ* 9.5.1994, S. 35; Dan Diner, Feinde des Westens. Zwischen Gesellschaft und Nation, in: *FAZ* 11.5.1994, S. 33; Frank Schirrmacher, Rad der Wiederkehr. Die nachholende Generation debattiert, in: *FAZ* 10.6.1994, S. 33; Peter Gauweiler, Ein Spielverderber. Wolffsohn liest der Linken die Leviten, in: *FAZ* 23.6.1994, S. 12; Wolfgang Schäuble, Der Platz in der Mitte. Sonderwege und Staatsräson, in: *FAZ* 6.7.1994, S. 29; Erhard Eppler, Im Bewahrungskampf. Das Elend der politischen Ideologien, in: *FAZ* 4.8.1994, S. 23; Wolf Jobst Siedler, Unzeitgemäße Denker. Deutschland, ein Glasperlenspiel, in: *FAZ* 16.8.1994, S. 25. Den satirischen Schlusspunkt setzte man mit Johann Wolfgang von Goethe, What's right? in: *FAZ* 27.8.1994, S. 25, entnommen aus: Goethe an Wilhelm von Humboldt vom 14.3.1803, in: Ernst Schulte-Strathaus (Hg.), Johann Wolfgang Goethe. Sämtliche Werke, Bd. 15, München 1912, S. 18–20, hier S. 20.

111 Henning Ritter, Burckhardts Vermächtnis, in: *FAZ* 2.10.1985, S. 35.

112 Siehe den Artikel aus Anlass von Fests Tod von Henning Ritter, Der Weitblickende, in: *FAZ* 13.9.2006, S. 38. Gespräch mit Dr. Gustav Seibt am 8. Februar 2017 in Berlin.

113 Angele, Schirrmacher, S. 79.

114 Frank Schirrmacher, Der Mensch ist nicht zu vornehm für das Leben, in: *FAZ* 13.9.2006, S. 35.

115 Hensel, Glück gehabt, S. 205.

116 Frank Schirrmacher, Die Idee der Zeitung. Wie die digitale Welt den Journalismus revolutioniert, Tübingen 2011.

117 Gespräch mit Fritz Ullrich Fack am 1. Juli 2016 in Bad Honnef.

118 In: *Merkur* 54 (2000), S. 1139–1142.

119 schi. [= Frank Schirrmacher], Gerhard R. Koch 60, in: *FAZ* 28.7.1999, S. 6.

120 Frank Schirrmacher, Der Mensch ist nicht zu vornehm für das Leben, in: *FAZ* 13.9.2006, S. 35.

121 Angele, Schirrmacher, S. 43; *Der Spiegel* 13.5.1996, S. 230–233, und Mitteilung der »Society of Fellows« an den Autor vom 10.2.2017.

122 Sundermeyer, Gauland, S. 30. Alexander Gauland, Helmut Kohl. Ein Prinzip, Berlin 1994.

123 Gespräche mit Dr. Konrad Adam am 2. März 2016 in Oberursel, Dr. Hugo Müller-Vogg am 28. Oktober 2016 in Frankfurt am Main und Dr. Gustav Seibt am 8. Februar 2017 in Berlin; Jens König, Ein weicher, grauer Teppich, in: *taz* 7.4.2000, S. 16.

124 Angele, Schirrmacher, S. 111f. Der siegreiche Kontrahent war Mathias Schreiber.

125 Henning Ritter, Mein Gespräch mit Herrn Schirrmacher am 24. März 1995.

126 Eckhard Henscheid, 10:9 für Stroh. Drei Erzählungen, Berlin 1998. In der *Rhein-Main-Zeitung* der *FAZ* wurde in zwei Artikeln von Lesungen Henscheids daraus berichtet, der Stoff wurde aber nicht entschlüsselt, Katja Möhrle, Reisefiasko in den Alpen, in: *FAZ* 24.12.1997, S. 50; dies., Von den Irrtümern der Auskunftsbeamten, in: *FAZ* 26.9.1998, S. 69.

127 Angelika Klüssendorf, Jahre später. Roman, Köln 2018; Stadelmaier, Umbruch.

128 Per Johansson, Der Sturm, Frankfurt am Main 2012; Richard Kämmerlings, Vergeltung – Der grausige Tod eines Großjournalisten, auf *Welt.de* 14.8.2012, <https://www.welt.de/kultur/literarischewelt/article108599900/Vergeltung-Der-grausige-Tod-eines-Gross-

journalisten.html> (18.3.2019). Steinfeld bestritt die eindeutige Zuordnung seines literarischen Mordopfers: Steinfeld, Kein literarischer Racheakt an Schirrmacher, Deutschlandfunk 15.8.2012, <https://www.deutschlandfunkkultur.de/steinfeld-kein-literarischer-racheakt-an-schirrmacher.1013.de.html?dram:article_id=219619> (18.3.2019).

129 Die Suada, in: *FAS* 7.10.2012. S. 42–59.

130 Brief vom 24.3.1995 an Schirrmacher. Zu den Unterzeichnern gehörten Konrad Adam, Eduard Beaucamp, Paul Ingendaay, Henning Ritter, Thomas Steinfeld und Jan Roß. Angele, Schirrmacher, S. 82.

131 Henning Ritter, Mein Gespräch mit Herrn Schirrmacher am 24. März 1995, dort das Zitat; jetzt auch publiziert unter dem Titel Nachmittag mit dem Chef, in: *Zeitschrift für Ideengeschichte* 12 (2018), H. 3, S. 14–20.

132 *Der Spiegel* 1.3.1993, S. 256.

133 *Der Spiegel* 21.6.1993, S. 169.

134 Angele, Schirrmacher, S. 89.

135 Frank Schirrmacher, Zelle einer Geistesrepublik, in: *FAZ* 23.5.1987, S. 237; *Der Spiegel* 13.5.1996, S. 230–233. Die *taz* thematisierte noch weitere Ungereimtheiten im Lebenslauf Schirrmachers, Jörg Lau, Ein literarisches Leben, in: *taz* 15.5.1996, S. 13. Bei Gumbrechts Artikeln, die nicht im Zusammenhang mit Schirrmacher stehen, handelt es sich um Hans Ulrich Gumbrecht, Der Blick hinter die Maske. Neue Perspektiven der Romanistischen Mediävistik – Ein Colloquium in Montreal, in: *FAZ* 27.5.1987, S. 35; ders., Fernsehfamilien. Medienforschung: Die Ewings und die Hesselbachs, in: *FAZ* 8.7.1987, S. 29; ders., Moderne Sinnfülle. Vierundzwanzig Jahre »Poetik und Hermeneutik«, in: *FAZ* 16.9.1987, S. 35; ders., Mit Augen des Westens. Leo Löwenthals Blick auf die deutschen Geisteswissenschaften, in: *FAZ* 11.11.1987, S. 35; ders., Abgeklärte Theorie. Beobachtungen zum Werk von Niklas Luhmann, in: *FAZ* 16.12.1987, S. 29.

136 Vgl. Frank Schirrmacher (Hg.), Verteidigung der Schrift. Kafkas »Prozeß«, Frankfurt am Main 1987; ders., Schrift als Tradition – die Dekonstruktion des literarischen Kanons bei Kafka und Harold Bloom, Diss. Siegen 1987. Der Teil über Kafka war praktisch identisch mit dem Kapitel im Sammelband, die Dissertation ergänzte zehn Seiten Einleitung und 20 Seiten über Harold Bloom.

137 Der damalige Feuilletonleiter Ulrich Raulff, der sich selbst zurückhielt, hat die Szenerie in einem kurzen Stück literarisch gestaltet, ders., Kaiser, Kind und Krone, in: *Zeitschrift für Ideengeschichte* 8 (2014), Heft 3, S. 79f.

138 Stephan Sattler, In der Neidfalle?, in: *Focus* 20.5.1996, online unter <http://www.focus.de/kultur/medien/kultur-in-der-neidfalle_aid_158866.html?drucken=1> (18.3.2019). Auch Gumbrecht und Zweitgutachter Kurz verteidigten hier Schirrmacher (und damit sich selbst).

139 *Der Spiegel* 21.6.1993, S. 285.

140 Gespräch mit Dr. Konrad Adam am 2. März 2016 in Oberursel. Adam wurde durch den heutigen Herausgeber Jürgen Kaube, der zuvor für die »Berliner Seiten« der Zeitung gearbeitet hatte, ersetzt.

141 *Der Spiegel* 12.2.2001, S. 135–137.

142 *Der Spiegel* 24.9.2007, S. 90–92.

143 Vgl. Frank Schirrmacher, Mein Kopf kommt nicht mehr mit (anlässlich der Buchpublikation von Payback); ders., Die Seele, die aus der Kälte kam (zum Buch: Ego. Das Spiel des Lebens), in: *Der Spiegel* 16.11.2009, S. 126–129, und 9.2.2013, S. 114–117.

144 igl. [= Hubert Spiegel], »Das Gewissen ist nicht delegierbar«, in: *FAZ* 12.10.1998, S. 1.

145 Bubis nennt Walser und Dohnanyi »latente Antisemiten«, in: *FAZ* 30.11.1998, S. 1; Versöhnliche Worte zwischen Bubis und Dohnanyi, in: *FAZ* 9.12.1998, S. 1; Bubis und Walser haben miteinander gesprochen; Wir brauchen eine neue Sprache für die Erinnerung, in: *FAZ* 14.12.1998, S. 1 und 39–41.
146 Frank Schirrmacher, Tod eines Kritikers, in: *FAZ* 29.5.2002, S. 49.
147 Die Pole dieser Debatte markieren Matthias N. Lorenz, »Auschwitz drängt uns auf einen Fleck.« Judendarstellung und Auschwitzdiskurs bei Martin Walser, Stuttgart/Weimar 2005, der Walsers Roman in Kontinuität zu antisemitischen Motiven Walsers sieht, und die namhaften Autoren des Sammelbandes von Dieter Borchmeyer/Helmuth Kiesel (Hg.), Der Ernstfall. Martin Walsers »Tod eines Kritikers«, Hamburg 2003, die keinen Antisemitismus in Walsers Roman entdecken können.
148 Jörg Magenau, Martin Walser. Eine Biographie, Reinbek bei Hamburg 2005, S. 524–543, hier S. 530f.
149 Interview mit Eckhard Henscheid, in: *Junge Freiheit* 7.6.2002, <http://jf-archiv.de/archiv02/242yy09.htm> (18.3.2019); interessanterweise verteidigte auch der *SZ*-Kritiker Joachim Kaiser Walser in einem Interview mit der *Jungen Freiheit*, in welchem er den Antisemitismusvorwurf an die Kritiker Walsers zurückgab, in: *Junge Freiheit* 5.7.2002, einsehbar über das Online-Archiv der Zeitung: < https://jungefreiheit.de/service/archiv/> (18.3.2019). Die publizierte dritte Fassung des Romans wurde in der *FAZ* dann von Jan Philipp Reemtsma als »Ein antisemitischer Affektsturm« verrissen, in: *FAZ* (Rezension von Martin Walser, Tod eines Kritikers, Roman, Frankfurt am Main 2002); igl. [= Hubert Spiegel], Legendenbildung, in: *FAZ* 27.6.2002, S. 47; Magenau, Walser, S. 526f.
150 Magenau, Walser, S. 534.
151 Grass an Korn 15.10.1970, in: FAZ-Archiv, Akten der Geschäftsführung. Materialien zur Geschichte der Zeitung bis 1979.
152 *FAZ* 12.8.2006, S. 1, 33, 35; Ulrike Simon, Joachim Huber, Das Häuten der Zwiebel. Wickert interviewt Grass. Steidl-Verlag irritiert über ›FAZ‹ Aufmachung, in: *Der Tagesspiegel* 15.8.2006, S. 237; Angele, Schirrmacher, S. 137f.
153 Angele, Schirrmacher, S. 136–153; Frank Schirrmacher, Der Kredit des Präsidenten, in: *FAZ* 15.12.2011, S. 29; Hans Leyendecker im Gespräch mit dem Deutschlandfunk 28.8.2013, <http://www.deutschlandfunk.de/wir-alle-haben-uns-etwas-vorzuwerfen.694.de.html?dram:article_id=259455> (18.3.2019).
154 Angele, Schirrmacher, S. 167–187.
155 *FAZ* 21.10.1961, BuZ S. 1f.
156 Wie hat das Internet Ihr Denken verändert?, in: *FAZ* 8.10.2010, S. 29f.
157 Angele, Schirrmacher, S. 26–36.

EXKURS: PFLICHTPROGRAMM UND KÜR

1 Hugo Müller-Vogg, Lokaljournalismus – Anmerkungen zu einem unterschätzten Gewerbe, in: Freiheit und Verantwortung, S. 261–278, hier S. 276f.; Gespräch mit Dr. Hugo Müller-Vogg am 2. Januar 2017 in Bad Homburg.
2 Peter Lückemeier, Manches, was er einführte, hat bis heute Bestand, in: *FAZ* 10.4.1999, S. 70.
3 Fest, Protokoll der Herausgebersitzung 6.10.1976, S. 4, in: FAZ-Archiv, H. 1.4.1975–31.3.1977.

4 Fack, Protokoll über die Herausgebersitzung 26.3.1980, S. 2f., in: FAZ-Archiv, H 1.1.1979 bis 30.6.1980, S. 2f.; Reißmüller, Protokoll über die Herausgebersitzung vom 26.11.1980, S. 2, in: FAZ-Archiv, Rm HG-Konferenz 1980/81_1981/82_1982_/83_1984/85; kai. [= Karin Elvers], Zukunftsmusik für die Frankfurter Schulen, in: *FAZ* 21.3.1980, S. 50; Peter Lückemeier, Weltläufiger Lokaljournalist, in: *FAZ* 29.4.2017, S. 40.

5 Kühnert, Protokoll der Redaktionskonferenz vom 9.4.1968, in: FAZ-Archiv, Protokolle über die Redaktionskonferenzen 1968–1969.

6 Ratzke, Betr.: Stadtblatt, 31.8.1976, in: FAZ-Archiv, H. 1.4.1975–31.3.1977.

7 Fest, Protokoll der Herausgebersitzung 8.9.1976, S. 3, in: FAZ-Archiv, H. 1.4.1975–31.3.1977.

8 Koch, Protokoll der Redaktionskonferenz 2.3.1993, in: FAZ-Archiv, Redaktionskonferenzen ab 1.10.1991.

9 Gespräch mit Dr. Hugo Müller-Vogg am 2. Januar 2017 in Bad Homburg.

10 Dieser Abschnitt baut auf Kutzner, Marktwirtschaft schreiben, S. 292–304, auf.

11 WW., Deutscher Doppelsieg in Reims, in: *FAZ* 5.7.1954, S. 10.

12 Jürgen Eick, Ende gut – alles gut, in: *FAZ* 8.7.1974, S. 1.

13 Deutschland ist Fußball-Weltmeister, in: *FAZ* 5.7.1954, S. 1; B. G. [= Bernhard Gnegel], Deutschland ist Weltmeister, in: *FAZ* 5.7.1954, S. 10, Zitate in beiden Artikeln, die Sätze finden sich in Gnegels Bericht.

14 *Der Spiegel* 14.7.1954, S. 3; Die *Times* hatte Bauwens eine »hysterical nationalist speech« attestiert: »He exhumed *Führerprinzip* and other such words from the vocabulary of the Third Reich.« From Our Own Correspondent, Politics in Football, in: *The Times* 10.7.1954, S. 6.

15 B. G. [= Bernhard Gnegel], Können die Deutschen nicht maßhalten?, in: *FAZ* 17.7.1954, S. 4; Die »Times« kritisiert das Echo des deutschen Fußballsieges, in: *FAZ* 12.7.1954, S. 8.

16 Berlin umjubelt den Fußballweltmeister, in: *FAZ* 19.7.1954, S. 8.

17 Karl Berchtold, König Fußball, in: *FAZ* 12.7.1954, S. 2; Für und wider, in: *FAZ* 17.7.1954, S. 4.

18 Die Bundesrepublik Deutschland zum zweiten Male Fußballweltmeister, in: *FAZ* 8.7.1974, S. 1; Steffen Haffner, Der Weltmeistertitel für Deutschland als Lohn für einen großen Kampf, in: *FAZ* 8.7.1974, S. 9.

19 Karlheinz Vogel, Der Fußballtriumph, in: *FAZ* 8.7.1974, S. 9.

20 Auszeichnung als »Bester Sportteil Tages-/Wochenzeitung« (Herbert-Award) in den Jahren 2004 und 2006; Auszeichnung als »Sportredaktion des Jahres« (sport intern) in den Jahren 1992, 1994, 1995, 1996, 1997, 1998, 1999, 2000, 2001, 2002, 2003, 2004. Auszeichnung für Hans-Joachim Leyenberg als »Sportjournalist des Jahres 1986« (sport intern); ferner dieselbe Auszeichnung für Steffen Haffner in den Jahren 1989,1999, 2001, 2003; für Hans-Joachim Waldbröl in den Jahren 1991, 1997, 1998, 1999, 2003, 2004; vom *medium magazin* für Evi Simeoni 2012.

21 [Karl] Korn, Das neue Passagierschiff »Victoria« des Lloyd Triestino, von einem Triester Hotelfenster aus gesehen, in: *FAZ* 16.4.1953, S. 7.

22 Vgl. etwa Reiseblatt, in: *FZ* 30.3.1930, S. 8–10. So schrieben Siegfried Kracauer und die namhafte Modejournalistin Marietta Riederer für das Reiseblatt der *FZ*, vgl. Helmut Stalder, Siegfried Kracauer. Das journalistische Werk in der ›Frankfurter Zeitung‹ 1921–1933, Würzburg 2003, S. 12, 83 Fn. 37; Sigrun Matthiesen, Weiberkram. Wie der Kulturjournalismus mit der Mode umgeht, Wiesbaden 2000, S. 131; Marietta Riederer, Zwei Mädchen allein unterwegs, in: *FZ* 13.10.1929, S. R1.

23 Theodor Geus, Stilprägend. Der Reisejournalist Friedrich A. Wagner ist gestorben, in: *FAZ* 3.7.2007, S. 35.

24 Kia Vahland, Das Reiseblatt der FAZ, in: Hans J. Kleinsteuber (Hg.), Reisejournalismus. Eine Einführung, Opladen 1997, S. 151f., hier S. 152. In der zweiten Auflage des Buches von 2013 fehlt die Ausführung zum *FAZ*-Reiseblatt.

25 Hans J. Kleinsteuber, Einleitung: Die Widersprüche des Reisejournalismus, in: ders. (Hg.), Reisejournalismus. Eine Einführung, S. 13–20, hier S. 15.

26 Die Schrift und das später satinierte Papier waren dem Ressort als Erkennungsmerkmal überaus wichtig, siehe Frankfurter Allgemeine Zeitung GmbH (Hg.), Alles über die Zeitung. Frankfurter Allgemeine, Zeitung für Deutschland, Frankfurt am Main 1974[2], S. 101. In der Ausgabe von 1998 wird dies kaum noch betont: Frankfurter Allgemeine Zeitung GmbH (Hg.), Alles über die Zeitung. Frankfurter Allgemeine, Zeitung für Deutschland, Frankfurt am Main 1998[24], S. 91.

27 Aktennotiz 16.4.1953 zur Redaktionskonferenz 13.4.1953, in: FAZ-Archiv, Akten der Herausgeber. Erich Welter. Materialien zur Geschichte: Notizen von Frau Graefe. 1949 bis 1959.

28 WW. [= Wilfried Wiegand], Friedrich A. Wagner 90, in: *FAZ* 24.1.2004, S. 6; Wagners Dissertation war kulturgeschichtlich angelegt und behandelte die deutsche Presse im 19. Jahrhundert: Der Kulturteil der Breslauer Zeitung von der Aufklärung bis zum Vormärz: Gesellschaft und Kunstleben der schlesischen Hauptstadt im Spiegel der Tagespresse, Würzburg 1938; Die Redaktion stellt sich vor, in: *FAZ* 26.8.1991, S. 8; Theodor Geus, Stilprägend. Der Reisejournalist Friedrich A. Wagner ist gestorben, in: *FAZ* 3.7.2007, S. 35.

29 Johann Georg Reißmüller, Kommendes hat er immer vorausgespürt, in: *FAZ* 16.4.1986, S. 5. Helds erster eigener Beitrag im Reiseblatt war 1955 eine Buchrezension über einen Reisebericht aus China: Robert Held, Neues China, in: *FAZ* 18.11.1955, S. 11 (Rezension von James Cameron, Mandarin rot. Blick hinter den Bambusvorhang, Stuttgart 1955).

30 Theodor Geus, Stilprägend. Der Reisejournalist Friedrich A. Wagner ist gestorben, in: *FAZ* 3.7.2007, S. 35; Aktennotiz zur Herausgeberbesprechung 28.10.1953, S. 2, in: FAZ-Archiv, Akten der Geschäftsführung. Werner G. Hoffmann. Herausgeber-Konferenzen 12.12.1950–23.12.1959; Wagner veröffentlichte allerdings bereits 1954 seinen ersten Artikel für das Reiseblatt, Friedrich A. Wagner, Der moderne Reisemarschall, in: *FAZ* 1.4.1954, S. 8.

31 Friedrich A. Wagner, Die Wissenschaft vom Fremdenverkehr, in: *FAZ* 15.10.1959, S. 21.

32 F.L. [= Freddy Langer], Theodor Geus 80, in: *FAZ* 24.3.2018, S. 4.

33 *Frankfurter Allgemeine*, Redaktion. Freddy Langer, <http://www.faz.net/redaktion/freddy-langer-11104264.html> (18.3.2019).

34 Diese waren vielmehr der Literaturteil sowie Natur und Wissenschaft. Dechamps, Protokoll über die Herausgebersitzung 15.4.1970, S. 1, in: FAZ-Archiv, H 1.1.1969–31.3.1971.

35 Eick, Protokoll über die Herausgebersitzung 4.5.1983, S.3, in: FAZ-Archiv, Rm HG-Konferenz. 1980/81_ 1981/82_ 1982_/83_ 1984/85.

36 Fest, Protokoll über die Herausgebersitzung 16.9.1981, S. 1, in: FAZ-Archiv, Rm HG-Konferenz. 1980/81_ 1981/82_ 1982_/83_ 1984/85.

37 Hans Scherer, Alle Bücher sind Reisebücher, in: Frankfurter Allgemeine Zeitung GmbH (Hg.), Bücher für die Reise. Ein Führer durch die Literatur, Frankfurt am Main 1991, S. 9–15, hier S. 9–10.

38 »Ressortleiter«, wohl Theodor Geus, zitiert nach: Vahland, Das Reiseblatt der FAZ, S. 151.
39 Matthiesen, Weiberkram, S. 127.
40 Das gängige Gehalt der Neuzugänge in den Jahren 1987 bis 1988 lag in elf Stichproben um 4000 DM, im Schnitt bei 4781 DM, allerdings gab es zwei herausstechende Gehälter, welche mit 7000 und 8000 DM den Schnitt immens erhöhten. Fack, Protokoll über die Herausgebersitzung 8.6.1988, S. 2–3, in: FAZ-Archiv, Rm HG-Konferenz. 1985/86_ 1987/88_ 1988/89; ders., Protokoll über die Herausgebersitzung 8.6.1988, S. 3, in: FAZ-Archiv, Rm HG-Konferenz. 1985/86_ 1987/88_ 1988/89; Dechamps, Protokoll über die Herausgebersitzung 2.9.1987, S. 3, in: FAZ-Archiv, Rm HG-Konferenz. 1985/86_ 1987/88_ 1988/89; ders., Protokoll über die Herausgebersitzung 2.3.1988, S. 1, in: FAZ-Archiv, Rm HG-Konferenz. 1985/86_ 1987/88_ 1988/89; Protokoll über die Herausgebersitzung 30.9.1987, S. 1, in: FAZ-Archiv, Rm HG-Konferenz. 1985/86_ 1987/88_ 1988/89; Eick, Protokoll über die Herausgebersitzung 4.5.1983, S.3, in: FAZ-Archiv, Rm HG-Konferenz. 1985/86_ 1987/88_ 1988/89.
41 Dechamps, Protokoll über die Herausgebersitzung 21.10.1987, S. 1, in: FAZ-Archiv, Rm HG-Konferenz. Rm. HG-Konferenz. 1985/86_ 1987/88_ 1988/89. Jessen ist mittlerweile Redakteur im Feuilleton der *Zeit*, <https://www.zeit.de/autoren/J/Jens_Jessen/index.xml> (11.5.2018).
42 Jens Jessen, Folgen Sie dem Eichhörnchen durch den Dschungel, in: *FAZ* 29.8.1996, S. R1.
43 Frisé, Meine schlesische Familie und ich, S. 290f., Zitate S. 291.
44 Frisé, Meine schlesische Familie und ich, S. 291.
45 Nikolas Benckiser (Hg.), Deutsche Landschaften, Frankfurt am Main 1972; ders. (Hg.), Deutsche Landschaften. Neue Folgen, Frankfurt am Main 1974; ders. (Hg.), Deutsche Landschaften. Dritte Folge, Frankfurt am Main 1976. Viele Artikel hiervon erschienen indes in der Samstagsbeilage, als Beispiel für einen im Reiseblatt erschienenen Artikel, welcher seinen Weg in den Band fand: Michael Fritzen, Das beste Latein im Paradies, in: *FAZ* 26.8.1976, S. R3.
46 Nikolas Benckiser, Landschaft ist überall, in: ders, Deutsche Landschaften. Neue Folgen, Frankfurt am Main 1974, S. 7–9, hier S. 8, Zitate S. 7.
47 Frankfurter Allgemeine Zeitung GmbH (Hg.), Bücher für die Reise.
48 Frankfurter Allgemeine Zeitung GmbH (Hg.), Ferienliebhabereien, Frankfurt am Main 1985, S. 2.
49 Ebd., S. 3.
50 Matthiesen, Weiberkram, S. 127.
51 Hans Scherer, Nachwort. Die Reihen-Flut, in: Frankfurter Allgemeine Zeitung GmbH (Hg.), Bücher für die Reise, S. 223–227; ders., Die Reihen-Flut, in: *FAZ* 18.4.1991, S. 1 R.
52 Scherer, Die Reihen-Flut, S. 1 R.
53 Ebd.
54 Hans Scherer, Europa, in: *FAZ* 10.2.1994, S. 2 R.
55 Frisé, Meine schlesische Familie und ich, S. 291.
56 Die erste Glosse war: Sr. [= Hans Scherer], Randbemerkungen, in: *FAZ* 6.5.1976, S. 1 R. Letzte Glosse: Gerhard Rohde, Schneckentempo, in: *FAZ* 17.7.2014, S. 2 R.
57 schi. [= Frank Schirrmacher], Hans Scherer 60, in: *FAZ* 24.1.1998, S. 5.
58 Tern, Protokoll über die Herausgebersitzung 13.11.1968, S. 2, in: FAZ-Archiv, H. 1966 bis Dez. 1968. Dazu wurde sarkastisch angefügt: »Herrn Benckiser wird der Tip gegeben, über ›Tips‹ eine Sprachglosse zu schreiben«, ebd.

59 Ger. [= Peter Gerisch], Programme, Routen, Ziele. Aus neuen Prospekten und Ankündigungen, in: *FAZ* 11.6.1970, S. 4 R.
60 Kleinsteuber, Einleitung, S. 13f., 16, Zitat S. 17.
61 str. [= Jakob Strobel y Serra], Essen bildet, in: *FAZ* 13.2.1997, S. 1 R.
62 Vahland, Das Reiseblatt der FAZ, S. 151.
63 Ebd.
64 Ermano Höpner, Die Renaissance der Kurorte, in: *FAZ* 15.11.1957, S. 7.
65 Insgesamt finden sich 1479 Treffer zur »Kur«, die meisten hiervon in den 1970er Jahren, seit 2010 bis zum 1.6.2018 lediglich 36 Artikel, bereits in den 1950er Jahren waren es immerhin 53.
66 Elsbeth Bösl, Politiken der Normalisierung. Zur Geschichte der Behindertenpolitik in der Bundesrepublik Deutschland, Bielefeld 2009; Franz Berktold-Fackler/Hans Krumbholz, Reisen in Deutschland. Eine kleine Tourismusgeschichte, München 1997, S. 60; Hermann Sommer, Zur Kur nach Ems. Ein Beitrag zur Geschichte der Badereise von 1830 bis 1914, Stuttgart 1999, S. 140; Deutscher Bundestag, 186. Sitzung 18.1.1957, S. 10443, <http://dip21.bundestag.de/dip21/btp/02/02186.pdf> (13.7.2018).
67 Berktold-Fackler/Krumbholz, Reisen in Deutschland, S. 60f.
68 Almut Boller, Heilen auf hessisch, in: *FAZ* 3.6.2009, S. B 4.
69 Tageskonferenz Donnerstag, den 3.6.1971, S. 2, in: FAZ-Archiv, Protokolle der Tageskonferenzen bis 1.10.71. Hinsichtl. des strittigen Artikels vgl. Loni Skulima, Der Kuß des Finanzministers, in: *FAZ* 3.6.1971, S. R1.
70 Etwa Loni Skulima, Auch Kurorte haben Konjunktur, in: *FAZ* 21.10.1955, S. 8; Friedrich A. Wagner, Die Wissenschaft vom Fremdenverkehr, in: *FAZ* 15.10.1959, S. 21.
71 Berktold-Fackler/Krumbholz, Reisen in Deutschland, S. 109.
72 Ebenda: Die beliebtesten Auslandsreiseziele der Deutschen waren 1954 Österreich (6 %) und Italien (4 %).
73 Mark Rüdiger, »Goldene 50er« oder »Bleierne Zeit«? Geschichtsbilder der 50er Jahre im Fernsehen der BRD, 1959–1989, Bielefeld 2014, S. 188.
74 Berktold-Fackler/Krumbholz, Reisen in Deutschland, S. 109.
75 Zum Reiseverhalten vgl. Sina Fabian, Boom in der Krise. Konsum, Tourismus, Autofahren in Westdeutschland und Großbritannien 1970–1990, Göttingen 2016, S. 172.
76 Berktold-Fackler/Krumbholz, Reisen in Deutschland, S. 111.
77 Ebd., S. 106.
78 Sina Fabian, Boom in der Krise. Konsum, Tourismus, Autofahren in Westdeutschland und Großbritannien 1970–1990, Göttingen 2016, S. 121–286, 432–435.
79 Ebd., S. 172.
80 Berktold-Fackler/Krumbholz, Reisen in Deutschland, S. 113.
81 Heinrich Gerhard, Das Reiseblatt. In fremden Ländern daheim, in: Frankfurter Allgemeine Zeitung GmbH (Hg.), Alles über die Zeitung, Frankfurt am Main 1998[24], S. 90.
82 Fest, Protokoll der Herausgebersitzung am 7.10.1981, in: FAZ-Archiv, Rm. HG-Konferenz. 1980/81_ 1981/82_ 1982_ /83_ 1984/85.
83 Eick, Protokoll der Herausgebersitzung am 13.4.1983, in: FAZ-Archiv, Rm. HG-Konferenz. 1980/81_ 1981/82_ 1982_ /83_ 1984/85.
84 E.S. [= Eberhard Schulz], Florida ist nähergerückt, in: *FAZ* 9.8.1962, S. 18.
85 Frisé, Meine schlesische Familie und ich, S. 291.
86 So die Eigen-Auskunft auf dem Cover: Frankfurter Allgemeine Zeitung GmbH (Hg.), Bücher für die Reise.

87 Reiseblatt, in: *FAZ* 16.4.1953, S. 8; erschien etwa auch in folgenden Ausgaben: Reiseblatt, in: *FAZ* 15.4.1954, S. 6; Reiseblatt, in: *FAZ* 21.4.1955, S. 9.

88 Sally Roy/Carla Capalbo, National Geographic Spirallo Reiseführer Venedig, Ostfildern 2011[5], S. 78.

89 Reiseblatt, in: *FAZ* 16.4.1953, S. 8.

90 Siehe etwa das Reiseblatt vom 16.4.1964, S. 25, 27.

91 Tageskonferenz 13.3.1975, in: FAZ-Archiv, Redaktionskonferenzen 1.1.1975–31.12.1977; Wa [= Friedrich A. Wagner], Peinlich, in: *FAZ* 13.3.1975, S. 9 R. Der Reiseteil war mittlerweile auf 13 Seiten angeschwollen und in zwei Produkte unterteilt.

92 Wa. [= Friedrich A. Wagner], Peinlich, in: *FAZ* 13.3.1975, S. 9 R.

93 Tageskonferenz 13.3.1975, in: FAZ-Archiv, Redaktionskonferenzen 1.11975–31.12.1977.

94 Pars pro toto: Carl Martens, Silvretta, in: *FAZ* 28.3.1956, S. 5.

95 Tern, Protokoll der Herausgebersitzung 3.2.1965, in: FAZ-Archiv, Herausgeber vom 1. April 1963 bis Dez. 1965; der strittige Artikel nannte nicht ihren Mann, sondern einen Einheimischen als Entdecker des Asklepieion von Kos: Conrad Streit, Die Insel des Asklepios, in: *FAZ* 26.11.1964, S. 28. In ihrer Gegenanzeige berichtet Ella Herzog, dass sie bei den Ausgrabungen sogar dabei gewesen war, Ella Herzog, Die Insel des Asklepios, in: *FAZ* 22.12.1964, S. 6.

96 Tern, Protokoll über die Herausgebersitzung 12.4.1961, S. 2, in: FAZ-Archiv, Akten der Herausgeber. Erich Welter. Protokolle der Herausgebersitzungen. 1. April 1958–18. Dez. 1961.

97 Eick, Protokoll über die Herausgebersitzung 10.1.1973, S. 3, in: FAZ-Archiv, H 1.4.1971–31.3.1973.

98 Das Reiseblatt erhielt 2006 den Columbus-Preis der Vereinigung Deutscher Reisejournalisten für den besten überregionalen Reiseteil. In den Jahren 2012 und 2013 erreichte es immerhin den dritten Platz. Die *FAS* erhielt zudem den überregionalen Preis in den Jahren 2004 und 2008. Der Preis für Reiseteile wird erst seit 2002 und bis zuletzt 2013 vergeben; siehe Neues aus der Redaktion, in: *FAZ* 11.1.2007, S. 2, JournalistenPreise.de, Columbus Reiseteil-Preis, <http://www.journalistenpreise.de/?id=preis&pid=648>; ARCultMedia, Columbus Reiseteil-Preis, <http://www.kulturpreise.de/web/preise_info.php?preisd_id=3570>; JournalistenPreise.de, Columbus Reiseteil-Preis, <http://www.journalistenpreise.de/?id=preis&pid=648> (alle abgerufen am 18.3.2019).

8 DIE *FAZ* UM DIE JAHRTAUSENDWENDE

1 Angela Merkel, »Die von Helmut Kohl eingeräumten Vorgänge haben der Partei Schaden zugefügt«, in: *FAZ* 22.12.1999, S. 2.

2 Jens Spahn, Ein echter Neustart für die CDU und Deutschland, in: *FAZ* 1.11.2018, S. 8.

3 Eckhard Fuhr, Wenn Geschichte sich regt, in: *FAZ* 11.3.1999, S. 48; ders., Der Krieger, in: *FAZ* 18.12.1999, S. 41; Jens König, Ein weicher, grauer Teppich, in: *taz* 7.4.2000, S. 16 (dort das Zitat Feldmeyers über Kohl); Willi Winkler, Kanzlermacher, *SZ.de* 22.12.2016, <http://www.sueddeutsche.de/medien/nachruf-kanzlermacher-1.3307172> (18.3.2019).

4 Wilhelm Hennis, Totenrede des Perikles auf ein blühendes Land, in: *FAZ* 27.9.1997, S. 36; ders., Erzvaters Worte, in: *FAZ* 6.12.1999, S. 49.

5 Dirk Schümer, Die Macht und ihr Wahn, in: *FAZ* 23.2.2000, S. 49; Gespräch mit Dr. Hugo Müller-Vogg am 28. Oktober 2016 in Frankfurt am Main.
6 Gespräch mit Berthold Kohler am 10. April 2019 in Frankfurt am Main. Kohler schrieb allerdings auch, die CDU müsse sich darum bemühen, den »Sumpf, in dem sie bis zum Hals steht, trockenzulegen. Die CDU Kohls ist nicht mehr zu retten; wenn aus ihrer Ruine neues Leben sprießen soll, muss er endlich reden. Schäuble wird weiter den Morast durchkämmen müssen, denn schmutzig gemacht hat er sich schon.« Berthold Kohler, Die Schuld der CDU, in: *FAZ* 17.1.2000, S. 1.
7 Gespräch mit Eckhard Fuhr am 26. Juli 2017 in Berlin.
8 Edgar Wolfrum, Rot-Grün an der Macht. Deutschland 1998–2005, München 2013, S. 35–39.
9 Schröder gewinnt die Bundestagswahl, in: *FAZ* 28.9.1998.
10 Dpa, Der Sieger, in: *Der Tagesspiegel* 28.9.1998, S. 1. Die *TZ* zeigte ebenfalls Kohl, allerdings mit einem in das Bild montierten Wort: »Endlich!«, Bernd Arnold, Abschied nach 16 Jahren, in: *TZ* 28.9.1998, S. 1.
11 E.F. [= Eckhard Fuhr], Schröders schwieriger Sieg, in: *FAZ* 28.9.1998, S. 1.
12 G.H. [= Georg Paul Hefty], Mit einer stolzen Bilanz gescheitert, in: *FAZ* 28.9.1998, S. 1.
13 Nm. [= Günther Nonnenmacher], Ein Kanzler, der Maßstäbe gesetzt hat, in: *FAZ* 28.9.1998, S. 1.
14 ban. [= Günter Bannas], Überwältigende Mehrheit bei den Grünen und bei der SPD für die Koalitionsvereinbarung, in: *FAZ* 26.10.1998, S. 1.
15 Barbara Klemm, Demonstrative Geschlossenheit der Wahlsieger, in: *FAZ* 26.10.1998, S. 2.
16 Günter Bannas, »Rot-Grün« wagten auch die Jungsozialisten nicht zu skandieren, in: *FAZ* 28.9.1998, S. 3.
17 Günter Bannas, Nur wenn man sich begeistert, kann man andere begeistern, in: *FAZ* 12.3.1999, S. 3.
18 Rainer Hank, Riskantes Experiment, in: *FAZ* 11.11.1998, S. 1; E.F. [= Eckhard Fuhr], Stil und Substanz, in: *FAZ* 11.11.1998, S. 1. Einen Monat später folgte eine weitere Kritik an der Rede: Schröder agiere, als ob Politik »modernes Chancen-Management« sei; Schröder habe dabei vor allem verpasst, den Osten Deutschlands besser zu integrieren. Reinhard Müller, Kein glückliches Land, in: *FAZ* 7.12.1998, S. 1.
19 Eckhart Lohse, Was die Grünen bremst, in: *FAZ* 15.12.1998, S. 1.
20 ban./ff. [= Günter Bannas/Albert Schäffer], Schröder verspricht Konsolidierungskurs, Abbau der Arbeitslosigkeit, außenpolitische Kontinuität, in: *FAZ* 11.11.1998, S. 1–2, Zitat S. 2.
21 Günter Bannas, Donnerschlag aus bedecktem Himmel, in: *FAZ* 11.3.2009, S. 1.
22 E.F. [= Eckhard Fuhr], Paukenschlag, in: *FAZ* 12.3.1999, S. 1.
23 Jürgen Jeske, Die Enttäuschung der Manager, in: *FAZ* 9.3.1999, S. 17. Ebenso negativ am folgenden Tag: »In den Medien stets vergnügt und in der Sache inkompetent«, hal. [= Carl Graf Hohenthal], Kompetenzfragen, in: *FAZ* 10.3.1999, S. 17.
24 Günter Bannas, Er oder ich, in: *FAZ* 11.3.2009, S. 8, Zitate ebd. Lafontaines Untergang sei dadurch besiegelt worden, dass er nicht den Fraktionsvorsitz, sondern das Finanzministerium beansprucht habe, so auch: Michael Philipp, Persönlich habe ich mir nichts vorzuwerfen. Politische Rücktritte in Deutschland von 1950 bis heute, München 2007, S. 90.
25 hal. [= Carl Graf Hohenthal], Wie der Herr, in: *FAZ* 12.3.1999, S. 13.
26 Georg Paul Hefty, Am Schluß bleibt nur die Eigensicherung, in: *FAZ* 11.1.2001, S. 1.

27 Wolfrum, Rot-Grün, S. 64–65.
28 Michael Jeismann, Drei Reden, in: *FAZ* 26.3.1999, S. 41. *Der Spiegel* schrieb, dass Schröders Worte »nichts mehr mit ›Wetten, daß…?‹, Kaschmir und Brioni-Anzügen« zu tun gehabt hätten, berichtet aber in derselben Ausgabe dennoch über Schröder in Brioni, Winfrid Didzoleit/Jürgen Hogrefe/Lutz Krusche/Jürgen Leinemann/Reinhard Mohr/Rainer Pörtner, Ernstfall für Schröder, in: *Der Spiegel* 29.3.1999, S. 22–30, hier S. 24; Elina Utermöhle, Kanzler in Kaschmir, in: *Der Spiegel* 29.3.1999, S. 106.
29 E.F. [= Eckhard Fuhr], Im Schatten, in: *FAZ* 6.5.1999, S. 1.
30 Berthold Kohler, Sieger und Verlierer, in: *FAZ* 11.6.1999, S. 1.
31 Karl Feldmeyer, Moralisch motivierter Machtanspruch, in: *FAZ* 26.4.1999, S. 1.
32 Günter Bannas, Unter dem Druck der Ereignisse, in: *FAZ* 18.5.1999, S. 1.
33 Volker Zastrow, Nachkriegszeit, in: *FAZ* 19.4.1999, S. 1, Zitate ebd.; ähnlich bereits: Georg Paul Hefty, Die Ordnung des Balkans, in: *FAZ* 27.4.1999, S. 1.
34 Die notwendige Dauer des Aufenthalts für den Erhalt eines Anspruchs auf Einbürgerung wurde von 15 auf 8 Jahre verkürzt; das Territorialprinzip konnte greifen, sofern ein – ausländischer – Elternteil zumindest 8 Jahre eine Aufenthaltsberechtigung oder 3 Jahre eine unbefristete Aufenthaltserlaubnis besaß, Steffen Angenendt, Einwanderungspolitik und Einwanderungsgesetzgebung in Deutschland 2000–2001, Berlin 2002, S. 2f.
35 Georg Paul Hefty, Ein Modell ohne Integrationskraft, in: *FAZ* 11.3.1999, S. 1.
36 Eckart Lohse, Doppelstrategie, in: *FAZ* 29.1.1999, S. 1; Stefan Dietrich, Eine andere Republik, in: *FAZ* 12.2.2001, S. 1.
37 Günter Bannas, Bewährungsprobe einer Generation, in: *FAZ* 3.4.1999, S. 1.
38 Mark Siemons, Kleinmut mit Methode, in: *FAZ* 9.1.1999, S. 39.
39 Tilman Gerwien/Norbert Höfler/Hans-Martin Tillack, »Ja, ich war militant«, in: *Stern* 4.1.2001, S. 28–33.
40 Thomas Schmid, Nicht weit vom Stamm, in: *FAZ* 5.1.2001, S. 1, dort die Zitate. Vgl. auch das Interview mit Thomas Schmid: Christopher Lesko, »Gut, lange Haare hatte ich und auch einen Parka«, in: *Welt.de* 6.10.2010, <https://www.welt.de/debatte/article10112056/Gut-lange-Haare-hatte-ich-und-auch-einen-Parka.html> (18.3.2019).
41 Thomas Schmid, Ein kollektiver Sonderweg, in: *FAZ* 8.1.2001, S. 6.
42 Thomas Schmid, Werden die Grünen bürgerlich?, in: *FAZ* 8.3.2001, S. 1.
43 Georg Bönisch, Kalter Putsch, in: *Der Spiegel* 16.2.2004, S. 44f.
44 G.H. [= Georg Paul Hefty], Unmöglich, in: *FAZ* 23.2.2005, S. 10; Hefty merkte an, Fischer habe sich auch bei Schröder zu entschuldigen, den er schließlich hintergangen habe, und stellte die Frage in den Raum, ob die Vorgänge nicht vielleicht doch von der Regierung Schröder insgesamt ausgingen.
45 miha. [= Michael Hanfeld], In medias res, in: *FAZ* 23.2.2005, S. 40; Michael Jeismann, Kulturpolitik, in: *FAZ* 15.2.2005, S. 33; Zitat ebd.
46 Daniel Koerfer, Diplomatenjagd – Joschka Fischer, seine Unabhängige Kommission und Das AMT, Potsdam 2013, S. 119–157, Zitat S. 142f.
47 Rainer Blasius, Ernst nehmen und Ernst nennen, in: *FAZ* 15.12.2004, S. 10 (Rezension von Erwin Wickert, Das muß ich Ihnen schreiben. Beim Blättern in unvergessenen Briefen, herausgegeben von Ulrich Lappenküper, München 2005).
48 Dr. Heinz Schneppen, Die Ehre des Nachrufs verweigert, in: *FAZ* 18.1.2005, S. 9.
49 Rainer Blasius, Fischers Gedenkpraxis, in: *FAZ* 10.2.2005, S. 1.
50 Koerfer, Diplomatenjagd, S. 193f.
51 Frank Schirrmacher [Gespräch mit Joschka Fischer], Das ist jetzt der Nachruf, den sie wollten, in: *FAS* 4.10.2010, S. 38f., Zitat S. 39.

52 Rainer Blasius, Amtslegenden und Geschichte, in: *FAZ* 18.4.2005, S. 1; ders., Verschlußsache Amtsgeschichte, in: *FAZ* 27.7.2005, S. 10 (Bewertung hier z. B.: »Guter Stil ist das jedenfalls nicht – und einer so traditionsbewußten Behörde auch nicht würdig«); ders., Mit mehr Gefühl und viel Geld, in: *FAZ* 7.2.2006, S. 8; ders., Die Archivschuldfrage, in: *FAZ* 19.11.2010, S. 10 (»Fischer-Kommission [...] geht aber selbst schludrig mit Belegen um«); ders., Ein Kommissionsproblem, in: *FAZ* 27.11.2010, S. 10; ders., Zerrbild Nüßlein, in: *FAZ* 10.12.2010, S. 10; ders., Der Wilhelmstraßen-Kern, in: *FAZ* 17.12.2010, S. 10; ders., Die Historiker und Das Amt, in: *FAZ* 23.12.2010, S. 1 (»voreilig zur neuen Diplomaten-Bibel erklärt«); ders., Schnellbrief und Braunbuch, in: *FAZ* 13.1.2011, S. 6 (»verletzt wissenschaftliche Standards und pflegt Vorurteile«); ders., Aktenvernichtung in der Amtszeit Fischers, in: *FAZ* 31.5.2012, S. 10; ders., Das alte Amt und der rüde Ton, in: *FAZ* 9.2.2015, S. 8.

53 Rainer Blasius, Seit 1952 bekannt, in: *FAZ* 12.11.2010, S. 10.

54 edo. [= Edo Reents], Reisezweck: Liquidation von Juden, sowie Frank Schirrmacher, Die Täter vom Amt, in: *FAS* 24.10.2010, S. 1 und 33.

55 Edo Reents, Bei der Prophetin, in: *FAZ* 28.10.2010, S. 31; Rainer Blasius, Zeitgeschichte als Zeitungsware, in: Christine Gundermann/Wolfgang Hasberg/Holger Thünemann (Hg.), Geschichte in der Öffentlichkeit. Konzepte – Analysen – Dialoge, Berlin u. a. 2019, S. 181–195, hier S. 193f.

56 *Der Spiegel* 15.11.2010, S. 171.

57 Vgl. Eckart Conze/Norbert Frei/Peter Hayes/Moshe Zimmermann, Das Amt und die Vergangenheit. Deutsche Diplomaten im Dritten Reich und in der Bundesrepublik, München 2010; zur Diskussion dieses Buches siehe Christian Mentel/Martin Sabrow (Hg.), Das Auswärtige Amt und seine umstrittene Vergangenheit. Eine deutsche Debatte, Frankfurt am Main 2014.

58 Einen Monat nach seiner positiven Besprechung führte Schirrmacher ein ausführliches Interview mit einem scharfen Kritiker des Kommissionsberichtes: Frank Schirrmacher, Macht »Das Amt« es sich zu einfach? Ein Gespräch mit dem Historiker Daniel Koerfer, in: *FAS* 28.11.2010, S. 29.

59 Reimut Zohlnhöfer/Christoph Egle, Der Episode zweiter Teil – ein Überblick über die 15. Legislaturperiode, in: dies., Ende des rot-grünen Projekts. Eine Bilanz der Regierung Schröder 2002–2005, S. 11–25, hier S. 11.

60 D.D. [= Daniel Deckers], Mit neuer Kraft, in: *FAZ* 23.9.2002, S. 1.

61 Rot-Grün verteidigt Mehrheit, in: *SZ* 23.9.2002, S. 1; *FAZ*, Union stärkste Partei, in: *FAZ* 23.9.2002, S. 1.

62 Gerhard Schröder, Regierungserklärung, auf: *FAZ.NET* 14.3.2003, <http://www.faz.net/aktuell/politik/regierungserklaerung-mut-zum-frieden-mut-zur-veraenderung-191452.html?printPagedArticle=true#pageIndex_0> (18.3.2019).

63 Simon Hegelich/David Knollmann/Johanna Kuhlmann, Agenda 2010. Strategien – Entscheidungen – Konsequenzen, Wiesbaden 2011, S. 11, 50, 233–235; Zitate S. 50, 235.

64 Stand: 20.2.2019.

65 Georg Paul Hefty, Was sozial ist, in: *FAZ* 15.3.2003, S. 1.

66 Berthold Kohler, Zuwenig Mut, in: *FAZ* 15.3.2003, S. 1.

67 Sven Astheimer/Christoph Schäfer/Andreas Mihm/Dietrich Creutzburg/Kerstin Schwenn/Manfred Schäfers, Agenda 2010 – Neustart oder Fehlstart?, in: *FAZ* 13.3.2013, S. 10.

68 BVerfG 114, 121 <121>.

69 Berthold Kohler, Schrödersieg, in: *FAZ* 26.8.2005, S. 1; Reinhard Müller, Attrappe, in: *FAZ* 26.8.2005, S. 1.

70 Merkel und Schröder streiten um Regierungsauftrag, in: *FAZ* 19.9.2005, S. 1.

71 Die absoluten Zahlen legen etwas anders nahe: 2959 Treffer für Schröder, 3426 für Merkel; die Regierungszeit des Kabinetts Schröder II war allerdings um ein Jahr verkürzt, schaut man nach der jährlichen Artikelquote, so kommt man (jeweils gerundet) bei Schröder auf 423 Artikel, bei Merkel auf 428 Artikel im Jahr. Als Referenzrahmen wurden die Vereidigungs- und Entlassungsdaten herangezogen, was für Schröder den Zeitraum 27.10.1998 bis 18.10.2005 und für Merkel den vom 22.11.2005 bis 22.10.2013 beinhaltet.

72 Bei den durchschnittlichen Treffern pro Jahr ergeben sich folgende Ergebnisse: Schröder: Politik ≈ 286; Wirtschaft ≈ 48; Feuilleton ≈ 33; Leitglosse ≈ 20; Aufmacher ≈ 32. Merkel: Politik = 285; Wirtschaft = 71; Feuilleton ≈ 14; Leitglosse ≈ 12; Aufmacher ≈ 37.

73 Der Jahresdurchschnitt lag für Merkel bei 363 Nennungen im Titel, für Schröder hingegen bei rund 486. Gesucht wurde alleinig nach den Nachnamen, die Treffer für *FAZ.NET* wurden aufgrund einer sonst etwaigen Zweifachnennung abgezogen.

74 Von 1972 an war Pfeifer Vorsitzender der Geschäftsführung.

75 Bei der *FAZ* fliegen die Fetzen, *Focus online* 20.2.2001. Die Seite ist im Netz gelöscht worden, liegt dem Verfasser aber im Ausdruck vor; ähnlich dann mr, »FAZ«: Mitherausgeber Müller-Vogg muss gehen, in: *Die Welt* 22.2.2001.

76 Auskunft von Jürgen Jeske am 11.11.2016 in Frankfurt am Main.

77 Die direkte Beteiligung an einem Molotowanschlag auf den Polizisten Jürgen Weber, dessen Haut zu 60 Prozent verbrannte und der fortan schwerbehindert war, konnte Fischer nicht nachgewiesen werden. Weber machte Fischer aber mit guten Gründen für den Brandanschlag verantwortlich, siehe Arno Luik, Joschka Fischer und das große Schweigen, in: *Stern* 11.4.2013, <http://www.stern.de/politik/deutschland/65--geburtstag-der-gruenen-ikone-joschka-fischer-und-das-grosse-schweigen-3018554.html> (18.3.2019).

78 Hugo Müller-Vogg, Fischer und seine Freunde, in: *FAS* 18.2.2001, S. 4; siehe ferner ders., Was nun, Herr Fischer, in: *FAZ* 24.1.2001, S. 61; ders., Keine Reue, in: *FAZ* 16.1.2001, S. 55; ders., Das Thema Fischer bleibt, in: *FAS* 21.1.2001, S. 4. Ähnlich argumentierte Müller-Vogg bereits 1998, als bekannt wurde, dass in Fischers Auto die Waffe, die später zur Ermordung des hessischen Wirtschaftsministers Heinz-Herbert Karry genutzt wurde, transportiert worden war, in: *FAS* 26.7.1998, S. 4. Fischer wurde deswegen 1983 bis zur Wahl in den Hessischen Landtag von der Polizei abgehört.

79 Joscha Schmierer, Wer wir waren, in: *FAZ* 17.1.2001, S. 45; Wer nur den lieben Gott läßt würfeln. Das biopolitische Zeitalter bedroht das Menschenrecht auf den biographischen Zufall: Ein Gespräch mit Joschka Fischer über Evolution und Revolution, in: *FAZ* 17.2.2001, S. 43f.; Frank Schirrmacher, Seine Rolle, in: *FAZ* 10.1.2001, S. 41.

80 Siehe z. B. *Spiegel Online* 21.2.2001, <http://www.spiegel.de/panorama/FAZ-fuehrungswechsel-eine-fuelle-von-vorgaengen-a-118959.html>; *Berliner Zeitung* 22.2.2001, <http://www.berliner-zeitung.de/mit-hugo-mueller-vogg-entledigt-sich-die-FAZ-eines-quertreibers-herausgeber-ohne-hausmacht-16606090> (beide abgerufen am 18.3.2019).

81 *Kressreport* 26.1.2001, S. 4; Gespräch mit Dr. Hugo Müller-Vogg am 2. Januar 2017 in Bad Homburg.

82 ler. [= Ralf Euler], Verdienstorden für Berg und Müller-Vogg, in: *FAZ* 20.12.2005, S. 58; trö. [= Tobias Rösmann], »Selbsthilfegruppe für Marienkäfer«, in: *FAZ* 10.1.2006, S. 40; In Gedankenlabyrinthen, in: *FAZ* 5.11.2014, S. 30.
83 Siehe <http://www.hugo-mueller-vogg.de/3299-0-2942002-taz-alles-hat-ein-ende.html> (18.3.2019).
84 *Handelsblatt* 28.2.2001, <http://www.handelsblatt.com/archiv/f-a-z-benennt-nachrichten-chef-zum-mitherausgeber/2045108.html> (18.3.2019).
85 *Badische Zeitung* 10.3.2001.
86 *Stuttgarter Zeitung* 26.3.2001; *taz* 29.4.2002, <http://www.taz.de/1/archiv/print-archiv/printressorts/digi-artikel/?ressort=fl&dig=2002%2F04%2F29%2Fa0178&cHash=bf5b3dcd3d/> (18.3.2019).
87 *FAZ* 22.2.2001, S. 1.
88 *Spiegel Online* 21.2.2001, <http://www.spiegel.de/panorama/FAZ-fuehrungswechsel-eine-fuelle-von-vorgaengen-a-118959.html>; *Berliner Zeitung* 22.2.2001, <http://www.berliner-zeitung.de/mit-hugo-mueller-vogg-entledigt-sich-die-FAZ-eines-quertreibers-herausgeber-ohne-hausmacht-16606090> (beide abgerufen am 18.3.2019).
89 *Handelsblatt* 22.2.2016, <http://www.handelsblatt.com/archiv/vertrauen-zerstoert-*FAZ*-herausgeber-mueller-vogg-vom-amt-entbunden/2043810.html> (18.3.2019).
90 Die vorangegangene Darstellung basiert auf den öffentlich zugänglichen Quellen und Gesprächen mit Jürgen Jeske am 6. September 2013 und 11. November 2016 in Frankfurt am Main; Dr. Günther Nonnenmacher am 29. Mai 2017 in Frankfurt am Main; Dr. Hugo Müller-Vogg am 28. Oktober 2016 in Frankfurt am Main; Dr. Kurt Reumann am 24. August 2015 in Niederhöchstadt/Eschborn. Naturgemäß differieren die Berichte der Beteiligten. Herr Nonnenmacher legt Wert darauf, dass sich bereits seit Längerem ein unkooperatives Verhältnis entwickelt habe und nicht politische Gründe für die Trennung ausschlaggebend waren.
91 Wolfgang Höbel, Captain Kirk auf Kreuzzug, in: *Der Spiegel* 26.3.2001, S. 130–133; Thomas Tuma, Ratz-»FAZ«, in: *Der Spiegel* 12.2.2001, S. 135–137.
92 Frankfurter Allgemeine macht Verlust, in: *Süddeutsche Zeitung* 28.3.2002, S. 28; Verlag der FAZ sieht Ertragswende. 2003 verringerte sich Fehlbetrag auf 15,8 Millionen Euro, in: *Süddeutsche Zeitung* 8.6.2004, S. 26; Farbe Rot, in: *manager magazin* 28.3.2002, <http://www.manager-magazin.de/digitales/it/a-189371.html>; Klaus Boldt, Säuft die »FAZ« ab?, in: *manager magazin* 1.11.2002, online unter <http://www.manager-magazin.de/magazin/artikel/a-219424.html> (beide abgerufen am 18.3.2019); Michael Freitag, Alle unterhaken, in: *Wirtschaftswoche* 12.12.2002, S. 70f.
93 Gespräch mit Berthold Kohler am 10. April 2019 in Frankfurt am Main.
94 Michaela Schießl, Massenentlassung bei den Frankfurtern, in: *manager magazin* 28.11.2002, online unter <http://www.manager-magazin.de/unternehmen/it/a-224702.html> (18.3.2019).
95 Christopher Keil, Hans-Jürgen Jakobs, Die ausgefallene Kulturrevolution, in: *SZ* 22.3.2002.
96 Frei Erfunden, in: *FAZ* 29.10.2002, S. 41.
97 Das *FAZ*-Magazin war bereits 1999 eingestellt worden.
98 Farbe Rot, in: *manager magazin* 28.3.2002, online unter <http://www.manager-magazin.de/unternehmen/it/a-189371.html> (18.3.2019); Platow-Brief vom 30.10.2002.
99 Mark Landler, Woes at Two Pillars of German Journalism, in: *The New York Times* 19.4.2004, <http://www.nytimes.com/2004/01/19/business/media-woes-at-two-pillars-of-german-journalism.html> (18.3.2019).

100 Stefan Aust, Ein spätgeborenes Genie, in: *FAZ* 14.6.2014, S. 17; Frank Schirrmacher, Die Rückkehr, in: *FAZ* 7.8.2004, S. 1; <http://www.spiegel.de/kultur/gesellschaft/zurueck-zur-alten-rechtschreibung-die-faz-ruft-zur-konterrevolution-auf-a-86856.html>; <http://www.spiegel.de/kultur/gesellschaft/zurueck-zur-alten-rechtschreibung-die-faz-handelt-unverantwortlich-a-86962.html>; <http://www.spiegel.de/kultur/gesellschaft/in-eigener-sache-spiegel-verlag-und-axel-springer-ag-kehren-zur-klassischen-rechtschreibung-zurueck-a-311777.html> (alle abgerufen am 18.3.2019); Rechtschreibreform steht auf der Kippe, in: *SZ* 7./8.8.2004, S. 1.

101 Das Kapitel orientiert sich an der vom Verfasser betreuten Master-Thesis von Lennart Meier, Die *FAZ* und die Rechtschreibreform (1992–2016). Eine Analyse der Argumentations- und Vorgehensweise eines Leitmediums zu einem umstrittenen Projekt, unveröffentlichte Master-Thesis Würzburg 2017.

102 Karl Korn, Für und wider eine Reform der deutschen Rechtschreibung, in: *FAZ* 18.7.1953, BuZ S. 4.

103 Korn an Kasack 3.8.1954, in: DLA, A: Kasack/Deutsche Akademie für Sprache und Dichtung <Darmstadt> 91.128.3836.

104 Karl Korn, Im anfang war das wort [sic], in: *FAZ* 24.12.1958, S. 2; Karl Korn, Sprache, Schrift – Industrienorm?, in: *FAZ* 10.1.1959, BuZ S. 4; Karl Korn, Nur ein Traditionswert?, in: *FAZ* 12.5.1959, S. 1.

105 Konrad Adam, Verbindlich?, in: *FAZ* 19.4.1988, S. 29.

106 Gerhard Augst, Werden wir demnächst Keiser statt Kaiser schreiben?, in: *FAZ* 19.7.1988, S. 6.

107 Internationaler Arbeitskreis für Orthographie (Hg.), Deutsche Rechtschreibung. Vorschläge zu ihrer Neuregelung, Tübingen 1992.

108 Kurt Reumann, Mit Stil und Stiel, in: *FAZ* 30.9.1992, S. 1; Hermann Möcker, den bock zum gärtner gemacht [sic], in: *FAZ* 10.2.1992, S. 7; Reinhard Olt, Richtiges Schreiben und Drucken, in: *FAZ* 27.3.1993, S. 10.

109 Jean-Marie Zemb, Alles gleich ist alles anders, in: *FAZ* 2.9.1995, S. 28; Thomas Steinfeld, Die ABC-Waffe, in: *FAZ* 6.7.1995, S. 31; ders., Überflüssige Reform, in: *FAZ* 25. 10.1995, S. 1.

110 Frankfurter Erklärung zur Rechtschreibreform, Frankfurt am Main 1996, < https://home.uni-leipzig.de/horst-rothe/rechtfra.htm> (18.3.2019); Friedrich Denk, Noch ist es nicht zu spät, in: *FAZ* 21.10.1996, S. 16, *Der Spiegel* 14.10.1996 (Hausmitteilung).

111 Kurt Reumann, Wörterfresser, in: *FAZ* 18.4.1997, S. 1; ders., Langweiler oder Garanten der Vielfalt?, in: *FAZ* 11.9.1997, S 16; ders., Der Kuss bliebe zärtlich, in: *FAZ* 20.10.1997, S. 1.

112 Theodor Ickler, Fleisch Fresser, in: *FAZ* 14.12.1998.

113 Theodor Ickler, Die Rechtschreibkommission kehrt stillschweigend zur alten Orthographie zurück, in: *Die Welt* 25.7.2000, S. 9.

114 In eigener Sache, in: *FAZ* 2.12.2006, S. 2; Hubert Spiegel, Um der Einheitlichkeit willen, in: *FAZ* 1.12.2006, S. 1.

115 Zuletzt Heike Schmoll, Ein Unglück der Sprachgeschichte, *FAZ* 1.8.2018, S. 1.

116 Peter Eisenberg, Verordnet uns die Politik den Gender-Stern?, in: *FAZ* 8.6.2018, S. 9; ders., Wie viele dritte Geschlechter gibt es?, in: *FAZ* 21.8.2018, S. 11; ders., Von wegen amtlich, in: *FAZ* 10.1.2019, S. 6; ders., Hier endet das Gendern, in: *FAZ* 16.12.2015, S. 9.

9 DIE GROSSEN FRAGEN DER GEGENWART

1 Wolfgang Janisch, Atmo drunter, O-Ton drüber, dann: Maz ab, in: *FAS* 18.11.1990, S. 25; Michael Hanfeld, Der Urknall, in: *FAZ* 2.1.2004, S. 40; Werner D'Inka, »Band vernicht'n«, in: *FAZ* 2.1.2004, S. 40; Erich Helmensdorfer (Hg.), Der Neubau, Frankfurt am Main 1988, S. 50–53; Hans-Jürgen Jakobs, F.A.Z.: Konzern für Deutschland, in: *COPY* 2 (1988), Heft 1–2, S. 18–27.

2 Gespräch mit Dr. Hugo Müller-Vogg am 2. Januar 2017 in Bad Homburg.

3 Gespräch mit Dr. Hugo Müller-Vogg am 2. Januar 2017 in Bad Homburg.

4 Gespräch mit Dr. Hugo Müller-Vogg am 2. Januar 2017 in Bad Homburg.

5 Gespräch mit Dr. Hugo Müller-Vogg am 2. Januar 2017 in Bad Homburg.

6 Ralf Mielke, Edmund Keferstein treibt die Expansion der FAZ Electronic Media zügig voran, in: *Berliner Zeitung* 13.2.2001, <http://www.berliner-zeitung.de/16507704> (18.3.2019). Die alten *FAZ.NET*-Seiten können für ausgewählte Daten im Internet Archive über die Wayback Machine aufgerufen werden, <https://archive.org/web/> (18.3.2019).

7 Unter Punkt X hieß es: »Jegliche Art von E-Commerce-Einbindung in das Angebot (extern wie intern) wird als solche gekennzeichnet. Die Redaktion arbeitet unbeeinflusst von E-Commerce-Interessen und wird deshalb alle redaktionellen Inhalte kennzeichnen, die in kommerziellem Zusammenhang mit Interessen Dritter oder der Verlagsgruppe stehen. Die Redaktion legt ihre Kooperationspartner offen. Es wird eine ständig aktualisierte Liste der Kooperationspartner im Impressum veröffentlicht. Damit soll dem Nutzer transparent gemacht werden, ob hinter einem gegebenen Angebot in *FAZ.NET* die Redaktion oder Partner stehen. Die Redaktion stellt sicher, dass die Berichterstattung unbeeinflusst von den Interessen jedweden Partners erfolgt. Dazu gehört auch, dass sie transaktionsabhängige Vergütungsmodelle allgemein und insbesondere bei Werbepartnern ablehnt.« Online im Internet Archive abrufbar unter <https://web.archive.org/web/20020102120406/http://www.faz.net/IN/INtemplates/faznet/default.asp?tpl=central/kodex.asp&site=homepage> (18.3.2019).

8 Gemeint waren damals offenbar »visits«, nicht »page impressions«.

9 Siehe die Meldung auf <http://www.spiegel.de/kultur/gesellschaft/in-eigener-sache-spiegel-online-meistgelesenes-online-news-magazin-a-269745.html> (18.3.2019).

10 Siehe *FAZ.NET* 25.9.2006, <http://www.faz.net/aktuell/wirtschaft/netzwirtschaft/internet-faz-net-erreicht-1-3-millionen-leser-1357774.html> (18.3.2019).

11 Gespräch mit Dr. Hugo Müller-Vogg am 2. Januar 2017 in Bad Homburg.

12 Gespräch mit Eckhard Fuhr am 26. Juli 2017 in Berlin.

13 Ralf Mielke, Geschäftsführer Becker verlässt die FAZ, in: *Berliner Zeitung* 5.2.2003, <http://www.berliner-zeitung.de/geschaeftsfuehrer-jochen-becker-verlaesst-die-faz-es-kommt-ein-sanierer-schleichender-verfall-16385660>; *manager magazin* 16.8.2002, <http://www.manager-magazin.de/unternehmen/karriere/a-209898.html>; Michaela Schießl, Massenentlassung bei den Frankfurtern, in: *manager magazin* 28.11.2002, online unter <http://www.manager-magazin.de/unternehmen/it/a-224702.html> (alle abgerufen am 18.3.2019).

14 Die EG-Währungsunion führt zur Zerreißprobe, in: *FAZ* 11.6.1992, S. 15. Neben Giersch und Ohr unterzeichnete auch der ehemalige Wirtschaftsminister Karl Schiller das Manifest.

15 Der Euro kommt zu früh, in: *FAZ* 9.2.1998, S. 15.

16 ppl. [= Philip Plickert], 172 Professoren rufen zum Euro-Protest auf, in: *FAZ* 6.7.2012, S. 11; ders., Ökonomenaufruf gegen EZB-Anleihekäufe, in: *FAZ* 12.9.2013, S. 13; Philip Plickert, Professoren im Protestmodus, in: *FAZ* 16.9.2013, S. 17.

17 ppl./wmu. [= Philip Plickert/Werner Mussler], Ökonomen warnen vor Euro-Haftungsunion; Der Euro darf nicht in die Haftungsunion führen, in: *FAZ* 22.5.2012, S. 17, 19.

18 mas./sibi./wmu. [= Manfred Schäfers/Christian Siedenbiedel/Werner Mussler], Ökonomenaufruf zu Europa spaltet Koalition und Forschung, in: *FAZ* 23.5.2018, S. 16.

19 Pepe Egger, Deutsche Ökonomen wieder mal FURIOUS, *Der Freitag online* 23.5.2018, <https://www.freitag.de/autoren/pep/deutsche-oekonomen-wieder-mal-furious> (18.3.2019).

20 Philip Plickert, Der Euro und seine Kritiker, in: *FAZ* 6.2.2017, S. 16.

21 Joachim Starbatty, Der Euro verpaßt allen den gleichen Geldmantel, in: *FAZ* 27.2.2001, S. 19; ders./Wilhelm Hankel/Karl Albrecht Schachtschneider, Kein Bail-out zur Rettung des Euro-Raumes, in: *FAZ* 28.3.2009, S. 10.

22 Thomas Holl, Besorgt in Sakko und Blazer, in: *FAZ* 13.3.2013, S. 4.

23 Maria Fiedler, Der Radikale, in: *Der Tagesspiegel* 4.6.2018, <https://www.tagesspiegel.de/politik/afd-chef-alexander-gauland-der-radikale/22638022.html> (18.3.2019).

24 Philip Plickert, VWL-Professoren gegen Euro-Politik, in: *FAZ* 25.2.2011, S. 13 (inkl. Kastentext mit Lucke-Zitat: »Die deutsche akademische VWL ist mit überwältigender Mehrheit gegen die geplanten EU-Beschlüsse«); Lucke kam zudem selbst zu Wort als Autor und in einem großen Interview: Bernd Lucke, Euro-Retter auf der falschen Spur, in: *FAZ* 10.6.2011, S. 10; ders./Harald Hau, Die Alternative zum Rettungsschirm, in: *FAZ* 16.9.2011, S. 12; Philip Plickert, »Die Euro-Rettung ist ein Fiasko«, in: *FAZ* 29.5.2012, S. 13.

25 Winand von Petersdorff, Die neue Anti-Euro-Partei, in: *FAS* 3.3.2013, S. 31. Die Versammlung in Oberursel fand am 11.3.2013 statt, zwei Tage später folgten mehrere Artikel: Thomas Holl, Besorgt in Sakko und Blazer, in: *FAZ* 13.3.2013, S. 4; Reinhard Müller, Eine Alternative?, in: *FAZ* 13.3.2013, S. 8; Philip Plickert, Eine Graswurzelbewegung gegen den Euro, in: *FAZ* 13.3.2013, S. 11; Bernhard Biener, Voller Saal für die Euro-Skeptiker, in: *FAZ* 13.3.2013, S. 43.

26 Der Pilotartikel war Winand von Petersdorff, Die neue Anti-Euro-Partei, 3.3.2013, auf *FAZ.NET* 4.3.2013, <http://www.faz.net/aktuell/wirtschaft/eurokrise/afd-alternative-fuer-deutschland-die-neue-anti-euro-partei-12100436.html>. Siehe dann ders., Wer ist der Anti-Euro-Professor Bernd Lucke?, auf *FAZ.NET* 24.3.2013, <http://www.faz.net/aktuell/wirtschaft/wirtschaftspolitik/alternative-fuer-deutschland-wer-ist-der-anti-euro-professor-bernd-lucke-12125783.html>; Philip Plickert, Eine bürgerliche Graswurzelbewegung gegen den Euro, auf *FAZ.NET* 12.3.2013, <http://www.faz.net/aktuell/wirtschaft/eurokrise/alternative-fuer-deutschland-eine-buergerliche-graswurzelbewegung-gegen-den-euro-12111762.html> (alle abgerufen am 18.3.2019); im Wirtschaftsteil etwa: Joachim Jahn, Aufstand gegen Merkels »alternativlose« Rettung, in: *FAZ* 15.4.2013, S. 19; Philip Plickert, »Die Euro-Rettungskredite sind verloren«, in: *FAZ* 28.5.2013, S. 11 (Interview mit Lucke); allein für das Jahr 2013 finden sich insgesamt 45 Artikel mit AfD-Nennung im Wirtschaftsressort.

27 Philip Plickert, Euro ohne Illusionen, in: *FAZ* 24.4.2013, S. 9; Klaus-Dieter Frankenberger, Für Deutschland?, in: *FAZ* 15.4.2013, S. 1.

28 Gauland beleidigt Boateng, in: *FAS* 29.5.2016, S. 1 (in der Online-Version wurden als Autoren Markus Wehner und Eckart Lohse genannt, Mitarbeiter des Politik-Teils, dies., Gauland beleidigt Boateng, auf *FAZ.NET* 29.5.2016, <http://www.faz.net/aktuell/politik/

inland/afd-vize-gauland-beleidigt-jerome-boateng-14257743.html>, 18.3.2019 (der Zeitungsartikel war lediglich mit F.A.S. unterzeichnet); Stefan Winterbauer, Wie seriös ist eigentlich der AfD-Aufreger der *FAS*? Die Mär vom ungeliebten Nachbarn Boateng, *Meedia* 31.5.2016, <https://meedia.de/2016/05/31/wie-serioes-ist-der-afd-aufreger-der-fas-die-maer-vom-ungeliebten-nachbarn-boateng/> (18.3.2019).

29 Eine Auswahl aus der Politik: Justus Bender, Der schmale Grat der AfD, in: *FAZ* 8.7.2015, S. 1; Jasper von Altenbockum, Welche Alternative?, in: *FAZ* 22.5.2015, S. 1; aus der Wirtschaft: Joachim Jahn, Das Zweckbündnis bröckelt, in: *FAZ* 8.7.2015, S. 15; Holger Steltzner, Die Anbetung des Euros, in: *FAZ* 13.7.2015, S. 15; aus dem Feuilleton: Kann weg!, in: *FAZ* 27.12.2015, S. 41; Michael Hanfeld, Die neue Rechte, in: *FAZ* 12.10.2015, S. 12.

30 Siehe beispielsweise Michael Hanfeld, Sommerpause für Rundfunkgebühren, auf *FAZ.NET* 7.8.2017, <http://www.faz.net/aktuell/feuilleton/rundfunkgebuehren-frauke-petry-mit-sommerpausen-vorschlag-15139462.html> (18.3.2019); Jasper von Altenbockum, Eines Tages, in: *FAZ* 26.3.2018, S. 1.

31 Günther Lachmann, Enttäuschte CDU-Politiker gründen Wahlalternative, auf *Welt.de* 4.10.2012, <https://www.welt.de/politik/deutschland/article109606449/Enttaeuschte-CDU-Politiker-gruenden-Wahlalternative.html> (18.3.2019).

32 *Focus*-Titelthema »Der Euro-Rebell« über Bernd Lucke vom 22.4.2013; Henning Krumrey/Dieter Schnaas, Angriff auf die Euro-Einheitsfront, in: *Wirtschaftswoche* 15.4.2013, <https://www.wiwo.de/politik/deutschland/parteien-angriff-auf-die-euro-einheitsfront-/8055654.html> (18.3.2019); Winand von Petersdorff, Die neue Anti-Euro-Partei, in: *FAS* 3.3.2013, S. 31.

33 Frank Schirrmacher, Das Methusalem-Komplott, München 2004.

34 Irene Seligo, Angola liegt im Schatten des Kongos, in: *FAZ* 3.6.1961, BuZ S. 3.

35 Günther Rühle, Kultur für die Türken, in: *FAZ* 25.5.1980, S. 23.

36 Konrad Adam, Der Preis der Multikultur, in: *FAZ* 23.11.1982, S. 23.

37 Reu. [= Kurt Reumann], Kein Vielvölkerstaat, in: *FAZ* 8.3.1982, S. 10.

38 Frank Schirrmacher, Dreißig Jahre nach zwölf, in: *FAZ* 21.2.2005, S. 35. Siehe dann auch Schirrmachers Artikel über ausländische Jugendkriminalität, Junge Männer auf Feindfahrt, in: *FAZ* 15.1.2008, S. 31.

39 Patrik Schwarz (Hg.), Die Sarrazin-Debatte. Eine Provokation – und die Antworten, Hamburg 2010.

40 Positiv reagierten die Soziologin Necla Kelek, Ein Befreiungsschlag, in: *FAZ* 30.8.2010, S. 23, die Entwicklungspsychologen Heiner Rindermann und Detlef Rost, Was ist dran an Sarrazins Thesen?, in: *FAZ* 7.9.2010, S. 29, und der Politikwissenschaftler Erich Weede, Demographie, Intelligenz und Zuwanderung, in: *FAZ* 8.10.2010, S. 12. Kritisch zeigte sich im Interview die von Sarrazin selbst referierte Intelligenzforscherin Elsbeth Stern, Jeder kann das große Los ziehen, in: *FAZ* 2.9.2010, S. 29. Sehr kritisch sind beispielsweise die Artikel der Feuilletonredaktion von Christian Geyer, So wird Deutschland dumm, in: *FAZ* 26.8.2010, S. 27; Frank Schirrmacher, Ein fataler Irrweg, in: *FAS* 29.8.2010, Nr. 34, S. 21; ders., Sarrazins drittes Buch, in: *FAZ* 1.9.2010, S. 1.

41 Die Zustimmung beunruhigt mich etwas. Ein Gespräch über die umstrittensten Thesen von »Deutschland schafft sich ab‹« zwischen Thilo Sarrazin und Frank Schirrmacher, in: *FAZ* 1.10.2010, S. 33.

42 Patrick Bahners, Die Panikmacher, in: *FAZ* 16.2.2011, S. 27; Thilo Sarrazin, Erdogans Ghostwriter, in: *FAZ* 19.2.2011, S. 31 (Rezension von Patrick Bahners, Die Panikmacher. Die deutsche Angst vor dem Islam. Eine Streitschrift, München 2011).

43 Jörg Baberowski, Europa ist gar keine Wertegemeinschaft, in: *FAZ* 14.9.2015, S. 11; Gespräch mit Prof. Dr. Jörg Baberowski am 16. Juni 2016 in Würzburg.

44 Manfred Hettling, Diese gewissen Menschengruppen, in: *FAZ* 20.10.2015, S. 13; Freies Denken. Der diffamierte Jörg Baberowski erhält Beistand, in: *FAZ* 7.4.2017, S. 11; Heike Schmoll, Das schleichende Gift des Rufmords, in: *FAZ* 27.3.2017, S. 9.

45 Wolfgang Streeck, Merkels neue Kleider, in: *FAZ* 3.5.2016, S. 9; ders., Merkel. Ein Rückblick, in: *FAZ* 16.11.2017, S. 11.

46 Lorenz Jäger, Adieu, Kameraden, ich bin Gutmensch, in: *FAZ* 5.10.2011, S. 29; ders., Das schlechte Gewissen können wir kaufen, in: *FAZ* 12.10.2005, S. 39; Apokalypse lieber später, in: *FAZ* 23.9.2015, S. N3; ders., Identitätspolitik und lokale Gemeinschaften, in: *FAZ* 24.2.2016, S. N3.

47 Siehe beispielsweise Berthold Kohler, Merkels Manhattan-Projekt, in: *FAZ* 31.8.2016, S. 1; Jasper von Altenbockum, Ins Offene, in: *FAZ* 7.12.2016, S. 1; Reinhard Müller, Deutschland darf sich nicht auflösen, auf *FAZ.NET* 12.9.2015, <http://www.faz.net/aktuell/politik/fluechtlingskrise/fluechtlingskrise-deutschland-darf-sich-nicht-aufloesen-13797998.html?GEPC=s6&GEPC=s5> (18.3.2019); ders., Wo bleibt das Recht?, in: *FAZ* 18.11.2017, S. 1.

48 Die schärfste Kritik an Bundeskanzlerin Merkel mit einer sehr großen Resonanz im Netz kam von dem für das Wirtschaftsressort zuständigen Herausgeber Holger Steltzner, Merkel spaltet die Europäische Union, *FAZ.NET* 21.6.2018, <http://www.faz.net/aktuell/wirtschaft/mehr-wirtschaft/asyl-und-euro-angela-merkel-spaltet-die-europaeische-union-15650729.html#void> (18.3.2019).

49 Dazu zählen Konrad Adam, Karl Feldmeyer, Günther Gillessen, Klaus Peter Krause, Andreas Graf Razumovsky und Eberhard Straub.

50 Etwa Nadine Bös, Ralph Bollmann, Eleonore Büning und Mechthild Küpper.

51 Holger Steltzner, Klimareligion mit Ablasshandel, in: *FAZ* 15.2.2019, S. 15.

52 *FAZ* 19.3.2019, S. 1.

53 Steffen Grimberg, Da waren's nur noch drei, *taz.de* <http://www.taz.de/!5575678/> (30.3.2019).

54 Typisch für das Rechts-links-Schema in der Wahrnehmung der *FAZ* kamen diese Interpretationen aber nur von konservativer Seite: Wolfgang Röhl, FAZ: Kritisier' die EU, und raus bist du, in: *Achgut.com* <https://www.achgut.com/artikel/faz_kritisier_die_eu_und_raus_bist_du>; Roland Tichy, FAZ: Kurswechsel nach Berlin, in: *Tichys Einblick*, <https://www.tichyseinblick.de/feuilleton/medien/faz-kurswechsel-nach-berlin/> (beide abgerufen am 30.3.2019).

55 Ulrike Simon, Kluger Kopf gesucht, in: *Spiegel online* 21.3.2019, <https://www.spiegel.de/plus/faz-trennt-sich-von-holger-steltzner-kluger-kopf-gesucht-a-c90b607e-b45f-433b-be52-e4dfea56355f>; Steffen Grimberg, Da waren's nur noch drei, *taz.de* <http://www.taz.de/!5575678/> (beide abgerufen am 30.3.2019).

10 LEBEN UND SCHREIBEN IN DER MÄNNERBASTION

1 Organisationale Identität ist nach der eingeführten CED-Formel »that which members believe to be central, enduring, and distinctive about their organization«. Dazu gehören »core values, organizational culture, mode of performance, and products«. Stuart Albert/David A. Whetten, Organizational Identity, in: *Research in Organizational Behavior* 7 (1985), S. 263–295, Zitat S. 265. Vgl. ferner David A. Whetten, Albert and Whetten Revisited: Strengthening the Concept of Organizational Identity, in: *Journal of Management Inquiry* 15 (2006), S. 219–234; Stephan A. Böhm, Organisationale Identifikation als Voraussetzung für eine erfolgreiche Unternehmensentwicklung. Eine wissenschaftliche Analyse mit Ansatzpunkten für das Management, Wiesbaden 2008.

2 Bruno Dechamps, Frankfurter Allgemeine Zeitung, in: Heinz-Dietrich Fischer (Hg.), Chefredakteure. Publizisten oder Administratoren? Status, Kompetenz und kommunikative Funktion von Redaktionsleitern bei Tages- und Wochenzeitungen, Düsseldorf 1980, S. 91–110, hier S. 98.

3 Gespräch mit Berthold Kohler am 10. April 2019 in Frankfurt am Main.

4 1954 wurde in einer Herausgeberkonferenz festgehalten, dass die Redaktion keine Volontäre einstellen und das Wort Volontär nicht mehr angewandt werden solle. Zuvor durchlief etwa Adelbert Weinstein eine einjährige Volontärszeit. Aktennotiz über die Herausgeberkonferenz vom 24.2.1954, in: FAZ-Archiv, Herausgeberkonferenzen 1.1.1951–24.12.1954; Adelbert Weinstein über seinen Weg zur Zeitung (undatiert), in: FAZ-Archiv, Akten der Herausgeber. Erich Welter. Zur Geschichte der Frankfurter Allgemeinen Zeitung – Konzepte – Entwürfe – Erinnerungen von Beteiligten.

5 Jürgen Busche im Gespräch mit Frederic Schulz, Mitarbeiter des Verfassers, am 29. November 2018.

6 Jürgen Busche, Unsere Zeitung, in: *Kursbuch* 125 (1996), S. 37–44.

7 Gespräch mit Eckhard Fuhr am 26. Juli 2017 in Berlin.

8 Fack, Protokoll über die Herausgebersitzung vom 11.6.1980, S. 2, in: FAZ-Archiv, H 1.4.1971–31.3.1973; Fack, Protokoll über die Herausgebersitzung vom 26.1.1972, in: FAZ-Archiv, Rm HG-Konferenz 1980/81_1981/82_1982_/83_1984/85.

9 Welter, Protokoll über die Herausgebersitzung 4.8.1965, S. 2, in: FAZ-Archiv, Herausgeber 1. April 1963–Dezember 1965.

10 Siehe den Schriftsatz von Hans Wolfgang Pfeifer vom 1.10.1989, in: FAZ-Archiv, HG April 1989–31.12.1990.

11 Gespräch mit Dr. Kurt Reumann am 24. August 2015 in Niederhöchstadt/Eschborn.

12 Fack, Protokoll über die Herausgebersitzung vom 12. und 26.1.1972, in: FAZ-Archiv, H 1.4.1971–31.3.1973.

13 *Der Spiegel* 13.10.1975, S. 106–115.

14 Guido Knopp, Meine Geschichte, München 2017, S. 35. Weder »Die Wirren in Persien« noch »Den Pakistani gebricht es an Panzern« taucht so oder in Abwandlung im *FAZ*-Digitalarchiv auf.

15 Eick, Protokoll über die Herausgebersitzung 5.7.1978, S. 3, in: FAZ-Archiv, H 1.4.1977–31.3.1979.

16 Gespräch mit Eckhard Fuhr am 26. Juli 2017 in Berlin.

17 Gillessen, Auf verlorenem Posten, S. 32; Hummerich, Wahrheit zwischen den Zeilen, S. 67f., Zitat S. 67; Elisabeth Noelle, Die letzte Kerze, in: *FAZ* 27.6.2002, S. 8.

18 Helene Rahms, Die Clique. Journalistenleben in der Nachkriegszeit, Bern/München/Wien 1999, S. 171f.

19 Ebd., S. 99.
20 Narz, Kultur im Widerstreit, Kapitel Journalismus und Geschlecht.
21 Sturm, Barfuß auf Asphalt, S. 213f., 232–234, Zitat S. 214.
22 Frisé, Schlesische Kindheit, S. 314.
23 Marlies Flesch-Thebesius, Die Schwierigkeit, erwachsen zu werden, in: *FAZ* 30.1.1960, S. 32; Narz, Kultur im Widerstreit, Kapitel Journalismus und Geschlecht.
24 Eick, Protokoll über die Herausgebersitzung vom 22.9.1966, in: FAZ-Archiv, H 1966 bis Dez. 1968, dort das Zitat; Dechamps, Protokoll über die Herausgebersitzung vom 1.4.1970, in: FAZ-Archiv, H 1.1.1969–31.3.1971.
25 Rahms, Die Clique, S. 102; Gespräch mit Dr. Klaus Peter Krause am 16. Juni 2015 in Würzburg.
26 Narz, Kultur im Widerstreit, Kapitel Journalismus und Geschlecht.
27 Hielle, Protokoll des 181. Jour fixe der Wirtschaftsredaktion, 7.12.1987, in: FAZ-Archiv, Redaktionskonferenzen 1.4.1986–30.9.1991.
28 Dr. Ursula Kals in einem Telefonat mit dem Verfasser am 22.10.2018.
29 Frisé, Meine schlesische Familie, S. 297f.
30 Sturm, Barfuß auf Asphalt, S. 254.
31 Frisé, Meine schlesische Familie, S. 284, 294 (Zitat). Vgl. für Leitartikel auf der ersten Seite beispielsweise Maria Frisé, Frauenfragen sind Männerfragen, in: *FAZ* 11.9.1978, S. 1; dies., Als die Frauen gleichberechtig wurden, in: *FAZ* 1.7.1988, S. 1. Frisé kompilierte aus einigen ihrer Stücke auch ein eigenes Buch: Erbarmen mit den Männern. Gedanken zum Thema Männer, Frauen und Familien, Reinbek bei Hamburg 1983.
32 H.R. [= Helene Rahms], Schutzbedürftig, in: *FAZ* 25.7.1959, BuZ S. 6; BVerfGE 10, 59. Rahms' Meinung, ihre Glosse habe zum großen Teil im Urteil Verwendung gefunden, kann nach Lektüre nicht bestätigt werden. Vielmehr finden sich dort zahlreiche Passagen, welche die Unterschiede zwischen Mann und Frau beziehungsweise Vater und Mutter festschreiben. Die Richterin – oder laut damaliger *FAZ*-Meldung: »Der Richter« – am Bundesverfassungsgericht Dr. Erna Scheffler (fälschlicherweise von Rahms »Bundesrichterin Scheffel« bezeichnet) verlas auch nur in Vertretung des erkrankten Präsidenten das Urteil, Rahms, Die Clique, S. 110; h.s., Vater und Mutter sollen gemeinsam entscheiden, in: *FAZ* 3.7.1959, S. 1; der Leitartikel von Heddy Neumeister ebendort begrüßte die Entscheidung in zurückhaltender Diktion.
33 Boveri an Welter 7. und 20.2.1956, in: BArch N 1314, Nr. 103.
34 Einen Überblick bietet Hodenberg, Konsens und Krise, S. 230–244.
35 ahe. [= Anno Hecker], Evi Simeoni 60, in: *FAZ* 29.3.2018, S. 4.
36 Vgl. ausführlicher zum Thema Narz, Kultur im Widerstreit, Kapitel Geschlecht und Journalismus.
37 Andreas Platthaus, Frankfurter Redaktionsweltgeist, in: *FAZ* 27.7.2018, S. 11; Stadelmaier, Umbruch, S. 154f.
38 Haffner am 3.10.1962, in: FAZ-Archiv, 1960. 1961. 1962. 1963. 1964. 1965.
39 So der Theaterkritiker Hensel, Glück gehabt, S. 205.
40 Heck an Tern, Telegramm vom 31.5.1969, in: FAZ-Archiv, Akten der Herausgeber. Jürgen Tern. Glückwünsche zum 60. Geburtstag. Dort finden sich die weiteren Glückwunschschreiben und Übersichtslisten der Gratulanten.
41 Zu Wiegand vgl. das Interview mit Karl Heinz Bohrer in: *FAZ* 8.3.2017. S. 9; zu Dath siehe das Interview mit ihm auf *Welt.de* vom 28.8.2008, <https://www.welt.de/kultur/article2359438/In-Lenins-Schriften-ist-viel-Nuetzliches.html> (18.3.2019).
42 Bohrer an Améry 3.1.1972, in: DLA, A: Améry 81.1918/4.

43 Jürgen Habermas, In unerkennbar aggressiver Tonlage, in: *FAZ* 12.7.2005, S. N3.
44 Frisé, Meine schlesische Familie, S. 304.
45 Eick, Protokoll über die Herausgebersitzung vom 23.3.1973, in: FAZ-Archiv, H 1.4.1971–31.3.1973.
46 Gespräche mit Dr. Konrad Adam am 2. März 2016 in Oberursel und mit Dr. Gustav Seibt am 8. Februar 2017 in Berlin.
47 Vgl. zu dieser politischen Topographie Jean A. Laponce, Left and Right. The Topography of Political Perceptions, Toronto/Buffalo/London 1981; João Cardoso Rosas/Ana Rita Ferreira (Hg.), Left and Right: The Great Dichotomy Revisited, Newcastle upon Tyne 2013.
48 So wurde Raulff in der *Zeit* wiedergegeben, Gunter Hofmann, Die Grammatik der »FAZ«, *Zeit online* 17.8.200, <http://www.zeit.de/2000/34/Die_Grammatik_der_FAZ/seite-4> (18.3.2019). Ähnlich äußerte sich Gustav Seibt im Gespräch mit dem Verfasser am 8. Februar 2017 in Berlin.
49 Klaus Brinkbäumer (Hg.), 70. Der Spiegel 1947–2017, München/Hamburg 2017; Peter Merseburger, Rudolf Augstein. Der Mann, der den SPIEGEL machte, München 2009; Lutz Hachmeister, Heideggers Testament. Der Philosoph, der SPIEGEL und die SS, Berlin 2014; Christian Haase/Axel Schildt (Hg.), DIE ZEIT und die Bonner Republik. Eine meinungsbildende Wochenzeitung zwischen Wiederbewaffnung und Wiedervereinigung, Göttingen 2008; Karl-Heinz Janßen/Haug von Kuenheim/Theo Sommer (Hg.), DIE ZEIT. Geschichte einer Wochenzeitung 1946 bis heute, München 2006.
50 Knud von Harbou, Als Deutschland seine Seele retten wollte; ders., Wege und Abwege. Franz Josef Schöningh, Mitbegründer der Süddeutschen Zeitung. Eine Biografie, München 2013.
51 Jörg Magenau, Die taz. Eine Zeitung als Lebensform, München 2007.
52 Im Anhang zu den Arbeitsverträgen heißt es: »Der Redakteur ist zur Einhaltung der Richtlinien für die grundsätzliche Haltung der Zeitung verpflichtet. Die Richtlinien sind: Die Frankfurter Rundschau ist eine von Parteien und Interessengruppen unabhängige Tageszeitung. Ihre Grundhaltung ist sozial-liberal (links-liberal).« Freundliche Mitteilung von der Frankfurter Rundschau GmbH vom 29.6.2018.
53 Heinz-Dietrich Fischer, Reeducations- und Pressepolitik unter britischem Besatzungsstatus. Die Zonenzeitung »Die Welt« 1946–1950. Konzeption, Artikulation und Rezeption, Düsseldorf 1978; Gudrun Kruip, Das »Welt«-»Bild« des Axel Springer Verlags. Journalismus zwischen westlichen Werten und deutschen Denktraditionen, München 1999; Hans-Peter Schwarz, Axel Springer. Die Biografie, Berlin 2008.
54 Bohrer, Jetzt, S. 334.
55 H. H. Stuckenschmidt, Probe in Marino, in: *FAZ* 23.6.1970, S. 22.
56 Bohrer an Domin 21.10.1970, in: DLA, A: Domin 07.2.
57 So Bruno Dechamps' Einschätzung, die inhaltlich von vielen Zeitzeugen geteilt wird, siehe Korda, Für Bürgertum und Business, S. 90.
58 Welter, Aktenvermerk über die Herausgebersitzung vom 19.12.1962, in: FAZ-Archiv, Herausgeber 2. Januar 1962 bis 5. August 1963.
59 Pickert an Welter, 11.7.1952; Welter an Pickert 22.7.1952, in: FAZ-Archiv, Akten der Herausgeber. Erich Welter. Briefwechsel mit Albrecht Pickert.
60 Welter, Aktennotiz zur Herausgebersitzung am 17. Juni 1953, in: FAZ-Archiv, Akten der Geschäftsführung. Werner G. Hoffmann. Herausgeberkonferenzen 12.12.1950–23.12.1959.
61 Tern, Protokoll über die Herausgebersitzung vom 1.11.1961, FAZ-Archiv, Akten der Herausgeber. Erich Welter. Protokolle der Herausgeber-Sitzungen 1. April 1958–18. Dez. 1961

62 Tern, Protokoll über die Herausgebersitzung am 7.2.1962, S. 2, in: FAZ-Archiv, Herausgeber 2. Januar 1962 bis 5. August 1963.
63 Dechamps, Protokoll über die Herausgebersitzung vom 22.9.1965, in: FAZ-Archiv, Herausgeber 1. April 1963–Dezember 1965.
64 Dechamps, Protokoll über die Herausgebersitzung vom 29.9.1965, in: FAZ-Archiv, Herausgeber 1. April 1963–Dezember 1965.
65 g.r. [= Günther Rühle], Frisch, in: *FAZ* 20.9.1976, S. 21; Protokoll der Konferenz vom 21.9.1976, in: FAZ-Archiv, Redaktionskonferenzen 1.1.1975–31.12.1977.
66 J. B. [= Jürgen Busche], Das bestimmen sie, in: *FAZ* 4.9.1980, S. 10; vgl. zuvor schon ders., Hetze statt Wahlkampf, in: *FAZ* 18.6.1980, S. 1; ders., Goebbels' Waffe, in: *FAZ* 7.2.1976, S. 8.
67 Zettler, Konferenz vom 4.9.1980, in: FAZ-Archiv, Redaktionsprotokolle 1.1.1978–30.9.1981.
68 Grn. [= Ulrich Greiner], Wahn, in: *FAZ* 25.4.1978, S. 23; Eick, Protokoll über die Herausgebersitzung vom 26.4.1978, S. 2, in: FAZ-Archiv, H 1.4.1977–31.3.1979. Der Prozess um den Exorzismus von Klingenberg im Frühjahr 1978, der mit der Verurteilung zu Bewährungsstrafen der beiden maßgeblich beteiligten Geistlichen wie auch der Eltern der in der Folge an Unterernährung verstorbenen Studentin Anneliese Michel endete, da sie keinen Arzt verständigt hatten, entfachte die öffentlich geführte Diskussion über den Teufelsglauben in der modernen Welt neu. Offizielle Stellungnahmen seitens der katholischen Kirche, welche den Teufel als Realität auch des 20. Jahrhunderts anerkannten, verschärften den Ton in der ohnehin überwiegend kritischen Presseberichterstattung. Vgl. zu diesem Komplex Petra Ney-Hellmuth, Der Fall Anneliese Michel. Kirche, Justiz, Presse, Würzburg 2014.
69 Tern, Protokoll über die Herausgebersitzungen vom 10.7.1968, S. 2 (Zitat), und 15.7.1968, S. 1f., in: FAZ-Archiv, H 1966 bis Dez. 1968; Karl Heinz Bohrer, Mit allen Mitteln des Rechtsstaates, in: *Neue Rundschau* 79 (1968), S. 340–347. Dort (S. 347) heißt es: »Wir sind Zeuge, wie diese ›Rechtsgläubigen‹ darangehen, die erste linke Studentenbewegung, die Deutschland jemals gehabt hat, als kriminell zu diffamieren und warten auf die angekündigten Mittel des Rechtstaates.«
70 Tern, Protokoll über die Herausgebersitzung vom 31.7.1968, S. 2, in: FAZ-Archiv, H 1966 bis Dez. 1968.
71 Auszug aus dem Herausgeberprotokoll vom 10.11.1965; 15.12.1965, in: FAZ-Archiv, 1960. 1961. 1962. 1963. 1964. 1965.
72 Freundliche Mitteilung an den Autor von Dr. Gustav Seibt vom 11.2.2017.
73 Sehr deutlich wird dies auch in einem Brief Nonnenmachers an den Berater der Herausgeber Robert Held vom 3.1.1982 (Privatbesitz), in welchem sich Nonnenmacher vor Eintritt in die Zeitung auf einer liberalen Linie einordnet.
74 Heinz Bonfadelli, Medieninhaltsforschung. Grundlagen, Methoden, Anwendungen, Konstanz 2002; ders./Thomas N. Friemel, Medienwirkungsforschung, Konstanz 2015[5].
75 Je nach Institut fällt die Reichweitenerhebung aber sehr unterschiedlich aus, zuletzt schwankte sie zwischen 637000 und 922000 Lesern.
76 Frankfurter Allgemeine. Media Solutions. Frankfurter Allgemeine Zeitung. Preisliste Nr. 78, <https://www.faz.media/fileadmin/user_upload/Preise/FAZ_FAS_Preisliste_2018.pdf> (18.3.2019).
77 Jürgen Wilke, Leitmedien und Zielgruppenorgane, in: ders. (Hg.), Mediengeschichte der Bundesrepublik Deutschland, Köln/Weimar/Wien 1999, S. 302–329; Hans Mathias Kepplinger, Die Demontage der Politik in der Informationsgesellschaft, Freiburg im

Breisgau/München 1998, S. 34–46. Vgl. ferner Otfried Jarren/Martina Vogel, »Leitmedien« als Qualitätsmedien: Theoretisches Konzept und Indikatoren, in: Roger Blum/Heinz Bonfadelli/Kurt Imhof/Otfried Jarren (Hg.): Krise der Leuchttürme öffentlicher Kommunikation. Vergangenheit und Zukunft der Qualitätsmedien. Wiesbaden 2011, S. 17–29.

78 Brief an den Förderkreis 21.3.1960, in: DLA, A Marbach: Sternberger, 89.10.223; Gespräch mit Prof. Dr. Rainer Blasius am 23. Oktober 2018 in Würzburg. Ausführlich widmet sich die in Arbeit befindliche Dissertation von Schulz, Am Webstuhl der Zeit, den *FAZ*-Korrespondenten.

79 Herbert Kluge, Die Bundesrepublik Deutschland als Objekt der Auslandsberichterstattung. Die Arbeit ausländischer Korrespondenten in der Bundesrepublik, Diss. Münster 1980, S. 134.

80 Lehn, Westdeutsche und italienische Historiker als Intellektuelle?, S. 117.

81 Paul Nolte, Intellektuelle Zeitgeschichte im »Age of Fracture«, in: *Geschichte und Gesellschaft* 39 (2013), S. 391–408, Zitat S. 401.

82 Lehn, Westdeutsche und italienische Historiker als Intellektuelle?, S. 129.

83 Wilke, Leitmedien. Die verkaufte Auflage (Einzelverkauf, Abonnements, sonstige Verkäufe sowie Bordexemplare) der *SZ* liegt nach Angaben der IVW bei 345 156 (Stand Q4/2018), die der *FAZ* nach einer drastischen Reduzierung der »sonstigen Verkäufe« (etwa Bord- und Zugexemplare) bei 235 271 (Stand Q4/2018). Den Höchststand erreichte die *FAZ* 2001 mit einer verkauften Auflage von 408 641. Die Daten werden publiziert auf <http://www.ivw.eu/> (18.3.2019).

84 Wilke, Leitmedien.

85 Sto. [= Wolfgang Stock], Keine Zeit für das Fernsehen, in: *FAZ* 21.3.1989, S. 4; Müller-Vogg an Pfeifer 21.2.1989; Pfeifer an Müller-Vogg 23.2.1989, in: FAZ-Archiv, Materialien zur Geschichte der Zeitung 1980 bis 1989. Akten der Geschäftsführung.

86 Peter Grottian, Zum Planungsbewußtsein der Bonner Ministerialbürokratie. Vorläufige Ergebnisse einer empirischen Studie, in: Deutsche Vereinigung für Politische Wissenschaft (Hg.), Gesellschaftlicher Wandel und politische Innovation. Tagung der Deutschen Vereinigung für Politische Wissenschaft in Mannheim, Herbst 1971, Opladen 1972, S. 127–152.

87 So wurde die *FAZ* beispielsweise 1963 als einziges deutsches Blatt in einem von einem Expertengremium der School of Journalism der Syracuse University im Bundesstaat New York erstellten Rangvergleich der zehn weltweit bedeutendsten Zeitungen aufgenommen, wobei die Kriterien Auflagenstreuung, stilistische Qualität und redaktionelle Unabhängigkeit maßgeblich waren. C. W. Clarke (University of Syracuse) an Lietzmann 21.11.1963 und Werbeplakat der *FAZ* 1965, in: FAZ-Archiv, Wichtige Anerkennungen. Im darauffolgenden Jahr zählte ein Gremium von 26 amerikanischen Professoren für Journalismus in einem Gutachten die *FAZ* zu den zehn international führenden Tageszeitungen. Werbeplakat der *FAZ* 1965, in: FAZ-Archiv, Wichtige Anerkennungen. Die *Times* schrieb 1970 über die *FAZ*: »The FAZ takes itself very seriously, and regards itself as a paper of record. Its coverage is the most comprehensive in the daily field, and its business section is unrivalled.« Roger Berthoud, The World's Press. West Germany, in: *The Times* 17.12.1970, S. XII.

88 Gz. [= Hans Herbert Götz], Warum Hettlage geht, in: *FAZ* 13.10.1962, S. 2. Das zweite Zitat von Götz stammt aus dem Gespräch mit Marianne Englert am 31.10.1994, in: FAZ-Archiv, F.A.Z. Zeitzeugen A–J.

89 Hanno Kühnert, Tücken der Computer, in: *FAZ* 10.6.1969, S. 1; Spiros Simitis: »Man spielt nicht mehr mit dem Datenschutz!«, auf *netzpolitik.org* 13.10.2015, < https://netzpolitik.org/2015/spiros-simitis-man-spielt-nicht-mehr-mit-dem-datenschutz/> (18.3.2019).

90 why. [= Wolfgang Heyen], Die Bremer Krawalle vor einem Untersuchungsausschuß, in: *FAZ* 23.5.1980, S. 1.

91 Claus Gennrich, Die Geschichte eines Angebots an die Sowjetunion. Der Bundeskanzler zur Nachrüstungsfrage. Eine Dokumentation, in: *FAZ* 27.5.1980, S. 3.

92 Fritz Ullrich Fack, Ist das Friedenspolitik?, in: *FAZ* 23.5.1980, S. 1.

93 Freundliche Mitteilung von Herrn. Dr. Fack an den Verfasser am 26. und 27.5.2017. Insbesondere mit dem streng wirtschaftsliberalen Hayek-Anhänger Hans D. Barbier geriet Schmidt aneinander. Einmal lud Schmidt die Herausgeber ins Kanzleramt ein, wo es dann zum Abendessen nur Tafelwasser und Salzgebäck und später einige Gläser Wein gab. Joachim Fest habe damals geschworen: »Nie wieder.« 1979 berichtete Reißmüller seinen Kollegen, Schmidt stehe der *FAZ* außerordentlich kritisch gegenüber und meine, die Zeitung wolle die Regierung »fertigmachen«. Fack, Protokoll über die Herausgebersitzung vom 11.7.1979, in: FAZ-Archiv, H 1.1.1979 bis 30.6.1980.

94 Synnott an Laing 30.5.1980, in: The National Archives Kew, Großbritannien (TNA), FCO 46/2283. Dieses Schreiben der britischen Botschaft in Bonn ging nicht nur an das Foreign Office in London, sondern auch an weitere britische Botschaften.

95 C. G. [= Claus Gennrich], Bonn mit der Erklärung aus Washington zufrieden, in: *FAZ* 18.6.1980, S. 1.

96 Fritz Ullrich Fack, Ein Scherbenhaufen, in: *FAZ* 29.4.1985, S. 1.

97 R.H. [= Robert Held], Tägliches Störfeuer, in: *FAZ* 15.4.1985, S. 1.

98 Me. [= Ernst-Otto Maetzke], Reagan sagt es, in: *FAZ* 23.3.1985, S. 12.

99 Me [= Ernst-Otto Maetzke], Was gibt es zu feiern, in: *FAZ* 18.4.1985, S. 1.

100 Fk. [= Fritz Ullrich Fack], Mit Gewalt?, in: *FAZ* 4.5.1986, S. 12.

101 Vogt, Redaktionskonferenz 7.5.1985, in: FAZ-Archiv, Redaktionskonferenzen 1.10.1981–31.3.1986.

102 Fest, Protokoll über die Herausgebersitzung vom 8.5.1985, in: FAZ-Archiv, Rm HG-Konferenz 1985/86_1987/88_1988/89.

103 Fritz Ullrich Fack, Ein Scherbenhaufen, in: *FAZ* 29.4.1985, S. 1.

104 R.H. [= Robert Held], In Straßburg gesprochen, in: *FAZ* 9.5.1985, S. 1; zur Einordnung von Weizsäckers Rede vgl. Peter Hoeres, Vom Paradox zur Eindeutigkeit. Der 8. Mai in der westdeutschen Erinnerungskultur, in: Bernd Heidenreich/Evelyn Brockhoff/Andreas Rödder (Hg.), Der 8. Mai 1945 im Geschichtsbild der Deutschen und ihrer Nachbarn, Wiesbaden 2016, S. 47–58.

105 Johann Georg Reißmüller, Folgen eines Versagens, in: *FAZ* 2.7.1991, S. 1.

106 Eichler, Protokoll der Redaktionskonferenz vom 2.7.1991, S. 4, in: FAZ-Archiv, Redaktionskonferenzen 1.4.1986–30.9.1991.

107 Schümer, Protokoll der Redaktionskonferenz vom 6.8.1991, in: FAZ-Archiv, Redaktionskonferenzen 1.4.1986–30.9.1991.

108 Vgl. bspw. Rm. [= Johann Georg Reißmüller], Anerkennen, in: *FAZ* 6.7.1991, S. 1; Johann Georg Reißmüller, Dem Gemetzel ein Ende machen, in: *FAZ* 27.8.1991, S. 1; ders., Endlich anerkannt, in: *FAZ* 16.1.1992, S. 1.

109 Eichler, Protokoll der Redaktionskonferenz vom 2.7.1991, S. 4, in: FAZ-Archiv, Redaktionskonferenzen 1.4.1986–30.9.1991.

110 Johann Georg Reißmüller, Absurditäten statt Politik, in: *FAZ* 18.12.1991, S. 1.

111 Johann Georg Reißmüller, Folgen eines Versagens, in: *FAZ* 2.7.1991, S. 1.
112 Michael Martens, Oder es wird zerfallen, in: *FAZ* 12.1.2012, S. 7 (Zitate mit Auslassungen ebd.); Klaus Peter Zeitler, Deutschlands Rolle bei der völkerrechtlichen Anerkennung der Republik Kroatien unter besonderer Berücksichtigung des deutschen Außenministers Genscher, Marburg 2000, S. 237–239.
113 »Es mag durchaus sein, daß Kanzler Kohl, anders als vermutlich Außenminister Genscher, die Lage nicht erfaßt hat; beide jedenfalls lassen sich von einem allgemeinen Gefühl tragen, das besonders von der Frankfurter Allgemeinen – und von den Fernsehanstalten dieses Landes durch publikumswirksame Bilder – genährt wird.« Rudolf Augstein, »… sondern auch Wut und Haß«, in: *Der Spiegel* 6.1.1992, S. 23.
114 Zeitler, Deutschlands Rolle, S. 242.
115 Vgl. zu den Hintergründen Viktor Meier, Die Frage der Anerkennung Sloweniens und Kroatiens, in: *Österreichisches Jahrbuch für internationale Politik* 13 (1996), S. 163–177.
116 Johann Georg Reißmüller, Endlich anerkannt, in: *FAZ* 16.1.1992, S. 1.
117 Johann Georg Reißmüller, Erfahrungen mit dem Westen, in: *FAZ* 5.7.1994, S. 1; ders., Kein Ausweg für das Kosovo?, in: *FAZ* 16.4.1998, S. 1; Rm. [= Johann Georg Reißmüller], »Nicht wieder«, in: *FAZ* 10.7.1998, S. 14; ders., Seit acht Jahren, in: *FAZ* 16.7.1998, S. 1.
118 Johann Georg Reißmüller, Absurditäten statt Politik, in: *FAZ* 18.12.1991, S. 1.
119 Berthold Kohler, Ein eiserner Zeuge des 20. Jahrhunderts, in: *FAZ* 12.12.2018, S. 3.
120 Hein, Protokoll der Redaktionskonferenz vom 19.1.1993, S. 1, in: FAZ-Archiv, Redaktionskonferenzen ab 1.10.1991.
121 Michael Martens, Oder es wird zerfallen, in: *FAZ* 12.1.2012, S. 7; Meier, Die Frage der Anerkennung Sloweniens und Kroatiens, S. 177; Klaus Peter Zeitler, Deutschlands Rolle, S. 325–329.
122 Gunter Hofmann, Ein Beitrag zur inneren Ehrlichkeit, in: *Die Zeit* 3.12.1993, S. 3.
123 Zeitler, Deutschlands Rolle, S. 238, Anm. 916.
124 Johann Georg Reißmüller, Kroatien in Zerrspiegeln, in: *FAZ* 22.4.1997, S. 1.
125 Zeitler, Deutschlands Rolle, S. 238f.
126 Ulrich Herbert, Liberalisierung als Lernprozeß. Die Bundesrepublik in der deutschen Geschichte – eine Skizze, in: ders. (Hg.), Wandlungsprozesse in Westdeutschland. Belastung, Integration, Liberalisierung 1945–1980, Göttingen 2002, S. 7–49.
127 Eick, Protokoll über die Herausgebersitzung vom 12.4.1978, S. 3, in: FAZ-Archiv, H 1.4.1977–31.3.1979.
128 Vgl. dazu die kaum verschlüsselten Schilderungen in Stadelmaiers Umbruch, S. 130–145.
129 Stadelmaier, Umbruch, S. 175.
130 Fack, Protokoll über die Herausgebersitzung vom 1.11.1979, in: FAZ-Archiv, H 1.1.1979 bis 30.6.1980, S. 5.
131 Hodenberg, Konsens und Krise.
132 Stadelmaier, Umbruch, S. 169.

EPILOG IM INTERNET

1 *FAZ* 10.2.2018, S. 25; *FAZ* zieht in Hochhaus-Neubau ins Europaviertel, auf hessenschau.de vom 27.3.18, <https://www.hessenschau.de/wirtschaft/faz-zieht-in-hochhaus-neubau-ins-europaviertel,faz-umzug-100.html> (18.3.2019).

2 Interessanterweise wurde der verbreitete Irrtum, es handle sich bei »Lügenpresse« um einen spezifischen NS-Begriff, öffentlichkeitswirksam von der *FAZ* korrigiert: Rainer Blasius, Von der Journaille zur Lügenpresse, in: *FAZ* 14.1.2015, S. 7. Eine Ngram-Analyse auf der Basis der Auswertung von Google Books zeigt, dass der Begriff im Ersten Weltkrieg doppelt so häufig in deutscher Sprache gebraucht wurde wie im Zweiten Weltkrieg, die NS-Zeit davor liegt noch deutlich darunter. Der Begriff fand bereits seit Mitte des 19. Jahrhunderts Verwendung.

3 Diese Ausrichtung zeigen einhellig und konstant die seit 1993 erhobenen repräsentativen Umfragen unter Journalisten, die deutlich von einer journalistischen Präferenz für die Grünen und dann die SPD dominiert werden oder eine Selbstverortung links der Mitte wiedergeben: <de.statista.com/statistik/daten/studie/163740/umfrage/parteipraeferenz-vonpolitikjournalisten-in-deutschland/> (18.3.2019); Margreth Lünenborg/Simon Berghofer, Politikjournalistinnen und -journalisten. Aktuelle Befunde zu Merkmalen und Einstellungen vor dem Hintergrund ökonomischer und technologischer Wandlungsprozesse im deutschen Journalismus. Eine Studie im Auftrag des Deutschen Fachjournalisten-Verbandes (DFJV), Berlin 2010, <https://www.polsoz.fu-berlin.de/kommwiss/arbeitsstellen/kommunikationspolitik/mitarbeiterinnen/sberghofer1/DFJV_Studie_Politikjournalistinnen_und_Journalisten-1.pdf> (18.3.2019); Carsten Reinemann/Philip Baugut, Alter Streit unter neuen Bedingungen. Einflüsse politischer Einstellungen von Journalisten auf ihre Arbeit, in: *Zeitschrift für Politik* 61 (2014), S. 480–505; Nina Steindl/Corinna Lauerer/Thomas Hanitzsch, Journalismus in Deutschland. Aktuelle Befunde zu Kontinuität und Wandel im deutschen Journalismus, in: *Publizistik* 62 (2017), S. 401–423; Siegfried Weischenberg/Maya Malik/Armin Scholl, Die Souffleure der Mediengesellschaft. Report über die Journalisten in Deutschland, Konstanz 2006, S. 32; Siegfried Weischenberg/Martin Löffelholz/Armin Scholl, Journalismus in Deutschland. Merkmale und Einstellungen von Journalisten. Ergebnisse der DFG-Studie, in: *Journalist* 44 (1994), H. 5, S. 55–69. Der Politik- und Wirtschaftsteil der *FAZ* bildet hiervon, wie im vorliegenden Buch gezeigt wurde, besonders in der Spitze der Hierarchie, eine gewisse Ausnahme, wobei auch hier Konvergenzeffekte zu verzeichnen sind.

4 *Der Spiegel* sah sich veranlasst, der Betrugsstory im eigenen Haus den Titel vom 22.12.2018 unter dem Motto Rudolf Augsteins »Sagen, was ist« zu widmen.

5 »Sind nicht meine Worte«, in: *FAS* 3.2.2019, S. 34.

6 Frank Bösch, Mediengeschichte. Vom asiatischen Buchdruck zum Fernsehen, Frankfurt am Main 2019[2], S. 215. Zum Internetzeitalter siehe dort S. 224–233.

7 Schirrmacher, Idee der Zeitung, S. 36.

QUELLEN- UND LITERATURVERZEICHNIS

UNGEDRUCKTE QUELLEN

Hausakten der Frankfurter Allgemeinen Zeitung, Frankfurt am Main (zitiert als FAZ-Archiv)
1960. 1961. 1962. 1963. 1964. 1965
1966–1967
1968
Akten Erich Welter. »Der Fall Sethe I«. Vorgang »Sethe« 1955
Akten Erich Welter. Der »Fall Sethe« I
Akten der Geschäftsführung. Der »Fall Tern«. Negative Zuschriften – beantwortet –
Akten der Geschäftsführung. Der »Fall Tern«. Positive Zuschriften und zurückgenommene Abbestellungen
Akten der Geschäftsführung. Materialien zur Geschichte der Zeitung bis 1979
Akten der Geschäftsführung. Werner G. Hoffmann. Herausgeberkonferenzen 12.12.1950–23.12.1959
Akten der Geschäftsführung – Werner G. Hoffmann Herausgebersitzungen 1967–1969
Akten der Herausgeber. Erich Welter. Briefwechsel mit Albrecht Pickert
Akten der Herausgeber. Erich Welter. Herausgeber-Konferenzen 1.1.1951–24.12.1954
Akten der Herausgeber – Erich Welter. Korrespondenz Stadlmann
Akten der Herausgeber. Erich Welter. Materialien zur Geschichte: Notizen von Frau Graefe. 1949 bis 1959
Akten der Herausgeber. Erich Welter. Protokolle der Herausgeber-Sitzungen 1. April 1958–18. Dez. 1961
Akten der Herausgeber. Erich Welter. Die Vertrauensleute 1970–1980
Akten der Herausgeber. Erich Welter. Zur Geschichte der Frankfurter Allgemeinen Zeitung – Konzepte – Entwürfe – Erinnerungen von Beteiligten
Akten der Herausgeber. Jürgen Tern. Glückwünsche zum 60. Geburtstag
Akten der Herausgeber – Karl Korn – Stimmen zugunsten Korns. Leumundszeugnisse 1959/60
Akten der Herausgeber – Karl Korn – Unterlagen über Kurt Ziesel
Akten der Redaktion. Akten Götz. Die Vertrauensleute
Akten der Redaktion. Protokolle der Politischen Konferenzen. 1956 bis 1970
Akten Welter. Herausgeberangelegenheiten. Zusammenfinden der Redaktion. Chronik der Zeitung. Geschichte der Zeitung
Blick 1973#76
Eick – Korrespondenz Prof. Welter, 1. März 1960–31. März 1962
Eick. Korrespondenz Prof. Welter. 1. April 1962–31. August 1963
Eick – Korrespondenz mit Professor Welter – 1. Dezember 1963–28. Februar 1965
Eick. Korrespondenz mit Professor Welter. 1. März 1965–31. August 1966
Eick Korrespondenz. Prof. Welter, 1. September 1966–30. November 1967
F.A.Z. Zeitzeugen A–J
Der Fall Dieter Hildebrandt 1968

FAZIT-Akten Welter/Förderer und FAZIT Geschichte, Zusammenstellung von Frau Graefe
H 1966 bis Dez. 1968
H 1.1.1969–31.3.1971
H 1.4.1971–31.3.1973
H. 1.4.1973–31.3.1975
H. 1.4.1975–31.3.1977
H 1.4.1977–31.3.1979
H 1.1.1979 bis 30.6.1980
Herausgeber 2. Januar 1962 bis 5. August 1963
Herausgeber 1. April 1963–Dezember 1965
Herausgeberkonferenzen 1.1.1951–24.12.1954
HG April 1989–31.12.1990
Interner Schriftwechsel
Jürgen Tern. Briefe, die Jürgen Tern nach seinem Ausscheiden aus der F.A.Z. aus der Redaktion und von ehemaligen F.A.Z.-Redakteuren erreichen
Jürgen Tern. Leserzuschriften an Tern nach seinem Ausscheiden aus der F.A.Z.
Korn/Ziesel II
Korrespondenten bis 31.12.1967
Korrespondenten 1.4.1971–31.12.1974
Korrespondenten 1.1.75–31.12.81
Materialien zur Geschichte der Zeitung 1980 bis 1989. Akten der Geschäftsführung
Persönliche Ablage Welter – Januar 1961 bis Dezember 1968
Persönliche Korrespondenz_Korrespondenten Ausland_1956–1970_L-Reif
Prof. Fest. Veranstaltungen
Protokolle der Herausgebersitzungen 1.1.1955 bis 19.2.1958
Protokolle über die Herausgebersitzungen 1.1.1969 bis 31.3.1971
Protokolle über die Redaktionskonferenzen 1968–1969
Protokolle der Tageskonferenzen bis 1.10.71
Prozeß Korn-Ziesel 1959/60
Rechtsstreit Korn-Ziesel 1960
Redaktionskonferenz 1968–1969
Redaktionskonferenzen 1.1.1975–31.12.1977
Redaktionskonferenzen 1.10.1981–31.3.1986
Redaktionskonferenzen 1.4.1986–30.9.1991
Redaktionskonferenzen ab 1.10.1991
Redaktionsprotokolle 1.1.1978–30.9.1981
Reich-Ranicki 70. Geb. am 8.6.90 und Reich-Ranicki 75. Geb. am 2.6.95.
Rm HG-Konferenz 1980/81_1981/82_1982_/83_1984/85
Rm HG-Konferenz 1985/86_1987/88_1988/89
Wichtige Anerkennungen
Z. A–L
Z. M–Z
Z.1960
Ziesel -/- Korn 1959–1960
Zusammenfinden der Redaktion // Chronik der Zeitung // Geschichte der Zeitung // Vertrauensleute // Herausgeberangelegenheiten // Akten Welter

Archiv der sozialen Demokratie der Friedrich-Ebert-Stiftung, Bonn (AdsD)
Depositum Bahr
Willy Brandt Archiv (WBA)

Bundesarchiv, Koblenz (BArch)
BArch N 1249, Nachlass Jürgen Tern
BArch N 1314, Nachlass Erich Welter
BArch N 1371, Nachlass Rainer Barzel
BArch N 1426, Nachlass Bruno Dechamps
BArch N 1471, Nachlass Paul Sethe
BArch N 1797, Nachlass Erich Dombrowski

Deutsches Literaturarchiv, Marbach
DLA, A: Améry
DLA, A: Andersch
DLA, A: Blumenberg
DLA, A: Bürger
DLA, A: Domin
DLA, A: Jünger
DLA, A: Kasack/Deutsche Akademie für Sprache und Dichtung<Darmstadt>
DLA, A: Korn, Karl
DLA, A: Mohler
DLA, A: Reich-Ranicki
DLA, A: Reifenberg
DLA, A: Reifenberg I
DLA, A: Reifenberg II
DLA, A: Sieburg
DLA, A: Sternberger
DLA, A: Szondi
DLA, SUA: Suhrkamp/01
DLA, SUA: Suhrkamp/03

Historisches Archiv der Deutschen Bank, Frankfurt am Main (HADB)
V1 3303, Nachlass Hermann Josef Abs

National Archives and Records Administration, College Park, Maryland (NARA)
RG 200 – Robert S. McNamara Papers

The National Archives, Kew (London) (TNA) FCO 46/2283

Staatsbibliothek Berlin
NL 920, Nachlass Boveri

ZEITUNGEN UND ZEITSCHRIFTEN

Aufsätze aus wissenschaftlichen Zeitschriften sind im Literaturverzeichnis aufgeführt.

Aufbau
Badische Zeitung
Berliner Zeitung
Bild
Copy
Criticón
Dailymail.co.uk
Deutsche Zeitung
Deutsche Zeitung mit Wirtschaftszeitung
Europäischer Kulturdienst
FAZ.NET
Focus
Focus.de
Frankfurter Allgemeine Sonntagszeitung
Frankfurter Allgemeine Woche
Frankfurter Allgemeine Zeitung
Frankfurter Hefte
Frankfurter Rundschau
Frankfurter Zeitung
Freitag.de
Der Führer am Sonntag
Die Gegenwart
The Guardian
Hakenkreuzbanner
Handelsblatt
Junge Freiheit
Kölnische Rundschau
konkret
Kressreport
Kursbuch
manager-magazin.de
Meedia.de
Merkur
Der Monat
netzpolitik.org
Neue Rundschau
Newsweek
The New York Times
PflasterStrand
La Plata-Ruf
Das Reich
Der Spiegel
Spiegel.de
Stern
Stuttgarter Nachrichten
Stuttgarter Zeitung
Süddeutsche Zeitung
Sueddeutsche.de
SZ-Magazin
Der Tagesspiegel
Die Tageszeitung: taz
tazFUTURZWEI
The Times
TZ
Welt.de
Die Weltwoche
Wirtschaftswoche
Die Zeit
Zeit.de
Die Zürcher Woche

EDIERTE QUELLEN UND LITERATUR

Adenauer. Teegespräche 1950–1954, bearbeitet von Hanns Jürgen Küsters, Berlin 1984.
Adenauer. Briefe 1951–1953, bearbeitet von Hans Peter Mensing, Berlin 1987.
Adenauer. »Wir haben wirklich etwas geschaffen«. Protokolle des Bundesvorstands der CDU 1953 bis 1957, hg. von Günter Buchstab, Düsseldorf 1990.
Adenauer. Briefe 1953–1955, bearbeitet von Hans Peter Mensing, Berlin 1995.
Theodor W. Adorno, Versuch über Wagner, Berlin/Frankfurt am Main 1952.
Ders., Prismen. Kulturkritik und Gesellschaft, Berlin/Frankfurt am Main 1955.
Stuart Albert/David A. Whetten, Organizational Identity, in: *Research in Organizational Behavior* 7 (1985), S. 263–295.
Götz Aly, Unser Kampf. 1968 – Ein irritierender Blick zurück, Bonn 2008.
Günther Anders, Wir Eichmannsöhne. Offener Brief an Klaus Eichmann, München 1964.
Alfred Andersch, Hohe Breitengrade oder Nachrichten von der Grenze. Reisebericht mit 48 Farbtafeln nach Aufnahmen von Gisela Andersch, Zürich 1969.
Ders., Winterspelt. Roman, Zürich 1974.
Michael Angele, Schirrmacher. Ein Porträt, Berlin 2018.
Steffen Angenendt, Einwanderungspolitik und Einwanderungsgesetzgebung in Deutschland 2000–2001, in: Klaus J. Bade/Rainer Münz (Hg.), Migrationsreport 2002. Fakten – Analysen – Perspektiven, Frankfurt am Main/New York 2002, S. 31–59.
Thomas Anz, Drübenbleiben? Zur Vorgeschichte des Streits, in: ders. (Hg.), »Es geht nicht um Christa Wolf«. Der Literaturstreit im vereinten Deutschland, München 1991, S. 29–34.
Ders., Marcel Reich-Ranicki, München 2004.
Hannah Arendt, Eichmann in Jerusalem. Ein Bericht von der Banalität des Bösen, aus dem Amerikanischen von Brigitte Granzow, München 1964.
Klaus Jochen Arnold, Die Wehrmacht und die Besatzungspolitik in den besetzten Gebieten der Sowjetunion. Kriegführung und Radikalisierung im »Unternehmen Barbarossa«, Berlin 2005.
Patrick Bahners, Die Panikmacher. Die deutsche Angst vor dem Islam. Eine Streitschrift, München 2011.
Arnulf Baring, Außenpolitik in Adenauers Kanzlerdemokratie. Bonns Beitrag zur Europäischen Verteidigungsgemeinschaft, München/Wien 1969.
Ders., Machtwechsel. Die Ära Brandt-Scheel. In Zusammenarbeit mit Manfred Grötemaker, Stuttgart 1982².
Alfred Clemens Baumgärtner, Die Welt der Comics. Probleme einer primitiven Literaturform, Bochum 1965.
Hartmuth Becker, Die Parlamentarismuskritik bei Carl Schmitt und Jürgen Habermas, Berlin 2003².
Erwin von Beckerath/Fritz W. Meyer/Alfred Müller-Armack (Hg.), Wirtschaftsfragen der freien Welt. Zum 60. Geburtstag von Bundesminister Ludwig Erhard, Frankfurt am Main 1957.
Nikolas Benckiser, Im Gespräch mit der Sprache. Glossen der Frankfurter Allgemeinen Zeitung über gutes und schlechtes Deutsch, Frankfurt am Main 1960.
Ders. (Hg.), Deutsche Landschaften, Frankfurt am Main 1972.
Ders. (Hg.), Deutsche Landschaften. Neue Folgen, Frankfurt am Main 1974.
Ders., Landschaft ist überall, in: ders. (Hg.), Deutsche Landschaften. Neue Folgen, Frankfurt am Main 1974, S. 7–9.
Ders. (Hg.), Deutsche Landschaften. Dritte Folge, Frankfurt am Main 1976.

Walter Benjamin, Der Sürrealismus – Die letzte Momentaufnahme der europäischen Intelligenz, in: ders., Gesammelte Schriften, Bd. II/1, hg. von Rolf Tiedemann, Hermann Schweppenhäuser, Frankfurt am Main 1977.

Volker Berghahn, Transatlantische Kulturkriege. Shepard Stone, die Ford-Stiftung und der europäische Antiamerikanismus, Stuttgart 2004.

Franz Berktold-Fackler/Hans Krumbholz, Reisen in Deutschland. Eine kleine Tourismusgeschichte, München/Wien 1997.

Ricarda Berthold, Filbingers Tätigkeit als Marinerichter im Zweiten Weltkrieg. Ein dokumentarischer Bericht, in: Wolfram Wette (Hg.), Filbinger – eine deutsche Karriere, Springe 2006, S. 43–64.

Siegfried Blasche, Die Gründungen der Wirtschaftspolitischen Gesellschaften von 1947 e.V. und der Frankfurter Allgemeinen Zeitung (1949). Vortrag am 20. Oktober in den Räumen der Frankfurter Allgemeinen Zeitung, <wipog.de/app/download/5783903822/VortragSBlasche20041020.pdf> (18.03.2019).

Rainer Blasius, Zeitgeschichte als Zeitungsware, in: Christine Gundermann/Wolfgang Hasberg/Holger Thünemann (Hg.), Geschichte in der Öffentlichkeit. Konzepte – Analysen – Dialoge, Berlin u. a. 2019, S. 181–195.

Gerd Blum, »Vorsicht Kunst«. Die Fotomontagen von Klaus Staeck, in: Gerhard Paul (Hg.), Das Jahrhundert der Bilder, Bd. 2, 1949 bis heute, Göttingen 2008, S. 418–425.

Stephan Böhm, Organisationale Identifikation als Voraussetzung für eine erfolgreiche Unternehmensentwicklung. Eine wissenschaftliche Analyse mit Ansatzpunkten für das Management, Wiesbaden 2008.

Heinrich Böll, Wanderer, kommst du nach Spa…, Opladen 1950.

Ders., Und sagte kein einziges Wort. Roman, Köln/Berlin 1953.

Frank Bösch, Journalisten als Historiker. Die Medialisierung der Zeitgeschichte, in: Vadim Oswalt/Hans-Jürgen Pandel (Hg.), Geschichtskultur. Die Anwesenheit von Vergangenheit in der Gegenwart, Schwalbach/Taunus 2009, S. 47–62.

Ders., Mediengeschichte. Vom asiatischen Buchdruck zum Fernsehen, Frankfurt am Main 2019[2].

Ders., Zeitenwende 1979. Als die Welt von heute begann, München 2019.

Elsbeth Bösl, Politiken der Normalisierung. Zur Geschichte der Behindertenpolitik in der Bundesrepublik Deutschland, Bielefeld 2009.

Heinz Bonfadelli, Die gefährdete Phantasie, oder Surrealismus und Terror, München 1970.

Ders., Ein bißchen Lust am Untergang. Englische Ansichten, Wien 1979.

Ders., Der Mythos vom Norden. Studien zur romantischen Geschichtsprophetie, Diss. Heidelberg 1981.

Ders., Medieninhaltsforschung. Grundlagen, Methoden, Anwendungen, Konstanz 2002.

Ders., Jetzt. Geschichte meines Abenteuers mit der Phantasie, Berlin 2017.

Ders./Thomas N. Friemel, Medienwirkungsforschung, Konstanz 2015[5].

Dieter Borchmeyer/Helmuth Kiesel (Hg.), Der Ernstfall. Martin Walsers »Tod eines Kritikers«, Hamburg 2003.

Matthias Bormuth/Richard Hüttel/Michael Triegel (Hg.), Eduard Beaucamp, Im Spiegel der Geschichte. Die Leipziger Schule der Malerei, Göttingen 2017.

Werner Bosch, Anlage- und Betriebskapital in der Volkswirtschaft, Frankfurt am Main 1951.

Margret Boveri, Indisches Kaleidoskop, Göttingen 1961.

Dies., Wir lügen alle. Eine Hauptstadtzeitung unter Hitler, Olten/Freiburg im Breisgau 1965.

Magnus Brechtken, Albert Speer. Eine deutsche Karriere, München 2017.

Arno Breker, Paris, Hitler et moi, Paris 1970.
Klaus Brinkbäumer (Hg.), 70. Der Spiegel 1947–2017, München/Hamburg 2017.
Mathias Brodkorb (Hg.), Singuläres Auschwitz? Ernst Nolte, Jürgen Habermas und 25 Jahre »Historikerstreit«, Banzkow 2011.
Cecilia von Buddenbrock, Friedrich Sieburg 1893–1964. Un journaliste allemand à l'épreuve du siècle, Paris 1999.
Kai Burkhardt, Einführung, in: ders. (Hg.), Carl Schmitt und die Öffentlichkeit. Briefwechsel mit Journalisten, Publizisten und Verlegern aus den Jahren 1923 bis 1983, kommentiert und eingeleitet von Kai Burkhardt in Zusammenarbeit mit Gerd Giesler und Stefan Krings, Berlin 2013, S. 11–50.
Dagmar Bussiek, Benno Reifenberg 1892–1970. Eine Biographie, Göttingen 2011.
James Cameron, Mandarin rot. Blick hinter den Bambusvorhang. Ins Deutsche übersetzt von Stefan W. Escher, Stuttgart 1955.
Eckart Conze, Die Suche nach Sicherheit. Eine Geschichte der Bundesrepublik Deutschland von 1949 bis in die Gegenwart, München 2009.
Ders./Norbert Frei/Peter Hayes/Moshe Zimmermann, Das Amt und die Vergangenheit. Deutsche Diplomaten im Dritten Reich und in der Bundesrepublik, München 2010.
Stephane Courtois/Nicolas Werth/Jean-Louis Panne/Andrzej Paczkowski/Karel Bartosek/Jean-Louis Margolin, Das Schwarzbuch des Kommunismus. Bd. 1, Unterdrückung, Verbrechen und Terror, aus dem Französischen von Irmela Arnsperger, Bertold Galli, Enrico Heinemann, Ursel Schäfer, Karin Schulte-Bersch, Thomas Wollermann, München/Zürich 1998.
Dettmar Cramer, Deutschland nach dem Grundvertrag, Stuttgart 1973.
Ders., Gefragt: Egon Bahr, Bornheim 1975.
Ute Daniel, Beziehungsgeschichten. Politik und Medien im 20. Jahrhundert, Hamburg 2018.
Bruno Dechamps, Frankfurter Allgemeine Zeitung, in: Heinz-Dietrich Fischer (Hg.), Chefredakteure. Publizisten oder Administratoren? Status, Kompetenz und kommunikative Funktion von Redaktionsleitern bei Tages- und Wochenzeitungen, Düsseldorf 1980, S. 91–110.
Klaus Deinet, Friedrich Sieburg (1893–1964). Ein Leben zwischen Frankreich und Deutschland, Berlin 2014.
Deutscher Bundestag, 151. Sitzung, Plenarprotokoll vom 12.6.1951, <http://dipbt.bundestag.de/doc/btp/01/01151.pdf> (18.3.2019).
Deutscher Bundestag, 186. Sitzung 18.1.1957, <http://dip21.bundestag.de/dip21/btp/02/02186.pdf> (18.3.2019).
Dan Diner, Verkehrte Welten. Antiamerikanismus in Deutschland. Ein historischer Essay, Frankfurt am Main 1993.
Walter Dirks, Gesammelte Schriften, hg. von Fritz Boll, Ulrich Bröckling und Karl Prümm. Bd. 3, Feuilletons im Nationalsozialismus. Politische Publizistik 1934–1943. Mit einem Vorwort von Walter Dirks und einem Essay von Karl Prümm, Zürich 1990.
Anselm Doering-Manteuffel, Der Antikommunismus in seiner Epoche, in: Norbert Frei/Dominik Rigoll (Hg.), Der Antikommunismus in seiner Epoche. Weltanschauungen und Politik in Deutschland, Europa und den USA, Berlin 2017, S. 11–29.
Martin Doerry/Hauke Janssen (Hg.), Die Spiegel-Affäre. Ein Skandal und seine Folgen, München 2013.
Erich Dombrowski/Emil Kraus/Karl Schramm (Hg.), Wie es war. Mainzer Schicksalsjahre 1945–1948. Berichte und Dokumente, Mainz 1965.
Thea Dorn, Nachwort. Untergang im weißen Kleid, in: Friedrich Sieburg, Die Lust am Untergang. Selbstgespräche auf Bundesebene. Mit einem Vorwort und einem Nachwort von Thea Dorn, Frankfurt am Main 2010, S. 408–417.

Pierre Drieu la Rochelle, Die Unzulänglichen. Roman, aus dem Französischen von Gerhard Heller, Berlin 1966.

Ders., Das Irrlicht. Roman, aus dem Französischen von Gerhard Heller, Berlin 1968.

Ders., Verträumte Bourgeoisie. Roman, aus dem Französischen von Gerhard Heller, Berlin 1969.

Gerrit Dworok, »Historikerstreit« und Nationswerdung. Ursprünge und Deutung eines bundesrepublikanischen Konflikts, Köln/Weimar/Wien 2015.

Hans Magnus Enzensberger, Journalismus als Eiertanz. Beschreibung einer Allgemeinen Zeitung für Deutschland (1962), in: ders., Einzelheiten I. Bewußtseins-Industrie, Frankfurt am Main 1962, S. 18–73.

Ders., Landessprache, Frankfurt am Main 1963.

Walter Eucken, Grundsätze der Wirtschaftspolitik, hg. von Edith Eucken-Erdsiek und Karl Paul Hensel, Bern/Tübingen 1952.

Sina Fabian, Boom in der Krise. Konsum, Tourismus, Autofahren in Westdeutschland und Großbritannien 1970–1990, Göttingen 2016.

Fritz Ullrich Fack, Die deutschen Stahlkartelle in der Weltwirtschaftskrise. Untersuchung über den ökonomisch-politischen Einfluss ihres Verhaltens und ihrer Marktmacht auf den Verlauf der großen deutschen Staats- und Wirtschaftskrise, Diss. Berlin 1957.

FAZIT-STIFTUNG, Historie. Die Sicherung der Unabhängigkeit, <http://www.FAZIT-stiftung.de/historie.html> (18.03.2019).

Denis Fengler, Westdeutsche Korrespondenten in der DDR. Vom Abschluss des Grundlagenvertrages bis zur Wiedervereinigung 1990, in: Jürgen Wilke (Hg.), Journalisten und Journalismus in der DDR. Berufsorganisation – Westkorrespondenten – »Der schwarze Kanal«, Köln 2007, S. 76–216.

Joachim Fest, Begegnungen. Über nahe und ferne Freunde, Reinbek bei Hamburg 2004.

Hans Filbinger, Die geschmähte Generation, München 1987.

Heinz-Dietrich Fischer, Reeducations- und Pressepolitik unter britischem Besatzungsstatus. Die Zonenzeitung »Die Welt« 1946–1950. Konzeption, Artikulation und Rezeption, Düsseldorf 1978.

Ders. (Hg.), Chefredakteure. Publizisten oder Administratoren? Status, Kompetenz und kommunikative Funktion von Redaktionsleitern bei Tages- und Wochenzeitungen, Düsseldorf 1980.

Egon Flaig, Memorialgesetze und historisches Unrecht. Wie Gedächtnispolitik die historische Wissenschaft bedroht, in: *Historische Zeitschrift* 302 (2016), S. 297–339.

Fotografie als visuelle Geschichtsschreibung. Ein Gespräch mit Barbara Klemm, in: *Zeithistorische Forschungen/Studies in Contemporary History* 2 (2005), <http://www.zeithistorische-forschungen.de/16126041-Klemm-2-2005> (18.3.2019).

Frankfurter Allgemeine Zeitung GmbH (Hg.), Alles über die Zeitung. Frankfurter Allgemeine, Zeitung für Deutschland, Frankfurt am Main 1974².

Frankfurter Allgemeine Zeitung GmbH (Hg.), Alles über die Zeitung. Frankfurter Allgemeine, Zeitung für Deutschland. Dahinter steckt immer ein kluger Kopf, Frankfurt am Main 1998²⁴.

Frankfurter Allgemeine Zeitung GmbH (Hg.), Bücher für die Reise. Ein Führer durch die Literatur, Frankfurt am Main 1991.

Frankfurter Allgemeine Zeitung GmbH (Hg.), Enzensberger'sche Einzelheiten korrigiert von der Frankfurter Allgemeinen Zeitung, Frankfurt am Main 1963.

Frankfurter Allgemeine Zeitung GmbH (Hg.), Ferienliebhabereien, Frankfurt am Main 1985.

Frankfurter Allgemeine Zeitung GmbH (Hg.), Media Solutions. Frankfurter Allgemeine Zeitung. Preisliste Nr. 78, <https://www.faz.media/fileadmin/user_upload/Preise/FAZ_FAS_Preisliste_2018.pdf> (18.3.2019).

Frankfurter Allgemeine Zeitung GmbH (Hg.), Sie redigieren und schreiben die Frankfurter Allgemeine Zeitung, Zeitung für Deutschland, Frankfurt am Main 1960.

Frankfurter Allgemeine Zeitung GmbH (Hg.), Sie redigieren und schreiben die Frankfurter Allgemeine Zeitung, Zeitung für Deutschland, Frankfurt am Main 1964.

Frankfurter Allgemeine Zeitung GmbH (Hg.), Sie redigieren und schreiben die Frankfurter Allgemeine Zeitung, Zeitung für Deutschland. Bearbeitet von Beate Bohn, Frankfurt am Main 1975.

Frankfurter Allgemeine Zeitung GmbH (Hg.), Sie redigieren und schreiben die Frankfurter Allgemeine Zeitung, Zeitung für Deutschland. Bearbeitet von Ingeborg Lukas, Frankfurt am Main 1985.

Frankfurter Erklärung zur Rechtschreibreform, Frankfurt am Main 1996, <https://home.uni-leipzig.de/horst-rothe/rechtfra.html> (18.3.2019).

Norbert Frei, Vergangenheitspolitik. Die Anfänge der Bundesrepublik und die NS-Vergangenheit, München 2012 (zuerst 1996).

Ders./Johannes Schmitz, Journalismus im Dritten Reich, München 1989.

Bernhard Friedmann, Einheit statt Raketen. Thesen zur Wiedervereinigung als Sicherheitskonzept, Herford 1987.

Maria Frisé, Erbarmen mit den Männern. Gedanken zum Thema Männer, Frauen und Familien, Reinbek bei Hamburg 1983.

Dies., Meine schlesische Familie und ich. Erinnerungen, Berlin 2004.

John Lewis Gaddis, The Long Peace. Inquiries into the History of the Cold War, New York/Oxford 1987.

Ders., Der Kalte Krieg. Eine neue Geschichte, aus dem Englischen von Klaus-Dieter Schmidt, München 2007.

Alexander Gallus, Die Neutralisten. Verfechter eines vereinten Deutschlands zwischen Ost und West, 1945–1990, Düsseldorf 2001.

Philipp Gassert, Amerikanismus, Antiamerikanismus, Amerikanisierung. Neue Literatur zur Sozial-, Wirtschafts- und Kulturgeschichte des amerikanischen Einflusses in Deutschland und Europa, in: *Archiv für Sozialgeschichte* 39 (1999), S. 531–561.

Alexander Gauland, Helmut Kohl. Ein Prinzip, Berlin 1994.

Arnold Gehlen, Gesamtausgabe. Bd. 4, Philosophische Anthropologie und Handlungslehre, hg. von Karl-Siegbert Rehberg unter Mitwirkung von Heinrich Wahlen und Albert Bilo, Frankfurt am Main 1983.

Heinrich Gerhard, Das Reiseblatt. In fremden Ländern daheim, in: Frankfurter Allgemeine Zeitung GmbH (Hg.), Alles über die Zeitung. Frankfurter Allgemeine, Frankfurt am Main 1998^{24}, S. 90–93.

Gero von Gersdorff, Adenauers Außenpolitik gegenüber den Siegermächten 1954. Westdeutsche Bewaffnung und internationale Politik, München 1994.

Ingrid Gilcher-Holtey, Die 68er Bewegung. Deutschland – Westeuropa – USA, München 2001.

Günther Gillessen, Auf verlorenem Posten. Die Frankfurter Zeitung im Dritten Reich, Berlin 1986.

Ders., Der Fall Filbinger. Ein Rückblick auf die Kampagne und die historischen Fakten, in: *Die Politische Meinung* 408 (2003), S. 67–74.

Nicole Glocke, Peter Jochen Winters. Ein Leben als Politischer Journalist im 20. Jahrhundert, Berlin 2016.

Claus-Jürgen Göpfert, Der Kulturpolitiker. Hilmar Hoffmann, Leben und Werk, Frankfurt am Main 2015.

Ders./Bernd Messinger, Das Jahr der Revolte – Frankfurt 1968, Frankfurt am Main 2017.

Heike Görtemaker, Ein deutsches Leben. Die Geschichte der Margret Boveri, München 2005.

Manfred Görtemaker, Geschichte der Bundesrepublik Deutschland. Von der Gründung bis zur Gegenwart, München 1999.

Nils Goldschmidt, Entstehung und Vermächtnis ordoliberalen Denkens. Walter Eucken und die Notwendigkeit einer kulturellen Ökonomik, Münster 2002.

Martin Greiffenhagen/Reinhard Kühnl/Johann Baptist Müller, Totalitarismus. Zur Problematik eines politischen Begriffs, München 1972.

Ulrich Greiner, Das Leben und die Dinge. Alphabetischer Roman, Salzburg/Wien 2015.

Johannes Gross, Notizbuch, Stuttgart 1985.

Peter Grottian, Zum Planungsbewußtsein der Bonner Ministerialbürokratie. Vorläufige Ergebnisse einer empirischen Studie, in: Deutsche Vereinigung für Politische Wissenschaft (Hg.), Gesellschaftlicher Wandel und politische Innovation. Tagung der Deutschen Vereinigung für Politische Wissenschaft in Mannheim, Herbst 1971, Opladen 1972, S. 127–152.

Peter Grubbe, Die auf Steinen schlafen. Kleine Bilder einer großen Reise von London nach Hongkong, Wiesbaden 1953.

Christian Haase/Axel Schildt (Hg.), DIE ZEIT und die Bonner Republik. Eine meinungsbildende Wochenzeitung zwischen Wiederbewaffnung und Wiedervereinigung, Göttingen 2008.

Jürgen Habermas, Eine Art Schadensabwicklung, in: »Historikerstreit«. Die Dokumentation der Kontroverse um die Einzigartigkeit der nationalsozialistischen Judenvernichtung, München/Zürich 1987, S. 62–71.

Lutz Hachmeister, Ein deutsches Nachrichtenmagazin. Der frühe »Spiegel« und sein NS-Personal, in: ders./Friedemann Siering (Hg.): Die Herren Journalisten. Die Elite der Deutschen Presse nach 1945, München 2002, S. 87–120.

Ders., Heideggers Testament. Der Philosoph, der SPIEGEL und die SS, Berlin 2014.

Alex Haffner, Aufzeichnungen, Frankfurt am Main 1966.

Volker Hage/Mathias Schreiber, Marcel Reich-Ranicki, Köln 1995.

Walter Hallstein, Der unvollendete Bundesstaat. Europäische Erfahrungen und Erkenntnisse, unter Mitarbeit von Hans Herbert Götz und Karl-Heinz Narjes, Düsseldorf/Wien 1969.

Ders., Die Europäische Gemeinschaft, Düsseldorf/Wien 1973.

Knud von Harbou, Wege und Abwege. Franz Josef Schöningh, Mitbegründer der Süddeutschen Zeitung. Eine Biografie, München 2013.

Ders., Als Deutschland seine Seele retten wollte. Die Süddeutsche Zeitung in den Gründungsjahren nach 1945, München 2015.

Christian Hartmann/Thomas Vordermayer/Othmar Plöckinger/Roman Töppel (Hg.), Hitler, Mein Kampf. Eine kritische Edition. Bd. 1, Eine Abrechnung, Berlin/München 2016 (zuerst 1925).

Dies., Hitler, Mein Kampf. Eine kritische Edition. Bd. 2, Die nationalsozialistische Bewegung, Berlin/München 2016 (zuerst 1925/26).

Frank-Rutger Hausmann, Anglistik und Amerikanistik im »Dritten Reich«, Frankfurt am Main 2003.

Simon Hegelich/David Knollmann/Johanna Kuhlmann, Agenda 2010. Strategien – Entscheidungen – Konsequenzen, Wiesbaden 2011.

Helmut Heiber, Joseph Goebbels, Berlin 1962.
Helge Heidemeyer, NATO-Doppelbeschluss, westdeutsche Friedensbewegung und der Einfluss der DDR, in: Philipp Gassert/Tim Geiger/Hermann Wentker (Hg.), Zweiter Kalter Krieg und Friedensbewegung. Der NATO-Doppelbeschluss in deutsch-deutscher und internationaler Perspektive, München 2011, S. 247–267.
Otto Heinemann, Kronenorden Vierter Klasse. Das Leben des Prokuristen Heinemann (1864 bis 1944), hg. von Walter Henkels, Düsseldorf 1969.
Erich Helmensdorfer (Hg.), Der Neubau, Frankfurt am Main 1988.
Hans G. Helms, Fetisch Revolution. Marxismus und Bundesrepublik, Neuwied/Berlin 1969.
Edouard Hemmerlé, Erklärung vom 24. Juli 1961, in: Werner Hanfgarn (Hg.), Adolf Fraund. Ein Leben für die Zeitung und für die Musik. Dokumente und Erinnerungen, Mainz 1986, S. 38–42.
Walter Henkels, 38 Mann stürmen Vichy, Berlin 1943.
Eckhard Henscheid, 10:9 für Stroh. Drei Erzählungen, Berlin 1998.
Ders., Unser Lautester, in: ders. (Hg.), Gesammelte Werke in Einzelausgaben. Polemiken, Frankfurt am Main 2003, S. 60–65.
Georg Hensel, Glück gehabt. Szenen aus einem Leben, Frankfurt am Main/Leipzig 1994[2].
Hans Werner Henze, Musik und Politik. Schriften und Gespräche 1955–1975, mit einem Vorwort, hg. von Jens Brockmeier, München 1976.
Ulrich Herbert, Liberalisierung als Lernprozeß. Die Bundesrepublik in der deutschen Geschichte – eine Skizze, in: ders. (Hg.), Wandlungsprozesse in Westdeutschland. Belastung, Integration, Liberalisierung 1945–1980, Göttingen 2002, S. 7–49.
Martin Herzer, The Rise of Euro-Journalism. The Media and the European Communities, 1950s–1970s, Diss. Florenz 2017.
Jan-Otmar Hesse, Abkehr vom Kartelldenken? Das Gesetz gegen Wettbewerbsbeschränkungen als ordnungspolitische und wirtschaftstheoretische Zäsur der Ära Adenauer, in: Hans-Günther Hockerts/Günther Schulz (Hg.), Der »Rheinische Kapitalismus« in der Ära Adenauer, Paderborn 2016, S. 29–49.
Jochen Hieber (Hg.), »Lieber Marcel«: Briefe an Reich-Ranicki, Berlin 1995.
Klaus Hildebrand, Rezension zu: Hansjoachim W. Koch (Hg.), Aspects of the Third Reich, Basingstoke/London 1985, in: *Historische Zeitschrift* 242 (1986), S.465f.
Roland Hill, A Time out of Joint. A Journey from Nazi Germany to Post-War Britain, London/New York 2007.
Andreas Hillgruber, Zweierlei Untergang. Die Zerschlagung des Deutschen Reiches und das Ende des europäischen Judentums, Berlin 1986.
Ders., Jürgen Habermas, Karl-Heinz Janßen und die Aufklärung Anno 1986, in: »Historikerstreit«. Die Dokumentation der Kontroverse um die Einzigartigkeit der nationalsozialistischen Judenvernichtung, München/Zürich 1987, S. 331–351.
»Historikerstreit«. Die Dokumentation der Kontroverse um die Einzigartigkeit der nationalsozialistischen Judenvernichtung, München/Zürich 1987.
Rolf Hochhuth, Eine Liebe in Deutschland, Reinbek bei Hamburg 1978.
Christina von Hodenberg, Konsens und Krise. Eine Geschichte der westdeutschen Medienöffentlichkeit 1945–1973, Göttingen 2006.
Peter Hoeres, Krieg der Philosophen. Die deutsche und die britische Philosophie im Ersten Weltkrieg, Paderborn/München/Wien/Zürich 2004.
Ders., Vor »Mainhattan«: Frankfurt am Main als amerikanische Stadt in der Weimarer Republik, in: Frank Becker/Elke Reinhardt-Becker (Hg.), Mythos Amerika. ›Amerikanisierung‹ in Deutschland seit 1900, Frankfurt am Main/New York 2006, S. 71–97.

Ders., Die Kultur von Weimar. Durchbruch der Moderne, Berlin 2008.

Ders., Reise nach Amerika. Axel Springer und die Transformation des deutschen Konservatismus in den 1960er und 1970er Jahren, in: *Zeithistorische Forschungen/Studies in Contemporary History* 9 (2012), <http://www.zeithistorische-forschungen.de/1-2012/id=4528> (18.3.2019).

Ders., Außenpolitik und Öffentlichkeit. Massenmedien, Meinungsforschung und Arkanpolitik in den deutsch-amerikanischen Beziehungen von Erhard bis Brandt, München 2013.

Ders., Von der »Tendenzwende« zur »geistig-moralischen Wende«. Konstruktion und Kritik konservativer Signaturen in den 1970er und 1980er Jahren, in: *Vierteljahrshefte* für Zeit*geschichte* 61 (2013), S. 93–119.

Ders., Vom Paradox zur Eindeutigkeit. Der 8. Mai in der westdeutschen Erinnerungskultur, in: Bernd Heidenreich/Evelyn Brockhoff/Andreas Rödder (Hg.), Der 8. Mai 1945 im Geschichtsbild der Deutschen und ihrer Nachbarn, Wiesbaden 2016, S. 47–58.

Ders., Zum Programm einer Ideengeschichte des Digitalzeitalters, in: Timothy Goering (Hg.), Ideengeschichte heute. Traditionen und Perspektiven, Bielefeld 2017, S. 215–234.

William L. Hüll, Kampf um eine Seele. Gespräche mit Eichmann in der Todeszelle, aus dem Amerikanischen von Eberhard Graue, Wuppertal 1964.

Heinz Hürten, Die Tätigkeit Hans Filbingers als Marinerichter, in: Bruno Heck (Hg.), Hans Filbinger – Der »Fall« und die Fakten. Eine historische und politologische Analyse, Mainz 1980, S. 47–102.

Helga Hummerich, Wahrheit zwischen den Zeilen. Erinnerungen an Benno Reifenberg und die Frankfurter Zeitung, Freiburg im Breisgau/Basel/Wien 1984.

Internationaler Arbeitskreis für Orthographie (Hg.), Deutsche Rechtschreibung. Vorschläge zu ihrer Neuregelung, Tübingen 1992.

Karl-Heinz Janßen/Haug von Kuenheim/Theo Sommer, DIE ZEIT. Geschichte einer Wochenzeitung 1946 bis heute, München 2006.

Otfried Jarren/Martina Vogel, »Leitmedien« als Qualitätsmedien. Theoretisches Konzept und Indikatoren, in: Roger Blum/Heinz Bonfadelli/Kurt Imhof/Otfried Jarren (Hg.), Krise der Leuchttürme öffentlicher Kommunikation. Vergangenheit und Zukunft der Qualitätsmedien, Wiesbaden 2011, S. 17–29.

Hans-Christian Jasch/Wolf Kaiser, Der Holocaust vor deutschen Gerichten. Amnestieren, Verdrängen, Bestrafen, Bonn 2018.

Jürgen Jeske, Wirtschaftspolitik – von Frankfurt aus, in: Frankfurter Allgemeine Zeitung GmbH (Hg.), Freiheit und Verantwortung. Festschrift für Hans-Wolfgang Pfeifer, München 1991, S. 242–260.

Hans Peter Johannsen, Deutsche und dänische Dichter der Gegenwart. Zwölf Darstellungen und zwölf ausgewählte Texte, Heide/Holst 1957.

Per Johansson, Der Sturm, Frankfurt am Main 2012.

Steffen Kailitz, Die politische Deutungskultur im Spiegel des »Historikerstreits«. What's right? What's left?, Wiesbaden 2001.

Ders. (Hg.), Die Gegenwart der Vergangenheit. Der »Historikerstreit« und die deutsche Geschichtspolitik, Wiesbaden 2008.

Hans Kelsen, Hauptprobleme der Staatsrechtslehre entwickelt aus der Lehre vom Rechtssatze, Tübingen 1911.

Ellen Kennedy, Carl Schmitt und die »Frankfurter Schule«. Deutsche Liberalismuskritik im 20. Jahrhundert, in: *Geschichte und Gesellschaft* 12 (1986), S. 380–419.

Hans Mathias Kepplinger, Die Demontage der Politik in der Informationsgesellschaft, Freiburg im Breisgau/München 1998.

Kurt Georg Kiesinger, Die Große Koalition 1966–1969. Reden und Erklärungen des Bundeskanzlers, hg. von Dieter Oberndörfer, Stuttgart 1979.
Friedrich Kießling, Die undeutschen Deutschen. Eine ideengeschichtliche Archäologie der alten Bundesrepublik 1945–1972, Paderborn 2012.
Hans J. Kleinsteuber, Einleitung. Die Widersprüche des Reisejournalismus, in: ders. (Hg.), Reisejournalismus. Eine Einführung, Opladen 1997, S. 13–20.
Hans J. Kleinsteuber/Tanja Thimm, Reisejournalismus. Eine Einführung, Wiesbaden 2008[2].
Barbara Klemm, Bilder von Gehenden, Sitzenden, Wartenden. Die Reportagefotografie, Frankfurt am Main 1991.
Dies., Blick nach Osten. 1970–1995. Mit einem Vorwort von Andrzej Szczypiorski, Frankfurt am Main 1995.
Dies., Straßen Bilder. Mit Texten von Barbara Catoir und Hans Magnus Enzensberger, Wädenswil am Zürichsee 2009.
Dies., Fotografien 1968–2013. Katalog zur Ausstellung im Martin-Gropius-Bau, Berlin, 16. November 2013–9. März 2014. Mit Beiträgen von Durs Grünbein und Hans-Michael Koetzle, Wädenswil am Zürichsee 2013.
Barbara Klemm (Illustrator)/Christoph Stölzl (Hg.), Barbara Klemm. Unsere Jahre. Bilder aus Deutschland 1968–1998. Mit Texten aus der Frankfurter Allgemeinen Zeitung versehen von Christoph Stölzl, München 1999.
Angelika Klüssendorf, Jahre später. Roman, Köln 2018.
Herbert Kluge, Die Bundesrepublik Deutschland als Objekt der Auslandsberichterstattung. Die Arbeit ausländischer Korrespondenten in der Bundesrepublik, Diss. Münster 1980.
Guido Knopp, Meine Geschichte, München 2017.
Hansjoachim W. Koch (Hg.), Aspects of the Third Reich, Basingstoke/London 1985.
Renate Köcher, Spürhund und Missionar. Eine vergleichende Untersuchung über Berufsethik und Aufgabenverständnis britischer und deutscher Journalisten, Diss. München 1985.
Otto Köhler, Unheimliche Publizisten. Die verdrängte Vergangenheit der Medienmacher, München 1995.
Helmut König/Wolfgang Kuhlmann/Klaus Schwabe (Hg.), Vertuschte Vergangenheit. Der Fall Schwerte und die NS-Vergangenheit der deutschen Hochschulen, München 1997.
Daniel Koerfer, Diplomatenjagd – Joschka Fischer, seine Unabhängige Kommission und Das AMT, Potsdam 2013.
Kommandant in Auschwitz, Autobiographische Aufzeichnungen von Rudolf Höss. Im Auftrag des Instituts für Zeitgeschichte eingeleitet und kommentiert von Dr. Martin Broszat, Stuttgart 1958.
Die Kontroverse – Hannah Arendt, Eichmann und die Juden, Redaktion F. A. Krummacher, München 1964.
Rolf Martin Korda, Für Bürgertum und Business. Die »Frankfurter Allgemeine Zeitung«, in: Michael Wolf Thomas (Hg.), Porträts der deutschen Presse. Politik und Profit, Berlin 1980, S. 81–96.
Karl Korn, Lange Lehrzeit. Ein deutsches Leben, Frankfurt am Main 1975.
Wilhelm Kosch, Biographisches Staatshandbuch. Lexikon der Politik, Presse und Publizistik. Fortgeführt von Eugen Kuri. Bd. 2, Bern/München 1963.
Hans-Christof Kraus, Als konservativer Intellektueller in der frühen Bundesrepublik – Das Beispiel Friedrich Sieburg, in: Frank-Lothar Kroll (Hg.), Die kupierte Alternative. Konservatismus in Deutschland nach 1945, Berlin 2005, S. 267–297.

Tilman Krause, Mit Frankreich gegen das deutsche Sonderbewußtsein. Friedrich Sieburgs Wege und Wandlungen in diesem Jahrhundert, Berlin 1993.

Wolfgang Kraushaar, Achtundsechzig. Eine Bilanz, Berlin 2008.

Helmut Krausnick, Die Verfolgung der Juden unter dem Nationalsozialismus, in: Franz Böhm/Walter Dirks (Hg.), Judentum. Schicksal, Wesen und Gegenwart, Bd. 1, Stuttgart 1965, S. 289–366.

Volker Kronenberg, Patriotismus in Deutschland. Perspektiven für eine weltoffene Nation, Wiesbaden 2006².

Ders. (Hg.), Zeitgeschichte, Wissenschaft und Politik. Der »Historikerstreit« – 20 Jahre danach, Wiesbaden 2008.

Gudrun Kruip, Das »Welt«-»Bild« des Axel Springer Verlags. Journalismus zwischen westlichen Werten und deutschen Denktraditionen, München 1999.

Anja Kruke, Demoskopie in der Bundesrepublik Deutschland. Meinungsforschung, Parteien und Medien 1949–1990, Düsseldorf 2007.

Hanns Jürgen Küsters, Zum Tee beim Kanzler. Einführung in die Edition, in: Adenauer. Teegespräche 1950–1954, bearbeitet von Hanns Jürgen Küsters, Berlin 1984, S. XII–XXVII.

Maximilian Kutzner, Das Wirtschaftsressort der Frankfurter Allgemeinen Zeitung und die Mediatisierung der Wirtschaftspolitik in den 1950er Jahren, in: *Vierteljahrschrift für Sozial- und Wirtschaftsgeschichte* 101 (2014), S. 488–499.

Ders., Der Salamander Generaldirektor und das Frankfurter Weltblatt – Alex Haffner und die frühen Jahre der Frankfurter Allgemeinen Zeitung, in: *Kornwestheimer Geschichtsblätter* 26 (2016), S. 37–45.

Ders., Marktwirtschaft schreiben. Das Wirtschaftsressort der Frankfurter Allgemeinen Zeitung 1949 bis 1992, Diss. Würzburg 2018.

Ders., »Zeitung für Deutschland«? Die *Frankfurter Allgemeine Zeitung* und die Wiedervereinigung 1949 bis 1992, in: *Vierteljahrshefte für Zeitgeschichte* (im Druck).

Dirk van Laak, Gespräche in der Sicherheit des Schweigens. Carl Schmitt in der politischen Geistesgeschichte der frühen Bundesrepublik, Berlin 1993.

Tilmann Lahme, Golo Mann. Biographie, Frankfurt am Main 2009.

Ders., Die Manns. Geschichte einer Familie, Frankfurt am Main 2015.

Jean A. Laponce, Left and Right. The Topography of Political Perceptions, Toronto/Buffalo/London 1981.

Andreas Laska, Presse et propagande allemandes en France occupée: des »Moniteurs officiels« (1870–1871) à la »Gazette des Ardennes« (1914–1918) et à la »Pariser Zeitung« (1940–1944), München 2003.

Melvyn Leffler/Odd Arne Westad (Hg.), History of the Cold War, Cambridge 2001.

Marcel vom Lehn, Westdeutsche und italienische Historiker als Intellektuelle? Ihr Umgang mit Nationalsozialismus und Faschismus in den Massenmedien 1943/45–1960, Göttingen 2012.

Melanie Leidecker, Das ist die Topgeschichte des Tages! Der Aufmacher-Artikel deutscher Tageszeitungen im Vergleich, Köln/Weimar/Wien 2015.

Heiner Lichtenstein (Hg.), Die Fassbinder-Kontroverse oder das Ende der Schonzeit. Mit einem Nachwort von Julius H. Schoeps, Königstein im Taunus 1986.

Peter Lieb, Konventioneller Krieg oder NS-Weltanschauungskrieg? Kriegführung und Partisanenbekämpfung in Frankreich 1943/44, München 2007.

Sebastian Liebold, Kollaboration des Geistes. Deutsche und französische Rechtsintellektuelle 1933–1940, Berlin 2012.

Massimiliano Livi/Daniel Schmidt/Michael Sturm (Hg.), Die 1970er Jahre als schwarzes Jahrzehnt. Politisierung und Mobilisierung zwischen christlicher Demokratie und extremer Rechter, Frankfurt am Main 2010.

Bernhard Löffler, Soziale Marktwirtschaft und administrative Praxis. Das Bundeswirtschaftsministerium unter Ludwig Erhard, Stuttgart 2002.

Erik Lommatzsch, Zum 100. Geburtstag von Hans Filbinger (1913–2007). Aspekte einer Biographie, in: Michael Stahl (Hg.), Deutschland 1813–2013. Deutsche Identität am Beginn der Moderne und in der Gegenwart, Nürnberg 2013, S.134–143.

Matthias N. Lorenz, »Auschwitz drängt uns auf einen Fleck.« Judendarstellung und Auschwitzdiskurs bei Martin Walser, Stuttgart/Weimar 2005.

Hermann Lübbe, Der Nationalsozialismus im deutschen Nachkriegsbewusstsein, in: *Historische Zeitschrift* 236 (1983), S. 579–599.

Margreth Lünenborg/Simon Berghofer, Politikjournalistinnen und -journalisten. Aktuelle Befunde zu Merkmalen und Einstellungen vor dem Hintergrund ökonomischer und technologischer Wandlungsprozesse im deutschen Journalismus. Eine Studie im Auftrag des Deutschen Fachjournalisten-Verbandes (DFJV), Berlin 2010, <https://www.polsoz.fuberlin.de/kommwiss/arbeitsstellen/kommunikationspolitik/mitarbeiterinnen/sberghofer1/DFJV_Studie_Politikjournalistinnen_und_Journalisten-1.pdf> (18.3.2019).

Andreas Lutsch, Westbindung oder Gleichgewicht? Die nukleare Sicherheitspolitik der Bundesrepublik Deutschland zwischen Atomwaffensperrvertrag und NATO-Doppelbeschluss (1961–1979), München 2019.

Jörg Magenau, Martin Walser. Eine Biographie, Reinbek bei Hamburg 2005.

Ders., Die taz. Eine Zeitung als Lebensform, München 2007.

Thomas Maissen, Geschichte der NZZ 1780–2005. Mit einem Anhang von Konrad Stamm über die Auslandsberichterstattung, Zürich 2005.

Thomas Mann, Tagebücher 1949–1950, hg. von Inge Jens, Frankfurt am Main 1991.

Jürgen Maruhn/Manfred Wilke (Hg.), Raketenpoker um Europa. Das sowjetische SS 20-Abenteuer und die Friedensbewegung, München 2001.

Günter Maschke, Der Tod des Carl Schmitt. Apologie und Polemik, Wien 1987.

Sigrun Matthiesen, Weiberkram. Wie der Kulturjournalismus mit der Mode umgeht, Wiesbaden 2000.

Wolfram Mauser (Hg.), Erinnerte Zukunft. 11 Studien zum Werk Christa Wolfs, Würzburg 1985.

Holger M. Meding, Flucht vor Nürnberg? Deutsche und österreichische Einwanderung in Argentinien 1945–1955, Köln/Weimar/Wien 1992.

Ders., Nationalsozialismus im Exil. Die deutschsprachige Rechtspresse in Buenos Aires, 1945–1977, in: ders. (Hg.), Nationalsozialismus und Argentinien. Beziehungen, Einflüsse und Nachwirkungen, Frankfurt am Main 1995, S. 185–202.

Lennart Meier, Die *FAZ* und die Rechtschreibreform (1992–2016). Eine Analyse der Argumentations- und Vorgehensweise eines Leitmediums zu einem umstrittenen Projekt, unveröffentlichte Master-Thesis Würzburg 2017.

Viktor Meier, Die Frage der Anerkennung Sloweniens und Kroatiens, in: *Österreichisches Jahrbuch für internationale Politik* 13 (1996), S. 163–177.

Peter de Mendelssohn, Zeitungsstadt Berlin. Menschen und Mächte in der Geschichte der deutschen Presse, Berlin 1959.

Christian Mentel/Martin Sabrow (Hg.), Das Auswärtige Amt und seine umstrittene Vergangenheit. Eine deutsche Debatte, Frankfurt am Main 2014.

Peter Merseburger, Rudolf Augstein. Der Mann, der den SPIEGEL machte, München 2009.
Manfred Messerschmidt, »Elastische« Gesetzesanwendung durch Wehrmachtsgerichte, in: Wolfgang Wette (Hg.), Filbinger – Eine deutsche Karriere, Springe 2006, S. 65–80.
Julia Metger, Studio Moskau. Westdeutsche Korrespondenten im Kalten Krieg, Paderborn 2016.
Günther Metken, Comics, Frankfurt am Main/Hamburg 1970.
Michael Meyen/Claudia Riesmeyer, Diktatur des Publikums. Journalisten in Deutschland, Konstanz 2009.
Armin Mohler, Die Konservative Revolution in Deutschland 1918–1932. Ein Handbuch, Darmstadt 1994 (zuerst Stuttgart 1950).
Ders., Der Faschismus als Forschungsgegenstand, in: *Das Historisch-Politische Buch* 11 (1963), S. 257–259.
Ders., Was die Deutschen fürchten. Angst vor der Politik – Angst vor der Geschichte – Angst vor der Macht, Stuttgart 1965.
Ders., Liberalenbeschimpfung. Sex und Politik. Der faschistische Stil gegen die Liberalen. Drei politische Traktate, Essen 1990.
Claudia Moisel, Frankreich und die deutschen Kriegsverbrecher. Politik und Praxis der Strafverfolgung nach dem Zweiten Weltkrieg, Göttingen 2004.
Elke aus dem Moore (Hg.), Barbara Klemm. Helldunkel. Fotografien aus Deutschland. Mit einem Text von Ursula Zeller und einem Gespräch mit Barbara Klemm von Matthias Flügge, Stuttgart 2009.
Jupp Müller-Marein (= Josef Müller-Marein), Panzer stoßen zum Meer. Die Tankschlacht vor Namur und der Vormarsch durch Frankreich, Berlin 1940.
Hugo Müller-Vogg, Lokaljournalismus – Anmerkungen zu einem unterschätzten Gewerbe, in: Frankfurter Allgemeine Zeitung GmbH (Hg.), Freiheit und Verantwortung. Festschrift für Hans-Wolfgang Pfeifer, München 1991, S. 261–278.
Daniela Münkel, Kampagnen, Spione, geheime Kanäle. Die Stasi und Willy Brandt, Berlin 2013.
Bogdan Musial, Deutsche Zivilverwaltung und Judenverfolgung im Generalgouvernement. Eine Fallstudie zum Distrikt Lublin 1939–1944, Wiesbaden 1999.
Wladimir Nabokov, Lolita. Roman, aus dem Amerikanischen von Helene Hessel unter Mitarbeit von Maria Carlsson, Kurt Kusenberg, H. M. Ledig-Rowolt, Gregor von Rezzori, Hamburg 1959.
Henri Nannen, Störungsfeuer von »M 17«. Ein Flaksoldat besteht seine Feuerprobe, Berlin 1943.
Roxanne Narz, Kultur im Widerstreit. Das Feuilleton der *Frankfurter Allgemeinen Zeitung*, Diss. Würzburg (in Vorbereitung).
Bernd Naumann, Auschwitz. Bericht über die Strafsache gegen Mulka u. a. vor dem Schwurgericht Frankfurt. Mit einem Nachwort von Marcel Atze und einem Text von Hannah Arendt, Berlin 2004 (zuerst Frankfurt am Main/Bonn 1965).
Ders., Auschwitz. A Report on the Proceedings against Robert Karl Ludwig Mulka and Others before the Court at Frankfurt, translated by Jean Steinberg, with an Introduction by Hannah Arendt, London 1966.
Franz Neubauer, Das öffentliche Fehlurteil. Der Fall Filbinger als ein Fall der Meinungsmacher, Regensburg 1990.
Ermenhild Neusüß-Hunkel, Die SS, Hannover/Frankfurt am Main 1955.
Petra Ney-Hellmuth, Der Fall Anneliese Michel. Kirche, Justiz, Presse, Würzburg 2014.

Thomas Nipperdey/Anselm Doering-Manteuffel/Hans-Ulrich Thamer (Hg.), Weltbürgerkrieg der Ideologien. Antworten an Ernst Nolte. Festschrift zum 70. Geburtstag, Berlin 1993.
Elisabeth Noelle/Erich Peter Neumann (Hg.), Jahrbuch der öffentlichen Meinung 1968–1973, Allensbach/Bonn 1974.
Ernst Nolte, Der Faschismus in seiner Epoche. Die Action française. Der italienische Faschismus. Der Nationalsozialismus, München 1963.
Ders., Deutscher Scheinkonstitutionalismus?, in: *Historische Zeitschrift* 228 (1979), S. 529–550.
Ders., Der europäische Bürgerkrieg 1917–1945. Nationalsozialismus und Bolschewismus, Frankfurt am Main/Berlin 1987.
Ders., Leserbrief an »DIE ZEIT«, 1. August 1986, in: »Historikerstreit«. Die Dokumentation der Kontroverse um die Einzigartigkeit der nationalsozialistischen Judenvernichtung, München/Zürich 1987, S. 93f.
Ders., Die historisch-genetische Version der Totalitarismustheorie. Ärgernis oder Einsicht?, in: *Zeitschrift für Politik* 43 (1996), S. 111–122.
Ders., Rückblick auf mein Leben und Denken, Reinbek/München 2014.
Paul Nolte, Intellektuelle Zeitgeschichte im »Age of Fracture«. Zum vorläufigen Abschluss der »Kleinen Politischen Schriften« von Jürgen Habermas, in: *Geschichte und Gesellschaft* 39 (2013), S. 391–408.
Günther Nonnenmacher, Dolf Sternberger als Journalist, in: Michael Borchard (Hg.), Dolf Sternberger zum 100. Geburtstag, St. Augustin/Berlin 2007, S. 23–34, online unter <http://www.kas.de/wf/doc/kas_11487-544-1-30.pdf?070725113746> (18.3.2019).
Wilfred von Oven, Ein »Nazi« in Argentinien, Duisburg 1999[2].
Marcus M. Payk, Der Geist der Demokratie, Intellektuelle Orientierungsversuche im Feuilleton der frühen Bundesrepublik. Karl Korn und Peter de Mendelssohn, München 2008.
Ders., »... die Herren fügen sich nicht; sie sind schwierig.« Gemeinschaftsdenken, Generationskonflikte und die Dynamisierung des Politischen in der konservativen Presse der 1950er und 1960er Jahre, in: Franz-Werner Kersting/Jürgen Reulecke/Hans-Ulrich Thamer (Hg.), Die zweite Gründung der Bundesrepublik. Generationswechsel und intellektuelle Wortergreifungen 1955–1975, Stuttgart 2010, S. 46–67.
Devin O. Pendas, Der Auschwitz-Prozess. Völkermord vor Gericht, Aus dem amerikanischen Englisch von Klaus Binder, München 2013.
Hermannus Pfeiffer (Hg.), Die FAZ. Nachforschungen über ein Zentralorgan, Köln 1988.
Michael Philipp, Persönlich habe ich mir nichts vorzuwerfen. Politische Rücktritte in Deutschland von 1950 bis heute, München 2007.
Philip Plickert, Wandlungen des Neoliberalismus. Eine Studie zu Entwicklung und Ausstrahlung der »Mont Pèlerin Society«, Stuttgart 2008.
Michael Ploetz/Hans-Peter Müller, Ferngelenkte Friedensbewegung? DDR und UdSSR im Kampf gegen den NATO-Doppelbeschluss, Münster 2004.
Christian-Matthias Pohlert (Hg.), Bilder in der Zeitung. Journalistische Fotografie 1949–1999. Mit Betrachtungen von Eckhard Fuhr, München 1999.
Leon Poliakov/Josef Wulf, Das Dritte Reich und die Juden. Dokumente und Aufsätze, Berlin-Grunewald 1955.
Dies., Das Dritte Reich und seine Diener. Dokumente, Berlin-Grunewald 1956.
Kurt Pritzkoleit, Wem gehört Deutschland. Eine Chronik von Besitz und Macht, Wien 1957.
Karl Prümm, Mit gebrochener Stimme sich dennoch verständlich machen, in: Walter Dirks, Gesammelte Schriften, hg. von Fritz Boll, Ulrich Bröckling und Karl Prümm. Bd. 3, Feuilletons im Nationalsozialismus. Politische Publizistik 1934–1943. Mit einem Vorwort von Walter Dirks und einem Essay von Karl Prümm, Zürich 1990, S. 23–87.

Astrid von Pufendorf, Otto Klepper (1888–1957). Deutscher Patriot und Weltbürger, München 1997.
Dies., Mut zur Utopie. Otto Klepper – Ein Mensch zwischen den Zeiten, Frankfurt am Main 2015.
Fritz J. Raddatz, Karl Marx. Eine politische Biographie, Hamburg 1975.
Ders., Eine Erziehung in Deutschland. Trilogie, Reinbek bei Hamburg 2006.
Helene Rahms, Die Clique. Journalistenleben in der Nachkriegszeit, Bern/München/Wien 1999.
Alfred Rapp, Deutsche Geschichte am Oberrhein, Karlsruhe 1937.
Marcel Reich-Ranicki, Macht Verfolgung kreativ? Polemische Anmerkungen aus aktuellem Anlaß: Christa Wolf und Thomas Brasch, in: Thomas Anz (Hg.), »Es geht nicht um Christa Wolf«. Der Literaturstreit im vereinten Deutschland, München 1991, S. 29–34.
Ders., Mein Leben, Stuttgart 1999.
Marcel Reich-Ranicki und Peter Rühmkorf. Der Briefwechsel, hg. von Christoph Hilse und Stephan Opitz, Göttingen 2015.
Carsten Reinemann/Philip Baugut, Alter Streit unter neuen Bedingungen. Einflüsse politischer Einstellungen von Journalisten auf ihre Arbeit, in: *Zeitschrift für Politik* 61 (2014), S. 480–505.
Johann Georg Reißmüller (Hg.), »Dazu möchte ich bemerken ...« Leserbriefe in der F.A.Z. aus 50 Jahren, München 1999.
Gerald Reitlinger, Die Endlösung. Hitlers Versuch der Ausrottung der Juden Europas 1939–1945, Berlin-Dahlem 1956.
Ders., The SS – Alibi of a Nation 1922–1945, Melbourne/London/Toronto 1956.
Anton Riedl, Liberale Publizistik für Soziale Marktwirtschaft. Die Unterstützung der Wirtschaftspolitik Ludwig Erhards in der Frankfurter Allgemeinen Zeitung und in der Neuen Zürcher Zeitung 1948/49 bis 1957, Regensburg 1992.
Karl Riha, Zok roarr wumm. Zur Geschichte der Comics-Literatur, Steinbach 1970.
Antje Robrecht, »Diplomaten in Hemdsärmeln«? Auslandskorrespondenten als Akteure in den deutsch-britischen Beziehungen, 1945–1962, Augsburg 2010.
Andreas Rödder, Deutschland einig Vaterland. Die Geschichte der Wiedervereinigung, München 2009.
Jan Erik Romstöck, Der erste Frankfurter Ausschwitzprozess in der FAZ und Vergleichsmedien, unveröffentlichte Bachelor-Thesis, Würzburg 2017.
João Cardoso Rosas/Ana Rita Ferreira (Hg.), Left and Right. The Great Dichotomy Revisited, Newcastle upon Tyne 2013.
Lars Rosumek, Die Kanzler und die Medien. Acht Porträts von Adenauer bis Merkel, Frankfurt am Main, New York 2007.
Sally Roy/Carla Capalbo, National Geographic Spirallo Reiseführer Venedig, Ostfildern 2011[5].
Mark Rüdiger, »Goldene 50er« oder »Bleierne Zeit«? Geschichtsbilder der 50er Jahre im Fernsehen der BRD, 1959–1989, Bielefeld 2014.
Hermann Ruelius, Schmunzeleien, München 1955.
Lord Russell of Liverpool, Geißel der Menschheit. Kurze Geschichte der Naziverbrechen, Deutsch von Roswitha Czollek, Frankfurt am Main 1955.
Erich Salomon, Berühmte Zeitgenossen in unbewachten Augenblicken, mit 112 Bildern, Stuttgart 1931.
Christina Schäfer, Erich Welter – Der Mann hinter der F.A.Z., Diss. Würzburg 2017.
Hans Scherer, Alle Bücher sind Reisebücher, in: Frankfurter Allgemeine Zeitung GmbH (Hg.), Bücher für die Reise. Ein Führer durch die Literatur, Frankfurt am Main 1991, S. 9–15.

Ders., Nachwort. Die Reihen-Flut, in: Frankfurter Allgemeine Zeitung GmbH (Hg.), Bücher für die Reise. Ein Führer durch die Literatur, Frankfurt am Main 1991, S. 223–227.
Axel Schildt, Im Visier: Die NS-Vergangenheit westdeutscher Intellektueller. Die Enthüllungskampagne von Kurt Ziesel in der Ära Adenauer, in: *Vierteljahrshefte für Zeitgeschichte* 64 (2016), S. 37–68.
Axel Schildt/Detlef Siegried, Deutsche Kulturgeschichte. Die Bundesrepublik von 1945 bis zur Gegenwart, Bonn 2009.
Frank Schirrmacher, Schrift als Tradition – die Dekonstruktion des literarischen Kanons bei Kafka und Harold Bloom, Diss. Siegen 1987.
Ders. (Hg.), Verteidigung der Schrift. Kafkas »Prozeß«, Frankfurt am Main 1987.
Ders., Das Methusalem-Komplott, München 2004.
Ders., Die Idee der Zeitung. Wie die digitale Welt den Journalismus revolutioniert, in: Bernhard Pörksen/Andreas Narr (Hg.), Die Idee des Mediums. Reden zur Zukunft des Journalismus, Köln 2015, S. 122–145.
Carl Schmitt, Der Leviathan in der Staatslehre des Thomas Hobbes. Sinn und Fehlschlag eines politischen Symbols, hg. von Günter Maschke, Köln 1982 (zuerst Hamburg 1938).
Ders., Ex Captivitate Salus. Erfahrungen der Zeit 1945/47, Köln 1950.
Herbert Schnädelbach, Philosophie in Deutschland 1831–1933, Frankfurt am Main 1983.
Peter Schneider, Vom Ende der Gewißheit, Berlin 1994.
Siegfried Schober (Hg.), Let it bleed. Die Rolling Stones in Altamont. Berichte und Fotos, München/Wien 1970.
Caspar von Schrenck-Notzing, Charakterwäsche. Die amerikanische Besatzungszeit in Deutschland und ihre Folgen, Stuttgart 1965.
Ernst Schulte-Strathaus (Hg.), Johann Wolfgang Goethe. Sämtliche Werke, Bd. 15, München 1912.
Frederic Schulz, Am Webstuhl der Zeit – Das Politikressort der FAZ 1949–1989. Diss. Würzburg (in Vorbereitung).
Klaus D. Schulz, Unternehmerinteresse und Wirtschaftssystem. Beiträge der Unternehmer zur politischen Entwicklung der Bundesrepublik Deutschland, Frankfurt am Main 1986.
Hans-Peter Schwarz, Axel Springer. Die Biografie, Berlin 2008.
Ders., Mit gestopften Trompeten. Die Wiedervereinigung Deutschlands aus der Sicht westdeutscher Historiker, in: *Geschichte in Wissenschaft und Unterricht* 44 (1993), S. 683–704.
Patrik Schwarz (Hg.), Die Sarrazin-Debatte. Eine Provokation – und die Antworten, Hamburg 2010.
Otto Peter Schweling, Die deutsche Militärjustiz in der Zeit des Nationalsozialismus, bearbeitet, eingeleitet und hg. von Erich Schwinge, Marburg 1977.
Gabriel Seiberth, Anwalt des Reiches. Carl Schmitt und der Prozeß »Preußen contra Reich« vor dem Staatsgerichtshof, Berlin 2001.
Paul Sethe, Ins Wasser geschrieben. Porträts, Profile, Prognosen, Frankfurt am Main 1968.
Friedrich Sieburg, France d'hier et de demain. Préambule de Bernard Grasset, Paris 1941.
Ders., Die Lust am Untergang. Selbstgespräche auf Bundesebene, Hamburg 1954.
Friedemann Siering, Zeitung für Deutschland. Die Gründergeneration der »Frankfurter Allgemeinen«, in: Lutz Hachmeister/Friedemann Siering (Hg.), Die Herren Journalisten. Die Elite der Deutschen Presse nach 1945, München 2002, S. 35-86.
Insa Sjurts, Die deutsche Medienbranche. Eine unternehmensstrategische Analyse, Wiesbaden 1996.
Harmut Soell, Zum Problem der Freiheit des Journalisten. Aus der Korrespondenz Fritz Erler – Paul Sethe 1956/57, in: *Vierteljahrshefte für Zeitgeschichte* 23 (1975), S. 91–116.

Hermann Sommer, Zur Kur nach Ems. Ein Beitrag zur Geschichte der Badereise von 1830 bis 1914, Stuttgart 1999.
Albert Speer, Erinnerungen, Berlin 1969.
Hilde Spiel, Die hellen und die finsteren Zeiten. Erinnerungen 1911–1945, München 1989.
Dies., Welche Welt ist meine Welt? Erinnerungen 1946–1989, München 1990.
Gerhard Stadelmaier, Umbruch. Roman, Wien 2016.
Stadt Bonn (Hg.), Adressbuch der Stadt Bonn 86 (1961).
Dies., Adressbuch der Stadt Bonn 87 (1963/64).
Dies., Adressbuch der Stadt Bonn 89 (1967).
Helmut Stalder, Siegfried Kracauer. Das journalistische Werk in der ›Frankfurter Zeitung‹ 1921–1933, Würzburg 2003.
Bettina Stangneth, Eichmann vor Jerusalem. Das unbehelligte Leben eines Massenmörders, Zürich/Hamburg 2011.
Nina Steindl/Corinna Lauerer/Thomas Hanitzsch, Journalismus in Deutschland. Aktuelle Befunde zu Kontinuität und Wandel im deutschen Journalismus, in: *Publizistik* 62 (2017), S. 401–423.
Dolf Sternberger/Gerhard Storz/Wilhelm E. Süskind, Aus dem Wörterbuch des Unmenschen, Hamburg 1957.
Matthias Stickler, Flucht und Vertreibung in Mitteleuropa als Folge des Zweiten Weltkriegs, in: Dirk Reitz/Hendrik Thoß (Hg.), Sachsen, Deutschland und Europa im Zeitalter der Weltkriege, Berlin 2019, S. 297–326.
Bernd Stöver, Der Kalte Krieg. Geschichte eines radikalen Zeitalters, 1947–1991, München 2007.
Hans Heinz Stuckenschmidt, Arnold Schönberg, Zürich/Freiburg im Breisgau 1951.
Ders., Schönberg. Leben, Werk, Umwelt, Zürich/Freiburg im Breisgau 1974.
Ders., Zum Hören geboren. Ein Leben mit der Musik unserer Zeit, München/Zürich 1979.
Michael Stürmer, Nachbemerkung, 25. April 1987, in: »Historikerstreit«. Die Dokumentation der Kontroverse um die Einzigartigkeit der nationalsozialistischen Judenvernichtung, München/Zürich 1987, S. 392.
Wilma Sturm, Barfuß auf Asphalt, München 1985 (zuerst Köln 1981).
Olaf Sundermeyer, Gauland. Die Rache des alten Mannes, München 2018.
Hans-Ulrich Thamer, Verführung und Gewalt. Deutschland 1933–1945, Berlin 1986.
Nike Thurn/Torben Fischer, Filbinger-Affäre, in: Torben Fischer/Matthias N. Lorenz (Hg.), Lexikon der »Vergangenheitsbewältigung« in Deutschland. Debatten- und Diskursgeschichte des Nationalsozialismus nach 1945, Bielefeld 2015[3], S. 219–221.
Martin Tielke (Hg.), Carl Schmitts Briefwechsel mit Marianne Kesting (1959–1983), in: *Schmittiana. Neue Folge. Beiträge zu Leben und Werk Carl Schmitts*, Bd. III, hg. von der Carl-Schmitt-Gesellschaft, Berlin 2016, S. 252–316.
Almut Todorow, Das Feuilleton der »Frankfurter Zeitung« in der Weimarer Republik. Zur Grundlegung einer rhetorischen Medienforschung, Tübingen 1996.
Stefanie Trümper, Redaktionskultur in Deutschland am Fallbeispiel der Frankfurter Allgemeinen Zeitung und der Bild-Zeitung, in: Monika Elsler (Hg.), Die Aneignung von Medienkultur. Rezipienten, politische Akteure und Medienakteure, Wiesbaden 2011, S. 173–192.
Christian Tuschhoff, Deutschland, Kernwaffen und die NATO 1949–1967. Zum Zusammenhalt von und friedlichem Wandel in Bündnissen, Baden-Baden 2002.
John Updike, Ehepaare. Roman, aus dem Amerikanischen von Maria Carlsson, Reinbek bei Hamburg 1969.

Kia Vahland, Das Reiseblatt der FAZ, in: Hans J. Kleinsteuber (Hg.), Reisejournalismus. Eine Einführung, Opladen 1997, S. 151f.

Ulrich Völklein, Die verweigerte Schuld. Gespräche mit einem Täter: Wie aus dem NS-Kreishauptmann der linksliberale Publizist Peter Grubbe wurde, Hamburg 2000.

Bernhard Vogel, Dolf Sternberger und die politische Wissenschaft, in: Michael Borchard (Hg.), Dolf Sternberger zum 100. Geburtstag, St. Augustin/Berlin 2007, S. 13–22.

Sarah Wagenknecht, Freiheit statt Kapitalismus. Über vergessene Ideale, die Eurokrise und unsere Zukunft, Frankfurt am Main 2012.

Friedrich A. Wagner, Der Kulturteil der Breslauer Zeitung von der Aufklärung bis zum Vormärz: Gesellschaft und Kunstleben der schlesischen Hauptstadt im Spiegel der Tagespresse, Würzburg 1938.

Martin Walser, Halbzeit. Roman, Frankfurt am Main 1960.

Ders., Finks Krieg, Frankfurt am Main 1996.

Ders., Tod eines Kritikers. Roman, Frankfurt am Main 2002[3].

Hans-Ulrich Wehler, Entsorgung der deutschen Vergangenheit? Ein polemischer Essay zum »Historikerstreit«, München 1988.

Adelbert Weinstein, Das ist de Gaulle: Anspruch und Wirklichkeit. Versuch eines Porträts, Düsseldorf/Köln 1963.

Siegfried Weischenberg/Martin Löffelholz/Armin Scholl, Journalismus in Deutschland. Merkmale und Einstellungen von Journalisten. Ergebnisse der DFG-Studie, in: *Journalist* 44 (1994), S. 55–69.

Ders./Maya Malik/Armin Scholl, Die Souffleure der Mediengesellschaft. Report über die Journalisten in Deutschland, Konstanz 2006.

Matthias Weiß, Journalisten: Worte als Taten, in: Norbert Frei (Hg.), Karrieren im Zwielicht. Hitlers Eliten nach 1945, Frankfurt am Main 2001, S. 241–301.

Peter Weiss, Die Ermittlung. Oratorium in 11 Gesängen, Frankfurt am Main 1965.

Ders., Rapporte, Frankfurt am Main 1968.

Hans Wellmann, Die Soziale Marktwirtschaft im Spiegel von Meinungsumfragen, Diss. Köln 1962.

Erich Welter, Der Weg der deutschen Industrie, Frankfurt am Main 1943.

Ders., Ziele der Wirtschaftspolitik, in: Erwin von Beckerath/Fritz W. Meyer/Alfred Müller-Armack (Hg.), Wirtschaftsfragen der freien Welt. Zum 60. Geburtstag von Bundesminister Ludwig Erhard, Frankfurt am Main 1957, S. 22–31.

David A. Whetten, Albert and Whetten Revisited. Strengthening the Concept of Organizational Identity, in: *Journal of Management Inquiry* 15 (2006), S. 219–234.

Erwin Wickert, Das muß ich Ihnen schreiben. Beim Blättern in unvergessenen Briefen, hg. von Ulrich Lappenküper, München 2005.

Barbara Wildenhahn, Feuilleton zwischen den Kriegen. Die Form der Kritik und ihre Theorie, München 2008.

Jürgen Wilke, Leitmedien und Zielgruppenorgane, in: ders. (Hg.), Mediengeschichte der Bundesrepublik Deutschland, Köln/Weimar/Wien 1999, S. 302–329.

Ders./Birgit Schenk/Akiba A. Cohen, Holocaust und NS-Prozesse. Die Presseberichterstattung in Israel und Deutschland zwischen Aneignung und Abwehr, Köln/Weimar/Wien 1995.

Reinhard Wilke, Meine Jahre mit Willy Brandt. Die ganz persönlichen Erinnerungen seines engsten Mitarbeiters, mit einem Vorwort von Ulrich Wickert, Stuttgart/Leipzig 2010.

Stefan Winckler, Gerhard Löwenthal. Ein Beitrag zur politischen Publizistik der Bundesrepublik Deutschland, Berlin 2011.

Andreas Wirsching, Abschied vom Provisorium 1982–1990, München 2006.
G. W. Wittkämper/J. Bellers/J. Grimm/M. Heiks/K. Sondergeld/K. Wehmeier, Pressewirkungen und außenpolitische Entscheidungsprozesse – methodologische Probleme der Analyse, in: Gerhard W. Wittkämper (Hg.), Medien und Politik, Darmstadt 1992, S. 150–168.
Uwe Wittstock, Marcel Reich-Ranicki. Die Biografie, München 2015.
Christa Wolf, Die Dimension des Autors. Essays und Aufsätze, Reden und Gespräche 1959–1985, Darmstadt/Neuwied 1987.
Dies., Störfall. Nachrichten eines Tages, Berlin/Weimar 1987[2].
Dies., Arbeitsbuch. Studien, Dokumente, Bibliographie, hg. von Angela Drescher, Frankfurt am Main 1990.
Dies., Im Dialog. Aktuelle Texte. Sammlung Luchterhand, Frankfurt am Main 1990.
Dies., Was bleibt. Erzählung, Frankfurt am Main 1990.
Edgar Wolfrum, Rot-Grün an der Macht. Deutschland 1998–2005, München 2013.
Klaus Peter Zeitler, Deutschlands Rolle bei der völkerrechtlichen Anerkennung der Republik Kroatien unter besonderer Berücksichtigung des deutschen Außenministers Genscher, Marburg 2000.
Kurt Ziesel, Und was bleibt ist der Mensch, Stuttgart 1951.
Ders., Das verlorene Gewissen. Hinter den Kulissen der Presse, Literatur und ihrer Machtträger von heute, München 1958[2, 6, 8].
Ders., Die Geister scheiden sich. Dokumente zum Echo auf das Buch »Das verlorene Gewissen«. Eine Auswahl aus über 3000 in- u. ausländischen Pressestimmen und aus Tausenden von Briefen an den Verfasser. Die Reaktion der Betroffenen, München 1959.
Ders., Der rote Rufmord. Eine Dokumentation zum Kalten Krieg, Tübingen/Neckar 1961.
Harro Zimmermann, Friedrich Sieburg – Ästhet und Provokateur. Eine Biographie, Göttingen 2015.
Rainer Zitelmann, Hitler. Selbstverständnis eines Revolutionärs, Hamburg u. a. 1987.
Ders., Adolf Hitler. Eine politische Biographie, Göttingen/Zürich 1989.
Reimut Zohlnhöfer/Christoph Egle, Der Episode zweiter Teil – ein Überblick über die 15. Legislaturperiode, in: dies., Ende des rot-grünen Projekts. Eine Bilanz der Regierung Schröder 2002–2005, Wiesbaden 2007, S. 11–25.
Arnold Zweig, Die Zeit ist reif, Berlin 1957.

LISTE DER HERAUSGEBER UND RESSORTLEITER DER *FAZ*

Jeder Herausgeber ist innerhalb der Kollegialverfassung für die Gesamtzeitung verantwortlich. Die hier vorgenommene Ressortzuordnung bildet gerade für die Anfangszeit keine starre Ordnung ab.

POLITIKRESSORT

Herausgeber 1949–2019

Name	**Amtszeit**
Paul Sethe	1949–1955
Erich Dombrowski	1949 –1962
Hans Baumgarten	1949 –1963
Benno Reifenberg	1959–1965
Jürgen Tern	1960–1970
Nikolas Benckiser	1966–1974
Bruno Dechamps	1966–1988 (zusätzliche Zuständigkeit für das Magazin 1980–1988, für neue Medien 1983–1988)
Fritz Ullrich Fack	1971–1993
Johann Georg Reißmüller	1974–1999
Günther Nonnenmacher	1994–2014
Berthold Kohler	seit 1999

Verantwortliche Redakteure Politik 1949–1971

Name	**Amtszeit**
Fritz Bayer	1949–1953
Hugo v. Seib (interim)	1954–1954
Eberhard Roterberg	1954–1956

Hugo v. Seib (interim)	1956–1956
Jürgen Tern	1956–1959
Nikolas Benckiser	1960–1965
Bruno Dechamps	1966–1967
Heinz Stadlmann	1967–1969
Hermann Ruelius (interim)	1969–1971

Verantwortliche Redakteure Außenpolitik 1971–2019

Name	Amtszeit
Günther Gillessen	1971–1978
Robert Held	1978–1986
Friedrich Karl Fromme (interim.)	1986–1986
Günther Nonnenmacher	1986–1993
Werner Adam	1994–2001
Klaus-Dieter Frankenberger	seit 2001
Nikolas Busse (stv.)	seit 2014

Verantwortliche Redakteure Innenpolitik 1971–2019

Name	Amtszeit
Johann Georg Reißmüller	1971–1974
Friedrich Karl Fromme	1974–1997
Eckhard Fuhr	1997–2000
Stefan Dietrich	2000–2011
Jasper von Altenbockum	seit 2011

Verantwortliche Redakteure Nachrichten 1956–2019

Name	Amtszeit
Walter Nowak	1956–1967
Hermann Ruelius	1956–1973
Dieter Eckart	1973–2001
Jasper von Altenbockum	2001–2011
Richard Wagner	seit 2011

Verantwortliche Redakteure Deutschland und die Welt 1963–2019

Name	Amtszeit
Bernd Naumann	1963–1970
Claus Lafrenz	1970–1983
Michael Fritzen	1983–2000
Alfons Kaiser	seit 2000

Verantwortlicher Redakteur Kommunalpolitik 1976–1978

Name	Amtszeit
Rudolf Reinhardt	1976–1978

Verantwortlicher Redakteur Zeitgeschehen und die Gegenwart 1986–199

Name	Amtszeit
Klaus Natorp	1986–1995

Verantwortliche Redakteure Die Gegenwart 1995–2019

Name	Amtszeit
Eckhard Fuhr	1995–1997
Klaus-Dieter Frankenberger	1997–2001
Volker Zastrow	2001–2006
Volker Zastrow (Int.)	2006–2007
Horst Bacia	2007–2011
Daniel Deckers	seit 2011

Verantwortliche Redakteure Zeitgeschehen 1995–2019

Name	Amtszeit
Georg Paul Hefty	1995–2012
Reinhard Müller	seit 2012

Verantwortlicher Redakteur Politik Online 2014–2019

Name	Amtszeit
Thomas Holl	seit 2014

WIRTSCHAFTSRESSORT

Herausgeber 1949–2017

Name	Amtszeit
Erich Welter	1949–1980
Jürgen Eick	1963–1986
Jürgen Jeske	1986–2002
Holger Steltzner	2002–2019
Gerald Braunberger	seit 2019

Verantwortlicher Redakteur Wirtschaft

Name	Amtszeit
Jürgen Eick	1949–1963

Verantwortliche Redakteure Wirtschaftspolitik

Name	Amtszeit
Hans Roeper	1963–1978
Ernst Günter Vetter	1978–1986
Hans D. Barbier	1986–2002
Heike Göbel	Seit 2002

Verantwortliche Redakteure Wirtschaftsnachrichten/Unternehmenswirtschaft

Name	Amtszeit
Max Kruk	1963–1978
Jürgen Jeske	1979–1986
Heinz Stadlmann	1986–1991

Verantwortliche Redakteure Wirtschaftsnachrichten/Wirtschaftsberichterstattung

Name	Amtszeit
Klaus Peter Krause	1991–2001
Holger Appel	2002–2011
Heike Göbel	2012–2013 (interim.)
Carsten Knop	2014–2017
Johannes Pennekamp	Seit 2018

Verantwortliche Redakteure Unternehmen

Name	Amtszeit
Jürgen Dunsch	1991–2006
Carsten Knop	2007–2017
Sven Astheimer	Seit 2018

Verantwortliche Redakteure Finanzmarkt

Name	Amtszeit
Holger Steltzner	1999–2002
Folker Dries	2002–2006
Gerald Braunberger	2007–2019 (ab 2019 int.)

Verantwortliche Redakteure Technik und Motor

Name	Amtszeit
Herbert Sitterding (Motorseite)	1949–1952
Hugo Valentin Seib (Auto-Ecke)	1952–1972
Gerold Lingnau (Motor-Ressort)	1972–1988
Gerold Lingnau (seit 1988 Technik und Motor)	1988–1999
Wolfgang Peters	2000–2011
Holger Appel	Seit 2011

FEUILLETON

Die in Klammern angegebenen Namen und Daten stehen nicht im Impressum, sondern wurden anderen Quellen entnommen. Sie entsprechen für die Anfangszeit eher etablierten Zuständigkeiten und nicht Funktionstiteln.

Herausgeber 1949–2019

Name	Amtszeit
Karl Korn	1949–1973
Joachim Fest	1973–1993
Frank Schirrmacher	1994–2014 († 2014)
Günther Nonnenmacher (int.)	2014–2014
Jürgen Kaube	seit 2015

Verantwortliche Redakteure Feuilleton 1949–2019

Name	Amtszeit
Martin Ruppert	1949–1956
Martin Ruppert / Hans Schwab-Felisch	1956–1960
Martin Ruppert / Otto Friedrich Regner	1960–1962
Otto Friedrich Regner / Robert Held	J962–1963
Robert Held	1963–1974
Günther Rühle	1974–1985
Joachim Fest (int.)	1985–1986
Wilfried Wiegand	1986–1997
Ulrich Raulff	1997–2001
Patrick Bahners	2001–2011
Nils Minkmar	2012–2014
Edo Reents (int.)	2014–2015
Edo Reents	seit 2015

Verantwortliche Redakteure Literatur 1949–2019

Name	Amtszeit
(Vilma Sturm)	(1949–?)
(Herbert Nette)	(1950–1953)
(Karl Korn)	(1954–1957)
(Friedrich Sieburg)	(1957–1964)
(Rolf Michaelis)	(1964–1968)
(Karl-Heinz Bohrer)	(1968–1973)
Marcel Reich-Ranicki	1973–1988 (seit 1979 im Impressum)
Frank Schirrmacher	1989–1993
Gustav Seibt	1994–1996
Frank Schirrmacher (int.)	1996–1997
Thomas Steinfeld	1997–2001
Hubert Spiegel	2001–2008
Felicitas von Lovenberg	2008–2016
Andreas Platthaus	Seit 2016

Verantwortliche Redakteure Frauenseite 1949–1973

Name	Amtszeit
(Vilma Sturm)	(1949–?)
(Robert Held)	(?–1953)
(Helene Rahms)	(1953–1973)

Verantwortliche Redakteure Bilder und Zeiten 1952–2012

Name	Amtszeit
(Robert Held)	(1952–1969/70)
(Maria Frisé)	(1969/70–1990)
Karl Schmitz	1991–2000 (seit 1992 im Impressum)
Andreas Platthaus	2001–2001
Felicitas von Lovenberg	2006–2008
Andreas Platthaus	2008–2012

Verantwortliche Redakteure Reiseblatt 1958–2019

Name	Amtszeit
(Friedrich A. Wagner)	(1958–1979)
Theodor Geus	1979–2002 (seit 1992 im Impressum)
Freddy Langer	seit 2002

Verantwortliche Redakteure Natur und Wissenschaft 1958–2019

Name	Amtszeit
(Kurt Rudzinski)	(1958–1979)
Rainer Flöhl	1980–2003 (seit 1992 im Impressum)
Joachim Müller-Jung	Seit 2003

Verantwortliche Redakteure Geisteswisssenschaften 1985–2019

Name	Amtszeit
Henning Ritter	1985–2008 (seit 1992 im Impressum)
Jürgen Kaube	2008–2015
Lorenz Jäger	2015–2016
Patrick Bahners	Seit 2016

RHEIN-MAIN-ZEITUNG

Herausgeber 1988–2019

Name	Amtszeit
Hugo Müller-Vogg	1988–2001
Dieter Eckart	2001–2005
Werner D'Inka	seit 2005

Verantwortliche Redakteure: 1949–1958 Lokales und Sport 1958–1988 Zeitung für Frankfurt ab 1988 Rhein-Main-Zeitung

Name	Amtszeit
Bernhard Gnegel (Lokales und Sport)	1949–1950
Karlheinz Vogel (Lokales und Sport)	1950–1958 (danach nur noch für Sport verantwortlich)
Rolf Trommershausen	1958–1959
Franz Jenrich	1959–1961
Rudolf Reinhardt (danach Kommunalpolitik)	1962–1975
in Vertretung Heinz Stadlmann	1975–1976
Erich Helmensdorfer	1976–1986
Klaus Viedebantt	1987–1990
Peter Lückemeier (Region)	1990–2016
Günter Mick (Stadt)	1990–2007
Matthias Alexander (Stadt) (Region)	 seit 2007 seit 2016

AUFLAGENENTWICKLUNG

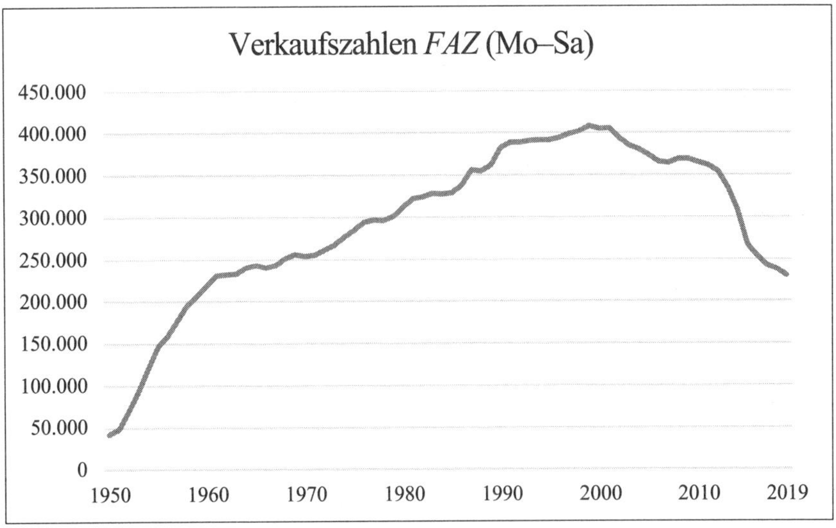

Die Verkaufszahlen (Print inklusive E-Papers) werden quartalsweise ermittelt; die angegebenen Werte bilden den jährlichen Durchschnittswert ab. Die einzige Ausnahme hiervon bildet das Jahr 2019, für das bis dato nur die Zahlen des ersten Quartals vorliegen.
Daten bis 2014: <http://verlag.faz.net/mediaportal/faz-auflagenentwicklung-12798136.html> (15.3.2017). Daten ab 2014: <https://www.ivw.eu/aw/print/qa/titel/10560> (15.5.2019).

LISTE FÖRDERKREISSITZUNG AM 10. SEPTEMBER 1952

Generaldirektor Dr. A. Haffner, Salamander A.G.
Generaldirektor H. H. Matthiessen, Deutsche Vacuum Oel A.G.
Direktor Dr. Schüttauf (f. Gen. Dir. Blessing), Margarine Verkaufs-Union
Professor Dr. Schüle, I.H.K. Mannheim
Generaldirektor Dr. Seeling, Deutsche Tafelglas A.G.
Bergassessor a. D. Dr. F. W. Ziervogel, Ruhrgas A.G.

Dr. W. Bachem, Farbenfabriken Bayer
Direktor Engfer, Buderus'sche Eisenwerke
Präsident W. Gilgen-Quadt, I.H.K. Solingen
Walter Grieshaber, Heidelberg
Dr. Hunscha (f. Dir. Dr. Zinsser), Rhein Main-Bank
Direktor Dr. Alfred Knoerzer, Robert Bosch GmbH
Direktor Pickert, Hein Lehmann & Co.
Generaldirektor Otto Schaechterle, Deutsche Linoleum-Werke A.G.
Herr von Thüna, Ford-Werke A.G.

Quelle: FAZ-Archiv, FAZIT-Akten Welter/Förderer und FAZIT Geschichte, Zusammenstellung von Frau Graefe.

LISTE DES FÖRDERKREISES [1961]

1. Allgemeine Elektricitäts-Gesellschaft, Frankfurt a. M.
   Generaldirektor Dr. Hans C. Boden u. Direktor Dr. Münzer
2. Allianz Lebensversicherung-AG, Stuttgart
   Generaldirektor Dr. Gerd Müller
3. Allianz Versicherungs-AG, München
   Generaldirektor Dr. Hans Goudefroy
4. Arbeitsgemeinschaft der Lebensmittel-Filialbetriebe, Bonn
   Günther Latscha
5. Bergische Stahl-Industrie KG, Remscheid
   Dr. Wolfgang Busch
6. C. F. Boehringer & Soehne GmbH, Mannheim-Waldhof
   Direktor Dr. H. H. Sturm
7. Robert Bosch GmbH, Stuttgart
   Direktor Dr. Alfred Knoerzer
8. Brown, Boveri & Cie. AG, Mannheim
   Generaldirektor Dr. Hans L. Hammerbacher
9. Buderus'sche Eisenwerke, Wetzlar
   Direktor Paul Engfer
10. Burbach Kaliwerke AG, Wolfenbüttel
    Generaldirektor Simon Wölfel
11. Commerzbank-Bankverein AG, Düsseldorf
    Dr. h. c. Fritz Höfermann
12. Commerz- und Credit-Bank AG, Frankfurt a. M.
    Direktor Wilhelm Nuber
13. Commerz- und Disconto-Bank AG, Hamburg
    Direktor Robert Gebhardt
14. DEMAG AG, Duisburg
    Generaldirektor Dr. Hans Reuter, Direktor Dr. Eberhard Ritter
15. Deutsche Erdöl-AG, Hamburg
    Direktor Dr. Günther Schlicht
16. Deutsche Linoleum-Werke AG, Bietigheim (Württ.)
    Direktor Dr. K. August Maerz
17. Deutsche Shell AG, Hamburg
    Rechtsanwalt Wolfgang Holzmann
18. Farbenfabriken Bayer AG, Leverkusen
    Generaldirektor Dr. Ulrich Haberland, Dr. Walter Bachem
19. Gerling-Konzern Allgemeine Versicherungs-AG, Köln
    Direktor Edgar Prang

20. Gewerkschaft Elwerath Erdölwerke, Hannover
    Direktor Theodor Telle
21. Heyl'sche Lederwerke Liebenau vorm. Cornelius Heyl Werk Liebenau AG, Worms
    Freiherr Ludwig Cornelius von Heyl zu Herrnsheim
22. Hoesch Werke AG, Dortmund
    Direktor Dr. Erich Wilhelm Schulte
23. Kali-Chemie AG, Hannover
    Dr. Otto Reuleaux
24. Kaufhof AG, Köln
    Direktor Theodor Hieronimi
25. Ernst Leitz GmbH, Wetzlar
    Dr. Leitz jun., Direktor Dr. Henri Dumur
26. Mannesmann AG, Düsseldorf
    Direktor Dr. Wolfgang Pohle
27. Mecklenburgische Hagel- und Feuer-Versicherungs-Gesellschaft a.G., Hannover
    Direktor Dr. Hermann Stech
28. Metzeler-Gummiwerke AG, München
    Direktor Carl Rüger
29. Münchener Rückversicherungs-Ges., München
    Dr. Alois Alzheimer, Generaldirektor
30. Dr. August Oetker Nährmittelfabrik GmbH, Bielefeld
    Direktor Dr. Walter Kraak
31. Portland-Zementwerke Heidelberg AG, Heidelberg
    Professor Dr. Kurt Schmaltz
32. Simons & Frowein AG, Leichlingen (Rhld.)
    W. Gilgen-Quadt
33. Vereinigte Deutsche Metallwerke AG, Frankfurt/Main-Heddernheim
    Direktor Dr. Hugo Scholz
34. Vereinigte Glanzstoff-Fabriken AG, Wuppertal-Elberfeld
    Generaldirektor Dr. Ernst Hellmut Vits
35. J. Weck & Co., Glashüttenwerke GmbH, Duisdorf bei Bonn
    Direktor Alphons Horten
36. Westfalia Dinnendahl Gröppel AG, Bochum
    Generaldirektor Dr.-Ing. Gustav Möllenberg
37. Winterhall AG, Celle
    Direktor Wilhelm Zentgraf, Direktor Albert Löffler
38. Theodor Wuppermann GmbH, Leverkusen-Schlebusch
    Rechtsanwalt Hans Joachim Wuppermann
39. Margarine-Union AG, Hamburg
    Dr. Günther Bergemann
40. Salamander AG, Kornwestheim bei Stuttgart
    Direktor Dr. Elmar Michel

Quelle: FAZ-Archiv, FAZIT-Akten Welter/Förderer und FAZIT Geschichte, Zusammenstellung von Frau Graefe.

PERSONENREGISTER

Kursive Seitenzahlen verweisen auf die Abbildungen.

BILDNACHWEIS

ABBILDUNGEN

Fritz Behrendt/Baaske Cartoons: S. 313 (FAZ vom 6.12.2008, S. 4, zuvor FAZ vom 21.1.1989, S. 3)
DLA Marbach: S. 268, 271 (abgedruckt mit freundlicher Genehmigung von Thomas Anz sowie Andrew † und Carla Reich-Ranicki)
Eike Becker Architekten: S. 447
F.A.Z.-Foto: S. 37, 307, 315 (Titelfoto: AFP), 347 (Wolfgang Eilmes; FAS vom 15.6.2014, S. 36), 354 (Foto: Focus/Science Photo Library; FAZ vom 27.6.2000, S. 59), 362 (Foto: Karl Korn), 363, 381 (Foto: Reinhard Werner), 440 (Fotos: Barbara Klemm)
Helmut Fricke: S. 376 li.
Mick Grosse: S. 375 (FAZ vom 23.2.2000, S. 49)
Barbara Klemm: S. 309, 376 Mi.
picture-alliance, Frankfurt a. M.: S. 376 re. (dpa)
Klaus Staeck: S. 277 (© Bildrecht Wien, 2019)
Sowie aus:
FAZ, Der Neubau, 1988: S. 39, 40, 100, 398
Haffner, Aufzeichnungen, 1966: S. 32
Der Monat 252/1969: S. 248, 249
Sie redigieren und schreiben die Frankfurter Allgemeine, Zeitung für Deutschland, 1975, 1965: S. 419

GRAFIKEN

Die Grafiken im Buch wurden erstellt nach Datenmaterial der *FAZ* und von Google Books German.
Die Grafik auf S. 52 wurde erstellt auf Basis von Hans Wellmann, Die Soziale Marktwirtschaft im Spiegel von Meinungsumfragen, Köln 1962, S. 90.
Bei der Grafik auf S. 233 o. wurde die Suche nach »schwul« unter Ausschluss der Wörter »-schwulst, -schwül, -Wetter, -warm und -Schwulitäten« durchgeführt.
Bei der Grafik auf S. 233 u. beinhaltet die Suche nach »schwul« und »neoliberal« gängige Komposita sowie Groß- und Kleinschreibung. Bei »Soziale Marktwirtschaft« wurde die Kleinschreibung berücksichtigt.
Bei der Grafik auf S. 236 o. wurden bei der Suche nach Marx die Begriffe »-Erzbischof, -Kardinal, -Reinhard« aus der Trefferzahl herausgerechnet.